ÜBER DAS BUCH:

»Ein Jahrhundertwerk«, schrieb *DIE ZEIT* zum Erscheinen von *Gespenster*, dem ersten Teil von Norman Mailers *Epos der geheimen Mächte*. In ihm entwirft der Autor ein Monumentalbild des CIA – dämonischer und zugleich realistischer, als sich der Geheimdienst je vor der Öffentlichkeit dargestellt hat. Doch obwohl das Werk von Spionen und Geheimdienstbeamten handelt, ist es alles andere als ein Agententhriller, in dem die Mächte des Lichts gegen die Mächte der Finsternis kämpfen. Feind ist hier nicht der zerstörerische Wille einer fremden Macht, sondern der kalte Krieg zwischen den Supermächten, der nach ganz bestimmten Spielregeln ausgefochten wird und doch so viel Eigendynamik entwickelt, daß sich die Handelnden wie Teilnehmer eines Kreuzzugs empfinden, die zwischen Wahn und Wirklichkeit, Fiktion und Fakten nicht mehr unterscheiden können. »Kein Leser wird je wissen, was Erfindung und was Historie ist. Meisterhaft hat Mailer die Geschichte des Betrugs in die Betrugsgeschichte eingearbeitet.« (*Der Spiegel*)

DER AUTOR:

Norman Mailer wurde 1923 in Long Branch, New Jersey, geboren und wuchs in Brooklyn auf. Nach dem Studium der Bautechnik an der Harvard University wurde er 1944 zum Militärdienst eingezogen und lernte an der pazifischen Front den Dschungel- und Inselkrieg kennen. Diese Erlebnisse fanden ihren Niederschlag in dem Roman *Die Nackten und die Toten* (1948), der zu einem Welterfolg wurde. Seitdem hat er zahlreiche Romane und Essays veröffentlicht, mehrere Filme produziert und als Journalist und Redakteur gearbeitet. Norman Mailer lebt als freier Schriftsteller in New York.

Norman Mailer
Gespenster

Das Epos der geheimen Mächte

Erster Ring

Ullstein

ein Ullstein Buch
Nr. 23166
im Verlag Ullstein GmbH,
Frankfurt/M – Berlin
Titel der amerikanischen
Originalausgabe:
Harlot's Ghost
(Random House, New York)
© 1991 by Norman Mailer
Ins Deutsche übertragen
von Dirk Muelder

Ungekürzte Ausgabe

Umschlagentwurf:
Theodor Bayer-Eynck
Foto: Comstock
Alle Rechte vorbehalten
Taschenbuchausgabe mit freundlicher
Genehmigung der F. A. Herbig Verlags-
buchhandlung GmbH, München · Berlin
Alle Rechte für die deutsche
Sprache bei F. A. Herbig Verlags-
buchhandlung GmbH, München · Berlin
Printed in Germany 1993
Druck und Verarbeitung:
Clausen & Bosse, Leck
ISBN 3 548 23166 7

Oktober 1993
Gedruckt auf alterungsbeständigem
Papier mit chlorfrei
gebleichtem Zellstoff

Vom selben Autor
in der Reihe
der Ullstein Bücher:

Die Nackten und die Toten (20592)
Am Rande der Barbarei (20645)
Reklame für mich selber (20662)
Frühe Nächte (20730)
Der Hirschpark (20780)

Die Deutsche Bibliothek –
CIP-Einheitsaufnahme

Mailer, Norman:
Das Epos der geheimen Mächte /
Norman Mailer. – Frankfurt/M;
Berlin: Ullstein
   Einheitssacht.: Harlot's ghost <dt.>
   Ring 1. Gespenster / [ins Dt. übertr.
   von Dirk Muelder]. – Ungekürzte
   Ausg. – 1993
   (Ullstein-Buch; Nr. 23166)
   ISBN 3-548-23166-7
NE: GT

Die Geschichte der Familie und der Freunde des Erzählers ist fiktiv, die Personen, die den Hintergrund der Handlung bilden, sind vielfach historisch.

Herrick (Harry, Rick) Hubbard	der Erzähler, CIA-Offizier
Boardman Kimble (Cal) Hubbard	dessen Vater, CIA-Offizier
Smallidge Kimble Hubbard	Harrys Großvater, Schuldirektor von St. Matthew's
Jessica Silverfield Hubbard	Mutter von Harry Hubbard
Mary Bolland Baird Hubbard	Cal Hubbards zweite Frau
Roque Baird (Rough) Hubbard	Halbbruder von Harry Hubbard
Toby Bolland (Tough) Hubbard	Halbbruder von Harry Hubbard
Colton Shaler Hubbard	Vetter von Harry Hubbard
Doan Hadlock Hubbard	Vorfahre, der »The Keep« auf Doane Island erbaut hat
Hadley Kittredge Montague (geborene Gardiner)	Kusine 3. Grades von Harry Hubbard; Gattin von Hugh Montague; später Gattin von Harry Hubbard
Hugh Tremont Montague, alias »Harlot«	führender CIA-Mann
Christopher Montague	Sohn von Hugh und Kittredge Montague
Maisie Minot Gardiner	Kittredges Mutter
Rodman Knowles Gardiner	Kittredges Vater

Orte und Stichworte:

Bangor	Hauptstadt von Maine
Cockroach Alley (Kakerlakengasse)	der I-J-K-L-CIA-Komplex in Washington; CIA-Zentrum bis zum Umzug 1961 nach Langley, Virginia
Doane	kleine Insel im Privatbesitz der Familie Hubbard, später an die Gardiners verkauft
Georgetown	Wohnviertel in Washington
Harvey's	Restaurant in Washington

The Keep	Hubbards Sommerhaus auf Doane Island, später an die Gardiners verkauft
Mt. Desert Island	Insel vor der Küste von Maine südl. Bangor
Schlangengrube	Spitzname für CIA-Registratur vor Computerisierung
The Stall	ehem. Mauleselstall; Montagues Haus in Georgetown
CIA	Central Intelligence Agency – Auslandsgeheimdienst der USA; zuerst in Washington, ab 1961 in Langley, Virginia. Direktor: Allen W. Dulles, Bruder des Außenministers John Foster Dulles. Allen Dulles war während des II. Weltkriegs OSS-Chef in Genf. OSS: Office of Strategic-Service, Vorläufer des CIA während des II. Weltkriegs
FBI (»Bureau«)	Federal Bureau of Investigation. US-Bundespolizeibehörde; oft in Konkurrenz zum CIA. Direktor: J. Edgar Hoover, Spitzname »Buddha«
MI5	strengstens geheimer britischer Dienst, ähnlich dem FBI
MI6	strengstens geheimer britischer Dienst, ähnlich dem CIA
Guy Burgess, Kim Philby, Sir Donald Maclean	KGB-Agenten im britischen Geheimdienst
Mossad	israelischer Geheimdienst
SSD (»Stasi«)	Staatssicherheitsdienst der DDR
KGB	Sowjetischer Staatssicherheits- und Geheimdienst
BND	(west)deutscher Bundesnachrichtendienst mit Sitz in München-Pullach. Direktor: Reinhard Gehlen, im II. Weltkrieg Leiter des deutschen Dienstes »Fremde Heere Ost«

FÜR JASON EPSTEIN

Denn wir haben nicht mit Fleisch
und Blut zu kämpfen,
sondern mit Mächtigen und Gewaltigen,
nämlich mit den Herren der Welt,
die in dieser Finsternis herrschen,
mit den bösen Geistern unter dem Himmel.

EPHESER 6, 12

INHALT

OMEGA 15

ALPHA 129
DAS VABANQUESPIEL

ERSTER TEIL
Frühe Jahre,
Grundausbildung 133

ZWEITER TEIL
Berlin 293

DRITTER TEIL
Washington 451

VIERTER TEIL
Montevideo 1956–1959 505

Nachbemerkung
des Verfassers 793

Bibliographie 799

VORBEMERKUNG

Dieses Buch ist die Lebensbeichte eines Mannes, dessen Welt die Welt der Geheimdienste und dessen Heimat der CIA ist – ALPHA.

Dieses Buch ist der Aufschrei eines Gejagten, den die dunklen Mächte der Vergangenheit eingeholt haben und der verzweifelt versucht, seinem Schicksal zu entrinnen – OMEGA.

Und wie die Psyche des Menschen zerfällt in zwei Kreise, in ALPHA und OMEGA, die beiden Antipoden der Seele, die einander dulden oder bekämpfen, sich erfüllen oder unerfüllt bleiben, so wird sich der Kreis um OMEGA erst zu einem späteren Zeitpunkt schließen.

OMEGA 1

An einem Abend im Spätwinter 1983 steuerte ich meinen Wagen über die Küstenstraße von Maine. Die Schwaden der Märznebel erinnerten mich an den Rauch von Lagerfeuern, und ich mußte an die Abnaki-Indianer denken, einen Algonkin-Stamm, der vor tausend Jahren in der Nähe von Bangor gelebt hatte.
Im Frühling nach der Maissaat hatten die jungen Krieger und Squaws die Alten allein zurückgelassen, um über Felder und Kinder zu wachen, und waren in ihren Birkenrindenkanus den Sommer über nach Süden gepaddelt. Sie waren den Penobscot River hinunter zur Blue Hill Bay an der Westseite von Mount Desert gefahren, wo heute noch das Haus meiner Familie steht, an dem schon mein Ururgroßvater Doane Hadlock Hubbard gebaut hat. Es heißt »The Keep«, und ich kenne bis heute nicht alle seine Geheimnisse, aber man sagt, daß dort jeden Sommer ein paar Indianer an Land gingen und ihre Hütten bauten, und ein paar davon liegen darunter begraben, obwohl ich nicht glaube, daß sie zum Sterben auf unsere Insel kamen. Eher mögen sie die langen Sommer des Nordens genossen haben. Vielleicht haben sie bei Ebbe im Watt Austern gesucht und sich bei Flut geprügelt und gepaart zwischen den Fichten und Schierlingstannen. Woran sie sich berauschten, weiß ich nicht, vielleicht war es der Moschusgeruch ihrer Leiber, aber manch steiniger Strand weist in der ersten Senke hinter dem Ufer Berge von uralten Muschelschalen auf, die die Jahrhunderte zu Staub zermahlen haben, ein Strand hinter dem Strand, der von uralten Sommertollheiten erzählt. Die Geister dieser Indianer wandern vielleicht nicht mehr durch unsere Wälder, aber etwas von ihren alten Freuden und Leiden erfüllt noch immer die Luft. Mount Desert leuchtet strahlender als das übliche Maine.
Sogar Reiseführer versuchen diesen besonderen Reiz zu beschreiben: »Die Insel Mount Desert, fünfzehn Meilen im Durchmesser,

erhebt sich wie eine sagenhafte Stadt aus dem Meer. Die Einheimischen nennen sie Akadien, schön und unheimlich.«

Schön und unheimlich. Wir haben einen Fjord in Akadien, vier Meilen lang, ein atemberaubender Schlund zwischen steilaufragenden Klippen. Es ist der einzige echte Fjord an der nordamerikanischen Atlantikküste und doch nur ein Teil unserer zerklüfteten Pracht. Nahe der Küste erheben sich jäh tausend Fuß hohe Klippen, die den Seeleuten wie Berge erscheinen, und in unserem besten Ankerplatz, Northeast Harbor, wimmelt es im Sommer von Jachten.

Vielleicht liegt es an der Nähe unserer Berge zum Meer, daß die Stille so schwer über dem Land liegt, doch der Sommer hat hier einen Zauber, der nicht leicht zu beschreiben ist. Wir sind keine Insel für Sonnenhungrige. Es gibt hier fast keine Sandstrände. Das Ufer besteht aus Kieseln und Muschelschalen, und die Flut brandet zwölf Fuß hoch über die Felsen. Die Brecher spülen Entenmuscheln und Uferschnecken, Steinalgenmuscheln, Rotalgen und Perltang an Land. Seeigel und Trompetenschnecken liegen verstreut am Ende der Brandung. Salzkraut wuchert überall, und Teufelsschurz windet sich um die Knöchel. In den Pfützen, die die Flut hinterlassen hat, wachsen Seeanemonen und Schwämme. Seesterne und Seeigel treiben neben deinen Zehen. Man geht vorsichtig über scharfkantige Steine, und das Wasser ist so kalt, daß niemand es darin aushält, der nicht hier geboren ist. Ich habe über den Riffen im grünen Wasser der Karibik geplätschert und bin über die purpurnen Tiefen des Mittelmeers gesegelt; ich habe den Dunst der Sommerglut über der Chesapeake Bay gesehen, wenn die Kimm in Farben verschwimmt. Ich mag sogar die schiefergrauen Flüsse, die sich im Westen durch die Canyons wälzen, aber lieben kann ich nur das strahlende, eiskalte Blau von Frenchman's Bay und Blue Hill Bay und das unergründliche Blau des Eastern und des Western Way, die Mount Desert umgeben – ja, aus Liebe zur Insel bedient man sich sogar des Idioms der Einheimischen. Diese betonen den Namen der Insel auf der zweiten Silbe, wie Dessert, und ihr Anblick ist einem echten Neuengländer süß wie Zuckerguß.

Ich übertreibe – aber wie sollte es anders sein beim Gedenken an solche Herrlichkeiten wie die Farben unserer Felsen im Sommer: Dort, wo das Wasser sie berührt, leuchten sie aprikosenfarben, dann lavendel und blaßgrün, aber am späten Nachmittag erglühen sie purpurn, und in der Dämmerung leuchtet die Küste in einem dunklen, königlichen Violett über das Meer. Das ist unsere Insel im August. Heidekraut und wilde Rosen wachsen nahe dem Salzmarschgras, und auf den Wiesen springen Baltimorevögel von einem vermodernden Baumstumpf zum andern. Die Heuwiesen duften nach Rotrispen- und Timotheusgras, und Wildblumen blühen. Das blaue Veilchen des Nordens und die Sternblume, Sauerampfer und Teebeere, dazu Trillium – weiß und violett – und wilde Geranien, Goldheide und Fichtenspargel wachsen in unseren Sümpfen, auf unseren Felsen und an den sonnigen Abhängen unserer Berge in den Spalten zwischen den senkrechten Felstürmen. Unten in den Marschen stehen Sumpfkerzen und Juwelenkraut.

Als Junge (damals habe ich die Namen der wilden Blumen gelernt) fand ich einst die weißädrige Orchidee in einem Sumpfwald; sie war grünlich-weiß und lieblich und so selten wie eine Mondfinsternis. Ungeachtet des Touristenrummels im Juli liegt über Mount Desert stets eine zarte und trotzdem erhabene Stille.

Wenn man mich fragte, wie das Erhabene je zart sein könne, würde ich antworten, daß solche Wörter uns an das Schöne und Schreckliche in uns erinnern, und wenn ich alle Vorsicht fahren ließe, würde ich hierzu meine Ehefrau Kittredge schildern. Ihre weiße Haut leuchtet im bleichen Grün der Wiese, und die Schatten der Felsen zeichnen sich darauf ab. Ich sehe Kittredge an einem Sommertag in solchen Schatten sitzen, und ihre Augen leuchten im Blau des Meeres.

Ich bin auch bei ihr gewesen, wenn sie so düster und trostlos schien wie die Märzstürme, die über die Insel tosen. Jetzt im März sind die Wiesen graubraun, dunkel und schwärzlich, und am Morgen sind die Schneereste von Schmutzspuren durchzogen. Im März sind die Nachmittage nicht golden, sondern grau, und die Felsen leuchten selten unter der Sonne. Manche Felsschlünde erscheinen so abweisend wie der ewig in sich ruhende Granit. Am Winterende gleicht Mount Desert der Faust eines Geizhalses; die trübe Schale des Himmels trifft ein bleiernes Meer. Schwermut liegt über den Hügeln. Wenn meine Frau in Schwermut fällt, regt sich auch in meinem Herzen keine Farbe, und ihre Haut leuchtet nicht mehr, sondern hüllt sich in Blässe. Im Spätwinter lohnt das

Leben auf Mount Desert nur an Schneetagen, wenn die Lichter der Insel wie Kerzen auf einer hohen weißen Torte über den vereisten Felsen tanzen. Sonst aber lastet der sonnenlose Himmel auf uns, und es kann sein, daß wir eine Woche kein Wort miteinander reden. Die Einsamkeit ähnelt der Verzweiflung eines Trinkers, der seit Tagen keinen Tropfen bekommen hat. Dann erscheinen die Geister auf der Keep, und unser schönes Haus ist ein guter Platz für Geister.

Das Haus steht allein auf einer Insel, die keine zehn Morgen groß ist und nur einen Steinwurf – buchstäblich nur einen einzigen weiten Wurf – vor der Westküste von Mount Desert liegt. Sie heißt Doane nach meinem Ururgroßvater und wird, wie ich heute glaube, von Erscheinungen heimgesucht. Während Inseln meiner Frau zufolge eher unsichtbare Geister anlocken und keine sichtbaren Gespenster, scheint die unsere hier eine Ausnahme zu machen.

Draußen auf Bartlett's Island, etwas nördlich von uns gelegen, kennt man den Geist von Snowman Dyer, einem exzentrischen alten Fischer. Er war 1870 auf Bartlett's unter dem Dach seiner unverheirateten Schwester gestorben. Als junger Mann hatte er einmal fünf Hummer gegen ein Bändchen mit griechischen Versen getauscht, das einem Gelehrten klassischer Sprachen in Harvard gehört hatte. Es handelte sich um »König Ödipus«, und der englische Text stand zwischen den Zeilen. Der alte Fischer, Snowman Dyer, war von des Sophokles Versen so fasziniert, daß er das griechische Original zu lesen versuchte. Er wußte zwar nicht, wie er ein Alphabet buchstabieren sollte, das er noch nie zuvor gesehen hatte, aber er dachte sich einfach für jeden Buchstaben einen Laut aus. Mit dem Alter wurde er kühner und pflegte in seiner ureigenen Sprache laut aus dem Buch zu zitieren, während er über die Felsen schritt. Man sagt, wer einmal eine Nacht im Haus seiner Schwester verbringe, der höre dort Snowman Dyers Version des Griechischen, und die Laute seien auch nicht barbarischer als das Krachen und Heulen unserer Unwetter. Ein leitender Angestellter aus Philadelphia, Bingham Baker, bewohnt jetzt mit seiner Familie das Haus, und das Gespenst scheint ihnen wohlzutun, so rosig sehen die Bakers in der Kirche aus. Ich weiß nicht, ob sie das Ächzen des Winters in Snowman Dyers Stimme vernehmen.

Der alte Snowman mag der Geist von Bartlett's Island sein, aber wir haben ein anderes Gespenst in Doane, und es ist nicht so angenehm. Es ist der Geist eines Schiffskapitäns namens Augustus Farr, dem unser Land vor zweieinhalb Jahrhunderten gehörte. In einem alten Schiffstagebuch sind seine Gewohnheiten aufgezeichnet; ich fand es in der Bibliothek von Bar Harbor, und es wird darin eine Reise geschildert, »während der Farr Piraterey betrieben« und in der Karibik eine französische Fregatte geentert haben soll. Deren Ladung kubanischen Zuckers habe er übernommen, die Mannschaft (von denen abgesehen, die sich ihm anschließen mochten) in einem offenen Ruderboot im Meer ausgesetzt und den Kapitän geköpft. Jener habe nackt und bloß sterben müssen, da Farr ihn zuvor der Uniform beraubt habe. Jedenfalls war Augustus in späteren Jahren so unverfroren, sich im Galarock des Franzosen auf dieser nördlichen Insel begraben zu lassen, die jetzt unsere Insel ist.

Gesehen habe ich Augustus Farr nie, wohl aber habe ich seine Stimme gehört. Eines Nachts vor nicht allzu langer Zeit schlief ich allein in der Keep. Ich erwachte aus einem Traum und merkte, daß ich mit der Wand redete. »Nein, geh weg«, sagte ich mutig. »Ich weiß nicht, ob du da etwas wieder gutmachen kannst. Und ich traue dir auch nicht.«

Sobald ich an diesen Traum denke – wenn es denn ein Traum war –, zittere ich, wie ich sonst nie zittere. Meine Haut am Rücken verschiebt sich, als trüge ich eine Jacke aus Eidechsenleder. Ich höre wieder meine Stimme. Ich spreche nicht mit dem Verputz an der Wand, sondern mit einem Zimmer, das ich dahinter zu sehen glaube. Dort erkenne ich eine Erscheinung in einer zerfetzten Uniform, die auf einem zerschrammten eichenen Kapitänssessel sitzt. Ein Fäulnisgeruch, ein schwacher, aber tödlicher Dunst zieht mir in die Nase. Draußen im Watt kocht die See. Ich höre sie nur durchs Fenster, denn hinauszusehen wage ich nicht. Wie kann sie brodeln, da doch Ebbe ist? Ich träume noch immer, sehe aber eine Maus über den Fußboden huschen und spüre das Gespenst von Augustus Farr auf der anderen Seite der Wand. Mir sträubt sich das Haar im Nacken, während er die Stufen in den Keller hinabsteigt, und ich höre, wie er in der Gruft verschwindet.

Wir haben einen kleinen Raum unter dem Keller. Ursprünglich war es nur ein Loch, das sich mein Vater nach dem Zweiten Weltkrieg gegraben hatte, als die Keep noch ihm gehörte. Stolz behauptete er, er sei der erste Amerikaner, der die Konsequenzen aus Hiroshima gezogen hätte. »Jeder braucht einen Ort, wo er sich verkriechen kann«, sagte mein Vater, Cal Hubbard, zwei Jahre bevor er unseren Besitz an seinen Vetter zweiten Grades, Rodman Knowles Gardiner, verkaufte, der ihn seinerseits Kittredge zu ihrer ersten Hochzeit schenkte.

In der Zeit, in der das Haus Rodman Gardiner gehörte, bemühte er sich redlich, die Marotte meines Vaters noch zu übertrumpfen. Soweit ich weiß, war er der erste in diesem Teil von Maine, der sich einen richtigen Schlackenziegel-Atombunker baute, mit allem was dazugehört: Konserven, Schlafkojen, Küche und Ventilatoren. Der Zugang bestand aus zwei Korridoren, die im rechten Winkel zueinander verliefen. Ob und wie ein Neunzig-Grad-Winkel nukleare Strahlung abhalten kann, weiß ich nicht zu sagen, aber in den ersten Atombunkern herrschten merkwürdige Gepflogenheiten. Den Bunker gibt es noch immer – eine peinliche Familienangelegenheit. Die Menschen in Maine machen nicht soviel Aufhebens vom Schutz ihres Lebens.

Ich verabscheute den Bunker und ließ ihn vermodern. Die alten Thunfischdosen sind inzwischen fast durchgerostet, und der Schaumstoff der Kojen ist zu Pulver zerfallen. Der Steinfußboden ist überzogen von altem Schlamm und schleimigem Moos, und die Glühbirnen, lange schon ausgebrannt, verrotten in ihren Fassungen.

Das soll aber keinen falschen Eindruck von der Keep erwecken. Der Boden der Gruft – der Ausdruck Gruft hat sich für den Bunker unvermeidlich eingebürgert – liegt schließlich drei Meter unter dem Hauptkeller. Dieser wiederum ist eine große, saubere Steinkammer. Erdgeschoß, erster Stock und das voll ausgebaute Dachgeschoß werden von einer einheimischen Frau, die täglich kommt, soweit es das Wetter erlaubt, während wir da sind, und einmal die Woche, wenn das Haus leer steht, leidlich in Ordnung gehalten. Nur die Gruft wird vernachlässigt, und das ist meine Schuld. Ich kann es nicht ertragen, daß sich ihr irgendwer nähert. Wenn ich nur die Tür öffne, zieht ein abartiger, dumpfer Geruch von unten herauf. Solche tiefen Keller riechen häufig nach Moder, aber der Geruch von Wahnsinn ist eine andere Sache.

In der Nacht, in der ich aus meinem Traum erwachte und Augustus Farr begegnete, in der Nacht, in der ich zu der Überzeugung kam, daß ich nicht träumte und ihn die Treppenstufen hinuntergehen hörte, stand ich auf und versuchte ihm zu folgen. Es war nicht so sehr ein Akt der Tapferkeit als vielmehr ein Versuch, meine Ängste in psychische Kraft umzusetzen. Als ich noch ein Junge war, sagte mir mein Vater einmal: »Wenn du Angst hast, zögere nicht, sondern stürze dich ins Getümmel, wenn das der ehrenhafte Weg ist.«

In meinen Kämpfen gegen die Bürokratie, bei denen Geduld die richtige Taktik ist, mußte ich diese ungestüme Auffassung vom Wesen der Tapferkeit gehörig verfeinern, aber mir war klar: Wenn die Angst dich zu lähmen droht, mußt du die Dinge in Bewegung bringen oder du nimmst Schaden an deiner Seele. Und wenn du einem Gespenst begegnest, gibt es nur einen ehrenhaften Weg: Du mußt ihm folgen.

Ich versuchte es. Ich erhob mich, meine Füße waren kalt wie die eines Erfrorenen, und ich stieg die Kellertreppe hinab. Es war kein Traum. Vor mir schlugen wild krachend die Türen zu, und mir schien, als schreie eine Stimme: »Ich werde nicht zurückkommen, ehe ich es vollbracht habe!« Als ich unten im ersten Keller ankam, war ich mit meiner Kraft am Ende. Am Eingang zur Gruft spürte ich: Dort unten wartete eine Erscheinung auf mich, so bösartig wie die verworfensten Kreaturen, die je die Meere befuhren. Ich hatte nicht mehr den Mut, die letzten zehn Stufen hinunterzugehen. Ich stand und regte mich nicht, als könnte ich einen Teil meiner Ehre retten, wenn ich nicht floh, sondern standhielt und den Zorn wessen auch immer über mich ergehen ließ. Man könnte auch sagen: Der Haß und die Ablehnung umfingen mich, ohne mich zu berühren. Dann zog sich Augustus – ich nehme an, es war Augustus – in die Tiefe der Gruft zurück, und ich fühlte mich frei hinaufzugehen. Ich legte mich wieder ins Bett und schlief wie betäubt. Seit dieser Nacht bin ich nicht mehr in die Gruft hinuntergegangen, und Augustus ist mir auch nicht mehr erschienen.

Nichtsdestoweniger hat sich die Keep nach diesem Spuk verändert. In erschreckend rascher Folge gingen die verschiedensten Gegenstände zu Bruch, und ich selbst habe Aschenbecher wie von Geisterhand von Tischen gleiten sehen. Es ist nie so dramatisch wie in den Filmen. Es geschieht eher heimlich. Du kannst nicht mit Sicherheit sagen, ob du nicht mit dem Ärmel deiner Jacke den Gegenstand gestreift hast oder ob sich der alte Fußboden nicht

geneigt hat. Es könnte auch alles auf natürliche – oder fast natürliche – Weise geschehen sein. Mit solchen Phänomenen umzugehen ist wie ein Versuch, die Wahrheit aus der Rede eines perfekten Lügners herauszuspüren. Dinge verwandeln sich unablässig. Rascher denn je wechselte der Wind vor unseren Fenstern die Tonart: drohend oder schmeichelnd, sanft oder schrecklich. Ich habe noch nie so viel auf den Wind gehorcht wie nach dem Besuch von Augustus Farr, und das Knarren von Rudern tönte zu uns herüber, obwohl weit und breit kein Ruderer zu sehen war. Dennoch konnte ich die Rollen ächzen hören, und Glocken erklangen von der Hauptinsel her, auf der meines Wissens kein Glockenturm steht. Ich horchte auf das Tor, das im Sturm hin- und herschwang, und hörte den Putz hinter den Paneelen von den Wänden fallen. Kleine Käfer mit Flügeldecken so hart wie Schrotkugeln kamen aus den Fensterbrettern und unter den Türschwellen hervorgekrochen. Jedesmal, wenn ich in meiner Bibliothek die Bücherreihen entlangsah, hätte ich schwören können, daß wieder ein paar Bände verstellt waren – aber natürlich ging die Putzfrau oft die Bücher durch und Kittredge und ich selbst auch. Trotzdem: Farr war unter uns, und wir spürten ihn wie einen Eisberg in milden Wassern.
Aber all dies konnte uns die Keep nicht verleiden. Nicht jeder Spuk ist schrecklich. Kittredge und ich waren kinderlos und wir konnten ihm Raum geben in einem so großen Haus. Farr war fast eine Art Zeitvertreib, einem ewig betrunkenen oder wahnsinnigen Bruder vergleichbar, mit dem man unter einem Dach lebt. Während er ein Phantom bleibt, von dem ich nicht beschwören kann, daß ich es gesehen habe, glaube ich doch an die Existenz von Geistern. Manche Gespenster gibt es wohl in Wirklichkeit.

Als ich ein Jahr später, im März 1984, auf dem Nachtflug vom New Yorker Kennedy Airport nach London war, wo ich Anschluß zum Scheremetjewo-Flughafen in Moskau hatte, las ich zu wiederholten Malen die vierzehn Schreibmaschinenseiten mit der Schilderung meines alten Zuhauses auf jener Insel vor Maine. Ich wagte es nicht, die Blätter wegzulegen. Die Ängste, die mich peinigten, drohten mir den Verstand zu rauben.
Diese vierzehn Seiten waren das erste Kapitel dessen, was ich schließlich mein Omega-Manuskript genannt hatte. Es gab noch ein anderes, ein Alpha-Manuskript – höllisch indiskret –, das einmal, fünfunddreißig

Zentimeter dick, in einem verschlossenen Aktenschrank neben meinem Schreibtisch in Maine gelegen hatte. Stolze zweitausend Schreibmaschinenseiten, aber ich hatte das Ganze auf Mikrofilm übertragen und das Original in den Reißwolf gegeben. Dieses Alpha-Manuskript trug ich jetzt bei mir, alle zweitausend Seiten: zweihundert Mikrofilmstreifen zu je zehn Seiten, päckchenweise in Zellophantüten verpackt und säuberlich in einem acht mal elf Zoll großen braunen Papierumschlag verwahrt. Ich hatte dieses dünne, nicht einmal einen Zentimeter dicke Päckchen im Geheimfach eines besonderen Gepäckstücks untergebracht, das mir seit Jahren gute Dienste leistete, und besagter mittelgroßer Koffer lag nun im Laderaum des Flugzeugs der British Airways, das mich auf meinem Weg nach Moskau zunächst nach London bringen sollte. Ich würde es erst wiedersehen, wenn ich in Rußland den Koffer auspackte.

Mein anderes Manuskript jedoch, das Omega, bescheidene einhundertachtzig Seiten stark, die ich erst vor kurzem geschrieben hatte, so daß ich noch nicht dazu gekommen war, sie auf Mikrofilm zu übertragen, lagen noch als Manuskript in der Aktentasche unter meinem Sitz. Nachdem ich die ersten hundert Minuten des Flugs in einer Art Vorhölle, das heißt in der mittleren Sitzreihe der Economy Class zugebracht hatte und allein bei dem Gedanken an das Umsteigen in ein anderes Flugzeug, vor allem aber an die Ankunft in Moskau in Schweiß ausgebrochen war – wußte ich nun nicht mehr, weshalb ich mich auf dieses Unternehmen eingelassen hatte. Wie ein von giftigem Sprühnebel betäubtes Insekt kauerte ich bei zurückgeklappter Lehne in dem engen Touristensessel in der Economy Class und las die ersten vierzehn Seiten des Omega-Manuskripts noch einmal. Ich befand mich in diesem Zustand der Benommenheit, in dem die Beine zu schwer werden, als daß man sie bewegen könnte. Meine Nerven zuckten pausenlos wie Signallampen in einem elektronischen Spiel, und Übelkeit stieg in mir auf.

Da es noch ein paar Stunden bis zur Ankunft in London waren, las ich auch den Rest von Omega, alle hundertsechsundsechzig Seiten. Dann zerriß ich all diese Blätter und ließ sie im Klo verschwinden – jedenfalls so viele, wie mit den begrenzten technischen Möglichkeiten einer Bordtoilette von British Airways zu vernichten waren. Den Rest bewahrte ich mir für die robusteren Schlünde der Herrentoiletten in Heathrow auf. Als ich mir vorstellte, wie diese Papierfetzen im aufschäumenden Abflußloch einer überquellenden Kloschüssel herumwirbelten, wurde mir so elend, daß ich mich fast übergeben hätte. Es war der Schmerz über den Verlust, der mir fast den Verstand raubte. Ein volles Jahr – die vergangenen zwölf Monate –

hatte ich mit der Arbeit an Omega zugebracht. Es war das einzige Zeugnis meines monatelangen inneren Aufruhrs. Ich hatte Omega während der fortschreitenden Arbeit am Manuskript wohl an die hundertmal durchgelesen, Seite für Seite, und nun las ich es zum letzten Mal. Ich sagte Lebewohl zu einem Manuskript, das mich durch Erinnerungen an einige der schlimmsten Erfahrungen meines Lebens begleitet hatte. Bald, in ein paar Stunden, würde ich das Ganze wegwerfen, würde ich einen zerrissenen Absatz nach dem anderen, nur noch zerknitterte Papierfetzen, durch Abflußrohre spülen. Wenn ich mich auch nicht zu betrinken wagte, bestellte ich trotzdem bei der Stewardeß einen Scotch. Ich hob mein Glas auf die Reste von Omega und stürzte es mit einem Schluck hinunter.

OMEGA 2

Damals in jener mondlosen Nacht im März, als ich zur Keep zurückfuhr, hatte ich die Straße von Bath nach Belfast genommen, die Straße, die an Camden vorbeiführt. Über allen Buchten hing der Nebel wie ein Leichentuch, und er verhüllte alles, selbst das lange, felsige Schelf vor der Küste, an dem in früherer Zeit die Segelschiffe zerschellt waren. Als ich überhaupt nichts mehr erkennen konnte, wollte ich den Wagen schon an den Straßenrand fahren; doch dann würde ich wieder dieses traurige Knirschen der Bojen hören. Die Stille des Nebels würde mich umfangen, eine Stille, in der man den Schrei eines ertrinkenden Seemanns zu hören glaubt. Man muß von Sinnen sein, wenn man in einer solchen Nacht die Küstenstraße nimmt!
Hinter Camden kam ein Wind auf, der Nebel verzog sich, und bald wurde die Fahrt noch schlimmer. Mit dem Wetterumschwung setzte eisiger Regen ein. In manchen Kurven hatte er die Straße mit einer dünnen Eisschicht überzogen. Als ich ins Schleudern geriet, sangen meine Reifen wie ein Kirchenchor zwischen tausend Teufeln. Dann und wann kam ich an ein paar Häusern mit verschlossenen Fensterläden vorbei, und jede der wenigen Ampeln wirkte auf mich wie ein Leuchtturm auf einen Seefahrer. Leere Sommerhäuser standen unheimlich wie Grabkreuze da und klagten mich an.

Ich hatte ein schlechtes Gewissen, ich hatte betrogen, und nun schien die Straße mich betrügen zu wollen. Erst war sie griffig, dann verwandelte sie sich in einen Spiegel. Ich lenkte den Wagen mit den Fingerspitzen, und es kam mir in den Sinn, daß das Lügen eigentlich eine Kunst war und daß große Lügen große Kunst sein mußten. Der größte Lügner im Land aber mußte der Eiskönig sein, der diese Kurven nach Belieben verwandelte.
Meine Geliebte war in Bath, hinter mir, und meine Frau erwartete mich nahe der Insel Mount Desert. Der Eiskönig mußte mich inspiriert haben. Ich will Ihnen die Geschichte ersparen, die ich Kittredge erzählt habe von kleineren Geschäften, die mich bis zum Abend in Portland aufgehalten hätten, so daß ich erst spät nach Mount Desert gekommen sei. Nein, meine Geschäfte hatte ich in Bath erledigt und in den offenen Armen einer Frau. Genaugenommen hatte sie, verglichen mit meiner Lebensgefährtin, nicht viel zu bieten. Die Frau in Bath war ganz passabel, meine Frau eine Schönheit. Chloe war ein fröhliches Wesen, Kittredge aber – auch wenn es dünkelhaft klingen mag – eine Dame. Kittredge und ich sind einander sehr ähnlich, obwohl wir nur Cousin und Cousine dritten Grades sind – sogar unsere Nasen sind annähernd gleich. Chloe dagegen ist so gewöhnlich wie Bratensoße und schmeckt genauso herzhaft. Drall und freizügig mit ihren Reizen, arbeitete sie im Sommer als Serviererin in einem Restaurant, das einem Griechen gehörte. Einmal in der Woche, wenn die Chefin ihren freien Tag hatte, durfte Chloe sie vertreten, und darauf war sie stolz. Ich steckte ihr hier und da ein bißchen Geld zu. Andere Männer taten das vielleicht auch, doch ich wußte nichts davon, und es war mir auch gleichgültig. Sie war wie eine Mahlzeit, die ich ein-, zweimal im Monat mit Vergnügen genoß. Ich weiß nicht, ob ich sie öfter aufgesucht hätte, wenn es nicht so weit gewesen wäre, aber Bath liegt über hundert Meilen von der Kehrseite – unser Begriff für den landwärts gelegenen Strand – von Mount Desert entfernt, und so traf ich mich eben mit ihr, wenn es sich gerade ergab.
Eine solche Liaison, die man ab und an pflegt, hat durchaus etwas Kultiviertes. Hätte es sich um die Ehe eines anderen und nicht um meine eigene gehandelt, so würde ich erklärt haben, ein so ausgewogenes Doppelleben sei geradezu ideal, und beide Ehepartner könnten davon nur profitieren. Man sei dadurch fähig, eine tiefe,

zärtliche Liebe zu seiner Ehefrau zu bewahren und sich dennoch frei zu fühlen. Durch meinen Beruf waren mir solche Weisheiten ja vertraut. Hatten wir nicht zu Anfang von Gespenstern gesprochen? Mein Vater hatte in diesem Metier angefangen, und ich setzte die Tradition fort: Geheimdienste haben viel mit Gespenstern zu tun – in jeder Hinsicht. Wir suchen in die Abgründe der Seelen zu blicken. Einmal haben wir beim CIA eine tiefenpsychologische Untersuchung vorgenommen und zu unserem Entsetzen festgestellt, daß ein Drittel der Mitarbeiterinnen und Mitarbeiter, die unsere Sicherheitsprüfung bestanden hatten, so in sich gespalten waren, daß sie bei entsprechender psychologischer Vorbereitung ohne weiteres hätten »umgedreht« werden können. »Potentielle Überläufer gibt es mindestens ebenso viele wie potentielle Alkoholiker!« So lautete die zynische Faustregel, die wir als Ergebnis der Untersuchung aufstellten.

Nach so vielen arbeitsreichen Jahren mit unvollkommenen Menschen hatte ich gelernt, ein wenig über die Fehler anderer Leute hinwegzusehen, solange sie nicht allzu gefährlich waren. Trotzdem erfüllte mich mein eigener Verrat am Sakrament der Ehe mit tiefer Niedergeschlagenheit. An diesem Abend auf der nebligen, vereisten Küstenstraße hatte ich das Gefühl, bald am Ende zu sein. Ich fühlte mich in unsichtbare und unlösbare Widersprüche verstrickt. Mir schien – entgegen aller Logik –, daß nur mein Tod andere vor einem fürchterlichen Schicksal bewahren konnte! Das ist schwer zu verstehen. Ich glaube, daß etwas von der Logik des Selbstmords in diesen Gedanken steckte. Kittredge, die einen scharfen Verstand hat und die Dinge oft sehr treffend ausdrückt, sagte einmal, einen Selbstmord könne man besser verstehen, wenn man annimmt, daß es nicht nur einen Grund, sondern zwei Gründe dafür gegeben hat: Menschen können sich umbringen, weil sie so tief gedemütigt wurden, daß sie jede Selbstachtung verloren haben, sie können ihren Selbstmord aber auch als ehrenvollen Ausweg aus einer sonst ausweglosen Situation sehen. Manche Menschen, sagte Kittredge, werden von bösen Geistern so tief in den Sumpf gezogen, daß sie glauben, sie könnten durch ihre Selbsttötung ganze Heerscharen von ihnen vernichten. Es ist, als ob man eine von Termiten zerstörte Scheune niederbrennt, um die Schädlinge zu beseitigen, ehe sie auch noch das Haus zerfressen.

Für den Mord gilt so ziemlich dasselbe: Er ist eine abscheuliche Tat, die nichtsdestoweniger patriotisch sein kann. Über dieses Thema jedoch haben Kittredge und ich nicht so lange geredet. Es war eine peinliche Familienangelegenheit. Mein Vater und ich hatten immerhin an die drei Jahre nach Möglichkeiten gesucht, Fidel Castro zu ermorden.

Zurück zu meiner Fahrt auf der vereisten Straße. Während mich mein Selbsterhaltungstrieb zu vorsichtiger Fahrweise zwang, wollte mich mein Schuldgefühl über die Klippen stürzen. Ich hatte mehr als nur ein Ehegelübde gebrochen. Ich hatte meine Liebe verraten. Kittredge und ich waren ein traumhaftes Liebespaar, womit ich nicht meine, daß wir jede Nacht bumsten, bis die Hunde heulten. Nein, ich meine es wörtlich. Wir waren ein *traumhaftes* Liebespaar. Unsere Ehe stand wie ein schöner Traum am Ende einer jener nur allzu realen Geschichten, die uns zeigen, was eine Tragödie ist. Wenn ich in so hohen Tönen von so persönlichen Dingen singe, kommt es daher, daß ich es nicht gewöhnt bin, unsere Liebe zu beschreiben. Normalerweise kann ich nicht davon sprechen. Glückseligkeit und Verzweiflung fließen oft aus derselben Wunde.

Ich will die Tatsachen nennen. Sie sind brutal, aber besser als sentimentale Vernebelung. Kittredge hat nur zwei Männer in ihrem Leben gehabt. Ihren ersten Mann und mich. Wir begannen unsere Affäre, während sie noch mit ihm verheiratet war. Einige Zeit, nachdem sie angefangen hatte, ihn zu betrügen – er gehörte zu den Männern, die es »betrügen« nennen –, stürzte er beim Klettern in den Felsen ab und brach sich das Rückgrat. Er war vorangeklettert, und als er fiel, riß er den Jungen, der unter ihm am Seil sicherte, mit in die Tiefe. Der Haken wurde aus dem Felsen gerissen. Christopher, der Junge, der bei diesem Sturz ums Leben kam, war ihr einziges Kind.

Kittredge konnte ihrem Mann nie verzeihen. Christopher war sechzehn und kein geübter Bergsteiger. Man hätte ihn nicht mit auf diese schwierige Klettertour nehmen dürfen. Aber ebensowenig wie ihrem Mann konnte sie sich selbst verzeihen. Unsere Affäre überforderte sie. Sie beerdigte Christopher und kümmerte sich um ihren Mann während der ersten fünfzehn Wochen, die er im Krankenhaus verbrachte. Bald nach seiner Entlassung setzte sich Kittredge eines Abends ins warme Wasser ihrer Badewanne

und schnitt sich mit einem scharfen Küchenmesser die Pulsadern auf, um zu sterben. Aber sie wurde gerettet.
Von mir. Sie hatte seit dem Tag des Unglücks jede Verbindung mit mir abgebrochen. Die fürchterliche Nachricht hatte uns voneinander getrennt, als wäre zwischen zwei Nachbarhäusern ein breiter Spalt aufgerissen. Es war, als hätte Gott selbst gesprochen. Sie sagte mir, sie wolle mich nicht sehen, und ich hielt mich daran. Doch am Abend ihres Selbstmordversuchs war ich, erfüllt von zunehmenden Ängsten, von Washington nach Boston und von dort nach Bangor geflogen und hatte mir einen Wagen gemietet, um nach Mount Desert zu fahren. Ich hörte sie nach mir schreien aus Höhlen, die so tief in ihr verborgen lagen, daß sie sich selbst ihrer Stimme wohl nie bewußt geworden ist. Ich kam bei ihrem Haus an, in dem es ganz still war, und stieg durch ein Fenster ein. Hinten im Erdgeschoß war der Invalide mit seiner Pflegerin, im ersten Stock seine Frau. Sie schlief, vermutlich in einem weitentfernten Bett. Da ich ihre Badezimmertür verschlossen fand und sie nicht antwortete, brach ich die Tür auf. Zehn Minuten später wäre es zu spät gewesen.
Unsere Affäre begann von neuem, jetzt gab es keine Fragen mehr. Von der Tragödie erschüttert, vom Verlust bestätigt, richteten wir uns mit unseren Gedanken aneinander auf und liebten uns sehr.
Die Mormonen glauben, daß man eine Ehe nicht nur für dieses Leben eingeht, sondern für die Ewigkeit, wenn man den Bund im Tempel schließt. Ich bin kein Mormone, aber selbst mit diesem hohen Maßstab gemessen war es echte Liebe. Ich konnte mir nicht vorstellen, daß die Gegenwart meiner Frau mich jemals langweilen würde, weder diesseits noch jenseits des Grabes. Die Zeit, die ich mit Kittredge verbrachte, würde nie enden; andere Menschen störten uns, als kämen sie mit einem schrillenden Wecker in unser Zimmer.
Dabei hatte es eher banal angefangen. Vor dem Unglück an der Felswand hatten wir eben Gefallen aneinander gefunden, und wenn wir uns als Vetter und Cousine küßten, verlieh der prickelnde Beigeschmack des Inzests unserer Beziehung zusätzlichen Reiz. Aber es war uns ernst damit – auch wenn wir wohl nicht gerade bereit gewesen wären, füreinander zu sterben – quasi in Fortsetzung der Pechsträhne. Ihr Ehemann, Hugh Montague – »Harlot« genannt, also »Hure« nach altem Sprachgebrauch und

»Gauner« nach noch älterem –, stand schließlich meinem Herzen fast näher als mein eigenes, armseliges Ich. Er war mein Mentor, mein Pate, mein Ersatzvater und mein Boss gewesen. Ich war damals neununddreißig und fühlte mich in seiner Gegenwart nur halb so alt. Als ich mit seiner Frau schlief, kam ich mir vor wie ein Einsiedlerkrebs, der in ein prachtvolles Schneckenhaus umgezogen ist und darauf wartet, daß er hinausgeworfen wird.
Wie jeder Liebhaber in einer so schwerwiegenden neuen Affäre fragte auch ich nicht nach den Motiven der Geliebten. Es genügte, daß sie mich gewollt hatte. Aber jetzt, nach zwölf Jahren mit Kittredge, davon zehn als ihr Ehemann, kann ich auch sagen warum. Mit einer guten Frau verheiratet zu sein, heißt mit angenehmen Überraschungen zu leben. Ich liebe Kittredge wegen ihrer Schönheit und – ich will es gestehen – ihrer tiefen Weisheit. Wir wissen beide, daß in ihren Gedanken mehr Tiefe ist als in meinen. Dennoch entdecke ich immer wieder neue, erstaunliche Facetten an ihrem scharfsinnigen Geist, die ich ihrer Herkunft und Bildung zuschreibe. Sie hat keine gewöhnliche Karriere gemacht, und ich kenne auch nicht viele Radcliffe-Absolventinnen, die zum CIA gegangen sind.
In jener Nacht vor zwölf Jahren, in der wir uns zum erstenmal liebten, huldigte ich ihr auf jene Art mit Lippen und Zunge, die viele unserer Collegeabsolventen beim Liebesakt bevorzugen. Kittredge, die ein paar ihr bis dahin völlig unbekannte Schauer in der Wölbung zwischen ihren Schenkeln verspürte, seufzte: »Darauf habe ich all die Jahre gewartet!« Bald schon flüsterte sie mir lustvoll zu, ich sei so brünstig wie ein Faun und führe sie zu bukolischen Seligkeiten.
Sie sah in unserer ersten Nacht nicht älter aus als siebenundzwanzig und war doch schon achtzehn von ihren einundvierzig Jahren verheiratet. Hugh Tremont Montague sei, so sagte sie mir (und wer könnte an ihren Worten zweifeln?), der einzige Mann, den sie je gekannt habe. Harlot war überdies siebzehn Jahre älter als sie und bekleidete eine sehr hohe Position. Da eine seiner Aufgaben darin bestand, die schwierigsten Doppelagenten zu führen, hatte er ein feineres Gespür für die Lügen der Menschen entwickelt, und er durchschaute sie, lange bevor sie ihn durchschaut hatten. Inzwischen traute er niemandem mehr, und natürlich konnte auch niemand je sicher sein, daß Harlot selbst die Wahrheit sagte.

Kittredge klagte damals immer wieder, daß sie nicht beurteilen könne, ob er ein Vorbild an ehelicher Treue, ein Windhund oder gar ein heimlicher Päderast sei. Ich glaube, sie fing ihre Affäre mit mir eigentlich nur an (wenn ich es einmal von der negativen Seite ansehe), weil sie ausprobieren wollte, ob auch sie ihm etwas vormachen konnte.
Das positive Element kam später. Ihre Liebe wurde nicht deshalb tiefer, weil ich ihr das Leben gerettet, sondern weil ich so einfühlsam auf ihre Verzweiflung reagiert hatte. Ich bin inzwischen weise genug, um zu wissen, daß das für fast alle von uns genug ist. Unsere Affäre begann von neuem, und diesmal führten wir unsere Liebe zur Vollendung. Kittredge war eine Frau, für die Liebe ohne Ehe nicht vorstellbar war. Die Liebe war ein Stand der Gnade, der durch das Sakrament geheiligt werden mußte.
Kittredge fühlte sich deshalb verpflichtet, es ihrem Mann zu sagen. Wir gingen zusammen zu Hugh Tremont Montague, und er willigte in die Scheidung ein. Es war die wohl erbärmlichste Stunde meines Lebens. Ich fürchtete mich vor Harlot. Ich hatte die wohlbegründete Angst, die man vor einem Mann hat, der über die Macht verfügt, Menschen liquidieren zu lassen, die einen, seiner Ansicht nach, tödlichen Fehler gemacht haben. Vor dem Unfall war er groß und schlank gewesen, ein Mann in den besten Jahren, ein Mann, dessen Wort Gesetz war, und auch als Krüppel hatte er sich seine hoheitsvolle Haltung bewahrt. Das war aber nicht das Schlimmste. Denn meine Verehrung für ihn war fast noch größer als meine Furcht. Er war nicht nur mein Boss, er war für mich auch ein Vorbild an Machismo gewesen – der einzigen Gesinnung, die amerikanische Männer und Jungen respektieren. Von ihm konnte man lernen, wie man auch in schwierigsten Situationen Haltung bewahrt. Deshalb ist die Stunde, die Kittredge und ich zu beiden Seiten seines Rollstuhls verbrachten, eine Wunde im Fleisch meiner Erinnerung. Denn er weinte, bevor wir noch ausgeredet hatten.
Ich konnte es nicht fassen. Kittredge sagte mir später, es sei das einzige Mal gewesen, daß sie ihn habe weinen sehen. Hughs Schultern bebten, das Schluchzen schüttelte ihn, und nur seine gelähmten Beine lagen tot und unbeweglich da. Er war nicht mehr als ein verzweifelter Krüppel. Ich sehe ihn noch immer vor mir, und wenn ich diese furchtbare Erinnerung mit einer Wunde ver-

gleiche, so muß ich sagen, daß die Narbe nicht verblaßt ist. Sie wurde eher noch dunkler. Harlots Schmerz hat uns dazu verurteilt, eine große Liebe aufrechtzuerhalten.
Kittredge war voller Zuversicht. An die Existenz des Paranormalen zu glauben, war für sie wie ein Pakt mit dem Teufel. Wir waren auf Erden, um gerichtet zu werden. Also würde unsere Ehe an den Höhen gemessen werden, zu denen sie sich aus dem Kerker ihres niedrigen Beginns zu heben vermochte. Ich schloß mich ihrem Glauben an. Für uns war es die einzig mögliche Art von Religion.
Wie hatte ich also die vergangenen Stunden dieses grauen Märztages damit verbringen können, auf Busen und Bauch von Chloe herumzurutschen? Die Küsse meiner Geliebten waren wie Sahnebonbons, weich, klebrig und unendlich feucht. Ich war sicher, daß Chloe ihre Freunde schon seit ihrer Schulzeit von beiden Seiten mit dem Mund geliebt hatte. Ihre Spalte war gut geschmiert, und ihre Augen leuchteten nur, wenn sie erregt war. Sobald wir etwas nachließen, fing sie an, mit der glücklichsten Stimme der Welt über jeden Unsinn zu reden, der ihr in den Sinn kam. Am liebsten erzählte sie von Wohnwagen (sie lebte in einem), wie leicht sie doch in Brand gerieten, und von den Lastwagenfahrern, die bei ihr Kaffee bestellten und dabei so ungeheuer selbstsicher wirkten, als ob sie ihre Gewerkschaft führen könnten. Dann erzählte sie Anekdoten von alten Freunden, die sie gelegentlich wiedersah. »›Junge‹, dachte ich, ›was hat der sich alles angefressen! Fett ist der geworden!‹ Dann mußte ich mich selbst fragen: ›Chloe, ist dein Hintern weniger dick?‹ Ich hab's auf Bath geschoben. Hier gibt es im Winter nichts anderes zu tun als zu essen und sich um gierige Kerle wie dich zu kümmern.« Darauf gab sie mir einen aufmunternden Klaps auf die Hinterbacken wie einem Teamkameraden beim Baseball, und schon legten wir wieder los. Sie befriedigte ganz einfach meine heimliche Sehnsucht nach dem Gewöhnlichen. Und so rutschte ich fröhlich wie ein Waldschrat auf ihr herum.
Ich hatte sie außerhalb der Saison in dem großen Restaurant kennengelernt, in dem sie arbeitete. Es war ein ruhiger Abend, und ich saß nicht nur allein an meinem Tisch, sondern war der einzige Gast in diesem Teil des Restaurants. Sie bediente mich ruhig und freundlich und offenkundig ernsthaft darum besorgt, daß mir die Mahlzeit auch schmeckte. Sie war dabei von einer

robusten Mütterlichkeit, denn sie wußte, daß man alle guten Gefühle zu Geld machen kann.
Als ich den Garnelencocktail bestellte, schüttelte sie den Kopf. »Lassen Sie mal die Garnelen sein«, sagte sie. »Die sind dreimal gestorben und wieder auferstanden. Nehmen Sie die Muschelsuppe.« Das tat ich. Sie führte mich sachkundig durch das ganze Menü und sorgte auch für die richtigen Getränke. Sie tat das alles ohne viel Aufhebens – sie störte mich nicht in meinen Gedanken, ich sie nicht in den ihren, und daneben redeten wir über das, was uns gerade einfiel. Es gibt nicht viele Serviererinnen, die soviel Freude an einem einsamen Gast haben wie Chloe, und ich stellte nach einer Weile mit Überraschung fest, daß ich mich in Gegenwart dieser Zufallsbekanntschaft – eigentlich nicht mein Geschmack – außerordentlich wohl fühlte.
So machte ich an einem anderen ruhigen Abend wieder bei dem Restaurant Station. Sie setzte sich zu mir, leistete mir beim Nachtisch und Kaffee Gesellschaft und erzählte ganz unbefangen aus ihrem Leben. Sie hatte zwei Söhne von zwanzig und einundzwanzig; sie wohnten in Manchester, New Hampshire, und arbeiteten in der Fabrik. Sie selbst sei achtunddreißig, und ihr Mann hätte sich vor fünf Jahren von ihr getrennt, nachdem er sie in flagranti ertappt habe: »Er hatte recht. Ich habe damals gesoffen, und einem Säufer kann man nicht trauen.« Sie lachte gutgelaunt über ihren losen Lebenswandel.
Schließlich gingen wir zu ihrem Wohnwagen. Ich glaube, ich habe in meinem Beruf eine wichtige Fähigkeit entwickelt. Ich kann mich auf das konzentrieren, was vor mir liegt. Ich kann dann alles beiseite schieben, Büroklatsch, bürokratische Behinderungen, Vertrauensbruch – und sogar die Tatsache, daß ich im Begriff war, Kittredge erstmals zu betrügen. Meine Manneskraft scheint mir ziemlich durchschnittlich. Ich habe einen guten Soldaten, einen Schwanz, der so empfindsam ist wie jeder andere. Er richtet sich auf, wenn man ihn ermuntert, und erschlafft, wenn ihn Schuldgefühle überkommen. So ist es ein Beweis für meine Konzentrationsfähigkeit und für Chloes erregende Nacktheit – ein Weib wie sie sollte sich nur nackt und prall zeigen –, daß der gute Junge da unten in Anbetracht der Einmaligkeit und Größe meines Vergehens nur gelegentlich ein wenig abschlaffte. Ich hungerte wirklich nach dem, was Chloe mir zu bieten hatte.

Ich weiß nicht, wie ich es erklären soll. Der Liebesakt mit Kittredge war – ich benutze das Wort noch einmal – ein Sakrament. Ich habe Hemmungen, darüber zu sprechen, während ich ohne weiteres bis ins Detail erzählen kann, wie es mit Chloe war; wir waren wie Kinder im Heuschober; Chloe roch sogar nach Erde und Stroh. Aber wenn ich Kittredge umarmte, war es stets eine Zeremonie. Ich will damit nicht sagen, daß wir feierlich oder gemäßigt waren. Wenn sich kein echtes Verlangen einstellte, liebten wir uns manchmal einen Monat lang nicht. Aber wenn es kam, dann kam es mit Macht. Nach all den gemeinsamen Jahren flogen wir immer noch aufeinander. Kittredge war in der Tat so wild wie eines von diesen Waldtieren mit Klauen, scharfen Zähnen und feinem Pelz, die man nie richtig zähmen kann, und es gab Zeiten, da fühlte ich mich wie ein Kater auf einem Waschbär. Meine Zunge (einst der Schlüssel zur Seligkeit) spielte nun selten eine Rolle bei ihren Gelüsten – vielmehr diente unser Akt dem Gleichklang der Seelen: Haß zu Haß, Liebe zu Liebe. Ich schaute Gott, wenn der Blitz loderte und unsere aufgewühlten Seelen ineinanderzuckten. Dann wieder war es reine Zärtlichkeit und das süßeste, geheimste Wissen darum, wie wunderbar wir füreinander waren. Aber es ähnelte nicht im mindesten einem Akt mit Chloe. Mit Chloe war es ein trunkenes, grunzendes Sich-Wälzen im Schlamm, und wenn wir wieder zu uns kamen, hatten wir ein animalisches Gefühl, so schleimig und so üppig wie die Erde. Chloe konnte mir Blumen im Arsch wachsen lassen.

Als ich im Auto saß, das Herz in der Hose und das ganze Eis der Straße in meinen eiskalten Fingern, wußte ich wieder ganz genau, was ich Chloe verdankte: Gleichheit. Wir hatten nichts miteinander gemein als unsere Gleichheit. Wenn sie uns einmal zum Richtblock führten, würden wir Hand in Hand gehen, wir waren Spielgefährten. Unsere Körper waren geradezu füreinander geschaffen, und wir ergänzten uns so gut wie Karotten und Erbsen in ein und derselben Suppe. Ich hatte nie eine Frau gekannt, die mir körperlich so gleich war wie Chloe.

Kittredge hingegen war die frühere Gefährtin eines edlen, jetzt aber verkrüppelten Ritters. Ich kam mir vor wie ein Schildknappe in einer mittelalterlichen Romanze. Mein Ritter und Herr war fort auf seinen Kreuzzügen, und so unterhielt ich die Dame. Mochten wir auch einen Weg gefunden haben, das Schloß ihres Keuschheitsgürtels zu öffnen, so mußte ich stets die Stufen zu ihr emporsteigen. Wir mochten Blitze und Sterne sehen – das Schlafzimmer blieb ihre Kemenate. Unsere Ekstase war so herb wie das Leuchten des Meeres vor Maine. In ihren Armen sah ich für Sekunden den Himmel – doch nie die Schöpfung. Mit Chloe kam ich mir vor wie einer ihrer Lastwagenfahrer.

Auf einer so schrecklichen nächtlichen Fahrt im Eisregen kann man nicht lange meditieren. Statt dessen zuckten Gedanken vor mir auf, und in diesen Visionen sah ich Chloe als meine Ehefrau und Kittredge als meine Dame. In den meisten Affären kann einen ein Kuß an viele Lippen erinnern, die man gekannt hat. Es erleichtert die Ehe, wenn man eine Frau hat, die einen an andere Frauen erinnert. Manche Ehe ist nur eine Sublimierung von Orgien, denen man sich niemals hingegeben hat. Kittredge war einzig. Wenn ich sie nahm, gab es nur sie und keinen Gedanken an andere.

Einmal, etwa einen Monat nach unserer Eheschließung, sagte sie zu mir: »Es gibt nichts Schlimmeres, als ein Gelübde zu brechen. Ich habe immer das Gefühl, das ganze Universum wird von ein paar feierlichen Schwüren zusammengehalten. Hugh war furchtbar. Nie konntest du seinen Worten trauen. Ich sollt's dir nicht sagen, Liebling, aber als es mit uns anfing, war das eine große Leistung von mir. Ich glaube, es war das Mutigste, das ich je getan habe.«

»Bitte erspare mir solche Mutproben«, sagte ich. Es war keine Spur einer Drohung in meinen Worten, und am Beben meiner Stimme mochte sie erkennen, daß ich förmlich um eine Antwort bettelte.

»Das werde ich niemals tun.« Sie hatte dabei den Blick eines Engels, und nur ein feiner Nebel verschleierte das klare Blau ihrer Augen. Philosophin, die sie war, versuchte sie immer vorausschauend zu denken. »Nein«, sagte sie. »Geben wir einander ein Versprechen: Absolute Aufrichtigkeit zwischen uns. Wenn einer von uns irgendwas mit einem anderen anfängt, muß er es sagen.«

»Ich verspreche es«, sagte ich.

»Mein Gott«, sagte sie. »Bei Hugh wußte ich nie, woran ich war. Ist das einer der Gründe dafür, daß er an diesem fürchterlichen Namen Harlot hing?« Sie schwieg. Harlot – was auch immer er in diesem Augenblick tat – saß jetzt im Rollstuhl. »Armer alter Gobby«, seufzte sie. Alles Mitgefühl, das sie noch für ihn empfand, war in diesem Spitznamen enthalten.

»Warum nennst du ihn Gobby?« Bei Kittredge gab es für alles einen richtigen Augenblick, und ich hatte noch nie danach gefragt.
»›Gottes altes Biest‹. So heißt er.«
». . . einer seiner Spitznamen.«
»Ach, Liebling, ich gebe den Leuten so gerne Namen. Jedenfalls Leuten, die ich mag. Das ist die einzige Promiskuität, die uns gestattet ist: daß wir einander viele Namen geben.«
Mit den Jahren hatte ich ein paar davon kennengelernt. Hugh trug einen eleganten kleinen, sorgfältig gestutzten, grau melierten Schnurrbart, wie er zu einem britischen Kavallerieoberst gehört. Kittredge nannte ihn deshalb »Trimmsky«. »Genauso schlau wie Lew Trotzki«, sagte sie, »aber sein Schnurrbart ist zehnmal besser getrimmt.« Später fand ich heraus, daß der Name – in diesem Fall – nicht von ihr stammte. Allen Dulles hatte ihn nämlich so getauft, als Hugh während des Kriegs in London für den OSS arbeitete. Offensichtlich hatte Dulles den Spitznamen Kittredge gegenüber bei ihrer Hochzeit erwähnt. Kittredge war ganz verrückt nach Dulles gewesen, nachdem sie ihm zum erstenmal bei einer Gartenparty in Georgetown begegnet war, zu der ihre Eltern sie während der Osterferien in ihrem zweiten Studienjahr am Radcliffe College mitgenommen hatten – ach die armen Harvard-Leute, die Kittredge den Hof zu machen suchten, nachdem ein Allen Dulles ihr zum Abschied die Wange geküßt hatte!
Nach der Hochzeit wurde es ihr zur Gewohnheit, Hugh Tremont Montague »Trimmsky« zu nennen. Umgekehrt gab auch er ihr Spitznamen: einer war »Ketchum«, nach Ketchum, Idaho. Kittredges voller Name lautete Hadley Kittredge Gardiner. Der erste Vorname war aus Verehrung für Hadley Richardson, Hemingways erste Frau, gewählt worden, die Kittredges Vater, Rodman Knowles Gardiner, in den zwanziger Jahren in Paris getroffen hatte und von der er meinte, sie sei die netteste Frau, der er je begegnet war.
Ich hatte einige Zeit gebraucht, bis ich ein paar Metamorphosen der Namen meiner geliebten Frau kennenlernte. Um die unvermeidliche Verballhornung in »Ketchup« zu vermeiden, wurde »Ketchum« zugunsten von »Red« aufgegeben. Der Name blieb eine Zeitlang an ihr haften, denn er paßte wie die Faust aufs Auge, da Kittredges Haar rabenschwarz war und ihre Haut so weiß wie Carrara-Marmor. Ich erlebte auch alle Qualen eines eifersüchtigen

Liebhabers, wenn Kittredge gestand, daß Montague sie in besonders heißen Nächten »Hotsky« zu nennen pflegte. Wechselten die Leute im Geheimdienst ihre Namen so rasch wie andere ihre Hemden?
Auf jeden Fall war Gobby das nacheheliche Pseudonym.
»Ich fand es bedrückend, daß ich mich auf Gobbys Aufrichtigkeit nicht verlassen konnte«, sagte Kittredge. »Und du, Liebling, versprichst mir, daß wir ehrlich zueinander sein werden?«
»Das werden wir sein.«
Mein Wagen begann zu schleudern. Die Wand des Kiefernwaldes auf der anderen Straßenseite kam auf mich zu, doch die Kühlerhaube drehte weiter ab, als ich das Lenkrad herumriß, worauf der Wagen und ich plötzlich quer über die Straße auf die andere Waldseite zurasten. Einen Augenblick dachte ich, ich sei tot und ein Teufel geworden, denn mein Kopf schien umgekehrt auf meinen Schultern zu sitzen: Ich sah die Straße zurück bis zu der Biegung, um die ich gerade gekommen war. Dann, so langsam, als befände ich mich in einem Strudel auf dem Meer, begann die Straße sich zu drehen. Es wollte und wollte nicht aufhören. Ich kam mir vor wie auf einem Plattenteller. Plötzlich bewegten sich der Wagen und ich wieder vorwärts. Der Wagen war um neunzig Grad nach rechts ausgebrochen, hatte sich dann nach links einmal um die eigene Achse gedreht – nein, noch um neunzig Grad mehr –, so daß ich schließlich wieder geradeaus fuhr. Meine Angst war verschwunden. Ich hatte das Gefühl, als sei ich aus einem Fenster im zehnten Stock gefallen, im Sprungtuch der Feuerwehr gelandet und stolperte jetzt mit glühenden Wangen und glasigen Augen durch die Gegend. »Millionen Wesen«, sagte ich laut zu dem leeren Wagen – sagte es tatsächlich laut! –, »wandeln unerkannt auf Erden, ob wir nun wachen oder schlafen«, worauf ich, während ich mit nur fünfzig Stundenkilometern die Straße entlangschlich, wie um das Zitat zu belegen »Milton, Das verlorene Paradies«, hinzufügte. Es war erst ein paar Stunden her, daß Chloe und ich von ihrem Bett im Trailer am Straßenrand von Bath aufgestanden und zu einem Abschiedstrunk in eine schäbige Cocktailbar mit Löchern in den roten Kunstlederpolstern der Sitzecken gegangen waren. Gleich nachdem unsere Getränke gekommen waren, hatte ich im Gespräch eines davon umgestoßen, und das Glas war zu unerträglich kleinen Splittern zersprungen, als ob

nichts mehr zusammenhielte. Daraufhin waren Chloe und ich in eine untypisch trübe Stimmung verfallen, als wir voneinander Abschied nahmen. Das Unbehagen an der Untreue war fast mit Händen zu greifen.
Jetzt sann ich über diese Millionen von Wesen nach, die unerkannt auf Erden wandeln. Flüsterten sie Kittredge etwas ins Ohr, wenn sie schlief, genauso wie sie mich einst gerufen hatten, als sie sich die Pulsadern aufschnitt? Wer leitete die Spionagesysteme im Ozean der Geister? Ein Spion muß sich wie ein Laserstrahl auf einen Punkt konzentrieren können, um kein Aufsehen zu erregen. Wie kann ein Agent Woche für Woche, jahraus jahrein Kopien von geheimen Papieren ziehen und wie kann er sich von der Angst befreien, daß ein böser Geist dem Mann, der auf ihn angesetzt ist, im Schlaf einflüstert, wo er ihn fassen kann?
Ich kam an einem Parkplatz mit einer Telefonzelle vorbei und hielt an. Ich war verstört und mußte unbedingt mit Kittredge sprechen. Plötzlich schien es mir, als wären wir durch alle erdenklichen Barrieren voneinander getrennt, wenn ich sie nicht sofort erreichte.
Was könnte eindringlicher an die nächste Eiszeit erinnern als eine verrostete, pockennarbige Telefonzelle an einer überfrorenen Landstraße in Maine? Ich mußte die Vermittlung aufwecken, und ihr fiel es schwer, die Nummer meiner Kreditkarte zu wiederholen. Ich stampfte mit den Füßen, um mich zu wärmen, bis sich die Maschinerie von Bell Telephone endlich in Bewegung setzte. Das Telefon läutete vier-, fünf-, sechsmal, dann durchfuhr mich ein zärtliches Gefühl beim Klang von Kittredges Stimme, und ich erinnerte mich daran, daß mein Herz einmal einen ebensolchen Freudensprung getan hatte, als ich in einer dunklen Nacht allein in einem Kanu in Vermont saß und mit einem Mal jede einzelne Welle in dem schwarzen Wasser des Teichs aufleuchtete, als ein voller Erntemond genau in der Kerbe zwischen zwei steilen runden Bergkuppen aufstieg. Damals hatte ich einen seltsamen Seelenfrieden gespürt, und genauso ließ mich nun Kittredges Stimme wieder frei atmen. Mir schien, als hätte ich sie noch nie zuvor gehört. Sage niemand, ich liebte meine Frau nicht, da ich doch nach elfjähriger Ehe noch immer ihre Wunder entdecken konnte.
Die meisten Sprechtöne gelangen durch Filter und über Ablenkplatten an mein Ohr. Ich höre, wie die Leute ihren Kehlkopf

strapazieren, um Herzlichkeit oder Kälte, Rechtschaffenheit, Zuversicht, Mißbilligung oder Beifall in ihre Stimme zu legen – auch der Klang unserer Sprache kann täuschen, freilich weniger als Worte.
Kittredges Stimme kam aus ihr, wie eine Blüte sich aus der Knospe öffnet. Ihre Stimme war im Zorn genauso erstaunlich wie in der Liebe – und sie leistete sich das Wechselbad ihrer Gefühle. Nur wer meint, daß er ein unentbehrlicher Teil des Universums ist, kann es sich leisten, nicht auf den Klang seiner Stimme zu achten.
»Harry, ich bin froh, daß du anrufst. Bist du heil und gesund? Ich habe schon den ganzen Tag lauter böse Ahnungen.«
»Mir geht es gut. Aber die Straßen sind grausig. Ich bin noch nicht mal in Bucksport.«
»Ist wirklich alles in Ordnung? Deine Stimme klingt so, als ob du dir gerade den Adamsapfel abrasiert hättest.«
Ich lachte so affektiert wie ein verlegener japanischer Geschäftsmann. Sie behauptete immer, ich wäre so dunkel, groß und gutaussehend wie Gary Cooper oder Gregory Peck, wenn da nicht mein vorspringender Adamsapfel wäre. »Mir geht es gut«, sagte ich. »Ich mußte nur mit dir reden.«
»O ja, ich muß auch mit dir reden! Stell dir vor, was heute hier angekommen ist! Ein Telegramm von unserem Freund. Es ist deprimierend. Nachdem er doch so lange nett gewesen ist, scheint er jetzt völlig am Boden.« Sie sprach von Harlot.
»Hm«, sagte ich. »So schlimm kann es doch gar nicht sein. Was hat er denn geschrieben?«
»Ich erzähl's dir später.« Sie machte eine Pause. »Harry, versprich mir etwas.«
»Ja.« Ich hörte es an ihrer Stimme. »Ja«, sagte ich. »Was sagen deine bösen Ahnungen?«
»Fahr bitte ganz vorsichtig. Heute abend kommt eine sehr hohe Flut. Ruf mich an, wenn du zur Anlegestelle kommst. Das Wasser tost jetzt schon.«
Nein, ihre Stimme verbarg nichts. Die Tonlage wechselte nach so vielen Richtungen, als ob sie in einem Boot ruderte, das gegen die Wellen ankämpft.
»Mir fallen die seltsamsten Dinge ein«, sagte sie. »Bist du gerade ins Schleudern geraten?«
»So schlimm wie noch nie«, sagte ich. Die Fenster meiner Telefon-

zelle waren vereist, aber mir brach der Schweiß aus. Wie nahe konnte sie mir kommen, ohne auf den Tumult meiner Gefühle zu stoßen?
»Es ist nichts passiert«, fuhr ich fort. »Ich nehme an, das schlimmste Wetter ist überstanden. So sieht es jedenfalls aus.« Ich wagte es weiterzufragen. »Hattest du noch andere seltsame Gedanken?«
»Ich bin von einer Frau besessen«, sagte sie.
Ich nickte. Ich kam mir vor wie ein Boxer, der nicht weiß, vor welcher Faust seines Herausforderers er sich mehr hüten muß.
»Von einer Frau besessen?« wiederholte ich.
»Einer toten Frau«, sagte Kittredge.
Man kann sich vorstellen, wie erleichtert ich war.
»Gehört sie zur Familie?« fragte ich.
»Nein.«
Als Kittredges Mutter starb, wachte ich öfter des Nachts auf und sah sie mit dem Rücken zu mir auf ihrer Seite des Bettes sitzen und lebhaft mit der leeren Wand reden, an der sie, ohne daß es merkwürdig oder gar peinlich schien, ihre Mutter sehen konnte. (Wieweit das mit meinem – sagen wir's so – verdrehten Traum von Augustus Farr zu tun hatte, ist hier natürlich eine berechtigte Frage.) Bei diesen früheren Anlässen war allerdings klar: Kittredge befand sich in einer Art Trance. Sie war hellwach, war sich aber meiner Gegenwart nicht bewußt. Wenn ich ihr morgens von solchen Vorkommnissen berichtete, pflegte sie entweder zu lächeln oder die Stirn zu runzeln. Mein Bericht von dem, was sie getan hatte, beunruhigte sie nicht. Es schien, als ob es im Schoß der Nacht Möglichkeiten gäbe, mit denen, die einem nahe gewesen waren, in Kontakt zu treten. Ihr Sohn Christopher war ihr freilich nie wieder erschienen, aber sein Tod war anders gewesen. Er war in den bodenlosen Abgrund der Eitelkeit seines Vaters gestürzt. Sein Ende hatte ihn für alles Irdische taub gemacht. So erklärte es sich Kittredge jedenfalls.
Kittredge hat von beiden Eltern her schottisches Hochländerblut in den Adern, und man weiß ja, wie keltisch die Hochländer sein können. Nicht alle Schotten begnügen sich damit, als Juristen oder Banker zu wirken und den presbyterianischen Gottesdienst zu besuchen; manche nehmen sich ein Cottage an der Schnittstelle zwischen Diesseits und Jenseits. Sie blasen nicht umsonst ihre Dudelsäcke.

»Willst du mir nicht von diesem Traum erzählen?« fragte ich Kittredge jetzt.
»Harry, sie ist seit zehn Jahren tot. Ich weiß nicht, weshalb sie mich jetzt zu erreichen versucht.«
»Um wen geht es denn?«
Sie antwortete nicht direkt. »Harry«, sagte sie. »Ich habe in letzter Zeit an Howard Hunt denken müssen.«
»Howard? E. Howard Hunt?«
»Ja. Weißt du, wo er ist?«
»Nicht genau. Ich nehme an, daß er irgendwo, wo's ruhig ist, seine Trümmer einsammelt.«
»Armer Mann«, sagte sie. »Weißt du, ich habe ihn vor langer Zeit bei einer Party kennengelernt, als meine Eltern mich Allen Dulles vorstellten. Allen sagte: ›Hier, Kitty, das ist Howard Hunt. Er schreibt absolut tolle Romane.‹ Ich glaube nicht, daß der Große Häuptling sehr viel von Literatur verstand.«
»Oh, Mr. Dulles war immer für Superlative.«
»Ja, nicht?« Ich hatte sie zum Lachen gebracht. »Er sagte einmal zu mir: ›Harry, Cal Hubbard wäre der Teddy Roosevelt unserer Truppe, wenn's da nicht noch Kermit Roosevelt gäbe.‹« »Herrgott, dein Vater, das paßt!« Sie lachte wieder, aber ihre ehrliche Stimme konnte nicht verbergen, daß sie bedrückt war.
»Erzähl mir von der Frau.«
»Es ist Dorothy Hunt, Liebling«, sagte Kittredge. »Sie ist geradewegs aus der Versenkung gestiegen.«
»Ich wußte nicht, daß du sie so gut kanntest.«
»Ich kannte sie gar nicht so gut. Hugh und ich hatten die Hunts einmal zum Abendessen bei uns zu Besuch.«
»Natürlich. Ich erinnere mich vage.«
»Ich erinnere mich gut an sie. Eine intelligente Frau. Wir haben ein paarmal zusammen geluncht. Sie war so viel tiefgründiger als der arme Howard.«
»Und was sagt sie?«
»Harry, sie sagt: ›Laßt sie nicht ruhen.‹ Das ist alles. Als ob wir beide wüßten, wen sie meint. Wer auch immer sie sein mögen.«
Ich antwortete nicht. Kittredges unüberhörbare Bestürzung sprang auf mich über. Ich hätte sie beinahe gefragt: »Hat Hugh jemals mit dir über die Hohen Heiligen geredet?« Aber ich sprach den Gedanken nicht aus. Ich traute keinem Telefon, meinem

eigenen am allerwenigsten. Zwar hatten wir nichts gesagt, was Stürme entfachen konnte, aber man tat gut daran, sich bei allen Gesprächen im Sinne der Schadensbegrenzung zurückzuhalten. Also sagte ich nur noch: »Das ist komisch mit Dorothy!«
Kittredge reagierte prompt auf den Wechsel meines Tonfalls. Sie hatte ebenfalls Angst vor dem Telefon – aber auch Freude am Schabernack. Für den Fall, daß dieses Gespräch abgehört wurde, wollte sie den Lauschern noch ein paar Nüsse zu knacken geben. So stellte sie nun mit ernster Stimme fest: »Die Nachricht von Gallenstein hat mir nicht gefallen.«
»Was hat er gesagt?« Gallenstein war – wie sollte es anders sein – ein weiterer Name für Harlot.
»Ja, das wurde persönlich überbracht. Dieser fürchterliche Bursche, Gilley Butler, stand heute abend vor meiner Tür. Er muß unser Boot genommen haben und herübergerudert sein, und er übergab mir mit ordinärem Grinsen einen Umschlag. Er war schrecklich betrunken, und es war ihm anzusehen, daß jemand ihm viel zuviel für diesen Botendienst gezahlt hatte. Er hatte ein entsetzliches Gehabe: aufgeblasen und gleichzeitig verkommen.«
»Was«, insistierte ich, »was enthielt denn die Nachricht?«
»Fünfhunderteinundsiebzig Tage auf der Venus. Plus ein Schaltjahr. Acht Monate, um alles zu erledigen.«
»Das kann einfach nicht stimmen«, erwiderte ich, als hätte ich jedes Wort begriffen.
»Niemals.«
Wir beendeten unser Gespräch mit der gegenseitigen Versicherung, daß wir einander fehlten, wir sprachen, als ob es Jahre und nicht nur ein paar Stunden dauern würde, bis wir uns wiedersahen. Dann legten wir auf.
Sobald ich wieder im Wagen saß, nahm ich einen zerfledderten Band mit T. S. Eliots Gedichten aus dem Handschuhfach. Die acht Monate, von denen in dem Telegramm die Rede war, bezogen sich auf das fünfte Gedicht in diesem Buch. Wir hatten einen privaten Code, nach dem wir die Zahl des Monats – der März war der dritte – zur Nummer des Gedichts hinzurechnen wollten. »Venus« war nur ein Schnörkel, um die Aufmerksamkeit etwaiger Lauscher abzulenken, aber »fünfhunderteinundsiebzig plus eins bedeutete nach unserem Code, daß fünfhundert abzuziehen seien, und so mußten die einundsiebzigste und die zweiundsiebzigste Zeile des

fünften Gedichts gemeint sein, bei dem es sich um »Das wüste Land« handelte. Einem qualifizierten Spezialisten, der dieselbe Ausgabe von Eliots ausgewählten Gedichten hatte, würde es nicht schwerfallen, unseren Code zu entschlüsseln, aber nur Harlot, Kittredge und ich selbst wußten, welches Buch wir benutzten.

> *Vorm Jahr vergrubst im Garten du 'ne Leiche.*
> *Fängt sie zu sprießen an? Blüht sie dies Jahr?*

Harlot hatte wieder einmal zugeschlagen. Ich wußte nicht, was er damit sagen wollte, jedenfalls gefiel es mir nicht. Ich hatte gedacht, wir hätten uns arrangiert.
Im ersten Jahr nach meiner Heirat mit Kittredge, als ihr Ex-Ehemann Hugh Montague die Nächte der langen Messer durchlebte, hatte er von seinem Rollstuhl aus häßliche Telegramme losgelassen. An unserem Hochzeitstag war das erste gekommen: »Glücklich seid Ihr, daß die Würfel elf Augen zeigen. Ihr müßt einander fünfhundertachtundzwanzig- plus zweimal küssen und die Bettücher verwahren. – Ein freundliches Wrack.«
Dechiffriert hieß dies:

> *Und ich will dir weisen ein Ding, das weder*
> *Dein Schatten am Morgen ist, der dir nachfolgt,*
> *Noch dein Schatten am Abend, der dir begegnet;*
> *Ich zeige dir die Angst in einer Handvoll Staub.*

Das genügte, um unserer Hochzeitsnacht einen besonderen Beigeschmack zu verleihen. Und nun, nach all den Jahren, sollten wir wieder mit solchen Botschaften leben. Vielleicht verdiente ich es nicht besser. In meinen Nüstern hing noch der Geruch von Chloe. Unser Rechtssystem billigt dem Delinquenten mildernde Umstände zu, wenn er durch die Grausamkeit anderer zu seiner Tat getrieben wurde. Harlots Botschaft, düster wie der Nebel über den Klippen – »Vorm Jahr vergrubst im Garten du ...« –, erlaubte es mir, ihm mit gleicher Münze heimzuzahlen.
Ich war endlich fähig an die Weiterfahrt zu denken, und während der Fahrt hatte ich angesichts unseres Gesprächs reichlich Stoff zum Nachdenken. Wußte Kittredge, wer die Hohen Heiligen waren? Ich hatte es ihr auf keinen Fall erzählt, und Harlot auch

nicht, das schien jetzt festzustehen. Ihrer Stimme nach zu urteilen, wußte sie nichts von Dorothy Hunt. Kittredge schien gar nicht zu ahnen, daß Harlot und ich an einem Strang zogen.
Da ich angestrengt überlegen mußte, war ich froh, daß sich nach Belfast, wo die Route 1 auf die Route 3 mündet, das Wetter besserte. Die Luft wurde wärmer, der Schneeregen hörte auf und die Straße, obgleich noch naß, war eisfrei. Ich konnte mich meinen Gedanken hingeben. In der Spezialakte über die »Hohen Heiligen« lag alles über Dorothy Hunt in einem braunen Hefter.

OMEGA 3

Südlich des Potomac, gerade außerhalb von Washington, hat die intensive Bodennutzung den Wäldern von Virginia in den letzten zehn Jahren übel mitgespielt. Man hat die Sümpfe trockengelegt und zubetoniert, mit Superhighways geviertelt, mit Bürohochhäusern gespickt und mit molekülartigen Ketten von Reihenhäusern überzogen. Die Parkplätze stinken im Sommer wie Erdgas.
Ich sah mit Unbehagen die Urbanisierung der Feuchtgebiete, in denen ich so lange gearbeitet hatte. Und die Fahrt vom Tor von Langley bis zu Harlots Haus war ein einziger fünfzehn Meilen langer Stau. Sein Haus, ein Schmuckstück aus der Zeit vor dem Bürgerkrieg, das er 1964 gekauft hatte, stand ursprünglich allein an einem alten, von Ahornbäumen gesäumten Feldweg, aber jetzt, da man die vierspurige Straße gebaut hatte, befand es sich am Ende einer gebogenen Zufahrt, keine zwanzig Meter vom Asphalt entfernt, auf dem die Lastwagen vorbeiröhrten. Eine bedrückende Metamorphose. Überdies hatte man das Innere mit einer Rampe verschandelt, die es Harlot erlaubte, mit dem Rollstuhl vom Erdgeschoß in den ersten Stock hinaufzufahren.
Dennoch waren nicht viele Augenblicke in meinem Leben folgenschwerer als jener Sonntag im Jahre 1982, an dem Harlot mich eingeladen hatte, wieder mit ihm zusammenzuarbeiten. »Ja«, hatte er gesagt, »ich brauche deinen Beistand so sehr, daß ich auf mein eigentliches Vorhaben verzichten werde.« Seine Fingerknö-

chel, so groß wie Karbunkel, bewegten den Rollstuhl wütend vor- und rückwärts.
Harlot hatte seinen Aufruf zu neuer Mitarbeit zeitlich gut gewählt. In Langley hatte ich Trübsal geblasen. Es widerte mich an, die endlosen Korridore entlangzugehen, Korridore, die den fluoreszierenden Fußgängerrouten auf großen Airports nicht unähnlich waren. Es gab dort sogar eine Wand aus Glas, durch die man auf den Innengarten hinaussah. Man konnte auf jedem Korridor an Hunderten von Türen vorbeigehen, die alle gleichsam Farbcodes trugen; blattgrün, dunkelorange, krapprosa, porzellanblau, entworfen von einem pastelltonversessenen Koordinator, der Freude und Systematik in unsere Zellen bringen wollte. Die Farben sollten signalisieren, welche Arbeit hinter der jeweiligen Tür verrichtet wurde. Natürlich wurde in den alten Zeiten – vor zwanzig oder mehr Jahren – eine Anzahl Büros streng geheim betrieben, so daß die Farbe der Tür in die Irre führte. Jetzt gab es nur noch wenige solcher Türen, und mich langweilte das. Die Tür unseres Büros entsprach dem regulären Farbcode. Meine Frau und ich schienen beruflich aufs Abstellgleis geraten zu sein.
In der Tat waren Kittredge und ich, wie ich gleich erklären werde, nicht mehr oft in Washington, längst nicht mehr so oft wie in der Keep. Lange Zeit hatte ich ohne Beförderung in der Tretmühle unter fünf verschiedenen Direktoren des Central Intelligence verbracht, unter keinen Geringeren als Mr. Schlesinger, Mr. Colby, Mr. Bush, Admiral Turner und Mr. Casey, der mich, wenn ich ihm begegnete, entweder nicht kannte oder es vorzog, mich nicht mit meinem Namen zu begrüßen – und das nach über fünfundzwanzig Jahren in der Company! Es war nicht zu übersehen, daß die Schatten länger wurden. Zwei ehemalige Missionschefs in zwei Dritte-Welt-Republiken waren wieder zurück nach Langley gekommen, wo sie auf den Ruhestand warteten. Sie teilten nun mit mir mein Büro – oder was von meinem Büro noch übrig war. Sie dienten mir als Sachbearbeiter – in diesem Fall: als Herausgeber der Bücher, die ich redigierte und/oder als Ghostwriter verfaßte. Sie galten als ausgebrannt, ganz ähnlich wie ich selbst, und im Gegensatz zu mir mochten sie diesen Ruf verdienen. Thorpe war schon um zehn Uhr morgens betrunken – seine Augen waren wie Murmeln und sprangen unstet hin und her, wenn man ihn ansah. Der andere, Gamble, hatte eine gänzlich erstarrte Mimik und lebte seit

kurzem vegetarisch. Er hob auch niemals die Stimme und wirkte wie ein Mann, der zwanzig Jahre im Zuchthaus gesessen hat. Ich aber war bereit, mich mit jedem anzulegen.

Es war genau in jenen Tagen, da sich die Frustration wie grüne Galle in mir staute, daß Harlot mich in sein Rumpfbüro ins Farmhaus nach Virginia berief und wohl noch andere Männer wie mich, die noch ehrgeizig genug waren, um wütend darüber zu sein, daß ihre Karriere im bürokratischen Sand verlief, und zugleich alt genug, um zu wissen, daß ihre besten Jahre vorüber waren. Wer weiß, was Harlot für die anderen auskochte? Ich kann nur berichten, was er mit mir besprach.

Beim CIA hatten wir, als unser »Familiengeheimnis« 1975 aufgeflogen war, beträchtliche Probleme bekommen. Vielleicht gab es ein paar Buschmänner in Australien, die noch nicht wußten, wie sehr wir uns bemüht hatten, Fidel Castro auszuschalten, aber als das »Senate Select Committee to Study Intelligence Activities« schließlich seine Untersuchung beendete, waren die Buschmänner rar geworden. Der Rest der Welt hatte erfahren, daß wir auch einen Anschlag auf Patrice Lumumba vorbereitet und uns so begeistert unseren LSD-Experimenten in Sachen Gehirnwäsche hingegeben hatten, daß eine unserer Versuchspersonen – ein Regierungsbeamter namens Dr. Franz Olsen – aus dem Fenster gesprungen war. Wir hatten die Tatsache vor seiner Frau geheimgehalten, und die dachte zwanzig Jahre lang, ihr Mann sei ein ganz normaler Selbstmörder gewesen, was für eine Familie sehr belastend ist, da es keinen »normalen« Selbstmord gibt. Wir hatten die Post zwischen Rußland und den USA eingesehen und wieder geschlossen; wir hatten hohe Regierungsbeamte wie Barry Goldwater und Bobby Kennedy bespitzelt – und dann wurden diese Tätigkeiten in aller Öffentlichkeit hinausposaunt. Da wir beim CIA ein stolzes und verschwiegenes Völkchen sind, kamen wir uns schließlich vor wie ein Konvent von Methodistenpfarrern, denen man vorwirft, sie hätten das Bettzeug eines First-Class-Hotels mit Filzläusen infiziert. Die Company hat sich von dieser Preisgabe ihrer Familiengeheimnisse nie wieder ganz erholt.

In der Folge mußten viele unserer Spitzenleute den Dienst quittieren. Harlot freilich konnte auch in diesen schlechtesten aller Zeiten kaum entlassen werden, da er sich mit seinen wackeren Fahrten im Rollstuhl durch die Korridore zu viele Sympathien erworben hatte.

Er durfte bleiben und weiter in den Strudeln fischen, durfte in Bereichen arbeiten, die keine Aufmerksamkeit auf sich ziehen würden. Natürlich war man allgemein der Ansicht, daß auch Harlot nur noch ein Gnadenbrot aß.

Sieben Jahre später allerdings rief er mich erneut an die Arbeit. »Harry-Boy«, sagte er, »laß uns die Vergangenheit begraben. Es kristallisiert sich da gerade ein Skandal heraus, der sich als schlimmer herausstellen wird als der mit den ›Familiengeheimnissen‹. Ich würde sagen, der Größenordnung nach ungefähr soviel schlimmer, wie Hiroshima schlimmer war als Pearl Habor. Die ›Familiengeheimnisse‹ haben unsere Reihen gelichtet; die Hohen Heiligen aber werden uns von der Landkarte tilgen, wenn man sie nicht eliminiert.«

Als er schwieg, trat ich einen Schritt zurück. »Der Name gefällt mir«, sagte ich. »Die Hohen Heiligen.«

»Ein *guter* Name«, pflichtete er mir bei, während er mit seinem Rollstuhl eine Quadrille tanzte und energiegeladen hin und her rollte. Er war inzwischen Ende sechzig, aber seine Augen und seine Stimme waren die eines Mannes, der noch immer die Truppen befehligen konnte. »Ich gebe zu, daß mich wenige Dinge je so verwirrt haben wie Watergate. Wir hatten doch so viele Vögel im Teich des Weißen Hauses. Wie dir bekannt sein dürfte, habe ich selbst einen oder zwei hineingesetzt.«

Ich nickte.

»Und trotzdem«, fuhr Harlot fort, »war ich auf Watergate nicht vorbereitet. Das war eine außerordentlich blödsinnige Operation, aus welchem Blickwinkel man sie auch immer betrachtet. Das stimmte hinten und vorne nicht. Ich bin zu dem Schluß gekommen, daß wir es nicht mit *einem* unzulänglichen Plan zu tun hatten, sondern mit drei oder vier Plänen von verschiedenen Drahtziehern, alle so ausgeführt, daß sie miteinander kollidieren mußten. Wenn die Einsätze hoch sind, häufen sich die Zufälle und Pannen. Shakespeare war ganz gewiß auch dieser Ansicht. Sonst gäbe es für ›Macbeth‹ oder ›Lear‹ keine Erklärung.«

Es war ihm gelungen, mich zu irritieren. Was sollte in diesem Augenblick der Hinweis auf ›Macbeth‹ oder ›Lear‹?

»Nennen wir den Watergate-Einbruch den 1. Akt«, sagte Harlot. »Ein guter 1. Akt. Vielversprechend, aber alles bleibt im dunkeln. Es folgt der 2. Akt sechs Monate später: der Absturz der United-

Airlines-Maschine von Washington nach Chikago, Flugnummer 553. Die Maschine versucht auf dem Midway Airport zu landen und schafft es nicht – eine ganz unglaubliche Geschichte. Sie pflügt durch eine Gegend mit lauter kleinen Einfamilienhäusern, keine zwei Meilen vom Airport entfernt, und dabei kommen dreiundvierzig der einundsechzig Passagiere um. Weißt du, wer an Bord war?«
»Ich glaube, ich wußte es mal.«
»Dorothy Hunt ist die wichtigste Person, die dabei starb.« Harlot hob die Hand. »Nun, natürlich, Watergate war noch nicht aufgedeckt. Das Flugzeug stürzte im Dezember 1972 ab, ein paar Monate, bevor Senator Ervin und sein Ausschuß an die Arbeit gingen, und eine ganze Reihe von Wochen, bevor unser Mann, der gute James McCord, den ersten Ton sang, lange auch, bevor John Dean auftauchte. Howard Hunt, mußt du wissen, hatte mit seinen unsterblichen Worten, er wolle kein Sündenbock sein, einen ganz schönen Sturm gesät in Richtung auf das Weiße Haus – und Dorothy Hunt war gewiß härter im Nehmen als Howard. Wenn's gefährlich wurde, vertraute man eher ihr die Pistole an.«
Ich zuckte mit den Schultern. Der Punkt war fraglich. Ich hatte für Howard Hunt gearbeitet.
»Trotzdem«, sprach Harlot weiter, »ist das ein wahnsinnig großes Kaliber, um einen Spatzen zu schießen. Ein Haufen Leute tot – ungeheuer eindrucksvoll. Wer könnte es getan haben? Gewiß nicht das Weiße Haus. Die würden sich nie an einem Flugzeug vergreifen. Schließlich ist es dem Weißen Haus nicht mal gelungen, Mr. Liddy eine tödliche Dosis Masern zu verpassen, nicht mal auf seine Einladung hin, noch haben sie Dean oder Hunt oder McCord zum Abschuß freigegeben. Wie hätten sie dann etwas so Großes wie diesen Flugzeugabsturz inszenieren können? Trotzdem ist der Unfall von Flug 553 eine häßliche Sache. Die Beweislage ist wie üblich wahnsinnig kompliziert, aber es könnte auch Sabotage gewesen sein. Das Weiße Haus ist sich offenbar einer solchen Möglichkeit bewußt. Derselbe Butterfield, der später vor dem Ervin-Ausschuß gestand, daß Nixon alles auf Band genommen hat außer seinen Gängen zum Klo, wird zur Bundesluftfahrtbehörde versetzt, und Dwight Chapin von CREEP, dem Verein zur Wiederwahl Nixons, geht zu United Airlines. Offenbar sicherte sich der Nixon-Palast gegen eine durchgreifende Untersuchung

ab. Ich glaube, sie verdächtigen auch uns. Nixon als alter China-lobby-Boy weiß alles über das Flugzeug, das damals explodiert ist, als Tschou En-lai sich an Bord befinden sollte. Er ist also informiert. Wir verstehen uns darauf, eine Maschine zu präparieren, sie nicht. Das wirft eine beängstigende Frage auf: Wenn Flug 553 nach Chikago verunglücken sollte, um Dorothy Hunt zu erledigen, dann muß sie im Besitz von sehr wichtigen Informationen gewesen sein. Man legt nicht Dutzende von Zivilisten um, weil man *eine* Dame liquidieren will, außer sie hat etwas ganz Entscheidendes in der Hand.«

»Was soll sie denn in der Hand gehabt haben?«

»Ich gehe immer von meinen eigenen Wertvorstellungen aus, wenn ich derlei Fragen zu lösen versuche«, sagte er. »Unter welchen Umständen würde ich ein solches Gemetzel veranstalten? Nun, ich habe mir überlegt, daß ich nur dann zu solch brutalen Methoden greifen würde, wenn das Ziel der Aktion, Mrs. Hunt, weiß, wer hinter dem Mord an Kennedy steckte, und ich kann es mir nicht leisten, daß das herauskommt. Zweitens: Nixon oder Kissinger ist ein KGB-Agent, und die Zielperson hat die Beweise. Drittens: Elementen unter uns ist es gelungen, in die Bundesreservebank, die Federal Reserve, einzudringen.«

»Was hat die Federal Reserve mit Dorothy Hunt zu tun?«

»Lieber Harry, sieh dir doch bitte mal an, wer damals im Juni 1972 im Watergate-Bürohaus war. Hatte die Federal Reserve nicht im siebten Stock ein Büro, und zwar genau über dem Democratic National Committee? Wie kommst du darauf, daß McCord es auf die Demokraten abgesehen hatte? Vielleicht hat ihn nur die Zimmerdecke im sechsten Stock interessiert, durch die er ein Spike-Mikro in den Fußboden des siebten Stocks gelegt hat. McCord ist nicht bloß ein religiöser Eiferer, weißt du. Er verfügt zufällig auch über ein paar handwerkliche Fähigkeiten.

Nun stell dir vor, wie lange ich schon über diese Sache nachdenke. Das Flugzeugunglück mit Dorothy ist Jahre her. Und trotzdem komme ich von dem Gedanken nicht los, daß es etwas Schlimmeres sein könnte als die Geschichte mit den ›Familiengeheimnissen‹. Ich muß immer wieder an die Federal Reserve denken. Wenn ein paar von unseren Leuten damals den siebten Stock abgehört haben, dann tun sie es vielleicht auch heute noch. Rechtzeitige Tips, wann die Federal Reserve ihren Zinssatz ändert, sind, vor-

sichtig geschätzt, ein paar Milliarden wert.« Er beugte sich vor und flüsterte mir geheimnisvoll drei Worte ins Ohr. »Die Hohen Heiligen.« Dann kam er auf mich zugerollt. »Ich habe eine Menge Arbeit für dich.«
Wie Verschwörer schüttelten wir einander die Hand. Wir bösen alten Elefanten würden zusammenarbeiten. Wie ich mir schon gedacht hatte, war er in vielen Büros, in denen er Akten einsehen mußte, Persona non grata, während ich dort immer noch willkommen war. Unter dem einen oder anderen Pseudonym war ich Autoren von ein paar CIA-freundlichen Agentenromanen behilflich gewesen. Derartige Romane fanden beim Publikum nicht mehr so großen Anklang wie früher – und ich beaufsichtigte auch ein oder zwei wissenschaftliche Werke, von gelegentlichen Berichten über die neuesten Gemeinheiten der alten kommunistischen Bedrohung für die eine oder andere Zeitschrift gar nicht zu reden. Es mochte auch ein paar Türen öffnen, wenn ich erklärte, daß ich unter verschiedenen Namen als Agent, Autor und freiberuflicher Herausgeber mit kommerziellen Verlagen zu tun hätte und daß mein Name sogar auf mehreren Büchern stehe, die ich weniger selbst geschrieben als vielmehr als Geburtshelfer für andere Autoren mit zur Welt gebracht hätte. Natürlich habe ich selbst auch ein paar richtige Ghostwriter-Jobs übernommen. Wenn ein prominenter Evangelist nach Osteuropa oder Moskau reiste, riefen mich nachher Mittelsmänner an, damit ich aus seinen auf Tonband aufgenommenen gewundenen Reden das herausholte, was die patriotischen Abonnenten des Reader's Digest in konzentrierter Form lesen wollen. Ich mache mich gern über meine veröffentlichten Arbeiten lustig – sie haben auch nichts Besseres verdient. Meine eigentliche, ernsthafte Arbeit hat mich mehr Schweiß gekostet.
In der Tat, ich galt in Langley inzwischen als komischer Kauz. Seit Jahren – seit meiner Rückkehr aus Vietnam – arbeitete ich, zuerst auf Harlots Geheiß, dann – nach dem Bruch – in eigener Regie an einem monumentalen Werk über den KGB, dessen Arbeitstitel »Die Staatsvision« lautete. Harlot und andere hatten schon früh große Hoffnungen auf dieses Buch gesetzt. Die Arbeit wurde jedoch nie ernsthaft in Angriff genommen. Das Projekt war einfach zu monumental konzipiert. Zwar stapelten sich die Aufzeichnungen, aber über ein Jahrzehnt oder länger kam die eigentliche Arbeit

kaum voran. Ich versank immer mehr im Sumpf des Alltags, mangelnder Lust an der Aufgabe und journalistischer Kleinarbeit. Vor ein paar Jahren hatte ich »Die Staatsvision« aufgegeben zugunsten des literarischen Projekts, an dem mir wirklich etwas lag: einem detaillierten Bericht über mein Leben beim CIA. Ich schrieb heimlich, erzählte nicht einmal Kittredge davon. Mit diesem Buch kam ich gut voran. Es war mir, in den paar Arbeitsstunden, die ich jede Woche dafür abzweigen konnte, bereits gelungen, meine Kindheit, meine Familie, meine Ausbildung und meinen ersten richtigen Job – einen Auftrag in Berlin, zirka 1956 – zu beschreiben. Ich hatte meine Arbeit in Uruguay und einen längeren Aufenthalt in Miami behandelt – als wir unseren unerklärten Krieg gegen Castro führten.

Ich fand, mein Bericht sei flüssig zu lesen und hätte ihn gern als Roman bezeichnet. Er war geradezu verboten ehrlich. Ich hatte mehrere unserer Mordversuche detailliert beschrieben. Ein Teil des Materials war allgemein bekannt, ein anderer aber noch immer streng geheim. Ich hatte kein gutes Gefühl dabei. In diesem sehr langen Bericht, nennen wir ihn meinen Roman, war ich noch nicht bis Vietnam gekommen, geschweige denn bis zu meiner späteren Arbeit bei Nixon im Weißen Haus Anfang der siebziger Jahre. Auch von meiner Affäre mit Kittredge und unserer Heirat war noch nicht die Rede. Ich hatte das Meer meiner Vergangenheit erst zur Hälfte durchschifft, und wenn ich das Ganze als Roman bezeichnete, dann deshalb, weil ich keine Möglichkeit sah, dieses Alpha-Manuskript, wie ich es nannte – Arbeitstitel: »Das Vabanquespiel« – zu veröffentlichen. Natürlich war es egal, wie ich es nannte. Beim Eintritt in den CIA war ich zur Verschwiegenheit verpflichtet worden, und deshalb war es nicht publizierbar. Die Rechtsabteilung der Agency würde nie zulassen, daß solche Enthüllungen dem Publikum zugänglich gemacht würden. Trotzdem wünschte ich mir, mein Buch im Schaufenster einer Buchhandlung zu sehen. Es weckte ganz einfach meinen literarischen Ehrgeiz. Ich wurde geradezu depressiv, wenn ich darüber nachdachte, daß ich an einem gewaltigen Werk arbeitete, das niemand je lesen würde. Ich sah mich schon als Pionier einer Art amerikanischen Samisdat, dessen Buch von Hand zu Hand wanderte. Konnte ich so etwas wagen? Wenn ich es nicht tat, mußte ich mir vorlügen, ich hätte es nicht zur Veröffentlichung, sondern für mich selbst geschrieben.

Das ist so, als ob man sich im Spiegel selbst nicht in die Augen schauen könnte.
Wie auch immer: Da meine Kollegen in der Company nicht mehr wußten, als daß ich mit meiner Arbeit über den KGB nicht recht vorankam, behandelte man mich dort (und darin ist der CIA gut) als eine jener traurigen Figuren, die man glaubt wieder auf die Beine stellen zu müssen. Es ist eine ähnliche Situation wie die eines unproduktiven Kindes in einer großen und begabten Familie. Man ermutigte mich, wochen-, manchmal monatelang für mich allein zu Hause an der »Staatsvision« zu arbeiten. Und wenn ich einerseits wütend darüber war, so war ich doch andererseits froh, aus diesen deprimierenden Vororten in Virginia herauszukommen. Natürlich tat ich immer noch so, als holte ich mir Arbeitsmaterial für die »Staatsvision« in Langley ab, um es nach Maine mitzunehmen, zur Keep, aber wie viele bemerkenswerte Akten hatte ich doch auf diesem Wege für Harlot beschafft, zusammen mit den Unterlagen, die ich angeblich für meine offizielle Untersuchung brauchte. In der Praxis war es so, daß niemand beurteilen konnte, was ich wirklich brauchte, und deshalb konnte mich auch niemand kontrollieren. Außerdem gehörte ich sozusagen zum Inventar, so daß man darüber hinwegsah, wenn ich meine Nase in Dinge steckte, die mich eigentlich nichts angingen. So konnte ich zahllose Kopien von heißen Eisen zusammen mit dem Kram, den ich mitzunehmen berechtigt war, in meiner Aktentasche hinausschmuggeln. Angesichts der Brisanz der Papiere, die ich an Harlot weitergab, lohnte sich das Risiko, geschnappt zu werden. Es entbehrte nicht der Komik, daß ich den ganzen weiten Weg von Maine nach Washington fuhr, um Sprengstoff abzuholen, den ich gerade fünfzehn Meilen von Langley entfernt ablieferte, wo Harlot noch immer in dem alten Farmhaus herumrollte, das er einst gemeinsam mit Kittredge bewohnt hatte.
Ja, wir waren einer heißen Sache auf der Spur: den Hohen Heiligen. Und ich konnte dabei Kopf und Kragen verlieren – das heißt meinen Job, meine Pension, meine Freiheit. Was mir blühte, wenn man mich ertappte, war klar: das Gefängnis. Auch konnte ich mich auf Harlots Ehrlichkeit mir gegenüber keineswegs verlassen. Trotzdem hatte ich mich ihm in die Hand gegeben, als ob er das Schicksal selbst wäre: Schuldgefühle wuchern schlimmer als Krebs.

OMEGA 4

Nach der nervenaufreibenden Rutschpartie verlief die Weiterfahrt so reibungslos, daß ich mich selbst darüber wunderte. Die Straße wand sich in den gleichen Schlangenlinien wie meine Gedanken, und schneller als erwartet erreichte ich die dunkle Landstraße zwischen Bucksport und Ellsworth. Als ich durch Sears kam, leuchteten die Häuser im Licht meiner Scheinwerfer so weiß wie die gebleichten Knochen toter Indianer.
Ich passierte Doughnut Dairy Queens und den letzten Vorposten von McDonald's. Das Einkaufszentrum von Ellsworth glitt an mir vorbei, und über der ölgetränkten Fläche des leeren Parkplatzes kreisten Nebelschwaden. Mit zwölf Meilen in der Stunde überquerte ich die kurze Brücke von Tremont nach Mount Desert und geriet erneut in eine dichte Wolke. Wieder sah ich nicht weiter als bis zu den silbernen Tropfen des Nebels, die vor mir im Licht der Scheinwerfer tanzten. Die letzten zehn Meilen der Straße, die an Prettymarsh vorbeiführt, mußte ich im Schrittempo fahren, denn der Mittelstreifen ist verwischt.
Auf der westlichen Hälfte von Mount Desert gibt es keine so hübschen Orte wie Northeast Harbor, Bar Harbor oder Seal Harbor; unsere westliche Hälfte ist nicht bemerkenswert. Die Straße windet sich meilenweit durch nachwachsende Bäume und Dickichte. Die Berge sind bewaldet und bieten wenig Aussichtspunkte. Die Marschen und Teiche sind von schwefelgelben Algenteppichen bedeckt. Auf unseren Dörfern – Bass Harbor, Seal Cove – wohnt ein hart arbeitender Menschenschlag; die Weiler sind arm. Oft stehen nicht mehr als vier oder fünf Wohnwagen, zwei, drei Holzhäuser und ein Postamt aus Hohlziegeln an der Straße. Verkehrszeichen gibt es kaum.
Da ich aber jede einzelne Kurve kannte, fand ich auf Anhieb die unbeschilderte Abfahrt nach rechts, die über einen zwei Meilen langen Feldweg zu dem Kai führt, an dem unser Ruderboot liegt. Ich fuhr weiter, vorbei an den Häfen der Hummerfischer, die übersät sind von alten Reifen und verrosteten Eisenteilen. Nirgendwo sah ich Licht. Dann kam ich an einem Haus vorbei, das ich nie gemocht hatte – eigentlich waren es nur zwei mit einem Schuppen verbundene Wohnwagen. Dort lebten Gilley Butler –

jener Mann, der Kittredge vor ein paar Stunden den Umschlag gebracht hatte – und sein Sohn Wilbur mit ihren Lebensgefährtinnen, Bälgern und verschiedenen Hunden. Es mag brutal klingen, aber derlei Gesindel hätte man vor drei Jahrhunderten in England kurzerhand als Wilderer gehängt, und bei uns hätte man sie zumindest in den Stock gelegt. Hier genügt die Feststellung, daß der Alte eine Reihe von wüsten Auseinandersetzungen mit meinem Vater gehabt und daß der Sohn, Wilbur, sich mit Hugh Montague herumgestritten hatte. In den letzten Jahren hatte Wilbur des öfteren mit der Polizei und den Gerichten zu tun gehabt – er hatte eine alte Frau mit seinem Gürtel ziemlich übel zugerichtet, als sie ihn beim Einbruch in ihren Wohnwagen ertappte. Ich wußte nicht einmal, ob Wilbur nicht immer noch in der Strafanstalt saß. Ich hatte gerüchteweise im Postamt vernommen, daß er bald zur Entlassung anstände, und diese Aussicht gefiel mir gar nicht. Wenn immer unsere Wagen einander auf dem Feldweg begegnen, betrachtet er mich mit so feindselig zusammengekniffenen Augen, daß ich mich eines Tages entschloß, in der Bar Harbor Library die Familiengeschichte der Butlers einzusehen. Sie waren eine alteingesessene Sippe, einfache und arme Leute seit fünfzehn Generationen, und bei der Hälfte der Nachkommen war die Abstammung zweifelhaft. So konnte ich meinen Verdacht, daß sie irgendwie mit Augustus Farr verwandt waren, zwar nicht verifizieren, aber ich fand das Tagebuch von Damon Butler, dem Obermaat von Farrs Mannschaft, der seinen Kapitän der »Piraterey« bezichtigt hatte.
Wie dem auch sei, jedesmal, wenn ich an diesen mit einem wackligen Schuppen verbundenen beiden Wohnwagen vorbeifuhr, war ich auf alles gefaßt. Ein Dunst von durchsoffenen Nächten, von Prügeleien und Schüssen in den Unterleib, von Stiefeln, die alles niedertrampelten, von geronnenem Blut und Erbrochenem hing über den zerborstenen Hummerkörben. Berge von leeren Bierdosen und Muschelschalen lagen überall herum.
Es waren zwei lange Meilen, bis man zum Kai kam. Unsere Wege sind ausgefahren, zu beiden Seiten stehen entlang den Gräben Brombeer- und andere Dornensträucher, und gelegentlich kommt man an hochaufgeschossenem Unkraut vorbei, das aus Ausschachtungen für die Grundmauern billiger Eigenheime herauswächst, die dann nie gebaut wurden. Der Mief der Armut liegt über dem ganzen Ort. Flaschengrüne Pferdebremsen, groß wie

Hummeln, quälen dich im Sommer, und ekelhafte Motten verfangen sich in deinem Haar, wenn du Sport treibst. Im März läßt das Tauwetter an die Schlammschlachten des Ersten Weltkriegs denken, und es gab Zeiten, in denen ich die beiden Meilen von der Abzweigung bis zum Kai nur schaffte, wenn ich meinen Jeep mit dem dreißig Meter langen Stahlseil und der Motorwinde von Baum zu Baum zog. Heute abend freilich war der Schlamm noch fest verkrustet, das Eis, gemischt mit Kies, gab den Reifen leidlich Halt, und so wühlte sich der Wagen den verlassenen Weg entlang, vorbei an öden Plätzen. Auf einer Lichtung lag das in zwei Teile zerfallene Skelett eines verrosteten alten Anhängers. Auch in der Dunkelheit wußte ich, wie es dort aussah. Ich wußte es nur zu gut und war froh, die letzte Abzweigung der Wege und Fahrspuren zu erreichen, die zu verschiedenen Grundstücken auf der »Kehrseite« führten.

Am Kai fuhr ich das Auto in den Schuppen, den wir dort hatten, aber ehe ich auch nur den Motor abgestellt hatte, konnte ich schon das Wasser der Bucht durch den Kanal rauschen hören. Das Toben der See war lauter als je zuvor. Es klang wie das ununterbrochene Grollen eines Erdbebens. Ich zog meinen Mantel aus und ließ ihn im Wagen liegen. Es würde gar nicht so leicht sein, heute abend über den Kanal zu rudern.

Ich bin es gewohnt, mit der Angst zu leben, ich leide an berufsbedingten Streßsituationen, wie ein guter Geschäftsmann sich ständig Sorgen über seinen Kontostand und seine Verstöße gegen die Handelsbestimmungen, seine laufenden Prozesse, seine Gesundheit und seine künftige Gruft macht. Nein, für mich ist es schlimmer. Ich lebe in einer Urangst. Meine spezifische berufliche Aufgabe wird unweigerlich immer mehr zu meiner größten, alles beherrschenden Angst. Es gibt da allerdings auch noch jene akute Angst angesichts einer gefährlichen Situation, das Würgen im Hals am Tag der Schlacht.

Dieses Würgen spürte ich jetzt nur zu deutlich. Ich wollte nicht von der Kehrseite von Mount Desert nach Doane hinüberrudern – es waren keine hundert Meter, aber wann hatte das Wetter schon einmal so schlimm ausgesehen? Die Planken des Landungsstegs zitterten. Da draußen, das war kein Wellenschlag, sondern ein grauenhafter Sog. Wenn das Boot kenterte, würde ich nicht eine Minute in diesem eisigen Wasser überleben. Konnte ich auch nur

zwanzig Meter weit schwimmen, bevor meine Lungen versagten? Also überlegte ich, ob ich nicht zurück bis zur Landstraße und nach Southwest Harbor, der nächsten Stadt, weiterfahren sollte, wo ich in einem Motel übernachten konnte. Der Gedanke gefiel mir nicht, aber der an das Ruderboot noch viel weniger.
Ich grübelte jedoch nicht lange. Da ich Kittredge jetzt sehen wollte, mußte ich die Überfahrt wagen. Wenn ich es schaffte, würde ich mich sehr viel wohler fühlen. Und wenn ich niemals dort ankam – ja, dann reinigte ich meine Seele von Chloe, und vielleicht würden mir meine Sünden auf dem Weg von den Dollen zum Meeresgrund verziehen.
Ich stieg also in unser Ruderboot. Wir haben mehrere alte Holzboote, die lecken und so seefest sind wie ein alter Seemann, aber heute lag unser neuestes am Steg, ein Fiberglasboot mit Bänken aus Walnußholz und glänzenden Beschlägen. Wenn es auch seine Nachteile hatte, etwa die Neigung aller leichten Plastikboote, wie eine Seifenblase auf dem Wasser zu tanzen, reagierte es doch schnell auf die Riemen. Manchmal muß man ein richtiger Narr sein, um durch den Sturm zu kommen.
Ich schob das Boot vom Liegeplatz hinunter in die leise brodelnde Leeseite, sprang hinein, legte die Riemen in die Dollen und ruderte hastig auf das sechzig Meter weit entfernte andere Ufer des Kanals zu, stets bedacht zu verhindern, daß die Strömung mich dabei mehr als zweihundertfünfzig Meter abtrieb. Wenn ich weiter mitgerissen wurde, war ich an Doane Island vorbei, und das Boot trieb dann fern dem Ziel in der Umgebung der Blue Hill Bay, eine unmögliche Vorstellung in dieser Nacht.
Ich ruderte mit dem Backbordriemen, den Steuerbordriemen brauchte ich fast nur als Ausleger. Ich tanzte auf und nieder und kam mir vor wie ein Yankee auf einem Rodeo-Automaten in Houston. Ein Schwall eisigen Wassers, schwer wie der Schwanz eines zehnpfündigen Fischs, schlug mir mitten im Rudertakt ins Gesicht. Ich ruderte mit dem linken Arm weiter. Ein falscher Schlag, und ich würde mitten durch den Kanal in die verkehrte Richtung schießen. Das Wasser ergoß sich schäumend über mich, hämmerte gegen den Plastikrumpf. Ich war durchnäßt, triefte, keuchte, ich ahnte, wie das Ertrinken sein mußte. Der Kiel schlug tief unten in einem Wellental auf, und der Bug bohrte sich in eine Wasserwand, die über mir einstürzte und mich würgte. Ich hu-

stete, ich ruderte, und ich wollte beten, doch da hörte ich einen Fischer auf griechisch singen. Es war kein Griechisch, wie ich es kannte. Furchtbarer als Gälisch waren die Laute. Sie drehten mir den Kopf herum. Sie zerrten am Bug. Zum zweitenmal an diesem Abend geriet ich ins Schleudern und drehte mich um mich selbst. Ich kam aus dem Takt, wußte nicht mehr, welches Blatt ich eintauchen mußte. Ich hatte die Orientierung verloren und schoß nun in die verkehrte Richtung – schießen ist das richtige Wort –, mit dem Heck zuerst, und Wasser klatschte ins Boot. Wilde Schläge mit dem Steuerbordriemen, mit beiden, mit dem Backbordriemen – und das Kreiseln hörte auf. Ich war keine zehn Meter mehr vom Ufer von Doane entfernt, hatte den Kanal durchquert und befand mich jetzt zwischen zwei dem Ufer vorgelagerten Felsen.

In dem leidlich stillen Gewässer atmete ich auf. Ich brauchte nur noch fünf Meter Wasser zu durchqueren, war aber bis auf dreißig Meter ans Ende der Insel Doane abgetrieben. Ich fror, und meine Lungen brannten wie Feuer, aber ich mußte noch eine letzte Anstrengung unternehmen. Zwischen den Felsen sitzend, gegen die Riemen gelehnt, um die Position zu halten, hörte ich den Sturm heulen. Ich kam zurück zu Kittredge, zu meiner gute Strohwitwe Kittredge, und im Geiste sah ich, wie sie wütend das Gesicht verzog. »Verschwinde, Harry«, sagte der Wind.

Ich legte die Hände auf die Riemen. »Ich will heute abend auf Doane sein«, sagte ich mir vor. Denn für einen Augenblick hatte mich jene unerklärliche Verwirrung befallen, mit der man oft an einen Fahrkartenschalter tritt, um die Tickets für eine lang vorbereitete Reise zu kaufen, und ruderte los, machte fünf gute Schläge mit dem Backbordriemen und zwei mit beiden zugleich, bevor der Kiel an ein dunkles Felsenriff stieß, abprallte und schließlich auf dem Kies knirschte. Dieses Geräusch klang in meinen Ohren so angenehm wie das Krachen eines Knochens für einen Hund. Ich war auf meinem Land. Der Kampf und das Risiko hatten sich gelohnt. Ich fühlte mich wie der Prince of Wales nach einem Abend mit Trommelfeuer in den Schützengräben des Ersten Weltkriegs. Ich keuchte und zitterte und war bis auf die Knochen durchnäßt, aber ich fühlte mich nichtsdestoweniger fürstlich.

Ich zog das Boot heraus, zog es bis über jene Linien hinweg, die der Seetang in den Kies gezogen hatte, hinein ins hohe Gras an der

Südspitze von Doane. Wegen des Sturmes legte ich das Boot nicht nur mit dem Kiel nach oben, sondern barg auch die Riemen darunter und band die Fangleine an einem Baum fest. Dann wankte und stolperte ich Long Doane, den Hauptweg der Insel, hinauf, der keine vierhundert Meter lang ist, in Richtung der Keep, die an der schmalsten Stelle der Insel mit Blick nach Westen über Blue Hill Bay stand.

Wenn das Ödland auf der anderen Seite des Kanals auch trostlos (weil abgebrannt) und von Sümpfen bedeckt ist, hat Doane doch viele Schönheiten zu bieten. In unserem Wäldchen findet man den dichten Samt mancher moosbewachsenen Höhle. Dunkelgrün ist bei uns die vorherrschende Farbe im Frühling, Sommer und Herbst; unsere Pfade sind von roten Nadeln bedeckt. Gruppen von Fichten stehen turmhoch über Lärchen, während Pechkiefern sich den Wünschen des Windes entsprechend biegen. Sie sehen aus, als beteten sie mit der einen Hand das Meer an und erhöben mit der anderen das Schwert. Sie schlagen in ruhigen Tagen Wellen mit dem Flug der Möwen, schütteln sich beim Flug der Gänse und stehen starr, wenn Nebel über dem Strand liegt.

Angesichts dieser gefährlichen Überfahrt muß das wie die Beschreibung eines stillen Tags auf unserer Insel wirken, aber auf einer Insel überwiegt nun mal die Stille. Ich brauchte nur an Land zu gehen, und ein tiefer Frieden kam über mich. Ich sah die Insel, wie sie mir bei Tageslicht erschienen wäre, sah sie durch alle schwarzen Tiefen von Long Doane hindurch und kannte jede grüne Kammer, der ich mich näherte, jeden terrassenartigen Felsvorsprung, den ich unterwegs passierte. Die Insel war wie ein Haus und die Keep war wie ein Haus im Hause. Ich übertreibe beinahe, ich weiß, aber die Keep mit niemandem außer Kittredge und mir wäre im Winter wie eine unwirtlich große Höhle gewesen, wenn Doane uns nicht umgeben und gleichsam umarmt hätte.

In einer Zeit der gesichtslosen Eigentumswohnungen lebten Kittredge und ich wie ein bankrotter Graf mit seiner Gräfin. Als Grundbesitz war Doane viel zu groß für zwei. An das erste Gebäude, ein steinernes Farmhaus, das als Fort für Augustus Farr entstanden war, hatte mein Urgroßvater, Doane Hadlock Hubbard, eine Scheune angefügt. Andere Generationen hatten Wasserrohre und Trennwände eingebaut. Die Scheune diente im Sommer als Auffanglager für die vielen Gäste, und schließlich hatte meine Mutter mit ihrem Hang zum Luxus meinen Vater dazu gebracht, einen Architekten zu engagieren, der uns einen langen, aus hellem Holz gezimmerten und großzügig verglasten Livingroom anbaute, der sich vom ersten Stock hinaus zur Blue Hill Bay erstreckte. Als er fertig war, blickten wir über das Wasser gen Westen und konnten andere Inseln erkennen, die leuchtend in der Dämmerung auftauchten oder versanken wie Schiffe im nächtlichen Dunst am Horizont; wir sahen tropische Sonnenuntergänge in Maine. Dieses moderne Zimmer erinnerte so sehr an eine Erster-Klasse-Lounge auf einem gut ausgestatteten Ozeandampfer, daß wir es schließlich das Cunard-Zimmer nannten – nach dem Begründer der transatlantischen Dampfschiffahrt.

Ich kehrte in ein Haus zurück, dessen Teile so eigenartige Namen trugen wie das Cunard-Zimmer – das Camp, die Gruft, und die Keep, wobei der letztgenannte Begriff ursprünglich nur das Farmhaus bezeichnete, aber, um zur Verwirrung beizutragen, gleichzeitig auch für das Ganze verwendet wurde. Wir hausten im Winter in der alten Keep – wie sonst konnten wir es nennen? – und bewohnten im Sommer, wenn Kittredges Cousins und Cousinen und deren Kinder, wie auch meine Cousins mit ihren Frauen und Kindern kamen, das ganze Anwesen bis auf die Gruft.

In solchen Zeiten lebten die alten Rituale wieder auf. Als Junge hatte ich jeden Sommer zwei Wochen mit meinem Vater zusammen auf Doane verbracht. Eine der Mutproben meiner Jugend hatte darin bestanden, daß man den gesamten Wahnsinn der Familie aufbot und vom Balkon des Cunard hinunter ins Wasser der Blue Hill Bay sprang. Das war ein tiefer, langer Fall von über zehn Metern, der einem reichlich Zeit ließ, die endlose Entfernung bis nach unten zu ermessen. Es dauerte ewig, bis man auf dem Wasser aufschlug. Doch höchste Glückseligkeit war es, wenn man prustend und keuchend wieder an die eiskalte Oberfläche kam. Wie stolz klopfte das Herz, wenn man an Land schwamm. Meine Cousins und ich kamen uns an jenem denkwürdigen Tag, als es uns erstmals gelang, aus der Kindheitsangst auszubrechen und den Sprung zu wagen, wie Helden vor.

Der Sprung vom Balkon war nun die erste Sommergroßtat für eine andere Generation von Kindern geworden. Wie hallten ihre Schreie durchs Haus, wenn sie die Treppe hinaufgestürmt kamen, um sich noch einmal hinunterzustürzen.

Im Winter allerdings heizten Kittredge und ich zwar gelegentlich den Kamin im Cunard und arbeiteten dort wohl auch an warmen Tagen beim Nachmittagslicht, das durch die großen Fenster fiel. Aber die meiste Zeit hielten wir uns in den Räumen der alten Keep auf, wir beide allein für uns, und wir lebten in einer solchen Stille, daß jedes Zimmer seine eigene Atmosphäre hatte. Manchmal kam es mir vor, als ob ich meine Räume kannte, wie ein Farmer sein Vieh kennt. Ich sprach mit ihnen, und sie antworteten mir.
Plötzlich wurde mir bewußt, daß ich noch draußen und halb erfroren war. Die Erhitzung durch das Rudern und die Freude, den Weg im Dunkeln zu finden, verging, und die Erinnerungen verflogen. Ich rannte, um mich zu erwärmen, und erreichte die Haustür der Keep mit so klammen Fingern, daß ich kaum aufsperren konnte.
Sobald ich drin war, suchte ich Kittredge, aber niemand antwortete auf mein Rufen. Ich konnte mir nicht vorstellen, daß sie in unserem Schlafzimmer schlief, statt auf meine Ankunft zu warten. Enttäuscht wie ein Junge, dem man einen Tanz ausgeschlagen hat, stieg ich nicht die Treppe hinauf, sondern ging die Diele entlang zu einer Abstellkammer neben dem Anrichtezimmer. Dort zog ich meinen nassen, grauen Flanellanzug aus und streifte ein altes Hemd und Arbeitshosen über, die einen schwachen, aber unverkennbaren Geruch nach Schweiß und Düngemitteln ausströmten – ein Dunst, den ich eigentlich nicht mochte, aber vielleicht fühlte ich den Drang, für das Vergnügen, das ich heute abend genossen hatte, zu büßen. Oder ich wollte Kittredge nicht in der Kleidung begegnen, die ich bei Chloe getragen hatte.
Ich ging zur Anrichte und nahm einen Schluck Bushmill's Irish. Das Frösteln hörte so schnell auf, daß ich noch einen Schluck hinterher nahm. Ich kam mir allmählich wieder ganz passabel vor. Berühmte Worte, von Legionen von Amerikanern ausgesprochen, fielen mir ein: »Bringen wir's hinter uns.«
Die Wirkung des Whiskeys verflog, als ich die Treppe hinaufstieg. Die Diele wurde wieder so lang, wie ich sie von meiner Kindheit her in Erinnerung hatte. Die Tür zum Schlafzimmer war zu. Ich versuchte vorsichtig den Knopf zu drehen. Die Tür war verschlossen. Der Herzschlag stockte mir wie einem Angeklagten im Augenblick des Schuldspruchs. Ich rüttelte am Türknopf: »Kittredge«, rief ich laut.

Auf der anderen Seite raschelte es – oder bildete ich mir das nur ein? Der Wind hatte meine Ohren betäubt, und die Fensterläden quietschten und klapperten. »Kittredge, um Gottes willen!« schrie ich. Vor meinen Augen erschien ein Bild und ließ sich nicht wieder vertreiben: Kittredge reglos im blutgeröteten Wasser. Die Badewanne, in der ich sie einst gefunden hatte, gab es noch immer.
Ich wollte gerade die Tür aufbrechen, da hörte ich ihre Stimme: klar artikulierte Vokale, die von einer netten, kauzigen alten Dame hätten kommen können. Sie klang genau wie die ihrer Mutter.
»O Harry«, sagte sie, »warte bitte einen Augenblick. Oh, lieber Mann, komm nicht herein. Noch nicht.«
Mein Leib hatte an diesem Abend schon jämmerlich gefroren, und nun fror auch meine Seele. Irgend etwas stimmte ganz und gar nicht.
»Liebling«, sprach Kittredge weiter. »Ich habe gerade eine fürchterliche Nachricht erhalten. Ich kann's dir nicht sagen.«
War es der Wind? Ich wußte nicht, ob es nicht doch der Wind war, der zu mir gesprochen hatte. Ein Jammern und Klagen lag in der Luft.
»Harry«, sagte Kittredge nach einer Weile durch die Tür hindurch. »Hugh ist tot. Sie haben ihn umgebracht. Gobby ist tot.«

OMEGA 5

Ich schrie: »Kittredge, bitte schließ die Tür auf!«
In jenen seltenen, aber erschreckenden Nächten, in denen sie mit ihrer Mutter redete, summte sie oft ein unmelodisches Wiegenlied. Jetzt gab sie wieder solche Töne von sich.
In der Stille, die darauf folgte, versuchte ich den Sinn ihrer Worte zu begreifen: Harlot war tot.
»Kittredge, ich flehe dich an. Bitte sprich mit mir.«
»Harry«, ihre Stimme klang zweifellos seltsam. »Kannst du mich alleinlassen?«
»Allein?«
»Eine Weile.«

Wenn ich meine Frau mit einem Liebhaber im Bett überrascht hätte, hätte ihre Panik nicht offensichtlicher sein können.
Doch es gab keinen Liebhaber hinter dieser Tür. Nur die Gegenwart des Todes. Ich fügte mich dieser Erkenntnis. Der Tod war Kittredges Sinnen so vertraut wie Chloes Brunst den meinen.
»Ich kann dich hier nicht alleinlassen«, rief ich, »außer du sagst mir mehr darüber.«
»Hugh wurde in der Chesapeake Bay an Land gespült. Erschossen.« Ihre Stimme setzte kurz aus, aber dann fuhr sie fort: »Die Sicherheitsabteilung sagt, es sei Selbstmord. Das werden sie bekanntgeben.«
»Von wem hast du diese Information?« Als sie nicht antwortete, klopfte ich wieder an die Tür. »Du mußt mich reinlassen.«
»Nein, auf keinen Fall. Jetzt nicht.« Sie sagte es mit einer solchen Entschlossenheit, daß ich mich ernsthaft fragte, ob sie von Chloe wußte. Aber wann sollte sie davon erfahren haben? Es konnte nur nach unserem Telefongespräch gewesen sein.
»Ich weiß nicht, wie sicher du oder ich allein sind«, sagte ich.
»Sicher genug.« Nun schwang ein anderer Ton in ihrer Stimme – eine grenzenlose Wut über die Verstocktheit ihres Lebensgefährten.
»Kittredge, laß mich rein. Bitte laß mich rein«, flehte ich.
»Bitte laß mich! Laß mich doch in Ruhe«, kam es zurück.
Ich trat einen Schritt beiseite. Harlots Tod schien mir noch immer ganz unwirklich. Er hatte in meiner Seele gelebt, seit ich sechzehn war. In ein oder zwei Tagen würde man in der Presse lesen, sein Tod sei ein Selbstmord gewesen. Jemand, der sehr weit in die Geheimnisse der Firma eingeweiht war, mußte Kittredge informiert haben.
Ich kehrte in die Abstellkammer zurück, nahm den nassen Nadelstreifenanzug vom Haken und trug ihn, mein triefendes blaues Oxfordhemd und die Unterwäsche in die Waschküche auf der anderen Seite des Anrichtezimmers. Ich verstand nicht viel von diesen Dingen, aber ich dachte mir, daß unser Wäschetrockner den Anzug schon wieder trocken bekäme. Egal. Ich konnte und wollte nicht länger in der Gärtnerkluft herumlaufen. Sie roch förmlich nach dem Spaten, mit dem man ein Grab aushebt. Natürlich nahm ich noch einen Schluck Bushmill's.
Es ist höllisch, nicht zu wissen, ob man einen toten Freund

beklagen oder ob man sich über das wohlverdiente Ende eines unversöhnlichen und/oder verräterischen Kollegen freuen soll.
Ich kann nicht sagen, daß mich die Nachricht von Harlots Tod tief bewegt hätte. Was würden Sie tun, wenn Sie aus sicherer Quelle erführen, daß Gott tot ist? Sie würden weiter den Frühstückstisch decken.
In ein paar Wochen oder Jahren mag einen dieses Wissen wie ein Schwert treffen, aber jetzt wartete ich auf meinen Anzug und horchte auf die patschenden Geräusche aus dem Trockner. Draußen im offenen Schuppen klapperte es – wohl irgendein kleines Tier, vielleicht ein Waschbär, der gerade vom Winterschlaf erwacht war. Der Hahn des Waschbeckens tropfte. In der Ecke hatte die Feuchtigkeit den Putz abgelöst, und ein Stück davon war zu Boden gefallen. Beim Anblick des staubigen Bodens mußte ich an Harlots sterbliche Überreste denken. Würde man ihn einäschern? Hatte er einen Letzten Willen hinterlassen? Diese und andere nicht zu beantwortende Fragen stiegen in mir auf und fielen im Einklang mit den Wassertropfen.
Ich versuchte den Gedanken zu verdrängen, daß auch ich in Gefahr schwebte. Ich wußte nicht, ob mich meine Instinkte trogen, aber ich spürte, daß irgend jemand auf dem Weg zu mir war. Aber wer sollte bei solchem Wetter schon über den Kanal kommen? Als ich diesen tröstlichen Gedanken noch einmal überprüfte, wurde mir bewußt, daß ich mich in meiner gegenwärtigen Verfassung nicht mehr auf meinen Verstand verlassen durfte. Denn natürlich konnte ein gutes Motorboot trotz des Wellengangs problemlos von Bartlett's Island oder Seal Cove hierher übersetzen.
Ein Spinnennetz in der Ecke neben mir in der Waschküche zog meine Aufmerksamkeit auf sich. Auf dem Rücken der Spinne war eine Art gelbes Gesicht zu erkennen oder jedenfalls eine Kombination von Punkten und Linien, die an Augenhöhlen, eine Nase und einen Mund denken ließ. Ich meditierte über dieses kosmische Zeichen wie ein Betrunkener, der, umgeben von allen Dämonen der Nacht, einen gequetschten Fingernagel betrachtet.
Mein Anzug mußte inzwischen trocken sein. Ob trocken oder nicht – der Whiskey tat seine Wirkung –, ich öffnete die Tür des Trockners, zog Hemd, Unterwäsche, Weste, Jacke und Hose heraus, alles inzwischen noch mehr verpfuscht als zuvor, und zog mich an.

In diesem Augenblick fuhr meine Hand zur Brusttasche. Mein Paß – durchweicht zweifellos von der Überquerung des Kanals – hatte dort gesteckt, während der Anzug im Trockner herumwirbelte. Nun waren die Blätter alle aufgequollen. Ich konnte mich also künftig mit einer Art Keks oder Sandwich ausweisen. Die Schrift war kaum mehr zu erkennen. Was für eine Dummheit! Dieser Paß hatte immer in meiner Tasche gesteckt, seit ich die Arbeit im Zusammenhang mit den Hohen Heiligen begonnen hatte. Harlot hatte ihn mir besorgt für den Fall, daß ich einmal kurzfristig ins Ausland mußte. William Holding Libby lautete der hübsche Deckname, den Montague mir gegeben hatte – ein fürchterlicher Name, aber ganz egal, sollte etwas schiefgehen, so war er wie eine Falltür, durch die ich jederzeit verschwinden konnte. Ich trug ihn ständig bei mir. Jetzt, da ich in meinem feuchten und zerbeulten Anzug auf dem Holzfußboden der Waschküche stand, schien ich unfähig, meine Situation zu begreifen. Mir war, als wäre ich aus meinem Körper herausgetreten und sähe mich aus einem gewissen Abstand. Ich befand mich in einer Sphäre, in der einen die Zeit nicht zu seinen Pflichten zurückführt.

Trotzdem war ich nicht sicher, ob ich noch einmal an die Schlafzimmertür klopfen sollte, um wiederum abgewiesen zu werden. Aber welche andere Möglichkeit blieb mir denn? Ich fühlte mich eigentlich nicht besser und nicht schlechter als ein Mann, den ein Vorgesetzter auffordert, eine exorbitante Spesenrechnung zu rechtfertigen. Wie still war doch das Haus, als ich die Treppe hinaufging. Die Schlafzimmertür war angelehnt. War Kittredge hinausgegangen, um nach mir zu sehen? Unwahrscheinlich. Eher schien es mir möglich, daß sie es sich anders überlegt und die Tür wenigstens aufgeschlossen hatte. Natürlich hieß das nicht, daß ich ihr willkommen war.

Bevor ich ins Zimmer trat, konnte ich sie sprechen hören. Ich brauchte die Worte nicht zu verstehen, um an ihrem Tonfall – laut, kurz angebunden, belehrend, als ob sie mit einem Schwerhörigen redete – zu erkennen, daß sie mit der Wand sprach. Wie hoffte ich doch, daß sie sich mit ihrer Mutter unterhielt, hoffte es so sehnlich, daß ich Maisie Minot Gardiner schier vor mir sah mit ihrem weißen Haar, den kräftigen weißen Zähnen und jener Papageienstimme, wie sie gütige alte Damen oft haben – als ob

sie es nicht wagten, einen Satz auszusprechen, der nicht zuerst von irgendeiner kompetenteren Person vorgetragen worden ist.
Kittredges Mutter hatte Augen so blau wie die Blüten der ungewöhnlich hohen Stauden, die sie in ihrem Garten zog. Ich kenne die Namen der Wildblumen, aber Maisie beschäftigte sich nur mit den neuesten Züchtungen. Unter ihren Händen gediehen über einen Meter hohe Super-Zinnien mit wundervoll leuchtenden Blüten. Wenn man ein Bild von Bonnard auf eine Staffelei in ihren Garten gestellt hätte, hätten Maisies Blüten ihn überstrahlt. An warmen Tagen schwankten diese Blumen wie Maisies Stimmungen. Ihre Ansichten vertrat sie recht forsch. »Harry, laß dir von den Franzosen bloß nichts vormachen«, sagte sie beispielsweise. »Denen kann man einfach nicht trauen.«
Ja, ich betete darum, daß Kittredge mit Maisie redete, aber ich wußte, daß sie es nicht tat.
»Ich werde dir nirgendwohin folgen«, hörte ich meine Frau sagen. Die Tür ging auf, als ich sie berührte. Es war genauso, wie ich es erwartet hatte. Kittredge saß auf einem Stuhl mit dem Gesicht zur Wand. Sie trug ein weißes Nachthemd, das nicht weißer schien als ihre Haut und in dem sie zugleich nackt und angezogen wirkte. Ihr Haar war nie schwärzer oder glänzender gewesen, und ihre Augen waren nicht mehr verschleiert. Sie leuchteten. Für gewöhnlich leuchten blaue Augen nicht in einem schwach erhellten Schlafzimmer, aber ich hätte schwören können, daß da ein Licht war, das aus ihrem Innern kam. Sie bemerkte mich nicht.
»Hugh, ich habe dich gewarnt«, sagte sie laut. »Ich habe für dich gebetet. Jetzt bin ich frei. Ich werde dich nicht aus diesem Haus begleiten.«
Als ich sie, nicht lange nach unserer Hochzeit, zum erstenmal mit ihrer Mutter reden hörte, hatte ich den Fehler gemacht, von Doane aus einen Psychiater in McLean, Virginia, anzurufen. Kittredge hätte mir das fast nicht verziehen. Überdies hatte ich damit ihrer – und meiner – Karriere einigen Schaden zugefügt, denn der Arzt stand im Dienst des CIA, und so war die Episode nunmehr in ihren Akten vermerkt; das war aber das wenigste. Was sie mir nicht verzeihen konnte, war einfach der Mangel an Achtung. »Ich liebe meine Mutter«, sagte sie zu mir. »Und es ist eine Gnade, daß ich mit ihr sprechen kann. Bist du so blind? Es war unverschämt von dir, einen Psychiater anzurufen. Harry, ich muß annehmen, daß

wir nicht zueinander passen, wenn du so etwas noch einmal versuchst. Du hast meine Gabe als Krankheit bezeichnet.«
Sie brauchte es mir nicht zu wiederholen. Ich tat mein Bestes, um den Bruch zu kitten. Ich hatte schließlich nur einmal mit dem Psychiater gesprochen. Als er wieder anrief, um zu hören, wie sich die Sache weiterentwickelt hatte, deutete ich an, Kittredge und ich hätten damals beide viel getrunken – höchst ungewöhnlich für uns, und was sie in betrunkenem Zustand gesagt habe, sei nicht nach meinem Geschmack gewesen. Aber ich fügte hinzu: »Schließlich, Doktor, hat ein Mensch das Recht, kurz die Orientierung zu verlieren, wenn die Mutter oder der Vater stirbt.«
»Na ja, wenn es bei einer Literflasche bleibt«, erwiderte er, und wir lachten beide los, zuerst im Gleichtakt und dann im Kontrapunkt. Warum eigentlich hat gekünsteltes Lachen eine reichere musikalische Struktur als echtes?
Der Karriereknick meiner Frau beschränkte sich auf eine Eintragung auf Blatt 201 ihrer Personalakte: »Psychiatrische Hilfe erbeten am 19. Mai 1975«. Angesichts der Vielzahl von Alkoholikern, Geschiedenen und Homosexuellen unter uns (nicht schlimmer als in einer Privatfirma mit hohem Leistungsdruck) hoffte ich, daß die Eintragung keinen echten Schaden anrichten würde. Ich wußte allerdings, daß die Luft für uns dünn geworden war. Unsere Hochzeit war allgemein als Skandal empfunden worden – wenn die Frau eines Generals mit einem Major durchbrennt, könnte es nicht schlimmer sein.
All das mag erklären, warum ich mich jetzt Kittredges Stuhl so ehrfürchtig näherte wie einem Altar. Ich dachte nicht einmal daran, ihr das heiße Gesicht zu waschen, sie zu schütteln oder sie auch nur zu berühren. Ein Leben lang darauf trainiert, die Dinge selbst in die Hand zu nehmen, blieb mir hier nichts anderes übrig, als mich schweigend dazuzusetzen.
Lange Zeit blieb sie still. Dann nickte sie und sagte zur Wand: »Gobby, du hast es nie fertiggebracht, einem Menschen gegenüber die Wahrheit zuzugeben. Aber mir kannst du es sagen. Wenn du meinst, daß es wichtig ist, solltest du es tun.«
So ähnlich mochte es aussehen, wenn ein Polizist auf einen Selbstmordkandidaten einredet, der schon auf dem Dach sitzt. Ich nehme an, der Dialog bei solchen Anlässen wirkt ganz natür-

lich, und ebenso natürlich sprach Kittredge mit der Wand, als ob Harlot in Person dort wäre. Der Vorgang wurde mir bald nur allzu vertraut. Unser Schlafzimmer, zu asketisch für meinen Geschmack, zu sehr wie das Gästezimmer eines guten neuenglischen Gasthauses – sogar die Behänge an der Tagesdecke waren weiß und keusch –, schien unberührt von Kittredges Worten, und als sie schwieg, erfüllte wieder diese weiße, unschuldige Stille den Raum.
»Harry, verpiß dich, ja?«
In all den Jahren hatte sie selten eine solche Gossensprache gebraucht. Aber ich war auch nicht sicher, daß sie es gesagt hatte. Konnte es sein, daß Harlots Stimme aus ihrer Kehle drang?
Kittredge beugte sich auf ihrem Stuhl vor. »Du bist von Algen bedeckt«, sagte sie laut. »Ach Gobby, nimm das weg. Du siehst aus, als ob du eine Perücke aufhättest.« Sie lachte laut – ein tiefes Lachen wie von einer Männerstimme, und dann, als das Lachen anhielt, wurde der Ton unmißverständlich herzhaft. Manche Männer lachen so, als wären selbst die Kohlen im Kamin und das Deckblatt einer guten Havanna nur für sie geschaffen. Mein Gott, dachte ich, sie lacht genau wie mein Vater. Dann nahm ihr Gesicht einen Ausdruck an, der mich an den ebenfalls verstorbenen Allen Dulles erinnerte.
In Vietnam landete ich nach einer Sauftour durchs »Kaufhaus« – so nannten wir das größte Bordell von Saigon – einmal mit einer jungen, zierlichen vietnamesischen Prostituierten in einem Hotelzimmer. Sie besorgte mir Opium, ich rauchte es im Bewußtsein, eine große Sünde zu begehen, und erbrach zur Buße mein Abendessen. Dann aber kam der Friede der Pfeife über mich, und ich fing an zu halluzinieren. Die Züge der Hure wurden zum Gesicht meiner Mutter und dann zu dem von Kittredge, die ich aus der Ferne liebte. Nach einer Weile gelang es mir, diese vietnamesische Nutte in jede Frau zu verwandeln, die ich mir vorstellen wollte.
In unserem Schlafzimmer freilich konnte ich mir weder das Gesicht aussuchen, das ich als nächstes zu sehen wünschte, noch fühlte ich mich auf den Nebelwolken einer kontrollierten Halluzination schweben. Statt dessen traten die Gesichter auf, als ob ein anderer ihr Erscheinen steuerte. Auf Kittredges feiner Oberlippe schien die stachlige, graumelierte Bürste von Harlots Schnurrbart zu sprießen, seine Nickelbrille saß auf ihrer Nase, ihr voller Haarschopf wurde schütter und verwandelte sich in seinen halbkahlen Schä-

del, und Harlot starrte mich an. Dann sprach er zu mir. Seine Worte kamen aus Kittredges Mund, aber es hätte auch seine Stimme sein können. »Du wirst es schon merken. Sie ist eine perfekte Lügnerin.«
Der Schnurrbart verschwand mit der Brille. Die schwarze Mähne gehörte wieder ihr. Kittredge fing an zu weinen.
»Gobby, nimm mich mit. Ich bin hier so allein.« Doch sogleich verflog ihr Kummer, und wie bei einem Kind, das seine Stimmung plötzlich ändert, erschien ein neuer Ausdruck auf ihrem Gesicht: ein lüsternes Grinsen. Es war der intime Blick, den nur Chloe hatte, ihr »Nimm-mich-Lächeln«. Dieses Lächeln huschte erst über ihren Mund, wenn man nackt auf ihr lag und der Phallus die Schamlippen zerteilte.
Ich spürte seltsame Impulse in mir. Eine Straße hinunterzugehen und plötzlich in eine Seitenstraße abbiegen zu wollen, ist keine ungewöhnliche Eingebung. Wahrscheinlich kommt sie aus einem selbst. Hier aber gab es keinen Zweifel. Die Eingebungen, die ich nun hatte, stammten nicht aus mir selbst. Ich war wie ein Eisenspan auf einer Glasplatte, der willenlos dem Magneten folgt, den ein anderer bewegt. Solche Magneten sind mächtig wie Götter. Derselbe Zwang, der mich periodisch zur Tür von Chloes Wohnwagen zog, trieb mich jetzt dazu, über meine Frau herzufallen. Eine wilde Brunst überkam mich, wie einem Bock stieg mir der Saft in die Lenden. Der Lustrausch, den ich Chloe vorbehalten glaubte, kam über mich. Kälter als Harlot war mein Herz: Ich wollte Kittredge in die Gruft bringen.
Aber ich hatte Harlots Namen beschworen, und damit endete das Spiel. Ich brach in Schweiß aus. Wollte mich Harlot in die Gruft locken?
Ich ließ Kittredge auf ihrem Stuhl zurück und ging ins Erdgeschoß hinunter. Dort zündete ich das Kaminfeuer im Arbeitszimmer an. Es war der wärmste Raum im Haus. Wenn die anderen Lichter gelöscht waren und das Feuer hell loderte, nahm das fleckige Holz der alten Scheunenplanken die Farben von Bourbon und Brandy an, und man spürte die elementare Bindung des menschlichen Lebens an das Herdfeuer.
Jetzt allerdings waren meine Gedanken so schwer wie Blei. Ich hing in einem alten Ledersessel herum und starrte ins Feuer, um meinen Geist zu leeren. Ich habe die Fähigkeit zu meditieren – eine

Technik, die Abstand schaffen kann. Ich sehnte mich nach Seelenfrieden, wie ein erschöpfter General sich nach Schlaf sehnt. Nachdem ich zwanzig Minuten lang versucht hatte mich zu sammeln, überfiel mich jedoch nur grenzenlose Apathie.
In diesem Augenblick schrillte das Telefon auf dem Beistelltisch. Das war ungewöhnlich zu dieser Stunde. Vor zehn Jahren war manchmal noch mitten in der Nacht ein Anruf aus Langley gekommen, aber in letzter Zeit nicht mehr. Was mich in diesem Augenblick am meisten verblüffte, war der Umstand, daß ich mit dem Anruf gerechnet hatte.

OMEGA 6

Ich erkannte die Stimme, bevor ich den Namen aussprechen konnte. »Chloe«, sagte ich.
»Es ist mir wahnsinnig peinlich, dich einfach so anzurufen«, sagte sie. Es folgte eine lange Pause – als ob ihr diese Peinlichkeit eben erst aufgegangen wäre. »Können wir miteinander reden?« fragte sie.
Verwirrte mir das Schuldgefühl noch immer die Sinne? Mir war, als hörte ich, wie sich Kittredge im Schlafzimmer bewegte. »Ja, wir können reden«, sagte ich. Aber ich sprach mit gedämpfter Stimme, damit sie merkte, daß es nicht möglich war.
»Ich muß dich unbedingt sehen. Ich wollte dich schon vor Stunden anrufen, aber ich wußte nicht, ob es dir recht ist.«
»Wie ist das Wetter bei euch in Bath?« Ich sagte das nur so vor mich hin. Ich hätte alles sagen können, um Zeit zu gewinnen. Dann fügte ich hinzu: »Sind die Straßen noch immer so schlimm?«
»Mit meinem Allradantrieb wird es schon gehen. Harry, es ist etwas passiert. Ich muß dich unbedingt sehen. Noch heute abend.«
»Meinetwegen«, sagte ich. »Aber hier ist jetzt nichts mehr offen.«
»Ich komm zu dir nach Haus.«
»Ja«, sagte ich. »Du wärst mir schon willkommen, aber du wirst nicht hierher finden.«

»Ich weiß, wo du wohnst«, sagte sie. »Ich kenne die Straße. Ich habe mal einen Winter lang in der Nähe von Doane gelebt.«
»Tatsächlich?«
»Klar. Ich war mal eine Zeit mit Wilbur Butler zusammen«, sagte sie.
Vor meinem geistigen Auge sah ich die Schrottautos auf dem Butlerschen Hof vor sich hinrosten.
»Wieso bist du mir denn hier nie über den Weg gelaufen?«
»Ich war ja nur ein paar Monate mit Wilbur zusammen. Er hat mich auch nie aus dem Bett gelassen. Ich habe immer aus dem Fenster geschaut, wenn du vorbeifuhrst. ›Junge, sieht der gut aus‹, hab' ich immer zu Wilbur gesagt. Hat der einen Haß auf dich bekommen!«
Ich mußte wieder an Wilburs feindselige Blicke denken, wenn wir aneinander vorbeifuhren. »Kann ich mir vorstellen«, sagte ich. Ich hörte ihren Atem durchs Telefon. »Chloe«, sagte ich, »es ist überhaupt keine gute Idee, heute abend hierherzukommen.«
»Du spinnst«, fauchte Chloe. In ihrer Stimme war nun dieselbe Wut, mit der sie die fleischliche Vereinigung vollzog. »Jetzt!« sagte sie dann immer. »Fester, du Schwein! Fester!« Ja, es war der gleiche Tonfall. »Harry, es muß heute abend sein«, sagte sie.
»Warum? Warum heute abend?«
»Du bist in Gefahr.« Stille. »Ich bin in Gefahr.« Wieder Stille.
»Haben sie dein Haus durchsucht?« fragte sie schließlich.
»Nein.«
»Bei mir haben sie alles gefilzt.«
»Wie bitte?«
»Während wir weg waren zu unserem Abschiedsdrink. Sie haben alles genau durchsucht im Wohnwagen. Sie haben die Polster aufgeschnitten. Sie haben meine Bilderrahmen aufgebrochen. Sie haben meinen Gasherd auseinandergenommen. Sie haben meine Matratze aufgeschlitzt. Sie haben die Kommodenschubladen ausgekippt.« Chloe fing an zu weinen. Sie weinte wie eine starke Frau, die gerade die Nachricht erhalten hat, daß einer ihrer Angehörigen bei einem Unfall schwer verletzt worden ist. »Harry, ich habe über eine Stunde lang dagesessen. Dann bin ich meine Besitztümer durchgegangen. Ich war auf das Schlimmste vorbereitet, aber sie haben nichts gestohlen. Sie haben sogar meinen Modeschmuck in einem ordentlichen Haufen aufs Bett gelegt. Und meine Bikinihös-

chen. Und meinen schwarzroten Büstenhalter. Und genau daneben, was meinst du wohl? Da haben sie eine Kippe hingelegt. Ich hatte letztes Silvester ein bißchen Marihuana geraucht und die Kippe ganz unten in meiner Schublade versteckt. Sie haben sie genau neben meinen Modeschmuck gelegt. Ich hasse sie.«
»Sie? Mehrere, meinst du?«
»Wenn es gewöhnliche Diebe gewesen wären, hätten sie meinen Fernseher, meinen Mikrowellenherd, meine Stereoanlage, meinen Radiowecker, meine Winchester und meine Kettensäge mitgenommen. Es müssen Bullen gewesen sein.« Sie dachte darüber nach. »Spezialbullen. Harry, was haben sie gesucht?«
»Ich weiß es nicht.«
»Hat es mit dir zu tun?«
»Das weiß ich auch nicht.«
»Was machst du beruflich?«
»Ich habe es dir doch gesagt. Ich schreibe und redigiere.«
»Harry, halt mich nicht für dumm.« Sie sprach leiser. »Arbeitest du beim Geheimdienst?«
»Überhaupt nicht.«
Diese Lüge brachte sie wieder zum Weinen. Ein Schwall von Mitgefühl durchflutete mich. Chloes Sachen durchwühlt und durcheinandergeworfen – und ich log sie an.
»Wilburs Vater, Gilley, hat oft gesagt: ›Die Hubbards sind vielleicht beim CIA, deswegen sind sie auch nichts Besseres als du und ich.‹ Das sagte er immer, wenn er betrunken war – jedesmal, wenn du vorbeifuhrst.«
Es war mir niemals in den Sinn gekommen, daß unsere Nachbarn wußten, was wir taten. »Ich kann nicht darüber sprechen, Chloe«, sagte ich schließlich.
Jetzt erhob sie die Stimme. »Hast du denn überhaupt irgendein Verständnis für mich, oder bin ich nur so ein Bumsverhältnis?« Ja, ihre Stimme wurde allmählich laut.
»Daß ich etwas für dich empfinde«, sagte ich, so langsam ich konnte, »siehst du daran, daß ich meine Frau liebe – verstehst du: ich liebe sie! – und trotzdem immer wieder zu dir komme.«
»Welche Gnade«, sagte sie. »Und das Wechselgeld darf ich behalten?«
Laufen Gespräche dieser Art nicht alle auf dasselbe hinaus? Wir setzten unsere Unterhaltung noch fünf Minuten fort und dann

noch einmal fünf Minuten, bevor ich auflegen konnte, und als ich die Hand vom Telefon nahm, war mir fürchterlich elend zumute. Der ganze Freiraum, den ich für mein Doppelleben gewonnen hatte, existierte nicht mehr – ein Anruf hatte ihn vernichtet. Wie sollte ich nun Kittredge unter die Augen treten? Ich litt so sehr unter diesem Gedanken, mir schien, als nahe sich eine unbekannte Gefahr, nahe sich so schnell, daß ich in wilden Sprüngen die Treppe hinaufstürmte. Draußen vor dem Schlafzimmer jedoch schwand meine Entschlossenheit dahin, und ich fühlte mich so schwach, als läge ich im Fieber. Tatsächlich hatte ich in diesem Augenblick geradezu Fieberphantasien, denn ich sah Kittredge schlafend im Bett vor mir. Sie lag in tiefem Schlummer, und ich machte es mir in einem Sessel bequem, um über ihren Schlaf zu wachen. Ich suchte diesen Eindruck festzuhalten, ging die letzten Schritte, öffnete die Tür, sah hinein – und tatsächlich schlief sie genauso wie in meiner Phantasie. Welch eine Erleichterung war es, eine solche Frau zu haben; wieviel besser war doch ihre stumme Gegenwart als die Einsamkeit ohne sie. Sollte ich darin ein Zeichen sehen? Wie viele Jahre lang hatte mich allein ein Blick auf ihren sommersprossigen Arm, der den Tennisschläger hielt, glücklich gemacht!
Ich starrte sie an, wie sie auf dem Bett lag, und war zum erstenmal seit meiner Heimkehr erleichtert, ganz so, als hätte ich plötzlich ein reines Gewissen. Ich liebte sie, liebte sie wie am ersten Tag – nein, nicht wie am ersten Tag unserer Affäre, sondern wie in dem Augenblick, als ich ihr das Leben gerettet hatte.
Es war dies die bemerkenswerteste Leistung meines Lebens. An schlechten Tagen fragte ich mich, ob das alles sei, was ich zustande gebracht hatte. Meine Vorstellung von Gnade war einfach. Ich habe die Liebe nie als Glückssache betrachtet – als jene Göttergabe, die alles zum Guten fügt und den Menschen nach oben führt. Nein, ich sah in der Liebe eine Belohnung. Man kann sie nur dann finden, wenn man sie sich durch Tapferkeit, Selbstentäußerung oder Großzügigkeit verdient hat. Und wenn ich in Augenblicken wie diesem Liebe in mir spürte, so war ich vielleicht doch noch nicht ganz verloren. Die Apathie, unter der ich zuvor gelitten hatte, war nur Zeichen der großen Müdigkeit meiner Seele. Ich war nicht ausgebrannt, man hatte mir nur schwer zugesetzt, und so produzierte ich wohl ein körpereigenes Morphin, um den Sub-

stanzverlust in Grenzen zu halten. Solange meine Liebe zu Kittredge immer noch in mir lebte, hatte ich die Gnade nicht verloren. Ich schaltete das Licht aus, so daß sie schlafen konnte, und saß im Dunkeln an ihrem Bett. Wie lange ich so dasaß, kann ich nicht sagen – ein paar Minuten, oder war es länger? –, aber ein Klopfen an unserem Panoramafenster schreckte mich schließlich aus meiner Ruhe auf, und ich sah etwas Erstaunliches: ein weißer Nachtfalter, nicht mehr als zwei Finger breit, flatterte gegen die Scheibe. Hatte man je in einer Märznacht einen Nachtfalter gesehen? Seine Flügel waren so weiß wie Melvilles Wal.
Ich ging zum Schreibtisch, nahm eine Taschenlampe, schaltete sie ein und richtete sie auf die Fensterscheibe. Der Falter heftete sich an die andere Seite der Glasfläche, als ob er das bißchen Wärme, das von dem Lichtstrahl ausging, in sich aufnehmen wollte. Ich betrachtete die zitternden Flügel mit dem Respekt, den man einem Geschöpf, so klein es auch sein mag, entgegenbringt. Die schwarzen Augen, winzig wie Stecknadelköpfe, schienen mich mit derselben Intensität anzusehen, wie man sie in den glänzenden Augen eines Rehs oder eines Hundes findet, ja, ich hätte schwören können: Der Falter starrte mich an – ein Geschöpf das andere.
Ich ließ den Strahl der Taschenlampe die Fensterscheibe entlanggleiten, und der Falter folgte dem Licht. Als ich zu einem Fensterflügel kam, den ich öffnen konnte, zögerte ich. Es war schließlich nur ein unansehnlicher Brummer, kein richtiger Schmetterling. Madenartig war der weiße Leib, und die Fühler waren keine Fäden, sondern Bürsten. Ich ließ ihn trotzdem herein. Es lag ein solches Flehen im Flattern seiner Flügel.
Sobald der Falter im Zimmer war, kreiste er wie ein Vogel, der den Ort besichtigt, an dem er sich niederlassen wird, und setzte sich dann auf eine Falte in Kittredges Kopfkissen.
Ich wollte wieder zurück zu meinem Sessel gehen, richtete aber einer plötzlichen Regung folgend den Strahl der Taschenlampe noch einmal gegen das Fenster, und während der Lichtkegel draußen über den Boden huschte, sah ich im silbrigen Halbdunkel die Gestalt eines Mannes. Er sprang aber so schnell hinter einen Baum, daß ich selbst auch sofort zurückwich und die Lampe ausschaltete.

OMEGA 7

Es war eigenartig: Seit Stunden hatte mich das Gefühl bedrückt, beobachtet zu werden. Daß ich es nun bestätigt fand, empfand ich fast als Erleichterung. Ich sog die Luft in so tiefen Zügen ein, als ob man mir einen Strumpf vom Kopf gezogen hätte. In der Tat, ich war hin und her gerissen zwischen Befriedigung und Entsetzen.
Als Kind hatte ich in mir immer den schwachen Sohn eines großen Vaters gesehen, und ich brauchte, um meine Lebensgeschichte zu erzählen, nur von meinen zahlreichen Versuchen zu berichten, aus dieser Sackgasse herauszukommen. Wenn man sich selbst für einen Feigling hält, entschließt man sich am besten zum Frontalangriff. Stolz erinnerte ich mich an die Luger-Pistole meines Vaters, die er während seiner Zeit beim OSS erbeutet und mir in seinem Testament vermacht hatte. Der Kasten, in dem sie lag, befand sich im Wandschrank. Ich konnte sie holen und damit draußen herumstreifen.
Ich wollte nicht. Ich war nicht darauf vorbereitet, allein in den Wald zu gehen. Aber ich mußte mich selbst überwinden. Bei einem so außergewöhnlichen Beruf wie dem meinen entwickelt man natürlich bestimmte Stärken und Kräfte, auch wenn man eigentlich keine außergewöhnliche Persönlichkeit ist. Gelegentlich stellte ich mich probeweise auf nahezu unmögliche Situationen ein. Inzwischen ist diese Fähigkeit bei mir besonders ausgeprägt. Ich hätte damit auch einen jener Fernsehwettkämpfe gewinnen können, bei denen man die Lösung eines Rätsels finden muß, während auf der Bühne die Hölle losbricht und das Publikum kreischt. Um einen klaren Kopf zu bekommen und mich auf meine Aufgabe zu konzentrieren, bediene ich mich, wie ich gestehe, gern eines Textes aus dem »Book of Common Prayer« der Anglikanischen Kirche.
Dabei pflege ich jedoch nicht im eigentlichen Sinne zu beten. Indem ich für mich das Freitagsgebet aufsage – »*Herr Jesus Christus, mit deinem Tod hast du den Stachel des Todes von uns genommen; laß uns, deine Diener, dir im Glauben folgen, zu dem du uns den Weg gewiesen hast, auf daß wir schließlich friedlich in dir einschlafen mögen*«, versuche ich eher meiner Erschütterung Herr zu werden, indem ich mich in etwas versenke. Immer wenn ich dieses Gebet – notfalls zehnmal –

wiederhole, muß ich an meine Jahre in der privaten Vorbereitungsschule denken, und der »böse Kirchenschlaf«, wie wir es in St. Matthew's zu nennen pflegten, stellt sich auch wieder ein. Ich nicke friedlich ein, wache nach einem Blackout von fünf oder zehn Sekunden wieder auf und kann mich voll auf meine Aufgabe konzentrieren. Jeder hat seine eigene Mnemotechnik! Ich kam nach diesen zehn Sekunden zu der Erkenntnis, daß ich nicht hier neben Kittredge sitzenbleiben und bis zum Morgengrauen Wache halten durfte. Das wäre vielleicht das Klügste gewesen, aber wenn ich in meinem Sessel sitzenblieb und um mein Leben bangte, würde ich meiner Liebe schaden. Das ist eine ungeheuer romantische Vorstellung, aber ich sah darin die Logik der Liebe. Liebe ist ungeheuerlich. Man muß sich in Gefahr begeben, um sie zu bewahren – darum verlieren auch die meisten Menschen ihre Liebe. Ich mußte herausbekommen, wer dort draußen herumschlich.

Ich nahm deshalb die Luger aus ihrem Kasten, zog ein gefülltes 9mm-Magazin aus der Seitentasche, steckte den Ladestreifen in den Griff, zog den Schlitten nach hinten, ließ ihn zurückgleiten und hörte die Patrone in die Kammer einrasten. Für den Waffenliebhaber ist das ein erfreulicher Laut (und ich war in diesem Augenblick ein Waffenliebhaber). Als nächstes ging ich zur Schlafzimmertür, öffnete sie, sperrte sie zu, steckte den Schlüssel ein und schlenderte, die Waffe in der Hand, den Korridor hinunter.

Mein Vater sagte immer, die Luger sei Deutschlands verläßlichster Beitrag zum kultivierten Leben. Im Profil sieht seine erbeutete Luger so gut aus wie Sherlock Holmes, und wenn man ihr Gewicht in der Hand spürt, hält man sich leicht für einen guten Schützen, so wie ein exzellentes Pferd auch einem ungeübten Reiter Sicherheit und Selbstbewußtsein gibt. Ich fühlte mich bereit.

Die Keep ist ein Haus mit sieben Türen – ein Symbol für das Glück, das sie den Bewohnern bringen möchte, wie wir zu sagen pflegen. Wir haben im alten Haus eine Tür nach vorn und eine nach hinten, an der Seite einen separaten Eingang zum Cunard-Zimmer (er führt auf eine Treppe, über die man bei Ebbe zum Strand kommt), eine Tür an jedem Ende des Camps (der ehemaligen Scheune), dazu den Ausgang vom Anrichtezimmer in den Holzschuppen und eine Kellerluke.

Ich entschied mich für die Tür zum Holzschuppen. Dort fiel kein

Licht herein, und der Wind pfiff laut genug, um jegliches Knarren der Türangeln oder Quietschen des Riegels zu übertönen. So kam ich ohne verräterische Geräusche ins Freie.
Draußen war es so finster wie in einer Höhle. Das beruhigte mich. Der nasse Boden dämpfte meine Schritte. Seit meinem Aufenthalt in Vietnam vor beinahe fünfzehn Jahren hatte ich mich nicht mehr auf diese Art so lebendig gefühlt – ja, nach kaum zehn Schritten war mir alles wieder gegenwärtig, was ich auf den wenigen Patrouillengängen mit einem Zug Marineinfanterie gelernt hatte, der zur Geländesäuberung eingesetzt war. Es ist kein schlechtes Gefühl, bis in die Zehen- und Fingerspitzen, mit Augen, Nüstern, Ohren und Mund in Alarmbereitschaft zu sein.
Natürlich konnte ich auf dem Weg vom offenen Ende des Schuppens hinaus in den Wald ebensogut einem verborgenen Wachtposten, der das Haus beobachtete, in die Hände laufen, statt mich unbemerkt anzuschleichen. Wie gesagt: die Nacht war schwarz, und der Wind heulte. Als er am lautesten pfiff, huschte ich rasch zehn Schritte weiter, und kein Laut kam von dem nassen Kiefernnadelteppich oder einem zurückschlagenden Zweig. Meine Augen gewöhnten sich bald an das Dunkel, und ich sagte mir, daß ich, um irgend etwas zu erfahren, das Haus in einem Abstand von vierzig oder fünfzig Schritten umkreisen und mich dann in Richtung auf die Lichter zurückbewegen mußte. Wenn ich vorsichtig genug war, würde es mir wohl gelingen, mich von hinten an »sie« heranzuschleichen – vorausgesetzt natürlich, daß »sie« Posten aufgestellt hatten. Oder schlichen sie herum wie ich? Mußte ich auf Rückendeckung achten? Auch meine Gedanken bewegten sich im Kreis herum.
Ich mußte volle zwanzig Minuten draußen gewesen sein, ehe ich auf den ersten Posten stieß. Auf einem Baumstumpf saß ein Mann mit einem Poncho und einem Sprechfunkgerät in der Hand. Ich sah ihn bereits aus fünfzehn Meter Entfernung, er beobachtete den vorderen Eingang des Hauses. Seine Gestalt hob sich als Silhouette vor der Beleuchtung über unserer Haustür ab, und seine Haltung ließ auf – wenn auch nicht übertriebene – Wachsamkeit schließen, nicht anders als bei einem Jäger, der in Deckung auf einen Rehbock lauert. Er hatte wohl nur die Aufgabe, zu melden, ob jemand das Haus verließ.
Einen Augenblick war ich versucht, ihn zu erschießen. Ich hob die

Luger und zielte auf seinen dunklen Kopf, der sich deutlich vor dem beleuchteten Hintergrund abzeichnete, und wußte, daß ich sowohl das Recht dazu hatte als auch dazu fähig war. Ich kann mich nicht erinnern, daß ich mich jemals mit einer Waffe in der Hand so sicher gefühlt hätte. Um die Wahrheit zu sagen: Es lag schon fünfzehn Jahre zurück, daß ich auf einen Menschen geschossen hatte, und das war in Vietnam und im Zorn über einen Feuerüberfall gewesen, als alle wie wild um sich ballerten und ich wie im Rausch das ganze Magazin meiner .357 Magnum in einen Busch abfeuerte, weil mir dessen Aussehen nicht gefiel. Doch im Gegensatz zu den Kriegsfilmen, die ich gesehen hatte, taumelte kein Asiate mit verzerrtem Gesicht heraus, sondern es wurde nur der Busch weggeblasen – die Feuerkraft einer Magnum!
Das war in der Hitze des Kampfes geschehen, und Schiß (und Cannabis!) hatten dabei eine entscheidende Rolle gespielt. Doch sonst hatte Gewalt eigentlich gar nichts mit meinem Leben zu tun. Dieser Drang zu töten aber kam aus dem Zentrum meines Ichs, und er war so kalt und unversöhnlich wie der Wunsch, Kittredge in die Gruft hinunterzutragen. Ich fühlte mich – mit einem Wort – als Gangster, gefiel mir in dieser Rolle und war stolz darauf, daß meine Hand nicht zitterte. Beim Training hatte ich die Pistole nie so ruhig gehalten. Trotzdem war es nicht klug, den Mann zu erschießen. Er konnte nicht allein sein, und ich würde eine Situation verschärfen, die ich noch nicht durchschaute. Außerdem schien mir meine Lage nicht besonders gefährlich. In diesem Wald kannte ich mich ja aus. Ich hatte das Gefühl, daß wir beide, der Posten und ich, noch auf etwas warteten.
Also zog ich mich von dem Mann mit dem Sprechfunkgerät zurück und schlich weiter ums Haus herum. Ich kam mir sicher und überlegen vor, eine Gefahr für die anderen, zu Haus in dem feuchten, duftenden Nadelwald, der mich umgab. In solch glänzender Stimmung muß ich etwa fünfzig Schritte in jenem weiten Bogen zurückgelegt haben, den ich mir vorgenommen hatte, bevor ich mich wieder zum Mittelpunkt zurückstehlen wollte, sah aber diesmal niemanden nahe dem Camp und auch an keiner der Türen. Als ich mich dann aber dem Cunard näherte, entdeckte ich dort, wo die Treppe zum Strand auf den Felsgrund traf, eine leichte Bewegung, die mehr die eines Menschen als die eines Busches zu sein schien. Dann hörte ich einen Poncho flattern. Das Geräusch

war so laut wie das Schlagen eines Segels im Wind: Noch ein Wachtposten.
Ich konnte ihn kaum erkennen. Es war nur ein Schatten vor dunklem Hintergrund. Der Anbau des Cunard-Zimmers ragte, wie gesagt, über die Klippe hinaus, und man sah von dort auf die Blue Hill Bay. Ich war in diesem Augenblick in der tintenschwarzen Unsichtbarkeit des Felsengrundes unterhalb des Anbaus verborgen. Wenn ich weiterging, konnte man mich entdecken. Deshalb wich ich einige Schritte zurück. Ich hatte kaum den Schatten des Cunard verlassen, da ging oben in dem langen Livingroom das Licht an, und von meinem Standort aus konnte ich durch unser Panoramafenster Kopf und Schultern eines Mannes erkennen, der mir bekannt war, dessen Namen ich aber noch nicht wußte. Ich hätte schwören können, daß er aus unserem Stall in Langley war. Ja, das war einer von uns.
Ich zog mich zum Holzschuppen zurück und achtete darauf, Abstand zum ersten Wachtposten zu halten. Für Kittredge befürchtete ich nichts. Der Fremde im Cunard-Zimmer, den ich auf einen Blick erkannt hatte, kam mir weniger bedrohlich als besorgt vor. In der Tat war ich mir meiner Sache so sicher, daß ich die Luger in die Schublade eines alten Schranks im Anrichtezimmer legte. Wenn ich mit der Waffe in der Hand weiterging, würde das nur zu unnötigen Komplikationen führen. Mein Rundgang durch den Wald, so gemischte Gefühle er auch in mir hervorrief, hatte jedenfalls meine Ahnungen bestätigt. Ich hatte festgestellt, wer der Besucher war, ich kannte dieses Gesicht. Er war ein hoher Beamter der Sicherheitsabteilung, Arnie Rosen. Reed Arnold Rosen. In der Zeit, die ich gebraucht hatte, um ins Haus zurückzukehren, war er vom Cunard ins Arbeitszimmer gegangen, und dort traf ich ihn, in meinem Lieblingssessel eine Pfeife rauchend, an. Reed Arnold Rosen, einst Arnie, dann Ned, jetzt Reed für seine Freunde und Kollegen. Ich war, dachte ich, das eine wie das andere. Arnie Rosen und ich hatten zusammen auf der Farm die Ausbildung mitgemacht und waren einander bald darauf als Assistenten Harlots immer wieder über den Weg gelaufen. War es schon siebenundzwanzig Jahre her? Ja, ich kannte Reed, und er kannte mich. Er hatte es nur, was die Karriere anging, weiter gebracht als ich.
Trotzdem hätte ich ihn, einer schäbigen Eingebung folgend, beinahe mit seinem früheren Spitznamen, Arnie, angeredet.

»Hallo, Reed«, sagte ich.
»Harry, du siehst gut aus.«
Ich wußte, daß ich in seinen Augen gar nicht gut aussehen konnte.
»Ich bin total verdreckt«, sagte ich. »Aber es ist ja auch verdammt naß hier im Wald.«
Er nickte. »Ich war vorhin auch draußen.« Sein dreiteiliger Anzug wies eigentlich keinerlei Spuren auf – mit dem englischen Kammgarn aus der Werkstatt eines Londoner Schneiders war er gut durch die Nässe gekommen.
Von menschlichen Wesen werden gewöhnlich nicht so sorgfältig erarbeitete Stammbäume wie von gewissen Hunderassen erstellt, aber unsere besten Leute – ob geborene Schotten, Iren, Ukrainer, Italiener oder Litauer – hatten ihre ethnische Zugehörigkeit ganz und gar abgelegt –, wir sahen aus wie eine einheitliche Rasse: American Intelligence. Es ärgerte mich, daß ich, der ich doch aus einem guten Stall kam, in diesem für meine berufliche Zukunft so gefährlichen Augenblick mit meiner verdreckten Kleidung weniger gut aussah als Rosen. Seine adrette, mittelgroße Figur und das kurzgeschnittene, graue Haar, die kurze, scharfe Nase, die feste, steife Oberlippe (die immer aussah, als drücke er sie gegen seine überkronten oberen Schneidezähne), sogar seine Brille mit dem Silbergestell paßten genau zu dem grauen Anzug. Trotzdem war ich froh, ihn zu sehen. Als ich merkte, daß mein Inquisitor (mit dem ich seit Monaten rechnen mußte) ein so zivilisierter Spitzenbulle wie Ned Rosen war, hatte ich das Gefühl, wieder zur Company zu gehören.
»Es war schon eine kleine Spritztour nötig, um dich hier in deinen Wäldern zu erreichen«, sagte er.
Wie hatte er sich doch seit den alten Zeiten zu seinem Vorteil verändert. Als wir zusammen unsere Ausbildung absolvierten, hatte Rosen, Mitglied von Mensa und hochfeinen Akademikerverbänden, Polypen gehabt. Seine nasale Intelligenz drängte sich überall vor. Er war ein Bursche, den Cliquen schon ablehnten, bevor sie sich überhaupt bildeten.
Jetzt war er mit einer netten, grauhaarigen, sich zur Episkopalkirche bekennenden Dame verheiratet, mit der ich einmal ein denkwürdiges Erlebnis in Montevideo gehabt hatte, und er hatte offensichtlich eine Menge von ihr gelernt. Die Nasalität hatte sich in den vollen Klang eines hohen Regierungsbeamten verwandelt.

»Ja«, sagte er. »Du siehst naß aus, und ich bin nicht trocken.«
Genug des Geplauders zum Aufwärmen.
»Hast du heute abend Kittredge angerufen?« fragte ich.
Er nahm sich Zeit mit der Antwort, mehr um der Höflichkeit willen als aus Vorsicht. »Wegen Hugh Montague?«
»Ja.«
»Ich habe sie nicht angerufen. Ich habe ihr die Nachricht überbracht.«
»Wann?«
»Vor einer Weile.«
Er mußte nicht lange nach meinem Anruf aus der eiskalten Zelle am Straßenrand hier eingetroffen sein. Also war er schon dagewesen, als ich zurückkam. Seine Leute mit den Sprechfunkgeräten hatten wahrscheinlich gehört, wie ich durch den Wald tappte, wie meine Zähne vor Kälte klapperten, als ich nach dem Hausschlüssel suchte, und sie hatten es dem Knöpfchen berichtet, das er im Ohr trug.
Ich stand auf, um das Feuer anzufachen und konnte feststellen, daß er in der Tat im rechten Ohr einen lederfarbenen Stöpsel trug.
»Was hast du seit deiner Ankunft gemacht?« fragte ich.
»Nachzudenken versucht.«
»Wo?«
»Na ja, zum größten Teil in einem der Gästezimmer.« Er nahm einen Zug aus seiner Pfeife.
»Sind das deine Hofdamen da draußen?«
»Hoffentlich.«
»Ich habe zwei gezählt.«
»In der Tat«, sagte Reed. »Wir sind zu dritt hier draußen.«
»Alle meinetwegen?«
»Harry, das ist eine komplizierte Geschichte.«
»Warum bittest du sie nicht herein?« fragte ich. »Wir haben noch mehr Gästezimmer.«
Er schüttelte den Kopf. »Meine Männer«, sagte er, »sind das Warten gewöhnt.«
»Rechnest du noch mit weiteren Besuchern?«
»Harry, laß uns doch nicht Pingpong spielen. Ich muß mit dir über eine Situation reden, die außer Kontrolle geraten ist.«
Das hieß, niemand in Langley hatte eine Ahnung, was als nächstes zu tun war.

Der Rundgang, den ich mit der Luger unternommen hatte, wirkte noch immer beruhigend und dämpfte meine Angst. Mein Kopf war wieder klar. Eine konkrete Gefahr vertrieb die Gespenster der Nacht.

»Möchtest du einen Drink?« fragte ich.

»Habt ihr einen Glenlivet im Haus?«

»Haben wir.«

Er erging sich in einigen lobenden Worten über diesen Whisky, was mich ärgerte. Denn mich interessierten nicht die Werbesprüche, die er auf einer Sommerreise mit seiner angegrauten schottischen Braut durch Schottland und seine Destillen aufgeschnappt haben mochte. Ich nahm die Flasche aus dem Schrank im Arbeitszimmer und goß uns einen Glenlivet pur ein – zum Teufel mit ihm, wenn er nach all den Lobhudeleien dennoch Eis wollte. Dann fragte ich ihn: »Warum bist du hier?«

Ich konnte sehen, daß er noch ein bißchen länger Kaminfeuer und Scotch genießen wollte.

»Ja«, sagte er zögernd, »wir müssen darüber reden.«

»Ich fühle mich geehrt, daß sie dich geschickt haben«, versicherte ich ihm.

»Und ich werde vielleicht morgen entehrt sein«, erwiderte er. »Ich bin auf eigene Faust hergekommen.«

»Nicht autorisiert?«

»Überhaupt nicht. Weißt du, ich wollte schnell herkommen.«

»Nun«, sagte ich, »dann werden wir also nicht Pingpong spielen, oder?«

Es sah ihm gar nicht ähnlich, daß er seinen zarten Hintern nicht absicherte; niemand wußte besser als Rosen, daß kaum eine Bürokratie den Papierkrieg so liebt wie die unsere. Also gibt es Zeiten, in denen wir sehr darauf achten, uns das richtige Papier zu beschaffen. Wir fühlen uns einfach wohler, wenn sich unorthodoxe Aktionen mit einem Stück Papier begründen lassen. Wenn wir von Zeit zu Zeit gezwungen sind, uns ohne Programme, Statute, Direktiven, Memos oder Präsidentenerlasse zu bewegen, kommen wir uns verdammt nackt vor. Rosen hatte kein Papier.

»Können wir anfangen?« fragte er.

»Schieß los«, sagte ich.

Als Zeichen der Zustimmung wollte er grinsen, aber da er die Pfeife im Mund hatte, kam nur eine Grimasse dabei heraus. »Hat

Kittredge«, fragte er, »dir irgendwelche Einzelheiten darüber mitgeteilt, was sie über Harlot gehört hat?«
»Meine Frau war leider ein bißchen durcheinander.«
»Harlot«, sagte Rosen, »verließ vor drei Tagen sein Haus, fuhr allein in seinem Boot hinaus, was, wie du wohl weißt, nicht untypisch für ihn war. Er war stolz darauf, daß er das Boot trotz seiner Behinderung allein führen konnte. Aber er kam nicht zurück. An diesem Morgen fand die Küstenwache das treibende Boot, ermittelte den Besitzer und rief uns an. Kannst du dir das vorstellen? In den Bootspapieren stand unter der Rubrik ›Nächste Verwandte‹ die Telefonnummer des Personalbüros von Langley! Währenddessen wurde auf einer Sandbank in der Chesapeake Bay der ziemlich verunstaltete Leichnam eines Mannes angespült. Man benachrichtigte die Küstenwache, und bald darauf war meine Abteilung am Ort. Heute, kurz vor der Lunchpause.«
»Ich habe gehört, du willst es als Selbstmord bezeichnen.«
»Wahrscheinlich werden wir das tun. Hoffentlich bringt die Presse nicht mehr als einen Nachruf.«
»Ist es Mord?«
»Kann ich nicht sagen. Noch nicht.«
»Wie bist du hergekommen?« fragte ich. »Bist du zum Bar Harbor Airport geflogen?«
»Ja, mit meinem Flugzeug. Ich habe meinen paar bescheidenen Fähigkeiten einen Pilotenschein hinzugefügt.«
»Von dir erfährt man aber auch immer wieder etwas Neues, Reed.«
Dieses Lob konnte man auch als Spitze auffassen, aber dennoch war seine Freude darüber nicht zu übersehen. Als Richard Helms für Hugh Montague einmal die Kastanien aus dem Feuer geholt hatte, indem er einige Leichen aus dessen Keller dem Licht einer Kongreßuntersuchung entzog, machte Harlot ihm, dankbar für die große Hilfe, sofort ein großes Kompliment. »Dick«, hatte Harlot gesagt, »du steuerst doch ein Boot nach dem anderen sicher durch den Sturm.« Das war ein bißchen dick aufgetragen, fand ich, aber Helms, der so spitz wie ein Eispickel aussah und gewiß vor Harlot auf der Hut war, strahlte dennoch über ein so schmeichelhaftes Kompliment. Später meinte Harlot verächtlich: »Verlaß dich drauf, Harry, die Eitelkeit eines hohen Beamten ist bodenlos.«
Ergo hatte ich Rosens Affen Zucker gegeben, und ich hoffte, ich würde ihn schon noch beim Kauen erwischen.

»Auf deinem Herflug«, fragte ich, »bist du da zufällig in Bath, Maine, zwischengelandet?«
Nun nahm er sogar die Pfeife aus dem Mund. »Ganz bestimmt nicht.« Er machte eine Pause. »Ich muß allerdings sagen«, fügte er hinzu, »daß mir der Gedanke gekommen ist. Wir wissen nämlich von deiner Freundin Chloe.«
»Hat das FBI sie heute abend besucht?«
»Nicht auf unsere Veranlassung.«
»Auch nicht die Drogenfahndung?«
»Dito. Das könnte ich beschwören.«
»Wer hat dann ihren Wohnwagen auf den Kopf gestellt?«
»Was?« Er schien wirklich überrascht.
»Sie hat mich vorhin in Panik angerufen. Ihrer Beschreibung nach war es eine gründliche, geradezu unverschämt professionelle Arbeit.«
»Ich habe keine Ahnung.«
»Wieso interessierst du dich für sie?« fragte ich.
»Ich wüßte nicht, daß ich das tue. Ist sie wichtig?«
»Ned, wenn wir schon von meiner sogenannten Freundin Chloe sprechen, höre dir die Fakten an. Ich trinke manchmal Kaffee bei ihr, wenn ich durch Bath komme. Chloe und ich haben keine Liebesbeziehung. Ganz und gar keine. Aber erkläre mir mal, mein Freund, was zum Teufel Chloe mit alledem zu tun hat! Sie ist doch nur eine Serviererin.« Der gute Scotch machte mich unerwartet gereizt.
»Vielleicht, vielleicht auch nicht.«
Ich hatte eine ziemlich lange Leitung. »Habt ihr Opernfreunde das Telefon hier in diesem Arbeitszimmer angezapft? Ja, sie hat mich heute abend angerufen. Na und?«
Abwehrend hob Rosen die Hand, und ich merkte, daß ich mich viel zu sehr aufgeregt hatte. Spürte er etwa das Schuldgefühl in meiner Stimme? »Beruhige dich, Harry«, sagte er. »Beruhige dich. Wahrscheinlich hat man dein Gespräch mit Chloe irgendwo aufgezeichnet. Ich hatte allerdings keine Möglichkeit und auch nicht den Wunsch, mich direkt bei dir einzuschalten. Ich bin nicht hergekommen, um dich an den Tisch zu fesseln und dich zu rektoskopieren.«
»Obwohl du gegen ein Gespräch, das in die Tiefe geht, nichts einzuwenden hättest.«

»Ich möchte von gleich zu gleich mit dir reden.«
»Weißt du, was mir die ganze Zeit im Kopf herumschwirrt?«
»Die Hohen Heiligen.«
Rosen zeigte mir, wie ungleich wir in Wirklichkeit waren.
»Reed«, sagte ich, »ich weiß nicht viel von den Hohen Heiligen.«
»Jedenfalls nicht durch eigenen Verdienst.« Natürlich: manches, das für mich unverständlich war, konnte für ihn von Bedeutung sein. Er nippte den Rest aus seinem Glas und reichte es mir herüber. »Gib mir noch einen Schluck von diesem wunderbaren Scotch«, sagte er, »und ich ziehe einen Kilt an.«
Ich quälte mir ein Lächeln ab.
»Das muß eine höllische Situation für dich sein«, sagte er. »Ob du es glaubst oder nicht, es ist auch eine höllische Situation für mich.«
Ja, jetzt redeten wir über dieselbe Sache. Er mußte ahnen, wieviel Papier ich aus Langley herausgeschafft hatte. Irgend etwas drängte mich, ihm zu sagen, daß mir das mit meinem komplizierten Gewissen gar nicht schwergefallen war. Seltsam, vielleicht mußte ich irgendwann für alles bezahlen, aber jetzt freute ich mich geradezu auf diesen Augenblick. Beinahe hätte ich gesagt: »Ich könnte dir eine ganze Menge über meine Gefühle in dieser Sache erzählen, Ned. Und ich fühle mich völlig im Recht.«
Statt dessen hielt ich lieber den Mund, und Rosen sagte: »Harry, du hast seit Jahren eine fürchterliche Wut im Bauch. Vielleicht aus gutem Grund. Wenn eine Ehe in die Brüche geht, sollte man, glaube ich, sagen: ›Urteile, aber verurteile nicht. Nur Gott kann ein Urteil fällen.‹ Wir sind alle mit der Agency verheiratet. Wenn du an dem Punkt angekommen bist, daß du die Trennung willst, dann bin ich nicht dein Richter. Ich verurteile dich nicht. Du hast in all den Jahren eine Arbeit geleistet, die uns alle vor Neid erblassen läßt. So kühne und so clevere Aktionen.«
Ich versuchte meine Genugtuung zu verbergen. »Kühn und clever« – die Worte brachten mich schier aus dem Häuschen –, genauso eitel wie ein hoher Beamter.
»Ich sage dir ganz im Vertrauen«, fuhr Rosen fort, »was immer du dir an Papieren unter den Arm geklemmt haben magst – und ich glaube, wir haben jetzt einen ganz guten Überblick über dein Treiben –, trotzdem, Junge...« seine Stimme hatte noch nie vollmundiger geklungen »...auf mein Wort: diese Sünden sind läßlich.«

Mit anderen Worten: Er forderte mich auf, mit ihm zusammenzuarbeiten. Rosen mußte Harlot eine Menge von Informationen zugespielt haben, die die Sicherheitsabteilung lieber für sich behalten hätte. Läßliche Sünden wurden die ganze Zeit begangen. Informationen sickerten durch die Ritzen zwischen dem Außenministerium und uns, dem Verteidigungsministerium und uns, dem Nationalen Sicherheitsrat – ja, vor allem dem – und uns: Wir waren nur gute Amerikaner, die ihre Felder mit dieser Jauche düngten.
Todsünden waren etwas anderes. Todsünde hieß, den Sowjets Papyri zu liefern – ein unvergleichlich weniger lustiges Geschäft. Während Rosen keineswegs sicher sein konnte, daß ich mich auf der Ebene der läßlichen Sünden bewegte, machte er mir trotzdem bereits verdeckte Versprechungen. Ein ehrenvoller Abschied anstelle von Entlassung und Anklage wäre möglich, hatte er angedeutet. Offensichtlich brauchte er meine Hilfe. Die Rätsel um Hugh Montagues Tod bewegten sich in anderen Dimensionen und waren von weit größerem Interesse als irgendeines meiner kleinen Kavaliersdelikte.
Vielleicht war es ganz gut, daß ich Ned als Gesprächspartner hatte statt eines hochrangigen Sicherheitspavians, der nicht mal wußte, wie vieler Generationen von Hubbards es bedurft hatte, um die liebenswürdigen kleinen Geheimnisse der Keep herauszugestalten.

OMEGA 8

Das Licht des Kaminfeuers spiegelte sich in Rosens Brillengläsern. Ich sah sogar die Scheite darin flackern, als ich sprach.
»Gehen wir davon aus«, sagte ich, »daß meine Trennung vom Service einvernehmlich erfolgt.« Ich weiß nicht, ob meine Stimme bei dieser Feststellung unerträglich selbstgefällig klang oder ob Rosen mich mit einem gutgewählten Köder geangelt hatte, aber jetzt konnte ich förmlich spüren, wie er die Zügel anzog.
Seine dünnen Lippen nahmen den strengen Ausdruck eines Bürokraten an, der dabei ist, den Fisch an Land zu ziehen.

»Nehmen wir an«, sagte er feierlich, »daß eine konzertierte Kooperation eine Trennung im beiderseitigen Einvernehmen erlauben würde, insofern die relevanten Richtlinien es gestatten.«
Nicht jeder beherrschte den Bürokratenjargon so perfekt. Ich nickte spöttisch und merkte gleichzeitig, daß ich betrunken war. Das kam in letzter Zeit nicht oft vor, ganz egal wieviel ich trank. Aber in fünfundzwanzig Jahren im Regierungsdienst entwickelt man einen gewissen rhetorischen Ehrgeiz.
»Angemessenes Zusammenwirken vorausgesetzt«, entgegnete ich im gleichen Tonfall, »werden wir zusätzlich eine bilaterale Ermittlung der Begleitumstände durchführen.«
Ich drückte mich so gestelzt aus, um das höchst kultivierte Lächeln aus seinem Gesicht zu vertreiben, aber er sah nur traurig drein. Da begriff ich, daß Rosen so betrunken war wie ich selbst. Wir hatten eine kleine Stromschnelle im großen Schnapsfluß passiert. Nun lag sie hinter uns, und der Fluß plätscherte ruhig dahin.
Rosen seufzte, und ich dachte, er werde nun sagen: »Wie konntest du nur so etwas tun?«, aber statt dessen murmelte er: »Wir sind noch nicht soweit, daß wir Vereinbarungen treffen können.«
»Wo stehen wir dann?«
»Ich möchte eine weitere Analyse von dir.«
Zur Ernüchterung nahm ich einen weiteren Schluck Scotch.
»Warum?«
»Vielleicht brauche ich das. Wir stecken mitten in einer Katastrophe. Manchmal siehst du die Dinge klarer als ich.«
»Also gut«, sagte ich.
»Ich meine das so, wie ich es sage«, versicherte er mir, und ich fing an, ihm zu glauben.
»Was haben wir?« begann ich. »Du hast eine Leiche, die Leiche von Harlot?«
»Ja«, sagte er, aber so zögernd, als wäre er drauf und dran, seine eigenen Worte zu dementieren.
»Ich nehme an«, sagte ich und nahm noch einen Schluck Scotch, bevor ich mit Grabesstimme fortfuhr, »die sterblichen Überreste sind verstümmelt und im Wasser gedunsen.«
»Angeblich ist es Harlots Leiche.«
Wir verstummten. Ich hatte gewußt, daß es uns nicht leichtfallen würde, über Harlots Tod zu sprechen, und trotzdem überraschte mich das Würgen im Hals. Trauer, Wut, Verwirrung und eine Spur

von Hysterie ebendieser Verwirrtheit wegen schnürten mir die Kehle zu. Ich stellte fest, daß es half, wenn ich ins Feuer sah. Ich betrachtete ein Scheit, das weiß aufglühte, bevor es sachte in sich zusammenfiel, und begann um Harlot zu trauern – und um alles andere! Und doch ist der Tod, so hören wir in jeder Predigt, die Auflösung alles Irdischen, und Harlot trat im Tod ein in die Ewigkeit. Langsam wurde mein Hals wieder freier.
Ich fühlte, daß ich über Harlots Tod sprechen wollte. Ganz gleich, wieviel sich an diesem Abend ereignet hatte – oder vielleicht gerade weil sich das alles zugetragen hatte? Mir schien, als hätte ich endlich meine Mitte, meine klare, logische Mitte gefunden und als wären alle Ausuferungen der Gefühle eingedämmt, so daß diese Mitte dominierte. Hatte ich mich zehn Minuten zuvor noch betrunken gefühlt, so kam ich mir jetzt plötzlich ganz nüchtern vor, aber der Rausch ist ja auch ein Abtauchen des Ichs, und das meine war gerade wie ein Wal aufgetaucht. Es war mir ein Bedürfnis, wieder einmal festzustellen, wie fit ich war, das heißt, wie klar, wie logisch, wie sarkastisch, wie erhaben über die Schwächen aller anderen einschließlich meiner eigenen. Rosen wollte eine Analyse? Die konnte er haben. Plötzlich fühlte ich mich wieder fast so wie in alten Zeiten – ein Gefühl, das wir beide gehabt hatten: Harlots beste und brillanteste Mitarbeiter zu sein. Und gewiß auch seine ehrgeizigsten. Es spielte keine Rolle mehr, wie müde ich war; mein Gehirn war hellwach.
»Ned, die erste Frage ist, ob es sich um Mord oder um Selbstmord handelt.«
Er nickte, und ich dachte: Selbstmord kann nur bedeuten, daß Harlot mit zu hohem Einsatz gespielt und verloren hat. Der logische Schluß daraus war, daß die Hohen Heiligen der Company gegenüber mörderisch illoyal waren und ich mich deshalb in großer Gefahr befand.
»Sprich weiter.«
»Wenn Harlot aber ermordet wurde«, fuhr ich fort und hielt wieder inne. Hier fingen die Schwierigkeiten an. Ich wählte ein altes CIA-Sprichwort: »Man sticht keine Eiterbeule auf«, sagte ich, »ohne eine Vorstellung davon zu haben, wohin der Eiter abfließen soll.«
»Natürlich«, bestätigte Rosen.
»Also, Reed, wenn Harlot von fremder Hand getötet worden ist, deuten die Zeichen dann nach Osten oder Westen?«

»Ich weiß es auch nicht. Ich weiß nicht, ob ich bei den ›King Brothers‹ suchen soll oder näher daheim.« Er atmete schwer, als habe es ihn große Mühe gekostet, all das die vielen Stunden mit sich herumzutragen.

»Es können nicht die King Brothers gewesen sein«, sagte ich, während er mit dem Pfeifenstiel gegen die Zähne klopfte. Es wäre so etwas wie Kamikaze gewesen, wenn wir und der KGB angefangen hätten, gegenseitig unsere Leute umzubringen. Kraft stillschweigender Übereinkunft taten wir das nicht. Wir töteten vielleicht Dritte-Welt-Agenten und gelegentlich mal einen Europäer, aber nicht uns gegenseitig. »Nein, nicht die Russen«, sagte ich schließlich. »Es sei denn, daß Harlot ein Doppelspiel mit ihnen riskiert hat.«

Rosen seufzte.

»Auf der anderen Seite«, sagte ich, »könnten wir es gewesen sein.«

»Würdest du das bitte näher erklären?« fragte Rosen.

»Harlot verfolgte ziemlich hartnäckig eine ganz bestimmte Hypothese. Er war zu der Ansicht gelangt, daß es bei uns eine Enklave von Leuten gibt, die sich unserer brisantesten Informationen für weltweite Geschäfte bedienen. Seiner Schätzung nach sind diese geheimen finanziellen Mittel inzwischen größer als unser gesamter Etat.«

»Du glaubst also, daß Harlot von Leuten aus der Agency getötet wurde?«

»Sie liefen Gefahr, Milliarden zu verlieren. Vielleicht noch mehr.«

Ich neigte zu dieser These – um Harlots und um meinetwillen: Wenn er sich als redlicher Kämpfer gegen eine ungeheuerliche interne Korruption entpuppte, dann konnte es nur ein günstiges Licht auf mich werfen, daß ich mit ihm zusammengearbeitet hatte.

Rosen allerdings schüttelte den Kopf. »Es bringt uns nicht weiter, jetzt schon in diese Richtung zu gehen«, sagte er. »Du kennst nicht das Szenario des schlimmsten Falles. Deine These in Ehren, aber da gibt es ein teuflisches Hindernis.«

Ich goß uns beiden noch etwas Scotch ein.

»Weißt du«, fuhr Rosen fort. »Wir sind in der Tat nicht sicher, ob das, was da in der Chesapeake Bay an Land gespült worden ist, wirklich Harlots sterbliche Überreste sind.«

»Nicht sicher?« Ich konnte das Beben in meiner Stimme hören.
»Wir haben Anhaltspunkte dafür, daß es Montagues Leiche sein dürfte. Aber die Labors können es nicht mit hundertprozentiger Sicherheit sagen. Größe und Gewicht würden passen. An der linken Hand ein St. Matthew's-Ring. Das Gesicht ist allerdings überhaupt keine Hilfe.« Rosens blaßgraue Augen, die für gewöhnlich unauffällig wirkten, glühten nun hell hinter den Brillengläsern. »Ich habe es nicht fertiggebracht, es Kittredge zu sagen«, fuhr er fort, »aber das Gesicht und der Kopf waren weggeschossen. Mündung der Waffe gegen den Gaumen gedrückt. Wahrscheinlich eine abgesägte Schrotflinte.«
Ich wollte mich nicht länger als nötig in diese Vorstellung vertiefen. »Was ist mit Hughs Rücken?« fragte ich.
»Die Wirbelsäule weist eine schwere Verletzung auf. Mit Gehunfähigkeit wäre in diesem Fall zu rechnen.« Er schüttelte den Kopf. »Wir können allerdings nicht sicher sein, daß es Montagues Verletzung ist.«
»Ihr habt doch sicher Harlots Röntgenbilder in den Akten.«
»Tja, Harry, du kennst Harlot. Er hatte alle Behandlungsunterlagen aus dem Krankenhaus zu uns schicken lassen. Er hätte es nie zugelassen, daß Informationen über ihn anderswo aufbewahrt wurden.«
»Was geht denn aus seinen Röntgenbildern hervor?«
»Das ist eben das Hindernis, von dem ich sprach«, seufzte Rosen. »Die Röntgenbilder sind unauffindbar.« Er nahm die Pfeife aus dem Mund und prüfte die Aschenschicht in seinem Pfeifenkopf. »Das macht uns schwere Kopfschmerzen.«

OMEGA 9

Ich konnte mir Rosens nächste Frage schon denken: Hast du, Harry Hubbard, Harlots Röntgenbilder aus seiner Akte entfernt? Das Problem war, daß ich ihm darauf keine Antwort geben konnte. Ich erinnerte mich nicht, Harlot je Unterlagen aus seiner Personalakte gebracht zu haben. Aber meine Fähigkeit, mich auf Befehl an

etwas zu erinnern, mochte nach dreißig Jahren Alkoholgenuß ein paar Lücken aufweisen. Schon möglich, daß ich es vergessen hatte.
Aber wahrscheinlich hatte ein anderer sie entfernt. Ich war wohl nur einer von vielen Mauleseln gewesen, die Harlot Papyrusballen aus Langley zugetragen hatten. Der Verlust der Röntgenbilder konnte auch auf »AIV« (Akten intern verlegt) zurückzuführen sein. Der CIA hatte sich nun an die vierzig Jahre lang trotz – oder wegen! – des AIV-Syndroms ausgebreitet. Man konnte niemals nachweisen, daß jemand eine Todsünde begangen und eine Akte geklaut hatte. Wahrscheinlicher war eine läßliche Sünde: Ein Beamter hatte ein paar Blätter herausgerissen, um sich selbst zu schützen, oder sie an die falsche Abteilung zurückgeschickt, oder eine junge Bürokraft, abgelenkt durch eine zweifelhafte Liebesgeschichte, hatte die Akte im falschen Ordner abgelegt, in die falsche Kassette gesteckt oder nun, da wir computerisiert waren, aus Versehen gelöscht. Die benutzerfreundlichen Computer, an denen unsere Kräfte saßen, konnten einen ebenso leicht vom Weg abbringen wie die schwammige Lenkung eines alten Straßenkreuzers.
Kurzum, Harlots Röntgenbilder waren unauffindbar.
»Wir haben auch Schwierigkeiten mit seinen Fingerabdrücken«, sagte mir Rosen. »Obwohl es darauf vielleicht nicht ankommt. Die Fische haben sich intensiv mit seinen Fingerspitzen beschäftigt. Dabei ist eines interessant: Es gibt eine Substanz, die Fische anlockt, die könnte man auf die Fingerspitzen gepinselt haben, so daß die Welse an der gewünschten Stelle zu knabbern anfingen. Andererseits nagen Fische ohnehin an Extremitäten herum, so daß es auch natürliche Ursachen haben kann.«
Er öffnete den Aktenkoffer, der neben ihm auf dem Boden stand, und reichte mir zwei große Fotoabzüge von einer linken Hand mit Ring und einer rechten Hand. »Würde man das erkennen?« Vielleicht lag es an der Fahlheit der Schwarzweißtöne des Fotos, aber die Hände hätten jedem gehören können. Man erkannte nur, daß es die aufgedunsenen Pfoten eines Mannes waren, der zu lange im Wasser gelegen hatte. Und die Fingerspitzen waren in der Tat bis auf die Knochen abgefressen.
»Ich habe Kittredge gefragt, ob sie anhand dessen die Leiche identifizieren könnte, aber sie geriet völlig außer sich«, sagte Rosen

– und sie war es noch. Ja. Der Moment, da ich sie gebeten hatte, mich ins Schlafzimmer zu lassen, fiel mir mit seinem ganzen Jammer wieder ein. Wie mußte sie beim Anblick dieser Vergrößerungen gelitten haben. Harlots einst so geschickte Hände. Kittredges Schmerz wurde mir nun etwas verständlicher. Dabei hatte ihr Leid – ein grausames Paradoxon – gar nichts mit mir zu tun. Es existierte für sich. Und das kam mir vor wie einem Physiker eine neue und anstößige Lehre auf seinem Gebiet. Es spielte keine Rolle, wie sehr ich Kittredge liebte, darin lag keine Garantie dafür, daß sie meine Liebe erwiderte. Dies war die anstößige Lehre. Hatte Einstein heftigere Empfindungen, als er sich der Quantentheorie und einem vom Zufall bestimmten Universum konfrontiert sah?
Aber ich bin Profi. Das war das Entscheidende. Es wurde Zeit, daß ich mich dessen erinnerte. Selbstbeherrschung ist alles! Ob übermüdet oder ausgeruht, gut gelaunt oder kochend vor Wut, loyal oder verräterisch, geeignet für die Aufgabe oder möglicherweise inkompetent – wie auch immer, man ist und bleibt ein Profi; man schaltet die Teile seines Bewußtseins ab, die der Aufgabe nicht dienlich sind. Wenn das, was bleibt, nicht ausreicht, um den Job zu schaffen, ist man trotzdem immer noch Profi. Man tritt zur Arbeit an.
»Harry«, sagte Rosen. »Das Gesicht ist nicht ganz weg.«
Zuerst konnte ich ihm kaum folgen. Dann doch. »Was ist übriggeblieben?«
»Der rechte Unterkiefer. Alle Zähne auf dieser Seite fehlen mit Ausnahme der letzten beiden Backenzähne. Das paßt auf Harlot. Er hatte im rechten Unterkiefer eine Brücke, die an ebendiesen Backenzähnen befestigt war.«
»Woher weißt du von der Brücke?«
»Ja, mein Freund, wir haben vielleicht nicht seine allgemeinmedizinischen Unterlagen, aber die zahnmedizinischen haben wir gefunden. Auf diesen Röntgenbildern weist einer der beiden Bakkenzähne eine kleine Goldfüllung auf – wie bei der Leiche. In der Tat, die Füllung bei dem Toten paßt erstaunlich gut zu den Röntgenbildern von Montague.«
»Erstaunlich gut? Warum gehst du dann nicht von der Annahme aus, daß du Hugh Montagues Beerdigung vorbereiten mußt?«
»Weil ich das Gefühl habe, daß etwas nicht stimmt.«
Mit einer entschuldigenden Geste hob er die Hände, als hätte er

darüber den ganzen Nachmittag mit den Leuten vom Labor debattiert. Ich begriff, daß er mit seinem Verdacht wahrscheinlich allein stand. »Ich kann's nicht ändern«, sagte er. »Die Geschichte gefällt mir nicht.«
Er stopfte seine Pfeife und zündete sie an. Ich hatte keine Lust zu sprechen, während er damit beschäftigt war. Pfeifenraucher haben mich mein Leben lang geärgert. Es gibt jetzt in der Company nicht mehr so viele wie zu Allen Dulles' Zeiten, als die alte Dunhill des Direktors zum Bestandteil der Selbstdarstellung vieler unserer Leute wurde, aber wie oft hat mich doch die Pfeife eines Kollegen gestört und bei meiner Arbeit behindert!
»Kannst du mir sagen«, fragte er mich endlich, »warum ich dabei ein so komisches Gefühl habe?«
»Es ist der einzige Beweis«, sagte ich. Er wußte es. Ich wußte es. Harlot selbst hatte es uns eingebleut: Partiellen Beweisen, die nur eine einzige Schlußfolgerung zulassen, ist grundsätzlich zu mißtrauen.
»Ich denke«, sagte er, »daß man vielleicht ein Täuschungsmanöver inszeniert hat.«
»Können wir den Ball wieder ins Spiel bringen?« fragte ich, und es schoß mir durch den Kopf, daß viele von uns merkwürdigerweise immer noch im gleichen Jargon sprachen wie die Werbeleute vor zwanzig oder dreißig Jahren. Ich glaube, wir sind uns irgendwie ähnlich – wir wissen oft auch nicht, ob eine Behauptung wahr ist oder ein abscheulicher Betrug. Zieh es am Mast auf und sieh nach, ob es flattert. Viele unserer Unternehmungen beruhen auf Metaphern.
Ich schweife ab, aber so leicht wollte ich den ungeheuerlichen Verdacht, den Rosen geäußert hatte, nicht akzeptieren. Es gab aber keine Alternative. Ich nippte an meinem Scotch und sagte: »Ned, willst du etwa behaupten, ein Zahntechniker habe den Mund eines anderen Mannes so perfekt präpariert, daß man seine beiden Backenzähne mit denen von Harlot verwechseln kann? Und das alles vor dessen Tod?«
»Nicht unmöglich.« Rosen schien erregt. Harlot mochte von der Bildfläche verschwunden sein, aber vor ihm lag die Klärung des Falles. »Bis jetzt«, sagte er, »haben wir Folgendes: Hugh Montagues Kiefer wurde vor ein paar Jahren geröntgt. In diesem Alter nutzen sich die Zähne ab und sitzen nur noch locker im Zahn-

fleisch. So brauchte, wer immer diesen Coup ersann, also lediglich einen Mann desselben Alters und Körperbaus zu finden. Ansonsten brauchte er nur zwei Backenzähne, die ungefähr so aussahen wie die Harlots. Eine genaue Kopie der Goldfüllung zu schaffen wäre das geringste Problem.«
»Der Zahnarzt würde in diesem Fall aber wohl für die King Brothers arbeiten.«
»Ja«, sagte Rosen. »So müßte es dann sein. TSS hätte die Möglichkeit, einen Mann aufzutreiben, dessen körperliche Merkmale dem Vorbild hinlänglich nahe kämen, aber wir könnten wohl kaum den Rest des Jobs erledigen. Ich gehe davon aus, daß man uns eine höchst raffinierte KGB-Arbeit präsentiert hat.«
»Glaubst du wirklich«, fragte ich, »daß sie einen siebzigjährigen sowjetischen Gefangenen ausgesucht und dem armen Kerl alle Zähne bis auf zwei gezogen, diese entsprechend präpariert, ihm dann genau an der richtigen Stelle sorgfältig das Rückgrat gebrochen und ihn wieder gesund gepflegt haben, um ihn anschließend in die Vereinigten Staaten zu schmuggeln, zu Harlots Boot zu bringen, ihm sorgfältig den Kopf wegzuschießen, damit nichts als die beiden Backenzähne übrigblieb, ihn in die Chesapeake Bay zu werfen und lange genug darin liegenzulassen, bis der Rest der Leiche genügend aufgedunsen war, und ihn uns dann als Köder auf den Strand zu werfen? Nein«, sagte ich in Beantwortung meiner eigenen Frage. »Ich nehme an, daß Harlot tot ist und daß du seine sterblichen Überreste hast.«
»Nun«, erwiderte er, »es wäre eine anspruchsvolle Operation – selbst für den KGB und selbst wenn man ihre Geduld in Rechnung stellt.«
»Komm«, sagte ich. »Das wäre Felix Dzierzynskis würdig.«
Nun stand Rosen auf und stocherte im Feuer. »Sie würden sich nie solch eine Mühe geben«, sagte er. »Wenn nicht sehr viel auf dem Spiel stände. Kehren wir zum Szenario des schlimmsten Falles zurück. Nehmen wir an, Harlot ist in den Händen der King Brothers.«
»In den Händen der King Brothers und am Leben?«
»Am Leben und glücklich«, sagte Rosen. »Glücklich und auf dem Weg nach Moskau.«
Ich wollte Rosens Theorie an diesem Punkt gewiß nicht stützen. Wo würde ich bleiben, wenn sie stimmte? Aber jetzt griff mein

Verstand – mit all seinen eingeübten Reflexen zum Drehen und Wenden von Hypothesen, bis sie widerlegt waren oder neue Formen annahmen – Rosens Gedanken auf und spielte sie weiter durch, und sei es auch nur, um sein Szenario zu verbessern. Dergleichen kann zur Sucht werden. »Ja«, sagte ich, »und wenn Harlot nun am Leben, glücklich und auf dem Weg nach Moskau ist und nicht will, daß wir es erfahren?«

Ich war Rosen jetzt um einen Schritt voraus. Wir brauchten nicht einmal darüber zu sprechen. Wenn Harlot zum KGB überlief, war das für den CIA ein »Super-GAU«. Sogar Bill Casey würde dann vielleicht erkennen, daß es noch größere Blamagen als Nicaragua gab. Wenn Harlots Verrat feststand und sich unsere qualifiziertesten Leute ein Jahr oder länger mit dem Fall beschäftigten, konnten wir immerhin das Ausmaß des Schadens abschätzen. Wenn wir aber nicht einmal wußten, ob er tatsächlich tot war oder ob er die King Brothers über uns informierte – was für sie ein Jahrhundertereignis sein konnte –, dann waren wir dazu verdammt, in einem Haus zu leben, in dem die Schlüssel nur noch bis auf weiteres paßten. Das war Harlots Handschrift. Es entsprach genau seinem Stil, uns einen verstümmelten Leichnam zu hinterlassen. Wie oft hatte er Rosen und mich in seinen Prinzipien unterwiesen! »Wir Amerikaner müssen immer auf alles eine Antwort haben«, hatte er einmal gesagt. »Wenn wir auf eine Frage keine Antwort finden, treibt uns das zum Wahnsinn, während die Russen die Dinge unter Kontrolle zu bringen suchen, bevor sie eine Antwort haben. Beides führt zu unerträglicher Angst. Finde die Antwort! Weder CIA noch KGB können Vieldeutigkeit ertragen. Es ist deshalb von Vorteil, wenn wir bei manchen Operationen eine winzig kleine Spur hinterlassen. Jede Stunde Zeitgewinn, die ihnen die Spur bringt, werden sie mit tausend Stunden bezahlen müssen, in denen sie ihr nachgehen. Ist keine leichte Übung, Harry, aber es demoralisiert die Gegenseite.«

OMEGA 10

Rosen und ich saßen im Widerschein des Feuers. So wie die Stille aus lauter leisen Geräuschen besteht, eine Art Klatsch über ungesehene Ereignisse – so kam uns das Kaminfeuer als Abbild eines Waldbrands vor. Ich achtete auf die Veränderungen des lohenden Holzes. Ein Universum neigte sich zum anderen, ganze Welten explodierten; Asche wurde dichter, wandelte sich von Membran zu Leichentuch. Ich konnte hören, wie jede Faser ihren Fluch ins Feuer spie.
Rosen hing mürrisch in meinem Lieblingssessel. Ich mußte an einen Witz denken, der kurz vor dem geplanten Gipfeltreffen zwischen Eisenhower und Chruschtschow 1960 beim CIA die Runde gemacht hatte – vor jenem Treffen, das nicht stattfand, weil Gary Powers' U-2 über Rußland abgeschossen wurde.
Chruschtschow sagte zu Eisenhower: »Ich liebe Sie.«
»Warum lieben Sie mich?« fragte Eisenhower.
»Weil Sie mir ebenbürtig sind. Sie sind der einzige ebenbürtige Mensch, den ich auf Erden habe.«
Auch Rosen und ich waren einander ebenbürtig. Harlot war für uns der fleischgewordene Herrgott gewesen, und wir hatten ihn beide gekannt. »Wie konnte er nur?« rief Rosen plötzlich aus.
»Ich weiß es«, murmelte ich – was hieß, ich wußte es nicht.
»Er hat mich buchstäblich zum Christentum bekehrt«, sagte Rosen. »Nur seinetwegen habe ich mich taufen lassen. Weißt du, was es für einen Juden bedeutet zu konvertieren? Du fühlst dich wie ein Judas gegenüber deinem eigenen Volk.«
Ich versuchte meine Seele zu erforschen und festzustellen, ob ich Rosen übermäßig hart beurteilte. Ich hatte immer gedacht, er sei konvertiert, um sich gewisse berufliche Vorteile zu sichern. Hatte ich ihm Unrecht getan? War ich all die Jahre nur deshalb so mäkelig gewesen, weil ich mich ihm überlegen fühlte? In den alten Zeiten unserer sklaventreiberischen Ausbildung auf der Farm pflegten wir »Stunts«, tolle Hechte also, wie wir uns selbst nannten, im Gegensatz zu den »Grunts« (den grunzenden Etappenschweinen vom Marine-Korps), auf Rosen als einen Weichling aus den Mittelklasse-Randbezirken der Bronx herabzusehen. Ich allerdings war immer froh, daß es ihn gab. Wir, Rosen und ich, zogen das

Glückslos, daß man uns einem Zug aus lauter muskelbepackten Stunts zuteilte. Die Hälfte von ihnen war die vier Meter hohe Übungswand mit Armen und Beinen schneller oben als ich mit den Augen. Doch weil Rosen da war, lachten sie über ihn statt über mich. So jemanden hat man gern in seiner Nähe. Natürlich lachten sie auch, weil er ihr Jude-für-alles war, der Christenarbeit verrichtete, und ich glaube, das brannte ihm fürchterlich auf der Seele. Ich weiß, daß ich mit ihm litt, weil ich von mütterlicher Seite auch ein Achtel Judenblut in den Adern hatte, gerade genug, um nicht zu wissen, was ich damit machen sollte. In diesem Augenblick aber war Rosen für mich der einzige ebenbürtige Mensch auf Erden. War Harlot zu den Russen übergelaufen? Wie sollte man das je begreifen?

Als ich so am Kamin saß, erschien mir Harlot in der Erinnerung, wie er bei voller Gesundheit ausgesehen hatte, knapp fünfzig damals und genauso adrett wie sein Schnurrbart. Wie viele Jahre hatte ich in Langley neben ihm gesessen, während ein Projektor die Gesichter von KGB-Leuten auf eine Leinwand warf. Der Gegner wirkt astral, wenn man ihn so vergrößert. Ich hatte meterhohe Gesichter gesehen, deren Augen nach innen gewandt zu sein schienen, als ob man mit einem starken Licht in das Dunkel ihrer Taten hineinleuchtete. So kam mir jetzt Harlots Gesicht am Kamin vor: einen Meter hoch und voller Kraft.

Aus dem Schweigen heraus fragte Rosen: »Meinst du, daß es möglich wäre, mit Kittredge zu sprechen?«

»Jetzt?«

»Ja.«

»Hat das nicht Zeit?« fragte ich.

Er überlegte eine Weile. »Ich denke doch.«

»Ned, sie weiß nichts von den Hohen Heiligen.«

»Nein?« Er schien überrascht. Es war die Art Überraschung, die mich beunruhigt. Er schien nicht mehr weiter zu wissen.

»Findest du das seltsam?« fragte ich.

»Nun ja, sie ist in letzter Zeit ziemlich oft bei Harlot in Washington gewesen.«

»Alte Kameraden . . .«, sagte ich achselzuckend.

Wir umkreisten uns im Moment wie Ringer, deren Leiber durch den Schweiß so glitschig geworden sind, daß sie einander nicht mehr in den Griff bekommen.

»Glaubst du wirklich, daß er ihr irgend etwas erzählt hat?« fragte ich.
Ich hatte keine Ahnung davon gehabt, daß sie Harlot besuchte. Alle paar Wochen verließ sie mich für einige Tage, um zu ihrem Vater, Rodman Knowles Gardiner, zu fahren, der sich jetzt dem magischen Alter von neunzig Jahren näherte – magisch, sage ich, weil sich die banalen Abläufe des Tages wie Schlaf, Entleerung und Ernährung über so lange Zeit nur mit der Entrücktheit und den endlos sich wiederholenden Ritualen alter Leute aushalten lassen.
»Wie heißt du noch, Mädchen?... Oh, ja, Kittredge... das ist ein hübscher Name... so heißt meine Tochter. Wie heißt du noch mal, Mädchen?«
Ich war einmal zu Besuch in Oneonta, New York, Dr. Gardiners Geburtsort, gewesen, wo er jetzt in einem Altersheim lebte. Das eine Mal hatte mir genügt. Die Ehe forderte ihren Tribut auch ohne den tristen Zuschlag, daß man einem senilen Schwiegervater, den man nie recht gemocht hatte und vice versa, dabei zusehen mußte, wie er im endlosen Labyrinth seiner letzten Tage herumtappte. Mit der Gerissenheit eines alten Tiers schien Dr. Gardiner mit dem Schicksal darum zu feilschen, durch welche der sieben Türen des Todes er gehen sollte. Zahlen können vieldeutig sein, und keine ist es mehr als die Sieben: die sieben Türen der Keep stehen für das Glück, und sieben Türen hat der Tod, und die stehen für ein Ende durch so natürliche Ursachen wie Krebs, Herzinfarkt, Gehirnschlag, Blutsturz, Ersticken, Infekte und Verzweiflung – so sah ich es wenigstens. Ich weiß, es klingt mittelalterlich, aber es schien mir ganz natürlich, daß man sich im Laufe eines allmählichen Ablebens die Art seines Todes selbst wählen könne, sei es durch Leber oder Lunge, Gehirn oder Eingeweide. Ich wollte Dr. Gardiner jedenfalls nicht dabei zusehen, wie er weiterhin unschlüssig vor den allzu geduldigen Türen des Todes stand, während seine Tochter die Apathie zwischen zwei Rülpsern als die einzige Lebensäußerung eines uralten Mannes ertragen mußte, dessen fünf Sinne fast dahingeschwunden waren, vom sechsten ganz zu schweigen.
Ich bemitleidete sie in Gedanken an allen Wochenenden, die sie fort war, und war froh, daß sie mich niemals bat, sie zu begleiten, ja, daß sie nicht einmal andeutete, sie brauche meine Gesellschaft auf einer so trübseligen Reise. Der Weg von Mount Desert, Maine,

nach Oneonta, New York, ist überdies zeitraubend. Auch liebte ich sie besonders, wenn sie fort war, denn dann fehlte sie mir, und die ein oder zwei Male, die ich ihre Abwesenheit genutzt hatte, um nach Bath zu fahren, hatte ich mich so schuldig gefühlt, daß ich es nie wieder tat; nie fühlte ich mich meiner Frau mehr verbunden als in den Stunden nach einem Seitensprung, und nie hätte ich damit gerechnet, daß auch sie mich betrog. Kein Wunder, man riecht den Knoblauch an anderen nur, wenn man ihn selbst nicht ißt!

Jetzt allerdings fielen mir ihre Anrufe wieder ein. Sie hatte mich immer von Oneonta aus antelefoniert – »Ist einfacher so« –, aber nicht viel gesagt. Was gab es auch zu reden, als daß sich am Zustand ihres Vaters nichts geändert hatte.

An diesem Punkt allerdings drängten sich mir unausweichlich höchst unangenehme Fragen auf: Besuchte sie Harlot, weil ihre Liebe zu ihm unsterblich war? Oder tat sie es aus Mitleid? Nein. Aus Mitleid würde sie mich nicht alle zwei Wochen betrügen. Gehörte sie dann vielleicht selbst zu den Hohen Heiligen und hatte mich nicht in dieses Geheimnis eingeweiht, weil Harlot nicht wollte, daß einer von uns um die Beteiligung des anderen wußte? (Wenn sie nicht über die meine informiert war – wieder eine Frage!) Ich kam mir wie ein rebellierender Sklave beim Bau der Pyramiden vor – jede neue Frage ein schwerer Stein auf meinem Rücken, grausam für das geschundene Fleisch, wie es zunehmende Verwirrung für den müden Geist ist. Ich würde alle Steine von mir abwerfen. Ich konnte keine Fragen mehr ertragen. »Wenn du willst«, sagte ich zu Rosen, »hole ich Kittredge von oben.«

Er schüttelte den Kopf. »Laß uns noch etwas warten. Ich möchte sicher sein, daß wir soweit sind.«

»Warum? Was jetzt?«

»Können wir noch einmal unseren Fall betrachten? Unter der Voraussetzung, daß es vielleicht doch Harlots Leiche ist.«

Ich seufzte. Ich seufzte wirklich. Wir waren wie zwei Hebammen, die ein Ungeheuer zur Welt bringen helfen – nämlich eine kolossale und häßliche Zwangsidee.

Was ist eine Zwangsidee anderes als die Unfähigkeit zu entscheiden, ob das seltsame Objekt, das gerade in unser Leben getreten ist, Alpha oder Omega, gut oder böse, wahr oder falsch ist? Und doch ist es zweifellos da, ein Geschenk aus dem Jenseits, das man nicht zurückweisen kann.

»Ich glaube nicht, daß es Harlots Leiche ist«, sagte ich.
»Geh aber doch einmal von der Möglichkeit aus«, sagte Rosen.
»Bitte.«
»Welche Todesart? Mord oder Selbstmord?« blaffte ich.
»Selbstmord erscheint mir zweifelhaft aufgrund der Fakten«, sagte Rosen. »Harlot war es gewöhnt, sich mit Hilfe seiner Arme auf dem Boot zu bewegen, aber wie hätte er sich mit seinen gelähmten Beinen auf die Reling setzen können, daß er nach dem Schuß ins Wasser fiel? Dazu hätte er sich mit der einen Hand an den Wanten festhalten und mit der anderen die Schrotflinte abfeuern müssen. Dann wäre er rücklings ins Wasser gefallen. Warum so umständlich Selbstmord begehen?«
»Um das Boot nicht mit Blut zu besudeln.«
»Das könnte ein Grund sein. Die zehnprozentige Selbstmordwahrscheinlichkeit wird damit zur zwanzigprozentigen.«
»Jedes kleine bißchen hilft«, sagte ich. Ich fühlte mich elend. Die Drinks machten mir wieder zu schaffen. Ich spürte, wie sich ein weiteres Ungeheuer ankündigte. Ein- oder zweimal im Jahr, nicht öfter, überfallen mich gräßliche Kopfschmerzen, Migräne, die sich am nächsten Tag mit kurzfristigem Gedächtnisschwund zu verabschieden pflegte – ich kann mich dann nicht mehr an die letzten vierundzwanzig Stunden erinnern. Solch ein Sturm schien jetzt in meinem Gehirn aufzuziehen. »Das Wichtigste ist, Arnie, daß du die Medulla oblongata sauberhältst«, sagte ich.
»Harry, komm bitte nicht vom Thema ab!«
»Die Engländer«, sagte ich, »unterscheiden den Gentleman vom Pöbel an der Haltung, die er bewahrt, wenn es abwärts geht. Glenlivet, alter Junge?« Ich goß den Scotch ein. Zum Teufel mit den Kopfschmerzen. Aber manche Wirbelstürme verpuffen über dem Meer. Ich nahm den Drink mit zwei Schlucken, füllte mein Glas erneut. »Also gut. Mord. Mord durch unsere Leute.«
»Schließ den KGB nicht von vornherein aus.«
»Nein. Aber erst wollen wir vom Mord durch unsere lieben Leute reden. Du hast daran gedacht, nicht wahr?«
»Ständig, nach dem, was du mir vorhin gesagt hast«, erklärte Rosen.
»Ja, ich konnte spürten, wie real es für ihn gewesen war. »Milliarden«, sagte ich. »Jemand ist in Gefahr, eine Milliarde Dollar oder mehr zu verlieren.«

»Wenn es um so große Summen geht, werden selten einzelne Menschen getötet«, sagte Rosen.
»Sind ja auch keine Menschen. Nur Indianer. Zwanzig oder vierzig Indianer. Alle weg.« Dachte ich an Dorothy Hunt?
Mit Rosen war eine Veränderung vorgegangen. Erst glaubte ich, er würde sich über meine letzte Bemerkung ärgern, bis ich begriff, daß jemand von draußen per Sprechfunk mit ihm redete. Er preßte die rechte Hand gegen den lederfarbenen Ohrstöpsel und nickte mehrere Male, griff dann in seine Brusttasche, holte ein kleines schwarzes drahtloses Mikrofon heraus und fragte: »Sind Sie sicher?« Dann lauschte er und sagte: »Okay! Ende!«
Jetzt wandte sich Ned wieder mir zu. Seine Stimme war nicht nur leise, sondern fast unhörbar. Dazu begann er auf beunruhigende Art und Weise mit dem Pfeifenstiel gegen sein Whiskyglas zu klopfen – eine altbewährte Methode, um jede moderne Elektronik zu stören, mit der ein Zimmer abgehört werden kann.
Warum aber hatte er jetzt damit angefangen? Wahrscheinlich hatte einer der Wachtposten draußen im Regen zusätzliches Gerät zur Entdeckung ungeladener Gäste mitgebracht. Rosen mußte soeben ein Warnsignal erhalten haben. Seine Stimme wurde zum dünnen Flüstern, und schließlich zog er einen Notizblock hervor, schrieb einen Satz darauf, hielt mir den Block hin, damit ich es las, und warf das Papier ins Feuer.
»*Ein Mann fällt mir ein*«, stand da geschrieben, »*der so ein Vermögen erworben hat, während er bei uns arbeitete. Aber er sitzt nicht mehr im Vorstand.*«
Ich stand auf, um zwischen den Scheiten zu stochern. Ein Hochgefühl stieg in mir auf. Jeder Pulsschlag, jeder Atemzug erschien mir als großartige, feierliche Handlung. Die Bestätigung einer Hypothese gehört zu den stärksten Gefühlen, die dem modernen Gemüt geblieben sind.
Es gab einen Mann, den Ned nennen konnte, aber er würde es nicht tun. Denn die Angst nahm ihm den Atem. Und ich konnte den Mann auch nicht nennen – noch nicht. Doch mein Gedächtnis war ihm schon auf der Spur.
Dann fiel mir der Name ein und zwar viel schneller als erwartet. Es gab einen regelrechten Knall in meinem Kopf.
Ich griff nach Rosens Notizblock. »*Denkst du an unseren alten Freund von der Farm?*« schrieb ich.

»PHÄNOMENAL!« antwortete Rosen in Großbuchstaben.
»*Kann es wirklich Dix Butler sein?*« schrieb ich.
»Seit wann hast du ihn nicht mehr gesehen?« fragte Rosen laut.
»Seit zehn Jahren.«
Rosen griff wieder zum Notizblock. »*Bist du je in Thyme Hill gewesen?*«
»Nein«, sagte ich laut, »aber ich habe davon gehört.«
Rosen nickte, warf das Blatt ins Feuer und lehnte sich, wie erschöpft von diesem Gedankenaustausch, in seinem Sessel zurück.
Ich wunderte mich über seine Pein. Es ist ein altmodisches Wort, aber ich glaube hier paßt es. Er schien voller Angst, als ob er Martern auszustehen hätte. Er mußte gewaltige Angst ertragen haben. Bis jetzt aber hatte er das nicht gezeigt. Die Bedeutung der drei Männer im Wald wurde mir nun klar. Sie waren nicht meinetwegen hier. Sie warteten auf jemand anderen.
Rosen richtete sich auf, nickte mir zu, als wollte er mir bedeuten, daß alles in Ordnung sei, zog eine silberne Pillendose aus der Brusttasche, nahm eine weiße Tablette heraus, die so klein war, daß ich vermute, es war Nitroglyzerin für sein Herz, und legte sie fast zärtlich unter seine Zunge. Dann schloß er die Augen, um die Tablette im Mund zergehen zu lassen.
Wahrscheinlich hatte er den ganzen Abend auf Dix Butler gewartet. Weshalb sonst hätte er »PHÄNOMENAL« schreiben sollen?
»PRIMITIV«, hätte ich erwidern können. Wer wollte behaupten, daß es keine Gedankenübertragung gibt? Hatte ich an Dix Butler zu denken begonnen, weil Rosen innerlich mit ihm beschäftigt war?
Wir saßen da, jeder hing seinen Gedanken nach, und wer weiß, welche wir gemeinsam hatten? *Millionen von Wesen wandeln unsichtbar auf Erden.* Die Intervalle des Schweigens wurden noch länger.

OMEGA 11

Ich spürte förmlich, wie ich eine Barriere gegen die Angst errichtete, die Rosen ausstrahlte. Angst konnte ich nicht gebrauchen. Ich mußte über Butler nachdenken. Es gab mehr als genug zu überlegen. Butler war ein Mann, der stets im Mittelpunkt stand. Er war stark, und er war – es gibt kein anderes Wort dafür – schön. In der Ausbildung pflegten ihm die Instruktoren zu sagen, er sei bei uns an der falschen Adresse und solle sein Glück in Hollywood versuchen. Er widersprach nicht. Er war selbstbewußt genug, dem zuzustimmen. Er war zum CIA gestoßen, nachdem er seinen Beruf als Football-Profi nach einigen Verletzungen hatte aufgeben müssen. Auf der Farm hatte man uns derselben dreißig Mann starken Gruppe zugeteilt, und er war uns natürlich in allen sportlichen Disziplinen weit voraus. Da er auch intelligent war, machte er bei der Company rasch Karriere. Ich war mit Dix Butler 1956 in Berlin gewesen, hatte ihn 1960 in Miami getroffen, wo Howard Hunt und ich mithalfen, Exilkubaner für die Schweinebucht zu drillen, und ich hatte 1962 ein paar Abenteuer mit ihm im Süden Floridas erlebt, wo Castro-Spione ihr Unwesen trieben. Eine unserer Aufgaben bestand darin, sie auszumerzen. Beim Verhör von Verdächtigen bediente sich Butler auch gern der Toilettenschüssel, um Geständnisse zu erzwingen. »Es ist die angemessene Methode bei dieser Art von Kubanern«, pflegte er zu sagen. »Jedem das Seine. Das gilt auch fürs Ersaufen.«
Jetzt versuchte ich mich zu erinnern, was ich in den letzten zehn Jahren über Dix gehört hatte. Er hatte die Company verlassen und war Geschäftsmann geworden, hatte verschiedene Unternehmen. Soviel wußte ich, aber kaum mehr. Wenn der Klatsch in großen Firmen einem Fluß ähnelt, dann ist unsere Flüstergalerie ein unterirdischer Strom. Manchmal erreicht er sogar die Oberfläche, und die Informationen fließen frei und ungehindert – über Eheprobleme von Kollegen oder ein Ding in Kinshasa, das so furchtbar schiefgelaufen war, daß man noch immer Eidotter von den Wänden unserer konspirativen Wohnung kratzte. Aber wir wußten auch, wann wir den Mund zu halten hatten. Dann verschwand der Strom in einer Höhle und kam nicht wieder heraus.
Dix Butler machte seinen Weg bei der Company und kehrte aus

Vietnam als lebende Legende heim. Danach reichte er beim CIA seinen Abschied ein und scheffelte Geld. Schon allein aus Neid hätten wir ständig über ihn reden können, aber wir taten es nicht. Wir waren nicht sicher, wovon wir sprachen. Die Informationen, die uns erreichten, waren womöglich nur Tarnung. Er behauptete, er habe sich endgültig aus allem Geheimdienstlichen zurückgezogen – er konnte aber auch an Spezialaufträgen arbeiten. Weiß der Himmel, was er in Wirklichkeit tat. Mithin ein heikles Thema, über das man lieber nicht redete, prekär wie ein kranker Zahn, der einen aufheulen läßt, wenn man ihn nur berührt. Also schwiegen wir. Wir waren schließlich eine verschworene Gemeinschaft.
Man durfte sich allerdings in allgemeinen Wendungen darüber ergehen, wie erfolgreich er war. Er hatte ein großes Gestüt in Virginia gekauft, rund hundert Meilen von Washington entfernt, und züchtete dort Appaloosas oder ließ es von seinen Mitarbeitern besorgen, und mit den Jahren dehnte sich Thyme Hill immer mehr aus. Die Rede war jetzt öfter von zehntausend Morgen als von tausend, und einmal hörte ich sogar, er bilde irgendwo in seinen Forsten Söldner aus. Zehntausend Morgen, hieß es, entspreche etwa der Größe von Camp Peary, unserer alten Farm. Wir schenkten dem Geschwätz keinen Glauben. Vielleicht hausten ein paar von seinen Lieblingskämpfern aus Vietnam in diesen Wäldern, aber keine Macht der Erde würde es wagen, in den USA nur hundert Meilen von der Hauptstadt entfernt eine kleine Armee zu trainieren.
Andere Geschichten waren nur kurz in Umlauf und verschwanden dann wieder im Untergrund. Auf seinem Besitz, raunte man, fänden am Wochenende Parties statt, die mehr an unser unfein orgiastisches Saigon als ans feine diplomatische Washington erinnerten. Lobbyisten, Senatoren, Kongreßabgeordnete und Industrielle würden dort von willigen Damen liebevoll betreut. In Washington gaben verwegene Leute zwar auch Parties für Firmenbosse und Spitzen der Politik, aber nicht mit willigen Damen. Diese Geschichten über Butler, der stets die richtigen Leute einlud und dadurch unglaubliche Summen erraffte, hätten sich in Fernsehserien wie »Dallas« nicht schlecht gemacht. Aber solche Märchenstunden sind für Unbedarfte. Die Akkumulation von Kapital ist so aufreibend, daß man sich dabei nicht von Sex ablenken läßt. Ich war klug genug, das zu wissen. Der Sex ist nur eine Nebenbe-

schäftigung für junge und dem Kokain zugetane Leute. Obwohl dort draußen kein Mangel an Kokain zu herrschen schien und einige Damen zweifellos jung waren, paßte Thyme Hill nicht in dieses Schema. Wenn Butler die wildesten Parties weit und breit gab, dann nicht, um den einen oder anderen Deal zu machen, sondern um etwas Größeres zu tarnen.
Vielleicht hatte er eine Symphonie der Tausend in Arbeit. Man konnte ihr Kaliber anhand des Klatschs in Langley abschätzen. Der Klatsch jedoch setzte immer wieder aus. Mit den Stories kamen keine echten Nuggets an. Das war verdächtig. Während man Spekulationen darüber anstellte, was für eine gigantische Venusfalle Butler aufgebaut hatte, sah ich darin nicht die eigentliche Operation. Vielleicht gab es dort draußen tatsächlich eine Venusfalle, aber was versteckte Dix dahinter? Kein Zweifel, er war zu allem fähig. In Saigon hatte er seine eigene kleine Vietnamesenarmee befehligt, mit der er gelegentlich den Vietkong überfiel; diese Privatarmee hatte auch ein paar Drogenkriege geführt. Eines Abends, als Butler sehr betrunken war, behauptete er, er habe mit dem Gewinn daraus ein oder zwei Unternehmen gegründet. Die Gelder, versicherte er mir, würden der Company wieder zufließen. Das war wichtig.
»Welche Zukunft haben wir?« fragte er ernst. »Ich will es dir sagen, Harry. Nach diesem Krieg wird der CIA nackt dastehen. Früher oder später werden sie uns all unsere Verbände abreißen, und darunter wird die amerikanische Öffentlichkeit kein Blut sehen.«
»Was dann?«
»Scheiße. Die ganze Scheiße, die wir versteckt haben. Die großartige amerikanische Öffentlichkeit und ihre aus freien Wahlen hervorgegangenen Arschkriecher, der Kongreß der Unzufriedenen und Sündigen Staaten, sie alle werden dem CIA die Eier zerquetschen, wenn sie diese Wagenladungen von Scheiße entdecken. Also müssen wir uns darauf vorbereiten. Wir brauchen Schwarzgeld, mein Engel. Geheime Finanzen, die wir irgendwo unauffindbar verstecken müssen. Sieh mich an.« Er bleckte seine überkronten weißen Zähne. »Ich werde der Banker der Agency sein.«
Ob er nun unserer Undergroundbanker geworden war oder nicht – eine Venusfalle, um wichtige Politiker in verfänglichen Situationen zu fotografieren, war unwahrscheinlich. Sexuelle Erpressung war

uns nicht nur laut Statut verboten, sie wäre auch in den Augen unserer fünfzehntausend Bürohengste, Tippsen, Experten, Analytiker und Programmierer, all der Menschentonnage, die neunzig Prozent des CIA-Personals ausmachte, ein Greuel gewesen; das waren so konventionelle Leute wie die vom Pentagon. Auffällige Sexshops entsprachen nicht dem Geschmack der braven Company – Bürger, die sonntags in die Kirche gingen, die »National Review« lasen und glaubten, daß wir die Reinen im Lande seien, nein, solchen Leuten konnte man nicht zumuten, Akten über Butlers Operation Schlüsselloch zu bearbeiten, und außerdem hätte dieses angebliche Schlüsselloch die Dimensionen einer Tunneleinfahrt gehabt. Was aber ging wirklich vor? Und warum in Thyme Hill?

Ich blickte zu Rosen hinüber. Ich weiß nicht, ob es am langsamen Gang meiner Gedanken lag oder an der Ruhe, mit der ich wartete – ich hatte inzwischen so viel Glenlivet getrunken, daß ich wohl selbst bei meiner eigenen Beerdigung ruhig geblieben wäre –, aber auch er schien zu seiner Gelassenheit zurückgefunden zu haben. Er kritzelte eine Zeile auf ein Blatt des Notizblocks, riß es heraus und hielt es mir hin.

»*Ich bin in Thyme Hill gewesen*«, las ich.

»Hat es dir gefallen?«

»*Ich war noch nie in der Villa des Playboy-Chefs*«, schrieb er, »*aber mit Thyme Hill verglichen wirkt Hugh Hefner wahrscheinlich so hausbacken wie eine unverheiratete alte Dame, die ein paar ihrer Freundinnen zum Tee eingeladen hat.*«

Rosen lächelte müde und übergab die Information dem Feuer. In jenen schrecklichen Stunden, in denen man sich fragt, ob man nicht sein halbes Leben mit dem falschen Beruf vergeudet hat, komme ich gewöhnlich zu dem Schluß, daß ein großer Teil unserer Arbeit unparteiischen Beobachtern höchst lächerlich vorkommen müßte. Aber natürlich gehen wir unserem Beruf in der Annahme nach, daß Gott wenig Verwendung für unparteiische Beobachter hat.

Tatsache ist, daß wir einen Sexshop auf höchstem Niveau wirklich brauchten. Die Geheimdienste anderer Länder bedienen sich ganz selbstverständlich solcher Einrichtungen. Harlot hatte seit Jahren gegen die Beschränkungen gekämpft, die uns auferlegt waren. In den USA durften wir nicht tun, was dringend erforderlich war. Viele delikate Gegenspionagemaßnahmen mußten wegen des Ver-

bots, im eigenen Lande zu arbeiten, dem der CIA unterliegt, dem FBI übergeben werden, und die Leute dort waren in unseren Augen unerhörte Stümper. Ihre Macht beruhte, wenn man Harlot glauben durfte, weniger auf ihren Leistungen als auf J. Edgar Hoovers Spezialakten. Hoover, der große FBI-Chef, liebte pikante Einzelheiten und sammelte sie systematisch. Das hatte es ihm ermöglicht, den Kongreß und mehrere Präsidenten nach Belieben in den Würgegriff zu nehmen. Schließlich verfügte er dank seiner Akten über ein geradezu enzyklopädisches Wissen über alle Kabinettsmitglieder und Senatoren, die je etwas mit Damen zu tun gehabt hatten, die nicht ihre gesetzlich angetrauten Ehefrauen waren, und für den Fall, daß letztere zu ähnlichen Eskapaden neigten, ließ Hoover auch die einer Nabelschau unterziehen. Kein Präsident wagte es, sich mit ihm anzulegen. Denn J. Edgar hatte es stets verstanden, sie mit Einblicken ins Sündenregister ihrer Amtsvorgänger kirre zu machen. Wenn es also darum ging, J. Edgars Macht zu beschneiden und unsere zu stärken, gaben seine Spezialakten den Ausschlag.
Wir hatten versucht, Terrain zu gewinnen. Wir betrauten unsere Sicherheitsabteilung mit ein paar zusätzlichen Aufgaben. Sie hatte Zugang zu den Akten der Washingtoner Polizei, wo ein Captain namens Roy E. Blick einen heißen Draht zu einem Callgirl-Ring in einem Hotel der Hauptstadt, dem Columbia Plaza, hatte. Blick hatte allerhand bedeutende Persönlichkeiten im Schwulenfummel und bei extremen S&M-Aktivitäten erwischt. Ich hörte damals durch Harlot davon, als er noch Rosens Arbeit bei der Sicherheitsabteilung überwachte. Ned – noch nicht Reed – mußte Stunden mit Captain Blick zubringen, um ihn daran zu hindern, daß er seine ganze Beute mit Hoover teilte. »Armer Ned«, seufzte Harlot mitunter. »Sie geben ihm wirklich traurige Jobs bei der Sicherheit. Blick um den Bart gehen zu müssen!« Das sagte er augenzwinkernd. Schließlich war Rosen, bevor er zur Sicherheit wechselte, einmal für Harlots Spezialakten verantwortlich gewesen. Sie waren nicht sehr umfangreich, denn aus professionellem Stolz ließ sich Harlot nicht auf Hoovers Sammelsurium aus Verleumdungen, Zweideutigkeiten und Polaroidfotos ein, sondern instruierte Rosen, nicht jeden Dreck aufzulesen, den das Meer an Land spülte. Auf den Inhalt komme es an.
Trotzdem besaß Harlot die Gabe der Voraussicht. Eine Freundin

von Kittredge, Polly Galen Smith, Ehefrau eines leitenden Angestellten einer unserer Abteilungen, hatte eine VIP-Affäre mit Präsident Kennedy angefangen. (VIP-Affäre ist die Bezeichnung für Schäferstündchen, die nach folgendem Schema ablaufen: eintreten ins Hotelzimmer, ausziehen, in die Seligkeit springen, duschen, anziehen, auf Wiedersehen sagen. Dauer der Prozedur: zwanzig Minuten.)
Eineinhalb Jahre nach der Ermordung des Präsidenten wurde Polly Galen Smith auf dem Treidelpfad eines Potomac-Kanals erschlagen. Ein Verdächtiger wurde gefunden, vor Gericht gestellt und freigesprochen. Zwar hatte ihre Ermordung wohl nichts mit uns zu tun, aber unmittelbar danach konnte man unsere Beteiligung noch nicht ausschließen. Mit wem war die Dame nach John F. Kennedy ins Bett gegangen? Harlot fuhr sofort zu ihrem Haus, und als altem Freund der Familie gelang es ihm, die Kinder zu trösten. Rosen, den er mitgenommen hatte, schlüpfte derweil ins Schlafzimmer, wo er Polly Galen Smith' Tagebuch in einer kleinen Schublade ihres Schreibtischs fand und die von Harlot installierte Wanze aus der Fußleiste hinter ihrem Bett entfernte. Montague hatte es als seine, wenn auch unangenehme Pflicht betrachtet, die Dame zu überwachen. Schließlich konnte sie sich ja auf das eine oder andere Techtelmechtel mit attraktiven sowjetischen Amtsträgern eingelassen haben.
In Relation war das alles nur eine kleine Flickschusterei aus der Pionierzeit gewesen. Nun, in den achtziger Jahren, standen wir vor der Frage, ob man den Gerüchten trauen durfte, die da besagten, daß wir eine Venusfalle gebaut hatten, um die der FBI uns beneiden mußte. Oder war das eine zu weitgehende Annahme? Sie führte jedenfalls unausweichlich zu der Frage, ob Butler noch ein loyaler Sohn der Firma war. Er konnte Arrangements mit dem FBI und der Drogenfahndung getroffen haben oder sogar mit dem SIS, dem SDECE und dem BND, also dem englischen, französischen und deutschen Geheimdienst.
Ich griff nach dem Block.
»*Ist Harlot in Thyme Hill gewesen?*«
»*Gelegentlich.*«
»*Weißt du, was er da gemacht hat?*«
»*Nein.*«
»Null Feedback?« fragte ich laut.

»Nun, Harry, du solltest da nicht zuviel hineingeheimnissen. Etliche Leute sind nach Thyme Hill gefahren.«
Die nächste Frage wollte ich ihm eigentlich nicht stellen, aber der Durst nach Wahrheit war größer als mein Stolz. Ich nahm den Block. *»Hat Kittredge Harlot begleitet?«*
Rosen sah mich an. Dann nickte er.
»Wie oft?« fragte ich.
Rosen hielt alle Finger seiner rechten Hand hoch. Fünfmal also. Dabei sah er mich mitfühlend an. Ich wußte nicht, ob ich beleidigt sein oder zugeben sollte, daß ich verletzt genug war, um sein Mitgefühl ertragen zu können. Mir fiel ein Boxkampf wieder ein, den ich eines Sommers mit einem Cousin ausgetragen hatte, der zwei Jahre älter als ich, nämlich elf und eigentlich viel zu groß war, als daß ich gegen ihn hätte antreten können. Er landete einen so heftigen Schwinger gegen meine Nase, daß mir einen Moment lang die Sinne schwanden und ich in die Knie ging. Blutstropfen, schwer wie Silbermünzen, klatschten auf den Boden. Diese Erinnerung steigerte meine neuen Schmerzen durch alte. Ich mußte Kittredge sehen.
Als ich aufstand, schaute Rosen ziemlich elend drein. Das war's vielleicht, was ich brauchte. Ironie ist wie ein Panzer, der einen aufrecht hält, wenn man innerlich zerbricht. Jedenfalls amüsierte mich die Ironie, daß Rosen, nach dessen Willen ich Kittredge hatte holen sollen, es jetzt nicht ertrug, allein gelassen zu werden. Ich sah die nackte Angst in seinen Augen.
»Erwartest du, daß heute nacht Dix Butler kommt?«
»Ich weiß es nicht«, stammelte Rosen.
»Werden deine drei Männer genügen?«
»Das weiß ich auch nicht.«
Ich nickte und zeigte nach oben.
»Ich möchte, daß du in Hörweite bleibst« flüsterte Rosen.
»Wenn Kittredge sich wohl genug fühlt, komme ich mit ihr herunter.«
»Bitte!«
Ich ließ Rosen am Kaminfeuer sitzen, stieg die Treppe zu unserem Schlafzimmer hoch und holte meinen Schlüssel heraus. Als ich allerdings nach dem Knopf griff, ließ er sich mühelos drehen, und so überraschte es mich nicht völlig, daß Kittredge weder im Bett noch im Schlafzimmer war.

OMEGA 12

Als ich die lange, flache Mulde auf der Tagesdecke sah, wo sie gelegen hatte, wußte ich, wohin sie gegangen war. Schon einmal hatte mich Kittredge mit dem Geständnis erschreckt, daß sie gelegentlich die Gruft besuchte.
»Ich hasse diesen Raum«, sagte ich.
»Wenn ich allein im Haus bin und mich frage, ob ich nicht noch einsamer sein kann, gehe ich hinunter«, sagte sie.
»Kannst du mir erklären, warum?«
»Ich hatte früher immer solche Angst vor dem, was hier im Haus ist. Aber jetzt nicht mehr. Wenn ich in die Gruft hinuntersteige, habe ich das Gefühl, ich sei im Zentrum meiner Einsamkeit und da sei doch ein bißchen Land inmitten eines endlosen Meeres. Und wenn ich dann wieder heraufkomme, erscheint mir das Haus manchmal weniger menschenleer.«
»Da unten stört dich nichts?«
»Nun, ich glaube, wenn ich es zulassen würde, könnte ich Augustus Farr mit seinen Ketten rasseln hören, aber, nein, Harry, ich empfinde keinen Haß da unten.«
»Du bist eine wunderbare Frau«, sagte ich.
Nun schoß es mir durch den Kopf, daß ich sie in dieser Nacht beinahe in die Gruft hinuntergetragen hätte. Ich sah mich mit einemmal selbst – es war einer dieser seltenen Augenblicke wirklicher Selbsterkenntnis, in denen wir uns nicht mehr schonen und hart und grausam das beurteilen, was wir im Spiegel sehen, um im nächsten Moment zu merken, daß wir unser eigenes Gesicht verdammen. Betrunken, elend, hohl wie ein Flaschenkürbis, glaubte ich in der Stille zu hören, wie sich die unsichtbaren Richter versammelten.
Der Schrei eines Tieres drang durch die Nacht. Es war kein gewöhnlicher Laut. Ich konnte nicht sagen, aus welcher Richtung es kam, aber das Geheul klang in meinen Ohren wie die einsame Klage eines Wolfs. Es gibt sehr wenige Wölfe in dieser Gegend. Wieder ertönte der Schrei. Jetzt klang er qualvoll und schrecklich wie der eines waidwunden Bären. Es gibt hier keine Bären. Der Schrei mußte aus meinem aufgewühlten Inneren gekommen sein. Vor einundzwanzig Jahren hatte man auf dem Feldweg, der von

der Landstraße zur »Kehrseite« führt, im Dickicht, nahe bei Gilley Butlers Haus, die Überreste eines teilweise von Raubzeug aufgefressenen Tramp gefunden. Man erzählte mir, was von seinem Gesicht noch übrig war, sei von namenloser Angst verzerrt gewesen. Glich das Kreischen des Tiers, das ich gerade gehört hatte, nicht irgendwie dem entstellten Schweigen des toten Tramps? Einundzwanzig Jahre war das her, also Anfang 1962 – da planten einige von uns, Flugzeuge nach Kuba zu entsenden, die die Zuckerrohrfelder mit Gift besprühen sollten. Hatte es auch nur ein Jahr in meinem Berufsleben gegeben, das nicht von ersticktem Geheul begleitet war?
Als ich nun in unserem leeren Schlafzimmer stand, wanderten meine Gedanken wie unter Zwang zu Damon Butler, dem Vorfahren von Gilley Butler und erstem Maat von Augustus Farr, verstorben vor zweihundertfünfzig Jahren und kollidierten buchstäblich mit ihm. Diese unheimliche Erscheinung kam weder als Gespenst noch als Stimme, sondern als Bild auf mich zu, das so tief in mir saß, daß ich einen Augenblick in die Vergangenheit eintauchte: Ich sah, was er gesehen hatte.
Ich suchte mir einzureden, daß ich in Wirklichkeit nichts sah, daß dies die Spätfolge eines Nachmittags vor zehn Jahren sei, an dem ich in der Bar Harbor Library das Schiffstagebuch von Damon Butler, ein besonderes Schmuckstück unter den Schätzen der kleinen Bibliothek, gelesen hatte. Die Hinrichtung des französischen Kommodore, der ich nun beiwohnte, war die blutige Essenz des Tagebuchs; ich hatte sie bisher nicht in mein Bewußtsein zurückkehren lassen. Doch alles kam wieder. Wie ein Klopfen an der Tür, bevor sie auffliegt.
Sein Schiff war verloren, seine Mannschaft hingeschlachtet, und dem Kommodore wurde die Uniform vom Leib gerissen. Nackt und in Bande geschlagen, spie das Opfer seinem Peiniger dennoch ins Gesicht. Worauf Farr sein Entermesser erhob. Die Klinge war scharf. Das Haupt des Kommodore flog vom Rumpf wie ein Kohlkopf. Und wie ein Kohlkopf polterte es aufs Deck, heißt es in Damons Bericht. Andere von der Mannschaft schworen, der Leichnam, aus dessen Hals das Blut spritzte und in dessen gefesselten Gliedern es heftig arbeitete, hätte sich auf Händen und Knien aufzurichten versucht, bis Farr ihm rasend vor Wut in die Seite trat. Dann lag der Leichnam mit zuckenden Füßen auf den

Planken. Aber der Kopf daneben bewegte noch immer die Lippen. Ja, alle sagten übereinstimmend, die Lippen hätten sich bewegt, und Damon Butler schreibt, er hätte die Worte gehört, die von diesen blutigen Lippen kamen. Sie waren an Farr gerichtet: »Si tu non veneris ad me, ego veniam ad te.«

In jener Nacht vor vielen Jahren, als ich dem, was in meinem Traum war, hinunter in die Gruft folgte, hatte ich nicht an die Worte des abgeschlagenen Hauptes gedacht. Jetzt dachte ich daran. Sie waren klar genug: »Wenn du nicht zu mir kommst, werde ich zu dir kommen.« Ein schrecklicher Fluch!

Um außer Hörweite von Rosen zu sein, nahm ich die Hintertreppe. Im Keller sah ich, daß eine kleine Scheibe in einem der Fensterflügel zerbrochen war. Durch den Spalt drang die Nachtluft herein und ein Geruch, der anders war als sonst die Gerüche der Insel. Wenn die Nase eine Art Schlüssel zur Erinnerung ist, dann roch ich das brackige Wasser eines Potomac-Kanals; der modrige Dunst der Sümpfe von Georgetown lag in der Luft. Ich dachte an Polly Galen Smith und ihren Mörder, und mich schauderte. Spinnweben blieben in meinem Haar hängen, klebrig und wie eine allzu intime Berührung. Nun war ich nicht mehr so sicher, was ich roch. War es der Brodem des Watts in der Chesapeake Bay? Das Gegröle von Betrunkenen kann meilenweit fast unverzerrt durch den Nebel dringen, und so fragte ich mich, ob die Marsch an der Bucht, wo ein Mann den Tod gefunden hatte, der Harlot sein konnte oder auch nicht, ihren Dunst Hunderte von Meilen nordwärts zu schicken vermochte. An welch stinkendem Ort war doch der Leichnam angeschwemmt worden! Der Modergeruch, den ich unten in der Keep gefürchtet hatte, mußte wohl der erste Bote dieses Schreckens gewesen sein. Nun waren die hölzernen Treppenstufen, die in die Gruft hinunterführten, verrottet und locker. Es war lange her, daß ich sie betreten hatte, und ich wußte nicht mehr, daß sie aufschreien konnten. Ich hätte ebensogut in einen Krankensaal voller Kriegskrüppel treten können. Jede Stufe ächzte ihre eigene Klage.

Es war kein Licht in der Gruft. Die Glühbirnen waren längst ausgebrannt. Nur durch die offene Tür fiel etwas Helligkeit. Mein Schatten ging mir voraus, und ich tastete mich abwärts, um die Kammer zu erreichen, in der Kittredge schlief. Erst als ich im Dunkel des Bunkers stand, in den nur das durch die verwinkelten

Gänge gedämpfte Licht aus dem Keller drang, wagte ich daran zu denken, daß ich seit Jahren nicht mehr hier gewesen war. Wie vermodert waren die Kojen, als ich sie berührte!
Eine Schaumstoffmatratze hatte dem Zerfall mehr als die anderen widerstanden, und auf ihr lag Kittredge. Ihre blasse Haut schimmerte trotz der Dunkelheit. Ich sah, daß ihre Augen offenstanden, und als ich mich näherte, drehte sie ihren Kopf ein wenig herum, um mir zu zeigen, daß sie mich gehört hatte. Eine Weile sprach keiner von uns.
»Harry«, sagte Kittredge schließlich. »Ich muß dir etwas gestehen.«
»Das kann ich mir denken«, sagte ich sanft. Die Vorahnung dessen, was sie aussprechen würde, dröhnte in meinem Kopf, noch ehe die Worte kamen. Ich spürte plötzlich den Schmerz, den man in der Ehe zwar selten, aber dafür um so bewußter erlebt – die Angst vor dem nächsten, unwiderruflichen Schritt. Ich wollte nicht, daß sie weitersprach.
»Ich habe dich betrogen«, sagte Kittredge.
In jedem Tod ist ein Stück Lust; in jeder Ekstase ein kleiner Tod. Es war, als ob die beiden Hälften meiner Seele gerade die Plätze gewechselt hätten. Der Druck meines Schuldgefühls für jeden Augenblick, den ich mit Chloe verbracht hatte, schien von mir genommen; der Schmerz über die Kluft, die sich nun zwischen Kittredge und mir auftat, toste herbei wie eine Springflut. Der Wirbelsturm, den ich im Wendekreis des Großhirns erwartet hatte, war plötzlich da. Sein erster Stoß gegen meinen Kopf kam wie der lange, dumpfe Anprall einer gefährlichen Dünung gegen den Rumpf eines alten Holzschiffs.
»Mit wem?« fragte ich. »Mit wem hast du mich betrogen?«
»Einmal mit Harlot«, sagte Kittredge. »Aber da war keine Liebe, es war nur furchtbar.« Sie stockte. »Harry, da ist noch jemand.«
»Dix Butler?« fragte ich.
»Ja«, sagte sie. »Ich fürchte, ich habe mich in ihn verliebt. Ich hasse den bloßen Gedanken daran, aber ich habe mich wahrscheinlich in ihn verliebt.«
»Nein«, widersprach ich. »Sag das nicht. So etwas darfst du nicht sagen.«
»Es ist ein anderes Gefühl mit ihm«, entgegnete sie.
»Er ist ein mutiger Mann, aber kein guter«, sagte ich entschieden.

»Das macht nichts«, sagte sie. »Ich bin ja auch keine gute Frau. Und du? Bist du wirklich ein guter Mann? Nein. Es kommt nicht darauf an, was wir sind. Ich glaube, es kommt darauf an, wozu wir andere inspirieren. Weißt du«, fügte sie zärtlich hinzu. »Ich stelle mir gerne vor, daß Gott uns nahe ist, wenn wir uns lieben. Das traf gewiß zu bei Gobby und auch bei dir. Gott war in Gestalt von Jahwe da. Er schwebte über uns und urteilte hart, wie Gott Vater urteilt. Aber mit Dix Butler, ich kann nicht erklären, warum, fühle ich mich Christus sehr nahe. Dix hat zwar mit christlicher Liebe überhaupt nichts im Sinn, aber Christus ist mir dann trotzdem sehr nahe. Ich habe keine solche Zärtlichkeit mehr gespürt seit Christophers Tod. Weißt du, ich selbst bin mir nicht mehr wichtig.« Sie nahm meine Hand. »Das war immer mein Gefängnis – ganz in mir zu leben. Jetzt aber denke ich daran, wie wunderschön es wäre, wenn ich Dix eine Vorstellung von der Menschenliebe geben könnte, die ich empfinde. Du siehst also, Harry, es kommt mir überhaupt nicht darauf an, ob Dix es deiner oder sonst jemands Meinung nach verdient.«

Als ich so vor ihr stand, tauchte das nächste Schreckensbild vor mir auf. Ich sah mich in meinem Auto sitzen. Ich war gegen einen Baum gefahren. Ich starrte mich an, mit zerschmettertem Schädel. Das endlose Schleudern auf eisglatter Straße heute abend – hatte es in Wahrheit so geendet, und war alles andere nur Illusion?

Ich glaubte den Boden unter den Füßen zu verlieren. Ich bekam es mit der abgrundtiefen Angst zu tun. Hatte mich der Fluch dieser Gruft eingeholt?

»Nein«, sagte ich zu Kittredge. »Ich gebe dich nicht auf.« Und wie in Trance fragte ich weiter. »Dix ist auf dem Weg hierher, nicht wahr?«

»Ja«, sagte sie. »Er kommt, und du mußt gehen. Ich kann dich nicht hierlassen.« In der Dunkelheit waren ihre Tränen gerade noch zu erkennen. Sie weinte still vor sich hin. »Das wäre so furchtbar wie der Tag, an dem du und ich Hugh sagten, daß er in die Scheidung einwilligen müßte.«

»Nein«, wiederholte ich. »Ich habe immer Angst vor Dix Butler gehabt, seit dem Tag, an dem ich ihn kennenlernte, und deshalb werde ich hierbleiben. Ich muß ihm gegenübertreten. Um meinetwillen.«

»Nein«, sagte Kittredge. Sie setzte sich auf. »Es ist alles schiefgegangen, es ist ein einziges Chaos, und Hugh ist tot. Es hat keinen Sinn, daß du bleibst. Aber wenn du gehst und er dich nicht hier findet, dann kann Dix sich um mich kümmern. Ich glaube, er wird es tun, Harry, und ich sage dir, es werden fürchterliche Dinge geschehen, wenn du bleibst.«

Ich wußte in diesem Augenblick nicht mehr genau, ob sie von Liebe sprach oder von Gefahr, aber dann beantwortete sie diese Frage.

»Harry«, sagte sie. »Es wird eine Katastrophe. Ich weiß, was du für Hugh getan hast. Ich habe selbst daran mitgearbeitet.«

»Und Dix?«

»Dix weiß genug, um eine Menge Leute unter Druck zu setzen. Darum mußt du gehen. Sonst werde ich mit dir in den Strudel gezogen, und wir kommen beide um.«

Ich umarmte sie, ich küßte sie mit jener Mischung aus Liebe und Verzweiflung, die allein den kalten Motor einer Ehe anwerfen kann, wenn die Leidenschaft erloschen ist. »Nun gut«, sagte ich. »Ich werde gehen, wenn du meinst, daß es nötig ist. Aber du mußt mich begleiten. Ich weiß, daß du Dix nicht liebst. Es ist nur ein Abenteuer.«

Und da brach sie mir endgültig das Herz. »Nein«, sagte sie. »Ich muß ihn sehen. Ich möchte mit ihm allein sein.«

Es war dies der letzte Augenblick in jener Nacht, den ich als Zeuge beschwören könnte. Ich erinnere mich noch verschwommen daran, daß ich das umfangreiche Manuskript des »Vabanquespiels« an mich nahm, aus der Tür des Anrichtezimmers ins Freie trat und leise zum Strand eilte. Ich umging einen der Wachtposten und ließ das Boot zu Wasser. Im Kanal war Ebbe. Ich überquerte ihn ohne Schwierigkeiten und landete bei einem Nachbargrundstück, eine Viertelmeile südlich von der Stelle, an der ich den Wagen geparkt hatte. Ich erinnere mich, nach Portland gefahren zu sein und am Morgen alles Geld von unserem Bankkonto abgehoben zu haben – auf Kittredges Vorschlag hin, als verbände die Nabelschnur des Besitzes uns auch nach dem Ende unserer Ehe.

»Harry«, hatte sie zuletzt gesagt. »Nimm das Geld mit, das in Portland ist. Es sind zwanzigtausend Dollar und mehr. Du wirst es brauchen, und ich habe noch das andere Konto.« Also hob ich alles ab und flog nach New York.

Eineinhalb Tage später erfuhr ich – aus den Medien und damit doppelt unerträglich –, daß die Keep im Morgengrauen niedergebrannt war. Man hatte in den Trümmern die Leiche von Reed Arnold Rosen gefunden. Von Kittredge, Dix und den Wachtposten draußen war in keinem Bericht die Rede.

Wann immer ich an diese Nacht des Schreckens denke, überfällt mich ein Gefühl der Leere, ähnlich der Finsternis in einem Kino, wenn der Film reißt und das letzte Bild ächzend erlischt, während der Ton noch weiterläuft. Eine Wand erhebt sich in meiner Erinnerung, so schwarz wie der Tod, dessen Geheimnis wir nicht ergründen können, und ich sehe unser Haus in Flammen.

Während der nächsten Monate in New York zwang ich mich, einen Bericht über meinen letzten Abend in der Keep zu schreiben. Es war, wie man sich denken kann, ein außerordentlich schwieriges Unterfangen, und es gab Tage und Nächte, da ich kein einziges Wort zu Papier brachte. Ich glaube, daß ich nur deshalb nicht den Verstand verlor, weil ich mich bewußt in den Wahnsinn stürzte. Meine Gedanken kehrten immer wieder zu dem Augenblick zurück, in dem sich mein Wagen um sich selbst drehte, und die Zeit schien sich an dieser Stelle so säuberlich zu teilen wie ein Pack Spielkarten, der in der Mitte abgehoben wird. Ich wurde mir immer sicherer: Wenn ich zu der Haarnadelkurve zurückkehrte, in der es mir das Lenkrad aus den Händen gerissen hatte, würde ich dort keine leere Straße, sondern ein zertrümmertes Auto und einen Toten hinter der Windschutzscheibe finden. Ich sah die Zerstörung mit solcher Deutlichkeit, daß ich von meinem Tod überzeugt war. Der Gedanke, ich lebte noch, mußte eine Illusion sein. Der Rest der Nacht mußte sich in jenem winzigen Teil des Bewußtseins abgespielt haben, der überlebt, um als Führer auf den ersten Wegen zu dienen, die der Verstorbene wählt. Ich war in der ersten Stunde nach meinem Tod. Es gehörte wohl zur Gerechtigkeit und Gnade des Todes, daß alle unvollendeten Gedanken, die im Augenblick des plötzlichen Ablebens in unserem Bewußtsein existieren, zu Ende geführt werden konnten. Das Gefühl der Unwirklichkeit bei meiner Rückkehr nach Doane mochte der erste Anhaltspunkt dafür gewesen sein, daß ich auf den Wegen der Toten wandelte. Vielleicht waren diese Wege am Anfang kaum von denen, die man kannte, zu unterscheiden. Trauerte ich, wenn die Nacht mit dem Verschwinden meiner Frau geendet hatte, wirklich über mein eigenes Ende? Lebte Kittredge noch und wartete darauf, daß ich in dieser stürmischen Nacht in die Keep zurückkam? Mit solchen Mitteln bewahrte ich mir in New York ein ganzes Jahr lang den Verstand. Ein Toter hat weniger Grund, verrückt zu werden.

Das ganze folgende Jahr hindurch hielt ich mich so verborgen, daß ich nichts im Hinblick auf den absonderlichen Zustand meines Passes unternahm. Ausgeschlossen war jeder Versuch, Ersatz zu bekommen. Er sah aus wie eine kleine Schichttorte, und der sowjetische Grenzpolizist in der Glaskabine hielt ihn jetzt mit ungläubiger Miene hoch. Wollte ich die UdSSR via Scheremetjewo International Airport etwa mit solchen aufgeweichten Papieren betreten? Dabei wußte er gar nicht, daß der Name William Holding Libby sich auf eine falsche Identität bezog, die eingehender Prüfung nicht standgehalten hätte.
»Passport«, sagte der Bursche in seinem Glaskäfig. »This passport! ... Why?«
Sein Englisch, das sollte sich bald erweisen, half uns eher weiter als mein Russisch.
»Fluß«, versuchte ich in seiner Muttersprache zu sagen, womit ich andeuten wollte, daß ich mit dem Paß in einen Fluß gefallen sei. Ich konnte schließlich nicht zugeben, daß ich das Dokument in einen Wäschetrockner gesteckt hatte. Ich glaubte »Fluß« zu sagen, aber als ich später in meinem Sprachführer Redewendungen für Touristen studierte, merkte ich, daß ich die Wörter für Arm und Rippe und Fisch (ruk, rjebra und ruba) gebraucht hatte. Zweifellos hatte ich ihm erzählt, ich hätte meinen Paß in eine Rippe gesteckt und meinen Arm an die Fische verloren. Es genügte jedenfalls, um meinen Sowjetski erheblich zu verwirren. Wie ein braver beharrlicher Hund sagte er immer wieder: »Paß nicht gut, warum?« Dann richtete er sich zu voller Größe auf und starrte mich durchdringend an – sie waren offensichtlich darauf trainiert. Ich schwitzte so stark, als sei ich völlig unschuldig, was ich in gewisser Hinsicht auch war. Wie, fragte ich mich zu wiederholten Malen, hatte ich mir einbilden können, diese aufgequollene Schichttorte von Paß würde bei der Kontrolle nicht auffallen.
»Nicht gut«, sagte der Grenzer. »Abgelaufen.«
Ich fühlte geradezu die lange Schlange der Passagiere, die hinter mir wartete.
»Nein. Nicht abgelaufen. Bitte«, sagte ich, »Paschalesta!« und streckte die Hand aus. Äußerst mißtrauisch reichte er mir den Paß, und ich blätterte vorsichtig die verblaßten, welligen Seiten um. Endlich hatte ich

die richtige gefunden. Mein Paß war keineswegs abgelaufen. Ich zeigte auf das Datum und händigte dem Grenzpolizisten das Dokument wieder aus. Er hätte ein Farmerjunge aus Minnesota sein können. Er hatte blaue Augen, hohe Backenknochen und kurzgeschnittenes, blondes Haar. Ich glaube nicht, daß er älter als vierundzwanzig war. »Sie«, er deutete mit dem Zeigefinger auf mich. »Sie warten.« Dann ging er, um Hilfe zu holen, und kam sofort mit einem Offizier zurück, einem Mann von vielleicht achtundzwanzig Jahren: dunkles Haar, Schnurrbart, der gleiche mattgrüne Uniformrock mit engem Kragen und Litzen.
»Warum?« fragte der Neue und deutete auf meinen Paß, als sei er etwas ganz Abscheuliches.
Die Wörter für Eis und Wasser fielen mir ein. Sie kamen mir ins Gedächtnis wie ein Pas de deux: »Ljod«, sagte ich. »Bolschoje ljod. Viel Eis.« Ich breitete die Hände aus, als glättete ich eine Tischdecke. Dann gab ich der horizontalen Fläche, die ich gerade dargestellt hatte, einen heftigen Karateschlag und machte dazu ein krachendes Geräusch. Ich hoffte, es hörte sich an wie das Einbrechen der Eisdecke auf einem Teich, und ließ meine Hand fast bis zu den Füßen hinunterfallen. »Woda. Bolschoje woda – viel Wasser!« Ich deutete verzweifelte Schwimmbewegungen an. Ein bitterlich frierender Mann im Wasser.
»Otschen kolodno«, sagte der erste Grenzer.
»Otschen kolodno. Richtig. Eiskalt, sehr kalt.«
Beide nickten. Sie wendeten den Paß hin und her, sie sahen sich mein Visum an, das sauber war und die nötigen Stempel aufwies, und sie versuchten meinen Namen auszusprechen. »William Holding Libby?« Es klang wie »Wiljam Haulding Liebuh.«
»Ja«, sagte ich. »Das ist richtig.«
Sie studierten Namen auf einer Liste. Mr. Libby war nicht dabei. Sie starrten einander an und seufzten. Sie waren schließlich nicht dumm. Sie spürten, daß da etwas nicht stimmte. Andererseits: Wenn sie mich wegbrachten, um mich weiter zu befragen, müßten sie Papiere ausfüllen und verdarben sich womöglich ihren freien Abend. Sie hatten bestimmt noch eine Verabredung, denn der Blonde stempelte jetzt meine Papiere. Er grinste mich an wie ein Halbwüchsiger. »Pardone«, sagte er und versuchte dem Wort einen freundlichen italienisch-französischen Effekt zu geben. »Pardone.«
Der Rest des Weges durch die Ankunftshalle zeigte mir Scheremetjewo, einen Beton-Flughafen, errichtet als Schaufenster für die Olympiade von 1980: Willkommen in der UdSSR. (Beachten Sie, daß unsere Mauern grau

sind!) *Mein Gepäck wurde abgefertigt. Der Mikrofilm von Alpha, den ich in meinem Geheimfach verstaut hatte, blieb unentdeckt – der Koffer war ja eigens so präpariert, daß man vertrauliche Papiere durch Routineinspektionen schleusen konnte. Nach einiger Zeit passierte ich das letzte Tor und stieß auf mehrsprachige Tafeln, die den Reisenden aufforderten, er solle sich nach dem Intourist-Führer umsehen. Statt dessen näherte sich mir ein Taxifahrer von der knurrigen Sorte, wie sie für New York typisch ist. Er erinnerte mich an Thomas Wolfes Ausspruch, daß sich Leute im selben Beruf überall auf der Welt ziemlich ähnlich sind. Meiner wollte zwanzig Dollar für die Fahrt zum Metropol, einem Hotel, von dem mir ein Reisebüro in New York versichert hatte, daß man ein bißchen Glück brauche, um hineinzukommen. Das sei beim Metropol fast so schwierig wie beim alten National. »Ich kann Sie ins neue National kriegen«, hatte der Mann im Reisebüro gesagt. »Aber da wird es Ihnen nicht gefallen. Da wohnen lauter Touristengruppen.«*

»Nein«, hatte ich gesagt. »Ich will keine Touristengruppen.« Hatte man mir irgend etwas angemerkt? Natürlich hatte ich mich ziemlich auffällig verhalten: hatte bar bezahlt und gefordert, das Visum müsse umgehend ausgestellt werden (in der Annahme, er habe genügend Verbindungen, um gelegentlich auch mal eines binnen einer Woche zu bekommen). Und er schaffte es, was mich einige Dollars extra kostete und mir die Gewißheit gab, daß William Holding Libby auf eine KGB-Liste kam. Noch ehe ich es mir jetzt auf meinem Platz bequem gemacht hatte, erklärte der Fahrer in seinem Schwarzmarktenglisch, daß er amerikanische Dollars von mir kaufen wolle. Sein Angebot, drei Rubel für einen Dollar, war fast viermal höher als der offizielle Wechselkurs.

Es konnte natürlich eine Falle sein. Ich mochte den Mann nicht und ich mißtraute ihm. Wenn ich Valuta schwarz tauschte, konnte ich eingesperrt werden.

Der Fahrer beanspruchte meine Aufmerksamkeit so sehr, daß ich kaum dazu kam, aus dem Fenster zu sehen. Ich nahm wenige erste Eindrücke von Rußland in mich auf. Fahren in überreiztem Zustand – das ist, als sauste man durch eine dunkle Röhre. Das Rattern und Scheppern des Wagens – wir saßen in einer uralten, winzigen Klapperkiste – beeindruckte mich mehr als die Landschaft. Und wieder die Stimme des Fahrers: »He, jetzt sagen Sie doch endlich, wie viele Dollars Sie haben«, gurgelte mir in den Ohren.

Wir kamen an Flächen mit sauberem Schnee, schmutzigem Schnee und in Schmelzwasser abgesoffenen Wiesen vorbei. Die ersten Vororte von Mos-

kau tauchten auf, verwahrloste kleine Pfefferkuchenhäuser in Reihenbauweise, aber jedes schien sozusagen individuell zu gähnen, und der Anstrich blätterte überall ab. Dann kamen wahre Palisaden von hohen Wohnblöcken. Überwiegend schmutzigweiß im schmutzigweißen Schnee. Sie sahen aus, als seien die Risse im Verputz der unteren Stockwerke schon aufgetreten, bevor die Maurer ihre Kelle nach Vollendung der oberen aus der Hand gelegt hatten.

Was für ein Elend herrschte in diesem Land! Der Märzhimmel war so grau wie der Beton des Scheremetjewo-Flughafens. Erstmals ärgerte ich mich wirklich über den Kommunismus. Er erschien mir in diesem Augenblick nicht weniger aufdringlich, penetrant-aggressiv, dreckig, deprimierend, ausbeuterisch und anachronistisch als der Taxifahrer. Natürlich konnte der Mann ein KGB-Spitzel sein. Geriet ich jetzt schon unter feindlichen Beschuß?

Ein Spruchband hing über der Autobahn. Lenin inmitten kyrillischer Buchstaben. Zweifellos eine kleine, ideologiefromme Predigt. Über wie vielen Straßen in wie vielen empörend armen Ländern der Dritten Welt sah man wohl solche Spruchbänder? In Zaire. Ebenso in Nicaragua, Syrien, Nordkorea, Uganda. Was ging es mich an? Ich fand schließlich nicht einmal aus meinem eigenen Tunnel heraus. Moskauer Straßenzüge tauchten auf, aber die Seitenscheiben des Wagens waren dreckbespritzt, und nach vorne konnte man nur durch die schmalen Schlitze etwas erkennen, die von den beiden abgenutzten Scheibenwischern freigehalten wurden, deren zerfranste Blätter streifige Salzfächer auf das Glas zeichneten. Der Fahrer jedenfalls war so mürrisch wie vier Wochen Regenwetter im August.

Jetzt rollten wir über einen breiten Boulevard mit wenig Verkehr. Hehre alte Bauwerke – Regierungssitze und Spezialinstitute – wanderten an den Seitenfenstern vorüber. Man sah kaum Fußgänger. Denn es war Sonntag, und wir befanden uns noch in einem Vorort.

Schließlich hielten wir auf einem großen Platz vor einem alten, grünen, sechsstöckigen Gebäude. Die Inschrift daran lautete МИТРОПОЛ. Ich war am Metropol. Meine Wohnung fern der Heimat.

Ich gab dem Taxifahrer zwei Dollar Trinkgeld. Er wollte zehn. Er hatte eine ganz besondere, eigenartige psychische Kraft. Ich gab ihm fünf, denn meine Nerven waren nicht in dem Zustand, eine längere Auseinandersetzung durchzustehen.

Ein untersetzter Kerl mit breiten Kinnladen, der aussah wie ein zweitklassiger Mafia-Killer im Ruhestand, war der Türsteher. Am Revers seines

grauen Mantels blinkte ein Orden – ein Veteran aus dem Großen Vaterländischen Krieg. Er würde sich einem Fremden gegenüber nicht zu besonderen Freundlichkeiten hinreißen lassen.
Natürlich machte er keine Anstalten, mir beim Tragen meiner Koffer zu helfen. Seine Aufgabe bestand wohl nur darin, Leute wegzuscheuchen. Ich mußte ihm die Quittung des Reisebüros zeigen, damit er mich überhaupt hereinließ. Die Hotelhalle war abstoßend. Die Farbpalette reichte von Zigarettenstummelbraun bis zu Eisenbahnwaggongrün. Der Fußboden war mit uraltem Parkett belegt, das Buckel warf wie billiges Linoleum, wenn man darauftrat. Ich kam mir vor, als wäre ich in einem jener armseligen Absteigen in den Seitenstraßen des Times Square gelandet, die in kalten Zigarrenrauch gehüllt, auf den Abriß warten. War dies das berühmte Metropol, in dem sich, wenn meine Erinnerung nicht trog, die Bolschewisten vor und nach der Revolution zu treffen pflegten?
Eine mächtige Marmortreppe wand sich in eckigen Kehren aufwärts um einen mit Schmiedeeisen verkleideten Fahrstuhlschacht herum.
Die Frau am Tresen hatte eine Brille und eine Triefnase. Sie trug einen Pullover, sah unscheinbar aus und tat so, als sähe sie mich nicht, bis ich ihre Aufmerksamkeit nachdrücklich in Anspruch nahm. Ihr Englisch klang erbarmungswürdig. Der Fahrstuhlführer war ebenso hochdekoriert wie der Türsteher und ebenso grob. Doch alle übertraf die Concierge im vierten Stock, eine schwergewichtige Blondine von etwa fünfzig Jahren mit einer Bienenkorbfrisur und einem großen, groben russischen Bauerngesicht. Sie sah aus wie die Ehehälfte des Türstehers. Hinter ihrem kleinen Tisch, geschmückt mit einer welken Rose, blickte sie ob der gewaltigen Aufgabe, meinen Schlüssel herauszunehmen – der allerdings riesig groß und aus Bronze und so schwer wie eine Jackentasche voll Kleingeld war –, so finster drein, als sei ihr soeben fristlos gekündigt worden.
Der Weg zu meinem Zimmer führte mich einen langen dunklen Korridor entlang und dann rechtwinklig auf einen anderen Flur. Die Wände waren erbsengrün lackiert und reflektierten den matten Glanz des alten, mit Schellack behandelten Parketts, dessen zahllose Lücken man mit billigen Sperrholzstücken geflickt hatte. Ein schmaler roter Läufer bedeckte den ersten Korridor, ein weiterer, lang wie ein halbes Fußballfeld, den anderen bis zu meiner Tür. Da sich der Fußboden auch hier bei jedem Schritt wölbte, war mir als hüpfte ich von einer Eisscholle zur nächsten.
Mein Zimmer war drei Meter vierzig breit, vier Meter zwanzig lang und vier Meter hoch. Durchs Fenster sah man auf einen grauen Hof. Die Einrichtung bestand aus einer Kommode und einem schmalen Bett mit

einer dünnen, europäischen Matratze, die auf einer zweiten, breiteren Matratze lag. Am Kopfende ein Kissen, schwer wie ein mit Wasser vollgesogener Baumstamm. Dazu ein Fernsehapparat.
Ich schaltete ihn ein. Elektronisches Schneetreiben, wanderndes Bild: schwarzweiß, eine Kindersendung. Ich schaltete das Gerät aus, setzte mich auf mein schmales Bett und vergrub mein Gesicht in beiden Händen. Nach einer Weile stand ich wieder auf, zog die Vorhänge des Fensters zum Hof zu, setzte mich wieder hin. Ich war hier und ich konnte – vorausgesetzt, ich hatte bei meiner Ankunft nicht die Aufmerksamkeit der Behörden erregt – wenigstens eine Woche hier bleiben und ein paar Fragen in Kategorien einordnen. Ich hatte freilich so viele offene Fragen, daß ich gar nicht mehr nach Antworten suchte, sondern nur noch nach Kategorien.
Die Schärfe meiner Erinnerungen an ein Leben, das in vielerlei Hinsicht in der Mitte einer langen Nacht geendet hatte, ließ mich Zustände von besonderer Empfindsamkeit erleben. Ein Regisseur hatte mir einmal erzählt, daß er nach der Vollendung eines Films nicht mehr aufhören konnte, mit dem Aufnahmeteam und den Schauspielern zu leben. Sie waren zwar nicht mehr da, er aber erwachte aus jedem Schlaf mit frischen Anweisungen: »Bernard, wir müssen heute die Marktszene wiederholen. Sag im Produktionsbüro Bescheid, wir brauchen wenigstens hundert Komparsen.« Er war schon aus dem Bett und beim Rasieren, als er endlich begriff: »Der Film ist doch längst abgedreht. Du bist verrückt geworden. Du kannst keine Filme mehr machen.« Aber er war, wie er mir erklärte, durch den Spiegel hindurchgegangen: Der Film war realer als sein Leben.
Glich ich diesem Regisseur? Ein Jahr lang hatte ich mich in einem möblierten Zimmer mit Fenster auf einen Luftschacht in einem Wohnblock in der Bronx versteckt und gearbeitet, um eine Mauer zwischen meiner letzten Erinnerung an Kittredge und mir selbst zu errichten. Manchmal verging ein Monat, ohne daß etwas Besonderes geschah, und ich schlief die Nächte durch und arbeitete die Tage über und schrieb ein Wort nach dem anderen auf, als könnte ich so einen Faden spinnen, der mich aus den Höhlen herausführen würde.
Dann, ohne Warnung, schlug der Liebeskummer zu. Das Geschlagenwerden ist, worauf es hier ankommt. Ich fühlte mich wie ein Epileptiker am Rande eines Anfalls. Ein falscher Schritt und der Schmerz überwältigte mich. Nach einigen Monaten konnte ich die Bronx nicht mehr ertragen – ich mußte weg.
Mit Sicherheit hatten sie nach mir gesucht. Je länger ich mich verborgen hielt, desto größer wurde mein potentieller Spielraum. Allmählich mußten

sie mich in Moskau vermuten. Wie lachte ich doch über diese Vorstellung, ein verkrampftes, stummes Lachen.
Doch aus der Logik meines schrittweisen Vorgehens, das ich für absolut notwendig hielt – obwohl ich die einzelnen Schritte nicht spezifizieren konnte –, war ich zu dem Schluß gelangt, daß ich in die UdSSR reisen müsse. Ich wußte nicht, weshalb. Ich würde bereits in größte Schwierigkeiten kommen, wenn sie mich nur in Bronx County, New York, erwischen sollten, aber in Moskau dem KGB in die Hände zu fallen? Mit meinem ausgedehnten Memoire auf Mikrofilm? Das wäre sogar in meinen eigenen Augen unverzeihlich. Was war, wenn die Russen trotz ungehindertem Passieren des Zolls von meiner Ankunft wußten? Wenn Harlot wirklich zu ihnen übergelaufen war, befanden sich die Unterlagen über meine Decknamen wohl in den Akten der Sowjets. Diese Annahme allerdings war eine Sache des gesunden Menschenverstandes. Ich jedoch lebte in einer anderen Welt mit einer anderen Logik. Und die gebot mir, den Mikrofilm von Alpha mitzunehmen. Wer weiß schon, auf welchen Wegen sich Wahnvorstellungen festsetzen? Ich jedenfalls fühlte mich keineswegs wahnsinnig, nur bedroht. Trotzdem war da ein Fahrplan zum Wahnsinn, dem ich blind zu folgen schien. Ich hing an meinen Schriften, als ob es Teile meiner selbst wären. Ich hätte Alpha niemals zurücklassen können. In der Tat, die alte jüdische Dame, in deren Wohnung am Grand Concourse ich ein Zimmer gemietet hatte, wußte, daß ich an einem Buch schrieb.
»Oh, Mr. Sawyer«, sagte sie, als ich ihr erklärte, daß ich ausziehen würde. »Mir wird das Klappern Ihrer Schreibmaschine fehlen.«
»Ja, und mir werden Sie und Mr. Lowenthal fehlen.«
Er war achtzig Jahre alt und litt an Arthritis; sie war fünfundsiebzig und Diabetikerin – wir hatten in diesem Jahr selten mehr als ein paar Worte gewechselt, aber ich war damit zufrieden. Gott segne sie – ich wußte, daß mich ihr Leben, wenn ich sie länger kannte, langweilen würde, und manchmal empfand ich deshalb eine gewisse Geringschätzung für sie. Es fiel mir schwer, Leute ernst zu nehmen, die ihr Leben als gute, sparsame Mittelstandsbürger geführt hatten. Sicher hätten sie gern mehr über ihren schweigsamen Untermieter gewußt, aber ich brachte es einfach nicht fertig, sie mit den fiktiven Karrieren und Ehen eines gewissen Philip Sawyer zu unterhalten – einem Namen, den ich benutzte, um keine Spur von William Holding Libby zu hinterlassen. Ich hätte sie der Übung halber an der Nase herumführen können, aber die Lowenthals legte man nicht so leicht herein. Wir sprachen gelegentlich miteinander, wenn wir auf dem Flur zusammentrafen, aber das war alles. Sie konnten ihre Renten mit meiner Miete

aufbessern, die ich, zum beiderseitigen Vorteil stets bar bezahlte, und ich konnte mein Leben einigermaßen abschirmen. Ich hielt mich in meinem Zimmer auf, außer wenn ich der aufgewärmten Dosensuppen überdrüssig wurde und in ein Restaurant ging oder ins Kino. Ansonsten schrieb ich – langsam und mühselig.
Mit dem Schreiben des Omega-Manuskripts war ich aber so gut vorangekommen, wie man in Anbetracht meiner schleppenden Arbeitsweise erwarten konnte. Es gab Tage, an denen ich mich weder heimgesucht noch besessen fühlte. Trotzdem wußte ich, daß ich am Rande eines Abgrunds stand. Früher oder später würde ich fallen. Ich tat es. Moskau blinkte in meinem Kopf auf wie eine Neonreklame. Ich fuhr zum Reisebüro, traf Vorbereitungen, versuchte Russisch zu lernen und nahm von den Lowenthals Abschied. Ich sagte ihnen, ich ginge nach Seattle, und Mrs. Lowenthal fragte mich daraufhin, ob es einmal ein fertiges Buch geben würde, das meine Angehörigen lesen könnten.
»Ja«, nickte ich.
»Ich hoffe, es gefällt ihnen.«
»Nun«, sagte ich. »Das hoffe ich auch.«
»Vielleicht finden Sie sogar einen Verlag.«
»Schon möglich.«
»Können Sie mir dann bitte ein Exemplar schicken. Ich bezahle es dann. Ich möchte, daß Sie es mir signieren.«
»Aber Mrs. Lowenthal«, sagte ich. »Ich schicke Ihnen natürlich ein kostenloses Exemplar.«
Es war genau die Art von Konversation, die sie sich merken würde, und wenn sie je meinen Schlupfwinkel in der Bronx entdeckten, würden sie von ihr erfahren, daß ich etwas geschrieben hatte.
Ich stand von meinem Bett im Metropol auf, öffnete meinen Koffer und begann ihn auszupacken. Ich nahm alles heraus außer dem Umschlag, der Alpha enthielt. Ich hatte einfach keine Lust zum Lesen. Es war jetzt Sonntag nachmittag, vier Uhr Moskauer Zeit, für mich also acht Uhr morgens. Ich war müde, ich war erschöpft. Ich hatte den Kennedy Airport um acht Uhr abends verlassen, mit dem Transitaufenthalt in Heathrow acht Stunden an die Uhr und zehn an den Flug verloren und war um zwei Uhr Moskauer Zeit gelandet. Meine Nerven, die schon lange nicht mehr synchron arbeiteten, versagten. Da es jetzt in New York acht Uhr früh war, spürte ich natürlich die trügerische Kraft, die sich am Morgen nach einer Nacht trügerischen Schlafs einstellt. Ich mußte für eine Weile aus meinem Zimmer heraus.

Also unternahm ich einen Spaziergang: meine ersten Schritte in Moskau. Wenn vierzig Jahre mit amerikanischen Medien in der Regel genügten, um jeden zu der sowohl bewußten als auch unbewußten Überzeugung gelangen zu lassen, daß der Kommunismus ein Übel war, so hatte ich dazu noch meine ganz speziellen Studien getrieben. Vermutlich war der Kommunismus wirklich ein Übel. Das ist eine ebenso banale wie schreckliche These, aber schließlich pflegt sich, wie Harlot zu sagen pflegte, das Einfache gegen das Komplizierte durchzusetzen. Vielleicht konnte man das Böse an sich begreifen, wenn man den Kommunismus damit gleichsetzte.
Meine ersten Schritte auf den Moskauer Straßen fielen mir deshalb alles andere als leicht. Ich fühlte mich wie ein Gefangener, den man nach zwanzig Zuchthausjahren entlassen hat. So ein Mensch kennt die Welt nicht, in die er kommt, er weiß zum Beispiel nicht, wie man in einen Laden geht und Hosen kauft. Seine Kleider hat man ihm zwanzig Jahre lang zugeteilt. So wußte auch ich nicht, was mir hier erlaubt war. Ich wußte nicht genau, ob ich das Hotel verlassen und auf die Straße gehen konnte, ohne daß zuvor ein bestimmtes Papier abgestempelt wurde. Ich hing in der Lobby des Hotels herum und beobachtete das Kommen und Gehen, aber mir war nicht wohl dabei. Meine fortgesetzte Anwesenheit konnte Verdacht erregen. Also ging ich das Wagnis ein und spazierte zum Eingang hinüber, trat hinaus auf die Straße und erntete einen finsteren Blick des Türhüters – ich brauchte eine Weile, bis ich begriff, daß er mich so böse ansah, weil er mich noch nicht als registrierten Gast des Hotels ansah.
Jedenfalls befand ich mich nun auf der Straße. Taxifahrer, die am Bordstein vor dem Hotel parkten, boten mir ihre Dienste an, Passanten musterten mich. Ich ging einfach los. Ich unternahm nichts, um herauszufinden, ob mir jemand folgte, denn ich wollte nicht zeigen, daß ich die Tricks beherrsche, mit denen man Verfolger los wird. Ich fühlte mich aber auch nicht verfolgt. Ich hatte eine alte Jacke angezogen und trug eine schwarze Strickmütze über den Ohren wie ein Seemann der Handelsmarine. Ich fühlte mich gut, und am liebsten hätte ich einen lauten Jubelschrei ausgestoßen.
An einem Platz nahe beim Hotel stand, wie ich wußte, das Denkmal von Felix Dzierzynski, dem Gründer der Tscheka, »Schwert der Revolution«, genannt und Urgroßvater des KGB. Hinter ihm mußte sich die berühmte Lubjanka befinden. Aus Büchern, Vernehmungen und von Fotos kannte ich diesen Ort besser als irgendein amerikanisches Gefängnis – ich hatte im Geist wohl an die hundertmal die Schreie der Gefolterten aus den Kellern der Lubjanka vernommen, und ich wußte nicht, ob ich jetzt näher herange-

hen wollte, aber während ich noch darüber nachdachte, schlenderte ich bereits vom Metropol geradewegs zum Dzierzynski-Platz. Vor mir stand das bewußte Bauwerk, diese siebenstöckige Gruft von einem Büro, die Lubjanka. Einst, vor der Revolution, in der Zarenzeit war sie ein Palast für Versicherungsgesellschaften gewesen, und noch immer hingen weiße Gardinen an den Fenstern, und sorgfältig geputzte Messingbeschläge schmückten die Tür, aber die Außenwand zeigte ein schmutziges Khakigelb – ein trostloses, altmodisches Gebäude, durch dessen Portal an diesem späten Sonntagnachmittag ein paar Männer in Uniform ein- und ausgingen. Die Luft war so kalt wie ein Wald in Neuengland im Winter, und die ganze Zeit hörte ich keine Schreie. Diese Lubjanka – womöglich mein künftiges Zuhause – löste in mir keinen Adrenalinschub aus.
Ich wanderte fort durch Seitenstraßen, grau im Licht, fast schwarz im Schatten, »die alte Straße der Händler« – ein Satz aus meinem Reiseführer. Hatten diese Enklaven der Trübsal je bessere Zeiten erlebt? Ich empfand es beinahe als angenehm, etwas so Deprimierendes zu entdecken, und einen Augenblick lang verstand ich, daß auch in der Trübsal etwas Tröstliches liegt. War das mein erster richtiger Gedanke nach einer Woche? Denn wie im Annehmen der eigenen Armut der beste Schutz gegen die Verderbnis der Seele liegt, so war die Trübsal wohl eine Art Festung, hinter deren Mauern man sich vor dem Wahnsinn schützen konnte. Ja, der bergende wenn auch bedrückende Nachhall der Trübsal würde in Moskau nicht schwer zu finden sein, und als ich daran dachte, trat ich aus noch einer weiteren Seitenstraße auf den Roten Platz heraus. Es war fast so überraschend, wie wenn man in Rom aus einer der kleinen Gassen heraus den großen St. Peters-Platz betritt, nur lag hier kein Vatikan, sondern ein weites Feld von Kopfsteinpflaster, fast eine halbe Meile lang und Hunderte von Metern breit, das sich bis zu den Mauern des Kreml erstreckte. Am grauen Horizont gab es frühe Zeichen eines lavendelfarbenen Zwielichts, aber noch immer warteten die Russen geduldig, um das Grab Lenins und dessen konservierten Leichnam unten in der Gruft zu sehen. Rund zweitausend Menschen standen in Zweierreihen Schlange, und vielleicht zwanzig von ihnen betraten jede Minute die Gruft, was wohl bedeutete, daß der letzte in der Schlange an die hundert Minuten in dieser Kälte warten mußte – eine durchaus angemessene Kasteiung für eine solche Pilgerfahrt.
Ich trat hinzu, um mir die Russen auf der Straße näher anzusehen. Sie schienen alle alterslos zu sein. Sogar die jungen Leute kamen mir so resigniert vor, wie es typisch für Menschen in der Mitte des Lebens ist.

Trotzdem bot der Rote Platz ein heiteres Bild. Zu meiner Verwunderung herrschte dort an diesem späten Sonntagnachmittag eine fröhliche Stimmung. Ein Schimmer von Freundlichkeit und Gelassenheit lag auf den von der Kälte geröteten Gesichtern. Busladungen von russischen Touristen fuhren ab, andere trafen noch ein. Hunderte, die über den Platz gingen, zeigten die schlichte Lebensfreude hart arbeitender Menschen, die man an einen denkwürdigen Ort transportiert. Es hätten auch Mormonen oder Zeugen Jehovas auf einer Fähre zur Freiheitsstatue sein können.
Wie sehr erinnerte mich das an einen Film! Das Zentrum des Roten Platzes lag höher als dessen Ränder, und so sah man die Menschen in der Ferne nur von den Knien aufwärts. Ihre Füße waren unter dem Katzenkopfhorizont verschwunden. Auf diese Weise schien jeder von ihnen zu springen oder auf- und abzuwippen, wenn er dahinging, so wie Köpfe auf- und abwippen, wenn eine Menschenmenge auf ein Teleobjektiv zukommt. Ich kannte die Geschichte des Roten Platzes nicht, das heißt, ich wußte nicht, welche großen Ereignisse vergangener Zeiten all die Geister hervorgebracht hatten, aber meine eigenen waren wiederbelebt – ich fühlte mich erlöst vom Schienenrasseln der Bronx und den Mauern Moskaus. Einen unvernünftigen Augenblick lang war mir zum Feiern zumute, ohne daß ich gewußt hätte, warum. Vielleicht war es nur die Freude darüber, ans Ende meiner Reise zu kommen.
Ich ging zum Metropol zurück, erhielt vom Türsteher, dem Fahrstuhlführer und der Deshurnaja *(meiner Etagenfrau) eine Andeutung von einem Gruß, kehrte in mein Zimmer zurück, setzte mich aufs Bett, saß auf dem Sessel neben dem Bett, holte meinen Koffer herunter, sah mir den hübsch versteckten Saum, den Zugang zum Geheimfach an, in dem ich den Mikrofilm aufbewahrte, legte den Koffer wieder in den Schrank und merkte plötzlich, wie müde ich war. Erschöpft von der Kälte draußen, dem zähen Dahinschleichen der Stunden, meinen Stimmungsumschwüngen, den Anstrengungen des Gehens – alle in Moskau schienen in rasender Eile unterwegs, und ich, der gute Amerikaner, hatte mich bemüht, mit ihnen Schritt zu halten. Jetzt war ich ermattet von der Verzweiflung in mir. Ich wußte nicht, ob ich mich an einem ruhigen Tag je so allein oder so fehl am Platz gefühlt hatte.*
Schließlich ging ich zum Essen hinunter, aber es wurde nicht viel besser. Man setzte mich zwischen fremde Leute an einen Tisch für acht Personen mit einem zerknitterten Tischtuch. Es war nicht direkt schmutzig, aber auch nicht sauberer als ein Hemd, das man ein paar Stunden lang getragen hat. Das einzige Gericht, das man bestellen konnte, war Huhn à la Kiew,

ein Gummihuhn, das zu einem politischen Routinebankett gepaßt hätte, mit einer Buttersauce darüber, die schmeckte wie säuerliches Schmieröl. Entsprechend die Beilagen: Die Kascha war zu lange gekocht, das dunkle Brot aus Schrot, das »frische Gemüse« eine dünne Tomatenscheibe. Dann kamen ein Keks und eine Tasse Tee. Die Serviererin war eine schwergewichtige Frau mittleren Alters, die unter der Last ihrer persönlichen Sorgen seufzte. Die Aufmerksamkeit, die sie der Außenwelt zuzuwenden vermochte, war gering und reichte kaum aus, ihre Aufgabe zu meistern.
Nachdem ich vom Tisch aufgestanden war, begriff ich, daß ich in einem nur für Gäste des Hotels reservierten Speisesaal gesessen hatte. Das eigentliche Restaurant, gedacht für eine wohlhabendere Clique, betrat man durch zwei Glastüren von der Hotelhalle aus. Hier warteten Schwarzmarkthändler und Bürokraten in Begleitung ihrer Ehefrauen in einer Schlange. Drinnen hämmerte eine Tanzkapelle so schwungvoll wie eine jener Bands, die zu den Studentenbällen in Yale aufzuspielen pflegten, ihre Popnummern herunter, eine wilde Bumsmusik, die durch die Glastüren dröhnte.
Ich ging zurück zum Fahrstuhl. Ich brauchte Schlaf und hoffte, einschlafen zu können. Als ich auf meiner Etage ausstieg, schenkte mir meine **Deshurnaja** *mit dem blonden Bienenkorb ein richtiges Lächeln, während sie mir den Schlüssel gab. Ich verstand. Indem ich viele Male täglich an ihrem Tisch vorbeiging, bewies ich, daß ich in jeder Hinsicht ein regulärer Gast war. Das Kommen und Gehen ihrer Schlüssel war ihre einzige Unterhaltung.*
Ich schloß die Tür ab, zog mich aus, wusch mir das Gesicht, trocknete die Hände. Das Waschbecken hatte einen Sprung, die Seife kratzte sandig, das Badetuch war schmal und rauh, ebenso das Toilettenpapier. Ich logierte in einem der zehn besten Hotels von Moskau, und plötzlich wurde ich wütend, ohne daß ich genau wußte, auf wen. Wieso erdreistete sich dieses Volk, unser größter Widersacher auf der Welt zu sein? Selbst für die Rolle des Bösewichts fehlte ihnen das Format.
Dann ging ich ins Bett. Doch der Schlaf kam nicht. Alles deutete darauf hin, daß die Hohen Heiligen unterwegs waren. Ich beschloß wieder aufzustehen und Alpha zu lesen. Es sagt alles über das Jahr in New York, daß ich die ersten Seiten auswendig kannte. Aber schließlich kannte ich ja vieles von dem Material auswendig. Es hatte mir über manche schlaflose Nacht hinweggeholfen, wenn ich nicht an Omega arbeiten konnte. Ja, sogar wenn Kittredge auf den Seiten erschien, war Alpha auszuhalten. Meine eigentliche Liebesaffäre hatte während der Periode, die ich in Alpha behandelte, noch nicht begonnen. Außerdem flüsterte ich manchmal, wenn

*ich den Mikrofilm projizierte, die Worte laut vor mich hin, um gewisse Gedanken von mir fernzuhalten. Ähnlich wie wir und die Sowjets Jahre damit verbracht haben, gegenseitig unsere Propagandasendungen zu stören, rezitierte ich das Manuskript von Alpha immer wie ein Störsender, wenn Kittredge zu lebendig wurde. Solche Rituale funktionierten zwar nicht immer, aber wenn sie es taten, war ich über den Berg. Es war alles, was mir von ihr geblieben war. Ich fing deshalb an, meine ersten Sätze laut herzusagen, langsam, ruhig, als wären es Psalmen.
Ich las den Mikrofilm ab und flüsterte dabei einige der Worte laut vor mich hin. Es war die eine Hälfte meiner Vergangenheit, niedergeschrieben in dem Stil, den ich nach Jahren als Ghostwriter beherrschte, aber es war die gute Hälfte meiner Vergangenheit.*

»Vor einigen Jahren begann ich unter Mißachtung des Schweigegebots, auf das ich mich 1955 beim Eintritt in den CIA verpflichtet hatte...« So fing das Vorwort zu Alpha an. (Natürlich bedarf ein Zweitausendseitenmanuskript stets eines Vorworts.)

So war ich also doch wieder bei meinem Buch angelangt, und ich las den Text von der weißen Hotelzimmerwand ab, auf die ich ihn vom Mikrofilm mit meiner Spezialtaschenlampe mit dem Filmfenster und der Projektionslinse zog, und las von diesem Anfang der CIA-Karriere eines gewissen Harry Hubbard, und der Name schien manchmal so wenig zu mir zu gehören wie der, den man wiederholt, wen man einem Fremden die Hand schüttelt. Ich fühlte mich meinen Originalseiten so nah und gleichzeitig so fern, als betrachtete ich alte Fotos, die mich nur unvollkommen mit der Vergangenheit verbanden.

AUS DEM ALPHA-MANUSKRIPT

ARBEITSTITEL
DAS VABANQUESPIEL

VORWORT

Vor einigen Jahren begann ich unter Mißachtung des Schweigegebots, auf das ich mich 1955 beim Eintritt in den CIA verpflichtet hatte, mit Memoiren, die ein wahrheitsgetreues Bild von fünfundzwanzig Jahren aktiven Dienstes bei der Agency geben sollten. Ich rechnete mit einem Werk von durchschnittlicher Länge, aber es uferte derart aus, daß es nun möglicherweise zu den umfangreichsten Erinnerungen gehört, die je von einem Mitglied der Agency geschrieben wurden.

Doch sollten diese Versuche, die Veränderungen meines Charakters und meiner Weltsicht von 1955 bis 1965 nachzuzeichnen (denn weiter bin ich bisher nicht gediehen), durchaus nicht als Memoiren gelesen werden. Es handelt sich eher um einen Bildungsroman. Der anspruchsvolle Leser von Spionageromanen, der in der Hoffnung zu diesem Buch greift, auf glänzend durchkonstruierte Komplotte zu stoßen, wird sich auf unvertrautem Gelände wiederfinden. Gewiß habe ich als Mitglied der Agency mein gerüttelt Maß an Komplotten erlebt – einige eingefädelt, andere zum Abschluß gebracht und bei vielen als Kurier gedient –, aber ich konnte sie nur selten in ihrer vollen Tragweite überblicken. Sie zogen bruchstückweise an mir vorbei. Es ist nicht allzu abwegig zu behaupten, daß es fast allen beim CIA so ergeht. Man lernt mit der Ironie zu leben, daß wir, die wir für den Geheimdienst arbeiten, bei der Lektüre von Spionageromanen gewöhnlich wünschen, unser Job wäre eine so runde Sache!

Trotzdem hoffe ich, einen intimen Einblick in unseren Alltag und unsere sporadischen Abenteuer geben zu können. Diese sind in der Tat mitunter außergewöhnlich wegen der Komplexität der inneren Erfahrungen, die ein Mitglied der Agency unweigerlich macht, wenn es sein Berufsleben bei einem Team verbringt, das mit diesem einzigartigen Vabanquespiel beschäftigt ist.

ERSTER TEIL

FRÜHE JAHRE, GRUNDAUSBILDUNG

1

Vorab das Wichtigste. Ich bin ein Hubbard. Bradford und Fidelity Hubbard trafen sieben Jahre nach der Mayflower in Boston ein, und Seitenlinien der Familie findet man heute in Connecticut, Maine, New Hampshire, Rhode Island und Vermont. Meines Wissens bin ich aber der erste Hubbard, der öffentlich zugibt, daß der Familienname nicht ganz so eindrucksvoll ist, wie unser Anteil an Rechtsanwälten und Bankiers, Ärzten und Gesetzgebern vermuten läßt, dazu ein Bürgerkriegsgeneral, mehrere Professoren und mein Großvater, Smallidge Kimble Hubbard, Headmaster von St. Matthew's, dessen Legende bis auf den heutigen Tag fortlebt. An warmen Sommermorgen pflegte er bis in das hohe Alter von neunzig Jahren, in seinen Einerkajak zu klettern und hundert Schläge in die Blue Hill Bay hinauszupaddeln. Natürlich wäre er schon bei einem falschen Schlag ins kalte Wasser von Maine gekippt – ein nahezu tödliches Risiko, aber er starb im Bett. Mein Vater, Boardman Kimble Hubbard, bei seinen Freunden als Cal bekannt – nach Carl »Cal« Hubbell, dem Pitcher der New York Giants, den er verehrte –, war ebenso außergewöhnlich, aber ein so in sich gespaltener Mann, daß meine Frau, Kittredge, ihn als Studienobjekt für ihre wissenschaftliche Arbeit »Der Zwiespalt der Seele« benutzte. Er war ein Prahlhans und ein Schwadroneur, Bramarbas und Diakon in einem; ein kühner, kräftiger Mann, der sich morgens mit der gleichen Selbstverständlichkeit unter seine kalte Dusche stellte, mit der andere Eier und Schinken in sich hineinschaufeln. Er ging jeden Tag in die Kirche und war doch ein gewaltiger Schürzenjäger. In der schwierigen Zeit kurz nach dem Zweiten Weltkrieg, als FBI-Chef J. Edgar Hoover Präsident Truman in den Ohren lag, daß der geplante CIA doch gar nicht nötig sei, weil sein Federal Bureau of Investigation ja diese zusätzlichen Aufgaben übernehmen könne, begab sich mein Vater auf eine geheime Mission, die unsere Organisation retten sollte. Er verführte ein paar wichtige Sekretärinnen im Außenministerium und sammelte auf diese Weise eine Vielzahl bürointerner Geheimnisse, die er an Allan Dulles weiterleitete, der seinerseits alles mit einer Erklärung, die die Sekretärinnen vor Verfolgung schützte, ans Weiße Haus schickte. Damit gelang es, den Präsidenten zu überzeugen, daß Amerika einen richtigen Geheimdienst brauchte. Allen Dulles war von Cal Hubbard hellauf begeistert und sagte einmal zu mir: »Dein Vater wird es nicht zugeben, aber der Monat mit den Sekretärinnen war die beste Zeit seines Lebens.«

Ich betete meinen Vater an, und deswegen war meine Kindheit fürchterlich: dauernd machte ich mir Sorgen, übernahm mich und spürte trotzdem ständig eine entsetzliche Kälte in mir. Natürlich wollte ich sein wie er und konnte ihm doch nicht das Wasser reichen. Oft haßte ich ihn beinahe, weil ich ihn so enttäuschte und er mich kaum beachtete.

Meine Mutter war ganz anders. Ich bin das Resultat einer Ehe zweier Menschen, die so grundverschieden waren, daß sie von verschiedenen Planeten hätten stammen können. In der Tat trennten sich meine Eltern denn auch bald, und ich verbrachte meine Knabenjahre damit, die beiden Teile meines Wesens wieder zusammenzufügen.

Meine Mutter war zartknochig, attraktiv und blond und sie verbrachte ihre Zeit – von den Sommerferien abgesehen – in der feinen New Yorker Gesellschaft. Sie war eine »jüdische Prinzessin«, wobei man die Betonung getrost auf das zweite Wort legen kann. Sie hätte nicht einmal den Unterschied zwischen der Thora und dem Talmud erklären können. Sie erzog mich in völliger Unkenntnis aller Themen, die sonst die Juden bewegen – mit einer Ausnahme allerdings: Sie trichterte mir die Namen der großen jüdischen New Yorker Bankhäuser ein, und ich glaube, meine Mutter sah Salomon Brothers und Lehman Brothers als sichere Häfen für den Fall künftiger Stürme an.

Der Ururgroßvater meiner Mutter war ein bemerkenswerter Mann namens Chaim Silberzweig. Seinen Namen hatte er von den Einwanderungsbehörden in ein weniger unaussprechliches Hyman Silverstein verwandeln lassen. Er kam 1840 als Immigrant nach Amerika und arbeitete sich vom Straßenhändler und Hausierer zum Kaufhausbesitzer empor. Seine Söhne wurden Handelsprinzen, und seine Enkel, die sich nun Silverfield nannten, gehörten zu den ersten Juden, die man in Newport duldete. Obwohl die Familie meiner Mutter von Generation zu Generation verschwenderischer lebte, nahm dies angesichts des Vermögenszuwachses trotzdem nie katastrophale Ausmaße an: Das Vermögen meiner Mutter entsprach immer noch dem, was der erste Silverstein seinen Erben hinterlassen hatte. In ihren Adern floß jedoch nur noch ein Viertel jüdischen Bluts. Denn die Silverfields hatten reiche nichtjüdische Frauen geheiratet.

Obwohl ich meine Mutter als Kind öfter als meinen Vater sah, betrachtete ich doch die väterliche Seite als meine eigentlichen Verwandten. Die Sippe meiner Mutter versuchte ich zu ignorieren. Ein Mann, der in der Todeszelle saß und auf seine Hinrichtung wartete, hat einmal gesagt: »Wir schulden unseren Eltern nichts – wir gehen nur einfach durch sie hindurch.« So ein Gefühl hatte ich meiner Mutter gegenüber. Schon bald nahm ich sie nicht mehr ernst. Sie konnte bezaubernd und voller liebenswerter Torheiten sein, und wenn sie ihre amüsanten Abendessen gab, war sie sicherlich recht unterhaltsam. Gesellschaftlich hatte sie leider einen fürchterlichen Ruf, und ein paar Jahre, nachdem Jessica Silverfield-Hubbard eine Ex-Hubbard geworden war, druckte das Social Register ihren Namen nicht mehr ab. Weitere zehn Jahre dauerte es, bis auch ihre allerbesten Freundinnen sie schnitten. Schuld daran waren, so nehme ich an, weniger ihre vielen Affären als ihr Hang zur Mythomanie. Sie war eine krankhafte Lügnerin, und schließlich wurde die Erinnerung zu ihrer einzigen bleibenden Freundin. Diese gab ihr ein, was sie aus Gegenwart und Vergangenheit zu behalten wünschte, und so konnte man nie wissen, was Sache war, wenn man ihr zuhörte. Ich glaube, daß ich meine Begabung für die Spionageabwehr diesem Erbe meiner Mutter verdanke – schließlich kommt es dabei auch darauf an, den Gegner so mit falschen Informationen zu füttern, daß er diese als echt ansieht und die gewünschten Schlüsse zieht.

Jedenfalls kann ich kaum von mir behaupten, als guter Jude erzogen worden zu sein. Meine einzige Beziehung mit dem »Heringbaron«, wie meine Mutter den Ururgroßvater Chaim Silberzweig abschätzig zu nennen pflegte, bestand darin, daß mich antisemitische Äußerungen erbosten. In dieser Hinsicht hätte ich fast ein traditionsbewußter Getto-Jude sein können. Denn in sol-

chen Momenten fühlte ich mich in der Tat als Jude. Ansonsten war meine Vorstellung vom Judentum verbunden mit gestreßten Gesichtern in der quietschenden New Yorker U-Bahn.
Meine Kindheit war allerdings die eines Knaben der besseren Gesellschaft. Ich besuchte die Buckley School und war ein Knickerbocker Gray, bis man mir nahelegte auszutreten – eine Folge meiner peinlichen Unfähigkeit, den harten Drill zu ertragen. Beim Marschieren bekam ich derartige Kopfschmerzen, daß ich die Befehle überhörte.
Natürlich mag auch der schlechte Ruf meiner Mutter dazu beigetragen haben, und dafür spricht auch die Art und Weise, in der mein Vater mich wieder in der Schule unterbrachte. Als Veteran von spartanischem Zuschnitt neigte er nicht dazu, für seinen Sprößling Vergünstigungen anzustreben. Diesmal aber rief er Leute an, die man sich für Notfälle aufspart. Die Hubbards hatten einflußreiche Freunde in New York, und mein Vater nahm mich mit auf einige Veranstaltungen, damit ich ein paar »alte Herren« der Grays kennenlernte. »Es ist unfair. Sie bestrafen den Jungen für *Ihr* Verhalten...« hörte ich ihn sagen, und dieses Argument muß gewirkt haben. Man nahm mich wieder auf, und ich schaffte es dann, mich trotz der Kopfschmerzen durchzubeißen, obwohl ich als Kadett sehr unglücklich war.
Ich glaube, Menschen, die eine schöne Kindheit hatten, erinnern sich auch gern daran. Ich erinnere mich am meisten noch an die Stunden, die ich mit meinem Vater verbrachte. Dieser ähnelte ein wenig Ernest Hemingway. Er war mindestens ebenso lebhaft und impulsiv und trug denselben großen, dunklen Schnurrbart. Er war auch wie Hemingway gebaut und hatte für einen Mann seiner Körperkraft relativ dünne Beine. »Wenn ich nicht solche spindeldürren Beine hätte, wäre ich vielleicht Fullback im ersten All-American Team geworden«, stellte er mitunter fest. Er hatte einen mächtigen Brustkorb, und darin schlug ein stolzes Herz.
Natürlich war er stolz auf sich selbst, und wenn ich sage, daß mein Vater zu Eitelkeit und Egoismus neigte, möchte ich ihn damit nicht herabsetzen. Denn während er die selbstgefällige Miene eines erfolgreichen Collegeathleten zur Schau trug, war doch seine Beziehung zu anderen Spiegel seiner endlosen inneren Kämpfe. Die beiden Hälften seiner Seele lagen weit auseinander. Der Diakon und der Bramarbas mußten jeden Abend meilenweit wan-

dern, bevor sie Ruhe finden konnten. Ich glaube, seine Stärke war, daß es ihm überhaupt gelang, eine Art inneren Frieden zwischen diesen beiden auseinanderstrebenden Hälften zustande zu bringen. Wenn aber der puritanische Schulmeister in ihm mit dem Eroberer an einem Strang zog, konnte er ungeahnte Energien entwickeln. Mein Vater war kein nachdenklicher Mensch, aber er hat den Satz geprägt: »Wenn deine Ideale und dein Egoismus beide zur selben Tat drängen, dann kannst du sicher sein, daß der Saft fließt.«

Am liebsten trug mein Vater seinen von mir so genannten »Kampfanzug«. Das war einstmals ein Anzug aus hellbraunem schottischem Tweed gewesen, so schwer und hart wie eine Pferdedecke. Er pflegte sich bei Jones, Chalk und Dawson in der Saville Row einzukleiden, und dort weiß man, was ein Gentleman trägt. Zehn Jahre lang habe ich ihn in demselben Anzug gesehen, zuletzt mit aufgenähten Lederflecken an den Ellbogen und Manschetten. Er verlieh ihm in angenehmer Weise Behaglichkeit und Würde zugleich und unterstrich seine männliche Erscheinung. In der Tat hatte er schließlich keinen anderen Straßenanzug mehr, und auch für festliche Gelegenheiten nur seine Smokingjacke aus schwarzem Samt. Bei solchen abendlichen Anlässen freilich war er das Traumbild aller Damen. »Oh, Cal«, seufzten sie. »Cal ist einfach göttlich. Wenn er nur nicht so viel trinken würde!«

Ich glaube, mein Vater hätte jedem die Freundschaft aufgekündigt, der ihm mit den Anonymen Alkoholikern gedroht hätte, und das vielleicht zu Recht. Er trank nämlich nach eigener Feststellung nicht mehr als Winston Churchill und vertrug genausoviel. Nie sah man ihn betrunken, das heißt, er stammelte und torkelte nie, wie es Betrunkene tun. Nur seine Stimmungen wechselten abrupt. Er brauchte nur leise »Barkeeper« zu sagen, und der Betreffende wandte sich ihm zu, als erwarte er einen Tagesumsatz von ihm – auch wenn er ihn gar nicht kannte. Die emotionale Temperatur meines Vaters schien zu steigen und zu fallen, wenn er trank; seine Augen konnten vor Hitze glühen oder einen in eine Leichenhalle versetzen. Die von seiner Stimme ausgelösten Vibrationen spürte man in den Füßen. Zweifellos übertreibe ich, aber er war mein Vater und ich sah ihn so selten.

Zu meinem fünfzehnten Geburtstag lud er mich in ein gutes New Yorker Restaurant ein, und natürlich kam ich einige Minuten zu

spät. Als ich den Speisesaal betrat, sah ich ihn in seinem »Schlachttweed«, von heiligem Zorn erfüllt. Er war vor dem Lunch mit irgendeiner wichtigen Arbeit beschäftigt gewesen und hatte das schwierige Problem fast gelöst; nun goß er seinen Martini mit der ganzen Unzufriedenheit hinunter, die ihn wegen dieser Unterbrechung erfüllte. Ich konnte mir so richtig vorstellen, wie er zu einem seiner Assistenten gesagt hatte: »Verdammt, ich muß mich ja zum Lunch mit meinem Sohn treffen.«
Und was die Sache noch verschlimmerte, war meine Verspätung. Denn der Schulmeister in ihm machte ihn zu einem Pünktlichkeitsfanatiker. Während er auf mich wartete, hatte er Zeit gehabt, seinen ersten Drink zu nehmen und vor seinem geistigen Auge eine – unerfreuliche – Liste von Themen Revue passieren zu lassen, die er mit mir zu besprechen gedachte. In den seltenen Augenblicken, die wir miteinander verbrachten, war er ausnahmslos schlecht gelaunt. Denn im Grunde wußte er nicht, worüber er mit mir reden sollte, und ich war meinerseits blockiert von den Auswüchsen der Weibeswut meiner Mutter, die schlecht ertrug, daß ich mich mit einem Mann treffen wollte, der auch ohne sie sehr gut zurechtkam. »Sprich mit ihm über deine Ausbildung«, hatte sie noch gesagt, bevor ich zur Tür hinaus war. »Entweder er zahlt dafür, oder ich bringe ihn vor Gericht. Sag ihm das.« Ja, das sollte ich ihm als erstes sagen. »Laß dich ja nicht von ihm einwickeln. Er ist eine richtige Schlange.« Und als letztes hatte sie mir noch nachgerufen: »Sag ihm viele Grüße von mir – nein, grüß ihn nicht.«
Ich nickte ihm zu und kletterte auf den Barhocker neben ihm. Natürlich klemmte ich mir einen Hoden ein, als ich mich zu abrupt niederließ. Ich biß die Zähne zusammen, bis der Schmerz nachließ, und wir schwiegen.
»Wie gefällt's dir in St. Matthew's?«
»Okay.«
»Besser als Buckley?«
»Es ist härter.«
»Du wirst doch nicht etwa sitzenbleiben?«
»Nein, meine Noten sind ›gut‹.«
»Dann versuche ›sehr gut‹ zu kriegen. Von einem Hubbard erwartet man bei St. Matthew's, daß er ›sehr gut‹ bekommt.«
Wir schwiegen.

»Ich habe in letzter Zeit so höllisch viel wie der liebe Gott zu tun«, sagte er nach einer Weile.
»Glaube ich«, nickte ich.
Wir schwiegen wieder.
In seiner düsteren Stimmung erinnerte er an einen Schäferhund, der an seiner Kette zerrt. Ich glaube, ich war so etwas wie sein kleineres Ebenbild, aber während der ersten fünf Minuten unserer Begegnungen sah er immer nur das, worin ich meiner Mutter ähnelte, und mit den Jahren begriff ich sogar, daß sie ihm vielleicht wirklich geschadet hatte. Wahrscheinlich hätte er sie am liebsten mit bloßen Händen erwürgt, obwohl blinder Haß sonst nicht seine Sache war. Jedenfalls mag ihn diese unterdrückte Aggression einem Schlaganfall nähergebracht haben.
Nun fragte er: »Was macht dein Bein?«
»Oh, es ist besser. Es ist schon seit Jahren okay.«
»Ich wette, es ist immer noch steif.«
»Nein, es ist okay.«
Er schüttelte den Kopf. »Ich dachte, du hättest wegen deines Beins diese Schwierigkeiten bei den Grays gehabt.«
»Nein, Dad, ich war einfach nicht so gut beim Exerzieren.« Schweigen. »Aber dann bin ich besser geworden.« Schweigen, bedrückendes Schweigen.
»Dad«, sagte ich. »Ich weiß nicht, ob ich in St. Matthew's ›sehr gut‹ schaffen kann. Sie sagen, ich wäre legasthenisch.«
Er nickte langsam, als wäre er auf eine solche Nachricht vorbereitet. »Wie schlimm ist es?« fragte er.
»Ich kann lesen, aber ich verwechsle die Reihenfolge der Ziffern.«
»Mir ging's damals genauso«, nickte er. »Damals in der Wallstreet vor dem Krieg lebte ich in ständiger Angst, daß ich wegen meiner Legasthenie eines schönen Tages die Firma zugrunde richten würde. Irgendwie ist es trotzdem nie passiert.« Er zwinkerte mir zu. »Du brauchst 'ne gute Sekretärin, die sich um solche Sachen kümmert.« Er gab mir einen Klaps auf den Rücken. »Noch eine Limonade?«
»Nein.«
»Ich nehme noch einen Martini«, sagte er zum Barkeeper. Dann wandte er sich wieder mir zu. Ich erinnere mich noch an das auffällige Mienenspiel des Barkeepers: beflissen, wenn er Gentlemen bediente, sauertöpfisch gegenüber den Touristen. »Weißt

du«, sagte mein Vater. Legasthenie ist kein großes Handicap. Eine Menge gute Leute sind nun mal legasthenisch.«
»Ist das wahr?«
»Zweifellos.« Er betrachtete mich – nun voller Zuneigung, wie mir schien. »Vor zehn Jahren ungefähr, in Kenia, waren wir auf Leopardenjagd. Wir spürten auch einen auf, und er griff uns an. Ich habe es erlebt, daß Elefanten auf mich zukamen und Löwen und Wasserbüffel. Du bleibst stehen, wo du bist, suchst dir hinterm Korn den Punkt, den du treffen willst, und drückst ab. Wenn du mit dem flauen Gefühl im Magen fertig wirst, ist es kinderleicht, genauso wie ich es dir jetzt erzähle. Wenn du nicht in Panik gerätst, hast du deinen Löwen. Oder deinen Elefanten. Es ist nicht einmal eine Leistung. Du brauchst nur eine gewisse innere Disziplin. Ein Leopard jedoch ist was anderes. Ich habe meinen Augen nicht getraut, als ich es sah. Während er zum Sprung ansetzte, hopste er andauernd hin und her, von links nach rechts und wieder zurück, unheimlich schnell, wie im Zeitraffer. Man konnte einfach nicht zielen. Also habe ich aus der Hüfte geschossen. Zwanzig Yards Entfernung. Mit dem ersten Schuß. Sogar unser Führer war beeindruckt. Das war einer von diesen hochnäsigen Schotten, die alles, was amerikanisch ist, mies machen, aber er nannte mich einen geborenen Jäger. Später ist mir das Ganze klargeworden: Ich bin ein guter Schütze *wegen* meiner Legasthenie. Sieh mal, wenn du mir eine Zahlenfolge 1–2–3–4 zeigst, dann lese ich sie automatisch als 1–4–2–3 oder 1–3–4–2, und zwar deshalb, weil ich wie ein Tier sehe. Ich starre nicht sklavisch auf den Text, sondern behalte immer den Überblick: Vordergrund – Hintergrund, und dann erst das eigentliche Objekt. So sieht ein Jäger die Welt. Wenn du also legasthenisch bist, könnte das heißen, daß du ein geborener Jäger bist.«
Er gab mir einen leichten Rippenstoß mit dem Ellbogen, und ich spürte die außerordentliche Kraft dieses Körpers.
»Was macht dein Bein?« fragte er wieder.
»Ist gut«, sagte ich.
»Hast du Kniebeugen auf einem Bein versucht?«
Bei unserem letzten gemeinsamen Lunch vor achtzehn Monaten hatte er mir eine solche Übung verordnet.
»Ich habe es versucht.«
»Wie viele schaffst du?«

»Ein oder zwei«, log ich.
»Wenn du dich wirklich anstrengen würdest, könntest du mehr schaffen.«
»Yessir.«
Ich konnte förmlich spüren, wie der Zorn in ihm aufstieg. Doch diesmal schien er entschlossen, sich zu beherrschen, und das wunderte mich. Ich konnte mich nicht erinnern, daß er mich je mit solcher Höflichkeit behandelt hätte.
»Ich habe heute morgen an deinen Skiunfall gedacht. Du warst gut an dem Tag.«
»Das freut mich«, sagte ich.
Wir schwiegen wieder, aber diesmal war es eine Pause, die nicht peinlich wirkte. Er erinnerte sich gern an diesen Unfall. Ich glaube, es war das einzige Mal, daß ihm mein Verhalten imponiert hatte.
An einem Freitag im Januar – ich war gerade sieben Jahre alt – hatte mich der Chauffeur meiner Mutter von der Schule abgeholt und zur Grand Central Station gefahren. An diesem Wochenende wollten mein Vater und ich mit dem Zug nach Pittsfield, Massachussetts fahren, wo wir an einem Ort namens Bousquet's Ski laufen konnten. Die Echos der mächtigen Bahnhofshalle klangen beängstigend in meinen Ohren. Ich hatte noch nie auf Skiern gestanden und fürchtete um mein Leben. Denn das einzige, was ich von diesem Sport wußte, war, daß Männer von gigantischen Schanzen in die Tiefe sprangen.
Natürlich brachte man mich nicht zu einer solchen turmhohen Schanze. Statt dessen stellte man mich auf ein Paar gemietete Bretter, und nach ein paar schrecklichen Minuten an dem langen Schlepplift versuchte ich, meinem Vater hinunter zu folgen. Mein Vater beherrschte einen anständigen Stemmbogen, was ihn damals, 1940, bei uns im Nordosten schon fast zum Pistenkönig machte. (Leute, die den Parallelschwung beherrschten, waren noch so selten wie Seiltänzer.) Als Anfänger konnte ich natürlich keinen Stemmbogen. Es zog mich vielmehr magisch in die Fallinie, und ich konnte mich nur zur einen oder anderen Seite hinfallen lassen, wenn mein improvisierter Schneepflug zu schnell wurde. Manche Stürze fielen leicht aus, andere taten weh. Bald ließ ich mich bereits fallen, noch bevor ich das Gleichgewicht verlor. Mein Vater fing an zu schimpfen. Ob beim Reiten, Schwimmen, Segeln oder, wie an diesem Tag, Skilaufen – er verlor immer sofort die

Geduld mit mir, wenn er anhand der harten Tatsachen erkennen mußte, daß mein Naturtalent für die jeweilige Sportart nicht ausreichte. Das Naturtalent war eine göttliche Gabe und ein Beweis, daß man von guten Eltern abstammte. Bei den Bantus, so lernte ich beim CIA, hatte der Häuptling das sittliche Recht, sich zu bereichern und die schönsten Frauen zu beanspruchen. Gelang es ihm, so war damit bewiesen, daß die Götter mit ihm waren. Als guter Puritaner war mein Vater ebenfalls dieser Ansicht. Die Naturbegabung war denen verliehen, die sie verdienten, und ein Mangel an Naturtalent hieß, daß der Betreffende von fragwürdiger Abstammung war. Die Ungeschickten, die Dummen und die Schlaffen gehörten dem Teufel. Heute ist diese Ansicht nicht mehr so verbreitet, aber ich habe mein ganzes Leben lang darüber nachgedacht, ob mein Vater nicht doch recht hatte.
Bald hatte er es satt, dauernd darauf zu warten, daß ich wieder aufstand.
»Gib dir einfach Mühe, mir zu folgen«, rief er mir zu, und weg war er. »Mach einen Bogen, wenn ich einen mache«, schrie er nach der ersten Kurve.
Ich verlor ihn rasch aus den Augen. Wir folgten einem Nebenweg, der auf und ab durch den Wald führte. Natürlich konnte ich den Grätschschritt nicht, und so blieb ich bergauf immer weiter zurück. Als ich endlich zum Gipfel eines Hügels kam und sah, daß der nächste Abhang sehr steil war, daß es dahinter gleich wieder steil aufwärts ging und daß mein Vater nirgendwo zu sehen war, beschloß ich, einfach schnurgerade hinunterzufahren in der Hoffnung, daß mich der Schwung auf der anderen Seite ein ganzes Stück emportragen würde. Dann brauchte er beim Aufstieg nicht so lange auf mich zu warten. Hinab ging es im Schuß, zweimal so schnell wie zuvor. Die langen Bretter waren kaum parallel zu halten, und als ich die Nerven verlor und versuchte, in Pflugfahrt zu bremsen, brachte ich die Skispitzen übereinander und überschlug mich. Damals gab es noch keine Sicherheitsbindungen, und so brach ich mir das rechte Schienbein.
Natürlich war mir das nicht gleich bewußt. Ich spürte nur einen furchtbaren Schmerz. Irgendwo in der Ferne brüllte mein Vater: »Wo bist du?«
Es war später Nachmittag, und seine Stimme hallte über die Hügel, und ich hörte ihr Echo. Keine anderen Skifahrer kamen vorbei. Es

fing an zu schneien, und mir war, als erlebte ich die letzte Szene eines Films über Alaska, den ich zuvor gesehen hatte – ich glaubte, daß der Schnee alle Spuren von mir zudecken würde. Doch das Brüllen meines Vaters in der Stille war beruhigend.
Er kam zurück, den Abhang herauf, wütend über die Verzögerung. »Willst du jetzt endlich aufstehen, du Feigling«, schrie er. »Steh auf und fahr weiter!«
Ich fürchtete mich vor ihm mehr als vor dem Schmerz und versuchte aufzustehen. Aber irgend etwas stimmte nicht. Von einem bestimmten Punkt an nützte auch mein bester Wille nichts mehr. Mein Bein schien nicht mehr da zu sein.
»Ich kann nicht, Sir«, sagte ich und fiel zurück.
Da erkannte er, daß es mehr als nur Charakterschwäche sein mochte. Er zog seinen Anorak aus, wickelte mich hinein und trug mich den Berg hinunter zur Unfallstation.
Später im winterlichen Zwielicht, nachdem die Bergwacht das Bein provisorisch geschient und mich auf einem Akja zur Basis heruntergeschafft hatte, legte man mich in den Laderaum eines kleinen Lieferwagens, gab mir eine mäßige Dosis Morphium und fuhr mich über ein paar vereiste Straßen hinunter nach Pittsfield. Es war eine höllische Fahrt. In die Betäubung des Morphiums hindurch fuhr der Schmerz jedesmal, wenn wir über ein Schlagloch polterten (was alle fünfzig Meter geschah), wie mit einer Säge in meinem gebrochenen Knochen herum. Ich biß die Zähne zusammen und gab keinen Laut von mir. Ich lag mit einem wattierten Skianorak unter dem Kopf und einem anderen um mein Bein gewickelt auf dem Boden des Transporters und muß wie ein Epileptiker ausgesehen haben. Mein Vater wischte mir dauernd den Schaum vom Mund.
Nach einer Zeit begann er das Ausmaß meiner persönlichen Anstrengung zu erkennen, denn er nahm meine Hand und konzentrierte sich auf mich. Ich konnte fühlen, wie er den Schmerz aus meinem Körper zu ziehen suchte, und seine Fürsorge beglückte mich. In dieser Stunde hätten sie mir das Bein abreißen können, und ich würde nicht geschrien haben.
»Dein Vater, Cal Hubbard, ist ein Trottel«, sagte er leise. Es war vielleicht das einzige Mal in seinem Leben, daß er diesen Ausdruck auf sich selbst bezog. Denn in unserer Familie war »Trottel« so ungefähr die schlimmste denkbare Beschimpfung.

»Nein, Sir«, sagte ich. Ich hatte Angst zu sprechen, weil ich fürchtete, daß ich zu stöhnen anfangen würde. Einen Augenblick lang kämpfte ich gegen die Übelkeit an, aber die Straße wurde für eine Weile ebener, und es gelang mir, die Worte herauszupressen: »Nein, Sir. Mein Vater, Cal Hubbard, ist kein Trottel.«
Es war das einzige Mal, daß ich Tränen in seinen Augen gesehen habe.
»Na, du albernes kleines Kerlchen«, sagte er. »Du bist schon ein guter Junge!«
Wäre uns in diesem Augenblick ein tödlicher Autounfall zugestoßen, wäre ich glücklich gestorben. Aber zwei Tage später kam ich mit einem Gipsbein nach New York zurück – meine Mutter schickte den Chauffeur mit der Limousine herauf, um mich abholen zu lassen –, und eine zweite Hölle begann. Was da mit einem Gipsbein, das wie der Teufel juckte, zu Haus in der Fifth Avenue in New York saß und vor Wut und Jammer kochte, war ein ganz anderer Junge als der Siebenjährige, der für seinen Vater durchs Feuer gegangen wäre.
Ich konnte mich nicht bewegen. Man mußte mich tragen. Bei dem Gedanken, Krücken zu benutzen, geriet ich in Panik. Ich war sicher, daß ich hinfallen und mir das Bein noch einmal brechen würde. Der Gips fing schließlich an zu stinken. In der zweiten Woche mußte der Arzt den Verband wegschneiden, die Entzündung säubern und mir einen neuen Gips anlegen. Ich erwähne das alles, weil damit auch die Zeit endete, in der ich mich meinem Vater nahe fühlte. Als er mich besuchen kam – meine Mutter hatte für diese Zeit das Haus verlassen –, mußte er die Nachricht lesen, die sie ihm hinterlassen hatte. »Du hast ihm das Bein gebrochen, jetzt bringe ihm gefälligst bei, wie er sich bewegen kann.«
Ungeduldig, wie er war, gelang es ihm schließlich, mich zum Gehen an Krücken zu bewegen, und das Bein heilte, wenn auch ein bißchen krumm. Aber es dauerte ihm alles viel zu lange, und die Zuneigung wich wieder der gewohnten väterlichen Enttäuschung. Außerdem mußte er sich auch noch um andere kümmern. Er war mit einer großen, walkürenartigen Frau glücklich verheiratet, die genau zu ihm paßte. Sie hatte ihm Zwillinge geschenkt, und deren Spitznamen – das ist kein Scherz – lauteten Rough und Tough – Rauh und Hart. Rough Hubbard und Tough

Hubbard. Eigentlich hießen sie Roque Baird Hubbard und Toby Bolland Hubbard; denn meines Vaters zweite Frau war eine geborene Mary Bolland Baird, aber rauh und hart versprachen sie zu werden, und mein Vater vergötterte sie.
Gelegentlich besuchte ich die neue Frau. Sie waren schon seit vier Jahren verheiratet, aber noch immer war Mary für mich die »neue Frau«. Sie wohnten nur ein paar Blocks von uns entfernt, und wenn man bei strahlendem Winterwetter die Fifth Avenue hinaufgeht, lernt man die Eleganz von Grau kennen, lilagrau die Häuser, feldgrau die Wiesen und maulwurfsgrau die Bäume im Central Park.
Seit ich auf Krücken ging, wagte ich mich nicht mehr aus unserem Apartmenthaus. Nach einigen Wochen, gegen Ende meiner Rekonvaleszenz, hatte ich dann einmal einen guten Tag, und mein Bein schmerzte nicht mehr beim Gehen. Am Nachmittag war ich ruhelos und suchte nach einem Abenteuer. Ich fuhr nicht nur in die Lobby hinunter und plauderte mit dem Portier, sondern brach sogar auf, den Block zu umrunden. Dann kam ich auf die Idee, meine Stiefmutter zu besuchen. Sie war nicht nur groß, sondern auch herzlich, und manchmal wiegte ich mich in dem Glauben, daß sie mich mochte; sie würde meinem Vater gewiß erzählen, daß ich sie besucht hatte, und er würde sich freuen, daß ich mit den Krücken so gut gehen konnte. Also beschloß ich, mich an diese fünf Blocks von der 73. bis zur 78. Straße zu wagen, und nach einem kleinen Schwächeanfall, als ich die Krücken zum erstenmal vom Bordstein herunter dreißig Zentimeter tiefer auf die Fahrbahn setzen wollte, ging es recht gut voran. Als ich das Mietshaus erreichte, plauderte ich angeregt mit dem Fahrstuhlführer und war stolz auf meinen Mut.
Ein neues Dienstmädchen öffnete. Sie war aus Skandinavien und sprach kaum Englisch, aber ich begriff, daß das Kindermädchen mit den Zwillingen fort war und daß »Madame« in ihrem Zimmer weilte. Nach einigem Hin und Her ließ mich das Mädchen ein, und ich saß auf einer Couch und langweilte mich in der matten Nachmittagssonne, die die blassen Farben der Seide im Wohnzimmer aufschimmern ließ.
Ich hatte nicht erwartet, daß mein Vater zu Haus sein könnte. Später, viel später erfuhr ich, daß er damals seinen Anteil an der Maklerfirma Merill Lynch verkauft hatte, um sich freiwillig zur

Royal Canadian Air Force zu melden. Um das zu feiern, war er an diesem Nachmittag zu Haus. Ich aber dachte, Mary Bolland Hubbard sei allein und lese und langweile sich vielleicht genauso wie ich. Also stakste ich durchs Wohnzimmer und den Korridor hinunter zu ihrem Schlafzimmer, verursachte kaum ein Geräusch auf dem dicken Teppich, und da ich nicht wieder nach Hause wollte, ohne mit jemandem gesprochen zu haben, drehte ich, ohne lange zu überlegen, den Türknopf herum und machte, um mein Gleichgewicht nicht zu verlieren, auf meinen Krücken zwei große Schritte vorwärts. Vor mir auf dem Boden sah ich den nackten Rücken meines Vaters, dann den ihren. Sie waren beide ziemlich groß und wälzten sich in merkwürdigen Verrenkungen auf dem Boden herum, die Lippen aufeinandergepreßt. Ich weiß nicht mehr, was ich in jenem Augenblick dachte, doch irgendwie hatte ich wohl eine Vorstellung von dem, was sie da taten. Aufdringliche Laute stießen sie aus, Stöhnen voller Begeisterung, dann der unvergeßliche Schrei irgendwo zwischen dem Jauchzen und Wimmern.

Ich war wie gelähmt, während ich das alles in mich aufnahm; dann versuchte ich zu flüchten. Sie waren so sehr ineinander vertieft, daß sie mich nicht einmal sahen, nicht im ersten Augenblick, nicht im zweiten und nicht einmal im dritten. Sie sahen mich erst, als ich wieder im Türrahmen war, und dort stand ich nun wie festgenagelt. Sie starrten mich an, und ich starrte sie an und begriff, daß sie nicht wußten, wie lange ich sie schon beobachtet hatte.

»Raus mit dir, du Idiot!« brüllte mein Vater, und das Schlimmste war, daß ich so schnell auf meinen Krücken floh, daß sie dumpf wie Gespenstergepolter über den Teppich klopften. Ich glaube, diese Laute haben sie jahrelang nicht vergessen können. Mary war eine nette Frau, aber sie war viel zu wohlerzogen, als daß sie es hätte ertragen können, von irgend jemandem in so einer Situation gesehen zu werden, schon gar nicht von einem etwas unheimlich daherschleichenden Stiefsohn. So deckten wir den Mantel des Schweigens über diesen Vorfall, und keiner von uns hat ihn je wieder erwähnt; aber keiner von uns hat ihn vergessen. Ich erinnere mich, daß mich in der Zeit, die ich brauchte, um nach Hause zu kommen, ein lähmender, dumpfer Kopfschmerz überfiel. Es war der erste unter zahllosen Migräneanfällen. Dieser Druck hat mich von dem Tag an in unregelmäßigen Abständen immer wieder heimgesucht. Gerade jetzt, hier beim Lunch, konnte ich an den Rändern meiner Schläfen fühlen, daß er wieder zuschlagen wollte. Diese Kopfschmerzen waren sicher nicht der Auslöser für die ausufernden Phantasievorstellungen meiner Kindheit, aber sie zwangen mich dazu, nach der Schule viele Nachmittage allein in meinem Zimmer zuzubringen. In diesen Stunden begann ich mir eine unterirdische Stadt auszudenken, die ich in vielen Zeichnungen festhielt. Es war, wenn ich mich jetzt daran erinnere, ein schmutziger, verkommener, verwahrloster Ort. In eine Reihe unterirdischer Höhlen zeichnete ich Klubhäuser und Spielzimmer ein, die alle durch geheime Gänge miteinander verbunden waren. Es gab dort auch ein Automatenrestaurant, eine Turnhalle und ein Hallenbad. Ich kicherte, wenn ich mir vorstellte, wieviel Urin in den Schwimmbecken sein mußte, und richtete Folterkammern ein, deren Wächter asiatische Gesichter hatten; denn die Schlitzaugen gelangen mir sehr gut. Es war ein Labyrinth von scheußlichen und kloakenhaften Gängen, aber es brachte meiner jungen Seele Frieden. Tatsächlich gab es dort sogar ein Krankenhaus und einen Saal, in dem Dracula, Frankenstein und Dr. Hardy tätig waren.

»Was machen deine Kopfschmerzen?« fragte mich mein Vater an der Bar des Twenty-One.

»Nicht schlimmer«, sagte ich.

»Aber sie werden nicht besser?«

»Werden sie nicht, schätze ich.«

»Ich würde gern reingreifen und rausholen, was dir Kummer macht«, sagte er. Es klang jedoch nicht wie eine mitfühlende Bemerkung, eher wie der Therapievorschlag eines Chirurgen.

Ich brachte das Gespräch auf Rough und Tough. Sie waren jetzt Knickerbocker Grays und machten sich gut, erzählte er mir. Ich war groß für mein Alter, fast so groß wie mein Vater, aber bei ihnen deuteten alle Anzeichen darauf, daß sie mich überholen würden. Als er sprach, wußte ich, daß er noch etwas anderes auf dem Herzen hatte.

Er neigte dazu, mir gelegentlich spannende Details von seiner Arbeit zu erzählen. Das vertrug sich eigentlich schlecht mit seinen Pflichten. In seinem Beruf war er gehalten, sein Arbeitsleben vor der Familie zu verbergen. Doch er gehörte zu den CIA-Leuten, die ihre Sicherheitsgewohnheiten schon während der Arbeit für den OSS in Europa während des Zweiten Weltkriegs entwickelt hatten.

Niemand war damals übermäßig vorsichtig gewesen. Die Geheimnisse von heute standen morgen als Schlagzeilen in der Zeitung, und es war nicht ungewöhnlich zu erwähnen, was einem bevorstand, wenn man etwa eine Dame zu betören suchte. Am nächsten Tag sprang man schließlich an irgendeinem wildfremden Ort mit dem Fallschirm ab. Wenn die Dame das wußte, nahm sie es vielleicht mit ihrer Treue zu ihrem Ehemann (der auch irgendwo im Krieg war) nicht mehr so genau.
Außerdem wollte er mich informieren. Wenn er auch kein aufmerksamer Vater war, so war er doch wenigstens ein Romantiker und außerdem ein Mann, der gern im Team arbeitete. Er gehörte zur Company, und seine Söhne sollten auch darauf vorbereitet werden. Während das im Fall von Rough und Tough eine Selbstverständlichkeit war, konnte er sich, was mich betraf, nicht darauf verlassen.
»Ich bin heute wahnsinnig wütend«, sagte mein Vater. »Einer unserer Agenten im Irak ist bei einer ganz dummen Sache erschossen worden.«
»War er ein Freund von dir?« fragte ich.
»Weder hier noch dort«, sagte er.
»Tut mir leid.«
»Nein, ich bin nur so verdammt wütend. Dieser Bursche hatte den Auftrag, für uns ein Papier zu besorgen, das wir gar nicht brauchten.«
»Oh.«
»Ich sage dir, es ist zum Kotzen. Du behältst das für dich.«
»Ja, Dad.«
»Einer von diesen Playboys im Außenamt wollte mal zeigen, was er kann. Er schreibt eine Doktorarbeit über den Irak drüben an der Georgetown Uni. Also wollte er ein paar schwer zu beschaffende Einzelheiten über den Irak präsentieren, die niemand sonst hat. Er reicht also einen Antrag bei uns ein. Offiziell. Vom Außenministerium. Ob wir ihm diesen Furz besorgen könnten. Na, wir sind ja solche Greenhorns. Mit dem, was man von unserer Unwissenheit abkratzt, könnte man Gemüse anbauen. Wir versuchen ihm den Gefallen zu tun. Also setzen wir einen erstklassigen syrischen Agenten darauf an – verlieren einen Spitzenmann, weil er das Zeug im falschen Augenblick besorgen mußte.«
»Was geschieht mit dem Kerl im Außenministerium?«

»Nicht viel. Vielleicht können wir die Beförderung dieses Idioten verlangsamen, indem wir mit ein, zwei Leuten beim Außenamt reden, aber es ist entsetzlich, nicht? Unser Mann kommt ums Leben, weil jemand eine Fußnote für seine Doktorarbeit braucht.«
»Ich fand schon vorhin, daß du verärgert wirktest.«
»Nein«, sagte er schnell, »nein, das ist etwas anderes.« Dann erhob er sein Martiniglas, stieg vom Barhocker herunter, hob die Hand, als ob er ein Taxi herbeiwinken wollte, und der Chefkellner eilte herbei und brachte uns zu unserem Tisch, der sich, wie ich schon wußte, in seiner Lieblingsecke an der hinteren Wand befand. Dort setzte mich mein Vater mit dem Rücken zum Saal hin. Am Tisch zu meiner Linken saßen zwei Herren mit weißem Haar und roten Gesichtern, denen man ihre Gicht ansah, und zur rechten eine blonde Dame mit einem kleinen schwarzen Hut und einer langen schwarzen Feder. Ihr schwarzes Kleid war mit Perlen bestickt, und an den Händen trug sie lange weiße Handschuhe. Ihr gegenüber saß ein Mann mit einem breit gestreiften Anzug, und es war bezeichnend für meinen Vater, daß er, während er Platz nahm, den beiden gichtigen Herren zunickte, den Mann im breitgestreiften Anzug aber um ebendieser auffälligen Kleidung willen schnitt, während er die blonde Dame in Schwarz spüren ließ, daß er sie für die schönste blonde Dame in Schwarz hielt. Bei solchen Anlässen pflegten seine Augen zu leuchten, wie ich es bei keinem anderen Menschen je beobachten konnte.
»Rick, ich habe dich ja so höllisch lange nicht mehr gesehen, nicht wahr?« sagte er und entfaltete seine Serviette. »Es gibt natürlich einen Grund dafür.« Er war der einzige, der mich Rick, von Herrick, statt Harry nannte. »Ich bin unverschämt viel herumgereist.« Das war ebenso zu der blonden Dame wie zu mir gesprochen. »Sie wissen noch nicht, ob ich eine Schlüsselposition in Europa oder im Fernen Osten bekommen soll.«
Nun begann der Mann im Nadelstreifenanzug zu kontern. Er mußte wohl eine spöttische Bemerkung gemacht haben, denn die Frau lachte leise, und es klang, als ob sie einander sehr gut kannten. Zur Erwiderung beugte sich mein Vater zu mir herüber über den Tisch und flüsterte: »Sie haben OPC die *verdeckten* Operationen gegeben.«

»Was ist verdeckt?« flüsterte ich zurück.

»Das, worum es eigentlich geht. Nicht die Art von Gegenspionage – trinkst du aus meiner Tasse, trinke ich aus deiner. Nein, hier handelt es sich um Krieg. Natürlich ohne Kriegserklärung.« Er hob seine Stimme, so daß die Dame die letzten beiden Sätze hören konnte, und fing dann wieder an zu murmeln, als ob er durch den ständigen Wechsel der Lautstärke ihre Aufmerksamkeit erregen könnte.

»Unsere Charta verlangt eine wirtschaftliche Kriegführung«, sagte er in einem sehr vernehmlichen Flüsterton. »Plus Widerstandsgruppen im Untergrund.« Laut: »Du siehst, was wir bei den Wahlen in Italien gemacht haben.«

»Yessir.«

Er mochte dieses Yessir. Ich hatte es für die Ohren der blonden Dame bestimmt.

»Ohne unsere kleine Operation hätten die Kommunisten Italien übernommen«, stellte er jetzt fest.

In der Schule hatte es geheißen, der Marshallplan hätte eine Übernahme Italiens durch die Kommunisten verhindert, also zögerte ich mit der Antwort. Mein Vater, der meine Reaktion sah, fügte hinzu: »Sie schreiben es dem Marshallplan zu, aber sie irren sich. Wir haben in Italien trotz des Geldes gewonnen, das man dafür aus dem Fenster geworfen hat.«

»Haben wir das?«

»Darauf kannst du dich verlassen. Du mußt den italienischen Volkscharakter bedenken. Sie sind eine merkwürdige Sorte. Halb schlau und scharf, halb lethargischer Fleischkloß.«

Aus der Art, wie der Mann im Nadelstreifenanzug aufhorchte, schloß ich, daß er Italiener war. Wenn auch mein Vater das spürte, so ließ er sich jedenfalls nichts anmerken. »Schau, die Römer selbst sind zivilisiert. Die haben Köpfchen, schnell wie ein Stilett. Aber der italienische Bauer ist noch immer so rückständig wie ein Filipino. Also brauchst du gar nicht so stark auf ihr Gewinnstreben zu setzen. Ihre Selbstachtung ist ihnen wichtiger als ein voller Bauch. Sie waren schon immer arm, also macht ihnen Hunger nichts aus, aber die Ehre geht ihnen über alles. Diese Italiener wollten es tatsächlich mit uns aufnehmen. Sie würden uns nämlich lieber ins Gesicht spucken, als mit ihrer falschen Dankbarkeit vor uns zu kriechen. Nicht persönlich gemeint. Aber so sind Italiener

nun mal. Wenn der Kommunismus je in Italien an die Macht kommt, dann werden die Spaghettifresser die Sowjets genauso zum Wahnsinn treiben wie heute uns.«
Ich spürte den Zorn des Italieners neben mir. »Dad, wenn du so denkst«, platzte ich heraus, bemüht, den Frieden zu retten, »warum läßt du die Italiener dann nicht ihren Weg selbst wählen. Sie sind ein altes und zivilisiertes Volk.«
Mein Vater dachte einen Augenblick nach. Allen Dulles mag gesagt haben, daß die glücklichste Woche in Cal Hubbards Leben jene war, in der er reihenweise Sekretärinnen verführte, aber ich glaube, keine Periode in seinem Leben galt ihm mehr als das Jahr, das er bei den Partisanen in Italien verbracht hatte. Wenn sich Italien 1948 für den Kommunismus entschieden hätte, wäre mein Vater wahrscheinlich sofort hinübergegangen und hätte einen antikommunistischen Untergrund geschaffen. In gewissen Windungen seines Gehirns, die so verborgen waren, daß er sie nie bewußt würde erreichen können, hätte er selbst eine Machtergreifung der Kommunisten in Amerika begrüßt. Was für einen großartigen amerikanischen Untergrund hätte er dann aufbauen können! Der Gedanke an eine Schar tollkühner Amerikaner, die überall im Land einen Untergrundkrieg gegen ein tyrannisches Regime führten, wäre ein Lebenselixier für ihn gewesen.
»Natürlich können wir es uns nicht leisten, die Russen reinzulassen«, sagte er mit einem heißen Blick zum Nebentisch. »Wer weiß? Diese Meerschweine könnten mit den Russen zurechtkommen.«
In diesem Augenblick wurden wir unterbrochen. Der Mann neben uns rief plötzlich nach der Rechnung, und mein Vater beendete sofort unsere Unterhaltung, um die blonde Dame zu bewundern.
»Hat man uns nicht diesen Herbst einander in Forest Hills vorgestellt?« fragte er sie.
»Nä, glaube ich nicht«, nuschelte sie gedehnt.
»Bitte sagen Sie mir Ihren Namen«, sagte mein Vater. »Und ich bin sicher, daß ich mich dann erinnere, wo es war.«
»Nehmen Sie an, daß es nirgendwo war«, sagte der Mann im Nadelstreifenanzug.
»Wollen Sie mir Anweisungen geben?« brauste mein Vater auf.
Der Mann war plötzlich aufgestanden und legte nun Geld auf den Tisch, um seine Rechnung zu begleichen. Er ließ jeden Schein einzeln fallen, wie ein Spieler seine Karten hinblättert, und meinte

beiläufig: »Ich habe von Leuten gehört, die sich blutige Nasen holen, weil sie ihre Nase in Dinge stecken, die sie nichts angehen.«
Die Augen meines Vaters funkelten streitlustig. Er stand ebenfalls auf. Sie sahen einander beide sehr lange an. »Kerlchen«, sagte mein Vater mit einer fröhlichen, heiseren Stimme. »Werd bloß nicht frech.«
Diese fröhliche Selbstsicherheit ließ ihn gewinnen. Der Nadelstreifen wollte noch etwas erwidern, aber dann ließ er es lieber sein. Er faltete seine Serviette so langsam, als ob er seine Zelte abbrechen wollte, suchte sichtlich nach einer Möglichkeit, dem Kontrahenten doch noch irgendwie einen Hieb zu versetzen, doch es fiel ihm nichts ein, so reichte er der blonden Dame den Arm, und sie gingen. Mein Vater grinste. Wenn er schon die Frau nicht haben konnte, hatte er wenigstens ein bißchen Luft abgelassen.
Nun fing mein Vater an, eine Menge zu erzählen. Jeder Sieg über einen Fremden beflügelte ihn wie ein Triumph über eine rivalisierende Horde. Der Nadelstreifen gehörte für ihn zu denen da draußen, den Russen. »Es gibt sechs Millionen Soldaten in der Roten Armee«, dozierte er, »und nur eine Million von unseren. Da sind unsere Alliierten mitgezählt. Die Russen könnten ganz Europa in zwei Monaten einnehmen. Das gilt schon für die letzten drei Jahre.«
»Warum haben sie es dann nicht getan?« fragte ich. »Dad, zwanzig Millionen Russen wurden im Krieg getötet. Und sie haben die Hälfte ihrer Häuser westlich des Ural verloren. Warum sollten sie jetzt wieder einen Krieg anfangen wollen?«
Er trank sein Glas aus. »Verdammt, weil ich das weiß.« Als der Kellner herbeisprang, um nachzuschenken, beugte er sich vor: »Ich will dir sagen, warum. Der Kommunismus ist wie ein Ausschlag. Was heißt es, wenn man einen Ausschlag hat? Dein Körper ist nicht in Ordnung. Kleinigkeiten werden zu riesigen Problemen. Genauso ist der Kommunismus. Vor einem Jahrhundert hatte in Rußland jeder seinen Platz, an den er gehörte. Warst du ein armer Mann, dann beurteilte dich Gott so – als armen Mann. Er hatte Mitleid. Ein reicher Mann mußte strengeren Maßstäben genügen. Darum herrschte Frieden zwischen den Klassen. Aber dann kam der Materialismus über uns, und der Materialismus sagt, daß die Welt nichts anderes als eine Maschine sei. Wenn das wahr ist, dann hat jedermann das Recht, an dieser Maschine seinen Teil

herumzubasteln, um zu verbessern. Das ist die Logik des Atheismus. Das also hat man allen Leuten eingehämmert. Nichts schmeckt mehr so richtig wie früher. Jeder kämpft mit Zähnen und Klauen um das Paradies auf Erden, und Gott gibt es nicht mehr. Du kannst dich nicht mehr über dein Land freuen, also fängst du an, das Land des Nächsten zu begehren.«

Er nahm einen langen, nachdenklichen Zug aus seinem Glas. Von vielen hat man gesagt und geschrieben, daß sie lange, nachdenkliche Züge aus ihren Gläsern nehmen, aber mein Vater erfüllte dieses Klischee mit Leben: Er trank wie ein Ire. Er nahm als selbstverständlich an, daß er richtige und wahre Geister mit dem Feuer des Alkohols in sich aufnahm: »Rick, sei dir über eine Sache klar. Da kocht ein großer Krieg. Diese Kommunisten sind unersättlich. Wir haben sie während des Krieges als Freunde behandelt, und das legen sie uns noch immer als Schwäche aus. Wenn du älter bist, könntest du das Pech haben, eine Affäre mit einer häßlichen Frau anzufangen, der vielleicht das gefällt, was du noch zu bieten hast, die aber noch nie bei Tageslicht etwas mit einem Mann gehabt hat, weil sie zu häßlich ist. Junge, da handelst du dir Schwierigkeiten ein. Es dauert nicht lange, und sie ist unersättlich. Du hast ihren Geschmack am Verbotenen geweckt. So sind die Russen. Sie haben einen Stützpunkt in Osteuropa. Jetzt wollen sie alles haben.«

Er hielt sich nicht lange bei diesem Bild auf. »Nein«, sagte er. »Es ist kein gutes Beispiel. Es ist in Wirklichkeit noch viel schlimmer. Wir befinden uns in einem Endkampf mit den Russen, und das heißt, daß wir uns aller Mittel bedienen müssen. Wenn die anderen mit gezinkten Karten spielen, darfst auch du die Asse aus dem Ärmel holen.«

In diesem Augenblick wurde mein Vater von den beiden weißhaarigen Herren unterbrochen, die rechts von ihm saßen. Sie standen gerade auf, um zu gehen, und der eine sagte: »Ich konnte gar nicht anders, als mit anzuhören, was Sie da Ihrem Sohn erklärt haben, und ich möchte Ihnen sagen, daß ich vollständig mit Ihnen übereinstimme. Diese Russen wollen unsere Muscheln knacken und sich das ganze gute Fleisch herausholen. Lassen Sie uns das verhindern.«

»Nein, Sir«, nickte mein Vater und erhob sich ebenfalls. »Die kriegen keinen Bissen.« Ehre, Abenteuerlust und ein gehobenes

Einkommen kennzeichneten die Atmosphäre dieses Restaurants und sorgten dafür, daß wir uns alle als gute Amerikaner fühlten.
Als wir uns wieder setzten, fuhr mein Vater fort: »Behalte das, was ich dir jetzt sage, bitte für dich. Ich werde dir ein wichtiges Geheimnis anvertrauen. Hitler pflegte zu sagen: ›Der Bolschewismus ist Gift.‹ Dieser Gedanke ist nicht von der Hand zu weisen, bloß weil er von Adolf stammt. Hitler war ein furchtbarer Verbrecher, aber sein schlimmstes Verbrechen ist, daß er für uns alle den Angriff auf den Bolschewismus verpatzt hat. Grundsätzlich ist der Gedanke nämlich richtig. Der Bolschewismus ist Gift. Wir sind heute sogar an dem Punkt angelangt« – und hier wurde die Stimme meines Vaters zu einem ganz leisen Flüstern –, »wo wir ein paar von diesen alten Nazis einsetzen müssen, um die Roten zu bekämpfen.«
»O nein«, sagte ich.
»Leider ja«, sagte er. »Es bleibt uns wohl auch nichts anderes übrig. Der Arm des OSO reicht nicht weit genug. Wir müßten Agenten überall in den Ländern hinter dem Eisernen Vorhang haben und können nicht mal Vogelfutter säen. Jedesmal, wenn wir ein Netz aufgebaut hatten, mußten wir feststellen, daß die Russen es kontrollierten. Der große russische Bär kann seine Armeen überall hinter dem Eisernen Vorhang bewegen, und wir haben kein wirksames Warnsystem. Wenn die Russen vor zwei Jahren durch Europa hätten marschieren wollen, hätten sie das ziemlich ungehindert tun können. Wir wären morgens aus dem Bett geklettert und hätten ihre Panzer schon durch die Straßen rasseln hören. Kein zuverlässiger Geheimdienst. Das ist beängstigend. Würdest du gern mit einer Binde über den Augen leben?«
»Das wäre nicht gut, glaube ich.«
»Es lief darauf hinaus: Wir mußten einen Nazigeneral benutzen. Ich nenne ihn General Mikrofilm. Ich kann seinen Namen nicht verraten. Er war der Geheimdienstchef der Deutschen an der russischen Front. Er suchte sich unter den Gefangenen, die die Deutschen gemacht hatten, die vielversprechendsten Russen aus, und es gelang ihm, sie zurück hinter die russischen Linien zu schleusen. Eine Weile zersetzten sie die Rote Armee, brachten ein paar von ihren Jungs sogar bis in den Kreml. Kurz vor Kriegsende vergrub dieser General, bevor er seine Akten ver-

nichtete, fünfzig Stahlkisten irgendwo in Bayern. Es waren die Mikrofilmkopien seiner Akten. Ein umfangreiches Werk. Wir brauchen es. Jetzt verhandelt er mit uns. Er hat neue Agentennetze überall in Ostdeutschland aufgebaut, und diese ostdeutschen Kommunisten erzählen seinen Agenten fast alles darüber, was die Russen als nächstes in Osteuropa vorhaben. Dieser General mag ein Ex-Nazi sein, aber ob dir das nun gefällt oder nicht, er ist von unschätzbarem Wert für uns. Darum geht es also in meinem Job. Man arbeitet mit den Zweitschlimmsten zusammen, um die Schlimmsten zu besiegen. Könntest du das auch tun?«
»Vielleicht.«
»Du wärest womöglich zu liberal, Herrick. Die Liberalen weigern sich, das ganze Tier zu sehen. Gib uns nur die appetitlichen Teile, sagen sie. Ich glaube, Gott braucht ein paar Soldaten.«
»Also, ich glaube, ich könnte ein guter Soldat werden.«
»Das hoffe ich. Als du dir das Bein gebrochen hattest, warst du ein guter Soldat.«
»Findest du?« Dieser Augenblick allein genügte schon, den Lunch zu einem großartigen Erlebnis für mich zu machen. Also wollte ich, daß er es noch einmal sagte.
»Gar keine Frage. Ein großartiger Soldat.« Er machte eine Pause, spielte mit seinem Glas. »Rick«, verkündete er, »du mußt dich mal wieder auf was gefaßt machen.«
Es war, als ob man zu einer Landung ansetzt. Meine Gedanken kamen denen meines Vaters immer näher.
»Ist es was Medizinisches?« fragte ich. Dann beantwortete ich mir die Frage selbst: »Es ist die Untersuchung, die sie mit mir angestellt haben.«
Er nickte. »Laß mich dir erst die positive Nachricht sagen: Es läßt sich operieren. Es ist mit achtzigprozentiger Wahrscheinlichkeit gutartig. Wenn sie's also herausnehmen, haben sie alles.«
»Ein gutartiger Tumor?«
»Ich sage, sie sind sich dessen zu achtzig Prozent sicher. Das ist vorsichtig geschätzt. *Ich* glaube, es ist zu fünfundneunzig Prozent sicher.«
»Wieso glaubst du?«
»Du hast vielleicht schlimme Kopfschmerzen, aber die Kräfte, die da wirken, sind nicht stark genug, dich zu vernichten. Das hätte keinen Sinn.«

»Vielleicht hat nichts einen Sinn.«
»Alles hat seinen Sinn! Und glaub mir: Es wäre mir lieber, wenn du hier und in dieser Stunde, mitten in meinem Lieblingsrestaurant, tot umfielest, als daß du in diese Art studentischen Nihilismus hinabsteigst. Nein, sieh es einmal von dieser Warte: Nehmen wir mal an, der Teufel hat einen Fehler gemacht und, was dich angeht, all seine Eier in einen Korb gelegt« – wieder flüsterte mein Vater, als könnte allein das laute Aussprechen des Wortes »Satan« den Leibhaftigen herbeibeschwören – »und wir entfernen sie sofort und total. Schneiden den Teufel heraus. Rick, deine Kopfschmerzen werden weg sein.«
»Das wäre gut«, sagte ich. Mir war zum Weinen zumute. Nicht wegen der Operation. Ich hatte nicht geahnt, daß eine Operation so nahe bevorstand, aber der Gedanke an eine solche Möglichkeit war mir vertraut. Man untersuchte mich seit drei Monaten. Nein, mir war zum Weinen zumute, weil ich wußte, weshalb mich mein Vater zum Lunch eingeladen und mir seine Berufsgeheimnisse anvertraut hatte.
»Ich habe deine Mutter überzeugt«, sagte er. »Sie ist eine sehr schwierige Frau – in jeder Beziehung –, aber ich habe ihr klarmachen können, daß einer der besten Neurochirurgen im Land hierfür zur Verfügung steht. Ich kann dir im Vertrauen sagen, daß er auch für *uns* arbeitet. Wir haben ihn überredet, daß er ein paar Untersuchungen für uns übernimmt, die wir über Gehirnwäschetechniken anstellen. Wir müssen aufpassen, daß uns die Russen da nicht überholen.«
»Ich schätze, er wird bei mir noch ein bißchen über Gehirnwäsche dazulernen können.«
Mein Vater schenkte mir ein schiefes Lächeln für diesen Witz. »Er wird dir jede Chance geben, der Mann zu werden, der du werden willst.«
»Ja«, sagte ich. Ich hatte ein fürchterliches Gefühl dabei, das ich nicht erklären konnte. Ich zweifelte nicht daran, daß der Tumor der schlimmste Teil von mir war. Alles Faule und Morbide mußte dort konzentriert sein. Ich hatte allerdings immer gedacht, daß es früher oder später von selbst verschwinden würde.
»Was ist, wenn wir es nicht operieren lassen? Ich kann mit meinen Kopfschmerzen leben«, fragte ich.
»Es ist möglich, daß es bösartig ist.«

»Du meinst, wenn sie meinen Kopf aufmachen, könnten sie Krebs entdecken?«

»Die Möglichkeit besteht, die Chancen stehen eins zu vier.«

»Du sprachst von fünfundneunzig Prozent. Ist das nicht eins zu zwanzig?«

»Ja, gut. Eins zu zwanzig.«

»Dad, das ist zwanzig zu eins zu unseren Gunsten. Neunzehn zu eins, genaugenommen.«

»Ich sehe das noch etwas anders. Wenn du während deiner Entwicklungsjahre durch Kopfschmerzen behindert bist, wirst du am Ende nur ein halber Mann sein.« Ich konnte den Rest hören, auch ohne daß er es aussprach: »Reiß dich zusammen«, wollte er sagen.

»Was meinen die Ärzte?« fragte ich schließlich und hatte das Spiel auch schon aufgegeben, indem ich diese Frage stellte.

»Sie sagen, du mußt operiert werden.«

Jahre später sagte mir ein Chirurg, die Operation wäre nicht obligatorisch, sondern sei fakultativ gewesen. Mein Vater hatte gelogen. Seine Logik war einfach. Er würde nicht mich oder irgendein anderes Familienmitglied manipulieren, das anderer Ansicht war als er selbst; wenn man allerdings einen Dritten zu Rate zog, dann bekam die Debatte wieder Hand und Fuß. Da ich ja gefragt hatte, was die Ärzte sagten, war mein Vater bereit, seine persönliche Meinung als letzte, höchste Autorität vorzuschieben. Jetzt zog er die Brieftasche, um die Rechnung zu bezahlen.

»Wenn das vorbei ist«, sagte er dabei, »werde ich dich einem lieben Freund vorstellen, den ich gebeten habe, dein Pate zu werden. Es ist nicht üblich, daß man im Alter von fünfzehn Jahren einen funkelnagelneuen Paten bekommt, aber der, den wir dir bei deiner Geburt gegeben haben, war ein Freund deiner Mutter und ist verschwunden. Der Mann, den ich dir bringe, ist ganz große Klasse. Er wird dir gefallen. Er heißt Hugh Montague, und er ist einer von uns. Hugh Tremont Montague. Er hat großartige Arbeit für den OSS geleistet, als er Verbindungsoffizier bei den Briten war. Während des Kriegs hat er mit J. C. Masterman gearbeitet – ich darf dir den Namen nennen. Ein Oxford-Professor. Einer von ihren Abwehrspezialisten. Hugh wird dich mit alledem bekannt machen. Die Engländer sind Asse in dieser Art von Arbeit. 1940 haben sie ein paar der ersten Agenten gefangen, die die Deutschen

nach England herübergeschickt hatten, und es gelang ihnen, sie umzudrehen. So wurden denn auch die meisten der deutschen Spione, die ihnen folgten, gleich bei ihrer Ankunft geschnappt. Für den Rest des Krieges haben sie dann die deutsche Abwehr mit den raffiniertesten Falschmeldungen ihrer eigenen Agenten in England gefüttert. Ach, wie haben sich doch die Engländer in ihre deutschen Agenten verliebt. Die waren ihnen genauso treu wie Schoßhunde. Ja, das waren sie.« Hier fing mein Vater an herzhaft zu lachen. »Du mußt dir«, sagte er, »unbedingt von Hugh erzählen lassen, was für Codenamen die Engländer ihren kleinen Deutschen gegeben haben. Gerade die richtigen Namen für Klassehunde: Sellerie, Schnee, Garbo, Karotte, Spinnwebe, Meeräsche, Lippenstift, Neptun, Pfefferminz, Schmutzfink, Wanderer, Marionette, Korb, Keks, Brutus. Ist das nicht typisch englisch?«
Jahrelang sah ich mich beim Einschlafen von Männern und Frauen umgeben, die Namensschilder aus Messing in den Händen hielten, auf denen in großen Buchstaben diese Namen standen.

2

Als Jugendlicher brauchte ich nur »Gott« zu sagen und dachte sofort an meine Lenden. Gott war Lust für mich. Gott war wie das Bild des Teufels, das man uns in St. Matthew's zeigte. In der Kapelle fand täglich ein Gottesdienst zu Ehren Christi statt, aber vielleicht einmal pro Woche hörten wir von den Versuchungen durch ein etwas legendäres Gespenst namens Satan. In der Kapelle waren Gott und der Satan hübsch voneinander getrennt, aber ich brachte sie immer wieder durcheinander. Ich hatte dafür meine Gründe; denn ich wurde während meines ersten Schuljahrs von einem Hilfskaplan von St. Matthew's, der meinen vierzehn Jahre alten Phallus mit seinen festen Lippen schnappte, in die Fleischeslust eingeführt.
Wir waren auf einer Klassenfahrt in Washington, D. C. Vielleicht ist das ein weiterer Grund, warum ich unsere Hauptstadt, diesen ausgedehnten, asphaltierten Sumpf, nicht mag. Langeweile und

schlechte Erinnerungen sind die Quelle mancher Bedrückung. In dieser Nacht teilte ich ein Doppelbett mit dem Hilfskaplan in einem billigen Hotel unweit der H-Street in Nordwest-Washington und konnte nicht schlafen und war voll unangenehmer Vorahnungen, als der Kaplan nach lautem Schnarchen erwachte, mehrmals den Namen seiner Frau, »Bettina, Bettina«, murmelte, daraufhin meine Hüften umklammerte und meine verwirrten jungen Geschlechtsteile ihres allerersten Taues beraubte. Ich erinnere mich, daß ich dalag und an die sechzehn anderen aus meiner Klasse dachte, die auch auf dieser Fahrt und in dem Hotel waren. Ich sah sie vor mir zu zweit oder zu viert in den anderen sechs Zimmern, in denen man sie untergebracht hatte. Auf dieser jährlichen Klassenfahrt nach Washington war der Hilfskaplan unser Begleiter, und da man mich in meinem ersten Jahr für einen Einzelgänger hielt, hatte mich der Hilfskaplan, ein mitfühlender Bursche, in seinem Zimmer aufgenommen.

Wer wußte, was in den anderen Kammern vor sich ging? In St. Matthew's nannten sie es »kidding around«, Kindereien. Da meine Erinnerung von den Bildern der beiden Rücken meines Vaters und meiner Stiefmutter geprägt war, hielt ich mich von solchen Gruppenspielen fern. Jedermann wußte jedoch, daß im Schlafsaal allerhand vor sich ging. Jungen standen nebeneinander und streichelten sich, bis sie eine Erektion bekamen, um zu sehen, welche länger war – ein unschuldiges Alter. Weiter, breiter zu sein, war nicht mal ein Begriff für uns, weil es ein Eindringen bedeutet hätte. Dieser Vorstellung am nächsten kam ein Junge, eine süße, dicke, kleine Kreatur mit Namen Arnold; wir nannten ihn Arnold von St. Matthew's. Obwohl wir erst vierzehn waren, galt literarischer Witz schon etwas unter uns, und Arnold von St. Matthew's – ja nicht zu verwechseln mit Reed Arnold Rosen – pflegte die Hosen fallen zu lassen und sich mit nacktem, exponiertem Hintern auf ein Bett zu legen. Sechs oder acht von uns sahen zu, während zwei oder drei der athletischer gebauten Jungen, die sich um ihn herumdrückten, abwechselnd ihre noch unbedarften Instrumente auf den Schlitz zwischen Arnolds Backen klatschten. »Uh, du bist widerlich«, sagten sie dann, und er winselte: »Aach, seid doch ruhig. Ihr macht es ja auch.«

Es war niemals homosexuell. Es waren einfach Kindereien. Es kam nicht selten vor, daß der junge Bursche von dem Körper heruntersprang, sobald er fertig war, sich abwischte und sagte: »Warum bist du kein Mädchen? Du siehst genau wie ein Mädchen aus.« Das stimmte: Arnolds Hinterbacken waren so rund wie der Mond – und Arnold, der seine männliche Würde zu verteidigen hatte, antwortete: »Aach, sei doch ruhig.« Er war kleiner als die Jungen, die es mit ihm trieben, doch deshalb verprügelten sie ihn selten, wenn er frech wurde.

Ich sah ihnen immer nur zu, wie ich bereits erwähnte. Ich war nicht bereit zu einem solchen phallischen Wettstreit. Er elektrisierte mich zwar, aber schon mit vierzehn hatte ich etwas von der Hubbardschen Reserviertheit. Ich verriet meine Gefühle nicht.

Meine eigene Beziehung zu diesen Sportveranstaltungen wurde mir jedoch durch jenen süßlich-herben Schauder enthüllt, den die gemeinen, schlabberigen Lippen des Kaplans mir entlockten. Als es vorbei war, verschluckte er die Nahrung, die sich seinem verdorrenden Mund geboten hatte, und fing jämmerlich an zu schluchzen. Er war kein schmächtiger Mann, und seine Kraft konzentrierte sich wie bei meinem Vater im Oberkörper, so daß sein Schluchzen sehr heftig ausfiel.

Ich spürte eine Erleichterung in meinen Gliedern, wie ich sie noch nie zuvor erfahren hatte, und trotzdem kochte es in meinem Herzen, meiner Leber, meinem Kopf und meinen Lungen. Das war ja noch schlimmer als der verbotene Blick, den ich auf Mary Bolland Baird und meinen Vater beim Umherwälzen geworfen hatte. Ich selbst war der willige Lehrling eines Ungeheuers.

Nachdem er sich ausgeschluchzt hatte, fing der Mann an zu jammern. Ich wußte, daß er sich um Frau und Kinder sorgte. »Keine Angst«, sagte ich. »Ich werde es niemandem erzählen.« Er umarmte mich, drückte mich fest an sich. Vorsichtig machte ich mich von ihm los – nicht aus edlen Beweggründen oder aus Großzügigkeit, sondern eher aus Angst, er könnte wütend und brutal werden. Ich glaube, insgeheim ahnte ich, daß er mich auch noch anders begehrte, ein Durst, von dem ich ihn befreien wollte, da mich selbst nicht danach dürstete.

Wie muß der arme Mann geschwankt haben zwischen seiner Lust auf einen guten Gegendienst an seinem prallen Ende und der Angst bei dem Gedanken, daß er beruflich am Abgrund entlangschlitterte. Als ich still blieb und mich überhaupt nicht mehr bewegte, hörte er endlich auf zu jammern und lag still. Ich stellte

mir dann vor, wie er im weißen, seidenen Chorhemd über der weißleinenen Soutane in der Schulkapelle das Hochamt zelebrierte, und seine rituellen Gesten waren wie ein Fetisch, den ich gegen ihn verwenden konnte. Vielleicht war es echte Magie. Nach einem längeren Schweigen, das genauso lastend war wie die Dunkelheit in unserem Hotelzimmer, seufzte ich, glitt aus dem Bett und verbrachte den Rest der Nacht auf dem Fußboden.
Das waren meine ganzen homosexuellen Erfahrungen, aber die Wirkung auf meine Psyche war erheblich. Ich hielt mich fern vom Sex, als ob es eine Krankheit wäre. Ich träumte von Sümpfen, dann wieder war ich Arnold, und der Kaplan ergoß Ströme stinkenden Eiters über mich. Ich wachte auf und fühlte mich angesteckt. Meine Bettücher waren feucht, die Eiterflecken, so dachte ich, kamen von meiner Infektion. Meine Kopfschmerzen wurden schlimmer. Wenn die Jungen anfingen, Kindereien zu treiben, verzog ich mich in die Bibliothek. Ich glaube, ich akzeptierte schließlich den Wunsch meines Vaters, mich am Kopf operieren zu lassen, weil ich die fixe Idee nicht überwinden konnte, daß etwas Scheußliches in meinem Gehirn säße, das herausgeschnitten werden müsse.
Es ist denkbar, daß sich dadurch etwas geändert hat. Als ich nach dem Sommer meiner Rekonvaleszenz im Herbst wieder die Schule besuchte, kam mir St. Matthew's wie ein ganz vernünftiger Ort vor. Unsere Fußballteams – wir spielten europäischen Fußball –, unsere American-Football-Kämpfe der verschiedenen Altersklassen, unser Griechisch und Latein, der tägliche Gottesdienst in der Kapelle und das Beten vor den Mahlzeiten, unsere eiskalten Duschen vom Oktober bis zum Mai (lauwarm vom Juni bis September), unsere Hemden mit den herabgeknöpften Kragenecken und Schulkrawatten bei allen Anlässen außer beim Sport (sonntags weißes Hemd mit gestärktem Kragen) – all das war nun zu einem angenehmen Teil der Tagesordnung geworden. Meine Legasthenie schien nach der Operation zu verschwinden. (Über meinen Fall wurde später in neurologischen Fachzeitschriften berichtet.) Ich fühlte mich nun fast so wie die anderen, den alltäglichen Aufgaben besser gewachsen. Ich hatte die Durchschnittsnote »gut plus«.
Hätte man mich mir selbst überlassen, hätte ich vielleicht wie die meisten meiner Klassenkameraden geendet. Von Yale, wohin damals eine Menge von uns Mattie-Leuten gingen, wäre ich wohl

zur Wallstreet gekommen oder in eine Anwaltskanzlei. Wahrscheinlich wäre ich ein ganz akzeptabler, sogar guter Fachmann für Vermögensrecht geworden, meine Erfahrung mit dem Kaplan hätte mir als Warnung vor den Gefahren gedient, die sich selbst in den alleranständigsten Zeitgenossen verbergen, und wie manch anderer nicht sehr bemerkenswerter Oberschüler wäre ich mit den Jahren vielleicht sogar besser geworden.
Hugh Tremont Montague intervenierte. Mein Vater, der seine Versprechen immer hielt, wenn er sie auch manchmal erst ziemlich spät einlöste, verabredete eineinhalb Jahre nach unserem Lunch im Twenty-One schließlich diese Begegnung. Meine Operation hatte stattgefunden und war vorübergegangen, desgleichen meine Rekonvaleszenz. Ich befand mich nun am Anfang des Senior-Jahres und war damit in den Augen meiner jüngeren Vettern und Brüder in den Sommerferien auf Doane schon eine Respektsperson bei unserem ausgelassenen Treiben: 800-Meter-Wettschwimmen rund um die Insel, 400 mit der Strömung und 400 zurück durch den Kanal gegen die Strömung, dann ganztägige Klettertouren, die um acht Uhr früh an den The Precipices genannten Klippen südlich von Bar Harbor begannen, mittags über den Cadillac Mountain zum Jordan Pond, dann den Sargent Mountain hinauf und den ganzen Weg bis nach Somesville hinunterführten. Die Tour war so lang, daß wir erst am Abend gegen acht die Anlegestelle in Manset erreichten. Von dort nahm uns ein Hummerkutter auf die Reise um den Western Way herum, zur Blue Hill Bay hinauf und zurück nach Doane. Eine Kompanie Marinesoldaten hätte eines solchen Zwanzigmeilenmarsches über die Berge wegen gemeutert, aber wir wurden während der nächsten Tage mit Ausflügen im Hummerkutter zu allerlei verstreut in der Bucht liegenden Inseln belohnt, von denen einige so klein waren, daß nicht einmal ihre Namen geläufig waren. Auf der einen gab es ausgedehnte Wiesen, auf der anderen von Guano bedeckte Felsbänke, auf wieder einer anderen Wälder mit unirdischen, von Winden längst vergangener Zeiten verformten Bäumen. Wir genossen frische Hummer, die wir über Treibholzfeuer kochten, und Muscheln, die wir in der Asche brieten – sogar angekohlte Würstchen schmeckten so gut wie mit Pfeil und Bogen erlegtes Wild. Bis heute besuchen uns im Sommer die Gespielen von einst. Aus dieser Hubbardschen

Schule sind keine Spitzensportler hervorgegangen, aber wir führten ein geselliges Familienleben.
Als Hugh Tremont Montague an einem Wochenende mit meinem Vater in einem gecharterten Sportflugzeug aus Boston kam, war es deshalb ein Ereignis von überragender Bedeutung.
Ein bedeutender Mann besuchte uns, von dem wir oft gesprochen hatten. Ich hatte von meinem großartigen Paten zwar erst bei jenem Lunch im Twenty-One gehört, aber sein Name schien danach, jedenfalls in der Schule, in aller Munde zu sein. Eine neue Seite in meinem Lebensbuch war damit aufgeschlagen. Er stellte, wie ich jetzt erkannte, eine der Mythen von St. Matthew's dar. Das ganze erste Schuljahr über müssen die Lehrer von ihm gesprochen haben, aber der Name kam mir nie zu Ohren. Nachdem mein Vater mich jedoch erst einmal auf seine Bedeutung aufmerksam gemacht hatte, stieß ich überall auf Berichte über ihn. Man sprach jetzt von ihm, als sei er der Direktor gewesen. Tatsache ist, daß er Trainer des Fußball-Teams und Begründer des Bergsteigerclubs gewesen ist. 1932 von St. Matthew's, 1936 von Harvard graduiert, lehrte er an unserer Schule, bis er zum OSS ging. Als Dozent für Englisch und Theologie bereicherte er unsere Dogmen und unsere Tradition mit seinen eigenen Interpretationen.
In St. Matthew's hatte ich schon von der ägyptischen Göttin Maat gehört, bevor ich je etwas von Hugh Montague vernahm. Maat hatte den Körper einer Frau und eine große Feder an Stelle von Hals und Kopf. Als ägyptische Göttin der Wahrheit verkörperte sie ein eigenartiges religiöses Prinzip: In der Tiefe unserer Seele wiegt der Unterschied zwischen Wahrheit und Lüge nicht mehr als eine Feder. In St. Matthew's bezog man diesen winzigen Schritt zwischen Gut und Böse auf Christus, den Weltenrichter, und Montague war, so stand fest, der Urheber dieser dogmatischen Auslegung. In St. Matthew's hatte man den Religionsunterricht immer sehr ernstgenommen, aber nach dem, was Montague bei uns bewirkt hatte, hielten wir uns für berufen, einen größeren Beitrag zum Heil der Welt zu leisten als jede andere Schule unserer Art in New Hampshire oder Massachussetts oder, wenn man nur den Anwaltsberuf anstrebte, Connecticut. Wir glaubten uns Gott näher als die anderen, und Montague hatte uns den Weg gewiesen: Christus ist die Liebe, aber die

Liebe lebt nur in der Wahrheit, weil die Fähigkeit eines Menschen, die Gnade zu erkennen, durch eine Lüge beeinträchtigt werden konnte.
Harlot hatte St. Matthew's noch andere Lehren hinterlassen. Gottvater – der schreckliche, gewaltige Jehova – war das Prinzip der Gerechtigkeit. Montague fügte hinzu, daß Jehova auch die Verkörperung des Mutes sei; denn wie die Liebe in der Wahrheit lebe und es kein Mitleid ohne Ehrlichkeit geben könne, so gehörten Gerechtigkeit und Mut zusammen. Für einen Feigling gebe es keine Gerechtigkeit, sondern nur das Fegefeuer seines täglichen Lebens. Ein unglücklicher oder erfolgloser Schüler solle nur nach den Wurzeln seines Mißgeschicks suchen, und dort würde er fraglos auf eine Feigheit oder eine Lüge stoßen. In einem der Pamphlete, die man verschickte, um die Stiftungsgelder für St. Matthew's zu steigern, werden ein paar Zeilen aus einer Ansprache zitiert, die Hugh Montague vor einer Abschlußklasse in der Kapelle gehalten hat. »Sinn und Zweck dieser Schule«, sagte er, »ist nicht Ihre Möglichkeiten zu entwickeln – obwohl sich unter Ihnen in der Tat einige brillante Köpfe befinden –, sondern vielmehr, junge Männer in die amerikanische Gesellschaft zu entlassen, die gelernt haben, ihre Ehre zu bewahren und ihr Ziel nicht aus den Augen zu verlieren. Diese Schule will, daß aus Ihnen gute, unerschrockene junge Männer werden.«
Ich will es Hugh Montague und St. Matthew's zugute halten, daß unsere Theologie doch nicht ganz so einfach war. Es gab nicht nur Gute und Böse, sondern auch jene besondere Versuchung, die besonders die Guten und Unerschrockenen bedroht. Der Teufel, warnte Montague, bediene sich der raffiniertesten Mittel, um auch dem edelsten Soldaten und Gelehrten Fallen zu stellen. Eitelkeit, Selbstgefälligkeit, Lässigkeit und Trägheit seien ein Fluch, da der Weg des Tapferen und Guten steil sei und kein Rasten dulde. Man müsse sich allen Herausforderungen stellen außer denen, die einen unnötig ruinierten. Gott habe uns Klugheit gewährt, damit wir uns ihrer mit dem nötigen Mut bedienten; Liebe, um für die Wahrheit zu wirken.
Der sportliche Wettkampf war so eine Art praktischer Anwendung dieser Prinzipien von Mut, Klugheit, Liebe und Wahrheit. Auf dem Sportplatz mochte man erkennen, in welcher Zusammenstellung sie im Herzen jedes einzelnen zu finden waren. So vorbereitet

würde man es draußen in der Welt sogar mit dem Teufel selbst aufnehmen können. Obwohl das in St. Matthew's nie so deutlich zum Ausdruck kam, wußten wir doch alle, daß der Begriff »Welt« alle Frauen mit Ausnahme von Müttern, Schwestern, Cousinen und anderen unverfänglichen Damen umschrieb.
Da Hugh Montague die Anstalt sechs Jahre vor meiner Zeit verlassen hatte, war ich mit den dialektischen Feinheiten seines Geistes nicht vertraut. Nur seine Lehren hatten jene Lehrer, die nach ihnen lebten, in immer wiederkehrenden Schlagworten an uns weitergegeben. So war in St. Matthew's vieles pure Heuchelei. Keiner von uns genügte unseren hehren Prinzipien. In der Tat war auch der Hilfskaplan, der sich an mir vergangen hatte, ein Schüler von Hugh Tremont Montague. Er war sogar Bergsteiger, wenn auch kein guter, wie ich hörte.
Bergsteigen war schließlich die hohe Schule der Mannhaftigkeit, also der Begegnung von Wahrheit und Mut. Ich sollte das bald herausfinden. An dem Abend im Sommer 1949, als Hugh Montague zum erstenmal zur Keep kam, war er fünfunddreißig, und ich war siebzehn, und so wie ich ihn mir vorgestellt hatte, sah er auch aus: halb wie ein britischer Offizier mit seiner straffen Haltung und dem Schnurrbärtchen und halb wie ein anglikanischer Geistlicher mit seiner Stahlrahmenbrille und der hohen Stirn. Man hätte ihn auch für einen Mann von fünfundvierzig halten können, aber die folgenden zwanzig Jahre bis zu seinem schrecklichen Sturz hat er niemals älter ausgesehen, sondern erschien mir als ein mühsam im Zaum gehaltenes Energiebündel. Man fühlte ein Unbehagen, und beim ersten Händedruck wußte ich, warum er in Christus die Wahrheit und nicht die Liebe sah. Er hatte einen Griff wie ein Schraubstock. Mein Gott, dachte ich, der Mann ist ein richtiger Schweinehund.
Wie sicher war doch mein Instinkt! Jahrzehnte später, während meiner Ehe mit Kittredge, lernte ich die intimsten Geheimnisse aus Harlots Jugendjahren kennen, so wie er sie ihr gebeichtet hatte – wie sonst hätte er seine Liebe zu Kittredge ausdrücken können? Er war in der Tat ein Schwein gewesen, einer von der schlimmsten Sorte. Sein persönlicher Teufel trieb ihn dazu, Knaben zu bespringen. Es gab kaum einen gutaussehenden Jungen in seiner Klasse, den er nicht begehrt hatte. Kittredge zufolge war es jedoch nie dazu gekommen – jedenfalls wenn er die Wahrheit erzählte. Bis er

sie kennenlernte, habe ihn dieser Wunsch täglich gequält – in Harvard und später in St. Matthew's, wo er im Schlaf mit den Zähnen zu knirschen pflegte. In der Tat war er aus diesem Grund nicht Pfarrer geworden. Als er bei unserem Kennenlernen meine Hand nahm und mir in die Augen sah, war er eine Kraft und ich das Gefäß, in das sie strömte: Er war groß und rein, und ich war klein und häßlich.

Ich weiß noch, wie uns mein Vater, vierzig Pfund schwerer als Hugh Montague, wie ein besorgter Verwandter umkreiste – eine Facette von Cal Hubbards Persönlichkeit, die ich noch nie zuvor bemerkt hatte. Ich begriff nicht nur, wieviel dieses Treffen meinem Vater bedeuten mußte, sondern auch, warum es so lange gedauert hatte, es zu arrangieren – Cal Hubbard setzte alles auf diese Karte. Ich beschreibe unser Treffen, als wäre sonst niemand im Haus gewesen. In Wirklichkeit waren wir ungefähr siebzehn Personen: Mary Bolland Baird, Rough, Tough, Vettern, Cousinen, Väter und Mütter von Vettern und Cousinen, Tanten, Onkel – zahllose Hubbards waren anwesend. Es sollte unser letzter Sommer in der Keep sein, denn mein Vater stand im Begriff, das Anwesen an Rodman Knowles Gardiner, Kittredges Vater, zu verkaufen, und wir nahmen alle ausgiebig Abschied von unserem Sommerhaus. Es standen vielleicht fünf Personen dabei, als wir einander vorgestellt wurden, oder zehn, oder vielleicht waren wir auch allein. Alles, woran ich mich erinnere, ist, daß mein Vater Hugh Montague und mich umkreiste und dann bald verschwand. Ich weiß auch noch, daß wir ins Arbeitszimmer hinuntergingen, um uns zu unterhalten.

»Du hast die Legasthenie überwunden, sagte dein Vater.«
»Ich glaube, ja.«
»Gut. Welche Fächer hast du in St. Matthew's?«
Ich zählte sie auf.
»Dein Lieblingsfach?«
»Englisch«, sagte ich.
»Welches ist der beste Roman, den du dieses Jahr gelesen hast?«
»Bildnis einer Dame. Wir mußten es lesen, aber es gefiel mir sehr.«
Er nickte säuerlich. »Henry James ist ein Süßholzraspler. Schade! Hätte er ein Herz wie Hemingway, dann würde man ihn heute mit Stendhal oder Tolstoi vergleichen.«
»Yessir«, sagte ich, doch ich hatte ihn belogen. Ich hatte zwar ein »Sehr gut« für meinen Aufsatz über Henry James bekommen,

dabei aber nur ein paar Kritiken nachgeplappert. Tatsächlich hatte mir »Die jungen Löwen« am besten gefallen. Der Jude Noah Ackerman hatte mich angezogen.

»Laß uns morgen rausgehen«, sagte er. »Dein Vater möchte, daß ich dich auf eine Klettertour mitnehme. Wie ich höre, gibt's drüben in den Otter Cliffs einen zuverlässigen Felsen für Anfänger. Wir suchen uns eine geeignete Route aus.«

»Yessir.« Ich hoffte, daß die Otter Cliffs, von denen er sprach, nicht die waren, die ich kannte. Das war nämlich ein schwarzer Felsen, der achtzig Fuß tief senkrecht zum Meer hin abfiel. Manchmal, wenn die Flut kam, konnte ich das Grollen und Krachen der schwarzen Wassermassen an den Otter Cliffs hören. Ja, die Felswand ragte so senkrecht auf, daß ich nie hinunterzublicken wagte.

»Ich bin aber noch nie geklettert«, sagte ich, aber es tat mir sofort leid.

»Morgen wirst du ein bißchen mehr davon verstehen als heute.«

»Yessir.«

»Dein Vater hat mich gebeten, dein Pate zu werden.«

Ich nickte. Vor Angst sprach ich mit Grabesstimme. Wenn ich noch einmal »Yessir« sagte, würde es wie ein Nebelhorn klingen.

»Ich muß dir gestehen«, sagte er und starrte mich an, »daß ich eigentlich ablehnen wollte. Man braucht eine starke persönliche Bindung, um eine Patenschaft zu übernehmen.«

»Das stimmt«, krächzte ich.

»Ich mag keine persönlichen Bindungen.«

Ich nickte.

»Andererseits schätze ich deinen Vater. Niemand wird je erfahren, was er während des Krieges geleistet hat, bevor die Geheimhaltung nicht aufgehoben wird.«

»Yessir«, strahlte ich. Völlig unerwartet überkam mich bei der Bestätigung der Qualitäten meines Vaters ein solches Glücksgefühl, daß ich auf der Stelle den Wert des Familienstolzes begriff.

»Eines Tages«, sagte er trocken, »mußt du versuchen, ihm zu gleichen.«

»Ich will's versuchen.«

»Harry«, sagte er und nannte mich zum erstenmal beim Namen, »es ist ein Glück, eine solche Bürde tragen zu dürfen. Ich sage so etwas nicht oft, aber da wir beide wohl zu einem besonderen Abenteuer aufbrechen werden, will ich dir sagen, daß es leichter

zu ertragen ist, einen übermächtigen als gar keinen Vater zu haben. Der meine wurde in Colorado versehentlich erschossen.«
»Das tut mir leid.«
»Ich war elf, als es geschah. Ich muß sagen, ich habe nicht ganz ohne ihn aufwachsen müssen. Er war immer gegenwärtig in meinem Leben.«
Es dauerte noch ein paar Jahre, bis ich von Kittredge erfuhr, daß es Harlots Mutter gewesen war, die David Montague eines Abends erschossen hatte, als er das gemeinsame Schlafzimmer betrat. Es wurde nie aufgeklärt, ob er die Schlüssel verloren hatte und durch das Fenster eingestiegen oder durch die Tür gekommen war. Es war zuviel Blut auf dem Fußboden. Entweder war er, tödlich verwundet, auf dem Bauch vom Fenster zur Tür gekrochen, wie sie aussagte, oder Hughs Mutter hatte ihn von der Tür zum Fenster und dann wieder zurück geschleift, um ihre Version, daß sie ihn für einen Einbrecher gehalten habe, glaubhafter zu machen.
Getreu seinem Versprechen fuhr er mich am nächsten Tag hinaus zu den Otter Cliffs. In Erwartung des Tages verbrachte ich eine schlaflose Nacht. Zuerst hoffte ich auf Regen, dann auf schönes Wetter. Denn ich war sicher, daß Hugh Montague sagen würde, man müsse sich beim Klettern eben auf die äußeren Umstände einstellen. Wenn der Fels naß und schlüpfrig war, würden wir trotzdem aufsteigen. So fing ich an zu beten, daß es nicht regnen möge.
Morgens um sechs Uhr dreißig war es noch neblig, aber ich kannte das Wetter auf Mt. Desert gut genug, um zu wissen, daß der Himmel gegen acht Uhr aufklaren würde. Um das Familienfrühstück zu vermeiden, nahmen wir in einem billigen Restaurant Spiegeleier und Kaffee (damals mußte man als Bergsteiger noch kein Müsli essen!), und ich aß pflichtbewußt, auch wenn mir das Eigelb und die weichen Brötchen fast im Hals steckengeblieben wären. Daraufhin fuhren wir den Park Drive an der Ostküste von Mt. Desert entlang, und ich nannte ihm die vertrauten Orte: den Bienenkorb, den Sandstrand, das Donnerloch, den Gorham Mountain. Ich kam mir vor wie ein Führer zu meinem eigenen Begräbnis. Die Kletterei in den Felsen war mir vertraut, wenn auch nur im Schlaf. Ich wußte immer, wann ein Traum zum Alptraum wurde, denn dann pflegte ich mich in einer Felswand festzuklammern.

Wir folgten einem Pfad etwa hundert Meter durch den Wald und standen mit einem Mal ganz allein oben auf einer Klippe. Ich blickte verstohlen auf den donnernden und zischenden Atlantik hinunter, der tief unter uns gegen die Felsen krachte, und kam mir vor wie am Dachrand eines siebenstöckigen Hauses. Wie gern hätte ich Hugh Montague gefragt, ob wir hier wirklich richtig waren.
Er erkundete den Ort und stampfte in seinen sieben Zoll hohen Bergstiefeln herum. Dabei runzelte er die Stirn und schnalzte mit der Zunge, während er die verschiedenen Kletterführen prüfte. Ich saß indessen wie gelähmt neben dem Haufen seiner Ausrüstung und wußte nicht, was ich denken sollte. Der Stein, auf dem ich saß, war blaßrosa und freundlich, aber die senkrechte Felswand unter mir erschien mir dunkelgrau und ganz unten schwarz. Jahre später, im berüchtigten »Kaufhaus« in Saigon, befiel mich eines Nachts fürchterliche Angst, als ich auf die gespreizten Beine einer vietnamesischen Hure starrte. Ihr offener Schoß erschien mir drohend und unheimlich, und erst nach einer Weile begriff ich, daß der Kontrast zwischen ihrer rosigen Tulpe und dem schwarzen Schamhaar die furchtbaren Minuten wieder in mir wachrief, in denen ich darauf gewartet hatte, daß Harlot mit dem Unterricht begann.
Schließlich hatte er den geeigneten Ort gefunden. »Das wird gehen«, sagte er, öffnete den Rucksack, zog zwei zusammengerollte Nylonseile heraus und zerrte an ein paar Bäumen, die nahe am Abgrund standen. »Wir werden uns hier abseilen«, sagte er. »Das ist leicht. Anfänger machen das gern. Ich muß dir allerdings gestehen, daß es mir Angst einjagt.«
Irgendwie schien mir das beruhigend. »Warum?« stieß ich hervor.
»Da hängt man von Dingen ab, die man nicht in der Hand hat«, erwiderte er, als ob das die einzige Antwort wäre. »Man kann nicht genau wissen, was so ein kleiner Baum wie der hier hält.«
Also ergriff er einige Sicherheitsmaßnahmen. Ich will nicht versuchen zu beschreiben, was er alles tat, aber ich konnte sehen, daß er das eine Ende des Seils nicht nur an dem Baum, sondern mittels langer Schlingen auch an dem danebenliegenden Felsblock festknüpfte. Die verschiedenen Seile liefen durch einen ovalen Ring aus verchromtem Stahl, den man, wie ich wußte, Karabiner nannte.

»Werden Sie Haken einschlagen?« fragte ich so fachmännisch wie möglich.
»Nicht nötig«, sagte er. »Nicht bei dem hier.«
So alt er auch war – er bewegte sich so flink, als ob er wie ich siebzehn gewesen wäre. Das Schlimmste daran war: Er war mir haushoch überlegen.
»Du wartest hier«, sagte er, als er fertig war, »und ich gehe hinunter, sehe es mir an und komme zurück. Dann bist du dran.«
Es schien mir unglaublich, daß er tatsächlich den Felsen hinunter und wieder heraufklettern würde, aber tatsächlich zog er nur einmal fest an der Verankerung, wand sich das Seil um Schulter und Oberschenkel und stand dann, zufrieden mit dieser Sicherheit, mit dem Rücken zum Meer am Rande des Abgrunds und sagte: »Du wirst sehen, daß dies der schwierigste Teil des Abseilens ist. Einfach ein bißchen von dem Seil nachlassen und deinen Hintern der Leere anvertrauen. Dann wieder fest auf dem Seil sitzen.«
Dies tat er, indem er die Sohlen seiner Schuhe auf den Rand setzte und sich zurücklehnte, bis seine ausgestreckten Beine eine horizontale Linie mit der oberen Felskante bildeten. »Jetzt«, sagte er, »wanderst du einfach hinunter, Schritt für Schritt. Du hältst die Beine steif, die Füße stemmst du gegen die Felswand und läßt immer ein Stückchen von dem Seil nach, wenn du es brauchst.«
Fünf oder sechs Schritte abwärts führte er mir auf diese Art vor. Danach, gelangweilt vom schleppenden Fortgang der Sache, stieß er einen kleinen Jodler aus, stieß sich mit den Füßen vom Felsen ab und ließ auf einen Rutsch gleich zehn Fuß seines Seiles nach. Als er mit den Füßen wieder gegen die Felswand stieß, war er bereits ein ganzes Stück tiefer, und mit drei oder vier weiteren Sprüngen langte er unten an und stand auf einem flachen, schwarzen, nassen Sims in der Wand.
Er ließ das Seil los und rief zu mir hinauf, ich solle es hochziehen. Dann kletterte er sofort hinterher. Er schien dafür nicht länger zu brauchen als für eine Treppe in den fünften oder sechsten Stock.
»Netter Felsen«, sagte er vergnügt. »Wird dir Spaß machen.«
Ich sagte kein Wort. Im Geiste ging ich alle denkbaren Entschuldigungen durch: Ich hatte die Nacht nicht geschlafen. Seit meiner Operation war ich manchmal wie benommen. Ich würde das Ganze lieber langsamer angehen. Könnten wir nicht zuerst eine

Tour unternehmen, bei der man kein Seil brauchte? Unten schlugen die Wellen gegen den Fels, und die Brandung hallte durch meine Ängste.
Ich sagte nichts. Ich wollte mich keinesfalls aus dieser Situation herauswinden, aber ich war nur ein betäubter Körper, der es über sich ergehen ließ, daß man das Seil um ihn schlang. Später wurde die ganze Apparatur noch sehr verfeinert, aber bei diesem Mal knüpfte er mir nur ein Ende des Seils in Form einer Doppelschlinge um die Brust und ließ den Rest neben sich auf den Boden fallen. Er nahm ein anderes Seil, doppelte es und steckte es durch den Karabiner, der mit dem Baum verbunden war, nachdem er es durch zwei Karabiner gezogen hatte, die an der Seilschlinge um meine Brust hingen. Diese Karabiner würden während des Abseilens als Bremsen wirken, wie er mir erklärte. Dann führte er dieses doppelte Seil unter meinem Oberschenkel hindurch, diagonal über die Brust und um meinen Rücken herum zum anderen Arm. Während ich so beide Enden dieser schlangenhaften Umarmung festhielt, während also eine Hand das Seil stückweise nachlassen, die andere fürs Gleichgewicht sorgen sollte, bereitete ich mich darauf vor, über den Rand zu gehen.
Meine ersten paar Schritte, die Füße flach gegen den senkrechten Felsen gepreßt, waren so unbeholfen, als ob meine Beine aus Beton wären.
Erst nachdem ich fünf oder sechs Schritte hinuntergegangen war, ging mir auf, daß es eigentlich viel einfacher war, als auf Krücken laufen zu lernen.
Wie nahe war ich der Felsoberfläche! Jede Felsnarbe wie eine Augenhöhle, jeder große Riß wie eine angelehnte Tür. Wohlmeinende und bösartige Gesichter schienen mich aus den Rissen und Buckeln des Steins anzusehen. Ich hatte ein Gefühl, als ließe ich mich an der Flanke Leviathans herab. Aber meine Erleichterung darüber, daß ich diese Leistungen wirklich vollbringen konnte, war so groß, daß ich noch vor dem Erreichen des Bodens tatsächlich ein paar Abstöße mit den Füßen wagte und das Seil ein Stück durch die Doppelkarabiner laufen ließ.
Ich kam auf der Klippe an. Direkt unter mir brodelte die Brandung, und der nasse, schwarze Stein unter meinen Turnschuhen fühlte sich so glitschig an wie ein verölter Garagenboden. Ich löste das

doppelte Seil vom Karabiner, und da begriff ich erst, daß an meinem Brustgeschirr das Seil baumelte, das Hugh Montague hielt. Wenn ich beim Abseilen das Gleichgewicht verloren hätte, wäre er dagewesen, um mich mit dem zweiten Seil aufzufangen. Jetzt kam mir meine anfängliche Angst absurd vor. Ich begann zu begreifen, daß die Angst wie eine Leiter ist, und daß der Mensch ihre Stufen eine nach der anderen überwinden muß, und daß ganz oben – am Gipfel, wie Hugh Montague wahrscheinlich sagen würde – die Freiheit selbst liegt.

Er seilte sich nun in drei langen Sätzen zu mir ab und stand neben mir auf dem nassen Felssims. »Diese Kletterführe wird dir etwas abverlangen«, sagte er. »Aber sie ist nur ›schwierig‹. Du mußt dir aber ein neues Vokabular einprägen.«

»Wie meinen Sie das?« murmelte ich. Ich hatte mir jetzt zum erstenmal die Felswand richtig angesehen, und die Angst kehrte zurück.

Er schenkte mir ein ganz kleines Lächeln – das erste seit seiner Ankunft: »Du wirst sehen, daß ich eine Wand mit ein paar guten Ständen ausgesucht habe.«

Ohne jede Seilsicherung begann er den Aufstieg. »Versuche meiner Route zu folgen«, rief er mir aus fünf Meter Höhe zu, »aber ärgere dich nicht, wenn du sie verlierst. Ein Teil des Vergnügens ist, selbst eine Führe zu entdecken.« Darauf kletterte er die Wand in einer raschen Folge geschmeidiger Bewegungen hinauf und war oben, bevor ich mir wieder bewußt wurde, daß das Sicherungsseil immer noch um meine Brust geknüpft und das andere Ende oben außer Sichtweite um einen Baum geschlungen war. Hugh Montague erschien auf dem Felsen, runde dreißig qualvolle Meter über mir, saß bequem auf der Kante, ließ die Füße herabbaumeln und hielt mein Seil – das Seil, mit dem er mich sichern wollte – lässig um die Hüfte geschlungen.

»Werde ich Sie nicht mitreißen, wenn ich stürze?« fragte ich. Meine Stimme klang einigermaßen klar, aber die Worte kosteten mich eine unendliche Anstrengung.

»Ich bin am Baum gesichert.« Er strahlte zu mir herunter. »Fang an. Ich schicke dir meine Tips per Brieftaube.« Ich fing an zu begreifen, was ihn so vergnügt machte. Der Angstschweiß anderer kann in manchen Nasen wie Rosen duften.

Durch die Angst vor dem Fels hindurch erkannte ich doch dessen

Schönheit, und ich begriff die Logik Gottes: Der Same der Barmherzigkeit findet sich in der harten Schale der Prüfung.
Als ich zu klettern begann, war mir noch nicht bewußt, daß die Wand absolut senkrecht war. Ich dachte, es müsse da doch zu meinen Gunsten irgendeinen schrägen Winkel geben, aber nein. Senkrecht ging es hinauf. Gewiß, der Felsen war rissig und narbig und bot reichlich Tritte und Griffe. Als ich einen sicheren Griff über mir und innerhalb meiner Reichweite ertastete und einen kleinen Schlitz für meinen Fuß sah, zog ich mich einen Fuß weit von meinem Felssims empor. Ich erlebte nun etwas von dem Gefühl des ersten Flugs der Brüder Wright bei Kitty Hawk. Ja, das war so gut wie der Jungfernsprung vom Balkon in die Blue Hill Bay. Um mich zu ermutigen, zog Hugh Montague leicht am Seil. »Wenn du ein bißchen Hilfe brauchst«, rief er herunter, »schrei ›Zug!‹«, woraufhin er demonstrativ anzog, so daß ich mein Gewicht weniger spürte und leichter kletterte. Ich fand, etwas höher, wieder einen Halt für Hand und Fuß und zog mich hinauf, fand wieder einen und wieder einen und sah hinunter. Ich war schon fast drei Meter über dem Stand. Toll! Ich fand wieder einen Felsvorsprung, und gerade über meinem Knie war einer dieser Standplätze, von denen er gesprochen hatte, eine Nische im Fels von der Größe einer Billardtasche, in der ich meinen Fuß ausruhen lassen konnte. Dort hielt ich inne und holte Luft. Der Fels schien lebendig. Er hatte Gerüche, Furchen, die mit Dreck gefüllt waren, überhängende Ellbogen, Achselhöhlen; er hatte Schamteile. Es kam mir vor, als stiege ich den Körper eines Riesen hinauf, der aus den Knochen und dem Fleisch von Tausenden von Menschen zusammengesetzt war.
Nun, recht bald, kam ich zu einem schwierigen Teil des Aufstiegs. Ungefähr auf halber Strecke gelangte ich zu einer Stelle, an der ich weder Griff noch Tritt fand und nicht wußte, wie ich weitergehen sollte. An diesem Punkt lernte ich die quälende Unentschlossenheit des Kletterers kennen. In solchen Situationen hängt man mit gespreizten Beinen und schmerzenden Gliedern im Fels und weiß nicht, ob man versuchen soll, den Weg nach oben fortzusetzen, oder ob man besser ein paar Meter absteigt, um eine andere Führe zu suchen. Erstarrt klebte ich an der Felswand und schaute in die offene Tiefe unter mir. Wie ein Pfandleiher zweifelnd auf fragwürdige Juwelen blickt, so prüfte ich alle Unebenmäßigkeiten im Stein

auf ihre Brauchbarkeit. Ich glaube, in diesen ersten fünf Minuten an den Otter Cliffs lernte ich mehr über das Bergsteigen als in all den anderen langen Jahren meines Lebens. Im Fels kann sich die kleinste Unregelmäßigkeit als Freund erweisen, als ein trügerischer, wenn auch nützlicher Partner, eine verschlossene Tür oder ein unversöhnlicher Feind. Jetzt war es mir jedenfalls gelungen, mich in eine Sackgasse genau unterhalb eines Überhangs zu manövrieren.

Dort versuchte ich Kraft zu schöpfen, japste schluchzend nach Luft, unfähig zu irgendeinem klaren Gedanken. Je mehr ich mich auf diesen schmalen Tritt quetschte, der nur einen Teil meines Körpers halten konnte, um so mehr mußte ich die Kraft meiner Arme mit unglücklichen Halteversuchen vergeuden. Ich hörte Montague rufen: »Bau dir kein Nest da unten. Das ist kein Ort zum Brüten.«

»Ich weiß nicht mehr weiter«, rief ich zurück.

»Wieder ein paar Meter hinunter. Nach rechts.«

Hier entdeckte ich die seltsame Natur der eigenen Charakterstärke. Sie ist uns in normalen Situationen so unzugänglich, daß wir uns nur mit unseren Lastern beschäftigen können. Schon beim ersten Schritt hinunter entdeckte ich, daß ich den Überhang linker Hand vielleicht noch schneller umgehen konnte. Dieser Weg war gewiß riskanter. Rechts von mir hatte ich wenigstens sein Wort, während ich links nur zwei Schritte weiter sehen konnte. Aber da schien es eine Möglichkeit zum Grätschen zehn Fuß oberhalb zu geben – eine glatte Felsoberfläche mit zwei vertikalen Rinnen, die reichlich einen Meter voneinander entfernt waren –, vielleicht ein Griff für eine Hand oder gar für beide, das konnte ich nicht erkennen. Was von unten wie ein Griff aussieht, kann sich ganz einfach als der Schatten eines Buckels herausstellen; was ein Tritt für den Fuß zu sein verspricht, erweist sich nur als eine Äderung im Stein.

Ich wählte den linken Weg. Es war meiner. Man hatte ihn mir nicht zugewiesen, so konnte er meinen Charakter stärken. Das war meine Logik. Ich keuchte so schamlos wie eine Frau in den Wehen und spürte, wie meine religiöse Erkenntnis sprunghafte Fortschritte machte. Charakterstärke war eine Gnade. Unmögliches ließ sich durch die Kraft des Herzens bewältigen. Während ich nach links kletterte, mußte ich Bewegungen ausführen, die ich

zuvor nie versucht hätte. Verzweifelt darauf aus, die Richtigkeit meiner Entscheidung zu beweisen, mußte ich die kleinsten Kratzer im Fels nutzen, und auf keinem hätte sich mein Fuß länger als eine Sekunde halten können, aber dies zwang mich zu einem flüssigen, schwungvollen Bewegungsablauf. Ich kletterte, als ob ich Montague wäre, und fand mich kurz darauf auf einem schmalen Felsgesims oberhalb dieses verfluchten Überhangs wieder, auf dem ich stehen und mich ausruhen konnte.
»Ein dreifaches Hoch, mein Junge«, rief Montague herunter. »Du hast das Schlimmste überstanden.«
Ich kletterte weiter bis oben hinauf in einem Zustand der Euphorie, die vielleicht ebenso gefährlich war wie gestrichen volle Hosen.
»Perfekt«, sagte er, als ich ihn erreichte. »Jetzt versuchen wir es mit schwierigeren Aufgaben.« Er griff nach dem Rucksack und begann das Gerät für den nächsten Schritt auszupacken.

3

Die Angst beim Klettern relativiert sich bald. Wenn man nicht die Führung übernimmt, sondern wenn einen ein guter Bergsteiger von oben sichert, begreift man rasch, daß man sich gelegentlich einen Ausrutscher erlauben kann. Dieser relativen Sicherheit nicht bewußt, bewegte ich mich beim ersten Mal so, als ob jeder Fehler den Tod bedeuten könnte. Erst beim zweiten Aufstieg jenes Nachmittags, der uns einen senkrechten Pfeiler in den Precipices empor führte, wurde mir klar, daß ich mich vergleichsweise sicher fühlen durfte. Denn wenn ich eine falsche Bewegung machte und mein Fuß von einem zu schmalen Vorsprung abrutschte, fiel ich nicht einmal einen Meter und trug allenfalls einen Kratzer am Knie davon.
Nach dieser Einsicht machte ich schnelle Fortschritte. Hugh Montague hatte die Einladung meines Vaters angenommen, seine beiden Sommerferienwochen auf Doane zu verbringen. So ging ich denn zwei Wochen lang jeden Tag mit ihm zusammen hinaus, oft im Regen. Einmal nahm er zwei von meinen Vettern mit, aber

ich fand kein Vergnügen an ihren Ängsten. Ich kam mir – seltsames Gefühl – wie ein Veteran vor.
Hugh Montague und ich zogen es vor, allein zu sein. Jeden Tag machte er mich mit einer anderen Technik bekannt. Ich quetschte mir die Finger und meine Hände verkrampften sich, doch ich lernte, wie man die Reibung der Handfläche über den weichen Stein ausnutzt, wie man sich mit Rücken und Knien verkeilt, wie Fäuste und Füße in Rissen Halt finden. Er führte mich durch enge Spalten und über vorspringende Überhänge hinauf, ließ mich Kamine emporstemmen und in der Wand am Seil queren. Es gab Nächte, in denen mir das richtige Setzen der Haken und Keile im Kopf herumschwirrte, während ich einschlief, und ich hörte im Traum das Zischen des Seils im Karabiner.
Ich hatte mich in die schwierige Kunst des Felskletterers geradezu verliebt. Ungeschickt, mehr mit den Armen als den Beinen arbeitend, allein dem Willen als Ersatz für die fehlende Erfahrung folgend, kämpfte ich mich durch manche Felswand. In diesen beiden Sommerwochen waren meine Finger, Ellbogen und Knie aufgeschürft, Ober- und Unterschenkel von blauen Flecken gesprenkelt, aber ich war glücklich. Ich glaube, ich war zum erstenmal in meinem Leben mehr glücklich als unglücklich, und im Alter von siebzehn Jahren erschloß sich mir eine Wahrheit, die manche nie erfahren wollen. Das Glücksgefühl ist zwischen zwei Schrecken am intensivsten. Da jede Tour, die er mich führte, schwieriger als die vorherige war, erlebte ich kaum einen Tag, an dem ich nicht in Schweiß gebadet war. Ich lernte die Angst so gut kennen wie ein kranker Körper das Fieber. Ich lernte auch das schreckliche Gesetz der Angst: Man muß sie überwinden, oder sie sammelt sich an und verfolgt einen bis in die Träume. Es gab Tage, an denen ich eine Kletteraufgabe nicht bewältigen konnte und wieder absteigen mußte. Beim Klettern ist das Aufsteigen leichter als das Absteigen: Man sucht den nächsten Halt mit den Füßen, und sie sehen weniger gut als die Finger. Also rutschte ich oft ab und baumelte am Seil und schwitzte und fühlte mich doppelt als Versager und konnte in der Nacht vor Angst nicht schlafen. Denn am nächsten Tag mußte ich zurück und es schaffen. Das war ein ehernes Gesetz. Ich fühlte in diesen Nächten alle Kindheitsängste, die mich je bedrückt hatten, wiederkehren, mußte sie einzeln überwinden und wurde so vom Friedhof erloschener Hoffnungen erlöst. Aber

welch ein riskantes Unternehmen! Jedesmal, wenn ich bei einer Klettertour versagte, kam die Angst, von der ich mich zu heilen hoffte, zurück, und ich bezog sie auf meinen Charakter.
Doch jedesmal, wenn es gelang, empfing ich zuverlässig meine Belohnung. Eine Stunde oder eine Nacht lang war ich glücklich. An dem besten Tag, den ich in diesen beiden Wochen hatte und der auch der letzte war, führte mich Montague wieder zu den Otter Cliffs und forderte mich auf, die Führung zu übernehmen. Ungeachtet aller meiner Fortschritte erwies es sich als extrem schwierige Aufgabe, als Seilerster dort hinaufzuklettern, wo ich begonnen hatte. Als Führer der Seilschaft mußte ich beim Klettern die Haken schlagen, und mein Arm wurde so starr vor Angst, daß ich jedesmal nach ein paar Hammerschlägen innehalten mußte. Jetzt war die Gefahr eines Absturzes wieder real. Deshalb trieb ich alle Meter einen Haken in die Wand; denn ich wußte, daß der Seilerste bei einem Sturz stets die doppelte Entfernung zum nächsten Haken herunterfällt. Und sollte gar ein Haken ausbrechen, würde sich diese Distanz noch einmal verdoppeln. Angesichts solcher Aussichten wurden auch mäßig schwierige Führen schwierig.
Einmal stürzte ich wirklich. Es waren drei Meter, nicht mehr. Der Haken hielt, aber ich fiel ins Seil, pendelte aus und schlug dabei unangenehm gegen die Felswand. Zerkratzt und voller Prellungen hielt ich die Luft an, um nicht loszuheulen und brauchte eine volle Minute, um mich wieder zu sammeln. Ich fühlte, wie der Wille, der mich getrieben hatte, verflog und konnte es selbst kaum glauben, daß ich den Aufstieg erneut in Angriff nahm und einen Weg über die schwierige Stelle suchte. Es war zufällig der gleiche Überhang wie am ersten Tag, aber jetzt zog ich ein Seil hinter mir her, und niemand sprach mir von oben Mut zu. Doch zwei Wochen Erfahrung machten den Unterschied. Ich arbeitete mich ohne weiteren Sturz bis zum oberen Rand der Felswand empor.
Diese beiden Wochen brachten mich weiter als meine Schädeloperation. In der Familie sah man mich nun mit anderen Augen an. Meine Vettern hörten auf Harry, wenn es zu Meinungsverschiedenheiten kam, und mein Vater nahm mich eines Abends mit auf einen Umtrunk in eine der bescheidenen Kneipen von Bar Harbor. Gegen Ende des Abends fühlte ich mich so schlapp wie

eine zerkochte Nudel, und mein Vater, dessen Trunkenheit wie gewöhnlich nur in seinen ausgeprägteren Stimmungen zum Ausdruck kam, sagte – er war offenbar glänzend gelaunt: »Hugh Montague hält etwas von dir. Das ist eine Auszeichnung, Harry. Er gibt sich nämlich sonst nicht mit Lobreden ab.«
»Da bin ich wirklich froh«, sagte ich. Mir war so wohl ums Herz, daß ich hätte losheulen können. Statt dessen nahm ich einen großen Schluck Bourbon. Der Rausch, den er hervorrief, gab mir zum erstenmal einen Eindruck davon, wie reich das Innenleben meines Vaters sein mußte.
»Hugh lädt dich morgen abend zum Hummeressen ein«, sagte er weiter. »Hugh sagt, du seiest ganz allein eine Abschiedsparty wert.«
Bei diesem Anlaß hatte mir Hugh Montague eine Menge zu sagen. Nach dem ersten Drink begann ich begeistert loszuplappern über meine Freude an diesem Sport, der eine Kunst und ein Freiluftkloster für die Seele war. Die große und bis dahin uneingestandene Erleichterung, daß Hugh Montague, mein furchteinflößender Pate, am nächsten Tag nicht mehr da sein würde, trug das Ihre dazu bei, mich losschwatzen zu lassen, aber Hugh Montague schnitt mir das Wort ab.
»Harry, ich muß dir etwas sagen, das dir weh tun wird. Ich tue es trotzdem – zu deinem Nutzen. Ich habe diese beiden Wochen eine gute Meinung von dir gehabt. Aus dir wird ein guter Mann werden, und ich respektiere das doppelt in deinem Fall, weil du mit ein paar miesen Karten auf die Welt gekommen bist. Ich hörte, deine Mutter ist ein sehr kleiner Geist.«
»Ja.«
»Und deinem Vater zufolge nicht völlig zuverlässig.«
»Nicht völlig.«
»Männer arbeiten an sich, um ihre Fähigkeiten zum Bösen zu entwickeln. Frauen, so glaube ich, zitieren es nur herbei.« Als er sah, daß meine Jünglingsaugen diesem Gedanken nicht zu folgen vermochten, zuckte er mit den Schultern und sagte: »Wenn wir einander besser kennen, können wir vielleicht noch ein paar Anekdoten über unsere Mütter austauschen« – er stockte, als sei er über sich selbst verwundert –, »aber rechne nicht damit.«
»Yessir.«
»Von jetzt an möchte ich, daß du mich, wenn wir allein sind, bei

dem Namen nennst, den meine Mitarbeiter benützen. Der Name lautet Harlot. Nicht zu verwechseln mit Harlow, Jean Harlow, sondern Harlot, die Hure.«
»Yessir.«
»Eine der hartnäckigsten Fragen drüben in Foggy Bottom lautet: Warum hat Montague einen solchen Decknamen gewählt? Früher oder später kommen sie alle zu mir und stellen mir diese rührende Frage. Sollten wir außerordentlich gute Freunde werden, rücke ich damit heraus. In zwanzig Jahren.«
»Ja, Harlot.« Ich stockte. »Es klingt nicht gut.«
»Keine Angst. Du gewöhnst dich dran.« Er hob seinen Hummer auf, drehte die Schere ab und holte mit seiner Hummergabel das Fleisch heraus.
»Harry, ich will dir das Schlimmste zuerst sagen.« Er fixierte mich mit den Augen. Ein Abgleiten gab es nicht. »Ich möchte, daß du das Klettern aufgibst.«
Er hätte mir ebensogut ins Gesicht schlagen können.
»Oh«, sagte ich. »O Gott.«
»Nicht, daß du schlecht bist. Du bist besser, als deine körperlichen Voraussetzungen erwarten ließen. Du hast Mut, er ist dir angeboren. Von zehn Anfängern, die man trainiert, würdest du wahrscheinlich als Zweiter oder Drittbester hervorgehen.«
»Warum soll ich denn dann aufhören?« Ich zögerte. Ich senkte die Stimme. »Würde ich dabei umkommen?«
»Wahrscheinlich nicht. Dich verletzen bestimmt. Aber das ist nicht der Grund. Es geht um etwas anderes. Nur die besten Anfänger sollten weitermachen. Das Klettern ist für tapfere Jungen wie dich mehr als ein Sport.« Es war das erstemal, daß mich jemand tapfer genannt hat.
»Warum?« fragte ich. »Warum wollen Sie, daß ich aufhöre?«
»Jeder passionierte Bergsteiger verlangt von sich Hervorragendes. Harry, wenn du weitermachtest, würde der Sport dein Leben bestimmen. Du kannst niemals aufgeben. Jedesmal, wenn du eine Tour nicht schaffst, würdest du nicht rasten, bis du sie bezwungen hast. Sogar unter guten Leuten kann das zur Sucht werden. Man endet als Feigling, als Opfer der Berge oder als mittelmäßiger Monomane. Es ist wie bei einem Ex-Alkoholiker: Man kann an nichts anderes mehr denken.«
»Ich verstehe nicht, was Sie sagen.« Ich war sehr aufgeregt, und

meine Stimme muß vorwurfsvoll und böse geklungen haben, denn ich konnte seinen Ärger spüren.
»Also gut denn«, sagte er geduldig. »Wir wollen weiter überlegen. Ein hervorragender Kletterer kann zum Instrument seines eigenen Willens werden. Das wollen wir eigentlich auch erreichen. Das anzustreben ermutigt man uns von Kindheit an. Einem Baby bringt man bei, nicht in die Hosen zu machen. Seine Gedärme werden zu einem Instrument seines Willens. Und wenn wir älter werden, überkommen uns oft Gefühle, die so niedrig und ungebärdig sind, daß wir uns nirgends mehr blicken lassen könnten, wenn wir ihnen nachgäben und es publik würde. So sagen wir unserem Schließmuskel, der so sehr ein Geschöpf unseres eigenen Willens ist: ›Reiß dich zusammen, du Narr.‹ Ganz klar, das Bergsteigen stärkt die oberen Regionen des Willens. Aber es ist ein langer Prozeß und genauso gefährlich wie Schwarze Magie. Denn jede Angst, der wir uns stellen, steht auch dem Teufel ebenso offen, und wenn wir versagen, ist gleich der Teufel da und tröstet uns wegen unserer Feigheit. ›Bleib bei mir‹, sagt er, ›und deine Feigheit ist dir verziehen.‹ Während das Klettern bei den besten Bergsteigern den Teufel in die Flucht schlägt, kommt seine Hoheit schon bei den zweitbesten doppelt zurück. Wenn du dann nicht gut genug bist, verbringst du die Hälfte deiner Tage damit, den Teufel auszutreiben, und das heißt Zeit verlieren. Solange wir an Ort und Stelle bleiben und nicht weiterkommen, ist der Teufel zufrieden. Er mag Menschen, die zwanghaft immer um dasselbe kreisen. Wenn die Welt zum Pendel wird, sitzt Satan auf dem Thron.«
»Vielleicht«, sagte ich, »würde ich nur ausloten, was ich als Kletterer leisten kann und mich einfach damit zufriedengeben.«
»Niemals. Du bist zur Hälfte wie dein Vater, und diese Hälfte wird nicht ruhen. Ich habe vom ersten Tag an gesehen, daß du in einer Hinsicht den besten Kletterern gleichst: Du hast gleich gewußt, worum es ging. Du wußtest, die Berge sind wie eine furchterregende Kathedrale, die einzige, in der du unserem Herrgott nahe genug kommst, daß er dir wirklich ein bißchen Unterstützung geben kann.«
»Yessir.«
»Man hat mir mal eine Geschichte erzählt von einer schrecklich fanatischen jüdischen Sekte, den Chassidim. Sie lebten früher in

den Gettos russischer und ukrainischer Dörfer. Es heißt, daß einer ihrer Rabbis so fromm war, daß er vierzigmal am Tag zu Gott betete. Schließlich, nach vierzig Jahren, wurde der Rabbi ungeduldig und betete: ›Gott, ich habe Dich so lange geliebt, daß ich möchte, daß Du Dich mir zeigst. Weshalb zeigst Du Dich mir nicht?‹ Und Gott zeigte sich. Wie, meinst du, hat der Rabbi darauf reagiert?«

»Ich weiß es nicht.«

Harlot fing an zu lachen. Ich hatte ihn noch nie zuvor so lauthals lachen hören, und dieses Lachen gab mir einen Hinweis darauf, weshalb er seinen Namen gewählt hatte. In seiner Brust wohnten nicht nur zwei, sondern mehr Seelen, als man ihm zugetraut hätte. Sein Lachen hallte im Raum. »Ja, Harry, der gute Kerl flüchtete unters Bett und fing an wie ein Hund zu heulen. ›O Gott‹, sagte der Rabbi. ›Bitte zeige Dich mir nicht.‹ Das ist eine nützliche Geschichte, Harry. Gott ist vor allen Dingen schrecklich. Das muß man als allererstes wissen. Wenn Christus nicht zu uns geschickt worden wäre, wäre nie jemand aus der Höhle herausgekommen. Jehova war zuviel für uns, für uns alle. Ohne Christus hätte es nie eine moderne Zivilisation gegeben.«

»Was ist mit Ägypten oder Griechenland und Rom? Haben die uns nicht aus der Höhle herausgeführt?«

»Harry, diese Kulturen haben uns nicht vorangebracht. Es waren fixe Ideen. Teufelswesen alle drei, Ägypten, Griechenland und Rom. Laß dich nicht von ihrer Schönheit beeindrucken. Der Teufel, darfst du nie vergessen, ist das schönste Wesen, das Gott je geschaffen hat. Geistig wollten diese Kulturen nicht aus Platos Höhle heraus. Erst mußte Christus kommen und sagen: ›Vergib den Söhnen um der Sünden ihrer Väter willen.‹ An dem Tag, Harry, wurde die wissenschaftliche Forschung geboren. Sogar wenn wir ein Jahrtausend oder länger auf Kepler und Galilei warten mußten. Das ist auch ganz logisch: Sobald der Vater annehmen kann, daß seine Söhne nicht mehr unter den Folgen seiner Frevel leiden müssen, wird er kühn genug, um zu experimentieren. Er betrachtet das Universum als einen interessanten Ort und nicht als eine allmächtige Maschinerie, die seine Neugier bestrafen wird. Das war der Beginn der industriellen Revolution, die uns vielleicht noch einmal vernichten wird. Die Juden aber, die Christus abgelehnt haben, mußten die nächsten zweitausend

Jahre mit Jehova verhandeln. Also haben sie es nie vergessen: Gott ist schrecklich. ›O Gott, zeige Dich mir nicht. Nicht auf einmal!‹«
Er machte eine Pause und bestellte noch einen Drink für jeden von uns, Hennessy für sich selbst und Old Harper's für mich. »Bringen Sie uns einen Old Harper's für Young Harry«, rief er der Serviererin zu und kam sofort wieder auf seine Rede über das Schreckliche zurück: »Ich glaube, daß uns Gott auf irgendeine Weise bei jeder Klettertour nahe ist. Nicht, um uns zu retten – wie ich diese tittenknabbernde Psychologie verabscheue –, daß Gott rettet! – Gott am Ellbogen aller Mißgeburten und Mittelmäßigkeiten. Als ob Gott nichts anderes zu tun hätte, als all die Kleingeister und die Gleichgültigen zu erhalten. Nein, Gott ist kein Bernhardiner, der uns aus jeder verzweifelten Lage rettet. Gott ist uns nahe, wenn wir den Felsen hinaufklettern, weil wir nur auf diese Art und Weise einen Schimmer von Ihm zu sehen bekommen und Er von uns. Du erfährst Gott, wenn du über dich hinauswächst und dich dann immer noch aus deinen Ängsten zu erheben versuchst. Wenn du unter einem Felsblock gefangen sitzt, heulst du natürlich wie ein Hund. Überwinde den Schrecken, und du erhebst dich zu einer höheren Furcht. Das ist vielleicht unser ganz einfacher Zweck auf Erden: zu höheren und immer höheren Ebenen der Angst aufzusteigen. Wenn uns das gelingt, dann können wir vielleicht etwas von Gottes Furcht teilen.«
»Gottes Furcht?«
»Genau. Seiner Furcht vor der großen Macht, die Er dem Teufel gegeben hat. Es gäbe keinen freien Willen für den Menschen, wenn die Kräfte des Bösen auf dieser umkämpften Erde nicht ebenso groß wie diejenigen Gottes wären. Deshalb möchte ich nicht, daß du weiterhin auf Felsen kletterst. Die harte Tatsache ist, daß du nicht die allerbesten Gaben hast, die dazu notwendig wären. So wirst du immer wieder ein bißchen Mut haben und dann den Mut wieder verlieren. Du könntest wie einer jener ungeheuer langweiligen Golfer enden, die jahrelang an der Verbesserung ihres Swing arbeiten und von nichts anderem mehr reden. Bombastische Trauerklöße der Selbstgefälligkeit.«
»Okay«, sagte ich wütend. Ich war beleidigt, aber auch sehr verärgert.
»All das sage ich nicht, um deine Gefühle zu verletzen, sondern voller Hochachtung vor dir. Ich glaube, es gibt einen Platz für dich.

Er wird an deinen Mut, deinen Willen und deinen Witz hohe Anforderungen stellen. Der Teufel wird dich an jeder Biegung deines Weges in Versuchung bringen. Aber du kannst, meiner bescheidenen Meinung nach, Gott auf viel bessere Weise denn als Felsbesteiger dienen.«

Er verfügte über eine unglaubliche Gabe, dem Gespräch eine andere Wendung zu geben, und so hatte er mich aus dem Unglück über eine unerwartete Verletzung mit einem Mal auf den Höhepunkt des Interesses geführt. »Sprechen Sie von dem, was ich mir denken kann?«

»Natürlich. Dein Vater hat mich gebeten, mich in meinen Ferien mit deinen Berufsaussichten zu befassen. Nichts weniger als das. Ich hatte für diese beiden Wochen eigentlich andere Pläne. Aber er sagte: ›Mehr als irgend etwas anderes möchte ich, daß der Junge zu uns an Bord kommt. Allerdings nur, wenn Sie glauben, daß er gut ist. Es ist eine zu wichtige Angelegenheit, als daß ich sie meinen Wünschen und Gefühlen überlassen dürfte.‹«

»Hat mein Vater so mit Ihnen gesprochen?«

»Genauso.«

»Sie haben ihm gesagt, ich könne an Bord kommen?«

»Gestern. Inzwischen kenne ich dich besser als selbst dein Vater. Du hast recht gute Gaben, mehr sage ich nicht. Dein Vater ist ein Enthusiast und übertreibt deshalb gelegentlich, wenn er etwas beurteilt, aber ich rühme mich, über einen objektiven Blick zu verfügen. Du hast Gaben, die deinem Vater mit all seinen glänzenden Fähigkeiten abgehen.«

»An mir ist doch nichts Besonderes«, wollte ich sagen – ein schmerzliches Wort für einen jungen Menschen –, aber nun wußte ich es besser und hielt den Mund.

»Du möchtest nach Yale gehen?«

»Yessir.«

»Ich würde sagen, wenn du bei der Aufnahmeprüfung keinen Nervenzusammenbruch bekommst, kann man damit rechnen, daß sie dich nehmen. Yale ist perfekt.«

Ich lachte.

»O ja«, sagte mein künftiger Kollege Harlot, »Yale ist inzwischen eine Art Hoflieferant für uns.« Er zog eine Grimasse. »Als alter Harvardmann sage ich das nicht so gern, aber Yale ist für unsere Zwecke sogar noch ein bißchen besser. In Harvard sind sie uns

gegenüber nicht mehr sehr entgegenkommend. Das ist eigentlich ein schlechter Witz, weil die Hälfte unserer Spitzenleute dort herauskommt. Ja, wie ich immer sage: Traue einem guten Mann, solange er sich nicht in Princeton immatrikuliert.«
Harlot hob das Glas. Wir wollten darauf trinken. Dann schüttelten wir einander die Hand und fuhren zur Keep zurück. Am folgenden Morgen reiste Harlot ab. Von Zeit zu Zeit schrieb er mir einen Brief und erteilte mir darin Ratschläge, aber ich habe ihn die nächsten Jahre nicht wiedergesehen.

4

Die Klettertouren mit Harlot blieben nicht ohne Wirkung. In meinem zweiten Jahr in St. Matthew's kam ich vom zweiten Ruderboot ins erste, in die 150-Pfund-Crew, und ruderte gegen St. Paul's und Groton. Ich bestand meine Aufnahmeprüfung mit guten Noten und ohne Behinderung durch meine jetzt domestizierte Legasthenie, ich gewann den einzigen Faustkampf, den ich in meinen drei Jahren in der Preparatory School auszufechten hatte, und ich gewann selbst den Ringkampf, was schwierig für mich war, weil ich dabei noch immer gegen die Erinnerung an das Schnappmaul des Hilfskaplans ankämpfen mußte (der jedesmal freundlich nickte, wenn wir aneinander vorbeigingen). Immerhin kamen mir meine Lenden nun nicht mehr vereitert vor. Und ich kam nach Yale.
Das ganze letzte Jahr in St. Matthew's war ich erfüllt von meiner zukünftigen Mission, und das hielt im College an. Ich kam in der Erwartung nach Yale, daß ein Beamter an einem der Schreibtische, wo man uns Neulinge beriet, mich zu einer CIA-Einheit für Studenten führen würde, aber wie ich bald feststellen mußte, interessierte sich der CIA nicht für die Gründung von College-Zellen. Kein Klopfen um Mitternacht erscholl an meiner Tür.
Auf Harlots Vorschlag hin trat ich allerdings ins Reserve Officer's Training Corps ein. »Du wirst da mit vielen Idioten zu tun haben«, sagte er mir. »Aber es gibt gewisse Bedingungen, was die militäri-

sche Ausbildung angeht, die du unbedingt erfüllen mußt, bevor du in die Agency eintreten kannst, und dafür ist das ROTC da. Nach dem Abschluß in Yale würdest du sicher nicht gern erst zwei Jahre Militärdienst ableisten, bevor du zu uns kommst.«
Ich machte deshalb die nächsten acht Semester den stumpfsinnigen Exerzierdienst mit, und es gelang mir gut genug, um die dumpfen Erinnerungen an meinen unglücklichen Start bei den Knickerbocker Grays zu vergessen. Ich entdeckte in mir sogar einen Hang zum Optimismus. Während man älter wurde, lösten sich die traumatischen Sackgassen der Kindheit tatsächlich von ganz allein auf.
Harlot rief mich von Zeit zu Zeit an und beriet mich bei der Auswahl meiner Kurse. Gewöhnlich suchte er mein Interesse in Richtung Englisch zu drängen. »Lerne deine Muttersprache, und du wirst die anderen zu schätzen wissen.« Vor Beginn des zweiten Studienjahres schickte er mir etwas, das er als ein großes Geschenk betrachtete: eine Erstausgabe von Skeats »Etymologischem Wörterbuch der Englischen Sprache«, und wirklich, es war nicht schlecht. Ich konnte mit seiner Hilfe die Wurzeln eines Worts nicht nur auf das Lateinische und Griechische zurückführen, sondern auch auf die germanischen und keltischen Sprachen, auf das Italienische und das Portugiesische und all die anderen Sprachen, die ihre Spuren im Englischen hinterlassen haben. Harlot bereitete mich auf diese Weise auf den CIA vor: Sieh dir mal die Ranken der anderen Sprachen an, die in das Englische hineingewachsen sind. Dadurch kannst du ein Gefühl für die Logik anderer Länder entwickeln.
Während der nächsten vier Jahre dienten meine Kurse und die Freunde, die ich gewann, der Vorbereitung auf meinen späteren Einsatz als CIA-Mann. Wenn ich je in Konflikt mit meiner künftigen Laufbahn kam, dann geschah das an Frühlingsabenden in New Haven nach gelegentlichen enttäuschenden Rendezvous mit einem Mädchen, wenn in mir der Drang zur Schriftstellerei aufstieg. Doch während ich noch darüber brütete, kam ich auch schon zu der Erkenntnis, daß ich nicht genügend Erfahrung zum Schreiben hatte. Wenn ich zum CIA ging, würde ich jene Abenteuer erleben, die Voraussetzung für das Schreiben interessanter Romane waren.
Ich konzentrierte mich in der Tat voll auf mein Studium – mit allen

seinen Begleiterscheinungen. Ich sehe mich noch heute in meinem dritten Studienjahr vor dem großen Baseball-Spiel zwischen Yale und Harvard mit meinen Kommilitonen bei Morey's, wie ich die Silberbowle stemmte. Ich mußte so lange Green Punch trinken, bis sie an meinem Tisch zu singen aufhörten, und ich trank, und sie sangen! Das Lied war lang, und ich wollte nicht absetzen, bevor nicht der letzte Vers des Liedes gesungen und noch mal gesungen war.

So trank ich den süßen, starken, schädlichen Punsch, Schluck für Schluck, und gab meiner Seele auf, die Bowle zu leeren, wußte, daß alle Engel mir zusahen, während ich trank, und wenn ich alles trank, bevor das Lied beendet war, würden wir morgen Harvard schlagen. Gott, ich schaffte es nicht, und am nächsten Tag, damals im November 1953, gewann Harvard gegen Yale 13:0.

5

Ich wurde Kittredge am Ende meines Junior-Jahres in Yale vorgestellt. Kurz vor den Osterferien kam eine Einladung per Telegramm: KOMM UND LERNE MEINE VERLOBTE HADLEY KITTREDGE GARDINER KENNEN. VERBRING OSTERN IN DER KEEP MIT KITTREDGE UND JEAN HARLOW.

Zurück nach Doane. Ich war nicht mehr auf der Insel gewesen, seit mein Vater, als er vor ein paar Jahren in Geldnöten gewesen war, seine beiden Brüder und die unverheiratete Schwester so weit getrieben hatte, daß sie in den Verkauf eingewilligt hatten. Weshalb seine Finanzen einer Aufbesserung bedurften, blieb ein Familiengeheimnis. Bei den Hubbards hielt man unverhoffte Gewinne, pekuniäre Desaster und Spekulationen von den Kindern noch ferner als sexuelle Enthüllungen; wir alle wußten nur eins – und auch darüber wurde nur im Flüsterton gesprochen: »Eine Schande. Wir müssen die Keep verkaufen. Boardmans Idee.«

Mein Vater trug in jenem Sommer eine so düstere Miene zur Schau wie ein südamerikanischer Diktator unter Palastarrest. Mir war es

ziemlich gleich. Ich hing nicht so sehr an der Keep wie die anderen, oder glaubte es jedenfalls. Erst als ich dann den nächsten Sommer mit meiner Mutter in Southampton verbringen mußte und mich mit neuen, reichen Freunden, die ich nicht mochte, betrank und die Augusttage hindurch auf Tennisbälle eindrosch, begriff ich allmählich, was es hieß, den Glanz der stillen Nachmittage über den Hügeln von Maine verloren zu haben.
Ich war in den CIA verliebt. Ich bin einer von diesen Typen – ist es einer unter zehn oder einer unter fünfzig? –, die fast alles aufgeben können, um sich auf ein Lebensziel zu konzentrieren. Ich las Spionageromane, sprang in Skeats »Etymologischem Wörterbuch« von einer Vokabel zur anderen, besuchte Podiumsdiskussionen über Außenpolitik in Yale und studierte Fotos von Lenin, Stalin und Molotow, von Gromyko und Lawrentij Berija: Ich wollte das Antlitz des Gegners verinnerlichen. Ich vermied politische Streitigkeiten über Republikaner und Demokraten. Sie spielten kaum eine Rolle. Allen Dulles war mein Präsident, und ich würde sein Kämpfer im Krieg gegen den Teufel sein. Ich hatte Oswald Spengler gelesen und den Winter hindurch in New Haven über den kommenden Untergang des Abendlandes gebrütet und wie er zu vermeiden sei. Unter diesen Umständen telegrafierte ich Harlot, ich sei auf dem Weg. Ich fuhr meinen Wagen, ein 1949er Dodge Coupé, von New Haven bis zur Kehrseite von Mount Desert und fand das Haus vollkommen verändert.
Generationen von Hubbards hatten hier ihre Spuren hinterlassen. Wir hatten eichene Kästen in den Ecken und Möbel aus hellem Holz im Cunard; ein feiner alter Zeichentisch im Camp stammte von Doane Hadlock Hubbard (der uns auch peinlich genaue Skizzen von einem hundert Fuß hohen Turm hinterlassen hatte, den er am Südende der Insel hatte bauen wollen). An den Wänden hingen Dutzende von verblichenen Fotos, fleckig, mit Sprüngen im Glas und gerahmt in quadratische Rahmen aus Eichenholz mit überstehenden Ecken, die aus den fünfziger Jahren des neunzehnten Jahrhunderts auf uns gekommen waren. Es gab dort die längst in der Sonne verblichenen Farbdrucke von Matisse, Braque, Dufy, Duchamp, die meine Mutter mitgebracht hatte. Wir hatten sie hängen lassen, obwohl sie nie wiedergekommen war. Wenn etwas einmal an der Wand hing, blieb es auch dort; es war eben ein Sommerhaus, in dem keine Auslese stattfand, und so war die

Sammlung gewöhnungsbedürftig. Die Betten waren eine Katastrophe: Sommerhaus-Strohsäcke, klumpige Matratzen aus altem Drillich mit zerbrochenen Sprungfedern, Holzkommoden mit dicker Farbschicht, zerkratzt von Fingernägeln, um von heißen, langweiligen Sommernachmittagen Zeugnis abzulegen; Spinnweben an den Flügelfenstern, Vogelnester unter den Dachgesimsen und Mäusedreck in manch unbenutztem Zimmer waren der Preis, den wir für ein so großes Haus bezahlten.
Rodman Knowles Gardiner und seine Frau brachten es in Ordnung, nachdem sie es von uns gekauft hatten. Kittredges Vater, ein Shakespeare-Fachmann und entfernt verwandt mit dem berühmten Shakespearianer George Kittredge, auch aus Harvard, wußte genug über die Auflösung einer dramatischen Handlung, um in den Vertrag, mit dem er das Haus an seine Tochter überschrieb, eine Klausel einzufügen, die ihr im Falle einer Scheidung von Hugh Montague das alleinige Eigentumsrecht sicherte. Und so kam es, daß ich dorthin zurückkehrte und wieder darin lebte – durch Kittredge.
Jetzt in den Osterferien meines Juniorjahrs in Yale, mehr als zwei Jahre nach dem Abschluß mit den Hubbards, hatten Dr. Gardiner und seine Frau die Keep wirklich fein herausgeputzt. Nach seiner Emeritierung hatten sie einen Teil ihrer besten, noch aus der Kolonialzeit stammenden Möbel aus ihrem Haus in Cambridge nach Maine geschafft. Jetzt hingen Gardinen und Vorhänge an den Fenstern, und Dr. Gardiners Sammlung von viktorianischen Gemälden schmückte die Wände. Es sah nun aus wie in einer New England Hostelry von der Art, die im Winter überheizt ist und wo man die Fenster festschraubt.
Nach meiner Ankunft verbrachte ich zwei schwierige Stunden. Weder Hugh Montague noch seine Verlobte waren da. Statt dessen empfingen mich der alte Shakespeare-Forscher und seine Frau Maisie. Sie ertrugen mich, und ich litt. Er war ein Harvardprofessor von jener Art, die es heute vielleicht gar nicht mehr gibt. Dr. Gardiner war so etabliert, daß seine Person förmlich aus verschiedenen Stufen der Würde bestand, deren jeweils passende er je nach Rang seines Gegenübers hervorholte, so wie er einst seinen Assistenten je nach Rang ihre Aufgaben zugeteilt haben mochte. Dr. Gardiner unterhielt sich nicht – er ließ konversieren. Wir sprachen über die Footballteams von Yale und Harvard im vorigen

Herbst, dann von meiner Leistung im Squash – ich spielte in der B-Gruppe – und von meinem Vater, den Dr. Gardiner zum letztenmal mit Mr. Dulles bei einer alljährlichen Gartenparty in Washington gesehen hatte: »Er sah in der Tat sehr wohl aus – natürlich, das war voriges Jahr.«
»Yessir. Er sieht immer noch wohl aus.«
»Schön für ihn.«
Dr. Gardiner führte die Unterhaltung wie ein Tennisspieler, der seinem Gegner schon beim Warm-up keinen Ballwechsel gönnt. Er würde dessen unschuldigen Return quer über den Platz schmettern und ihn hinterherrennen lassen.
Maisie wirkte um keinen Deut besser. Sie sprach von dem Blumengarten, den sie in diesem Mai anlegen würde, und jammerte in einem trübsinnigen und trotzdem einschmeichelnden Ton über die Unvorhersehbarkeit des Frühlingswetters in Maine. Sie sprach von den Züchtungen, die sie pflanzen wollte, und als ich ihr anbot, ihr einige wilde Blumen zu zeigen, die im Juni oder Juli blühen würden, verlor sie das Interesse an mir. Die Pausen in unserer Konversation dehnten sich in ein langes Schweigen aus. Verzweifelt versuchte ich Dr. Gardiner auf seinem Spezialgebiet zu packen. Ich erzählte ihm ausführlich von einer Hausarbeit (für die ich »sehr gut« bekommen hatte) über Ernest Hemingways Schaffen. Die bewußte Ironie des späteren Stils zeige, so erklärte ich, daß »König Lear« ihn ungeheuer beeinflußt hätte, besonders einige Verse von Kent hätten es ihm angetan. Aber Dr. Gardiner winkte ab: »Warum soll man sich mit einem Plagiator beschäftigen?«
Wir saßen einander schweigend gegenüber. Nach einer Weile kamen Kittredge und Hugh Montague in der Dämmerung zurück. Sie hatten – es war ein sehr kaltes Osterfest – eine Klettertour im Eis unten am Gorham Mountain unternommen. Es sei eine nette Tour gewesen, versicherte mir Kittredge. Sie sah rotwangig und nach Weihnachten aus und wirkte auf mich über alle Maßen liebenswert. Ihr dunkles Haar war kurzgeschnitten wie das eines Jungen, dazu trug sie Hosen und eine Windjacke, aber sie sah bezaubernd aus. Sie hätte eine von jenen Damen aus der Gemäldesammlung ihres Vaters sein können, eine jener Frauen aus der viktorianischen Zeit, bleich wie ihre Klöster, liebreizend wie Engel. Das war Kittredge – nur daß ihre Gesichts-

farbe heute nach jener Kletterpartie im Eis am Nachmittag so überraschend wirkte wie wilde rote Beeren auf einer schneebedeckten Wiese.
»Schön, dich kennenzulernen. Ich bin dein Vetter. Wußtest du das?« fragte ich.
»Ja, natürlich.«
»Ich habe gestern nachgesehen. Ich bin dein Vetter dritten Grades. Das ist verwandtschaftlich gesehen schon Niemandsland.«
Sie lachte mit einem aufreizenden Blick, der mir zu sagen schien, daß sie auch jüngere Männer sehr attraktiv fand, und Hugh Montague wurde tatsächlich unruhig. Ich wußte noch nicht viel von Eifersucht, aber ich konnte die Welle des Mißtrauens spüren, die von ihm herüberkam.
»Ich muß dir etwas gestehen«, lachte sie. »Die ganze Zeit, während Hugh mich diesen fürchterlichen Weg hinaufzerrte, habe ich ihm immer wieder erklärt, daß ich ihn nicht heiraten werde, wenn er mir nicht verspricht, daß er so etwas nie wieder mit mir tut, woraufhin er sagte: ›Du und Harry Hubbard, ihr sitzt im selben Boot.‹ Er verbannt uns beide aus seiner elenden Kunst.«
»Eigentlich«, sagte Hugh Montague, »ist sie sogar ein bißchen besser als du, Harry. Trotzdem ist es hoffnungslos.«
»Nun, das hoffe ich sehr«, entgegnete Maisie Gardiner. »Narrentollheit, seinen Hals auf dem eisigen Berg zu riskieren.«
»Mir gefällt's!« Kittredge zuckte die Achseln. »Hugh hat sich nur die Mühe gemacht, eins zu erklären: ›Das Eis wird dich nie betrügen.‹ Was du wohl für einen Ehemann abgeben wirst?«
»Einen relativ sicheren«, brummte Hugh.
Rodman Knowles Gardiner bekam einen Hustenanfall bei dem Gedanken an die Ehe seiner Tochter.
Genau in diesem Augenblick sagte Kittredge: »Ich glaube, Daddy hält mich für eine Art Desdemona.«
»Ich sehe mich selbst«, entgegnete ihr Vater streng, »nicht als Mohr und auch nicht als mit meiner Tochter verheiratet. Du hast eine verdorbene Phantasie, Liebling.«
Kittredge wechselte das Thema. »Noch niemals im Eis geklettert?« fragte sie mich. Als ich den Kopf schüttelte, fuhr sie fort: »Es ist nicht schlimmer als die furchtbare Sache, die sie euch auf der Farm antun, wenn ihr aus einem dreckigen Graben springen und zwischen den Suchscheinwerfern einen Maschendrahtzaun hinauf-

klettern müßt.« Sie stockte, aber nicht aus Vorsicht, mehr um abzuschätzen, ob ich für diese Quälerei in Frage käme. »Ich schätze, du wirst übernächstes Jahr drankommen. Der Zaun entspricht genau der Grenze in Ostdeutschland.«
Hugh Montague quälte sich ein Lächeln ab: »Kittredge, du sollst nichts ausplaudern. Das ist nicht deine Sache.«
»Nein«, sagte Kittredge. »Ich bin hier zu Haus. Ich möchte frei reden können. Wir sind nicht in Washington, und ich habe es satt, auf einer Blabla-Cocktailparty nach der anderen so zu tun, als ob ich eine kleine Angestellte im Schatzamt wäre. ›Oh‹, sagen sie. ›Sie legen Akten ab, was denn für Akten?‹ ›Unmengen von Akten‹, sage ich. ›Statistiken.‹ Sie wissen, daß ich lüge, und sie halten mich für eine Wahnsinnige und einen Spitzel. Man sieht mir das an.«
»Man sieht dir jedenfalls an, wie verwöhnt du bist«, meinte ihr Verlobter.
»Wie könnte es anders sein? Ich bin ein Einzelkind – du auch?« fragte sie mich.
»Zur Hälfte«, nickte ich, und als niemand reagierte, fühlte ich mich zu einer kurzen Erklärung verpflichtet.
Sie schien fasziniert. »Du mußt viel von dem haben, was ich ›geistige Overlays‹ nenne.« Sie hob ihre wunderbar weiße Hand, als spiele sie bei einer Satire auf einem Wohltätigkeitsball einen Verkehrspolizisten. »Aber ich habe allen versprochen, ich würde an diesem Wochenende keine Theorie treiben. Manche Menschen trinken zuviel. Ich theoretisiere ununterbrochen. Meinst du, daß es krankhaft ist, Hugh?«
»Besser als Trinken«, knurrte er.
»Ich werde dir von den geistigen Overlays erzählen, wenn wir allein sind«, erklärte sie mir in seinem Beisein.
Ich zuckte innerlich zusammen. Hugh Montague hatte einen ausgeprägten Besitzinstinkt. Wenn sie mir zu nett zulächelte, mochte er in ihrem Lächeln schon das Ende ihrer Romanze sehen. Schließlich hatte er recht – Liebende verkürzen nur alle Prozesse. Wozu wir in Wahrheit mehr als fünfzehn Jahre brauchten, erkannte er sogleich als unmittelbare Gefahr.
Andererseits langweilte er sich. Mit Rodman und Maisie Gardiner ein Gespräch zu führen, das war ungefähr so, als wollte man in einem Raum zu Abend essen, in dem die Glühbirnen ständig aus und wieder an gingen. Die meiste Zeit redeten wir aneinander

vorbei, als ob jeder nur zu sich selbst spräche. Das hörte sich dann ungefähr so an:

Rodman Knowles Gardiner: »Freddy Eaves auf der Bootswerft will sich für mich nach einem neuen Spinnaker umsehen.«

Maisie: »Warum bekommen die purpurnen Zinnien viel schneller Mehltau als die blauen?«

Hugh Montague: »In den Pyrenäen soll gestern eine größere Lawine heruntergekommen sein.«

Kittredge: »Wenn du den purpurnen Zinnien ein bißchen weniger Mulch geben würdest, Mutter...«

Maisie: »Ist Gilley Butler ein zuverlässiger Handwerker, Mr. Hubbard? Ihr Vater, Cal Hubbard, sagt, man muß sich vor ihm in acht nehmen.«

Ich: »Ich sollte auf meinen Vater hören.«

Montague: »Sie haben keine Lawinenschnüre angehabt, so daß man die Leichen nicht finden kann.«

Dr. Gardiner: »Der Spinnaker ist bei der Regatta gerissen. Ich mußte mit einer einfachen Fock aufhören. War nur halb so schnell.«

Montague: »Ein dreifaches Hoch, daß du wieder die Liste der besten Schüler geschafft hast, Harry.«

Dr. Gardiner: »Ich werde den Martini-Shaker füllen.«

Kittredge und ich hatten trotzdem eine Stunde für uns allein. Sie wollte es einfach. Am Sonntagmorgen, als wir von der Ostermesse zurückkehrten und eine Stunde warten mußten, bis Maisies Köchin mit dem Essen fertig war, sagte sie zu Hugh: »Ich möchte, daß Harry mir die Insel zeigt. Ich bin sicher, er kennt jeden Winkel.« Allzu plausibel klang das nicht. Man brauchte keinen Führer, um die Winkel unserer kleinen Insel zu erkunden.

Hugh nickte und lächelte. Er streckte seine Hand wie eine Pistole aus, den Daumen emporgereckt, den Zeigefinger ausgestreckt. Wortlos feuerte er einen Schuß auf mich ab. »Bleib sauber, Harrick«, sagte er.

Kittredge und ich schlenderten zwischen dem Seetang auf dem kiesbedeckten Strand, und über uns lag der unsichtbare Schatten Harlots.

»Er ist furchtbar«, sagte Kittredge schließlich und nahm meine Hand. »Ich bete ihn an, aber er ist furchtbar. Er ist direkt widerlich. Harry, magst du Sex?«

»Ich kann mir nicht vorstellen, daß es mir nicht gefällt«, sagte ich.
»Nun, ich hoffe, daß du's gern tust. Du siehst so gut aus wie Montgomery Clift, also müßtest du's gern tun. Ich weiß jedenfalls, daß ich Sex mag. Es ist alles Sex zwischen Hugh und mir. Wir haben sonst so wenig gemeinsam. Deshalb ist er auch so eifersüchtig. Sein Omega ist praktisch ohne Libido, und sein Alpha überdominant.«
Ich wußte noch nicht, daß sie mit diesen beiden psychologischen Fachbegriffen ziemlich ungeniert jonglierte, seit sie sich diese vier Jahre zuvor zum erstenmal ausgedacht hatte. Für mich war das alles neu. Doch ich bin diesen Begriffen in den folgenden dreißig Jahren immer wieder begegnet.
»Was es schlimmer macht«, plauderte sie weiter, »ist, daß ich noch immer Jungfrau bin. Ich glaube, auch er ist noch unberührt, obwohl er sich nicht eindeutig dazu äußert.«
Ich war doppelt schockiert, einmal über diese erstaunlichen Tatsachen und dann über die Offenheit, mit der sie darüber sprach. Doch sie lachte nur über meine Verlegenheit. »Ich nehme jeden Abend eine Beichtpille«, sagte sie. »Bist du noch unberührt, Harry?«
»Leider«, seufzte ich.
Sie lachte schallend und gestand: »Ich will aber keine Jungfrau sein. Es ist auch absurd. Es ist ja nicht so, daß Hugh und ich den Körper des anderen nicht ziemlich gut kennen würden. Wir kennen einander sogar sehr gut. Wir sind sehr viel nackt zusammen. Diese Art von Wahrheit verbindet uns. Aber er besteht darauf, erst zu heiraten, bevor wir das Letzte vollziehen.«
»Ihr werdet ja bald verheiratet sein, nehme ich an.«
»Im Juni«, nickte sie. »Wir sollten an diesem Wochenende ein paar Dinge besprechen, aber wenn man Daddy und Hugh zusammenbringt, ist das hoffnungslos – schlimmer als zwei Relikte im Altersheim, die zur Unterhaltung mit ihren Gebissen klappern.«
Jetzt mußte auch ich lachen. Ich konnte gar nicht mehr damit aufhören, so daß ich mich aus lauter Verlegenheit setzen mußte. Sie ließ sich neben mir nieder. Wir saßen am Südende der Insel und blickten hinüber auf die Blue Hill Bay und in die kalte Ostersonne, die über dem fernen Atlantik schien.
»Hugh ist vielleicht der komplizierteste Mensch, den ich je kennengelernt habe«, sagte sie, »aber an diesem Wochenende ist er

leicht zu durchschauen. Er ist bitterböse, weil wir nicht jede Nacht zusammen sein können. Daddy hat darauf bestanden, daß ich in dem Zimmer neben Mutter und ihm schlafe. Und das hält Hugh nicht aus. Er ist wahnsinnig geil. In Washington ist er die ganze Zeit auf mir drauf. Ich hoffe, es macht dir nichts aus, das alles zu hören, Harry. Aber ich muß einfach drüber reden.«
»Ja«, sagte ich vorsichtig. Ich wußte eigentlich nicht, wovon sie sprach. Die Fakten schienen einander zu widersprechen. »Wie kann er auf dir drauf sein«, fragte ich schließlich, »wenn ihr beide noch unberührt seid?«
»Ach, wir tun das, was er ›die italienische Lösung‹ nennt.«
»Oh«, sagte ich. Ich wußte noch immer nicht mehr, doch dann begriff ich. Es tat mir direkt weh, daran zu denken, was sie ihm zu tun erlaubte. Auch konnte ich nicht verstehen, wie sich das mit all ihrer Frische und Fröhlichkeit vertrug.
»Eigentlich«, sagte sie mit dem schnellen, munteren Tonfall eines College Girls, »liebe ich es. Es ist liederlich, eine Jungfrau zu sein und gleichzeitig so lüstern. Harry, jetzt verstehe ich auch die Renaissance besser. Jetzt weiß ich, wie sie die katholischen Formen bewahren und trotzdem in vieler Hinsicht ein Leben fast in Todsünde führen konnten. Das ist nicht die schlechteste Einstellung, weißt du.«
»Redest du mit allen Leuten so?« fragte ich.
»Himmel, nein«, schüttelte sie den Kopf. »Du bist etwas Besonderes.«
»Wieso? Du kennst mich doch gar nicht.«
»Ich brauche nur einen Blick. Bevor Ostern vorbei ist, habe ich mir gesagt, werde ich diesem Mann alles erzählen. Siehst du, Harry, ich mag dich.«
»Oh«, sagte ich. »Ich glaube, ich mag dich auch.« Ich brauchte ihr nichts vorzuspielen. Die Vorstellung von Hugh Montague als heißem Satyr auf ihrem Rücken hatte mich zutiefst verwundert. Ich hätte ebensogut der betrogene Liebhaber sein können, und ich war wütend, daß mich ihre Geständnisse so betroffen machten.
»Natürlich«, sagte sie, »werden du und ich nie etwas daran ändern. Ich bin deine Cousine, und das werde ich immer bleiben. Die allerbeste Freundin. Schlimmstenfalls geben wir uns einen Tantenkuß.« Sogleich zeigte sie mir, wie sie sich einen solchen

Kuß vorstellte, und ihre Lippen berührten flüchtig die meinen. Doch diese Berührung ging bis in mein Innerstes hinein. Ihr Mund duftete nach einem Blütenblatt, das sich gerade von der Blume gelöst hat. Ich war nie einem feineren Atem nahe gewesen. Es war, als wenn man einen großen Roman zur Hand nimmt und den ersten Satz liest.
»Eines Tages«, sagte sie, »wenn Hugh und ich einander müde sind, werden wir beide vielleicht eine Affäre haben. Nur eine kurze natürlich, aber eine von denen, die unverschämt viel Spaß machen.«
»Schlimmstenfalls geben wir uns einen Tantenkuß«, wiederholte ich heiser.
»Ja. Nur jetzt, Harry, brauche ich einen guten Freund, einen, dem ich alles erzählen kann.«
»Ich bin nicht fähig, alles zu erzählen«, gestand ich, als hätte ich zahllose Abenteuer zu verbergen.
»Du bist wirklich sehr zugeknöpft. Deshalb habe ich dich auch aus dem Haus entführt. Ich möchte mit dir über geistige Overlays sprechen.«
»Ist das ein Ausdruck aus deinen philosophischen Theorien?«
»Ja.«
»Mein Vater hat mir erzählt, du wärest ein Genie. Allen Dulles sagt das.«
»Nun, ich bin natürlich keins«, sagte sie gereizt, als würde sie allein die Dummheit dieser Annahme der Einsamkeit des Genies näherbringen. »Ich habe nur ein Gehirn, das wunderbar leer ist, wenn ich es nicht gerade benutze. Also läßt es Gedanken hinein, die andere Leute von sich weisen würden. Glaubst du nicht, daß der Himmel uns genausooft mit Botschaften erreicht, wie dunkle Kräfte von unten unsere Triebe kitzeln?«
Ich nickte. Ich wußte ja nicht, was ich darauf hätte sagen sollen. Aber sie suchte ja auch gar keine Diskussion. Denn an der Änderung ihres Tonfalls merkte ich, daß sie mir ihre Theorie entwickeln wollte.
»Ich habe Freud immer unsympathisch gefunden«, sagte sie. »Er war ein großartiger Mann mit Bergen von Entdeckungen, aber er hatte nicht mehr philosophischen Geist als ein Stoiker. Das ist nicht genug. Stoiker sind gute Klempner. Die Rohre gehen kaputt, und man muß sich die Nase zuhalten und sie reparieren. Ende der

Freudschen Philosophie. Wenn Menschen und die Zivilisation nicht zusammenpassen – was wir sowieso alle wissen –, ja, sagt Freud, dann macht das Beste draus.«
Sie hatte diese Rede offenbar schon mehrfach gehalten, vermutlich an ihrer Arbeitsstelle. Also nahm ich es als ein Zeichen ihrer Freundschaft, daß sie bereit war, sie auch mir vorzutragen. Außerdem hörte ich ihre Stimme gern. Es kam mir so vor, als ob sie mir diesen Vortrag hielte, weil sie uns einander näherbringen wollte. Ich spürte einen reinen, feinen Liebeskummer. Sie war so schön und so einsam. Wilde Blumen in ihrem Haar und blaue Turnschuhe an den Füßen. Ich wollte sie umarmen und hätte es getan, wenn ich nicht den ungeheuer langen Schatten von Hugh Montague über uns gefühlt hätte.
»Philosophisch betrachtet«, fuhr sie fort, »bin ich eher dualistisch gesinnt. Ich verstehe auch nicht, wie man da anders denken kann. Es war damals sicher sehr gut von Spinoza, von einer einzigen Welt-Substanz auszugehen, einem wundervoll schwer faßbaren, metaphysischen, metaphorischen Universal-Klebstoff, der alle Gegensätze zusammenbindet und mit dem er seinen Monismus erklärt. Aber ich glaube, er hat das Schiff der Philosophie versenkt. Wenn Gott uns irgend etwas mitzuteilen versucht, dann ist es dies, daß jeder Gedanke, den wir von Ihm haben, dual ist. Himmel und Hölle, Gott und der Teufel, Gut und Böse, Geburt und Tod, Tag und Nacht, heiß und kalt, Mann und Frau, Liebe und Haß, Freiheit und Knechtschaft, Bewußtsein und Traum, der Handelnde und der Beobachter – ich könnte diese Liste in Ewigkeit fortsetzen. Denk daran: Wir sind aus dem Zusammentreffen einer Spermie mit einem Ei entstanden. Im ersten Augenblick unserer Existenz, im Augenblick unserer Erschaffung werden wir durch die Vereinigung von zwei verschiedenen Wesen ins Leben gebracht; wie unähnlich sie einander doch sind. Sofort fangen wir an, eine rechte Seite und eine linke Seite zu entwickeln. Zwei Augen, zwei Ohren, zwei Nasenlöcher, zwei Lippen, zwei Zahnreihen, zwei Gehirnhälften, zwei Lungen, zwei Arme, zwei Hände, zwei Beine, zwei Füße.«
»Eine Nase«, sagte ich.
Das hatte sie schon früher gehört. »Die Nase ist nur ein Stück Fleisch, das zwei Tunnel umgibt.«
»Eine Zunge«, sagte ich.

»Die eine Ober- und eine Unterseite hat, und die sind sehr verschieden.« Sie streckte mir ihre Zunge heraus.
»Fünf Finger an jeder Hand.«
»Der Daumen steht in Opposition zu den anderen, der große Zeh stand ursprünglich in Opposition zum Fuß.«
Ich fing an zu lachen. »Zwei Hoden«, sagte ich. »Aber ein Penis.«
»Das ist das schwache Glied in meiner Beweiskette.«
»Ein Nabel«, fuhr ich fort.
»Du bist schrecklich«, sagte sie. »Du bist unerbittlich.«
»Ein Kopf mit Haar.«
»Das du scheitelst.« Sie strich mir durchs Haar, und beinahe hätten wir uns wieder geküßt. Es war herrlich, mit einer Cousine zu flirten, die ein paar Jahre älter als ich war.
»Versuch bitte ernst zu bleiben«, sagte sie. »Es gibt wirklich mehr Beweise für Dualität als für Singularität. Deshalb beschloß ich, den nächsten Schritt zu gehen. Was ist, wenn es nicht nur zwei Nasenlöcher, zwei Augen, zwei Ohrläppchen und so weiter, sondern auch zwei Seelen gibt und wenn sie unterschiedliche Eigenschaften haben? Sie gehen wie siamesische Zwillinge einer Person zusammen durchs Leben. Alles, was dem einen geschieht, geschieht auch dem anderen. Wenn der eine heiratet, ist der andere auch dabei. Davon abgesehen sind sie jedoch verschieden. Vielleicht sind sie nur ein bißchen verschieden, wenn auch nie so identisch wie eineiige Zwillinge, oder sie sind so ungeheuer verschieden wie gut und böse.« Sie machte eine Pause, um ein näherliegendes Beispiel zu nennen. »Oder Optimismus und Pessimismus. Ich wähle das, weil man etwas leichter darüber reden kann. Die meisten Ereignisse, die uns widerfahren, haben optimistische und pessimistische Möglichkeiten. Nimm an: Alpha und Omega – denn das sind die Namen, die ich diesen beiden Seelen schließlich gegeben habe – denn man muß ihnen irgendwelche Namen geben, und A und B ist viel zu kalt –, Alpha und Omega also. Es ist ein wenig prätentiös, aber man gewöhnt sich daran.«
»Du wolltest mir ein Beispiel geben«, sagte ich.
»Ja. Gut. Sagen wir: Alpha neigt in den meisten Situationen zum Optimismus, während Omega eher pessimistisch gestimmt ist. Jede Erfahrung, die die beiden machen, wird sozusagen von verschiedenen Gefühlen interpretiert. Alpha greift auf, was in einer bestimmten Situation positiv sein könnte; Omega sieht oder

ahnt voraus, was verlorengehen könnte. Dieses zweiteilige System der Wahrnehmung funktioniert bei jeder Dualität, die du dir vorstellen kannst. Nimm den Tag und die Nacht. Laß uns annehmen, Omega reagierte ein bißchen stärker auf nächtliche Erfahrungen als Alpha. Am Morgen ist wiederum Alpha besser motiviert zum Aufstehen und Arbeiten.«

Als wollte sie die Wirklichkeit von Alpha und Omega in sich selbst beweisen, hatte sich ihre Vertraulichkeit, die so unschuldig und keck zugleich war, verloren, und es war die Pedantin erschienen. Mir schien, als müßte man beide Seiten dieser Frau gewinnen, doch ich fand auch, daß ich Hugh Montague gegenüber nicht sehr loyal war, aber zum Teufel – das mochte ja mein Omega sein. »Ich sehe nur nicht ein«, setzte ich die Diskussion fort, »warum die beiden immer verschiedenartig reagieren müssen.«

»Erinnere dich«, sagte sie und hob belehrend den Zeigefinger. »Alpha und Omega sind verschiedenen Ursprungs. Eins ist aus der Spermie entstanden: Alpha; Omega aus dem Ei.«

»Du sagst also, wir hätten eine männliche und eine weibliche Seele in uns?«

»Warum nicht? Das darfst du nicht so mechanistisch verstehen«, sagte Kittredge. »Die männliche Seele kann voller sogenannter weiblicher Eigenschaften sein, während Omega ein richtiger Bulle von einem Weib und so männlich und muskulös wie ein Müllkutscher ist.« Sie warf mir einen vergnügten Blick zu, als ob sie die Rückkehr ihres Alpha anzeigen wollte. Oder war es ihr Omega? »Gott will, daß wir so vielschichtig und facettenreich wie ein Kaleidoskop sind. Was zu dem nächsten Punkt führt. Hugh und ich stimmen in diesem Punkt überein: Der Krieg zwischen Gott und dem Teufel findet auch in den beiden seelischen Einheiten statt. So sollte es sein. Schizophrene neigen dazu, Gut und Böse völlig voneinander zu trennen, aber in ausgeglichenen Menschen kämpfen Gott und der Teufel nicht nur in Alpha, sondern auch in Omega.«

»Es scheint da in deinem System eine grenzenlose, unerschöpfliche Bereitschaft zum Kampf zu geben.«

»Ja, natürlich. Paßt das nicht zur menschlichen Natur?«

»Hm«, sagte ich. »Ich kann nur nicht ganz begreifen, warum der Schöpfer einen so komplizierten Entwurf gewollt haben soll.«

»Weil er uns einen freien Willen geben wollte«, sagte sie. »Ich

stimme auch hierin mit Hugh überein. Der freie Wille läuft darauf hinaus, daß man dem Teufel die gleichen Chancen gibt.«
»Woher kannst du das wissen?« platzte ich heraus.
»Das denke ich mir so«, sagte sie einfach. »Siehst du nicht: Wir Menschen haben ein echtes Bedürfnis nach zwei entwickelten Seelen, jede mit ihrem eigenen Über-Ich, Ich und Es. Auf diese Weise erhält unsere sittliche Erfahrung gewissermaßen eine Art dritte Dimension. Wenn Alpha und Omega einander ganz unähnlich sind, und glaub mir, das sind sie oft, dann können sie dasselbe Ereignis aus zwei ganz verschiedenen Blickwinkeln sehen. Deshalb haben wir ja auch zwei Augen: damit wir Entfernungen abschätzen können.«
»Erkläre mir das mal«, sagte ich. »Wenn unsere Augen zu verschieden voneinander werden, brauchen wir eine Brille. Wenn Alpha und Omega so schrecklich verschieden voneinander sind, wie kann eine Person dann funktionieren?«
»Sieh dir Hugh an«, sagte sie. »Sein Alpha und Omega müssen so weit auseinander sein wie Sonne und Mond. Große Persönlichkeiten und Künstler, überhaupt alle außergewöhnlichen Menschen haben dramatisch verschiedene Alphas und Omegas. Natürlich auch die Schwachsinnigen, die Süchtigen und Psychopathen.«
Etwas an der Selbstsicherheit in ihrer Stimme weckte meinen Widerspruch. »Wie erklärst du dir dann also«, fragte ich sie, »den Unterschied zwischen einem Künstler und einem Psychopathen?«
»Aus der Art der inneren Verständigung natürlich. Wenn Alpha und Omega zwar sehr verschieden sind, aber trotzdem einander ihre verschiedenen Bedürfnisse und Auffassungen mitteilen können, dann hast du eine außergewöhnliche Persönlichkeit. Solche Menschen können außerordentliche Lösungen finden. Künstler vor allem. Wenn Alpha und Omega sich nicht miteinander verständigen, dann wird das eine oder das andere dominieren, oder es kommt zum Stillstand. So wird der Verlierer unterdrückt. Das ist eine furchtbar ineffiziente Lebensweise.«
»Wie der Totalitarismus?«
»Genau. Du verstehst also, wovon ich rede.«
Ich war sehr froh, das zu hören. Mutig geworden, fragte ich weiter: »Würden Alpha und Omega bei einer gesunden Person

etwa so verschieden sein wie, sagen wir, Republikaner und Demokraten? In manchen Dingen übereinstimmen, in anderen nicht, aber ihre Differenzen lösen?«
Sie strahlte. Ich hatte eine Saite in ihr zum Schwingen gebracht. Das schalkhafte Lächeln war wieder in ihren Augen. »Du bist wundervoll«, sagte sie. »Ich liebe dich wirklich. Du bist so direkt.«
»Du machst dich über mich lustig.«
»Nein«, sagte sie. »Ich werde dein Beispiel bei ein paar von diesen Dummköpfen zitieren, denen ich die Sache erklären muß.«
»Sind sie denn nicht von deinen Theorien begeistert? Ich sehe schon, daß Alpha und Omega uns eine Menge über Spione erklären könnten.«
»Natürlich. Aber so viele von den Leuten, mit denen ich arbeite, wagen es nicht, daran zu glauben. Für sie bin ich nur ein kleines Mädchen. So können sie sich einfach nicht vorstellen, daß dies die erste zuverlässige psychologische Theorie sein könnte, die erklärt, wie Spione mit der Spannung ihrer unglaublichen Lebenssituation existieren können, wie sie ein solches Doppelleben nicht nur aushalten, sondern es sich sogar, in der Tat, aussuchen.«
Ich nickte. Sie hatte mich direkt angesprochen, aber ich fragte mich, ob ihre Art der Präsentation nicht ganz einfach etwas zu schmucklos war. Die meisten Intellektuellen, die ich in Yale getroffen hatte, schienen sich verpflichtet zu fühlen, bei der ersten Begegnung den Gesprächspartner mit einem wahren Artilleriefeuer von Zitaten großer und/oder esoterischer Autoren einzudecken, die sie sich offenbar angeeignet hatten. Kittredge aber schienen ein Spinozazitat und ein Hinweis auf Freud zu genügen. Sie verschanzte sich nicht hinter anerkannten Autoritäten. Sie verfolgte ihre Gedanken, und das genügte ihr. Ich fand, sie hatte den Kopf einer überzeugenden, aber naiven Denkerin.
Nun, wir redeten und redeten. Wir kamen nie auf die geistigen Overlays zu sprechen, aber bevor unsere Stunde in den Winkeln von Doane abgelaufen war, irritierte es mich doch ein wenig, daß sie an unserem Flirt offenbar ebensoviel Vergnügen fand wie an ihren Darlegungen. Deshalb versuchte ich sie zu necken, bevor wir zum Haus zurückgingen. Ich bat sie also, mir zu gestehen, wer ihr eigenes Alpha und Omega seien.
»Oh«, wich sie aus. »Andere sehen so etwas besser als man selbst. Sag mir, wie sie sich deiner Ansicht nach in mir zusammensetzen.«

»Oh«, sagte ich und ahmte ihren Tonfall nach. »Ich glaube, dein Alpha ist völlig treu und dein Omega so wandelbar wie Ebbe und Flut. Dein Alpha ist keusch und züchtig, und dein Omega ist lasterhaft. Auf der einen Seite bist du spontan wie ein Kind und auf der anderen die Erbauerin eines Imperiums.«
»Du bist ein Teufel durch und durch«, sagte sie und gab mir noch einen Kuß auf die Lippen.
Ich werde niemals erfahren, ob Harlot diese kleine Umarmung gesehen oder auch nur geahnt hat. Als wir Hand in Hand zurückwanderten, stießen wir auf ihn, er stand auf einem Felsen, von dem aus er nach uns Ausschau gehalten hatte. Ich habe keine Ahnung, wie lange er dort gestanden hatte, aber eine gewisse Befangenheit tief unten in mir schien bestätigt. Seine Haltung änderte sich nicht, gewiß, aber die Vertrautheit zwischen Kittredge und mir war in seiner Gegenwart wie abgesengt. Das Wort trifft die Sache. Als wir ihm nahekamen, brannte meine Stirn, als wäre sie zu Asche verglüht, und ich fragte mich, ob ich für meine Stunde mit seiner Verlobten bezahlen würde, wenn ich in den CIA eintrat.
Am Ostersonntagabend machte Dr. Gardiner schließlich den in seiner Kehle begrabenen Furien Luft und ehrte seine Gäste mit einer qualvollen Dichterlesung: Beim Schein des Kaminfeuers in seinem Arbeitszimmer deklamierte er Shakespeare.
Mit »Titus Andronicus« bot er uns ein Frühwerk dar. Eine seltsame Wahl. Ich wußte nicht, wie bizarr sie war, bis ich die Familie besser kennenlernte. Dr. Gardiner gehörte zwar nicht zu den Gelehrten, die da glaubten, Shakespeare sei nicht der Verfasser des Titus Andronicus, aber er hielt dieses Stück für eines der schlechtesten des großen Dichters, uninspiriert und viel zu grausam. Trotzdem las er an diesem Sonntagabend daraus mit einer Stimme voller Leidenschaft, und er wählte die furchtbare Rede, in der Titus Chiron und Demetrius seine Rache ankündigt für die furchtbaren Verbrechen, die sie an seiner Familie begangen hatten – sie hatten ihm eine Hand und seiner Tochter Lavinia beide Hände abgeschlagen.

> *Hört, Buben, welche Qual ich euch ersann:*
> *Die Hand blieb, euch die Gurgel durchzuschneiden,*
> *Indes Lavinia mit den Stümpfen hält*
> *Dies Becken, das eu'r schuldig Blut empfängt.*
> *Nun hört mich! Eu'r Gebein reib' ich zu Staub,*

Und knet' es ein zu Teig mit eurem Blut;
Und aus dem Teige bild' ich eine Rinde,
Drin einzubacken eure Schurkenhäupter.

Jetzt reicht die Gurgeln her. – Lavinia, komm,
Fang auf den Strahl; und wenn ich sie entseelt,
Zerstampf' ich ihr Gebein in feinen Staub,
Und feucht' es an mit diesem schnöden Blut,
Die Häupter einzubacken in den Teig.
Kommt, seid mir alle jetzt zur Hand, dies Mahl
Zu rüsten, das viel grimmer werden soll
Und blutiger als der Zentauren Schmaus.

Er zitierte mit der sonoren Stimme eines geübten Redners und legte den ganzen komplizierten Reichtum an Vokalen und Konsonanten der elisabethanischen Zeit in seine Worte. Wie genoß er doch die verschlungenen Sehnen und Muskeln dieser Sätze. Das Haar sträubte sich mir im Nacken, und ich erkannte, daß in den Haaren eine Art sechster Sinn ist.
»Ich billige das Stück nicht«, sagte Dr. Gardiner, als er fertig war. »Aber die Galle der Jahrtausende kocht in diesem fabelhaften Stoff.«
Maisie war eingeschlafen, während er las. Ihr Kopf hing zur Seite hin, ihr Mund stand offen, und ich dachte einen Augenblick, der Schlag hätte sie getroffen. Dabei hatte sie nur ihre abendliche Dosis von drei Schlaftabletten genommen, und bald führte Dr. Gardiner sie die Treppe hinauf zu Bett. Es dauerte Jahre, bis ich erfuhr – wie viele kleine Geständnisse mir Kittredge doch gemacht hat! –, daß es Dr. Gardiners bevorzugte Form der ehelichen Vereinigung war, Maisie zu erforschen, während sie schlief. Kittredge entdeckte diese Gewohnheit ihres Vaters, als sie zehn war. Sie warf einen Blick durchs Schlüsselloch und sah alles. Im Schlaf schrie Maisie, eine Buhle Morpheus', spitz wie ein Vogel.
Ehemänner und ihre Frauen entdecken bekanntlich oft, daß ihre Kindheit seltsam miteinander verknüpft ist. Kittredge und ich hatten beide unsere Eltern beim Liebesakt beobachtet. Oder, genauer gesagt, hatten wir insgesamt drei unserer vier Eltern gesehen. Titus und Lavinia hatten drei ihrer vier Hände verloren. Diese Anspielung ist natürlich bedeutungslos, dessen bin ich sicher, aber

Zahlen haben eine eigene Logik, und vielleicht ist Augustus Farr in dieser Nacht umgegangen, während Dr. Gardiner und seine schlaftrunkene Maisie in jene Unterwelten drangen, die unterhalb des Nabels liegen.

6

Ich kehrte im Juni anläßlich der Hochzeit von Hadley Kittredge Gardiner mit Hugh Tremont Montague zur Keep zurück. Mein Vater und meine Stiefmutter, meine Brüder, Onkel, Tanten, Cousins und Cousinen versammelten sich dort, wie gute Familien in Maine es im Sommer tun. Die Prescotts und die Peabodys kamen, die Finletters und Griswolds, die Herters und die Places. Sogar Mrs. Collier aus Bar Harbor zusammen mit dem halben Bar Harbor Club fuhren die krummen Wege nach Westen über fünfzehn Meilen Insel hinweg zur »Kehrseite«. Abordnungen waren präsent aus Northeast Harbor und Seal Harbor, und David Rockefeller war da. Desmond FitzGerald ließ sich sehen und Clara Fargo Thomas; Allen Dulles flog von Washington herauf mit Richard Bissell und Richard Helms, Tracy Barnes und Frank Wisner, James Angleton und Miles Copeland. Einer meiner Vettern, Colton Shaler Hubbard, der sich gern als Verkörperung eines Spaßvogels sah, soll erklärt haben: »Laß eine Bombe auf diesen Schwof fallen, und die US Intelligence ist im Eimer.«

Ich will nicht weitschweifig von den Blumenarrangements berichten, die Maisie ausgewählt hatte, noch von der Nüchternheit unserer Episkopalkirche, St. Anne of the Trinity in the Woods (die man seit der Jahrhundertwende insgeheim wegen presbyterianischer Kargheit kritisiert). Ich berichte von der Hochzeit, weil sie meinen Verdacht, daß ich Kittredge liebte, bestätigte, und dieses Gefühl stellte sich als die preiswerteste, aus sich selbst lebende und wunderbarste Liebe heraus, die ein junger Mann sich nur wünschen konnte. Lange Zeit war sie für mich nicht mehr als eine Facette meines Selbstmitleids, das sich am Hochzeitstag vom innerlichen Seufzer zur tiefsten Melancholie steigerte. Ich liebte ein

schönes, glänzend begabtes Mädchen, das mit dem elegantesten Intellektuellen und Gentleman verheiratet wurde, der mir je begegnet war; es gab keine Hoffnung für mich – aber wie schön war diese Liebe!
Mr. Dulles schien auch dieser Ansicht zu sein. Bald nachdem wir uns in der Keep zum Hochzeitsfest versammelt hatten, erhob er sich und brachte (ganz in seiner Funktion als CIA-Direktor) den ersten Toast aus. Ich weiß noch, wie zierlich und doch mit welch feierlichem Ernst er sein Glas erhoben hielt.
»Das griechisch-römische Ideal des gesunden Geistes in einem gesunden Körper wird von unserem guten und tapferen Kollegen Hugh Tremont Montague personifiziert«, begann er. »In der Tat, wenn nicht diese Großzügigkeit wäre – die er mit mir teilt –, mit der er die einst reiche Fülle seines Haares vergeudet, könnten wir von einem vollkommenen Mann sprechen.« Höfliches, unbekümmertes Gelächter perlte sanft durch den Raum. »Die wenigen unter Ihnen, die nicht mit den Legenden seiner Heldentaten im OSS während des Krieges vertraut sind, mögen sie sich berichten lassen. Seine derzeitigen Leistungen jedoch bleiben im Bereich des streng Geheimen. Aus ebenso gutem Grund kann ich nichts über die Arbeit berichten, die er jetzt macht, nur andeuten darf ich, daß er schon unentbehrlich zu werden droht, bevor er auch nur das mittlere Alter erreicht hat.« Leichtes Gelächter. »Nichtsdestoweniger, bei all seinen gediegenen und bewährten Eigenschaften ist er dennoch der größte Glückspilz dieser Welt. Er heiratet eine junge Dame von unvergleichlicher Schönheit, die, wenn ich bei einem so festlichen Anlaß so Großes sagen darf, kraft ihrer göttlichen Inspiration, Begabung und fleißiger Studien eine psychologische Theoretikerin von einer Kraft und Überzeugungsgabe geworden ist, daß sie bereits jetzt alle Jungianer beflügelt und alle Freudianer verwirrt. Als sie noch eine Studentin in Radcliffe war, las ich zufällig einen Aufsatz von ihr, und es war ein Wunderwerk. Ich begehe hier einen kleinen Vertrauensbruch, wenn ich sage, daß ich ihr sofort erklärt habe: ›Kittredge, Ihr Aufsatz ist phantastisch, und ich kann Ihnen versprechen, daß ein paar von uns so etwas vielleicht gerade brauchen. Sie, Kittredge, kommen an Bord.‹ Wie konnte eine junge Dame im Angesicht solcher Bewunderung nicht ihre Zustimmung geben? Ich erhebe mein Glas zum Toast, möge mein Herz sich ebenso erheben! Gott segne Sie beide. Möge Er Ihre

Ehe heiligen, hübscher, halbkahler Montague und Hadley Kittredge Gardiner, hier auf Erden, und Ihre enge Beziehung zum Göttlichen erhalten.«
Danach hatte man mich dem Direktor in aller Eile vorgestellt, als er weg wollte, und es blieb nur Zeit für einen festen Händedruck und das freundlichste Lächeln. »Ihr Vater ist ein Bär von einem Mann, Harry«, sagte er mit einem vielsagenden Zwinkern. Mr. Dulles, so fand ich, war vielleicht der netteste Mensch, dem ich bei dieser Hochzeit begegnet war, und meine Ungeduld, in den CIA einzutreten, wurde immer ungestümer.
Natürlich ließ ich auch die Gegenwart von so vielen Männern auf mich wirken, deren Namen für mich zur Legende geworden waren, seit mein Vater in dem vertraulichen Ton von ihnen zu reden begonnen hatte, in dem ein Gott von anderen Göttern spricht. Namen wie Allen und Tracy, Richard und Wiz, Dickie und Des nahmen schon einen festen Platz in meiner persönlichen Ruhmeshalle ein. Und wenn auch keiner von ihnen so gut aussah wie mein Vater, so kamen ihm doch viele an Körpergröße oder -kraft gleich. Unvorstellbar, sie wegen irgendwelcher Kleinigkeiten zu belästigen. Sie hatten einfach Format. »Etwas in mir«, signalisierten sie, »ist unverwundbar.«
Ich gab das letzte Semester meines Seniorjahrs in Yale auf, schrieb mich kurz entschlossen gleich nach der Heirat bei den Sommerferienkursen ein, so daß ich schon im Januar, vor Semesterende, meinen Abschluß bekommen und mich dadurch sechs Monate früher bei der Company bewerben konnte. Es war ein Opfer, das erste Opfer, das ich im vollen Bewußtsein dessen brachte, was ich tat, denn ich fühlte mich in Yale ausgesprochen wohl, hatte ein gutes Zimmer, und immer wieder überkam mich das Verlangen, vielleicht ein Jahr nach dem College darauf zu verwenden, Erzählungen zu schreiben. Ich konnte es mir sogar erlauben, spät abends und bis in die Nacht zu schreiben, denn ich hatte absichtlich nur Kurse belegt, die nicht vor zehn Uhr früh begannen. Ich hatte auch Freunde jedweder Couleur, wie man sie nach drei Jahren im College findet, und hatte es in jeder Hinsicht gut getroffen. Für meine Begriffe gab ich also sehr viel auf. Aber das wollte ich ja auch so und nicht anders. Wenn ich meinem Land dienen wollte, brachte ich ihm am besten ein Opfer. Und so ging ich in die Sommerkurse, bekam in diesem Eilverfahren schon acht Monate

darauf meinen Abschluß und trat – ein Bärenjunges ohne Pelz mit meinem Jahresmitte-Diplom – Anfang Februar in die vom Schneematsch bedeckten Straßen Washingtons hinaus. Aber ich war stolz auf mein Opfer.
Ich will nicht die Aufnahmetests beschreiben, denen ich mich unterwerfen mußte. Sie waren zahlreich und geheim, aber wenn ich bedenke, wie viele Beamte der Agency man angesprochen und gebeten hatte, meine Bewerbung zu unterstützen, so hätte ich mich sehr dumm anstellen müssen, um nicht hineinzukommen.
Natürlich wurden gute Ergebnisse erwartet und vorausgesetzt. Nur wenige von hundert Bewerbern bestanden alle Intelligenztests, Persönlichkeitstests, den Lügendetektor und die Sicherheitsprüfung. Ich erinnere mich, daß es im Personal History Statement eine Frage gab: Wie würden Sie Ihre Hingabe an diese Aufgabe einschätzen? Entscheiden Sie sich für eine der fünf Stufen. Ich kreuzte die fünfte Stufe an und schrieb in die leere Fläche, in der man eine Bemerkung unterbringen durfte: »Ich bin so erzogen, daß ich stets das Höchste und Äußerste anstrebe.«
»Erklären Sie das mal«, sagte der Prüfer.
»Ja, Sir«, sagte ich, denn ich hatte darauf gewartet, diese Rede halten zu dürfen. »Ich habe das Gefühl, wenn es sein müßte, könnte ich auch vor einen internationalen Gerichtshof hintreten.« Als mein Gesprächspartner mich fragend ansah, fügte ich – wie ich finde, nicht ungeschickt – hinzu: »Was ich damit sagen möchte, ist: Obwohl ich ein moralisch integrer Mensch bin, bin ich doch zugleich bereit, Aufgaben zu übernehmen, deretwegen ich mich vielleicht für mein Land vor einem Gericht verantworten oder, wenn es je dazu kommen sollte, für höhere Ziele sterben müßte.« Beim Lügendetektor hatte ich mehr Probleme. Es war der Test, der mir Angst machte. Obwohl man uns gewarnt hatte, mit Bewerbern, die sich ihm schon unterzogen hatten, darüber zu reden, trafen wir uns mit ihnen, sobald sie das gefürchtete Ereignis hinter sich hatten; gewöhnlich sagten sie kaum etwas darüber, sondern tranken Unmengen Bier.
Ich sehe noch das Transkript meines Interviews am Polygraphen vor mir. Es ist ein fiktives Transkript. Was der Interviewer und ich einander bei diesem Test sagten, kann nicht das sein, woran ich mich heute erinnere. Meine Erinnerung ist gewiß falsch, aber sie hat sich bei mir fest eingeprägt. Das Gesicht des Interviewers, an

das ich mich erinnere, hat eine lange Kinnlade und eine Brille; er sieht so grau wie eine Person in einem Schwarzweißfilm aus. Natürlich steckten wir in einem schmuddeligen, winzigen Raum abseits einer langen, überfüllten Halle in einem Gebäude, das sich Building 13 nannte und am Spiegelteich lag, und viele meiner Erinnerungen an jene Wintertage sind in der Tat schwarzweiß.

Ich kann hier nur das niederschreiben, dessen ich mich entsinne. Ich kann nichts weiter garantieren, als daß diese Rekonstruktion für mich immer noch gültige Realität darstellt.

FRAGE: Jemals eine homosexuelle Erfahrung gehabt?
ANTWORT: Nein, Sir.
FRAGE: Warum ist Ihre Reaktion so stark?
ANTWORT: Ich wußte nicht, daß sie das ist.
FRAGE: Wirklich nicht? Sie bringen die Maschine »zum Erröten«, wie wir das nennen.
ANTWORT: Könnte die Maschine das nicht falsch interpretiert haben?
FRAGE: Sie sagen, daß Sie kein Homosexueller sind?
ANTWORT: Gewiß nicht.
FRAGE: Niemals?
ANTWORT: Einmal bin ich nahe drangewesen, aber ich hab's abgewehrt.
FRAGE: So? Gut. Ich verstehe. Also weiter.
ANTWORT: Ja, bitte.
FRAGE: Kommen Sie gut mit Frauen zurecht?
ANTWORT: Ist schon vorgekommen.
FRAGE: Halten Sie sich für normal?
ANTWORT: Können Sie drauf wetten.
FRAGE: Warum sehe ich hier ein Flattern?
ANTWORT: Soll ich Ihnen eine Antwort geben?
FRAGE: Ich will meine Frage anders formulieren. Gibt es etwas, das Sie mit Frauen machen und das die Allgemeinheit als ungewöhnlich ansehen könnte?
ANTWORT: Meinen Sie – ungewöhnliche Akte?
FRAGE: Genauer bitte.
ANTWORT: Können Sie mir eine spezifische Frage stellen?
FRAGE: Lassen Sie sich gern blasen?
ANTWORT: Ich weiß nicht.
FRAGE: Übergroße Reaktion.

ANTWORT: Ja, Sir.
FRAGE: Was – Ja, Sir?
ANTWORT: Ja, zu dem Blasen.
FRAGE: Was machen Sie denn für ein unglückliches Gesicht? Das wird uns nicht daran hindern, Sie aufzunehmen. Andererseits, wenn Sie in diesem Test lügen sollten, könnte Ihnen das sehr schaden.
ANTWORT: Danke, Sir. Ich verstehe.
Ich habe bei dieser Erinnerung einen Geruch in der Nase: den alten Schweiß. Ich hatte den Lügendetektor belogen: Ich hatte meine »Unschuld« immer noch nicht verloren. Aber wenn auch wahrscheinlich zwei Drittel meines Jahrgangs in Yale dasselbe von sich sagen mußten, war trotzdem alles besser als ein solches Geständnis. Wie konnte ein CIA-Mann unberührt sein? Später erfuhr ich, daß auch viele andere Bewerber gelogen hatten, um dieses peinliche Geständnis für sich zu behalten. Das war in Ordnung. Die Tests sollten lediglich Männer aussortieren, die Opfer von Erpressungen werden könnten. Guterzogene Collegeabsolventen also, die mehr Liebeserfahrungen zu haben behaupteten als es den Tatsachen entsprach, konnte man akzeptieren.
Während dieser Testwochen wohnte ich beim Christlichen Verein Junger Männer, im YMCA, und aß mit anderen Bewerbern zusammen in Drugstores. Sie kamen zum größten Teil von staatlichen Universitäten und hatten im Hauptfach Politologie oder Football oder Sprachen, Außenpolitik, Wirtschaft, Statistik, Landwirtschaft oder etwas Spezielleres studiert. Meistens hatte sich einer ihrer Professoren eingehend mit ihnen unterhalten, und wenn Interesse da war, hatten sie einen Brief bekommen, in dem von einer wichtigen Regierungslaufbahn mit Aufgaben im Ausland gesprochen wurde, und sie sollten ihre Antwort an ein Postfach in Washington, D. C., schicken.
Ich tat so, als hätte man auch mich auf diese Art angesprochen, aber weil ich weder Rechtswissenschaften noch Wirtschaft noch Politologie oder angewandte Psychologie studiert hatte, gab ich statt dessen vor, mich eingehend mit dem Marxismus beschäftigt zu haben. Keiner meiner neuen Bekannten wußte viel darüber. Ich kam deshalb damit durch, bis ich Arnie Rosen begegnete, dessen Vater ein Vetter dritten Grades von Sidney Hook war. Rosen hatte, vielleicht zu Ehren dieses Verwandten, als Junge Lenin, Trotzki

und Plechanow gelesen – nicht, so versicherte er mir, um deren Ideen zu fördern, sondern um sich als künftiger Gegenspieler aufzubauen. Oder wie er es mir eines Morgens bei Pfannkuchen und Würstchen erklärte: »Vom ersten Augenblick an habe ich den Murks bei W. I. Lenin erkannt.« Ja, Rosen, Examen mit Auszeichnung, Phi Beta Kappa, Columbia University – er ist mir gleich unsympathisch gewesen.

Vier oder fünf Wochen verbrachte ich auf diese Weise mit anderen Bewerbern zwischen den verschiedenen Gebäuden, in denen wir geprüft wurden und die zum I-J-K-L-Komplex gehörten, einem Ensemble von vier langgestreckten Bauwerken, die hintereinander in einer Reihe lagen und sich mehr als eine Viertelmeile vom Lincoln Memorial am Spiegelteich längs in Richtung auf das Washington Monument hinzogen. An grauen und kahlen Wintermorgen erinnerten diese Gebäude in gewisser Weise an Bilder, die ich von Dachau gesehen hatte: Es waren die gleichen langen einstöckigen Schuppen. Man hatte uns in Bauten gequetscht, die während des Zweiten Weltkriegs für Regierungsämter hochgezogen worden waren. Da wir noch andere Dienststellen aufzusuchen hatten, die über allerlei Nebenstraßen verteilt und in manch schönem alten Haus untergebracht waren, fuhren uns in Foggy Bottom spezielle flaschengrüne Regierungsbusse von einem Bauwerk zum anderen. Wir füllten Fragebögen aus und gingen scheu in kleinen Gruppen umher, denen man den Rekrutenstatus von weitem ansah.

Die ganze Zeit tat ich, wie gesagt, so, als ob ich genau wie meine neuen Freunde wäre. In Wirklichkeit unterschied sich diese Art von Existenz von allem, was ich in Yale gelernt hatte, so weit, daß ich mir wie ein Fremder im eigenen Land vorkam. Solche Gefühle überwältigen mich meistens, wenn ich in einem der allgegenwärtigen Hörsäle mit beigefarbenen Wänden, Wandtafel, amerikanischer Fahne im Ständer, dunkelgrauem, fleckenabweisendem Teppich und beweglichen Vorlesungsstühlen mit kleinen »einarmigen« Schreibflächen einer Vorlesung lauschte. Meine Klassenkameraden trugen denselben guten amerikanischen Bürstenhaarschnitt wie ich selbst, und wenn wir uns verhielten wie Angehörige des YMCA und der Harvard Business School, so hieß das nicht, daß ich in irgendeiner Weise wie alle anderen war. Ich stellte fest, daß ich wenig von meinen Landsleuten wußte, wenigstens von denen, die wie ich in den CIA wollten. Auch kam ich mir selbst ein wenig unwirklich vor, aber das war ein vertrautes Gefühl. Gelegentlich besuchte ich Kittredge und Harlot in ihrem Haus am Kanal draußen in Georgetown, das sie in dem Jahr nach ihrer Hochzeit gekauft hatten, und diese Abende wirkten auf mich ungeheuer anregend. Manche ihrer Gäste beim Abendessen waren tolle Leute. Eines Abends war Henry Luce dort, er nahm mich einen Augenblick beiseite, lange genug, um mir zu sagen, daß er meinen Vater kannte. Mr. Luce hatte weißes Haar und mächtige, schwarze Augenbrauen, und seine Stimme klang heiser, als er zu mir sagte: »Du wirst ein wundervolles Leben führen. Entscheidungen von großer Tragweite treffen. Und das Beste daran ist, daß es wirklich auf sie ankommt! Ich habe gelegentlich an Unternehmungen gearbeitet, die meinen eigenen Horizont gewaltig erweitert haben, und ich kann dir sagen, Harry – da wir ja die gleiche Kurzform eines Vornamens haben, mag er nun auch von Herrick oder von Henry stammen –, daß es nichts Vergleichbares gibt. Für einen Traum arbeiten, der größer ist als der eigene, nur darauf kommt es an, Harry!« Wie ein Pfarrer ließ er mich erst gehen, als er seine Hand von meiner Schulter nahm. Ich konnte auch nicht so tun, als sei ich undankbar für diese Rede, da ich nach den Abenden bei den Montagues zu meinen Kameraden im Christlichen Verein Junger Männer zurückkehren mußte. Diese kamen mir vor wie eine Meute von Hunden, die begierig auf den nächsten Knochen warteten, den ihnen jemand hinwarf. Unter ihnen kam ich mir vor wie ein radioaktiver Hund, der von innen her glühte. Ich hatte die Company gesehen, und sie existierte. Der CIA, das waren nicht nur endlose schuppenartige Gebäude oder die kloakenhaften Gerüche, die Menschen ausströmen, die man in unmöglich kleine Büroräume pfercht, oder anzüglich grinsende Prüfer, die Gurte und Instrumente an unsere Körper schnallten; nein, der CIA war auch eine Gesellschaft eleganter Menschen, die insgeheim zusammenkamen, um einen so edlen Krieg auszufechten, daß man gar nicht umhin konnte, sich auf Jahre hinaus mühselig durch den Dreck und die Höllenschlünde vorwärtszuschleppen. Ach, diese Abende im Haus am Kanal – ich war dort oft in meiner Anfangszeit am Potomac. In der Tat war es dann auch Harlot, der mir als erster, am Tag nach meiner letzten Prüfung, sagte, daß ich anerkannt und aufgenommen war. Meine Mitbewerber beim Christlichen Verein

mußten noch drei Tage länger warten, bis sie ihr Ergebnis erfuhren, und ich litt, daß ich ihnen mein Geheimnis nicht mitteilen durfte und entdeckte, daß das Bewahren einer vertraulichen Information, die man gern ausplaudern möchte, ungefähr so qualvoll ist wie die Sehnsucht nach einem Glas Whiskey an einem furchtbaren Tag.
Nachdem wir aufgenommen waren, meldeten wir uns eines Morgens zu unserem Orientierungsvortrag. Rund hundert von uns mögen es gewesen sein, die man per Bus vom 9th Street Personnel Pool zu einem alten fünfstöckigen Haus mit einem Dach im Stil des achtzehnten Jahrhunderts brachte, das hinter dem Außenministerium lag. Dort quetschten wir uns in einen kleinen, im Keller gelegenen Hörsaal. Ein Mann, der auf dem Podium saß und den ich für einen Professor von Harvard oder Yale gehalten hätte, stand auf, um uns willkommen zu heißen, und sagte: »Falls es irgend jemandem von Ihnen noch nicht klar sein sollte: Sie werden jetzt für den CIA arbeiten.«
Wir lachten. Wir applaudierten. Er schritt über das Podium zu einer Staffelei, die mit einem Tuch verhüllt war. Er zog es weg, und zum Vorschein kam die erste unserer »Schriftrollen« – eine graphische Darstellung unserer Organisation. Mit einem Zeigestock informierte er uns, daß die Agency drei Direktorate hatte, die man sich wie drei Schwestergesellschaften oder drei Regimenter einer Division vorstellen konnte: »Das Direktorat für Pläne überwacht die verdeckten Aktionen und sammelt Informationen. Es dirigiert die Spione. Lernen Sie ein neues Wort: Die Planung *leitet* Spionage, so wie ein Unternehmer sein Geschäft leitet.« Da Spionage und Gegenspionage in Harlots Tätigkeitsbereich fielen und die verdeckten Aktionen in den meines Vaters, stellte das Direktorat für Pläne neun Zehntel des CIA für mich dar.
Dann sprach er vom Direktorat für Information – »Intelligence« –, in dem das vom Planungsdirektorat gesammelte Material analysiert wurde, und dem Verwaltungsdirektorat, »das die Organisation der ersten beiden Direktorate in Ordnung hält«. Es braucht nicht gesagt zu werden, daß ich mich für keines von beiden interessierte.
»Gentlemen«, fuhr er fort. »Sie, einhundertunddrei Herren« – er ließ den Blick langsam über die Menge wandern –, »oder wenn ich mich des unverzichtbaren Werkzeugs der Präzision bedienen will:

Sie, einhundertundein Herren und zwei Damen, wurden für das Planungsdirektorat ausgewählt. Das ist ein feiner Arbeitsplatz.«
Wir riefen »Bravo! Bravo!« und standen auf und applaudierten ihm. Aber nicht lange, denn als nächster trat Allen Dulles, jetzt Direktor von Central Intelligence, zwischen den Vorhängen hervor, um zu sprechen. An diesem Tag hatte Mr. Dulles eine herzliche, höfliche, sogar gütige Art an sich, die einem Zutrauen zu allen Unternehmen einflößte, an denen er beteiligt war, ob es sich um eine Bank, Universität, Anwaltskanzlei oder Regierungseinrichtung handeln mochte. In seinem alten Tweedanzug mit den Lederflecken an den Ellbogen, mit seiner eleganten Fliege, die Pfeife in der Hand und die Brillengläser so strahlend vom reflektierten Licht wie die »Intelligence« persönlich, gelang es ihm rasch, uns allen, über hundert Leuten, den gleichen Eindruck zu vermitteln, den er bei mir schon während der Hochzeit hervorgerufen hatte.
»Da ich heute vor Ihnen am Anfang Ihrer Karriere stehe, kann ich Ihnen fast versprechen, daß sie aufregend und lohnend sein wird.« Wir klatschten Beifall. »Winston Churchill konnte dem tapferen Volk der Briten nach Dünkirchen nur ›Blut, Schweiß und Tränen‹ anbieten, ich kann Ihnen Hingabe an die Sache, Opfer und eine gänzliche Inanspruchnahme versprechen und – aber darüber bewahren Sie bitte Stillschweigen – höllisch viel Spaß.«
Wir antworteten mit einem Schlachtruf.
»Sie sind alle bei der Planungsdirektion, einer ungewöhnlichen Gruppe. Sie werden, die meisten von Ihnen, in fremden Ländern leben, Sie werden zweifellos Action sehen. Sie werden – ganz gleich, wie müde und überdrüssig – niemals das Gefühl für den Wert Ihrer Arbeit verlieren. Denn Sie werden Ihr Land gegen einen Feind verteidigen, dessen Hilfsquellen und Fähigkeiten für den geheimen Krieg größer als die jeder Regierung oder jedes Königreichs in der Geschichte des Christentums sind. Die Sowjetunion hat die Kunst der Spionage auf einen nie zuvor gekannten Höhepunkt geführt. Sogar in den Zeiten des sogenannten Tauwetters führen sie ihre Aktionen mit unermüdlicher Energie durch.
Um sie einzuholen, bauen wir zur Zeit den größten Geheimdienst auf, den die Welt je gesehen hat. Die Sicherheit unseres Landes hängt davon ab. Unser Gegner ist furchterregend. Und Sie hier wurden ausgewählt, Teil jenes großen Schildes zu sein, der unseren furchtbaren Feind abwehren soll.«

Man konnte die Glückseligkeit im Saal spüren. So klein das Podium dort im Keller mit seiner amerikanischen Fahne auf der einen Seite auch sein mochte, in diesem Augenblick hatten wir alle das Gefühl, in einem ehrwürdigen Theater dem Finale einer bahnbrechenden Aufführung beizuwohnen.
Er war aber noch gar nicht fertig. Es entsprach nicht dem Stil von Allen Dulles, mit einem so markanten Satz einen Schlußpunkt zu setzen. Vielmehr erinnerte er uns nun daran, daß wir in eine verschworene Gemeinschaft aufgenommen waren; und es gehörte zu unseren Privilegien, eine Geschichte auf Kosten des Führers zu hören.
»Vor vielen Jahren«, sagte er, »als ich selbst noch so jung wie die meisten von Ihnen war, setzte mich unser Außenministerium auf einem Posten in Genf ein. Es war während des Ersten Weltkriegs, und ich erinnere mich besonders eines warmen Frühlingssonnabends 1917, als ich morgens früh auf Wache war. Es gab allerdings nur wenig im Büro zu tun, und ich konnte an nichts anderes als Tennis denken. Wissen Sie, ich hatte mich für den Nachmittag mit einer jungen Dame zum Tennis verabredet, die hübsch und lieb und wundervoll gelassen war . . . eine tolle Frau!«
Wer sonst konnte so reden? In diesem Keller Baujahr circa 1850, in dem man über neunzig Jahre zuvor vielleicht die Kanonen der Konföderierten hatte wummern hören, erzählte Allen Dulles uns aus dem Genf des Jahres 1917.
»Kurz vor zwölf läutete das Telefon. Eine Stimme mit einem sehr harten, ausländischen Akzent war in der Leitung«, sagte Allen Dulles. »Ein Mann, der einen verantwortlichen amerikanischen Beamten sprechen wollte. *Verantwortlich*, ja, er benutzte dieses deutsche Wort. Er redete in einem schauderhaften Deutsch. Einer von diesen Verrückten, diesen Nervensägen, dachte ich. Jemand, der mit dem schlimmstmöglichen Akzent irgendeine kleine Jammergeschichte loswerden wollte.
Nun, der einzige auch nur im entferntesten verantwortliche amerikanische Beamte in der Botschaft an diesem Morgen war ich selbst. Sollte ich nun mit einer entzückenden jungen Engländerin Tennis spielen, oder sollte ich mit irgendeinem russischen Emigranten Sauerkraut essen gehen?«
Er machte eine Pause. »Das Tennis siegte. Ich habe den Kerl nie gesehen.«

Wir warteten.
»Zu spät erfuhr ich, wer dieser Mensch war. Die Stimme mit dem fürchterlichen Akzent, die Deutsch mit mir geredet hatte, weil der Mann versessen darauf war, mit einem verantwortlichen amerikanischen Beamten zu sprechen, gehörte niemand anderem als Herrn W. I. Lenin selbst. Nicht lange nach unserem Telefongespräch schickten die Deutschen Lenin in einem plombierten Zug durch Bayern, Preußen, Polen und Litauen. Er kam am Finnischen Bahnhof in Petrograd an, um im November desselben Jahres nichts weniger als die bolschewistische Revolution zu machen.« Er machte eine Pause, um uns Gelegenheit zu geben, uns über das Ausmaß von Allen Dulles' Fehleinschätzung zu belustigen.
»Al«, rief eine Stimme. »Wie konnten Sie dem Team das antun?«
In diesem Augenblick sah ich Dix Butler zum erstenmal. Sein Gesicht ist mir unvergeßlich. Seine wuchtige Kinnlade und der mächtige Hals, sein großer, voller Mund waren so kräftig geformt wie die Gesichtszüge einer römischen Büste.
Dulles blickte vergnügt auf uns herunter. »Lernen Sie aus meinem Irrtum, Gentlemen«, sagte er. »Lesen Sie wieder einmal Ihren Sherlock Holmes. Der unscheinbarste Fingerzeig kann sich als der bedeutungsvollste von allen herausstellen. Wenn Sie im Dienst sind, müssen Sie auf jede Einzelheit achten. Strengen Sie sich an! Sie wissen niemals vorher, wann Sie mit der Schaufel auf ein unerwartetes Kleinod stoßen.«
Er steckte sich die Pfeife wieder in den Mund, schob die Bühnenvorhänge auseinander und verschwand.
Unser nächster Redner kam gleich aufs Geschäft zu sprechen. Burns, Raymond James »Ray Jim« Burns, Abteilungsleiter: Japan, Lateinamerika, Wien. Er sollte unser Instrukteur in einem achtwöchigen Kurs über den Weltkommunismus sein. Er war auch Captain des Pistolenteams der Planungsdirektion. Er hieße jeden willkommen, der sich als Schütze vervollkommnen wolle, erklärte er.
Burns war ein Mann mittlerer Größe. Er hatte kurzes, rötlichbraunes Haar, einen sportlich trainierten Körper und ebenmäßige Gesichtszüge mit einem verächtlichen Ausdruck darin. Sein Mund war schmal und gerade. Er trug eine braune Jacke, ein weißes Hemd, eine schmale braune Krawatte, hellrosa Khakihosen und eine braungetönte Sonnenbrille. Sein Gürtel bestand aus drei

schmalen Querstreifen, braun, beige und braun. Seine Schuhe waren braun und cremefarben und so spitz wie seine Nase. An der linken Hand trug er einen dicken Ring, mit dem er zur Betonung aufs Rednerpult klopfte. Er trug eine Auszeichnung im Knopfloch, einen Goldfleck – eine Ahornblattnadel. Ich hatte mir Allen Dulles' Ermahnung zu Herzen genommen, alles genau zu beobachten.
Ray Jim haßte Kommunisten! Er stand auf dem Podium und fixierte uns. Seine Augen waren gewehrkugelgrau – ein tiefes, bleiernes Grau, fast schwarz, ein Loch, das auf einen eindrang. Er betrachtete uns alle genau, einen nach dem anderen.
»Es gibt heute so eine Tendenz«, begann Burns, »den Kommunisten ein bißchen Spielraum zu lassen. Chruschtschow sei nicht so schlimm wie Stalin; so etwas werden Sie hören. Dabei hieß Chruschtschow früher mal ›der Schlächter der Ukraine‹, aber er ist nicht so schlimm wie Stalin. Wer könnte auch so grausam sein wie Josef Dschugaschwili alias Josef Stalin, der Meister aller Säuberungen? In der UdSSR haben sie eine Geheimpolizei, für die es bei uns keine Parallele gibt. Keinen Vergleich. Sie ist so, als ob man den FBI, die Agency und all unsere Gefängnissysteme zu einem einzigen Superäquivalent des CIA zusammenkochte, aber gesetzlos, ungezügelt und grausam! Ihre Polizisten, von denen einige sogar im Geheimdienst sein sollen, sind ständig damit beschäftigt, Millionen ihrer eigenen armen Staatsbürger zu ›säubern‹, Millionen von ihnen nach Sibirien zu schicken, wo sie durch Zwangsarbeit und Unterernährung systematisch umgebracht werden. In der Sowjetunion ist es ein geringeres Verbrechen, die eigene Großmutter aufzuschlitzen, als an den allmächtigen Gott zu glauben. Denn die sowjetische Gesinnungspolizei weiß, wie sehr die Kraft Gottes den roten Träumen von der Welteroberung entgegensteht. Auf dieses Ziel ist der böse Geist der Roten gerichtet. Sie können sich nicht im geringsten vorstellen, womit Sie es da zu tun haben. Versuchen Sie also nicht die Kommunisten anhand Ihrer eigenen Erfahrungen zu verstehen. Kommunisten sind bereit, jede Idee oder Organisation zu unterwandern, die ein freier Ausdruck des menschlichen Willens ist. Kommunisten versuchen in jeden Winkel der privaten Aktivitäten eines jeden Menschen einzudringen und in jede Pore des demokratischen Lebens einzusickern. Ich sage Ihnen: Seien Sie darauf vorbereitet, einen lautlosen Krieg gegen einen oft unsichtbaren Feind zu führen. Behandeln Sie ihn wie einen Krebs, der in

der Welt wütet. Bevor Sie mit diesem Orientierungskurs fertig sind, werden Sie bereits auf dem Weg sein, diesen roten Versuch zu vereiteln, der darauf gerichtet ist, die Weltordnung über den Haufen zu werfen. Sie werden fähig sein, einen Gegenangriff gegen Unterwanderung und Gehirnwäsche zu starten. Sie werden verändert, als neue Männer aus diesem Training hervorgehen und« – er sah sich unter uns um – »da sie mir diesen Witz zugeteilt haben: als zwei neue Frauen.«

Wir lachten, daß er so freundlich gewesen war, die Spannung zu lösen, in der wir uns befunden hatten, und dann standen wir auf, um ihm zu applaudieren. Er war einer von uns. Er stand nicht wie Allen Dulles ein bißchen über dem Getümmel, sondern mitten unter uns. Da Ray Jim ein so begeisterter Kämpfer für die gute Sache war, konnten wir hoffen, auch so zielstrebige Streiter zu werden.

Natürlich dachte ich nicht so genau darüber nach. Allen Dulles stand mir viel näher. Ray Jim kam aus diesem riesigen »wilden Westen«, der sich von westlich des Hudson bis Arizona erstreckt, aus jenen endlosen Weiten, die verglichen mit dem überschaubaren und gepflegten Garten der mir vertrauten Ostküste eine weglose Wüste waren. Ich wollte mir aber in diesem Moment nicht eingestehen, daß ich mein eigenes Land nicht kannte.

In dieser Begeisterung, in die uns Burns versetzt hatte, leisteten wir unseren Eid. Unter dem großen Wappen des CIA (das sich in der Mitte eines Bogens über dem Podium befand) wurden wir förmlich und gesetzlich bindend in die Agency aufgenommen, und wir hoben die Hände und schworen, absolutes Stillschweigen über all das, was wir erfuhren, zu bewahren, heute und in alle Zukunft.

Es war ein feierlicher Eid. Man hat mir von Freimaurern erzählt, die jahrelang inaktiv sind und trotzdem nicht einmal ihren Söhnen auch nur ein Wort über die Riten ihrer Bruderschaft berichten. Etwas wie diese Art von Treue muß uns erfüllt haben. Meine Angst vor Strafe verband sich in diesem Augenblick mit meinem Ehrgefühl. Es war, als mischte ich mein Blut mit dem der anderen Krieger. Ein heiliger und süßer Schauer durchrieselte mich in diesem Augenblick meiner Aufnahme in den Orden, und wenn es nicht so übertrieben klänge, würde ich sagen: Mein Wille nahm Haltung an.

Die Bannkraft dieses Gelübdes, dieses heiligen Schwurs, wurde durch unser Training noch vertieft. Ein Verrat am CIA wurde gleichgesetzt mit einem Verrat an Gott. Eine mächtige Gleichung! Ich muß sagen, daß ich mich auch heute noch, nach beinahe dreißig Jahren in der Agency – zum Teil, nein, zum wesentlichen Teil –, an diesen Eid gebunden fühle. Von meinen eigenen Aktionen werde ich zum großen Teil berichten. Ich werde – wenn es nötig ist – die innerliche Hemmung überwinden, aber ich bin noch immer nicht bereit, irgend etwas preiszugeben über unsere Seminare, in denen es um unsere ausländischen Einflußagenten ging, die man dort unter den Anwälten, Journalisten, Gewerkschaftern und Staatsmännern finden kann.

Ich werde aber unser Handwerk so beschreiben, wie es damals war. Die meisten dieser Methoden wurden durch neue, verbesserte ersetzt, so daß es relativ gefahrlos ist, über solche Dinge zu reden. Das ist der Stoff für Spionageromane, und ich muß gestehen, das, was mich damals am meisten interessierte. Kurse in Wirtschaft und Verwaltungstechniken langweilten mich schrecklich, so daß ich fast einschlief. Ich schaffte zwar mein Pensum und konnte das Zeugs herunterrasseln, aber meine Liebe galt dem Handwerklichen. Ich war nicht in den CIA eingetreten, um ein Bürokrat, sondern um ein Held zu werden. Wenn diese Erinnerungen also von einer Entwicklung erzählen sollen, dann berichte ich wohl am besten, wie ich lernte, fremde Türen zu öffnen, und all die anderen wundervollen unmoralischen Techniken meines Berufs.

Trotzdem muß ich noch einmal auf unseren Unterricht über die Übel des Kommunismus zurückkommen. Jenen Studien fehlte wohl der handwerkliche Schwung, aber sie überzeugten mich doch davon, daß jeder Schaden, den wir dem Gegner zufügen konnten, aus unserer Sicht eine gute Tat war. Ich glaube, das war der wahre Geist dieses Handwerks. Gibt es denn eine angenehmere Beschäftigung, als im Auftrag des Guten den bösen Racheengel zu spielen?

7

Etwa vier Wochen, nachdem ich den Eid geleistet hatte, langweilte ich mich so sehr über die Wiederholungen in Raymond James Burns' Kurs über den Weltkommunismus, daß ich den Fehler beging, in der Klasse zu gähnen.
»Hubbard, langweile ich Sie?« fragte Ray Jim.
»Nein, Sir.«
»Ich möchte Sie bitten zu wiederholen, was ich gerade gesagt habe.«
Ich spürte, wie das Temperament meines Vaters in mir aufstieg.
»Nein, Mr. Burns«, sagte ich. »Ich langweile mich nicht. Ich hab's schon kapiert. Ich weiß, die Kommunisten sind hinterhältig und falsch, und sie bedienen sich gewisser Agents provocateurs bei ihrem Versuch, unsere Gewerkschaften zu unterwandern, und sie arbeiten wie verrückt daran, die Weltmeinung zu manipulieren. Ich weiß, sie unterhalten Millionen von Soldaten, um die Weltherrschaft zu errichten, aber ich frage mich eins...«
»Schießen Sie los!« nickte er.
»Ist wirklich jeder Kommunist ein Hundesohn? Ich meine, gibt es keine menschlichen darunter? Gibt's da nicht irgendwo auch mal einen, der nur so zum Spaß gern mal einen über den Durst trinkt, zum Beispiel? Müssen sie immer für das, was sie tun, einen bestimmten ideologischen Grund haben?«
Ich konnte aus der Bewegung, die durch den Klassenraum ging, fühlen, daß ich im Begriff war, mich zu isolieren. »Sie haben uns gesagt«, fuhr ich fort, »daß die Kommunisten die Menschen so weit bringen, daß sie nur noch genehmigte Ideen akzeptieren. Nun, ich möchte mich mit dem, was ich als nächstes sagen werde, nur mal so zu des Teufels Advokaten machen.« Ich bereitete mich also auf einen eleganten Rückzieher vor. »Würden Sie nicht zugeben, daß auch wir unsere vorgegebenen Ideen haben, wenngleich der Grad der Verpflichtung, daran zu glauben, ein anderer, ein demokratischer ist, weil ich frei von der Leber weg reden kann, ohne Repressalien fürchten zu müssen?«
»Wir sind hier«, sagte Ray Jim, »um eure Instinkte und Fähigkeiten zum kritischen Denken und Urteilen zu schärfen. Das ist das Gegenteil von Gehirnwäsche. Wir sind politischen Scheinargu-

menten, intellektuellen Betrügereien auf der Spur. Die müssen wir aufspüren und ausmerzen.« Er schlug mit der Fläche der einen Hand auf den Rücken der anderen. »Also nein, mir gefällt Ihr Beispiel«, fuhr er fort. »Es zeigt Ihre kritische Begabung. Entwikkeln Sie die bitte weiter. Ich bin durchaus bereit, den Gedanken zu akzeptieren, daß es hier und da einen Kommunisten gibt, der auch mal ohne Genehmigung der Partei einen Ständer kriegt, aber ich sage Ihnen eins: Lange wird's dann nicht mehr dauern, bis er sich entscheiden muß: entweder für seine Karriere oder für seinen Schwanz.«
Die Klasse lachte mit ihm. »Hubbard«, so stellte er fest, »Sie können die ganze sowjetische Bevölkerung in drei Kategorien einteilen. In jene, die in einem Sklavenlager gewesen sind, in die, die jetzt in einem Sklavenlager sind, und in die, die darauf warten, in eins zu kommen.«
Da kehrte ich in den Schoß der Familie zurück und sagte artig: »Danke, Sir.«
Eines Abends, als ich wieder einmal die Montagues in ihrem Haus am Kanal besuchte, kam ich auf dieses Thema zu sprechen. Hugh brauchte nicht lange, um darauf zu antworten. »Natürlich ist die Frage komplexer, als solche alte Haudegen wie der gute alte Ray Jim sie euch erklärten. Wir vernehmen gerade in diesem Augenblick einen sowjetischen Überläufer, der nicht darüber hinwegkommt, daß er einen Burschen ans Messer geliefert hat – einen albernen Säufer, den er in irgendeinem schwarzen Loch von einer Kneipe in Sibirien so lange zum Trinken verleitet hat, bis er so viele antisowjetische Gefühle aus ihm herausgemolken hat, daß es für den armen Hund und seine ganze Familie fürs Lager gereicht hat. Das waren natürlich allesamt harmlose Leutchen. Aber unser Überläufer mußte eine bestimmte Quote an Verhaftungen erfüllen, genauso wie die New Yorker Polizei Strafzettel für falsches Parken absetzen muß. Irgendwann ist ihm das zuviel geworden, und er hat sich dagegen empört. Ein humaner Kommunist sozusagen.«
»Darf ich Ihnen eine dumme Frage stellen?« fragte ich. »Warum sind die Kommunisten so fürchterliche Leute?«
»Ja«, nickte er, »warum? Es ist wohl auch eine typisch russische Eigenschaft. Peter der Große hat mal eine kleine Flotte am Ufer eines großen Sees in Pereslawl ankern lassen. Dann kehrte er die

nächsten dreißig Jahre nicht mehr dorthin zurück. Natürlich waren seine hübschen Schiffe inzwischen an dem sumpfigen Seeufer verfault. Peters Wutanfall ist in einem offiziellen Dokument festgehalten. ›Sie, die Gouverneure von Pereslawl‹, so lautete sein Verdikt, ›werden diese Schiffe, Jachten und Galeeren sorgfältig aufbewahren. Sollten Sie diese Pflicht verabsäumen‹« – hier hob Harlot die Stimme so, wie er sich den Tonfall Peters des Großen vorstellte – »›werden Sie *und Ihre Nachkommen* es zu verantworten haben.‹ Eine ziemlich extreme Reaktion, findest du nicht auch?«
Ich nickte.
»Aber durchaus normal«, fuhr er fort. »Das heißt normal für die Weltanschauung der vorchristlichen Stämme und Bauernbevölkerung. Christus aber hat nicht nur die Liebe, sondern auch die Zivilisation in die Welt gebracht mit all ihren zweifelhaften Vorteilen.«
»Ich kann Ihnen nicht folgen.«
»Nun, wie ich dir schon gesagt zu haben glaube, beschwor uns Christus, den Söhnen der Väter Sünden zu verzeihen. Das ist eine Amnestie. Sie eröffnete die Welt der Wissenschaft. Wie konnte ein Mensch vor dieser Demonstration göttlicher Großzügigkeit es wagen, Wissenschaftler zu werden? Jeder Fehler, mit dem er die Natur schädigte, hätte ja Unglück über seine Familie bringen können. Die Russen sind spirituell, wie dir jeder Russe sofort versichern wird, aber ihre griechische Orthodoxie ist an diesem Geschenk Christi erstickt. Es hätte die stammesmäßigen Grundlagen zerstört. Den Söhnen verzeihen? Nicht in Rußland! Die Strafe muß immer größer als das Verbrechen sein. Jetzt wollen sie aufbrechen ins technologische Zeitalter, und es klappt nicht. Sie sind zu abergläubisch, haben eine Todesangst vor den schrecklichen Flüchen von Mutter Natur. Wenn man sich gegen die Natur versündigt, werden die eigenen Söhne mit einem selbst untergehen. Kein Wunder, daß Stalin völlig paranoid war.«
»Wenn das so ist«, sagte ich, »sollte man die Russen doch leicht überwinden können.«
»Leicht«, bestätigte Harlot, »wenn die unterentwickelten Teile der Dritten Welt den echten Wunsch verspüren, in die Zivilisation einzutreten. Ich bin aber nicht so sicher, daß sie das wollen. Entwicklungsländer träumen vielleicht von Autos und Staudämmen und beeilen sich, ihre Sümpfe zu asphaltieren, aber das ist

eine Sache, die halbherzig geschieht. Die andere Hälfte klammert sich noch immer an vorchristliche Welten – Angst, Paranoia, sklavischen Gehorsam gegenüber dem Führer, göttliche Strafe. Die Sowjets fühlen sich in diesem Punkt mit ihnen verwandt. Machen wir unseren guten Burns nicht so schlecht. Es ist schrecklich da drüben in der SU. Gerade heute hat ein Papier über eine Sekte von zwölf armen Duchoborzen auf meinem Schreibtisch gelegen, die man in irgendeiner Gasse eines abgelegenen Städtchens in irgendeiner armen, halbvergessenen Provinz verhaftet hat. Die gegenwärtige sowjetische Führung weiß um die potentielle Kraft von ein paar halbverhungerten Arbeitern und Intellektuellen. Lenin und Stalin und Trotzki und Bucharin und Sinowjew, die ganze ehemalige Führungsmannschaft der KP, sind einst auch nichts anderes gewesen als ein zerlumpter Haufen armer Intellektueller. Deshalb also kürzt der KGB nicht die Schößlinge ein, sondern er sucht die Pflanzen mit den Wurzeln auszureißen. Das hat eine ungeheure Wirkung. Nehmen wir an, ich gebe dir einen sechsschüssigen Colt mit einer Patrone darin, lasse die Trommel rotieren und sage: ›Jetzt spielen wir russisches Roulett.‹ Deine Chancen stehen 1:5, wenn du auf den Abzug drückst, aber du wirst dich dabei nicht besser fühlen als bei einer Chance von 1:1, sondern wahrscheinlich damit rechnen zu sterben. Dasselbe gilt bei einer extremen Bestrafung. Wenn es zwölf trifft, werden zwölf Millionen Menschen frösteln. Der gute Burns ist nicht so weit von der Wahrheit entfernt.«

8

Nach acht Wochen in Burns' Kursus im Recreation and Services Building über »Die kommunistische Partei: Ihre Theorie und Taktik« waren mir Organisation und Taktik des Komintern, des Kominform, der Tscheka, der GPU, des NKWD und des KGB in jedem seiner zwölf Direktorate vertraut. Wenn der Stoff das Auswendiglernen langer, uninteressanter Listen verlangte, so verwandte ich darauf dieselbe Konzentration, mit der ein Medizinstudent Anatomie paukt, und zwar aus der Angst heraus, daß später einmal ein Patient sterben könnte, weil man sich etwas nicht richtig eingeprägt hat. Es war hart. Burns stopfte uns voll wie Würste. In der Klasse munkelte man, er sei früher beim FBI in der Gegenspionageabteilung gewesen. Kein Wunder, daß wir so wertvolle Informationen pauken mußten wie: »Das 11. Direktorat des KGB, auch das Wächterdirektorat genannt, ist verantwortlich für die Sicherheit des Präsidiums des Zentralkomitees der Kommunistischen Partei der UdSSR.« Ich, der ich mich nie auf einen langweiligen Stoff konzentrieren konnte, versuchte erst gar nicht, dieser nervtötenden Paukerei etwas Positives abzugewinnen.

Man machte uns auch mit der Maschinerie bekannt, die die Informationen durch die Hierarchie unseres Büros beförderte, und lernten, uns in dem Verwaltungsjargon schriftlich auszudrücken – was gar nicht so leicht, aber sehr wichtig war! Wir lernten, daß das Dossier und das biographische Material eines Agenten in einer, Berichte über seine Aktivitäten in einer anderen Akte abzulegen waren, und in Zukunft würden auch wir verschiedene Codenamen für verschiedene Einsatzgebiete erhalten. Harlot war einmal, wie er mir gestand, gleichzeitig unter acht verschiedenen Decknamen geführt worden, von denen einer DEUCE, Teufel, lautete. Als er eine Operation in Afrika leitete, wurde daraus LT/DEUCE. LT hieß dabei, daß Afrika der Einsatzort war. Bei einem anderen Job in Wien hieß er dann RQ/DEUCE, wobei RQ für Österreich stand. Später, noch während des Einsatzes in Österreich, verwandelte er sich aus dem einen oder dem anderen Grund weiter in RQ/GANTRY (Faßlager).

In dieser Phase, in der wir mit Informationen vollgepumpt wurden, fühlte ich mich so ausgelaugt und geschunden wie ein notorischer Faulpelz nach einer Woche Zwangsarbeit. Ich dachte, allein die Veränderung des Namens müßte schon genügen, um auch den Charakter des Betreffenden zu verändern – ZJ/REPULSE (Abwehr) sollte nach einer anderen Persönlichkeit verlangen als MX/LIGHT (Licht). Vielleicht kam das von meiner sexuellen Unbedarftheit, daß meine Gedanken immer gleich ins Sinnliche, Schlüpfrige abglitten, und so wußte ich solchen Kursen wie »Schlösser und Dietriche«, »Briefumschläge und Siegel« sowie »Doppelseitig verwendbare Mäntel« sinnliches Vergnügen abzugewinnen. Das Beste von allem war aber die Mnemotechnik, die wir lernten, um uns

Telefonnummern einzuprägen. Ahnungen von vergrabenen Schätzen strömten in die verborgenen Winkel meiner Psyche.
Ich war eben noch sehr jung. So empfand ich zum Beispiel an dem Kurs »Umschläge und Siegel«, das heißt dem Öffnen von Briefen, ein diebisches Vergnügen. Die Methoden reichten von der Benutzung einer Teekesseltülle bis hin zu streng geheimen chemischen Substanzen. Welcher Methode ich mich auch bediente, stets freute ich mich, wenn der Verschluß des Briefumschlags, der eigentlich unverletzliche Geheimnisse bewahren sollte, aufging. Der kaum hörbare Laut, der bei diesem Vorgang entsteht, rief bei mir ein, wie ich meinte, individuelles Lustgefühl hervor, aber der Instrukteur war mir auch hier voraus. »Schon mal von dem Revuegirl gehört, das gerade heiß war?« fragte er die Klasse. »Sie machte einen Spagat und klebte am Boden fest.« Wir stöhnten über diesen erotischen Witz.
Dann kamen die »Doppelseitig verwendbaren Mäntel«. Um zu lernen, wie man Personen unauffällig beschattet, übten wir die raschen Veränderungen unseres Erscheinungsbilds. Wir flitzten in eine Kleiderkammer in der Nähe des Klassenzimmers, schlüpften aus unseren Regenmänteln, drehten sie um und tauchten innerhalb von acht Sekunden in einem gelbbraunen Burberry statt des blauen imprägnierten Regenmantels wieder auf – eine ziemlich einfache Sache. Aber so wie die Veränderung des Decknamens neue Möglichkeiten zu eröffnen schien, durchlief einen auch bei diesem Wechsel der Erscheinung ein wohliger Schauer der Metamorphose.
Man könnte fast sagen, daß man uns zu kleinen Zauberern ausgebildet hat. Aber sind Spionage und Magie nicht Analogien? Wie nahe sie einander aber doch kommen können! Ich fand ein teuflisches Vergnügen an der Technik des Telefonnummernmerkens, sobald ich die Methode erst einmal begriffen hatte. Natürlich stellte sich zuerst keine unmittelbare Befriedigung ein, weil die Konzentration darauf mit allerhand Streß verbunden war. Wir standen dann vor der Klasse, und ein Kollege, der an uns vorbeiging, flüsterte uns eine Telefonnummer zu und ging weiter. Ein weiterer kam von der anderen Seite her und nannte die nächste Nummer. Als die Übung immer anspruchsvoller wurde, bauten wir drei und schließlich sogar fünf Telefonnummern auf einmal auf. Schließlich veranstaltete man einen Wettkampf, und dem

Gewinner gelang es, neun oder zehn Nummern zu behalten. Ich war dieser Gewinner, und das Triumphgefühl ist mir bis heute in Erinnerung geblieben.

Diese im Klassenraum so von Spannung erfüllte Mnemotechnik wurde kurz vor dem Einschlafen zu einer höchst angenehmen Unterhaltung, und die sieben Ziffern einer Telefonnummer verwandelten sich nicht selten in ein Boudoir. Denn unsere spezielle Mnemotechnik bestand darin, daß jeder Ziffer eine spezifische Farbe zugewiesen wurde. Weiß bedeutete null; gelb war 1; grün = 2; blau: 3, purpurn 4; rot war 5; orange 6; braun 7; grau 8; schwarz 9. Dann forderte man uns auf, uns eine Wand, einen Tisch und eine Lampe vorzustellen. Wenn die ersten drei Ziffern der Telefonnummer zum Beispiel 586 lauteten, sollten wir uns eine rote Wand hinter einem grauen Tisch vorstellen, auf dem eine orangefarbene Lampe stand. Was die folgenden vier Ziffern anging, dachten wir vielleicht an eine Frau in einer purpurnen Jacke mit einem grünen Rock und gelben Schuhen, die auf einem orangefarbenen Stuhl saß. Das war dann unsere Gedächtnisstütze für 4216. Auf diese Weise hatten wir die Ziffernfolge 586-4216 in ein einprägsames Bild mit sieben farbigen Objekten verwandelt.

Heute muß im Training zusätzlich noch die Vorwahlnummer gemerkt werden. Heute hat der Raum auch noch ein Fenster, durch das man auf Himmel, Wasser und Erde blickt – ein Jammer, der meinem Jahrgang noch erspart blieb. Ich denke etwa an einen braunen Himmel, rotes Wasser und blaue Erde für die Vorwahl 753 – ein interessanter Tag für Gauguin! Wir brauchten uns aber bei der Nummer 436-9940 nichts weiter als eine purpurne Wand, einen blauen Tisch und eine orangene Lampe vorzustellen. In diesem Raum ließ sich unsere Dame – wir gaben ihr den Namen Jolanda –, gekleidet in eine schwarze Jacke, schwarze Hosen und purpurne Schuhe, auf einem weißen Stuhl nieder: 436-9940. Es kommt einem sehr umständlich vor, aber es gelang mir, dieses System so zu verinnerlichen, daß ich Farben sah, sobald ich Ziffern hörte.

Wir können den Gebrauch von Dietrichen überspringen. Die einfachen, aber eleganten Werkzeuge, die wir benutzten, sind immer noch streng geheim, und wenn ich als junger Beamter in der Ausbildung beim Öffnen eines Briefumschlags eine Art erotischen Kitzel verspürte, so galt das um so mehr beim Aufbrechen einer Tür. Das war die Grundausbildung, und jeder unserer Instrukteure hatte dazu den einen oder anderen Witz parat. Der Ausbilder für Schlösser und Dietriche etwa bemerkte: »Wenn ihr nicht mal wißt, wie ihr diesen kleinen Dietrich in dieses alte Schloß bekommt, Leute, weiß ich nicht, was ihr tun wollt, wenn ihr älter werdet.«

Ich habe niemals fremde Schlösser öffnen müssen bis 1972, als ich die Technik schon fast vergessen hatte. Damals gab es für mich Arbeit im Weißen Haus, und zwar zweimal in fünf Minuten: Erstens hatte ich eine Tür, zweitens einen Schreibtisch zu öffnen, aber davon später.

Die »Codes« sind der nächste Punkt auf meiner Liste. Dieses Studium zog sich über eine Unzahl von Stunden im Winter und Frühling hin, und es war ein so geheimnisvoller Gegenstand, daß sogar die kryptographischen Labors selbst eine Art Einführung in die Hohe Schule der realen Sicherheit bedeuteten: vergitterte Fenster auf beiden Seiten des Saals; Ausweise erforderlich in jedem Abschnitt; Empfang und Aufsicht durch bewaffnete Wächter; sogar das Bedienungspersonal, das in der Cafeteria der Kryptographen die fertig verpackten Sandwiches ausgab, hatte man extra für diesen Job ausgewählt: Dort arbeiteten nur Blinde, die keinen der Mitarbeiter je anhand von Fotos identifizieren konnten, falls der KGB zufällig einen von ihnen umdrehte.

Jeder, der je einen Spionageroman gelesen hat, kennt den Begriff »toter Briefkasten«, aber der aktive Unterricht in dieser Praxis ist eine andere Sache. Alle dreiundzwanzig Kursteilnehmer meiner Klasse verließen den Studienraum und gingen im Gänsemarsch den Korridor entlang an den Anschlagtafeln vorbei zur Herrentoilette, wo pflichtgemäß die einschlägigen Witze an die einzige Frau in unserer Gruppe gerichtet wurden, die ihrerseits souverän genug war, ebenso pflichtgemäß zu erröten. Was mich anging, so fühlte ich, daß sich auch meine Wangen röteten. Mir war der starke Uringeruch unangenehm, der aus den offenen Pißrinnen strömte, aber so war es noch 1955, und das ist natürlich lange her.

Unser erster toter Briefkasten! Der Lehrer nahm eine Handvoll Papiertaschentücher aus dem metallenen Behälter am Waschbecken, zog eine Rolle 16-mm-Minoxfilm von der Größe eines Fingerhuts aus seiner Westentasche, legte sie in den Behälter und breitete die Papierhandtücher wieder darüber. Dann mußte jeder von uns diesen Vorgang nachvollziehen, wobei viel gelacht wurde – wohl

weil einige sehr schnell, andere sehr langsam dabei waren. Bald hatten wir die Papierhandtücher hoffnungslos zerknittert. Aufgefordert, Eigeninitiative zu entwickeln, fanden wir auch andere Möglichkeiten, in diesem Toilettenraum etwas zu verbergen, etwa im Papprührchen der Klopapierrolle. Solche toten Briefkästen, versicherte man uns, waren nur dann brauchbar, wenn die Kontaktperson wenig später auftauchen konnte. Wichtiges Material sollte daher besser im Vorbeigehen übergeben werden.
Um diese Form der Übergabe zu lernen, nahm man uns auf eine Exkursion in die Gänge eines Supermarktes in Washington, D. C., mit. Nachdem ich meinen Einkaufskorb um eine Dose Campbell's Tomatensuppe und ein Pfund geräucherten Schinken Armour's Hickory bereichert hatte, stieß ich mit dem mir zugeteilten Klassenkameraden zusammen, und dabei ließ ich eine Filmrolle in seinen Einkaufskorb fallen, woraufhin wir dann, Entschuldigungen murmelnd, weitergingen.
Auf die Hausfrauen beim täglichen Einkauf muß es sonderbar gewirkt haben. Die am Vormittag stets leeren Gänge waren nun von einer Horde junger Männer erfüllt, die kräftig miteinander zusammenstießen und laut flüsterten: »Nein, du Dummkopf, ich bin jetzt dran!«
Später am Abend brachte man uns zu einem Privatgelände jenseits von Chevy Chase und gab uns dort weitere Instruktionen in Sachen tote Briefkästen in ländlicher Umgebung. Unternimmt der Agent zum Beispiel täglich einen Spaziergang auf dem Land, dann sieht er sich nach einem lockeren Ziegelstein in einer Gartenmauer oder einer Spalte in einer toten Ulme um. Ich freundete mich wieder ausführlich mit den Hohlräumen in Baumstämmen an. Wenn ich so in der Finsternis des Waldes herumtastete, kam mir so manche Spalte haarig vor. Was für eine Assoziation! Oft konnte ich den Film nicht gleich finden, und als ich es dann tat, riß ich ihn so schnell heraus, daß ich mir einen Tadel meines Lehrer einholte: »Langsam, langsam, Junge. Ganz gemütlich und locker muß man das machen.«
An unserem letzten Abend lud Bullseye Burns, der Meisterschütze, die ganze Klasse zu einer Abschiedsparty in seine kleine Etagenwohnung ein, die sich in einem neuerbauten Wohnkomplex mittlerer Güte am Rande von Alexandria, Virginia, befand. Er hatte drei Kinder, alles Jungs mit strohblonden Schöpfen, und ich erfuhr an diesem Abend, daß er und seine Frau aus Indiana

stammten und schon seit ihrer Highschoolzeit zusammen waren. Mrs. Burns, hausbackenes Gesicht, plumpe Figur, servierte uns ein Pfannengericht aus Käse, Thunfisch und scharfen Gewürzen, so wie sie es bei ihren Parties schon seit zwanzig Jahren tat. (Sie nannte es ihr »Hauptereignis«.) Es war deutlich zu erkennen, daß sie und Ray Jim kaum mehr ein Wort miteinander wechselten, und ich muß gestehen, daß ich sie wie ein ausländischer Student beobachtete, der sich einen Einblick in die Sitten und Gebräuche der Amerikaner im mittleren und südlichen Westen zu verschaffen sucht. Ich folgerte, daß Leute wie Ray Jim ihre Ehe nicht aufgaben, solange der Drang, ihrem Weib mit einer Axt zu Leibe zu rücken, nicht übermächtig wurde.

So überraschte es mich doch, wie gut das Gebratene schmeckte. Wir speisten im Schoß der Familie und tranken, was Ray »meine italienische Lieblingstinte« nannte. »Ich trinke sie am liebsten, weil sie billig ist.«

Ein Junior Officer Trainee (unser Titel) namens Murphy fing schließlich an zu sticheln: »Na gut, Sir«, sagte er. »Acht Wochen lang haben Sie uns JOTs nun eine Menge Andeutungen gemacht, wie ihr Burschen diesen Spuk beseitigt. In besonderen Situationen, wenigstens.«

»Yessir«, sagte Ray Burns, und sein Arm, der das Glas hielt, wurde so steif wie ein Schwellkörper.

»Tja, Sir, um unsere rabenhafte Neugier zu befriedigen: Haben Sie eigentlich je persönlich ein ausländisches Individuum abserviert, das ein falsches Spiel spielte?«

»Kein Kommentar.«

»Brauchten Sie nie zu Ihrem Browning zu greifen?« fragte Murphy. »Nicht ein einziges Mal?«

»Unsere Richtlinien sprechen gegen eine drastische Terminierung«, stellte Burns fest. »Individuelle Lösungen sind allerdings nicht auszuschließen.« Er achtete darauf, starr geradeaus zu blicken.

»Ich verstehe«, sagte Murphy und formte aus Zeigefinger und Faust eine Pistole. »Peng, peng«, sagte er und gab auf diese Weise zwei Schüsse ab. Ich war einer der Männer, die den Fehler begangen hatten zu lachen.

Ungeschoren ließ Burns uns freilich nicht auf die Menschheit los. Nach dem Essen holte er eine Blechbüchse hervor, der er einzeln

nacheinander kleine Papierstückchen entnahm. »Ich sammle Kritzeleien«, sagte er, »von den Arbeitstischen der Junior Officer Trainees. Ich empfehle Ihnen, sie sich mal genau anzusehen.« Er hielt einen Zettel hoch, kniff die Augen zusammen und sagte: »Das ist Murphy. Zeigt, daß er impulsiv und selbstzerstörerisch ist.«
Inzwischen waren schon einige von uns vom Vino tinto angeheitert, und wir zogen spöttisch über Murphy her, der die Angewohnheit hatte, mit der Faust auf die Schlafsaalwände beim Christlichen Verein Junger Männer einzuhauen, wenn er betrunken war.
»Dieses Gekritzel stammt von Schultz. Schultz, sind Sie bereit?«
»Yessir.«
»Sie zeigen mir, was ich schon weiß.«
»Yessir. Was ist das, Sir?«
»Sie, Schultz, sind so knickrig, so geizig wie eine Zecke.«
Jetzt war ich dran.
»Hubbard, Ihr Gekritzel ist das eines wahnsinnigen Zauderers.«
»Yessir.«
»Es zeigt, daß Sie Schwierigkeiten haben werden.«
»Was für Schwierigkeiten, Sir?« Ich beging den Fehler, ihn zu fragen.
»Sie haben schon den Arsch in der Höhe, um abzuhauen.«
Ich glaube, zehn weitere von uns hörten sein freundliches Urteil, bevor mein Puls wieder normal war. Auf zur Farm!

9

Am freien Wochenende, bevor die Feldausbildung in Camp Peary begann, fuhr ich Freitag abends nach New York hinauf, um ein Mädchen aus Mount Holyoke zu treffen, das über die Osterferien in der Stadt war, doch dürfte das Stelldichein bei keinem von uns einen nachhaltigen Eindruck hinterlassen haben. Anschließend, samstags, führte ich meine Mutter zum Lunch in den Edwardian Room aus.
Ich weiß nicht, ob es ein Zeichen dafür ist, wie komplex – oder wie

oberflächlich – unser Verhältnis war, aber meine Mutter und ich standen einander nie nahe, und ich habe mich ihr niemals anvertraut. Trotzdem hatte sie diese feine, zarte Macht, die hübsche und makellos gepflegte blonde Frauen stets ausüben. Ich fühlte ihre kritischen Blicke auf mir ruhen, denn sie beurteilte Menschen allein nach ihrem Äußeren. Unattraktive Leute konnte sie nicht ausstehen; sie war großzügig denen gegenüber, die ihrem Auge gefielen.
An diesem Mittag fing es nicht gut mit uns an. Sie war wütend; denn sie hatte seit zwei Monaten kein Wort von mir gehört. Ich hatte ihr nicht gesagt, daß ich bei der Agency war. Ihre Feindseligkeit gegenüber meinem Vater – eine verläßliche Reaktion in ihrer lockeren und zanksüchtigen Welt – ließ mich verschweigen, wie genau ich mich anschickte, in seine Fußstapfen zu treten. Davon abgesehen durfte ich ihr auch gar nichts verraten. Theoretisch durfte man sogar den engsten Angehörigen nur mitteilen, daß man »bei der Regierung« tätig sei.
Da sie eine solche Redewendung natürlich sofort durchschaut hätte, redete ich statt dessen lieber weitschweifig über einen wichtigen Job herum, den ich in Südamerika angenommen hätte. In der Tat freute ich mich schon darauf, ihr mit freundlicher Vermittlung der Company gelegentlich eine Postkarte aus Valparaiso oder Lima schicken zu können.
»Na, und wie lange willst du denn dort bleiben?« fragte sie.
»Ach«, sagte ich. »Mit diesem Import-Job habe ich möglicherweise monatelang zu tun.«
»Wo?«
»Überall da unten.«
Damit hatte ich meinen ersten Fehler bei diesem Lunch gemacht. Wenn ich mit meiner Mutter zusammen war, machte ich dauernd Fehler: Warum nur bildete ich mir etwas auf meinen messerscharfen Verstand ein? Ihre detektivischen Gaben zerlegten meine Scheinidentität sofort in ihre Bestandteile. »Liebling«, sagte sie. »Wenn du nach Südamerika gehst, sag mir wohin. In welche Länder, Hauptstädte? Ich habe viele Freunde in Südamerika.«
»Ich möchte aber nicht deine Freunde besuchen«, murmelte ich so mürrisch, wie ich früher als Kind ihre Herrenbesuche begrüßt hatte.
»Aber warum denn nicht? Es sind wundervolle, amüsante Leute,

jedenfalls ein paar von ihnen. Lateinamerikanische Männer sind so gefühlsbetont, und eine lateinamerikanische Frau aus guter Familie könnte genau das Richtige für dich sein – eine Frau, die tief genug empfindet, um auch bei dir die tieferen Gefühle zu wecken«, murmelte sie halb zärtlich, aber zugleich auch so kritisch, als ob ich ein schmächtiges Kerlchen wäre, das man erst herausfüttern müßte. »Sag mir, Harry, um was für eine Art von Import handelt es sich denn?«

Wie sollte ich je einen ordentlichen Abteilungsleiter abgeben, wenn ich noch nicht einmal meine eigene Legende entwickelt hatte? »Nun, es sind militärische Präzisionsteile, wenn du es genau wissen willst.«

Sie neigte den Kopf zur Seite, ihre Wange ruhte auf einem weißen Handschuh, ihr blondes Haar sträubte sich und sie sagte: »Ach, du liebe Güte! Wir fahren nach Südamerika, um dort militärische Präzisionsteile zu kaufen! Harrick, du hältst mich wohl für sehr dämlich? Du bist natürlich beim CIA. Bravo! Ich bin stolz auf dich. Und ich möchte, daß du mir vertraust. Sag mir, daß es stimmt.«

Die Versuchung war da. Wenn ich es tat, würde der Lunch um einiges angenehmer verlaufen. Aber ich durfte es nicht tun. Es wäre ein Verstoß gegen einen ausdrücklichen Befehl, den man uns gegeben hatte. Schlimmer noch, sie würde es all ihren Freunden und Freundinnen in New York – »nur unter vier Augen« – weitererzählen! Ich hätte ebenso eine entsprechende Anzeige in irgendeinem Klatschmagazin aufgeben können. Also blieb ich bei meiner Geschichte. Nun, sagte ich, sie hätte ihre lieben Freunde in Südamerika, aber mich interessiere dort nur die wirtschaftliche Seite. Wenn es um Geschoßmäntel und Schießpulver ginge, könnten einige wenige Nationen der südlichen Halbkugel durchaus gegen die Konkurrenz unserer eigenen Munitionsfabrikanten antreten. Es ließe sich da eine Menge Geld verdienen, sagte ich ihr, und ebendies wollte ich – aus Stolz und zur Selbstbestätigung. Ich redete so leidenschaftlich, daß ich mich fast selbst überzeugte, aber ihre Augen wurden feucht, und in völliger Mißachtung des Schadens, den sie an ihren höchst kunstvoll gelackten Wimpern anrichtete, lief eine Träne herunter und hinterließ eine Spur von Tusche.

»Ich denke an all die Leute, die ich geliebt habe, und weißt du, Harry«, sagte sie, »keiner von euch hat mir jemals vertraut.«

Das Mittagessen war noch nicht zu Ende, wohl aber unser Ge-

spräch. Ich verließ New York mit dem ersten Zug, den ich erwischen konnte, kehrte nach Washington zurück und fuhr am nächsten Tag, es war ein Sonntag, weiter zur Farm.
Das heißt, ich mußte zunächst den Bus nach Williamsburg, Virginia, nehmen und dann ein Taxi, das mich und mein Gepäck an einem frisch gemalten Tor nebst Schilderhaus in einem endlosen Maschendrahtzaun neben einer Tafel absetzte, auf der CAMP PEARY – EXPERIMENTELLES ÜBUNGSZENTRUM DER ARMEE stand. Als Antwort auf einen Telefonanruf des Wachtpostens traf schließlich ein von einem betrunkenen Marinesoldaten gesteuerter Jeep ein, und der Mann wackelte, während er fuhr, ununterbrochen mit dem Kopf auf und ab und hin und her.
In der Dämmerung fuhren wir eine schmale Straße zwischen Sumpfzypressen entlang, vorbei an Dickichten aus Dornenbüschen, in denen Zecken und Giftefeu gediehen. Nach zwei langen Meilen erreichten wir schließlich einen Exerzierplatz. Rund herum standen Holzbaracken, einige Gebäude, die wie Jagdhütten aussahen, eine Kapelle und ein Flachbau aus Beton. »Der Club«, sagte mein Fahrer, der schließlich doch den Mund aufmachte.
Ich warf meine Koffer auf eine leere Koje in der Baracke, in der ich mich melden sollte, und da niemand anwesend war außer einem Burschen, der im oben gelegenen Schlafsaal pennte, eilte ich hinüber in den Club. Meine Ausbildung sollte erst am nächsten Morgen beginnen, und den ganzen Tag über waren Leute aus meiner Gruppe angekommen. Gekleidet, wie man's am Sonntag in Washington eben ist, sahen wir wie typische Anfänger aus. Ohne Tarnanzüge, Kampfstiefel und Patronengürtel, wie sie die Veteranen um uns besaßen (die erste Regel, die ich beim Militär lernte, war: ein Veteran ist jemand, der eine Woche Dienstzeit länger als du selbst auf dem Buckel hat), taten wir unser Bestes, unseren Mut und Einsatzeifer zu zeigen, indem wir das Bier krügeweise hinunterkippten. Ein paar Männer an den Billard- und Pingpong-Tischen am anderen Ende der Bar lärmten gegen unser Geschrei an, und wieder anderen diente die Theke als Übungsfeld für Fallschirmjägerrollen. Rekrutenveteranen in Tarnanzügen sprangen auf das Mahagonibord, brüllten »Geronimo«, ließen sich mit angezogenen Knien herunterfallen und rollten auf dem Boden ab.
Andere diskutierten über Sprengstoffe. Es dauerte gar nicht lange, und wir, die gerade hereingekommen waren, schlossen uns diesen

technischen Debatten an: Konnte man eine Kastenträgerbrücke mit C-3-Plastiksprengstoff in die Luft jagen? Ich nickte, wann immer es mir geraten schien, und stürzte das Bier hinunter. Der Green Punch bei Morey's kann nicht schneller geflossen sein.
Später, als ich im oberen Stockwerk meiner neuen Kaserne einschlummerte, verwandelte sich meine Koje in eine Gondel und trug mich durch geheimnisvolle Kanäle. Ich hatte eine Vision und sah meine jüdischen Verwandten vor mir, die an die Legende von den zwölf Gerechten glaubten. In Yale hatte ein Dozent für mittelalterliche Geschichte einmal diesen uralten Gettogedanken ausgeführt, daß Gott in seinem Zorn nur um jener zwölf Gerechten willen die Welt nicht zerstörte. Keiner der zwölf wußte um seine Auserwähltheit, aber ihre natürliche und unbewußte Güte gefiel Gott so wohl, daß er dafür die anderen Menschen in Kauf nahm.
Während ich im Halbschlaf dalag, fragte ich mich, ob sich diese Legende seit der Landung der Pilgerväter auf Amerika übertragen ließ. Mußte es nicht zwölf gerechte Männer oder Abgeordnete in all den achtundvierzig Staaten geben, mit denen ich aufgewachsen war, und würde die Summe sich ändern, wenn aus den achtundvierzig fünfzig wurden? Jedenfalls mußte Gottes Segen auf Amerika ruhen. In meiner ersten Nacht draußen auf der Farm, in Camp Peary, fragte ich mich sogar, ob ich nicht selbst vielleicht einer von Amerikas Gerechten war. Erhoben mich nicht mein Patriotismus, meine Hingabe, meine Erkenntnis, daß niemand Amerika mehr lieben konnte, in die Gesellschaft dieser Gesalbten? Konnte nicht ich, dem auffällige Gaben und Kräfte fehlten, um so mehr ein treuer Liebhaber sein? Ich betete Amerika an! Amerika war eine Göttin! Eingelullt von erhabenen Vorstellungen schlief ich über meinen zwei Litern Bier ein.
Am Morgen war mir übel im Magen, und mein Schädel brummte. Unser Ausbilder brachte uns zur Kleiderkammer, wo man uns unsere Kampfanzüge verpaßte, und wir tauften sie sogleich, indem wir zwei Meilen weit bis zum Eingangstor und wieder zurück joggten. In jenen Tagen war ein Jogger etwas ebenso Exotisches wie heute ein Gleitschirmflieger, aber an jenem ersten Tag kam mir auch alles andere neu und unbekannt vor. So ging es mir die ganze Woche. Die meisten unserer Kurse wurden in Doppelstunden erteilt, und der Lehrplan kam mir ziemlich ausgefallen vor. Es war,

als nähme man in einem Restaurant Platz, dessen Speisekarte lauter fremdartige Gerichte aufweist.
Auf Grund des Erfolgs der Agency in Guatemala 1956 galten die Prioritäten auf der Farm wieder der verdeckten Aktion. Während wir einerseits weiter im verborgenen Fotografieren, im Observieren und unbemerkten Grenzüberschreiten, in Verhörtechnik, heimlichem Funkverkehr und dem Gebrauch toter Briefkästen ausgebildet wurden, lag der eigentliche Akzent während der nächsten sechzehn Wochen auf der Unterstützung von Widerstandsgruppen zum Sturz marxistischer Regierungen. Unsere Ausbildung umfaßte: Fallschirmspringen, Kartenstudium, Überlebenstraining in der Wildnis, waffenlose Selbstverteidigung, lautloses Töten, Konditionstraining, Hindernislauf, Waffenkunde an ausländischen und einheimischen Feuerwaffen und Sprengstoff wie TNT, C-3, C-4, Dynamit und geheimen Sprengstoffen mit einer entsprechenden Vielzahl von Druckauslösern, Gegentakt-, Zeit-, Spät- und Verzögerungszündern und anderen Arten von Zünd- und Sprengkapseln für die Zerstörung von Brücken, Generatoren und kleineren Fabrikationsanlagen.
An den realen Schwierigkeiten dieses Stoffes gemessen, so erklärte man uns, könne man uns in diesen sechzehn Wochen nur einen knappen Überblick vermitteln. Man konnte ja auch nicht innerhalb von sechzehn Wochen zu einem fähigen Anwalt werden. Trotzdem hatten diese Wochen einen Sinn. Die Absolventen, die für einen Abend nach St. Matthew's zurückkamen, um dort in der Kapelle mahnende Worte zu sprechen, pflegten später beim Tee zu beteuern, wie hart die Schule zu ihrer Zeit doch gewesen sei, daß sie aber ihre Zeit in St. Matt's als die schlimmste und zugleich wertvollste ihres Lebens nicht missen wollten.
So etwas Ähnliches kann man auch von der Farm sagen. Ich kam dorthin als junger, noch nicht völlig der Alma Mater entwöhnter junger Mann, dem die eigene Leistungsfähigkeit unbekannt war und der, von ein paar Klettertouren abgesehen, noch keinerlei Leistungen aufzuweisen hatte. Ich ging aus dem Training in der besten körperlichen Verfassung meines Lebens hervor, bereit, mich mit jedem, der mich schief ansah zu prügeln, bereit für den Ruhm. Ich war auch ein eingefleischter Patriot. Wann immer ich an die Kommunisten dachte, kam mir die Galle hoch, und ich hätte am liebsten den ersten besten Roten, der mir über den Weg lief,

umgebracht. Es war nicht so sehr Gehirnwäsche als vielmehr eine Art Gehirnfieber.

Ich schloß auch zahlreiche Freundschaften. Wir waren dreißig Junior Officer Trainees (JOTs) in unserer Gruppe, und ich könnte jedem von ihnen ein Kapitel widmen, auch wenn mir nur wenige nahe genug kamen, um echte Freundschaftsgefühle zu wecken. Es ist merkwürdig, daß wir diese festen Freundschaften eingingen wie Schauspieler, die sechzehn Wochen lang zusammen proben und auftreten und einander lieben und verabscheuen und unzertrennlich sind und dann nichts mehr miteinander zu tun haben, bis sie sich erneut bei einem anderen Job treffen. Wenn ich mehr von Arnie Rosen und Dix Butler spreche, dann deshalb, weil ich sie später öfter als die anderen wiedersah.

Es hätte allerdings auch schiefgehen können in Camp Peary. Zufällig – oder weil mein Vater seine Hand im Spiel hatte – kam ich in eine Trainingskompanie von Ex-Fußballern und Ex-Marinesoldaten. Wenn ich auch in der Schreibtischarbeit im Klassenraum gut abschnitt – und Rosen gar noch besser –, so gab es doch bei den körperlichen Übungen mitunter gewisse Schwierigkeiten. Zwar kam ich mit Waffen ausreichend zurecht, und das Kartenlesen war ein Kinderspiel. Auch Achtundvierzigstunden-Überlebens-Trecks durch den Wald um Camp Peary stellten für mich, der ich meine Sommerferien in den Wäldern von Maine verlebt hatte, keine übermäßig hohen Anforderungen dar. Aber beim lautlosen Töten war ich hoffnungslos gehemmt. Es gelang mir nicht, mich in jenen emotionalen Zustand zu versetzen, in dem man sich befinden mußte, um sich von hinten an einen Kameraden heranzuschleichen und ihm das Band, das wir anstelle der Stahlgarotte benutzten, um den Hals zu werfen. Wenn ich an der Reihe war, einen Wächter zu spielen, zuckte ich jedesmal zusammen, noch bevor der Stoff meine Haut berührte. Mein Adamsapfel – ein hervorragendes Zeichen Hubbardschen Stolzes – schien eine eigene Panik zu entwickeln, zerquetscht zu werden.

»Dirty fighting« klappte besser. Die Scheinangriffe, bei denen es darum ging, einem Mann die Finger zu brechen, ihm auf die Füße zu trampeln, sein Schienbein zu zerschmettern, ihm drei Finger in den Kehlkopf und einen ins Auge zu stoßen und zuzubeißen, wo es möglich war, fielen mir nicht schwer, denn da wurde ja wirklich nur simuliert.

Das Boxen gehörte zu unserer Freizeit in der Turnhalle. Jedoch wußten wir alle, ohne daß man es uns gesagt hätte, daß es obligatorisch war. Ich haßte es, wenn man mir auf die Nase schlug. Ein Treffer genügte, mich völlig außer Rand und Band geraten zu lassen, so daß ich wie wild um mich schlug. Außerdem hatte ich Angst. Jedesmal, wenn ich meinen Gegner etwas fester traf, platzte ich heraus: »Oh, tut mir leid!« Natürlich sahen alle, was mit mir los war. Ich entschuldigte mich damit, daß ich mir den anderen vom Leib halten müsse. Linke Haken gelangen mir überhaupt nicht, meine kurze Gerade kam entweder kraftlos, oder ich verlor dabei das Gleichgewicht, und meine rechte Gerade war so rund wie ein Schweinekotelett. Nach einer Weile schickte ich mich ins Unvermeidliche und prügelte mich, so gut ich konnte, mit Männern herum, die ungefähr das gleiche Gewicht wie ich hatten. Ich lernte dabei Schläge einzustecken, außer auf die Nase, die ich so schützte, daß ich die Treffer immer nur auf die Augenbrauen bekam. Nach dem Boxen hatte ich Kopfschmerzen wie nach einer Sauftour im College, und meine schlimmste Demütigung erlebte ich mit Arnie Rosen, der rauflustig war wie ein in die Enge getriebener Kater. So brutal er auch auf meinen Kopf und Körper einschlug, ich wich nicht zurück, aber es machte mich fuchsteufelswild, daß er damit die Runde – nach Punkten – gewann.

Eines Abends im Club trank ich mit unserem Boxlehrer, der auf den eigenartigen Namen Reggie Minnie hörte. Unter unseren Ausbildern war er der einzige, der uns beeindrucken konnte. Bald flachsten wir, gute Männer wären in der Agency wohl zu wertvoll, um sie als Ausbilder einzusetzen. Minnie war allerdings ein Sonderfall. Er boxte auf klassische Art, kerzengerade aufgerichtet, und war während des Krieges ein Boxchampion in der Marine gewesen. Er hatte seine Frau, eine junge Engländerin, bei einem Autounfall verloren, was für ihn um so schlimmer war, als er den Wagen gesteuert hatte. Sein Kummer war vollkommen, und er wirkte so, als ob seine Schuld ihn zur Buße verdammt hätte. Das Unglück überschattete sein ganzes Leben und ließ ihn, einen Bären von einem Mann, als totalen Verlierer erscheinen. Er sprach mit sanfter Stimme und hörte auf jedes Wort, das ein anderer zu ihm sprach, als wären Worte für ihn eine ebensolche Wohltat wie warme Kleidung für den Frierenden.

Während er an seinem Bier nippte, kippte ich drei hinunter.

Draußen senkte sich die Dämmerung über das Camp, und von Zeit zu Zeit waren Explosionen aus dem Wald zu hören. Ab und zu kamen Männer von der Vierundzwanzigstundenübung hereingestürzt, um schnell etwas zu trinken und gleich wieder davonzustürmen, und ich klagte ihm mein Leid über meine Ungeschicklichkeit bei der Deckung, als wäre das ein hoffnungsloser, körperlicher Makel.
Dann sagte er etwas, das ich nie vergessen habe: »Du mußt zuschlagen lernen. Dann bekommst du ein besseres Gefühl dafür, wann du einen Schlag abwehren mußt.«
Ich dachte in den nächsten Tagen ziemlich oft über einen Unfall aus meinen Kindertagen nach: Ein Vetter hatte mich mit der Faust so ins Gesicht geschlagen, daß ich in die Knie ging. Doch hatte ich mich nicht aufgerichtet, um zurückzuschlagen, sondern nur einfach auf das Blut gestarrt, das aus meiner Nase herunter auf den Boden klatschte, und bei jedem Tropfen gedacht, ach, wäre es doch sein Blut! Jetzt in der Turnhalle, als ich den Sandsack bearbeitete, kam etwas von dieser riesigen und lange verloren geglaubten Wut zurück, und ich versuchte ein bißchen davon in jeden Hieb zu legen, den ich dem Sandsack gab.
Ob es viel gebracht hat, kann ich nicht sagen. Ich wurde mit der Zeit besser, aber die anderen auch. Vielleicht habe ich ihnen gegenüber ein bißchen aufgeholt. Wenigstens gelang es mir dann doch, mit Rosen fertig zu werden. Wertvoller für mich war jedoch das Fallschirmspringen. Vom ersten Tag an, als sie uns zu dem zwölf Meter hohen Turm brachten, war ich bereit. Vier Stock hoch über dem Erdboden sprang ich wie ein Frosch durch die Nachbildung der Luke einer C-47 – unser Instrukteur nannte es die »Politik der offenen Tür« – und fiel mit umgeschnalltem Fallschirmgurtwerk, das an einem federnden Drahtseil befestigt war, ins Leere. Die Reise abwärts dauerte eineinhalb Sekunden, und ich war wieder in Maine und sprang gerade vom Balkon, bis Kabel und Gurtwerk mich zurückrissen und ich wie ein Pendel über dem Erdboden hin- und herschwang. Manche der hartgesottensten Burschen in meiner Klasse übergaben sich vor Angst, bevor sie zu diesem Sprung antraten.
Es wurde für mich sogar noch besser, als die wenigen guten Fallschirmspringer unserer Gruppe auf einem nahegelegenen Flugplatz Präzisionsspringen üben durften. Ich empfand dabei

keine Angst und fürchtete nicht einmal, ich könnte meinen Fallschirm nicht korrekt gepackt haben. Mir schien, es sei mit dem Springen wie mit dem Segeln: Manche verstehen auf Anhieb etwas davon, andere lernen es nie. In Maine hatte ich immer, wie es in der Familie hieß, eine feine Nase für das Umschlagen des Windes gehabt, aber wenn man durch die Luft fliegt, sind die Anzeichen subtiler. An den Bewegungen der Bäume läßt sich aber die Windrichtung erkennen, und ich lernte es, meinen Fallschirm bei nächtlichen Absprüngen ins Ziel zu dirigieren. Der Himmel konnte schwarz sein und der kalkweiße Landefleck unten nicht stärker leuchten als eine Entenmuschel auf einem Felsen tief unter der Wasseroberfläche, und trotzdem landete ich ebensooft wie die anderen in dem weißen Kreis.
Zu diesem speziellen Fallschirmtraining kamen regelmäßig aktive Offiziere aus der Abteilung für verdeckte Aktionen nach Camp Peary zurück, so daß ich nicht behaupten kann, ich sei der Beste in unserer Klasse gewesen, aber ich war unter den Besten, und mein größtes Vergnügen bestand darin, daß ich Dix Butler deutlich überlegen war. Er war der Schnellste beim Hindernislauf, beim Dirty fighting konnte ihm keiner das Wasser reichen, als potentieller Mörder war er wie ein Phantom und beim Boxen wild wie ein Tier. Keiner außer Minnie konnte gegen ihn antreten. Er war auch der inoffizielle Meister im Armdrücken, und einmal besiegte er hintereinander alle Kameraden im Club: zweiundzwanzig Männer, darunter Instrukteure und Schwergewichtler, und er brauchte nicht lange dazu.
Im Fallschirmzielspringen konnte ich ihn aber jedesmal schlagen, und das machte seinem Selbstbewußtsein unglaublich zu schaffen. Die Wut brach wie eine Woge aus ihm heraus.
Dabei hätte er auf seine Leistungen im Fallschirmspringen stolz sein können. Denn zu Anfang hatte er große Angst vor Flugzeugen gehabt. Später, als wir ihn besser kannten, erklärte er es uns eines Abends im Club. Während er gewöhnlich in der Gruppe trank – denn er liebte es, seine Geschichten in einem Kreis von Männern zum besten zu geben –, waren Rosen und ich seine Lieblinge, und manchmal trank er auch nur mit uns allein. Der Grund war klar: Rosen und ich kamen in allen geistigen Disziplinen immer auf den ersten und zweiten Platz. Butler, überraschend gut in der Klasse, konnte unsere Überlegenheit in dieser Hinsicht ohne weiteres

anerkennen. Ich glaube, er sah uns als Angehörige jenes Ostküstenestablishments, das – von seinem Standpunkt aus betrachtet – in der Company ohnehin überall den Ton angab. Deshalb konnten ihm Rosen und ich als Objekte für seine Feldstudien dienen. Andererseits verachtete er uns in gewisser Weise, und deshalb beglückte er uns gern mit seinen Lebensweisheiten: »Ihr Burschen würdet das nicht begreifen. Großer starker Mann, hahaha. Warum hat er denn solche Angst vorm Fliegen? Totaler Unsinn! Meine Furcht ist die eines überlegenen Athleten.« Er starrte uns böse an und fing dann ohne Warnung an zu grinsen, als ob er uns aufs Kreuz legen wollte. »Keiner von euch kann begreifen, was im Schädel eines Athleten vor sich geht. Ihr denkt wie Sportreporter. Sie beobachten, aber sie begreifen nichts. Was einen überlegenen Athleten auszeichnet, ist seine telepathische Begabung.« Butler nickte bekräftigend. »Manche von uns haben sogar die Fähigkeit, sich bewegende Objekte zu hypnotisieren – nein, nicht zu hypnotisieren – das richtige Wort ist telekinisieren. Wenn ich entsprechend gestimmt bin, kann ich nicht nur lesen, was mein Gegner als nächstes vorhat, sondern ich kann einen Fußball telekinisieren.«
»Ihn von seiner Bahn abbringen?« fragte Rosen.
»Mindestens einen Fuß weit bei einem langen Paß. Und wenn er zu Boden fällt, kann ich beeinflussen, wie er aufspringt.«
»Du bist verrückt«, sagte Rosen gemütlich.
Butler streckte die Hand aus, nahm Rosens Oberlippe zwischen Daumen und Zeigefinger und drückte zu. »Hör auf!« schrie der zwischen Butlers Fingern hindurch, und zu meinem Erstaunen ließ Butler ihn auch los. Rosen besaß eine seltsame Art von Autorität. Butler gegenüber wirkte er wie ein selbstbewußter kleiner Junge, der einen großen Hund herumkommandiert und in Schach zu halten vermag – bis zu einem gewissen Punkt jedenfalls.
»Was soll denn das?« beklagte sich Rosen. »Wir diskutieren doch gerade.«
»Das lernst du hier nicht«, lachte Butler. »Aber es ist ein alter Trick, wie man eine hysterische Frau beruhigt. Man packt sie bei der Oberlippe und drückt zu. Ich habe das in Motelzimmern gemacht, seit ich sechzehn war.« Noch ein Schluck Bier. »Gottverdammt, Rosen, habt ihr in New York denn keine Ahnung, was

sich gehört? Eine hysterische Frau kann sagen, ich wäre verrückt, aber nicht ein Mann, der mit mir redet.«
»Ich glaube eben nicht, daß das stimmt, was du behauptest«, sagte Rosen. »Es ist eine Täuschung. Telekinese kann man nicht messen.«
»Natürlich kann man sie nicht messen. Hier gilt Heisenbergs Unschärferelation.«
Wir lachten. Aber es beeindruckte mich, daß Butler Heisenbergs Unschärferelation kannte.
»Meine Angst vor Flugzeugen«, sagte Dix Butler, »kommt daher, daß ich immer den Einsatz zu erhöhen suche. Das erstemal, als ich in ein Flugzeug stieg, war es ein Zehnsitzer ohne Trennwand zwischen dem Piloten und den Passagieren. Ich sage euch, ich brauche mir nur irgend etwas vorzustellen. Und es dauerte nicht lange, da stellte sich der alte Dix vor, er dirigierte – oder sagen wir, beeinflußte – die Fingerspitzen des Piloten und dadurch finge das Flugzeug ein bißchen an zu bocken. Nun, der Pilot überwand das wieder mit seiner Willenskraft. Man kann mit seinen Gedanken die Materie anderer Männer nur minimal bewegen – es ist eine höchst unvollkommene Art von Kommunikation.« Butler sah uns an, die wir ihm am Tisch gegenübersaßen, mit einem ebenso kindlichen wie feierlich ernsten Blick in den gelbgrünen Augen, und sagte: »Na gut, also was tue ich jetzt, wo die Hand des Piloten den Steuerknüppel wieder unter Kontrolle hat? Ich horche jetzt auf das Geräusch des Flugzeugs. Es ist alt, und die beiden Motoren pfeifen und ächzen wie ein Asthmatiker – Mann, mit den Ohren dringe ich in die Innereien dieses Flugzeugs ein. Ich weiß jetzt genau, wie leicht es wäre, die Motoren in Brand zu setzen oder die Tragfläche abzureißen. Nichts hält diese Klapperkiste mehr zusammen als die geistige Kraft eines jeden Passagiers und der Pilot durch seine Gebete, daß es ihm gelingen möge, ihre armselige Existenz zu erhalten. Und hier sitze ich, mitten unter ihnen, ein Wahnsinniger – manisch, besessen von meinen Ideen. Meine Existenz ist größer, als ich selbst es bin. Ich war in einen Autounfall verwickelt, man hat auf mich geschossen. Es gibt kein Niemandsland da draußen zwischen dem Gegebenen und dem Unermeßlichen, und ein System von Regeln gilt dort, dem wenige folgen können. Alles, was ich weiß, ist, daß ich nicht genügend Angst vor dem Tod habe. Das ist eine transzendentale Erfahrung, die mich quer durch den Schaum der Bierpisse hier erreicht. Könnt ihr beiden rationalen

Scheißkerle das überhaupt begreifen? Ich sage euch, der wahnsinnige Wissenschaftler in mir war bereit zu experimentieren. Ich wollte, daß das Flugzeug abstürzt. Glaubt mir ruhig, daß das ein mächtiger Wunsch war. Ach, diese Waschlappen, diese kleinen Idioten da um mich herum in ihren Sesseln hatten ja solche Angst davor, etwas zu verlieren, das sie nie gehabt hatten, ein ehrliches, Gott gegenüber ehrliches Leben. Ich mußte mich sehr zusammenreißen, um meine Kräfte nicht einzusetzen. Ich konnte mir nämlich ganz genau vorstellen, wie die Motoren Feuer fingen. Ich glaube immer noch, daß ich uns alle mit meinen geistigen Kräften in so ein Flammenmeer hätte stürzen können. In einem anderen Augenblick hätte ich es vielleicht getan. Aber ich riß mich zusammen. Ich rettete das Flugzeug vor mir selbst. Meine Herren, mir war übel von der Anstrengung, die mich das gekostet hatte. Auf meiner Stirn standen Schweißperlen, groß wie Hagelkörner, und meine Leber fühlte sich an, als hätte eine Kompanie Marines darauf herumgetrampelt. Und seither habe ich Angst vor jeder Art von Flugzeug. Ich fürchte, daß ich meine bösen Impulse irgendwann nicht mehr im Zaum halten kann.« Bier. Eine Pause. Noch ein großer Schluck. Man konnte sich den rhythmischen, stetigen Fluß des Bieres seine Gurgel hinunter förmlich vorstellen.

Ich hatte keine Ahnung, ob er im Ernst sprach oder uns nur wieder einmal eine seiner Geschichten erzählt hatte, die immer von Außerordentlichem handelten, aber ich vermute, daß es der Wahrheit entsprach, wenigstens seiner eigenen Wahrheit, weil ich annehme, daß er es erzählte, um sich davon zu befreien, ganz ähnlich wie ich Reggie Minnie meine Geschichte erzählt hatte. Am nächsten Tag begann er an seiner Fallschirmsprungtechnik zu arbeiten, genau wie ich anfing im Boxen voranzukommen, bis ich es eines Tages sogar wagte, mit Dix in den Ring zu steigen und genug Mumm aufbrachte, während ich den Mundschutz einsetzte, nicht zu murmeln: »Sei nicht so brutal, Butler.«

Es waren interessante drei Minuten. Wir hatten Kopfschützer auf und an den Händen Vierzehn-Unzen-Dreschflegel, aber seine kurze Gerade war schwerer als eine gerade Rechte von jedem anderen Trainee, und der erste linke Haken, der mich erwischte, ließ mich in die Ecke torkeln.

Ich geriet direkt in Panik. Nur daß Reggie Minnie in meiner Ecke stand, ließ mich aushalten und das Trommelfeuer von Butlers

Fäusten auf meinen Rippen ertragen; jedesmal, wenn er mit seiner kurzen Geraden herauskam und meine Stirn rammte, fühlte ich, wie meine Gehirnzellen batterienweise ausfielen, und wenn er sich, ein- oder zweimal, entschied, mir eine rechte Gerade zu versetzen, lernte ich alles über Elektrizität: Was sich in meinem Kopf an Blitzen entlud, entsprach einem schweren Unwetter. Mit einemmal begann ich zu verstehen, was ein ernsthafter Athlet im Wettkampf fühlen mag, denn ich war an einem Punkt angekommen, an dem ich im Mahlstrom leben wollte. Ich konnte nicht mehr aufhören. Ich hatte meinen Frieden im Kampf gefunden. Ein beseligendes Gefühl! Zum Teufel mit dem Gehirnschaden! Das bißchen Zukunft in mir, das da zerstört werden mochte, war ohne Bedeutung, verglichen mit dieser Stärkung meines Selbstgefühls.
Natürlich wußte ich, daß bald die Ringglocke scheppern und die drei Minuten vorbei sein würden. Meine grimmige Entschlossenheit, alles hinzunehmen und einzustecken, was die Götter mir an Schlägen zugeteilt haben mochten, war an einen Dreiminutenkontrakt geknüpft. Gut so. Noch einmal drei Minuten, und ich konnte mich in einem Krankenhaus wiederfinden. Später, als ich Butler auf den Kameraden eindreschen sah, der ihm dem Gewicht nach am nächsten kam, war ich von der Wucht seiner Schläge entsetzt. Hatte er auch auf mich so hart eingeschlagen? Ich machte den Fehler, Rosen zu fragen.
»Soll das ein Witz sein?« lachte der. »Er hat sich bei dir doch unheimlich zurückgehalten.«
Ist es ein Wunder, daß ich Rosen nicht leiden kann?

10

Während der letzten beiden Trainingswochen gab es Spaß und Spiele. In der Technik der Überwachung eingeführt, teilte man uns in Dreimannteams ein, die einen Lehrer – unsere Zielperson – auf seinem Weg durch die Straßen und Läden von Norfolk zu beschatten hatten. Dabei hasteten wir hinter unserem Mann her, standen minutenlang vor Fenstern, in denen sich die Straße spiegelte.

Unser Führer, »Spitze« genannt, war gehalten, dicht am »Ziel« zu bleiben, während Verbindungsmann, also »Liaison«, und »Reserve« die anderen Ausgänge des Gebäudes überwachten. Wir hatten Signale gelernt, mit denen wir einander dirigieren konnten: Stop; nach rechts gehen; nach links gehen; schneller gehen; langsamer gehen. Sie wurden vermittelt durch unauffällige Gesten wie Abnehmen des Hutes, Anlehnen an eine Wand, Stehenbleiben an einem Hydranten, Führen eines Taschentuchs an die Nase, Zubinden eines Schnürsenkels und – das scheußliche Lieblingszeichen – Säubern des Gehörgangs mit dem Zeigefinger.

Unser Signalsystem brach jedoch meist rasch zusammen. Bald schon winkten wir einander zu, rannten halb im Trab dahin. Wenn wir hinter unserem »Ziel« her in ein Kaufhaus liefen, verloren wir es regelmäßig an einen Fahrstuhl. Wenn es der »Spitze« gelang, das »Ziel« wieder zu sichten, hatten »Liaison« und »Reserve« inzwischen den Anschluß verloren. Wenn – früher oder später – das »Ziel« die »Spitze« »fingerte« – also entdeckte, daß die »Spitze« es verfolgte –, war das Spiel aus. Pünktlich jede volle Stunde kehrten wir zur Freitreppe des Rathauses von Norfolk zurück, um die Verfolgung eines neuen »Ziels« aufzunehmen.

An jenem Abend im Club wurde exzessiv gesoffen, und wir spielten einander Streiche. Dix und einer der Sprengstoffexperten brachten eine Druckluftpatrone in der Kloschüssel an, und ein Draht führte von dort zum Ende der Bar, an dem sie saßen. Wir mußten fünfzehn Minuten auf ein geeignetes Opfer warten, aber als Rosen schließlich zur Toilette ging, um sich gründlich auszuscheißen, wie er unvorsichtigerweise ankündigte, wurde der Mechanismus ausgelöst. Die Patrone ging genau im richtigen Moment los, und der Geysir spritzte das »Ziel« geradewegs vom Sitz. Rosens Kleidung war so durchnäßt, daß er zu seiner Unterkunft mußte, um sich umzuziehen. »In Camp Peary funktioniert die Überwachung«, wurde fortan zu Dix' Schlachtruf.

Inzwischen fanden bei den nächtlichen Sprengübungen im Wald weitere, echte Explosionen statt, und Fallschirmjäger landeten, und Männer mit geschwärzten Gesichtern kamen hereingestürmt, stürzten ein Bier hinunter, rannten wieder hinaus. Viele Jahre später, kurz vor meinem Einsatz in Vietnam, wurde ich von einem alten Klassenkameraden aus Yale, der jetzt Produzent ist, eingeladen, seinem Team bei den Dreharbeiten zu einer Schlachtszene

zuzusehen. Es war ein bißchen Vorbereitung für Vietnam, und es erinnerte mich sehr an die Farm. Der Krieg bestand aus Spezialeffekten, die von Zeit zu Zeit losgingen; das paßte mehr zu dem Ereignis als das Sterben. »Das Sterben ist der Preis, den du für das Vergnügen bezahlst, einem richtigen Krieg beiwohnen zu dürfen«, sagte einer unserer Instrukteure mit verbissener Miene, und daran mußte ich in jenen Nächten in Saigon denken, wenn ich mich prächtig amüsierte.
An diesem Abend im Club kam ich mir wie ein Kind an einem jener endlosen Augustabende vor, wenn die späte Hitze der Sommerspiele einen ins Haus rennen und beim Hinauslaufen die Tür zuknallen läßt. Unsere Beschattungsübung war zwar nervenaufreibend, demütigend und so gut wie völlig erfolglos gewesen, aber jetzt brach die dieser Arbeit innewohnende Hysterie aus. Wir hatten schließlich bei etwas mitgespielt, das einem Film recht ähnlich war. Einen Mann zu beschatten ist so komisch wie mancher Traum.
Ein zweites Opfer ging im Club auf die Toilette, setzte sich auf den Thron und kam triefend naß heraus. Wir lachten, und etwas von der Bewegung des Wassers schwappte auf den Rest des Abends über. Rosen kam in trockener Kleidung zurück, betrank sich und beging den Fehler zu Butler zu sagen: »Ein Schwachsinn, einem Kumpel so was anzutun. Ich glaube, du hast sie nicht mehr alle.«
»Alte Schwuchtel!« knurrte Butler. »Nimm deine Backen auseinander, und ich werde dir beibringen, ob ich sie noch alle habe.«
Er sagte es so laut, daß es alle um uns herum hören mußten. Rosen, der seinen Widersachern gewöhnlich mit eisiger Miene trotzte, zögerte diesmal. »Dix, irgendwie bist du kein Mensch«, stieß er schließlich hervor, und mit einem Rest von Würde verließ er den Club.
Butler schüttelte den Kopf. »Hubbard, habe ich ihn nicht wie einen Bruder behandelt?« sagte er.
»Ich würde nicht dein Bruder sein wollen«, entgegnete ich.
»Zum Teufel, mein älterer Bruder pflegte mich mit seinem Maiskolben zu bumsen, bis ich ihm einen Stein auf den Kopf gehauen habe. Ich war vierzehn. Was hat denn dein älterer Bruder mit dir gemacht?«
»Ich habe nur jüngere Brüder.«
»Hast du sie nie mit deinem Maiskolben . . .?« fragte Dix.

»Nein.«
»Warst wohl nicht Manns genug?«
»Meine Brüder sind Zwillinge, und zwei auf einmal...«
Er lachte und schlug mir mit der Hand auf den Rücken. Dabei sah er mich an, daß ich vor Unbehagen feuchte Hände bekam. Zu meiner Verwunderung aber seufzte er nur: »Na ja, Arnie wird's überstehen. Aber was wird aus mir? Ich bin schon zu alt, um noch zu einer Legende zu werden.«
Ich weiß nicht, wie weit diese Szene mit Butler daran schuld war, aber mit Rosen ging tatsächlich etwas schief an dem Abend, als wir die nachgebaute »ostdeutsche Grenze« zu überqueren versuchten. Erstens hatte es den ganzen Tag geregnet. Der Wald war schlammig, Mückenschwärme tanzten in der Luft, und der Nachthimmel war bewölkt. Wir mußten uns allein am Kompaß orientieren – eine zeitraubende Prozedur, bei der es leicht zu Fehlern kam.
Wir arbeiteten an einem gut vorbereiteten Szenario. Wenn es beim Training auf der Farm einen Höhepunkt gab, wenn gute Instrukteure zur Verfügung standen, die ihre Sache ordentlich planten, dann war es beim Kurs »Flucht und Vernehmung«. Während der letzten drei Wochen hatte jeder der Trainees in meiner Gruppe die Rolle eines westdeutschen Agenten zugewiesen bekommen, der nach Ostdeutschland eingedrungen ist. Jeder von uns mußte sich mit seiner westdeutschen Biographie vertraut machen und dann eine detaillierte ostdeutsche Legende dazulernen. Diese letztere Biographie mußten wir auswendig können, genau wie ein westdeutscher Agent, wenn er nach Ostdeutschland eingeschleust wurde. Wir waren also darauf vorbereitet, von den Arbeitsplätzen zu erzählen, die wir in der DDR hatten, von unserer Familie und der Schulzeit und denjenigen unserer nahen Verwandten, die im Zweiten Weltkrieg umgekommen waren, und wir erhielten Daten über die großen Bombenangriffe der Alliierten auf unsere fiktive Heimatstadt Männernburg. Rosen und ich, die bei dieser Übung Hans Krüll und Werner Flug hießen, hatten während der letzten paar Wochen Hunderte von Einzelheiten auswendig gelernt.
Die Übung begann mit einem bestimmten Funksignal, das unser Führungsoffizier in Westdeutschland nach Ostdeutschland herüberschickte; die Ostdeutschen, so das Szenario, hatten unseren Sender angepeilt, und wir mußten auf dem schnellsten Weg zurück zur innerdeutschen Grenze. Die letzten beiden Meilen, die es

zu überwinden galt, waren ein Wald in Ostdeutschland, der zufällig unserem Dickicht in Virginia glich. Wenn es uns gelang, unbemerkt über den Zaun zu kommen, brauchten wir unsere Legenden nicht zu benutzen, obwohl man von uns erwartete, daß wir uns auch dann – freiwillig – einem Verhör unterzogen, als ob man uns geschnappt hätte, um diese wertvolle Erfahrung nicht zu versäumen. Daß wir diese etwas angenehmere Wahlmöglichkeit bekamen, war aber höchst unwahrscheinlich. Man erwartete gar nicht, daß wir über den Zaun kamen. Das gelang nur ganz wenigen.
Ich wollte es schaffen. Ich wußte von Harlot, daß man dafür nicht nur entsprechende Noten in der 201-Akte auf der Farm bekam, sondern daß das Ergebnis bei diesem Test in einer fünfstelligen Chiffre festgehalten wurde, die für die weitere Karriere von entscheidender Bedeutung war. Während man sich ungefähr vorstellen konnte, wie man auf der Farm abgeschnitten hatte, blieb die Fünf-Buchstaben-Chiffre ein Geheimcode, der den Weg zu Spitzenposten ebnen oder verbauen konnte. Die meisten Punkte bekam man, dessen war ich sicher, wenn man über den Zaun kam; eine weitere geheime Benotung erfolgte zweifellos dem Ergebnis des Verhörs entsprechend.
Rosen und ich hatten keinen guten Start. Als wir den Graben vor dem ostdeutschen Zaun erreichten, waren unsere Kampfanzüge von dem widerlichen Schlamm durchtränkt. Schmutzig und demoralisiert mußten wir uns alle dreißig Sekunden ducken, wenn das Licht eines Scheinwerfers über den Feldweg und den Zaun vor uns hinwegglitt. Ungefähr jede Minute patrouillierte ein Jeep in der einen oder der anderen Richtung den Zaun entlang. Während dieser unregelmäßigen Intervalle sollten wir die Grabenwand hinauf, dann den Zaun hoch, oben über den Stacheldraht steigen und uns auf der anderen Seite vierzehn Fuß tief hinunterfallen lassen. Dort erwartete uns den Regeln des Spiels entsprechend die Freiheit.
Rosen aber schien den Mut verloren zu haben. Ich glaube, er hatte eine fürchterliche Angst vor dem Stacheldraht. »Harry, ich schaff das nicht«, murmelte er. »Ich kann das nicht.« Er war vor Angst so außer sich, daß er mich anzustecken drohte.
»Verdammter Judenbengel, bring deinen Arsch da rüber!« schrie ich. Es war nur ein halberstickter Fluch, und er tat mir schon leid,

bevor er heraus war, aber er stand ewig zwischen uns und blieb ein kleiner, aber bleibender Schatten auf meinem Gewissen. Das Scheinwerferlicht wanderte vorbei. Vor Erschöpfung schluchzend krochen wir den ekelhaften Dreckwall hoch, kamen zum Zaun, fingen an zu klettern – und erstarrten im grellen Scheinwerferlicht, das plötzlich wiederkam und wie der Todesengel auf uns haften blieb. Sekunden darauf kam ein gepanzerter Jeep mit zwei Grenzsoldaten auf uns zugefahren und richtete das Maschinengewehr auf uns. Wir hatten versagt. Der größte Teil der Klasse fiel bei dieser Prüfung durch. Sogar die zehn großen Asse. Diese Übung war auch nicht gedacht, uns in Osteuropaagenten zu verwandeln, sondern sie sollte uns einen Eindruck geben von den grauenhaften Erfahrungen, die einigen unserer künftigen Agenten vielleicht bevorstanden.

Da die Grenzwächter ostdeutsche Uniformen trugen, war der Jeep das einzige Element in diesem Spiel, das nicht authentisch war. Man legte uns Handschellen an und fuhr uns mit Karacho die Grenzstraße entlang zu einem weißgetünchten Betonbau. Drinnen gab es einen Gang in der Mitte und eine Reihe von fensterlosen Verhörzellen auf beiden Seiten, jede ungefähr zwei Meter fünfzig im Quadrat groß, und darin befanden sich nur ein Tisch und ein paar Stühle, dazu eine grelle Lampe mit Reflektor, von der man bald geblendet wurde. Der verhörende Beamte sprach Englisch mit einem so starken deutschen Akzent, daß man ihn, ob man wollte oder nicht, nachzuahmen begann. Ich hatte noch nie einen jener Männer auf der Farm gesehen und erfuhr erst später, daß es sich um professionelle Schauspieler handelte, die bei der Company unter Vertrag standen; das trug dazu bei, die Probanden zu verwirren; alles wurde realistischer, als ich gedacht hatte.

Da die Verhörspezialisten von einem Raum zum anderen gingen, um die Trainees zu befragen, die man gerade hereingebracht hatte, gab es für den einzelnen Gefangenen immer längere Pausen. Infolge dieses Wechsels zwischen intensivem Verhör und Warten im gleißenden Licht der Lampe kam ich mir, während die Nacht dahinging, immer desorientierter vor. Ich fand meine Legende fürchterlich plump, lauter Widersprüche fielen mir auf. Während des Verhörs klammerte ich mich dann aber doch wieder an meine Legende und konnte an nichts anderes denken. Ich erkannte, daß die Rolle für einen richtigen Schauspieler eine größere Bedeutung als das Leben selbst annehmen kann. Wieso hatte ich nicht erkannt, wie entscheidend wichtig die innere Vorbereitung ist? Jede Einzelheit in meinem imaginären Leben, die ich nicht genügend verinnerlicht hatte, wurde jetzt zu einer zusätzlichen Belastung. Denn an einige von ihnen konnte ich mich nur durch einen Willensakt erinnern. Im Gegensatz dazu wurde jeder Gegenstand, über den ich vorher hatte meditieren können, für mich lebendig. Meiner Legende nach hatte ich nach dem Zweiten Weltkrieg die Berufsschule in Männernburg bei Leipzig besucht und hatte mir den alles durchdringenden Gestank von den Trümmerhaufen nach verkohlten Menschen, toten Ratten, Schutt und Müll vorstellen können, der durch die Fenster des Klassenzimmers kam. Ich fand, meine Stimme klang überzeugend, wenn ich von dem sprach, was ich dort gelernt hatte.

»Wie hieß diese Berufsschule in Männernburg?« fragte mich der Verhörspezialist. Er trug die schwarze Uniform der Volkspolizei, und vor ihm lag ein beeindruckender Berg Papier. Da er auch eine dunkle Haut, einen schwarzen Schopf und einen dunklen Bart hatte, fiel es mir schwer, ihn mir als Deutschen vorzustellen, bis ich mich daran erinnerte, daß der Naziführer Rudolf Heß auch so einen eisenblauen Bartschatten gehabt hatte.

»Die Hauptbahnhofschule«, antwortete ich.
»Was haben Sie dort gelernt?«
»Eisenbahner.«
»Abschluß gemacht?«
»Ja.«
»Wie sind Sie morgens zur Schule gekommen, Werner?«
»Zu Fuß.«
»Jeden Tag von Ihrer Wohnung?«
»Jawohl.«
»Wissen Sie noch den Weg?«
»Jawohl.«
»Nennen Sie mir die Straßen, die Sie lang gegangen sind.«
Ich zählte sie auf. Ich hatte nicht nur den Stadtplan deutlich vor Augen, sondern ich wußte auch von Fotografien, die man kurz nach dem Krieg aufgenommen hatte, wie diese Straßen damals ausgesehen hatten.
»Auf Ihrem Weg, Herr Flug, mußten Sie immer über den Schönheitsweg?«

»Jawohl.«
»Beschreiben Sie mir den Schönheitsweg.«
Ich konnte ihn vor mir sehen, während ich sprach. »Es war unsere Prachtstraße in Männernburg. In der Mitte, zwischen den Fahrbahnen in beiden Richtungen, war eine Grasinsel.«
»Beschreiben Sie diese Insel.«
»Es standen Bäume darauf.«
»Was für Bäume?«
»Ich weiß nicht, wie sie hießen.«
»Wurden einige dieser Bäume abgeholzt?«
»Jawohl.«
»Weshalb?«
»Ich weiß es nicht«, sagte ich.
»Wie viele Verkehrsampeln gab es auf dem Schönheitsweg?«
»Vielleicht zwei.«
»Zwei?«
»Jawohl.«
»Nahe welcher Verkehrsampel waren die Bäume abgeholzt?«
»Ich erinnere mich nicht.«
»Denken Sie nach, Werner, denken Sie nach.«
»Bevor ich meinen Abschluß machte – also vor 1949.«
»Sie sagen, daß die Bäume 1947 oder 1948 gefällt wurden?«
»Wahrscheinlich.«
»Erkennen Sie dieses Foto?«
»Ja. Es zeigt die Kreuzung an der zweiten Ampel auf dem Schönheitsweg, bevor die Bäume gefällt wurden.«
Er zeigte auf ein Gebäude nahe der Kreuzung. »Erinnern Sie sich daran?«
»Ja. Nach dem Krieg. Der Männerburghof. Ein neues Regierungsgebäude.«
»Wann wurde es errichtet?«
»Ich weiß es nicht.«
»Sie erinnern sich nicht daran, daß es gebaut wurde?«
»Nein.«
»Sie sind jeden Tag auf Ihrem Weg zur Schule daran vorbeigekommen, aber Sie erinnern sich nicht an die Erbauung des einzigen Regierungsgebäudes in Ihrer Stadt?«
»Nein.«
»Aber Sie haben es jeden Tag auf Ihrem Weg zur Schule gesehen?«

»Jawohl.«
»1949 war Ihr letztes Schuljahr?«
»Jawohl.«
»1949 war der Männerburghof noch nicht erbaut.«
»Noch nicht erbaut?«
»Nein, Werner.«
»Dann bringe ich etwas durcheinander.«
»Er wurde 1951 erbaut. Und die Bäume wurden 1952 gefällt.«
Ich war in Panik. Stimmte die Erinnerung nicht, die ich mir für meine ostdeutsche Biographie aufgebaut hatte, oder log mich der verhörende Beamte an?
Er fragte mich nun über meine Arbeit bei der Eisenbahn aus. Wieder hielt er mir kleine, aber eindeutige Unstimmigkeiten und Widersprüche hinsichtlich der Namen und Gesichter vor, die ich mir gemerkt hatte. Eine Lokomotivreparaturwerkstatt, zu der man mich als Putzer geschickt hatte, lag nicht am Ostende, sondern am Westende des Bahnhofs, und als ich darauf bestand, es müsse im Osten gewesen sein, weil ich mich daran erinnern konnte, wo morgens die Sonne aufgegangen sei, ließ mich der verhörende Beamte für eine halbe Stunde allein, bevor er wiederkam und mir noch einmal dieselbe Frage stellte.
Anhand der Fotos, die ich studiert hatte, machte ich mir in meinem Kopf ein Bild von Männernburg, aber es war unvollständig.
Wie in einem Gemälde von Larry Rivers – dessen Werk mich seit diesem Verhör immer wieder fasziniert – gab es in meinem imaginären Männernburg leere Flächen. Während die Stunden des Verhörs dahingingen, fingen auch die übrigen Konturen an unscharf zu werden.
»Warum haben Sie den Grenzzaun erklettert, Werner Flug?«
»Ich wußte nicht, daß es die Grenze war.«
»Trotz des Stacheldrahts oben drauf?«
»Ich dachte, es wäre ein Nationalpark. Mein Partner und ich, wir hatten uns verlaufen.«
»Sie befanden sich in einer Sperrzone. Wußten Sie das?«
»Nein!«
»Männernburg liegt nur fünf Kilometer östlich der Grenze.«
»Jawohl.«
»Trotzdem laufen Sie durch den Wald, der westlich von Männernburg liegt und sind überrascht, dort einen Zaun zu finden.«

»Mein Freund und ich dachten, wir gingen nach Osten, nicht nach Westen.«
»Werner, man hat einen Kompaß bei Ihnen gefunden. Sie haben sich nicht verlaufen. Sie wußten, wenn Sie über den Zaun kommen, sind Sie in Westdeutschland.«
»Nein.«
»Wo wollten Sie denn hin?«
»Es war ein Jux. Wir haben miteinander gewettet, wer es wohl als erster hinüber schafft.«
»Sie sind ein Dummkopf. Bei Ihrer Geschichte wird einem ja schlecht.« Er stand auf und ging hinaus.
Wenn man beim Schach die Eröffnung genau studiert, kann man es während der ersten acht oder zehn oder zwölf Züge auch mit einem überlegenen Gegner aufnehmen, so weit nämlich, wie man die Eröffnung analysiert hat. Danach ist man dann, wie man so schön sagt »draußen«.
Ich war draußen. Ich hatte einen angenommenen »Hintergrund« und eine angenommene Biographie, aber ich konnte nicht erklären, wieso ich mitten in der Nacht versucht hatte, über den Grenzzaun zu klettern.
Mein Verhörspezialist kam zurück und fing wieder von vorn an, als ob es unser erstes Gespräch gar nicht gegeben hätte. Noch einmal wollte er wissen, in welchem Jahr die Bäume am Schönheitsweg gefällt worden wären. Wieder widersprach er meiner Behauptung, die Eisenbahngießerei sei im Osten des Bahngeländes. Jeder meiner Fehler sah nun schon größer aus. Ich weiß nicht, ob es sinnvoll war, daß ich falsche Details bestätigte, aber seine Fragen kamen mir allmählich wie der Bohrer eines Zahnarztes vor, und bald würde er auf den Nerv treffen. Zu meinem Entsetzen fing ich an, mir selbst zu widersprechen. Jetzt versuchte ich zu behaupten, daß ich irrtümlich nach Westdeutschland geraten sei, und zwar an einer Stelle – war das überhaupt möglich? –, an der es keinen Zaun gab. Ich sei durch den Wald gelaufen, um nach Ostdeutschland zurückzukehren, hätte den Zaun an der westlichen Seite erklettert und sei an der östlichen heruntergestiegen. Denn ich wollte schließlich morgens wieder zur Arbeit gehen, wie sich das für einen guten Bürger der Deutschen Demokratischen Republik gehört, »gerade in dem Augenblick, als die Soldaten uns fanden«.

»Ihr Schweiß stinkt von Ihren Lügen. Wenn ich wiederkomme, Flug, will ich die Wahrheit hören, oder ich helfe ein bißchen nach.«
Er hielt einen Gummiknüppel in der Hand, hieb damit auf den Tisch und ging. Von draußen drang allmählich ein Lärm in meine Zelle, wie man ihn in Gefängnissen hören mag. Die Verhörzellen entlang des Korridors waren voll, und es entstand ein ganz seltsamer Eindruck. Ich weiß nicht, ob das Tempo der Verhöre sich beschleunigte, während die Morgendämmerung hereinbrach, die wir durch die fensterlosen Wände nicht sehen konnten, aber als der vernehmende Beamte mich mit der Androhung härterer Methoden verließ, vernahm ich nun auch deutlicher die Töne aus den anderen Zellen.
Ein Gefangener fluchte. »Ich weiß nicht, ich weiß nicht. Sie haben mich völlig durcheinandergebracht!« Ein anderer flüsterte, aber so laut, daß ich ihn hören konnte: »Ich bin unschuldig. Sie müssen mir glauben, daß ich unschuldig bin«, und in der entferntesten Zelle unten am Ende des Ganges schlug ein Vernehmungsbeamter mit seinem Gummiknüppel auf den Tisch. »Nein, nein!« schrie jemand. »Bitte nicht!«
Dann hörte ich Rosen. »Das ist unglaublich! Es ist mir gleich, was mein Freund behauptet. Sie haben ihn doch nur eingeschüchtert. Wir sind den Zaun hochgeklettert, um nach den Lichtern von Männernburg Ausschau zu halten und so zurückfinden zu können. Das ist meine Aussage. Sie haben vielleicht meinen Freund verrückt gemacht, aber bei mir schaffen Sie das nicht. Sie können mich nicht durch Androhung von Gewalt einschüchtern. Niemals!«
Das Klatschen des Gummiknüppels kam wieder aus der Zelle am Ende des Korridors.
»Geben Sie's zu«, brüllte der Rosen vernehmende Beamte. »Sie sind kein Bürger der Deutschen Demokratischen Republik.«
»Ich bin Hans Krüll aus Männernburg«, beharrte Rosen.
»Sie sind ein Stück Dreck. Sagen Sie die Wahrheit, oder wir werden Ihnen den Dreck, der aus Ihnen herauskommt, in die Nase stecken. Warum sind Sie den Zaun hochgeklettert?«
»Ich bin Hans Krüll«, wiederholte Rosen.
Jetzt wurden zwei Gummiknüppel verwendet, einer an jedem Ende des Korridors.
Mein Realitätsgefühl war nicht verschwunden, aber doch viel

schwächer geworden. Wir befanden uns in Camp Peary, nicht in Ostdeutschland, und trotzdem fürchtete ich mich. Genauso wie eine Ferienreise einen daran erinnern kann, daß auch der Tod eine Reise ist, hatte ich jetzt das Gefühl, daß der Wahnsinn von der Realität gar nicht so weit entfernt war.
Mein Gehör war nie schärfer gewesen. Ich hörte Rosens aufreizend hochmütiges, näselndes Organ. Er verschanzte sich hinter seiner Arroganz wie ein Millionär hinter seinen Konten – unangenehm, aber effektiv. »Sie wollen mich aus der Fassung bringen«, greinte er, »doch das wird Ihnen nicht gelingen. Ich berufe mich auf die in Paragraph 1378, Abteilung 3, Kapitel B der neuen Verfassung der Deutschen Demokratischen Republik garantierten Rechte. Schlagen Sie nach. Sie verstoßen gegen die Bestimmungen.«
Ja, er hatte sich glänzend vorbereitet! Was für ein geniales Ablenkungsmanöver! Jetzt war der Vernehmungsbeamte aus dem Konzept gebracht! Später erfuhr ich, daß Rosen drei Abende zuvor in der Bibliothek der Farm die neue Verfassung von Ostdeutschland studiert hatte, wobei er genug mitbekommen hatte, um auf diesen glänzenden Trick zu verfallen.
Mein Vernehmungsbeamter kam zurück. Wieder begann er mich von Anfang an auszufragen: Über das Jahr, in dem die Bäume am Schönheitsweg gefällt worden waren, die Eisenbahngießerei und den vereitelten Kletterversuch über den Maschendrahtzaun.
»Wir hatten uns verlaufen«, sagte ich, »und wollten nach den Lichtern von Männernburg Ausschau halten.«
»Ihr Begleiter hat mir diese Geschichte schon erzählt. Wir haben sie widerlegt.«
»Ich sage die Wahrheit.«
»Vorhin haben Sie behauptet, Sie hätten nicht gewußt, daß es die Grenze war.«
»Ich wußte, daß es die Grenze war.«
»Sie haben mich vorhin angelogen?«
»Jawohl.«
»Warum?«
»Ich hatte Angst.«
»Sie haben behauptet, Sie wären durch einen Teil des Waldes, in dem es keinen Zaun gäbe, unwissentlich nach Westdeutschland hinübergeraten und dann zurück über den Zaun nach Ostdeutschland geklettert.«

»Das war falsch.«
»Und jetzt steigen Sie auf den Zaun, um nach den Lichtern von Männernburg Ausschau zu halten.«
»Das ist die Wahrheit.«
»Sie haben gestanden, daß Sie gelogen haben, aber jetzt sagen Sie die Wahrheit?«
»Jawohl.«
»In Wirklichkeit sind Sie ein Lügner und ein Agent der westdeutschen Regierung.«
Eine Sirene ertönte. Sie heulte durch die Korridore und Zellen des Gebäudes. Mein Beamter sammelte seine Papiere zusammen und seufzte.
»Das war's«, sagte er.
»Ist es vorbei?«
»Ich wollte, ich hätte noch fünfzehn Minuten.« Er sah richtig verärgert aus. Ja wirklich, er kam mir vor wie ein Polizist.
»Das war ja verrückt.«
»Sie haben sich ganz gut gehalten«, sagte er.
»Wirklich? Woher wissen Sie das?«
»Ich könnte Sie umbringen. Wenn Sie das schaffen, daß ich mich wie ein Bulle fühle, müssen Sie gut sein.«
Ich stand auf.
»Ja, Sie können gehen«, sagte er. »Draußen steht ein Lastwagen, der Sie auflesen wird.«
»Ich glaube, ich gehe zu Fuß zum Camp zurück. Darf ich das?«
»Ja, klar. Sie haben den Rest des Tages frei.«
»Ich glaube, ich brauche den Spaziergang.«
»Ganz bestimmt.«
Wir schüttelten einander die Hand.
Ich schlenderte die zwei Meilen zurück zum Exerzierplatz und zu den Kasernen. Neue JOTs wagten ihre ersten Sprünge durch die C-47-Türattrappe auf dem zwölf Meter hohen Turm. Noch sechs Stunden, und meine Ausbildung hier war vorbei. Ich würde zurück nach Washington gehen und im I-J-K-L am Spiegelteich arbeiten; dann würde man mich wahrscheinlich auf einem Posten in Übersee einsetzen. Als ich den Weg zur Cafeteria einschlug, um zu frühstücken, fühlte ich die Nähe der Gottheit. Ich kam aus einem dunklen Wald voller Mücken und Zecken, steckte in meinem vom Schlamm des Grenzgrabens verkrusteten Kampfanzug,

meine Finger waren wundgescheuert und zerkratzt vom Maschendrahtzaun, meine Augen schmerzten vom gleißenden Licht der verspiegelten Lampe in der winzigen Verhörzelle, ich hatte angesichts der unglaublichen Angriffe auf meine erfundene Lebensgeschichte die ganze Nacht lang Lügen erzählt, und trotzdem fühlte ich mich rein und war voll edler Gefühle, wie man sie nach einer vollzogenen Weihe hat. Ich hatte die aufregendsten acht Stunden hinter mir, die ich beim CIA erlebt hatte – und ich war so glücklich wie nie zuvor. Etwas in diesen Stunden des Verhörtwerdens hatte bestätigt, wie wertvoll meine Ausbildung war. Ich hatte ein Gebiet gefunden, auf dem ich tätig werden konnte. Mich mein Leben lang mit aller Kraft für die Sicherheit meines Lebens einzusetzen, entsprach meinen Wünschen, stand für Verantwortungsbewußtsein und Anstand. Und was mein anderes Ich, mein Omega anging, das noch nicht genug verweltlicht war, spirituelle Erfahrungen und fleischliche Abenteuer zugleich zu suchen, so ließ es sich doch von den Künsten der Irreführung und dem Kampf gegen das Böse faszinieren. So waren die beiden Elemente meiner Seele in Einklang. Ich hatte meine göttliche Offenbarung, und da alle Bestandteile meines Ichs in der Morgenluft harmonierten, fühlte ich mich glücklich.

11

Das Haus, das Hugh Montague nach seiner Heirat mit Kittredge gekauft hatte, lag am Ufer des alten Chesapeake-Ohio-Kanals, der sich durch Georgetown, einen Stadtteil Washingtons, zieht. Dieser Wasserlauf war 1825 eine lebhaft frequentierte Verkehrsader, auf der die Kohle aus den Appalachen zum Potomac herunterkam. Für den Rückweg, auf dem man sie treideln mußte, belud man die Flußboote mit verschiedenen Waren wie Mehl, Schießpulver, Stoffballen und Äxten. Nach dem Bürgerkrieg aber konnte der Kanal nicht mehr mit den Eisenbahnen konkurrieren. Die Gebäude am Kanal standen leer und verfielen, die Schleusen waren still und das Wasser im Kanal ein Rinnsal.

Hughs Haus, ursprünglich als Stall für die Maultiere der Treidelschiffer errichtet, hatte auch ein Obergeschoß, wo einst die Männer im Heu hatten schlafen können. Das kleine Gebäude war schon durch mehrere Hände gegangen und renoviert worden, ehe die Montagues es kauften. Es hatte ungefähr sieben oder acht Räume und war ein bescheidenes, aber reizvolles Heim für Menschen geworden, die winzige Kammern und niedrige Decken ertragen konnten. Man hätte annehmen sollen, daß Hugh und Kittredge zu groß für dieses Häuschen wären, aber es brachte eine Seite von ihnen zum Vorschein, die ich andernfalls vielleicht nicht wahrgenommen hätte. Ihre beruflichen Aufgaben hatten eines gemeinsam: Sie waren oft mit einsamer Arbeit verbunden und selten angstfrei. Deshalb wohl verkrochen sie sich gern in diesem Puppenhäuschen am Kanal, das sie – nicht überraschend – den »Stall« nannten, und wenn es da tief in den Fußbodendielen einen jahrhundertealten Geruch nach Stroh und Maultierlosung gab – um so besser. Gemütlichkeit war das Lebenselixier ihrer Ehe. Da sie beide, wie ich bald herausfand, den Wert eines Dollars durchaus zu schätzen wußten, war es ihnen, glaube ich, eine ständige Genugtuung, daß ihr kleines Fundstück nur 10 000 Dollar gekostet hatte. Viele Jahre später, 1981, entdeckte ich eines Nachmittags bei einem Spaziergang durch Georgetown, daß das von ihnen 1964 verkaufte Haus wieder einmal zum Verkauf stand und nun für stolze 250 000 Dollar angeboten wurde. Wie hatte sich Amerika doch verändert in diesen dreißig Jahren!
Melancholisch dachte ich an den »Stall« zurück und an das Leben, das damals, 1955, darin herrschte, als Hugh und Kittredge die einzigen Leute waren, die ich – vom Training abgesehen – in Washington kannte.
Ich fand ihr kleines Wohnzimmer, ihr kleines Eßzimmer und Hughs winzigen Arbeitsraum entzückend. In den Nischen, die einst Futterkrippen der Maultiere aufgenommen hatten, sammelte Kittredge ihre Schätze an Antiquitäten – eine Liebhaberei, die sie wohl von ihrem Vater übernommen hatte. In Boston und Cambridge aufgewachsen, empfand sie Washington als eine Stadt des Südens. Warum sollte sie da nicht nach seltenen Originalkommoden aus der Kolonialzeit von berühmten Meistern aus Virginia und den beiden Carolinas Ausschau halten? Da sie gern von ihren Erwerbungen schwärmte, wurde ich ein wenig mit diesem Metier

vertraut, das mich nie zuvor und auch später nie wieder beschäftigt hat. Namen von Künstlern aus der Kolonialzeit wie Thomas Affleck, Aaron Chapin, John Pimm, Job Townsend und Thomas Elfe tauchten auf, wenn sie erzählte, bis ich nicht mehr wußte, wer was geschaffen hatte und woher es stammte. Es interessierte mich auch wenig, daß ihr Kirschbaumeßtisch und die handgearbeiteten Stühle mit den Hasenfüßchen (sie waren in der Tat rührend geschnitzt), ihr Zuckerschrank aus Pappelholz, ihr Pflanzertisch, ihre Kerzenständer erlesene Stücke aus Nord- oder Südcarolina waren. Es genügte, daß sie einen »Stammbaum« hatten. So wie prämierte Hunde etwas anderes sind als Straßenköter, so waren diese Stücke nicht einfach Möbel. Im Eßzimmer war der Kamin mit einer hübschen Malerei verziert, die eine Szene mit Wald und Häusern und dem Kanal darauf zeigte. An diesem Kamin konnte der Whiskey, gewürzt mit Kittredges Witz, unendlich gut schmecken. In Harlots Arbeitszimmer fand sich nicht viel mehr als ein massiver dunkler Eichentisch und ein wahrer Leviathan von einem Stuhl. Viktorianische Möbel aus der Zeit um 1850 entsprachen offensichtlich Harlots Vorstellung von Behaglichkeit. Ein bißchen Solidität, so pflegte er zu erklären, verleihe den geheimen und anrüchigen Unternehmungen der Zeit einen gewissen feierlichen Ernst. Das ist eine große Aufgabe für ein Möbelstück, doch sein Prachtstuhl war aus Mahagoni, fast eineinhalb Meter hoch und dieser Assoziation durchaus gewachsen. Den oberen Teil der Rückseite umrahmte ein neugotischer Bogen mit Gitterwerk, das vierblättrigen Klee darstellte. Diesen Lehnenaufsatz hatte man den in robustem Chippendale-Stil gearbeiteten übrigen Teilen später hinzugefügt, so daß das Ergebnis wirkte wie eine Kathedrale, die sich aus einem englischen Herrenhaus erhebt.
Die anderen Räume habe ich nie gesehen. Nur die Küche war mir noch vertraut – eine alte Vorratskammer neben dem Eßzimmer mit gußeisernen Töpfen und den dazugehörigen Dreifüßen, und dort stand ich oft und plauderte mit Kittredge, während sie für uns drei kochte. Harlot hatte im Oberstock eine Bibliothek, die zu betreten ich nie gebeten wurde, und es gab dort auch zwei oder drei Schlafzimmer. Sie luden mich allerdings nie ein, die Nacht bei ihnen zu verbringen. Vielleicht fürchteten sie, ich könnte mich bei ihnen einnisten, wenn sie mich einmal nach oben ließen.
Was hatten wir für wundervolle Abende zusammen! Ich ging

jedoch nie zu ihnen hinüber, ohne vorher anzurufen, denn oft waren sie außer Haus oder hatten Besucher, denen ich wohl besser nicht begegnen sollte. Trotzdem begegnete mir bei den kleinen Abendessen, die sie gaben, eine seltsame Mischung von Leuten. Der Leitartikler Joseph Alsop zum Beispiel erwies sich dabei als so überwältigend patriotisch, daß es selbst in meinen Augen merkwürdig erschien. Bei der Erwähnung militärischer oder die Company betreffender Angelegenheiten begann er stets vor Erregung zu keuchen. Der Gedanke, daß junge Amerikaner solch hehre Ziele verfolgten, muß ihn tief bewegt haben. Alsop erwies sich auch als erstaunlicher Snob. Mich beachtete er überhaupt nicht, bis er hörte, wer mein Vater war, und dann lud er mich sofort zum Essen ein, ein Anerbieten, das ich – plötzlich ganz wie Cal – mit Vergnügen ablehnte.
Tatsächlich war ich an Abenden, an denen man mich nicht im »Stall« willkommen hieß, ziemlich einsam. Nach dem erfolgreichen Abschluß auf der Farm hatte ich mir zusammen mit vier anderen Junior Officer Trainees ein möbliertes Apartment in Washington genommen. Der eine oder andere meiner Mitbewohner nahm stets gerade das Wohnzimmer in Beschlag, um dort ein Mädchen, gewöhnlich eine Sekretärin vom I-J-K-L, zu verführen, und ich, der ich über ein paar Dinge nachdenken wollte, ging nächtelang spazieren.
Kein Wunder also, daß mir die Einladungen in den »Stall« viel bedeuteten. Ich kam mir vor wie ein arbeitsloser Kurator, der ein- oder zweimal in der Woche eine Privatsammlung besichtigen darf. Harlot kannte zweifellos außergewöhnliche Leute. Da viele von ihnen mit dem OSS zu tun hatten, urteilte ich nie nach der äußeren Erscheinung. Ein brutal aussehender Hinkefuß mit einem fürchterlichen Akzent, der den ganzen Abend nur von Pferden redete, war, wie sich herausstellte, einer der Guerillaführer der Tschetniks gewesen – der Michailowitsch-Gruppe, die gegen Tito verloren hatte. Seine balkanhaften Manieren beeindruckten mich. Immer wenn er einen Trinkspruch auf Kittredge ausbrachte – was er sehr häufig tat –, hob er nicht nur sein Glas, sondern auch das Knie seines gesunden Beins. Ein anderes Mal lernte ich eine großartige alte Dame mit herrischem Gebaren, porzellanblauen Augen und schlohweißem Haar kennen, eine bayerisch-italienische Gräfin, die in Rom unter der deutschen Besatzung Juden versteckt hatte.

Zweimal lud Kittredge sogar ein Mädchen für mich ein, jeweils jüngere Schwestern von Klassenkameradinnen aus ihrer Radcliffe-Zeit, und beide jungen Damen waren, wie sich später auf einer Couch in meiner überfüllten Wohnung herausstellte, im Petting nicht besser als ich. Wir betranken uns fürchterlich, um die Hemmungen zu überwinden, Mitbewohner gingen ein und aus, und den Romanzen wuchsen keine Flügel. Ich machte mir allmählich ernsthafte Sorgen über die Diskrepanz zwischen meinen heißen erotischen Träumen und den lauwarmen Schmusereien, die bei meinen Rendezvous zustande kamen.

Eines Abends hatten die Montagues einen Gast, der Harlot ganz ohne Zweifel wie kein anderer zu animieren wußte. In Anbetracht der Größe des Eßtischs fanden nie mehr als sechs Personen daran Platz, und an diesem Abend waren wir vier, aber es sah aus, als wären es fünf. Ihr Gast war ein rotgesichtiger, zwei Meter langer britischer General, ein Mann von großartiger Haltung mit vier Reihen von Ordensbändern auf der Brust. Er nahm allein ein Viertel des Tisches ein, trank den ganzen Abend und nickte wissend zu allem, was Harlot sagte. Wie es schien, war er beim SOE gewesen, hatte in Schwestermissionen beim OSS gedient und war mit Harlot mit dem Fallschirm über Frankreich abgesprungen. Daraufhin waren sie, wie er es nannte, in London »gute Saufkumpane« geworden. Da der General allein mit seiner tadellosen und majestätischen Gegenwart, seiner Abstammung – die elfhundert Jahre zurückreichte – und seinem Titel, Lord Robert, sowie der bemerkenswert eindrucksvollen Uniform – die er, wie er murmelte, »Kittredge zu Ehren« angelegt hatte – zur Unterhaltung beitrug, bestritt Harlot allein das Gespräch. Er erlahmte nicht. Ich hatte noch nie jemanden so gut über so viele Dinge reden hören. Wenn Harlot ein Laster hatte, so war es seine Vorliebe für den Monolog. Sir Robert paßte in dieser Hinsicht gut zu ihm.

»Was«, fragte der General, nachdem er Harlot eine halbe Stunde lang über andere Dinge hatte reden hören, »was hat dieser Ort für eine Geschichte? Sieht ja merkwürdig aus. Kurios. Wie nennt sich das hier? *George*town? Muß nach einem der Könige heißen. Hoffe bloß nicht, nach dem dritten.«

Das war Lord Roberts längste Rede an dem Abend. Harlot belohnte seinen Gast mit einer ausführlichen Abhandlung über Georgetown nach dem Bürgerkrieg: »Nichts als Feldlager und

Pferdekoppeln der Union und ein paar Seifensiedereien, in denen die Knochen verwertet wurden. Eine unglaubliche Menge Pferdefleisch, das für die Truppen der Union in Konservendosen wanderte, wurde ein paar Straßen weiter unten verarbeitet. Bei Nebel können Sie immer noch die toten Tiere riechen.«
»Hugh, das stimmt nicht«, mahnte Kittredge.
»Ich kann sie wittern, Liebling«, sagte Hugh, und in seinen Brillengläsern spiegelten sich die tanzenden Kerzenflammen.
»Es muß ja damals wirklich ein fürchterlicher Ort gewesen sein«, gab Kittredge zu, »voll von Diphtheriekranken und Bordellen.«
Ich hatte deutlich den Eindruck, daß Lord Robert aufmerksam wurde. Tote Pferde mochten auf ihn nicht besonders appetitanregend wirken, alte Bordelle schon!
»Trotzdem war's eine blühende Stadt«, sagte Hugh, »mit vielen Korn- und Maismühlen und erfüllt vom Klang der Äxte der Schäffler – ein guter Klang.«
»Guter Klang«, stimmte ihm Lord Robert zu.
»Sägen und Hobelmaschinen«, fuhr Hugh fort, »Ambosse, die ertönten und so weiter. An stillen Abenden kann ich die Echos hören: heisere Gesänge. Kanalschiffer, die sich prügeln. Ein paar von den alten Tavernen gibt's sogar heute noch, und die Jungs, die bei der Regierung arbeiten, gehen jetzt dorthin einen heben.«
»Wie, sagten Sie, heißen Sie doch noch mal?« fragte mich Lord Robert.
»Herrick Hubbard, Sir.«
»Sein Vater ist Cal Hubbard«, ergänzte Harlot.
»Ja, ein Mann von festen Grundsätzen, Ihr Vater«, sagte Lord Robert, und es klang, als ob nur wenige Menschen vor seinen zwei Metern Höhe Gnade fänden.
»Hugh irrt sich«, kam Kittredge auf das Thema zurück. »Georgetown ist die meiste Zeit ein wunderhübscher Ort gewesen. Die Häuser hatten Säulenportale und Dachgauben mit Giebeln darauf. Die Dachgesimse waren reich verziert.«
»Kittredge, du vergißt das Wesentliche«, warf ihr Mann ein.
»Wirklich?«
Zwei rote Flecke erschienen auf ihren Wangen – eine unpassende Farbe in diesem Gesicht. Es war das erstemal, daß ich sie so verärgert sah, und ich ahnte, weshalb sie mich nicht einlu-

den, bei ihnen zu übernachten: Wenn sie sich anschrien, brauchten sie keine Zeugen.
Hugh war allerdings nicht bereit, mit dem General und mir als Schiedsrichter in den Ehekrieg zu ziehen. »Sie hat recht«, beschwichtigte er. »Und ich habe auch recht. Wir sprechen nämlich über zwei verschiedene Enden der Stadt.«
»Hab' nie einen Ort gesehen, an dem's nicht 'ne schöne und 'ne häßliche Straße gab«, brummte Lord Robert.
»Ja. Ich habe gestern abend in einem Buch über die Lokalgeschichte von Georgetown eine unglaublich komische Geschichte gelesen.« Hugh fing an zu lachen. Seine Heiterkeit war so groß, daß sein Zorn wohl verflogen war. »Es wird darin ein Zeitungsbericht aus dem Jahre 1871 zitiert. Ein Bürger dieser Stadt, Thaddeus Atwater, geht eines Morgens die Q-Street hinunter und rutscht auf dem Eis aus. Sein Spazierstock fliegt ihm aus der Hand und trifft ein Schwein, das gerade vorbeitrottet« – ein Blick auf Kittredge, die ihm blitzartig die Zunge herausstreckte –, »woraufhin das verletzte Borstentier wie ein Bulle losbrüllt und in die nächste offene Kellertür springt. Die gehört zufällig zu einer Tischlerwerkstatt mit einer Menge Sägespänen auf dem Fußboden. Es ist saumäßig dunkel da unten, und sie haben eine Kerze auf einen Ständer gestellt, die das Biest umschmeißt, so daß sie in die Sägespäne fällt und ein höllisches Feuer entfacht. Nun kommt Red Hat...«
»Red Hat?« fragte Lord Robert.
»Das Feuerwehrpferd des Orts. Ein riesiges Streitroß. Red Hat zieht zusammen mit seiner Freundin, Dora Girl, den Henry-Addison-Feuerwehrwagen. Die Feuerwehrmänner werfen den Schlauch in den naheliegenden Bach, fangen an zu pumpen, und es gelingt ihnen, das Feuer zu löschen. Dabei schwappt aber so viel Wasser über die Q-Street, daß sie eine dicke Eisdecke bekommt, und am Abend sind die Bewohner des Städtchens alle da und versuchen sich im Schlittschuhlaufen. Mir gefällt diese Zeit«, sagte Harlot.
»Ja«, warf ich ein, »die einzelnen Ereignisse haben damals mehr bewirkt.«
»Hm«, sagte er. »Du bist kein Dummkopf, wie? Du siehst die Veränderungen.«
»Genau, die Veränderungen«, sagte Lord Robert. Er schien aus einer Trance zu erwachen, in die Hughs Geschichte ihn versetzt

hatte. »Haben Sie schon gehört, daß sie Philby nach Beirut schikken wollen? Er soll da einen Zeitungsjob kriegen.«
»Ach nein«, sagte Harlot. »Da drüben bricht ohnehin bald die Hölle los. Tun Sie Ihr Bestes, das zu verhindern. Es ist schon schwer genug, das FBI vom MI6 fernzuhalten, auch ohne daß Ihre Leute Philby so einen Bombenjob geben.«
»Wird schlecht für Sie persönlich sein, wie?«
»Nein«, sagte Harlot. »Ist alles verziehen.«
»Hoffe ich. Ich hatte gedacht, es wäre Ihr Waterloo.«
»Überhaupt nicht«, sagte Kittredge. »Sie brauchen Hugh!«
»Hört man gern.«
»Kennzeichen eines großen Mannes ist, daß er auch große Fehler macht«, verkündete Kittredge.
»Ach, zum Teufel mit Philby, sage ich«, sagte Lord Robert. »Trinken wir auf seine Verdammnis.«
»Auf Philby«, sagte Harlot und hielt sein Glas hoch. »Verdammt soll er sein auf ewig.«
Ich hatte keine Ahnung, wovon sie sprachen, aber die Bedeutung dieser Sache veränderte die Atmosphäre. Der Schatten des Unausgesprochenen lag über der kleinen Runde. Wieder einmal war ich mit meinem Beruf und den Geheimnissen, die er mir enthüllen würde, zufrieden. Philby – ich fand es schon aufregend, wie gewichtig sie den Namen aussprachen; sie hätten ebensogut von einem alten Fort reden können, bei dem man schwere Verluste hatte hinnehmen müssen.
Eines Abends saß ein kleiner Herr namens Dr. Schneider am Tisch, der, wie ich hörte, in Europa als Konzertpianist einige Erfolge aufzuweisen hatte. Er legte sich wohl mit Absicht nicht fest, ob er nun Österreicher oder Deutscher war, aber er beeilte sich, die extremsten monarchistischen Überzeugungen zu äußern: Hitler, so behauptete er hartnäckig, hätte sehr wohl den Krieg gewinnen können, wäre er nur klug genug gewesen, die Hohenzollerndynastie wieder einzusetzen. »Schließlich«, so sagte Dr. Schneider, »hätte die Monarchie den Kreuzzug gegen den Bolschewismus glaubwürdig machen können.«
Dr. Schneider trug eine dunkle Brille und hatte große, spitz zulaufende Ohren. Er verbarg sich hinter einem dicken grauen Schnauzbart. Sein Haar war weiß, und er sah aus, als ob er über sechzig wäre. Nach Kriegsende mußte er ständig unterwegs gewesen sein,

denn er erzählte, daß er Konzerte in den Sowjetzonen Deutschlands und Österreichs gab. Ich fragte mich, ob er für Harlot spioniert hatte. Trotzdem fand ich ihn unsympathisch und wunderte mich, daß die Montagues ihn mit soviel Respekt behandelten. Bei genauerem Hinsehen erkannte ich, daß Dr. Schneider eine teure weiße Perücke trug. Sie saß wie angegossen, aber ich hatte das Auge meiner Mutter für Maskeraden, und es beschäftigte mich, warum er älter erscheinen wollte, als er war. Bei dem Gedanken, möglicherweise mit einem Krypto-Nazi an einem Tisch zu sitzen, überkamen mich merkwürdige Gefühle.

Nach dem Essen setzte sich Harlot mit Dr. Schneider zu einer Partie Schach zusammen, und ich dachte, er wolle sich wieder einmal über Schwächen und Schrullen amüsieren, aber Harlot flüsterte mir ins Ohr: »Sieh dir das Spiel an. Schneider ist phänomenal beim Endspiel. Er zögert gelegentlich bei der Eröffnung, aber wenn ich nicht bis zur Mitte des Spiels zwei Bauern voraus habe, sehe ich verdammt alt aus.«

Der Pianist rieb sich nach jedem Zug, den Harlot tat, die Hände und sang oder summte leise schmachtend vor sich hin. Von Zeit zu Zeit seufzte er: »Ach, Sie sind ein Teufel, Mr. Montague, Sie sind ein schlauer Bursche, oh, oh, oh, Sie haben mich reingelegt, das haben Sie, Sir, Sie sind ja ein Teufel mit Ihren Springern, jam, jam, jam, yessir«, woraufhin er nickend, wenn auch noch immer ächzend »Punkt« zu sagen pflegte und einen Bauern bewegte. Wie Harlot vorhergesagt hatte, kam Dr. Schneider im Endspiel großartig auf und holte ein Remis heraus. Es war das einzige Mal, daß ich ihn im »Stall« sah.

Nachdem er fort war – und ich sah, daß er und Harlot sich an der Tür die Hände schüttelten wie alte Kameraden –, bat Harlot mich zu bleiben. Kittredge wusch in der Küche das Geschirr. Für gewöhnlich half ich ihr dabei, doch an diesem Abend nahm mich Harlot beiseite und ging mit mir in sein Arbeitszimmer. Dort nagelte er mich auf einem kleinen Holzstuhl gegenüber seinem kathedralenhaften Chippendale fest und führte mich zum erstenmal seit dem Abend, an dem er mir gesagt hatte, ich solle das Felsenklettern aufgeben, in seine strategische Gedankenwelt ein.

Ich wollte ihm schon von meiner beruflichen Unzufriedenheit erzählen, aber dann wagte ich es nicht. Vielleicht interessierte es ihn gar nicht.

In diesem Augenblick sagte er: »Dein Vater kommt zurück. Wir gehen zusammen essen, du, er und ich.«

»Das klingt ja toll.« Ich verzichtete darauf, ihn zu fragen, wo mein Vater gewesen war. Seit Monaten hatte ich nichts mehr von ihm gehört, ich wußte nicht, bei wem ich mich hätte erkundigen können.

»Findest du den CIA groß?« wollte Montague wissen.

»Enorm.«

»Wir sind nicht immer so groß gewesen. Ja, das Baby wäre um ein Haar erst gar nicht zur Welt gekommen. J. Edgar Hoover hat alles versucht, es zu verhindern. Wollte nicht, daß sein FBI eine Konkurrenz bekam. Hoover ist vielleicht der am meisten von Ängsten verfolgte Mann der christlichen Welt. Wir nennen ihn übrigens Buddha, J. Edgar Buddha. Wenn du mit einem redest, der dir hier nicht folgen kann, ist er keiner von uns.«

Ich nickte, wußte allerdings nicht, ob dieses »Wir« sich auf den ganzen CIA bezog oder nur auf einen kleinen Teil.

»Jetzt, da Foster Dulles Eisenhower in der Tasche hat, kann Allen eine Menge für uns tun. Wir dehnen uns gewaltig aus.«

»Yessir.«

»Wozu aber?« fragte er. »Worauf zielen wir ab?«

»Den Präsidenten mit Informationen zu versorgen, nehme ich an.«

»Hast du eine Vorstellung davon, was das für Informationen sein sollten?«

»Ja, in erster Linie, um den KGB einzuholen.«

»Das können wir tun. Aber ich glaube, daß wir noch etwas mehr leisten müssen. Es gibt da nicht nur die Russen, weißt du. Wir können sie wahrscheinlich allmählich lahmlegen, sie von ihrem Marxismus befreien, selbst wenn es ein halbes Jahrhundert dauern sollte, aber der Krieg wird trotzdem weitergehen, und zwar hier vor unserer Haustür. Hier bei uns entscheidet er sich. Überall in Amerika. Die heimlichen Einsätze steigen unaufhörlich. Die eigentliche Frage ist, ob diese von Christus inspirierte Zivilisation fortdauern wird. Alle anderen Probleme verblassen vor dieser Frage.«

»Einschließlich der Bombe?«

»Nicht die Bombe wird uns vernichten. Wenn es je so weit kommt, daß die Offiziere auf den Knopf drücken, setzen wir ja nur noch den Leichnam einer zerstörten Welt in Brand. Die Bombe kann nur

eingesetzt werden, nachdem die Zivilisation bereits gestorben ist. Natürlich kann das geschehen. Die Fortdauer unserer Existenz hängt davon ab, daß wir keinen falschen Vorstellungen zum Opfer fallen, daß wir die Realität erkennen. Der Aufstieg des Marxismus ist dabei nur ein Nebenaspekt gegenüber der fundamentalen historischen Situation dieses Jahrhunderts, die von einer falschen Vorstellung der Wirklichkeit gekennzeichnet ist.«
Was für einen wunderbaren Geistlichen er doch abgegeben hätte! Der Wert seiner Worte war für ihn so unbestreitbar, daß er nicht danach fragte, wie viele ihm zuhörten. Er mochte vor einem einzelnen oder vor einer großen Gemeinde sprechen. Seine Predigt hätte sich dadurch nicht geändert. Jedes Wort hallte in seinem – wenn schon nicht in meinem – Bewußtsein wider.
»Es ist traurig«, sagte er. »Jahrhundertelang mußte jeder Versuch, eine Zivilisation zu schaffen, scheitern, weil den Völkern die allerwichtigste Information fehlte. Jetzt taumeln wir vorwärts, überladen mit falschen Informationen. Manchmal denke ich, unsere künftige Existenz wird davon abhängen, ob wir verhindern können, daß sich die falschen Informationen zu rasch verbreiten. Wenn unser Vermögen, die Wahrheit herauszufiltern, nicht mit dem Ausmaß der Verfälschungen Schritt hält, dann werden uns diese schließlich ersticken. Harry, bekommst du allmählich eine Vorstellung davon, wie sehr es gerade auf unsere Leute ankommen wird?«
Ich brachte ein Gemurmel zustande. »Ich weiß nicht genau, worauf Sie hinauswollen.«
»Du willst es einfach nicht wahrhaben.« Er kippte seinen Brandy hinunter. »Unsere eigentliche Pflicht besteht darin, Herz und Kopf Amerikas zu werden.«
Ich nickte. Ich hatte keine Ahnung, ob ich mit ihm übereinstimmte, aber ich nickte.
»Es gibt absolut keinen Grund«, sagte er, »warum die Company das nicht schaffen sollte. Schon jetzt stecken wir unsere Nase überall hinein. Wenn die Ernährungslage eines Landes außenpolitisch genutzt werden soll, dann müssen wir wissen, wie nächstes Jahr das Wetter wird. Dieselben Forderungen kommen von überallher auf uns zu: Finanzen, Medien, Arbeitsmarkt und Gewerkschaften, wirtschaftliche Produktion, Folgen des Fernsehens. Wo ist ein Ende dessen, was uns legitimerweise interessieren kann,

abzusehen? Da wir in einem Zeitalter der übergreifenden Systeme leben, müssen wir Experten aus allen Lebensgebieten heranziehen: Bankfachleute, Psychiater, Giftspezialisten, Rauschgiftpolizei, Kunstexperten, Public-Relations-Leute, Gewerkschafter, Banditen, Journalisten – hast du eine Vorstellung, wie viele Journalisten bei uns unter Vertrag stehen? – mach dich mal ein bißchen auf diesem Gebiet sachkundig. Keiner weiß, über wie viele Kanäle an wichtigen Orten wir verfügen – Pentagongrößen, Flottenchefs, Kongreßabgeordnete, Professoren in allen möglichen Denkfabriken, Bodenerosionsspezialisten, Studentenführer, Diplomaten, Industrieanwälte – wir haben alles! Sie alle geben ihre Informationen an uns weiter. Wir sind reich. Weißt du, wir hatten das große Glück, schlagartig auf der Bildfläche zu erscheinen. Für eine bürokratische Organisation ist das gewöhnlich ein Desaster, aber bei uns hat es nun mal geklappt. Wir hatten nicht nur einige der besten Leute aus dem OSS, als wir begannen, sondern wir haben inzwischen auch gute, ehrgeizige Männer von überallher an uns gezogen – Außenministerium, FBI, Schatzamt, Verteidigungsministerium, Handelsministerium – wir haben sie alle geplündert. Alle wollten sie zu uns kommen. So entstand eine seltsame Situation. Als Organisation sind wir wie eine Pyramide aufgebaut. Aber durch unser Personal – wenn man es nach seinen Kenntnissen bewertete, bekamen wir die Gestalt einer Tonne. Riesige Mengen großer Talente in den mittleren Rängen. Und es gab für sie keine Aufstiegschancen. Schließlich waren die Leute oben an der Spitze ebenfalls jung – relativ jung, so wie ich. Also ist eine Menge von den Leuten, die vor fünf Jahren zu uns strömten, wieder ausgestiegen. Jetzt sitzen sie überall.«
»Überall in Washington?«
»Überall in den Vereinigten Staaten. Wenn du einmal in der Company gewesen bist, wirst du sie niemals wieder ganz verlassen. Die Arbeit in der Finanz- und Geschäftswelt ist mühsam. Ich sage dir, bei jedem größeren Geschäft, das hier in diesem Land getätigt wird, haben unsere Verbindungsleute die Hand im Spiel. Wenn wir wollen, können wir dem Land die Richtung vorschreiben, in der es sich entwickeln soll.« Er lächelte. »Müde?«
»Nein, Sir.«
»Und die Größe des Gemäldes wird dir nicht zuviel?«
»Ich bleibe die ganze Nacht auf.«

»Gut für dich.« Er lächelte. »Laß uns noch etwas trinken, bevor du gehst. Ich möchte, daß du etwas verstehst. Ich werde nicht sehr oft vertraulich, aber von Zeit zu Zeit schon. Schau, Harry, jeder in dieser Gurkenfabrik hat auch eine Schwäche. Der eine trinkt zuviel. Der zweite vögelt wie verrückt herum. Ein dritter ist ein verkappter Homo – entweder er hat sich mit eiserner Energie bezwungen und ist so durch den Polygraphentest durchgerutscht, oder er ist später schwul geworden. Ein vierter raucht heimlich Marihuana. Mein Laster, alter Harry – alt, gemessen an deinen jungen Jahren –, ist, daß ich zuviel rede. Also muß ich mir die Leute genau aussuchen, denen ich vertrauen kann. Wenn man dir etwas erzählt, hat man das Gefühl, daß alles in den tiefsten Grüften deiner Seele verschwindet und dort gut aufgehoben ist. Also werde ich dir von Zeit zu Zeit etwas anvertrauen, und es gnade dir Gott, wenn du es nicht für dich behältst.«
Er nahm einen kräftigen Zug aus seiner Zigarre und hüllte sich in eine Rauchwolke. »Wie fandest du Dr. Schneider?« fragte er.
Ich war so klug, mich kurz zu fassen: »Ich würde in ihm einen getarnten Ex-Nazi sehen. Ich glaube, er ist zehn Jahre jünger, als er mit seiner weißen Perücke aussieht, und er versteht wahrscheinlich weniger von Klavierkonzerten als von toten Briefkästen.«
»Die Versuchung«, sagte Harlot, »dir mehr zu erzählen, ist groß. Aber ich fürchte, ich darf dich nicht einweihen.«
»Trotz dem, was Sie gerade gesagt haben?« Ich war plötzlich begierig auf die Geheimnisse, die Dr. Schneider betrafen, wie ein Jagdhund, den man von seinem Futter zurückpfeift.
»Nein«, sagte Harlot. »Es nützt alles nichts. Vielleicht wirst du ihn eines schönen Tages selbst identifizieren.« Er nahm noch einen Zug und weidete sich an meiner Enttäuschung. »Harry«, sagte Harlot. »Verlier den Glauben nicht.«

12

Nach den Höhen des Gesprächs mit Harlot zurück zu den Niederungen des Alltags. Nachdem ich die Ausbildung mit den allergrößten Hoffnungen für meine unmittelbare Zukunft glücklich beendet und viele Nächte auf der Farm mit den Kameraden diskutiert hatte, welches wohl die attraktivsten Posten waren, auf die wir hoffen durften – nachdem wir also die Vorzüge von Wien, Singapur und Buenos Aires, von Ankara und Moskau, von Teheran, Tokio, Manila, Prag, Budapest, Nairobi und Berlin hinsichtlich der Chancen auf eine spannende Karriere abgewogen hatten, erhielt ich wie die meisten meiner Klasse einen Job in Washington, D. C.

Dann kam eine weitere Enttäuschung. Ich wurde für keine der Auslandsabteilungen ausgewählt. Denn dies wäre die übliche Vorbereitung für einen Posten im Ausland gewesen. Ein Assistent bei der Iran-Abteilung in Washington konnte davon ausgehen, daß man ihn auf den Einsatz in Teheran vorbereitete. Dasselbe galt für jede andere Auslandsabteilung. Die Junior Officer Trainees auf der Farm waren allgemein der Ansicht: Wenn man schon in Washington anfangen mußte, war eine Assistentenstellung bei einem der Auslands-Abteilungsleiter immer noch der beste Job.

Nun war ich zwar kein ehrgeiziger Politiker, aber ich hatte genug von dem feinen Gespür meiner Mutter für gesellschaftliche Verhältnisse mitbekommen, daß ich erkannte: Man hatte mich zur falschen Party eingeladen. Ich landete in der Schlangengrube, auch unter dem Namen »Kesselraum« und »Kohleneimer« bekannt. Für einen undankbaren Job findet sich ja eine Flut von Schmähungen. In einem riesigen Raum, dessen Neonröhren unter einer relativ niedrigen Decke summten, im dürftigen Luftzug einer nur sehr bescheidenen Klimaanlage, die in einer Nische der weit entfernten Wand hing, waren wir zusammengepfercht, stießen zusammen oder wichen einander gerade noch aus, wenn wir durch die Gänge zwischen den Akten hindurchwollten, die viel zu schmal für die Menschen waren, die dort arbeiten sollten. Es war heiß, für Oktober sogar ungemein heiß. Auf beiden Seiten standen die zwei Meter hohen altmodischen Holzregale und -schränke mit den Karteikästen.

Nebenan hatten wir den sogenannten Dokumentenraum, ein großes Zimmer, vollgestopft mit Stapeln noch nicht abgelegter Papiere. Die Stapel wuchsen zur Decke empor. Alle Namen, die wir in Broschüren, in jedem CIA-Auslandsstationsbericht, Agentenbericht, in Zeitschriften-, Zeitungs-, Fachzeitschriftenartikeln oder Büchern fanden, sollten zusammen mit einer Kurzfassung der darin enthaltenen Information auf einer Karteikarte festgehalten werden. Diesen Arbeiten lag die Überlegung zugrunde, daß man über jede Person, für die die Company sich interessieren mochte, alle verfügbaren Informationen an zentraler Stelle nachschlagen können sollte. Auf diese Weise ließen sich aufschlußreiche Profile schaffen.

Aber es war ein Chaos. Die Dokumente sammelten sich viel schneller an, als wir sie bearbeiten konnten. Die Abteilung für die westliche Hemisphäre war fast sechs Monate im Rückstand, Sowjetrußland vier Monate und China, aufgrund der Schwierigkeiten mit der Schrift, sogar eineinhalb Jahre. Ich war für Westdeutschland eingeteilt, und dort betrug der Rückstand nur drei Monate. Das war aber trotzdem genug, um jede Bemühung zur Qual werden zu lassen. Ich verbrachte einen großen Teil meiner Zeit damit, mich durch die schmalen Gänge zu quetschen oder in überfüllten Karteikästen herumzuwühlen. Von Zeit zu Zeit brach eine regelrechte Panik aus. Eines Morgens zum Beispiel schickte der Chef der Basis in Westberlin ein Telegramm und verlangte ungemein wichtige Informationen über einen gewissen VQ/WILDBOAR (Wildschwein). Da ganze Stapel solcher Anfragen hereinkamen und die Fluktuation des Personals auf dieser unteren Ebene beträchtlich war, blieb immer vieles unerledigt – man nahm das, was gerade zuoberst auf dem Anfragenstapel lag.

Dann bahnte man sich einen Weg durch das Gewimmel und gab sich die größte Mühe, nicht mit dem Körper zusammenzustoßen, der einem, die Nase in einem Karteikasten, den Weg durch den Gang versperrte. Über allem hing ein starker Schweißgeruch. Es hätte ebensogut Sommer sein können. Die Klimaanlage hatte schwache Lungen, und jeder von uns kleinen Angestellten – trotz umfassender Ausbildung waren wir nichts Besseres als kleine Angestellte – quälte sich auf die ihm eigene Art und Weise herum. Es genügte ja nicht, daß man WILDBOAR für den Chef der Basis in Berlin fand, man mußte ihn auch schnell finden. Das Telegramm

hatte verzweifelt geklungen. »BRAUCHE ALLE NEUEREN EINTRAGUNGEN ÜBER VQ/WILDBOAR. DRINGEND. GIBLETS.« Ja, GIBLETS, Gänseklein, hatte es selbst gezeichnet.
Ich mußte im Records Integration Office, den Gang hinunter, warten, um Zugang zum *PRQ-Teil I/Teil II/201-Akten-Überbrückungsarchiv* zu erhalten, das hoffentlich up to date war und mir also sagen konnte, wer VQ/WILDBOAR sein mochte. An diesem Morgen übersetzte sich VQ/WILDBOAR in Wolfgang-aus-Westdeutschland, Nachname unbekannt, letzte Anschrift: Wasserspiegelstraße 158, Hamburg. Das war wenigstens ein Anfang. Zurück in der Schlangengrube, konnte ich meine Suche durch zwei Karteikästen fortsetzen – deren jeder einen halben Meter lang war und jeweils über achthundert Indexkarten vollgestopft mit Wolfgangs enthielt, die so rücksichtslos gewesen waren, uns keinen Nachnamen zu hinterlassen. Wolfgangs, die so freundlich gewesen waren, uns die Initialen eines zweiten Vornamens zu geben, Wolfgang F. oder Wolfgang G. und dergleichen, nahmen noch einmal drei Karteikästen ein. Wolfgangs mit einem vollständigen Nachnamen erstreckten sich sogar über zehn Karteikästen. Ich wußte gar nicht, daß so viele Wolfgangs in Westdeutschland interessant für uns waren!
Waren sie auch nicht! Mein Wolfgang-aus-Hamburg hatte nämlich eine Karte in der Schlangengrube bekommen, weil man ihn 1952 in Bonn festgenommen hatte, nachdem er dort während einer Straßendemonstration mit einem Ziegelstein in der Hand angetroffen worden war. Aber von diesem bedeutenden Vorfall erzählten nicht weniger als fünfzehn Karteikarten gleichzeitig, da fünfzehn westdeutsche Zeitungen dieselbe Agenturmeldung abgedruckt hatten, in der nur sein Vorname genannt wurde. Ich war inzwischen aufs äußerste gereizt. In der Lunchpause schickte ich ein Telegramm zum Büro des Chefs der Basis Westberlin. KANN ANFRAGE WEGEN NEUEREN EINTRAGUNGEN BETR.: VG/WILDBOAR NICHT BEANTWORTEN. SCHICKEN SIE GENAUE ADRESSE. KU/CLOAKROOM. Es war das erste Telegramm, das ich hinaussandte.
Gegen Abend traf eine Antwort für mich ein. »TELEGRAMM 51 – (SERIE RB 100 A). AN KU/CLOAKROOM: NEUESTE, WIEDERHOLE UND UNTERSTREICHE, NEUESTE INFORMATION ÜBER VQ/WILDBOAR IST VON GRÖSSTER, WIEDERHOLE, GRÖSSTER WICHTIGKEIT. VERDAMMTE KARTEIRATTE, WIE UNFÄHIG SIND SIE? NENNEN SIE MIR IHREN RICHTIGEN NAMEN. VQ/GIBLETS.«

Der Chef der Basis in Berlin war berühmt für seinen Jähzorn. Trotzdem hatte ich keine Ahnung, wo ich suchen sollte. Wenn ich sein Telegramm nicht beantwortete, konnte ich mir natürlich Ärger einhandeln. Ich bekam eine unaussprechliche Wut auf Harlot. Warum ließ er mich in der Schlangengrube hängen? Andere aus meiner Trainingsgruppe saßen jetzt schon an einigen der besten Schreibtische in Washington. Rosen war beim Technischen Dienst, hatte einen supergeheimen Traumjob – hatte er ihn für sein glänzendes Auftreten in der Nacht des Verhörs bekommen? Schlimmer noch: Dix Butler, wie ich von Rosen hörte, operierte bereits vom Standort Westberlin aus.
Gerade als ich mich angesichts der Aussicht, die ganze Nacht durchbrüten zu müssen – wer ist Wolfgang? – richtig elend fühlte –, bekam ich einen Anruf von meinem Vater. Er stand an der Spitze irgendeines bedeutenden und geheimen Unternehmens in Tokio, wie ich seinen ersten Bemerkungen entnahm, und meldete sich nach Besuchen auf unseren Stützpunkten in Manila, Singapur, Rangun und Djakarta gerade wieder in Washington. »Wir treffen uns zum Abendessen«, sagte er sofort. »Wir wollen deine Freilassung von der Farm feiern. Montague kommt auch.«
»Großartig«, sagte ich. Ich hätte meinen Vater lieber allein getroffen.
»Ja«, sagte er. »Paß heute abend gut auf, was Harlot sagt. Er weiß, daß ich eine Menge Sachen im Fernen Osten laufen habe. Er wird verrückt vor Neugier sein. Du brauchst ihm nur irgendeine kleine Einzelheit vorzuenthalten, und schon fängt er an zu wüten, als ob du ihm in die Tasche faßt.«
Nun, wir nahmen ein prächtiges Mahl im Sans Souci ein, und zwischen Cal und Harlot ging es ganz schön lange hin und her. Ich konnte ihrer Fachsimpelei über die Arbeit auf Sumatra und die SEATO und die Schwierigkeiten, ein paar Informationen aus Singapur herauszukriegen, ohne den Herrscher zu verärgern, kaum folgen. Als Harlot aber fragte: »Wie willst du Sukarno unter Druck setzen?«, beugte sich mein Vater vor, stieß mich unauffällig mit dem Ellbogen an und sagte: »Hugh, darüber können wir jetzt nicht sprechen.«
»Natürlich nicht. Du hörst dir zwar die Meinung eines totalen Narren dort draußen an, der nur auf seine persönliche Absicherung bedacht ist und keine Ahnung hat, was er tun soll, aber mir gegenüber mußt du auf der Hut sein.«

»Hugh, ich kann's dir nicht sagen.«
»Ich sehe schon, wohin das führt. Ich kann es wittern. Du willst Sukarno auf einer seiner sexuellen Zirkusvorstellungen fotografieren.«
»Ohne mit Steinen werfen zu wollen«, sagte mein Vater, »er gönnt sich bestimmt ein paar Nummern.«
»Das ist pure Zeitverschwendung. Ein Quatsch! Du kannst Buddhisten nicht mit Sex festnageln. Für die ist das etwas, das zwischen Essen und Stuhlgang liegt. Nichts als eine Körperfunktion. Du wirst mehr als Fotos brauchen, wenn du Sukarno einsacken willst.«
»Die einzige andere Möglichkeit sind die Obristen«, sagte mein Vater. »Ich weiß nicht, ob die besonders handsam sind.«
So ging die Unterhaltung weiter. Ich konnte natürlich nicht schwören, daß ich erriet, wovon sie sprachen, aber es war herrlich aufregend. Vielleicht konnte ich in ein paar Jahren schon ähnliche Gespräche führen.
Trotzdem war es kein guter Abend. Ich steckte immer noch schrecklich in der Klemme wegen der am nächsten Tag fortzusetzenden Suche nach Wolfgang, und mein Magen tat mir weh. Harlot und Cal hatten nach einer knappen Anerkennung der Tatsache kein Wort mehr über meinen erfolgreichen Abschluß auf der Farm verloren. Sie hatten mir auch keine Gelegenheit gegeben, über meine gegenwärtige Situation zu sprechen. Nach drei Martinis hatte ich angefangen, Kalbfleischrouladen in mich hineinzustopfen und mit einem roten Burgunder hinunterzuspülen, dessen Bukett mir noch komplexer als meine Seele erschien. Es folgten Hennessy und der Versuch, mit einer großen Geste eine Churchill-Zigarre zu rauchen, und der Abend, von dem ich gehofft hatte, daß er zu meiner Examensfeier werden würde – und vielleicht die Erklärung dafür bringen würde, warum man mich in dem Bunker vergessen hatte –, wurde nun ein Härtetest für meinen Magen. Ich verlor das Interesse an Sukarno und wie sie ihn unter Druck setzen wollten.
Wie immer ärgerte ich mich über meinen Vater, der – traurig, aber wahr – offenbar keine Lust hatte, sich mit mir allein zu treffen. Ich war nur ein Zubehör – zum Geschäft, zum Vergnügen oder der verdammten Pflicht. Und doch spürte ich trotz des körperlichen Unbehagens, das auf mir lastete, die gewohnte Anwandlung von

Liebe für meinen Vater, als er sich schließlich mir zuwandte: »Ich warte schon lange darauf, von dir zu hören, mein Junge.«
»Da gibt es nicht viel zu erzählen.«
»Er ist in der Schlangengrube«, ergänzte Harlot.
An der folgenden Pause konnte ich erkennen, daß diese Mitteilung meinen Vater unerwartet traf. »Kein besonders angenehmer Ort für ihn.«
»Aber zweckmäßig.«
»Hast du ihn da eingesetzt?«
»Ich habe es nicht verhindert.«
»Warum? Hat er auf der Farm so miserabel abgeschnitten?«
»Nein. Er ist im oberen Viertel seiner Klasse gelandet.«
»Gut.«
»Nicht gut, angemessen.«
All das wurde natürlich in meinem Beisein gesagt.
»Warum hast du ihn denn dann in die Ablage gesteckt?«
»Weil es nur ein Sprungbrett ist. Ich habe vor, ihn nach Berlin zu schicken. Das ist im Augenblick gerade ein interessanter Ort.«
»Ich weiß alles über Berlin. Du hast recht. Aber warum arbeitet er dann nicht in der Westdeutschlandabteilung?«
»Weil das fatal für junge Leute sein kann. Vier vielversprechende Kids sind in den letzten drei Monaten dort gelandet und wieder verschwunden. Harvey macht sie fertig, bevor sie Zeit haben, etwas zu lernen.«
Mein Vater nickte. Er paffte seine Zigarre und nippte an seinem Brandy. Er brauchte diese Zeit, um sinngemäß zu erklären, er sei ein Fernostmann und wisse nicht soviel über das, was näher bei der Heimat lag.
»Ich möchte«, sagte Hugh, »daß du einen Brief an Harvey schreibst, ein bißchen Reklame für Harry machst. Sag ihm, was für einen großartigen Sohn du hast. Harvey respektiert dich, Cal.«
Dieser Bill Harvey, soviel war mir klar, mußte ebenjener Chef der Basis in Westberlin sein, der mich eine Karteiratte genannt hatte. Warum meinte Harlot, daß ich für ihn arbeiten sollte? Ich war trotz der letzten großen Unterredung im »Stall« ziemlich mißtrauisch.
Vielleicht konnte mein flauer Magen diese böse Neuigkeit nicht länger behalten. Jedenfalls erzählte ich ihnen von Harveys Tele-

gramm: »Für den bin ich kein unbeschriebenes Blatt mehr. Er weiß, daß es hier einen Kerl namens KU/CLOAKROOM gibt, der nicht das geliefert hat, was er über VQ/WILDBOAR haben wollte.«
Sie lachten, wie Brüder über einen gelungenen Streich lachen.
»Nun«, sagte Cal. »Vielleicht lassen wir KU/CLOAKROOM besser verschwinden.«
»Genau«, sagte Harlot. »Wir können gleich auf den neuen Mitarbeiter trinken. Hast du eine Vorliebe, was den Namen angeht?«
»KU/RENDEZVOUS?« schlug ich vor.
»Viel zu auffällig. Wir nehmen lieber etwas Grau in Grau. Fangen wir mal mit KU/ROPES an.«
Mir gefiel ROPES (Stricke) nicht besser als CLOAKROOM (Garderobe), aber man erklärte mir, daß es gar keine Rolle spielte. Genau wie gewaschenes Geld mit jeder neuen Bank, auf der es landet, sauberer wird, so gewinnt man mit jeder Veränderung des Decknamens mehr Abstand von einem Fiasko. Mein neuer Deckname sollte sich bald von KU/ROPES zu DN/FRAGMENT und dann zu SM/ONION (Zwiebel) verändern. Letzte Station: KU/STAIRS (Treppe). Harlot hielt diese neuen Namen mit raschen Bleistiftstrichen fest, und mein Vater gluckste vergnügt. Sie kochten etwas aus.
»Ich weiß nicht, ob das geht«, protestierte ich.
»Mach dir keine Sorgen. Sobald ich das durchgezogen habe, stehen die Chancen, daß du aufkommst, ungefähr 1:10000«, lachte Harlot.
Ich dachte natürlich immer noch, daß William Harvey, Chef der Basis in Westberlin, bloß bei der Westdeutschlandabteilung in Washington nachzufragen brauchte, um herauszufinden, wer KU/CLOAKROOM war.
Nein, versicherte mir mein Vater, so leicht sei das nicht.
Warum nicht?
»Weil«, schmunzelte Harlot, »wir es mit *Bürokraten* zu tun haben.«
»Harvey?« fragte ich.
»O nein, die Leute *zwischen* Harvey und dir. Sie werden gar keinen Grund sehen, weshalb sie ihre Verfahrensregeln verletzen sollten. Wenn die Westdeutschlandabteilung hier im Hauptquartier aufgefordert wird, dem Chef der Basis Westberlin die Identität von KU/CLOAKROOM mitzuteilen, müssen sie sich erst an das Überbrückungsarchiv wenden, das wiederum feststellen wird, daß KU/CLOAKROOM sich soeben in KU/ROPES verwandelt hat. Nun, das

bedeutet für die Westdeutschlandabteilung schon wieder eine Verzögerung. Jede Veränderung eines Decknamens verlangt nämlich eine 72-Stunden-Frist, bevor eine Übersetzung erfolgen kann. Diese Schutzbestimmung ist nebenbei wohlbegründet. So eine Namensänderung wird nämlich üblicherweise aus gutem Grund veranlaßt.
In diesem Augenblick beschließt die Westdeutschlandabteilung wahrscheinlich, die vorgeschriebenen drei Tage abzuwarten. Es ist ja doch nur eine Anfrage von zweitrangiger Bedeutung. Sie tun Harvey gern einen Gefallen, aber er sitzt in Berlin, und die Westdeutschlandabteilung arbeitet für die westdeutsche Basis in Bonn.«
»Hat die Basis in Westberlin nicht Vorrang gegenüber der Basis in Bonn?« fragte ich meinen Vater.
»Das weiß ich nicht. Bonn hat allerdings die sowjetrussische Abteilung.« Er runzelte die Stirn. »Natürlich könnte Berlin im ganzen wichtiger sein. Aber darum geht es hier gar nicht. Es geht hier um die Bürokratie, und das ist ein ganz anderes Feld.«
»Darauf kannst du dich verlassen«, sagte Harlot. »Wenn Harvey darauf besteht, daß seine Anfrage sofort bearbeitet wird, was höchst unwahrscheinlich ist, weil er ja morgen mit Sicherheit schon wieder jemand anderen auf dem Kieker hat – ist ja dann schließlich wieder ein neuer Tag –, selbst dann wird die Westdeutschlandabteilung immer noch nicht fähig sein, ihn zufriedenzustellen. Sie müssen sich zuvor an die Überbrückungsarchivkontrolle eine Etage höher wenden. Genau dort werden sie aber einem STOP-Zeichen begegnen, das ich stellen werde. STOP wird heißen: ›Warten Sie 72 Stunden!‹ Wenn sie das nicht wollen, müssen sie die Sache sogar noch eine Etage höher, bei der Übergeordneten Überbrückungsarchivkontrolle vortragen. Das ist aber ein Ausschuß, der nur in Notfällen zusammentritt. Ich gehöre zufällig diesem Ausschuß an. Man belästigt die Übergeordnete Überbrückungsarchivkontrolle nur dann, wenn man beweisen kann, daß die Anfrage außergewöhnlich wichtig ist.«
Zufrieden paffte er seine Zigarre. »Für zweiundsiebzig Stunden bist du also vollkommen sicher. Inzwischen verändern wir deinen Decknamen von KU/ROPES zu DN/FRAGMENT. Das heißt, daß die Westdeutschlandabteilung, weit davon entfernt herauszubekommen, wer KU/CLOAKROOM ist, den Prozeß von neuem beginnen

muß, um nun die Identität von DN/FRAGMENT zu erfahren. Sie sind immer noch nicht annähernd dort, wo sie hinwollen, siehst du.«
»DN«, ergänzte mein Vater, »ist das Kürzel für Südkorea.«
»Ja«, sagte Harlot. »KU/ROPES ist nach Südkorea gegangen und zu DN/FRAGMENT geworden. Auf dem Papier wenigstens. Ein Übersee-Deckname bewirkt beim Überbrückungsarchiv bereits eine Zweiwochen-Sperrfrist. Bis dahin, das können wir sicher vorhersagen, wird Harvey schon wieder ganz andere Sorgen haben. Trotzdem, weil ich meinen Stolz dareinsetze, führe ich diese Dinge immer ganz bis zu Ende durch. Wenn Harvey aus irgendeinem Grund von der fixen Idee besessen sein sollte, daß er herausfinden muß, wer du bist, was ja immerhin möglich ist, und die beiden Wochen abwartet, verspreche ich dir, daß du nach Ablauf dieser Frist als SM/ONION nach London versetzt werden wirst – immer noch auf dem Papier natürlich. Vierzehn Tage später wiederum bringen wir dich symbolisch aus London zurück in die USA, die du, mein lieber Junge, in Wirklichkeit ja niemals verlassen hast. Aber wenn du somit zurück bist, lassen wir dich nunmehr als KU/STAIRS arbeiten. Dann kann Harvey endgültig alle Hoffnungen begraben, dir auf die Schliche zu kommen. Er wird dies als Signal auffassen, daß er in etwas hineinpfuscht, das ihn nichts angeht. Kein kleiner Angestellter kriegt bei uns in einem Monat drei verschiedene Decknamen verpaßt, plus Reisen nach Südkorea und London mit STOPS von der Überbrückungsarchivkontrolle. Damit signalisieren wir Harvey: Steck deine Nase nicht in diese Geschichte! Die geht nur die ganz Großen was an.«
Ich war also sicher. Aber warum mußte man sich deswegen solcher Mühen unterziehen?
Mein Vater mußte meine Gedanken gelesen haben. »Wir tun das, weil wir dich mögen«, sagte er.
»Und weil wir es gern tun«, ergänzte Harlot. Er streifte die Asche seiner Zigarre mit einer fast zärtlichen Geste auf einem sauberen Teller ab und fuhr fort: »Ich werde auch KU/CLOAKROOM aus deiner 201 entfernen lassen. Dann wird es überhaupt keine Spur mehr davon geben.«
»Ich bin Ihnen ja dankbar für die Mühe, die Sie sich mit mir machen«, sagte ich. »Aber schließlich habe ich kein Verbrechen begangen. Es ist nicht mein Fehler, daß die Dokumentation so weit im Rückstand ist.«

»Nun«, sagte Harlot. »Die erste Regel an diesem Ort lautet: Wenn du Wert auf eine richtige Würdigung deiner Leistung legst – sichere dich ab, solange du jung bist. Verlangt ein großes Tier Informationen, dann liefere sie ihm!«
»Aber wie? Kann man einen Tunnel durch dreihundert Kubikmeter nicht registrierter Dokumente graben?«
»Wolfgang war Student und Mitglied einer Straßenbande, und er war viel unterwegs. Du hättest einen Bericht besorgen können, demzufolge er noch ein bißchen weiter herumgekommen wäre. Warum schickst du ihn nicht nach Frankfurt? Oder nach Essen?«
»Vielleicht«, sagte mein Vater, »sollte Rick das noch tun.«
»Nein«, sagte Harlot. »Zu spät. Jetzt geht es nicht mehr. Jetzt würde man dieser falschen Information zuviel Bedeutung beimessen. Aber was mein Patensohn begreifen sollte, ist, daß Harvey zu Anfang gar keine ernsthafte Suche verlangt hat.«
»Wie können Sie das wissen?«
»Wenn der Chef der Basis in Westberlin nicht die Zustände in der Schlangengrube kennt, ist er inkompetent. William King Harvey ist nicht inkompetent. Er wußte, daß er dort in Anbetracht des Durcheinanders keine up-to-date Information über VQ/WILDBOAR erwarten konnte. Ich nehme an, er hat das Telegramm geschickt und seinen Namen druntergesetzt, um ein paar von seinen Leuten einen Denkzettel zu verpassen. Sie haben wahrscheinlich den Kontakt mit Wolfgang verloren. Es ist eine Ohrfeige für sie, wenn unser Archiv hier die Arbeit machen muß, während sie da drüben an Ort und Stelle sind. Wenn du ihm ein paar Märchen über Wolfgangs Reisen geliefert hättest, hätte Harvey seine ›Führer‹ und deren Agenten aufschrecken können: ›Seht euch das an‹, würde er ihnen sagen. ›Wolfgang ist zurück nach Frankfurt gegangen.‹ ›Unmöglich‹, wäre natürlich ihre Antwort darauf gewesen. ›In Frankfurt fiele er uns sofort auf.‹ ›Gut‹, hätte Harvey darauf erwidern können. ›Dann zieht mal los und findet ihn!‹«
Ich konnte mir die Frage nicht verkneifen, was denn geschähe, wenn man diesen Wolfgang wirklich unbedingt finden müßte, weil er, zum Beispiel, gerade im Begriff sei, irgendwelche atomaren Geheimnisse an die Russen weiterzuleiten?
»Das spielt keine Rolle«, sagte Harlot. »Wir hätten an dem Punkt das Spiel verloren. Wir sind blockiert. Die Welt geht unter, weil in der Dokumentation das Chaos herrscht.«

Mein Vater warf Hugh Montague einen langen Blick zu, und sie wechselten ein paar leise gemurmelte Worte. Harlot seufzte. »In der Tat«, sagte er, »gibt es da ein Riesengeheimnis in Westberlin, und ich muß dich wohl einweihen, bevor du rübergehst. Denn wenn du keine Ahnung davon hast, könntest du Harvey in die Quere kommen.« Er seufzte wieder. »Die Chancen stehen tausend zu eins, daß Wolfgang nichts damit zu tun hat, aber wenn doch, werden wir es schon bald genug wissen.«
»Wieso?«
Hugh sog noch einmal auf vielsagende Art Luft in seine Nüstern und sagte: »Wir holen dich morgen aus der Schlangengrube heraus, und dann bekommst du einen intensiven Deutschunterricht.«
Das war die ganze Antwort.

13

Nach dem Essen schlug mein Vater vor, ich solle bei ihm übernachten. Er wohnte, wie er mir sagte, im Apartment eines Freundes in der K-Street, Ecke 16te Straße. »Ein alter Mitarbeiter in einer alten Wohnung«, sagte mein Vater beiläufig, und als wir hinaufgingen, war ich von der armseligen Einrichtung betroffen. Sie ließ auf ein geringes Einkommen schließen, und sie erinnerte mich auch daran, wie knickrig wir Hubbards sein konnten. Mein Vater konnte sich gewiß ein anständiges Hotel leisten, und trotzdem zog er es vor, hier sein Lager aufzuschlagen – mir war nicht klar, ob er die Spesen für den CIA oder für sich selbst sparte. Als ich mich näher umschaute, wurde mir allerdings klar, daß die Geschichte nicht stimmte. Der spartanische Mangel an Annehmlichkeiten – ein graues Sofa, zwei graue Sessel, ein schäbiger Teppich, ein rostiger Aschenbecherständer, keine Vorhänge und ein Schreibtisch mit Zigarettenkippen, ein Kühlschrank, eine Schachtel Crakkers und halbleere alte Senfgläser, Ketchup- und Mayonnaiseflaschen genügten, um zu wissen, daß hier niemand wohnte. Es lag nichts Persönliches herum, kein Bild, kein Foto. Das konnte nicht die Wohnung eines Freundes sein. Wir befanden uns in einem Safe

house, einer CIA-eigenen Absteige. Ich sah das erste Safe house meines Lebens. Ganz klar, daß mein Vater an so einem Ort übernachtete. Er paßte zu der demonstrativen Einsamkeit, mit der er sich gern umgab, wann immer er fern von seiner Tokioter Wohnung mit der zärtlichen Mary Bolland Baird Hubbard weilte.
Mein Vater winkte mir nun einladend zu, in einem der staubigen Sessel Platz zu nehmen, und kramte aus einem Küchenschrank eine halbleere Flasche billigen Scotch Whisky hervor, den wir mit Wasser, doch ohne Eis, tranken. Er hatte den Kühlschrank auf höchste Stufe gestellt, und der brummte laut genug, um jeden Lauscher, der uns eventuell abzuhören versuchte, zu entmutigen. Da einer meiner Kurse am Spiegelteich der elektronischen Überwachung gegolten hatte, sah ich zu dieser Zeit überall Abhörmikrofone wie andere Leute Gespenster, und ich fragte mich, ob das heftige, schnelle Trommeln der Fingernägel meines Vaters auf dem Tisch neben seinem Sessel auf Nervosität, Übermüdung oder seine lang antrainierte Gewohnheit zurückzuführen war, hinreichend Lärm zu machen, um allen außer den fortgeschrittensten Abhörspezialisten die Arbeit unmöglich zu machen. Natürlich hatte ich damals noch kein Gespür dafür entwickelt, ob ich selbst zu arglos oder zu mißtrauisch war.
»Ich möchte dir ein wenig über Hugh und Bill Harvey erzählen«, sagte mein Vater. »Hugh bedeutet mir viel, aber ich muß dir sagen, daß auch er nicht vollkommen ist. Das ist verdammt schade, denn er ist beinahe vollkommen, wenn du weißt, was ich meine.«
»Ich weiß es nicht.«
»Nun, wenn Leute zu achtundneunzig Prozent perfekt sind, tut es außerordentlich weh, wenn sie diese letzten beiden Punkte nicht auch noch einsammeln können. Hugh mag der beste Mann sein, den wir in der Company haben. Er ist der glänzendste und mit Sicherheit gebildetste Intellektuelle unter uns, und er hat Mut und Energie. Er ist eine richtige Kreuzung zwischen einem Panther und einer Bergziege. Mach ihn nicht wütend und reize ihn nicht zum Sprung.«
»Yessir«, sagte ich. »Ich habe eine sehr hohe Meinung von ihm.«
»Ich sage nichts dagegen, daß er seine eigenen Sprünge macht, aber ich fürchte fast, daß er dich in diesem Fall auffordern wird, mit ihm zu springen.« Mein Vater hob die Hände, als wolle er sich entschuldigen, daß er mir nicht mehr verraten könne.

»Hat das alles etwas mit dem ›Riesengeheimnis‹ zu tun?« fragte ich.
Er hustete heftig und mit einem tiefen, bedrohlich klingenden Rasseln. Es mußte sich viel Schleim in seiner mächtigen Brust angesammelt haben. Mein Vater war noch immer keine fünfzig, aber das Rasseln dieses Hustens, voll von Rückständen des Alkohols und des Nikotins, schien aus einem viel älteren Mann zu kommen. »Ja«, sagte er. »Hugh hätte das Thema nicht anschneiden sollen. Ich werde es dir nicht erzählen, und ich würde es auch nicht tun, selbst wenn ich könnte, weil ich nicht will, daß du Verantwortung für die Geheimhaltung einer so schwerwiegenden Sache zu tragen hast. Es handelt sich hier schließlich um ein echtes Staatsgeheimnis. Sag mir also, warum Hugh glaubt, daß er es dir als Teil deiner allgemeinen Orientierung anvertrauen darf.«
Es gab darauf offensichtlich keine Antwort.
»Er wird es dir mit Sicherheit sagen«, fuhr mein Vater fort. »Bitte wiederhole keinem Menschen gegenüber, was ich jetzt sage, aber er läßt mehr Geheimnisse durchsickern, als sich irgend jemand in seiner Position leisten kann. Es ist, als wollte er andauernd die Sicherheit seines Urteilsvermögens auf die Probe stellen. Ich nehme an, es gibt ihm ein großartiges Gefühl.«
Ich glaube, mein Vater hatte endlich sein Quantum Whisky intus, denn ich spürte, wie seine Gedanken sich von mir entfernten. Dann richtete er sich mit einem Ruck auf. »Worum es geht: Hugh hat kein Recht, irgend jemandem zu vertrauen. Nicht nach dem Debakel mit Philby. Du hast von Philby gehört?«
»Ein bißchen«, sagte ich. Ich versuchte mich an Lord Roberts Bemerkungen zu dem Thema zu erinnern.
»Philby hat nahezu Hughs Untergang bewirkt. Er war ziemlich dick mit Burgess und Maclean befreundet. Du hast von ihnen gehört?«
»Das war doch so eine Zeitungsstory – sie waren vom britischen Außenministerium und hier stationiert, nicht wahr?«
»Verdammt wahr«, sagte Cal. »Als Burgess und Maclean nach ihrem Verschwinden 1951 in Moskau wieder auftauchten, teilte sich hier alles in zwei Lager. Hatte Philby Burgess und Maclean einen Tip gegeben, daß sie sich absetzen sollten oder nicht? Alte Freunde redeten nicht mehr miteinander, wenn einer Philby für schuldig hielt und der andere nicht.«

»In welchem Lager standest du?«
»Pro-Philby, genau wie Hugh. Kim Philby war ein Freund von Hugh, und er war ein Freund von mir. Du hättest deine Hand für ihn ins Feuer gelegt – Philby war der wunderbarste Mensch, den ich je kennengelernt habe. Er stotterte ein bißchen. Aber er war sehr amüsant, wenn er flüssig reden konnte, und das ging nur, wenn er betrunken war.« Mein Vater verstummte.
Ich wartete, aber er sagte nichts mehr. Dann gähnte er. »Ich bin reif fürs Bett«, sagte er. »Ich habe mir in Djakarta diesen Bazillus eingefangen – einen höllischen kleinen Kerl. Ich frage mich, wie er unter dem Mikroskop aussieht.« Er lächelte geringschätzig und fügte hinzu: »Laß uns jetzt nicht von Kim Philby anfangen. Das ist zu deprimierend. Als es vorbei war, war Hugh jedenfalls ganz schön angeschmiert. Die Anti-Philby-Leute hatten eindeutig gewonnen. Das war Bill Harveys Werk. Wenn Hugh die Geschichte erzählt, und ich glaube, er wird es tun, wenn du ihn darum bittest, wird er den Eindruck zu erwecken versuchen, Harvey wäre ihm halbwegs sympathisch. Das muß er tun. Inzwischen sind wir nämlich so gut wie sicher, daß Philby für den KGB gearbeitet hat. Also muß Hugh halbwegs nette Sachen über Harvey sagen. Glaub ihm kein Wort. Er haßt Bill Harvey.«
Warum werde ich denn dann nach Berlin geschickt? wollte ich fragen.
»Nichtsdestoweniger«, sagte mein Vater, als ob ich es tatsächlich laut ausgesprochen hätte, »ist Berlin eine gute Idee. Ich werde diesen Brief schreiben. Du könntest noch ein bißchen Abhärtung brauchen. Bill Harvey ist der richtige Mann dafür.«
Damit durfte ich dann zu Bett gehen. Im Nebenzimmer standen zwei einzelne Betten mit irgendwelchen Laken und Decken. Ich lag wach und hörte meinen Vater von Zeit zu Zeit im Schlaf etwas schreien; es war ein kurzer, bellender Laut, und schließlich versank ich in einen unruhigen Schlaf. Visionen von Bill Harvey – gesehen mit Kittredges Augen – geisterten durch meine Träume. Sie hatte ihn sicherlich einmal beschrieben: »Wir kennen da einen Mann in der Company, einen fürchterlichen Menschen, der sogar bei Tisch einen Revolver im Schulterhalfter bei sich trägt. Nicht wahr, Hugh?«
»Ja.«
»Harry, er hat etwas von einer Birne: schmale Schultern und relativ

dick in der Mitte. Ebenso sein Kopf. Birnenförmig, mit Glubschaugen. Ein richtiger Frosch, dieser Mann, aber etwas ist mir aufgefallen: Er hat einen wunderschönen Mund. Klein und hübsch geschwungen. Sehr gut geformt. Der Mund eines Glamourgirls in einem Krötengesicht. So etwas gibt einem noch mehr Hinweise auf Alpha und Omega als die rechte und linke Gesichtshälfte.«
War ich im Augenblick des Einschlafens Harvey begegnet? Ich hatte in jener Nacht ein seltsames Traumerlebnis, und es war keineswegs besonders unangenehm. Ich spürte, wie Westberlin meinem Leben näherkam. Meine erste Reise ins Ausland erwartete mich. Sogar dieses schreckliche Safe house mit seinem muffigen Geruch nach alten Zigarettenkippen und feuchten Zigarrenstummeln, seinen Erinnerungen an Männer, die auf die Ankunft anderer Männer warteten, war ein Vorbote der Jahre, die da kommen sollten. Meine Einsamkeit konnte sehr nützlich sein. Die elende Einrichtung unseres grauen Apartments, geisterhaft in der Straßenbeleuchtung, die durch die Jalousien fiel, so braun inzwischen wie alte Zeitungen, gab mir eine Vorstellung davon, weshalb mein Vater lieber hier als in einem Hotel übernachtete. Ein Safe house war das Wahrzeichen unseres Berufs, unsere Mönchszelle. Vielleicht hatte mein Vater das durchsichtige Märchen von der Wohnung eines Freundes nur deshalb erzählt, damit ich so ein Safe house mit den Augen eines Entdeckers sehen konnte. Viele Treffpunkte in Westberlin würden so aussehen, nahm ich an, und meine Annahme hat sich bestätigt.
Während ich in dieser tristen Umgebung lag, fühlte ich mich bereit und fähig, durch weite, dunkle Räume zu reisen und Taten zu begehen, die alles andere als sauber waren. Zwei, drei Meter entfernt lag der geplagte Körper meines Vaters, und ich, empfänglich für die Gespenster, die einen so starken Mann dazu brachten, im Schlaf aufzubellen, als wolle er nächtliche Feinde abschrecken, dachte an meine alte Vorliebe für Höhlen, einschließlich jener Untergrundmetropole mit den ausgeschachteten Räumen, die ich als Kind so gern gezeichnet hatte. Das brachte mich dazu, noch einmal über die Höhle in meinem eigenen Kopf nachzudenken. Man hatte sie so gelassen – an Stelle der Ungeheuer aus hartem Gewebe, die man aus meinem Hirn entfernt hatte. War es dieses unerfüllte Vakuum, das mich nun in mancherlei sonderbare Situationen hineinzog?

In diesem Augenblick dachte ich voller Bewunderung an Harlot. Er glaubte daran, daß unsere Arbeit den Lauf der Geschichte beeinflussen konnte, und er war bereit, dafür das Heil seiner Seele zu wagen. Wir waren hier, um das Böse zu bekämpfen, seine Fallen und Schlingen zu beseitigen und hinauszuziehen zu Taten, die reich sein mochten an Umwegen, selbst an Abwegen, und die uns vielleicht so weit von den übersichtlichen Gebieten unserer ethischen Vorstellungen entfernen würden, daß niemand mehr je das Licht am Ende des Tunnels sehen würde.
Mit diesem Gedanken schlief ich ein. Ich wußte nicht, daß mich meine Träume der Realität ziemlich nahe gebracht hatten. Das Riesengeheimnis von Westberlin, um das sie sich in dieser Nacht drehten, war nichts anderes als ein in aller Stille unter Harveys Aufsicht gegrabener, dreihundert Meter langer Tunnel nach Ostberlin, durch den wir die Telefonverbindungen des sowjetischen Hauptquartiers mit Moskau anzapfen wollten.

14

Ich sollte noch von Harvey hören, bevor ich abreiste. Harlot erstattete mir nicht nur einen vollständigen Bericht über die schicksalsträchtige Party, die Kim Philby Guy Burgess gegeben hatte, er vertraute mir auch – genau wie mein Vater es vorausgesagt hatte – alle hochheiligen Geheimnisse über William King Harveys Tunnel an. Das, fand ich, war ein phantastisches Abschiedsgeschenk: Harlot weihte mich in das bestgehütete Geheimnis der Company ein.
Ich flog von der Andrews Air Force Base mit einer Douglas C-124 nach Tempelhof. Die dicke, fette, viermotorige Globemaster, »Old Shakey« genannt, vibrierte wie ein alter Ventilator. Man bestieg dieses Flugzeug über eine Rampe im Heck, und wir zwanzig, die wir uns auf dem Weg nach Europa befanden, Air-Force-Personal zum größten Teil, wurden in den Laderaum geschickt, der anschließend mit Fahrzeugen und Lattenkisten vollgepackt wurde. Auf unseren Sitzen festgeschnallt, das Gesicht nach achtern, sahen

wir auf die Fracht hinab, die viel mehr Platz als wir selbst einnahm und offenbar auch rücksichtsvoller behandelt wurde.
Der Flug bis Mildenhall in England dauerte neun Stunden. Dort hatten wir weitere neun Stunden Aufenthalt, ehe es nach Mannheim und Berlin weiterging. Ich verbrachte im ganzen vierundzwanzig Stunden im Flugzeug. Der Laderaum war ungeheizt, und hinaussehen konnte man nicht. Ich starrte auf die Kabel an den Aluminiumwänden des Rumpfes – es war meine längste Reise.
Nachdem meine Versuche, in der schwachen Beleuchtung der Kabine zu lesen, mißlungen und die Gespräche mit den Männern links und rechts von mir ins Stocken geraten waren – ich merkte wieder einmal, wie vertrackt eine Unterhaltung mit Leuten war, die nicht zur Agency gehörten –, gelang es mir schließlich, irgendwann in der Nacht soweit einzudösen, daß das Brummen der Motoren und das Zittern der Kabine an Aufdringlichkeit verloren, so daß ich über meine letzten Erinnerungen an Washington, ein Abschiedsessen mit Harlot, wiederum im Sans Souci, nachdenken konnte.
Er hatte mir den ganzen Abend lang Anekdoten erzählt, mich mit dem bekanntgemacht, was er offenbar als die eigentliche Würze der Company betrachtete. Ja, Herrick, so hatte er genickt, du hast nach diesem ganzen Training mit allen möglichen Ausbildern und den zermürbenden Tagen in der Registratur entdeckt, daß wir uns, ja, daß wir uns abrackern, Sachen durcheinanderbringen, uns im Kreis bewegen, zu rasch ausdehnen, vieles einfach nicht schaffen und nicht wissen, wo uns der Kopf steht, aber es kommt auf diese Menschen, diese hundert, zweihundert, allerhöchstens fünfhundert Leute an, die der aktive, lebendige Nerv der Company sind. All diese Tausende von anderen sind nur die Isolierschicht, die wir Nerven brauchen: unser eigenes Heer von Bürokraten hier, das dazu da ist, uns die anderen Bürokratien in Washington vom Hals zu halten. Bei uns, im Zentrum, kann es aber herrlich sein.
»Das einzige wirkliche Problem«, sagte er und starrte in seinen Brandy, »ist, den Teufel zu erkennen, wenn du ihn siehst. Man muß immer auf der Hut vor jemandem wie Kim Philby sein. Welch ein Teufel! Habe ich dir je von Harveys Abend auf Philbys Party erzählt?«
Er wußte, daß ers nicht hatte. Er war dabei, wieder mal eine Anekdote zu lancieren. Es mag am Cognac gelegen haben, aber

eine Ader an Harlots Stirn fing deutlich an zu pulsieren. »Ich weiß nicht«, sagte er, »ob je ein Engländer, der vom MI6 oder dem britischen Foreign Office hier herüberkam, beliebter gewesen ist als Kim Philby. Eine Menge von uns lernten ihn während des Krieges in London kennen, und wir nahmen die Freundschaft wieder auf, als er 1949 hier eintraf. Wir sahen uns beim Lunch, und es war jedesmal ein Ereignis. Er war Fremden gegenüber unsicher wegen seines schrecklichen Stotterns, aber ein so angenehmer Mann. Etwas Sandiges war an ihm, das Haar, die Jacke, die alte gesprenkelte Pfeife. Er soff wie eine Kreiselpumpe, ließ es sich aber niemals anmerken. Das muß man respektieren. Es zeugt doch von einem starken Willen, wenn jemand soviel Alkohol vertragen kann. Harry, ich übertreibe nicht, aber Kim Philby hatte eine Eigenschaft, die man bei vielen englischen Top-Leuten antrifft: Es ist, als verkörperten sie alle guten Eigenschaften ihres Volkes. Und natürlich hatten wir das Wort der britischen Regierung: Kim Philby sollte eines Tages den MI6 leiten.

Nun, er war leider kein ganz so großartiger Bursche. Während des Krieges pflegte der MI6 uns zu behandeln, als ob wir Amerikaner im OSS gutmütige Esel wären, die den britischen Alleswissern eigentlich zu Füßen liegen müßten. Sie behandelten uns schlecht, richtig snobistisch. ›Ihr mögt ja eine Menge Geld haben, aber wir haben es dafür hier oben.‹ Und dabei pflegten sie sich an die Schläfe zu tippen. Wir haßten das und bewunderten sie trotzdem mehr, als wir wollten. Wir hatten einen wahnsinnigen Respekt vor ihnen. Wir waren ja noch so unerfahren, was alle nachrichtendienstlichen Fragen anging. Als Philby dann '49 nach Washington kam, war es immer noch so. Wir bauten die Company Tag für Tag weiter aus, und es war abzusehen, daß wir die Briten schließlich in den Schatten stellen würden, und doch war es immer noch da, dieses winzige Kopfnicken, dieses papierdünne Lächeln! Sie hatten es. Ich pflegte Kim Philby zu studieren. Solch eine aristokratische Haltung! Hier war sein armes Land, dort unser reiches, und er stotterte die Hälfte der Zeit, und doch fühlten sogar die Besten von uns seine Überlegenheit, wenn wir uns von Angesicht zu Angesicht trafen.

Die Sache mit Kim – mein Gott, ich brauche bloß seinen Namen auszusprechen und merke, daß ich ihn immer noch ungeheuer gern mag – die Sache mit Kim war, daß er Kühnheit besaß. Wahrer

Witz beruht auf Kühnheit. Du mußt wissen, wann du aus der von den Vorschriften bestimmten Bahn ausbrechen mußt. Nachdem das britische Foreign Office Guy Burgess als Ersten Sekretär nach Washington geschickt hatte, lud Philby Guy ein, bei ihm einzuziehen. Wenn ich jetzt so zurückblicke, verstehe ich immer noch nicht, wieso die Russen es wagen konnten, mit Burgess zu arbeiten. Er war die merkwürdigste KGB-Erwerbung aller Zeiten. Wie du gehört haben magst, war er eine unglaubliche, himmelschreiende Sau, ein Schwuler von der allerschlimmsten Sorte, ein Stier auf der Suche nach schlanken Burschen, die reif waren, schwul zu werden. ›Ich werde dich aufreißen‹, so ein Blick ging von Guy Burgess aus. Bei ihm zählte man nicht die Gläser, sondern die Flaschen, und er rauchte wie ein Schlot. Außerdem trug er weiße Anzüge, denen man stets ansah, was er die letzten drei Tage gegessen hatte. Er war halb so großartig wie Randolph Churchill, und seine Manieren waren genauso schlimm. Man muß immer damit rechnen, daß Engländer aus guten Familien all ihre Wut an Kellnern auslassen. Ich glaube, sie rächen sich damit unbewußt an all den schottischen Kindermädchen, die ihnen Tonnen von Haferbrei in den Mund geschaufelt haben. Aber Burgess war der Schlimmste von allen. ›Hör mal zu, du verdammtes Granatenarschloch‹, brüllte er den nächstbesten Kellner an. ›Bist du so blöd, oder stellst du dich nur so?‹« Hugh, der Burgess imitierte, sprach laut genug, daß er uns in Verlegenheit gebracht hätte, wäre das Sans Souci leer gewesen, aber im Lärm der übrigen Gäste gingen seine Worte unter.
»Philby beschwichtigte uns immer wieder: ›Guy leidet noch unter den schrecklichen Nachwirkungen seines Autounfalls, der arme Kerl.‹ Philby sagte immer: ›Guy ist begabt, aber sein Kopf ist b-b-b-bekloppt, weißt du.‹ Bei Philby klang's dann so wie eine Kriegsverletzung. Die Loyalität unter Briten!
Ja, und nun kommt Bill Harvey. Er hatte das seltsame Glück, eines Abends im Frühling 1951 zu einem großen Abendessen zu Philby eingeladen zu werden. Alle waren da. Harvey, Burgess und Horden von uns und unsere Damen. J. Edgar Buddha wäre auch fast gekommen, aber dann hörte er, daß Harvey eingeladen war, und ließ sich nicht blicken. Bill Harvey, um dich ein bißchen mehr einzuweihen, stand damals im Begriff, sich zu unserem Maskottchen zu entwickeln. Seither ist er sehr viel mehr als ein Spielzeug

geworden. Aber damals hatten wir einen Narren an ihm gefressen. Wir hatten ihn aufgenommen. Seine Hand war sogar noch feuchter als sein Pistolenknauf, aber er war *unser* FBI-Mann. Um unser Geschäft zu starten, hatten wir natürlich unser Bestes getan, den FBI zu plündern und einige ihrer Agenten unter Vertrag genommen, darunter auch Harvey. Er war die Crème de la crème, weißt du, er half die Rosenbergs fangen. J. Edgar Buddha hat ihm nie verziehen, daß er die Marmorhallen der Justiz verließ, um zu uns zu kommen. Und noch schlimmer: Harvey mit seinen alten Kontakten beim FBI brachte uns eine Menge geheime Informationen mit aus den hinteren Schubladen des FBI, die wir gerade gut gebrauchen konnten. Der FBI hat es auch nicht anders verdient. Sie hatten in sechs oder sieben Ländern, unseren Jagdgebieten, gewildert. Ja, sie hofften uns noch in der Wiege den Garaus zu machen. Es war unglaublich! Allen Dulles konnte am Telefon kaum zu Buddha vordringen. ›Sagen Sie‹, fragte er Hoover einmal. ›Was hat der CIA Ihnen getan, daß Sie so wütend sind?‹
›Mr. Dulles‹, erwidert J. Edgar, ›sagen Sie Bill Harvey, er soll aufhören, unsere Informationen zu stehlen.‹
Nun, das vergrößerte natürlich nur noch unsere Liebe zu Harvey. Natürlich lädt Philby Bill und dessen Frau, Libby, zum Dinner ein. Bill Harvey war damals mit Libby verheiratet. Jetzt hat er irgendeine andere Frau. Ich hätte Philby davor warnen müssen, Harvey einzuladen. Ich war pessimistisch, was die gesellschaftlichen Beziehungen zwischen den beiden anging. Wenn du einen einfachen Kerl wie Bill Harvey mit einem Verrückten wie Guy Burgess zusammenbringst, kann selbst der Himmel nicht mehr helfen.
Nun, wir alle fangen an zu trinken. Harvey schmeißt eine Runde nach der anderen mit Burgess. Ebenso Libby. Harveys Frau ist aus Indiana oder Kentucky oder woher auch immer, irgendwas mit Ackerbau und Viehzucht, ein Betthäschen ohne irgendeine Ausstrahlung, nur mit einer mächtigen Pferdelache. Keine Spülmamsell hätte sich je ein so schallendes Gelächter erlaubt. Harvey hat überall in Foggy Bottom herumgeprahlt, daß er seit dem zarten Alter von zwölf jeden Tag gevögelt hat. Meine Güte! Wenn meine Frau nicht mag, so prahlt er herum, könnte es *deine* sein! Und Libby küßt nicht nur jeden auf der Party, sondern sie schmeißt sich auch an – ausgerechnet – Guy Burgess ran. Guy nimmt sogar die Hände von dem Jungen, den er zum Spielen mitgeschleift hat, um an

ihrem Leib herumzutatschen. Unter dem allen tobt verzweifelt, alles durchdringend das, was ich ›das Leiden an der Gesellschaft‹ nenne. Es ist nicht hinlänglich als eine der hauptsächlichsten Leidenschaften erkannt. Harvey und Libby sind jedenfalls voll von diesem *Leiden an der Gesellschaft*, weil sie verdammt gut wissen, daß sie trotz allen Herumfummelns die gesellschaftlichen Schranken nicht überwinden können.

Burgess fängt an, von seiner künstlerischen Begabung zu prahlen. ›Zeichne mich‹, bittete ihn Libby. ›Oh, das tu ich gern‹, grinst Burgess. Mit ein paar Strichen entwirft er eine Karikatur von Libby, zeigt sie erst mir. Ich bilde mir etwas darauf ein, auch in den schwierigsten Situationen einen einigermaßen kühlen Kopf zu bewahren – aber ich sage dir, ich habe kein Wort herausgebracht. Burgess hatte Libby so unverschämt gut getroffen: Sie liegt da im Sessel, die Beine gespreizt, die Röcke hochgezogen, die Finger genau da, wo du sie erwartest – er hat sogar ihr Schamhaar gezeichnet. Sie hat einen Ausdruck im Gesicht, den du nicht mißverstehen kannst. So muß sie aussehen, wenn die Lawine kommt. Burgess ist ein Teufel, aber auch ein verdammt guter Beobachter!

Gerade als ich diese Zeichnung in mich aufnehme, reißt Burgess sie mir aus der Hand und reicht sie herum. Die meisten Leute sind anständig genug, nur einen kurzen Blick darauf zu werfen, aber niemand will sie wirklich verschwinden lassen. Wir haben ja mit Bill Harvey schon eine Menge ausgestanden und sind in der Tat bereit, uns an seiner Verlegenheit zu weiden. Er geht durchs Zimmer, fängt die Zeichnung ab und – ich dachte, er platzt vor Wut. Einen Augenblick lang sieht es so aus, als wolle er seine Kanone ziehen. Ich konnte das Zucken seiner Hand ganz deutlich quer durchs Zimmer sehen. Indem er sich mit einer ungeheuren Willensanstrengung zusammenreißt, nimmt er Libby bei der Hand – inzwischen hat sie die Zeichnung auch gesehen und heult wie ein Schloßhund – und geht mit ihr hinaus. Ich habe noch nie einen so haßerfüllten Blick gesehen wie den, mit dem Bill Harvey Burgess im Hinausgehen bedachte. ›Ich wünsch' dir‹, stottert Bill, ›ich wünsch' dir, daß . . .‹ Er kann es nicht herausbringen. Dann schafft er's doch. ›Erstick an 'nem Niggerschwanz‹, sagt Bill Harvey, und raus aus der Tür ist er.

›Der Mann hat mir gerade seinen Segen erteilt‹, lacht Burgess.

Einen Monat später wird er nach London zurückgerufen. Von dort aus verschwindet er rasch mit Sir Donald Maclean in unbekannte Gefilde, aber natürlich kann es nirgendwo anders hin als nach Moskau sein. Maclean, auch in Amerika stationiert, war in alle Geheimnisse von Los Alamos eingeweiht. Also galt die Frage nun Philby. War es möglich, daß auch er für die Sowjets arbeitete? Wir konnten das nicht glauben. Ich sage dir, er ist einfach zu nett. Ich war *darauf* nicht vorbereitet, sage ich dir. Ich habe sogar ein dreiseitiges Memorandum herausgebracht, mehr oder weniger um Philby zu entlasten. Noblesse oblige, damals war ich noch ziemlich naiv. In meinem Memo war auch von Burgess die Rede. Ich erzählte, daß Guy eines Mittags zum Lunch völlig unrasiert und in einer verschmutzten weißen britischen Marineuniform zu uns stieß und anfing, sich über die ›vollkommen übertriebenen, aufschneiderischen technischen Daten seines neuen Oldsmobile mit seiner elenden und verdammten neuen automatischen Dynaflow-Gangschaltung‹ zu verbreiten. Burgess verstand eine Menge von Autos – hat er jedenfalls behauptet. Burgess prahlte auch, er sei unzählige Male mit Philbys Sekretär im Bett gewesen. Es ist praktisch ein FBI-Memo, diese drei Seiten. Lauter Tratsch, kein Mumm dahinter. Aber Philby kam aufs ganze gesehen durch meine Ad-hoc-Prüfung mit mehr Plus- als Minuspunkten durch.

Wenn Wild Bill Harvey nicht gewesen wäre, hätte Kim in dieser Lage den Sturm vielleicht überstanden. Nach ein paar Jahren geduldiger Arbeit hätte er vielleicht das Vertrauen des MI6 zurückerworben. Wer hätte denn je davon gehört, daß der KGB gleich zwei seiner Agenten ins gleiche Haus gesteckt hat? Kim mußte unschuldig sein in allen Punkten – außer seinem mangelnden Urteilsvermögen.

Harvey allerdings wollte ein eigenes Memo schreiben. Er hat dafür fünfzehn, zwanzig Stunden hintereinander im Archiv gearbeitet. Das ist die andere Seite von Harvey: harte Arbeit. Er zog dazu alles heran, was er vom besten Gegenspionagematerial des FBI bekommen konnte. Der FBI hatte ein paar russische Codes geknackt, diese Informationen aber nicht an uns weitergegeben. Doch durch seine alten Kumpel dort kam Harvey an einiges sowjetisches Material heran, das sie abgefangen hatten und das J. Edgar unter seinem breiten Arsch hütete, und darin war von einem hochrangigen britischen Maulwurf die Rede. Die Angaben paßten hinläng-

lich auf Kim Philby, so daß die Halbgötter lieber Harveys Version als meine akzeptierten. ›Nehmen Sie Ihren Philby zurück und stellen Sie ihn vor Gericht‹, sagte der CIA zum MI6 – was sie auch tun mußten, so wenig es ihnen auch gefiel. Philbys Vernehmung beim MI6 ging unentschieden aus. Kein Gefängnis, aber er mußte seinen Abschied nehmen. Armer Kim, ich sage, ›armer Kim‹, und trotzdem – wenn er wirklich schuldig ist, ist er der Schlimmste von allen. In der Tat, ich bin nach allergrößtem Zögern heute zu der Überzeugung gelangt, daß er die ganze Zeit beim KGB war.«
Harlot zog noch einmal betrübt an seiner Zigarre, bevor er hinzufügte: »Ich fürchte, man ist allgemein der Ansicht, daß Harvey sich in diesem Fall als der Bessere erwiesen hat. Jedenfalls dauerte es nicht mehr lange, bis er deinen ehrenwerten Paten beschuldigte, ein sowjetischer Agent zu sein. Je besser die Familie ist, aus der du kommst, um so verdächtiger erscheinst du heute. Also forderte man mich auf, mich einem Lügendetektortest zu unterziehen, und ich war vor Angst völlig durcheinander, kam aber durch. Kein unheilbares Herzleiden. Und Harvey wird einer von unseren großen Leuten. Warum erzähle ich dir diese Geschichte?«
»Ich weiß es nicht genau.«
»Weil ich dich noch einmal daran erinnern möchte: Der Teufel ist das allerschönste Wesen, das Gott je geschaffen hat. Trink auf Kim Philby, ein vollkommenes Schwein. Trinke auf deinen neuen Chef, Gottes wildesten Eber, King William, meine ich, William King Harvey. Wenn Schönheit das Kriterium ist, kann er kein Teufel sein!«

ZWEITER TEIL

BERLIN

1

Dix Butler kam mit einem Jeep zum Flughafen Tempelhof, um mich abzuholen. Wieder mußte ich mir eine Wohnung mit vier Junior Officers teilen, und Dix war einer von ihnen. Sie lag ein paar Blocks vom Kurfürstendamm entfernt in einer Gegend, in der vor dem Krieg das bessere Publikum gewohnt haben mußte. Unser Domizil befand sich im dritten Stock eines fünfstöckigen Gebäudes, des einzigen Wohnhauses, das auf dieser Straßenseite noch stand. Im Treppenhaus kunstvolle Gebilde aus geplatztem Stuck, die in den oberen Treppenabsätzen Gipskartonplatten wichen. Die Parkettfußböden waren streckenweise mit Linoleum belegt. Das deckte sich mit meinem ersten Eindruck von Berlin: staubig, schwergeprüft, halbgeflickt, grau, deprimiert und trotzdem überraschend erotisch. Ich fühlte die Verderbtheit an jeder Straßenecke so real wie Ungeziefer und Neonlicht.
Was mein Sexualleben anging, war ich noch immer ein unbeschriebenes Blatt, aber in diesen Tagen reagierte ich auf sexuelle Anregungen wie ein geiler Kobold. Als ich von der Laderampe des »Old Shakey« kam, hatte ich ein eigenartiges Erlebnis: Der erste Anblick dieser eng zusammenstehenden Mietskasernen der Arbeiterviertel, die Tempelhof umgaben, rief bei mir eine Erektion hervor. Entweder wirkte die Luft oder die Architektur Berlins wie ein Aphrodisiakum auf mich. Die Ansichten Westberlins flogen am Fenster vorbei wie die Bilder von ausgebombten Städten in Kriegswochenschauen. Ich sah Gebäude in jedem Stadium der Wiederherstellung oder des Abrisses, halbzerstört oder auf trümmerfrei geräumten Flächen emporwachsend, dahinter die abrasierten Rückseiten von Gebäuden der nächsten Straße. Es wimmelte von Reklametafeln, Bulldozern, Kränen, Lastwagen und Militärfahrzeugen, als sei erst ein Jahr und nicht schon zehn Jahre seit dem Krieg vergangen.

Als wir dort entlangfuhren, war Dix gesprächig. »Mir gefällt's«, sagte er. »Die Westberliner haben die schnellste Auffassungsgabe, die mir je untergekommen ist. Die New Yorker sind nichts dagegen. Neulich saß ich auf einer Parkbank und versuchte eine deutsche Zeitung zu lesen, und so ein schlanker, gutgekleideter junger Typ im Nadelstreifenanzug, Akademiker wahrscheinlich, setzt sich mir gegenüber und spricht mich in perfektem Englisch an. ›Sehen Sie den Polizisten da?‹ Ich sehe hin. Es ist ein richtiger Bulle, so ein fetter Kraut. ›Ich sehe ihn‹, sage ich. ›Was ist mit ihm, mein Freund?‹ ›Ich wette‹, sagt der Fremde, ›der Bulle scheißt wie ein Elefant.‹ Dann schaut er wieder in seine Zeitung. Das ist Berlin, Hubbard. Hier können sie dir sagen, wie sich der Bulle hinhockt. Wir kommen uns hier vor wie Spatzen, die Samen aus Pferdeäpfeln herauspicken, und der Mist liegt überall herum. Sie sind alle alte Nazis. Auch General Gehlen, der den BND leitet, ist einer. Wir haben ihn früher mal finanziert.«

»Ja«, sagte ich. »Ich weiß.« War es schon zehn Jahre her, daß ich im Twenty-One gesessen und mein Vater von einem deutschen General erzählt hatte, der nach dem Krieg ein Abkommen mit der US Army Intelligence hatte schließen können? »Ich habe von ihm gehört«, sagte ich.

»Er beschäftigt«, sagte Butler, »auch alle anderen Ex-Nazis, mit denen er an der russischen Front zusammengearbeitet hat. Eine Menge von diesen Leuten war sofort wieder dabei, als sie nach dem Krieg die Chance auf einen gutbezahlten Job bekamen. Schließlich ist die Arbeit für sie jetzt leicht. Jeder in deiner Verwandtschaft, der zufällig in der Ostzone wohnt, kann dir Informationen liefern. Wenn du den Staatssicherheitsdienst drüben analysierst, stellst du fest, daß oben in der Führungsriege ein paar ostdeutsche Kommunisten sitzen und darunter die halbe Gestapo. Es ist alles Scheiße, und ich amüsiere mich prächtig.«

Butler gab mir allerdings keinen Hinweis, woran ich arbeiten würde. Ich mußte diese Einzelheiten bruchstückweise selbst entdecken. Während meiner ersten Tage in Westberlin war ich damit beschäftigt, die Akkreditierung für meine Tarnarbeit und einen Decknamen zu besorgen. Letzterer lautete VQ/STARTER. Ich hatte dabei viel Freizeit, die ich in unserer einstmals prächtigen und jetzt höhlenartigen Wohnung verbrachte. Die Einrichtung deprimierte mich. Die Matratze meines Bettes war schwer und feucht wie ein alter Keller, und das Kissen hätte man für einen alten Baumstamm halten können. Der prachtvolle, wenn auch leckende Thron im Badezimmer besaß im Innern der Schüssel noch ein flaches, schalenartiges Becken. Seit meiner Kindheit hatte es mich nicht mehr danach verlangt, meinen Ausscheidungen soviel Aufmerksamkeit zu widmen – auch die kultiviertesten Deutschen hatten wohl eine Vorliebe für das Elementare.

Meine Tarnbeschäftigung erwies sich als primitiv-bürokratisch. Ich bekam einen Schreibtisch in einer Versorgungseinheit des Verteidigungsministeriums zugewiesen und mußte einmal am Tag erscheinen, um aufzupassen, daß nicht zufällig irgendwelche Papiere, die eine tatsächliche verwalterische Aktivität erforderten, zu mir wanderten und liegenblieben. Die Büros waren überfüllt – nicht ganz so überfüllt wie die Schlangengrube, aber immer noch so voll, daß mein relativ leerer Schreibtisch einladend auf legitimere Mitarbeiter wirkte. Es dauerte nicht lange, und sie hatten ihn einfach besetzt. Schon in der zweiten Woche wurden nicht nur mehr meine Schubladen, sondern auch die Schreibtischfläche mit Beschlag belegt. Obgleich vorgewarnt, daß in Einrichtungen des Außen- und Verteidigungsministeriums arbeitendes CIA-Personal nicht allzu beliebt war, dachte ich doch nicht daran, mich einfach so zur Seite schieben zu lassen. Am Ende der zweiten Woche packte ich demonstrativ alle fremden Papierstöße von meinem Schreibtisch in einen großen Karton, den ich im Gang stehenließ, als ich zum Lunch ging. Als ich zurückkehrte, wurde im Saal heftig getuschelt.

Am Nachmittag kam eine Dreierdelegation auf mich zu. Nach einer zwanzigminütigen Diskussion über die Vorteile, die ein solches Verfahren mit sich bringen würde, wurde mein Schreibtisch gemäß Übereinkunft in verschiedene Sektoren eingeteilt, die so deutlich voneinander abgegrenzt waren wie die Stadt Berlin unter der Viermächteverwaltung. Unser Abkommen funktionierte recht gut, aber keiner in diesem Büro konnte sich je an mich gewöhnen. Es spielte auch kaum eine Rolle. Ich brauchte nicht mehr als einen Platz, an dem mich Leute, die meine tatsächliche Arbeit nichts anging, telefonisch oder per Post erreichen konnten.

Meinen eigentlichen Pflichten ging ich »Downtown« nach. Das war der Name einer von einem Stacheldrahtzaun umgebenen Baracke, die eines der zahlreichen Büros der Company beherbergte. Der Rest verteilte sich, keiner besonderen Logik folgend – jedenfalls keiner, die ich hätte entwirren können –, über die ganze Stadt, einschließlich dem Dienstsitz Harveys, einer großen, weißen, stuckverzierten Villa, die nicht nur gleichzeitig als Büro diente, sondern auch schwer bewacht, eingezäunt und mit Sandsackbarrieren gesichert war. Maschinengewehre waren drohend auf die umgebenden Straßen gerichtet. Das Ganze wirkte wie eine Festung und hätte sich im Falle eines russischen Angriffs vielleicht auch ein paar Stunden mit wehendem Sternenbanner verteidigen lassen.

Meine erste Woche »Downtown« verbrachte ich am Telefon und versuchte mit meinen paar angelernten deutschen Brocken Berichte der Türsteher, Barkeeper, Ober und Portiers der wichtigsten Hotels entgegenzunehmen. Zu Anfang war es mir schwergefallen, nach einer kurzen Einführung durch einen Kollegen – wenigstens hatte ich Kollegen! – den Telefonhörer zu nehmen und mit der richtigen, echten nachrichtendienstlichen Arbeit zu beginnen, doch dann machte es eine Zeitlang richtiggehend Spaß. So erzählte mir der Türsteher des Bristol oder des Kempinski oder des Am Zoo (gewöhnlich in einem Englisch, das unvergleichlich viel besser als mein Deutsch war) von den vier Leuten, deren Aktivitäten er beobachten sollte: Karl Zweig zum Beispiel war in seinem Mercedes vorbeigekommen und hatte jemanden in Zimmer 232 besucht. Der Türsteher wußte dann den Namen des Bewohners von Zimmer 232, wenn ich ihn am Nachmittag wieder anrief. Tolle Sache! Ich kam mir vor, als wäre ich endlich im Kalten Krieg angekommen.

Nachdem ich jedoch einige Tage lang anhand meiner Liste von Obern und Barkeepern zweimal täglich deren bruchstückhafte Informationen entgegengenommen hatte, nutzte sich mein ursprünglicher Enthusiasmus bald ab, und es blieb nur das Pflichtgefühl, mit dem man lästige Routineaufgaben erledigt. Auch war mir keineswegs immer klar, ob Karl oder Gottfried, Günther oder Johanna nun nach Ost- oder nach Westdeutschland, zu uns oder zu ihnen gehörten. Wenn der Barkeeper ein interessantes Gespräch aufgeschnappt hatte, mußte ich der zuständigen Abteilung ein Memorandum schicken. Dann wurde ein Sachbearbeiter mit mehr Erfahrung ausgesandt, um den Barkeeper zu befragen. Tatsächlich wußte ich nicht einmal, ob das bei einem Drink geschah oder ob die beiden Männer sich in einem Safe house trafen. Meist war es Dix Butler, der diese Arbeit erledigte. So richtete sich also auch mein Ehrgeiz darauf, vom Telefon weg (an dem ich mich allmählich wie ein Kleinanzeigenaquisiteur fühlte) und hinaus auf die Straße zu kommen.

Trotzdem blieb ich volle zehn Tage an mein Telefon gefesselt, bis ein Anruf für mich kam: Ich sollte mich bei FLORENCE bei VQ/GIBLETS melden. VQ/GIBLETS, das wußte ich schon, war das Haus von William King Harvey, das weiße Stuckfort, von dem ich schon soviel gehört hatte. Harvey, so erklärte man mir, nannte sein gut bewachtes Haus »Little Gibraltar« – oder Giblets – und FLORENCE war »C. G.« – Clara Grace Follich – William King Harveys neue Frau.

»Möchte bloß wissen, worum es geht!« sagte ich.

»Oh, du darfst auf dem Ivory-Soap-Service-Wagen fahren«, sagte er. »C. G. knöpft sich früher oder später alle neuen Leute auf der Basis vor. Checkt sie aus.«

Ich erfuhr bald, was es mit dem Service-Wagen auf sich hatte. C. G. war Majorin im Women's Army Corps und eine Verwaltungsassistentin bei General Lucien Truscott gewesen. Jetzt verheiratet und halb im Ruhestand befindlich, betreute sie Safe houses. Sie und ich unternahmen an dem genannten Tag in einem bescheidenen Lieferwagen ohne Beschriftung oder besondere Kennzeichen eine Berlin-Rundfahrt, und ich trug Handtücher und Bettwäsche, Toilettenpapier und -reiniger, dazu Bier, Wein, Brot und Wurst sowie Kartons voll Zigaretten und Zigarren die Treppen hinauf oder in alte Fahrstühle mit krachenden Türen. Die schmutzigen Hand- und Bettücher nahm ich mit, Lebensmittelreste, Abfall und leere Flaschen blieben für die Putzfrau zurück. Auf diese Weise versorgten wir sieben Safe houses in ebensovielen Stadtvierteln. Während drei von ihnen neu und sauber waren, in neuen Apartmenthäusern, ausgestattet mit schwedischen Möbeln aus hellem Holz und Panoramafenstern, handelte es sich bei den anderen vier um ebenso schmuddelige Absteigen wie bei dem Loch, in das mich mein Vater in Washington mitgenommen hatte.

C. G. war eine Frau, die keine unnötigen Worte verlor, und nichts über ihre Gedanken verriet. Routiniert wechselte sie die Bettwäsche und prüfte die Bestände des jeweiligen Safe houses, und ich bemerkte, daß sie sich an jeder Wohnungstür mit einem anderen

Klopfzeichen ankündigte, bevor sie den Schlüssel ins Schlüsselloch steckte. Vermutlich wollte sie damit irgendwelche darin befindlichen Sachbearbeiter warnen, die gerade den Bericht eines Agenten aufnahmen. Doch kam aus keiner Wohnung Antwort.
»Ich weiß, was Sie jetzt denken«, sagte sie, als wir fertig waren. »Da stehen ja eine Menge von Safe houses unbenutzt herum.«
»Genauso ist es.«
»Wir brauchen sie, wir brauchen sie wirklich.«
»Yes, Major.«
»Sie haben heute keine Putzfrauen gesehen, Hubbard?«
»Nein, Madam.«
»Wenn ja, hätten Sie bemerkt, daß unsere Damen nicht mehr ganz taufrisch sind. Können Sie mir sagen, warum?«
»Na ja, wenn einer unserer Agenten hier ein paar Tage unterkriechen muß und die Putzfrau ist jung, könnte er versucht sein, eine Beziehung anzufangen.«
»Bitte mal ausführlicher.«
»Nun ja, angenommen einer der KGB-Agenten, die als Liebhaber ausgebildet sind« – man hatte uns über solche KGB-Agenten informiert –, »macht sich die Putzfrau hörig, dann könnte sich der KGB auf alle mögliche Weise Zugang zum Safe house verschaffen.«
»Ob Sie's nun glauben oder nicht«, sagte sie. »Sie sind einer der wenigen Juniors, die das gleich von Anfang an erkannt haben.«
»Na ja, ich glaube, das liegt bei mir mehr als bei den anderen in der Familie«, verriet ich ihr. »Mein Vater ist ein alter OSS-Mann.«
»Hubbard? Doch nicht der Cal Hubbard.«
»Ja, Major.«
»Mein Mann kennt Ihren Vater.«
»Mein Vater hat sehr viel Respekt vor Ihrem Mann.« Die ganze Zeit fragte ich mich, ob Cal wohl den vereinbarten Brief abgeschickt hatte. Ich dachte, er hätte es getan. Doch es war so ein besonderer Ton in ihren Worten, als sie »*der* Hubbard« sagte.
»Ich werde mit meinem Mann über Sie sprechen«, fügte sie hinzu. Während der nächsten Woche erreichte mich jedoch keine Aufforderung, den Chef zu besuchen. Dafür wurde meine Arbeit interessanter. Ein weiterer Junior Officer kam aus den Staaten zu uns. Da ich schon länger auf dem Posten in Berlin war als er, wenn auch nur zwei Wochen, saß bald er an meinem Telefon, und ich kam zur

Abteilung Agentenverkehr, wo ich darüber Buch zu führen hatte, welche kommunistischen Amtsträger zwischen Polen, der Tschechoslowakei, Ostdeutschland und der Ostberliner Zentrale herumreisten. Das geschah unter Verwendung von Agentenberichten und gab mir so allerhand Aufschluß über unser Beobachternetz in Ostberlin: Taxifahrer, Zeitschriftenhändler Unter den Linden, in der Friedrichstraße und der Stalinallee, unsere Ostberliner Polizei – wie viele Vopos doch auf unseren Gehaltslisten standen! –, unser Ostberliner Hotelpersonal, sogar ein Handtuchboy in einem wichtigen Ostberliner Bordell. Diese Vielzahl von Informationen wurde verstärkt durch täglich eintreffende Berichte von nahezu jeder etablierten Puffmutter in Westberlin. 1956 gab es noch keine Mauer, und so kamen Würdenträger aus dem Ostblock ständig herüber, um einen aufregenden Abend im Westen zu verleben.

Das waren die passiven Netzwerke. Die Rekrutierung neuer Agenten lag noch jenseits meines Aufgabenbereichs. Ich wußte nicht einmal, ob die Informationen, die wir sammelten, nach Washington und zum Dokumentenraum gingen oder ob unsere Leute in Westberlin schon anhand des am gleichen Tag eingegangenen Materials neue Aktionen durchführten.

Endlich kam doch ein Anruf. VQ/BOZO wollte mich sprechen. Der Deckname veränderte sich je nach dem Ort, an dem man sich mit dem Chef traf. VQ/GIBLETS-1 war das private Büro in seinem Haus, VQ/BOZO sein zentrales Büro am Kurfürstendamm und VQ/COLT der Parkplatz hinter seinem Haus. Er hatte den Tennisplatz mit Asphalt beschichten lassen, damit eintreffende Fahrzeuge rasch wenden konnten. War die Nachricht mit VQ/COLT gezeichnet, so mußte man im Jeep angerast kommen, stoppen, heraushechten und in Harveys fahrenden gepanzerten Cadillac springen. Natürlich liefen solche Besprechungen nicht immer auf die gleiche Art ab. Ich hörte Geschichten von Junioren wie mir selbst, die auf einen Anruf von COLT hin zum Tennisplatz hetzten, aus ihrem Jeep stürzten, in seinen Cadillac sprangen und dann fünfundvierzig Minuten warten mußten, bis der Chef seelenruhig aus GIBLETS herausschlenderte. Die Villa ähnelte ihm sogar physisch, wenn er, wie üblich, seine kugelsichere Weste trug. Natürlich konnte es auch geschehen, daß man zwanzig Sekunden zu spät herbeigeeilt kam.

Heute, im Zentralbüro BOZO, würde es leichter sein. Viele Besucher fanden sich dort beim Chef ein. Man saß in einem kleinen Kämmerchen von der Größe eines großen Wandschranks und wartete in dieser Isolation, bis man aufgerufen wurde; dann führte einen die Sekretärin einen menschenleeren Korridor hinunter bis zur Tür des Chefbüros, damit keiner der Ankömmlinge vom anderen wissen konnte.

Während ich in dem Wandschrank wartete, versuchte ich mich vorzubereiten. Man hatte mich gewarnt: Harvey würde wahrscheinlich in Hemdsärmeln hinter seinem riesigen Schreibtisch sitzen, und die Knäufe seiner beiden Pistolen würden aus den Schulterhalftern ragen. Es hieß auch, daß er selbst bei größter Hitze nie ohne Jackett in der Öffentlichkeit erschiene. Mochte der Schweiß die Wangen herunterlaufen, so vergaß er doch nie die FBI-Regel, daß man seine Schulterhalfter nicht der Öffentlichkeit zeigt. Bald nach Beginn der Unterredung, hatte man mich weiter gewarnt, würde er eine der beiden Kanonen herausziehen, die Trommel rotieren lassen, die Patronen herausnehmen, den Hahn spannen, auf einen zielen und abdrücken. Nur ein FBI-Mann würde sich eine solche Operetteneinlage leisten, hatte mein Vater einmal gespottet.

Andererseits waren wir auf Anweisung Harveys alle verpflichtet, eine Waffe zu tragen, wenn wir zu einer Operation aufbrachen, so unbedeutend diese auch scheinen mochte. Die Russen hatten während des letzten Jahres an die zwanzig Leute entführt. Natürlich waren die Opfer Deutsche. Der KGB hatte ebensowenig einen Amerikaner angerührt wie wir einen Russen. Sollte der Gegner diese Regel je verletzen, so würde wohl Harvey das Opfer sein.

Ich war noch nicht alt genug, um zu wissen, wie beherrschend eine solche Furcht werden konnte, und so spürte ich, als man mich in sein Büro brachte, nur seine Macht, mit der er mich einschüchterte. An den Wänden hingen genügend Feuerwaffen, um damit ein kleines Museum zu füllen. Harvey saß hinter seinem Schreibtisch, einen Telefonhörer am Ohr, die Weste aufgeknöpft, und die Knäufe zweier Revolver wuchsen ihm wie Hörner aus den Achselhöhlen. Seiner Leibesfülle wegen konnte er sich nur watschelnd fortbewegen. Dazu stank er nach Gin.

Trotzdem vermittelte er einen Eindruck von Stärke. Wut schien in ihm aufzusteigen. Er hängte den Hörer ein und sah mich mit unverhohlenem Mißtrauen an. Ich hatte das Gefühl, daß er jeden neuen Mann so ansah. Wir wußten mehr, als wir wissen sollten, und er wollte herauskriegen, was und wieviel es war.

Natürlich hatte er recht. Einen Augenblick darauf war mir klar, wieviel Wissen zuviel war. Man hatte mir von dem Berliner Tunnel erzählt, und ich wußte, daß Guy Burgess seine Ex-Frau, Libby, gezeichnet hatte. Ich war KU/CLOAKROOM gewesen. Ich hatte Grund, mich unwohl zu fühlen.

Harvey nickte. Ein richtiger Bulle hat so seine Vorlieben, und eine davon ist, mit Leuten zusammenzukommen, die sich seiner Macht bewußt sind. Indem ich ein ängstliches Gesicht machte, hatte ich den ersten Test bestanden. Zwischen diesen kleinen, wohlgeschwungenen Lippen, die mir Kittredge angekündigt hatte, kamen seine Worte als leises, volltönendes Brabbeln heraus. Ich mußte mich auf meinem Stuhl vorbeugen, um den Chef der Basis zu verstehen.

»Meine Frau sagt, Sie sind okay«, stellte er fest.

»Oh, sie ist eine Lady«, antwortete ich rasch – zu rasch. Sein Mißtrauen mir gegenüber war angebracht: Einem instinktiven Reflex folgend hatte ich Harvey angelogen. Denn C. G. , das war für mich klar, kam aus dem Mittleren Westen, und es gab im Schoße der Familie Hubbard ein Vorurteil so tief wie eine Pfahlwurzel: Frauen aus dem Mittleren Westen mochten ihre Tugenden haben, aber Damen gab es nun einmal nur östlich des Hudson.

Trotzdem hatte mich C. G. gut beurteilt. Ich war eingebildet genug, ihr das als eines ihrer wenigen Verdienste anzurechnen. Dann blickte ich noch einmal in Harveys vorstehende, blutunterlaufene Augen. Das war kein gewöhnlicher Ehemann! Der Bursche war krankhaft eifersüchtig.

Dabei war seine Angst völlig unbegründet. So freundlich sie sich auch verhalten hatte, signalisierte C. G. doch unmißverständlich: Ich bin verheiratet. Natürlich wollte ich nicht versuchen, ihm das zu erzählen. Ich hatte gerade entdeckt, daß auf jedem der drei großen Safes in seinem Büro eine Thermitbombe befestigt war. Rechter Hand von ihm sah ich ein Schaltbrett mit vielen Knöpfen. In seiner Schublade mußte es weitere solche Knöpfe geben. Auf dem Schreibtisch standen ein rotes und ein schwarzweiß gestreiftes Telefon, das wie ein Science-fiction-Raumschiff aussah. Ich wußte nicht, welche dieser Knöpfe und Apparate die Thermitbomben zünden konnten, aber es war mir klar, daß der Raum sich in

Sekundenbruchteilen in ein flammensprühendes Inferno verwandeln konnte.
»Ja, Kleiner«, sagte er. »Sie mag dich.« Er starrte mich an und atmete schwer. »Es gibt nicht viele, die sie mag.«
»Yessir.«
»Sag hier bei mir nicht ›Yessir‹, wenn du mich nicht reizen willst. ›Yessir‹ sagen die Arschkriecher!«
»Okay«, stotterte ich.
»Ich hab' dich hergerufen, weil ich mit dir reden will. Ich brauche ein paar Juniors für ein paar heiße Jobs. Aber mir ist ein Anfänger lieber als zwei.«
Ich nickte. Noch nie im Leben hätte ich so gern ›Yessir‹ gesagt.
»C. G. scheint anzunehmen, daß du das kannst, also hab' ich mir dein 201 angesehen. Die Noten, die du beim Training bekommen hast, sind ganz anständig. Für mich gibt es nur einen wunden Punkt in deiner Akte. Du bist vom Training zum Technischen Dienst gegangen, aber es kommen keine ›Satteltaschen‹ mit deinem 201.« Das war das fürchterliche Wort, auf das ich gewartet hatte. Satteltaschen bedeutete Deckname. »Was zum Teufel hast du beim Technischen Dienst gemacht?« fragte er.
»Man hat mir keinen Auftrag erteilt, Mr. Harvey. So wurde ich nach kurzer Zeit in den Intensiv-Deutschkurs versetzt. Ich brauchte nie einen Decknamen.«
»Es ist ganz ungewöhnlich, daß jemand in Deutsch-Intensiv landet, bevor er auch nur weiß, was er für eine Aufgabe bekommen soll. Ich wäre todunglücklich, wenn ich mich mit Krautgeschnatter vollstopfen müßte und landete dann plötzlich auf den Philippinen.« Er rülpste. »Die Sprache ist hier auf der Basis für den Anfang nicht das Wichtigste. Nicht vergessen: *Wir* haben den Krieg gewonnen, nicht die Heinis. Du kommst mit ein paar Brocken Deutsch aus. Ich jedenfalls.«
Das stimmte. Ich begegnete ihm zwar zum erstenmal, aber soviel war mir während der letzten beiden Wochen klargeworden: William King Harveys Deutsch war eine der beliebtesten Zielscheiben für Witze auf der Basis. Er zog den Revolver zum erstenmal und zielte auf etwas links von meinem Ohr. »Scheint mir ganz so, als ob du wußtest, daß du herkommen würdest.«
»Nun, Mr. Harvey«, sagte ich. »Ich hatte Gründe, das anzunehmen.«

»Was erlaubte dir, mehr über deine Zukunft zu wissen als die Personalabteilung?«
Ich zögerte, aber nur um mich klar genug auszudrücken. »Mein Vater hat mich darauf gebracht.«
»Die alten Familienbeziehungen?«
»Yessir.«
»›Yessir‹? Du willst wohl einen Aufstand machen, he?« Er kicherte mit einem krächzenden Geräusch, das unangenehm nach zähem, festem Schleim klang. »Eines muß man deinem Vater lassen«, erklärte er. »Obwohl die Ach-so-feinen Leute in der Company nicht mehr so wie früher am Drücker sind, sitzt dein Vater noch immer fest im Sattel. Ich schätze, er kann seinen Sohn unterbringen, wo er möchte.«
»Ich glaube, er dachte, Berlin wäre das Richtige für mich.«
»Warum?«
Ich wußte nicht, was ich darauf erwidern sollte und errötete. »Er meint, hier sei etwas los!«
»Hubbard, hat dein Vater dir irgendwas von VQ/CATHETER erzählt?«
»Ich weiß nicht, wer oder was das ist.« Ich wußte es wirklich nicht, und das war gut so. Bill Harvey schien in diesem Punkt empfindlich wie ein Lügendetektor.
»Ich glaube dir«, sagte er. »Gut.«
Im nächsten Augenblick allerdings dämmerte mir, daß VQ/CATHETER ein Codewort für den Berliner Tunnel sein könnte. Es galt als unanständig, zwischen den Operationen und dem Codewort Analogien oder poetische Verbindungen zu vermuten, aber ich ahnte, wieso VQ/CATHETER genau King Williams Geschmack entsprach.
Woraufhin er mich wiederum prüfend betrachtete und sagte: »Kannst du die Klappe halten?«
»Meine Freunde halten mich für verdammt zugeknöpft.«
Er zerrte den Revolver unter seinem linken Arm hervor, öffnete die Kammer, nahm die Patronen heraus, ließ die Trommel rotieren, schob die Patronen wieder hinein, verschloß die Kammer und steckte den Revolver ins Halfter zurück. Der Griff ragte wieder drohend unter der Achselhöhle hervor. Er hatte das alles so leicht, fast zärtlich getan, als handele es sich um eine japanische Teezeremonie.
»Ich nehme dich«, sagte er. »Du bist noch nicht schlau genug für

die Straße, aber ich bin einen Teil deiner Arbeiten mit dem Hotelpersonal durchgegangen. Du hast ein Gefühl für das, worauf's bei einem Netzwerk ankommt. Das hat nicht jeder.«

»Prüfen Sie's nach.«

»Du kannst ›Yessir‹ sagen, wenn du willst.«

»Yessir.«

»Wenn es mir auf die Nerven geht, melde ich mich.«

»Gut.«

»Was hat man dir Downtown gesagt? Was ich für einen brauche?«

Keiner hatte mir irgendwas gesagt. Ich hatte aber das Gefühl, daß es gut war, wenn ich etwas darauf erwiderte: »Man hat mir gesagt, Sie brauchten einen Laufburschen. Einen guten Laufburschen.«

»Ich brauche einen großartigen, aber ich bin zufrieden, wenn er gut ist.«

»Wenn Sie an mich denken, will ich mein Bestes tun.«

»Hör dir erst mal an, was es für ein Job ist. Mein Laufbursche geht nicht weg, um eine Tasse Kaffee zu trinken. Er ist allzeit bereit.«

»Sir?«

»Er sitzt neben mir in meinem kugelsicheren Cadillac aus ultraharter Stahllegierung, der, wenn es darauf ankommt, sowjetischen XRF-70-Panzerbrechern standzuhalten, nicht kugelsicherer ist als eine ultraharte nasse Zeitung.«

»Yessir.«

»Du kannst sterben, nur weil du neben mir sitzt. Diese sowjetischen Raketen sind nicht übel. Und was sie an panzerbrechenden Waffen haben, ist viel besser als unsere Bazookas. Ihre lassen sich wie ein Teleskop zusammenschieben und in einen zylindrischen Behälter stecken, der ungefähr so groß wie ein 300mm-Objektiv ist. Kapiert?«

»Ich glaube, ja.«

»Dann erklär mir das mal mit deinen Worten.«

»Ein Terrorist könnte sich als Fotograf tarnen. An einer Kreuzung könnte er seinen Behälter öffnen, die Bazooka herausziehen und Ihren Wagen treffen.«

»Während du neben mir sitzt.«

»Yessir.«

Er fing an zu kichern. Erneut rasselte der Schleim in seinen Bronchien. Als er den Schleimpfropfen ausgehustet hatte, spuckte er ihn in ein Taschentuch und zündete sich eine Zigarette an. Seine

Hände paßten zu dem zarten, feinen Mund, und er wölbte sie zierlich über der Zigarette, und zwei Fingerspitzen brachten das feuchte Mundstück an seine Cupidolippen, die sich schürzten, um einen vollen Atemzug lang gierig den Rauch einzusaugen.
»Wenn die Tür des Wagens geöffnet ist«, sagte Harvey, »wirst du nicht immer vor mir aussteigen. Manchmal werde ich zuerst aussteigen. Warum?«
»Ich weiß nicht.«
»Der Laufbursche steigt zuerst aus. Der Scharfschütze, wenn einer da ist, wird auf den zweiten Mann warten. Was sagst du dazu, Hubbard? Hast du Angst, eine Kugel in einen empfindlichen Körperteil zu kriegen?«
»Nein, Sir.«
»Sieh mich genau an. Hältst du mich für einen Mann, neben dem du im Sitzen oder Stehen sterben möchtest?« Er sagte es so leise, daß ich mich über den Schreibtisch vorbeugte.
»Sie würden mir nicht glauben, wenn ich Ihnen sagte, daß ich es für eine Ehre hielte.«
»Warum?« insistierte er.
»In Anbetracht Ihrer Leistungen, Mr. Harvey, wäre es mir lieber, als für eine unbedeutende Sache umzukommen.«
Er nickte. »Du bist dreiundzwanzig?«
»Yessir.«
»Für so einen jungen Burschen kommst du ziemlich schnell zum Wesentlichen. Wenn du die Wahrheit wissen willst: Ich habe meiner Frau gesagt, sie soll dich mal ansehen, weil mir die Art gefiel, wie du deine Berichte schreibst. Du kriegst diesen Job nicht, weil meine Frau dich mag, sondern weil ich glaube, daß du für mich nützlich bist. Du beendest deine Tätigkeit Downtown, arbeitest den Junior, der nach dir gekommen ist, ein, und dann fangen wir nächsten Montag um neun Uhr früh hier in diesem Büro an.«
Er legte die Zeigefinger an die Nasenflügel, als ob er sich konzentrieren wollte. »Gib deinen Deutschkurs auf. Konzentriere dich während der nächsten paar Tage auf die Arbeit mit dem Revolver. Wir haben eine Vereinbarung mit der Army, daß wir ihren Pistolenschießstand im NCO-Club benutzen dürfen. Nimm dir dafür vor Montag ein paar Stunden Zeit.« Er stand auf, um mir die Hand zu schütteln. Dann hob er das Bein und furzte. »Die Franzosen haben ein Wort dafür«, grinste er.

2

Ich bereitete meinen Nachfolger so gewissenhaft auf seine neue Aufgabe vor, daß er sie gegen Ende der Woche schon so gut ausführte wie ich selbst, vielleicht sogar besser – sein Deutsch war besser. Mit geradezu religiöser Inbrunst ging ich jeden Morgen zum Pistolentraining und glaubte bald selbst, aus mir könnte noch ein ganz anständiger Schütze werden. In meiner Phantasie rettete ich Harvey aus einem Hinterhalt, indem ich ihm mit meinem Revolver eiskalt den Weg freischoß.

Am Montagmorgen um neun Uhr meldete ich mich im Büro des Chefs der Basis – BOZO – zur Arbeit. Aber es gab keine Fahrt im schwarzen Cadillac, und es kam auch kein Anruf. Statt dessen langweilte ich mich an meinem Schreibtisch, der so frei von Arbeitsunterlagen war wie mein erster Schreibtisch beim Verteidigungsministerium; auf Bill Harvey mußte ich bis Dienstag nachmittag warten, als er im Gang vorbeikam, mich erblickte und, sichtlich unangenehm berührt, etwas murmelte, das sich anhörte wie: »Was zum Teufel will der denn hier?« und rasch weiterging. Am Mittwoch sah ich ihn überhaupt nicht. Statt dessen fand ich mich am Telefon wieder, wo ich mit meinem Nachfolger über die Netzwerke in Ostberlin redete. Ich war heimwehkrank nach »Downtown«.

Am Donnerstagnachmittag endlich kam Harvey mit hartem, schnellem, wiegendem Schritt die Halle entlang, sah mich wieder, winkte mir mit dem Daumen ihm zu folgen, und ich nahm endlich neben ihm auf dem Rücksitz des Cadillac Platz. Ich hatte keine Zeit gehabt, meinen Mantel zu holen, und die Februarluft war kalt, wenn ich aus dem Wagen steigen und mit ihm in ein anderes Büro gehen mußte.

Er lag mit dem Außenministerium in Fehde, und so hatte er jede Gelegenheit benutzt, die wichtigen Dienststellen unserer Basis aus dem Konsulat auszugliedern und auf mehr und mehr Amtssitze überall in Westberlin auszuweiten. Während wir immer noch einen ansehnlichen Flügel im Konsulat besetzten, wo der größte Teil unserer Verwaltungsarbeit geleistet wurde – die meisten unserer Mitarbeiter waren noch immer dort –, steckte seine ganze Verachtung für das Konsulat in dem Codewort, das er dafür

benutzte: »Ukraine«. »Sag dem Oberarschloch von der Beschaffung drüben in der Ukraine – wie heißt er noch?«
»Ferguson«, sagte dann ein Assistent.
»Sag Ferguson, er soll sich mit dem Tonbandgerät beeilen.«
Außer der Ukraine hatten wir DOWNTOWN und BOZO und GIBLETS und sieben Safe houses, dazu ein Übersetzungsbüro am Englischen Garten namens CRUMPETS (»Miezen«), eine weiteres draußen am Flughafen Tempelhof in einem Lagerhaus nahe beim Zoll, SWIVET genannt (»Ärger«) – wohl in Anbetracht der Tatsache, daß beim Zoll immer etwas schiefging. Wir mußten auch mehr als ein Dutzend Zweigstellen besuchen – von der Import-Export-Bank bis zur Wurstexportfirma. Wir hatten viel um die Ohren. Fahrten mit Harvey mochten den legendären Inspektionsreisen General Pattons ähneln, und vielleicht lebte George Patton auch in Bill Harveys Gedanken fort. Mein Vater hat mir einmal erzählt, Patton habe die Kampfmoral einer Einheit beurteilen können, indem er nur mit dem Jeep in ihre Randstellung gefahren sei. Einmal habe er bei der Inspektion eines Feldlazaretts einem Soldaten eine Ohrfeige gegeben, weil er ihn für einen Simulanten hielt. Etwas an dem Greinen des Patienten habe den General erkennen lassen, daß der Mann ein geistiger Krankheitsträger war, der die Moral der Dritten Armee gefährdete. »Patton hatte seinen Instinkt und handelte stets danach«, sagte mein Vater.
Auch Harvey erkannte immer sofort, was in einem Büro nicht in Ordnung war. Ob der Fernschreiber oder die Telefonanlage defekt, eine Sekretärin indisponiert oder ein Abteilungsleiter frustriert war – Harvey kümmerte sich darum. »Ich möchte, daß Sie sich noch für zwei weitere Jahre in Berlin verpflichten«, sagte er in solchen Fällen zu dem Abteilungsleiter. »Wir brauchen Sie.« Und der Sekretärin gab er einen Nachmittag frei, wenn er ging. Er trat gegen den Fernschreiber, und manchmal funktionierte er wieder. Er kam an acht Junioren vorbei, die in einem Korridor an acht überladenen Schreibtischen arbeiteten, blieb bei einem von ihnen stehen, griff nach einem Fernschreiben, das gerade angekommen war, nickte, sagte: »Das wird in ein paar Tagen eine heiße Sache werden. Kinder, sperrt die Augen auf!« und lief weiter. Er war ein Gott, obwohl er für einen Gott fast zu groß und viel zu dick war und Glubschaugen hatte. Außerdem schluckte dieser Gott wie ein Fisch und schlief fast nie.

Ich brauchte eine Weile, bis ich begriff, daß seine Stärke oft seine Schwäche war. Er war nicht effizient. Wenn er eine Sache nicht instinktiv entscheiden konnte, entschied er sie vielleicht nie. Aber was besaß er doch für einen untrüglichen Instinkt! Eines Tages im Cadillac sagte er zu mir: »Ich hatte einen Job, den ich dir geben wollte, als ich sagte, du solltest kommen. Jetzt habe ich es vergessen.« Er starrte mich an, blinzelte vorsichtig mit den blutunterlaufenen Augen und sagte dann: »O ja, KU/CLOAKROOM.«

»KU/CLOAKROOM, Sir?«

»Eine unerledigte Sache. Hat mich höllisch geärgert. Ich brauche einen cleveren jungen Burschen, der das für mich klärt.« Er hob eine Hand, als ich ihn so erstaunt wie möglich ansah.

»Ich werde dich einweihen«, sagte er.

Wie ich schon bei der ersten Fahrt erkannte, hing Bill Harveys Feuerkraft nicht nur von meinem Revolver ab. Für den Fahrer war zwischen den Vordersitzen ein Schnellfeuergewehr auf einer Art Stativ fest montiert, und der Sicherheitsbeamte auf dem Beifahrersitz hielt eine Thompson-Maschinenpistole auf den Knien. Ich hörte mehr als einmal, daß die »Tommy« auf kurze Distanz Bill Harveys Lieblingswaffe war. »Ein Teil meines FBI-Erbes«, klärte er mich auf. Nun – als hätte er schon zuviel gesagt, was die anderen hören konnten – drückte Chef Harvey auf einen Knopf, damit die Glastrennscheibe hinter den Vordersitzen hochging, und murmelte leise: »Wir haben es mit etwas zu tun, das sich zu einem Sicherheitsproblem entwickeln könnte. Ich möchte, daß du mir da die nötige Vorarbeit leistest.«

»Klar«, nickte ich.

»Nur Papiersucherei«, fuhr er fort. »Hier die Zusammenfassung: Ein Berliner namens Wolfgang, ein Student, ein Bohemien, einer von unseren kleinen Fischen, hat vor ein paar Jahren ein paar Rowdies zusammengetrommelt, damit sie Steine auf die sowjetische Botschaft in Bonn warfen. Die Agenturen haben die Meldung gebracht. Seither nehmen wir an, daß Wolfgang umgedreht worden ist.«

»Von den Ostdeutschen oder vom KGB?«

»Wahrscheinlich von den Ostdeutschen. Die Hälfte der Krauts auf unserer Gehaltsliste beliefert auch die Stasi mit Informationen. Das kannst du als sicher annehmen. Aber das ist okay. Die Hälfte der Vopos arbeitet für uns. Es ist so oder so keine weltbewegende

Sache. Bei tausend kleinen Fischen kostet es mehr, wenn du all ihre Geschichten zu überprüfen versuchst, als die Informationen wert sind.«
»Ich verstehe.« Ich dachte an meine Arbeit der letzten Wochen.
»Sie sind wie Insekten«, sagte er. »In ruhigen Zeiten schwirren sie überall herum. Es lohnt nicht, sie zu beobachten. Aber wenn sich ein Insektenschwarm plötzlich in eine Richtung aufmacht, was kannst du daraus schließen?«
»Daß ein Sturm bevorsteht?«
»Du hast's erfaßt, mein Junge. Dann ist etwas Großes, Militärisches in Vorbereitung. Wenn die Russen je beschließen, uns aus Westberlin hinauszujagen, werden wir es vorher wissen. Die kleinen Fische sind nur dazu da – damit wir an die großen, dicken Austern herankommen.« Er streckte die Hand aus, nahm den Cocktailshaker aus dem Eiskübel und goß sich einen großen Martini ins Glas. Bewundernswert, wie er das Glas hielt. Sein Handgelenk reagierte viel feiner als die Federung des Wagens auf alle Schlaglöcher der Straße. Nicht ein Tropfen ging verloren.
»Nun«, sagte er. »Wir bleiben mit Wolfgang locker in Verbindung, und er meldet sich regelmäßig bei uns. Wie gesagt, ein kleiner Fisch. Es ist nicht so, daß mich Wolfgang bis in die Träume verfolgt. Nicht solange alles ruhig ist jedenfalls. Und nun diese Aufregung ... VQ/CATHETER, wie du gemerkt hast, ist unser empfindlichster Nerv auf dem Gebiet der allgemeinen Sicherheit! Ich erlaube den Männern, die daran arbeiten, nicht mal, frisches Gemüse zu kaufen.«
»Frisches Gemüse zu kaufen?«
»FG – fremdzugehen. Zu gefährlich! Wenn einer von ihnen einer fremden Frau zu nahe kommt, muß er am nächsten Morgen noch einen ausführlichen Bericht an die Sicherheitsabteilung abliefern. Nun gibt es aber bei der Bürokratie ein Gesetz, auf das du dich verlassen kannst: Je mehr du dich gegen Eventualitäten abzusichern suchst, um so mehr passiert dir. Einer von unseren Leuten, stellt sich heraus, ist ein verkappter Homosexueller. Er kommt zu uns und gesteht, daß er mit einem Deutschen Geschlechtsverkehr gehabt hat. Der Name des ›frischen Gemüses‹: Franz. Wie sieht Franz aus? Jung, unbedeutend, schlank, dunkel. Diese Beschreibung trifft auf ungefähr vierhundert Ostberliner Agenten, Westberliner Agenten und bekannte Doppelagenten zu. Von den mei-

sten haben wir Fotos. Eine Menge Fotos, die wir unserem Süßen zeigen müssen. Wir brauchen ihn aber bei der Arbeit. Er ist ein Spezialist, und wir können es uns nicht leisten, ihn brachliegen zu lassen. Nur – jetzt gesteht er noch etwas. ›Ja‹, sagt er. ›Franz hat mich nach meiner Arbeit gefragt. Natürlich habe ich ihm nichts erzählt, aber Franz wollte wissen, ob mein Job irgend etwas mit VQ/ CATHETER zu tun hätte! Dann sagt Franz, es ist okay, daß ich mit ihm rede, er hat die Sicherheitsprüfung bei den Amerikanern bestanden. Er arbeitet auch für sie!‹«
Das war einen ernsthaften Schluck Martini wert. »Glaub ja nicht«, knurrte Harvey, »daß wir unseren Spezialisten nicht in die Mangel genommen haben. Er muß so an die dreihundert Fotos angesehen haben, bevor er schließlich bei Wolfgang hängengeblieben ist. Wolfgang ist Franz. Also sind wir unsere Namenslisten durchgegangen – die der letzten dreißig Tage, die der dreißig Tage davor, und dann die der letzten sechzig Tage davor –, und wir finden keinen einzigen Bericht, der in der letzten Zeit von Wolfgang bei uns eingegangen wäre. Das kann eigentlich gar nicht sein. Wolfgang war immer ein fleißiger, kleiner Scheißkerl. Er stand so gern auf unserer Gehaltsliste. Jetzt gibt es da nur ein paar Briefchen und Zettelchen von ihm, die wir nicht bezahlt haben, weil er sie uns aus Hamburg geschickt hat. Hamburg ist aber nicht Berlin. Was sich, wie wir allmählich erkennen, daraus entwickelt hat, ist der administrative Alptraum schlechthin. Unsere Aktenmengen vermehren sich so rasch, daß wir schon jetzt aus allen Nähten platzen. Und da beschließt dann so ein mittelrangiges Arschloch in der Ukraine, ein paar dicke Stapel unseres Materials – natürlich ausgerechnet der letzten hundertzwanzig Tage – nach Washington fliegen zu lassen! Wir hätten nur noch ein Haus zu mieten brauchen, um das Zeug dort aufzubewahren, aber die kleinen Herren von der Budgetabteilung erlauben uns das nicht. Gebäudemieten sind Lokalangelegenheiten. Budgetmäßig gesprochen, kannst du nicht zwanzig Cents für Miete ausgeben, wenn du nur zehn Cents in der Tasche hast. Luftfracht ist eine ganz andere Sache. Luftfracht wird im Air-Force-Budget untergebracht, nicht in unserem. Der Air Force ist es gleich, wieviel wir ausgeben. Milliardäre zählen nicht die Pickel ihrer Tellerwäscher. So hat man also auf den Federstrich eines Inkompetenten in der Ukraine hin ohne Rücksprache mit meinem Büro einen Berg Akten weggeschickt. Alles, was dieser Dumm-

kopf wußte, war, daß er wieder mehr Platz für BOZO brauchte. Er hat wohl auch noch gedacht, er täte mir einen Gefallen. Kannst du dir so etwas vorstellen? Ganze Abschnitte, Säcke möglicherweise entscheidend wichtigen Materials wurden per Luftfracht in den Dokumentenraum zu den Küchenschaben gebracht, nur um hier ein bißchen Platz zu schaffen.«

Noch ein Schluck Martini. »Wir müssen also Wolfgang finden. Der Schwuli bei CATHETER könnte Wolfgang mehr verraten haben, als er zugegeben hat. Nur – Wolfgang kann man nicht finden. Ist er tot oder untergetaucht? Er meldet sich nicht bei seinem Sachbearbeiter. Er reagiert auf keinerlei Signal. Vielleicht hat sich Wolfgang mit Informationen über CATHETER in den Osten abgesetzt. Eine wilde Spekulation, aber ich schicke ein Telegramm an die Schlangengrube. Vielleicht können sie etwas über Wolfgang finden. Nun hör zu: Ich bekomme eine schnoddrige Antwort – genau das, was mir noch abgeht; ›Aufgrund der Bedingungen im Dokumentenraum‹ und so weiter. Wer auch immer das geschickt hat – er war sich offenbar über die Bedeutung eines vom Stationschef selbst unterzeichneten Telegramms nicht im klaren. Ich mag ja nur Chef der Basis und nicht Stationschef sein, aber nenne mir eine Station auf der Welt, die soviel zählt wie die Basis in Berlin! Wir sind an der Frontlinie des Kalten Krieges, nur scheinen sie das in der Schlangengrube nicht zu wissen. Sie weisen auch die Neulinge nicht darauf hin. Ich muß es also hinnehmen, daß mir irgend so ein unbeschreiblicher bürokratischer Scheißhaufen wie KU/CLOAKROOM in den Rücken fällt. Ergo mache ich mich daran, ein paar Motoren zu frisieren. Ich beschließe, KU/CLOAKROOM von dem Topf zu pusten, auf dem er sitzt.«

»Toll!« sage ich.

»Nichts gegen das, was jetzt als nächstes auf der Speisekarte steht, mein Junge. Ich bitte die Westdeutschlandabteilung in Washington, mir die Identität dieses KU/CLOAKROOM zu beschaffen, und sie kommen mit der Nachricht daher, das Überbrückungsarchiv habe in diesem Fall eine zweiundsiebzigstündige Sperre verhängt. Du zählst sie, diese zweiundsiebzig Stunden. Die Frist geht auf eine Veränderung des Decknamens zurück. Der Hundesohn CLOAKROOM weiß, daß er jetzt höllischen Ärger an den Hals kriegt. Ich sage der Westdeutschlandabteilung, sie soll das Überbrückungsarchiv veranlassen, die Zweiundsiebzigstundenfrist zu streichen

und die Identität sofort preiszugeben. Der Abteilung muß klar sein, daß ich wütend bin. Sie schicken ein Telegramm zurück: EINVERSTANDEN. Nur können sie nichts tun. Sie können einfach nichts tun! Die Verfahrensregelung gebietet, daß sie sich an die Überbrückungsarchivkontrolle wenden, und dort hat jemand ein STOP-Zeichen gesetzt. Ich kann es gar nicht fassen. Jemand will mich mit Gewalt bremsen. Wolfgang ist abgetaucht, seine Akten sind im Dokumentenraum begraben, CATHETER ist in Gefahr, und jemand, der sich vielleicht bald als Maulwurf erweisen wird, hat mir ein STOP-Schild vor die Nase gestellt und läßt mich nicht weitersuchen. Ich glaube, es gibt keine zwanzig Männer in der Company, die genug Einfluß haben, mir ein STOP vor die Nase zu setzen. Aber einer von ihnen hat es getan. Wenigstens achtzehn von diesen zwanzig müssen mich wahnsinnig hassen – aus gutem Grund. Meine Herkunft mag nicht so großartig sein wie die ihre (obwohl es gute Leute in meiner Familie gibt – zum Glück), aber, Gott, Junge, ich denke ein Stück schneller« – er leerte sein Martiniglas und drehte es um, den Boden nach oben –, »ja, dieses STOP bedeutet, wenn man's genau betrachtet, nichts anderes als ›STOPPT HARVEY‹.«
Er atmete heftig aus und glotzte mich an. »Nein«, sagte er, »man muß wissen, wann der Gegner die erste Runde gewonnen hat. Doch ob es nur geschah, um mich zu ärgern oder um Wolfgang zu decken – was ich am meisten fürchte –, oder um CLOAKROOM zu schützen, der vielleicht eine Art Zwischenglied oder Mittelsmann ist, eines ist mir klar: CLOAKROOM ist jetzt der Mann, auf den ich mich einschießen muß. Andere Fragen werden sich beantworten lassen, sobald ich ihn erledigt habe.« Er seufzte. »Das Dumme an diesem Job als Chef der Basis ist, daß man sich jede Woche in einer neuen Krise verheddert. Neue Probleme kommen und bringen einen aus dem Gleis. Außerdem kenne ich den Laden gut genug, um nicht gegen die Übergeordnete Überbrückungsarchivkontrolle vorzugehen, solange ich zu wenig Trümpfe habe. Es ist klar: Wenn unsere Halbgötter die Hand über CLOAKROOM halten, lassen sie ihn ein- oder zweimal den Decknamen wechseln. Bei dieser Art von Manöver kommt es darauf an, wer den längeren Atem hat. Ich habe keine Zeit. Du schon. Ab sofort bist du vom Laufburschen zum Troubleshooter Junior befördert.«
Ich wagte nicht zu sprechen. Meine zitternde Stimme hätte mich verraten. Also nickte ich nur.

»Wir machen einen Zangenangriff«, fuhr er fort. »Zuerst knöpfst du dir die Westdeutschlandabteilung im I-J-K-L vor. Die hängen immer noch an der Titte – totale Bürokraten. Sie können es gar nicht erwarten, bis der Frühling kommt, damit sie mit ihren Lunchtüten wieder draußen am Spiegelteich sitzen können. Diese Leute sind so weich wie Wackelpudding. Sie reagieren nur auf unnachgiebigen Druck. Setze sie auf die Veränderung der Satteltaschen von CLOAKROOM an. Es wird sicher eine Weile dauern. Sie werden versuchen sich zu sträuben. Also gib's ihnen kräftig. Alle paar Tage nachhaken, nicht lockerlassen. Ich würge ihnen ab und zu einen rein. Die Überbrückungsarchivkontrolle kann für den guten alten CLOAKROOM vielleicht eine Zweiundsiebzigstundensperrfrist mit jedem neuen Decknamen verhängen, aber früher oder später kommt die Stunde der Wahrheit.«

»Aber werden die es nicht an die Übergeordnete Überbrückungsarchivkontrolle weitergeben, wie Sie gesagt haben?« Einen Augenblick lang erschrak ich, denn ich war viel zu schnell darauf zu sprechen gekommen, aber er achtete nicht darauf.

»Das werden sie tun. Der ›Senior‹, die Übergeordnete Überbrückungsarchivkontrolle ist unvermeidlich. Aber inzwischen sollten wir schon ein paar eigenartige Fakten zusammenhaben. Wir verlieren vielleicht beim Senior – das ist ein Ausschuß, auf den ich minimalen Einfluß habe –, aber trotz alledem werden wir einen sehr schlechten Geruch in diesen Marmorhallen hinterlassen. CLOAKROOM wird dort umgehen wie ein Furz in der Parfümerie. Ich werde diesen Typen beibringen, was es heißt, sich mit mir anzulegen.«

»Sir, darf ich offen sprechen?«

»Spar dir Zeit. Rede einfach.«

»Wenn ich Sie richtig verstehe, werden Sie den Namen von CLOAKROOM vielleicht nie erfahren. Wer auch immer die Veränderungen bewirkt hat, ist – glauben Sie, und ich folge Ihnen darin – ein Mitglied des Senior. Er wird sich inzwischen auf dem Kriegspfad befinden. Sind Sie bereit, es mit einem entschlossenen Gegner aufzunehmen, wenn Sie noch nicht mal herausbekommen können, wer es ist?«

»Hubbard, Sie begreifen nicht. Der Senior besteht nicht aus Kretins. Am Ende werden sie dort ziemlich genau wissen, wer da in ihrem Namen krumme Dinger dreht. Und der wird dann etwas an Status einbüßen. Auf diese Art zahle ich es ihm heim.«

»Werden Sie nicht auch dabei verlieren?«
»Junge, ich lade jeden ein, es mit mir aufzunehmen. Schlag um Schlag. Am Ende werden wir ja sehen, wer noch steht.«
»Das muß ich Ihnen lassen, Mr. Harvey. Ängstlich sind Sie nicht.«
»Bei der Arbeit unter Hoover hast du dir jeden Morgen ein bißchen Angst an die Brust gesteckt. Ich bekam das satt.«
»Was für eine Art von Mann ist J. Edgar Hoover?«
»Ein niederträchtiger, feiger, undankbarer Hundesohn. Entschuldigung, ich spreche von einem großen Amerikaner.« Er rülpste und füllte wieder sein Martiniglas. »Also gut«, fuhr er fort. »Ich sagte, wir machen einen Zangenangriff. Auf der einen Seite Druck ausüben bis nach oben zum Senior; auf der anderen laß uns sehen, wie gut unser eigenes Netzwerk ist.«
»Sir?«
»Ich habe das Gefühl, KU/CLOAKROOM ist ein blutjunger Trainee, ein Anfänger. Das muß fast so sein. Das Telegramm war so dumm. Vielleicht kennst du ihn sogar. Ich möchte, daß du mit ein paar Leuten deiner Trainingsgruppe auf der Farm Kontakt aufnimmst. Ich bin sicher, du kannst mir bald den Kerl beschreiben, der in der Schlangengrube war.«
Ich konnte direkt fühlen, wie mir der Schweiß hinter den Ohren ausbrach.
»Ich kann ein paar Namen besorgen«, sagte ich. »Aber werde ich ihre Decknamen vom Überbrückungsarchiv bekommen? Es sieht doch merkwürdig aus, wenn ein Junior so einen Antrag stellt.«
»Ehrlich gesagt frage nicht mal ich dort gern nach zu vielen Namen – vor allem, wenn ich keine Erfolge aufzuweisen habe. Das weiß man aber vorher nie. Ich möchte gewiß keine Aufmerksamkeit auf eine Sache lenken, die hinterher ein Reinfall wird. Aber, mein Junge, wir werden uns nicht ans Überbrückungsarchiv wenden. Wir nehmen die Abkürzung.«
»Ich kenne die Abkürzung nicht«, sagte ich.
»Du kennst nur den Begriff noch nicht«, lachte er, »aber der Vorgang ist dir sicher bekannt. Keiner von euch Junioren gibt jemals zu, daß er den anderen seine Satteltaschen verrät, und trotzdem geht die Hälfte von euch herum und sammelt sie wie Autogramme. Untersuchungen haben bewiesen: Jeder zweite Amerikaner, der im letzten Weltkrieg an der Front stand, brachte es nicht fertig, auf feindliche Soldaten zu schießen. Zuviel von den

Zehn Geboten im Hinterkopf. Und jeder zweite in dieser schieläugigen Company kann seine Geheimnisse nicht für sich behalten. Der Verrat kommt mit der Muttermilch.« Er dachte nach. »Und mit dem blöden Geschwätz des Vaters.«
Das war einen Schluck wert. Das Martiniglas tanzte über ein paar Schlaglöcher hinweg. »Frag die, die dir noch einen Gefallen schuldig sind«, sagte er. »Laß dir von deinen Freunden die Satteltaschen geben.« Er nickte. »Nebenbei, was denn war deine?«
»Das wissen Sie doch, Chef: VQ/STARTER.«
»Ich meine, was war sie im Technischen Dienst? Versuch mir nicht weiszumachen, daß du keine hattest.«
»Tut mir leid, Sir. Das darf ich nicht sagen.«
Er nickte nur und brummte. »Warte nur, bis wir dich foltern.«

3

Durch die dunkel getönten Fenster des Chef-Cadillac sah Berlin auch am Mittag wie ein später Nachmittagsschatten aus. Die blassen, von Trümmern geräumten Grundstücke und die amputierten Rückseiten der Häuser präsentierten sich in tristem Lavendelgrau, der offiziellen Farbe getönten Glases in kugelsicheren US-Limousinen. Es mochte ein unheimlicher Blick auf die Welt sein, aber an diesem Morgen sah ich nur wenig davon. Zu sehr konzentrierte ich mich auf jedes Wort, das Bill Harvey sagte.
Als er mir erklärt hatte, wie ich vorgehen sollte, um mich selbst zu entlarven, verriet mich meine Stimme, so heiser sie auch klingen mochte, nicht weiter. Ich hatte ein ähnliches Gefühl wie vor dem ersten Liebesakt – zu dem sich wenig später die Gelegenheit bot. Es mag seltsam klingen, doch so, wie ich schon lange darauf gewartet hatte, mich sexuell zu betätigen, so sagte auch in diesem Fall etwas in mir: »Ich bin dafür geboren. Es ist meine Bestimmung, ein Doppelagent zu sein.«
Ich gab mich keinen Illusionen hin, daß ich irgend etwas Besseres wäre. Hugh Tremont Montague und William King Harvey mochten derselben Fahne dienen, aber ich war für jeden von diesen

beiden eine ganz andere Person; das war das Wesentliche an meiner Rolle. Ein Doppelagent zu sein und für die Westdeutschen und die Ostdeutschen zugleich zu arbeiten, mochte gefährlicher sein, aber ob BND gegen SSD oder Montague gegen Harvey – es hing immer von den eigenen geistigen Fähigkeiten ab, ob man zwischen diesen Kräften das Gleichgewicht halten konnte.

Natürlich hatte mich die Unterredung mit Harvey zutiefst aufgewühlt. Wieder am Schreibtisch, durchfuhr mich eine ungeheure Wut über die Ungerechtigkeit der Welt, und wütend eilte ich in die Herrentoilette und klatschte mir kaltes Wasser ins Gesicht. Aber dem Gesicht, das mich aus dem Spiegel über dem Waschbecken ansah, war keine Anspannung anzusehen – ein glattes Hubbardsches Gesicht. Mein älterer Cousin, Colton Shaler Hubbard, Kustos der Familienlegenden, sagte einmal: »Mit Ausnahme von Kimble Smallidge Hubbard und vielleicht deinem Vater ist nichts Besonderes an uns. Wir gehören zur Gruppe der Menschen des sinnlichen Mittelmaßes – ›l'homme moyen sensuel‹. Von einer Fähigkeit abgesehen, Herrick. Wir Hubbards zeigen nie unsere Gefühle. Das ist ein gewaltiger Vorteil, sage ich dir.«

Er hatte recht. Mitten in all dem Wirrwarr blickte mich ein aufgeweckter junger Mann mit munteren Augen und einem optimistischen Mund aus dem Spiegel an. Ich dachte an andere Augenblicke, in denen ich Ruhe in mir gefühlt hatte, den Frieden und die Fülle des Lebens – im Spiegel aber war ich mir verschwollen vorgekommen, als ob die Anstrengungen des Vortags ihre Spuren auf meiner Haut hinterlassen hätten. Konnte es sein, daß die angenehme Erscheinung, die ich dem Spiegel darbot, eine schützende Maske war? Es war gut, frisch und munter auszusehen, wenn man in sich die Erschöpfung spürte.

An jenem Abend wollte ich mich ein wenig von meinen Sorgen erholen und ging mit Dix Butler aus. Wir zogen durch die Nachtclubs, in denen er verkehrte. Während der letzten Wochen war ich oft genug mit ihm herumgebummelt, um zu erfahren, wie er die Arbeit anpackte. Er hatte eine Kontaktperson in jedem Club, den wir besuchten. Natürlich hatte er diese Leute nicht selbst angeworben, dazu war er noch nicht lange genug in Berlin, und sein Deutsch reichte für so eine Tätigkeit nicht aus, aber er kam durch seinen Job in die Szene hinein. Er diente als Mittelsmann zwischen zwei von unseren Sachbearbeitern in BOZO und jenen von unseren unbedeutenderen deutschen Zuträgern, die Englisch sprachen. Obwohl Dix durch seine angebliche Beschäftigung bei einer unserer Scheinfirmen voll gedeckt war und sich den Einheimischen als amerikanischer Manager eines Bierimports vorstellte – »Nenn mich einfach einen Biervertreter, Putzi« –, wußte das Personal der Nachtclubs, die wir besuchten, doch ganz genau, daß Dix Butler, alias Randy Huff (für Sam Huff, den Linebacker bei den New York Giants) nichts anderes als einer mehr von diesen CIA-Männern war.

Während unseres Trainings hatte man uns eingeschärft, daß Agentenführer und Agenten nicht zusammen auftreten dürfen, doch schien diese Regel, wie Dix andeutete, in seinem Milieu nicht zu gelten. Man sah ihm seinen Beruf nicht nur deutlich an, sondern es war auch jeder, der mit ihm sprach, antiamerikanisch eingestellten Deutschen sogleich verdächtig. Da das seine Agenten nicht zu kümmern schien, nahm ich an, daß die meisten von ihnen gleichzeitig für den SSD arbeiteten.

Dix aber machte sich keinerlei Sorgen. »Eigentlich dürfte es nicht funktionieren, aber es funktioniert doch«, lachte er. »Ich bekomme mehr Informationen aus unseren Jungs heraus als jeder andere Führer, der auf diesen Straßen arbeitet, egal ob vom CIA oder vom BND.«

»Die Informationen sind aber doch wohl ziemlich faul.«

»Du würdest dich wundern. Zu faul, um zu lügen – das sind die meisten Agenten. Am Ende haben sie einem mehr erzählt, als sie eigentlich wollten. Sie wissen, ich kann's aus ihnen herausschütteln, wenn's sein muß.«

»Dix...« fing ich an.

»Huff«, sagte er. »Ich heiße Randy Huff.«

»Alles, was du von ihnen bekommst, ist doch zumindest vom BND gesteuert.«

»Vergiß mal die Buchweisheiten. Meine Leute verdienen sich damit ihren Lebensunterhalt. Sie sind Straßenprofis. Natürlich beim BND. Du glaubst doch nicht etwa, daß der westdeutsche Geheimdienst uns zumuten würde, so weit hinabzusteigen, daß wir uns an irgendwelchen Krauts die Finger schmutzig machen, die nicht zuallererst bei ihnen auf der Liste stehen? Es ist eine Komödie. Alle zahlen sie für Informationen: die Briten, die Franzosen, die Westdeutschen, die Sowjets. Wir zahlen am meisten, also

ist unser Job der leichteste. Nimm die U-Bahn und fahr nach Ostberlin zum Café Warschau. Da hängen sie alle herum – Agenten, Informanten, Kontaktleute, Mittelsmänner, Kuriere, Agentenführer, sogar russische und amerikanische Abteilungsleiter. Und die Ratten huschen von Tisch zu Tisch und bieten ihre Ware an, auf der Suche nach dem besten Preis. Westberlin ist vielleicht der wichtigere Markt für Spione, aber Ostberlin ist ein größerer Witz. Alle sind doppelt und dreifach beschäftigt. Du weißt nicht einmal mehr, ob sie nun angeblich deine oder ihre sind, und, mein Freund, ich will dir eins sagen, es spielt auch gar keine Rolle. Wenn sie nichts anzubieten haben, denken sie sich eben was aus.«
»Hast du denn nicht Angst, daß der SSD dir deinen Input verdirbt?«
»Der SSD kann nicht im entferntesten das zahlen, was wir zahlen können. Außerdem weiß ich, wer für sie arbeitet, und ich weiß, was ich denen liefern muß.« Es langweilte ihn sichtlich, mir das alles erklären zu müssen, so wie es einen Anwalt langweilt, wenn er am Sonntag seinen Freunden eine juristische Auskunft geben soll. »Vergiß es, Charley Sloate« – das war mein Deckname am Schreibtisch im Verteidigungsministerium –, »guck dir lieber mal die Rothaarige da drüben an!«
Wir waren im »Ballhaus Resi« an einer Ecke der Grafenstraße, jenem legendären Etablissement, in dem auf jedem Tisch ein Telefon steht. Sie können eine Frau am anderen Ende des Saals anrufen, indem Sie ihre Tischnummer wählen. Das Verfahren funktionierte aber auch umgekehrt, und unser Telefon klingelte fortwährend. Die verschiedensten Frauen wünschten mit Dix zu sprechen. Er war der Boss und wimmelte alle Damen ab, die kein Englisch konnten. Auf die, die es beherrschten, wartete ein Fortgeschrittenenkurs.
»Engel«, schnurrte er dann in den Hörer, »wink mal mit der Hand, damit ich weiß, mit wem ich rede.«
Eine blonde Dame auf der anderen Seite des Raums fuchtelte mit den Fingern im Rauch herum.
»Du bist fabelhaft«, erklärte er ihr. »Sag nicht danke. Es ist die Wahrheit.« Währenddessen trommelte er mit den Knöcheln auf dem Tisch herum. »Helga. Ein hübscher Name. Und du bist geschieden. Gut für dich. Kannst du mir eine Frage beantworten?«
»Ja?«

»Möchtest du vögeln?«
»Kriegst du nicht sehr viele Ohrfeigen?« fragte ich ihn einmal.
»Ja«, nickte er. »Und eine Menge Frauen.«
Als Helga auflegte, zuckte er die Achseln. »Eine vertrocknete Wildkatze.«
»Was ist, wenn sie ja gesagt hätte?«
»Dann hätte ich zumindest ihre Stimme geschmiert.«
Die Frauen sagten nicht immer nein, und oft verabredete er sich für später. Manchmal hielt er solche Verabredungen auch ein. Manchmal aber wurde er schon wütend, wenn er nur an Frauen dachte. Er stand dann auf, und wir gingen in einen anderen Club. Im »Remdi« auf der Kantstraße mußte man unbedingt einen Tisch am »Ring« erwischen, denn dann durfte man mit speziellen Angelgeräten die abgelegte Wäsche der Stripperinnen auflesen. Oft fand man uns auch in der »Badewanne« in der Nürnberger Straße, einer Jazzkellerhöhle, dann im »Kelch« in der Prager Straße, einer Schwulenkneipe, in der viele Männer Frauenkleidung trugen. Ich haßte das, haßte es mit dem ganzen Puritanismus, der mir von meiner Erziehung her im Blut lag, aber Butler hatte seinen Spaß daran. Dann zogen wir weiter. Er war immer in ein Gespräch vertieft, seine Hand lag auf der Hüfte eines Mädchens, von einem Kellner wanderte ein Blatt Papier in seine Tasche, die Garderobiere flüsterte ihm etwas zu, rasch notierte er sich etwas auf seinem Block und riß es ostentativ ab, um es dem Barkeeper zuzustecken. Als er sah, wie unangenehm berührt ich von seiner Arbeitsweise war, fing er an zu lachen. »Lies mal wieder das Handbuch über Desinformation«, sagte er. »Der Barkeeper arbeitet für die Ost-Krauts. SSD in Reinkultur. Ich möchte ihm eins auswischen.«
So ging es weiter. Ein Abend mit ihm gab meiner Phantasie Stoff genug für einen ganzen Monat. Und doch begleitete ich ihn mehrmals in der Woche auf seinen Runden. Nie zuvor hatte ich in mir so ein Gären gespürt. Ich wußte nicht, ob wir in einem Keller waren oder in einem Zoo. Das Leben lockte, gerade weil es so dunkel und so voll des Bösen war. Wir befanden uns in Westberlin, umgeben von kommunistischen Heeren, vielleicht würden wir nur noch einen Tag, vielleicht noch ein Jahrhundert leben, aber das Laster zwinkerte uns zu wie die Lichter eines Vergnügungsparks. Eines Nachts sagte ein älterer Kellner zu mir: »Sie denken wohl, daß das hier etwas ist?« Ich nickte. »Es ist gar nichts«, sagte er.

Einer plötzlichen Eingebung folgend fragte ich: »War denn bei den Nazis mehr los?«
Der Kellner sah mich eine ganze Weile an. »Ja«, sagte er. »Es war besser damals.«
Er ging und überließ mich meinen Gedanken, was wohl besser gewesen war. An entfernten Tischen mochten deprimierte Menschen sitzen, aber um uns herum stieg das Fieber. Dix Butlers physische Gegenwart war niemals überwältigender als um ein Uhr nachts in einem Berliner Club. Seine Gesichtszüge vergnügt und grausam zugleich, sein blondes Haar, seine Größe, seine Körperkraft, seine unübersehbare Lust am Plündern muß an jene anderen »großen Zeiten« erinnert haben, als viele Berliner dem Wahn gottgleicher Macht, erfüllt von heidnischer Magie, verfallen waren. Dix wirkte immer so, als wäre er noch nie zu einer besseren Zeit an einem besseren Ort gewesen.
Man hätte bei der Vielzahl der Frauen, die ihm in die Arme liefen, annehmen können, daß ein wenig von dieser Fülle auch für mich abgefallen wäre, aber, wie ich bald feststellen mußte, war ich nicht dazu bereit. Nie zuvor war ich in so rascher Folge in Situationen geraten, in denen mir schmerzlich bewußt wurde, daß ich vor Frauen Angst hatte. Ich hatte immer gedacht, es wäre das bestgehütete Geheimnis meines Lebens, wohl verborgen sogar vor mir selbst. Jetzt mußte ich erkennen, daß ich eine seltsame Scheu selbst vor kindlichen Vierzehnjährigen und gut erhaltenen Sechzigerinnen empfand – von allem, was dazwischenlag, ganz zu schweigen. Der Gedanke, daß mich einige dieser berufstätigen Mädchen, geschiedenen oder alleinstehenden Frauen und fremdgehenden Ehegattinnen begehrten, versetzte mich in die gleiche Art von Panik, wie ich sie in meinen ersten Jahren in der Buckley School erlebt hatte, als ich ständig in der Furcht lebte, mich bei unseren Rangeleien ernsthaft zu verletzen, weil ich nie gelernt hatte, mich erfolgreich zu wehren. Jetzt schien es mir, als wäre der Liebesakt die wildeste, grimmigste und grausamste Form des Kontakts zwischen den Menschen. Man gab so viel von der eigenen Persönlichkeit um einer fragwürdigen Gegenleistung willen, und wer schützte einen davor, daß sich die Frau nicht mit den bestgehüteten Schätzen der eigenen Seele davonmachte? Wenn sich in diesen Nächten eine Frau neben mich setzte, überkam mich ein furchtbares, wenn auch verstecktes Grauen. Etwas in meiner Seele schien

in Gefahr gestohlen zu werden. Ich fürchtete, ich könnte Geheimnisse verraten, die Gott mir anvertraut hatte. Diese meine Frömmigkeit war sogar noch größer als der episkopalische Glaube an die wahre Kraft Christi, an Mut und Verantwortungsbereitschaft, den man mir in St. Matthew's eingeflößt hatte.
Andererseits sah ich in Dix Butler immer noch einen Konkurrenten. Ich weiß nicht, ob es die kalte Dusche der Prep School oder die Kälte der Beziehung zwischen meinen Eltern war, aber es reizte mich nicht, auf dem Feld der Eroberung von Weibern mit ihm in einen Wettstreit zu treten. Ich wollte mich rühmen können, ein noch größerer Liebeskünstler als Mr. Randy Huff zu sein, aber die Hubbardsche Nüchternheit hinderte mich daran, im College all den Mädchen den Hof zu machen, die aus dem einen oder dem anderen Grund zu haben gewesen wären. In diesem Licht erschien mir nun plötzlich auch meine Liebe zu Kittredge. Eine Falltür zu meinem Gefängnis hatte sich geöffnet, doch wünschte ich in diesem Augenblick nicht, mit der ganzen Tiefe des Problems konfrontiert zu werden; es entstellte das Bild des innerlich ausgeglichenen jungen CIA-Beamten, als der ich mich sehen wollte.
Ich mußte aber irgendwie erklären, warum ich alle Frauen, die zu mir kamen, so offensichtlich abwies. Eine Geschichte, daß ich einem Mädchen in der Heimat die Treue bewahren wolle, hätte mich in Butlers Augen so lächerlich gemacht, daß ich darauf verzichtete und ihm lieber erklärte, ich litte an Tripper.
»In einer Woche bist du wieder fit.«
»Es ist eine Art, die nicht auf Penicillin anspricht.«
Er zuckte die Achseln. »Wenn ich mir früher einen eingefangen habe, wurde ich immer gemein«, erzählte er mir. »Ob Tripper oder nicht, ich hab' ihn wahnsinnig gern in eine Frau hineingesteckt.« Er sah mich an. Es war, wie immer, wenn er von seiner eigenen Niederträchtigkeit sprach, ein besonderes Leuchten in seinen Augen. Er sah niemals besser aus als in solchen Augenblicken. »Du weißt, das war, als ich jeden verdammten Trick versucht habe, um anständige Frauen aufs Kreuz zu legen. Ich fand den Gedanken so köstlich, ihnen etwas anzuhängen. Meinst du, ich bin verrückt?«
Jetzt war es an mir, die Achseln zu zucken.
»Ich schreibe es der Tatsache zu«, sagte er, »daß meine Mutter meinen Vater, meinen Bruder und mich verlassen hat, als ich zehn Jahre alt war. Mein Vater hat höllisch viel gesoffen und uns wie ein

Wahnsinniger verdroschen. Aber als wir älter wurden, haben wir immer gezählt, mit wie vielen von seinen Weibern wir hinter seinem Rücken herumgemacht hatten. Ich habe diese Schlampen dafür gehaßt, daß sie mir nie eine gute Mutter gewesen sind. Der alte King Bill da drüben auf seinem kleinen Hügel in GIBLETS ist die beste Mutter, die ich je hatte. Aber verrate ihm nicht, daß ich das gesagt habe. Sonst fängt er an und mäkelt an meiner Aufwandsentschädigung herum. Das will ich nicht.«

Dix pflegte Arbeit und Vergnügen zu kombinieren und setzte auch seine privaten Fahrtkosten auf die Spesenrechnung. Als er mir anbot, mit meinen Ausgaben ebenso zu verfahren, weigerte ich mich. Die Regeln, die er verletzte, wollte ich strikt befolgen. Denn ich hatte aus gewissen Äußerungen nüchterner Beamter, bei denen ich Downtown gearbeitet hatte, geschlossen, daß man einen so großzügigen Umgang mit den offiziellen Spesen als schlechte Angewohnheit in der Akte 201 zu vermerken pflegte. Man hatte uns schließlich eingestellt, um unsere Feinde und nicht unser eigenes Volk zu betrügen. Dix jedoch handelte so, als ob er sich das leisten könne. Er setzte sich unbekümmerter über die Vorschriften hinweg als irgendein anderer, dem ich bis dahin im CIA begegnet war.

An dem Abend, den ich mit meinem Vater in Washington verbracht hatte, war auch von Dix die Rede gewesen, aber Cal schien nicht beeindruckt. »So einer wie er kommt jeden Monat von der Farm«, hatte er erklärt. »Ein paar mogeln sich durch. Die meisten laufen auf.«

»Er ist einmalig«, hatte ich meinem Vater versichert.

»Dann wird er mal irgendwann irgendwo einen Kleinkrieg anfangen«, hatte Cal achselzuckend erwidert.

Meine Erinnerung an dieses Gespräch wurde unterbrochen, als Dix mich fragte: »Was hast du denn bloß heute abend?« Ich wollte ihm schon gestehen, daß mich der Gedanke an meinen Auftrag, KU/CLOAKROOM zu demaskieren, quälte. Statt dessen lächelte ich und sah mich im Ballhaus Resi um. Welch eine Vielfalt an Typen. Nie zuvor hatte ich so komische Visagen gesehen. Mir schien, als kämen alle Berliner mit schiefen Gesichtern zur Welt – ein Menschenschlag mit scharfen, kantigen Zügen, und doch fand man selbst in den triefäugigsten Fratzen ein unternehmungslustiges Glitzern. Die Musiker, die am jenseitigen Ende des Tanzbodens spielten, blickten so störrisch drein, als hätten sie sich eisern durch Reichstagsbrand, Hindenburgs Tod, Hitlers Aufstieg und Fall, Luftangriffe der Alliierten, Besatzung und Luftbrücke hindurchgespielt, ohne eine Miene zu verziehen. Sie waren Profis. Nach jeweils zehn Minuten hatten sie eine Pause, in der sie rauchen oder auf die Toilette gehen konnten, und das war wichtiger als die Last der Geschichte. Nachdem sie sich durch amerikanische Hits wie »Doggie in the Window«, »Mister Sandman« und »Rock Around the Clock« gejazzt hatten – mit letzterem gelang es ihnen, selbst die kontaktgeilsten Bürger vom Tanzboden zu verjagen –, setzten sie ihre Darbietungen mit schmalzigen Walzerklängen fort. Das scheuchte wiederum all die abenteuerlich gekleideten jungen kriminellen Elemente und die jungen Frauen mit rosa und purpurnen Perücken zurück zu ihren Tischen.

Auf unserem Tisch läutete das Telefon. Ein amerikanisches Mädchen von der anderen Seite des Saals wollte mit Dix sprechen. Sie hatte seine Nummer in der Annahme gewählt, er sei Deutscher. »Hallo, Honey«, sagte er. »Du hast dich getäuscht. Ich bin Amerikaner. Aber das macht nichts. Wir können trotzdem vögeln.«

»Ich komme herüber. Ich möchte doch mal sehen, was du für ein Idiot bist.«

Sie war groß und blond mit groben Zügen und hatte ausladende Formen. Nach den Regeln der Zuchtwahl – drangen Schatten der Nazizeit in meine Gedanken? – wäre sie eine passende Gattin für ihn gewesen. Sie hieß Susan, Susan Blaylock Pierce, hatte das Wellesley College besucht und arbeitete im amerikanischen Konsulat. Außer seinem fiktiven Bierimport hatte Dix noch einen weiteren fiktiven Arbeitsplatz in diesem Hause, aber als er das erwähnte, brauchte Susan Pierce nur fünf Minuten, um seine Story zu zerpflücken. »Ja, Randy Huff oder wie immer du auch heißen magst, irgendwer im Konsulat muß es gründlich satt haben, deinen leeren Schreibtisch anzustarren.«

»Ich bin nur ein Feldarbeiter, Ma'am«, lachte er. Ich konnte sehen, daß er sie begehrte. Wenn sie lachte, zeigte sie ihr Pferdegebiß und dann stritt sie sich mit ihm erbittert über die Vorteile des leichten englischen gegenüber dem schweren Cowboysattel. »Wer mag schon so einen schweren Brocken auf einem Pferderücken?« meinte sie.

»Manche Leute brauchen Pferde eben zum Arbeiten, statt ihren Arsch darauf zur Schau zu stellen, Lady.«
»Du elendes kleines Scheusal!« fauchte sie.
Das gefiel ihm. Ich hörte förmlich, wie es in seinem Kopf arbeitete. Aber sein nächster Schachzug überraschte mich. »Würden Sie gern eine lange Geschichte über mich hören?«
»Nein.«
»Lady, lassen Sie mal ein bißchen die Zügel schießen. Das ist eine besondere Geschichte.«
»Gut, aber nicht zu lang, bitte«, sagte sie.
»Im Alter von fünfzehn Jahren«, begann Dix, »war ich in ausgezeichneter Verfassung. Ich machte mich älter als ich war, um in die Boxmannschaft Golden Gloves in Houston zu kommen, und wurde Champion in meiner Gewichtsklasse. Erfolgversprechender Nachwuchs. Ich trank kaum Alkohol, lief sechs Meilen täglich. Ich konnte einarmige Klimmzüge und Liegestütze. Susan, frag, was du willst, ich konnte alles. Ich hätte mich als Präsident für meine Mittelstufenklasse in der High School aufstellen lassen können, wenn ich nicht so ein totaler Außenseiter gewesen wäre. Aber ich war glücklich. Ich ging mit einem blonden Mädchen, das blaue Augen und kleine, hohe, feste Titten hatte. Sie war fünfzehn.« Als Susan Pierce ihn wütend ansah, sagte er: »Keine Angst. Diese Titten waren ganz unschuldig. Wir wußten nicht mal so genau, wozu sie überhaupt da waren. Ich liebte diese Cora Lee, und sie liebte mich. Es war wunderschön.« Er nahm einen Schluck von seinem Drink.
»Eines Abends ging ich nicht zum Training, sondern führte Cora Lee in unseren großen Tanzpalast, Laney's, aus, um mit ihr anzugeben. Sie war bestimmt das hübscheste Mädchen dort. Laney's war proppenvoll mit allem möglichen Gesindel. Ein dreckiger Laden. Du konntest dort dein Mädchen nicht einen Moment aus den Augen lassen. Aber ich fürchtete mich nicht vor einer Schlägerei und ich wollte unbedingt ein Bier. Ich hatte wegen meines Trainings seit einem Monat keinen Tropfen angerührt. Also war ich durstig. Ich setzte Cora Lee auf eine Bank und sagte: ›Honey, laß nicht zu, daß sich ein Mann neben dich setzt. Wenn sie dir komisch kommen, sag ihnen, sie sollen sich vor Randy Huff in acht nehmen.‹ Dann ging ich zur Bar und kaufte zwei Dosen Bier. Weil ich einen eigenen Öffner hatte, sagte ich dem Barkeeper, er

solle sie nicht öffnen. Ich brachte diese beiden eiskalten Dosen zurück. Hart wie Steine. Ich hob sie für den Augenblick auf, in dem ich mich neben sie setzen und ihre süßen kleinen Schenkel an meinem Bein fühlen würde. Dann sollte der erste Schluck Bier hinunterrinnen.
Was sah ich statt dessen? Einen Burschen, der den Arm um sie legte. Cora Lee sah mich entsetzt an.
Er war riesig. Ich war auch großgewachsen, aber dieser Kerl war ein Hüne. Er hatte eine so platte Visage, als hätte er mit der Nase einen Lastwagen angeschoben.« Susan fing an zu kichern. »Ich hatte keine Angst vor ihm, verstehst du. Ich war Herr meines Rüstzeugs, danke sehr. Ich sagte also: ›Mein Freund, ich weiß nicht, ob dir das klar ist, aber das ist zufällig dein Arm auf meinem Mädchen!‹
›So‹, sagte er. ›Und was willst du dagegen tun?‹
Ich lächelte. Ich sah ihn an wie ein dummer Junge vom Lande – so als bliebe mir nichts anderes übrig, als mich zu verkrümeln. Dann schlug ich ihm die volle Bierdose mitten ins Gesicht. Er saß, ich stand. Ich schlug mit dem rechten Arm zu, mit dem ich die Liegestütze geübt hatte. Der Rand der Bierdose zeichnete sich kreisförmig auf Nase und Stirn ab. Der Schlag brach ihm das Nasenbein und fügte ihm senkrechte Schnitte über beiden Augenbrauen zu. Er sah aus wie eine Kreuzung von Fledermaus und Schwein.«
Wir waren still, nachdem er das so ruhig erzählt hatte.
»Wie, meinst du, hat der Bursche reagiert?« fragte Butler.
»Wie?« fragte Susan.
»Er saß da. Er hat nicht einmal mit der Wimper gezuckt, und er hat sich nicht bewegt. Er hat nur gelächelt. Dann sagte er: ›Du möchtest spielen? Laß uns spielen!‹ Was, meinst du, habe ich gesagt?«
»Ich weiß es nicht«, sagte sie. »Erzähl es mir.«
»Ich sagte: ›Mein Freund, du kannst sie haben. Du kannst sie haben.‹ Ich fing an zu laufen.« Lange Pause. »Ich fing an zu laufen, und ich habe seither nicht mehr damit aufgehört.«
Susan Pierce lachte wie über einen guten Witz. »Oh, Mann«, sagte sie. »Oh, Mann.« Dann küßte sie ihn auf die Backe. »Du bist süß. Du bist ja so ein Dummkopf, aber weißt du, du bist süß.« Ihr Gesicht glänzte vor Besitzerfreude.
Nach ein paar Minuten war mir klar, daß ich nur noch gute Nacht

sagen konnte. Ich konnte mir nicht erklären, warum ihr seine Geschichte so gefallen hatte. Außerdem kannte ich sie schon. Denn er hatte sie schon einmal einer Gruppe von uns auf der Farm erzählt, nur mit einem ganz anderen Schluß. In der damaligen Version war er nicht weggelaufen, sondern hatte von diesem Hünen von einem Kerl die Prügel seines Lebens bezogen, aber danach mit Cora Lee den ganzen Juli und August »Liebe gemacht«. Ich war enttäuscht und deprimiert. Während meiner Collegezeit hatte ich mich dauernd mit Mädchen wie Susan Pierce getroffen und Bier mit ihnen getrunken. Nicht viel mehr. Dix hatte sie am ersten Abend schon im Bett. Lag das an Berlin? Ich konnte nicht glauben, daß Mädchen wie Susan in Amerika so schnell mit einem wildfremden Kerl schlafen würden. Mit solchen Gedanken schlief ich ein.

4

Um vier Uhr morgens drängten vier Liter deutsches Bier durch meinen Blasentrakt ins Freie. Nach zwei Stunden Tiefschlaf fühlte ich mich wie ein Gestrandeter – nüchtern, kalt, völlig überreizt. Die Realität brach wieder über mich herein, und die Stunden, die ich damit verbracht hatte, mich in Huff-Butlers Gesellschaft zu besaufen, hatten sie nur kurzfristig verdrängen können. William Harvey war KU/CLOAKROOM auf der Spur.
Ich tat mein Bestes, um die aufsteigende Panik zu bekämpfen. Vor meinem Abflug nach Berlin hatte Hugh Montague meinen Decknamen mit Erfolg einem ersten, zweiten und dritten schönheitschirurgischen Verfahren unterzogen. Durch meine Überweisung zum Intensiv-Deutschkurs war es ihm auch gelungen, in der Schlangengrube jede papierne Spur von Herrick Hubbard zu tilgen. In meiner 201 hieß es nun, ich hätte in ebendieser Zeit dem Technischen Dienst angehört, und der Technische Dienst war von wahren Minenfeldern an Sicherheitsvorkehrungen umgeben, bedeckt und unterfüttert. Meine unmittelbare Vergangenheit war wirksam gewaschen und weichgespült worden.

All das hatte mir Harlot als Abschiedsgeschenk vermacht. Jetzt allerdings schien nichts von alledem zu nützen. Ich litt unter der schlimmsten Form von Paranoia, an der ein Mann in meinem Beruf leiden kann – ich mißtraute meinem Gönner. Weshalb hatte Harlot einen so verschlungenen Pfad gewählt? Wovor, im Himmel, floh ich eigentlich? Mein Versagen vor einer unmöglichen Anforderung im Dokumentenraum hätte vielleicht einen unangenehmen Brief des Chefs der Basis in Berlin zur Folge haben und ergo mein künftiges Fortkommen behindern können. Wie stand ein solcher Nachteil aber jetzt im Verhältnis zu einer nachträglichen Entdekkung? Harlot konnte eine solche Schlappe überstehen – angesichts seiner Leistungen war dieser Streich ohne Gewicht –, aber ich? Wenn man mich nicht aufforderte, den Dienst zu quittieren, so würde ich jedenfalls meine Karrierehoffnungen begraben müssen. Ich zog mich an und fuhr mit der U-Bahn zum Büro des Verteidigungsministeriums. Ich hatte Zugang zum Schlüssel für das abhörsichere Telefon, und während ich aus dem verwaisten Gebäude in das allererste Morgengrauen hinausstarrte, wählte ich die abhörsichere Nummer, die man Harlot in seinem Haus am Kanal in Georgetown zugestanden hatte. Es war Mitternacht in Washington. Während ich die lange Halle dieses leeren Dienstgebäudes hinuntersah, hörte ich das Geräusch seiner Stimme, elektronisch zerhackt und wieder zusammengefügt, und die Worte klangen hohl, als ob sie aus einem langen Megaphon kämen.

Schnell erklärte ich ihm meine Lage, doch er schien völlig unbeeindruckt. »Du, mein Junge, hältst die Fäden in der Hand, nicht King William. Es ist drollig, wenn man auf seine eigene Spur angesetzt wird. Ich wollte, mir wäre das passiert, als ich in deinem Alter war. Du wirst es in deinen Memoiren erwähnen, das heißt, wenn man es uns je erlaubt, welche zu schreiben.«

»Hugh, ich will ja nicht widersprechen, aber Harvey fängt schon an zu fragen, was ich vier Wochen lang beim Technischen Dienst getan habe.«

»Die Antwort ist: Du hast eine traurige Geschichte. Bleib dabei. Du hast nie eine Aufgabe erhalten. Du bist nie jemandem begegnet außer der ersten Sekretärin, die den ersten Warteraum bewacht. Du armer Junge hast die ganze Zeit auf der Stuhlkante auf eine Aufgabe gewartet. Das kommt ständig vor. Manche unserer besten Trainees fangen genau auf diese Art beim TD an. Sag...«, er

machte eine Pause, »sag, daß du die ganze Zeit damit verbracht hast, dich im Lesesaal der Kongreßbibliothek zu verstecken.«
»Was habe ich denn da getan?«
»Egal was. Irgend etwas gelesen. Denk dir was aus. Sag, du hast Lautréamont gelesen, um dich gründlich auf Joyce vorzubereiten. Harvey wird das nicht weiterverfolgen. Er läßt sich nicht gern daran erinnern, wie unkultiviert er ist. Er wird dich vielleicht ein bißchen anschreien, aber er wird wissen, daß Leute wie Harry Hubbard solche Verrücktheiten fertigbringen, Lautréamont zu lesen, während sie beim Technischen Dienst auf eine Aufgabe warten.«
»Dix Butler weiß zufällig, daß ich in der Schlangengrube war.«
»Wer auch immer Dix Butler ist, mach ihm ein für allemal klar, daß die Schlangengrube nur eine Scheintätigkeit war. Sag es nicht direkt, laß ihn selbst auf den Gedanken kommen. Aber ich versichere dir, du machst dir unnütze Sorgen. Harvey ist viel zu beschäftigt, als daß er deinen Tätigkeiten auf den Grund gehen könnte. Berichte ihm einfach jede Woche über kleine Fortschritte bei der Suche nach CLOAKROOM.«
Er hustete. Es klang wie ein Bellen durch das hohle Zentrum des abhörsicheren Telefons. »Harry«, sagte er: »In dieser Company gibt es zwei Möglichkeiten. Entweder du sorgst dich zu Tode oder du läßt es laufen und freust dich über ein bißchen Ungewißheit.«
Er schien auflegen zu wollen, doch mußte ich ihn aus seiner olympischen Ruhe aufgeschreckt haben; denn als nächstes fragte er mich: »Erinnerst du dich an unser Gespräch über VQ/CATHETER?«
»Yessir.«
»Das Projekt ist für Harvey das wichtigste auf der Welt. Wenn er dich mit CLOAKROOM unter Druck zu setzen versucht, lotse ihn zu CATHETER zurück.«
»Soll ich nichts über CATHETER wissen, außer daß es ein Codename ist?«
»Bill Harvey ist ein großspuriger Paranoiker. Solche Leute denken assoziativ. Sprich vom Holland Tunnel in New York oder von Dr. William Harvey. Bill muß doch wissen, daß sein edler Namensvetter 1620 den Blutkreislauf entdeckt hat, aber wenn er den großen Harvey aus irgendwelchen Gründen nicht kennen sollte – erwarte niemals zuviel von einem FBI-Mann, dann wirst du nie enttäuscht –, dann bring ihn irgendwie auf Blutgefäße, Arterien. Dann dau-

ert's nicht lange, und er kommt wieder auf den Tunnel zurück. Sieh mal, Harry, Bill Harvey glaubt, daß er eines Tages Chef der Company sein wird und daß VQ/CATHETER seine Fahrkarte zum Chefsessel ist. Er wird das nicht schaffen. Natürlich nicht. Er wird sich unter Garantie selbst kaputtmachen. Seine Paranoia ist zu ausgeprägt. Also lenk ihn einfach ab.«
»Ja, vielen Dank, Hugh.«
»Du darfst dich nicht gleich bemitleiden, wenn du ein paar Risiken eingehen mußt, bevor du etabliert bist. Dann machst du deinen nächsten Job doppelt so gut.«
Ich stand den Tag durch. Ich schickte ein Telegramm zur Westberlinabteilung in Washington und teilte den Kollegen mit, der Chef der Basis wünsche noch einmal einen Kontakt mit KU/CLOAKROOM über die Überbrückungsarchivkontrolle. Ich fragte mich sogar, ob die Kontrolle eine Person, ein Büro oder eine Maschine war. Dann rief ich Dix Butler an und verabredete mich mit ihm für den Abend. Als wir uns trafen, erzählte er mir en passant von Susan Pierce: »Es war super. Ich dachte mir gleich, daß sie auf meine kleine Geschichte hin anspringen würde.«
»Hast du sie deshalb erzählt?«
»Natürlich.«
»Ist es damals wirklich so gewesen? Auf der Farm hatte sie einen anderen Schluß.«
»Starr mich nicht an wie ein Richter! Ich erzähle eine Geschichte so, daß sie zur Szene paßt.«
»Warum? Funktioniert das? Gibt es eine Psychologie der Frau?«
»Dein Schwanz ist immer noch sechzehn.« Er krallte zwei Finger in meinen Unterarm. »Hubbard, gib's zu. Du hast keinen Tripper.«
»Vielleicht doch.«
»Was ist, wenn ich dich zum Klo führe, um nachzusehen?«
»Ich gehe nicht mit.«
Er mußte lachen und erzählte weiter: »Ich wollte Susan Pierce haben. Aber mir wurde schnell klar, daß mein erster Annäherungsversuch ungeschickt war. Ich wirkte zu selbstbewußt. So eine kriegst du nur ins Bett, wenn du ihr ein Gefühl der Überlegenheit läßt. Deshalb habe ich ihr Mitleid erregt.«
»Woher wußtest du, daß du sie damit nicht abschrecken würdest?«
»Weil ich sah, daß sie arrogant ist. Ein solches Mädchen will sich nie schämen. Dafür bemitleidet sie gern andere. Wenn du zum

Beispiel Angst hast zu erblinden, entwickelst du gewöhnlich besonderes Mitleid für Blinde.«

Ich wollte gern wissen, wie sie im Bett war, aber für einen Absolventen von St. Matthew's war es undenkbar, eine solche Frage auszusprechen. Wenn man sich als wohlerzogenen Menschen betrachten wollte, mußte man sich solche Indiskretionen verbeißen. Ich wartete aber trotzdem auf seinen Bericht. Meist pflegte er bis in die unappetitlichsten Details über sein sexuelles Abenteuer zu berichten. Dann kehrte ich in meine Wohnung zurück, während er zu einer anderen Verabredung ging, und konnte nicht schlafen, weil meine Lenden von seinen Geschichten überreizt waren.

In dieser Nacht aber erzählte Dix nicht mehr viel über Susan. Kam es daher, daß er sich ihr nahe fühlte, oder war es unbefriedigend gewesen? Ich merkte, wie sehr ich auch hier in meinem Beruf aufging, denn die Neugier lag mir schwer im Magen.

Trotzdem enthielt sich Dix weiterer Enthüllungen. Er schien in dieser Nacht denkbar angespannt und wiederholte immer wieder: »Ich brauche Action, Herrick.« Er sprach mich selten mit meinem richtigen Vornamen an, und wenn er es tat, mit einem unangenehm spöttischen Unterton. Ich konnte ihm aber schlecht auseinandersetzen, daß es sich um einen alten Familiennamen meiner Vorfahren handelte und dieser mit neuer Kraft belebt wurde, wenn man ihn einem Kind zum Vornamen gab, und daß er einer Unterschrift sogar einen gewissen Nachdruck verlieh. Also sagte ich nichts. Zwar lief ich so nie Gefahr, daß er mich wie Rosen bei der Oberlippe packte, aber vielleicht zahlte ich einen anderen Preis.

In dieser Nacht schüttete er Bourbon pur in solchen Mengen hinunter wie sonst das Bier.

»Ich werde dir was von mir erzählen, Hubbard«, sagte er. »Aber wehe du plauderst es aus. Das würde dir wahnsinnig leid tun.«

»Erzähle mir nichts«, sagte ich, »wenn du mir nicht traust.«

Er war beschämt. »Du hast recht«, sagte er und reichte mir die Hand. Wieder hatte ich das Gefühl, neben einem Tier zu sitzen, dessen Verhalten von unberechenbaren Instinkten regiert wurde.

»Ja«, sagte er. »Ich bin vor diesem Typ mit der Bierdose weggelaufen und habe dafür bezahlt. Ich bin nachts schweißgebadet aufgewacht. Ich stank vor Schweiß. Keine Prügel können so schlimm

sein wie die Abgründe der Schande. Ich kam mir innerlich so schlecht vor, daß ich sogar anfing, mich gegen meinen Vater zu wehren. Und vor dem hatte ich ja immer Angst gehabt.«
Ich nickte.
»Er war nicht sehr groß. Von einer Schlägerei hatte er ein blindes Auge zurückbehalten, und er hatte ein lahmes Bein. Aber keiner konnte ihm was anhaben. Er war ein böser, alter Hund. Er nahm einen Baseballschläger oder eine Schaufel, alles, um uns zu prügeln. Eines Abends beschimpfte er mich, und ich schlug ihn k. o. Dann fesselte ich ihn an einen Stuhl, stahl ihm seinen Revolver und einen Karton Patronen, packte alles, was mir gehörte, in einen Pappkoffer, und weg war ich. Ich wußte natürlich, daß er mit der Schrotflinte auf mich losgehen würde, sobald er sich befreit hatte. Ich nahm sogar seinen Wagen. Ich wußte, daß er mich nicht anzeigen würde. Nein, er würde einfach abwarten, bis ich zurückkäme.
Ja, stell dir vor, Herrick, mit fünfzehneinhalb Jahren fing ich ein Verbrecherleben an, und ich lernte in dem folgenden einen Jahr mehr als die meisten Leute in ihrem ganzen Leben. Es war während des Krieges, die Soldaten fern der Heimat an der Front. Deshalb war ich für die Frauen natürlich interessant. Ich sah ja aus wie neunzehn. Morgens suchte ich mir eine Stadt aus – nicht zu klein und auch nicht zu groß – und fuhr kreuz und quer herum, bis ich einen Laden gefunden hatte, den ich überfallen wollte. Dann wählte ich die Bar, die richtig für mich war. Ich hing dort mit all den Säufern herum, die gerade ihren Lunch hinunterkippten, bis ich das richtige Mädchen oder die richtige Frau aufgetrieben hatte, je nachdem wie ich aufgelegt war. Mal wollte ich von einer geilen Alten was lernen, mal ein junges Mädchen in die Kunst der Lust einweihen. Manchmal nahm ich mir auch einfach, was ich gerade kriegen konnte; aber ich ließ ungezählte befriedigte Frauen in Arkansas, Missouri und Illinois zurück. Ich war ja so gemein und so süß, und das ist eine Kombination, an der es kaum was zu verbessern gibt.
Ich hätte das Leben nicht mehr genießen können. Ich gabelte ein Mädchen oder eine Frau auf, dann parkte ich den Wagen in einer Seitenstraße und bat die Dame zu warten, ich müßte kurz einen Freund besuchen und Geld holen. Ich ging um die Ecke, stieg in das erste unverschlossene Auto, schloß die Zündung kurz, fuhr zu

dem Laden hinüber, den ich mir ausgesucht hatte, streifte einen Strumpf übers Gesicht, während ich zur Tür hereinkam, sagte ›Hände hoch‹ zum Besitzer und leerte die Kasse. Die beste Zeit dafür war so gegen vierzehn Uhr. Dann waren die Kunden, die in der Mittagspause einkaufen, wieder weg und die Kasse voll, da noch niemand das Geld zur Bank gebracht hatte. Das dauerte keine Minute, und ich saß wieder in meinem gestohlenen Auto, Gesichtsmaske herunter, und zwei Minuten darauf stellte ich den gestohlenen Wagen an einer anderen Ecke in der Nähe meines eigenen Wagens ab, ging zurück zu dem Schrotthaufen meines Vaters, stieg ein und sagte der neuen Freundin: ›Jetzt haben wir Geld, Honey!‹ Manchmal hörten wir sogar die Polizeisirenen heulen, wenn wir aus der Stadt fuhren. ›Was ist denn das?‹ fragte sie. ›Keine Ahnung, Miss!‹ sagte ich ihr. Ich suchte mir ein Motel mit ein paar Blockhütten aus, ein paar Meilen vor der Stadt, und da krochen wir dann so lange ins Bett, wie sie konnte: sechs Stunden oder achtundvierzig. Wir aßen, tranken und vögelten herum. Diese Raubüberfälle waren wie ein Samenerguß. Du nimmst das Beste mit und verschwindest.
Ich habe nie versucht, etwas von dem geklauten Geld zu sparen. Einmal hatte ich Glück und ging mit achthundert Dollar aus einer einzigen Kasse raus, und es gab keine Möglichkeit, soviel durchzubringen. Also habe ich mir einen gebrauchten Chevy gekauft und meinem Vater ein Telegramm geschickt. ›Dein Wagen steht vor Nr. 280 Nord 30. Straße in Russelville, Arkansas. Schlüssel liegen unterm Sitz. Such nicht nach mir. Ich bin in Mexiko.‹ Ich kicherte wie ein Irrer, als ich das Telegramm schrieb. Ich konnte meinen Alten mit seinem steifen Bein auf der Suche nach mir durch die verkommenen Bars von Matamoros und Vera Cruz humpeln sehen. Schade, daß du ihn nicht kennst. Sein einer Zahn sah aus wie der abgebrochene Hauer eines Ebers.«
Die Geschichten sprudelten nur so aus ihm heraus. Ein Raub folgte dem anderen, und mir zuliebe beschrieb er die Mädchen bis ins Detail. »Ich möchte den Tripper in deinen geschwollenen jungen Eiern nicht zu sehr in Wallung versetzen, Hubbard, aber die Muschi dieser Dame...«
Dann ging es los. Ich wußte alles über die weibliche Anatomie, ohne sie mir genau vorstellen zu können. Eine feuchte Grotte

aus Windungen, Schlingen und Schleifen geisterte dunkel durch meine Phantasie.

Dann veränderte sich sein Leben. Ein paar Wochen lang hing er in St. Louis mit ein paar neuen Kameraden herum. Sie veranstalteten Parties und tauschten die Bräute aus. Ich konnte es gar nicht glauben, wie gleichgültig sie in diesen Eigentumsfragen gewesen sein mußten. »Ja, zum Teufel«, sagte er. »Wir haben unsere Prügel abwechselnd durch ein Loch im Bettuch gesteckt, und die Mädchen lutschten daran herum. Du mußtest raten, welches Mädchen dran war. Gar nicht so leicht, denn jedesmal haben es dir die Weiber ein wenig anders gemacht, um uns durcheinanderzubringen.«

»Du hattest nichts dagegen, daß dein Mädchen so etwas mit einem anderen Mann machte?«

»Diese Gören? Total nebensächlich. Ich und meine Kameraden, wir haben die Dinger zusammen gedreht. Wir haben zusammen ein halbes Dutzend Häuser fachgerecht geplündert. Ich kann dir sagen, so ein Einbruch ist was ganz Tolles. Viel besser als ein Überfall auf einen Laden. Beim Einbruch kommen lauter verrückte Ideen in dir hoch. Ein Typ zum Beispiel schiß immer mitten auf den Schlafzimmerteppich. Ich sage dir, Herrick, ich habe ihn so gut verstanden. Wenn du je um Mitternacht in so ein Einfamilienhaus einsteigst, dann weißt du, was ich meine. Es kommt dir riesig groß vor. Du kennst jeden Gedanken, der je durch diese Wände geistert ist. Du kommst dir vor, als gehörtest du zur Familie. Ich und meine beiden Kameraden, wir waren eine verschworene Gemeinschaft, da kam keine Frau ran.« Er starrte mir in die Augen, bis ich nickte. »Wenn dich die Leute wegen mir fragen«, sagte er, »erklär ihnen, ich wäre drei Jahre bei den Marines gewesen. Es stimmt. Das stimmt wirklich.«

»Wieso?«

»Wieso?« Er sah mich an, als hätte ich ihn beleidigt. »Weil du wissen mußt, wann du dich zu verändern hast. Hubbard, paß mal in den nächsten Jahren genau auf meinen weiteren Lebensweg auf. Ich rede viel, aber ich schaffe es auch. Manchmal sind die, die am meisten angeben, auch die, die am meisten erreichen. Sie müssen es einfach schaffen, sonst machen sie sich lächerlich. Da die Company so ein piekfeiner Club ist, muß ich wohl da oben ein paar Feinde haben, aber ich werde sie besiegen. Weißt du, warum?

Weil ich mich total darauf konzentriere. Aber ich weiß eben auch, wann ich mich verändern muß. Das sind gegensätzliche Gaben, aber sie ergänzen einander. Der Herrgott gewährt sie nur wenigen Menschen.«

»Jede Woche«, fuhr er übergangslos fort, »lochten uns die Polizisten ein. Sie konnten uns nichts beweisen, aber sie stellten uns in ihren Gangsterparaden auf wie Kanonenfutter. Das ist kein Zukkerlecken, so eine Gangsterparade. Die Leute, die sich daran zu erinnern versuchen, wer sie an ihrer Ecke überfallen hat, sind oft hysterisch. Es könnte passieren, daß sie aus Versehen mit dem Finger auf dich zeigen. Das war der eine Punkt. Der andere war mein sechster Sinn. Der Krieg war gerade zu Ende – Zeit, sich zu verändern. Also betrank ich mich eines Abends und schrieb mich morgens als Freiwilliger ein. Hör zu, ich war bei den Marines, drei lange Jahre. Ich erzähle dir irgendwann mal mehr davon. Den Rest der Geschichte kennst du. Ich kam raus und ging mit einem GI-Stipendium an die Universität von Texas. Von 1949 bis 1952 spielte ich Linebacker, und da gelang es mir – mit Hilfe eines Gönners –, um den Einsatz in Korea herumzukommen. Sonst wäre ich nämlich hingegangen und entweder als Held oder in einem Sarg zurückgekehrt – ich weiß so was –, aber ich hatte mich schon auf den Profifootball spezialisiert. Ich beendete das College und versuchte bei den Washington Redskins Karriere zu machen, bis ich mir das Knie brach. Woraufhin ich Bill Harveys Ratschlag folgte und bei den hohen Herrschaften unterschrieb – bei dir und dem Rest der intellektuellen Elite.«

»Kennst du Bill Harvey erst aus dieser Zeit?«

»Mehr oder weniger. Ihm gefiel mein Stil auf dem Rasen. Ich bekam einen Brief von ihm, als ich noch bei den Redskins war. Wir trafen uns zum Lunch. Man kann sagen, er hat mich rekrutiert.«

Butler gähnte mir plötzlich ins Gesicht. »Hubbard, ich kann mich nicht mehr so richtig konzentrieren. Meine Zunge ist so trocken.«

Er starrte in dem Raum umher, seine Unruhe steckte mich an. Dann winkte er dem Ober, und wir gingen in eine andere Bar. Daß der Abend ohne Zwischenfall endete, schreibe ich der Weisheit der Deutschen zu. Sie erkannten wohl, wann man ihn in Ruhe lassen mußte. Ich fand, daß es eine sehr lange Nacht war. Ich mußte immer daran denken, daß die Suche nach KU/CLOAKROOM mich noch lange durch jedes Trinkgelage verfolgen würde.

5

Telegramme wurden hin- und hergeschickt. Ich konnte Bill Harvey unterrichten, daß man KU/CLOAKROOM zu KU/ROPES verändert hatte. Nun mußten wir uns entscheiden, ob wir zweiundsiebzig Stunden bis zur nächsten Veränderung warten oder bei der Übergeordneten Überbrückungsarchivkontrolle Druck machen wollten. Harvey meinte, ich solle abwarten. Drei Tage darauf konnte ich ihm mitteilen, daß wir dank DN/FRAGMENT in Korea waren.
»Das hält uns zwei Wochen auf«, sagte er.
»Ich kann«, sagte ich, »das Überbrückungsarchiv ganz hart anpakken.« Ich rechnete jetzt schon jedesmal, wenn ich etwas vorschlug, mit einer gegenteiligen Entscheidung.
»Nein«, sagte er. »Ich will mir das noch mal durch den Kopf gehen lassen. Stell nur die Anfrage wegen DN/FRAGMENT. Wir haben soviel zu tun, da werden die beiden Wochen schnell vergehen.«
So war es auch. Es gab eine Menge zu tun. Wenn meine Rolle als Adjutant während der ersten Tage nicht viel mehr beinhaltet hatte als warten, daß er in BLACKIE-1 (seinen kugelsicheren Cadillac) stieg, weitete sich der Job bald aus zum Notizenschreiber, Überbringer unangenehmer Botschaften des Chefs an die Mitarbeiter (innerhalb des Büros) und Ordner der Papierkorbinhalte signifikanter Hotelzimmer in West- und Ostberlin, die von unseren Zimmermädchen geliefert wurden. Dazu kam die verdeckte Buchführung unserer Spesenrückerstattungen bei Spezialoperationen und zahlreichen anderen Leistungen, die die Abteilungschefs in Form von Zetteln mit Codenamen an mich weiterleiteten. Es war keine bedeutende Stellung, doch hatte ich mit vielen verschiedenen Dingen zu tun. Aber die meiste Zeit konnte ich nicht genau sagen, was eigentlich vor sich ging. Es ließ sich am besten mit einer Fabrik vergleichen, die sich über dreihunderteinundvierzig Quadratmeilen – West- und Ostberlin – erstreckte; als Rohmaterial kamen Informationen aller Art herein, wurden in unseren verschiedenen Abteilungen und Einrichtungen weiterverarbeitet und gingen als Endprodukte per Telegramm und Postbeutel ans Hauptquartier drüben am Spiegelteich und mehrere andere relevante Büros in Washington. Meine Position entsprach der eines Angestellten im Büro der Geschäftsleitung. Ich konnte damit ange-

ben, daß ich einen Schreibtisch nahe beim Boss hatte. Aber es war kein angenehmer Job. Harvey arbeitete härter als jeder andere, dem ich bis dahin begegnet war, und sah – ähnlich wie Harlot – den Schlaf nur als Unterbrechung seiner Tätigkeit an. Täglich ging er die Listen der Fracht durch, die am Vortag auf dem Flughafen Schönefeld eingetroffen war, und da er kaum Deutsch verstand, kostete uns das den Output von ein paar Übersetzern, die die Nacht in CRUMPETS durcharbeiten mußten, um Äpfel und Gewehre zu zählen. Harvey konnte in den Frachtlisten die Flugnummern, Abflugs- und Ankunftszeiten sowie die Menge der Ware entziffern; er wußte die deutschen Bezeichnungen für Kartons und Behälter, Container und besondere Transportmittel; er kannte sich mit den Maßen Kilogramm und Kubikmeter aus. Hier aber endeten seine Sprachkenntnisse. Da ihm die Namen der verschiedenen Waffen und Güter, die man aus Moskau und Leningrad, der Ukraine, der Tschechoslowakei, Polen, Rumänien, Ungarn und so weiter nach Ostberlin einflog, auf dem Papier ohnehin unverständlich waren, hatte er seinen Übersetzern befohlen, jedem Gegenstand eine Codenummer zu geben. Weil darunter, wie gesagt, alles von Äpfeln bis Gewehre fiel und es zehn Sorten Äpfel und mehrere hundert verschiedene Arten von Handfeuerwaffen gab, hatte Harvey einen Westentaschencode mit mehreren tausend Nummern zusammengestellt. Statt eines Wörterbuchs benutzte er ein kleines schwarzes Notizbuch, in dem alle Nummern standen, aber er brauchte nicht oft nachzuschlagen. Er kannte seine Nummern. So saß er denn in BLACKIE und schlürfte seinen Martini, während er mit dem Finger die Rubriken der Frachtliste mit den Codenummern durchging. Manchmal, wenn er sich Notizen machen wollte, stellte er das Martiniglas in den Halter oder – schlimmer – reichte es mir und unterstrich mit seinem farbigen Codierstift gewisse Posten oder Gegenstände rot, blau, gelb oder grün. Ich nehme an, daß er sich auf diese Weise bei einer zweiten Durchsicht dieser Blätter ein Bild von den Verhältnissen zwischen den verschiedenen in Berlin stationierten sowjetischen Kräften machen wollte. Er hat nie irgend etwas erklärt, aber er summte dabei so vergnügt wie ein Pferdenarr, der die Rennberichte liest. Sein Gemurmel klang in meinen Ohren so angenehm wie das Brutzeln in einer Bratpfanne. »Achtundzwanzig einundachtzig, das müßte eine Kalaschnikow sein, aber ich schlage nach« –

dadurch kam der Martini in meine Hand und sein schwarzes kleines Buch aus der Tasche. »Verdammt, es ist eine Skoda, keine Kally, hätte ich wissen müssen, daß 2681 die Skoda-Maschinenpistole Serie C, Modell IV ist. Hatten sie die Produktion nicht eingestellt?« Er schlug nach. »Hubbard, schreib auf.« Während ich mit meiner freien Hand nach Notizbuch und Kugelschreiber fischte, während ich seinen Martini in der anderen Hand hielt, nahm er sein Glas zurück, trank aus, stellte es in den Halter und diktierte: »Sows laden entweder ausgemusterte Skoda Serie C Modell IV bei den Vopos und Genossen ab oder legen Modell IV wieder auf. Oder, dritte Möglichkeit: bereiten ein Ding vor. Letzteres am wahrscheinlichsten. Nur neunundsechzig Skodas geliefert.« Dann füllte er sein Martiniglas aus dem Shaker nach und knurrte: »Tu's in den Gebärmutterraum.«
Das war ein überdimensionierter Wandschrank von der Größe einer Wartezelle in seinem GIBLETS-Büro. Die Wände waren mit Korkplatten beklebt, so daß er über ein vierseitiges Bulletinbrett verfügte. Daran hatte er alle offenen Fragen in Form von Zetteln mit Reißwecken befestigt. Manchmal ließ er einen Sechzehnstundenarbeitstag ausklingen, indem er in den Rätseln seiner Korktaverne herumschnüffelte.
Mein Tag verlief also zwischen gewissen Parametern. Ich hatte in jedem seiner drei Büros – GIBLETS, BOZO und DOWNTOWN – einen Schreibtisch und fuhr mit Harvey zusammen umher, sammelte – soweit ich voraussehen konnte, womit er sich befassen würde – alle entsprechenden Papiere zusammen, stopfte sie samt Aktenmappen und allem Zubehör in meinen »Lakaien-Koffer«, wie er meinen Aktenkoffer zu bezeichnen pflegte, und spurtete ihm nach. Ab ging's im BLACKIE, diesem Waffenarsenal auf Rädern, und wenn er nicht am Funktelefon hing oder die Essenz aus einem Aktenpaket extrahierte, erzählte er Geschichten.
Ich erlaubte mir einmal zu bemerken, jede Führungspersönlichkeit, der ich in der Company begegnet sei, hätte gern Geschichten erzählt. Meine Erfahrung konnte sich dabei nur auf Allen Dulles, meinen Vater, Harlot und Dix stützen, doch fragte Bill Harvey nicht nach genaueren Einzelheiten, sondern begnügte sich mit der Erwiderung: »Das ist eine psychologische Anpassungserscheinung.«

»Würden Sie das bitte erklären, Chef?« Endlich schaffte ich es, nicht mehr »Sir« zu sagen.
»Nun, die Arbeit, die man den jungen Leuten in dieser Spezialarmee gibt, ist unnatürlich. Ein junger Bursche möchte wissen, was los ist. Aber das darf er hier nicht erfahren. Ein zuverlässiger Geheimdienstmann braucht seine zwanzig Jahre Ausbildung. Zwanzig Jahre in Amerika jedenfalls, wo wir alle glauben, daß jeder, von Christus – unserem ersten Amerikaner – bis hinunter zum Zeitungsjungen, vertrauenswürdig und zuverlässig ist. In Rußland oder Deutschland braucht man zwanzig Minuten, um einen neuen Mitarbeiter so weit zu bekommen, daß er nichts und niemandem vertraut. Deswegen gehen wir mit einem Handicap in jedes Scharmützel mit dem KGB. Darum müssen wir sogar das Klopapier auf dem Scheißhaus geheimhalten. Bei jedem Furz müssen wir daran denken, daß er nicht raus darf. Aber der Geist des neugierigen Wissenschaftlers läßt sich nicht zu viele Beschränkungen gefallen. Und darum erzählen wir Geschichten. Auf diese Art liefern wir denen unter uns ein Bild, das für sie annehmbar ist.«
»Sogar wenn die Geschichten die Geheimhaltung verletzen?«
»Du legst den Finger auf die Wunde. Wir alle neigen dazu, zuviel zu reden. Ich hatte einen Verwandten, der ein Alkoholiker war. Er gab das Trinken auf und rührte das Zeug nicht mehr an. Nur noch ein- oder zweimal im Jahr brach er aus: Da ging er auf eine fürchterliche Sauftour. Das war ein psychologischer Ausgleich. Wenn er nicht ausgebrochen wäre und nicht gesoffen hätte, wäre wahrscheinlich Schlimmeres passiert. Ich glaube, in der Company ist es gut, wenn man sich manchmal beim Trinken ein Geheimnis verrät.«
»Meinen Sie das im Ernst?«
»Jetzt, da ich's gesagt habe: Nein! Aber wir leben in zwei Systemen. Intelligenz und Psyche. Geheimdienst und Psyche. Intelligenz und Geheimdienst würden uns nicht erlauben, irgend etwas ohne Genehmigung von oben zu erzählen. Die Seele gerät dabei unter Druck. Sie muß den Druck aushalten.« Er nickte bei seinen eigenen Worten. »Natürlich gibt es erkennbare Unterschiede bei unseren Topleuten. Angleton ist superzugeknöpft. Helms auch, Direktor Dulles redet vielleicht ein bißchen zuviel. Hugh Montague viel zuviel.«
»Wie würden Sie sich selbst bewerten, Sir?«

»Dreihundertfünfzig Tage im Jahr zugeknöpft. Schwatzhafte Elster zwei Wochen im Sommer.« Er zwinkerte.
Ich frage mich, ob das nicht ein Vorspiel war, um mich über VQ/CATHETER zu informieren. Ich nehme an, daß es für ihn allmählich schwierig wurde, Arbeitstag für Arbeitstag neben mir zu leben und nicht mit seiner größten Leistung prahlen zu können; außerdem wollte ich es allmählich auch wissen. Meine Gegenwart vertrug sich zweifellos schlecht mit CATHETER-bezogenen Gesprächen über das Funktelefon. Es kam der Tag, an dem ich meine Sicherheitsüberprüfung bestanden hatte und einen neuen Decknamen erhielt, VQ/BOZO III-a, der mich als Assistenten im Hochsicherheitsbetrieb von BOZO auswies.
Es dauerte noch eine Woche, bis ich zum Tunnel kam. Wie ich mir schon gedacht hatte, besuchte Harvey ihn nur nachts und oft mit auf Besuch weilenden hohen Militärs, Viersternegeneralen, Admiralen und Mitgliedern des Vereinigten Generalstabs aller Waffengattungen. Harvey machte sich gar nicht erst die Mühe, seinen Stolz zu bezähmen. Ich hatte eine solche Freude an einer Leistung nicht mehr gesehen, seit mich mein Vater 1939 im Alter von sechs Jahren William Woodward Sr., vorstellte, dessen Gestüt 1935 mit Omaha das Kentucky-Derby gewonnen hatte. Noch vier Jahre später errötete Woodward vor Freude, wenn der Name Omaha fiel.
Harvey seinerseits duldete keine Kritik an seiner Operation. In meinem Beisein beschrieb er sein Schmuckstück zum erstenmal an einem Abend, der damit begann, daß ich, das Gewehr im Arm, vorn auf dem Beifahrersitz BLACKIES saß. Hinten saß ein Dreisternegeneral, der sich, soweit ich verstehen konnte, im Auftrag des Vereinigten Generalstabs auf einer Inspektionsreise durch die Einrichtungen der NATO befand. Harvey machte sich ein Vergnügen daraus, unsere Fahrt auf einer Seitenstraße in Steglitz zu unterbrechen. Wir fuhren in eine Garage, stiegen aus dem Cadillac in einen ebenfalls kugelsicheren Mercedes um und fuhren wieder los, nun mit Harvey am Steuer, seinem Fahrer, die Flinte im Arm, daneben und mir selbst hinten neben dem General. »Leiten!« knurrte Harvey, und der Fahrer dirigierte ihn. So durchquerten wir rasch die Randgebiete der Stadt, mit vielen Kehrtwendungen in Seitenstraßen, um sicherzugehen, daß uns niemand folgte. Aus zwölf Kilometern wurden so bald zwanzig, und wir fuhren zwei-

mal durch Britz und Johannisthal, bevor wir nach Rudow mit seinen weiten, unbebauten Flächen kamen.
Die ganze Zeit erzählte Harvey dem General über die Schulter von den Problemen, die es beim Bau des Tunnels gegeben hatte. Ich hoffte, daß der General ein gutes Gehör hatte. Ich war ja Harveys Stimme gewöhnt und konnte trotzdem kaum ein Wort verstehen. Da der General es aber fertigbrachte, die hintere Sitzbank mit mir zu teilen, ohne mich in irgendeiner Weise zur Kenntnis zu nehmen, begann ich mich bald über seine Schwierigkeiten bei dieser gedämpften Einführung zu freuen. Der General reagierte darauf, indem er sich gelangweilt einen Martini eingoß.
»Dies ist meines Wissens der einzige Tunnel, der einen Schwestertunnel hat. Er liegt unter dem Raketenversuchsgelände von White Sands in New Mexico und ist vierhundertfünfzig Fuß lang, während der unsere eintausendfünfhundert Fuß mißt. Das geschah aus gutem Grund«, sprudelte es aus Harvey heraus. »Der Boden weist eine gewisse Ähnlichkeit mit dem weißen, zusammengepreßten Sandboden auf, der uns in Altglienicke zu schaffen machte. Die Nachgiebigkeit des Sandbodens war das Problem, sagten unsere Ingenieure. Was ist, wenn Sie den Tunnel graben, bauen einen Stahlring nach dem anderen ein, um das Ganze zusammenzuhalten, aber die Erschütterung des Erdbodens führt zu einer Absenkung der Oberfläche? Das könnte auf einem Foto auffallen. Wir dürfen nicht zulassen, daß auf den Luftbildern der Sowjets ein unerklärliches Phänomen erscheint. Nicht, wenn wir einen Tunnel nach Ostberlin bauen.«
»Ja, der Vereinigte Generalstab hat sich darüber sehr viel Sorgen gemacht«, sagte der General.
»Das glaube ich«, sagte Harvey. »Aber zum Teufel, wir haben's riskiert, nicht wahr, General Packer?«
»Völkerrechtlich ist es eine Kriegshandlung«, gab der General zu bedenken, »in das Territorium eines anderen Staates einzudringen, ob auf dem Luft-, See-, Landweg oder wie in diesem Fall von unten.«
»Aber es ist nicht so«, sagte Harvey, »daß ich hier zu Weihnachten einen schweren Stand hatte, um das zu verkaufen. Mr. Dulles meinte, wir sollten diesen Behemoth möglichst wenig schriftlich erwähnen.« Harvey redete weiter und fuhr schwungvoll mehrere scharfe Kurven. »Dieser Tunnel hat nach speziellen Lösungen

verlangt. Es galt fast unüberwindliche Sicherheitsprobleme zu lösen. Den Tadsch Mahal zu bauen ist eine Sache. Aber wie klatscht man ihn zusammen, ohne daß die Nachbarn etwas davon merken? Dieser Teil der Grenze wird von den Commies scharf bewacht.«

»Was hat man mit dem Tadsch Mahal gemacht?« fragte der General so leise, als sei es ihm gleichermaßen unangenehm gehört oder nicht gehört zu werden. Er setzte sein Glas ab, nahm es aber nach kurzem Nachdenken wieder an sich.

»Unser Hauptproblem war der Aushub«, sagte Harvey. »Wie würden wir die Tonnen von Sand wieder los? Um den Tunnel zu graben, mußten wir circa fünfzigtausend Kubikfuß Erde ausheben. Das sind mehr als dreitausend Tonnen, also einige hundert Lastwagenladungen. Und wo laden Sie soviel Erde ab? Jeder in Berlin hat einen Gesichtskreis von dreihundertsechzig Grad. Jeder Kraut kann zählen. Jeder Heini versucht sein Einkommen mit Hilfe seiner Beobachtungen aufzubessern. Und gesetzt den Fall, Sie breiten Ihren Sand über ganz Westberlin aus und verringern so die jeweils sichtbare Menge, dann haben Sie immer noch das Problem mit den Lastwagenfahrern. Zehn Lastwagenfahrer sind zehn höchst gefährliche Sicherheitsrisiken. Wir kamen aber auf eine einzigartige Lösung: Wir würden keinen Krümel Erde aus dem Tunnel vom Bauplatz fortschaffen! Statt dessen bauten wir ein großes Lagerhaus genau an der Grenze zu Altglienicke in Ostberlin und setzten eine Parabolantenne darauf. ›Aha‹, sagt der SSD. ›Guck dir mal diese Amerikaner an, tun so, als ob sie ein Lagerhaus bauen, und haben eine AN/APR 9 auf dem Schuppen. Und guck mal, Hans, das Lagerhaus ist schwer mit Stacheldraht gesichert. Die Amerikaner bauen da sicher eine Radarstation. Na ja, halt noch eine Radarstation für den Kalten Krieg. So aufregend ist das nicht.‹ Nun, General, was die Ostdeutschen und die Russen nicht wußten, war, daß wir dieses große Lagerhaus über einen vier Meter tiefen Keller bauten. Niemand macht sich Gedanken über den ganzen Dreck, den wir wegfahren, während wir den Keller für das Lagerhaus bauen. Nicht mal die Lastwagenfahrer. Jeder weiß, es wird eine Radarstation, die als Lagerhaus getarnt ist. Erst als wir den ganzen Aushub weg haben, fangen wir an den Tunnel auszuschachten. Unser Kellerraum war groß genug, um die errech-

neten fünfzigtausend Kubikfuß Erde aufzunehmen, die wir ausgraben mußten. Das, General Packer, war eine elegante Lösung.«
»So liegt also der ganze Dreck immer noch im Keller?« fragte der General.
»Nun, es ist auch nicht mehr, als wenn man das ganze Gold in Fort Knox vergraben müßte«, sagte Harvey.
»Ich verstehe«, sagte der General. »Deshalb hat man die Ausschachtung Operation GOLD genannt.«
»Es ist bei uns nicht üblich«, sagte Harvey feierlich, Fragen der Namengebung zu diskutieren.«
»Richtig. Das finde ich sehr vernünftig.«
»Wir sind da«, sagte der Chef. Am Ende einer langen, leeren Straße, die zwischen ebenso leeren Feldern auf beiden Seiten verlief, konnte wir die Silhouette eines großen, niedrigen Lagerhauses erkennen, das sich dunkel von den Scheinwerferkegeln der Autos abhob, die auf der ostdeutschen Seite über die Autobahn fuhren. Das Lagerhaus hatte eine eigene kleine Flutlichtanlage ringsum entlang des Stacheldrahtzauns und Lampen für den Wachdienst an einigen Fenstern und Türen, aber in der Nacht sah es kaum bewacht und irgendwie inaktiv aus. Ich fand die PKWs und Lastwagen auf der dahinter vorbeiführenden Schönefelder Chaussee weit interessanter. Ihre Geräusche waren wie die Brandung eines Ozeans, und ihre Fahrer ahnten nichts. Unser Lagerhaus erregte nicht mehr Aufmerksamkeit als irgendein anderes Gebäude in der Nacht an einer einsamen Autobahn.
Der Wächter öffnete das Tor, und wir parkten zwei Fuß von einer kleinen Tür entfernt, die ins Lagerhaus führte. Harvey war mit einem Satz aus dem Wagen und im Gebäude. »Entschuldigen Sie bitte, daß ich vorausgegangen bin«, sagte er zu dem General, nachdem wir ihn eingeholt hatten. »Aber Ihre E-und-A-Leute im Hauptquartier sagen ja, ich sei der am leichtesten identifizierbare CIA-Mann der Welt – außer Mr. Dulles natürlich. Deshalb wollen wir nicht, daß die Commies sich fragen, wieso ich hierherkomme. Könnte sie auf komische Gedanken bringen.«
»E und A. Einschätzungen und Arbeitshypothesen?«
»A steht für Analysen.«
»Sie schwimmen beim CIA genauso in der Alphabetsuppe wie wir.«
»Nur damit die Post durchkommt«, sagte Harvey.

Wir gingen einen Korridor entlang, beiderseits von Büroräumen gesäumt, von denen die meisten zu dieser Nachtzeit nicht besetzt waren. Dann öffnete der Chef eine weitere Tür zu einem großen fensterlosen, von Neonröhren erleuchteten Raum. Einen Augenblick lang dachte ich, ich wäre wieder in der Schlangengrube. Eine endlose Reihe von Arbeitstischen; Tonbandmaschinen stoppten und liefen an. Auf einem Podium blinkten Lampen auf einem Schaltpult, das so groß war wie eine Orgel. Ein halbes Dutzend Techniker saßen davor und beobachteten die Signale, während andere Einkaufswagen voll Tonbandrollen zu den Maschinen schoben. Der Lärm von – nach Harveys Angaben – einhundertfünfzig Ampex-Tonbandgeräten, die vorwärts oder rückwärts liefen, elektronischen Piepsern, die die Beendigung oder den Beginn eines Telefongesprächs meldeten, schufen eine Geräuschkulisse, die mich auf dieselbe unbehagliche Weise berührte wie ein Teil der fortgeschritteneren elektronischen Musik, die ich in Yale gehört hatte.

Gab es überhaupt noch ein Telefongespräch zwischen der ostdeutschen Polizei und/oder dem KGB und/oder dem sowjetischen Militär, das nicht in diesem Augenblick auf die eine oder andere Art aufgezeichnet wurde? Dieses Brummen und Surren wirkte auf mich wie eine akustische Verkörperung des Denkens und Fühlens unserer Feinde, und ich dachte, der Geist des Kommunismus müsse so aussehen und klingen wie dieser furchtbare Raum, dieses fensterlose Symbol des Kalten Krieges.

»Das alles hier ist nur ein kleiner Teil der Operation«, sagte Harvey leise und fast zärtlich. »Es ist jetzt ruhig hier.«

Er führte uns zu einer riesigen Schiebetür, zog sie auf, und wir schritten eine Rampe hinunter in einen noch atembeklemmenderen, stickigen Raum, der nur hier und da von einer herabhängenden Glühbirne erhellt war. Ich konnte einen ganz leichten dumpfen Geruch nach Erde wahrnehmen. Wegen der Rampe, der minimalen Beleuchtung und der Erdwände, die uns von beiden Seiten anstarrten, war mir, als hätten wir den verborgenen Zugang zu einer alten Grabkammer betreten.

»Eine verdammte Geschichte«, sagte der General, »wie sich die Sandsäcke bemerkbar machen, nachdem man sich in einem Unterstand eingerichtet hat. Manche Sandsäcke riechen gut, bei anderen hält man sich die Nase zu.«

»Wir hatten solche Probleme«, nickte Harvey. »Nachdem wir fünfzig Fuß weit gegraben hatten, kamen wir an Erde, die mit einem merkwürdigen Gestank behaftet war. Hat uns fast wahnsinnig gemacht. Es gab da genau südlich von dem geplanten Tunnel einen Friedhof, den wir auf gar keinen Fall treffen durften, denn die Russen hätten sonst einen Riesenpropagandawirbel angefangen – daß die Amerikaner deutsche Gräber entweihten und so weiter –, wenn es herauskommen sollte. Also bohrten wir den Tunnel statt dessen lieber weiter nördlich, obwohl der Friedhof einen geeigneteren Untergrund geboten hätte.«
»Und trotzdem hatten Sie da unten mit Geruchsbelästigung zu kämpfen«, sagte der General.
»Nein.« Ich weiß nicht, ob es an meiner Gegenwart lag, aber Harvey wollte auf gar keinen Fall »Nein, Sir« sagen, mochte der General protokollarisch im Rang auch über ihm stehen.
»Was war es denn, was Sie loswerden mußten?« wollte der General wissen.
»Wir konnten mit dem Gestank leben, aber wir mußten die Quelle finden.«
»Das ist richtig. Sie vom Geheimdienst müssen die Nase ja oft in mehr oder weniger anrüchige Dinge stecken.«
»Darauf können Sie sich verlassen, General. Wir haben's auch lokalisiert. Ein typischer Ingenieursalptraum. Wir stellten fest, daß wir in das Rieselfeld der Kläranlage für unser eigenes Lagerhauspersonal hineingeraten waren.«
»C'est la vie«, lachte der General.
Wir standen am Rand eines etwa sieben Meter breiten und merkwürdig tiefen zylindrischen Lochs. Ich konnte die Tiefe nicht schätzen. Wenn man hinabsah, fühlte man sich wie vor dem Sprung von einem Dreimeterbrett, aber dann kam es einem tiefer vor. Ein fast magnetisches Schwindelgefühl schien mich hinunterzuziehen, und schnell kletterte ich die Leiter hinab, die nach unten führte.
An einem Schrank, der dort auf dem Boden stand, zogen wir die Schuhe aus und schlüpften in Stiefel mit dick gepolsterten Sohlen. Außerdem legten wir Schlüsselbunde und loses Kleingeld ab. Mit einem Finger auf den Lippen führte uns Harvey die Laufplanken entlang. Der Tunnel war alle drei, vier Meter von einer herabhängenden Glühbirne erhellt und erstreckte sich vor uns bis zum

Fluchtpunkt. Zwei Meter hoch, zwei Meter breit, ein perfekter, fast fünfhundert Meter langer Zylinder, führte uns der Tunnel zwischen links und rechts aufgetürmten Sandsäcken hinüber in den Osten. In bestimmten Intervallen standen Verstärker auf den Sandsäcken, verbunden mit Leitungen, die in bleiummantelte Kabel einmündeten, die den ganzen Tunnel durchzogen.

»Da fließt der Saft durch in den Eimer«, flüsterte Harvey.

»Wo ist die Zapfstelle?« fragte der General im gleichen Tonfall.

»Das Schönste sparen wir uns auf.«

Vorsichtig gingen wir weiter. »Bloß nicht stolpern«, hatte man uns gewarnt. Auf unserem Weg begegneten wir drei Männern von der Instandhaltungsabteilung, jeder allein auf dem ihm zugewiesenen Posten. Wir hatten das Reich des CATHETER betreten. Es war wie eine Kirche, sagte ich mir, und ein kalter Schauer rieselte mir über den Rücken. Eine ganz eigentümliche Stille herrschte in diesen Räumen. Es war, als hätte man den langen Eingang zum Ohr Gottes betreten.

Unser Weg endete nach gut vierhundert Metern, aber ich hatte das Gefühl, wir hätten uns fast eine halbe Stunde lang den Tunnelboden entlanggetastet, bevor wir an eine Stahltür in einem Betonrahmen kamen. Ein Mann vom technischen Überwachungsdienst, der uns begleitete, zog einen Schlüssel heraus, drehte ihn in einem Schloß und drückte vier Zahlen an einem anderen Schloß. Die Tür öffnete sich geräuschlos. Wir waren am Ende des Tunnels. Über uns führte ein senkrechter Schacht etwa fünf Meter hoch ins Dunkel.

»Sehen Sie die Platte da oben über unseren Köpfen?« flüsterte Harvey. »Genau darüber ist die Stelle, wo wir uns an die Kabel angeschlossen haben. Das war ein gefährliches Unternehmen. Über unsere Quellen erfuhren wir, daß die Toningenieure des KGB in Karlshorst ihre Kabel mit Stickstoff versiegelt hatten, um sie vor Feuchtigkeit zu schützen, und Instrumente angebracht hatten, um den Gasdruck zu überwachen. Etwa vor einem Jahr hätten Sie genau über uns einer Aktion beiwohnen können, die sich im Schwierigkeitsgrad und Nervenkitzel mit der Operation eines weltberühmten Chirurgen vergleichen läßt, die noch niemand je zuvor gewagt hat.« Ich stand neben Harvey und versuchte mir die Angst der Techniker vorzustellen, als sie das Kabel anzapften. »Wenn die Krauts die Leitung in diesem Augenblick überprüft hätten«, sagte Harvey, »hätten sie es auf ihren Druckanzeigern gesehen. Das wäre so etwas wie ein Nervenzucken gewesen. Also war es letzten Endes auch ein Glücksspiel. Aber wir haben es geschafft. Im Augenblick sind wir mit einhundertzweiundsiebzig Leitungen verbunden. Jede Leitung enthält achtzehn Kanäle. Das sind mehr als zweitausendfünfhundert Telefongespräche und Telegramme der Militär- und Polizeibehörden, die wir gleichzeitig aufnehmen können. Das dürfen Sie ruhig eine fast hundertprozentige Überwachung nennen.«

»Dafür bekommt ihr auch gute Noten zu Hause«, sagte General Packer.

»Na, ich höre ja gern, daß die Wertschätzung zunimmt.«

»Der Vereinigte Generalstab wird nur Gutes von mir zu hören bekommen.«

»Ich weiß noch, daß das Pentagon zu sagen pflegte: ›Der CIA kauft Spione, damit sie ihm Lügen erzählen.‹«

»Nein, Sir, jetzt nicht mehr«, sagte General Packer.

Für die Rückfahrt nahm Harvey neben dem General im Fond des Wagens Platz, und sie tranken Martinis. Nach einer Weile fragte der General: »Was machen Sie mit den Aufnahmen?«

»Das meiste fliegen wir nach Washington.«

»So viel weiß ich schon. Man hat mir die Strumpfwirkerei gezeigt.«

»Das – hat man getan?«

»Raum T-32.«

»Man hat Sie doch nicht hineingeführt?« fragte Harvey.

»Doch, ja. Ich habe die Sicherheitsüberprüfung bestanden.«

»General Packer, nehmen Sie es mir bitte nicht übel, aber ich erinnere mich an eine Zeit, als man Donald Maclean vom britischen Foreign Office den Zutritt zu einer anderen streng geheimen Einrichtung gestattet hat. Ja, 1947 bekam er sogar einen Paß, mit dem er sich ohne Begleitung bei der Atomenergiebehörde umsehen konnte. Muß ich Sie daran erinnern, daß Maclean ein Mitglied der Philbybande war und sich, wie aus zuverlässigen Quellen hervorgeht, heute in Moskau niedergelassen hat? Bitte seien Sie nicht böse, daß ich das erwähne.«

»Ich kann nichts daran ändern, wenn es Ihnen nicht gefällt, aber der Vereinigte Generalstab wollte ein paar Dinge wissen.«

»Was zum Beispiel?«

»Zum Beispiel, wie viele von den Aufnahmen zur sofortigen

Bearbeitung hierbleiben und wie viele nach Washington gehen. Sind Sie zum Beispiel in der Lage, uns rechtzeitig vierundzwanzig Stunden im voraus zu warnen, falls die sowjetische Armee Berlin im Handstreich zu besetzen plant?«

Ich hörte die abhörsichere Glaswand hinter mir im Mercedes hochgehen. Nun konnte ich kein Wort mehr verstehen. Ich beugte mich vor zum Fahrer und zündete mir eine Zigarette an, und so gelang es mir, durch den Rückspiegel einen Blick nach hinten zu werfen. Sie wirkten beide ausgesprochen cholerisch.

Als wir an der Garage hielten, um wieder in den Cadillac zu steigen, hörte ich Bill Harvey sagen: »Das werde ich Ihnen nicht verraten. Der Vereinigte Generalstab kann jeden Quadratzoll meines Hinterns küssen.«

Nun, wieder in BLACKIE-1 – zwei frische Martinis flossen aus der Karaffe in die Gläser –, ließ Harvey die Trennscheibe oben. Ich konnte nichts mehr hören, bis wir den General an seinem Hotel, dem Savoy, absetzten. Harvey ließ sofort die Trennscheibe herunter, um mit mir zu plaudern. »Da hast du deinen General. General Arschloch. Wohnt im Savoyiih! Früher habe ich mal gelernt, daß Generäle bei ihrer Truppe zu bleiben hätten«, sagte er und rülpste verächtlich. »Junge, scheint so, als ob du die ganze Truppe wärst. Wie gefällt dir der gute alte CATHETER?«

»Ich weiß jetzt, was Marco Polo für ein Gefühl hatte, als er Cathay entdeckte.«

»Die bringen euch Jungens wirklich was bei in diesen Neuenglandschulen.«

»Yessir.«

»›Yessir‹? Willst du mir sagen, ich hätte bloß Scheiße im Hirn?« Er rülpste wieder. »Hör mal, Junge, ich weiß nicht, wie's dir geht, aber Flachköpfe wie dieser General kratzen mich in den Eingeweiden. Ich habe im Zweiten Weltkrieg zufällig keine Uniform getragen. Ich war zu sehr damit beschäftigt, Nazis und Kommunisten für den FBI zu jagen. Also irritieren mich die meisten Militärs. Laß uns doch den Boden mit hochprozentigem Stoff wachsen, um uns zu erholen!«

»Ich lehne nie einen Drink ab, Chef.«

6

Sobald wir allerdings in GIBLETS in seinem Wohnzimmer saßen, schien Harvey die Müdigkeit zu überwältigen. Er nickte beim Reden immerzu ein, und das Glas schwankte in seiner Hand wie eine Tulpe in der Sommerbrise. Doch brachte er es immer fertig, rechtzeitig hochzufahren, ehe er etwas verschüttete.
»Es tut mir leid, daß meine Frau heute nacht nicht aufbleiben konnte«, brummte er nach einem dieser Zehnsekundennickerchen.
Sie hatte uns an der Tür begrüßt, unsere Drinks gemixt und war auf Zehenspitzen hinausgeschlichen, aber ich spürte, daß sie im Obergeschoß herumwanderte, als ob sie darauf wartete, ihn nach meinem Weggang zu Bett zu bringen.
»C. G. ist eine wunderbare Frau. Absolute Spitze«, sagte er.
Der ausdrückliche Befehl, nicht »Yessir« zu sagen, nahm mir die Möglichkeit zur passendsten Antwort auf die meisten seiner Feststellungen. »Ganz gewiß«, sagte ich schließlich.
»Darauf kannst du dich verlassen«, sagte er. »Willst du wissen, was C. G. für eine ist? Ich werde dir mal was erzählen. Eine Frau, die im Sowjetsektor lebte, ließ auf der Türschwelle eines Offiziers der Company unten an der Straße ein Baby liegen. Genau vor seiner Tür! Ich will dir nicht den Namen von dem Kerl nennen, weil er eine Menge Ärger an den Hals gekriegt hat. Warum hat sich diese ostdeutsche Frau einen CIA-Mann ausgesucht? Woher wußte sie, daß er einer war? Na ja, bei so einem verrückten Gesöff kann man keinen klaren Kopf behalten, was das angeht, also vergessen wir diesen Aspekt der Sache. Wichtig ist, daß die Frau einen Zettel hinterlassen hat: ›Ich möchte, daß mein Kind in Freiheit aufwächst!‹ Das genügt wohl, daß sich einem das Herz im Leibe herumdreht. Was?«
»Richtig.«
»Falsch. Du darfst nichts so einfach hinnehmen. Nicht bei unserer Arbeit. Aber meine Frau sagt: ›Dieses Baby könnte für uns vom Himmel gefallen sein. Ich lasse die Kleine nicht in ein Waisenhaus gehen. Bill, wir müssen sie adoptieren!‹« Er schüttelte den Kopf. »Genau am Abend davor hatte ich mit C. G. eine ostdeutsche Wochenschau angesehen. Ich wollte mal feststellen, ob ich den

Einheiten, die auf der Parade vorbeizogen, ein paar Fingerzeige im Hinblick auf ihre Ausrüstung entnehmen konnte – fühle dich nie einer Quelle überlegen, so minderwertig sie dir auch vorkommen mag –, und eine ihrer Musikkapellen zog vorbei. Eine ganze Kompanie mit Glockenspielen. Ich sah mir die Bänder an, die an diesen Glockenspielen flatterten – richtiger Heini-Firlefanz –, und ich sagte zu C. G.: ›Warum hängen sie keine Schädel aus ihren Arbeitslagern an diese Instrumente, ha ha‹, und am nächsten Tag erinnert sie sich daran. Wenn ich diese Sows so hasse, teilt sie mir mit, dann ist es meine Pflicht, das Baby zu adoptieren.« Er rülpste zärtlich. »Kurz und gut«, fuhr er fort, »ich habe auf diese Weise eine adoptierte kleine Tochter. Phänomenal, nicht?«

»Gewiß«, sagte ich. Ich wollte ihm nicht beipflichten, damit er mir erneut widersprach, aber er grinste nur und sagte: »Richtig. Meine Tochter ist süß. Wenn ich's mal schaffe, sie zu sehen.« Er stockte und starrte in sein Glas. »Müdigkeit ist dein ständiger Begleiter bei dieser Art von Arbeit. Du wirst vielleicht meinen, es war eine Zeitverschwendung mit dem General, aber das war es nicht. Weißt du, warum ich mir solche Mühe gebe, CATHETER zu verkaufen?«

»Nein, Mr. Harvey.«

»Der Direktor hat mich darum gebeten. Ich habe gerade heute Nachmittag einen Anruf von Allen Dulles bekommen. ›Bill, mein Freund‹, sagt er zu mir: ›Zeig dem Dreisternegeneral Packer die Strecke. Wir müssen sie beeindrucken.‹ Deshalb habe ich mich heute abend dem Verkauf von CATHETER an General Arschloch gewidmet. Weißt du, wieso?«

»Noch nicht genau.«

»Weil beim Vereinigten Generalstab sogar die Lakaien eingebildete Fatzken sind. Sie sind es gewohnt, Schlachtschiffe und nukleare Warnsysteme zu besichtigen. Man beeindruckt sie nicht so leicht. Wenn sie unterirdische Einrichtungen begehen, so sind das U-Boot-Häfen, während wir nur einen dreckigen kleinen Tunnel haben. Aber wir fangen mehr Informationen ab als irgend jemand vor uns in der Geschichte. Keine Nation, kein Krieg, keine Spionagearbeit hat das je erreicht, was wir erreicht haben. Daran mußte ich sie erinnern. Das müssen sie wissen, damit sie parieren.«

»Ich konnte im Wagen ein wenig mithören. Sie haben ihm wirklich die Meinung gesagt.«

»Ich habe nicht gebrüllt. Überhaupt nicht. Die Sache ist die: Er

wollte ja gar nicht wissen, was für Nachrichten wir auffangen. Wir hier in Berlin überprüfen ja nicht mehr als zehn Prozent unserer Aufzeichnungen und auch das nur stichprobenartig, aber das ist schon genug. Du kannst einen Dinosaurier anhand von ein paar Unterschenkelknochen rekonstruieren. Was wir wissen, und was das Pentagon überhaupt nicht gern hat, ist die Tatsache, daß sich das Eisenbahnnetz auf der Sowjetseite – in Ostdeutschland, der Tschechoslowakei und Polen – in einem miserablen Zustand befindet. Die Russen haben einfach nicht die Transportkapazität, um Westdeutschland anzugreifen. Es ist auf Jahre hinaus kein Blitzkrieg in Sicht. Na, du kannst dir vorstellen, wie fest das Pentagon auf diesen Neuigkeiten sitzen würde. Wenn nämlich der Kongreß davon Wind bekäme, würde er der Army Milliarden von Dollars an Panzer-Kontrakten wegnehmen, die erst noch zugeteilt werden sollen. Und General Packer steckt nun mal im Panzergeschäft drin. Er hat eine furchtbare Angst auf seiner NATO-Rundreise. Natürlich wird der Kongreß nichts davon erfahren, wenn wir es ihm nicht sagen, und von uns werden die keinen Furz zu hören bekommen, außer wenn das Pentagon anfängt, uns Knüppel zwischen die Beine zu werfen. Denn grundsätzlich, Hubbard, gehört es sich nun einmal nicht, dem Kongreß etwas zu petzen. Er ist zu weich, zu sehr von der öffentlichen Meinung beeinflußt. Und es ist falsch, der amerikanischen Öffentlichkeit irgendwelche Schwächen der Russen zu verraten. Sie versteht nicht genug vom Kommunismus, als daß sie das Problem richtig einschätzen könnte. Erkennst du nun die Regeln meines Doppelspiels? Ich muß dem Pentagon Angst einjagen, damit es meint, wir könnten ihm seine Enten vom Teich schießen, und ich bin doch gleichzeitig darauf aus, ebendiese Enten zu schützen. Sie dürfen nicht erfahren, daß wir zu ihrem Team gehören, sonst würde uns das Pentagon nicht hoch genug einschätzen. Das mag ja sowieso alles nur Theorie sein, Junior. Denn die Strumpfwirkerei, von der General Arschloch sprach, ist ohnehin zwei Jahre im Rückstand bei der Übersetzung des Rohprodukts, das wir ihnen von CATHETER schicken, und dabei gibt es uns erst seit einem Jahr.«
Er schlief ein. Das Leben schien sich aus seinem Körper in sein Glas zu verlagern, das mehr und mehr zur Seite kippte, bis das Gewicht des ausgestreckten Arms ihn aufweckte.

»Dabei fällt mir ein«, sagte er. »Wie kommen wir mit CLOAKROOM voran? Wo ist er jetzt?«
»In England.«
»Von Korea nach England?«
»Yessir.«
»Wie lautet der neue Name?«
»SM/ONION.«
Harvey richtete sich einen Augenblick lang kerzengerade auf, stellte seinen Drink ab, grunzte, griff sich über den Bauch hinweg zum Knöchel und hob das Hosenbein an. Ich sah, daß er ein Fahrtenmesser am Knöchel festgeschnallt trug. Er öffnete das Futteral, zog das Messer heraus und fing an, sich die Fingernägel zu beschneiden, während er mich die ganze Zeit aus blutunterlaufenen Augen ansah.
Es lag schon ein paar Wochen zurück, daß er mich zum letztenmal gequält hatte, aber jetzt konnte ich nicht sagen, ob er Freund oder Feind war. Er grunzte.
»Ich schätze«, sagte ich, »SM/ONION kann eine Art Rat an uns sein, daß wir die Zwiebelschalen weiter abpellen sollen.«
»Hör auf!« schrie er. Er legte das Messer hin, um noch einen halben Martini herunterzukippen. »Ich hab' nicht die Absicht, weitere zwei Wochen zu warten, um dann festzustellen, daß dieser Hundesohn wieder einen neuen Namen hat. Entweder handelt es sich um ein Schwergewicht, oder jemand hat panische Angst vor mir. Ich rieche VQ/WILDBOAR im Holzschuppen.«
»Wolfgang?«
»Genau. Meinst du, Wolfgang könnte mit ONION in London sein?« Er dachte so lange darüber nach, bis er zu schnarchen begann. »Na schön. Du wirst ein paar von unseren Leuten in London kennenlernen. Morgen früh fängst du an zu telefonieren. Wenn KU/CLOAKROOM meint, er kann sich in London verstecken, wird er lernen, was ein Bohrloch ist.«
»Yessir.«
»Schau mich nicht so unglücklich an, Hubbard. Harte Arbeit hat einem ehrlichen Intelligenzler noch nie geschadet. Schon gar nicht, wenn er beim Geheimdienst ist.«
»Klar.«
»Sei um sieben Uhr morgens zum Frühstück hier bei mir.«
Damit steckte er das Messer ins Futteral zurück, nahm sein Glas

und schlief ein. Schlief ganz tief ein. Ich konnte dessen sicher sein, weil die Hand, die den Martini hielt, erschlaffte und der Inhalt sich auf den Teppich ergoß. Dann fing er an, laut zu schnarchen.

7

Es war kurz vor Mitternacht. Ich kam mir vor, als hätte ich noch sieben Stunden Zeit, bis die Hinrichtungsrituale beginnen würden. Als ich GIBLETS verließ, beschloß ich deshalb, Dix Butler zu suchen und mit ihm zusammen die Nacht durchzusaufen. Um die erste Hälfte dieser Absicht zu verwirklichen, brauchte ich entschieden weniger Zeit als für die zweite. Ich traf Dix auf Anhieb unweit des Kurfürstendamms in einem kleinen Club, den er häufig frequentierte und der »Die Hintertür« hieß. In dieser Hintertür war ein Mädchen, das mit den Gästen tanzte und trank, und eine Barkeeperin, in die Dix sich vergafft hatte. Sie hatte pechschwarzes Haar, nichts Alltägliches in Berlin, selbst wenn es gefärbt war, und wirkte ausgesprochen elegant und welterfahren für eine kleine Bar. Ich glaube, es war der Luxus, dort trinken zu können, ohne mit einem Auge aufs Geschäft zu achten, der Dix dort hinzog, dazu Maria, die Barkeeperin. Er war unglaublich höflich zu ihr und versuchte nie herkulischere Annäherungen, als daß er sie gelegentlich fragte, ob er sie nach Haus bringen dürfe, worauf sie stets mit einem geheimnisvollen Lächeln antwortete, das nein hieß. Das andere Mädchen hieß Ingrid, hatte rotgefärbtes Haar und stand dem Gast zum Tanzen zur Verfügung oder auch nur zum Sitzen und Zuhören, wenn man Sorgen hatte – einen Dienst, den an den meisten Abenden der eine oder andere niedergeschlagen dreinblickende Geschäftsmann aus Bremen oder Dortmund oder Mainz in Anspruch nahm. So ein Heini kaufte sich dann bei Ingrid ein paar Stunden Gesellschaft, in denen sie ihm mit langsamen Tänzen, stereotyper Konversation oder dumpfem Schweigen die Zeit vertrieb. Sie pflegte dem Kunden die Hand zu halten, erzählte Geschichten, brachte ihn gelegentlich sogar zum Lachen. Ich fand das Gleichgewicht von Angebot und Nachfrage beeindruckend. Fast nie war Ingrid frei, doch das Tempo in der »Hintertür«

wiederum so gemächlich, daß selten zwei Kunden gleichzeitig ihre Gesellschaft suchten.
Ingrid und ich waren inzwischen schon gute Freunde geworden. Wir flirteten, wenn sie gerade mal keinen Kunden hatte, tanzten ein bißchen und übten abwechselnd Deutsch und Englisch miteinander. Gelegentlich fragte sie mich: »Du liebst mir?«
»Ja«, erwiderte ich. In einer fremden Sprache war's nicht schwer, ja zu sagen, auch wenn es nicht stimmte. Bei ihr wiederum verzogen sich die scharfen Linien ihres Mundes zu einem abwesenden Lächeln – sie wußte durch ihren Beruf, daß die Liebe eine schwierige Sache ist. »Ja«, wiederholte sie und hielt Daumen und Zeigefinger einen halben Zentimeter auseinander: »Du liebst mir ein bißken.« Sie hatte eine kräftige Stimme, die mir gefiel, denn sie sprach sehr deutlich.
Ich erfuhr schließlich, daß Ingrid verheiratet war, mit ihrem Mann und ihrem Kind nebst ein paar Vettern und Brüdern in der Wohnung ihrer Mutter lebte und in die Vereinigten Staaten wollte. Dix hatte mir das erzählt. »Sie möchte sich einen Amerikaner angeln.« Trotzdem freute ich mich über die gelegentlichen Küsse, mit denen sie mir gratulierte, wenn ich bei meinen Tanzschritten ein wenig Rhythmus zeigte. Sie nahm von mir kein Geld an. Den deutschen Geschäftsleuten gegenüber nannte sie mich ihren »Schatz«.
Nun, da ich ihr offizieller Liebhaber geworden war, durfte ich am Klatsch partizipieren. Ingrid informierte mich, daß Maria von einem reichen Beschützer ausgehalten wurde. Als ich das an Dix weitergab, zahlte er mir prompt meine Dividende aus: »Der Kerl, mit dem Maria zusammenlebt«, sagte er, »ist zufällig eine reiche Frau in mittlerem Alter. Deshalb kann ich nicht bei ihr landen.«
»Warum versuchst du es dann?«
»Das frage ich mich auch.«
Seine Ruhelosigkeit steigerte sich, und ich fand, die Hintertür war für ihn heute abend nicht das Richtige – zu ruhig –, als die Tür aufging und Freddy und Bunny McCann hereinkamen. Freddy, zweiter Vorname Phipps, Absolvent von Princeton 1954, war mein Nachfolger Downtown, ebenjener Bursche, der meinen Job im Handumdrehen gelernt hatte, und das alles – so dachte ich manchmal –, weil er ganz einfach nett war. Er hatte sich in meine Hände begeben. Er hatte sich mir anvertraut. Es ist nicht schwer, jemandem etwas beizubringen, wenn man sich keine quälenden Fragen

stellen muß, warum man es tut. Also mochte ich ihn und seine Art. Er war sogar noch größer als ich, aber er wog ein paar Kilo weniger, und wenn er sich bei manchen Arbeiten für die Agency nicht so geschickt anstellte, kam's daher, daß er zu sehr der Typ eines amerikanischen Beamten war.

Seine Frau war da schon auffallender. Sie hatte eine wundervolle schwarze Mähne und ein entzückendes Gesicht. Ich konnte den Blicken, die sie sich zuwarfen, als sie zu uns herüberkamen, entnehmen, daß sie enttäuscht waren vom mangelnden »Pfiff« des Lokals, von den leeren Tischen, dem Fehlen des Lasters. Meine Schuld. Freddy hatte mich bei der Arbeit angerufen und gefragt, ob ich ihm eine Kneipe empfehlen könne, wo man in Ruhe ein Glas trinken könne – »etwas mit ein bißchen Berliner Flair«. Ich mußte ihm versichern, daß es so etwas nicht gab – »es sind alles entweder Zirkusse oder Leichenschauhäuser« –, und kam dann auf die »Hintertür«, »da kannst du wenigstens atmen und reden. Die Barkeeperin ist vielleicht etwas Neues für dich, und das Mädchen, mit dem man dort tanzen kann« – ich schämte mich nicht mal, damit anzugeben –, »sagt, sie habe einen Narren an mir gefressen.«

»Nun, das hört sich ja wirklich gut an. Wir hocken seit Tagen aufeinander. Bunnys Vetter, Bailey Lawrence, ist hier am Konsulat, und er hat uns so richtig auf der Bankettliste eingefangen. Alles so fürchterlich ernstes Zeugs. Und wenn's um das Braten von Gummihähnchen geht, sind uns die Deutschen durchaus gewachsen.«

»Die ›Back Door‹ könnte dir gefallen.«

»Ich dachte, es hieße ›Die Hintertür‹.«

»Das stimmt auch«, sagte ich. »Aber der Name steht draußen gleich noch auf englisch dran.«

Ich wollte, das hätte ihn abgeschreckt. Noch nie hatte mein – wenn auch trauriges – Lieblingslokal so drittklassig ausgesehen.

»Wie, sagten Sie doch noch mal, heißen Sie?« fragte Dix, sobald sich Freddys Frau gesetzt hatte, und wiederholte: »Bunny Bailey McCann.« Es klang so ähnlich, wie er »Herrick« sagte. »Wofür steht Bunny?« fragte er weiter.

»Eigentlich für Martita.«

»Martita Bailey McCann. Ein netter Name«, sagte er.

»Vielen Dank.«

»Guter Rhythmus der Konsonanten.«
»Sind Sie Schriftsteller?«
»Genau gesagt Dichter«, erklärte ihr Dix.
»Veröffentlichen Sie Ihre Gedichte?«
»Nur in Zeitschriften, die Knittelverse suchen.«
»Oh.«
»Oh.«
Freddy lachte. Ich lachte ein bißchen mit.
»Was trinkt ihr?« fragte Dix.
»Scotch«, sagte Freddy. »Wasser extra.«
»Zwei Scotch«, rief Dix zu Maria hinüber. »Gib uns den Scotch aus Schottland.«
»Danke«, sagte Freddy. »Ich nehme an, sie tun Geschmacksstoffe in Äthylalkohol und servieren es einem als Scotch, wenn man sie läßt.«
»Weiß ich nicht«, sagte Dix. »Ich kann das Zeug nicht trinken. Ich versteh' nichts von Scotch.«
»Das ist eine komische Bemerkung«, sagte Freddy.
»Der Alkohol, den wir zu uns nehmen, heißt Spiritus. Ich möchte wissen, welchen Spiritus ich zu mir nehme.«
»Toll«, sagte Freddy McCann. »Ich habe das Wort mein ganzes Leben lang benutzt und noch nie darüber nachgedacht. Spiritus heißt Geist.«
»Ich denke sehr viel drüber nach«, sagte Dix.
»Das ist gut für Sie«, sagte Bunny.
Er sah sie an. »Neulich habe ich was über Scotch erfahren. Von der Barkeeperin da, von Maria. Ich habe sie gefragt: ›Was sind das für Männer, die Scotch trinken?‹ Und sie sagte: ›Weißt du das nicht?‹ Ich sagte: ›Das weiß ich nicht.‹ ›Oh‹, sagte sie, ›das ist nicht so schwer. Männer, die Scotch trinken, haben aufgegeben.‹«
»Ich nehme an, der Schuh paßt«, sagte Freddy nach einer Pause.
»Unsinn, Liebling«, sagte Bunny. »Du gibst niemals auf. Nicht, wenn es sich lohnt.« Sie sah mich an. Sie hatte wunderschöne Augen, und diese Augen fragten: »Ist das Ihr Freund?«
»Nun, ich glaube nicht«, seufzte Freddy, »daß mit mir soviel los ist.«
»Sie sind bildhübsch, Mrs. McCann«, sagte Dix. »Ihr Mann muß ein Glückspilz sein.«
»Sie dürfen mir glauben, daß auch ich ein Glückspilz bin.«

»Glaub ich Ihnen nicht«, sagte Dix.
Freddy lachte. »Hört, hört.«
»Hier ist der Scotch«, sagte Bunny und trank die Hälfte ihres Glases mit einem Schluck. »Ich glaube, Sie können mir gleich noch eins bringen«, rief sie dem Kellner zu.
»Ja«, sagte Freddy. »Noch eine Runde.«
»Ich würde so weit gehen«, bohrte Dix weiter, »zu sagen, daß Ihr Mann ein verdammtes Glück hat.«
»Ich würde vorschlagen«, fauchte Bunny, »daß Sie den Mund halten.«
Dix kippte den Rest seines Bourbon hinunter. Wir saßen da und schwiegen.
»Ja, Ma'am, wetten?« sagte er in das Schweigen hinein.
»Wetten, was?« fragte sie nach einer Pause.
Er war noch nicht bereit aufzugeben. »Ich wette, Sie und ich könnten die beiden unter den Tisch trinken.«
»Ich würde darauf wetten, daß die größten Trinker der Welt aus Dartmouth kommen«, sagte Freddy.
Ich mußte ihm helfen, weil er sich Mühe gab. »Ich habe in der Mittelstufe in Hanover beim Spiel zwischen Princeton und Dartmouth einen Burschen getroffen, der soviel getrunken hat, daß ich nicht glaube, daß er außer den ganz einfachen motorischen Funktionen noch irgendwelche geistigen Fähigkeiten besaß. Seine Freunde in der Studentenclique haben immer die Examina für ihn mit erledigt, so daß er an der Uni bleiben und für sie Wetten gewinnen konnte, wenn sie Trinkwettbewerbe mit anderen Verbindungen austrugen. Ich habe ihn letztes Jahr gesehen, und er war hinüber.«
»Freund«, sagte Dix. »Du hast den Brief geschrieben. Bring ihn zur Post.«
Freddy McCann lachte gequält.
»Hätten Sie etwas dagegen, wenn ich mit Ihrer Frau tanze?« fragte Dix.
»Ich glaube, das muß sie entscheiden.«
»Sie wird nein sagen«, sagte Dix.
»Sie haben völlig recht«, bestätigte Bunny.
»Nein, mein Freund, deine Frau will nicht mit mir tanzen. Es könnte zur Gewohnheit werden.«
»Also was wollen Sie mir jetzt sagen?« fragte Freddy ihn endlich.

»Daß Sie ein verdammter Duselbruder sind.«
»Genug«, sagte ich.
»Nein, Harry«, sagte Fred. »Ich kann für mich selbst sprechen.«
»Ich habe dich aber nicht sehr gut gehört«, sagte Dix.
»Das wird jetzt ein bißchen merkwürdig«, sagte Fred McCann. »Bitte denk dran. Es sind Deutsche hier. Wir sollen ihnen ein Beispiel geben.«
»Ich finde, deine Frau hat einfach prachtvolles Haar«, sagte Dix und fuhr ihr mit der Hand – nicht schnell, sondern so langsam, daß sie rechtzeitig reagieren konnte – von der Braue über den Kopf bis in den Nacken.
Ich stand auf. »Okay, Dix«, sagte ich. »Du darfst dich jetzt bei meinen Freunden entschuldigen.« Es ist merkwürdig, aber in diesem Augenblick schien mir nichts schlimmer, als zusehen zu müssen, wie Dix Butler Fred McCann zusammenschlug.
Dix starrte mich an. Er stand auf, und sein Körper strömte eine spürbare Hitzewelle aus. Sie veränderte sogar das Licht im Raum. In dem Augenblick hätte ich auf die Existenz einer menschlichen Aura geschworen. Sie bestand aus drei verschiedenen Rottönen. Trotz allem, was man mir im letzten Jahr im Nahkampf beigebracht hatte, war ich ihm keinesfalls gewachsen. Wenn er beschloß, mich zu verprügeln, würde er es tun. Die einzige Frage war, ob er's tun würde.
Jetzt – und dafür kann ich auch meine Hand ins Feuer legen – ebbte das Licht ab und wurde grün. Ein trübes, ausgebranntes Grün. Die Luft roch versengt. Ich hörte, wie sich eine Stimme in Butlers Hals regte, noch bevor die Sprache herauskam. »Willst du mir sagen, daß ich mich danebenbenommen hätte?«
»Ja.«
»Und deinen Freunden eine Erklärung schulde?«
»Ja.«
»Sag mir das noch einmal.«
Ich wußte nicht, ob das eine Herausforderung oder eine Bitte war, ihm zu helfen, wenigstens einen Teil seines Gesichts zu wahren.
»Dix, ich glaube, du schuldest meinen Freunden eine Erklärung«, sagte ich unerbittlich.
Er wandte sich ihnen zu. »Es tut mir leid«, erklärte er feierlich. »Ich bitte Mr. und Mrs. McCann um Verzeihung. Ich habe mich danebenbenommen.«

»Es ist schon gut«, sagte Fred.
»Traurig danebenbenommen«, sagte er.
»Entschuldigung angenommen«, nickte Bunny Bailey McCann.
Er nickte ebenfalls. Ich dachte schon, er würde salutieren. Dann packte er mich beim Arm. »Laß uns hier rausgehen.« Er rief Maria zu: »Setz ihre Drinks auf meine Rechnung«, und schob mich zur Tür. Ich fing gerade noch einen letzten Blick von Ingrid auf, die mich mit zärtlicher Sorge ansah.

8

Ich weiß nicht, wie viele Straßen wir überquerten. Die Geister längst verschwundener Gebäude erhoben sich von jedem ausgebombten Grundstück. Hier und da sah man Licht in einem Fenster. Als Schüler hätte ich vielleicht in meiner jugendlichen Melancholie über das Leben nachgegrübelt, das ein solcher Raum enthielt. Ein streitendes Paar, ein krankes Kind, ein Mann und eine Frau beim Liebesakt, aber jetzt in dieser verhüllten Stadt aus Kloaken und leergefegten Ruinenfeldern, in der es alle Nachrichten zu kaufen gab, sah ich statt dessen hinter jedem erleuchteten Fensterschatten einen Agenten mit einem anderen Agenten kungeln: BND mit SSD, SSD mit KGB; und dort, in dem fernliegenden Gebäude links, in dem nur noch ein Licht brannte – war das ein Safe house, das uns gehörte? Hatte ich an dem Tag, an dem ich die Runden mit C. G. Harvey machte, geholfen, dort die Vorräte zu ergänzen? Ich weiß nicht, ob die Emanationen der Toten schon ganz und gar aufgehört hatten, sich unter dem Berliner Trümmerschutt zu regen, aber nie war ich mir der Menge der Gebeine mehr bewußt, die unter dieser Stadt liegen.
Butler sagte kein Wort. Während ich mich seinem schnellen Schritt anzupassen suchte, spürte ich, daß er zu einer Entscheidung kam, konnte aber nicht erkennen, was er beabsichtigte. Ich sah nur, daß unser Weg uns in weitem Bogen zum Kurfürstendamm zurückführte. Irgendwie fühlte ich mich ihm ausgeliefert. Er würde mir nicht weh tun, solange ich ihn begleitete, aber ich mußte die Nacht hindurch an seiner Seite bleiben.

Sechs oder acht Blocks vom Kurfürstendamm entfernt bog er in eine weitere Straße ein. »Laß uns mal eine meiner Quellen besuchen«, sagte er. Sein Lächeln, das ich im Schein einer Straßenlampe sehen konnte, gefiel mir nicht, und mir war, als ob der erste Teil seiner Revanche nun bevorstehe. Es war ein ganz eigenartiges Lächeln, ein böses, dachte ich, und doch hatte er noch nie so jung ausgesehen. »Mach dich auf was gefaßt«, sagte er und klopfte an eine schwere schmiedeeiserne Tür in der Mauer eines kleinen Gebäudes. Ein Türsteher in schwarzem Ledermantel und schwarzer Ledermütze kam aus einem Raum an der einen Seite eines kurzen überwölbten Ganges. Der Türsteher sah nicht glücklich aus, als er Butler sah. Wir gingen ein paar Treppen hinunter in einen leeren Kellerraum, durchquerten ihn, öffneten eine andere Tür und waren in einer Bar. Männer in allen möglichen Kostümen gingen umher. Manche waren rotgesichtig, manche blaß, und manche schwitzten wie die Schweine. Mehr als die Hälfte war bis zur Taille nackt, und ein paar liefen in Slips und Stiefeln herum. Ein beißender Geruch von Ammoniak hing in der Luft, stark wie ein Desinfektionsmittel. Erst dachte ich, es wäre vielleicht eine Flasche Lysol zerbrochen, doch bald wurde mir klar, daß es Urin war. Alles schien voller Urin. Urin stand in Pfützen auf dem Boden und in einer Rinne am Ende der Bar. Dahinter war eine hölzerne Folterbank, und zwei nackte Männer, etwa zwei Meter voneinander entfernt, waren daran gefesselt. Ein fetter Deutscher im Unterhemd und tief an Trägern herunterhängenden Hosen mit offenem Hosenschlitz pißte auf den einen Mann. Er brauchte sehr lange, bis er fertig war. Der Mann im Unterhemd hatte eine Zigarre im Mund, einen Literkrug Bier in der einen und seinen Penis in der anderen Hand. Mit hochrotem Kopf pißte er mit solcher Hingabe auf den Körper und das Gesicht des Burschen am einen Ende der Folterbank, als ob er Blumen in einem Garten wässerte. Dann trat er zurück und verbeugte sich knapp unter dem beifälligen Lärm derer, die ihm zusahen. Zwei andere Männer kamen hervor, um gemeinsam auf den anderen nackten Mann zu pinkeln. Ich konnte meine Augen nicht von den beiden an dieses Gestell gefesselten Männern abwenden. Der erste war ein kleines Scheusal, häßlich, verkrüppelt, eine feige Memme. Er zuckte zusammen, als der fette Mann ihn anpißte, er fröstelte, zitterte, er schloß den Mund und knirschte mit den Zähnen, als seine Lippen überspült wurden, aber dann riß er den Mund plötzlich weit auf, trank, spuckte, würgte, schluchzte und lachte in einem. Der ekelhafte Vorgang erregte zu meinem Entsetzen auch in mir eine Grausamkeit und Lust an seiner Mißhandlung, als wäre er nur dazu da, daß man ihn anpisse.

Sein Partner, ebenso gefesselt, sah schon eher aus wie ein menschliches Wesen. Unter den sich kreuzenden Strömen zweier dunkler, eifriger Deutscher, die eine Ledermontur zu teilen schienen (weil der eine nichts als die Jacke und der andere die Hosen trug), erschien mir diese andere nackte Gestalt blond und blauäugig, mit dem Mund eines Cupido und einem tiefen Grübchen am Kinn. Seine Haut war so weiß, daß seine Knöchel und Handgelenke sich an den Fesseln wundrieben. Er starrte mit einem Blick zur Decke empor, als fühle er sich befreit, erlöst von all den Kerlen, die auf ihn pißten. Mir kam es vor, als lebe er in einer Welt, in der die Demütigung nicht mehr existierte. Etwas von der zärtlichen Sorge, die aus Ingrids letztem Blick gesprochen hatte, regte sich nun in mir. Ich wollte diesen jungen Mann abwischen und befreien, bis mir in meinem benebelten Gehirn klar wurde, daß dieser Keller wirklich existierte. Ich war nicht allein in irgendeinem Theater, das mir mein Bewußtsein vorgaukelte. Im nächsten Augenblick ergriff mich Panik, und ich wollte fliehen. Ich hatte das Gefühl, daß ich von hier fort mußte, und zwar augenblicklich, aber als ich mich nach Dix umsah, kam er neben den beiden Kerlen, die sich die schwarze Ledermontur teilten, zum Vorschein, scheuchte sie kraft seiner Gegenwart einen halben Meter beiseite, zog den Reißverschluß seines Hosenschlitzes herunter und pißte ebenfalls auf die Schenkel und Waden des blonden Jungen, gedankenlos und mechanisch wie ein gelangweilter Priester, dessen Finger das Gefühl für die Kraft des Weihwassers verloren haben. Dann – Dix' bloße Anwesenheit schüchterte das dunkle Paar so sehr ein, daß ihre Wasser ganz versiegten – beugte sich Butler vor, achtete sorgfältig darauf, daß er weder mit seiner Kleidung noch mit seinem Körper den blonden Jungen berührte und flüsterte ihm etwas ins Ohr. Er beugte sich zu ihm hinab, um zu hören, und als keine Antwort kam, das Wesen sich vielmehr in einem Zustand höllischer Verzückung befand, schlug Dix ihm professionell einmal, dann zweimal ins Gesicht, wiederholte seine Frage und knurrte, als er noch immer keine Antwort hörte: »Nächstesmal kommt dein Hintern

auf den Rost, Wolfgang.« Er wandte sich ab, schritt würdevoll zwischen den Urinlachen hindurch, winkte mir mit dem Daumen, und wir gingen. »Verdammter Drogenarsch, elender Bastard«, sagte er, als wir an die Luft kamen. »Völlig besinnungslos heute.«
»Du kennst ihn?« fragte ich.
»Natürlich, er ist mein Agent.«
Eine Zeitlang konnte ich nichts weiter hervorbringen. Dann krächzte ich heiser: »Ich kann gar nicht glauben, was ich da eben gesehen habe.«
Er fing an zu lachen, und sein Gelächter hallte in der Straßenschlucht zwischen den Gebäuderückseiten links und rechts der zerbombten Straße wider. Wir traten auf eine Allee hinaus, und sein Lachen wurde zu einem Jaulen, das der Wind mit sich fortriß. »Dieses verdammte Pack, mit dem ich zusammenarbeiten soll!« rief er, aber wenn ich dachte, dies bezöge sich auf die Kellerbar, so hatte ich mich getäuscht, denn er fuhr fort. »Sollen wir die Russen mit Leuten wie dir und McCann besiegen?«
»Ich bin kein Mann der Straße«, verteidigte ich mich.
»Da wird aber der Krieg geführt.«
»Ja. In der Bar.«
»Die Hälfte unserer Agenten ist schwul. Das paßt gut zum Beruf.«
»Willst du vielleicht einer von denen sein?« fragte ich zögernd.
»Ich benutze sie«, erklärte er knapp. Eine Weile gingen wir stumm nebeneinander her. Als er wieder den Mund aufmachte, kam er erneut auf das Thema zurück. »Ich glaube nicht, daß du mich verstanden hast, Herrick«, sagte er. »Agenten führen ein Doppelleben. Homosexuelle führen ein Doppelleben. Ergo« – hatte er das Wort ›ergo‹ bei mir aufgeschnappt? – »sind Agenten oft homosexuell.«
»Ich würde meinen, daß nur ein kleiner Teil davon homosexuell ist.«
»Du würdest meinen«, höhnte er. »Du glaubst doch nur, was du glauben willst.«
»Was willst du mir eigentlich klarmachen?« Kein Schlag, den ich beim Boxen auf der Farm hatte einstecken müssen, hatte mein Gehirn so durcheinandergebracht. Ich brauchte dringend einen Drink, aber nicht, um mich zu entspannen, sondern um wieder zu mir zu kommen. Ein eisiges Gefühl war in meinem Herzen, und weiter unten schien sich ein lebhafter Aufruhr anzubahnen. Das

Nebeneinander von Sex und Urin schien mir so ungeheuerlich, als hätte ein teuflischer Dämon bei der Schöpfung die Anatomie des menschlichen Unterleibs bestimmt. Der in diesen nächtlichen Berliner Straßen allgegenwärtige Kanalisationsgeruch stieg mir in die Nase.

»Was willst du mir sagen?« bohrte ich weiter. Ich fühlte mich immer noch unbehaglich, zumal da die Bedrohung aus ständig wechselnden Richtungen zu kommen schien.

Er blieb an einer Tür stehen, zog einen Schlüssel heraus und drängte mich in das Treppenhaus einer kleinen Wohnanlage. Ich wollte nicht mitgehen, aber ich tat es. Ich wußte, wo wir waren. Es war eins von C. G.s Safe houses.

Als wir drin waren und in unseren Sesseln saßen, Gläser mit Bourbon pur in den Händen, sah er mich an und rieb sich das Gesicht. Er tat es langsam und sorgfältig mehrere Minuten lang, als wolle er sein Temperament bezähmen.

»Ich habe eigentlich nie mit dir geredet«, begann er.

»Hast du nicht?«

»Nicht als Freund. Ich habe dir nur Facetten von mir gezeigt.«

Ich antwortete nicht und trank. Der Alkohol machte mein Gehirn wieder frei, und ich fing an, über das Wesen namens Wolfgang nachzudenken, das Butler zu rösten gedroht hatte. War Wolfgang, der glückselige, erlöste Wolfgang, etwa derselbe Bursche, der auch als Franz bekannt war? Harvey hatte ihn mir als schlanken, dunklen Typ beschrieben. Natürlich konnte man Haare färben.

»Ein Unterschied zwischen dir und mir«, sagte Butler, »ist, daß ich das Geheimnis unseres Berufs begriffen habe. Du mußt dein Innerstes nach außen kehren können.«

»Dessen bin ich mir auch bewußt«, sagte ich.

»Du magst dir dessen bewußt sein, aber du kannst es nicht. Du bleibst mittendrin stecken. Dein Arschloch ist zu eng.«

»Ich glaube, ich gehe jetzt besser.«

»Dein Arschloch ist zu eng«, wiederholte Butler. Er fing an zu lachen. Von all dem Gelächter, das ich in dieser Nacht aus seinem Mund gehört hatte, war mir keines so hysterisch erschienen. »Sie sind verrückt in dieser Scheiß-Company«, sagte er. »Sie lassen uns alle den Polygraphentest machen. ›Sind Sie homosexuell?‹ fragen sie. Ich bin noch keinem verkappten Homosexuellen begegnet, der es nicht geschafft hat, den Polygraphen zu belügen. Ich sage dir,

was sie in dieser Company bräuchten, wäre ein Initiationsritus. Jedem Junior Officer Trainee sollte man bei der Abschlußfeier die Hosen herunterziehen, damit ihm ein geübter Vorgesetzter das Arschloch aufbohrt. Was hältst du von einer solchen Theorie?«
»Ich glaube nicht, daß du dich selbst dem unterwerfen würdest«, sagte ich.
»Ich bin schon eingeweiht worden! Sollte ich es noch nicht erzählt haben? Mein großer Bruder pflegte mich mit dem Maiskolben zu bearbeiten, wie er's nannte. Es begann, als ich zehn war, und ging so weiter bis vierzehn. Dann habe ich ihn k. o. geschlagen, und er hörte damit auf. So was bezeichnen sie im Süden als weißen Abschaum, Herrick. Aber ich glaube nicht, daß es einen Mann in der Company gibt, der mir gegen meinen Willen seinen Maiskolben reinstecken könnte. Keiner hat die Kraft dazu.«
»Und wenn sie mit einer Kanone kämen?«
»Ich würde lieber sterben.« Er lächelte mich an. »Trotzdem, ihn aus eigenem, von Gott gegebenem freien Willen in den Arsch nehmen, ist vielleicht eine andere Sache. Das ist fast wie Yoga, stärkt die Kameradschaft und bereitet dich auf die Straße vor.«
»Vielleicht werde ich nie fit für die Straße sein«, sagte ich.
»Du dummer, eingebildeter, aufgeblasener Hundesohn«, fauchte er. »Was ist, wenn ich dein Gesicht auf den Teppich drücke und dir die Hosen von deinem unberührten Arsch herunterreiße? Glaubst du etwa, daß ich dann nicht stark genug bin?«
Das Sprechen fiel mir nicht leicht. »Du bist sicher stark genug«, sagte ich, und meine Stimme schien mir schwach. »Aber du wirst es trotzdem nicht tun.«
»Warum nicht?«
»Weil ich dich wahrscheinlich umbringen würde.«
»Womit?«
Ich schwieg.
»Womit?«
»Womit auch immer.«
»Wieviel Zeit würdest du mir noch geben?« fragte Butler.
»Ich weiß nicht. Bis ich's tun würde.«
»Weißt du, ich glaube, du würdest es wirklich tun.«
Ich nickte. Ich konnte vor Angst nichts sagen. Ich hatte das Gefühl, als hätte ich schon gemordet und wüßte nicht, wie ich fliehen sollte.

»Ja«, sagte er nachdenklich. »Du könntest mich eines Tages von hinten erschießen – oder sogar von vorn. Das billige ich dir zu. Du würdest mich vielleicht töten, weil ich dir das einzige weggenommen hätte, was du hast: deinen unberührten Arsch. Ich wollte, du hättest ein bißchen mehr, woran du dich festhalten könntest – dann wärst du nicht so unglücklich.«
Wenn mein Vater diese Worte geäußert hätte, hätten sie nicht schmerzhafter sein können. Ich wollte ihm sagen, daß ich ein bißchen besser sei, als er glaubte, daß ich auf meine Ehre hielte und daß es gewisse Ehrverletzungen gebe, die einen Menschen zum Mord trieben – auch wenn er Blutrache eigentlich ablehne. Ich wußte aber, daß ich das nicht laut sagen durfte. Er hätte solche Worte nicht hingenommen.
»Nun«, sagte Dix, »vielleicht will der alte Dix gar nicht gewaltsam eindringen. Vielleicht irrt sich der alte Dix und sollte sich entschuldigen.« Er überlegte und wog das Glas in seiner Hand. »Ich habe mich geirrt«, erklärte er schließlich. »Ich entschuldige mich. Ich entschuldige mich heute nacht zum zweiten Mal.«
Aber er sah genauso geil und gierig aus wie zuvor. Er nahm einen langen Schluck von seinem Bourbon. Ich nahm einen kleinen von meinem, dankbar für seine Brunst.
Nun stand Butler auf. Er öffnete seine Gürtelschnalle, zog den Reißverschluß herunter und stieg aus seinen Hosen. Dann ließ er seine Jockeyshorts fallen. Sein Glied war erregt, aber ohne richtige Erektion. »Es gibt zwei Arten von sexuellem Verhalten zwischen Männern«, sagte er. »Zwang und Rücksichtnahme. Die zweite gibt es erst, nachdem man die erste versucht hat. Also habe ich gerade versucht, dich so zu erschrecken, daß du dich für mich ausstreckst. Aber das hat nicht funktioniert. Jetzt kann ich dich respektieren. Komm«, sagte er, streckte die Hand aus und ergriff die meine. »Zieh dich aus. Wir werden uns etwas Gutes tun.«
Als ich mich nicht bewegte, sagte er: »Du traust mir nicht, stimmt's?« Als Antwort auf mein Schweigen lächelte er. »Laß mich der erste sein«, sagte er. Er beugte sich vor und berührte erst mit den Fingerspitzen und dann mit den Knien den Boden und hob mir seinen mächtigen Hintern entgegen. »Komm, alter Vögelbruder«, sagte er, »das ist deine Chance, mach eine tolle Nummer. Dring in mich ein, bevor ich in dich eindringe.« Als ich mich immer

noch nicht rührte, fügte er hinzu: »Gottverdammt, ich brauch dich heute nacht. Ich brauche es, Harry, und ich liebe dich.«
»Ich liebe dich auch, Dix«, sagte ich. »Aber ich kann nicht.«
Das Schlimmste war, daß ich konnte. Ich weiß nicht, woher mir die Erektion kam – aus der Erinnerung an die Urinlachen auf dem Kellerboden und einen fetten Deutschen, der sein Bier schlürfte, aus den begrabenen Liebesgeschichten meines Lebens, aus familiären und freundschaftlichen Banden und all den verbotenen Träumen von Kittredge, den in die Winkel meiner Erinnerung verbannten nackten Ärschen in den Umkleideräumen und dem Gedanken an Arnold in St. Matthew's; nur waren hier keine fetten, süßen Hinterbacken, sondern zwei Klumpen kräftigen Fleischs, die meinem Helden gehörten, der mich in seinem Arsch haben wollte. Ja, ich hatte eine Erektion. Er hatte recht. Es war meine Chance auf eine tolle Nummer. Ich konnte ihm etwas von seiner Kraft stehlen. Wenn ich es tat, das wußte ich, würde ich vielleicht für immer auf dieser Seite der Geschlechtlichkeit leben. Aber er hatte die Wahrheit gesagt: Ich war zu verklemmt, um so zu leben. Er konnte von der Frau zum Mann und zurück zur Frau springen, konnte von oben und von unten, von hinten und von vorn. Er war ein Urmensch, der Höhlen und Spalten erforschte, und ich zufällig das Stück Mensch, das er heute nacht in sich haben wollte. Warum, das wußte ich nicht. War es die neuenglische Haltung, etwas, das ihm abging? Ich fühlte mit ihm. Ich ging um ihn herum, küßte ihn auf den Mund, erhob mich schnell, ging zur Tür, hakte die Kette los und wandte mich noch einmal um, als wollte ich mich verabschieden. Er saß auf dem Boden, blickte mir nach und nickte.
Draußen auf der Straße schlug mir der Wind ins Gesicht. Ich ging rasch. Ich wußte, daß ich nicht ungeschoren davongekommen war. »Ich liebe dich, Dix«, hatte ich gesagt, und diese Worte würden mich eines Tages einholen.
Der Instinkt trieb mich zurück zur »Hintertür«. Mein steifes Glied wies mir die Richtung. Ein leeres Taxi kam vorbei, und obwohl ich gehen wollte, rief ich es aus einer plötzlichen Eingebung heraus und kam dadurch gerade in dem Augenblick zu dem Nachtclub, als die Stahlgitter heruntergelassen wurden und Ingrid, ein kleines Taschenbuch in der breiten Hand, in einem kurzen, billigen Pelzmantel im Vieruhrmorgenwind fröstelnd am Bordstein stand. Ohne Zittern oder Zagen, mit einem strahlenden Lächeln im

Gesicht, als ob der Herr der Geschichte selbst dieses unser zufälligen Zusammentreffen bewirkt habe, stieg sie zu mir ins Taxi, nannte eine Adresse, lehnte sich zu mir zurück und bot mir die Lippen zum Willkommenskuß. Ich wanderte in meinen Gedanken den ganzen Weg zurück bis zu jenem Lehrer, der mir zu Prep-School-Zeiten einen abgelutscht hatte, aber es war eine Nacht, in der man solche Erinnerungen endgültig begräbt. Sie lag unter mir im Fond des Taxis, und ich konnte nicht aufhören sie zu küssen. »Oh«, sagte sie immerzu in einer Mischung aus Englisch und Deutsch. »Vielleicht liebst du mich doch mehr als ein kleinet bißken«, und die kuriose Aussprache belustigte mich und dämpfte gleichzeitig meine Leidenschaft, während meine Hände die bleierne Müdigkeit einer durchtanzten Nacht aus ihren Schultern und Beinen rieben. Wir turtelten, schmusten und kniffen uns, und da ich trotz meiner dreiundzwanzig Jahre noch keinerlei Erfahrung hinsichtlich der Tücken eines Hüfthalters hatte – Ingrid war zwar schlank, aber sie war eine Deutsche, und folglich trug sie einen Hüfthalter –, stellte ich verzweifelt Berechnungen an, ob ich bereits im Taxi aufs Ganze gehen oder lieber die von ihr angegebene Adresse widerrufen und sie in meine Wohnung und mein Bett schaffen sollte. Dabei hätte ich aber das unvermeidliche Erwachen am Morgen in der Runde meiner CIA-Kollegen in Kauf nehmen müssen. Ich konnte ihr vorsichtiges »Guten Morgen« förmlich hören, während die Kameraden darüber diskutierten, ob es sinnvoll sei, diese (weibliche) externe Quelle einzuschleusen und mit uns en famille an den wachstuchbedeckten Frühstückstisch zu setzen. Während ich mir immer noch mein vom Bourbon benebeltes Gehirn zermarterte, hielt der Wagen bereits vor dem Haus, das sie angegeben hatte. Es war eine die ganze Nacht über geöffnete Gaststätte, zwei Blocks vom anderen Ende des Kurfürstendamms entfernt.

An diesem Ort erhielt ich die nächste Lektion über Berlin und sein Nachtleben. Die Hälfte der Gäste kam mir bekannt vor. Ich mußte ihnen in der letzten Woche in dem einen oder anderen Nachtclub begegnet sein. Jetzt verzehrten sie Kaffee und amerikanische Hamburger oder Schweinerippchen mit Sauerkraut oder Kartoffelpuffer und Apfelmus oder gebratene Ente und tranken Kaffee, Bier, Schnaps oder Coca-Cola – ein hell erleuchtetes und dennoch unwirklich anmutendes Lokal. Ich sah einige der steifleinenen

Geschäftsleute wieder, die im »Remdi« und der »Badewanne« und dem »Kelch« getanzt hatten, und ihre steifen Kragen waren nun verbogen und schlapp. Ich sah Prostituierte, die ich kannte, auch einige der die ganze Nacht nach Abenteuern jagenden Geschiedenen wie jene Helga waren da und, ich konnte es nicht fassen, kein anderer als der fette Deutsche, den ich keine Stunde zuvor noch mit an Trägern herabhängenden Hosen gesehen hatte. Er war nun gut gekleidet und hatte sich, wie ich annahm, in einem der rund um die Uhr geöffneten Friseurläden, die zu diesem allgemeinen Dienstleistungszentrum gehörten, wieder auffrischen lassen. Und im nächsten Augenblick sah ich auch das »Scheusal«. Es war ebenfalls geschniegelt und gebügelt, trug einen grauen Anzug mit Weste, eine Brille mit Stahlrahmen und sah aus wie ein Büroangestellter mit schlaffen Backen, aber einem großen Appetit: Es verschlang gerade einen Teller Bohnen.
Ingrid umarmte währenddessen zugleich ihren Pelzmantel und mich und erklärte allen, die zusahen, sie hätte sich einen Amerikaner geangelt. Ingrid vertilgte ebenfalls einen riesigen »Gebratenen Amerikaner« aus westfälischem Schinken, Tomaten und Münsteraner Käse. Ich saß neben ihr und schlaffte zusehends ab, während sie einen riesigen Bierkrug austrank. Innerhalb von zwanzig Minuten wurde mir klar, warum viele Männer nach zwanzig Jahren Ehe ihren Frauen nicht mehr beim Essen zuschauen können. Arme Ingrid! In der »Hintertür«, so vertraute sie mir mit einem appetitlichen Grinsen an, gäbe es für sie so wenig zu essen und zu trinken, daß dabei nie mehr als ein Ziegenkötel an ihrer eigenen Hintertür herauskäme. In dieser Nacht also, in der mein eigener Schließmuskel beinahe eine prominente Rolle gespielt hätte, begriff ich endlich, daß ich es hier mit einem Beispiel deutschen Humors zu tun hatte, die »Hintertür« – ein Nachtclub für Arschlöcher.
Sie beendete ihre Mahlzeit. Draußen fanden wir wartende Taxis, und sie nannte dem Fahrer eine andere Adresse. Es war ein kavernenartiges Hotel in einem ausgebombten Arbeiterviertel von Tempelhof. Der Nachtportier nahm sich beim Studium meines Passes unverschämt viel Zeit und gab Ingrid ihren schließlich mit einer gemurmelten deutschen Beleidigung zurück, die ich nicht verstehen konnte. Ich bat sie, es mir zu erklären, und beim Hochfahren mit dem Lift, der uns quietschend und ruckend ein

kalkverstaubtes Stockwerk nach dem anderen hinauftrug, gelang es ihr, mir den Begriff »dreckige Amihure« begreiflich zu machen. Die Beschimpfung hatte sie getroffen. Wir langten auf unserem Stockwerk an und gingen einen hallenden, höhlenartigen Korridor entlang. Sie nahm den Schlüssel, dessen Griff groß wie ein Penis war, und öffnete die Tür zu einem Raum, so kalt und feucht wie die Winternacht. Die Leuchtkraft der Birne über uns mochte 25 Watt betragen. Die Bettdecke war zu kurz, von undefinierbarer Farbe und so schwer wie ein zusammengerollter Teppich.
Wir fingen wieder an, uns zu küssen, aber mit weniger Leidenschaft, und sie fröstelte. »Hast du ein Zweimarkstück?« fragte sie. Ich gab ihr eine Münze, und sie steckte sie in einen Gaszähler, zündete den Ofen an und wärmte sich an dem Feuer, das als blaue, flüsternde Fackel hinter künstlichen Scheiten züngelte. Ich empfand diese Stadt als bedrückend, verglich sie in Gedanken mit einem jener Ungeheuer, wie man sie als Wasserspeier von Renaissancebrunnen kennt – nicht sehr originell zu dieser Tageszeit! Und dann umarmte ich sie wieder, und wir schlotterten mit der Seite unseres Körpers, die nicht vom Feuer geröstet wurde.
Ich wußte nicht, wie ich vorgehen sollte. Der Hüfthalter schien mir unüberwindlicher denn je, aber das Wichtigste, meine Erektion, war intakt. Mein Körper hatte seit Jahren auf diesen Moment gewartet. Mir kam es so vor, als versammelten sich die Geister meiner Ahnen um unser Lager. Doch trotz dieses gespenstischen Raums, der eher geeignet schien, einen Leichnam aufzubahren als auf einem lebenden Körper zu liegen, glühte noch soviel Sehnsucht in mir, daß sie wenigstens eine gewisse Leidenschaft in ihr geweckt haben mußte, denn nun küßte sie mich, und nach einem kurzen Zögern bewegten wir uns so stumm und würdevoll wie eine feierliche Prozession die vier Schritte auf das Bett zu. Sie legte sich am Rand nieder, knipste und schnappte geschickt ein paarmal an ihrem Hüftgürtel herum und hakte die Strumpfhalter auf, so daß jeder fallende Strumpf mein Verlangen weiter steigerte. Diese ungepflegten Strümpfe erinnerten mich an eine pornographische Daguerreotypie von etwa 1885, die während meiner ganzen Jugend in irgendeiner alten Blechschachtel meines Vaters in Maine gelegen hatte. Vielleicht hatte sie dieser seine Knabenzeit hindurch aufbewahrt. Noch eine Jugenderinnerung, die man ins Feuer werfen konnte.

Beim Licht der 25-Watt-Birne sah ich ohne weiteres Vorspiel meine erste Vulva in enthülltem Zustand. Wie ein Einbrecher, der fürchtet, auf seinem Raubzug entdeckt zu werden, öffnete ich meine Hosen, woraufhin sie angesichts meiner Erektion ein freudiges Grunzen von sich gab. Ich aber warf noch einen zweiten Blick auf dieses Gefäß der weiblichen Geheimnisse und war versucht auf die Knie zu fallen und ihm zu huldigen, bis meine Augen sich an dieser wundervollen Rarität sattgesehen hätten, aber als wohlerzogener Mensch wagte ich es nicht, zu lange hinzusehen und hatte richtig Angst vor der Nähe dieses Schoßes mit all seinen Falten und Höhlen zu Geheimnissen des menschlichen Seins, die ich mir nicht einmal vorzustellen vermochte. Deshalb steckte ich meine Eichel dorthin, wo sie meiner Ansicht nach hin mußte, und drückte, nur um wieder ein Grunzen – diesmal ein vorwurfsvolles – von ihr zu hören, woraufhin sie mein Glied in die Hand nahm und mit zwei geübten Fingern führte, während sie ihre andere Hand gegen meine Brust stemmte, als ich allzu ungestüm einzudringen versuchte. »Nein, Harry, das tut weh! Vorsichtig, vorsichtig. Langsam. Du bist mein Schatz, mein liebster Schatz.« Sie öffnete ihren Büstenhalter, der vorn einen Haken hatte, auf den ich nie gekommen wäre, und beim Anblick dieser Brüste, die ein wenig schlaff, aber nichtsdestoweniger Brüste waren, die ersten nackten Brüste, die ich je so nahe vor mir gesehen hatte, stieß ich hinab und kam wieder hoch und stieß wieder hinab, und während ich so in das Land der Geschlechtlichkeit Einlaß fand, in das die fernen Regionen des Bewußtseins einmünden, sah ich ein Bild von Allen Dulles vor mir, wie er am Tag unserer Abschlußfeier von einem Mädchen auf einem Tennisplatz zu uns sprach. Dann ließ ich mich wieder fallen und kam hoch und stieß wieder hinab und merkte erst, daß ich in einer Fotze war. Es war eine andere Welt, und es war alles auf einmal: das Innere ihres Leibes war die erste Stufe zum Himmel, aber ein anderer Teil von mir war beleidigt. Was für gemeine Vorzeichen – welch abscheuliche Initiation! Mir ekelte vor den Gerüchen in diesem muffigen, kalten Raum. Irgendwie roch sie nach Habsucht, zielstrebig wie eine Katze hatte sie mich geangelt. So schwankte ich hin und her, halb ein Liebender, der sich dem Zauber der Lust ergibt, und halb ein Zuschauer, der verdammt ist, sich selbst beim Liebesakt zuzusehen Weiter, sagte ich mir, vor und zurück.

Bald war sie so feucht, daß sie nicht mehr bei jedem Stoß zusammenzuckte. Ich muß sie mit wütender Eile geliebt haben, denn ich fühlte ein wachsendes Unbehagen in mir aufsteigen – dieser elende Raum und, ja, dieses arme, hungrige Mädchen, das an mir zuallererst Amerika liebte! Ich bewegte mich in zwei Welten zugleich: in der der Lust und in der des Unbehagens, und das hielt mich in Bewegung. Ich wagte nicht einzuhalten aus Angst, daß meine Erektion verschwand; dann kamen ein paar Minuten, in denen mir der Schweiß im Nacken stand. Ich stand, die Füße auf dem Boden, und vor mir lag eine fremde Frau ausgestreckt auf dem Bett, doch in dieser klammen, halbgeheizten Kühlbox von einem Zimmer sammelte sich keine Hitze in meinen Lenden an. Ich war verloren im Fegefeuer des Verlangens, und ich pumpte wie ein Perpetuum mobile weiter und weiter, bis das Bild von Butlers muskulösem Hintern wieder vor mir auftauchte und die Maschine ins Stolpern geriet, einen Sprung machte und noch einen und die Hitze in mir aufzusteigen begann und mein Körper mit dem Einsetzen des Ununmkehrbaren zu beben anfing. Bilder ihrer Fotze flackerten in meinem Gehirn neben Bildern von seinem Arsch, und ich fing an zu kommen und kam und kam immer weiter und kam aus den getrennten Hälften meiner selbst und begann den endlosen Fall zu ahnen, den wir in die Tiefen der Glückseligkeit tun können.

Wir rauchten zusammen eine Zigarette, und ich fühlte mich ein gutes Stück besser. Ich hatte meine Leistung erbracht. Die düstere Stimmung mochte dort draußen ihre Schatten werfen, aber es war besser, die halbe Welt zu besitzen, als gar nichts. Ich betete Ingrid an und empfand doch nichts für sie. Am Ende war ich in mir ganz allein gewesen. Jetzt strich sie mit der Fingerspitze über meine Nase, als wären wir jungverheiratet. Prüfend betrachtete sie die Züge des Gesichts, das sie nun viele Jahre vor sich sehen wollte. Dann begann sie zu reden: Morgen bei der Arbeit würde sie Maria Bescheid sagen. Ingrid steckte ihren Claim ab.

»Was willst du ihr sagen?« fragte ich. Insgeheim hätte ich lieber Maria als Ingrid gehabt, und es kam mir so vor, als ob Maria mich noch mal genauer ansehen würde, wenn Ingrid gut von mir sprach.

»Wenn sie fragt, werde ich sagen« – und sie sprach die nächsten

Worte ganz besonders deutlich aus –, »du bist ein Schwerstarbeiter, aber ein süßer.« Und Ingrid schenkte mir einen Kuß.
Ich glaubte nicht, daß die geheimnisvolle Maria von einem süßen Schwerstarbeiter besonders beeindruckt sein würde.
Draußen graute der Morgen. Ingrid würde jetzt zu ihrem Ehemann, ihrem Kind, ihrer Mutter, ihren Brüdern und ihren Vettern zurückkehren, und ich würde Zeit haben, mich umzuziehen, ein Bad zu nehmen und zur Arbeit zu gehen.

9

Am nächsten Tag kam ich nicht zum Schlafen. In der Morgendämmerung setzte ein Taxi Ingrid vor der schäbigen, sechsstöckigen Mietskaserne ab, in der sie wohnte, dann ein Stop an meinem Apartment, eine Dusche, und weg war ich zur Arbeit.
Wenn ich gehofft hatte, Harvey hätte sein letztes Gespräch mit mir vergessen, wurde ich umgehend eines Besseren belehrt. Bevor ich noch meinen Kaffeebecher gefüllt hatte, ertönte schon der Summer, und die leise Stimme des Chefs hallte in meinem Ohr. »Fang den London-Push mit diesen Burschen an«, sagte er und gab mir drei Decknamen: Otis, Carey und Crane. »Wende dich in dieser Reihenfolge an sie. Otis ist ein alter Freund. Hat was auf dem Kasten, er könnte es schaffen. Carey ist ein besessener Arbeiter und liefert immer was ab. Crane hat nicht soviel Erfahrung, aber er ist ein ausgesprochener Draufgänger.«
»Chef, wollen Sie, daß ich sie alle drei darauf ansetze?«
»Teufel, nein. Nimm den ersten, der dafür Zeit hat. Sag ihm, es ist ein paar Brownie-Punkte wert.« Er legte auf.
Ich hatte inzwischen genug Gespür für die Sicherheitsprobleme der Company entwickelt, um die Schwierigkeiten voraussehen zu können. Wenn die Berliner Basis mit der Station in London oder Paris oder, sagen wir, Japan oder Argentinien sprechen wollte, mußte dieser Telefonverkehr über die Zentrale in Washington gehen. Es war streng verboten, dieses Prinzip zu verletzen. Wenn das Verfahren auch Zeit kosten mochte, so begab ich mich den-

noch unverdrossen an die Arbeit. Mein Einblick in die Vorgänge der Kellerbar hatte mir deutlich gezeigt, warum die Auslandsposten angehalten wurden, nicht direkt miteinander zu kommunizieren. In Anbetracht der von Land zu Land völlig unterschiedlichen Verhaltensweisen würden nicht über Washington geleitete Nachrichtenverbindungen ein enormes Risiko mit sich bringen – da war es viel sicherer, alle Informationen erst zur Zentrale und von dort aus wieder zu dem betreffenden Auslandsposten zu leiten.

So war ich denn auch bald mit den Vorbereitungen von Telefongesprächen von Berlin über Washington nach London beschäftigt und verbrachte den Vormittag damit, Anträge zu stellen, damit wir zu einer bestimmten Zeit am gleichen Nachmittag über abhörsichere Leitungen mit Otis, Carey und Crane sprechen konnten.

Am frühen Nachmittag erreichte ich Otis in London.

»Was zum Teufel soll denn das?« fragte er. »Und wer sind Sie? Mein Boss wird sauer, wenn er das erfährt. Er denkt doch gleich, ich will mich nach Berlin versetzen lassen.«

»Nein, Sir, es geht um etwas ganz anderes«, sagte ich ihm. »Big BOZO, Berlin, braucht eine kleine Hilfe in London. In einer zweitrangigen Angelegenheit.«

»Wenn's zweitrangig ist, wieso hat Bill dann kein verdammtes normales Telefon benutzt und mich zu Haus in meiner Wohnung angerufen?«

Es war mir unangenehm, daß Harveys Vorname so unverblümt genannt wurde, aber schließlich war es ja ein abhörsicheres Telefon. Ich antwortete: »Weil sich die Sache am Ende als doch nicht ganz so zweitrangig herausstellen könnte. Wir wissen es aber noch nicht.«

»Wie heißen Sie?«

»Sloate. Charley Sloate.«

»Also, mein lieber Charley-Junge, sag mir, wieso kommt Harvey eigentlich auf mich?«

»Ich weiß es nicht, Mr. Otis. Er sagte, Sie wären ein alter Freund.«

»Bill Harvey hat keine alten Freunde.«

»Yessir.«

»Was bist du, sein Lakai?«

»Ich bin mit einem anderen Namen aufgestanden«, gab ich zurück. Otis fing an zu kichern. »Charley-Junge«, sagte er. »Tu mir einen Gefallen. Geh zu Bill Harvey und gib ihm einen Tritt in den Arsch.«

»Yessir.«
»Ich werde jetzt eine Regel verletzen, an die ich mich zwei Monate gehalten habe, und vor fünf Uhr nachmittags einen Martini trinken.«
»Yessir.«
»Bill Harvey! Mein Gott!« ächzte er und legte auf.
Ich konnte mir nun schon besser vorstellen, weshalb man SM/ONION in London nicht würde finden können, doch mußte ich trotzdem noch versuchen, Carey oder Crane dazu zu bewegen, daß sie auf unsere Bitte hin etwas unternahmen. Ich wollte Basischef Harvey nicht berichten müssen, daß ich nichts zu berichten hätte.
Ich bereitete mich deshalb auf das Gespräch mit Carey vor, dem Mann, von dem es geheißen hatte, er liefere immer etwas ab. Ich sagte mir, daß Carey den Rang von Charley Sloate nicht kannte und daß ich als Gleichrangiger auftreten müßte. Ich war Otis gegenüber einfach zu unterwürfig gewesen.
Es war ein angemeldetes Gespräch, doch Mr. Carey weilte nicht in London. Seine Sekretärin aber schien erfreut, einmal über ein abhörsicheres Telefon sprechen zu können. »Dies«, sagte sie, »ist das erste Mal für mich, Mr. Sloate. Ich hoffe, Sie nehmen es nicht persönlich, aber Sie klingen, als ob Sie tief unten in einem Brunnen säßen. Klinge ich auch ein bißchen unheimlich?«
»Wir werden schon besser werden, wenn wir uns erst näher kennen.«
»Sie sind aber lustig.«
»Danke.«
»Darf ich über dieses Telefon alles sagen, was ich will?« fragte sie.
»Es ist abhörsicher.«
»Ja, Mr. Carey ist in Amerika. Kann er Ihnen von dort aus helfen?«
»Ich glaube nicht. Wann kommt er zurück?«
»Oh, es dauert mindestens ein paar Wochen. Er läßt sich von seiner Frau scheiden, und er ist drüben, um den Besitz zu teilen. Es ist eine schwierige Zeit für ihn.«
»Könnten Sie etwas für mich tun?« fragte ich.
»Gern!«
»Wir versuchen einen Mann der Company zu lokalisieren, der London zugeteilt ist. Alles, was wir haben, ist sein Deckname.«

»Mr. Sloate, ich würde Ihnen gern helfen, aber dazu habe ich keinen Zugang.«

»Ja, das dachte ich mir schon.«

»Erst neulich habe ich einen Tadel von Mr. Carey bekommen, weil ich nicht vorsichtig genug war. Sie werden das bitte für sich behalten?«

»Natürlich.«

»Nun, ein- oder zweimal habe ich seinen richtigen Namen fallenlassen, während ich mit seinen Kollegen sprach, und das hätte ich nicht tun sollen. Ich wußte, daß sie seinen richtigen Namen auch kannten, also war ich nicht vorsichtig genug.«

»Mir macht so etwas auch Schwierigkeiten«, gestand ich.

»Sie sind wirklich nett.« Sie stockte. »Werden Sie einmal nach London kommen?«

Wir plauderten noch ein wenig darüber, ob ich je nach London kommen würde. Es sei eine gute Stadt für Amerikaner, versicherte sie mir.

Ich hatte nun nur noch Mr. Crane, den Draufgänger. Zu der für ASTOR (Approved Secure Telephone Rendezvous) zugewiesenen Zeit begegnete ich der Stimme eines Mannes, der in der Tat helfen wollte.

»Ja«, sagte er. »Crane am Apparat. Ich habe gewartet. Wie geht's dem alten BOZO?«

»Ja, es geht ihm gut. Arbeitet hart.«

»Großartiger Mann. Sagen Sie ihm, daß ich alles für ihn tun werde und das, bevor ich überhaupt weiß, worum es geht.«

»Er wird sich über Ihr Vertrauen freuen.«

»Sagen Sie ihm, ich habe ein bißchen mehr über Poker gelernt, seit er mich bis auf meine BVDs ausgezogen hat.«

»Darf ich das als Warnung auffassen, sich nicht auf ein Spiel mit ihm einzulassen?«

»Mr. Sloate, Sie werden zu Füßen eines Meisters lernen. Und Sie werden dafür bezahlen.« Er räusperte sich. Über das sichere Telefon hörte es sich wie das Starten eines Motorrads an, und ich dachte an die Myriaden von Elektronen, die bei diesem Geräusch zerhackt und wieder zusammengefügt wurden. »Raus mit der Sprache«, schnarrte Crane. »Worum geht es? Kurz und knapp.«

»Fragliche Person hat einen unserer Leute, einen Junior Officer Trainee, zu lokalisieren versucht, der kürzlich London zugewiesen worden ist. Sein Deckname lautet SM/ONION. Wir wissen nicht, unter welchem oder welchen Namen er dort arbeitet.«

»Das herauszukriegen dürfte ein Kinderspiel sein«, lachte er, und in Anbetracht unseres sofortigen guten Einvernehmens lachte ich mit. Jetzt klangen wir wie zwei Motorräder, die in einem großen Faß liefen.

»Brauchen Sie's heute noch?«

»Wenn möglich, ja.«

»Haben Sie noch weitere Verbindungen gebucht?«

»Ja. Wir haben bei ASTOR Repeat-Access um 18 Uhr.«

»Genug Zeit bis dahin. Ich rufe Sie Punkt 18 Uhr an.«

Es war jetzt Viertel nach vier. Ich hatte also Zeit, Harlot anzurufen. Um in seine abhörsichere Leitung zu kommen, brauchte ich kein ASTOR. Ich würde direkt mit Washington sprechen. In BOZO mußte man allerdings jeden Anruf über abhörsichere Leitungen in ein Buch eintragen, und ich wollte einen solchen Anruf nicht in William King Harveys Telefonkladde stehen haben. Ich mußte deshalb zum Büro des Verteidigungsministeriums hinüber, wo ich immer noch einen Schreibtisch hatte, obwohl ich seit drei Wochen nicht mehr dort gewesen war. Andererseits lag das Verteidigungsministerium fast am anderen Ende des amerikanischen Sektors, und die Rush-hour stand bevor. Außerdem war dort das Telefon vielleicht gerade besetzt. Ich beschloß, diese Operation also ohne Rückversicherung auszuführen.

Crane kam pünktlich um sechs Uhr wieder in die Leitung. »Ich werde«, sagte er, »Ihnen erst morgen eine definitive Auskunft geben können, aber wir scheinen keinen SM/ONION hier zu haben. Weder eine Zwiebel noch eine Schalotte. Nicht in London Town.«

»Schließt London ganz Großbritannien ein?«

»Sie glauben doch nicht, daß die Briten unsere Agency in jedes Dorf einladen, das eine Mühle hat, oder? London ist so ziemlich der einzige Ort. Wir haben eine Konsulatstruppe in Manchester.« Er stockte. »Pius Birmingham. Einen Herrn in Edinburgh. Dito Glasgow.« Er grunzte.

»Ich danke Ihnen für Ihre Bemühungen«, sagte ich. »Ich hoffe, unsere Probleme haben Ihnen nicht den Nachmittag verdorben.«

»Ja, ich dachte schon, ich müßte beim Golf-Vierer antreten, aber wir sind in London. Aus dem Nieselregen ist ein Wolkenbruch geworden. Kein Golf. Nichts versäumt.«

»Das ist gut«, sagte ich.

»Charley Sloate, ich will Ihnen eins sagen: Unser Check-out geht weiter, aber BOZOS Zielperson kann man nicht beim Tee mit der königlichen Garde in Edinburgh finden. Die Zielperson müßte hier in London sein. Aber wir haben da schon nachgeforscht. Negativ.«

»Nochmals überprüfen.«

»Wozu?«

»Mein Chef will SM/ONION«, sagte ich bestimmt. »Schließlich kann ONION kein SM haben, wenn er nicht in England ist.«

»Technisch kann er das nicht.«

»Technisch?«

»Wir können offen reden?«

»Sie meinen, dieses Telefon?«

»Ich meine das außerdienstlich. Ich gehe davon aus, daß Sie nichts von unserem Palaver mitschreiben.«

»Das hatte ich nicht vor.«

»Gut. Also passen Sie auf: Decknamen können ein Eigenleben entwickeln. Aber ich habe das nie gesagt, Charley Sloate.«

»Ich verstehe.«

»Wie wichtig ist das alles denn überhaupt?«

»Ich kann's Ihnen nicht sagen, weil ich's selbst nicht genau weiß.«

»Informieren Sie unseren Freund, daß ich bereit bin, die Suche zu intensivieren. Wir können mit Suchanträgen die Kartei nach den abgelegten Decknamen unseres Londoner Personals durchforsten. Das ist eine Riesenarbeit. Der Chef in London könnte beim Hauptquartier in D. C. anfragen, warum die Berliner Basis nicht mehr alle Tassen im Schrank hat. Möchte seine Majestät denn die Zwiebel so dringend? Wenn ja, mache ich die Arbeit gern.«

»Ich spreche heute abend mit ihm.«

»Gut. Ich höre morgen früh von Ihnen.«

»Nebenbei«, sagte ich, einer spontanen Eingebung folgend. »Gibt es vielleicht eine Möglichkeit, daß SM/ONION an die Engländer weitergereicht worden ist?«

»Sie meinen, als Liaison zum MI6?«

»Ja, irgend so etwas.«

»Kann keine Liaison sein«, sagte Crane. »Alle Satteltaschen bei der Liaison habe ich heute nachgecheckt.«

»Könnte ONION eine Spezialaufgabe haben?«

»Spezialaufgabe?« Er pfiff. Über das abhörsichere Telefon hörte es sich an wie ein Bär, der in einer Höhle niest. »Ich weiß nicht, ob wir auf dieser Geheimhaltungsstufe durchkommen. Aber das könnte die Antwort sein.«

Abends waren fünf Minuten für ein Gespräch mit Bill Harvey reserviert. Er war im Begriff, C. G. in die Oper auszuführen und fluchte vor sich hin, bis er seine Manschettenknöpfe endlich in die gestärkten und gebügelten Manschetten gefummelt hatte.

»Vollkommene Fehlanzeige, willst du mir sagen?« grollte er.

»Nein, Mister Crane hatte doch eine interessante Spur. Er meint, ONION könnte mit einer Spezialaufgabe beim MI6 betraut sein.«

»Furchtbar«, sagte Harvey. Er fing an den Kopf zu schütteln. In seinen Bronchien rasselte es. Er zog einen feuchten Zigarettenstummel zwischen den Lippen hervor, seine Hand zitterte hinüber zu einem Aschenbecherständer und ließ die Kippe hineinfallen. Sein ganzer Leib wurde vom Husten erschüttert. Schließlich hustete er einen dicken Schleimpfropfen in den Aschenbecher hinter der Zigarette her, und wie ein Blutegel glitt dieser das stehende Rohr zum Spucknapf hinunter. Seine Hosenträger hingen ihm bis zu den Kniekehlen. Ich erwähne solche Einzelheiten, weil man in Harveys Gegenwart von der Präzision seines Denkens so gefangengenommen wurde, daß man Äußerlichkeiten nur wahrnahm, wenn sie sehr auffällig waren.

»Das ist ein richtiger Hundesohn«, sagte er. »Wenn es denn wahr wäre.« Er nickte. »Setz dich. C. G. und ich müssen dann eben ein paar Minuten zu spät zur Oper kommen. Ich muß darüber nachdenken. Sieh dir an, was dieses Szenario bedeutet. Erstens, ein angeblicher Angestellter bei der Aktenablage wird überall in Washington herumgeschoben, dann nach Korea geschossen, zurück nach London geholt, und jetzt ist er mit Spezialauftrag beim MI6. Könnte ja sein, daß es ein Spezialist für Knalleffekte ist, und sie haben ihn für ein paar Wochen in die Schlangengrube gesteckt. Warum nicht? Ein Sprengstoffexperte taucht in der Schlangengrube unter? Was hat er so ungenau in die Luft gejagt, daß sie ihn um die ganze Welt fliegen müssen? Was hat er mit mir zu tun? Warum ist er jetzt in England und arbeitet für den MI6? Könnte es irgendwas mit Suez zu tun haben? Verdammte Scheiße. Ich mag Wagner zufällig sehr, ob du's glaubst oder nicht, aber ich werde von ›Lohengrin‹ heute abend nicht viel hören. Bist du frei, daß du mich hier nach der Oper treffen kannst?«

»Ich bin da.«

»SM/ONION dem MI6 zugeteilt. Ich habe 'ne Menge Dreck durchzuackern.«

Ich desgleichen. Ich ging in mein Kabuff in GIBLETS hinunter, legte all meine Papiere auf den Boden, stellte den Wecker auf elf Uhr abends und legte mich auf meinem abgeräumten Schreibtisch schlafen.

Dieser Abendschlaf erlaubte es mir, mich von meinem Kater zu erholen, und ich erwachte mit gutem Appetit und Sehnsucht nach Ingrid. Ich hatte aber kaum Zeit, mir aus den Beständen des Kühlschranks in der Küche von GIBLETS ein Sandwich zu machen, als ich schon den Motor von BLACKIE-1 auf dem asphaltierten Wendeplatz hinter unserer mit Sandsäcken gesicherten Villa brabbeln hörte. Nachdem ich einen Blick auf Harveys Gesicht geworfen hatte, als er – schon ohne Smokingschleife und mit offener Jacke, so daß man die Griffe seiner Revolver sah – in die Küche trat, gab ich jeden Gedanken auf, in den nächsten ein bis zwei Stunden zur »Hintertür« zu kommen.

»Wir kamen so spät, daß wir uns durch die Stuhlreihen zwängen mußten, unmittelbar bevor die Ouvertüre anfing«, sagte er. »C. G. ist furchtbar sauer. Sie haßt es, derart Spießruten zu laufen. Diese Krauts zischen einen an. Das klingt verdammt unangenehm. Wie lauter Pißgeräusche. ›Pssst! Pssst!‹ Ich mußte mich an einer alten Schachtel mit einem Diamantendiadem vorbeiquetschen, und sie hat dauernd ›sssssst‹ gemacht, da habe ich ihr zugeflüstert: ›Madam, wir sind die Söhne und Töchter von Parsifal.‹«

Ich mußte ihm einen ziemlich verdutzten Blick zugeworfen haben, denn er grinste. »Wenn im Zweifel, stifte Verwirrung. Pokerstrategien, Band eins.«

»Ich habe heute von Ihrem Ruf im Poker gehört.«

»Welcher unqualifizierte Hundesohn hat dir denn das verraten?«

»Crane.«

»Er meint's gut, aber er kann nicht spielen. Wenn ich irgendwie behaupten darf, daß ich was davon verstehe, dann deshalb, weil ich Gedanken lesen kann.« Er rülpste. Bei derartigen Äußerungen pflegte Harvey sich mit Hilfe seines ganzen Verdauungstrakts auszudrücken.

»Hubbard«, sagte er jetzt. »Ich sehe gern klar. Ich hasse Hinhaltetaktik.«

»Yessir.«
»Diese Situation mit CLOAKROOM – es verstopft mir's Gehirn. Ist es nun eine Bagatelle oder nicht?«
»Ich nehme an, das wollen wir herauszufinden versuchen.«
»Die schlimmsten fixen Ideen«, knurrte er mit düsterem Blick, »fangen mit Kleinigkeiten an. Zum Teufel, das Hirn ist wie eine Auster: Die fixen Ideen beginnen als kleine Sandkörner und werden im Lauf der Zeit immer größer, bis man sich vollständig in etwas verrannt hat. Während der Oper habe ich mir die Fakten durch den Kopf gehen lassen. Ich glaube nicht mehr an einen großen amerikanischen Bombenleger, den die Briten für Kairo trainieren. Die Briten würden nie auf die Idee kommen, daß wir besseres technisches Personal haben als sie. Sind viel zu stolz.«
»Wo stehen wir dann?« fragte ich.
»Wir gehen erst mal schrittweise vor. Ich habe heute abend gegen meine eigene Regel verstoßen. In solchen Fragen wiegt man Hypothesen gegeneinander ab und jongliert nicht damit herum. Man fängt nicht mit der größten Möglichkeit an. Erst mal werden die kleinen Szenarien durchgecheckt. Klar?«
»Klar.«
»Also. Die allerkleinste: Nehmen wir an, die ganze Geschichte ist eine Komödie vom ersten Tage an. Alles nur wegen eines armen jungen Esels, der einen Schutzengel hat – einen Schutzengel so hoch auf der Leiter, daß er sich in allen Tricks auskennt. Wie man so sagt: ›Who knows the ropes?‹ KU/ROPES – vielleicht wollte mir irgend jemand damit von Anfang an etwas sagen.« Er holte tief Luft, gerade lang genug, daß mein Herz einen vergnügten Hopser machen konnte, und fuhr dann fort: »Nehmen wir an – wenn es sich so verhielt –, daß CLOAKROOMS Fehlleistung, sein Telegramm wegen Wolfgang, ein Mißgeschick, ein Zufall war. Ich habe mich vorläufig für diese Möglichkeit entschieden, weil sie einfach ist. Ich bin ein Anhänger von ›Occams Rasiermesser‹. Hat man euch das in Yale beigebracht?«
Ich nickte. Bevor ich meinen Beitrag anbieten konnte, fuhr er fort: »In aller Regel ist die einfachste Erklärung richtig. Kapiert?« fragte er.
»So ungefähr.« Eigentlich hieß es in »Occams Rasiermesser«, wenn ich mich richtig erinnerte: »Pluralites non est ponenda sine necessitate«, aber ich wollte nicht mit meiner Bildung angeben.

Er rülpste nachdenklich. »Unser einfachstes Szenario erklärt allerdings nicht, warum man soviel Mühe darauf verwandt hat, CLOAKROOM zu schützen. Also scheidet sie aus. Zu klein. Etwas anderes bereitet sich vor. Ist CLOAKROOM Teil eines Teams? Wenn ja, welches Manöver wird da geplant? Hypothese 1A: Es ist die ›Schmeißen-wir-den-Harvey-raus-Bande‹. Erweiterte Hypothese 1A: Einer unserer Königstiger in D. C. arbeitet an einem Ding in Berlin, Wolfgang ist mit von der Partie, und ich bin draußen. Das macht mich nervös. Wolfgang ist ein loses Ende, und ich bin vielleicht das andere. Stellen wir zunächst einmal fest: Es ist Zeit für einen Drink.«

Er stand auf, ging zum Kühlschrank, nahm das Zubehör heraus und mixte einen Martinicocktail. Er füllte seinen Shaker mit Eis, goß einen halben Zentimeter Scotch hinein, goß ihn ab und füllte dann mit Gin und Vermouth dry. »Die besten Hotels in Chicago machen es so«, teilte er mir mit. »Die Bar im Ambassador und die im Palmer House. Du mußt guten Gin nehmen. Dann bringt der Scotch diesen gewissen Samtgeschmack heraus, den du haben willst. Dann rutscht der Saft besser die Gurgel runter.« Er füllte sein Glas, probierte, goß nach und reichte dann auch mir ein Glas. Es rutschte in der Tat hinunter. Sanftes Feuer, süßes Eis. Der Gedanke blitzte mir durch den Kopf: Wenn ich je einen Roman schriebe, würde ich ihn »Sanftes Feuer, süßes Eis« nennen.

»Um zusammenzufassen. Du hast mich heute nachmittag mit Cranes Hypothese überrumpelt, SM/ONION könnte beim MI6 sein. Genial. Das erklärt mit Sicherheit, wieso wir ihn nicht in der Station London finden können, wirft mich aber gleichzeitig meinem schlimmsten Laster in die Arme: dem vorzeitigen intellektuellen Samenerguß. Ich lasse mich zu leicht von heißen Hypothesen fesseln. Wenn ich je zu einem Psychiater ginge, würde er feststellen, daß ich einen Elefanten ficken möchte. Nebenbei gesagt, habe ich so ziemlich alles andere gefickt – Weibliches wohlgemerkt. Aber wegen dieser ständigen Martinis wird's nicht mehr lange dauern, bis ich meine Memoiren schreibe. Es ist diese auflodernde Glut, wenn der Gin die Pumpe trifft. Ich schweife nicht ab, Mr. Hubbard, ich sammle nur Dampf an. Diese Heinis waren furchtbar in der Oper mit ihrem ›psss, psss‹.«

Er lehnte sich für einen Augenblick zurück und schloß die Augen. Ich wagte nicht zu hoffen, er könnte einschlafen. Ich wußte: wenn ich all meine geistigen Fähigkeiten darauf konzentrierte, ihn einzuschläfern und es mir mißlang, ihn zu hypnotisieren, hätte ich auch meine eigene Kraft verbraucht, wenn er die Augen wieder aufschlug.

»Also gut«, sagte er. »Ich schließe jetzt die Hypothese aus, daß er ein Sprengstoffexperte sein könnte, den wir an den MI6 ausgeliehen haben. Soweit ich weiß, legen die Briten Nasser jetzt zwar Bomben unter die Eier, aber wie gesagt, sie würden nicht einen von unseren Leuten dafür nehmen, und außerdem bringt uns das weiter weg von der Basis Berlin. Also bin ich den ganzen ›Lohengrin‹ hindurch in die andere Richtung marschiert. Da ich mir nicht erklären kann, was für ein CIA-Mann so weit oben im MI6 eingesetzt sein könnte, daß wir ihn nicht aufzuspüren vermögen, bediene ich mich jetzt eines alten Hegelschen Tricks, den ich damals beim Jurastudium gelernt habe: Ich drehe die Prämisse um. Was ist, wenn es sich bei diesem glitschigen Schleimklumpen Señor Cloakroom-Ropes-Fragment-Onion um einen jungen englischen Spitzel handelt, der sich in den CIA hineingebohrt hat?«

»Ein Maulwurf? Ein Maulwurf, der für die Engländer arbeitet?«

»Nun, das haben sie schließlich mit Burgess und Maclean schon einmal geschafft. Ich will gar nicht von Philby anfangen. Das verdirbt mir sonst die Martinis.«

»Aber diese Männer haben doch gar nicht für die Briten gearbeitet, sondern für den KGB.«

»Alle Europäer sind Kommunisten, wenn du ein bißchen kratzt, das heißt: potentielle Kommunisten. Es gibt keine stärkere Emotion auf der Erde als den Antiamerikanismus. Für den Rest der Welt ist Amerika der Garten Eden – purer Neid, das häßlichste Gefühl, das es gibt.«

Er füllte sich noch etwas aus dem Martini-Pitcher ein. »Laß uns annehmen, einer Gruppe im MI6 ist es gelungen, ein kleines, unabhängiges Netz in unserer Organisation aufzubauen.« Er rülpste so zärtlich und versonnen, als ob ein Reich des Friedens in seinen Magen Einzug hielte. »Schieß los«, sagte er. »Spiel den Advocatus Diaboli.«

»Warum sollten die Engländer so umständlich vorgehen?« fragte ich. »Werten wir denn nicht noch immer einen Teil unserer Informationen gemeinsam aus? Ich glaube, sie haben mehr zu ver-

lieren, wenn so ein Unternehmen herauskäme, als sie durch solch eine Infiltration unserer Organisation gewinnen könnten.«
»Sie stehen in Washington noch immer in ziemlich schlechtem Geruch. Wir können ihnen nicht verzeihen, daß sie für Philby einen roten Teppich bis in unser Hauptquartier ausgerollt haben. Damit haben sie uns bedeutet: ›Der mieseste Engländer ist immer noch wichtiger als eure besten Abwehrleute.‹ Heute haben wir einiges Zeugs, das sie wissen müßten und das wir ihnen nicht anvertrauen. Können wir nicht. Nicht, solange sie nicht einmal fähig sind, die KGB-Maulwürfe in ihren Führungsetagen ausfindig zu machen. Wenn ich nicht dagewesen wäre und Philby ausgeschnüffelt hätte, wäre er vielleicht tatsächlich bis ganz nach oben geklettert. Er war ja nur noch eine Stufe darunter. Die Russen haben immer wieder bewiesen, daß sie fähig sind, junge Engländer für lebenslange Jobs umzudrehen – die besten jungen Männer. Es ist ungefähr so, als ob der KGB dich, Hubbard, im College angeworben und dann in die Agency eingeschleust hätte, damit du für ihn arbeitest. Häßliche Vorstellung, wie? Nach allem, was wir wissen, findet aber genau das gerade statt. Davon gehe ich jedenfalls aus. Diese listigen Briten haben einen Grund, in unsere kompliziertesten Systeme einzudringen. Da bekämen sie nämlich die Möglichkeit zur Selbstdarstellung. Das sind raffinierte Schurken. Auch wenn ein solcher Engländer seinem Land gegenüber loyal ist und nicht gegenüber den Sowjets, kann er uns immer noch an den Rand des Abgrunds bringen. Stell dir vor, ein KGB-Agent arbeitet nahe der MI6-Spitze und findet früher oder später heraus, daß sie einen Maulwurf in unserer Mitte haben. Er wird einen Weg finden, an die Erkenntnisse heranzukommen und sie an die Sowjets weiterreichen.«
Ich war entsetzt darüber, wie Harvey meine leichtsinnige Idee, daß SM/ONION beim MI6 attachiert sein könnte, nun in eine Bedrohung des Westens verwandelte.
»Furchtbar«, wiederholte Harvey. »Schrecklich. Aber ich werde es herausbekommen. Es gibt hier in der Stadt ein paar Briten, die mir noch einen Gefallen schulden.«
»Ich kann das nicht so sehen«, sagte ich. »Wenn die Briten einen Maulwurf in die Company gesetzt haben, warum würden sie ihn dann zum MI6 zurückrufen?«
»Oh, sie können ihn ja wieder rausschicken. Immer einen Schritt

uns voraus – so war es ja damals auch schon. Ich nehme an, sie haben Angst bekommen. Nachdem ich mich auf seine Fährte gesetzt habe, beschlossen sie, ihn in den MI6 zurückzuholen, um ihn nicht zu gefährden.«
»Ist das jetzt im Augenblick Ihre Hypothese Nr. 1?« fragte ich.
»Im Augenblick ja.« Er nahm einen Schluck Martini. »Aber was tun wir jetzt als nächstes?« fragte er.
»Das weiß ich nicht.«
»Nun, wir kehren zu den alten Hypothesen zurück. Wir ackern sie noch einmal durch, eine nach der anderen, von der einfachsten bis zur kompliziertesten. Nur eine unhaltbare Hypothese wird auf den zweiten Blick nicht wahrscheinlicher.«
»Klar.«
»Ich, Hubbard, kehre also zu der kleinsten zurück. Erinnerst du dich, wie sie lautete?«
»Yessir.«
»Wenn ich bitten darf.«
»Ganze Sache ist eine Komödie vom ersten Tage an.«
»Und?« fragte er.
»Dreht sich um einen jungen Kerl, der hoch oben auf der Leiter einen Schutzengel hat.«
Jetzt starrte er mir ins Auge. Die ganzen letzten Wochen lang hatte ich darauf gewartet. Er war berühmt für seine Fähigkeit, einen so anzustarren, als wäre er bereits tot und man selbst auch bald. In seinem Blick war kein Licht, kein Mitleid, kein Humor – nur ein düsterer Verdacht.
Ich hielt seinem prüfenden Blick stand, aber als er endlich wegsah, war der Kater wieder da. Der gerade meinem Blut zugeführte Gin zeitigte eine unangenehme Wirkung. Trotzdem nahm ich noch einen Drink. »Ja«, sagte ich. »Das war Ihre allererste Hypothese.«
»Richtig. Ich hatte dich gebeten, diejenigen Junioren herauszufiltern, die du auf der Farm kanntest und die dann in die Schlangengrube gekommen sind. Dann solltest du dir unter Umgehung des vorgeschriebenen Dienstweges ihre Decknamen besorgen.«
»Yessir.«
»Hast du das getan?«
»Ich habe meine Pflichten vielleicht etwas vernachlässigt.«
»Na gut. Ich weiß, wie beschäftigt du warst. Wir haben alle

unsere Pflichten etwas vernachlässigt. Morgen jedoch rufst du in Washington an und besorgst mir die Namen.«
»Klar.«
»Hast du jemals selbst den Fuß in die Schlangengrube gesetzt?«
War das die Falle? Irgendein Instinkt riet mir, »Yessir« zu sagen.
»Ja«, sagte er. »Ich habe gehört, daß man dich dort gesehen hat.«
»Nun, ich war wirklich nicht lange dort«, sagte ich. »Aber ich denke, wir können mit mir anfangen.«
»Wie lautete dein Deckname an den Tagen, an denen du in die Schlangengrube gegangen bist?«
»Erinnern Sie sich nicht, Sir? Ich habe Ihnen ja gesagt, daß ich über die Satteltasche nichts verraten darf. Sie ist vom Technischen Dienst.«
»Trotzdem bist du mit deinem Decknamen in die Schlangengrube gegangen.«
»Yessir.«
»Gibt es darüber schriftliche Unterlagen?«
»Keine Ahnung. Ich habe allerdings in einem Eintrittsbuch unterschrieben.«
»Ich könnte deinen Decknamen wahrscheinlich über drei Ecken daraus ermitteln. Aber laß uns Zeit sparen: Wiederhole noch mal deine letzten Aussagen. Ja?« Seine Augen waren so ruhig und klar wie Fensterglas.
»Nun, Sir, die ganze Zeit, während ich auf meine Sicherheitsüberprüfung beim Technischen Dienst wartete, sollte ich die Schlangengrube als Arbeitsplatz angeben. Meine Zimmergenossen in Washington standen unter dem Eindruck, daß ich jeden Tag dorthin zur Arbeit ging. Um diese Tarnung zu vervollkommnen, erhielt ich auch einen Paß, mit dem ich die Schlangengrube betreten konnte, und ein paar Vormittage lang versuchte ich den Eindruck zu erwecken, daß ich dort fleißig arbeitete. Ich nahm eine Akte heraus, ging damit den Korridor hinunter, brachte sie wieder zurück. Es war so ähnlich wie mein sogenannter Job beim Büro des Verteidigungsministeriums hier.«
»Wem von deinen Trainee-Kollegen bist du bei diesen Ausflügen begegnet?«
»Daran kann ich mich ja nicht mehr erinnern. Ich habe mir schon den Kopf darüber zerbrochen. Ich erinnere mich an über-

haupt keinen.« Das zumindest stimmte. Ich war der einzige aus meiner Kompanie, den man dorthin entsandt hatte.
»Aber du selbst hast dort nicht richtig gearbeitet?«
»Nein, Sir.«
»Also gut. Das reicht für heute.«
»Yessir.«
»Ruf also morgen früh in Washington an.«
»Wird gemacht.«
Ich wollte aufstehen. Er hob eine Hand. »Hubbard, im Augenblick ist die MI6-These für mich die wahrscheinlichste. Aber ich werde dich trotzdem noch mal ganz genau unter die Lupe nehmen, weil du mir heute zum erstenmal erzählt hast, daß du selbst ein bißchen Schuhleder in der Schlangengrube verbraucht hast.«
»Es tut mir leid, Sir. Aber es war so unbedeutend, daß ich nie daran gedacht habe.«
»Nun, steh nicht da und gucke wie Judas Ischariot. Du hast schließlich für mich gearbeitet. Ich falle nicht wegen jeder Kleinigkeit über Leute her. Nur wenn sie beim Lügendetektortest durchrasseln.«
»Yessir.«
Ich schaffte es hinaus, ohne ein Geräusch zu machen. Meine Sehnsucht nach Ingrid war verflogen. Es war Harlot, den ich brauchte. Jetzt blieb mir keine Wahl mehr: Ich mußte zum Büro des Verteidigungsministeriums und das abhörsichere Telefon benutzen. Zum erstenmal, seit ich den Kurs auf der Farm absolviert hatte, bediente ich mich der Taktik, Verfolger abzuhängen. Ich fuhr mit dem Taxi von GIBLETS nach Charlottenburg hinauf, wo ich ausstieg und eine halbe Meile zu Fuß ging, bevor ich mit einem anderen Taxi wieder den Weg zurückfuhr und ein paar Blocks vom Büro des Verteidigungsministeriums ausstieg. Es war unmöglich, eindeutig festzustellen, ob man nicht doch verfolgt wurde. In einer leeren Straße erschienen plötzlich irgendwelche Schatten, bei einer nächtlichen Taxifahrt tauchten gewisse Autos wieder auf. Ich beschloß, von einer achtzigprozentigen Wahrscheinlichkeit auszugehen, daß man mir nicht gefolgt war, obwohl mir mein Gefühl sagte, daß die Chancen eher fifty-fifty standen.
Harlot, den ich zum Glück sofort erreichte, war zum Abendessen daheim. Er ließ sich die Episode mit Butler und Wolfgang besonders ausführlich berichten, dann auch mein Gespräch mit Crane

und mein verdrehtes Geständnis gegenüber Harvey, was die Schlangengrube betraf. Ich überlegte, ob ich ihm von Ingrid erzählen sollte, aber ich ließ es bleiben, weil es unwahrscheinlich war, daß sie auch gelegentlich Informationen zu verkaufen hatte. Zuerst mal das Wichtigste!
»Also gut«, sagte er, als er fertig war. »Harvey interessiert sich offenbar für das größte und für das kleinste Szenario, für MI6 und für dich, mein lieber Junge.«
Der »liebe Junge« brachte ein eigenartiges metallenes Summen ins abhörsichere Telefon.
»Ja«, sagte ich. »Ich bin auch zu dem Ergebnis gekommen.« Meine krächzende Stimme muß ihren Weg durch den Scrambler-Descrambler gefunden haben wie ein Möwenschrei.
»Ich werde«, sagte Harlot, »der Waage einen Ausschlag hin zum MI6 geben. Ich habe einen Freund hier, der das für mich machen kann. Harvey wird in den nächsten paar Tagen mit unseren britischen Kollegen zu tun bekommen.«
»Was passiert, wenn er nicht herausfinden kann, wer es ist?«
»Er wird sich an dich wenden.«
»Yessir.«
»Ich zapfe inzwischen das Überbrückungsarchiv an«, sagte Harlot, »und lasse mir ein paar Decknamen geben, von denen du dann sagen kannst, du hättest sie ›unter Umgehung des vorgeschriebenen Dienstweges‹ erhalten. Nur ein paar harmlose Schlangengruben-Drohnen. Wir suchen Typen aus, die mehr oder weniger in deinem Alter sind, damit Harvey weiter annimmt, daß du seinen Auftrag gewissenhaft ausführst. Weißt du denn zufällig, nebenbei, den Decknamen von irgend jemandem?«
»Ja«, sagte ich. »Aber ist das fair? Die Laufbahn eines Freundes könnte doch dabei Schaden nehmen.«
»Dazu wird es nicht kommen. Ich habe gerade eine Entscheidung getroffen. Du steckst ja meinetwegen in dieser Tinte. Weil ich legitime Company-Interessen in Berlin zu vertreten habe, und zwar keinem Geringeren als Mr. Harvey gegenüber, werde ich zu euch kommen.«
Ich wußte nicht, ob ich diese Ankündigung als ein Beistandsversprechen oder als ein Signal verstehen sollte, daß mein persönliches Schicksal noch ein wenig tiefer in den Gefahrenbereich gerutscht war.

»Einstweilen: Bringe Mrs. Harvey zum Reden über die Entscheidung ihres Mannes, vom FBI zum CIA überzuwechseln.«
»Sie war damals noch nicht mit ihm verheiratet«, sagte ich.
»Ich weiß. Ich möchte auch nur erfahren, was Bill Harvey ihr erzählt hat. Versuche ein paar Details aus der Dame herauszuholen. Steck dir ein kleines, verstecktes Mikro hinter deiner Kleidung an.«
»Ich weiß nicht, ob ich das richtig fände«, sagte ich. »Sie ist sehr nett zu mir gewesen.«
»Du redest wie die kleine Schwester, die ich nie gehabt habe«, sagte Harlot.
»Hugh, bei allem Respekt, und ich respektiere Sie . . .«
»Harry, du bist in einem harten Spiel, und jetzt solltest du zu jammern aufhören. Dein Gewissen hat dich zu diesem Beruf gebracht. Jetzt entdeckst du, daß dieser Beruf dein Gewissen oft strapaziert.«
»Ich tue es«, sagte ich. Fühlte ich, daß man mir mein reines Gewissen raubte, oder war ich insgeheim erfreut über den Auftrag? Jedenfalls schien sich etwas Neues zu regen.
»Besorge die Details«, sagte Harlot. »Je mehr Details, um so besser.«
»Sie macht den Mund sicher nicht auf.«
»Ja, aber sie liebt ihren Mann. Das sagst du mir jedenfalls. Jede Ungerechtigkeit, die ihm widerfahren ist, muß deshalb in ihrem Gedächtnis gespeichert sein. Wenn solche Leute erst mal zu reden anfangen, wird meistens ein Wasserfall daraus. Da J. Edgar Buddha so kultiviert wie immer gewesen zu sein scheint, als er Bill Harvey zum Teufel schickte – mache dir ihre Empörung darüber zunutze.«
»Bitte grüßen Sie Kittredge vielmals von mir.«
»Natürlich.«
»Hugh?«
»Ja?«
»Was wäre, wenn ich Wolfgang fände? Angenommen der Kerl in der Kellerbar war Wolfgang!«
»Ein guter Punkt, Harry. Bereite den Boden vor. Ich möchte ihn mir vielleicht selbst mal genauer ansehen.«
»Wann kommen Sie?«
»In spätestens einer Woche.«

Als wir auflegten, war mir, als könne die Situation schon in wesentlich kürzerer Zeit einer Entscheidung zutreiben.
Wie auch immer – ich war viel zu aufgeregt, als daß ich hätte schlafen können. Statt dessen ging ich auf die Suche nach Ingrid, aber es war ihr freier Abend, und die »Hintertür« war leer. Ich saß an der Bar und flirtete mit Maria, die mich wiederum mit Ingrid neckte. Diese hatte offenbar Bericht erstattet.
»Das macht nichts«, sagte ich. »Ich bin viel lieber mit Ihnen zusammen.«
Marias geheimnisvolles Lächeln erschien. Ich weiß nicht, was sie so amüsierte, aber zwei Tage später lag ich unter anderem mit einer Gonorrhöe darnieder.

10

Im Militärkrankenhaus, das ich zwecks Behandlung aufsuchte, traf ich Dix Butler. Es war das erstemal, daß ich ihn nach unserer Nachtclubtour wiedersah, und er machte mich sogleich mit der sexuellen Etikette der Company vertraut: Kein Wort fiel zwischen uns über die Episode im Safe house. Aus gesellschaftlichen Gründen existierte sie nicht. Statt dessen riß er Witze über unser beiderseitiges Leiden, und ich war erleichtert, daß er es nicht tragisch nahm. Mir war ganz anders zumute. Ich hatte gezögert, in das amerikanische Hospital zu gehen, weil man dort meinen Namen registrieren würde. Andererseits drohten uns Disziplinarstrafen, wenn wir Geschlechtskrankheiten nicht meldeten. Angeblich führte so ein Krankenhausbesuch nicht zu einer Eintragung in der 201-Akte, aber ich hegte meine Zweifel.
Wenn ich den offiziellen Weg wählte, so kam das durch die medizinischen Instruktionen, die wir Junior Officers erhielten, wenn wir in Berlin ankamen. Man hatte uns erklärt, es sei nicht ratsam, einen Westberliner Arzt aufzusuchen, da man niemals wissen könne, ob dieser nicht zufällig ein ostdeutscher Agent sei. Der SSD besaß eine stets aktualisierte Liste unseres Personals beim Außenministerium und CIA. Da die deutschen Ärzte alle Ge-

schlechtskrankheiten dem Westberliner Gesundheitsamt melden mußten, und diese Akten dem Ostberliner Staatssicherheitsdienst jederzeit zugänglich waren, bestand die Möglichkeit, daß unser Fall in den Händen des SSD landete. Dieser konnte einen dann mit dem Druckmittel erpressen, daß man die Infektion nicht sofort der Agency gemeldet hätte. Das stellte sich als ein überzeugendes Argument heraus.

Trotzdem verletzte es irgendwie mein Schamgefühl, daß ich dem CIA mein infiziertes Glied vorstellen mußte. Ich wollte allein sein mit meiner Schande – und mit meinem Stolz (es war ja schließlich eine sehr männliche Krankheit!), und ich wünschte nicht die Einzelheiten meiner Nacht preiszugeben. Im Hospital fragte man mich natürlich nach dem Namen der Frau, von der ich es hatte.

»Ich weiß es nicht« erwiderte ich. »Es waren mehrere.«

»Schreiben Sie sie auf eine Liste auf.«

Ich lieferte ihnen ein paar Namen – eine imaginäre Elli, Käthe, Carmen, Regina, Marlene – und setzte sie in verschiedene Bars.

»Von jetzt an mal lieber langsam-langsam mit dem Geschlechtsleben«, sagte der Sanitäter.

»Man ist nur einmal jung.«

»Wenn Sie wieder mit einer Geschlechtskrankheit ankommen, geht das in Ihre 201. Beim zweiten Mal hängen sie Ihnen was an Ihre Akte dran.«

»Klar.«

Ich hatte es satt, »klar« zu sagen. Dix Butlers Gegenwart gab mir wieder Mut. Er war auch ins Hospital gekommen und wußte wahrscheinlich, wie man sich in einem solchen Fall am besten anstellte.

»Hast du Bill Harvey gegenüber erwähnt, daß ich in der Schlangengrube war?« fragte ich ihn, als wir im Wartezimmer saßen.

»Ja.«

»Wann?«

»Vor drei, vier Tagen. Onkel Bill hat angerufen und mich gefragt.«

»Weißt du, ich war in der Schlangengrube, um etwas zu tarnen.«

»Ist das wahr? Was hast du getarnt?«

»Du wirst das nicht weitererzählen?«

»Nur wenn man mich wieder fragt. Ich sage dir, Junge, ich tue, was Onkel Bill mir sagt. Er hat mich aus einem Sack voll Trainees für diesen Posten ausgesucht.«

»Ja, also, ich war beim Technischen Dienst.«
»Mit Rosen zusammen?«
»Ich habe Rosen nie gesehen.«
»Ich kriege dauernd Briefe von Rosen. Lang wie Buchmanuskripte. Er erzählt von seiner Arbeit. Der helle Wahnsinn. Er mußte eine Hure in San Francisco durch einen Spiegel beobachten, wie sie einem Kunden verschiedene Drogen in die Drinks mischte, damit man feststellen konnte, nach welchen Tropfen der Gimpel am gesprächigsten wurde.«
»Würdest du mir Rosens Briefe zeigen?«
»Wenn er blöd genug ist, so was aufzuschreiben, warum sollte ich es dir dann nicht zeigen?«
Und weil ich blöd genug war, Dix von meinem Job beim Technischen Dienst zu erzählen, würde er keinen Grund sehen, warum er's nicht Harvey weitererzählen sollte. Ich kam mir vor, als wäre mir ein netter Taschenspielertrick gelungen.
Mir wurden ein paar Veränderungen an mir selbst bewußt. Obwohl ich die Gunst von King Bill einstweilen verloren hatte, kam ich mir trotzdem nicht schwach vor, sondern fühlte mich im Besitz einer besonderen Art von Stärke. Ich weiß nicht, ob meine Verwandlung von Eisen in Stahl bereits begonnen hatte, aber ich fühlte mich einem Soldaten nicht unähnlich, der, nachdem er ein Jahr lang mit beträchtlichem Zittern die Ausbildung absolviert hat, nun im Schlachtgetümmel steht und es zu seiner Überraschung als eine Art höhere Lebensform empfindet. Man konnte zwar in einem Tag oder in einer Stunde tot sein, aber man sorgte sich nicht mehr. Alle Sinne waren lebendig. Kleine Beziehungen bekamen eine große Bedeutung. Ich würde Ingrid vielleicht niemals wiedersehen, aber der Wunsch, sie zu beschützen, war instinktiv in mir. Das Schlachtgetümmel, in dem ich steckte, reizte mich einerseits zum Lachen, bereitete mir aber auch großen Kummer über die Kürze des Lebens (in diesem Fall: meiner Karriere). Dabei war ich jedoch ganz ruhig. Harvey hatte mir meinen neuen Status am Morgen nach meinem letzten nächtlichen Telefongespräch mit Harlot verkündet. »Söhnchen«, sagte er, »du hast ab sofort keinen Zugang mehr zu den Akten.«
»Yessir.«
»Ich weiß nicht, für wie lange. Ich hoffe, es ist bald geklärt. In einem Punkt hast du allerdings Glück gehabt.«

»Sir?«
»Crane war heute früh um acht in der Leitung. Er hat sich die letzten beiden Tage mit dem MI6 herumgestritten. Zuerst haben sie ihm nicht geantwortet. Dann haben sie ihm versichert, es gäbe bei ihnen keinen Tropfen Zwiebelsaft auf den Dielen. Sechs Stunden später, um sechs Uhr früh Londoner Zeit, weckten sie ihn mit einem Anruf zu Haus auf. ›Lassen Sie's sein‹, beschworen sie ihn. ›Es ist kompliziert. Mehr können wir nicht sagen.‹«
»Also ist SM/ONION beim MI6«, sagte ich. Wenigstens hatte Harlot prompt reagiert.
»Sieht so aus, was?« fragte Harvey.
»Ja, Sir, ich halte es im Schwitzkasten aus, solange Sie wollen, aber ich kann nicht einsehen...«
»Söhnchen, spar dir die Worte.«
»Mr. Harvey, wenn nichts mehr vom MI6 kommt, und wahrscheinlich wird nichts kommen, werde ich ewig so zappeln. Da können Sie mich ebensogut jetzt gleich absägen.«
»Versuche besser gar nicht erst, meine Entscheidung zu kalkulieren.«
Plötzlich kam mir ein Gedanke: »Darf ich mal raten?«
»Du wirst wahrscheinlich keine Antwort kriegen.«
»Sie wollen den MI5 auf den MI6 ansetzen.« Natürlich. Er kannte aus seiner FBI-Zeit doch jede Menge Leute beim MI5.
»Könnte sein«, gab er zu. Ich war erstaunt, daß er mich soviel wissen ließ, nachdem er mich doch verdächtigte. Und trotzdem glaubte ich ihn zu verstehen. Er mochte mich. Ich war ein lernbegieriger Schüler gewesen. Wenn er mich immer wieder bat, seine Gedanken noch einmal kurz zusammenzufassen, so tat er es doch in Wahrheit häufig selbst.
Am späten Nachmittag schaltete sich Harlot wieder ein. Für mich kam ein Telegramm aus Washington, auf dem Namen und Decknamen von drei Leuten standen, die in der Schlangengrube arbeiteten. Entschlüsselt lautete es: QUALITY GLEICH SMITH, RUNDOWN GLEICH ROWNTREE, EASTER GLEICH O'NEILL. KU/CHOIR.
KU/CHOIR war einer meiner alten Zimmergenossen, Ed Gordon. Ich war entsetzt über die mangelnde Tarnung dieser Botschaft und die Rücksichtslosigkeit seines Handelns. Ed Gordon würde natürlich bestreiten, daß er ein solches Telegramm geschickt hatte, aber wer

in der Tat würde ihm schon glauben? Angenommen, er hatte mir meine Bitte um ein paar Unter-der-Hand-Decknamen-Informationen erfüllt – konnte er es zugeben? Armer Ed Gordon. Ich hatte ihn nie sehr gemocht. Er war mit achtundzwanzig schon halb kahl, hatte dank eines starken Bartwuchses tiefblaue Schatten im Gesicht, rasierte sich zweimal am Tag und hatte in Villanova viel Zeit damit verbracht, darüber zu debattieren, ob er sich beim FBI oder beim CIA bewerben sollte. Er war ein Pedant, der bei Differenzen nie nachgeben konnte. Armer Ed Gordon. Falls es hier Streit gab, konnte ihn das seine Eier kosten. Ja, ich kam mir so kaltschnäuzig wie ein Kriegsveteran vor, und ich fühlte mich gut dabei. Ich hatte etwas, womit ich King Bill füttern konnte, bevor mein Arbeitstag zu Ende war. Er sah sich die drei Decknamen an und grunzte. »Wie hat dich dieses Zeug erreicht?«
»Sir, das wollen Sie doch bestimmt nicht wissen.«
»Vielleicht will ich's wirklich nicht wissen.« Er reichte es mir zurück. »Kannst du noch mehr davon kriegen?« fragte er.
»Nicht aus meiner Primärquelle.«
»Versuche eine sekundäre. Meine Leute in Washington können sich ein paar von diesen Jungen angucken, nachdem wir ihre Akten geprüft haben. Und da der richtige Akteur ja anscheinend beim MI6 ist, muß das warten. Ich reise heute abend ab, um einen Mann in Süddeutschland zu treffen.«
Ich ahnte, daß Bill Harvey nach Pullach wollte, wo General Gehlen sein BND-Hauptquartier hatte.
»Sie werden nicht lange in der Luft sein«, sagte ich.
Er schüttelte den Kopf. »Ich fahre. Man schafft es nachts in weniger als fünf Stunden trotz Checkpoints und allem, aber man muß die meiste Zeit 150, 160 Stundenkilometer fahren. Die Martinis stören dabei nicht. Ein bißchen Schlaf, und bei Tagesanbruch bin ich fit für meinen Mann.«
»Ich wollte, ich könnte mit Ihnen fahren«, platzte ich heraus.
»Wir wollen nicht verrückt spielen, Kleiner!«
»Wen haben Sie als Ersatz für mich?«
»Da gibt's eine, auf die ich mich verlassen kann.«
»C. G.?«
»Sie kommt mit.« Er schüttelte mir ostentativ die Hand. »Bis in ein paar Tagen. Ich hoffe, du hast dann ein Ergebnis für mich.«
»Mr. Harvey?«

»Yessir?«
»Bitte sagen Sie C. G. nicht, daß ich ›Persona non grata‹ bin.«
»Kleiner, du bist verdammt unbezahlbar«, sagte er.
Ich ließ ihn an seinem Schreibtisch unter den Thermitbomben zurück. Sie waren mir jetzt so vertraut wie die Mienen schwermütiger Verwandter.
Ich war erst ein paar Minuten in meiner Wohnung zurück, als das Telefon läutete. Es war Harvey.
»Pack was ein«, sagte er. »Du kommst mit.«
Ich wollte ihm danken, aber er schnitt mir das Wort ab. »Zur Hölle, nein«, knurrte er. »Es ist nicht mein Wunsch. Es ist der Wunsch des Burschen, den ich besuchen werde. Er hat mich gebeten, dich mitzubringen. Sagt, er hat dich in Washington kennengelernt.«
»Hat er?« Ich konnte mir nicht vorstellen, wer das sein mochte. Vielleicht Harlot? War er direkt zum BND-Hauptquartier gereist? Gab er nun tatsächlich unsere Verbindung bekannt? Harveys nächste Worte widersprachen jedoch dieser Annahme.
»Wie du ihn kennengelernt hast, ist mir ein Rätsel«, sagte er. »Der Kraut kommt sehr selten nach Washington.«

11

Wir fuhren erst um Mitternacht ab. Es schien Schwierigkeiten mit der Spritversorgung zu geben. Harvey wollte unterwegs keine der Tankstellen für US-Militärpersonen benutzen, weil einige – vor allem nachts – mit deutschen Zivilangestellten besetzt waren. Ebensowenig gefiel ihm der Gedanke, an irgendeiner Armeebasis zu stoppen, wo er den einen oder anderen Versorgungs-Sergeanten hätte aufwecken müssen, damit er den Schlüssel zum Vorratstank besorgte. »Letztesmal habe ich auf diese Weise eine Stunde verloren«, grummelte er. »Der gottverdammte Schlüssel steckte in der Hose des Sergeanten, und die hing am Haken in einem Hurenhaus.«
»Bill, mußt du aus allem eine Geschichte machen?« fragte C. G.
Das Problem war, daß wir nicht genügend Zwanzigliterkanister in

den Kofferraum des Cadillac bekamen und daß Harvey außen am Wagen keine anbringen wollte. »Ein Scharfschütze könnte uns mit einem Explosivgeschoß treffen.«
»Bill, warum nehmen wir kein Flugzeug?«
»Wir haben ein paar deutsche Mechaniker auf dem Flugplatz. Es ist viel zu leicht, ein Flugzeug in die Luft zu sprengen. Ich weiß das doch!«
Die Instandhaltungsabteilung schweißte schließlich einen kugelsicheren Zusatz an den Kofferraum, und nach den beiden dadurch verlorenen Stunden und einer weiteren Stunde Warten auf irgendwelche Papiere, die erst in letzter Minute kamen, fuhren wir los. Bill Harvey vorn auf dem Beifahrersitz, das Schnellfeuergewehr im Arm, C. G. und ich auf dem Rücksitz.
Es war, wie er versprochen hatte, eine schnelle Fahrt. Der Kontrollpunkt an der Autobahn nach Brandenburg war ebenso schnell überwunden wie eine Stunde später der zweite nach Westdeutschland. Wir fuhren durch flache, schwarze Felder, während Harvey seine Martinis trank und die Geschichte eines gefangenen sowjetischen Agenten erzählte, der unter einer Goldfüllung im hohlen Zahn eine Mikropunktbotschaft bei sich trug. »Ich war es, der den Hundesohn entlarvt hat«, triumphierte er. »›Röntgt den Lügner, den Hund‹, sagte ich, und natürlich sah man diese ganz feine Linie zwischen der Plombe und dem Boden des Lochs im Zahn. ›Entweder taugt der Zahnarzt nichts‹, sagte ich zu meinen Leuten, ›oder der Mikropunkt ist da drin.‹ So holten wir dann die Plombe des Burschen heraus. Heureka: der Mikropunkt. Ja, die Russen lassen sich immer wieder was einfallen. Je von ihrer Blausäurepistole gehört? Sauber! Der Mann kommt dir auf der Straße entgegen, feuert sie dir ins Gesicht und zack, bist du tot. Schieb die Autopsie ein paar Stunden auf, und du findest keine Spuren mehr von dem Gift. Darum laufe ich in Berlin nicht auf der Straße herum. Ich möchte, daß im Falle eines Falles meine Freunde wissen, daß die Roten mich erledigt haben. Sie sollen sich nicht fragen, ob mir zufällig vom Saufen eine Ader geplatzt ist.« Er füllte sein Martiniglas nach. »Schützen kannst du dich gegen diese Art von Angriff«, fuhr er fort, »indem du, bevor du aus dem Haus gehst, ein bißchen Natriumthiosulfat schluckst – sofern du damit rechnest. Guck die Dosis nach auf dem Regal in GIBLETS, wo die Medizinbücher stehen, Geheimes Handbuch 273-AQ. Oder, was wahrscheinli-

cher ist, weil du tatsächlich doch zehn oder zwanzig Sekunden Zeit hast, bevor Nepenthe dich willkommen heißt, führe immer ein paar Amylnitritkapseln griffbereit in der Jackentasche bei dir. Wirf sie sofort nach dem Angriff ein. Ich habe immer ein paar zur Hand«, sagte er, stieß das Handschuhfach auf, zog eine Flasche hervor und schüttete eine Handvoll heraus. »Hier«, sagte er und reichte C. G. und mir ein Dutzend Kapseln nach hinten. »Behaltet die bei euch. Heh! Paß auf den Bauern auf, Sam!« fuhr er im gleichen Atemzug den Fahrer an. »Mach einen großen Bogen um jedes Bauernfuhrwerk, das du siehst!« Und Sam wich mit 160 Stundenkilometern nach links aus, um etwas mehr Abstand zwischen uns und dem Pferdefuhrwerk zu halten, das auf dem Seitenstreifen entlangzuckelte. »Ich traue keinem Bauern, der um zwei Uhr nachts auf diesen Straßen mit einem Pferdewagen unterwegs ist. Ich habe mal eine Demonstration davon unten in Pullach gesehen, da, wo wir hinfahren, Hubbard, falls du's noch nicht erraten hast.«

»Ich habe es mir schon gedacht.«

»Die Heinis haben uns zuliebe einen Hund getötet. Der BND-Mann, der das Kunststück vorgeführt hat, kam einfach rein, schoß und raus aus der Tür. Der Hund streckte gleich alle viere von sich. Tot innerhalb einer Minute. Alles hinter Glas.«

»Ich würde gern wissen, was das für Leute sind, die den Hund getötet haben«, sagte C. G..

»Ein armer Hund weniger, okay«, sagte Harvey. »Aber ein Schritt näher zu der Erkenntnis, daß die Sows alles fertigbringen.«

»Der BND macht so etwas aber auch gern«, bestand C. G. auf ihrer Kritik.

»Nun halt mal die Luft an«, sagte Bill Harvey. »Du verleumdest Mr. Herrick Hubbards Freunde, die ihn zum Wochenende nach Pullach eingeladen haben.«

»Chef, ich schwöre Ihnen, ich weiß nicht, was das alles bedeutet«, sagte ich.

»Hier, guck dir das an«, sagte er und reichte mir zwei vorn und hinten mit Maschine beschriebene zwölf mal siebzehn Zentimeter große Karteikarten. »So möchte ich meine Ergebnisse präsentiert haben, für den Fall, daß ich dir je einen vergleichbaren Auftrag geben sollte. Laß die Vorgeschichte weg. Nur die Nuggets. Schnelle Texte. Wie eine Spalte im Time Magazine.«

Beim Licht der Lampe über dem Rücksitz las ich:
REINHARD GEHLEN
Jetzt Präsident des BND, früher bekannt als die Organisation Gehlen. Hauptquartier in Pullach am Ufer der Isar sechs Meilen südlich von München. Ursprünglich ein kleines Areal mit Häusern, Hütten und Bunkern, 1936 erbaut, um Rudolf Heß und Stab unterzubringen. Später die Residenz von Martin Bormann. Nach dem II. Weltkrieg von der US Military Intelligence für Gehlen in Besitz genommen. Der General richtete sein Büro, kombiniert mit Wohnung, im »Weißen Haus«, einem großen zweistöckigen Gebäude im Zentrum des ursprünglichen Besitztums, ein. Im Parterre Eßzimmer des Weißen Hauses, Wandmalerei ist unverändert seit der Heß-Bormann-Ära: großbusige deutsche Damen flechten Kornähren zu Girlanden. Skulpturen von jungen Männern in gymnastischen Haltungen umgeben die Fontäne im Garten.
Gegenwärtig hat Pullach viele moderne Gebäude hinzugefügt. 3000 Offiziere und Personal arbeiten dort zur Zeit.
Gehlen ist 1,72 Meter groß, fast kahl. Erscheint auf früheren Fotos schlank. Wird jetzt dick. Trägt meist dunkle Brillen. Hat sehr große Ohren. Trägt lautlose Schuhe mit Gummisohlen. Ist äußerst familienorientiert.
Decknamen: Der einzige uns bekannte ist *Dr. Schneider*. Kein Vorname. Auf Reisen soll Gehlen verschiedene Perücken tragen.
Konnte das der Mann sein, den ich im Haus am Kanal getroffen hatte? Dr. Schneider? Der kleine Mann mit den großen Ohren, der bei jedem von Harlots Zügen am Schachbrett geseufzt hatte? Ich war vor Begeisterung ganz aus dem Häuschen.
»Gehlens Söhne hatten früher mal einen Schwan«, sagte Harvey, »dem man beigebracht hatte, auf ein Ultraschallsignal heranzuschwimmen. Unter dessen Flügel nähte die ›Org.‹ ein paar wasserdichte Plastiktaschen. Der Schwan schwamm über den Glienicker See von Potsdam nach Westberlin, lieferte Papiere aus der Plastiktasche ab, nahm neue Instruktionen entgegen und schwamm zurück unter eine ostdeutsche Brücke, wo die russischen Wachen ihm Brotkrumen zuwarfen. Das nenne ich einen Kurier.«
»Mir gefällt diese Geschichte«, sagte C. G.
»Andererseits«, sagte ihr Mann, »damals, als Gehlens ›Org.‹ sich Monat für Monat ausdehnte, litten die Krauts unter chronischem Geldmangel. Gehlen hat uns große Tränen vorgeweint. Er hätte

die schönen Pfründe bei der Military Intelligence aufgegeben, um bei uns zu unterschreiben, und jetzt kämen wir mit der Kohle nicht schnell genug rüber. Wir haben ihm tatsächlich ein Vermögen gezahlt, aber das war nicht genug. Geldgieriger Bastard. Nicht, um sich selbst zu bereichern, verstehst du, sondern um die Org. aufzubauen. So hat sich Gehlen an seine Generalagenturen gewandt.«
»Was ist denn das?«
»Ungefähr so etwas wie unsere Stationen, nur gibt es sie in jeder größeren deutschen Stadt. ›Beschafft euch euer Geld selbst!‹ sagte Gehlen seinen Generalagenturen, und dann hängte er sich ans Telefon und redete mit einigen von seinen alten Freunden in der US-Army. Wenn du eine Untersuchung über die amerikanische Korruption anstellen willst, mußt du beim Huhn und beim Ei anfangen. Was war zuerst da? Die US Army oder die US Mafia? Jedenfalls denken sich Gehlen und unsere Jungs ein Tauschgeschäft aus. Auf die Geldgier eines Schwarzmarkthändlers ist stets Verlaß. Die Generalagenturen liefern der amerikanischen Militärpolizei ein paar kleine SSD-Informanten aus, die sonst keinen feindlichen Spion erkennen würde, auch wenn er mit einem Geständnis hinginge. Im Gegenzug dafür, daß unsere Jungs ein paar Türsteher und Serviererinnen mit Nebenverdienst bei den Sows einsammeln dürfen, bezahlt die Militärpolizei am Ort mit Lastwagenladungen von amerikanischen Zigaretten. Die Org. verkauft diese Zigaretten sofort auf dem Schwarzmarkt, um an das Geld zu kommen, das sie für die Lohnzahlung am Freitag braucht. Sobald die Org. mit dem Geld weg ist, beschlagnahmt die Militärpolizei die Lastwagenladung und liefert sie an die Org. zurück, die sie prompt wieder an andere Schwarzmarkthändler verscheuert. Dieselben zehntausend Stangen Camel werden fünf- oder sechsmal verhökert. Das, mein Freund, war Ende der vierziger Jahre, lange bevor ich herkam. Die gute alte Zeit.«
»Erzähl doch mal die Geschichte von General Gehlen und Mr. Dulles«, sagte C. G.
»Ja.« Harvey grunzte und schwieg. Ich konnte fühlen, wie er gegen die Versuchung ankämpfte, mir noch etwas zu verraten. Hatte er sich gerade daran erinnert, daß ich bei ihm eigentlich in Ungnade gefallen war?
»Erzähl sie«, wiederholte C. G.

»Na gut«, sagte er. »Hast du jemals von Generalmajor Arthur Trudeau gehört?«

»Nein, Sir.«

»Trudeau war vor ein paar Jahren der Chef der US Army Intelligence. Als Kanzler Adenauer 1954 Washington besuchte, gelang es Trudeau, ihn zu sprechen, und er beklagte sich über Gehlen. Trudeau hatte den Mut, Adenauer ins Gesicht zu sagen, der CIA sollte nicht eine westdeutsche Organisation unterstützen, die von Ex-Nazis geleitet wurde. Wenn das in die Weltpresse käme, könne das sehr schlecht für alle Beteiligten sein. Ja, sagte Adenauer, er möge auch keine Nazis, aber in der deutschen Politik könne man kein Omelette mit drei Eiern machen, ohne daß eins davon faul sei. Einer von Adenauers Leuten reicht die Information über dieses Gespräch an Gehlen weiter, der sich daraufhin bei Allen Dulles beklagt. Unser Direktor geht damit zum Weißen Haus und informiert Präsident Eisenhower, daß General Trudeau den amerikanischen Interessen in den Rücken fällt.

›Ich höre‹, sagt Eisenhower zu Dulles, ›daß dieser Gehlen ein unangenehmer Kunde ist.‹

›Mr. President, es gibt keine Erzbischöfe in der Spionage‹, sagt Allen. ›Gehlen mag ein Schurke sein, aber ich brauche ihn ja nicht in meinen Club mitzunehmen.‹

Nun, das entwickelte sich zu einem Riesenkrach. Der Verteidigungsminister und der Vereinigte Generalstab waren auf Trudeaus Seite. Trotzdem hatte Allen gewonnen. John Foster Dulles hat beim Präsidenten immer das letzte Wort. Trudeau bekam ein Air-Force-Kommando irgendwo im Fernen Osten. Ich glaube aber trotzdem, daß es Gehlen einen Schreck eingejagt hat. Er muß daraus den Schluß gezogen haben, daß deutsches Geld sicherer ist als amerikanisches. Ein Jahr später überzeugte er Adenauers Leute, daß sie die ›Org.‹ als deutschen Dienst übernehmen sollten. Jetzt haben wir den BND. Ende der Geschichte. Genug für deine Bildung getan. Sag mir, Kleiner: Was weißt du von unserem Kameraden Reinerl?«

Ich hatte die ganze Zeit, während er seine Anekdoten zum besten gab, auf diese Frage gewartet.

»Ich weiß überhaupt nicht viel über den Mann«, sagte ich, mußte aber infolge der eintretenden Stille hinzufügen: »Ich will Ihnen aber gern alles sagen, was ich weiß.«

»Ja«, erklärte Harvey, »und zwar lückenlos.«
»Ich habe ihn im Haus eines Freundes meines Vaters getroffen. Man nannte ihn Dr. Schneider. Ich habe kaum mit ihm gesprochen. Die meiste Zeit spielte er mit dem Gastgeber Schach. Ich bin erstaunt, daß er sich meiner überhaupt erinnert.«
»Wer war der Gastgeber?«
»Hugh Montague.«
»Ist Montague ein guter Freund deines Vaters?«
»Ich weiß nicht, wie gut befreundet sie wirklich sind.«
»Aber immerhin so gute Freunde, daß er dich zum Essen einlädt?«
»Yessir.«
»Worüber hat Montague mit Schneider gesprochen?«
»Nicht viel. Schneider stellte sich als Konzertpianist vor. Er sagte, er hätte ein Konzert für Wilhelm Pieck, den ostdeutschen Präsidenten, gegeben. Er sagte, Pieck sei ein Barbar ohne jeden Geschmack. Er pflege seine offizielle Residenz in dem Schloß zu verlassen – ich erinnere mich nicht an den Namen.«
»Schloß Niederschönsoundso?«
»Ja.«
»Gut.«
»Pieck gehe regelmäßig in den Dienstbogenflügel, wo er sich die Schuhe auszuziehen pflege, Hausschuhe anziehe und sich eine Abendmahlzeit koche: Suppe aus altem Kohl mit kalten Nudeln und Pudding als Nachtisch. Er scheint alles vom selben Blechteller zu essen, den Pudding mit den Nudeln gemischt. Ich weiß noch, daß ich mich darüber wunderte, wie Dr. Schneider das alles anläßlich eines Gastspiels erfahren konnte.«
»Worüber haben Montague und Gehlen sonst noch geredet?«
»Über Schach.«
»Nebenbei, hier ist ein verifiziertes Foto von Gehlen.« Er gab mir den Abzug eines Schnappschusses. »Nur um sicherzustellen, daß Schneider wirklich unser Mann ist.«
»Er trug an dem Abend eine weiße Perücke, aber ja, ich erkenne ihn darauf.«
»Hundertprozentig?«
»Ja, ich würde sagen: hundertprozentig.«
»Gut. Gehlen und Montague haben in deiner Gegenwart von Schach geredet. Über sonst nichts?«

»Ich habe mich an diesem Abend die meiste Zeit mit Mrs. Montague unterhalten.«
»Kittredge?«
»Yessir.«
»Worüber?«
»Alles mögliche.«
»Was heißt das: alles mögliche?«
»Sir, wenn ich das so sagen darf, ich fühle mich mit Mrs. Montague wohler als in Gesellschaft ihres Mannes. Wir sprechen über Gott und die Welt. Ich glaube, wir haben uns in der Küche über die komischen Geräusche mokiert, die Dr. Schneider, ich meine General Gehlen, beim Schachspiel von sich gab.«
»Seit wann kennst du Montague?«
»Ich habe ihn bei seiner Hochzeit mit Kittredge kennengelernt. Sie ist eine entfernte Verwandte, verstehen Sie. Ihr Vater hat das Sommerhaus von meiner Familie gekauft. Seit damals habe ich Mr. Montague ein- oder zweimal in Gesellschaft wiedergesehen.«
»Was hältst du von ihm?«
»Ein Eisberg. Neun Zehntel unter Wasser.«
»Oh, das stimmt wirklich«, sagte C. G.
»Nun, wir haben jetzt«, sagte Bill Harvey, »ein allgemeines Bild, das aber immer noch nicht erklärt, wieso Gehlen mich gebeten hat, dich nach Pullach mitzubringen.«
»Kittredge ist meine Cousine dritten Grades«, sagte ich. »Wenn sie diese Familienbeziehung Gehlen gegenüber erwähnt hat, möchte er vielleicht, daß ich seinen Besuch erwidere. Auf Ihrer Karteikarte stand, er sei sehr familienorientiert.«
»Willst du damit sagen, Kittredge hätte ihn gebeten, dich einzuladen?«
»Nein, Chef. Nur daß Gehlen wissen muß, wer für Sie in GIBLETS arbeitet.«
»Aus welchem Grund kommst du zu diesem Schluß?«
»Ich habe den Eindruck, daß in Berlin jeder alles weiß.«
»Ja, du Hundesohn.«
Aus welchem Grund auch immer – diese Feststellung brachte ihn zum Schweigen. Er verstand es, ein Gespräch so wirkungsvoll zu beenden, als hätte er die Beleuchtung ausgeschaltet. Wir fuhren stumm dahin, während er sich aus seinem Krug einen Martinicocktail nach dem anderen einschenkte. Das Flachland verwan-

delte sich in eine Hügellandschaft, die Straße machte einen leichten Bogen, und Verkehr gab es nicht. In Braunschweig verließen wir die Autobahn und rasten über Landstraßen erster und zweiter Ordnung, der Fahrer verringerte das Tempo nur auf 150 Stundenkilometer auf den geraden Strecken, 115 in den Kurven und auch in den Dörfern, die wir durchquerten, sank das Tempo nie unter 90. Gonorrhöe und schnelle Autofahrten, so stellte ich fest, vertrugen sich schlecht miteinander. Jedoch wurde der Drang, mein Wasser abzuschlagen, von der just erworbenen Kenntnis besiegt, welchen Preis das kosten würde. Nahe Einbeck erreichten wir wieder die Autobahn und rauschten mit 160 Stundenkilometern dahin. Bei Bad Hersfeld kamen wir abermals auf Straßen minderer Ordnung, und nach endlosen Windungen durch Wald, Flur und Dorf gelangten wir nach Würzburg, von dort auf einer besseren Straße nach Nürnberg, wo gegen vier Uhr dreißig morgens die letzte Strecke per Autobahn nach München begann. Dort begann Harvey angesichts einer rund um die Uhr geöffneten Tankstelle wieder zu reden. »Ich muß mal auf den Topf«, sagte er.
Wir parkten im Schatten hinter der Tankstelle.
»Überprüfe die Herren- und Damentoilette, Sam«, befahl er dem Fahrer. Als Sam zurückkam und nickte, stieg Harvey aus und winkte mir. »Was ist mit dir?« fragte er C. G., doch sie schüttelte den Kopf: »Lange Fahrten machen mir nichts aus.«
Er grunzte. Seine Ginfahne schlug mir entgegen. »Komm, Junge«, sagte er ächzend und mit einem merkwürdigen Tonfall, »nur du und ich und die Scheißhauswände.« Er nahm seinen Aktenkoffer heraus und reichte ihn mir.
Obwohl anzunehmen war, daß Sam die Räumlichkeiten bereits erkundet hatte, zog Harvey eine seiner Kanonen aus dem Schulterhalfter, drückte die Klinke der Toilettentür herunter und stieß sie mit einem sanften Fußtritt auf, sah von diesem Winkel aus hinein und sprang so schnell zur anderen Seite der Öffnung, daß ihn nur der schnellste Schütze getroffen haben würde, prüfte das Innere nun aus diesem anderen Winkel und sprang, als er zufrieden war, hinein, hockte sich hin, um den Fußboden entlangzusehen, stieß die Kabinentüren auf und lächelte: »Sam ist gut beim Auschecken, aber ich bin besser.« Er war aber noch nicht fertig. Vorsichtig hob er den Deckel eines jeden Wassertanks hoch, warf einen Blick ins Innere, nahm eine Drahtschlinge aus der Tasche, schob sie etwa

dreißig Zentimeter weit in den Spültunnel eines jeden Klosettbeckens hinauf und atmete endlich erleichtert aus. »Wenn ich schlecht träume, dann träume ich davon, daß ich in der Toilette festsitze, während meine Schultasche voll Geheimmaterial verschwindet.«
»Ein Alptraum«, bestätigte ich.
Er rülpste, zog den Reißverschluß seines Hosenschlitzes herunter, wandte mir den Rücken zu und löste eine Urinmenge aus, die eines Pferdes würdig gewesen wäre. Ich nahm den nächsten Platz und wartete wie ein pflichtgetreuer Untertan, daß meine eigenen Wässer leise gegen sein Plätschern anträten. Es kostete mich große Mühe, mich nicht zusammenzukrümmen, als der eiterbeladene Strom endlich lief, wobei ein heißer Draht meinen Harnweg hinaufzufahren schien. Ich glaube nicht, daß ihm die Spärlichkeit des Geräusches entging, die mein Urinieren begleitete.
»Kleiner«, sagt er, »deine Geschichte ist schwach.«
»Sie ist schwach, weil sie wahr ist.« Ich schrie vor Schmerz beinahe auf. Mein Glied war abscheulich geschwollen.
»Du hast da ja ein höllisches Instrument«, sagte er über die Schulter hinweg.
Ich erklärte nicht, weshalb es doppelt so groß wie normal war.
»Sprich mit sanfter Stimme und führe einen dicken Prügel mit«, sagte er anzüglich.
»Theodore Roosevelt«, erwiderte ich. »Ich glaube, das war seine Maxime zur Außenpolitik.«
»Ich habe leider nur einen kleinen«, sagte Harvey. »Von der Natur etwas stiefmütterlich behandelt. Aber Junge, es hat Jahre gegeben, in denen ich ihn zu gebrauchen wußte. Kerle mit kleinen Schwänzen strengen sich mehr an.«
»Ich habe von Ihrem Ruf gehört, Sir.«
»Mein Ruf, ach was, zum Teufel. Ich war ein Fotzenlecker von der allerschlimmsten Sorte.« Und noch ehe ich Zeit hatte zu erröten, fragte er mich: »Ich möchte von *deinem* Ruf hören. Hast du jemals Kittredge gefickt?«
»Yessir«, log ich, vom Schmerz gepeinigt.
Er hob seine freie Hand und klopfte mir auf den Rücken. »Freut mich«, sagte er. »Ich hoffe, du hast es ihr gründlich gemacht. War sie gut im Bett?«
»Fabelhaft«, murmelte ich, während mir meine Gonorrhöe den nächsten Blitzschlag versetzte.

»Ich hätte es vielleicht selbst mit ihr versucht, wenn ich nicht dies alles aufgegeben hätte. Loyalität zu C. G. und eine Menge harte Arbeit – so läuft das heutzutage bei mir. Also, ich freue mich, daß du deinen Spaß mit ihr gehabt hast. Ich hasse Montague, diesen Hundesohn.«

Den Notausgang entdeckt man am besten, wenn man zu fliehen versucht. »Ich hasse ihn auch«, nickte ich und leistete dabei in Gedanken Abbitte. Ich fühlte mich allerdings nicht als Verräter. Harlot hatte mich schließlich aufgefordert, mir selbst einen Weg durch das Dilemma zu suchen.

»Hast du in letzter Zeit mit Kittredge geredet?« fragte Harvey.

»Ja.«

»Wann?«

»Vor ein paar Tagen. Nachdem Sie das Vertrauen zu mir verloren hatten. Ich habe sie angerufen, um ihr von meinen Sorgen zu erzählen.«

»Das kann man vielleicht verzeihen.« Er gab seinem Penis einen letzten derben Stoß, steckte ihn in die Hose zurück, während ich meine qualvollen Anstrengungen noch fortsetzte, und fragte: »Meinst du, sie können Gehlen angerufen haben?«

»Das wäre möglich«, sagte ich. »Dr. Schneider hat sich ja wirklich so aufgeführt, als ob er verrückt nach ihr wäre.«

Harvey stieß plötzlich auf. Unter der herabhängenden Glühbirne war seine Haut blaß geworden, und der Schweiß stand ihm im Gesicht. Ich glaube, es war ein Aufbegehren seines mißhandelten Körpers. Er redete allerdings weiter, als wäre der physische Schmerz etwas, das man hinnehmen muß wie schlechte Luft in einem Eisenbahnwagen. Er nickte. »Wenn sie ihn angerufen hat, ergibt's einen Sinn. Gehlen würde wahrscheinlich alles für sie tun. Ja, damit kann ich leben.« Jetzt packte er mich beim Arm und grub seine Stummelfinger, hart wie eiserne Bolzen, in meinen Trizeps.

»Bist du Gehlen gegenüber loyal?« fragte er.

»Ich mag den Kerl nicht«, sagte ich. »Jedenfalls nicht nach dem, was ich von ihm weiß. Ich nehme an, wenn ich ihn besser kennenlerne, wird er mir sogar noch weniger gefallen.«

»Und mir gegenüber? Bist du mir gegenüber loyal?«

»Chef, ich bin bereit, jede Kugel einzufangen, die für Sie bestimmt ist.«

Es stimmte. Ich war auch bereit, für Harlot zu sterben und für

Kittredge. Und natürlich auch für meinen Vater. Ich war überhaupt bereit zu sterben. Der Gedanke, mich zu opfern, war immer noch das erhebendste Gefühl, das ich kannte, obwohl mich die hehren Grundsätze von St. Matthew's davor warnten, mich in so leichtfertiger Weise unwahrhaftigen Sentimentalitäten hinzugeben.
»Ich glaube dir, Kleiner«, sagte Harvey. »Ich werde dich einsetzen. Ich brauche Material von Gehlen.«
»Yessir. Was auch immer ich tun kann.«
Schwer atmend beugte er sich vor und öffnete den Diplomatenkoffer. »Zieh dein Hemd aus«, befahl er. Bevor ich noch Zeit hatte zu fragen, was er beabsichtigte, entnahm er dem Koffer ein kleines Kunststofftonbandgerät.
»Das ist das beste Abhörgerät, das wir haben«, sagte er. »Hier, laß es mich dir ankleben.«
Innerhalb von zwei Minuten hatte er den Recorder mit flinken Fingern in Höhe der Gürtellinie an meinem Rücken angebracht. Dann installierte er durch ein kleines Loch, das er in meine Hosentasche schnitt, einen Schalter, der mit einem kleinen weißen Knopf verbunden war, bei dem es sich, wie ich sah, um ein Mikrofon handelte. Nun reichte er mir eine Tonbandspule. »Du hast insgesamt zwei Stunden. Jedes Band läuft eine Stunde. Nimm alles auf, was Gehlen sagt, sobald wir dort sind.«
»Wird gemacht, Chef.«
»Nun laß mich allein. Ich muß mich übergeben. Es ist weiter nichts. Kotze einmal täglich, und du brauchst keinen Arzt. Aber laß mich dabei allein. Sag C. G., daß ich in zehn Minuten wieder da bin. Vielleicht in einer Viertelstunde. Ich muß mir dafür Zeit nehmen. O Jesus«, stöhnte er, als ich zur Tür hinausging, und ich hörte noch, wie das erste trockene Würgen aus seinem Bauch aufstieg.
Als ich zum Wagen zurückkam, sah ich, wie Sam das Benzin aus dem Reserve- in den Haupttank umpumpte. C. G. saß allein auf dem Rücksitz.
»Wie lange, hat er gesagt?« fragte Sam.
»Zehn Minuten.«
»Es werden zwanzig.« Sam sah auf die Uhr. »Jedesmal, wenn wir nach Pullach fahren, will er einen neuen Rekord aufstellen, aber heute nacht werden wir es nicht schaffen. Es ist ein Jammer. Kein Glatteis. Kein Nebel. Keine Baustellen. Er wird fragen: ›Warum

haben wir es nicht ein paar Minuten schneller als letztes Mal geschafft?‹ Ich kann doch nicht sagen: ›Weil Sie zu lange auf dem Scheißhaus gewesen sind.‹«
Das war die längste Rede, die ich je von Sam gehört hatte.
»Nun«, sagte ich, »es ist eine verrückte Nacht.«
»Ja«, sagte Sam, »wem erzählen Sie das.« Er schlenderte zum Eingang der Herrentoilette hinüber und stand draußen Wache.
Als ich wieder neben C. G. auf dem Rücksitz saß, beschloß ich, meine Chance zu nutzen. Meine Hand wanderte zum Schalter in der Hosentasche und knipste das Abhörgerät an.
»Ist mit Bill alles in Ordnung?« fragte sie.
»Es wird ihm in ein paar Minuten besser gehen«, sagte ich.
»Wenn die Leute wüßten, wie hart er arbeitet, würden sie seine Exzentrizität verstehen«, sagte sie.
Etwas in mir drängte mich, sie zu warnen, ihr zu sagen, daß ich jede ihrer Aussagen gegen ihren Mann verwenden würde, doch statt dessen sagte ich scheinheilig: »Ich glaube, man hat ihn nie so richtig verstanden.«
»Bill hat so viele Gaben. Nur die simple Fähigkeit, sich nicht unnötig Feinde zu machen, hat ihm der Allmächtige nicht verliehen.«
»Ich nehme an, er hat sein Päckchen zu tragen«, sagte ich.
»Das können Sie glauben.«
»Stimmt es . . . « fing ich an. »Nein, ich will Sie nicht fragen.«
»Sie können mich ruhig fragen. Ich vertraue Ihnen.«
»Ist es wahr, daß Mr. Hoover Ihren Mann nicht mochte?«
»Ich würde sagen, Mr. Hoover hat ihn nicht sehr fair behandelt.«
»Trotzdem hat Bill Harvey hart für den FBI gearbeitet.« Als sie nicht antwortete, fügte ich hinzu: »Ich weiß, daß er das getan hat.«
Sie schwieg, jedoch nur, um ihrer Empörung Herr zu werden.
»Wenn Bill nicht all die Jahre Elizabeth Bentleys Babysitter gewesen wäre«, sagte C. G., »hätte man nie etwas von Alger Hiss und Whittaker Chambers und Harry Dexter White, den Rosenbergs und diesem ganzen Haufen gehört. Bill hat sehr viel dazu beigetragen, die Bande auffliegen zu lassen. Das hat Hoover allerdings nicht gewürdigt. J. Edgar Hoover läßt seine Leute gern wissen, wer der Herr im Haus ist. Seine Sekretärin, Miß Gandy, die mit Sicherheit nicht mehr als die Stimme ihres Herrn ist, bringt es durchaus fertig, einem seiner Topleute einen bösen Brief zu schik-

ken, wenn er zufällig mit einem Stäubchen auf den Schuhen in das Büro des Direktors kommt, und das wohlgemerkt nach zehn Tagen draußen im Feld.«
»Ist das Mr. Harvey auch passiert?«
»Nein, aber zwei von seinen Freunden. Bei Bill war's schlimmer, geradezu unmenschlich, würde ich sagen. Die Company behandelt ihre Leute jedenfalls nie so, wie es das Bureau getan hat.«
»Hat Mr. Hoover Mr. Harvey gefeuert?«
»Nein, Bill hätte man nicht feuern können. Er war zu angesehen. Aber Hoover wollte ihn kaltstellen, und Bill war zu stolz. So ist er freiwillig ausgeschieden.«
»Ich habe nie die ganze Geschichte gehört.«
»Ja, Sie müssen verstehen, daß Bill damals ziemlich niedergeschlagen war.«
»Wann war denn das ungefähr?«
»Im Sommer 1947. Sehen Sie, Bill hatte mit ungeheurem Einsatz versucht, in Elizabeth Bentleys Agentennetz einzudringen, aber keine dramatischen Erfolge vorweisen können. Es kam alles erst später heraus, und dann schrieb man Joe McCarthy den Erfolg zu. Währenddessen war Bills Stimmung allmählich auf dem Nullpunkt, was ich seiner zutiefst unglücklichen Ehe mit Libby zuschreibe. Sie hatten sehr jung geheiratet. Bill, müssen Sie wissen, war der Sohn des besten Anwalts in Danville, Indiana, und Libby war die Tochter des größten Anwalts in Flemingsburg, Kentucky. Ich weiß nur, was Bill mir erzählt hat, aber diese Ehe muß wesentlich zu seinen beruflichen Schwierigkeiten beigetragen haben.«
»Ja«, nickte ich. Montague hatte recht: Aus verschlossenen Mündern kann ein wahrer Wasserfall strömen, wenn sie sich einmal öffnen.
»Bills Probleme mit Mr. Hoover gehen auf einen Abend im Juli 1947 zurück. Bill war mit ein paar Freunden vom FBI auf einer Herrenparty draußen in Virginia und fuhr um Mitternacht in einem heftigen Wolkenbruch nach Haus zurück. Als er im Rock Creek Park langsam durch eine große Pfütze fuhr, raste ein entgegenkommendes Fahrzeug so schnell durch die Überschwemmung, daß Bills Wagen Wasser in den Motorraum bekam und stehenblieb. Es gelang ihm noch, den Wagen an den Bordstein zu bugsieren, aber ringsum stand das Wasser einen Fuß hoch, und der arme Mann war erschöpft. So schlief er am Steuer ein. Es war

sein erster richtiger Schlaf seit Wochen. Er wachte erst um zehn Uhr morgens wieder auf. Kein Polizeiauto hatte ihn gestört. Wieso auch? Er hatte vorschriftsmäßig geparkt, und die Pfütze war versickert. Da auch sein Wagen wieder ansprang, fuhr er einfach nach Hause zu Libby. Aber zu spät. Libby hatte schon das FBI-Hauptquartier angerufen, um zu melden, daß Spezialagent William K. Harvey vermißt werde. Sie war so hysterisch oder gemein oder verängstigt – ich will nicht über sie urteilen –, die Möglichkeit eines Selbstmords anzudeuten. ›Bill war so verzweifelt‹, sagte sie dem Bureau. Das wanderte natürlich in die Akte. Als Bill wenig später anrief und dem Bureau mitteilte, daß er unversehrt und zu Haus wäre, erklärte man ihm, er werde deswegen Ärger bekommen. ›Sehen Sie, der FBI erwartet von einem Agenten, daß er erreichbar ist. Wenn Sie nicht erreichbar sind, müssen Sie alle zwei Stunden im Bureau anrufen. Bill war neuneinhalb Stunden lang verschollen gewesen, während das Bureau davon ausgegangen war, daß er zu Hause sei. Das hat ihm einen dicken Minuspunkt eingetragen. Dann die mögliche Blamage: Ein Polizeiwagen hätte halten und den FBI-Mann Harvey verhören oder, noch schlimmer, festnehmen können. Mr. Hoover schickte die schlimmstmögliche Anordnung herunter und empfahl die nochmalige Überprüfung der beruflichen Leistungsfähigkeit von Spezialagent Harvey, da dessen Ehefrau angegeben habe, er sei seit beträchtlicher Zeit mürrisch, grämlich, verdrießlich, mutlos und verzweifelt.
Bill wagte es, sich zu wehren. Er schrieb an die FBI-Untersuchungsbehörde: ›Mein Kummer ist der natürliche Kummer, den jeder haben würde, der sich so gründlich mit dem kommunistischen Problem befaßt hat, wie ich es seit 1945 getan habe.‹ Der Assistent aus Mr. Hoovers Büro, der die Untersuchung leitete, schickte sogar ein Memo hoch zu Mr. Hoover, in dem er feststellte, Bills Leistung sei stets hervorragend beurteilt worden, und empfahl, man solle seitens der Verwaltung nichts gegen ihn unternehmen. Doch Hoover befahl dem Assistenten, ein anderes Memo zu schreiben. Darin sollte es heißen: ›Spezialagent William K. Harvey wird zur allgemeinen Verwendung nach Indianapolis versetzt.‹«
»Grausam«, sagte ich.
»Es war ein furchtbarer Schlag. Wenn die Agency nicht gewesen wäre und ihn gebeten hätte zu kommen – ich glaube, er wäre wirklich verzweifelt.«

In diesem Augenblick kehrten Bill Harvey und Sam zurück, stiegen ein, und wir fuhren wieder los. Ich jedoch schaltete das Abhörgerät aus.

12

Harvey schlief auf der Autobahn Nürnberg–München ein und hatte am Morgen so schwere Augen, daß C. G. darauf bestand, erst ein Hotel aufzusuchen, statt General Gehlen zum ersten Frühstück zu treffen. Im Aufzug zog der Chef eine Grimasse. »Legen wir uns eine halbe Stunde hin und nehmen dann eine Dusche.«
Aus den dreißig wurden hundertdreißig Minuten, dann noch eine Stunde mehr, und erst gegen Mittag kamen Harvey und ich in Gehlens Büro.
Der General erinnerte mich nicht sehr an jenen Dr. Schneider, den ich in Erinnerung hatte. Ohne die weiße Perücke und das Bärtchen wirkte er nicht älter als fünfzig. Seine Lippen waren gut geschnitten, ebenso die lange Nase, die Nasenlöcher und das kleine Kinn. Sein dünnes Haar war gerade zurückgekämmt über der hohen Stirn. Nur die Ohren waren immer noch so groß, wie ich sie in Erinnerung hatte, und immer noch fand ich, daß er einer Fledermaus ähnelte. Es blieb mir keine Zeit, darüber nachzudenken, weshalb General Gehlen es vorgezogen hatte, getarnt in dem Haus am Kanal zu erscheinen. Er deutete mit raschem Finger auf mich und sagte: »Erfreut, Sie wiederzusehen.« Mir fiel auf, daß seine blaßblauen Augen sich auf überraschende Art voneinander unterschieden. Aus dem linken sprach Überlegenheit, aus dem rechten aber blanker Fanatismus. Das war mir damals gar nicht aufgefallen.
»Meine Herren«, sagte Gehlen. »Zuerst mal das Wichtigste. Darf Ihr junger Mann in relevante Sicherheitsbelange eingeweiht werden?«
»Sie haben ihn doch selbst eingeladen, nicht wahr?« sagte Harvey.
»Zum Essen ja, um mich für ein feines Dinner zu revanchieren, aber nicht um weiterzuverbreiten, was ich hier sage.«

»Er bleibt«, sagte Harvey, doch wußte ich nicht, ob seine Loyalität mir oder mehr dem Abhörgerät galt.
»Also gut«, sagte Gehlen. »Er wird bleiben, bis Sie entscheiden, daß es nicht mehr ratsam ist, oder ich unsere Besprechung für beendet erkläre.«
»Ja«, nickte Harvey, »gehen wir Schritt für Schritt vor.«
»Rauchen Sie?« fragte Gehlen.
Er holte ein Päckchen Camel hervor, zog drei Zigaretten heraus und legte sie vor Harvey auf den Tisch. »Lieber Bill«, fragte er, »welcher dieser drei Sargnägel gefällt Ihnen am besten?«
Harvey prüfte das Angebot. »Kann ich ohne Labor nicht sagen.«
»Warum«, schlug Gehlen vor, »nehmen Sie nicht die linke. Zwei volle Züge. Dann machen Sie sie aus.«
»Es ist Ihr Spielzeug. Führen Sie es vor.«
»Nun, wenn Sie kein sportliches Risiko eingehen wollen, muß ich es selbst tun.« Der General zündete eine Zigarette an, paffte zwei Züge, drückte sie aus und reichte den langen Stummel herüber.
Harvey streifte das Zigarettenpapier vorsichtig ab. Auf der Innenseite stand eine Nachricht. Der Chef las sie, nickte lässig, als wäre er nicht übermäßig beeindruckt, und reichte es an mich weiter.
Eine kurze, fein gedruckte Mitteilung war erkennbar:

basischef berlin nach pullach
um sicherheit von catheter zu diskutieren

»Gut geraten«, sagte Harvey. »Aber deshalb bin ich nicht hier.«
»Trotzdem, können wir über CATHETER reden?« Er sah mich an.
Harvey winkte mit der Hand in meine Richtung. »Hubbard ist überprüft.«
»Dann werden Sie mir früher oder später das Motiv für diesen Besuch nennen?«
»Definitiv.«
»Lassen Sie mich jetzt hören, was ich so Furchtbares anstelle.«
»Spaß ist Spaß«, sagte Harvey. »Aber ich möchte, daß Sie Ihren Arsch von meinem Kissen nehmen.«
Gehlen kicherte plötzlich. Es war ein hohes, unangenehmes Kichern. »Das muß ich mir merken. Das Englische ist ein Schatz, ein – wie nennen Sie das? – eine Schatzkiste voll von groben und vulgären Redewendungen, die – nicht wahr – so ›bissig‹ sind.«

»Biting«, warf ich ein.
»Ach, Sie sprechen Deutsch?« fragte der General. »Sie sind einer von diesen seltenen Typen unter Ihren Landsleuten, die wenigstens ein paar Brocken von unserer Sprache beherrschen.«
»Verlassen Sie sich nicht darauf«, sagte Harvey.
»Das werde ich auch nicht. Ich werde mich in Ihre Hände begeben, indem ich in meinem lahmen Englisch daherhumple. Darf ich hoffen, daß es nicht auch noch hinkt und blind ist?«
»Es ist praktisch perfekt«, sagte Harvey. »Lassen Sie uns zur Sache zurückkommen.«
»Ja, unterrichten Sie mich, dann werde ich Sie unterrichten.«
»Wir werden vielleicht sogar über dasselbe sprechen.«
»Zwei Herzen und ein Schlag«, sagte General Gehlen auf deutsch.
»Two hearts and one beat«, übersetzte ich zögernd nach einem Blick von Harvey.
»Können wir uns über Ihre Verluste in Ostdeutschland während der letzten sechs Wochen unterhalten?«
»Die Versuche Ihres jungen Begleiters im Deutschen sind sehr nett, aber ich bin nicht bereit, in seinem Beisein über relevantes BND-Material zu diskutieren.«
»Worüber, meinen Sie«, fragte Harvey, »reden wir in Berlin?«
Ich konnte mich nicht entsinnen, daß Harvey jemals mit mir über den BND diskutiert hätte, aber Gehlen zuckte die Achseln, als ob das eine unbestreitbare, unangenehme Tatsache wäre. »Na gut«, sagte er. »Wir haben Verluste erlitten. Darf ich Sie daran erinnern, daß neunzig Prozent aller Informationen des American Intelligence über die Sowjets falsch waren, bevor ich und meine Organisation in Aktion traten?«
»Ihre Statistik geht auf 1947 zurück. Wir haben jetzt 1956. Im letzten Jahr sind Ihre östlichen Netze schwer angeschlagen worden.«
»Solche Verheerungen sind mehr scheinbar als tatsächlich«, sagte Gehlen. Die Situation in Berlin verleitet zu Fehleinschätzungen. Zugegeben: Berlin weist eine gegenseitige Durchdringung von BND und SSD auf. Ich selbst würde Sie warnen müssen, wenn Sie mich nicht warnten. Die Mischung von Information und Desinformation könnte chaotische Ausmaße annehmen, wenn man nicht« – er hob den Finger –, »wenn man nicht über meine Erfahrungen bei der Interpretation verfügt.«

»Sie wissen, wie Sie das, was Sie haben, lesen müssen, und ich weiß es nicht?«

»Nein, Sir. Ich sage nur, daß Berlin ein Musterbeispiel für den richtigen Gebrauch und Mißbrauch der Gegenspionage ist. Es ist eine üble Stadt, weil es dort mehr Doppelagenten als Agenten gibt. Die Doppelspionage ist, wie ich zu sagen pflege, so kompliziert wie der Kubismus. Welche Ebenen sind vordringlich? Welche werden überlagert?«

»Cubism«, ergänzte ich.

»Ja«, nickte Harvey. »Ich hab's schon verstanden.« Er bekam einen Hustenanfall. »Es ist nicht«, sagte er rasch, »Ihre Handhabung von Doppelagenten, die mich ärgert. Wir haben in meinem Büro eine Redensart: Bis wir einen Doppelagenten im Griff haben, hat Gehlen drei Tripelagenten gemacht.«

»Tripelagenten. Ja, das gefällt mir. Sie machen höllische Komplimente, Mr. Harvey.« Wieder hörte ich dieses seltsame Luftholen, irgendwo zwischen Seufzen und Schluchzen, das ich schon aus Washington kannte.

»Wir stellen nicht Ihre Fähigkeiten in Frage«, sagte Harvey. »Aber es ist eine gottverdammte Situation. Sie haben eine Menge von BND-Mitarbeitern in Westdeutschland, die im Osten keine Instrumente mehr haben, um spielen zu können. Ein großes Orchester ohne Noten. Deshalb kommen unsere Boys in Schwierigkeiten.«

»Wovon reden Sie?« fragte Gehlen.

»Ich meine es so, wie ich es sehe. In Polen haben Sie Prügel vom KGB bekommen; in der Tschechoslowakei sind Sie versackt; und jetzt hat Sie der SSD in Ostdeutschland aufgerollt.«

Abwehrend hob Gehlen eine Hand. »Nicht wahr! Einfach nicht wahr! Sie fallen auf lauter Fehlinterpretationen herein. Das kommt davon, daß Sie nur mit einem Ohr hören und nicht mit beiden. Nehmen Sie Ihren CATHETER weg, und Sie sind taub, blind und stumm. Da Sie kein eigenes zuverlässiges Agentennetz in Ostdeutschland besitzen, haben Sie sich mit den Engländern zusammengetan, um CATHETER zu bauen. Mit den Engländern! Mr. Harvey! Den Engländern, die heute so schwach sind, daß sie noch nicht mal Mr. Philby auf die Finger klopfen können.«

»Lassen wir die Briten hier raus.«

»Wie können Sie das? Die britischen Dienste sind ein Sieb. Den MI6 könnte man ebensogut nach Moskau verlegen. Das wäre für

alle Beteiligten bequemer. Was den MI5 angeht, so werde ich mich mit Ihnen irgendwann in der nächsten Zeit mal zusammensetzen, wenn Sie allein sind, und dann sollen Sie erfahren, wer dessen wahre Meister sind. Der MI5 ist nicht so gesund, wie er vorgibt.«
»Sind Sie das? Bin ich's?«
»Ihr seid vielleicht die Schlimmsten, mit eurem CATHETER! Völlig abhängig von Informationen, die ihr durch ein so grotesk überdimensioniertes Risiko bekommt. Mit einem Minimum an Nachprüfungsmöglichkeiten durch andere Quellen leben zu müssen! Das ist, als ginge man in ein feindliches Lazarett, legte sich aufs Bett und hoffte, daß das, was sie einem intravenös einpumpen, Glukose und nicht Strychnin ist.«
»Ich selbst prüfe den Input«, antwortete Harvey, »und mein berufliches Ansehen hängt von der Gültigkeit dieses Produkts ab. Ich garantiere für die Echtheit der Gespräche, die wir abhören. Eine Goldmine, Gehlen. Das müßten Sie sich einmal ansehen. Sie würden hellauf begeistert sein.«
»Ich sollte in der Tat die Gelegenheit dazu haben. Ich bin der einzige Überlebende auf unserer Seite, der genug Erfahrungen gesammelt hat, um beurteilen zu können, was es damit auf sich hat. Ich bekomme eine Gänsehaut bei dem Gedanken an die Erkenntnisse, die Ihnen da entgehen müssen, weil Sie weder über meinen Hintergrund verfügen noch über das Personal, das die Daten verifizieren kann, noch vor allem über die deutsche Geduld und Gründlichkeit, so lange auf Ihrem Hintern sitzen zu bleiben – wenn es sein muß ein Jahr –, bis Sie mit einem ausgewogenen Urteil aufwarten können. Trotzdem kann ich mich sehr wohl in die Art dieses Unternehmens hineindenken: Kisten und Kartons voller Abschriften von Ihrem CATHETER, die immer mehr werden, weil CATHETER ja pausenlos Tonbänder ausspuckt. Räume voll deprimierter, verzweifelter Leute drüben in Ihrer Strumpfwirkerei, ja, in Ihrem Raum T-32 in Washington, all diese armen Leute, die sich bemühen, einen Sinn hineinzubekommen. Und davon picken Sie sich heraus, was Ihnen gefällt und erlauben es sich, uns zu verhöhnen, nein, uns anzuschwärzen mit Ihrer sehr von Vorurteilen behafteten Auswahl einiger für Sie nützlicher, im übrigen aber gänzlich insignifikanter Brocken aus einem Berg von Erz. Wir beim BND sind nicht in dem desolaten Zustand, in dem Sie uns darzustellen belieben. Ich habe Agenten von einem Kaliber«, sagte

Gehlen, »an die niemand sonst heranreicht. In der Sowjetunionabteilung...«
»Sie meinen III-f?« fragte Harvey.
»Genau in unserer III-f habe ich einen ganz genialen Mann sitzen. Einen Meister der Gegenspionage.«
»Den Kerl, den Sie Fiffi nennen?«
»Ja. Sie wissen, was Sie wissen, und ich weiß, was ich weiß, also haben Sie von Fiffi gehört. Sie würden alles dafür geben, wenn Sie Fiffi bekämen. Er bringt uns all das, was die anderen nicht schaffen. Sie, Harvey, Sie sind der große Amerikaner in Berlin, Sie kennen alle Geheimnisse dieser Stadt, alle außer einem: Sie können mir nichts über das KGB-Hauptquartier in Karlshorst erzählen, nicht wahr? Da sitzt das Zentrum des KGB für ganz Osteuropa, gleich hinter der Front in Ostberlin, keine zwölf Kilometer von Ihnen entfernt, und was können Sie mir darüber sagen, das ich nicht auch auf einem Luftbild sehen kann?«
Gehlen ging zur Rückseite des Raumes hinüber, an der sich in circa zweieinhalb Meter Höhe etwas befand, das wie eine sehr große, zusammengerollte Filmleinwand aussah. Er zog einen Schlüssel aus der Tasche, steckte ihn mit zeremonialer Präzision in ein Schloß des langen, flachen Kastens und zog einen sehr sorgfältig in mehreren Farben gezeichneten, über zwei Meter breiten und knapp zwei Meter hohen Plan herunter. »Karlshorst«, sagte Gehlen. »Von A bis Z. Unser Fiffi hat die Informationen über dieses Viertel Stück für Stück zusammengetragen. Alle anfallenden Veränderungen werden selbstverständlich umgehend eingearbeitet, Einzelheiten noch weiter präzisiert. Ich kann Ihnen gegenwärtig den Parkplatz eines jeden KGB-Offiziers identifizieren. Hier«, sagte er und bewegte seinen vor Stolz zitternden Finger zu einem anderen Teil der Karte, »ist die Toilette, die General Dimitrow benutzt, und dies hier« – jetzt schritten seine Finger wie Beine über den Plan – »ist das Konferenzzimmer des ostdeutschen Ministeriums für Staatssicherheit.«
»Wir«, erwiderte Harvey, »erhalten Transkripte der Telefongespräche, die von diesem Zimmer nach Moskau gehen. Aber bitte, fahren Sie fort! Erzählen Sie mir von den Stühlen, auf die sie ihre roten Ärsche setzen.«
»Wir können Ihnen dank Fiffi und seiner Informanten einen umfassenden wöchentlichen Bericht über den Stand der SSD- und

KGB-Geheimdienstoperationen geben, während Sie noch immer Berge unverdauter Schlacke auftürmen und alles holterdiepolter in Transportflugzeugen zur Strumpfwirkerei hinüberschaffen. Das Florett, nicht die Lawine, wenn ich Sie erinnern darf, ist die Waffe des Geheimdienstlers.«

»Ihr Fiffi ist das Beste«, sagte Harry, »was die Welt seit Phineas T. Barnum hervorgebracht hat.«

»Ich glaube, ich verstehe diese Anspielung. Sie ist beleidigend. Alle Einzelheiten in Fiffis Plan des KGB-Hauptquartiers, die wir haben überprüfen können, sind exakt.«

»Natürlich sind sie das«, knurrte Harvey. »Sie sind zu exakt. Der KGB beliefert Fiffi großzügig. Ich finde das unglaublich. Ihr Deutschen geratet in Verzückung, wenn ihr ein Scheißhaus entdeckt. Nur weil ihr wißt, wohin General Dimitrow morgens seinen Haufen setzt, glaubt ihr, ihr habt die Kronjuwelen gefunden.« Er hielt einen Augenblick inne, als denke er nach. »Und euer anderer großer Akt«, Harveys Gesicht lief allmählich purpurrot an, »Washington! Ja, kommen wir mal darauf zu sprechen. Sie haben eine ganze Menge Material von Ihrer, wie Sie sagen, hochrangigen Quelle im Zentralkomitee der SED nach Washington geschickt. Ich glaube nicht, daß Sie einen Maulwurf in den höchsten Gremien der ostdeutschen Kommunisten sitzen haben.«

»Lieber Mr. Harvey, da Sie ja doch über keinen Zugang zu meinen Akten verfügen, können Sie unmöglich beweisen, daß mein Output Spielmaterial ist.«

»Denken Sie, mein Freund. Könnte doch sein, daß ich einen Singvogel im BND habe. Vielleicht weiß ich, was für einen tollen Bluff Sie abziehen.«

»Sie wollen eine Quelle im BND haben?« Dabei ist es geradezu ein Witz, wie viele undichte Stellen wir Ihnen bei Ihrer Show in der Berliner Basis aufzeigen könnten.«

»Ja«, sagte Harvey. »Ich bin sicher, Sie wissen, welcher unserer Junioren sich gerade einen Tripper von einem deutschen Fräulein eingehandelt hat, vorausgesetzt besagter Junior ist dumm genug, zu einem privaten Arzt zu gehen. Aber meine führenden Leute sind sauber. Mein Büro ist sterilisiert. Sie wissen nicht, wie es da drinnen aussieht.«

»Bitte fordern Sie Ihren Freund, Mr. Hubbard, auf, uns einen Augenblick alleinzulassen.«

»Nein, wir nehmen es so, wie es kommt«, sagte Harvey. »Ich habe das bereits mit meinem Assistenten besprochen, und es ist schockierend. Ich weiß, daß Sie in Washington gemeldet haben, CATHETER könnte infiltriert werden.«

»Natürlich kann er das«, sagte Gehlen. »CATHETER ist so instabil, daß selbst der Abschaum des Agentensumpfes in Berlin Einzelheiten darüber in Erfahrung bringen kann. Wer spaziert da doch eines Tages von der Straße in eines unserer nachgeordneten Büros herein? Einer aus der allerverächtlichsten Kategorie des Berliner Gesindels, ein ganz abscheulicher Lump. Er weiß etwas über etwas, verkündet er, und er will's verkaufen. Mein Mann, der dort an jenem Morgen am Schreibtisch saß, wußte nichts von CATHETER, aber am Abend, nachdem er diesen ekelhaften Schmutzfinken vernommen hatte, wußte er zuviel. Mein Mann kam mit dem Nachtflugzeug nach Pullach. Ich mußte ihm feierlich erklären, daß es eine streng geheime Geschichte ist. Er ist zuverlässig, mein Mann, er wird nicht über CATHETER reden, aber was werden wir mit Ihrem Agenten in der Basis tun? Er hatte einen Lebenslauf, der einen Psychiater entsetzen würde.«

»Lassen Sie mich sehen, ob wir über denselben Kerl reden«, sagte Harvey. »Der Vater dieses sogenannten Schmutzfinken war ein Pornofotograf, der in Berlin für die Nazibeamten arbeitete.«

»Fahren Sie fort, wenn Sie wollen.«

»Und der Fotograf bekam ein paar Schwierigkeiten an den Hals?«

»Sagen Sie, was Sie meinen.«

»1939 kam er in eine Nervenheilanstalt, weil er mehrere seiner Modelle ermordet hatte.«

»Ja, er ist der Vater des fraglichen Agenten.«

»Der Agent ist jung?«

»Ja.«

»Zu jung, als daß er noch im Krieg gekämpft haben könnte?«

»Ja.«

»Aber nicht zu jung, um ein Kommunist, ein Anarchist, ein studentischer Revolutionär, ein möglicher SSD-Agent, ein Homosexueller, ein Kellerbar-Perversling zu sein, und jetzt steht er bei Ihnen und bei mir unter Vertrag.«

»Bei Ihnen. Wir würden ihn nicht mit spitzen Fingern anfassen.«

»Wir tauschen! Bei uns heißt er Wolfgang. Deckname WILDBOAR,

Wildschwein. Wie nennen Sie ihn? Jetzt, da er in Ihr Büro hereinspaziert gekommen ist.«
»Sein richtiger Name lautet Waenker Lüdke, und der Name, den er Ihnen angegeben hat, Wolfgang, ist seinem richtigen viel zu ähnlich in den Konsonanten – wie auch sonst? Agenten haben eben keinen Verstand.«
»Und der Deckname?«
»Ich bin bereits mit dem Decknamen WILDBOAR vertraut, mit dem ihn Ihr Büro versehen hat. So fühle ich mich nicht verpflichtet, mich hier mit Ihnen auf einen Tausch einzulassen. Sie können von mir nicht erwarten, daß Sie etwas ohne Gegenleistung erhalten.«
»Das hätten Sie vorher sagen müssen«, sagte Harvey. »Ein Deal ist ein Deal.«
»Sie brauchen ihn also unbedingt? Für Ihre Briefmarkensammlung? Also gut: RAKETENWERFER. Gefällt er Ihnen?«
»Rocket-launcher«, übersetzte ich.
»Sie geben mir Ihr Wort als Offizier und deutscher Gentleman, daß Sie die Wahrheit sagen?« fragte Harvey.
Gehlen stand auf und schlug die Hacken zusammen. »Sie appellieren an mein Ehrgefühl«, sagte er.
»Verdammte Scheiße«, sagte Harvey. »Ich weiß zufällig, daß Sie mit dieser Wolfgang-Geschichte nach Washington geflogen sind. Sie wollten den National Security Council davon überzeugen, daß CATHETER infiltriert wäre. Sie haben also versucht, mir den Hintern zu versengen. Ich kenne aber zufällig die wahre Geschichte. Dieser sogenannte Abschaum, dieser Wolfgang, war zufällig einer unserer besten Agenten. Sie haben es doch tatsächlich fertiggebracht, ihn auf einen unserer Leute, die für CATHETER arbeiten, anzusetzen.«
»Sie werden es nicht wagen, so etwas offiziell zu behaupten. Dieses Szenario hält keiner Überprüfung stand.«
»Sie, General Gehlen, sind einer der achtzehn amerikanischen, englischen und deutschen Geheimdienstoffiziere, die von der Konzeption von CATHETER wissen . . .«
»Das war einmal. Inzwischen sind es hundertachtzehn, zweihundertachtzehn.«
»Bleiben Sie bei der Sache! Sie, General Gehlen, waren jedenfalls in der Lage, einen Ihrer besten Infiltrations-Agenten auf meinen CATHETER-Techniker anzusetzen.«

»Woher sollte ich wissen, wer Ihre Techniker sind? Schirmen Sie die denn überhaupt nicht ab?«

»General, jetzt, da der BND in Ostdeutschland am Boden liegt, haben Ihre Berliner Agenten so wenig zu tun, daß Sie meine Berliner Mitarbeiter rund um die Uhr bespitzeln können. Ein Kinderspiel für Sie, Ihren Perversling von einem Agenten auf meinen traurigen kleinen Schwuli von einem Techniker anzusetzen, die beiden beim Akt fotografieren zu lassen und meinen kranken kleinen Saukerl damit zu erpressen, so daß er Ihnen gerade mal genug über CATHETER ausplappert. So kann dann Ihr Topagent, mein WOLFGANG alias Ihr RAKETENWERFER, in Ihre Generalagentur gehen und irgendeinen Schreibstubenhengst dort zum Narren halten, was Ihnen genügend Glaubwürdigkeit verleiht, daß Sie Zeter und Mordio schreiend nach Washington fliegen und denen die gleiche gezinkte Geschichte vorspielen können, die Sie mir gerade andrehen wollten.«

»Teuflische Verleumdung!« schrie Gehlen.

»Wie können Sie es wagen, den Vereinigten Generalstab und den Nationalen Sicherheitsrat hinsichtlich meiner Operation irrezuführen?« brüllte Harvey.

»Ich warne Sie«, sagte Gehlen. »Ich lasse mich nicht gern anschreien, schon gar nicht in Gegenwart junger Assistenten.«

»Dann werde ich leiser sprechen«, sagte Harvey. »Es scheint, daß das Nitty-gritty hier...«

»Nitty-gritty?« fragte Gehlen.

»Das Wesentliche«, sagte ich.

»Das Wesentliche«, fuhr Harvey fort, »bei der Sache ist, daß mein amerikanischer Techniker ja ein Perversling sein mag. Aber er war noch Amerikaner genug, um uns zu gestehen, daß Wolfgang versucht hat, ihm das Geheimnis zu entlocken. Wolfgang hat also nichts von ihm erfahren – wenn Sie's ihm nicht gesagt haben. Deshalb gibt es nur zwei Möglichkeiten: Entweder haben Sie Washington angelogen, und CATHETER ist sicher. Oder Sie haben Wolfgang das Wesentliche verraten. Wenn das der Fall ist, werde ich es Ihrem Bundeskanzler vortragen.«

»Mein lieber Herr«, sagte Gehlen betont und erhob sich. »Es steht Ihnen frei, sich zu erheben und Ihrem Stuhl eine Erholung zu gönnen. Ich kann Ihnen versichern: Er braucht sie.« Damit wies er zur Tür.

Es war das Ende der Begegnung. Wieder in unserer Limousine, sagte Harvey nur kurz: »Auftrag ausgeführt. Gehlen hat Angst.«

13

Sam mußte allein mit dem Wagen zurückfahren. Wir nahmen ein Air-Force-Flugzeug nach Berlin, und Harvey träumte vor sich hin. So tief war seine Trance, daß er bald Gedankenbruchstücke von sich zu geben begann: »Ja... geht nicht... verdammt heimzahlen... ergibt keinen Sinn... Wolfgang die Eier rösten...« Mehr kam während der ersten halben Stunde nach dem Abflug nicht aus ihm heraus. Dann sprach er mich endlich an. »Nimm das Tonbandgerät vom Rücken ab.«
Ich nickte. Hinten in der Kabine entfernte ich den Apparat und kehrte zu ihnen zurück. Sobald ich ihm allerdings das Gerät gegeben hatte, hob Harvey seine hervorquellenden, blutunterlaufenen Augen. »Wie viele Bänder habe ich dir gegeben, Kleiner?«
»Zwei, Sir.«
»Wo ist das andere?«
»In meiner Reisetasche.«
»Hol's.«
»Mr. Harvey, sie ist bei Sam im Wagen.« Die Tasche mochte zwar dort sein, aber das Band mit C. G.'s Stimme, als sie über Mr. Hoovers Verhältnis zu Mr. Harvey sprach, befand sich in meiner Jackentasche.
Seine telepathischen Fähigkeiten schienen ihm keine Ruhe zu lassen, denn er brütete vor sich hin und sagte dann: »Du hast nicht zufällig noch was anderes aufgenommen? Irgendwelche Bemerkungen nebenbei?«
»Nein, Sir.«
»Das andere ist völlig unbenutzt?«
»Muß es sein.«
»Laß uns mal sehen, was du hier hast.« Er spulte zum Anfang des Interviews zurück und fuhr im Schnellgang bis zum Ende von Gehlens letzten Worten. Die Aufnahme allerdings war dumpf und

wies seltsame Resonanzverdopplungen auf. Manchmal hörte es sich an wie das Knarren eines Schaukelstuhls.
»Haben sie euch auf der Farm nicht beigebracht stillzusitzen, wenn ihr ein Aufnahmegerät am Körper habt?«
»Nein, Sir, haben sie nicht.«
»Was ich am besten höre, sind die Zuckungen deiner Arschspalte.«
»Möchten Sie eine Abschrift?«
»Gibt es eine Schreibmaschine in deiner Wohnung?«
»Yessir.«
»Ich setze dich dort ab.«
»Wäre es nicht leichter im Büro?«
»Ja«, sagte er. »Aber ich setze dich an deiner Wohnung ab.« Eine Weile musterte er mich schweigend. Dann sagte er leise: »Hubbard, tu dir einen Gefallen.«
»Yessir.«
»Verlaß deine Wohnung nicht.«
Ich sah C. G. an. Sie nickte bloß. Bis zur Landung sprach keiner von uns auch nur ein Wort. Harvey sagte auch nicht good bye, als sein Wagen mich an der Haustür zurückließ.
Drei Stunden später rief er an. »Ist die Abschrift fertig?«
»Halbfertig.«
»Kannst du alles verstehen?«
»Zu fünfundachtzig Prozent.«
»Versuch's besser zu machen.«
»Yessir.«
»Sam hat aus Bad Hersfeld angerufen. Reine Routinesache. Kein BND folgt ihm.«
»Yessir.«
»Ich habe ihm gesagt, er soll sich deine Reisetasche ansehen.«
»Natürlich, Sir.«
»Er hat kein Band gefunden.«
Ich schwieg.
»Wie erklärst du mir das?«
»Sir, ich verstehe das nicht. Ich muß es verloren haben.«
»Bleib in deiner Wohnung. Ich komme herüber.«
»Yessir.«
Sobald er aufgelegt hatte, setzte ich mich hin. Ein feuriger Schmerz fuhr durch meine Harnröhre, stechend wie eine Nadel. Ich hatte so

viel Penicillin geschluckt, daß jeder unangenehme Gedanke genügte, einen Brechreiz auszulösen. Ich befand mich in einem Zustand tiefster Hoffnungslosigkeit, und die Tristesse meiner Wohnung verschlimmerte noch diese Stimmung. Ich hatte es nie lange darin ausgehalten. Mit Ausnahme von Dix Butler und mir führten die Bewohner ein fast völlig getrenntes Leben, da wir eigentlich nie zu Hause waren und wenn, dann im Bett oder allein in unseren Zimmern. Ich kannte die Gerüche ihrer Rasierseifen im Badezimmer besser als ihre Stimmen. Nachdem ich mich allerdings drei Stunden lang durch Harveys Gespräch mit Gehlen gequält hatte, hielt ich es nicht länger auf meinem Stuhl aus. Ich fing an, die Wohnung zu erkunden und erfuhr dabei in zwanzig Minuten mehr über meine Mitbewohner als in den zwei Monaten zuvor. Bei jedem von ihnen war eine einzigartige Kombination von Sauberkeit und Schlamperei festzustellen: Ein Bursche, der beim Codier-Dienst beschäftigt war, Eliot Zeeler, eine akkurate Erscheinung, hatte ein völlig verwahrlostes Zimmer mit durcheinandergewühlten Knäueln von gebrauchter Unterwäsche, Bettlaken, -bezügen und Schuhen; ein anderer hatte seinen ganzen Kram – trockene Orangenschalen, Sweatshirts, Zeitungen, nicht geöffnete Post, schwarzgeränderte Kaffeetassen, Wäschereikartons, Bier-, Whisky- und Weinflaschen, einen alten Toaster, einen aussortierten Golfbeutel und ein zerrissenes Keilkissen – in einer Ecke seines Zimmers fein säuberlich zu einer Pyramide aufgetürmt. Dabei war dieser Roger Turner Glanzlicht einer jeden Gesellschaft und ein höchst willkommener Gast bei jeder Party und Veranstaltung, die das Außenministerium, das Verteidigungsministerium und die Company in Westberlin gaben. Ich traf ihn immer nur im Smoking. Sein Bett war gemacht, seine Fenster waren fleckenlos geputzt (was hieß, daß er sie selbst putzte) und sein Zimmer makellos – bis auf diese Abfallpyramide. Im Gegensatz dazu war Dix Butlers Zimmer so ordentlich aufgeräumt wie das Quartier eines Seekadetten. Ich nahm mir vor, Kittredge einen Brief über all das zu schreiben. Aber bei dem Gedanken an sie fielen mir wieder Harlot und damit Harvey und mein ganzes gegenwärtiges Elend ein. Kein Wunder, daß ich die Ordnung und Unordnung meiner Mitbewohner studierte – ich muß wohl nach Richtlinien für mich selbst gesucht haben. Niemals hatten mir diese heruntergekommenen großen Räume mit ihren schweren Türen, den massiven Tür- und

Fensterstürzen, überkragenden Fensterbrettern und hohen Dekken mehr Verdruß bereitet. Der dumpfe Geruch der ausgebleichten Teppiche und Läufer, dieser Polstersessel mit den gebrochenen Armlehnen, die lange Totenbahre des Wohnzimmersofas mit seinen Klauenfüßen, von denen einer fehlte und durch einen Ziegelstein ersetzt war, all dies zeugte von einstigem Wohlstand und symbolisierte gleichzeitig das Ende dieser schwerfälligen preußischen Mittelstandsträume. »Hat denn keiner von uns so viel Gemeinsinn, um wenigstens ein Bild oder ein Plakat aufzuhängen?« fragte ich mich.
Da erschien Harvey. Er hatte ein hübsches Klopfzeichen: zweimal kurz – Pause – wieder zweimal kurz. Er trat ein wie ein Polizeihund, der eine neue Behausung ausschnüffelt, warf einen Blick in jedes Zimmer und setzte sich schließlich auf die zerbrochene Couch. Er nahm einen Colt aus seinem linken Schulterhalfter und rieb sich die Achselhöhle. »Es ist das falsche Halfter«, stöhnte er. »Das richtige ist gerade bei einem Kraut-Schuster. Wird genäht.«
»Die Leute sagen, Sie hätten mehr Kanonen als irgend jemand sonst in der Company«, begann ich.
»Die Leute können mich am Arsch lecken«, knurrte er. Er nahm den Colt wieder von der Couch, klappte ihn auf, drehte die Trommel herum, nahm die Patronen heraus, prüfte jede einzelne, setzte sie wieder ein, schloß die Waffe, zog den Hahn weit genug zurück, daß die Trommel sich weiterdrehte und ließ ihn dann langsam wieder herunter. Wenn sein Daumen abgerutscht wäre, hätte sich ein Schuß gelöst. Diese Zeremonie riß mich aus meiner Depression und hob meinen Adrenalinspiegel auf die Höhe des seinen. »Möchten Sie einen Drink?« fragte ich.
Zur Antwort rülpste er. »Laß uns dieses Gehlen-Transkript ansehen.« Er nahm einen Flachmann aus der Brusttasche, nippte, bot mir nichts an und steckte ihn wieder ein. Er nahm seinen Füllfederhalter und korrigierte die Fehler, die ich gemacht hatte, mit roter Tinte. »Bei so einer Unterhaltung erinnere ich mich an jedes Wort.«
»Eine besondere Begabung«, lobte ich ihn.
»Das hast du ja ganz anständig hingekriegt.«
»Freut mich zu hören.«
»Trotzdem sitzt du tief in der Scheiße.«
»Chef, ich verstehe wirklich nicht. Hat das jetzt mit SM/ONION zu tun?«

»Dein sauberes kleines Szenario scheint nicht zu funktionieren. Mein MI5-Mann in London meint, der MI6 hat Crane eine Karotte zu futtern gegeben, und an der kaut er immer noch.« Er rülpste wieder und nahm noch einen Schluck aus seiner Flasche. »Du dummer Hundesohn von einem Schwachkopf, wie bist du bloß in all das hineingeraten?«
»Chef, helfen Sie mir auf die Sprünge. Ich komme nicht mit.«
»Du beleidigst meine Intelligenz. Das ist schlimmer als bloßer Betrug. Hab ein bißchen mehr Respekt.«
»Habe ich. Habe ich eine ganze Menge.«
»Mit manchen Spielchen kann man mir nicht kommen. Weißt du, was du für diesen Beruf brauchst?«
»Nein, Sir.«
»Ein Gefühl für Licht und Schatten. Wenn das Licht sich bewegt, muß der Schatten mit. Ich habe die Lichter auf Gehlen herumbewegt, und der Schatten ist nicht richtig mitgekommen. Fast, aber nicht ganz.«
»Würden Sie mir das erklären?«
»Werde ich tun. Du arbeitest für die falschen Leute. Du hast Fähigkeiten. Du hättest dich sofort bei Onkel Bill einklinken sollen, so wie Dix das gemacht hat. Ich habe jahrelang einen guten Mann für den Innendienst gesucht. Das hättest du werden können. Jetzt geht's nicht mehr. Siehst du nicht, Hubbard, wie glasklar durchsichtig es für mich war, daß jemand aus dem unmittelbaren Umfeld Gehlen gesagt haben mußte, er sollte dich im Zimmer lassen? Gehlen hat versucht, dich rauszukriegen, aber das waren keine entschlossenen Versuche. Der Schatten hat sich nicht dem Licht entsprechend bewegt. Glaubst du, Gehlen würde zulassen, daß vor einem Company-Junior soviel über den BND geredet wird? Glaubst du, ein alter Fuchs wie Gehlen konnte kein Abhörgerät an einem Anfänger wie dir erkennen? Mein lieber Freund, wenn ich wirklich ein Transkript gebraucht hätte, hätte ich das Abhörgerät an mir selbst angebracht und so versteckt, daß es niemals entdeckt worden wäre. Ich hab's bei dir angebracht, um zu sehen, wie er darauf reagierte. Er hat so getan, als ob es nicht da sei.«
»Sie wollen doch nicht andeuten, daß ich in irgendeiner Weise etwas mit Gehlen zu tun habe?«
»Du bist im Erdgeschoß eingebaut.«

»Warum sollte er dann darum bitten, daß ich nach Pullach mitgebracht werde, wenn er mit mir zusammenarbeitet?«
»Doppelter Gambit, das ist alles. Hubbard, noch ist Zeit zum Reden. Aber für dich wird es ein bißchen eng.«
»Ich kenne mich nicht mehr aus«, sagte ich. »Ich glaube, hier wird ein Spiel gespielt, bei dem ich nicht einmal weiß, welcher Stein ich bin. Ich habe nichts zu sagen.«
»Ich gebe dir etwas zum Verdauen. Du wirst überwacht. Du wirst die Wohnung nicht verlassen. Du darfst hier heimlich still und leise verrückt werden. Trink, was du willst. Warte, bis du dein Delirium tremens kriegst, und dann komm zu mir. Inzwischen darfst du beten. Jede Nacht. Hoffe und bete, daß CATHETER sicher bleibt. Wenn er nämlich auffliegt, hagelt es Anklagen, und daß du einer der Kandidaten sein wirst, läßt sich nicht vermeiden. Könnte sein, daß du dann mit deinem Arsch im Militärknast landest.«
Er stand auf, steckte seinen Colt in das Halfter und ließ mich allein. Ich versuchte mich zu sammeln, indem ich anfing, ein Transkript von C. G.s Band zu schreiben.
Das dauerte ein paar Stunden, und ich war kaum damit fertig, als schon der erste meiner Mitbewohner von der Arbeit zurückkam. Roger Turner war mit einem amerikanischen Mädchen verlobt, das bei General Motors in Berlin arbeitete. Er war aufgeregt, denn ihre Eltern befanden sich auf einer Europareise und wollten sich an diesem Abend mit ihm treffen. Er wollte sie zu einer Cocktailparty in die dänische Botschaft mitnehmen und hatte sich für diesen Anlaß in einen grauen Nadelstreifenanzug gekleidet. Eliot Zeeler war auf dem Weg zum UFA Pavillon am Ku'damm, um »Eine Reise um die Welt in achtzig Tagen« zu sehen, der Film hatte gerade den Academy Award bekommen und wurde dort, wie Eliot mir berichtete, mit deutschen Untertiteln gezeigt, so daß man auf unterhaltsame Weise die Kenntnisse der deutschen Sprache vervollkommnen konnte. Ob ich ihn nicht begleiten wolle. Nein, ich wollte nicht – ich konnte schließlich nicht sagen, daß ich nicht durfte. Ein anderer Mitbewohner, Miles Gambetti, den ich selten sah, rief an und fragte, ob irgendwelche Nachrichten für ihn da wären. Wir waren erst ein einziges Mal ins Gespräch gekommen, und dabei hatte er sich als »besseren Buchhalter« bezeichnet, aber Dix sagte, er sei mehr: »Er ist derjenige, der wie

ein Schießhund auf unsere Berliner Holdings aufpaßt. Der KGB würde ihn sich vorknöpfen, wenn er wüßte, was Miles macht.«
»Warum?«
»Sobald du rauskriegst, wie der Etat verteilt wird, kannst du dir ein genaues Bild machen. Der KGB kennt unsere Banken hier und unsere Airline, die religiösen Gruppen, die wir finanzieren, die Zeitschriften, die Zeitungen, die kulturellen Stiftungen, wahrscheinlich sogar die Journalisten, die wir füttern, und sie wissen, welche Gewerkschaftsführer für uns arbeiten. Aber sie wissen nicht, wieviel Geld wir für welchen Zweck einsetzen. Daran aber könnten sie unsere eigentlichen Absichten ablesen. Teufel, wenn ich der KGB wäre, würde ich Miles entführen.«
Jetzt, da die Nacht hereingebrochen war und ich allein in der Wohnung saß, dachte ich an dieses Gespräch zurück. Ja, seltsam, aber ich mußte dauernd an Dix' Bemerkung denken, und ich sann über die Funktionen von Miles Gambetti nach (der sehr neutral wirkte, weder hübsch noch häßlich, weder groß noch klein), weil ich jetzt etwas vom Ausmaß unserer Aktivitäten wissen wollte – nicht nur in Berlin, sondern auch in Frankfurt und Bonn, in München, in all den Army-Basen, wo wir unsere Leute sitzen hatten; in allen amerikanischen Konsulaten in Deutschland, all den Corporations, in denen wir vielleicht ein oder zwei Leute hatten. Ich war ja nur ein winzig kleines Rädchen, aber ich wollte doch wenigstens wissen, in welchem Teil des Getriebes, damit ich mir nicht ganz so elend, so endgültig zum Scheitern verurteilt vorkam. So betete ich denn darum, daß der Chef die Sache nur künstlich hochgespielt habe und daß ich ihm nur vorübergehend ein Dorn im Auge wäre. Allein in der Wohnung fühlte ich mich so verlassen wie noch nie zuvor.
Dix kam kurz vorbei, um sich umzuziehen. Er wollte gleich wieder losziehen und fragte, ob ich mitkommen wollte. Ihm gestand ich, daß ich Ausgangssperre hatte. Er pfiff durch die Zähne und sah mich mitleidsvoll an – so mitleidsvoll, daß ich mißtrauisch wurde. Er war Harveys Mann, und ich, der ich meine Loyalitäten und die Loyalität der Mitglieder meiner Familie immer so genau hatte berechnen können wie ein Organisationsschema, so daß ich jedem, unabhängig von persönlichen Neigungen, die ihm gemäße Loyalität zugestanden hatte, ich kam mir jetzt plötzlich frei und ungebunden vor.

Ich wußte auch, daß auf Dix und seine Loyalität kein Verlaß war. Vielleicht würde er mich schon morgen verraten, aber heute konnte er mich noch bemitleiden.

»Du mußt ja einen großen Scheiß gemacht haben«, sagte er, »daß du Hausarrest gekriegt hast.«

»Kannst du's für dich behalten?«

»Wie nicht?« Er wiederholte es genüßlich. Das mußte eine neue Redewendung sein, wahrscheinlich von einem betrunkenen Engländer aufgegabelt. Vor einem Monat hatte er in Resis Ballhaus mit einem russischen Panzer-Oberst Redensarten ausgetauscht, dessen Englisch nur zu einem stereotypen »Of course! Wei not?« reichte. Butler hatte das begeistert. Die nächsten beiden Tage konnte man ihn fragen, was man wollte. »Werden wir den Kalten Krieg gewinnen?« »Wollen wir Irish Coffee trinken?« Regelmäßig lautete seine Antwort: »Of course! Wei not?« So wußte ich, daß ich während der nächsten Woche »Wie nicht?« hören würde – sofern es für mich hier noch eine nächste Woche gab. Vielleicht verlor ich meinen Job – ich sah die Augen meines Vaters. Vielleicht kam ich ins Gefängnis – ich sah den blumenbedeckten Hut meiner Mutter am Besuchstag. Ich fühlte mich wie ein Mann, dem der Arzt gesagt hat, daß er unheilbar krank ist. Dieses Urteil kehrt immerzu in Quantenpaketen zurück. Man spielt Solitaire, man plaudert, man hört Musik – und dann kommt die endgültige, grausige Wahrheit zurück wie ein Nebel und trübt die Sicht.

Ich klammerte mich an die fünf Minuten, die Dix Butler in der Wohnung sein würde.

»Also, was ist?« fragte er.

»Ich hab's mir überlegt. Ich kann's dir nicht sagen. Ich erkläre es dir, wenn es überstanden ist.«

»Na gut«, sagte er. »Ich warte. Aber ich frage mich natürlich...« Er sah so aus, als ob er gleich gehen würde. »Kann ich irgendwas für dich tun? Soll ich Ingrid herbringen?«

»Nein«, sagte ich.

Er grinste.

»Wenn du zufällig Wolfgang triffst«, sagte ich, »überrede ihn dazu, daß er hierher kommt.«

»Zweifelhaft.«

»Willst du's versuchen?«

»Weil du mich bittest, ja.« Ich hatte aber das Gefühl, daß er es nicht versuchen würde.

»Noch etwas«, sagte ich. »Du sagtest, du würdest mich Rosens Briefe lesen lassen.«

»Warum willst du sie denn jetzt?«

»Ich zuckte die Schultern. »Um mich abzulenken.«

»Gut«, sagte er. »In Ordnung.« Aber ich konnte sehen, daß er zögerte. Er ging in sein Zimmer, lehnte die Tür an, kam wieder heraus, schloß die Tür ab und überreichte mir einen dicken Umschlag. »Lies den Brief heute nacht«, sagte er. »Und wenn du fertig bist, schieb ihn unter der Tür durch.«

»Ich lese in diesem Zimmer«, sagte ich. »Und wenn irgendein Unbekannter klopft, lege ich den Brief unter deine Tür, bevor ich öffnen gehe.«

»Genehmigt«, sagte er.

14

Lieber Dix!

Ja, jetzt sitze ich hier an einem tollen Auftrag beim TSS, und da sitzt Du als Nummer eins beim Großen Mann in Berlin. Gratuliere. Die alte Trainingsgruppe PQ31 kommt ganz gut allein zurecht, auch wenn ich eine recht merkwürdige Aufgabe habe. Verfahre deshalb mit diesem Brief und mit allen anderen, die ich Dir schreibe, nach NLV (was, falls Du's vergessen haben solltest, »Nach dem Lesen verbrennen« heißt). Ich weiß nicht, ob die Arbeit bei dem TSS so geheim zu sein verdient, wie man uns hier weismacht, aber es ist schon ein ganz besonderer Ort. Unser aller Halbgott ist Hugh Montague, der legendäre alte OSS-Mann, und er ist ein bemerkenswerter Mann: fern wie der Mount Everest und selbstsicher wie Gott. Ich kann mir nicht vorstellen, was geschehen würde, wenn es je zu Meinungsverschiedenheiten mit ihm käme. Jedenfalls, der TSS ist nur ein Teil seiner Domäne, und weil man für eine Domäne niemandem Zins schuldet, ist auch Montague, soweit ich sehen kann, niemandem Rechenschaft schuldig. Er berichtet nur Dulles.

Drüben im »Top Sanctum Sanctorum« (wahre Bedeutung von TSS) wird jeder heftig kritisiert, aber bei Montague sind wir uns einig. Anders als viele in der Company ist er kein Arschkriecher.

Montague fasziniert mich. Ich habe ihn nur einige Male gesehen, aber seine Frau ist eine absolute Schönheit, und es wird hier überall geflüstert, sie sei das einzig wahre Genie, das die Company habe, ja, sie sagen, sie hätte Freud doppelt so kompliziert gemacht, als er schon vorher war, obwohl das natürlich schwer vorstellbar ist. Eine der Krankheiten der Company, das wird mir langsam klar, ist die Überschätzung der eigenen Bedeutung. Wir sind nicht in der Lage, uns selbst zu beurteilen. Jedenfalls kann niemand mit Sicherheit sagen, was Hugh Montague eigentlich macht. Sein Spitzname – ich glaube nicht einmal, daß es ein Deckname oder Tarnname oder irgend etwas ist, das er unter seine Telegramme setzt, aber sie nennen ihn wirklich so – ist Harlot (Hure). Ich schätze, das kommt daher, daß er in so viele Dinge verwickelt ist. Ein echter Domänenherr. Keine Pacht, keine bürokratische Verantwortlichkeit. Er hat ein eigenes Gegenspionagenetz, mit dem er die Sowjetrußlandabteilung in den Wahnsinn treibt, und er hat seine Leute überall in der Company sitzen. Seine Feinde beim TSS sagen, er versuche eine Company innerhalb der Company zu betreiben. Dix, Du solltest einmal eine Zeit in Washington verbringen, um Dich zurechtzufinden. Theoretisch ist die Company, bürokratisch gesagt, alles abgestecktes Terrain, aber Dulles hat eine Schwäche für seine alten OSS-Kumpel, und außerdem mag er eigentlich keine Bürokratie. So schafft er einigen von ihnen Freiräume. Fahrende Ritter nennt er sie. Sie sind ermächtigt, durch die Hierarchien und entgegen allen Verfahrensregeln überall einzugreifen. Harlot ist so ein fahrender Ritter. Man sagt, er gilt als das wahre Gespenst der Company. Nach dem, was so geflüstert wird beim TSS (wo wir Bescheid wissen sollen!), bezeichnet ihn Dulles als »unser edles Phantom«. Dix, ich muß zugeben, daß ich früher über Deine Begeisterung für gewisse Worte gelächelt habe. Aber jetzt sehe ich allmählich ein, wie recht Du hattest. Wo ich zur Schule gegangen bin, kannten alle diese Begriffe, so war ich wahrscheinlich infolge meiner Ausbildung ein bißchen zu selbstgefällig und erkannte nicht die wahre Macht des Wortschatzes. Ich glaube allmählich, daß »le mot juste« der archimedische Hebel ist, der die Welt bewegt. Jedenfalls gilt das für die Company, das schwöre ich Dir.

Zurück zum TSS. Ich will Dir unbedingt von dem schlimmsten Debakel erzählen, das wir je erlebt haben. Deshalb muß dieser Brief auch Ultra-NLV sein. Man würde mir womöglich meine »Kischkes« rösten, wenn er in die falschen Hände fällt. Kümmere Dich nicht um die Bedeutung von »Kischkes«. Das ist Slang aus dem Jiddischen und bezeichnet nichts, was Dich interessieren könnte. Ich erwähne es nur, weil der Chef des TSS (auf dem Papier) Gottlieb heißt und »Kischkes« das einzige jiddische Wort ist, das er je in meiner Gegenwart benutzt hat. Natürlich haben sie mich ihm zugeteilt – wahrscheinlich denken sie, wir hätten irgend etwas gemeinsam. Na ja, soviel ist das nicht. Manche Juden stecken tief in der Tradition wie meine Familie, die halb religiös-orthodox, halb sozialistisch ist – typisch jüdisch eben –, aber manche Juden schlagen auch die andere Richtung ein. Sie werden geradezu ein Spiegel der Kultur, in der sie leben (wie ich!). So wurde Disraeli, der britische Premierminister unter Queen Victoria, von jüdischen Eltern geboren, aber man sagt, er habe den besten Upper-Class-Akzent auf den Britischen Inseln gehabt.

Na, Gottlieb ist auch so, nur globaler in seiner Orientierung. Er interessiert sich für alles. Er lebt auf einer Farm außerhalb von Washington und steht jeden Morgen auf, um seine Ziegen zu melken. Das Farmhaus war früher mal eine Sklavenhütte, aber Gottlieb zimmert an seinen freien Sonntagen gern selbst daran herum, und so ist's groß genug geworden, daß er seine Familie darin unterbringen kann. Mrs. Gottlieb ist in Indien aufgewachsen. Das mag eine Erklärung für die Ziegen sein! Sie ist die Tochter eines Presbyterianermissionars. Gottlieb züchtet auch Weihnachtsbäume. Außerdem hat er einen Klumpfuß, tanzt aber schrecklich gern Square dance. Er hat als Chemiker nur ein City-College-Examen, ist aber trotzdem ein Genie. Deshalb klingt alles, was man über ihn hier so sagen hört, sehr bruchstückhaft. Ich muß sagen, er hat Mist gebaut. Doch diese Art von Mist bringt nur ein Genie in Zusammenarbeit mit einem anderen Genie wie Hugh Montague fertig. Es ist vor drei Jahren geschehen, aber beim TSS immer noch top-secret. Wehe, wehe! Du kannst aber mit keinem Kollegen einen heben gehen, ohne daß er Dir die Geschichte erzählt. Ich finde sie interessant. Es zeigt ein wenig die Kehrseite der Moral auf. Montague steht so hoch über

allem, daß ich glaube, die Geschichte macht ihn etwas menschlich. Natürlich hat er sich nur bei einem Urteil geirrt, das er abgeben mußte. Er hat auf Gottlieb gesetzt, und Sidney hat ein Schlamassel angerichtet.
Hier also die Geschichte. Vor drei Jahren ging beim TSS das Gerücht um, die Sows hätten irgendeine Wunderdroge hergestellt. Damit könnten sie nicht nur das Verhalten ihrer Agenten kontrollieren, sondern einen Spion auch so präparieren, daß er im Fall einer Gefangennahme das Gedächtnis verliert. Sie hätten auch Schizophrenie auslösende Drogen, um ihre Agenten von allen moralischen Bedenken zu befreien. Ist das nicht überhaupt der kommunistische Kerngedanke? Die Wunderdroge steckt in der Ideologie! Jedenfalls hatte Gottlieb eine chemische Substanz gefunden, die sozusagen zur Schizophrenie führt. Sie heißt Lysergsäurediäthylamid, kurz LSD, und die Leute beim TSS hoffen, daß es unsere Wunderdroge werden wird, weil die gegenwärtigen Methoden bei der Vernehmung von feindlichen Überläufern zu langsam sind. Allen Dulles möchte einen chemischen Zapfhahn haben, mit dem man einen Überläufer an- und abschalten kann, so eine Art Wahrheitscocktail. Das LSD veranlaßt den Menschen, die Wahrheit zu sagen.
Nun fällt's einem schwer, so etwas zu glauben, Dix, und ich habe es auch nur schrittweise und indirekt in Erfahrung gebracht, aber Gottfried scheint eine wunderbare Theorie gehabt zu haben, die er wohl zusammen mit Mrs. Montague und unter Verwendung von deren Thesen erarbeitet hat. Sie beruht auf der Prämisse, daß die psychische Wand, die die Schizophrenie baut, um die Verständigung zwischen gegensätzlichen Teilen der Persönlichkeit zu unterbinden, aus einer ungeheuren Menge von Lügen besteht und daß die Wahrheit dahinter eingekapselt ist. Jede Droge, die eine Schizophrenie herbeiführen kann, könnte auch, wenn sie nur oft genug ein- und wieder abgesetzt wird, genügend Vibrationen in den Lügen dieser schizophrenen Mauer verursachen, um sie zu erschüttern und möglicherweise zu durchbrechen. Normale Leute dagegen wählen nur die Lügen, die ihr Ego intakt halten. Nach der Gottlieb-Gardiner-Theorie kann die Mauer eines Überläufers, ob er nun psychotisch oder normal ist, durch die Verwendung von LSD erschüttert werden. Zuerst allerdings mußte Gottlieb die Eignung des LSD für seinen Zweck testen. Keine leichte Aufgabe. Er und

ein paar Kollegen probierten es aneinander aus, aber sie waren sich ja natürlich des Experiments bewußt. Sie brauchten unwissende LSD-Empfänger.

Also warf denn eines Abends bei einer kleinen Cocktailparty ein TSS-Forscher eine Dosis LSD in ein Gläschen Cointreau, das ein Wissenschaftler trank, der beim TSS unter Vertrag stand. Das Opfer ahnte nichts von diesem Experiment. Ich kenne keine Namen – der Vorgang ist unter Verschluß, aber nennen wir ihn, was er ist: das Opfer.

Wie sich herausstellte, reagierte er nicht gut. Das Opfer kehrte in einem Zustand größter Erregung in seine Wohnung zurück. Er war ein sehr disziplinierter Mann und kämpfte gegen die Wirkung der Droge an. Symptome offenbarer Verwirrung waren deshalb nicht festzustellen. Die einzige sichtbare Folge bestand darin, daß er nicht schlafen konnte. Dann fing er an, seiner Frau zu erzählen, er habe furchtbare Fehler gemacht. Nur konnte er nicht genau sagen, worin sie bestanden. Nach einigen Tagen wurde er so erregt, daß Gottlieb ihn nach New York zu einem Psychiater schickte. Gottliebs persönlicher Stellvertreter blieb bei dem Opfer in einem New Yorker Hotelzimmer. Dem Opfer aber ging es schlechter und schlechter. Schließlich rannte er vor den Augen seines Aufpassers los, sprang durch ein geschlossenes Fenster und stürzte sich, zehn Stockwerke tief, zu Tode. Sie gaben seiner Frau und den Kindern eine Staatspension von der Regierung, und Gottlieb kam mit einem Verweis davon. Montague schickte Dulles ein Memo. Formale Bestrafung würde »den dringend notwendigen Pioniergeist und die große Begeisterung, die bei einer solchen Arbeit so notwendig sind«, ersticken. Dulles sandte dennoch einen persönlichen Brief an Gottlieb und schalt ihn wegen seiner schlechten Urteilsfähigkeit aus, aber keine Kopie dieses Briefs – so lautete jedenfalls das Gerücht – landete je in Gottliebs Akte. Sidney ist heute beim TSS ein angesehener Mann.

Angesichts meiner Situation ging mir dieser Brief so unter die Haut, daß ich nicht weiterlesen konnte. Ich sah meine Angst bestätigt, daß ich von Harlot in leichtsinniger Weise mißbraucht wurde. Ich mußte immer an dieses Wort »Opfer« denken.

Ich mußte ein abhörsicheres Telefon erreichen. Harvey hatte mir gesagt, ich würde überwacht, aber das war nicht gewiß, und Butler hatte bei verschiedenen Gelegenheiten über die Umständlichkeiten unseres Überwachungspersonals gespottet. Es lohnte sich vielleicht, es zu versuchen. Ich zog den Mantel an und ging zur Tür hinaus, kehrte jedoch sogleich wieder zurück. Ich hatte nicht nur vergessen, Rosens Brief unter Dix' Tür durchzuschieben, sondern nicht einmal C. G.s Transkript und das Tonband versteckt. Nachdem ich beides erledigt hatte, ging ich wieder hinaus, war mir aber meiner Sache nicht mehr so sicher.

Ein Taxi kam, als ich den Bordstein erreichte, und ich sprang hinein. Wir waren keine zweihundert Meter gefahren, als mir der Gedanke durch den Kopf schoß, daß dieses Taxi vielleicht nur auf mich gewartet hatte. Also zahlte ich und rannte eine schmale Straße hinunter, drehte mich auf halbem Weg um, um zu sehen, ob man mir folgte, und mein Herzschlag setzte aus, als eine Katze von einem Zaun in einen Hinterhof setzte.

Ansonsten rührte sich nichts, und soweit ich bei dem dürftigen Licht sehen konnte, das links und rechts von den Rückseiten der Wohnhäuser auf die Höfe fiel, war niemand auszumachen. Also ging ich zum Ausgangspunkt zurück, wo das Taxi immer noch wartete. Ich schlenderte vorbei, so daß der Fahrer mich sah, und er winkte mir lässig mit der Hand, wie das in Berlin üblich ist.

Ich beugte mich zum Wagenfenster hinunter und sagte: »Zwei Herzen und ein Schlag!« Woraufhin er den Kopf schüttelte, den Motor anließ und schnell wegfuhr.

Diese Komödie hob meine Stimmung, ich hatte nicht länger das Gefühl, verfolgt zu werden, und schritt munter eine halbe Meile weit dahin, ging nur gelegentlich wieder ein Stück zurück. Dann nahm ich ein Taxi direkt zum Büro des Verteidigungsministeriums, unterschrieb und ging die Halle hinunter zum abhörsicheren Telefon.

Im Haus am Kanal hob Kittredge den Hörer ab. »Harry, bist du's?« fragte sie zögernd und fügte hinzu: »Klinge ich auch so sonderbar?« Ihre Stimme hörte sich durch den Scrambler wie eine Flöte an.

»Ja, wie geht es dir?« fragte ich. Meine Knie fingen an zu zittern vor Angst, ich könnte mehr sagen. O Gott, dachte ich. Ich bin hoffnungslos verliebt. Sogar die grausame Verzerrung ihrer Stimme entzückte mich.

»Du bist schon ewig lange weg«, sagte sie. »Du fehlst mir sehr.«

»Du fehlst mir auch.«
»Ich kann dich nicht verstehen«, erwiderte sie. »Du klingst wie unter Wasser. Drücke ich auf den falschen Knopf?«
»Hast du dieses Telefon noch nie benutzt?«
»Nein, es gehört Hugh. Ich würde es nie wagen, es zu benutzen. Ich dachte, er riefe an. Er ist in London, weißt du. Gestern ist er abgereist.«
»Kannst du mir helfen, ihn zu erreichen?«
»Harry, ich habe mich schon gewundert, daß er mir auch nur gesagt hat, auf welchem Kontinent er ist.«
»Also weißt du auch nicht, ob er nach Berlin kommt?«
»Doch, er kommt. Er hat mich gefragt, ob er irgendein liebes Wort an dich ausrichten solle. ›Gib ihm *mille baisers*‹, habe ich Hugh gesagt.«
Sie fing an zu lachen, und ich dachte: Das konnte sie unmöglich so gesagt haben.
»Wenn Hugh anruft«, beschränkte ich mich zu erwidern, »richte ihm bitte aus, daß ich ihn unbedingt sprechen muß.«
»Wundere dich nicht«, sagte Kittredge, »wenn er vorher bei dir aufkreuzt. Aber, Harry...«
»Ja.«
»Wenn du ihn siehst, jammere ihm nichts vor. Er haßt es, wenn man sich bei ihm beklagt.«
»Gut«, sagte ich. »Ich werde es nicht tun.« Während sie mit mir plauderte, schienen meine Sorgen zu schwinden.
»Ich habe wundervolle Neuigkeiten«, sagte sie, »die ich dir bei einer besseren Gelegenheit mitteilen werde.«
»Du könntest mir wenigstens etwas andeuten.«
»Nun, es dauert nicht mehr lange, dann nehme ich Urlaub.«
»Um was zu tun?«
»O Harry«, sagte sie. »Stell dir bloß vor, ich bin in Hongkong.«
Wollte sie als Geheimagentin dorthin? Nach Asien? In meiner Phantasie sah ich Kittredge in einer Opiumhöhle inmitten von russischen, britischen und chinesischen Spitzeln.
»Werde ich dich sehen?«
»Sag Hugh, er soll dich mit zurückbringen.«
»Das kann er doch nicht. Ich müßte eine Genehmigung von Harvey bekommen.«
»Hugh sieht Hindernisse nicht so eng wie andere Leute«, sagte sie.

In diesem Augenblick muß der Verzerrer angefangen haben, Funken zu sprühen, denn es kamen eine Menge Knattergeräusche aus der Leitung. Wir riefen durch eine Serie von Stakkato-Geräuschen: »Good bye.« »Good bye, kannst du mich noch hören? Good bye.«
Als ich aus dem Haupteingang des Büros trat, sah ich zwei Männer in blaßgrauen Mänteln ungefähr dreißig Meter voneinander entfernt auf der gegenüberliegenden Straßenseite stehen. Ich bog sofort scharf nach links ab und ging ziemlich rasch bis zur Ecke. Dort drehte ich mich plötzlich um. Sie hatten sich nicht bewegt. Ich bog um die nächste Ecke und spähte vorsichtig noch einmal zu ihnen hin. Sie hatten sich immer noch nicht bewegt.
Ich ging den Block hinunter, dann lief ich zurück, um wieder Ausschau zu halten. Die beiden Männer waren fort. Ich rannte los, irgendwohin, aber nun mit der überwältigenden Gewißheit, daß man mich beobachtete. Es mußten Profis sein, denn ich bemerkte nichts.
Ein Taxi fuhr vorbei, und ich nahm es. Auf dem Heimweg überlegte ich, ob ich Wolfgang suchen sollte. Ich hatte keine Vorstellung davon, was ich tun würde, wenn ich ihn fände, auch war mir nicht klar, ob er mir oder Bill Harvey oder meinetwegen auch General Gehlen etwas nützen würde. Ich wollte ihn aber sehen, wenn auch nur, um irgend etwas zu bewegen. Der Wunsch überkam mich so jäh wie die Gier nach einer Zigarette, nachdem man beschlossen hat, das Rauchen aufzugeben. Natürlich wußte ich nicht, wo ich Wolfgang suchen sollte. Ich würde weder die Seitenstraße mit der Kellerbar noch auch nur die Gegend wiederfinden. Das Lokal war ein ganzes Stück vom Ku'damm entfernt gewesen – aussichtslos angesichts des Straßengewirrs in den von Bomben zernarbten Vierteln am Ku'damm. Ich gab den Gedanken auf und hatte dabei das schmerzliche Gefühl, meine eigentliche Berufung zu verpassen.
Daneben aber gebot mir mein Instinkt, eilends nach Haus zurückzukehren. Als das Taxi in meine Straße einbog, steigerte sich meine Angst, denn an dem Häuserblock, in respektvoller Entfernung von meinem Hauseingang, standen dieselben beiden Männer, die vor dem Büro des Verteidigungsministeriums gewartet hatten. Natürlich konnte ich nichts anderes tun, als hinauf in meine Wohnung zu gehen.
Fünf Minuten später läutete das Telefon.

»Bin froh, daß du da bist«, sagte Harlot. »Das warst du vor einer halben Stunde anscheinend nicht.«
»Ich war im Bad. Kann das Telefon von dort aus nicht hören.«
»Ich schicke dir einen Wagen. Der Fahrer heißt Harry. Harry holt Harry ab. In zwanzig Minuten.«
»Ich soll die Wohnung nicht verlassen«, sagte ich.
»In dem Fall«, sagte Harlot, »hast du meine Genehmigung runterzugehen. Sei pünktlich.« Er hängte auf.

15

Ich wartete bange zwanzig Minuten lang, und in dieser Zeit wurde mir bewußt, wie die Bilder vergangener Eindrücke das Denken beherrschen – nicht weniger als Familie und Erziehung. Ich sah die beiden Männer auf der Straße, wie sie an meine Tür klopften. Ich sah Bill Harvey kommen. Ich stellte mir vor, wie Dix Butler, begleitet von Wolfgang, ins Wohnzimmer trat. Ingrid erschien mit der unmißverständlichen Feststellung, daß sie ihren Mann mir zuliebe verlassen habe. Ich horchte gespannt auf die Flüche eines Betrunkenen unten auf der Straße, aber nichts geschah. Nur das Brüllen dieses Flegels war zu hören. Die Zeit verging. Als die zwanzig Minuten fast um waren, nahm ich C. G.s Transkript und ging hinunter.
Harlot fuhr in einem Mercedes vor. »Steig ein«, sagte er. »Ich bin Harry.« Er fuhr ein paar Meter und stoppte dann neben einem der Männer des Überwachungsteams. »Es ist gut«, sagte er. »Gehen Sie jetzt nach Haus. Ich rufe Sie an, sobald ich Sie brauche.«
Dann fuhren wir die Straße hinunter. »Ich überlege, ob wir uns in meinem Hotelzimmer unterhalten können«, sagte er. »Es ist einigermaßen sicher, und sie wissen hier nicht genau, wer ich bin, obwohl es sich niemals auszahlt, irgend jemanden in Berlin zu unterschätzen, wie du inzwischen sicher selbst festgestellt hast.«
Eine Zeitlang fuhren wir schweigend dahin. »Ja, riskieren wir es«, beschloß Harlot. »Wir können in der Halle etwas trinken. Da gibt es keine Möglichkeiten, Wanzen zu installieren, mit denen die

Direktion einverstanden wäre. Die Täfelung ist zu kostbar. In den Zimmern – kein Problem, aber nicht in der Halle, nicht im Hotel Am Zoo. Es ist ein altes Haus und hübsch restauriert. Der Portier ist ein außergewöhnlicher Bursche, kann ich dir sagen. Na, das letztemal, als ich hier war, gab's keine Plätze mehr in den Flugzeugen der zivilen Linien aus Berlin heraus. Und aus Gründen, die dich nichts angehen, wollte ich nicht die Air Force benutzen. Nicht unter der Woche. Also bat ich den Portier zu tun, was er tun könne. Zwei Stunden später kam ich an der Rezeption vorbei, und er strahlte. ›Dr. Taylor‹, sagt er mir. ›Ich habe für Sie den allerletzten Platz aus Berlin heraus bekommen, British Airways, heute nachmittag. In Hamburg haben Sie direkt Anschluß mit SAS nach Washington.‹ Er freute sich so sehr darüber, der gute Mann, daß ich ihn einfach fragen mußte, wie er das geschafft hatte. ›Oh‹, sagte er. ›Ich habe dem Reisebüro gesagt, daß Sie ein berühmter amerikanischer Dichter sind und unbedingt noch am gleichen Abend in das Gisenius-Konzert in Hamburg müssen! Der Rest ist leicht. Scandinavian Airlines hat haufenweise Plätze nach Amerika frei – Sie werden sich ausstrecken können.‹ Ja«, schloß Harlot, »dieser Menschenschlag stirbt allmählich überall aus.«

»Und Dr. Taylor war Ihr Deckname?«

»Logisch.« Er schien verärgert, daß ich mich nicht mehr an seiner Geschichte begeistert hatte. »Was findest du denn so interessant an dieser Wahl?«

»Weil das deutsche Wort für Taylor ›Schneider‹ ist. Stehen Sie Gehlen so nahe?«

Harlot überlegte, als ob er eine Schlappe wettzumachen hätte. »Weißt du«, sagte er schließlich. »Das hätte eine unkluge Bemerkung sein können.«

Ich antwortete nicht darauf; denn ich war verunsichert. »Nun«, fügte er hinzu. »Gehlen ist eigentlich ganz fürchterlich, und ich kann diese schlüpfrige Art von Selbstgefälligkeit wirklich nicht ausstehen, die man bei diesen Ex-Nazis findet, die ungeschoren davongekommen sind. Sie kultivieren eine subtile Form von Selbstmitleid. Aber trotzdem, Harry, ich arbeite eng mit Gehlen zusammen. Er versteht sein Geschäft, und das mußt du respektieren. Dieser Job ist bei all den Schwierigkeiten, die er hat, eine echte Sisyphusarbeit.«

»Ich bin nicht sicher, daß er noch immer so gut ist«, sagte ich. »Meiner Meinung nach reicht er an Harvey nicht mehr heran.«
»O je, du wirst auch immer dem gegenüber die Treue halten, für den du gerade arbeitest. Das ist das Hubbardsche Blut. Wie eine Bulldogge. Nur – hier irrst du dich. Ich habe zufällig mal das Typoskript durchgelesen, das Gehlen mir geschickt hat, und ich kann dir garantieren: In Anbetracht dessen, was jeder dieser beiden Männer zu verlieren und zu gewinnen hatte, hat sich Gehlen gut geschlagen. Harvey war ein Narr, daß er Wolfgang erwähnt hat.«
»Ich verstehe immer noch nicht, wie Sie Gehlen ertragen können.«
»Weißt du, jeder andere, der so ein Leben geführt hat, würde keine Hand zur Versöhnung reichen. Ich entfache die letzten Funken der Menschlichkeit, die ich in diesem kleinen Deutschen sehe.«
Wir waren am Hotel angekommen. Er überließ den Wagen dem Pförtner und schob mich direkt in die Halle. »Ich habe«, sagte ich, sobald wir uns gesetzt hatten, »mit Mrs. Harvey gesprochen. Hier ist das Transkript. Ich denke, es ist das, was Sie wollen.«
Er steckte die Papiere und das Tonband ein, ohne sie eines Blickes zu würdigen. Das irritierte mich. Ich hatte zwar gezögert, diesen Auftrag auszuführen, aber ich wollte trotzdem belobigt werden. »Sie ist ihrem Mann gegenüber loyal«, erklärte ich. »Also weiß ich nicht, ob Sie finden, was Sie suchen.«
Er lächelte – war es herablassend? –, holte die Blätter hervor, die er gerade weggesteckt hatte und überflog sie mit einem gelegentlichen Klopfen des Fingers. »Nein«, sagte er, als er fertig war. »Es ist perfekt. Es bestätigt alles. Ein Pfeil mehr im Köcher. Danke, Harry. Gute Arbeit.«
Ich hatte aber das Gefühl, er hätte das Transkript eine ganze Weile nicht angeschaut, hätte ich seine Aufmerksamkeit nicht noch einmal darauf gelenkt. »Hat es für Sie wirklich einen Wert?« fragte ich.
»Nun«, sagte er, »ich mußte handeln, bevor ich's hatte. Die Dinge entwickeln sich schneller als erwartet, und ich mußte in der Annahme vorgehen, daß C. G. genau das sagen würde, was sie gesagt hat. Wir liegen also genau richtig. Nun, laß uns unsere Drinks bestellen – zwei Sliwowitz«, sagte er zu dem Kellner, der herbeieilte. Es fiel ihm offenbar nicht ein, daß ich mir nichts aus dem Schnaps machte, den er bestellte.

»Ich möchte, daß du dich auf den nächsten Schritt vorbereitest«, sagte er, als der Kellner ging.
»In welchen Schwierigkeiten stecke ich?«
»In gar keinen«, stellte er fest.
»Bestimmt nicht?«
»Fünfundneunzig Prozent.« Er nickte mir zu. »Morgen früh sind Bill Harvey und ich verabredet.«
»Werde ich dabei sein?«
»Mit Sicherheit nicht. Aber es wird so laufen, wie ich es erwarte, und am späten Nachmittag sind für uns zwei Plätze beim Air-Force Shuttle nach Frankfurt reserviert, und dort haben wir Anschluß an den Nachtflug mit Pan American nach Washington. Du wirst einer meiner Assistenten sein, bis wir entscheiden, was du als nächstes tun sollst. Herzlichen Glückwunsch. Ich habe dich in die Schlangengrube geworfen, und du hast überlebt.«
»Habe ich das?«
»O ja. Du weißt ja nicht, wie sehr dein Vater gegen den Vorschlag war, dich nach Berlin zu schicken. Aber ich habe ihm gesagt, du würdest es gut durchstehen und besser auf künftige Aufgaben vorbereitet sein. Natürlich wärst du ohne mich vielleicht nicht durchgekommen, aber ohne mich als Küchenchef wäre es dir auch nicht so heiß unter dem Hintern geworden.«
»Ich weiß nicht, ob ich es schon ganz überstanden habe.« Mein Tripper gab mir spöttisch zuckend einen Stich. Als ich meinen Drink schlürfte, fiel mir ein, daß Alkohol sich nicht mit Penicillin vertrug. Zum Teufel damit. Der Sliwowitz ließ eine unerwartete Wärme in mir aufsteigen.
»Ich besorge dir für heute nacht ein Zimmer im Hotel Am Zoo«, sagte Harlot. »Hast du viel in deiner Wohnung, was du mit nach Haus nehmen mußt?«
»Nur meine Garderobe. Sonst war keine Zeit, irgend etwas zu kaufen.«
»Geh morgen in deine Wohnung, nachdem ich mich mit Harvey getroffen habe, und pack dann deine Sachen zusammen. Wenn Harvey heute abend feststellt, daß du die Wohnung verlassen hast, könnte er ein paar Paviane losschicken, die dich einfangen sollen.«
»Ja«, nickte ich. Ich fühlte mich betäubt von dem Alkohol. Ich hatte geglaubt, eine Menge Sympathie für Bill und C. G. Harvey zu

empfinden, aber jetzt schienen diese Gefühle gar nicht zu existieren. Ich wußte nicht, wovon meine Arbeit ausging, noch wohin sie führte. Das war kein Theaterstück, bei dem Anfang und Ende überschaubar sind. Tschechow hat einmal gesagt, wenn das Publikum im ersten Akt ein Jagdgewehr über dem Kamin sieht, rechnet es damit, daß das Ding im dritten Akt abgefeuert wird. Darauf konnte ich nicht hoffen.
»Warum sind Sie gegen CATHETER?« fragte ich.
Harlot starrte mich an. CATHETER war eigentlich kein Thema für ein Gespräch in einem öffentlich zugänglichen Raum.
»Gegenwärtig ist eine neue Bewegung im Kommen«, sagte er, »die ich verabscheue. Eine Seilschaft nimmt sich eine senkrechte Wand vor, die weder Griff noch Tritt hat, die überhaupt keinen Halt bietet. Aber sie nehmen einen langen Handbohrer und drehen einen Schraubhaken in den Fels. Daran ziehen sie sich hoch und bohren ein Loch für den nächsten Bolzen. Um irgend etwas Großes zu bewältigen, braucht man Wochen, aber jetzt wird jeder Hinterwäldler, der die Quälerei durchsteht, ein bedeutender Kletterer. Da hast du deinen CATHETER«, flüsterte er.
»Ich muß sagen, daß Ihrem Freund Gehlen nicht gefallen hat, was wir über CATHETER erfahren haben. Besonders nicht das, was es uns über die Schwächen des östlichen Eisenbahnnetzes verraten hat.« Jetzt flüsterte ich.
»Der Zustand des ostdeutschen Eisenbahnnetzes ist nicht das Wichtigste am Kommunismus«, sagte Harlot.
»Aber ist es für uns nicht von Vorteil zu wissen, wann die Sowjets in Europa angreifen könnten?«
»Das war vor fünf oder sechs Jahren ein quälendes Problem. Die rote Aggression ist aber heute weniger militärischer Natur. Trotzdem drängen wir weiter auf eine beträchtliche Steigerung unseres Verteidigungspotentials. Weil das amerikanische Volk nämlich dem Kommunismus gegenüber weich werden wird, sobald wir feststellen, daß die Sowjets zu einem großen militärischen Angriff gar nicht fähig sind. Im Durchschnittsamerikaner steckt ein junger Hund, ein Welpe. Er leckt dir die Stiefel, leckt dir das Gesicht. Sich selbst überlassen, würden sie sich bald mit den Russen anfreunden. Deshalb sind Nachrichten über die riesige Schlamperei in der sowjetischen Militärmaschinerie nicht in unserem Interesse.«
»Bill Harvey hat mir im Grunde genau dasselbe gesagt.«

»Ja, Bills Interessen sind widersprüchlicher Art. Einerseits gibt es keinen größeren Antikommunisten als Harvey, andererseits muß er sich für CATHETER aussprechen, selbst wenn der uns etwas sagt, das wir gar nicht hören möchten.«
»Das bringt mich durcheinander«, sagte ich. »Haben Sie nicht einmal erklärt, unsere eigentliche Pflicht bestehe darin, das Bewußtsein, Hirn und Herz Amerikas zu werden?«
»Ja, Harry. Aber nicht ein Bewußtsein, Hirn und Herz, das ausschließlich nachprüft, was wahr und was nicht wahr ist. Das Ziel ist die Entwicklung eines teleologischen Bewußtseins, eines Bewußtseins, das über den Fakten steht; eines Bewußtseins, das uns zu größeren Zielen hinführt. Das zwanzigste Jahrhundert ist ein erschreckend apokalyptisches Zeitalter. Historische Institutionen, die Jahrhunderte gebraucht haben, um sich zu entwickeln, schmelzen und werden zu Lava. Diese Bolschewiken von 1917 waren die erste Andeutung dessen, was geschehen würde. Dann kamen die Nazis. Gott, Junge, sie waren eine wahre Ausgeburt der Hölle. Mit ihnen wurden die Berggipfel weggesprengt, und jetzt fängt die Lava an zu fließen. Lava braucht kein gutes Eisenbahnnetz, Lava überschwemmt alles. Sie reduziert alle Systeme auf Null. Der Kommunismus ist geistige Lava, ist die Zerstörung des Christentums, die Entartung höherer spiritueller Formen zu niedrigeren. Um ihm etwas entgegenzusetzen, müssen wir eine Fiktion schaffen – daß die Sowjets eine mächtige Militärmaschine sind, die uns überwältigen wird, wenn wir nicht mächtiger sind als sie. In Wahrheit ist es so, daß sie uns überwältigen werden, wenn die Entschlossenheit, ihnen zu widerstehen, nicht immer wieder durch unseren Willen erneuert wird.«
»Aber woher wissen Sie, daß Sie recht haben?«
Er zuckte die Achseln. »Man lebt von seinen Intuitionen.«
»Und woher bekommen Sie die?«
»Auf dem Felsen droben, hoch oben auf dem Fels, mein Junge. Weit über der Ebene.« Er trank seinen Sliwowitz aus. »Laß uns schlafen gehen. Morgen müssen wir fliegen.«
Als er mir im Fahrstuhl gute Nacht sagte, fügte er hinzu: »Es wird ein sehr frühes Frühstück für Harvey und mich. Schlaf dich aus, bis ich anrufe.«
Ich tat's. Mein Vertrauen auf Harlot war so groß, daß ich mich der Ruhe hinzugeben vermochte. Und wenn ich verwirrt war, als ich

den Kopf aufs Kissen bettete, so ist doch auch die Verwirrung eine Hilfe beim Einschlafen, wenn sie nur tief genug ist. Ich regte mich nicht, bis das Telefon läutete. Es war Mittag.
»Bist du wach?« fragte Harlot.
»Ja.«
»Pack deine Sachen. Ich hole dich in genau einer Stunde in deiner Wohnung ab. Die Hotelrechnung ist bezahlt.« Dann fügte er hinzu: »Du wirst nächstes Jahr ein paar Dinge lernen.«
Mein Unterricht begann schon eine Minute, nachdem ich in die Wohnung zurückgekehrt war. Dix Butler war allein und ging in einer beängstigend schlechten Stimmung auf und ab. »Was ist bloß mit Harvey passiert?« schnaubte er. »Ich muß ihn sprechen, und er hebt nicht mal den Telefonhörer ab.«
»Ich weiß gar nichts«, sagte ich, »nur daß ich frei und unbelastet zurück nach Hause fliege.«
»Grüße deinen Vater von mir«, sagte er.
Ich nickte. »Du scheinst etwas durcheinander zu sein.«
»Kein Wunder«, erklärte er, »Wolfgang ist tot.«
Erst verschlug es mir die Stimme, doch dann stammelte ich: »Gewaltsamer Tod?«
»Man hat ihn totgeschlagen.«
Wir schwiegen beide. Ich packte weiter meine Koffer. Nach ein paar Minuten trat ich wieder aus meinem Zimmer, um zu fragen: »Wer, meinst du, hat es getan?«
»Irgendein alter Liebhaber.«
Ich kehrte zu meinem Koffer zurück.
»Oder«, rief mir Butler nach, »sie waren es.«
»Wer?«
»Der BND.«
»Ja«, nickte ich.
»Oder«, sagte Butler, »wir.«
»Nein.«
»Klar«, sagte Butler. »Es war Harveys Befehl und mein Arm. Ich habe es getan.«
»Ich schicke dir meine neue Adresse in Washington«, lenkte ich ab.
»Oder«, fuhr Butler fort, »es war der SSD. In solchen Sachen schlägt man bei Wladimir Iljitsch Lenin nach, der gesagt hat: ›Wem? Wem nützt das?‹«

»Ich weiß nicht, wem«, sagte ich. »Ich weiß nicht mal, was geschehen ist.«
»Ist das nicht Gottes Wahrheit?« erwiderte Dix Butler.

16

Auf dem Flug über den Atlantik war Harlot in blendender Stimmung. »Ich muß sagen«, erklärte er mir in vertraulichem Ton, »es war doch eine ganz erstaunliche Begegnung mit deinem Freund BOZO.«
Dem Zwinkern seines Auges entnahm ich mit einem gewissen Unbehagen, daß er meine Neugierde nicht ganz befriedigen würde. Ein lustiges Blinzeln von Harlots Auge endete oft mit einem Stachel in meinem.
»Nun ja«, sagte er, »man darf nie vergessen, daß Harvey mal als FBI-Mann angefangen hat, und diese Leute sind tatsächlich etwas paranoid, was ihre persönliche Sicherheit anbetrifft. Wie sollte es auch sonst sein? J. Edgar Hoover bietet ihnen da ja ein glänzendes Vorbild.« Harlots Stimme wurde noch leiser, als er fortfuhr: »Ich habe gehört, daß Hoover seinem Fahrer nicht erlaubt nach links abzubiegen, da er ja auch dreimal nach rechts um den Block herumfahren kann. So habe ich es schon seit eh und je dem Einfluß von J. Edgar Buddha zugeschrieben, wenn ich Bill Harveys seltsames Benehmen mit diesen Pistolen betrachtete. Aber eines Tages vor noch nicht allzu vielen Monaten – nicht lange, bevor wir es arrangierten, daß du, mein lieber Junge, nach Berlin gingst – hatte ich eine Eingebung: Was wäre, wenn Harveys verdammte Pistolen nicht nur ein Symptom seiner Paranoia wären? Nehmen wir einmal an, sie wären in der Tat eine Reaktion auf eine reale Gefahr, eine Gefahr, die ihn bedroht, weil er sich auf etwas Schlimmes eingelassen, in etwas Fürchterliches verwickelt hatte?« Harlot streckte den Zeigefinger aus. »Gib mir stets eine kraftvolle Hypothese. Ohne eine solche bleibt einem ja doch gar nichts übrig, als in einem Sumpf von Fakten zu versinken.
Also habe ich mir mal Harveys Akte angesehen. Und genau dort,

in seiner 201, findet sich ein vollständiger Bericht darüber, wieso er seinen Dienst beim FBI aufgeben mußte. Du kennst die Geschichte. Du hast all das Zeugs so aufgezeichnet, wie es von C. G.s Lippen kam. Du erinnerst dich? Überleg nun einmal, was das bedeutet. Ihre Version der Vorgänge, wie sie sie dir 1956 erzählt hat, stimmte vollkommen mit seinem Bericht von 1947 überein – dem Jahr, als er in die Agency eintrat. Es ist, als hätte man die ursprüngliche Version einfach durchgepaust. Er hat seine neue Braut ganz offensichtlich mit der Version, so wie sie in der 201 steht, gefüttert, als sie sich zusammentaten, und ich vermute, er hat dann regelmäßig nachgeholfen und ihr dieselbe Geschichte von Zeit zu Zeit immer wieder erzählt. Das ist die Erklärung. Eine der wenigen Regeln, auf die du dich bei deiner Arbeit verlassen kannst, lautet ja: Eine Geschichte stimmt nur dann in allen ihren Einzelheiten mit ihrer früheren Version überein, wenn die frühere Version künstlich fabriziert und sorgfältig kopiert worden ist.«

»Das mag ja alles sein«, sagte ich, »aber als Sie in Berlin ankamen, konnten Sie doch noch nicht wissen, ob ich eine Gelegenheit gefunden hatte, mit C. G. zu sprechen.«

»Ich bin herübergekommen«, sagte Harlot, »ungeachtet der Frage, ob ich bereit war oder nicht. Deine Situation war offensichtlich unhaltbar geworden. Außerdem gab es da diese Reibungen zwischen Harvey und Pullach. Gehlen hat ein ungeheuer raffiniertes Spiel gespielt. So mußte ich einfach los, und wenn ich auch nichts als meine Vorurteile in Händen hielt. Da erwies sich das Transkript, das du für mich besorgt hattest, als großartige Bestätigung. Ich bewahrte es während des ganzen Frühstücks mit Bill in meiner Brusttasche auf. Es bestärkte mich noch mehr in meiner Überzeugung, daß ich den Mann durchschaute, der mir da gegenübersaß. Harvey und ich trafen uns, nebenbei gesagt, in der Halle des Hotels Am Zoo. Er wußte, daß ich nicht auf seinem eigenen Terrain gegen ihn antreten würde. Und mein Hotelzimmer hätte man wahrscheinlich in demselben Licht gesehen. Aber er muß gedacht haben, daß er bei all seinen guten Beziehungen ein Abhörgerät in die Halle hineinschmuggeln könnte. Nach meiner kleinen Plauderei mit dir sprach ich jedoch mit der Hoteldirektion und sorgte dann dafür, daß meine beiden Männer vom Überwachungsdienst die ganze letzte Nacht in der Halle zubrachten. Dabei konnten sie zwar für mich keine Drähte ziehen, aber jedenfalls konnte auch keiner von Harveys Leuten etwas im Heizungsrohr herunterlassen. Wir trafen uns deshalb am nächsten Morgen, ohne über andere Aufnahmegeräte zu verfügen als die armseligen kleinen Apparate, die wir an unserem eigenen Körper verstecken können.«

»Wie haben Sie es bloß fertiggebracht, Harveys Stimme aufzunehmen?« fragte ich. »Er muß doch gewußt haben, daß Sie ein Gerät bei sich trugen.«

»Ich hatte ein Gerät bei mir, von dem ich erwarten konnte, daß er es nicht entdeckte: ein KGB-Spielzeug, das die Russen in Polen ausprobiert hatten. Du bringst es, Batterie, Mikrofon und Laufwerk, im ausgehöhlten Absatz deines Schuhs unter. Aber ich greife vor. Die Sache ist die, daß das Frühstück – Campari und Croissants für Bill, ein weiches Ei für mich – sich nicht lange mit dem Austausch von Artigkeiten aufhielt. Wir gingen bald zu den Beleidigungen über, die die Eröffnung unseres Kampfes bilden sollten. ›He, Freundchen‹, sagt er zu mir. ›Ich habe mir in den finstersten Gassen der Hölle die Zähne einschlagen lassen, während ihr feinen Pinkel mit englischen Scheißkerlen Miezen vernascht habt. Ho ho ho!‹ Er sagt mir, er sei ein Drei-Martini-Mann beim Lunch: ›Einen Doppelten, einen Doppelten, einen Doppelten, ho ho ho!‹ Ich frage ihn, welche Kanone er auf den Tisch legt, er sagt: ›Es ist nicht die Kanone, auf die es ankommt, es sind die Dumdumgeschosse! Ich wechsle die Kanone‹, sagt er, ›bevor ich das Hemd wechsle.‹«

An diesem Punkt unserer Unterhaltung entnahm Harlot seiner Brusttasche einige Seiten eines Transkripts, zog die ersten beiden Blätter herunter und hielt sie hoch. »Schau«, sagte er, »hier ist es jetzt. Hab's selbst abgetippt, gleich nachdem er fort war. Schreib deine Bänder ab, so schnell du kannst. Die Vorgänge bleiben klarer. Wenn ich mir dieses bißchen Text ansehe, muß ich immer wieder an Bills feingeschnittenen Mund denken, der so wenig zu dem ordinären Zeug paßt, das er ausspeit. Was glaubst du, wie der losgelegt hat! Er dachte, er hätte mich am Wickel.« Mit diesen Worten reichte er mir die ersten beiden Blätter herüber. »Die Personen des Dramas mußt du dir allerdings selbst vorstellen.«

SCHWIEGERSOHN: Nachdem wir jetzt lange genug um den heißen Brei herumgeredet haben, sagen Sie mir: Wozu das Frühstück?

DÄMON: Ich dachte, es wäre an der Zeit, mal nachzusehen, wer die Trümpfe hat.
SCHWIEGERSOHN: Das ist gut. Sie reden von Trümpfen, und ich würde gern über die Flecken auf Ihrer Weste reden.
DÄMON: Glauben Sie ja nicht, daß ich derjenige bin, der sich bekleckert hat.
SCHWIEGERSOHN: Sie triefen doch von Protektionsjauche. Ihr Protégé fällt doch, um mich ganz deutlich auszudrücken, von einer Scheiße in die andere. Sehen Sie, ich weiß inzwischen, wer SM/ONION ist. Protégé hat gestanden. Schämen Sie sich nicht?
DÄMON: Wenn ich herausbekomme, was Sie da herumbrummen, werde ich mich Ihrer moralischen Prüfung unterwerfen.
SCHWIEGERSOHN: Und ich werde das hier rausbringen. Ich bin so weit, daß ich meine Anschuldigungen gegen Sie und General Fledermaus an höherer Stelle vorbringen kann. Wegen Gefährdung von CATHETER. Interessiert es Sie, daß ich über Beweismaterial verfüge? In diesem Augenblick befindet sich ein Piß-Bar-Perversling namens Wolfgang in meinem Gewahrsam. Er wird zur Zeit vernommen. Er hat uns eine Menge erzählt.
DÄMON: Niemand hat irgend etwas gestanden. Es gibt nichts zu gestehen, und dieser sogenannte Wolfgang befindet sich auch nicht in Ihren Händen. Ich habe heute früh um sechs Uhr einen Anruf aus Süddeutschland erhalten. Dieser sogenannte Piß-Bar-Perversling Wolfgang ist tot.

(Langes Schweigen)

SCHWIEGERSOHN: Vielleicht wird man bald eine Menge Leute an eine Menge Masten nageln.
DÄMON: Nein, mein Freund. Das wäre unklug. Selbst wenn Sie und ich die Trümpfe, die ich habe und die Sie zu haben glauben, gegeneinander ausspielen, könnten Sie doch auf keinen Fall mehr erreichen, als uns beide zu stürzen. Es ließe sich nichts beweisen. Also lassen Sie uns über die Trümpfe reden, die ich tatsächlich in der Hand habe. Es sind mehr, als Sie denken. Für Sie gäbe es kein Entkommen, wenn ich sie auf den Tisch legen würde.

Ich hatte den unteren Rand des zweiten Blattes erreicht. »Und der Rest?« fragte ich.

Harlot seufzte dumpf. »Ich verstehe«, sagte er, »daß du neugierig bist, aber ich kann dir nicht mehr zeigen. Auf den Rest der Transkripte wirst du wohl noch etwas warten müssen.«
»Warten?«
»Ja.«
»Wie lange?«
»Oh«, sagte Harlot. »Jahre.«
»Yessir.«
»Du wirst später wahrscheinlich auch mehr davon haben. Es ist zu köstlich.« Er sah sich im Flugzeug um und gähnte grimmig. Das schien ihm ein ausreichender Übergang. »Nebenbei«, sagte er, »ich habe deine Rechnung im Hotel Am Zoo ausgelegt. Du schuldest mir genau achtunddreißig Dollar und zweiundachtzig Cents.« Ich fing an den Scheck auszuschreiben. Es war immerhin ein Drittel meines wöchentlichen Gehalts. »Kommt denn die Company nicht für so etwas auf?« fragte ich.
»Was mich angeht, ja. Ich bin ja auf Dienstreise. Aber deine Rechnung würde die Buchhaltung zurückweisen. Schließlich zahlen sie ja schon deine Wohnung.«
Natürlich hätte er es auf seine Rechnung setzen lassen können. Ich erinnerte mich an einen Abend im Haus am Kanal, als Kittredge und ich zum Geschirrspülen ein Stück Seife benutzen mußten. »Hugh«, hatte sie mir zugeflüstert, »hat vielleicht die dünnste Brieftasche in der Company.«
»Yessir. Achtunddreißig zweiundsiebzig«, sagte ich.
»Genau sind es achtunddreißig zweiundachtzig«, sagte er und fügte übergangslos hinzu: »Hast du etwas dagegen, wenn ich mich über ein Thema auslasse, das ich schon gestern abend anschneiden wollte?«
»Nein«, sagte ich. »Im Gegenteil.« Natürlich hatte ich gehofft, noch etwas mehr über Harvey zu erfahren, doch statt dessen hielt er mir eine Predigt über die Subtilität des Bösen im Reich des Kommunismus. Die ganze Zeit, während ich zuhören mußte, quälte mich die Neugier wie der brennende Schmerz in meinem Geschlecht.
»Ich möchte dich daran erinnern,«, dozierte Harlot, »daß die tatsächliche Macht der Russen wenig mit ihrer militärischen Stärke zu tun hat. Wir sind ihnen gegenüber auf andere Weise verwundbar. Burgess, Philby und Maclean haben das bewiesen. Kannst du

dir vorstellen, wie sehr es mich getroffen hat, daß Bill recht hatte, was diese Bande anging, und ich unrecht? Jedoch mußte ich begreifen, daß Bill etwas sah, das mir entgangen war, und mit der Zeit wurde es eine bedrückende These: Je besser die Familie ist, aus der einer stammt, um so genauer mußte man ihn unter die Lupe nehmen, ein um so größeres Sicherheitsrisiko stellt er dar. Denn die Russen haben immer genau da eine Chance, wo noch etwas vom Christentum übrig ist im reichen Schwein. Die simple Idee, daß niemand auf der Welt zuviel Reichtum besitzen soll, ist tief in uns verwurzelt. Das ist genau das Satanische am Kommunismus. Er macht sich die edelste Ader des Christen zunutze. Die Roten beuten das große Schuldgefühl aus, das wir mit uns herumtragen. Im Grunde sind wir Amerikaner noch schlimmer als die Briten. Wir triefen von Schuldgefühlen. Wir sind die reichen Jungs ohne geschichtlichen Hintergrund, und wir spielen mit den Gefühlen der Armen in der Welt. Das ist eine gefährliche Angelegenheit – besonders, wenn man in dem Glauben aufgewachsen ist, daß die schönste Art von Liebe, der du je begegnen kannst, die Liebe Christi ist, der den Armen die Füße wusch.«
»Was würden Sie von mir halten«, fragte ich, »wenn ich so etwas von mir gäbe? Würden Sie sich nicht fragen, für welche Seite ich arbeite?« Meine gekränkte Neugier lag mir wie Blei im Magen.
»Wenn ich glaubte, daß ich auf der falschen Seite wäre«, sagte er, »würde ich mich verpflichtet fühlen überzulaufen. Ich möchte niemals für das Böse arbeiten. Es ist verwerflich, das Gute zu erkennen und weiter dagegen zu arbeiten. Aber mach keinen Fehler«, sagte er beschwörend, »die Seiten sind klar. Lava ist Lava, und Geist ist Geist. Die Roten, nicht wir, sind die Bösen, aber sie sind clever genug, so zu tun, als setzten sie die wahre christliche Tradition fort. Sie sind es, die den Armen die Füße küssen. Absoluter Quatsch! Aber die Dritte Welt kauft's ihnen ab, weil die Russen es verstehen, eine Ware von entscheidender Bedeutung zu vermarkten: die Ideologie. Unser spirituelles Angebot ist feiner, aber ihre Verkaufsmethoden sind uns überlegen. Diejenigen unter uns, denen es ernst damit ist, versuchen sich Gott einzeln und allein zu nähern, den Sowjets aber gelingt die Massenbekehrung, und zwar, weil sie das Gemeinwohl in die Hände der Menschen legen, und nicht in die Hand Gottes. Eine Katastrophe. Gott, nicht der Mensch, muß der Richter sein. Ich werde immer daran glau-

ben. Ich glaube auch, daß ich sogar dort, wo ich am meisten fehle, immer noch als ein Soldat Gottes arbeite.«

Wir schwiegen. Aber es war mir nicht wohl, als ich so schweigend neben ihm saß. »Je Kierkegaard gelesen?« fragte ich. Ich wollte so gern ein kleines Loch in den Stahlpanzer seiner Selbstsicherheit bohren.

»Selbstverständlich.«

»Was ich bei ihm finde«, sagte ich, »ist Bescheidenheit. Wir können nicht den sittlichen Wert unserer Handlungen erkennen. Es kann sein, daß wir uns gerade dann für Heilige halten, wenn wir die Geschäfte des Teufels besorgen. Umgekehrt können wir uns schlecht vorkommen und doch Gott dienen.«

»Weißt du denn nicht, daß all das dem Glauben unterliegt«, sagte Hugh. »Das Komplizierte unterliegt dem Einfachen. Wenn ich nicht meinen Glauben hätte, würde ich einen verdammt guten Kierkegaardschen Dialektiker abgeben. Schließlich könnte man auch sagen, daß die UdSSR, weil sie den Atheismus predigt, nicht in der Lage ist, die Religion zu verderben. So würde sie, ohne es zu wissen, das wahre Bollwerk Gottes darstellen. Eine religiöse Überzeugung in einer kommunistischen Umgebung muß schön sein. Schließlich hat sie hohe persönliche Opfer verlangt. Rußland bietet deshalb die gesellschaftlichen Voraussetzungen für Märtyrer und Heilige, während wir nur Evangelisten hervorbringen. Harry, gib nur ein einziges Mal der Kierkegaardschen Dialektik nach, und du gerätst in große Schwierigkeiten. Es ist beunruhigend und quälend. Die Möglichkeit, daß wir alle in einem nuklearen Inferno umkommen werden, treibt den Normalbürger hinaus auf die Suche nach dem Vergnügen. Die Wahrheit ist, daß der Westen Vergnügungspaläste schneller baut als Kirchen, und heimlich beginnt sich eine Vermutung zu regen: Vielleicht gibt es gar kein Gericht! Wenn die Welt in die Luft fliegt – wird dann nicht auch die Macht Gottes atomisiert? So etwa mag der unbewußte Verdacht aussehen. Also läßt die Qualität der Arbeit nach. Überall wird die Arbeit schlechter. Am Ende muß uns das mehr schaden als den Russen. Lava braucht keine Qualität.« Er seufzte wieder – ein langgezogener Ton aus seiner Kehle – und war still, dann reckte er sich, daß die Fingergelenke knackten. »Auf jeden Fall«, sagte er mit einem Lächeln, »ist es weise, einen Sieg zu feiern, indem man verdrießliche Gedanken Revue passieren läßt. Das schlägt die

Teufel in die Flucht.« Er streckte den Arm aus und hieb mir mit der geballten Faust aufs Knie. »Ich bin nervös«, fügte er hinzu, »weil ich mich doppelt gesegnet fühle. Das, mein lieber Junge, heißt den Teufel herausfordern. Siehst du, außer meinem erfreulichen Frühstück mit Harvey gibt es da noch etwas. Ich bin dein Pate, nicht wahr?«
»Yessir.«
»Bin ich ein guter Pate gewesen?«
»Einmalig.«
»Und würdest du mir einen Gegendienst erweisen?«
»Hugh?«
»Ja. In ungefähr sieben Monaten werden Kittredge und ich ein Kind bekommen. Ich möchte, daß du der Pate wirst.«
Das Flugzeug flog weiter.
»Das ist eine großartige Nachricht«, sagte ich. »Und eine große Ehre.«
»Du bist Kittredges Wahl so sehr wie meine.«
»Ich kann Ihnen gar nicht sagen, wie ich mich fühle.«
In Wahrheit fühlte ich gar nichts. Ich war wie betäubt und fragte mich, ob ich sterben würde, bevor ich in diesem Leben noch erfahren würde, was mit Bill Harvey geschehen war. In der Tat dauerte es noch mehr als acht Jahre, bis ich das ganze Transkript zu sehen bekam.

DRITTER TEIL

WASHINGTON

1

Dreizehn Tage nachdem ich in die Vereinigten Staaten zurückgekehrt war, fand eine russische Patrouille die Stelle in Altglienicke, an der wir ihr Telefonkabel angezapft hatten. In Berlin hätte ich mitten in dem Schlamassel gesessen, das der Verlust von CATHETER bedeutete – in Washington war nur ein fernes Grummeln zu hören.

Mein Leben hatte sich wieder einmal in vielerlei Hinsicht verändert. Erstens meine Beziehung zu Kittredge. Als Pate in spe gehörte ich nun schon fast zur Familie. Manchmal kam ich mir ganz und gar nicht wie ein Vetter ersten Grades vor – das heißt, wir hatten ein ungemein beglückendes Verhältnis. In dieser Zeit ihrer Schwangerschaft kokettierte sie noch mehr als zuvor. Zur Begrüßung und beim Abschied küßte sie mich mit feuchten Lippen, und ich wußte kaum, wie ich derartige Zuneigungsbeweise einordnen sollte. Was ich in Yale über die Liebe gelernt hatte, war fast noch dürftiger als in St. Matthew's gewesen. Dort hatte es geheißen: Wenn die Lippen eines Mädchens feucht sind und nur ein bißchen an den deinen kleben bleiben, dann bahnt sich eine heiße Liebesaffäre an.

So war es auch. Kittredges Anblick hatte in mir schon – fast – immer Glücksgefühle ausgelöst, aber sie war mir noch niemals schöner vorgekommen als in diesen ersten Monaten ihrer Schwangerschaft. Ihre feinen Züge hatten nun die lebendigeren Farben ihres Charakters angenommen. Ich konnte die Frau in ihrem Innern spüren, und mit diesem Gefühl versuchte ich das Verlangen nach intimerer Kenntnis ihres Körpers zu überspielen. Meine Nacht mit Ingrid hatte mich mit dem Grundwissen vertraut gemacht – ich ahnte, daß es da außer der unsagbar liebreizenden und kultivierten Persönlichkeit auch noch einen Körper gab, der sich an meinen schmiegen und – hier schöpfte ich aus meinem Grundwissen – der sogar einen geheimen Duft ausströmen mochte. Ich nahm an, daß er Ingrids dürftigen, katzenhaften Geruch an Anziehungskraft weit übertreffen würde.

Ja, ich war verliebt, wenn Liebe jener glückliche Zustand ist, in dem man das Gefühl hat, seine Zeit gut zu verbringen, selbst wenn man nur in Gesellschaft der Geliebten und ihres Ehemanns dasitzt und einer Schallplattenaufnahme von »Boris Godunow« mit den New Yorker Philharmonikern unter Leitung von Leopold Stokowski lauscht. Harlot behauptete, Mussorgski vermittle wertvolle Einsichten in die unruhige Zeit des späten zaristischen Rußland.

Kittredge schwärmte mehr für »My Fair Lady«. In Washington hieß es, das sei der kommende Renner am Broadway, und die schwangere Kittredge zeigte ungewohntes Interesse für die Renner der Saison. Sie konterkarierte Mussorgski mit Lerner und Loewe und spielte uns so lange »I Could Have Danced All Night« vor, bis Montague schließlich fragte: »Schränkt die Schwangerschaft deinen Horizont so sehr ein?«

»Hugh, laß das«, fauchte Kittredge, und die beiden roten Flecken erschienen auf ihren weißen Wangen.

»Liebling«, sagte er, »du hast dir doch früher nichts aus der Tanzerei gemacht.«

Und ich, Verräter, der ich an ihrem Herd saß, freute mich, daß ich diese Seite von ihr besser als er kannte – und ich hoffte, daß sie es wußte.

Jedenfalls kümmerte er sich sehr intensiv um meine Karriere. Ich war noch keine halbe Woche zurück, da schickte er mich schon in einen Intensivkursus für Spanisch. Ich wurde in die Argentinien-Uruguay-Abteilung der Western Hemisphere Division versetzt und sollte dann an die Station in Montevideo gehen.

»Weshalb Uruguay?« fragte ich.

»Weil es ein kleines Land ist und du dort eine Menge lernen wirst.«

Montevideo mußte Tausende von Meilen entfernt sein, und es schien mir, als wolle er den Patensohn von der Ehefrau trennen, sobald das Baby geboren war.

»Du brauchst einen Ort, an dem du dein Handwerk lernst«, erklärte er mir. »Uruguay ist dafür genau richtig. Du lernst das diplomatische Corps kennen, triffst ein paar Russen, leitest ein paar Agenten, eignest dir die Grundkenntnisse an. Ich plane schon

für die Zukunft, wenn du in ein paar Jahren enger mit mir zusammenarbeiten wirst. Aber erst einmal mußt du dich mit dem kleinen Einmaleins vertraut machen: der täglichen Routine in einer Station und den Gesetzen der Spionagetätigkeit.«
Ich hatte die Begriffe »Spionage« und »Gegenspionage« im letzten Jahr wohl mehr als hundertmal gehört, aber ich gebe zu, daß ich immer noch nicht so recht wußte, worin der Unterschied lag. »Kann ich weiter bei Ihnen lernen«, fragte ich, »während ich in der Argentinien-Uruguay-Abteilung bin?«
»Ja«, sagte er. »Aber du wirst ein wenig warten müssen. Ich fange erst nach unserer Rückkehr aus den Sommerferien in der Keep mit den Donnerstagen an.«
»Das ist aber erst in zwei Monaten.«
»Die Zeit, die du in der Argentinien-Uruguay-Abteilung verbringst, wird von unschätzbarem Wert sein.«
Das mochte schon stimmen. Damals aber dachte ich anders. Ich vertiefte mich lieber in dickleibige, zerfledderte Bände über Geographie, Politik, Ökonomie, Kultur und Gewerkschaften da unten, und bald wußte ich, daß es sich bei Uruguay um ein kleines, kokosnußförmiges Land an der Atlantikküste handelte, das noch viel weiter entfernt war, als ich gedacht hatte, weil es zwischen Brasilien und Argentinien lag. Das Klima Uruguays ist gemäßigt – hurra! –, einen Dschungel gibt es nicht – das konnte mir nur recht sein! –, es gilt als die Schweiz von Südamerika – ach du Schreck! –, ein halbsozialistischer Wohlfahrtsstaat – na ja –, ein Land der Pampas und der Viehherden mit nur einer großen Stadt, Montevideo; das ganze Land mit seinen etwas weniger als vier Millionen Einwohnern lebt vom Export von Rindfleisch, Häuten, Lammfleisch und Wolle.
Meine Arbeit in der Argentinien-Uruguay-Abteilung bestand größtenteils im Verschlüsseln und Entschlüsseln von Telegrammen. Es war eine wichtige Tätigkeit, denn sie machte mich mit Vorgängen vertraut, die ich bald selbst anleiten und beaufsichtigen würde. Den Rest der Zeit quälte ich mich mit dem spanischen Intensivkurs ab, litt unter der Juni- und Julihitze in Washington, wartete darauf, daß Harlots und Kittredges drei Ferienwochen in der Keep vorbeigingen, seine geheimnisvollen »Donnerstage« begannen und vertrieb mir einstweilen die Zeit mit allerlei Mutmaßungen über die Beamten und Agenten der Station in Montevideo.

Da in unserem Telegrammverkehr AV/ für Uruguay stand, brauchten wir uns nicht mit nichtssagenden Zusammensetzungen wie SM/ONION oder KU/CLOAKROOM zu befassen; hier standen uns klangvolle Decknamen wie AV/ALANCHE (Lawine), AV/ANTGARDE, AV/ARICE (Habsucht), AV/ENGE (rächen), AV/IATOR (Flieger), AV/OIDANCE (Vermeiden), AV/OWAL (Geständnis), AV/OIRDUPOIS (Lebendgewicht), AV/UNCULAR (onkelhaft) und mein Lieblingskryptonym, AV/EMARIA, zur Verfügung. Man wußte nie. AV/ANTGARDE konnte ein Hotelpage und AV/EMARIA ein Chauffeur in einer fremden Botschaft sein. Ich hätte mir natürlich eine Genehmigung besorgen und in der 201-Akte nachsehen können, aber ich brauchte nicht zu wissen, welche Leute dahintersteckten, und ich war noch zu neu, um hier zu insistieren. (Die 201-Akten unserer Argentinien-Uruguay-Abteilung wurden in einer für uns reservierten Ecke des Büros in der Kakerlakengasse aufbewahrt.) Die älteren Mitarbeiter der Abteilung machten mich nur widerstrebend mit komplizierten Aufgaben vertraut, als riskierten sie dabei, etwas zu verlieren. Ich jedoch war es zufrieden abzuwarten. Die Arbeit war im Gegensatz zu Berlin wenig aufregend und interessierte mich nicht sonderlich. Die sommerliche Hitze in Washington machte mich träge. Ich wartete auf die sagenumwobenen Donnerstage.
Es wurde viel darüber geredet. Eines heißen Tages beim Lunch in der Cafeteria hörte ich von zwei älteren Beamten, Freunden meines Vaters, ganz unterschiedliche Interpretationen. »Viel Lärm um nichts«, sagte der eine. »Er ist unheimlich brillant«, meinte der andere. »Aber du ahnst gar nicht, was du für ein Glück hast, zu den Auserwählten zu gehören.«
Der Kurs, den Harlot nun im dritten Jahr gab, hatte als Donnerstagnachmittagsseminar für seine eigenen Mitarbeiter begonnen. Ein paar jüngere Beamte, die man ihm für einige seiner Projekte empfohlen hatte, waren hinzugekommen. Das waren die »Niedrigen Donnerstage«, aber einmal im Monat, an den »Hohen Donnerstagen«, wurden zusätzlich wichtige Gäste eingeladen, zum Beispiel Fachleute, die sich von verdeckten Aktionen im Ausland bei der Company zurückmeldeten.
Wir kamen immer an einem Konferenztisch in Hugh Montagues »äußerem« Büro zusammen, einem großen Raum im ersten Stock der gelben Ziegelsteinvilla, die Allen Dulles als Hauptquartier

diente. Dieses Hauptquartier, ein elegantes Gebäude, größer als die meisten ausländischen Botschaften, lag, fern dem Spiegelteich und der Kakerlakengasse, in der E-Street. Harlot gehörte zu den wenigen hochrangigen Beamten, die in solcher Nähe zu Dulles arbeiteten, und das eindrucksvolle Gebäude, in dem wir saßen, bestärkte uns in unserem Eifer. In der Tat ließ sich Allen Dulles von Zeit zu Zeit sehen, bis ihn das Piepen des Funkgeräts in seiner Brusttasche zurück ins Chefzimmer trieb, und einmal, so erinnere ich mich, erzählte er uns, daß er gerade mit Präsident Eisenhower telefoniert habe.

Die Lektionen an den Hohen Donnerstagen aber waren die Krönung. Harlots Stimme klang dann noch voller als sonst, und der Reichtum seiner Syntax war beeindruckend. Schwer zu sagen, ob man dabei wirklich viel lernte. Zwar empfahl er gelegentlich die Lektüre eines Buches, prüfte aber nie unseren Fleiß. Er streute nur Samen aus, von dem einige Körner später reifen mochten. Da der Direktor nicht nur unser peripatetischer Gast war, sondern offenbar persönlich sein Imprimatur gegeben hatte und oft angesichts der Großartigkeit der Ausführungen Harlots beifällig zu nicken pflegte – man meinte Mr. Dulles sagen zu hören: »O herrlich scharfsinnige, metaphysische und eindrucksvolle Welt des Geheimdienstes!« –, bedurfte es meinerseits keines großen Scharfsinns, um zu erkennen, daß Harlots Lehren an diesen Hohen Donnerstagen vor allem den hochrangigen Kursteilnehmern galten. Am liebsten beeinflußte er seinesgleichen, und wir übrigen mußten selbst zusehen, ob und wie wir mitkamen. An den Niedrigen Tagen profitierten wir mehr. Dann diente der Kurs vor allem dem Zweck, »die Mormonen anzukurbeln«, wie Harlot es einmal ausdrückte. Es waren ihrer fünf Doktoren der Philosophie von Staatsuniversitäten des Mittleren Westens. Sie machten sich ständig Notizen, trugen alle den gleichen Bürstenhaarschnitt, kurzärmlige weiße Hemden, Kugelschreiber in den Brusttaschen, schmale, dunkle Krawatten und Brillen. Sie sahen aus wie Ingenieure, und ich erkannte nach einiger Zeit, daß sie Montagues Galeerensklaven in dessen Gegenspionagelabor beim Technischen Dienst waren. Man hatte ihnen ungeheuer anspruchsvolle Tätigkeiten wie die Kryptographie, das Karteikartensuchen, Gutachtenüberprüfen und so weiter aufgehalst. Mir roch es nach Bunkerarbeit, wenngleich sie offenbar zielgerichteter – und lebensläng-

licher – war. Man konnte es von ihren Gesichtern ablesen: Sie hatten sich zu einer höchst gewichtigen Bürokarriere verpflichtet. Ich war ein Snob, das gebe ich zu, aber als Sohn eines berühmten Ostküstenhelden und somit meiner Abstammung nach selbst ein künftiger kühner Ostküstenheld, Absolvent von Andover, Exeter, Groton, Middlesex oder St. Paul, Mark oder Matthew – wie sollte ich mich da nicht allmählich voll etabliert fühlen, während ich Hugh Montague lauschte? Wenn er an seinen Hohen Donnerstagen in Fahrt war, erging er sich bisweilen in Formulierungen, die sich höchst aufregend anhörten. Da es bei allen Wechselfällen des Lebens auch so etwas wie eine vollständige Erinnerung geben kann, möchte ich fast schwören, daß ich seine Ausführungen weitgehend wortgetreu wiedergeben kann:
»Der Begriff ›Gegenspionage‹ beinhaltet Schwierigkeiten, denen wir uns immer wieder aufs neue stellen müssen«, dozierte er. »Aber es ist hilfreich, wenn wir erkennen, daß wir dabei auf einem schmalen Pfad zwischen zwei gegensätzlichen Geisteszuständen wandeln: der Paranoia und dem Zynismus. Meine Herren, merken Sie sich bitte von Anfang an: Wer einem dieser beiden Extreme zuviel Beachtung schenkt, handelt unklug. Man muß ständig den Blickwinkel verändern. Wozu dient uns letzten Endes unser Arbeitsmaterial, die Fakten? Wir leben in der geheimnisvollen Welt der Fakten. Zwangsläufig werden wir Experten in der Beobachtung von Fakten. Dabei erleben wir immer wieder, wie sie, die sogenannten harten Fakten, durchlässig und dehnbar werden, sich auflösen. Wir stellen fest, daß unser Auftrag bedeutet, ständig mit Verzerrungen, Verdrehungen, Entstellungen zu leben. Man verlangt von uns, daß wir verborgene Tatsachen, enthüllte Tatsachen, zufällige und unwahrscheinliche Tatsachen gleichermaßen registrieren und richtig einordnen.«
Rosen besaß an diesem Hohen Donnerstag die Tollkühnheit, Harlot zu unterbrechen und zu fragen: »Sir, wie kann man denn lernen, zufällige und unvermutete Tatsachen zu registrieren?«
»Rosen«, erwiderte Harlot, »lassen Sie uns nach einer Antwort suchen.« Er legte eine Pause ein, und es entging mir nicht, wie er mit dem Namen »Rosen« spielte. Mit dem langen »O«, das sich wie ein Klagelaut anhörte. »Rosen«, fuhr er fort, »nehmen Sie an, Sie befinden sich auf einer Dienstreise in Singapur, und eine tolle Blondine, ein richtiges Betthäschen, klopft zufällig um zwei Uhr

früh an Ihre Hotelzimmertür, und sie ist – sagen wir, mit neunzigprozentiger Sicherheit – nicht beim KGB, sondern klopft bei Ihnen, weil sie Sie mag. Das, Arnold, ist eine zufällige und unwahrscheinliche Tatsache.«
Schallendes Gelächter. Rosen brachte ein Lächeln zustande. Ja, ich spürte, daß er sich sogar freute, den Meister zu einem Witz inspiriert zu haben.
Harlot setzte seine Lektion fort. »Meine Herren«, erklärte er, »in den fortgeschritteneren Regionen unserer Arbeit ist ein gesundes Urteil das Allerwichtigste. Ist die offenbar erfolglose Operation, die wir zu analysieren versuchen, nur ein Fehler unserer Gegner, ein bürokratischer Mißgriff, ein Fauxpas, oder haben wir es hier ganz im Gegenteil mit einer Arie zu tun, die aus sorgfältig instrumentierten Dissonanzen besteht?« Er hielt inne und starrte uns an. Wie ein großer Schauspieler den gleichen Monolog vor Bettlern oder Königen halten kann, so unbeirrbar referierte er sein Thema. »Ja«, sagte er, »einige von Ihnen werden sich bei einer solchen Gelegenheit wie besinnungslos in die Welt der Wahnvorstellungen drängen; andere werden sich im Zynismus verlieren. Mein hochgeschätzter Direktor« – er nickte Dulles zu – »hat mir bisweilen versichert, daß ich mich gelegentlich zu lange mit Wahnvorstellungen aufhalte.«
Dulles strahlte, und Harlot fuhr fort: »Ein für die Gegenspionage begabter Agent ist ein wahrer Künstler« – dabei betonte er dieses Wort, wie eine alte russische Dame den Namen Puschkin betonen würde. »Er macht sich seine Wahnvorstellungen zunutze, um sich der Schönheit des Szenarios seines Gegners bewußt zu werden. Er sucht nach Wegen, wie er auch scheinbar gegensätzliche Fakten richtig miteinander verbinden kann. Er sucht ein Bild der Wahrheit zu entdecken, wie es noch niemand zuvor erblickt hat. Trotzdem überhört er nie die Warnungen des Zynismus. Denn der Zynismus hat seine eigenen Vorzüge. Es ist das Öl, das aus jedem zerquetschten Samenkorn quillt, aus jedem verdammten Plan, der mißlungen ist.«
An diesem Tag saß ich neben Allen Dulles, und ich hörte den Direktor bei diesen Worten vor Vergnügen grunzen. Es war ein kaum hörbarer, aber erfreulicher Laut. »Hört, hört«, brummte er leise, und ich hörte ihn.
»Versuchen Sie deshalb nicht«, fuhr Harlot fort, »den KGB zu

verstehen, bevor Sie nicht erkannt haben, daß er über einige der flexibelsten und einige der starrsten Geister in der Geheimdienstarbeit verfügt und daß im KGB die Geister genauso aufeinanderprallen wie bei uns. Wir müssen immer das Spiel der Kräfte im Plan unseres Gegners spüren. Es lehrt uns Vorsicht vor Interpretationen, die alles zu erklären scheinen, die allzu befriedigend wirken. Der Zynismus lehrt uns jenem so angenehmen Gefühl zu mißtrauen, das uns überkommt, wenn sich soeben noch weit verstreute Fakten zu einem gefälligen Muster fügen. Wenn das alles ein bißchen zu schnell geht, ist man vielleicht gerade auf ein erstes Anzeichen dafür gestoßen, daß es sich um ein genau kalkuliertes Märchen handelt, mit einem Wort: um Desinformation.«

Fortgeschritten waren diese Hohen Donnerstage, schrecklich fortgeschritten verglichen mit den Niedrigen. Über manche seiner Schlußfolgerungen habe ich später noch jahrelang nachgedacht. Scheuchte Montague die Unerfahrenen unter uns an solchen Tagen mit seiner diskursiven Methode über so hohe Hürden wie die Welten der Wahnvorstellungen und des Zynismus, so holte er uns an jedem beliebigen Niedrigen Donnerstag wieder in die schmutzigen und banalen Niederungen unseres Gewerbes zurück. Am letzten Niedrigen ließ er uns zwei Stunden lang ein Szenario zusammenpusseln, dessen Grundlage eine zerrissene Quittung, ein verbogener Schlüssel, ein Bleistiftstummel, ein Streichholzheft und eine gepreßte trockene Blume in einem billigen, unbeschrifteten Umschlag war. Diese Gegenstände, erzählte er uns, hätten sich in den Taschen eines verdächtigen Agenten gefunden, der in unziemlicher Hast aus seinem möblierten Zimmer verschwunden sei. Zwei Stunden lang betasteten wir diese Dinge, brüteten und boten ihm unsere Szenarien an. Ich unterschlage das meine. Es war nicht besser als die anderen. Nur Rosen hat sich an diesem Tag ausgezeichnet. Nachdem alle anderen ihre Erklärungen abgegeben hatten, machte Arnie noch immer ein unglückliches Gesicht. »Meiner Ansicht nach«, sagte er, »fehlen zu viele Stücke.«
»Ist das die Summe Ihres Beitrags?« fragte Harlot.
»Yessir. Bei dieser Armut an Fakten ist kein fundiertes Szenario möglich.«
»Rosen hat den richtigen Riecher«, sagte Harlot. »Diese Gegen-

stände wurden wahllos zusammengebracht. Es gibt keine richtige Lösung.«
Erklärung: In dieser Übung wollte er uns mit der Gefahr des Selbstbetrugs bei der Konstruktion von Szenarien bekannt machen. Mit einer getrockneten Blume, einem billigen Umschlag, einem Bleistiftstummel, einem verbogenen Schlüssel, der zerrissenen Quittung über 11.08 Dollar ließ sich sehr leicht die Phantasie anregen. Unsere erste Lektion sollte uns (rückblickend) die Bedeutung jenes leichten Unbehagens vor Augen führen, das wir bei der Arbeit an einer Erklärung für dieses Sammelsurium mißachtet hatten. »Dieses etwas hohle Gefühl im Magen ist ein Warnsignal«, erklärte uns Harlot. »Wenn uns ein Szenario absolut richtig vorkommt, ist es für gewöhnlich auch richtig, aber wenn Ihnen Ihre Story nur beinahe richtig erscheint, lediglich ein bißchen leer und hohl, dann ist sie sicher ganz und gar falsch.« Der nächste Niedrige, schloß er, werde sich mit der Spionage – im Gegensatz zur Gegenspionage – beschäftigen.

2

Damals auf der Farm hatte es einen Lehrgang gegeben, der sich »Agent Recruitment« nannte. Er hatte uns nur vage Vorstellungen vermittelt. Montague hingegen brachte uns rasch zum Kern der Sache. »Spionage«, erklärte er uns, »ist die Auswahl und Entwicklung von Agenten. Das kann man mit zwei Worten ausdrücken: uneigennützige Verführung.«
Nach einer Pause fügte er hinzu: »Wenn Sie mich als Befürworter einer zügellosen Fleischeslust verstehen, sind Sie im falschen Klassenzimmer. Wir sprechen von uneigennütziger Verführung. Das ist natürlich nicht körperlich gemeint, sondern psychologisch. Eine solche Verführung ist im Kern eine Manipulation. In unserer jüdisch-christlichen Kultur kommt es deshalb zu Schwierigkeiten. Manipulation ist machiavellistisch, sagen wir und sind's zufrieden, daß allein der Name ein Urteil über die Sache fällt. Aber wenn ein aufrechter Mann, der für seine Überzeugung arbeitet, nicht

bereit ist, sein Gewissen in Gefahr zu bringen, dann wird das Schlachtfeld denen gehören, die die Geschichte zur Erreichung ihrer niederen Ziele manipulieren. Hier geht es nicht um moralische Begriffe, und wer jede Art von Manipulation aus tiefster Seele verabscheut, wird garantiert nie fähig sein, Agenten zu finden und zu führen. Doch selbst für jene von uns, die die Notwendigkeit der Manipulation akzeptieren, mag sich die Praxis als schwierig erweisen. Es gibt Abteilungsleiter, die seit Jahren in fremden Hauptstädten arbeiten, aber keinen einzigen Agenten am Ort vorweisen können, den sie selbst angeworben hätten. Solche Leute schauen ebenso betreten drein wie ein begeisterter Jäger, der zugeben muß, daß er noch nie ein Reh geschossen hat. Natürlich haben es unsere Agenten in manchen Ländern wirklich schwer.«
Ich glaube nicht, daß in diesem Augenblick der Gedanke an eine Manipulation irgend jemandem von uns Kopfschmerzen bereitet hat. Im Gegenteil fragten wir uns, ob wir fähig sein würden, diese Arbeit zu leisten, und manch banger Zweifel mischte sich in unsere freudigen Erwartungen.
»An diesem Punkt«, sagte Bill, »denken Sie vielleicht: ›So ein unglaubliches Ziel, so eine schwierige Aufgabe! Wie soll ich da anfangen?‹ Machen Sie sich bitte keine allzu großen Sorgen. Die Agency ist erfahren genug, daß sie sich nicht auf Ihre ersten instinktiven Bemühungen verläßt. Das Anwerben lernt man gewöhnlich erst ganz allmählich, das braucht Zeit, dazu gehört Sorgfalt, denn man muß sich jeden möglichen Kandidaten und jede Zielperson genau anschauen. Interessiert uns zum Beispiel die Stahlproduktion eines Landes, so wird uns die Putzfrau, die den Papierkorb eines hohen Beamten oder Angestellten in der Werkzeugmaschinenproduktion leert, nützlicher sein als ein noch so hoher Funktionär in der Landwirtschaft. Es steckt eine Logik hinter dieser Arbeit, und bis zu einem gewissen Grad kann man die Sache auch lernen.«
Alle nickten eifrig, als wären sie zu demselben Schluß gelangt.
»Heute wollen wir uns in einem bestimmten Milieu umschauen«, sagte Harlot. »Nehmen wir an, wir sind in Prag stationiert, können aber nur ein paar Brocken Tschechisch. Wie soll man ein Omelette backen, wenn die Pfanne keinen Stiel hat? Nun, meine Herren, wir haben ein Unterstützungssystem. In diesem Labyrinth sind wir nie allein. Man erwartet von Ihnen nicht, daß Sie persönlich tschechi-

sche Agenten rekrutieren und führen, die nur tschechisch sprechen. Natürlich muß ein Vermittler da sein, den wir einsetzen können, ein Einheimischer, der für uns arbeitet. Dieser Bursche heißt bei uns der ›Prinzipal‹. Dieser Prinzipal also ist ein Tscheche, der seine Landsleute für uns anwirbt. Sie, meine Herren, werden seine Arbeit nur beaufsichtigen und leiten.«
»Sir, wollen Sie damit sagen, daß wir gar nicht richtig hinaus an die Front gehen?« fragte einer der tapferen Ostküsten-Junioren.
»In den Satellitenländern gehen Sie nicht hinaus«, antwortete Harlot.
»Wieso lernen wir dann das Anwerben von Leuten?« fragte er.
»Damit wir fähig sind, wie ein Prinzipal zu denken. Heute werden wir einmal alle gemeinsam versuchen, uns in die Rolle eines solchen Prinzipalagenten hineinzuversetzen. Sie werden sich jetzt in einen Tschechoslowaken verwandeln, einen Beamten bei der Regierung in Prag, der schon von der Agency angeworben ist. Nun versucht er – das heißt, nun versuchen wir –, noch ein paar Tschechen aus verwandten Regierungsämtern zu rekrutieren. Die Manipulation beginnt. Der erste Schlüssel zur wirksamen Manipulation ist gleichzeitig der Grundsatz eines jeden guten Verkäufers. Kennt den jemand von Ihnen?«
Rosens Hand schoß hoch. »Der Kunde«, sagte er, »kauft ein Produkt erst dann, wenn er den Verkäufer akzeptiert.«
»Woher wissen Sie das?«
Rosen zuckte die Achseln. »Mein Vater hatte früher einen Laden.«
»Perfekt«, sagte Harlot. »Ich als der Prinzipal bin da, um dem möglichen neuen Agenten – meinem Klienten – eine Idee einzuimpfen. Er soll spüren, daß ich gut für ihn bin. Wenn mein Klient ein einsamer Mensch ist, der sich endlich einmal aussprechen will – wie sollte ich dann auf ihn reagieren?«
»Ich sollte ihm zuhören«, sagten mehrere von uns zugleich.
»Aber was ist, wenn ich es mit einem einsamen Menschen zu tun habe, der in selbstgewählter Isolation lebt?«
»Dann setzen Sie sich einfach neben ihn«, sagte einer der Mormonen, »und freuen sich über die Stille.«
»Genau so«, sagte Harlot. »Wenn im Zweifel, behandeln Sie einsame Leute stets wie reiche und alte Anverwandte: Sehen Sie zu, daß Sie mit Hilfe kleiner Annehmlichkeiten Ihren Anteil im Testament vergrößern können. Sollte es sich dagegen bei dem

Klienten um einen gesellschaftlichen Aufsteiger handeln, der bei dem Gedanken an jede gute Party, zu der man ihn nicht eingeladen hat, mit den Zähnen knirscht, werden Sie mit bloßer Sympathie nicht viel ausrichten. Hier wird Tatkraft verlangt. Einen solchen Menschen müssen Sie an einer Gala teilnehmen lassen.«
Harlot schnippte mit den Fingern. »Nächstes Problem. Der Klient hat Ihnen ein, zwei Geheimnisse über seine sexuellen Nöte verraten. Was werden Sie in diesem Fall tun?«
Savage, ein früherer Footballspieler von Princeton, sagte spontan: »Sie befriedigen.«
»Niemals! Nicht am Anfang.«
Wir wußten keine Antwort. Die Diskussion lief endlos im Kreis herum, bis Harlot uns unterbrach. »Viel einfacher! Gestehen Sie ihm, daß Sie ähnliche sexuelle Bedürfnisse haben«, sagte er. »Natürlich unter der Voraussetzung, daß unser Klient nicht homosexuell ist.« Wir lachten verlegen.
»Also gut«, sagte Harlot. »Ich will Ihnen ein leichtes Beispiel nennen: Nehmen Sie an, der Klient wartet nur auf eine Gelegenheit, seine Frau zu betrügen – in der Tschechoslowakei ein häufiges Verlangen. Nun, Sie als guter Prinzipal versuchen natürlich nicht, ihm eine Geliebte zu besorgen. Komplizieren Sie das Verhältnis nicht dadurch, daß Sie ein so dramatisches und instabiles Element hinzufügen. Statt dessen – nun, was tut man da? Rosen?«
»Ich weiß im Augenblick nicht weiter.«
»Savage?«
»Dito.«
Hubbard?«
Es schien mir, daß er die Antwort schon gegeben hatte. »Vielleicht sollte ich ihm berichten, daß mich das gleiche Verlangen plagt.«
»Ja. Hubbard hört auf das, was ich sage. Gestehen Sie ihm ähnliche sexuelle Wünsche.«
»Aber wir wissen immer noch nicht«, beharrte Rosen, »was wir tun sollen, wenn die Wünsche des Klienten ganz unverblümt homosexueller Art sind.«
Wieder ging die Diskussion eine Weile im Kreis. Aber es war mein Tag. »Ich glaube, man sollte Sympathie zeigen, ohne sich mit ihm zu identifizieren«, sagte ich aus einer Eingebung heraus.
»Ja, und weiter?« fragte Harlot.
»Ich glaube, man könnte sagen, man sei zwar selbst nicht homo-

sexuell, hätte aber einen homosexuellen jüngeren Bruder, also verstehe man dieses Bedürfnis.«

»Gut«, sagte Harlot, »jetzt haben wir eine Annäherungsmöglichkeit. Wenden wir sie also auf andere Laster an. Angenommen, der Klient ist ein Spieler.«

Die wirkungsvollste Reaktion, darin stimmten wir überein, wäre ihm zu sagen, daß auch unser Vater ein Spieler sei.

Wir gingen zum nächsten Thema über. Was war zu tun, wenn der Klient seinen ältesten Sohn an einer angesehenen Universität studieren lassen wollte? Der Prinzipal mußte dann mit Hilfe einflußreicher Freunde versuchen, den Wunsch zu erfüllen. Manchmal dauern die Vorbereitungen Jahre.

»Man muß aber das eigentliche Ziel immer fest im Griff behalten«, sagte Harlot, »eine außergewöhnliche Freundschaft zu schmieden. Man handelt großzügig wie ein Schutzengel. Doch das kann den Klienten auch mißtrauisch machen. Er weiß ja, daß er Staatsgeheimnisse hütet. Ihr Beamter ist vielleicht so mißtrauisch wie ein reiches, aber häßliches Mädchen angesichts eines allzu ungestümen Verehrers. Verlassen Sie sich darauf. Spionage und Eheanbahnung haben durchaus ihre Gemeinsamkeiten. Minister, die auf großen Geheimnissen sitzen, sind am schwierigsten zu gewinnen. Ein Grund mehr, sich auf ein leichteres Ziel zu konzentrieren: den kleinen Beamten. Selbst unter so bescheidenen Umständen müssen Sie als der Schutzengel allerdings ständig bereit sein, das Mißtrauen des Klienten zu zerstreuen, sobald es in ihm aufkommt. Man darf von der Voraussetzung ausgehen, daß der Klient letztlich genau weiß, was Sie von ihm wollen, sich aber gern Ihren Spielregeln fügt. Nun ist es an der Zeit, ihm gut zuzureden, damit er den ersten Schritt geht – diesen entscheidenden ersten Schritt, mit dem er zum Spion wird. Der Erfolg dieses Schrittes – nennen wir ihn den »Paß« – hängt von einem Vorgang ab, der so gut eingeführt ist, daß man von einer Faustregel sprechen kann. Hat irgendwer von Ihnen einen Vorschlag?«

Wir waren still.

»Ich nehme an, man muß langsam und vorsichtig sein«, sagte ein Mormone schließlich.

»Nein«, widersprach ein anderer Mormone, der Missionsarbeit auf den Philippinen geleistet hatte. »Ob schnell oder langsam, spielt keine Rolle. Wichtig ist, daß es natürlich wirkt.«

»Sie sind auf der richtigen Spur«, sagte Harlot. »Die Faustregel lautet: Machen Sie es so undramatisch wie möglich.«
»Gilt diese Regel in jedem Fall?« fragte Rosen.
»Nichts von dem, was ich Ihnen sage, gilt in jeden Fall«, erwiderte Harlot. »Ich biete Ihnen hier jetzt nur Szenarien als Ersatz für Ihren Mangel an Erfahrung an. Verlassen Sie sich darauf: Draußen bei der Arbeit werden Ihre Agenten unvorhersehbar handeln.«
»Ich weiß das«, sagte Rosen. »Ich finde nur, daß dieser ›Paß‹, wie Sie es genannt haben, die Situation dramatisiert.«
»Nur in der Gegenspionage«, sagte Harlot. »Zu gegebener Zeit werden wir uns auch mit jenem geheimnisvollen Thema beschäftigen. Hier allerdings wollen wir den Übergang möglichst unspektakulär, langweilig gestalten. Er muß ganz undramatisch ausfallen. Bitten Sie den Klienten um eine Kleinigkeit. Ihr Ziel ist in diesem Augenblick nicht die Information, Sie wollen vielmehr das Gewissen Ihres Klienten beruhigen. Ein guter Verkäufer, wie Mr. Rosens Vater uns zweifellos erzählen könnte, möchte verhindern, daß der potentielle Käufer sich fragt, ob er das Produkt wirklich braucht. Dem entspricht in unserem Fall welches Vorgehen, Hubbard?«
»Man läßt den Klienten nicht merken, worauf er sich eigentlich einläßt.«
»Gut. Sie, der Prinzipal, sind dazu da, seine Angst zu beschwichtigen. Wärmen Sie die Suppe langsam an. ›Schauen Sie mal, mein Freund‹, könnten Sie sich Ihrem kleinen Agenten in spe gegenüber beklagen, ›wenn ich mit jemandem in Ihrem Büro sprechen möchte, ist die Nummer nicht zu bekommen. Ich kann nicht einfach anrufen – ich muß einen Brief schicken. Kein Wunder, daß sich unsere sozialistische Wirtschaft nur im Schneckentempo bewegt. Wenn Sie mir über Nacht mal die Liste mit den Durchwahlnummern Ihrer Abteilung ausleihen könnten, würde das meine Arbeit sehr vereinfachen.‹ Na, wie kann der Klient das ablehnen nach allem, was Sie für ihn getan haben? Es ist schließlich nur eine bescheidene Bitte. Die Liste mit den Telefonnummern ist nicht so lang. Man kann sie in das zerrissene Futter seines Mantels rutschen lassen. Also bringt der Klient sie Ihnen, und Sie lassen sie sofort kopieren und geben sie ihm morgens vor der Arbeit zurück. Was tun Sie jetzt?«
Wir blieben stumm.

»Sie lassen eine Woche verstreichen. Wenn dem Beamten anfangs angst und bange geworden ist – inzwischen hat er's überwunden. Nun bitten Sie ihn um etwas mehr. Kann Ihr Freund Ihnen mal den Bericht XYZ zeigen? Sie wissen zufällig, daß dieser Bericht XYZ auf einem der Schreibtische in seinem Büro liegt. Nichts von Gewicht, Ihr Chef würde ihn nur gern mal sehen. Es könnte für den Chef von Vorteil sein, wenn er weiß, was drinsteht.
Unser Klient wird seufzen«, sagte Harlot, »aber einverstanden sein. Er trägt den Bericht an diesem Abend in seiner Aktentasche hinaus und erhält ihn am Morgen zurück.
Die wichtigste Veränderung aber kommt noch. Damit sich der Klient in einen zuverlässigen Agenten verwandelt, der bereit ist, jahrelang am gleichen Ort für Sie zu arbeiten, ist nun was nötig?«
Rosen hob sogleich die Hand, desgleichen die Mormonen. Bald hatten sich außer mir alle am Tisch gemeldet. Ich war der einzige, der nicht begriff, daß der nächste Schritt darin bestand, unseren neuen Agenten für seine Dienste zu entlohnen.
»Es ist wahrscheinlich leichter, als Sie sich das vorstellen«, sagte Harlot. »Genauso wie die meisten Frauen lieber Küsse *und* Geschenke als nur Küsse bekommen, so wird es auch Ihrem gerade aus dem Ei geschlüpften Agenten nichts ausmachen, sich für seine Sünden bezahlen zu lassen. Ein bißchen Korruption vertreibt die Kälte. Denken Sie aber daran, daß Sie hier heucheln müssen. Halten Sie sich an das Beispiel mit der jungen Dame. Bieten Sie ihm zuerst Geschenke an und dann erst Geld. Vermeiden Sie alles, was ihn brüskieren könnte. Bezahlen Sie dem Klienten vielleicht eine alte Schuld, die ihn schon lange drückt. Es soll so aussehen, als erwiesen Sie ihm nur einen weiteren Gefallen.
Früher als Sie glauben ist Ihr Neuling zu einem ordentlichen Arrangement bereit. Wenn er spürt, daß er tiefer in die Gefahrenzone des Verbotenen hineingerät, kann Geld seine Angst ein wenig vertreiben. Das gilt für alle Kriminellen, und ein Agent ist schließlich auch nur ein Krimineller, allerdings mit weißem Kragen. In unserem Fall hat er sich gerade aus einer geordneten, aber bis dahin unbefriedigenden mittelständischen Existenz ins Zwielicht vorgewagt. Geld wird ungemein anziehend für einen, der am Abgrund steht. In diesem Augenblick unterbreiten Sie ihm ein Angebot. Sie als Prinzipal können ihm ein Angebot von Ihrem Boss überbringen. Für eine regelmäßige Belieferung mit ausgewählten

offiziellen Dokumenten kann eine wöchentliche Bezahlung vereinbart werden.«

Harlot nickte. »Damit beginnt eine interessante Zeit. Die geheime Arbeit, die unser Neuling leistet, verschafft ihm allerlei Aufregung. Wenn er in mittleren Jahren steht, könnte man sagen, er versucht auszubrechen, noch einmal neu anzufangen. Wenn er jung ist, könnte ihn die Entdeckung, daß er ein talentierter Spion ist, sogar stimulieren.«

An dieser Stelle ließ Harlot den Blick über die Runde schweifen. Schien es mir nur so, oder ruhten seine Augen tatsächlich ein wenig länger auf mir? Sie wanderten weiter. »Ich kann nicht oft genug betonen«, sagte er, »wie wichtig diese regelmäßigen Bargeldzuwendungen sind. Sie dürfen allerdings nicht so groß sein, daß sie sich auf seinem Bankkonto oder gar in einem neuen Haus bemerkbar machen, doch groß genug, um die Angst zu besänftigen. Wieder halten wir uns an eine Faustregel. Unsere Zahlungen sollten nicht weniger als ein Drittel und nicht mehr als die Hälfte des wöchentlichen Einkommens unseres Agenten ausmachen. Die Regelmäßigkeit der Zahlung dient hier demselben Zweck wie die Zuverlässigkeit bei Verabredungen mit einer geliebten Dame. Die Vorhersehbarkeit Ihrer Handlungsweise läßt mögliche Hysterie – die immer auftreten kann – meist erst gar nicht ausbrechen. Fragen?«

Einer der Mormonen hob die Hand. »Darf der Agent erfahren, für wen er arbeitet?«

»Auf keinen Fall. Wenn Sie es irgendwie vermeiden können, lassen Sie ihn nicht wissen, daß es die Company ist – vor allem nicht in einem östlichen Satellitenland. Sie würden damit nur seine Angst steigern. Wenn es sich zum Beispiel um einen tschechischen Kommunisten handelt, erwecken Sie am besten den Eindruck, daß er für die Russen arbeitet. Oder, wenn er anglophil ist wie ein paar Slowaken, die ich kenne, könnten Sie ihn in dem Glauben lassen, daß der MI6 das alles finanziert. Wenn er sich als geistiger Nachfahre von Friedrich dem Großen sieht, nennen Sie den BND. Fragen?«

»Was ist, wenn der neue Agent kein Geld nehmen will?« fragte ich. »Was ist, wenn er den Kommunismus so sehr haßt, daß er aus bloßer Überzeugung dagegen kämpfen will? Mißbrauchen wir dann nicht seinen Idealismus?«

»In diesem seltenen Fall ja«, sagte Harlot. »Aber ein idealistischer Agent kann schnell ausbrennen und sich gegen Sie wenden. Deshalb ist die finanzielle Verbindung bei Idealisten sogar noch erstrebenswerter.«
»Ist es der eigentliche Zweck der Bezahlung, den Agenten einzuschüchtern?« fragte Rosen. »Er muß doch eine Quittung unterschreiben, nicht wahr?«
»Richtig.«
»Dann haben wir ihn also mit Handschellen an seinen Job gekettet. Es gibt Beweismaterial gegen ihn.«
»Der KGB bedient sich solcher Methoden. Wir tun das möglichst nicht«, sagte Harlot. »Natürlich wird es Situationen geben, in denen eine unterschriebene Quittung unseren Wünschen Nachdruck verleiht. Ich würde aber sagen, daß der eigentliche Sinn der Bezahlung darin besteht, ein Gefühl der Zugehörigkeit zu vermitteln, selbst wenn der Agent nicht genau weiß, wer wir sind. Wenn Sie am Ende eines Netzwerks leben, ist nichts wichtiger als das Gefühl, nicht allein zu sein. Ich wiederhole: Geld – hier liegt das Paradoxon –, Geld beweist die Vorzüge des Lasters.
Zählen wir auf, was wir gewonnen haben«, sagte Harlot. »Als Prinzipal haben Sie dem Mann Freundschaftsdienste erwiesen, Sie haben Fallen vermieden, den Mann auf eine Mitarbeit hin angesprochen, ihm eine regelmäßige Bezahlung verschafft und die Quelle geheimgehalten. Ein perfektes Vorgehen bisher. Nur ein wichtiger Schritt ist noch zu gehen. Welcher könnte das sein?«
»Nun, Sie müssen ihn ausbilden«, sagte einer der dynamischen Ostküsten-Junioren. »Sie wissen schon: Waffen, illegales Eindringen, täglicher Wechsel der Unterkunft, all das Zeug, das man lernen muß.«
»Nein«, sagte Harlot. »Die Ausbildung wird auf ein Minimum beschränkt. Ein Agent ist kein Geheimdienstbeamter. Man benutzt ihn so, wie man ihn vorgefunden hat. Man bittet ihn, offizielle Papiere aus dem Büro mitzunehmen. Man bringt ihm ebenfalls bei, Dokumente zu fotografieren, die er nicht hinausbringen kann. Man darf ihn aber nicht drängen, außer wir sind verzweifelt hinter relativ unzugänglichem Material her. Das wäre aber eine riskante Verwendung eines Aktivpostens. Ein guter Agent endet ähnlich wie ein braves Arbeitstier auf einer Farm. Wir bringen ihm bei, nicht zu galoppieren, sondern stetig seine Last zu

ziehen. Wir dosieren auch das Futter; denn was wir brauchen, ist ein fleißiger Kerl, der uns hilft, auf einer zuverlässigen Basis Jahr für Jahr ein lohnendes Produkt zu ernten. Das ist ein wertvolles Gut, das man niemals für zu wenig aufs Spiel setzen sollte, und ebenso sollte man auch niemals zuviel verlangen. Unterstreichen Sie dies in Gedanken: In der Spionagearbeit sorgt nur Stabilität für gute Ergebnisse. Krisen sind so weit möglich zu vermeiden. Deshalb, meine Herren, fragen Sie sich selbst: Welches ist der letzte Schritt, der in der Beziehung zwischen dem Prinzipal und dem Agenten unternommen wird?«

Ich weiß nicht, wie mir die nächste Antwort einfiel. Entweder hatte ich eine gewisse Fähigkeit entwickelt, Harlots Gedanken zu lesen, oder ich lernte allmählich seinen intellektuellen Stil kennen, aber ich sprach es rasch aus, wollte Anerkennung für die Antwort. »Rückzug«, sagte ich. »Der Prinzipal zieht sich aus der engen Beziehung zu dem Agenten zurück.«

»Woher wissen Sie das?« fragte er.

»Ich kann's nicht sagen«, erklärte ich. »Ich habe einfach das Gefühl, daß es so richtig ist.«

»Hubbard, wer hätte das gedacht? Sie zeigen die Instinkte eines Geheimdienstoffiziers.« Die Klasse lachte, und ich wurde rot, aber ich wußte, weshalb er das gesagt hatte. Ich war einmal so indiskret gewesen, Rosen zu gestehen, daß Hugh Montague mein Pate war; jetzt wußte es die Klasse, und Harlot mußte es erfahren haben.

»Nun«, sagte er. »Instinkte sind unverzichtbar in unserem Beruf, aber ich will es denen, die nicht so begabt sind wie Hubbard, genauer erklären. Manche unserer Leute haben hier ein paar Jahre über dem Problem gebrütet, wie man einen Agenten in einem ruhigen, der Arbeit förderlichen Gleichgewicht hält. Wir sind zu dem Schluß gelangt, daß der Prinzipal sich früher oder später von seinem Agenten trennen muß. Das ist nicht anders als bei einem Kind, das sich allmählich aus der Abhängigkeit von seinen Eltern löst und immer mehr Selbstdisziplin entwickelt, je älter es wird.«

»Hat das etwas mit dem Gefühl des Agenten für seine neue Identität zu tun?« fragte Rosen.

»Hervorragend. Identität ist nichts anderes als die Form unseres Selbstverständnisses. Wer Agent wird, nimmt eine neue Identität an. Aber denken Sie daran: Mit jeder Veränderung unserer Identität erleben wir eine neuerliche Geburt, das heißt, wir machen

wieder eine neue Kindheit mit. Der Prinzipal wird den Agenten also nur für diszipliniertes Verhalten belohnen. Natürlich sollte der Agent, wenn er richtig erzogen ist, weniger eine emotionale Bindung als praktische Ratschläge brauchen. Eine einseitige Freundschaft ist für ihn nun weniger nützlich als jemand, der genügend Erfahrung und Autorität hat, ihn zwischen den Gefahrenklippen hindurchzusteuern. In Anbetracht des Risikos, das er eingegangen ist, möchte er sich in seinem neuen Leben so lange sicher fühlen und sich seines bescheidenen Wohlstands erfreuen, als er tut, was man ihm sagt. Natürlich muß er lernen, Instruktionen genau zu befolgen. Gewisse Vorsichtsmaßnahmen mögen ihm lästig erscheinen, aber Spontaneität ist verboten. Der Agent hat einen Vertrag und die kostenlose Versicherung, die dazugehört. Falls es zu ernsthaften Schwierigkeiten kommt, ist der Prinzipal verpflichtet, den Agenten nebst Familie außer Landes zu schaffen.
Also gut. Die neuen Rollen sind eingeübt, der Prinzipal kann sich von seinem Agenten zurückziehen. Sie kommen immer noch gelegentlich zusammen, aber nicht mehr so oft. Nach ein paar Jahren sehen Prinzipal und Agent einander vielleicht überhaupt nicht mehr. Der Agent hat einen toten Briefkasten zugewiesen bekommen. Dort hinterläßt er seine Papiere, und ihm entnimmt er seine Anweisungen. Sollte der Agent den Prinzipal dringend persönlich sprechen müssen, was meist nur selten vorkommt, wird ein Treffen in einem sicheren Haus arrangiert, aber da das in einem feindlichen Land zeitraubend ist, sehen sie einander normalerweise nicht. Der Prinzipal ist damit beschäftigt, neue Agenten anzuwerben.
Das, meine Herren«, schloß Harlot, »ist Spionage – eine Mittelschichtaktivität, die mit Stabilität, Geld, einer Menge Heuchelei, Versicherungsplänen, Beschwerden, einer fundamentalen Loyalität, ständigen Gedanken an Verrat und einer Menge Büroarbeit zu tun hat. Wir sehen uns nächste Woche wieder. Bald kommen wir zu einem unheimlichen Thema – der Gegenspionage. Dann sagen wir der normalen Büroarbeit Lebewohl.« Er winkte uns zum Abschied und verließ den Raum.

3

An jenem Abend gingen Rosen und ich in Harvey's Restaurant. Wenn wir es uns zur Gewohnheit gemacht hatten, am Donnerstagabend zusammen zu essen, so geschah das nicht aus einer wachsenden Zuneigung. Ich war vielmehr zu dem betrüblichen Schluß gelangt, daß Rosen mindestens so schlau war wie ich selbst und daß er viel besser über die Interna der Company Bescheid wußte. Es war ihm nicht nur gelungen, eine Vielzahl von Experten und Abteilungen kennenzulernen, sondern er korrespondierte auch mit allen, die er »bei der Feldarbeit draußen« kannte. Einer von Rosens Helden war Ernest Hemingway. Rosen übertrug Papa Hemingways Regel, daß ein Romanautor einen Freund in jeder Berufsgruppe haben sollte, vom Wissenschaftler bis zum Barkeeper, auf das Geheimdienstwesen und hielt sich daran. Also bearbeitete er die Leute, die in der Cafeteria der Company saßen, wobei es ihm nie etwas auszumachen schien, ob und wie man ihn begrüßte. Die Hälfte von dem, was ich über Agency-Geheimnisse, mißlungene und verschwiegene Abenteuer oder interne Machtkämpfe zwischen meinen Bossen wußte, erfuhr ich von ihm, und ich bemerkte, daß selbst Montague sich nicht zu schade war, Arnie einmal im Monat zum Essen einzuladen. »Es ist so, als ob man den Inhalt eines Staubsaugers prüft«, klagte Harlot einmal. »Man findet einen Berg von Fusseln, aber es besteht auch immer die Möglichkeit, daß man einen Manschettenknopf darin entdeckt.«
Ein brutales Urteil, aber für mich waren Rosens Leckerbissen unbestreitbar von Interesse. Er konnte mich beispielsweise über Berlin aufklären. Dix Butler hatte ihm auf seine Briefe geantwortet, und ich hörte eine Menge über Bill Harvey, der offenbar nicht mal mehr drei Stunden pro Nacht zum Schlafen kam. Während ich die rote Velourstapete in Harvey's Restaurant betrachtete, mußte ich an die verrückten Zufälle denken, die hier zusammenkamen. Wir saßen in einem Restaurant, das ein Jahrhundert zuvor ein Mann des gleichen Namens gegründet hatte. Nun sah ich, daß am anderen Ende gerade J. Edgar Hoover und Clyde Tolson Platz nahmen. Ich hatte sogar beobachten können, wie der Direktor des FBI mit der schwerfälligen Grazie eines Ozeanriesen auf seinen Tisch zusteuerte. Nachdem mich C. G. über die Unmenschlichkeit

Hoovers aufgeklärt hatte, konnte ich nun selbst dessen gravitätisch-selbstbewußtes Gehabe mit dem freundlich humpelnden, gichtgeplagten Trippelschritt von Allen Dulles vergleichen.
Rosen flüsterte mir zu: »Wußtest du, daß Hoover und Tolson Liebende sind?«
Ich verstand ihn falsch. »Du meinst, sie sind Weiberhelden?«
»Nein! Sie sind Liebende. Sie lieben sich.«
Ich war schockiert. Nach dem, was ich in Berlin erfahren hatte, versetzte mich das erneut in Aufregung. »Allein die Vorstellung ist schrecklich«, flüsterte ich ihm zu.
Woraufhin Rosen wieder auf Harvey zu sprechen kam. Ob ich mehr hören wollte? Natürlich wollte ich.
»Ein Witz macht drüben die Runde«, sagte Rosen. »Man zieht den wilden Bill mit seiner Adoptivtochter auf. Seine Freunde raten ihm, er solle sie von einem Arzt untersuchen lassen. Der KGB könnte ihr heimlich ein Mikro unter die Haut gepflanzt haben, bevor er sie auf der Türschwelle abgelegt hat. Harvey macht dieser Gedanke schwer zu schaffen. Die Angst, daß so etwas wirklich möglich wäre, frißt an ihm. Harvey steht in diesen Tagen sehr unter Druck.«
»Hast du das von Dix gehört?«
»Ja, wieso nicht?«
»Geht's ihm gut?«
»Ich soll dir ausrichten, Berlin sei tot, seit der Tunnel weg ist.«
Am nächsten Hohen Donnerstag kam auch Harlot auf CATHETER zu sprechen. Seine Gäste waren diesmal so beeindruckende Gestalten wie Mr. Dulles, Frank Wisner und Desmond FitzGerald, Tracy Barnes, Lawrence Houston, Richard Bissell, Dick Helms, Miles Copeland und außerdem vier oder fünf Leute, deren Namen ich nicht kannte, aber denen anzusehen war, daß es sich um die Moguln der Agency handelte. Die Haltung ihrer Schultern, die so unbekümmert den einen oder anderen unheimlichen Kopf trugen, kündete von ihrem hohen Rang. Rosen flüsterte mir zu, diese hochmögende Schar werde sich später zu einem Dinner begeben, das Allen Dulles bei sich zu Haus Harlot zu Ehren gäbe.
Diesmal wußte ich schon, was er mir erzählte. Am Morgen hatte sich ein unerwarteter Besucher in der Argentinien-Uruguay-Abteilung eingefunden. Der zukünftige Stationschef von Montevi-

deo kam vorbei, um mit uns zu plaudern. Im Juli war er aus Tokio zurückgerufen worden, und eines Morgens, als ich dienstlich außer Haus war, kam er zu uns ins Büro, stellte sich den dortigen Mitarbeitern vor und war gleich wieder verschwunden.
»Du siehst ihn erst Weihnachten wieder«, sagte Crosby, mein Abteilungsleiter. Genau wie die anderen lange im Beruf stehenden Führungskräfte konzentrierten sich seine Kenntnisse zu neunzig Prozent auf die dunkle Seite des Lebens. So hörte ich eine Menge über meinen neuen Chef, bevor ich ihn selbst kennenlernte. Er hieß Hunt, E. Howard Hunt, und stattete, während er in Washington war, Direktor Dulles, General Cabell, Frank Wisner und Tracy Barnes Besuche ab.
»Vielleicht muß er das als neuer Stationschef tun«, meinte ich.
»Das ist schon richtig«, sagte Crosby. »Stationschef – und er ist noch nicht mal vierzig. Möchte wahrscheinlich eines Tages Direktor der Agency werden.«
Als ich Hunt kennenlernte, gefiel er mir auf Anhieb. Mittelgroß, durchtrainiert und sehr gepflegt, hatte er eine halbmilitärische Ausstrahlung. Seine lange, spitze Nase wies gerade oberhalb der Spitze eine Delle auf, die auf große Entschlußkraft wies. Er kam auch sofort zur Sache.
»Freut mich, Sie kennenzulernen, Hubbard«, sagte er. »Wir haben zusammen eine Menge vor. Ja, ich spreche gerade mit ein paar großen Tieren der Firma darüber, daß sie uns für unsere Station Verstärkung geben sollen. Sie heulen zwar auf: ›Versteckt die Knete, Howard Hunt ist wieder unterwegs!‹ Aber es ist nun einmal so, Hubbard. Beim Geheimdienst lautet das Codewort für Effizienz nun mal G-E-L-D.«
»Yessir.«
»Er sah mit einer eleganten Bewegung auf seine Armbanduhr. »Demnächst, mein Freund«, sagte er, »werden wir einander gut kennenlernen, aber einstweilen möchte ich Sie um einen Gefallen bitten.«
»Jederzeit.«
»Gut. Besorgen Sie mir eine Einladung zu Hugh Montagues Seminar heute nachmittag.«
»Yessir.« Ich war mir nicht sicher, ob ich ihm diesen Wunsch erfüllen konnte. Als er sah, daß ich zögerte, fügte er hinzu: »Wenn Sie es nicht schaffen, kann ich die Sache immer noch selbst in die

Hand nehmen. Schließlich sind Direktor Dulles und Dickie Helms Freunde von mir, und ich weiß, daß sie da sein werden.«
»So muß es auf jeden Fall gehen«, nickte ich.
»Richtig«, sage er. »Aber ich lasse mir diesen Gefallen lieber von dir als von Mr. Dulles erweisen.«
»Ich verstehe«, sagte ich.
»Bring mich auch zu dem Dinner«, fügte er hinzu.
Als er fort war, rief ich Harlots Sekretärin Margaret Pugh an.
»Ich weiß nicht, ob wir Mr. Hunt einladen möchten«, zierte sie sich. »Er versucht sich in bessere Kreise zu drängen.«
»Sie würden mir aber einen persönlichen Gefallen tun.«
»Ich weiß«, seufzte sie. Dieser Laut sagte alles. Margaret war sechzig Jahre alt und furchtbar kleinlich. Ich hatte mich allerdings immer, wenn ich mit ihr sprach, darum bemüht, sie aufzuheitern, und das hatte sie mir nicht vergessen.
»Ich brauche unbedingt ein wenig Aufheiterung«, sagte sie. »Erzählen Sie mir doch einen guten Witz.«
Crosby hatte an diesem Morgen einen Zweizeiler zum besten gegeben, aber ich war mir nicht sicher, ob er wirklich das Prädikat »gut« verdiente. »Warum lieben sich die Baptisten nicht im Stehen?« fragte ich.
»Warum nicht?«
»Weil die Leute glauben könnten, daß sie tanzen.«
»Oh, Sie sind ein Schlingel«, lachte sie. »O je o je.« Es klang fröhlich. »Ich werde es tun«, beschloß sie. Howard Hunt soll sich unter das bessere Publikum mischen dürfen. Wenn Hugh sich die Gästeliste anschaut – er tut ja immer so, als interessiere ihn das nicht –, werde ich ihm sagen, es sei alles meine Schuld und ich hätte es getan, um Ihnen einen guten Start in Südamerika zu ermöglichen. Harry, sagen Sie ihm nicht, daß es Ihre Idee war. Auf keinen Fall. Hugh hält mich für unbestechlich. Das ist mein Ernst«, fügte sie hinzu, als könnte sie mein Lächeln sehen. »Sie müssen es mir versprechen.«
»Ich schwöre.«
»Er versteht keinen Spaß, wenn seine Freunde mit ihren Anliegen zu mir kommen.«
»Ich schwöre es.«
»Ach, Sie wissen gar nicht«, sagte sie, »wieviel ich von Ihnen gern dafür verlangen würde.«

4

Letzte Woche«, hub Harlot an, »haben wir einen Streifzug durch die Welt der Spionage unternommen. Auf diesem Gebiet besteht das eigentliche Arbeitsmaterial aus Fakten. Heute möchte ich Sie in die komplexere Welt der Gegenspionage einführen, die auf Lügen errichtet ist – oder sollten wir lieber sagen, auf Inspirationen? Die Akteure in dieser Disziplin sind Abenteurer, Aristokraten und Psychopathen. Und doch bildet dieses Personal nur eine Hälfte des Teams. Dessen weniger sichtbares Gegenstück besteht aus einem Unterstützungssystem, das sich mit unendlicher Geduld um alle Einzelheiten bemüht. Schurken und Wissenschaftler arbeiten hier zusammen. Die Schwierigkeiten sind gewaltig. Genau wie ein ehrlicher Mensch sich nur so lange sicher fühlt, bis er zu lügen anfängt, weil er den Umgang mit der Unwahrheit nicht gewöhnt ist, ist ein notorischer Lügner nur so lange sicher, bis er die Unvorsichtigkeit begeht, ehrlich zu werden. Einen perfekten Lügner kann man nicht überführen. Er bringt es zum Beispiel fertig zu behaupten, er habe am Dienstagabend mit einer jungen Dame die Oper besucht und dort in der Loge Numero vierzehn gesessen, und wenn Sie ihm sagen, das sei unmöglich, da die Loge Numero vierzehn zufällig einem guten Freund gehöre, der dort an allen Dienstagabenden zu sitzen pflege, und zwar allein, dann wird der Lügner Ihnen fest in die Augen sehen und versichern, er habe auch niemals behauptet, in der Loge Numero vierzehn gesessen zu haben. Es sei vielmehr die Loge Numero vierzig gewesen, und er wird es mit einer solchen Selbstsicherheit sagen, daß Sie ihm glauben werden. Der Lügner hat ein ebenso einfaches Leben wie der ehrliche Mann.«
Das Gelächter der Nabobs klang so satt und zufrieden, daß ich erstaunt war. Sie lachten wie über einen guten Witz in privater Runde.
»Die Gegenspionage erlaubt natürlich keine zügellose Tatsachenverdrehung. Im Gegenteil, wir erzählen fast immer die Wahrheit, tun es aber unter dem Schirm einer großen Lüge: Wir erwecken den Eindruck, der Agent, der unsere Firmengeheimnisse zu unserem Gegner hinüberträgt, arbeite für ihn, während er in Wirklichkeit einer unserer Leute ist. Das ist die einfache Art der Gegen-

spionage. Man begegnet ihr aber häufiger in der Theorie als in der Praxis. Sowohl wir als auch der KGB sind so gut geworden, daß es schwerfällt, einander mit Erfolg zu belügen. Sollte ein polnischer Überläufer mit der Bitte an uns herantreten, ihn nach Amerika zu fliegen, so pflegen wir ihm zu raten, wie manch einer von uns hier weiß, er möge sich seine transatlantischen Flügel erst einmal ein paar Jahre lang als unser Agent in seinem Warschauer Ministerium verdienen. Und wenn er den Vorschlag akzeptiert, müssen wir ihm auch schon wieder mißtrauen. Hat man ihn uns als Köder vor die Nase gesetzt? Also testen wir ihn. Wir fordern ihn auf, Informationen zu besorgen, an die er eigentlich nicht herankommen kann. Wenn er ehrlich ist, gibt er zu, daß er es nicht geschafft hat. Aber siehe da: Er bringt die verlangte Information. Wir wissen, daß das Zeug echt ist, weil wir es schon aus anderen Quellen kennen. Also stellen wir ihn weiter auf die Probe. Wieder besteht er unsere Prüfungen, und das heißt, er ist zu erfolgreich und damit durchgefallen. Lassen wir ihn jetzt in Ruhe? Nein. Solange wir annehmen können, daß der KGB meint, er habe uns hereingelegt, verfügen wir hier über ein nützliches Instrument. Wir können die Russen in die falsche Richtung schikken, indem wir genau die Dokumente verlangen, die ihre Schlußfolgerungen über unsere Vorhaben bestätigen werden. Wir dürfen dabei nicht zuviel von dem verfälschen, was sie ohnehin schon über uns wissen, sonst wecken wir ihr Mißtrauen, und sie merken, daß wir uns ihres Agenten bedienen, um sie mit Desinformationen zu verwirren.

Höre ich jemanden seufzen? Die Komplexität dieses Beispiels ist gar nichts verglichen mit dem Sumpf einer tatsächlichen Situation dieser Art. Es gibt unzählige Variationen dieses Spiels, so daß nur der Mangel an menschlichen Ressourcen der Gegenspionage Grenzen setzt. Eine Vielzahl von Experten ist nötig, um allein den Wert eines jeden echten Geheimnisses einzuschätzen, das wir opfern und der Gegenseite hinüberschicken, um dem höheren Ziel zu dienen, den Feind in die falsche Richtung zu schicken. So viele ausgebildete Leute sind damit beschäftigt, die Standfestigkeit dieser kalkulierten Lügen zu beurteilen, daß Gegenspionageaktionen – wenn es nicht um höchste Einsätze geht – dazu neigen, sich totzulaufen. Der üble Geruch, der von solchen Aktivitäten ausgeht, hat nichts mit Pech und Schwefel zu tun, es handelt sich vielmehr um unsere überlasteten Schaltkreise, die allmählich durchschmoren.«

Zu meiner Bestürzung meldete sich an dieser Stelle der zukünftige Stationschef von Uruguay zu Wort: »Wenn ich etwas sagen darf«, erklärte er.

»Bitte sehr«, erwiderte Harlot.

»Ich bin Howard Hunt, gerade eben von einem Auftrag als Offizier für verdeckte Operationen aus Nordasien zurück, dortiger Arbeitsplatz Tokio, nächste Aufgabe Stationschef in Montevideo. Und wenn ich hier mal unterbrechen darf, Sir...«

»Machen Sie Ihrem Herzen Luft«, sagte Harlot. »Sogar die Kinder kommen hier zu Wort.«

»Danke«, sagte Hunt. »Ich glaube, ich spreche für viele von uns, wenn ich – mit allem nötigen Respekt – sage, daß Ihre Ausführungen für unsere Arbeit dort draußen, wo ich war, nicht zutreffen, nicht einmal auf einen Bruchteil der gesamten Arbeit, die ich geleistet habe.«

»Mr. Hunt«, sagte Harlot. »Ich bin sicher, daß es dort draußen, wo Sie waren, nicht so gewesen ist, aber glauben Sie mir, dort, wo ich bin, ist es sehr wohl so.«

Hunt ließ sich zu meinem Erstaunen durch diese Bemerkung nicht aus dem Konzept bringen. »Sir«, sagte er, »es handelt sich hier um hochinteressante Dinge, und ich bin sicher, daß Sie und Ihre Leute sie Tag für Tag mit viel Fingerspitzengefühl handhaben. Und wer weiß, vielleicht werden einige der jüngeren Leute hier eines Tages auch Ihr hohes Niveau erreichen. Ich respektiere das. Aber ehrlich gesagt, mit hilft das nicht sehr viel.« Ich war von dem beifälligen Gemurmel überrascht, das hinter ihm aufkam. Die Gäste, von denen viele auf Allen Dulles' Einladung gekommen waren, stellten ein weit weniger homogenes Publikum dar, als ich gedacht hätte; Hunt, ermutigt von diesem zustimmenden Geraune, fügte jetzt hinzu: »Ich arbeite sehr viel mit ausländischen Individuen. Einigen kann ich vertrauen, anderen traue ich nicht, manches läuft, manches geht schief. Wir lernen die Situation nach ihrer Entwicklung zu beurteilen. Für Nuancen ist keine Zeit.« Wieder ertönte dieses beifällige Gemurmel.

»Sie sprechen von ›dirty tricks‹«, sagte Harlot.

»Das ist ein Ausdruck dafür.«

»Kein Problem«, sagte Harlot. »Manchmal sind solche Gaunereien

lebenswichtig. Vieles von dem, was ich hier lehre, wird sich da draußen ohnehin ganz anders darstellen – die Explosion findet entweder statt oder sie findet nicht statt – bumm! Man ist stets in der Hand der Götter.« Als er den abschätzigen Blick in Hunts Gesicht sah, nickte Harlot. »Soll ich Ihnen erläutern, was ich eben gesagt habe?«
»Bitte«, sagte Hunt.
»In dem Fall«, sagte Harlot, »mag es keine Zeitverschwendung sein, wenn wir uns unseren Operationen draußen ›im Feld‹ zuwenden. Stellen wir uns also einen armen arabischen Verschwörer vor, der an diesem Morgen zu Haus ist und seine Pistole in der Hoffnung putzt, damit ein bißchen später einem arabischen Staatschef das Lebenslicht ausblasen zu können. Dieser Verschwörer arbeitet mit einem anderen, ebenso armen Verschwörer zusammen, der in diesem Augenblick gerade unterwegs ist, um irgendwo einen Wagen zu stehlen, den sie für die Flucht brauchen. Der zweite Kerl ist wie die meisten Diebe impulsiv. Während er nach einer passenden Karre Ausschau haltend durch die Straßen schlendert, kommt er zufällig an einem arabisch-amerikanischen Hamburgerstand vorbei. Dort, hinter dem Tresen, steht ein dunkles, aber wunderhübsches junges Mädchen. Sie ist mit ein paar göttlichen Äpfelchen unter der Bluse gesegnet. Er findet, daß er etwas verpaßt, wenn er sich diese Äpfel nicht gründlich ansieht. So plaudert er mit dem Hamburger-Mädchen. Als er dann endlich einen passenden Wagen gestohlen hat und damit zur Basis zurückkehrt, kommt er zu spät. Unsere Mörder befinden sich deshalb nicht im richtigen Augenblick an der richtigen Straßenecke. Sie ahnen nicht, was sie für ein Glück haben. Dieser arabische Politiker hat seine eigenen Geheimdienstleute, und die haben diese Gruppe infiltriert, zu der die beiden Terroristen gehören. Wären die Revolvermänner rechtzeitig erschienen, wären sie dort in einen Hinterhalt geraten und sofort erschossen worden, ohne den Staatsmann auch nur zu erblicken. Man hat für ihn eine andere Route gewählt. Aber jetzt hält der Wagen des arabischen Staatsmanns ganz zufällig an einer roten Ampel, an der auch unsere beiden Verschwörer, die immer noch voller Verbitterung über ihr Versagen umhergondeln, gerade halten. Der Revolvermann sieht den Politiker, springt aus dem Wagen, schießt, voilà! – ein gelungenes Attentat. Wer außer Gott kann die Fäden der Logik eines solchen Zufalls entwir-

ren? Ich nehme aber an, daß es hier eine höhere Moral gibt. Schmutzige Operationen neigen dazu schiefzugehen, wenn sie zu sorgfältig geplant werden. Das kommt daher, daß wir alle unvollkommen sind und im schlimmsten Fall als Geheimagenten dem Chaos dienen.«

»Mr. Montague, auf die Gefahr hin, hier mein eigenes Loblied zu singen«, sagte Hunt, »möchte ich doch gern feststellen, daß ich eine wichtige Rolle in unserer höchst erfolgreichen Operation gegen Jacobo Arbenz in Guatemala gespielt habe. Ich möchte Sie daran erinnern, daß es uns mit nur einer Handvoll Leuten gelungen ist, eine linksradikale Diktatur zu stürzen. Ich würde unseren Erfolg nicht auf ein Chaos zurückführen wollen. Er war großartig geplant.«

»Obwohl ich über Guatemala nicht so auf dem laufenden bin«, sagte Harlot, »habe ich trotzdem genug darüber gehört, um zu glauben, daß wir es mit einem bißchen Glück und sehr viel Draufgängertum geschafft haben. Ich bin sicher, daß Sie Ihren Teil dazu beigetragen haben. Meine Herren, ich wiederhole: Nennen Sie mir einen erfolgreichen Coup, und ich werde Ihnen dessen Vater, einen mißglückten Plan, zeigen.«

Unruhe entstand unter den Zuhörern.

»Das ist ›bolschy‹, Hugh«, sagte Dulles. »Das ist reiner Zynismus.«

»Sie gehen zu weit«, pflichtete einer der Würdenträger bei, die ich nicht kannte.

»Hören Sie auf damit«, verlangte ein anderer.

»Hugh, bieten Sie uns etwas weniger Verrücktes als diese beiden traurigen Araber«, sagte Dulles. Er ruhte in einem großen Ledersessel und hatte den Fuß in einem leichten Hausschuh auf einen Polsterstuhl gelegt. Sein Spazierstock stand in einem Schirmständer aus Keramik neben ihm. Er wirkte gereizt. Ich erlebte nun eine andere Facette der Persönlichkeit unseres Direktors. In Augenblicken wie diesem sah er aus, als wollte er im nächsten Augenblick mit dem Stock in der Luft herumfuchteln und brüllen: »Nein, Sie Narr! Nicht den Portwein! Sehen Sie denn nicht, daß ich die Gicht habe?«

»Ein konkretes Beispiel«, sagte Harlot, »könnte noch mehr Unbehagen hervorrufen.«

»Nicht Unbehagen macht einigen der guten Leute hier zu schaffen«, sagte Dulles, »sondern der Mangel an Präzision.«

»Sehr wohl«, sagte Harlot. »Sehen wir uns den Berliner Tunnel an. Das war eine große Operation.«
»Ja, sagen Sie uns Ihre Meinung darüber«, sagte Richard Helms. »Was halten Sie davon. Waren Sie dafür oder dagegen? Das interessiert uns.«
Höflicher Applaus erklang, als hätte Helms durch seine Worte die festgefahrene Diskussion wieder flottgemacht.
»In diesem Fall lassen Sie uns für einen Augenblick zu den Grundprinzipien zurückkehren«, sagte Harlot. Es war ihm gelungen, während der Auseinandersetzung einigermaßen die Fassung zu bewahren und nun, da er die Situation wieder unter Kontrolle hatte, kehrte auch der volle Klang seiner Stimme zurück. »Aus der historischen Perspektive betrachtet, ging das Sammeln von Informationen immer den Operationen voraus: Entsprechend den gewonnenen Kenntnissen wurde die Aktion geplant. Heute allerdings werden große Operationen begonnen, um an Informationen heranzukommen. Das ist eine Umkehr der ursprünglichen Ordnung und kann sich äußerst nachteilig auswirken. Letzten Winter, als der Berliner Tunnel noch funktionierte, arbeiteten Hunderte von Übersetzern an der Auswertung des reichen Outputs aus dem Telefon- und Telegrammverkehr zwischen Ostberlin und Moskau. Das Ergebnis war so, als hätte man ein Gramm Radium aus einem Berg Uranerz gewonnen.«
Einige der Zuhörer nickten.
»Nun, plötzlich bricht unser Riesenunternehmen zusammen. Wir wissen nicht, wieso. Eines schönen Tages im letzten April fahren sowjetische Militärfahrzeuge genau zu dem Tunnelende in Ostberlin und schaufeln sich einen Weg genau zu der Stelle frei, an der wir ihr Kabel angezapft haben. Die Russen betonen hinterher, daß man ihnen einen Tip gegeben habe. Sie wissen, daß unsere nächsten beiden Fragen lauten müssen: ›Wer gab ihnen den Tip?‹ und ›Wann?‹ Schreckliche Fragen, wenn man die Antwort nicht kennt. Die sorgfältig entwickelten Mechanismen der Spionage, Gegenspionage und der Spionageabwehr sind alle unter der schieren erdbewegenden Wucht von CATHETER begraben worden. Trotzdem, wir müssen uns einen Weg durch das Trümmerfeld suchen. Bei der Frage nach dem Wer – dem Verräter – haben wir die Wahl. In Anbetracht der Größe der Operation wurde zwangsläufig die Sicherheit kleingeschrieben. Jemand im KGB oder im SSD könnte

die Informationen von einem unserer Techniker erhalten haben. Die Spionageabwehr untersucht diese Möglichkeit in der Hoffnung, daß wir es nicht mit Schlimmerem zu tun haben. Denn die nächstfolgende Möglichkeit ist entsetzlich. Ist ein Maulwurf im MI6? Im BND? Oder gar jemand unter uns? Wenn diese Eventualitäten untersucht werden müssen, werden die Analytiker Jahre damit zu tun haben und am Ende nicht mehr als halb begründete Verdachtsmomente gegenüber bis dahin zuverlässigen Leuten vorzuweisen haben. Die Frage nach dem ›Wer‹ ist deshalb ein Alptraum.

›Wann?‹ ist sogar noch schlimmer. Wie lange haben die Russen von der Existenz des Tunnels gewußt, bevor sie beschlossen, ihn zu ›entdecken‹? Wenn sie nur seit einer Woche oder einem Monat davon wußten, ist kein großer Schaden entstanden – jeder Versuch, uns über ihre angezapften Kabel mit falschen Informationen zu versorgen, muß dann sehr hastig vorgenommen worden sein. Wenn wir wüßten, daß es so gewesen ist, könnten wir die ›Erkenntnisse‹ der letzten Woche oder des letzten Monats aus dieser Quelle einfach abziehen. Doch der Bau des Tunnels hat über ein Jahr gedauert, und danach diente er uns elf Monate und elf Tage lang als Informationsquelle. Wenn die Russen so viel Zeit hatten, um ihr System aufzubauen, müssen sie wirklich einen riesigen Berg an Desinformationen bei uns losgeworden sein. Das ist genau die russische Strategie. Wir stecken deshalb in einem Dilemma. Während unsere russischen Emigranten sich in ihren Übersetzungsmühlen mit einem Job abquälen, der mindestens noch einmal zwei Jahre in Anspruch nehmen wird, nur um das jetzt schon gewonnene Material zu sichten, wissen wir noch nicht einmal, ob es sich um zuverlässige Informationen handelt. Wenn wir wenigstens ungefähr berechnen könnten, wann die Desinformation begonnen hat, könnten wir daraus Rückschlüsse ziehen, was uns die Russen glauben machen wollen. Statt dessen müssen wir Eingeweideschau betreiben und Wahrsager befragen.«

»Kommen Sie, Hugh«, sagte Dulles. »Noch einmal: So schlimm ist es ja auch wieder nicht.«

»Nun, Sir, aus meiner Perspektive betrachtet ist es so schlimm.«

»Ach, du lieber Himmel«, winkte Dulles ab. »Wissen Sie, ich sehe mir lieber die angenehmen Seiten an. Die Zeitungen haben

unseren großartigen Erfolg gefeiert. ›Time‹ nannte es den ›wundervollen Tunnel‹. Eine Schlagzeile in der ›Washington Post‹ gab ihm den Namen ›Tunnel der Liebe‹.«
Ein paar der Eingeladenen fingen an zu lachen, und Dulles schloß sich ihnen mit einem herzhaften »Hohoho« an. In der folgenden Pause kramte er aus seiner Westentasche einen Zeitungsausschnitt hervor. »Lassen Sie mich die ›New York Herald Tribune‹ zitieren. Ich habe es heute früh bereits dem Präsidenten vorgelesen. ›Ein Unternehmen von außerordentlicher Kühnheit. Er wurde von amerikanischen Geheimdienstmännern gegraben – und allgemein ist man der Ansicht‹« – der Direktor wartete, bis das volle, herzhafte Gelächter verklungen war –, »›daß dieser Tunnel ein schlagendes Beispiel für die Fähigkeit unserer Kräfte zu wagemutigen Taten ist. Selten hat ein Geheimdienst eine geschicktere und schwierigere Operation ausgeführt.‹« Er steckte seinen Ausschnitt wieder ein, während die Anwesenden »Hört, hört!« riefen.
»Was«, fragte Dulles, »kommt also unterm Strich bei diesem Tunnel heraus? Eine riesige Menge an Informationen und wahnsinnige Kopfschmerzen. Unser Geschäft, das Geschäft mit dem Mißtrauen, geht weiter wie gewöhnlich. Trotzdem haben wir beim deutschen Volk einen überwältigenden Sieg errungen, im Westen wie im Osten. Wir kämpfen um die Herzen von Europa, Hugh, und es ist nun einmal so, daß sich alle da drüben in Ostdeutschland ins Fäustchen lachen über den Streich, den wir dem russischen Bären gespielt haben, und die Russen selbst amüsiert es – trotz allem – auch. Mein Gott, halb Ostberlin fährt nach Altglienicke hinüber, um sich das anzuschauen. Die Russen mußten dort sogar einen Erfrischungsstand errichten.«
Ein vieldeutiges Gemurmel erhob sich jetzt bei den Nabobs, die Meinungen gingen vernehmlich auseinander. Nicht alle fanden die schlagfertige Antwort von Dulles gleichermaßen amüsant, aber andere lachten noch immer darüber. Wir, die wir jeden Donnerstag zum Seminar kamen, wagten kaum zu lächeln. In der Tat waren einige von uns, unter ihnen auch ich, höchst erstaunt und verwirrt über den respektlosen Ton unserer Führungskräfte. Ich spürte förmlich, wie eine Welle des Stolzes durch den Raum lief. Wir hatten in Ostdeutschland einen Erfolg errungen!
Montague wartete, bis das Gelächter abebbte. »Allen«, sagte er, »angesichts solcher Siege erkennen wir, die wir in der Gegenspio-

nage arbeiten, unsere Bedeutungslosigkeit gegenüber einer guten Propaganda.«

»Aber Hugh, Sie kennen mich doch besser, als daß Sie so denken könnten«, sagte Dulles und winkte ihm gönnerhaft zu.

Harlot setzte seine Lektion fort, aber ich dachte noch lange über die Konfrontation nach, die die Anwesenden so unübersehbar in zwei Lager geteilt hatte. Die feindseligsten waren unübersehbar Mitarbeiter der Agency. Man sah es ihren Gesichtern an: Sie waren zwar intelligenter als die Instrukteure, die wir auf der Farm gehabt hatten, aber sie hatten das gleiche paramilitärische Gehabe, das man so oft bei solchen Leuten anstelle von Geist antrifft und das wohl oft genug den Mangel an Intelligenz verbergen soll. Ich fragte mich, warum sie wohl an diesem Hohen Donnerstag zugegen waren. Warum hatte Dulles sie abends zu Harlots Dinner eingeladen? Würden sie als Freunde kommen oder um mit Hugh Montague ihren künftigen Feind zu studieren?

Ein paar Tage später erfuhr ich eine gewisse Genugtuung, als ich entdeckte, daß meine Einschätzung so falsch nicht gewesen war.

»Es ist ein bißchen politisch geworden«, sagte Harlot. »Dein neuer Stationschef ist, fürchte ich, einer von ›ihnen‹. Du darfst dich nicht von seinem billigen Hurrapatriotismus anstecken lassen. Der ist so schlimm wie billiges Christentum, und er grassiert zur Zeit in der Company wie ein Virus.«

»Yessir«, sagte ich. »Sie gehen, fürchte ich, schweren Zeiten entgegen.«

»Du kannst darauf wetten, daß ich gewinne.«

»War denn Mr. Dulles in der Tunnel-Frage auf Ihrer Seite?« fragte ich Harlot. »Ich hatte nicht den Eindruck.«

»Allen ist vor allem an einer guten Presse interessiert. Er wird Harvey vielleicht sogar noch auszeichnen, bevor es mit ihm vorbei ist. Aber in Wirklichkeit macht er sich wegen des Tunnels große Sorgen. Was ist, wenn jemand von uns CATHETER an die Russen verraten hat?«

»Ein Maulwurf?«

»Zum Teufel, nein. Jemand, der Verantwortung trägt. Der es aus guten patriotischen Gründen getan hat.«

»Ist das Ihr Ernst?«

»Kannst du dir meine Gedankengänge ungefähr vorstellen?« erwiderte er.

»Oh«, sagte ich. »Ich glaube schon. Ich erinnere mich an unser Gespräch: Durch den Tunnel haben wir erfahren, daß die Russen schwächer sind, als wir erwartet hatten.«
»Ja, genau das ist der Punkt. Fahr fort.«
»Aber sobald der Tunnel aufgeflogen ist, haben all diese Informationen keinerlei Wert mehr. Eine militärische Strategie kann man darauf nicht aufbauen. Auf keinen Fall dürfen wir deshalb in unseren Verteidigungsanstrengungen nachlassen. Wir müssen so wie bisher weiterrüsten.«
»Du lernst denken«, sagte er.
Solche Gedanken ließen allerdings eine peinliche Schlußfolgerung zu. »Geraten Sie nicht aufgrund einer solchen Prämisse in Verdacht?« fragte ich. »Zumindest bei denen, die wie Mr. Dulles denken?«
Er sah mich beinahe liebevoll an. »Oh, ich mag dich, Junge, allmählich mag ich dich wirklich. Allen, ja, Allen macht sich wahnsinnige Sorgen. Er steht bis zum Hals in meiner Schuld, und jetzt muß er befürchten, daß ich der Sache diesen – aus seiner Sicht – fürchterlichen Todesstoß versetzt habe.«
»Und haben Sie's getan?«
Das Leuchten in seinen Augen war wieder da. »Lieber Harry, ich hab's nicht getan«, sagte er. »Aber ich gebe zu, daß die Versuchung da war. Wir sind mit diesem Tunnel sehr weit auf einem falschen Weg gegangen.«
»Was hat Sie denn zurückgehalten?«
»Wie ich dir schon einmal sagte, in Glaubensfragen siegt das Einfache über das Komplizierte. Patriotismus, reiner, edler Patriotismus bedeutet, daß man seinen Eid nicht brechen darf. Der Patriotismus muß über dem Willen des einzelnen stehen.« Er nickte. »Ich bin ein loyaler Soldat. Also widerstehe ich der Versuchung. Trotzdem kann Allen mir niemals völlig vertrauen. So soll es auch sein. Natürlich hat er sich Gedanken gemacht. Deshalb habe ich vor einem so feindseligen Publikum über den Berliner Tunnel gesprochen. Wenn ich ihm ›den Todesstoß versetzt‹ hätte, wieso sollte ich die Blicke dann auf die furchtbaren Folgen lenken?« Er zog eine Grimasse, als frage er sich, ob es sich gelohnt habe, daß er sich der Lächerlichkeit ausgesetzt hatte. »Ich muß sagen«, fügte er hinzu, »ich war überrascht, wie wichtig sich diese Funktionäre nahmen. Hut ab übrigens vor deinem künftigen Sta-

tionschef. Er weiß genug, um sich als Paradepferd der Action-Partei zu präsentieren. Aber ich habe mir mal seine Akte angesehen. Er ist mehr ein Propagandist als ein Falke. Daß er Stationschef wird, ist schon ein Riesenerfolg für ihn – obwohl man zugeben muß, daß er seine Prahlerei mit Schneid untermauert.«
Wir schlürften unsere Drinks, wir rauchten unsere Churchills. Kittredge, die hinter ihm saß, hatte mich die ganze Zeit während dieser Unterhaltung fixiert und fing nun an, hinter seinem Rücken Grimassen zu schneiden. Ich verstand nicht, wie sie ihren feinen Gesichtszügen so etwas antun konnte, aber es gelang ihr, die Nasenflügel zu blähen und den Mund so zu verzerren, daß sie wie einer dieser Dämonen aussah, die hinter unseren Lidern lauern, wenn wir in den Schlaf sinken. Die Schwangerschaft schien ihr Leben ziemlich durcheinanderzubringen.
»Ja«, sagte ich zu Harlot. »Was Sie über die Gegenspionage gesagt haben, war wohl zu hoch für diese Kommißköpfe.«
»Warte«, sagte er, »bis wir zu Dzierzynski kommen.«

5

An diesem Abend gingen wir nach dem Dinner in einen Nachtclub. Es geschah auf Kittredges Bitte hin und ganz gegen Hughs Wunsch, aber sie bestand darauf. Sie war schwanger, und sie verlangte es. In einer neuen Bar mit Kaffeehaus, die sich Mary Jane's nannte, trat ein Unterhaltungskünstler namens Lenny Bruce auf, und den wollte sie sehen.
Montague sagte: »Bar und Kaffeehaus? Das eine oder das andere sollte genügen.«
»Hugh, es ist mir gleich, wie es heißt. Ich möchte einfach hingehen.«
Eine alte Studienfreundin aus dem College hatte ihr diesen Komiker in einem Brief als »umwerfend« beschrieben, und Kittredge war neugierig. »Sie hat in vier Jahre Radcliffe niemals ›umwerfend‹ gesagt.«
»Ich ahne, daß dieser Abend mißlingen wird«, sagte Hugh.

Die Beleuchtung war schlecht, die Lautsprecher knackten, und ein kleines, schwarz bemaltes Podium diente als Bühne. Die Getränke waren teuer, und wir saßen auf Klappstühlen. Ich weiß noch, daß Montague sich über den Preis von einem Dollar fünfzig für Scotch und Soda bei einem Mindestverzehr von zwei Dollar beschwerte.
»Unerhört«, knurrte er vernehmlich.
Da wir vor Beginn der zweiten Show eintrafen, hatten wir Zeit, uns umzusehen. Obwohl die meisten Leute im Raum aussahen, wie Bürokräfte in Washington eben aussehen, hatte ich den Eindruck, daß niemand von ihnen bei der Agency sein konnte. Nein, mit dem Kennerblick eines Personalchefs erkannte ich, daß sie nicht dazugehörten. Sie waren – um ein neues Modewort zu gebrauchen, das gerade aufgekommen war – freizügig. Sie schienen irgendein Geheimnis miteinander zu teilen.
Die Lichter gingen aus. Vor einem schwarzen Hintergrund war ein Scheinwerferspot auf ein Mikrofon und ein Stativ gerichtet. Heraus schlenderte ein junger Mann mit kurzem lockigem Haar. Er trug eine grobe Arbeitshose und eine ebensolche Jacke. Wenn die hervorquellenden Augen und das bleiche Gesicht nicht gewesen wären, hätte man ihn eine angenehme Erscheinung nennen können. Ein lebhafter Applaus hieß ihn willkommen.
»Guten Abend«, sagte er. »Das ist nett, daß Sie klatschen. Danke. Ich freue mich darüber. Klatschen Sie so begeistert, weil meine erste Show gut war? Ja, ich glaube, die erste heute abend war ein erfolgreicher Start. Ja. Ein paar von Ihnen scheinen dageblieben zu sein, um die zweite zu sehen, stimmt's? Ja, Sie da hinten«, sagte er und zeigte auf einen Mann im Publikum. »Sie waren bei der ersten Show hier und Ihre Freundin auch.« Beide nickten eifrig. »Und Sie auch«, rief er und deutete auf ein anderes Paar, »und Sie. Ja, es sind eine Menge Leute von vorhin wieder da.« Er machte eine Pause. Für einen Unterhaltungskünstler wirkte er ziemlich schlapp und sonderbar traurig. Seine Stimme war sanft und farblos. »Ja«, sagte er, »die erste Show war toll. Ja, wirklich, wenn ich es selbst sage – sie war so gut, daß ich gekommen bin.« Sprach's und starrte uns mit seinem bleichen Gesicht an.
Das Publikum reagierte teils mit Begeisterung, teils mit gespielter Empörung. Der unglaublichste Ton entrang sich unerwartet Kittredges Brust. Sie wieherte wie ein erschrockenes Pferd.
»Ja«, sagte Lenny Bruce. »Ich kam, und jetzt fühle ich mich total

abgeschlafft. Ach, Leute, ich muß ihn ein zweites Mal hochkriegen.«

Ich hatte noch nie in einem Nachtclub so ein frenetisches Gelächter gehört. Es war, als ob das Rohrleitungssystem des Hauses zusammenbräche. Das Lachen brach als ein Bellen, Niesen, Kreischen aus den Leuten heraus. »Sau!«, schrie gellend eine Frau.

»Ja«, sagte Lenny Bruce. »Ich muß mich damit abfinden. Es macht keinen richtigen Spaß, ihn ein zweites Mal hochzubringen. Ich werde euch Mädels ein Geheimnis verraten. Männer wollen diese zweite Portion eigentlich gar nicht. Ja, ich kann ein paar von euch Jungs nicken sehen. Ehrliche Leute. Ihr stimmt mir zu? Es ist hart, wie? Ich meine, sehen wir der Sache doch ins Auge, ihn wieder hochzubringen ist mehr so eine Ehrensache.«

Ein Höllenlärm brach aus. Darauf folgte Applaus. Ich geriet ebenfalls in Erregung. Dieser Mann sprach in der Öffentlichkeit vor wildfremden Leuten von Dingen, über die ich zwar wenig wußte – aber hatte nicht auch Ingrid in unserer gemeinsamen Nacht so eine Andeutung fallen lassen, daß sie mehr wollte? Das Feuer und das Eis des Berliner Hotelzimmers fielen mir wieder ein und meine Angst, noch länger in dem gemieteten Zimmer bleiben zu müssen. Jetzt wußte ich nicht, ob ich noch länger in diesem Club bleiben wollte. Wo würde das alles enden? Kittredges Augen glühten im Scheinwerferlicht, während Harlot mit versteinerter Miene neben ihr saß.

Lenny Bruce schien nunmehr aus seiner Lethargie erwacht – Beweis für die These, daß sich Entertainer und Publikum gegenseitig aufschaukeln. »Ja«, sagte er so verschwörerisch, als hätte er nur Intimfreunde vor sich, »das zweite Mal ist für euren guten Ruf. Frauen, paßt mal genau auf euren Kerl auf, wenn er das nächste mal nach einer Ausrede sucht, warum er keinen zweiten Schuß fertigbringt. Er wird euch was vorlügen – er wird irgend etwas sagen: ›Liebling‹, wird er euch sagen, ›ich kann nicht, es liegt am Atabrin.‹ ›Am Atabrin?‹ werdet ihr fragen. ›Ja‹, wird er euch vorflunkern, ›sie haben uns im Pazifik Atabrin gegeben gegen Malaria, aber die Army hat es uns nie gesagt. Es wirkt sich auf die Farbe des Samens aus. Das zeigt sich aber erst, wenn man es das zweite Mal macht. Gelb! Der Samen wird gelb! Sieht wie Eiter aus!‹ Ein Kerl wird jede Lüge erzählen, um sich dafür zu entschuldigen, daß er dieses zweite Mal nicht bringt. Alles, damit seine Frau ja nicht merkt, was wirklich los ist. Dreht sich nicht alles darum, wie man Frauen am besten belügt? Was wissen denn schon diese ganzen Scheißer, die die Ehe als Sakrament bezeichnen? Wir wissen es jedenfalls besser. Die Ehe ist ein Fortgeschrittenenkurs im Schwindeln, stimmt's?«

Harlot griff in die Tasche, um die Rechnung zu bezahlen, doch Kittredge legte eine Hand auf seinen Arm. Ihre Augen hingen aneinander. »Mach uns nicht zum Gespött der Leute, indem wir uns jetzt verdrücken«, flüsterte sie.

»Vielleicht haben wir jetzt ein wichtiges Prinzip entdeckt, Jungs«, fuhr Lenny Bruce fort. »Sag deiner Frau niemals die Wahrheit. Denn es ist biologisch bewiesen, daß die Ohren einer Frau nicht für die Wahrheit geschaffen sind. Sie werden euch schlachten, wenn ihr sie ihnen erzählt. Also lügt das Blaue vom Himmel herunter, egal, bei welcher Gelegenheit. Nehmen wir an, ihr seid mit einer neuen Freundin bei euch zu Haus und in euer Doppelbett gestiegen, weil eure Frau für einen Tag weg ist, und ihr gebt dieser neuen Freundin einen tollen Schtap. Wow! – ist das die Möglichkeit? – eure Frau kommt herein . . .«

»Was ist das für ein Wort, ›Schtap‹?« flüsterte Kittredge.

»Jiddisch«, sagte Harlot.

»Oh«, hauchte Kittredge.

»Da liegt ihr, schweißgebadet, bumst – und zack! Geschnappt! Noch dazu im Bett eurer Frau. Was tut ihr?« Er ließ sich mit der Antwort Zeit. »Nun«, sagte er schließlich, »natürlich streitet ihr es ab.«

Er machte wieder eine Pause, bis das Gelächter abgeklungen war. »Ja«, sagte er, »klar streitet ihr es ab und erzählt eurer Frau ein Ammenmärchen. Erzählt ihr, ihr seid gerade nach Hause gekommen, und da lag dieses nackte Mädchen in eurem Bett. ›Da lag es, Liebling, und zitterte in einem Malariaanfall. Glaub mir, sie lief vor Kälte blau an. Sie lag im Sterben. Die einzige Möglichkeit, in einem solchen Fall das Leben zu retten, ist, ihren nackten Körper mit meinem nackten Körper zu wärmen. Das ist die einzige Möglichkeit, Liebling, wie man einen Menschen aus einem Kälteschock zurückholen kann.‹ Ja, sagt ihr einfach, was euch gerade einfällt. Denn in der Ehe müßt ihr das Blaue vom Himmel herunterlügen.«

»Wißt ihr was«, sagte Harlot mit deutlicher Stimme – offenbar war es ihm gleich, wie weit man ihn hörte. »Ich verstehe zum erstenmal, wovor Joe McCarthy Angst hatte.«

»Psst!« sagte Kittredge, aber ich sah einen kleinen roten Fleck auf ihren Wangen und wußte nicht, ob sie sich mehr über Harlot oder über den Komiker ärgerte.

»Natürlich können wir uns damit entschuldigen, daß uns schon die Apostel das Lügen beigebracht haben, als sie beschlossen, die Story zu verkaufen, Jesus habe ihnen die Oblate und den Wein gegeben. ›Wir haben sein Fleisch gegessen‹, sagten sie. ›Wir haben sein Blut getrunken. Also sei ein guter Christ, verstanden?‹«
Lenny Bruce pfiff durch die Zähne. »Teufel, Teufel! Das muß damals ein ziemlich schwieriger Werbefeldzug gewesen sein. Man kann sich doch gar nicht vorstellen, daß alle Welt begierig war, so etwas zu kaufen, oder? Na, der erste, der das hörte, muß denen gesagt haben: ›Kitzelt mich mal, damit ich lachen kann. Was zum Teufel wollt ihr eigentlich: ›Trink mein Blut, iß mein Fleisch.‹ Hau ab, Mann, ich bin doch kein Kannibale!‹«

Das Publikum lachte, wenn auch unsicher. Es kam alles viel zu schnell, und die Stimme des Entertainers klang barsch. Zwei Frauen standen demonstrativ auf und gingen. Ein Mann folgte ihnen.

»Sir«, rief ihm Lenny Bruce nach, »wenn Sie vom Klo kommen, vergessen Sie nicht, dem Nigger ein Trinkgeld zu geben. Damit er weiß, daß Sie kein knausriger Drecksack sind.«

Die Tür fiel krachend ins Schloß. »Wichs-Künstler«, sagte Bruce. Der Mann verließ den Club, während die Leute hinter ihm herlachten.

»Wissen Sie, ich denke viel über diese Sakramentsgeschichten nach. Die Oblate und der Wein. Sie passen zusammen wie Rührei und Schinken, und ich frage mich, ob es auch mit was anderem funktionieren könnte? Zum Beispiel: Gib mir mal ein Stück von der Pastete da, Mann, ich brauch noch was zu meinem Fleisch. Oder: Laß den Kaffee nicht kalt werden, ich darf keinen Wein trinken, ich bin bei den Anonymen Alkoholikern, kapiert?« Er schüttelte den Kopf. »Jetzt, da wir schon beim Thema sind, kommen wir gleich mal auf die ganz große Lüge zu sprechen. ›Was! Du hast noch nie einen Kerl ›geschtapt‹? Komm, Maria, nicht mal einen Hengst? Du hast noch kein einziges Tröpfchen abgekriegt? Es war eine Wienennst-du das? Eine *Was?* Eine ›unbefleckte‹ Empfängnis? Also

hör mal, Maria, ich bin doch nicht so doof, daß ich dir eine solche Geschichte abkaufe!«
Kittredge stand auf. Sie trat einen Schritt auf das Podium zu, aber Hugh nickte mir zu, und es gelang uns mit vereinten Kräften, sie hinauszueskortieren. »Kommen Sie zurück, meine Dame«, rief uns Lenny nach, »oder Sie verpassen die Beschneidung.«
Hugh wandte sich um und rief: »Widerlich!« Wir gingen hinaus. Kittredge weinte. Dann fing sie an zu lachen. Zum erstenmal fiel mir so richtig auf, wie dick ihr Bauch war.
»Ich hasse dich, Hugh«, sagte sie. »Ich wollte ihm eine auf sein dreckiges Maul geben.«
Wir fuhren schweigend zum Haus am Kanal zurück. Dort setzte sich Kittredge in einen Sessel und legte die Hände auf den Bauch. Die roten Flecken auf ihren Wangen glühten noch immer.
»Bist du okay?« fragte Hugh besorgt.
»Ich habe noch nie eine solche Wut in mir gefühlt. Ich hoffe, sie hat sich nicht auf das Kind übertragen.«
»Das kann man nicht wissen«, sagte Harlot.
»Warum hast du mich daran gehindert, ihn zu ohrfeigen?« fragte sie.
»Ich wollte nicht, daß es hinterher in den Zeitungen steht.«
»Das wäre mir vollkommen gleich.«
»Sobald du erst einmal gesehen hättest, was sie daraus machen, wäre es dir nicht mehr gleichgültig gewesen.«
Sie schwieg.
»Journalisten«, sagte Harlot, »sind Schweine. Ich glaube, ich habe ein paar von ihnen in diesem Club wiedererkannt, wie sie deinem Komikergenie Beifall klatschten.«
»Woher weißt du, daß sie von der Presse waren?« fragte Kittredge.
»Manchen Leuten sieht man es an. Ich sage dir, hier wächst in Gott weiß was für einer dreckigen Schale eine abscheuliche Bakterienkultur heran. Und Mr. Lenny Bruce ist einer dieser Krankheitserreger.«
»Du hättest ihn mir überlassen sollen.«
»Kittredge«, sagte Montague. »Ich versuche die Welt zusammenzuhalten, ich will nicht dabei helfen, sie zu zertrümmern.«
»Weißt du was«, sagte Kittredge, »ich dachte, wenn ich diesem fürchterlichen Menschen meine Handtasche überziehe, würde ich irgend etwas wieder geradebiegen können. Ich habe mich seit dem

gräßlichen Gespenst in diesem Sommer nicht mehr so abscheulich gefühlt.«

»Was für ein Gespenst«, fragte ich. »In der Keep?«

»Ja, da«, sagte sie. »Etwas Unheimliches. Ich weiß, es wollte meinem Baby etwas antun.«

»Harry, hast du je von einer Geschichte gehört, daß die Insel von Erscheinungen heimgesucht wird?« fragte mich Hugh.

»Es war mal von so einem Kerl, einem alten Piraten namens Augustus Farr, die Rede, aber wir haben nur darüber gelacht. Der Vater meines Vetters Colton Shaler Hubbard, Hadlock, hat uns erzählt, daß dieses Wesen vor ungefähr hundert Jahren zum letztenmal erschienen sein soll.«

Ich hatte das witzig gemeint, aber Kittredge wiederholte ernst: »Augustus Farr.« Dabei schien sie sich vergebens gegen ein Zittern zu wehren. »Das ist genau der Name, der zu der fürchterlichen Nacht paßt.«

Ich mußte an Dr. Gardiner und die blutigen Stümpfe in seiner Lesung denken. Das hatte wahrscheinlich genügt, um irgendeinen armen Schatten in Aufregung zu versetzen.

»Es ist mir gleich, ob das Baby davon besoffen wird«, sagte Kittredge. »Ich werde jetzt etwas trinken. Ich muß Mr. Bruce loswerden.«

6

Zehn Tage später flog ich mit einer Douglas-Super-6, einem viermotorigen Propellerflugzeug der PanAm, nach Uruguay. Die Maschine startete in New York um halb zwölf Uhr mittags, erreichte abends Caracas und am nächsten Morgen Rio de Janeiro. Erst am Nachmittag traf ich in Montevideo ein. Während des nächtlichen Flugs sann ich noch einmal über die Themen nach, mit denen mich Harlot vertraut gemacht hatte. Solche langen Reisen in der Dunkelheit schienen mir am besten geeignet, über seine Lehren zu meditieren.

Mein letzter Donnerstag war ein niedriger gewesen, aber Montague hatte ihn gewählt, um uns seine kostbare Vorlesung über Felix Edmundowitsch Dzierzynski zu Gehör zu bringen. Gegen Ende jenes Donnerstags, an dem ich Harlots Ausführungen auf viele Jahre hinaus zum letztenmal genießen durfte, sagte er einige Dinge, die mir lange nicht aus dem Sinn gingen.

Vielleicht zum Ausgleich für seine scharfen Worte am letzten Hohen Donnerstag sprach Allen Dulles im Gegensatz zum üblichen Verfahren selbst die einleitenden Worte. »Was Sie heute hören werden«, erklärte er, »ist eine komplizierte Materie, aber von unschätzbarem Wert. Ausgehend von Karl Marx spielt bei den Marxisten das Individuum als vitaler Faktor im geschichtlichen Prozeß keine große Rolle. Es ist aber das Amüsante am Marxismus – wenn ich einmal dieses Wort auf eine so anmaßende und ärgerliche Philosophie anwenden darf –, daß sich die Kommunisten an den entscheidenden Punkten stets irren. Wenn wir einem schrecklich eingebildeten Tenor zuhören müssen, dessen Stimme beim obersten Ton immer überschnappt, empfinden wir nach einer Weile eine Art Zuneigung für ihn. Seine Unfähigkeit selbst verschafft uns diese Empfindung. So ist es auch mit Marx und den Kommunisten. Der unfehlbare Karl irrte sich schon mit seiner Vorhersage, daß die Revolution zuerst in den fortgeschrittenen Industrieländern ausbrechen würde, und er wurde noch einmal widerlegt, als der Kapitalismus eben nicht an seinen inneren Widersprüchen zugrunde gegangen ist. Marx sah nicht, daß man bei einem Wirtschaftsunternehmen den Begriff ›Unternehmen‹ betonen muß, ›Wirtschaft‹ ist nur eine nähere Erläuterung. Das kommt von der gefährlichen Situation, in die sich der freie Unternehmer begibt. Er riskiert nicht nur seine ökonomische Substanz, sondern, wichtiger noch, seinen moralischen Wert. Getrieben von der Versuchung der Habgier, wagt der Kapitalist alles – Himmel oder Hölle! Das ist ein großes Unternehmen! Marx, der die jüdisch-christliche Ethik verachtete, war unsensibel gegenüber der Bedeutung des individuellen Gewissens. Sein eigentliches Ziel war die Eliminierung des Individuums aus der Geschichte und dessen Ersatz durch abstrakte Kräfte. Es bedurfte des bösen Genius von Lenin, des entschlossensten kommunistischen Führers, dem wir in diesem Jahrhundert begegnen, um diesen Irrtum zu beweisen, denn ohne dieses Individuum namens Lenin hätte es 1917 keine bolschewistische Revolution gegeben.

Bald danach folgte ihm ein weiterer Virtuose des Bösen. In der Mitte eines großen Platzes in Moskau steht das Standbild von Felix Edmundowitsch Dzierzynski. Dort thront er auf seinen dürren Beinen genau vor der Lubjanka. Man hat den Platz nach ihm benannt. Wie passend! Als Gründer der Tscheka ist Felix Dzierzynski auch der intellektuelle Pate des KGB. Die geheimdienstlichen Fähigkeiten, für die die Sowjets heute berühmt sind, wurden von ihm inspiriert. Darin stimme ich mit Hugh Montague überein. Dzierzynski ist nicht nur das erste Genie in unserem Beruf, sondern er erinnert uns auch – ebenso wie Lenin – daran, daß das wichtigste treibende Element in der Geschichte noch immer ein großer Mann mit Inspiration ist, mag er nun gut oder schlecht sein. Mein lieber Kollege Montague, der so klug ist, wie ein Mensch nur sein kann, wird heute von diesem Mann erzählen, von diesem Genie unseres Metiers. Ich war zur gleichen Vorlesung im vorigen Jahr hier, und ich kann Ihnen sagen, ich habe sie so vergnüglich gefunden, daß ich heute wieder hier sitze. Hugh, jetzt kommen Sie.«
»Danke«, sagte Harlot. Er machte eine Pause und faßte uns ins Auge. »Dzierzynski hat in seinem Leben eine Vielzahl von Erfahrungen gesammelt. Als Sohn eines polnischen Adligen wurde er in der Zeit vor der Revolution ein führender Bolschewik. Deshalb verbrachte er als politischer Gegner des Zaren elf Jahre in sibirischen Bergwerken und kam mit einer Tuberkulose wieder heraus. Wenn er sprach, war es ein Flüstern. Er ging davon aus, daß er nicht mehr lange zu leben habe, und aus diesem Grunde ging er wohl auch keiner Gefahr aus dem Weg. Während des Chaos von 1917 und 1918 erhielt er von Lenin den Auftrag, einen internen Sicherheitsdienst, die Tscheka, zu schaffen. In dem Bürgerkrieg, der der bolschewistischen Revolution folgte, entfesselte Dzierzynski den ersten bolschewistischen Terror. Im Prinzip pflegte die Tscheka zehn Unschuldige zu erschießen, bevor sie auch nur einen ›Schuldigen‹ entkommen ließ.
Solche Taten gehören ins Schlachthaus. Dzierzynskis wahre Berufung, nämlich sein Talent zur Gegenspionage, entwickelte sich erst, nachdem die Roten den Bürgerkrieg gewonnen hatten. Ab 1921 versuchte die sowjetische Regierung ein völlig rückständiges, vom Krieg verwüstetes Land, eine verkrüppelte, zerschlagene Nation zu regieren. Lenins Erbe nach dem Sieg waren Unordnung und Wirren. Um überhaupt regieren zu können, mußten die Roten

viele ehemalige zaristische Beamte beschäftigen. Denn diese waren die einzigen, die genug Erfahrung hatten, um Verwaltungsposten zu besetzen. Das bedeutete, daß es den weißrussischen Emigranten leicht fiel, ihre Spione überall in den roten Ministerien unterzubringen. In der Tat konnte nicht einmal Dzierzynski sich ihrer entledigen. Die Regierungsmaschinerie wäre zum Stillstand gekommen. Also blieben sie in ihren Ämtern – Exzaristen, die so taten, als wären sie Rote, die aber in ihrem Innern weiß blieben. ›Radiski‹ – Radieschen – nannten die Kommunisten diese Fachleute, die den Zaren wieder an die Macht bringen wollten. Nun saßen sie in denselben Büros, Radiski und Tschekisti, Seite an Seite, Papierkorb an Papierkorb. Was war zu tun? Briten und Franzosen finanzierten die gefährlichsten der Radiski.

Dzierzynski führt nun einen ungeheuer geschickten Plan aus. Eines Abends greift er sich Alexander Jakowlew, einen der höchsten Führer dieses monarchistischen Zirkels, einen charismatischen, kultivierten, klugen russischen Aristokraten. Jakowlew ist, jedenfalls soweit man das von einem Radiski sagen kann, ein Liberaler, ein konstitutioneller Demokrat. Felix läßt ihn nicht nur verhaften, ohne daß es bekannt wird, er nimmt ihn sich auch, was niemand erfährt, gehörig zur Brust. Nach einer Nacht intensiver Bearbeitung erklärt sich Jakowlew bereit, für Dzierzynski zu arbeiten.« Harlot hob die Hand.

»Wir kennen nicht die Einzelheiten dieses Vorgangs. Wir besitzen nur jene Bruchstücke von Informationen, die die sowjetischen Historiker später veröffentlicht haben. Sowjetischer Interpretation entsprechend (die, wie ich sagen muß, ihre eigene innere Logik besitzt), appellierte Dzierzynski an Jakowlews Patriotismus. Da eine Anzahl von Jakowlews Mitverschwörern zugegebenermaßen Fanatiker waren und einen rechtsradikalen Staatsstreich durchzuführen suchten, hätte sich das folgende Blutbad sogar als noch katastrophaler erweisen können als der Bürgerkrieg. Rußland selbst wäre wiederum das Opfer gewesen. War es da nicht klüger, einen friedlichen Staatsstreich zu versuchen? Der mochte in eine liberale konstitutionelle Monarchie münden. ›Lassen Sie uns zusammenarbeiten‹, sagte Dzierzynski, ›und gemeinsam den Kommunismus überwinden. Unser beider Ziel muß es sein, die guten Radiski zu retten und die schlechten zu eliminieren. Die Kader, denen Sie, Jakowlew, vertrauen, werden befördert. Sie können

innerhalb der gegenwärtigen Regierung Ihr eigenes Direktorat bilden, das sich auf die Machtübernahme vorbereitet.‹
Natürlich«, sagte Harlot, »machte Dzierzynski es Jakowlew klar, daß er kritische Aufgaben zu bewältigen haben würde. Er würde zum Beispiel den britischen Geheimdienst dazu bewegen müssen, seine Sabotagetätigkeit zu verringern. Anderenfalls würden die radikalen Kräfte in der Tscheka, die er, Dzierzynski, gegenwärtig noch im Zaum halte, an die Macht kommen und alle Radiski ohne Unterschied vernichten.
Jakowlew mag wohl gefragt haben: ›Wie soll ich die Briten von alledem überzeugen? Was sage ich zu den Emigrantengruppen? Sie sind ausgesprochen mißtrauisch.‹
Und so, nehme ich an«, sagte Harlot, »mochte Dzierzynski Antwort gelautet haben: ›Sie haben einen riesigen Vorteil. Sie, Jakowlew, können sich als ein Mann präsentieren, der die Tscheka infiltriert hat.‹
›Ja, und wie beweise ich das?‹
»Nun‹, sagte Dzierzynski. ›Sie werden es beweisen, indem Sie den Briten höchst akkurate und wichtige Informationen zukommen lassen. Sie werden sich als richtig erweisen, weil ich, Dzierzynski, sie vorbereiten werde.‹ Die Gegenspionage in ihrer modernen Form war geboren.
Die beiden Kerle schlossen einen Pakt. Jakowlew baute eine Geheimdienstorganisation auf aus jenen Radiski, denen er vertraute. Er nannte sie Trust oder Treuhand. Innerhalb eines Jahres hatte dieser Trust die Alliierten und die meisten Emigrantengruppen für sich gewonnen. Ausländische Agenten wurden unter Aufsicht des Trusts in die Sowjetunion gebracht, leisteten dort ihre Arbeit und reisten wieder ab. Natürlich stieß Dzierzynski in Westeuropa auch auf Skepsis, aber das Unternehmen hatte einen riesigen Umfang. Britische Beamte wurden auf geheimen Rundreisen durch die Sowjetunion geführt. Für die führenden Emigranten wurden geheime Gottesdienste arrangiert. (Es bedarf keiner Erwähnung, daß es Tschekisten waren, die als orthodoxe Priester die Messe zelebrierten.) In den folgenden fünf Jahren gelang es der Tscheka, unter dem Deckmantel von Jakowlews Trust alle relevanten Bewegungen ihrer Feinde zu überwachen. Agenten der Emigranten reisten in Rußland ein und begannen Operationen, die Dzierzynski geschickt so manipulierte, daß sie wirkungslos blieben. Es

handelte sich wahrscheinlich um die größte Vereitelung eines gegnerischen Angriffs, den es je in der Geschichte der Gegenspionage gegeben hat.«

Rosen unterbrach den Vortrag. »Ich begreife das nicht«, sagte er. »In der letzten Woche hatte ich das so verstanden, daß große Operationen auch schlampige Unternehmen sind, deren Erfolg von glücklichen Zufällen abhängt. Aber hier loben Sie eine sehr große Operation. Kommt das daher, daß sie zufällig geglückt ist?«

»Zur Hälfte ist das richtig«, sagte Harlot. »Sie ist zufällig geglückt. Also respektieren wir sie. Aber beachten Sie auch den Unterschied. Diese Operation wurde auf einer umfassenden Täuschung aufgebaut, die deren Urheber dann entsprechend instrumentiert hat. Die Möglichkeiten für Irrtum und Verrat waren unüberschaubar, und tatsächlich müssen mit den Jahren zahlreiche seiner unbedeutenderen Mitarbeiter zum Westen übergelaufen sein. Doch Dzierzynski war ein solcher Fanatiker des Details, daß er all diese Verrätereien mit geschickten Gegenbewegungen überwand. Die Schönheit dieser seiner Operation läßt spätere, weniger glänzend konzipierte in einem um so kritischeren Licht erscheinen.«

»Yessir.«

»Für unsere Zwecke allerdings weise ich besonders auf diese erste nächtliche Unterhaltung hin. Worauf einigten sich Dzierzynski und Jakowlew? Aus diesem Pakt hat sich, wie wir wissen, alles andere entwickelt. Nahm Jakowlew das Angebot an, weil er später entfliehen zu können hoffte, oder wollte er ernsthaft Ministerpräsident von Rußland werden? Glaubte er tatsächlich, in Dzierzynski einen redlichen Partner zu besitzen? Wie veränderten sich seine Gefühle in den Jahren der gemeinsamen Arbeit? Offensichtlich mußte sich Jakowlews Charakter ändern. Und was das angeht: der Dzierzynskis natürlich auch.

Könnte man nicht sogar annehmen, daß Dzierzynski selbst ein doppeltes Spiel spielte? Was war, wenn der Bolschewismus tatsächlich unterlag? Suchte Dzierzynski für diesen Fall nach einer Überlebenschance für sich selbst? Solche Motive haben vielleicht eine größere Rolle gespielt, als uns die sowjetische Geschichtsschreibung glauben machen will. Kehren wir aber zu dieser Nacht zurück, in der alles seinen Anfang nahm. Die beiden Männer kamen zusammen, und es fand eine aktive, nicht etwa eine uneigennützige Verführung statt. Wenn ein Mann eine Frau verführt,

gewinnt er sie vielleicht nicht nur mit seiner Kraft, sondern auch mit seiner Schwäche. Das kann man sogar als den Beginn einer Liebe ansehen – ein ehrliches Interesse an der Stärke und an den Bedürfnissen eines anderen Menschen. Wenn eine Verführung allerdings von den Forderungen der Macht inspiriert ist, wird einer den anderen belügen. Manchmal werden sich auch beide selbst belügen. Aus solchen Lügen entwickeln sich oft Strukturen, die so interessant und vielschichtig sind wie die feinsten Filigrane der Wahrheit. Wie konnten Jakowlew und Dzierzynski bei ihrer späteren Arbeit überhaupt noch wissen, ob sie es mit einer Wahrheit oder mit einer Lüge zu tun hatten? Ihre Geschicke waren zu eng miteinander verflochten, als daß sie es noch wissen konnten. Sie mußten ihre letzten definierten Grundsätze hinter sich lassen. Sie konnten nicht länger wissen, ob sie sich nicht selbst etwas vormachten. Ihr eigenes Ich war in Bewegung geraten. Das ist der springende Punkt bei dieser Analyse.
Mit den Jahren werden manche von Ihnen vielleicht eine ähnliche Beziehung zu einem Agenten entwickeln. Sie mögen Talent zeigen, Sie mögen um einen hohen Einsatz spielen – doch was immer Sie tun, Sie müssen sich vor Augen halten, daß diese Beziehung für Sie zu einer Verpflichtung wird, sobald Sie eine andere Person manipulieren. Dabei werden Sie vielleicht einen Großteil Ihrer eigenen Intimsphäre offenlegen müssen, und das bedeutet die Unterminierung der geistigen Fundamente beider Häuser. Eine Überschwemmung im Keller des anderen könnte zu unerwarteten undichten Stellen in Ihrem eigenen führen. Sie müssen deshalb sehr weitgehende Verpflichtungen übernehmen, sonst versinken Sie schließlich in einem schmutzigen und unergründlichen Morast.«
In diesem Augenblick klatschte Allen Dulles herzhaft in die Hände und rief: »Gut gesagt.«
Harlot fuhr noch eine Zeitlang so fort, aber ich hörte ihm nicht mehr zu. Ich dachte über meine künftige Tätigkeit in der Gegenspionage nach, während ich nach Montevideo flog, wo simplere Aufgaben auf mich warteten. Zweieinhalb Jahre würde meine Lehrzeit dauern.

7

Am Abend vor meinem Abflug nach Südamerika luden mich Kittredge und Hugh zu einem Abschiedsdinner in ihr Haus am Kanal ein. Nach dem Essen begab sich Hugh in sein Studio, um zu arbeiten, während Kittredge und ich, nachdem wir das Geschirr abgewaschen hatten, auf ihr kleines Zimmer gingen, das sie sich im ersten Stock eingerichtet hatte. Als künftigen Paten lud man mich nun gelegentlich auch nach oben ein. Einmal spätabends, nachdem wir lange geplaudert hatten, forderten sie mich sogar auf, über Nacht zu bleiben. Ich nahm die Einladung an, aber ich schlief kaum. Denn bis Tagesanbruch hörte ich ständig leise Geräusche, von denen man nicht genau wußte, woher sie kamen.
Wenn ich mir das vielleicht auch nur einbildete – es schienen Pferde zu wiehern. Am frühen Morgen war ich plötzlich hellwach und überzeugt, daß etwas Außergewöhnliches im Gange war. Dann begriff ich, daß Hugh und Kittredge sich liebten, und obwohl zwei Wände zwischen uns lagen, die die Geräusche dämpften, hörte ich sie trotzdem.
Vielleicht dachte ich an dieses morgendliche Erwachen, während Kittredge und ich in ihrem Zimmer plauderten. Seit unserem Abend in jenem Nachtclub war sie deprimiert, aber manchmal riß sie auch seltsame Witze. Rosen hatte mich inzwischen darüber informiert, daß Mary Jane ein Ausdruck für Marihuana war, und ich hatte diesen etymologischen Leckerbissen sogar beim Dinner zum besten gegeben in der Hoffnung, sie aufzuheitern. Ich gab's aber bald auf. Kittredge war in einem Zustand, der vielleicht noch nicht als Hysterie bezeichnet werden konnte, sondern eher als eine Art entrückter Heiterkeit, die sie kaum Anteil an unserer Unterhaltung nehmen ließ. Ich war froh, als wir gegessen hatten und Kittredge und ich oben in ihrem Refugium saßen. Nun, da ich tatsächlich in wenigen Tagen abreisen sollte, überkam mich ein gewisses Unbehagen. Ich wollte ihr meine Gefühle erklären, aber sie schnitt mir das Wort ab.
»Ich kann dir nicht helfen. Ich bin keine Psychoanalytikerin, weißt du«, sagte sie. »Ich bin eine charakterologische Theoretikerin. Es gibt ungefähr acht von uns auf der Welt.«
»Ich habe keine medizinische Beratung gesucht«, erwiderte ich.

Sie reagierte nicht. »Glaubst du, daß die anderen auch so wenig von der menschlichen Natur verstehen wie ich?«
»Was erzählst du mir da?«
»Ich verstehe nichts, aber auch gar nichts von Menschen. Ich entwickle Theorien, von denen andere Leute sagen, daß sie großartig wären, aber ich sehe nicht, daß ich mit meiner Arbeit irgend etwas erreiche. Und ich bin so naiv. Ich hasse diesen Lenny Bruce, wirklich, aber ich beneide ihn auch.«
»Du beneidest ihn?«
»Ich bemühe mich sehr, mir meinen Glauben an die Sakramente zu bewahren. Unsere Ehe würde zerbrechen, wenn ich mich mit Hugh nicht an solche Glaubenssätze halten könnte. Und dann dieser Bruce, dieser Komiker. So selbstsicher. Sicher wußte er nicht mal, worüber er sich da lustig machte. Er kam mir vor wie ein junger Hund, der das ganze Haus verpinkelt, wenn man ihn losläßt. Aber diese Freiheit! Alles so leicht!«
»Ich weiß nicht«, sagte ich. »Er ist ein Einzelfall. Kein anderer Unterhaltungskünstler riskiert solche Sprüche.«
»O Harry, warum habe ich Hugh bloß in diesen furchtbaren Nachtclub geschleppt?«
»Ja. Was hast du dir eigentlich dabei gedacht?«
»Weißt du, was für eine riesige Wut in Hugh steckt?«
»Und in dir? Paßt ihr beide da nicht vielleicht sehr gut zusammen?«
»Nein«, sagte sie. »Hugh könnte jemanden umbringen. Er könnte durchdrehen. Er wird es nicht tun, aber diese Spannung in ihm ist immer vorhanden.«
»Er hat sich doch fabelhaft in der Gewalt«, sagte ich.
»Er braucht das. Seine Mutter, Imogene. Weißt du etwas von ihr?«
Ich schüttelte den Kopf.
»Sie soll einst so hübsch wie Clare Booth Luce gewesen sein. Ich muß sagen, für Denver, Colorado, ist sie eine großartige Erscheinung, aber diese Frau ist eine Hexe. Ich halte sie für abgrundböse. Hugh ist ziemlich überzeugt davon, daß sie seinen Vater umgebracht hat. Würdest du gern mit so einem Gedanken aufwachsen?«
»Aber seitdem ist doch viel Zeit verstrichen.«
»Trotzdem ist Hughs Verständnis für Menschlich-Allzumenschliches begrenzt.«
»Deines nicht?«

»Ach, ich dachte immer, ich könnte viel vertragen – bis zu jenem Abend in diesem Mary Jane! Ich wollte, daß Hugh einmal einen Eindruck davon bekommt, wie es im übrigen Amerika zugeht – und dann so etwas Fürchterliches. Ich mußte feststellen, daß ich genauso bin wie Hugh: ängstlich und beschränkt.«
»Was Hugh angeht, kann ich das nicht beurteilen«, sagte ich. »Aber du bist nicht ängstlich und beschränkt. Du bist wundervoll.«
»Harry, du bist so ein netter Kerl. Ich glaube, das kommt daher, daß du ein bißchen jüdisches Blut in dir hast. Man sagt, die Juden seien liebe, freundliche Leute. Stimmt das?«
»Nun, ich bin ja nur ein Achteljude. Das zählt wohl kaum.«
»Es ist eine homöopathische Dosis. So ein winziges Quantum genügt schon, Liebling.« Sie legte den Kopf schief und sah mich prüfend an. »Harry, weißt du, ich komme mir nackt vor in deiner Gegenwart.«
»Was?«
»Ich habe noch nie zuvor so viel über mich selbst geredet. Ich versuche zu verstehen, wie einfach ich bin. Mit Hugh ist es leicht. Er ist in Gedanken immer bei seiner Arbeit. Aber du kennst jetzt mein kleines Geheimnis. Ich möchte in meinem Beruf Erfolg haben, aber ich bin zu unschuldig und zu unerfahren. Weißt du, daß ich dich darum beneide, daß du nach Montevideo fliegen darfst?«
»Es geht dort nur um Spionage. Hugh sagt, das sei nur das kleine Einmaleins.«
»Hugh, pfui! Ich wollte das sagen, seit ich ihn geheiratet habe. Pfui über Hugh! Ich beneide dich, das sage ich dir. Spionage!« hauchte sie ironisch mit kehliger Stimme. Ich brauchte einen Augenblick, bis ich begriff, daß sie den Tonfall einschlägiger Hollywood-Größen parodierte.
»Hugh besteht darauf, das eigentlich interessante Spiel sei die Gegenspionage«, sagte ich.
»Ja, der wundervolle Felix Edmondowitsch Dzierzynski. Weißt du was, Hugh langweilt mich.«
Hugh langweilte sie? Nun wußte ich, was sie meinte, wenn sie sagte, die Zeit stehe still. Sie stand nicht still. Sie verging nur langsamer, schlug einen Bogen, und die Farben im Raum begannen sich zu verändern.

»Nein«, sagte sie. »Ich bete ihn an. Ich bin verrückt nach ihm. Hugh ist wahnsinnig gut im Bett.« Ein merkwürdig lüsterner Blick trat in ihre Augen. »Er will nur nicht 69 machen.«
Als sie die Bestürzung in meinem Gesicht sah, fing sie an zu lachen. »Hugh ist schrecklich«, sagte sie. »Er sagt, 69 sei nichts anderes als Gegenspionage für Amateure.«
»Was?«
»Ach, du weißt schon. Du-bist-in-meinem-Mund-ich-bin-in-deinem...« Es blieb mir nicht einmal Zeit, mich richtig zu entsetzen, als sie schon fortfuhr: »Harry, hast du jemals ›soixante-neuf‹ gemacht?«
»Also ehrlich, nein. Ich weiß auch nicht, ob ich darüber nachdenken möchte.«
»Ich habe gehört, es sei himmlisch.«
»Tatsächlich?«
»Eine verheiratete Freundin hat's mir erzählt.«
»Wer denn?«
»Ach, Harry, du bist so naiv wie ich. Sieh mich doch nicht so betroffen an. Ich bin nicht verrückt geworden. Ich habe nur gerade beschlossen, so wie Lenny Bruce zu reden. Mach dir keine Sorgen, lieber Pate. Hugh und ich sind sehr gut verheiratet.«
»Das ist gut«, sagte ich. »Ich glaube aber nicht, daß du so naiv bist, wie du behauptest.«
»Du kannst das vielleicht nicht beurteilen«, sagte sie. »Harry, tu mir einen Gefallen. Schreib mir lange Briefe aus Uruguay. Wirklich lange Briefe. Erzähl mir alles von deiner Arbeit.« Sie beugte sich vor und flüsterte: »All die Dinge, die ich nicht wissen soll. Ich habe kaum eine Ahnung von den einfachsten Dingen des Lebens. Ich muß das alles für meine eigene Arbeit wissen.«
»Du verlangst von mir, daß ich gegen die Gesetze verstoße«, erwiderte ich.
»Ja«, nickte sie. »Aber man wird uns nicht erwischen, und es ist sehr einfach.«
Sie zog ein Stück Papier aus ihrer Bluse. »Ich habe die Anweisungen aufgeschrieben. Es ist eine völlig sichere Art, Briefe hin und her zu schicken. Sie kommen und gehen mit dem Diplomatengepäck. Absolut luftdicht.« Sie nickte mir zu, als sie die Furcht in meinen Augen sah. »Ja«, sagte sie, »wahrscheinlich verlange ich von dir, daß du gegen die Gesetze verstößt. Aber das tust du nicht

wirklich, Liebling.« Und meine Cousine Kittredge gab mir einen ihrer Küsse, einen grausamen, feuchten, vollen Kuß. »Schreibe mir so lange Briefe, wie du nur irgend kannst«, sagte sie. »Pack genug hinein, daß sie uns beide hängen.« Sie lachte bei diesen Worten – ein merkwürdiges Lachen, als ob es auf der ganzen Welt nichts Sinnlicheres als eine Verschwörung gäbe.

Ich sah mir den Zettel, den sie mir gegeben hatte, erst im Flugzeug an. Es waren nur ein paar Zeilen:

Adressiere Deinen Brief im Diplomatengepäck an Polly Galen Smith, Route AR-105-MC. Sobald das Gepäck in Washington eintrifft, geht Dein Brief an ein Postfach in Georgetown, das immer noch Polly gehört, das sie mir aber samt Schlüssel und allem überlassen hat, da sie nun ein zweites für ihre Post besitzt. Also wird sie nie erfahren, wer mir schreibt.

Besitos
Kittredge

VIERTER TEIL

MONTEVIDEO
1956–1959

1

Montevideo
Sonntag, 14. Oktober 1956

Liebe Kittredge,
ich habe diese Stadt seit meinem Eintreffen nicht verlassen. Dem Wenigen, was man mir in der Botschaft erzählt hat, entnehme ich, daß unsere Arbeit oft so schwer ist, daß sie sechzig und siebzig Stunden pro Woche erfordert. Infolgedessen sieht es ganz so aus, als ob ich von Uruguay vorläufig nichts als die Hauptstadt Montevideo sehen werde, in der eine Million Menschen, die Hälfte der Bevölkerung des Landes, lebt.
Mein Hotel, das Victoria Plaza, ist ein nagelneuer Backsteinbau, sechzehn Stockwerke hoch, und es sieht aus wie ein aufgestellter Schuhkarton. »Da läuft die Action«, hat mir E. Howard Hunt vor meiner Abreise noch erklärt, und hier spielt sich wirklich etwas ab – Geschäftsleute verschiedener Nationalität sitzen in der Hotelbar und versuchen ihre Deals abzuschließen. Da ich kaum das Zimmer bezahlen kann, bin ich die ganze Zeit herumgelaufen. Als ich am Donnerstag ankam, waren meine beiden Vorgesetzten auf Dienstreise und Porringer, der Mann, der mich vom Flugplatz abholte, sagte mir, ich solle mich bis Montag umsehen und ein bißchen mit dem Leben in der Stadt vertraut machen, denn später käme ich nicht mehr dazu. Er habe gerade zu viele Leute da, die er unterbringen müsse, so daß ich im Hotel bleiben solle, fügte er hinzu.
Großartig! Ich habe das Gefühl, als sei dies das letzte Wochenende bis Weihnachten, an dem ich frei bin. Meine Kohorten in unserem kleinen Flügel in der Botschaft sehen aus wie Hughs Mormonen. Höllisch überarbeitete Figuren.
Na ja, es ist auch höllisch, allein zu sein in so einem Land. Ich war so müde vom Herumirren den ganzen Tag, daß ich gleich nach dem Dinner einschlief – bisher gibt's noch kein Nachtleben zu

berichten – und morgens wieder aufstand, um erneut umherzuwandern. Kannst Du Dir das vorstellen? Ich finde Montevideo nicht sehr verlockend. Das ist aber schon eine Leistung, denn ein oberflächlicher Betrachter kann hier überhaupt nichts Bemerkenswertes entdecken. Tatsächlich scheint mir der größte Teil von Uruguay recht uninteressant. Es gibt hier kein Gebirge wie die Anden, kaum einen Hügel, und auch vom großen Amazonasdschungel ist hier nichts zu sehen. Nur welliges Grasland und weidendes Vieh. Montevideo selbst ist ein Seehafen. Dort mündet der Rio de la Plata in den Atlantik. Der Strom, der die Grenze zwischen Uruguay und Argentinien bildet, führt eine Menge Schlamm und Treibsand mit, die das Wasser lehmgraubraun färben, so daß das Meer hier nicht im mindesten an den blauen Atlantik erinnert, wie wir ihn in Maine kennen. Mit dem Hafen ist auch nicht viel los. Er sieht aus wie Mobile, Alabama oder Hoboken, New Jersey. Ich nehme an, daß alle Industriehäfen so aussehen. Der Zutritt zu den Docks ist an den meisten Stellen verboten, also kann man nicht einmal hinunterwandern und zusehen, wie sie entladen. Jedenfalls wirkt der Hafen schmuddelig, und Winden kreischen in der Ferne.

Auf der Hauptstraße, sie heißt die Avenida des 18. Juli, herrscht dichter Verkehr. Man findet dort auch eine Menge Läden, wie nicht anders zu erwarten ist, aber nichts Besonderes. Hier und da sieht man auf einer Plaza das Bronzestandbild eines Generals zu Pferde.

Sicher wirst Du Dich nun fragen, was es Bemerkenswertes in Montevideo gibt, und ich kann nur antworten: Nichts, bis Du gelernt hast zu sehen.

An dieser Stelle legte ich den Bogen beiseite. Der Brief war nicht lebendig genug, als daß er meiner Dame hätte gefallen können.

Montevideo
14. Oktober 1956

Liebe Kittredge,
Du würdest nicht denken, daß Du in Südamerika bist, jedenfalls nicht, wenn Du Dir darunter das vorstellst, was ich mir vorgestellt habe. Hier gibt es keine Regenwälder und nur sehr wenige Indianer. Offenbar wurden sie alle von den Infektionskrankheiten

ausgerottet, die die ersten Europäer eingeschleppt haben. Auf der Straße sieht man eine mediterrane Bevölkerung – spanisch mit italienischen Elementen: erdverbundene, ernst dreinblickende Leute. Die ältere Architektur, spanisches Barock und spanischer Kolonialstil, ist nicht berauschend, es sei denn, man entwickelt ein Auge für Details. Ich konnte den Geist dieses Landes zuerst nirgendwo lokalisieren, bis mir klar wurde: Das ist die Welt der Tuschzeichnungen des 18. Jahrhunderts. Ich denke dabei an Bilder, wie man sie in alten englischen Reisebeschreibungen findet: Ein einsamer Wanderer rastet auf einem Hügel und betrachtet eine leere Landschaft. Alles befindet sich in einem Zustand der Ruhe. Die Ruinen bröckeln sanft und in vollendeter Harmonie mit den übrigen Gebäuden vor sich hin. Die Zeit ist stehengeblieben, die Ewigkeit hält Mittagsruhe.

Zum Beispiel das Parlamentsgebäude, von dem aus das Land regiert wird. Es ist so groß wie ein Bahnhof und sieht aus wie eine Kreuzung zwischen Versailles und dem Parthenon. Und vor dieser riesigen Hochzeitstorte, dort, wo die großartige, aber gähnend leere Avenida des Libertador General Lavelleja mündet, steht ein Polizist mit Käppi und Umhang, der wie ein Pariser Flic aussieht. Ein Radfahrer kommt vorbei. Es ist Sonntag, und in einer Seitenstraße neben diesem Bauwerk unterhält ein kleiner, dicker Mann in einem blauen Arbeitskittel eine Schar von Kindern mit einem unglaublich geschickten Fußballtrick. Dabei springt der Ball ständig zwischen Fuß und Stirn hin und her. Er kommt mir vor wie ein mittelalterlicher Gaukler. In der nächsten Straße sitzt ein Bettler auf einer Kiste und streckt die geschwollenen Füße vor sich hin.

Natürlich herrscht in manchen Teilen der Stadt allerlei Geschäftigkeit. Läden mit Namen wie Lola und Marbella bieten Konfektion an, und Horden von materialistisch aussehenden Leuten sind am Sonntag unterwegs, um einzukaufen. Überall gibt es Metzgereien, in denen die blutigen Rümpfe des Schlachtviehs herumhängen. In diesem Land ißt man so viel Fleisch (238 Pfund pro Kopf und Jahr!), daß man das Bratfett an jeder Straßenecke riecht. Ob man nun Fisch, Huhn oder Eier ißt, aus allem schmeckt man das Fleisch der Pampas heraus. Aber es ist nicht dieser Geruch nach Bratrost, was ich hier so einzigartig finde. Es sind die Hintergassen. Montevideo breitet sich unaufhaltsam aus, und die alten Stadtteile erbaut man nicht neu, sondern hält sie nur irgendwie instand. Die meisten

Einheimischen hier scheinen nicht in jener Gegenwart zu leben, wie wir sie kennen. Als ich Washington verließ, redeten alle von Ungarn und Suez und der kommenden Präsidentschaftswahl; jetzt fühle ich mich weit entfernt von den Sorgen und Unruhen der Welt. In Montevideo scheinen alle Uhren stehengeblieben zu sein. Es ist, je nach Stadtteil, immer 9.00 Uhr oder 2 Uhr 30 oder 5 Uhr 21. In Uruguay wird nichts Weltbewegendes geschehen, das spürt man, aber mir scheint, daß man hier die Kunst versteht, das Leben um seiner selbst willen zu lieben.
Zum Beispiel die Autos. Die Leute hier lieben ihre Autos. Man sieht alte Fahrzeuge jeder möglichen Marke, alle mindestens zwanzig Jahre alt. Sie werden immer wieder ausgebessert und übermalt. Ich glaube, die Besitzer können sich nicht genug Farbe leisten, um alles auf einmal zu lackieren, also fangen sie erst mal mit einem viertel Liter irgendeiner Farbe an und überpinseln damit den schlimmsten Rostfleck. Normalerweise reicht das für eine halbe Tür. Dann, einen Monat später, ist ein neuer Rostfleck da. Wenn sie die Dose mit der alten Farbe nicht mehr finden können, streichen sie eine andere drauf. Nach einer Weile klappern die Autos vorbei, so bunt wie Josephs Mantel. Was für eine künstlerische Begeisterung! Sie paradieren wie Preisbullen auf einem Jahrmarkt.
In vielen Gegenden der Stadt wirken die Straßen unheimlich friedlich. Am anderen Ende der Welt mag man es verdammt eilig haben, aber nicht hier in diesem schäbigen Häuserblock, wo die armen Leute wohnen und das einzige Auto weit und breit ein alter, olivgrüner, trauriger Chevy mit knallgelben und orangenen Flecken ist. Es ist so still, daß ich mir vorkomme wie in einem Wald. Ein Junge, nicht weit von mir, trägt einen gelben Pullover – das gleiche Gelb, mit dem der alte, olivgrüne Chevy übermalt worden ist. Eine andere alte Karre in einer anderen alten Stadt ist vorne aufgebockt und die Motorhaube steht so hoch, daß das Auto aussieht wie eine quakende Ente. Jemand hat das Auto türkis angestrichen, und darüber, auf einem vergammelten alten Balkon, trocknet Wäsche. Ich schwöre Dir, Kittredge, eines der Hemden hat genau den gleichen Türkiston wie der Wagen.
Ich glaube, wenn ein Land so unberührt bleibt von den Stürmen der Geschichte, gewinnen unbedeutendere Phänomene an Bedeutung. Auf einer windgeschützten Wiese in Maine wachsen an den

unwahrscheinlichsten Stellen wilde Blumen, als ob ihr einziger Zweck wäre, unser Auge zu erfreuen. Hier, an einem niedrigen, ganz gewöhnlichen Haus aus dem 19. Jahrhundert, sehe ich eine fortlaufende Palette aus Stein und Stuck: grau und graubraun, aquamarin, olivgrün und mandarinfarben. Dann lavendelblau, dazu drei Grundsteine in Rosa. Genau wie die Autos den Bodensatz aus alten Farbdosen wiedergeben, so finden sich unter dem allgegenwärtigen rußigen Schwarzgrau der Stadt diese subtileren Schichten. Ich vermute allmählich, daß die Leute hier mit einem inneren Auge auf ihre Straße blicken, und wenn da oder dort ein einzelner moosgrüner Farbfleck auftaucht, beschließt jemand am anderen Ende des Blocks, eine Toreinfahrt in demselben Grünton anzumalen. Die Zeit, der Dreck, die Feuchtigkeit und der abblätternde Putz tragen das ihre zu diesem Farbenspiel bei. Alte Türen bleichen aus, bis man nicht mehr sagen kann, ob sie ursprünglich einmal blau oder grün oder geheimnisvoll grau waren und das Licht des Frühlingsgrüns reflektierten. Der Oktober ist ja in der südlichen Hemisphäre ein Frühlingsmonat wie zu Hause der April.

In der Altstadt führt eine Straße hinunter zum Strand, der aus einer Art grauem Lehm besteht und ganz verlassen daliegt. Am Ende der Straße sieht man eine leere Plaza mit einer einsamen Säule, dahinter das Meer. So oft sieht man in diesen verlassenen Landschaften eine einsame Figur, die wie ein trauernder Mensch aussieht.

Die Altstadt und die Neustadt und die moderne City, die sie in den letzten fünfzig Jahren errichtet haben, bröckeln allesamt, wie ich schon sagte, still vor sich hin, und die Träume der Vergangenheit sprechen aus diesen barocken Schnörkeln und Ornamenten. In den Geschäftsstraßen findet man Erker und schmiedeeiserne Balkone, runde und ovale Fenster, Spitzbögen, gotische und Jugendstilfenster oder Dachbalustraden mit gebrochenen Giebeln. Eisengitter hängen schief in den verschiedensten Stadien des Verfalls, aus alten Türen sind Stücke der Täfelung herausgebrochen, und in den Fensteröffnungen herrschaftlicher Häuser trocknet die Wäsche.

Kittredge, verzeih mir, daß ich mich schon nach wenigen Tagen Aufenthalt hier so begeistert über diese Stadt auslasse, aber Du weißt ja, daß ich in Berlin nie Gelegenheit hatte, die Stadt zu

genießen oder sie mir auch nur anzusehen. Ich weiß, daß Du ein
bißchen mehr Substanz erwartest, aber eine gute Regel für solche
Fälle schreibt vor, daß man die Verläßlichkeit des Versandweges
erst einmal testet.

Ganz der Deine
Herrick

Zwei Wochen lang mußte ich warten. Dann kam eine lapidare
Antwort. »Laß die Holzwolle weg. Schick die Textilien. K.«

2

Ich war gekränkt und antwortete ihr nicht. Wie ich vorausgesehen
hatte, vergingen die nächsten paar Wochen mit harter Arbeit in der
Botschaft, und in meinem persönlichen Leben gab es nur die eine
Veränderung, daß ich mit meinen beiden Koffern vom Victoria
Plaza Hotel ins Cervantes zog, eine beträchtlich billigere Unterkunft gleich neben einer windigen Absteige. In den frühen Mor-
genstunden drang das Klirren berstender Flaschen aus der Gosse
zu mir empor.
Dann kam eine zweite Nachricht von Kittredge.

13. November 1956

Lieber Harry – verzeih mir. An manchen Tagen fühle ich mich wie
Katharina von Rußland. Armer Hugh. Armer Herrick. Das unge-
duldige Kind, das ich trage, ist an allem schuld. Nicht mehr lange,
und ein herrschsüchtiger Geist wird unter uns weilen. Inzwischen
sollst Du wissen, daß ich Deinen Tanz der Viertelliterfarbdosen
amüsant fand. Wirst Du mir eines dieser kunterbunt bemalten
Autos zu Weihnachten schenken? Du wirst uns schrecklich fehlen,
ihm, Hugh, ohne daß er es weiß, mir mehr als genug für uns beide.
Ein lieber Geist ist nicht mehr bei uns. Schreib mir doch bitte einen
netten, lustigen Brief. Schreib auch von der täglichen Tretmühle,
wenn Du möchtest.

Deine Nummer eins
Kittredge

16. November 1956

Liebe Katharina von ganz Rußland,
wie gern ich doch die Knute küssen würde! Da Du nach meiner täglichen Tretmühle fragst, bitte sehr: Wir sind eine ziemlich unglückliche Station. Wir warten nämlich auf die Ankunft von E. Howard Hunt.

Der amtierende Stationschef, Minot Mayhew, ist ein alter Auslandsbeamter, der schon eine Menge Dienstjahre auf dem Buckel hatte und deshalb 1947 bei der Agency Stationschef werden konnte. Und das ist er seitdem gewesen, mal in Bolivien, mal in Paraguay. Jetzt wartet Mayhew auf seine Pensionierung und tut nichts. Er geht einfach nirgendwohin. Auch sonst arbeitet er nicht viel für die Agency. Er kommt mit den übrigen um neun und ist um zehn gewöhnlich schon bei seinem Börsenmakler. Alle sind sich jedoch einig, daß er in einer Hinsicht prima ist: Er hält guten Kontakt mit dem Botschafter.

Ich habe Horrorgeschichten gehört – Du wahrscheinlich auch –, wie unerträglich das Klima in einer Botschaft werden kann, wenn der Botschafter auf den Stationschef eifersüchtig ist. Hier aber läßt man uns dank Mayhew in unserem Teil des zweistöckigen Flügels in Ruhe. Der Botschafter, Jefferson Patterson, versteht Spanisch, kann sich aber nur stockend verständigen, so daß Mayhew, offiziell sein Erster Sekretär, regelmäßig einige der Aufgaben des Botschafters gegenüber den Regierungsvertretern von Uruguay übernimmt.

Mayhew hat uns auch über die Diplomatenpost eine Ausrüstung für ein katholisches Fußballteam (Soccer) besorgt. Darüber hinaus aber ist er eine Null. Unsere Anweisungen erhalten wir vom Stellvertretenden Stationschef, einem stiernackigen Marineleutnant namens Augustus »Gus« Sonderstrom. Augustus muß früher mal ein sehr harter Bursche gewesen sein, aber jetzt hat er einen Bierbauch.

Er ist ein fanatischer Golfspieler, aber nicht so dumm, wie man anfangs denkt. Im Country Club bringt er unseren Operations Officer oder den Communications Officer mit verschiedenen lokalen Regierungsbeamten und Geschäftsleuten zusammen. So schafft er ein günstiges Klima, in dem Gefälligkeiten gedeihen. Die Russen sind trotz Zufuhr einiger neuer KGB-Typen, die hier »Joyboys« heißen (sie tragen Anzüge aus London statt der üblichen russischen Jutesäcke), in Golf und Tennis noch nicht konkurrenzfähig. So halten wir dank Gus Sonderstroms gesellschaftlichem Kontakt mit Golf spielenden uruguayischen Beamten oft ganz gute Karten in der Hand. Andererseits brauchen wir aber auch jede Art von Hilfe, die wir bekommen können. Der Präsident der Regierung von Uruguay, Luis Batlle, repräsentiert die Coloradopartei, die hier in den letzten hundert Jahren alle Wahlen gewonnen hat. Sie ist sozialistisch orientiert, und die Colorados werfen das Geld zum Fenster hinaus. Uruguay ist ein richtiger Wohlfahrtsstaat – deshalb ist es wahrscheinlich so friedlich hier – und so verfallen! Dieser Luis Batlle ist Antiamerikaner und kungelt im Augenblick mächtig mit der UdSSR.

Schon an meinem zweiten richtigen Arbeitstag wurde ich in das alles einfach hineingeworfen. Die Botschaft ist nebenbei ein prächtiges weißes Herrenhaus: undefinierbare Vorkriegsarchitektur mit Veranda und zweigeschossigen weißen Holzsäulen davor, und sie liegt direkt an der Avenida Lord Ponsonby nahe einem so wunderschönen Park, daß ihn ein Pariser Landschaftsarchitekt anno 1900 entworfen haben könnte. In diesem Teil Montevideos, keine Angst, bröckelt es nicht. Unsere Botschaft ist so makellos weiß wie die US Navy, und Sonderstrom fragte mich bei unserem ersten Gespräch, wie gut ich Tennis spiele. Es scheint, als ob wir noch einen guten Spieler für die Country-Club-Intrigen bräuchten. Ob ich einen Schläger mitgebracht hätte, wollte Gus gleich wissen.

Nun, kaum hatte mein Vater von meiner Versetzung nach Uruguay gehört, als er mir auch schon einen seiner seltenen Briefe schickte und mich vor dem Golf- und Tennisspiel warnte: Junge Offiziere, die diese Sportarten pflegten, so mein Vater, müßten sich gut in der Gewalt haben. Denn wenn man einen fremden Diplomaten hofiere, müsse man ihn gewinnen lassen, spiele man hingegen mit dem Chef ein Doppel gegen das Außenministerium, habe man zu siegen. »Du, mein Sohn«, schrieb mein Vater, »beherrschst aber meiner Ansicht nach die Kunst, dein Spiel entsprechend zu kontrollieren, nicht in dem erforderlichen Maße. Mir gefällt Dein schneller Aufschlag, wenn er im Feld sitzt – es steckt Kraft dahinter! –, dito Dein Overhead, aber Deine Rückhand ist keinem Gegner gewachsen, sobald er sich darauf eingestellt hat. Also halte Dich vom Tennis fern – sonst gehen Dir andernorts zu viele Punkte verloren.« Da ich die Weisheit dieses Rates erkannte,

sagte ich Sonderstrom, ich wüßte nicht einmal, wo beim Tennisschläger der Griff sei. Als er aufs Golfspiel zu sprechen kam, sagte ich: »Sir, das einzige Mal, daß ich auf einem Golfplatz war, hab ich einen Fünfer geschossen beim ersten Loch.«
»Phantastisch«, sagte er.
»Yessir, und eine 13 und eine 15 bei den nächsten beiden. Inzwischen hatte ich nämlich alle meine Golfbälle verloren!« In Wirklichkeit bin ich besser, aber das brauchte er nicht zu wissen.
»In welchen Sportarten sind Sie gut?« fragte Sonderstrom.
Ich erklärte ihm, daß Boxen und Bergsteigen mir zusagen. Das genügte. Gus grunzte, es gäbe keine Berge in Uruguay, und wenn ich boxen wollte, dann lieber nicht in den Bars. Mir war klar, daß er nun aus seinen Beamten noch etwas mehr Leistung im Golf und Tennis herauspressen und mir deren liegengebliebene Büroarbeit aufhalsen würde. Da er mich aber für einen Boxer hält, wird er sich hüten, Streit anzufangen. Er ist wirklich nicht mehr in Form.
Es ist wohl eine Folge meiner mangelnden Qualifikation in Golf und Tennis, daß ich einen Nachtdienst von einem der Operations Officers übernehmen mußte (er spielt natürlich Tennis!). Vielleicht bekommt aber auch jeder Neue hier diesen Job. Der Witz daran ist, daß mir gerade diese Aufgabe am meisten Spaß macht, weil sie wenigstens so ein bißchen an Mantel-und-Degen erinnert, aber es ist halt nur eine Nacht in der Woche, und die ist ganz und gar untypisch für die Art, wie ich meine übrige Arbeitszeit zubringe.
Die bescheidene Operation, die ich leite, heißt AV/ALANCHE (Lawine), und dabei machen sieben Teenager aus einer hiesigen Gang von mehr oder weniger anständigen politisch stramm rechts orientierten katholischen jungen Leuten mit. Sie tun es aus Freude an der Sache, weil es ihrem Glauben entspricht und aufregend ist, und gewiß spielt auch das Geld dabei eine Rolle. Wir zahlen jedem von ihnen umgerechnet zehn Dollar pro Nacht. Ihre Aufgabe ist es, einmal in der Woche im Schutz der Dunkelheit auszuschwärmen und die Plakate der Kommunisten zu zerfetzen und unsere – das heißt ihre – katholischen Parteislogans darüberzumalen. Manchmal hängen wir auch neue Plakate auf, wenn kommunistische Gangs die unseren zerfetzt haben. Ich gebe zu, die Aktion gefällt mir, und ich mag diese jungen Leute, obwohl ich gestehen muß, daß ich nur einmal draußen auf der Straße gewesen bin mit AV/ALANCHE, und das auch nur, weil ich gegenüber Sonderstrom

darauf beharrt hatte, es sei meine Pflicht, mir einen Eindruck von der Praxis dieser Operation zu verschaffen. Die aktive Teilnahme an solchen Unternehmungen gilt in der Agency als zu riskant, da unsere sieben jungen Leute in AV/ALANCHE von Zeit zu Zeit mit einer Gruppe von der MRO aneinandergeraten, bei der es sich in der Tat um harte Burschen handelt: Ultralinke, die auf einen bewaffneten Aufstand hinauswollen. Es kommt nicht nur zu Straßenschlachten, sondern auch zu Verhaftungen, und wenn ich bei einer solchen Gelegenheit der Polizei in die Hände fiele, könnte ich eventuell in die falschen Hände geraten. Es scheint, daß die Flics von Montevideo entweder auf der einen oder der anderen Seite stehen. Das hängt ganz vom Bezirk ab. (Wir sind schließlich in Südamerika.) Sonderstrom erlaubte mir, diesen Jugendlichen wenigstens einmal meinen Mut zu beweisen, indem ich mit ihnen auszog, aber danach verbot er's mir. »Ich habe kein Auge zugetan, bis Sie wieder da waren«, beklagte sich Gus am nächsten Tag. Ich war um fünf Uhr morgens heimgekehrt und hatte sofort bei ihm zu Haus angerufen, wie er mir aufgetragen hatte. Er wirkte ungeheuer erleichtert, daß ich keinen Skandal zu melden hatte. Trotzdem war es ziemlich spannend. Stell Dir vor! Du holperst auf einem Lastwagen durch die Straßen und arbeitest mit Hilfe einer Taschenlampe, während gelegentlich Nachtschwärmer und Betrunkene vorbeikommen – und das um zwei Uhr morgens. Sind es Kundschafter der Roten? Wir zerfetzten die Plakate der PCU (Partido Comunista de Uruguay), und das hieß, Ausfälle in Arbeiterviertel machen. Um diese Zeit liegen die Viertel so still wie Friedhöfe da. Man erinnert sich dabei an seine Jugend, wenn das Adrenalin in den Gliedern pulsiert wie der erste Schluck Alkohol. Wenn ich jetzt jeden Dienstag mit meiner Gang losziehe, bleibe ich immer eine halbe Meile von ihnen entfernt in einem unserer Funkwagen sitzen und halte Kontakt mit AV/ALANCHE-1, der ein Walkie-talkie bei sich trägt. Dem ist es so auch lieber. Er ist ein harter, drahtiger junger Bursche mit einem Riesenschopf dicker, schwarzer Locken. AV/ALANCHE-1 hat mir klargemacht, daß es für sie besser ist, wenn ich einen gewissen Abstand halte und jederzeit verschwinden und sie gegen Kaution aus der Haft loseisen oder in ein Krankenhaus bringen kann, wenn irgend etwas schiefgehen sollte.

Sonderstrom aber wies mich an, hinterher vorbeizufahren und zu prüfen, ob sie ihre Arbeit auch wirklich getan haben. Ich gehorche ihm, bin aber dabei nicht glücklich. Diese jungen Leute riskieren etwas, während ich sicher in meinem Funkwagen sitze; und doch muß ich ihnen gegenüber mißtrauisch sein und *sie* überprüfen. Aber letzten Endes hat Sonderstrom, der immer aussieht, als röche er einen verdorbenen Käse, wohl auch recht. Gelegentlich leisten sie nur halbe Arbeit, werden nervös und verschwinden. Dann vergessen sie es mir zu sagen. Ich notiere es mir, bezahle sie aber trotzdem. Wenn es schlimmer wird, muß ich mit AV/ALANCHE-1 reden.

Im übrigen ist meine tägliche Arbeit nicht so aufregend. Anfangs muß die Agency befürchtet haben, es gäbe nicht genug zu tun, um uns auf Trab zu halten, denn unsere Tätigkeit ist oft nicht leicht zu überwachen, und das Land ist so riesig. (Alle Länder, selbst so kleine wie Uruguay, wirken riesig, wenn man mit nur ein paar Leuten zusammen in einem Büro sitzt.) So wurde eine Methode ersonnen, die sicherstellt, daß immer eine Menge zu tun ist.

Ein typischer Arbeitstag:

Ich komme um neun, trinke meinen Kaffee und fange an, die am Ort erschienenen Zeitungen zu lesen. Bei meinem Spanisch dürfte das zwei Stunden dauern, aber ich erledige es in dreißig Minuten. Im Laufe der Wochen sind mir die Nuancen der politischen Situation klarer geworden. Natürlich diskutiere ich auch über die Politiker und die örtliche politische Situation, zum Beispiel mit meinen anderen beiden Operations Officers und dem Communications Officer oder unserem Verwaltungsassistenten, der gleichzeitig Mayhews Sekretär ist. Das ist dann auch schon unser ganzes Büro! Außerhalb der Botschaft können wir uns dann noch zweier geübter Kontraktagenten rühmen, aber davon später.

Während meine Bürokohorten die an diesem Tag eintreffenden Nachrichten durchgehen, versuche ich den Senior Operations Officer, Sherman Porringer, auszuhorchen, der von allen Leuten hier am meisten über die uruguayische Politik weiß. Dieses ganze Zeugs, das mich während der Ausbildung überhaupt nicht interessiert hat – Gewerkschaften, Manöver der örtlichen Parteien usw. –, ist nun unser täglicher Diskussionsstoff.

Nachdem die Lokalnachrichten analysiert sind, gehen wir den gesamten nächtlichen Telegrammverkehr durch, zuerst unseren eigenen, dann sehen wir uns die Eingänge unserer Kollegen an, da wir ja nie wissen, wann wir für wen einspringen müssen. Wenn zum Beispiel mein Kollege Operations Officer Jay Gatsby (kannst Du Dir vorstellen, daß jemand so heißt? – er ist einer der farblosesten Menschen, denen ich je begegnet bin!) mit Sonderstrom zusammen auf dem Golfplatz ist, und, siehe da, Gatsbys Agent Nr. 1, AV/IDITY (Gier) anruft, muß ich natürlich ein bißchen über Gatsbys Projekte wissen.

Also gut, alle eintreffenden Telegramme sind verdaut, nun formulieren wir die Nachrichten, die wir absenden und die wir auch im Kreis herumreichen, so daß alle von allen Ausgängen unterrichtet sind. Ab und zu läutet das Telefon, ein oder zwei unerwartete Wendungen bringen zusätzliche Arbeit, und schon ist es Zeit zum Lunchen. Nachmittags studiere ich dann sehr genau die Reisen von Politikern und anderen wichtigen Funktionären des Landes, von denen viele mit den Kommunisten sympathisieren und die Paraguay, Brasilien oder Argentinien besuchen, um sich dort mit Parteifreunden zu treffen. Es werden auch überraschend viele Geschäftsreisen in osteuropäische Länder und die UdSSR unternommen. Unser Agent AV/OUCH, der beim uruguayischen Zoll am Flugplatz Carrasco arbeitet, behält solche Reisende im Auge. Unsere Akten werden dicker. Aber die Zeit! Alles kostet so viel Zeit. Eines Abends beim Dinner brachte ich AV/OUCH (ein ärmlicher kleiner Familienvater, der sich freute, einmal so elegant speisen zu dürfen) so weit, daß er für mich einen Agenten zu rekrutieren versprach, den ich AV/OUCH-2 nennen werde. Ich muß oft an Hughs Donnerstage denken. Ich fürchte, die Station hat bislang noch keinen einzigen zuverlässigen Agenten in einem wichtigen Ministerium sitzen. Dabei wäre es gewiß nicht schwer, solche kleinen Beamten anzuwerben. Es erfordert nur Geld. AV/OUCH-2 wird seine Position bei der Paßkontrolle eifrig dazu verwenden, die Namen derjenigen Uruguayer zu notieren, die mit Visastempeln aus den Ostblockländern zurückkommen.

Doch auch wenn wir diese Kommunisten hier lokalisiert haben, bleibt immer noch die Frage, was wir mit ihnen tun sollen. Mayhews Mangel an Initiative ist geradezu peinlich. Ich würde gern versuchen, ein paar dieser Kommunisten hier umzudrehen, aber Sonderstrom sagt mir, ich solle warten, bis E. Howard Hunt kommt.

Inzwischen ist es in unserem Büro 3 Uhr 30. Jetzt gehen wir die

Dossiers der Ausländer durch, die heute abend beim Empfang in unserer Botschaft erscheinen werden. Wir müssen den Botschafter rechtzeitig vor zweifelhaften Gästen warnen.
Schließlich überwachen wir – das heißt AV/ERAGE (Durchschnitt), unser uruguayischer Journalist (ein Klatschkolumnist) – auch noch, wer zu den Empfängen der ausländischen Botschaften eingeladen wird. Es kann etwas wert sein, wenn man weiß, daß ein uruguayischer Beamter, heimliches PCU-Mitglied, auf der Gästeliste der britischen Botschaft steht. Arbeitet er für die Briten, oder versucht er sie hereinzulegen? Im letzteren Fall schicken wir eine Warnung los.
Bei Sonnenuntergang haben ein oder zwei von uns eine Verabredung mit einem Agenten in einem Safe house oder einem Café. (Ich selbst bin aber leider noch nicht soweit.) Dann beginnt die abendliche Arbeit. Da ich nicht Golf oder Tennis spiele, dafür aber Frack und Smoking besitze, muß ich bei allen möglichen Empfängen präsent sein. Das ist komisch. In Berlin bin ich niemals auch nur zu einer Cocktailparty gegangen. Hier bin ich jeden Abend irgendwo. Angesichts meines Fracks pflegt Sherman Porringer sarkastisch zu erklären, ich sei gewiß ein Beamter des Außenministeriums, der sich als CIA-Agent tarne. Porringer ist ein Witzbold. ›Sherman Oatmeal‹, so lautet mein Spitzname für diesen guten Jungen, ist (noch) so ein eulenäugiger Doktor der Philosophie aus Oklahoma mit blauem Bartschatten, obwohl er sich zweimal am Tag rasiert. Er ist ein weiteres Beispiel für unseren heroischen Hang bei der Agency zu unerschöpflicher Arbeit. Er ist auch Sonderstroms rechte Hand. Porringer hat am meisten Arbeit am Hals, die unglücklichste Frau, die umfassendsten Kenntnisse von der Politik dieses Landes, und – das muß ich zugeben – er ist, verglichen mit uns übrigen, beim Ankurbeln neuer Unternehmungen sehr kreativ. Er ist allerdings auch hoffnungslos eifersüchtig auf meine Fähigkeit, bei Parties und Tanzveranstaltungen eine gute Figur zu machen. Oatsie geht zwar auch zu solchen Gesellschaften, aber er wirkt dort hoffnungslos deplaciert. Von Natur aus eher unsportlich, hat er sich ernsthaft als Gewichtheber versucht (zu Haus liegen seine Hanteln), und folglich ist sein Oberkörper übermäßig muskulös, während er darunter wie ein Betonpfosten wirkt. Er zerrt eine Dame aufs Parkett und stolziert unter sichtbaren Qualen um sie herum. Da er einer dieser unglaublich

disziplinierten Philosophiedoktoren ist, die jeden Vorsatz eisern in die Tat umsetzen, ist er mit guten Ratschlägen stets bei der Hand, was es uns nicht gerade leicht macht.

Inzwischen habe ich ein bißchen mit seiner Frau Sally getanzt. Sie ist eine beschränkte Gans, haßt Uruguay, will kein Spanisch lernen, schimpft nur auf die Dummheit der Bediensteten – aber tanzen kann sie. Wir haben unseren Spaß dabei. Es ist schade, daß sie sich so wenig für die Arbeit der Agency interessiert. Wenn sie wollte, könnte sie ein paar ausländische Diplomaten umgarnen, und eben das ist es ja schließlich, was wir hier tun sollen. Sonderstrom, der pflichtgemäß zu diesen Einladungen geht (er hat sogar Tangounterricht genommen), zog mich beim erstenmal beiseite. »Sieh sie dir genau an, Hubbard. Wenn wir und die Russen bei der gleichen Veranstaltung auftauchen, achten alle nur darauf, was zwischen uns passiert«, fügt er hinzu.

»Sollen wir also fraternisieren?«

»Mit der gebotenen Vorsicht.« Er erklärte mir die Chancen und die Gefahren: Man soll sich nicht von seinen Leuten trennen und mit denen drüben keine Freundschaft schließen, aber man kann sie schon mal abtasten. »Verabrede dich nur nicht mit einem von ihnen zum Lunch, ohne vorher eine Genehmigung eingeholt zu haben.«

Du kannst Dir vorstellen, wie Sally Porringer da hineinpassen würde. Ich habe sie auch tatsächlich aufgefordert, mit ein oder zwei von diesen roten Teufeln zu tanzen, aber sie schüttelte den Kopf. »Sherman sagte, wenn er mich jemals mit einem Kommunisten flirten sähe, würde er meine linke Titte in die Wäschemangel stecken.«

»Nun«, sagte ich, »sag ihm, er soll mal mit Sonderstrom reden. Es führen viele Wege nach Rom.«

»Worauf soll das hinauslaufen, Freundchen?« fragte sie. »Ich bin eine verheiratete Frau und habe zwei Kinder. Schluß der Vorstellung.« Kurz danach berührte ihr Bauch beim Tanzen zum erstenmal den meinen, und es geschah sanft, wie wenn sich in der Dunkelheit eines Kinos eine Hand auf die andere legt. Kittredge, spielen Frauen eigentlich immer mit gezinkten Karten? Ich weiß doch, daß Sally Porringer sich eigentlich danach sehnt, mit einem der Russen zu flirten. Ich weiß sogar schon, mit wem. Vor kurzem hat bei ihnen ein neuer Mitarbeiter angefangen: Untersekretär

Boris Masarow, der eine sehr attraktive Frau hat. Sie heißt Zenia und ist die schönste Russin, die ich bislang gesehen habe. Sehr weiblich (wenn auch ein bißchen zu dick), mit rabenschwarzem Haar und riesengroßen, schwarzen Augen. Zenia wiederum hat zweifellos etwas für fremde Männer übrig, denn wenn man ihren Blicken begegnet, durchzuckt es einen, wie wenn man auf der Treppe eine Stufe verfehlt. Boris scheint der Sympathischste von der russischen Botschaft zu sein, ein kräftiger Bär von einem Russen, auch wenn sein Gesicht ein bißchen gelehrtenhaft wirkt – ein glattrasiertes Jungengesicht mit einer graumelierten Mähne und einem traurigen, fast weisen, aber angenehmen Ausdruck. Er sieht aus, als ob man wirklich mit ihm reden könnte. Die anderen sind zum größten Teil brutale Figuren oder Joy-boys in englischem Kammgarn.

Weißt Du, es gibt so viel zu erzählen, und die Zeit ist so knapp. Es ist jetzt zwei Uhr früh, ich werde versuchen, morgen abend weiterzuschreiben. Wenn ich jetzt über diese Seiten nachdenke, fällt mir auf, daß mein Leben hier ganz anders verläuft als in Berlin. Dort wußte ich, was es heißt, vorzeitig zu altern. Jetzt fühle ich mich wieder jung und trotzdem bereit, verantwortungsvolle Aufgaben zu übernehmen. Hugh hatte recht. Hier ist der Ort, um sich zu entwickeln.

Ich will diesen Brief erst abschicken, nachdem ich ihn morgen abend zu Ende geschrieben habe. Ich komme nicht so schnell über den Schock hinweg, Dir so viele geheime Dinge anzuvertrauen. Mir ist, als hätte ich mein Schwert zerschlagen und meinen Eid gebrochen – irgend so eine halb okkult-romantische Malaise. Und alles für die hohe Minne meiner Dame. Verdammt, Kittredge, bist Du eine sowjetische Agentin, daß Du mich so verführt hast?

H.

P. S. Ich habe eigentlich keine Angst davor, das alles der Post anzuvertrauen. Dein Diplomatenpost-Trick kommt mir sicher vor.

3

17. November 1956
(nach Mitternacht)

Liebe Kittredge,
wenn ich verspreche, Dir einen Eindruck von diesen uruguayischen Spionagegefilden zu vermitteln, ist mir manchmal, als müßte ich einer Ranke durchs Dickicht folgen. Wie soll ich zum Beispiel AV/OIRDUPOIS beschreiben? Es handelt sich um Gordon »Gordy« Morewood, einen der beiden Operations Officers, die wir hier unter Vertrag haben, einen alten Hasen, der für die Briten seit den dreißiger Jahren in Hongkong gearbeitet hatte und seitdem für uns in Wien, Jugoslawien, Singapur, Mexico City und Ghana unter Vertrag stand. Gott, was für ein faszinierender Mann, sollte man denken, immer da draußen allein für sich, nie in einer Station gearbeitet, immer nur mit Aufträgen beschäftigt wie ein Privatdetektiv und auf dieser Basis bezahlt. Aber Gordy ist eine riesige Enttäuschung, wenn Du ihn kennenlernst. Ein kleiner, mürrischer Schotte von ungefähr sechzig Jahren mit einem steifen Bein (Arthritis, nehme ich an, keine Schußverletzung) und ein Hypochonder noch dazu. Keine Werbung für Spione. Ihn scheint nur noch seine Spesenrechnung zu interessieren, die er gewissenlos anschwellen läßt. Dieser Mann ißt gut von seinen Tagegeldern, und Minot Mayhew weigert sich, mit ihm auch nur ein Wort zu wechseln. Das kostet uns eine Menge Zeit am Telefon. Denn Gordy hängt dauernd in der Leitung und fragt nach dem Stationschef, und wir müssen ihn abwimmeln und seine Beschimpfungen über uns ergehen lassen. Er bringt es fertig, mit seiner gemeinen, dünnen Stimme zu quengeln: »Schau mal her, lieber junger Novize, mir kannst du doch nichts vormachen, Mayhew drückt sich genau jetzt irgendwo in der Botschaft herum, und ich muß ihn erreichen. Mit dir kann ich nicht reden. Du hast den Arsch noch zu weit unten.«

Wenn ich das so berichte, liest es sich fast so, als wäre er interessant, aber er ist es nicht. Er bringt nur ein konfuses Gegreine hervor. Er will ständig mehr Geld und weiß, daß er noch etwas mehr herausschlagen kann, wenn er uns nur genügend auf die Nerven geht. Er versteht es großartig, seine Aufwandsentschädi-

gung unter dem Deckmantel geheimer Einsätze immer weiter in die Höhe zu treiben. Dabei besitzt er ein hochanständiges Import- und Export-Geschäft im Zentrum der Stadt. Es ist die perfekte Tarnung für Morewood, der gerade genug Delikatessen für die Botschaft importiert, um jede annähernd genaue Berechnung seiner Finanzen unmöglich zu machen. Unsere Verwaltungsleiterin, Nancy Waterston, ein liebes, kluges, fleißiges, aber häßliches spätes Mädchen, das Minot Mayhew absolut ergeben ist – nur weil er zufällig ihr Boss ist –, ist ebenso Sonderstrom ergeben, weil er die Station leitet, und uns anderen desgleichen, weil wir unsere Pflicht gegenüber dem Vaterland erfüllen. Unnötig zu sagen, daß sie die Company mehr liebt als ihre Kirche und ihre Verwandtschaft. Du kannst Dir vorstellen, wie ordentlich sie ist und wie penibel. Gordon Morewood wird sie, fürchte ich, eines Tages in einen Nervenzusammenbruch treiben. Sie versucht seine Spesenabrechnungen zu durchschauen, aber er hat ein Netz gewebt, in dem sich all ihre guten buchhalterischen Prinzipien verfangen. Ich habe gesehen, wie Nancy Waterston nach einem langen Telefongespräch mit Gordy den Tränen nahe war. Er kommt ständig mit neuen Projekten, neuen Rechnungen, neuen Quittungen, neuen Ausgaben, die er aus eigener Tasche verauslagt haben will. Sie findet einfach keine Möglichkeit, mit seinen ständigen Abweichungen von der üblichen buchhalterischen Praxis fertig zu werden. Einmal war sie so verzweifelt, daß sie zu Mayhew ging und ihn bat, einen Top-Buchhalter zur Rechnungsprüfung nach Montevideo zu berufen, aber obwohl Mayhew Gordy so sehr verabscheut, wollte er ihre Bitte nicht nach Washington weiterleiten, was in mir den Verdacht weckt, daß Gordy irgend jemandes Liebling in Foggy Bottom sein muß. Beim Bier mit (einzeln nacheinander) Sonderstrom, Porringer, Gatsby und dem Communications Officer Barry Kearns habe ich gehört, daß Gordys Stellung sakrosankt sei. Wir dürfen ihn nicht an die Luft setzen.
Außerdem könnten wir uns das auch gar nicht leisten. Er ist sehr gut in seiner Arbeit. Ohne Gordy hätten wir zum Beispiel kein mobiles Überwachungsteam (AV/EMARIA-1, 2, 3 und 4), das aus vier jederzeit verfügbaren Taxifahrern besteht. Er hat diese Leute selbst ausgebildet (und auf der Rechnung doppelt so viele Stunden eingesetzt, nehmen wir an), aber wenigstens haben wir jetzt diese Leute, und sie bringen uns auch wirklich brauchbare Resultate.

Uns selbst überlassen, hätten wir bei unserem bürokratischen Aufwand und unserem spanischen Roulette – Verständigungsquote fünfzig Prozent – weder Zeit noch Mittel und Möglichkeiten, um mobile Überwacher auszubilden. Wir müßten ein Team aus Mexico City oder Washington einfliegen, und das käme noch weit teurer.

So können wir uns nicht von Morewood trennen. Er ist der einzige richtige Profi bei uns, und wenn ein echtes Problem auftaucht, müssen wir ihn rufen.

Diesmal ging es um eine Operation, die wir als »mühsam« bezeichnen. Wir wollten an einen uruguayischen Beamten herankommen, der für den KGB gearbeitet und den die uruguayische Polizei verhaftet hatte. Keine leichte Aufgabe.

Aber laß Dir der Reihe nach erzählen. Vor über einem Monat, kurz bevor ich hier eintraf, erhielten wir eine Warnung von der Western Hemisphere Division, die uns veranlaßte, uns für einen gewissen Señor Plutarco Roballo Gómez zu interessieren. Ein Jahr zuvor hatte das FBI berichtet, daß Gómez, der damals bei der uruguayischen UN-Delegation in New York diente, mit den Russen flirtete. Nun, da Gómez zurück in Uruguay ist und im Außenministerium einen guten Posten bekleidet, beschlossen wir, Gordy zu rufen, damit er ein bißchen mehr über ihn in Erfahrung brächte.

Gordy hat erfahren, daß Gómez jeden Abend im Kasino in Carrasco spielt und deshalb immer in Geldnot ist. Am Dienstagabend jedoch besucht er regelmäßig seine Mutter in ihrem Haus nahe dem Parque José Batlle y Ordonez, einem großen Park, der sich an unsere Botschaft anschließt.

Wir setzten unser mobiles Überwachungsteam auf ihn an. AV/EMARIA-1, 2, 3 und 4 verfolgten abwechselnd den Wagen von Gómez. Während der letzten Fahrt zum Haus seiner Mutter fuhr Gómez in den Park, stieg aus und ging spazieren. Die Pfade waren nur spärlich beleuchtet, und Gordy gelang es, Gómez diskret zu Fuß zu verfolgen. Er gab die Verfolgung aber auf, als der Mann zwischen ein paar Büschen verschwand. Ein paar Minuten später tauchte Gómez wieder auf und ging hinüber zu einem nahegelegenen Weg, wo er eine umgestürzte Parkbank wieder aufrichtete – offenbar ein Signal, daß er an seinem toten Briefkasten gewesen war. Danach verließ Gómez den Park und fuhr nach Haus. Am folgenden Dienstag, kurz nach Einbruch der Dämmerung, legten

wir uns in der Gegend um diese Büsche auf die Lauer. Porringer, Sonderstrom und Morewood mußten ziemlich lange warten, aber um zehn Uhr kam ein Mann, in dem Sonderstrom einen Attaché der russischen Botschaft erkannte, dahergeschlendert, steckte einen Umschlag in die hohle Spalte eines Baums und kippte danach die erwähnte Parkbank um. Gómez erschien eine Viertelstunde später, nahm den Umschlag aus dem toten Briefkasten, richtete die Parkbank wieder auf und kehrte zu seinem Wagen zurück.
Ein Großteil der folgenden Woche verging mit Diskussionen, was zu tun sei. Der Telegrammverkehr nahm beträchtliche Ausmaße an. Es ging darum, ob man sich weiterhin Morewoods bedienen sollte. Er hatte uns in dieser Angelegenheit schon eine schöne Stange Geld gekostet, und außerdem hat Sonderstrom auch seinen Stolz. Statt also am Freitag mit dem Polizeichef und seinem Assistenten ein nettes Doppel zu spielen, lud Gus sie zum Lunch ein. Beim Kaffee eröffnete Gus ihnen dann den Verrat von Plutarco Robello Gómez. Der Polizeichef Capablanca (derselbe Name wie der alte kubanische Schachmeister) war sogar noch ärgerlicher als sein Stellvertreter Peones und bot Sonderstrom an, Gómez in die Suppe zu spucken. Man schmiedete Pläne, wie man Gómez auf frischer Tat ertappen und dann festnehmen wollte. Sonderstrom kam in ausgezeichneter Stimmung zur Station zurück, Porringer nicht. Es dauerte nicht lange, und er und Sonderstrom gerieten in Streit. Ihre Stimmen drangen durch die geschlossene Tür. Bald flog die Tür auf, und Sonderstrom winkte Gatsby, Barry Kearns und mich hinein, damit wir der Debatte folgten. Ich dachte mir, daß er Verstärkung suchte.
Porringer argumentierte, Gómez sei einer von Präsident Luis Batlles handverlesenen Schützlingen, und deshalb würde der Polizeichef ihn nicht festnehmen.
Sonderstrom stimmte dem zu. Das sei ein störendes Element in der Gleichung. »Trotzdem lernt man einen Mann kennen, während man mit ihm Golf spielt. Capablanca haßt es, einen Punkt zu verschenken, den er hätte gewinnen können. Ich halte unseren Polizeichef für einen Profi.«
»Mein Instinkt«, erwiderte Porringer, »rät mir, langsam vorzugehen.«
»Ich weiß nicht, ob wir uns das leisten können«, sagte Sonderstrom. »Capablanca trifft jetzt gerade die nötigen Vorbereitungen.

Wir können es uns nicht leisten, ihn vor seinen eigenen Leuten bloßzustellen.«

»Das stimmt«, nickte Gatsby. »Die Lateinamerikaner sind genauso darauf bedacht, das Gesicht zu wahren, wie die Orientalen.«

»Dem stimme ich zu«, sagte Kearns.

»In Südamerika«, sagte Porringer, »kann der Boss immer seine Meinung ändern. Das heißt doch nur, daß sein Geld aus einer anderen Richtung kommt.«

»Wer ist für eine Verhaftung?« drängte Sonderstrom.

Kearns' Hand ging hoch, auch Gatsbys und Sonderstroms natürlich. Ich wollte es ihnen nachtun, aber irgendein Instinkt hielt mich davon ab. Kittredge, es war ein ganz seltsames Gefühl. Mir war, als hätte Porringer recht. Zu meiner Verwunderung stimmte ich mit ihm. Nun bin ich Oatsie verbunden.

Wir bekamen eine Antwort. Am nächsten Dienstag konnte ich nicht mit meinen Kollegen zusammen in den Park, um dem Mann aufzulauern, weil es meine AV/ALANCHE-Nacht war, aber später erfuhr ich, was sich abgespielt hatte. Sonderstrom, Porringer, Gatsby und Kearns verbrachten ein paar Stunden in den Büschen (am toten Briefkasten) zusammen mit einem Kommando der uruguayischen Polizei. Der russische Attaché kam ungefähr zur gleichen Zeit wie beim vorigen Mal herbeigeschlendert, was vom professionellen Standpunkt aus gesehen dumm war. (Der örtliche KGB fühlt sich offensichtlich fern genug von Moskau, um es mit der Sicherheit nicht allzu genau zu nehmen.) Jedenfalls ging er sofort zum toten Briefkasten, legte seinen Umschlag hinein, kippte die Parkbank um und ging. Per Funk kam die Nachricht, daß Gómez seinen Wagen geparkt habe und sich zu Fuß nähere. Er war noch knapp zwanzig Meter von dem Baum entfernt, als ein Polizeiwagen mit Blaulicht und Sirene den Parkweg herunter auf den Hinterhalt zugerast kam. Gómez ergriff natürlich sofort die Flucht. In einer großen Staubwolke und mit quietschenden Bremsen kam der Polizeiwagen direkt vor dem Baum zum Stehen. Heraus stieg Capablanca. »Oh«, rief unser würdiger Vertreter von Ruhe und Ordnung und schlug sich mit der Hand gegen die Stirn. »Ich kann es nicht fassen. Per Funk hatte man mir gerade gesagt, daß unser Mann schon festgenommen sei.«

In dem allgemeinen Durcheinander gelang es Porringer, zum toten Briefkasten zu schlüpfen und den Umschlag herauszufischen. Am nächsten Tag legte Sonderstrom ihn der Polizeidienststelle vor. Auf einer Liste standen alle Dokumente vermerkt, die Gómez in der folgenden Woche fotografieren sollte. Sonderstrom stellte fest, daß das genügen dürfte, um eine gründliche Untersuchung zu veranlassen.

»Nein, Sir«, sagte Capablanca, »unmöglich.« Es ist jetzt in der Tat offensichtlich, daß irgendeine unbekannte fremde Macht die uruguayische Regierung bespitzelt, aber schließlich haben die Missionen schon immer ihre Gastländer bespitzelt. Man brauche mehr als solche Beweise, um vorgehen zu können. Aufgrund des bedauerlichen Übermittlungsfehlers am Dienstagabend, für den er, Salvador Capablanca, die volle Verantwortung übernähme, sehe er keine Möglichkeit, wie gegen Plutarco Roballo Gómez vorzugehen sei. Er würde ihn aber im Auge behalten. Ich kann Gordy Morewood kichern hören!

Es ist jetzt halb vier Uhr morgens. Ich mache Schluß und warte auf Deinen nächsten Brief. Schreibe bald.

Besitos
Herrick

4

Drei Tage darauf kam von Harlot ein offenes Telegramm über den normalen Postweg.

20. NOV. 1956
CHRISTOPHER, ACHT PFUND UND EINE UNZE, UM 8.01 UHR IM WALTER REED ARMY HOSPITAL GEBOREN. MUTTER WOHLAUF SCHICKT LIEBE, VATER HERZLICHE GRÜSSE.

MONTAGUE

21. NOV. 1956
PRACHTVOLLE NACHRICHTEN, PATE ENTZÜCKT.

HARRY

Ich plünderte mein Konto und bestellte vier Dutzend langstielige Rosen, die über die Agency in Washington an das Walter Reed

Hospital geschickt werden sollten. Dann ging ich von der Arbeit früh nach Haus, streckte mich auf der Matratze aus (die nach Insektenpulver stank) und blieb von sechs Uhr abends bis um sechs Uhr morgens im Bett im Hotel Cervantes, und mir war, als wäre eine ganze Kompanie Marinesoldaten über mich hinweggestampft.
Ich schrieb Kittredge auch nicht, bis ungefähr einen Monat nach Christophers Geburt ein Brief von ihr kam. Ich wußte nicht mehr – wenn ich es je begriffen hatte! –, was sie sich von meinen Briefen erwartete, und ich erkannte auch nicht den ruhigen, hart arbeitenden Mann, der aus meiner Handschrift sprach. Dieser hatte seine Pflichten erfüllt wie eine Maschine. Wollte ich ein solches Image? Christophers Geburt ließ derartige Eitelkeit geradezu lächerlich erscheinen.

20. Dezember 1956

Liebster Harry,
mein Kind ist heute einen Monat alt, und ich, die ich von meinem Vater in dem Glauben erzogen wurde, daß sich nur der jambische Pentameter als Metrum für die Leidenschaften von Mord und Liebe eignet, habe mich entschlossen, seine Maximen über Bord zu werfen und bin eine Anhängerin des Onestep geworden. Christopher, dreißig Tage alt, acht Pfund und fünf Unzen, wird alle vier Stunden gefüttert. Er ist so schön wie der Himmel. Wie eine gebannte Hexe starre ich dieses blauäugige Wesen mit seinen winzigen, kräftigen rosa Schinkenhänden an. Sieh nur! Sie suchen seinen Mund. Ich prüfe seine unvergleichliche Alabasterhaut. Meine Ohren lauschen dem Gurgeln seiner Unschuld. Aber ich weiß es besser. All diese spießigen Sentimentalitäten verbergen vor uns die Tatsache, daß Babys in der ersten Minute nach ihrer Geburt böse, gemein und uralt aussehen und so von Striemen und Blutspuren überzogen sind, als habe man sie gerade aus einem verunglückten Auto gezogen. Natürlich verschwindet dieser Eindruck bald, und er kommt die nächsten achtzig Jahre lang nicht wieder. Jetzt leuchtet Christopher wie der Engel Cherub. Ich bin die einzige, die sich daran erinnert, woher er gekommen ist – aus »dem schauderhaften Innersten der Höhlen«.
Erinnerst Du Dich an den Begriff? Beim einzigen Mal, da ich einen Hohen Montague-Donnerstag besuchte, sprach Hugh von den

»unbeschreiblichen« Wechselbeziehungen der Gegenspionage. Zitieren wir meinen mannhaften Krieger mit seinen eigenen Worten: »Unsere Studien bewegen sich in das geheime Innerste. Wir suchen nach dem Allerheiligsten, ›dem schauderhaften Innersten der Höhlen‹ – welchen unnachahmlichen Ausdruck ich Mr. Spencer Brown verdanke, der so im Oxford English Dictionary zitiert wird.«
In diesem Augenblick wußte ich nicht, Harry, ob mein schnurrbärtiger Beau Brummel einen kühnen Gedanken oder schlichten Blödsinn von sich gegeben hatte. Ich fand es unangemessen, Euch Greenhorns mit so hochgestochenem Zeug zu belasten. Ich bin nie wieder zu einem dieser Donnerstage gegangen. Ich werde immer mehr wie meine Mutter, vor allem in diesen Tagen. Ich betrachte Christopher und freue mich, und dann falle ich sogleich in die Dunkelheit unserer menschlichen Urregungen zurück – in das verdammte schauderhafte Innerste. Harry, ich kann Dir gar nicht sagen, was Deine großzügigen Briefe mir bedeutet haben. Die Arbeit in der Station mit all ihren mittelmäßig-schäbigen Kontakten, ihrer Langeweile und ihren Enttäuschungen kommt mir immer noch vernünftiger vor als diese hochgestochenen, einseitigen Betrachtungen, mit denen Hugh sich und mich, seine Helferin, beschäftigt. Also höre nicht auf zu schreiben. Ich liebe diese Einzelheiten. Einige Deiner Geschichten helfen mir über die schlimmsten Augenblicke der PPD hinweg. Ja, Du männlicher Trottel weißt wahrscheinlich nicht, daß ich von der *Post partum Depression* spreche. Du kannst Dir nicht vorstellen, wie schwer es einer jungen Mutter fällt, sich an die tägliche Mühle zu gewöhnen, bis Du selbst diesen Zustand durchmachst. Ich heule sogar, wenn ich mein Baby aus der Wiege hebe und dieser warme, kleine zärtliche Geist in meinen Armen liegt. Ich fange nämlich an zu begreifen, was mich das Glück der Mutterschaft kosten wird. Alles verändert sich, paßt sich den neuen Bedingungen an, und wer weiß, was noch alles auf mich zukommt? Hugh kommt nach einem Zwölfstundenklatsch beim Technischen Dienst nach Haus, sieht mich flennen und mault: »Verdammt, Kittredge, Christopher ist einen Monat alt. Zeit genug, sich an die naturgegebenen Umstände des Frauenlebens zu gewöhnen.«
Ach, ich könnte ihn umbringen. Für ihn ist das alles wieder ganz einfach. Und wenn mich der Zorn wenigstens für eine Weile aus

dem Trott reißt, so muß ich doch sagen, daß Hugh ein großer Teil der PPD ist. Wie Du auch. Ich lese Deine Briefe und denke: »Wieso kann ich nicht unter diesen idiotischen Kerlen auf dieser Station da mit all ihren geheiligten Ritualen leben?« So fange ich an, Dich zu vermissen. Schreib mir weiter. Ich freue mich über Deine Briefe. Deine detaillierten Berichte bringen Licht und Schatten in die traumartige Zweidimensionalität meines armseligen Schaffens. Tausend Küßchen, bis wir weiterblödeln können.
Deine
Hadley K. Gardiner Montague (Mrs.)
P. S. Die Rosen waren Asse, mein Bärenkater! *Mille baisers.* Du bist mein liebster Floh im Ohr.

5

3. Januar 1957

Liebliche Mutter,
ich muß immerzu die Schnappschüsse ansehen, die Du mir geschickt hast. Christophers cherubisches Selbstgefühl durchschlägt geradezu das Silberjodid. Ich muß sagen, er sieht Churchill sehr ähnlich, und das freut mich. Man wird nicht jeden Tag Pate des alten Winston!
Ich danke Dir auch für das Weihnachtsgeschenk. Hier ist jetzt Sommer, aber die Handschuhe werden mir im kommenden Juli sehr nützlich sein. Ich freue mich, daß die Rosen im Walter Reed angekommen sind. Ist aber auch die Brosche im Stall angekommen? Sag mir nicht, ich wäre extravagant. Vielleicht war ich das, aber ich mußte sie einfach kaufen, als ich sie im Schaufenster des Antiquitätenhändlers sah. Das Ornament scheint mir auf schwerreiche alte uruguayische Großgrundbesitzer hinzuweisen und doch, ich weiß nicht weshalb, erinnerte es mich auch an einen unzugänglichen Teil von Dir. Vielleicht verstehst Du, was ich meine. Aber halte mich bitte nicht für extravagant. Auch hatte mir meine Mutter zu meinem Erstaunen gerade einen auskömmlichen Scheck gesandt – er fühlte sich sogar in der Brieftasche dick und

lustvoll an. (Da ich mit Deinem Wissensdurst sympathisiere, will ich Dich nicht unnötig quälen: Es waren genau fünfhundert muntere Dollar!) Zusammen mit einer Karte und einer einzigen Zeile: »Es ist Weihnachten, also gib es für was Schönes aus, Liebling.« Sie hatte sich nicht mal die Mühe gemacht zu unterschreiben. Ihr Briefpapier ist ihr Siegel. Ich muß sagen, ich bin deswegen ganz ungewöhnlich von Liebe zu ihr erfüllt. Da hat man sich soeben wieder einmal mit ihrem angeborenen Geiz und ihrer Gefühllosigkeit abgefunden, und siehe da, sie weiß, was Du denkst und gießt ihr Füllhorn über Dir aus. Eines Tages werde ich einen Charles-Lamb-artigen Essay über »Die Vielfachen Wunderlichen Einfälle Des Miststücks« schreiben.
Mein Verhältnis zu meiner Mutter muß voll Gelantinedynamit und Lyddit sein. (Ich muß diese Sprengstoffe einfach einmal aufzählen, denn ich höre die Begriffe die ganze Zeit.) Wir in den Stationen benutzen solches Zeug wirklich nicht sehr oft (vielleicht einmal alle zehn Jahre), aber der Kordit- und Nitro-Jargon hat unsere Sprache geprägt. »Knallsaft« ist die neueste Wortschöpfung – obszön genug, um ihre Aufgabe zu erfüllen. Wir haben natürlich in den letzten beiden Wochen eine Unmenge Weihnachtsparties mitgemacht, und alle wurden sie von den Ehepaaren zu Hause gegeben, also von Mayhew, Sonderstrom, Porringer, Gatsby, Kearns. Nancy Waterston und ich waren als Singles dabei. Ich, der ich noch immer in meiner »Fast-Läusepension« hause, revanchierte mich, indem ich vier Paare und Nancy Waterston (Mayhew läßt sich bei keiner Party sehen außer bei seiner eigenen) in das prachtvolle und viel zu teure Restaurant des Victoria Plaza einlud. Während wir nach dem Essen noch ein paar Drinks zu uns nahmen, brachte irgendwer aus irgendeinem Grund den Begriff »Knallsaft« auf. Wir bastelten an dem Ausdruck herum und suchten nach neuen Bedeutungen, kamen aber, wie vorherzusehen, immer wieder auf die gleichen zurück. Aber wir amüsierten uns prächtig, indem wir »Knallsaft«-Trinksprüche formulierten wie: »Alles Gute und Knallsaft für Augustus Sonderstrom, unseren lieben Gus, wir klopfen auf das Holz und das seiner Golfschläger, auf daß stets Knallsaft hinter seinen Schlägen stecken möge!« Ja, es wurde so ein geschraubtes dummes Zeug. Stammt natürlich von Porringer.
Jedenfalls brachte mir jener Abend einige Erkenntnisse über Sally und Sherman. Nach dem letzten Gang, als alle schwerer und träger

und jedenfalls nicht nüchterner wurden – saßen sie einen Augenblick lang allein an einem Ende des Tisches; sie machte ein saures Gesicht, er schien Gift und Galle spucken zu wollen. (Er hat sich wohl geärgert, daß sein geschraubter und gedrechselter »Golf-und-Knallsaft-Toast« nicht ankam.) So saßen die Porringers also da wie eine fleischgewordene Warnung an alle, die sich mit Ehegelüsten tragen: vorzeitig gealtert. Es ist schrecklich traurig, denn sie hat ein munteres kleines Gesicht und einen hübschen Körper.
Jedenfalls war es höchst aufschlußreich zu beobachten, was die Porringers mit ihren Servietten machten. Sherman hatte die seine so lange zerknüllt und wieder losgelassen, bis sie auf dem Tisch wie eine aufgetürmte Gewitterwolke aussah. Sie schien im Gegenteil versucht zu haben, die ihre mit der Handfläche glattzubügeln. Trotzdem richteten sich die Falten immer wieder auf. Eine arme, unbefriedigte Frau?
Ich glaube, die Porringers kommen beide aus dem Südwesten. Vielleicht ist es eine College-Liebschaft. Mir ist so, als ob er die Oklahoma State University besucht hätte. Was ich damit sagen will: Jeder von beiden berührt mich auf ganz seltsame Weise. Seit ich mit ihm gegen Sonderstrom gestimmt habe, sind seine Beziehungen zu mir einem interessanten Wechsel unterworfen: eine Art Stop-and-go, mal brüsk, mal freundlich, mal kritisch meiner Arbeit gegenüber, mal ein Klaps auf den Rücken, mal hochnäsig überlegen, dann wieder hilfreich. Ich wiederum weiß nicht, ob er mir nun sympathischer ist. Ich erwähne das, weil er mir einen prima Job zugeschoben hat, als er in Gegenwart von Sonderstrom feststellte: »Rick kann das da draußen besser als Gatsby erledigen, und du und ich, wir haben einfach keine Zeit.«
Ich stelle gerade fest, daß dieser Brief quasi das Vorwort zu einer wichtigen Entscheidung gewesen ist. Alles, was ich bisher verraten habe, kann man als verzeihliche Sünde betrachten, aber wenn ich Dir von dem neuen Job erzähle, und es kommt auf, bin ich geliefert – und Du genauso. Laß uns deshalb ein paar Tage warten. Ich schreibe Dir wieder, bevor die Woche um ist. Es ist wieder einmal drei Uhr morgens. Entschuldige deshalb den abrupten Schluß. Ich muß das selbst erst zu Ende denken. Es ist zu folgenreich, als daß man es übereilen darf.

In Liebe
Harry

Ich hatte ihr nicht die ganze Wahrheit über Sally Porringer erzählt. Wir hatten eine Liebschaft angefangen, und an dem Abend, als ich meine lieben Kollegen von der Agency zum Dinner einlud, ging sie schon in die zweite Woche. So war die Trauer, die ich empfand, als ich Sally Porringer ihre Serviette glätten sah, mehr als ein simples Mitgefühl und nicht ohne Befürchtungen. Ich lebte schließlich unter geschulten Beobachtern, und wenn man die Affäre jemals entdeckte, würde das einen fürchterlichen Eindruck hervorrufen. Nachdem er mir geholfen hatte, einen wichtigen Auftrag zu bekommen, hatte ich Sherman Porringer zu Weihnachten Hörner aufgesetzt.

Doch das bereitete mir keine schlaflosen Nächte. Daß ich so kaltschnäuzig reagierte, war sogar recht beruhigend. Es deutete darauf hin, daß ich wohl auch für schwierige Aufgaben geeignet war, denen ich mich gegenübersehen würde. Ich spürte zweifellos genügend Kälte in mir, um zu erkennen, daß ein sehr kleiner Teil von mir, der trotzdem recht wesentlich war, Kittredge niemals würde verzeihen können, daß sie ein Kind von einem anderen Mann bekommen hatte.

5. Januar 1957

Liebste Nummer eins,

ich habe mich entschieden. Und wie Du Dir schon gedacht haben wirst, werde ich Dir alles berichten. Unsere Operation heißt AV/OCADO, und wenn sie so gut ausgeht, wie wir hoffen, kommen wir an eine Menge Leute heran. Im Idealfall soll, der Direktive der Botschaft entsprechend, die sowjetische Botschaft angezapft werden, und zweitens sind die höheren Ränge der PCU unser Ziel. (Letzteres ist, wenn Du Dich erinnerst, die Kommunistische Partei Uruguays.)

Nun, diese zweite Strategie ist schon weit gediehen. Dank Porringer bin ich selbst mit der Sache beauftragt. Ich erbe eine ganz wichtige Aufgabe und werde Dich auf dem laufenden halten, denn ich benötige vielleicht später Deinen Rat.

Ich möchte nämlich nicht noch einmal so etwas wie in Berlin erleben, als ich Tag für Tag mit unserem gemeinsamen Freund telefonieren mußte. Diesmal werde ich den Job ganz allein hinkriegen.

Laß mich Dir die Geschichte erklären: Habe ich schon erwähnt, daß

wir über zwei Kontraktagenten verfügen? Außer Gordy Morewood ist da noch Roger Clarkson. Er hat auch gute Arbeit für uns geleistet, und seine Tarnung ist hervorragend. Er arbeitet nicht nur für die angesehenste Public-Relations-Firma in Montevideo (die die meisten US Companies hier betreut), sondern er hat auch eine Menge Zeit in die hiesige angloamerikanische Theatergruppe investiert. Du wirst vielleicht meinen, das sei kein besonders fruchtbarer Boden, um einschlägige Informationen zu sammeln, aber angesichts dessen, was dort an Klatsch zu hören ist, lohnt es sich, bei den Montevideo Players mitzumachen. Viele Leute aus der einheimischen Oberschicht sind dabei, um »ihre Englischkenntnisse zu vervollkommnen«. In Wirklichkeit ist die Theatergruppe aber eine elegante Spielwiese für den Lieblingssport der südamerikanischen Upper Middleclass: das gegenseitige Aufsetzen von Hörnern. Roger Clarkson hat auch als unser Joy-boy dort gedient. Er ist groß, sieht gut aus, gerade Nase, blondes Haar, Princeton – mithin genau das, was wir dem Rest der Welt gegenüber darstellen wollen. Im Laufe seiner zahlreichen Affären hat er eine Menge von dem aufgeschnappt, was im Regierungspalast vor sich geht. Keine großartigen Neuigkeiten, aber doch eine Menge Einzelheiten, die wir mit dem Material aus unseren anderen, gewichtigeren Quellen vergleichen können – von uruguayischen Abgeordneten, Journalisten, Geschäftsleuten et cetera.
Vor einigen Monaten kam Roger mit einer großen Sache an: Eusebio »Chevi« Fuertes tauchte bei der Theatergruppe auf. Chevi sieht fast so gut aus wie Valentino, hat uns Roger versichert, wenn man über die etwas zermatschte Gassenjungenvisage hinwegsieht.
Fuertes kommt aus einer Arbeiterfamilie, hat hier die Universität der Republik besucht und dann in eine Mittelschichtfamilie aus Rechtsanwälten und Ärzten hinaufgeheiratet, die zum linksradikalen Establishment von Montevideo gehört.
Derzeit ist Fuertes ein angesehenes Mitglied der PCU und seine Frau desgleichen. Er ist allerdings kein stabiler, hart arbeitender Kommunist, sondern im Gegenteil eher mit sich selbst beschäftigt, und es zieht ihn in die verschiedensten Richtungen. Zum Beispiel hat er vor ein paar Jahren sein Studium hier an den Nagel gehängt und ist ohne einen Pfennig Geld nach New York aufgebrochen. (Erst nach seiner Rückkehr ein Jahr darauf hat er sich bereit erklärt,

seine Frau zu heiraten.) Diese aber ist offenbar mit Leib und Seele bei der Partei und in der Hierarchie ihrer Ortsgruppe schon weit aufgestiegen. Alle, einschließlich ihres Ehemanns, erwarten, daß sie in zehn Jahren eine führende Position in der PCU einnehmen wird. Sie ist Rechtsanwältin, schreibt polemische Zeitungsartikel, arbeitet als Funktionärin in ihrer Organisation, und ihre Familie hat, wie ich schon sagte, eine alte radikale Tradition.
Chevi andererseits gibt zwar vor, ein loyales Mitglied zu sein, aber insgeheim kann er verschiedene Aspekte des Parteilebens nicht ausstehen, etwa die Disziplin, die Selbstaufopferung und die Geduld, die man braucht, wenn man an die Macht will. Das Jahr in New York scheint ihn in einen Exzentriker verwandelt zu haben. Er kam zurück als Bewunderer und Hasser Amerikas zugleich, aber die Erfahrung scheint ihn anmaßender und großspuriger gemacht zu haben. Offenbar hat er neben anderen Jobs wie Tellerwäscher, Garkoch und Kellner auch als eine Art widerwilliger Begleiter – »niemals als Zuhälter«, versichert Roger – einer Hure in Harlem gedient.
All das hat Clarkson erfahren und an uns weitergegeben. Er und Fuertes kommen offenbar großartig miteinander aus. Sie haben sich sogar gemeinsam mit einigen Damen aus der Theatergruppe verabredet. Um einen Ausdruck zu gebrauchen, den ich kürzlich kennenlernte: Sie laufen gemeinsam. Roger, der seine Affären mit diesen Schauspielerinnen angenehm diskret behandelt, erzählt mir, daß die »Hengste« oft »zusammen laufen«. Clarkson und Fuertes sind also voneinander fasziniert.
Ich muß zugeben, daß ich ebenso fasziniert bin. Ich lerne, wieviel man über einen Mann erfahren kann, indem man Berichte liest. Clarkson, der auf Ordnung hält, hat nach jedem mit Fuertes verbrachten Abend ein detailliertes Memorandum abgefaßt, und da ich seinen Job übernehmen soll, wenn er in ein paar Wochen nach Amerika geht, lese ich alles, was Roger anbringt, wie einen spannenden Roman. Clarkson ist gewiß kein Schriftsteller – dazu ist er nun mal, bei Gott, nicht geschaffen! –, aber das Material wirkt auf mich angesichts meiner bevorstehenden Aufgabe zweifellos stimulierend. Fuertes, schlau und mißtrauisch, fürchtet ständig, daß man ihn manipulieren könnte. Er gelangt mitunter zu erstaunlichen Einsichten in Clarksons Charakter, bekommt dann Wutanfälle, die sich gegen den amerikanischen Imperialismus richten

und sich mit bitteren Attacken auf die uruguayischen Kommunisten abwechseln. Er erklärt äußerst respektvoll seine Liebe zu der mächtigen Ehefrau, gibt aber schon bald darauf zu, daß er sie eigentlich haßt und verabscheut. Er liebt Clarkson, aber er droht, er werde ihn erdolchen, wenn Clarkson ihn jemals verraten, das heißt sich als ein Agent des CIA erweisen sollte. Diesen Verdacht aber hegt Fuertes unserem Roger gegenüber schon lange. Bei ihrer letzten Zusammenkunft in einer Bar nach den Proben (die Theatergruppe probt jetzt Paul Osborns »Tod im Apfelbaum«) beschuldigte Chevi Clarkson nicht nur, für die Agency zu arbeiten, sondern stellte auch fest, er müsse geradezu beim CIA sein, da ja bekanntermaßen fünfzig Prozent der Kontraktagenten der Agency bei amerikanischen Public-Relations-Firmen beschäftigt seien.
Trotz dieser Ausbrüche hat sich Chevi unserem Roger immer mehr genähert. Er sehne sich danach, erklärt Chevi, von Mann zu Mann über seine Probleme zu reden. Diese Probleme seien sehr emotionaler Natur. Sein Haß auf die kommunistische Partei in Uruguay sei *una enormidad*, gesteht er. Natürlich schimpft er an anderen Tagen genauso auf die Sowjetunion. Sie habe die Weltrevolution verraten. Und am Abend darauf gibt er wieder der Machtgier der uruguayischen Führer und der Dummheit der einfachen Parteimitglieder die Schuld. Sie seien keine Revolutionäre, sondern Bourgeois, erklärt er. Der Kommunismus in Südamerika sei zu einem Hobby der Intellektuellen, einem virulenten Fieber der verfaulenden Mittelschichten verkommen. Die Schurken einer jeden Revolution, von Robespierre bis heute, hätten gezeigt, daß sie an der Nabelschnur der Mittelschichten hängen. Es gibt Zeiten, gesteht Roger, in denen er Fuertes nicht mehr folgen kann. Wann immer Clarkson aber versucht, ein gutes Wort für die USA einzulegen, bombardiert ihn Chevi mit Beschimpfungen. Der Kapitalismus nähre sich von den Exkrementen des Fortschritts. Das Volk der Vereinigten Staaten habe seine Seele verloren – und doch hat er am Ende einer dieser Sitzungen schon einmal gesagt: »Da ich weiß, daß du für die Central Intelligence Agency der Vereinigten Staaten von Amerika arbeitest und dir klar darüber bist, daß meine Frau und ich Mitglieder der Partido Comunista de Uruguay sind und ich mich unglücklich in einer solchen Rolle fühle – weshalb machst du mir da nicht ein Angebot?«
»Weil ich verdammt sein will, wenn ich dir vertraue!«

Roger ist nicht nur kühn genug, ihm eine solche Antwort zu geben, sondern protokolliert diese auch noch wortgetreu in seiner »Zusammenfassung vom 2. Januar/Meeting mit AV/OCADO«. Natürlich hat Sonderstrom diesen Satz nicht unzensiert gelassen, ehe er das Material an die Argentinien-Uruguay-Abteilung weitergab.)
Roger hatte an dem Abend ein Aufnahmegerät dabei. Die Antworten waren natürlich ein bißchen undeutlich, aber Clarkson hat als guter Soldat einige der fehlenden Stellen ergänzt. Er behauptet, er hätte eine beachtliche Gabe, sich Unterhaltungen zu merken und nennt das Ergebnis eine »angereicherte Übertragung«. Mit Sicherheit hat er ein Dokument produziert, das ich interessant genug finde, es für Dich hier wiederzugeben.

AV/OCADO: Du verstehst mich nicht. Du bist zu isoliert. So zerstört ihr Amerikaner die Seelen.
AV/UNCULAR: Hör doch jetzt mal mit diesem Mist auf.
AV/OCADO: *Sí, Señor*, ich bin voller Mist. Aber wie soll ich damit aufhören? Du willst mir ein Angebot machen, und trotzdem traust du dich nicht.
AV/UNCULAR: Denk doch mal nach, mein Freund. Wie soll ich das anfangen? Du traust dir ja selbst nicht.
AV/OCADO: Das ist nichts weniger als die Wahrheit. Ich bin ein Mann, der in einer fortgesetzten Angst lebt. Mir fehlt es an *Pundonor*. Verstehst du *Pundonor*?
AV/UNCULAR: Dir fehlt es nie und nimmer an *Pundonor*. Du, *Amigo*, hast Todesmut, verstehst du?
AV/OCADO: Ich danke dir für deine Einschätzung. Du sprichst wie ein Freund. Aber ich kann mich nicht auf deine Gefühle verlassen. Ein Mann muß für seinen *Pundonor* leben. Er muß auf eine tödliche Konfrontation vorbereitet sein. Ja, jeden Tag seines Lebens. Weißt du was? Es ist ohnehin eine Farce. Uruguayer werden achtzig Jahre alt. Ob wir unseren Todesmut nun beweisen müssen oder nicht, wir werden achtzig. Wir sind ein komisches Volk, mein Freund. (Lange Pause) Du verstehst mich nicht. Was ist ein Freund wert, wenn er nicht der Geist ist, der versteht? Du bist allerdings ein Nordamerikaner. Du suchst nur nach einem Hebel, wie du mich packen kannst. Ach, leck mich doch am Arsch.
AV/UNCULAR: Laß uns lieber noch was trinken. Das wird dich milder stimmen.

AV/OCADO: Leuten wie dir gegenüber muß ich deutlich werden.
AV/UNCULAR: Tu dir keinen Zwang an.
AV/OCADO: Deutlich werden oder es ausspucken. Spit it out, das sind die eingeübten Kommunikationswege der Amerikaner, jawohl!
AV/UNCULAR: Ich weiß schon, wir taugen nichts.
AV/OCADO: Jetzt weiß ich es. Du *bist* ein CIA-Mann. Deine Antworten beweisen es. Ich traktiere dich mit wüsten Beschimpfungen gegen dich und dein Land, und du, stolzer und männlicher Nordamerikaner, forderst mich nicht auf, mit dir vor die Tür zu gehen.
AV/UNCULAR: Würdest du mich fordern, wenn ich Uruguay beleidigte?
AV/OCADO: Es bliebe mir nichts anderes übrig.

Liebe Kittredge, das ist der verständlichste Teil der Unterhaltung. In den nächsten zehn Minuten wurde es so undeutlich, daß Clarkson es nicht mehr rekonstruieren konnte. Dann muß er seine Position verändert haben, denn nun waren ihre Worte wieder klar zu verstehen. Hier folgt noch etwas von der »angereicherten Übertragung«.

AV/OCADO: Ich habe immer auf den Barrikaden des unabhängigen Geistes gestanden. Ich habe keinen Korpsgeist, mein Freund, oder vorgeschriebene Ansichten, die auf einem Mangel an innerer Souveränität beruhen. So lebe ich denn auch derzeit unter demütigenden Umständen.
AV/UNCULAR: Erkläre mir das. Ich höre zu.
AV/OCADO: Ich bin ein Rechtsanwalt, der für Mandanten arbeitet, die zu arm sind, als daß sie ihre Rechnungen bezahlen könnten. Ich bin ein Ehemann, dem man in der Öffentlichkeit weniger Respekt entgegenbringt als seiner Frau. Ich bin intelligenter als meine Gattin, aber meine Ideen schweifen viel zu weit nach links und rechts ab. Das kommt daher, daß ich nicht genügend ideologisches Fundament habe, um sie an Ort und Stelle festzuhalten.
AV/UNCULAR: Woran fehlt es dir denn?
AV/OCADO: An einem Einkommen, das groß genug ist, um den Zwiespalt in mir auszufüllen. Ich brauche einen kommerziellen Konzentrationspunkt. Ich bin wie alle liberalen Scheißer. Ich will Geld.

Sonderstrom, Porringer und ich selbst sind uns nach unserem Treffen mit Roger nicht einig, ob wir die beiden gegensätzlichen Geister von Eusebio »Chevi« Fuertes an Bord nehmen sollen. Er haßt seine Frau und die PCU genug, um für uns zu arbeiten – darin stimmen wir alle überein. Aber wir bezweifeln, ob er zufriedenstellende Arbeit leisten, ob er sich Mühe geben wird, so fleißig PCU-Aufgaben zu übernehmen, daß er ein hoher Parteifunktionär wird. Ich argumentiere, den gleichen Rang wie seine Frau zu erreichen, müßte für ihn Grund genug sein. In dem Fall besäßen wir eine phantastische Sonde! Die Skala seiner Möglichkeiten drängt uns, ihn zu nehmen, aber die Unsicherheit bleibt. Sonderstrom, der schließlich in diesen Dingen Erfahrung hat, sagt, Chevi biete sich so mühsam an, daß er ein Köder sein könnte. Roger glaubt aber nicht, daß Chevi ein Geschenk des KGB ist. »Er ist als Schauspieler zu schwach, als daß er diesen ganzen Wirrwarr orchestrieren könnte«, sagt Roger. »Bei der Theatergruppe gilt er als Stümper.«
Kompliziert wird das Problem natürlich durch Rogers bevorstehende Rückkehr in die Staaten. Sein Kontrakt ist schon vor zwei Monaten abgelaufen. In Anbetracht der möglichen Bedeutung von AV/OCADO hat er seine Abreise zweimal verschoben, aber nun hat er der Station endgültig gekündigt. Er will seine Jugendgespielin heiraten – ein reizloses Mädchen, den Fotos nach zu urteilen – und für ihren Vater arbeiten. Das ergibt nicht viel Sinn, wenn man an die Bedeutung seiner Arbeit für uns hier denkt – warum kann die Braut nicht nach Uruguay kommen? Doch schließlich redet er Klartext: Die Jugendfreundin wird ein Vermögen erben. Sie mag unscheinbar sein, aber sie hat genug Temperament für eine »häßliche Herzogin«. Roger wagt es nicht, sie länger warten zu lassen. Ihr Vater ist ein Tycoon in der Werbebranche und hat einen Superjob für Roger. In einer Woche ist Roger endgültig weg.
Das sind nicht die besten Voraussetzungen, um mich einzuschalten, aber was bleibt sonst übrig? Roger wird seiner Dollarprinzessin nicht den Abschiedskuß geben.
Sonderstrom ist, wie ich allmählich erkenne, bei all seinen Fehlern nicht die schlechteste Puffmutter. Er weiß, wie man gute Miene zum bösen Spiel macht. »Mit dir könnte sich die Situation ganz gut entwickeln«, sagt Gus zu mir am Ende des Meetings. »Wenn ein neuer Mann da ist, kommt AV/OCADO vielleicht rascher zu Potte. Ein Fremder kann in diesem Stadium bewirken, daß der Groschen

etwas schneller fällt. AV/OCADO hat offensichtlich Spaß daran, seine Freunde zu quälen.«
Pikant genug, aber nächste Woche bin ich der Mann auf dem Beifahrersitz.
Diesmal will ich Dir nicht verraten, wie spät es ist. Ich mache jetzt einfach Schluß. Mein neues Kryptonym, das man extra für den neuen Job erdacht hat, ist – ich muß sagen, sie wählen meine Decknamen mit viel Geschmack – AV/AILABLE (verfügbar).

Dein ergebener Diener,
der verfügbare Hubbard

P. S. Hast Du je die Brosche erhalten?

6

18. Januar 1957

Lieber Harry,
diesmal muß ich ein Geständnis ablegen. Ich wollte mich für die Brosche bedanken, aber ich konnte es nicht. Weißt Du, ich habe sie nicht mehr.
Ich hatte die schrecklichste Vorahnung, als ich Dein kleines Päckchen öffnete, das Du so sorgfältig verpackt hattest, und dann sah ich die Brosche. Ich wußte sofort, daß sie einst einer besonders ekelhaften alten Familie gehört hat, der irgendein schreckliches Unglück zugestoßen ist.
Ich habe immer schon übersinnliche Kräfte gehabt, doch von ihnen zu reden, wäre sinnlos gewesen. Sie haben sich für mich auch als nutzlos erwiesen, und gewöhnlich kommen sie mir in den unmöglichsten Augenblicken und aus den allerunwichtigsten Gründen. Ich habe mich auch schon gefragt, warum ausgerechnet ich dieses Milligramm Magie besitze, das mit meinen übrigen 120 Pfund offensichtlich gar nichts zu tun hat. Seit Christophers Geburt hat sich diese Begabung aber auf einen bestimmten Punkt konzentriert. Es ist eine Kraft, ein Geschenk der Mutterschaft, wenn Du so willst. Ich habe, seit er da ist, ein sicheres Gefühl dafür entwickelt, was ich im Haus haben sollte und was nicht. Lieber Herrick, als ich

Dein Päckchen öffnete, fragte ich mich, ob Du Dir einen schlechten Scherz erlaubt hättest. Mir war, als wollte ich gerade in ein tolles Tortenstück beißen, und aus der Sahne käme eine Kakerlake herausgekrochen. Ich hätte fast aufgeschrien. Diese Brosche war widerlich. Ich konnte nicht verstehen, wieso Du und ich, die wir uns in so vieler Hinsicht so nahe sind, in dieser Sache so weit auseinander sein konnten. Ich wollte Dein Geschenk nicht einmal im Haus behalten. Aber in Anbetracht meiner Gefühle konnte ich es auch nicht an eine Freundin weitergeben, denn sie ist gefährlich, und mein Gefühl sagt mir, daß ich jeden Gegenstand wegwerfen muß, den ich als übel erkenne. (Ermiß meine wahre Zuneigung zu Dir an meiner Offenheit.) Ich beschloß dann, sie zu verkaufen. Der schmutzige Gewinn kann die Aura eines übelverheißenden Gegenstands vielleicht durchbrechen – wurde das Geld nicht auch dazu erfunden? Ich dachte, ich könnte dieses Geld durch ein oder zwei weitere Transaktionen »waschen« und es Dir dann zurückgeben. Das war mein Plan. Statt dessen stellte ich heute früh fest, daß die Brosche weg ist. Sie ist aus dem Kästchen verschwunden, das ich in einer Ecke des Bücherregals stehen hatte. Ich kann mir nicht vorstellen, daß das Kindermädchen oder die Putzfrau sie gestohlen hat. Ich bin furchtbar aufgewühlt, während ich dies schreibe, und jetzt höre ich das Baby weinen. Ich will nachher weiterschreiben.

Ach, er hatte eine Kolik und eine volle Windel. Ich gebe zu, daß Babykacke riecht, als entdeckten diese kleinen Wesen dadurch gerade die Erbsünde. Dann hatte ich einen Lohndisput mit dem Kindermädchen, das sich unterbezahlt glaubt und einen besseren Vertrag will, woraufhin ich Babymilch und drei Rindsmedaillons einkaufen mußte, die heute abend bei Montagues Dinner auftauchen sollen (zwei für Hugh), plus Schalotten und Pfifferlingen – wie verrückt er doch nach Pfifferlingen ist! Und als ich nach Hause kam, beschloß ich, Harlots Arbeitszimmer sauberzumachen, dem ich mich seit fast einer Woche nicht mehr genähert hatte. Das erste, was ich sah, war die Brosche. Sie hing an dem Metallknauf einer der kleinen Schubladen seines Schreibtischs. Ich hatte Dein Geschenk ihm gegenüber niemals erwähnt, und jetzt hatte Hugh es an sich genommen. Er hat wohl geglaubt, ich hätte es auf einem Flohmarkt aufgelesen.

Harry, es ist merkwürdig: Als ich Dein Geschenk zwischen seinen

Papieren sah, wußte ich sofort, daß alles in Ordnung ist. Hugh ist so mit eigenen Talismanen ausgerüstet, daß er kluge Entscheidungen trifft, ohne überhaupt zu ahnen, was er tut – jedenfalls wenn es um diese undefinierbaren Dinge geht. Dein kleines uruguayisches Ungeheuer ist seiner bösen Macht beraubt, solange es an seinem Schreibtisch befestigt ist – gerade als ich diese letzten Worte hinschrieb, hatte ich eine dieser kostbaren kleinen Einbildungen, die man als Visionen bezeichnen könnte. Ich sah die Geschichte der Brosche, wenigstens einen Teil davon. Der Gründer der Familie, der sie gehörte, war entweder ein Blutrichter oder ein Henker – irgendein ausführendes Organ, das Blut vergießt.

Nun, ich hatte es gerade geschrieben, da stand ich auf, ging zu seinem Arbeitszimmer hinauf, sah wieder dieses furchtbare Schmuckstück an und begriff, daß es jetzt ein Teil der Welt geworden ist, die mit mir kommuniziert. Neunundneunzig Komma neunundneunzig Prozent dieser Welt bestehen aus Menschen, Gott sei Dank, aber hier und da gibt es einen Baum und einen Vogel, an den ich mich von meiner Kindheit her erinnere, oder zum Beispiel an einen Mops, den mir mein Vater schenkte, als ich ein junges Mädchen war. Der Hund war ein richtiges Gespenst – und jetzt diese blutige Brustnadel. Harry, die Brosche hat mir gerade gesagt, daß Du höllisch aufpassen mußt bei allem, was Du mit Deinem höchst sonderbaren lateinamerikanischen Kommunisten tust, diesem Fuertes. Er könnte deine Karriere zerstören.

Und verzeih mir bitte die Handschuhe. Dein Weihnachten, daran hatte ich nicht gedacht, ist so heiß wie hier der Juli.

In Liebe
Kittredge

22. Januar 1957

Liebste Kittredge,
ich bin jetzt mit AV/OCADO in Kontakt, und derzeit geht es ein bißchen besser, als man hätte erwarten können. Sonderstrom hatte recht. Rogers Verschwinden hat unseren Latinofreund etwas ernüchtert. Ja, die Übergabe verlief gut. Wir treffen uns in einem Safe house, das die Station in einem nagelneuen Apartmenthaus an der Rambla oberhalb der Playa de Los Pocitos unterhält. Es werden jetzt eine Menge solcher Apartmenthäuser gebaut, und wenn sie fertig sind, wird die Rambla, dessen bin ich sicher, fast so prächtig

wie der Lake Shore Drive in Chicago aussehen. Vom Panoramafenster unserer Safe-house-Wohnung im zwölften Stock aus betrachtet sehen die Autos so klein wie die Kaninchen beim Hunderennen aus. Die Hälfte der jungen Leute aus Montevideo scheint sich am Strand zu tummeln. Man sieht jede Menge Bikinis. Sogar aus dieser Entfernung fallen die breiten spanischen Hüften der Mädchen von Montevideo ins Auge. Klar, die 238 Pfund Rind- und Schweinefleisch pro Kopf und Jahr machen sich eben an den Hintern bemerkbar.

Unser Safe house ist unbequem leer. Wir zahlen wer weiß wieviel Miete im Monat, und trotzdem gibt es dort nicht mehr als das Bett und den Schreibtisch im Schlafzimmer, die Klappcouch, den Eßtisch aus Plastik, einen Armsessel, eine Lampe und ein paar, in den Wohnräumen verteilte Bridgestühle. Dazu einen ausgemusterten Teppich aus der Botschaft, der keine Farben mehr aufweist. Ich verstehe die Safe-house-Ökonomie nicht. Wenn wir schon für eine Luxuswohnung blechen, warum richten wir sie dann nicht auch ordentlich ein? (Vielleicht wollen wir einen so ärmlichen Eindruck machen, um die Dotierung der Agenten niedrig zu halten.)

Jedenfalls weiß ich nicht, wie ich Chevi Fuertes beschreiben soll. Ich habe mir Fotos angesehen und kenne seine Biographie besser als etwa die von Sonderstrom, aber ich bin immer noch nicht auf seine Gegenwart vorbereitet. Er ist so lebendig, daß du ihn gleich bei dir zu Haus aufnehmen möchtest. Mein erster Gedanke war: Kittredge würde ihn anbeten. Er ist natürlich schwarzhaarig, außerdem hager, mit einer Adlernase und jener düsteren Ausstrahlung, die mich immer an die Achselhöhlen von Beerdigungsunternehmern denken läßt. So! Ich habe gerade meinen bisher unbewußten Ressentiments darüber Luft gemacht, daß ich hier stationiert bin. Trotzdem erobert einen Chevi mit seinem überraschenden Lächeln: Das Gesicht leuchtet auf, und seine zarte, wenn auch boshafte Jugend guckt dich durch die Maske des finsteren Mannes an.

Roger Clarkson, der mich brüsk, sogar gleichgültig als »Peter« vorgestellt hat, kam gleich aufs Geschäftliche zu sprechen. Er erklärte Chevi, ein dringender Fall rufe ihn in die Vereinigten Staaten zurück, und ich sei sein Nachfolger. Wir würden uns nicht mehr bei den Montevideo Players, sondern in diesem Safe house treffen.

»Ich glaube deine Geschichte nicht«, maulte Chevi.
»Aber ich«, konterte Roger eisig.
»Ich«, bohrte Chevi weiter, »glaube nicht, daß du in die Vereinigten Staaten zurückkehrst.«
»Aber das tue ich.«
»Nein«, sagte Chevi. »Du gehst nach Europa, um mit den ungarischen Flüchtlingen zu arbeiten, die eure Leute zu Sabotageakten nach Ungarn zurückschicken wollen.«
»Ich kann dir das nicht bestätigen«, erwiderte Roger. Seine Improvisationsgabe ist offenbar gut. »Aber du sollst wissen, Chevi, daß sie mich nie bei den Ungarn einsetzen könnten, weil ich mit den ungarischen Diphthongen nicht klarkomme.« Dabei zwinkerte er Chevi zu – und hatte gewonnen. Fuertes brauchte offenbar den Glauben, daß er den richtigen Riecher hatte, und Roger sorgte dafür, indem er ihm zuzwinkerte. Ja, hieß das, du hast ja recht, aber ich kann's dir nicht sagen. Dabei sagte er laut: »Laß uns doch hier gleich den Transfer besprechen.«
Danach beantwortete Fuertes die detaillierten Fragen unseres Katalogs mit langen Erwiderungen. Ich will Dich nicht mit dem Ergebnis dieser Stunden langweilen. Es war rein technisch, ging um die Prozeduren und lief relativ glatt. Als er uns die Liste der Organisationen der PCU und der Führer und Sektionschefs gab, vertiefte sich mein Mitgefühl für ihn. Er war so offensichtlich in sich zerrissen. Vielleicht 51 Prozent des Mannes hatten beschlossen, mit uns zusammenzuarbeiten, aber die anderen 49 Prozent hingen noch immer an dem Geflecht alter Freundschaften, die so eng mit seiner Kindheit, Jugend und Studienzeit, seiner Parteiarbeit, Ehe und sogar seinem alten Wohnviertel verknüpft waren.
Es handelte sich, wir alle wußten es, immer noch um Vorbereitungsarbeit. Sonderstrom hatte uns unter anderem den Tip gegeben, Chevi ausführlich über seine Kindheit und Jugend zu befragen. »Dadurch«, erklärte Gus, »entsteht eine positive Bindung. Er wird sich wichtig vorkommen. Die Leute sind es nicht gewöhnt, daß andere Leute sie ernst nehmen.«
Und wieder einmal hatte Sonderstrom recht. Als Chevi in unser Tonbandmikro sprach, konnte ich seine Resignation spüren. Es war, als hätte er ein Schiff bestiegen, stände nun an der Reling und sähe das Land seiner Jugend unter dem Horizont versinken. Als wir fertig waren und die Barzahlung stattfand – gemäß Sonder-

stroms Instruktion zahlte ich, nicht Roger, Chevi bekommt 50 Dollar die Woche –, sah ich, daß er buchstäblich zusammenzuckte, als das Geld seine Hand berührte. (Kannst Du Dir vorstellen, daß ich von der Anstrengung, es ihm hinzuzählen, schwitzte? Es ist demütigend für einen selbst, wenn man einen Menschen demütigen muß.) Ich muß auch sagen, Papiergeld hat sich noch nie so schmutzig angefühlt.
Clarkson tat dann etwas Feines, Anständiges. Natürlich mußte Chevi klar sein, daß wir ausführlich über ihn reden würden, sobald wir miteinander allein waren. Trotzdem war Roger so höflich, als erster zu gehen. Er gab Chevi einen Klaps auf die Schulter, sagte: »Ich schicke dir eine Postkarte vom Balkan« und verschwand.
Mein brandneuer Agent und ich, wir müssen einander wie Erstsemester angesehen haben, die nun ein Studienjahr lang die Bude teilen sollen. Wir standen uns verlegen in einem Meter Abstand gegenüber.
»Ich möchte dich gleich um etwas bitten, Peter«, sagte er.
»Was es auch ist, ich werde es tun«, erwiderte ich. Denn ich nahm an, die Bitte würde nicht unschicklich sein.
»Ich möchte, daß du alles vergißt, was dir Roger über meinen Charakter erzählt hat. Es wäre mir lieb, wenn du mich selbst kennenlerntest.«
»Ich verstehe«, sagte ich.
»Das hoffe ich.« Wir schüttelten uns die Hand.
Ja, das war vor ein paar Wochen. Seither habe ich ihn nur zweimal gesehen. Wir machen langsam Fortschritte. Chevi hat mir zwar gesagt, es würde sich nicht als mühevoll erweisen, ihn kennenzulernen, aber niemand in der Station oder bei der Argentinien-Uruguay-Abteilung in Washington ist bereit, eine solche Behauptung zu kaufen. Die hohen Herren verlangen, daß wir alles überprüfen, von Chevis Gesetzestreue bis zu seinen Hämorrhoiden. Und wirklich mußten Gatsby und ich auf Sonderstroms Anordnung hin dessen polizeiliche, medizinische und schulische Akten durchgehen. Wir entdecken, daß Eusebio Fuertes ein Prädikatsexamen gemacht hat, aber auch, daß er mit siebzehn festgenommen wurde, als er mit Freunden in einem gestohlenen Wagen herumfuhr – Urteil zur Bewährung ausgesetzt.
Die Schwerarbeit aber beginnt mit der Überprüfung des Tonbandinterviews. Wir vergleichen alles, was er uns über die PCU gesagt

hat, mit den Erkenntnissen, über die wir, was ihr Personal angeht, bereits verfügen. Wenn unsere hiesigen Akten auch keinen Vergleich mit denen in der Schlangengrube aushalten, so werden Akten doch immer die Neigung haben, neue Akten auszubrüten. Nichts ist demoralisierender, als mit den Fingern über Hunderte von Heftern zu kriechen auf der Suche nach dem einen Eintrag, der etwas bestätigen soll, das, während die Stunden verstreichen, immer unwichtiger scheint. Nun, ich will Dich nicht mit meinen Leiden quälen.

Außerdem haben wir einen höllischen Telegrammverkehr mit Washington. Sie haben eine Heidenangst, daß die Sowjetunionabteilung mit all ihren manisch mißtrauischen Leuten ihnen aufs Dach steigt, wenn wir zugeben müßten, daß AV/OCADO ein KGB-Köder ist. So bemühen wir uns denn, ohne es uns selbst gegenüber einzugestehen, nicht zu einer solchen Erkenntnis zu kommen und statt dessen festzustellen, daß alles, was er uns sagt, mit den bereits bekannten Fakten übereinstimmt. Jedenfalls bis heute. Natürlich haben wir ihn noch nicht gebeten, uns etwas zu bringen, das wir wirklich gebrauchen können, und wenn ich vorschlage, daß wir das allmählich tun sollten, fährt man mir sofort über den Mund. Bevor wir nicht sicher sind, daß er kein Köder ist, wollen wir ihm nicht zeigen, wonach wir suchen, weil er das dem KGB mitteilen könnte.

Außerdem, belehrte mich Sonderstrom, sei es immer noch zu gefährlich. Chevi sei noch nicht soweit, und wir dürften unseren Agenten nicht sinnlos in Gefahr bringen. Ich finde Gus immer beeindruckender. Groß, kahl, rotgesichtig, Exmarinesoldat, aber seine wichtigste Leidenschaft ist die Anständigkeit. Ich muß über die Amerikaner nachdenken. Du weißt, den Franzosen sagt man einen Hang zum Geld nach, und die Engländer interessieren sich meinem Vater zufolge nur für Manieren. Du kannst ein Schwein sein und trotzdem damit durchkommen, wenn Deine Manieren entweder gut oder, besser noch, interessant sind. Aber wir in Amerika müssen anständig sein, stimmt's? Sogar die Zuhälter und die Drogenhändler haben ihren Code, wie ich höre. Roger kam sich richtig anständig vor, als er loszog, um seine Dollarprinzessin zu heiraten. Er wollte einfach nicht, daß das arme Mädchen an gebrochenem Herzen stirbt. Ebenso Sonderstrom. Er macht sich Sorgen, wie er seinen Job mit Anstand hinkriegt. Sogar beim Golf hat er Skrupel. Vielleicht ist es schon spät und ich trinke zuviel Fundador, aber mit einem Mal liebe ich die Amerikaner.

Ich kann nicht behaupten, daß ich das im Büro auch immer tue. Dauernd kommen aus Washington neue Fragen über AV/OCADO. Fuentes scheint weltweit der Agent des Monats zu sein. Das ist natürlich nicht ganz ernst gemeint, aber er ist groß genug, um im Hauptquartier ein unheimliches Interesse zu wecken, und ich bin der, der mit AV/OCADO redet, ich weiß, wie er aussieht. Ich bin der Angelpunkt! (Natürlich, sage ich mir, ist das nichts gegen die Mangel, durch die sie Roger gerade in Washington drehen.) Jedenfalls marschieren wir vorwärts wie ein Elefant auf Holzschuhen. Ich glaube nicht, daß Du Dir im Augenblick Sorgen um meine Karriere zu machen brauchst. Da jetzt unsere Abteilungs-Halbgötter und Upper Whambo (Western Hemisphere Division) und die Sowjetunionabteilung, auch als »Sauere Eier« bekannt, an der Sache interessiert sind, wird niemand es zulassen, daß ich in Schwierigkeiten gerate.

Ich will Dir noch etwas erzählen, das Dich vielleicht amüsieren wird, vielleicht aber auch nicht. Der hier meistgefürchtete Telegrammabsender – obwohl er noch gar nichts gesendet hat – ist eine seltsame Abteilung unter dem geheimnisvollen Dach Eures Technischen Dienstes mit Namen »GHOUL«. Dieses Büro oder diese Eminenz oder was immer es auch sein mag, ist nur Dulles selbst verantwortlich. Ich höre von Porringer, daß sogar die Sowjetunionabteilung GHOUL mißtraut. Sollte diese geheimnisvolle Abteilung je den Verdacht äußern, AV/OCADO könnte ein KGB-Köder sein, würde unser Leben hier zu einer Telegrammhölle werden. Dem Vernehmen nach säßen wir dann zwölf Stunden pro Tag am Chiffrier-Dechiffriergerät, um Fragenkataloge zu beantworten. Natürlich glaube ich zu wissen, wer GHOUL ist.

Ich legte die Feder beiseite. Ich wußte gar nicht so richtig, worauf ich eigentlich hinaus wollte, aber dann kam mir ein boshafter Gedanke. Ich wollte Kittredge von Sally Porringer erzählen und wußte doch gleichzeitig, daß ich es (noch) nicht konnte. Trotzdem beschloß ich, es zu versuchen. Da ich wußte, daß ich es mir mittendrin vielleicht anders überlegen würde, nahm ich für dieses neue Thema ein neues Blatt.

7

Pause für Kaffee und Fundador
2.00 Uhr früh

Kittredge,
brandneues Thema. Bitte urteile erst, wenn Du alles gelesen hast. Was ich Dir erzählen muß, wird, darum bete ich, nicht unsere Freundschaft berühren. Weißt Du, ich habe etwas begonnen, das sich sehr wohl als eine längere Affäre erweisen könnte. Während Du in Washington immer versucht hast, eine attraktive junge Dame für mich zu finden, ist die Frau, mit der ich mich nun heimlich treffe, wie ich fürchte, nichts Passendes für mich. Sie ist nämlich verheiratet, hat zwei Kinder und ist, noch schlimmer, die Gattin eines meiner Kollegen.
Ja, ich weiß, daß Du nun fragen wirst, wie alles angefangen hat und wer sie ist, und ich will Dir nicht verschweigen, daß es sich um Sally Porringer handelt, die Frau von Oatsie.
Laß mich einfach der Reihe nach erzählen. Es fing ungefähr eine Woche vor Weihnachten an, nach der Party bei Minot Mayhew. Unser Stationschef gab auf die Nachricht hin, daß E. Howard Hunt Ende Januar endlich eintreffen würde, um ihn abzulösen, eine Abschiedsparty für sich selbst in Form einer Weihnachtsfeier. Er lud dazu die Kollegen aus der Station und deren Frauen, dazu ein paar von seinen Freunden vom State Department plus eine noch größere Anzahl von relativ – dachte ich – unbedeutenden uruguayischen Geschäftsleuten und deren Frauen ein. Die Party selbst war nicht der Rede wert, vor allem nicht im Vergleich zu den anderen, die sonst noch gefeiert wurden.
Weihnachten ist hier eine seltsam unharmonische Sache. Es fehlt einfach das fahle Licht des Winters. Man leidet statt dessen unter der Sommerhitze und abwechselnden Wut- und Mitleidsausbrüchen. Ich erwähne das, weil Mayhews Fest in seinem wohlgeordneten Haus voller Karrieresouvenirs und einer Einrichtung im Haziendastil (Armsessel mit Ochsenhörnern) – bezahlt hat er es, kein Zweifel, aus seinen Börsengewinnen – doch besser wurde, als er sich ans Klavier setzte. »Jeder Mann, den ich kenne«, hat mir mein Vater einmal gesagt, »kann mit einer überraschenden Kunstfertigkeit aufwarten.« Bei Mayhews sind es Klavierspielen und

der Gesang. Wir sangen »Deck the Halls« und »Hark! The Herald Angels Sing«, »Noel, Noel«, »Jingle Bells«, »Silent Night« natürlich, und dann, irgendwann bei »O Come, All Ye Faithful«, war Sally Porringer neben mir, legte ihre Hand um meine Taille und wiegte sich im Takt, während wir und dreißig andere Leute mit Mayhew zusammen sangen.
Ich bin kein großer Sänger, wie Du weißt. Es gibt da viel zu viele Hemmungen, die mich daran hindern, goldene Töne hervorzubringen, aber ich habe einen tiefen Baß, und damit komme ich zurecht. Sally aber lockte etwas Besseres aus mir heraus. Ich weiß nicht, ob es daher kam, daß ich mich niemals zuvor beim Singen im Takt gewiegt hatte, aber ich hörte meine Stimme klingen, und diese Freiheit zu singen und die Schönheit zu spüren – nicht so sehr der Worte, sondern all der Nuancen und der Schwingungen dieser eiskalten und doch rosensüßen Zeit –, nahm mich gefangen. Ich fühlte mich, als ob wirklich Weihnachten wäre, sogar in Uruguay. Ich hatte die Erleuchtung, auf die ich immer warte, wenn der Dezember in seine entscheidende Woche kommt, dieses Gefühl, das man während des Jahres so schwer aufspüren kann – die Überzeugung, daß Er vielleicht wirklich nahe ist.
Nun, ich war gerade verzaubert genug, um mit einem Mal all meine Kohorten und deren Frauen zu mögen, und ich dachte an all die süßen feierlichen Rufe des Vaterlands, der Pflicht und der liebsten Freunde. Am meisten aber dachte ich an Dich, weil ich oft fühlen kann, daß das Weihnachtsfest mir wieder nahe ist, wenn ich mich Deiner Schönheit entsinne – und dann, gerade als ich »O come, let us adore Him« singe, sehe ich nach unten und sehe Sally Porringers Gesicht, und sie lächelt zurück mit einer Wärme und Energie, die ein Teil meiner eigenen plötzlich guten Stimme ist, und sie gefiel mir zum ersten Mal.
Nach den Weihnachtsliedern saßen wir eine Weile auf dem Sofa und plauderten über Persönliches. Sie erzählte mir dabei einen beträchtlichen Teil ihrer Lebensgeschichte: Ihr Vater war ein Rodeoreiter, trank jedoch zuviel und verließ ihre Mutter, die einen braven Korn-und-Viehfutter-Mann heiratete. Sally und Sherman kannten sich schon in der Highschool (Stillwater, Oklahoma), gingen weiter zur Oklahoma State University, in dieselbe Klasse, sahen einander in den ersten drei Jahren aber nur selten. Er war ein Streber, errang alle möglichen akademischen Ehren, und sie war

im Einpeitscherteam der Footballmannschaft. Ich sah sie mir genauer an. Sie ist hübsch, wenn auch in keiner Hinsicht hinreißend, kleine Stupsnase, Sommersprossen, blaßgrüne Augen, sandfarbenes Haar, eine leicht abgehetzte Hausfrau. Aber ich konnte ahnen, wie sie vor zehn oder zwölf Jahren gewesen sein muß. Sie war damals wahrscheinlich gesund und lebhaft und hatte, wie sie mir andeutete, eine kleine, aufregende Affäre mit einem der Footballspieler. Ich nehme an, der hat sie dann abgehängt, weil Sherman und sie sich im Seniorjahr fanden und nach dem Studienabschluß heirateten.
Ich wußte, daß sie nun etwas Entsprechendes von mir erwartete, aber ich hatte keine Lust, meine mageren Erinnerungen zu plündern. So saß ich da, lächelte und redete unentwegt davon, wie ich in Yale Skeat entdeckt hatte. Ich glaube, sie wäre vor Enttäuschung fast eingeschlafen. Eine Minute später, gerade als wir voneinander abrücken wollten, kam Sherman. Er hatte in der Nacht Bereitschaftsdienst in der Botschaft. Das hieß, daß er jetzt aufbrechen und seinen Wagen mitnehmen mußte. Sally aber wollte noch bleiben. Ich hatte an diesem Abend einen zweitürigen Chevrolet von der Botschaft und bot ihr an, sie auf dem Rückweg zum Cervantes zu Haus abzusetzen. Ich wollte eigentlich gar nicht bleiben und wäre bald nach Porringer gegangen, aber sie sah so traurig aus, weil sie gehen sollte, daß ich blieb.
Ein bißchen später tanzte ich mit ihr. Minot Mayhew spielte nun alle Arten von dem, was ich Charleston Rags nenne, obwohl ich weiß, daß der Begriff nicht korrekt ist. Ich wußte nicht, wie man diese Modetänze tanzt, aber wir hatten Spaß dabei. Als er ein paar langsame Foxtrotts aus den dreißiger Jahren spielte – »Deep Purple« und »Stardust« etwa –, tanzte sie ein bißchen zu eng, dachte ich. Es war diese Art von Halbflirt, der dann akzeptabel ist, wenn der Ehemann noch im gleichen Raum ist. Doch das war er nicht mehr. Dann unterbrach uns – zu meiner Erleichterung – Barny Kearns, unser Communications Officer. Als ich aber sah, daß sie sich mit Barny genauso zu amüsieren schien, ärgerte ich mich.
Sally saß aber neben mir, als die Party vorüber war, und wir gingen zusammen. Auf der Fahrt von Carrasco zurück nach Montevideo suchte ich nach Gesprächsthemen, aber wir schwiegen. Ich spürte dieselbe Art von Spannung wie viele Jahre zuvor bei den Kußspie-

len in der Keep mit den Nachbarmädchen – da war diese lähmende Stille, wenn man mit einem Mädchen aus dem Zimmer ging.
Als ich vor ihrem Haus parkte, sagte sie: »Fahr noch einmal um den Block.«
Ich tat es. Die Porringers wohnen in einem kleinen, stuckverzierten Haus in einer der weniger verwahrlosten Straßen mit Einwohnern der Mittelschicht in einer anonymen Gegend hinter dem Parlament. Sogar im Sommer sind die Straßen relativ verlassen, und es gibt hinter ihrem Haus noch mehrere unbebaute Grundstücke. Wir parkten, und sie wartete, und ich tat nichts. Dann streckte sie die Hand aus, verriegelte die Türen und schloß die Fenster. Ich tat noch immer nichts. Ich glaube, mein Herz schlug so laut, daß sie es hören mußte. Ich wollte sie eigentlich gar nicht lieben, und ich wollte Sherman Porringer keine Hörner aufsetzen, obwohl es, das gebe ich zu, da unten so eine kleine, unmoralische Erhebung gab.
Dann sagte sie: »Darf ich dir eine persönliche Frage stellen?«
»Ja«, nickte ich.
»Bist du schwul?«
»Nein«, sagte ich.
»Warum willst du mich dann nicht küssen?«
»Ich weiß es nicht.«
»Beweise mir, daß du nicht schwul bist.«
»Warum meinst du, daß ich es bin?«
»Du redest so hochgestochen. Sherman sagt, du seist ein Mittelschüler.«
Ich wehrte mich nicht mehr dagegen. Sie ging los wie eine Rakete. Ich gestehe dir, Kittredge, ich wußte nicht, daß Frauen so leidenschaftlich sein können.

Dieser letzte Satz verriet, was ich von Anfang an gewußt hatte: Ich würde nicht zu Ende kommen. Die fleischlichen Einzelheiten konnte man keinem Brief anvertrauen. Also lehnte ich mich in meinem Sessel zurück, blickte aus meinem Hotelzimmerfenster hinaus auf das schmutzige Bauwerk gegenüber und erinnerte mich, wie ihre Lippen die meinen geküßt hatten, als ob unsere Münder einen Kampf ausföchten. Ihre Hände tasteten ohne merkliche Hemmungen nach den Knöpfen meines Hosenschlitzes. Ihre Brüste, die sie bald aus ihrem Halter befreite, waren in meinem

Mund, so oft sie den Kopf heben mußte, um Luft zu holen, und dann sprengte sie sämtliche Grenzen selbst meiner kühnsten erotischen Phantasien, indem sie sich zu meinem Entsetzen schnell wie eine Katze an meinem Körper entlang hinunterwand und mit ihrem Mund die Spitze meines Phallus umschloß, der mir in diesem Augenblick größer denn je zuvor erschien. So nahm sie die sechs, acht, neun, elf Preßlufthammerstöße des Rammbocks, in den sie mich verwandelt hatte, in ihrem Mund auf. Dann, inmitten der extremsten Ejakulation, ließ sie diesem Frevel einen noch erniedrigenderen folgen, indem sie ihren Finger, ohne mich um Erlaubnis zu fragen, in meinen Arsch steckte. Ich rammelte wie ein Stier, und wir hatten doch noch nicht einmal Geschlechtsverkehr gehabt.

Dem wurde in überraschend kurzer Zeit abgeholfen. Ich fand, daß Lenny Bruce weniger über die innere Logik des zweiten Mals wußte, als er ausposaunte. Weit entfernt, es als Ehrensache zu begreifen, brannte alles in mir darauf, soviel wie möglich und so schnell wie möglich zu genießen. Und trotzdem fühlte ich mich von allem abgestoßen! Es schien mir unfair, den ganzen Schatz des Sexes zu plündern. Mitten in meiner freudigen Erregung, in diesem Überschwang, dieser sexuellen Leidenschaft und diesem Jubel, mitten in all dem Gefühl, daß etwas unendlich Starkes in uns beiden aufeinanderprallte, regte sich diese lange, schwache, doch erhabene Trauer, daß Kittredge, für die ich mich aufgespart hatte – Ingrid zählte nicht –, nun auf ewig von der Leidenschaft meines ersten richtigen Erlebnisses ausgeschlossen war. Ich hatte immer geglaubt, diese Art von Gier könne nur aus einer sehr tiefen Liebesbeziehung entstehen, deren Schwungkraft die Liebenden zum Gipfel des Glückes trägt, so wie ein großes Orchester in einer gewaltigen Symphonie den Gipfelpunkt eines herrlichen Finales erreicht. Sex mit Sally war dagegen ein Footballhandgemenge mit Bissen und Kratzern und zerquetschter Schokolade im Schritt.

Nach meiner dritten Ejakulation war ich ihrer überdrüssig. Die Autofenster waren beschlagen, unsere Kleidungsstücke ein zerknüllter Haufen, und ich wußte kaum, ob ich ein Hengst oder das Opfer einer Vergewaltigung war. Nachdem ich mich von ihr gelöst hatte, gelang es mir, sie dazu zu bewegen, daß wir unsere Kleidung zusammensuchten. Sally schien ein wenig unwillig. Doch ihre

Küsse – wie grausam ist der Nachklang des Begehrens! – kamen mir nun wie die eines Blutsaugers vor. Ich wollte nach Haus.
Ich konnte sie natürlich nicht wie ein bestelltes und nicht abgeholtes Paket vor die Tür stellen. »Ich rufe dich bald an«, sagte ich deshalb und kam mir dabei vor, als wäre ich allen erpresserischen Kräften dieser Welt ausgesetzt.
»Das will ich auch hoffen«, strahlte sie. »Es war toll.«
Toll! Endlich hatte man mir den Schlüssel zu meinem eigenen Land gegeben. Jetzt war ich ein vollwertiges Mitglied in diesem großen, unbekannten Durchschnittsamerika, das zu verteidigen ich bereit war. Ich spürte große Erleichterung, als ich wegfuhr, weil in dieser einsamen Straße kein Fußgänger an unserem Wagen vorbeigekommen war. Das Risiko, das wir auf uns genommen hatten, wurde mir erst allmählich bewußt.
Nun, ich habe sie natürlich seither wiedergesehen: einmal bei ihr zu Haus, als die Kinder mit einem Babysitter fort waren – eine schrecklich bange Angelegenheit, weil wir es in der Angst trieben, Sherman könne in voller Entfaltung seiner übersinnlichen Kräfte plötzlich hereinkommen. Und wir hatten uns im Cervantes geliebt – zweifellos besser trotz der Hitze und auf einer Matratze, die nach Desinfektionsmitteln roch. Schließlich forderte ich alle Götter der Vorsicht heraus und nahm sie mit ins Safe house oberhalb des Strandes von Los Pocitos, wo wir uns im zwölften Stock in einem Sessel am Fenster mit Blick auf den vorbeiziehenden Verkehr und die lehmgrauen Wogen paarten.
Nein, es wäre hoffnungslos gewesen, Kittredge irgend etwas von alledem mitteilen zu wollen. Ich legte die Blätter weg, die ich über Sally geschrieben hatte. Weil ich aber immer noch das Bedürfnis hatte, ihr irgend etwas zu gestehen, dachte ich mir eine Geschichte aus, um die Lücke zu schließen.

                        Pause für Kaffee und Fundador
                                  2.00 Uhr morgens

Kittredge,
brandneues Thema. Was ich Dir zu sagen habe, wird uns, so hoffe ich, keinen Kummer bereiten. Unsere Beziehung ist mir wichtiger als irgendeine Art von Loyalität oder Vergnügen, die ich am Ufer des Rio de la Plata finden könnte. Du mußt mir das glauben. Ich hoffe, Du wirst nicht schockiert sein, wenn ich gestehe, daß ich

nach vielen Wochen des Leidens unter der sexuellen Enthaltsamkeit in eines der besseren Bordelle gegangen bin, und nach ein oder zwei Wochen des unvermeidlichen Sichtens dessen, womit ich Dich heute amüsieren möchte, habe ich mich nun für ein uruguayisches Mädchen in der Casa de Tres Arboles entschieden und mit ihr eine Art Arrangement getroffen.
Dies erscheint mir sinnvoll. Denn obwohl Du für mich immer die ideale Verkörperung einer Frau sein wirst, weiß ich doch auch, daß Ihr, Du und Hugh, ewig zusammensein werdet, wie es auch Sinn der Ehe ist. Ich kenne niemanden, der meiner Vorstellung von menschlicher Größe näher kommt als Hugh. Verzeih mir diese Sentimentalitäten, aber ich möchte nur sagen, daß ich Dich und Hugh zusammen ebensosehr liebe, wie ich Euch einzeln verehre. Daher sollten wir zueinander so wahrhaftig wie möglich sein: Ich mußte einfach eine Frau haben. Ich weiß, es gibt keine gesellschaftlichen Gründe, Dich um Verzeihung zu bitten, aber ich tue es trotzdem. Und ich muß feststellen, daß ich mich unschuldig fühle. Ich hoffe, Du wirst nicht denken, daß meine nächste Bemerkung ein Witz ist oder in irgendeiner Weise in Deine Arbeit eingreifen will, aber ich habe festgestellt, daß Alpha und Omega unerläßliche Werkzeuge sind, wenn man sexuelle Beziehungen verstehen will. Sex mit Liebe oder Sex ohne Liebe kann man mit Hilfe Deines Systems sinnvoll unterscheiden. Ich möchte sagen, daß mein Alpha und mein Omega zur Zeit asymmetrisch engagiert sind. An dem Akt ist sehr wenig oder vielleicht gar kein Omega beteiligt – der bessere, feine Teil von mir kann die Frau, die Prostituierte, nicht ausstehen, die ich gewählt habe. Mein Alpha aber – wenn das Alpha, wie ich annehme, voll Erde und niedrigen, weltlichen, elementaren Antrieben ist –, nun, mein Alpha ist offensichtlich nicht ganz unbeteiligt.

Ich fuhr mit der Beschreibung fort und erfand behutsam allerlei Märchen über die Stimmung in dem Bordell. Schließlich kam ich zum Schluß, wobei ich nicht wußte, ob ich mir böse oder weise vorkommen sollte, daß ich die erste Fassung über Sally als Anleitung für die erfundene Geschichte benutzt hatte. Aber ich kannte mich gut genug, um zu wissen, daß ich noch beim Einschlafen eine gewisse Zufriedenheit ob meiner Falschheit empfinden würde, und so war es auch. Unmittelbar vor dem Wegdämmern schoß mir der Gedanke durch den Kopf, daß ich meiner Mutter vielleicht gar nicht so unähnlich war, wie ich früher geglaubt hatte.

8

Der Stall, 26. Januar

Lieber Harry,
Dein letzter Brief hat mich furchtbar geärgert. Nicht wegen des Bordells. Natürlich mußt Du einige von den guten und schlechten Erfahrungen sammeln, die diese Frauen zu bieten haben. Ich gebe zu, daß ich geradezu vor Neid einen Wutanfall bei dem Gedanken bekommen habe, wie frei Ihr Männer seid, Eure sexuelle Neugier zu stillen und Euch in diesem Prozeß zu verändern – ich hoffe, nicht zum Schlechteren. Aber was ist die Freiheit letztlich anderes als das Recht, die eigene Seele Gefahren auszusetzen? Ich glaube, daß es irgendwo auch in den schlimmsten sexuellen Exzessen – wenigstens für gute Leute, tapfere Leute – eine Absolution gibt. Rede ich Unsinn? Klinge ich wie der anrüchige alte Rasputin? Was wäre er doch bei einigen Damen in meinem Bekanntenkreis für ein Erfolg gewesen!
Jedenfalls bin ich Dir immer noch böse. Erst schickst Du mir zweifelhafte Schmuckstücke, für deren Geschichte Du kein Gespür hast, und jetzt kommst Du wie ein überfütterter Bulle daher und zertrampelst mir mein psychologisches System. Ich war zum erstenmal seit Monaten dankbar, daß meine Theorien beim Technischen Dienst unter Verschluß liegen und niemand meinen Namen kennt. Denn ich wage nicht daran zu denken, wie die Feinheiten des Alpha und des Omega vom Zeitschriftenpublikum entstellt werden würden, wenn sogar Du nicht im entferntesten begreifst, worum es geht.
Ich will Dich deshalb noch einmal belehren. Ich verspreche, mich kurz zu fassen. Das Schlüsselprinzip von Alpha und Omega ist, daß man in ihnen nicht so etwas wie seelische Behälter sehen darf, wo man in den einen die Huren und die Dreckarbeit, die Baseballspiele und abendlichen Besäufnisse sammelt, während der andere

über philosophische Fragen brütet und Deine Briefe liest. Das ist ja der große Irrtum, und so sehen es alle: Steck einen Teil Deiner Erfahrungen in den einen, den anderen Teil in den anderen.
Damit hat meine Theorie nichts zu tun. Ich sage: Multipliziere die menschliche Persönlichkeit in all ihrer Komplexität mit zwei. Postuliere zwei vollständige und unterschiedliche Personen in jedem von uns. Jeder dieser Charaktere ist mehr oder weniger gut entwickelt. Schwieriger zu begreifen ist, daß jeder davon so komplex und völlig ausgebildet ist wie das, was wir gewöhnlich für eine komplette Persönlichkeit halten. So können Alpha und Omega nicht nur jedes für sich neurotisch sein, sondern sie besitzen auch die Kraft, völlig verschiedene Neurosen zu bilden. (Diese schreckliche Situation ist natürlich auf schwerkranke Leute beschränkt.)
Nun gut, als nächstes stell Dir vor, daß eines von ihnen, Omega, im Ei entstanden ist und deshalb mehr von den Geheimnissen des Lebens weiß – der Geburt, dem Tod, der Nacht, dem Mond, der Ewigkeit, dem Karma, Geistern, Gottheiten, Mythen, magischen Kräften, unserer primitiven Vergangenheit et cetera. Das andere, Alpha, Geschöpf der vorwärts schwimmenden Energien des Spermas, ehrgeizig, blind für alles außer seinen eigenen Zielen, neigt natürlich mehr zum Unternehmertum, zur Technologie, dem Mahlen des Korns, dem Reparieren der Mühle, dem Brückenbauen zwischen Geld und Macht und so weiter.
Da wir jetzt diese genau definierten und getrennten Persönlichkeiten Alpha und Omega haben, sollten wir eigentlich fähig sein, sie aus diesem trüben Wirrwarr herauszuholen, mit dem wir die Individuen zu analysieren vorgeben. Wir sind aber noch nicht soweit. In der Psychologie versuchen wir, Patienten mit Hilfe von Schemata zu verstehen, die so eine Art sanitäre Anlage sind (Freud) oder pfuschen mit der Annahme herum, daß es nur eine Psyche gibt und daß diese ozeanisch sei (Jung). Harry, ich glaube allmählich, daß die Welt voller Genies ist, daß aber nur wenige überleben. Der Rest verzweifelt an der Notwendigkeit, sich ständig wiederholen zu müssen. (Da ich mit Sicherheit kein Genie bin, werde ich vielleicht überleben.) Aber auch ich muß unablässig wiederholen, daß Alpha und Omega individuelle Personen sind. Jedes Alpha, jedes Omega ist anders als alle anderen. Ein Omega kann künstlerisch, ein Nachtmensch, ein Seher sein; ein anderes Omega kann überhaupt nur dem Namen nach eines sein, so wie

man bestimmt auch einen Sizilianer mit blauen Augen, vergnügtem Wesen und blondem Haar finden kann. Desgleichen Alpha. Manchmal leihen oder stehlen Alpha und Omega einander die Eigenschaften. Sie sind schließlich wie die Gehirnlappen eng miteinander verbunden. Sie beeinflussen einander oder verbringen ihr Leben in einem pausenlosen Kampf um die Macht übereinander. Man kann sich das wie eine Ehe vorstellen. Oder wenn Dir das lieber ist: wie Republikaner und Demokraten oder Zaristen und Bolschewisten. Zerfleischen sich die Russen darum so? Betrinken sie sich deshalb pausenlos? Dein Chevi Fuertes ist ein herrliches Beispiel für den permanenten Kampf von Alpha und Omega. Du sagst es selbst, wenn Du feststellst, daß er zu 51 Prozent für und zu 49 Prozent gegen uns und sehr deprimiert ist.
All right, Sir, die grundlegenden Konzepte sind klar, beschäftigen wir uns jetzt mit Ihren Hurenhauskapriolen. »Sehr wenig oder vielleicht gar kein Omega ist an dem Akt beteiligt«, schreibst Du in Deinem Suff, als wärest Du ein Pfarrer, der nicht an seinen Fingern zu riechen wagt, nachdem er in Hundekot gegriffen hat. Dann bist Du brutal genug, Dich über Alpha und seine elementaren Antriebe zu verbreiten. Gott, Du bist ein Witzbold. Vergib mir, wenn ich rüde bin, aber ich werde mir auch bewußt, wie jähzornig ich bin, wenn mein Terrain verletzt wird. Erlaube Dir also keine schwachen elementaren Zugriffe auf mein System. Was den Sex angeht, vollziehen natürlich beide, Alpha und Omega, den Akt und verdauen dann die verschiedenartigen Erfahrungen, die sie machen. In der Tat verdauen sie diese aber individuell, so wie zwei Leute einen Abend lang nebeneinander ein Theaterstück sehen und durchaus zu eigenen kritischen Reaktionen kommen können – und zu etwas verschiedenen Erinnerungen an das, was sie gesehen haben. Wenn Du also behauptest, daß Omega nicht an dem Akt beteiligt gewesen sei, stellst Du damit nur fest, daß Alpha in sexuellen Fragen absolut dominiert. Alpha hört auf keine abweichenden Interpretationen von Omega. Das ist analog zum Faschismus. Indem Du so selbstzufrieden einräumst, daß fünfzig Prozent von Dir sexuell indifferent sind, stempelst Du Dich zu einem unbewußten sexuellen Faschisten. Es stimmt, und ich bin froh, daß ich's gesagt habe.
Findest Du mich rachsüchtig? Ich bin jetzt Mutter. Jedesmal, wenn Christopher mitten in der Nacht zu schreien anfängt, und das ist

merkwürdigerweise mehrere Male der Fall gewesen, seit Deine Brosche in der Post auftauchte, wollte ich Dich verfluchen und habe es einmal fast getan, aber dann habe ich es doch gelassen. Flüche sind bei mir eine ernsthafte Sache.
Eine Stunde später – ich habe gerade Christopher gefüttert. Jetzt mag ich Dich wieder. Ich habe Christopher gerade das Beste aus meinen beiden temperamentvollen Milchkännchen gegeben, und es scheint ihm geschmeckt zu haben. Seine Finger tappten immer gegen meine Brust, wie wenn ein fetter Mann sich nach einem guten Mahl den Bauch reibt. Das hat er noch nie zuvor getan.
Plötzlich begriff ich, daß ich Dir etwas schulde. Ich war lieb zu dem Baby, weil ich meine Gemeinheiten in meinem Brief an Dich losgeworden war, der Dich an all Deinen empfindlichen Stellen treffen mußte. Na, wie Hugh vielleicht sagen würde: Es wird Zeit, daß Du Dich abhärtest.
Ich will Dir verraten, daß ich ein phantastisches Geschenk in einem Samtkästchen für Dich habe. Du glaubst gar nicht, was für ein Glückspilz Du bist. Hugh und ich beschlossen vor ein paar Wochen, etwas mehr über Deinen designierten Stationschef herauszubekommen, und so luden wir Howard Hunt und seine Frau Dorothy zum Dinner ein. Ach du liebe Güte, da gibt es allerhand zu erzählen. Jetzt mußt Du aber bis zum nächsten Brief warten. Ich höre die Schlüssel meines Mannes.

Nach Mitternacht

Hugh ist dieses eine Mal vor mir eingeschlafen, und ich möchte Dir Dein Geschenk präsentieren. Nicht sofort allerdings. Du mußt zuerst den Hintergrund kennen. Howard und Dorothy wurden nämlich als Teil eines Montageplans zum Dinner eingeladen. Hugh tut nie etwas ohne Grund. Das ist gewiß keine von seinen charmanten Seiten. Um so mehr erstaunt es mich, wie oft er's schafft, daß ich mich wie eine loyale, subalterne Dienstbotin aufführe – besonders wenn man bedenkt, wie verwöhnt ich zu Beginn unserer Ehe war. Heute arbeite ich tatsächlich vorwiegend für seine Ideen, wie großartig oder wie albern sie auch immer sein mögen. Was die Hunts anging, ärgerte sich Hugh – obwohl er's nie zugeben würde – immer noch über den nun legendären Hohen Donnerstag, als seinen Peers beinahe eine Palastrevolte gelungen wäre. Ich habe Dir nie davon erzählt, aber derzeit findet ein uner-

klärter Erbfolgekrieg um Allen Dulles' Stuhl statt. Die Gichtanfälle des alten Knaben werden immer häufiger.
Die entscheidende Frage für die Company ist natürlich: Wer wird ihn ablösen? Wird es ein »Knallsaft«-Paramilitär oder ein Propagandaspezialist sein, ein Wisner oder ein Dick Bissell? Oder, sagte Hugh zu mir, werden wir uns zu erinnern versuchen, worum's bei uns eigentlich geht, und weiter Informationen sammeln? Da wir all diese kleinen, gemeinen Kriege, die der Vereinigte Generalstab uns aufzutragen versucht, eigentlich gar nicht führen sollten, versucht Hugh immer, Allen für das Gebiet von Spionage und Gegenspionage zu gewinnen. Hugh befürchtet, daß die Russen ein Täuschungsmanöver großen Stils vorbereiten und daß der Berliner Tunnel vielleicht sogar von Anfang an von einem KGB-Maulwurf beim MI6 in Szene gesetzt wurde. Natürlich weiß ich nicht, wann mein armer eiskraxelnder Ziegenbock Zeit finden wird, den Berliner Aktenberg zu erklimmen. Er hat so viele dringende Aufgaben. Mein Vater war schon ein Arbeitstier, aber Hugh stellt alles in den Schatten.
So hat er auch trotz dieser großen Arbeitslast und des Kleinkinds darauf bestanden, daß wir ein paar Kandidaten hierher zum Dinner eingeladen haben.
Also finden sich hier, seit Du fort bist, zweimal pro Woche zwei bis vier denkbare Kandidaten ein, und Hughs Leidenschaft ist es, jemanden als Nachfolger zu finden, der seinen eigenen Zielen einigermaßen aufgeschlossen gegenübersteht. Inzwischen ist es ihm auch schon gelungen, sich so ungefähr alle in Frage kommenden Führungskräfte anzusehen. Armer Hugh. Nachdem er dank seiner hervorragenden Intelligenz alles erreicht hat, redet er sich nun ein, daß er in der Politik mitspielen muß. Vielleicht hat er recht. Sobald Allen geht, wird die Frage des Nachfolgers für Hugh eine Lebensfrage. Hughs gegenwärtige Rolle entspricht vollkommen seinen Talenten. Nur ein Romantiker wie Allen Dulles konnte ihm diese Aufgabe anvertrauen, die er, wäre er jünger gewesen, sich gewiß selbst vorbehalten hätte. Du hast halb scherzend von GHOUL gesprochen. Oh, dieser Deckname! Ich habe Hugh Hunderte Male gesagt, er solle ihn ändern, aber nein, die Abgründe seiner Seele verlangen GHOUL, diesen leichenfressenden Dämon. Bin ich betrunken? Ich trinke ziemlich viel Sherry, während ich das hier niederschreibe. Hundert Jahre alter Sherry läßt mich sogar das

Holz des Tischs lieben, an dem ich sitze. Also, da haben wir Hugh und Allen mit GHOUL – beide Buben bekommen ihren Wunsch erfüllt. Ein »Allerheiligstes« für zwei. GHOULs äußeres Büro umfaßt allerdings Mengen von super ausgestatteten Spezialisten mit supergeheimen Akten. Sie alle arbeiten für Hugh – nur einen Schritt von Allen entfernt –, aber Allen weiß nichts von alledem, nur Hugh zeichnet verantwortlich. Wenn etwas schiefgehen sollte, hat Allen eine weiße Weste. Sie stöbern wieselflink alle Problemchen im ganzen Spinnennetz der Company auf, und Allens Nachfolger muß zeigen, daß er den Wert von GHOUL auch richtig einschätzt. Deshalb lädt Hugh Leute ein, um sie zu taxieren, und sein derzeitiger Favorit ist Dickie Helms. Helms wird nie eine Grundsatzentscheidung treffen, ehe er sicher sein kann, daß er alle wichtigen Bataillone hinter sich hat. Andererseits wird Helms, meint Hugh, die weitere Existenz von GHOUL unterstützen.
Nachdem wir so alle in Frage kommenden Leute durchgegangen waren, war Hugh auf den Geschmack gekommen, und wir fingen an, die zweite Kategorie einzuladen, auch um die Gesichter der obersten Schublade aus einem anderen Blickwinkel zu beleuchten. Und da kam ich auf die Idee, das alles auch für meine Mannschaft zu nutzen. »Laß uns Howard Hunt einladen«, sagte ich.
»Meinst du E. Howard Hunt?« fragte Hugh. »Wie sollen wir ihn denn anreden? E.? E. Howard? Eeee...!« So ist Hughs privater Humor. Deshalb sieht man in der Öffentlichkeit auch nie etwas davon. Er ist ungefähr so komisch wie ein Cowboy auf einem Esel. Dabei konnte Hugh einen Mustang reiten, bevor er die Pedale seines Kinderfahrrads erreichte. Einfach ein Colorado-Cowboy.
Ich habe Hugh trotzdem herumgekriegt, daß er diesen »Eeee...« einlud, habe meinen Beau darauf hingewiesen, daß Hunt in Guatemala mit von der Partie war. Hugh meint allerdings, das könne sich noch als der katastrophalste unter allen amerikanischen Siegen erweisen. Hugh hat das Gefühl, dieser Sieg habe uns auf Jahrzehnte hinaus den Weg in die falsche Richtung gewiesen. Er wollte wochenlang nicht mit Allen sprechen, nachdem die Agency durch Hunt und einige seiner Kollegen Arbenz Guzmán hinausgeworfen hatte. So mußte ich Hugh gut zureden, er solle sich E. Howard Hunt und Frau doch einmal ansehen.
Liebling, ich kann nicht mehr. Es ist keine böse Absicht. Ich werde morgen weiterschreiben. Weiß nicht, wieso ich mit dem Sherry

angefangen habe. Doch, ich weiß es schon. Ich verrate zuviel und komme mir Hugh gegenüber treulos vor. Aber ich möchte wirklich geheime Briefe von Dir und muß den Preis zahlen. In dem Sinne bitte ich Dich um Verzeihung. Christopher meldet sich.

K.

9

28. Januar 1957

Harry Liebling,
ich habe den Brief von gestern nicht gleich abgeschickt, denn ich mußte ihn erst noch mal lesen. Er ist nicht so schlecht, wie ich befürchtet hatte. Er ist indiskret – aber wollen wir das nicht sein?
Jetzt zu ihm. E. Howard Hunt. Es war uns nach den ersten fünf Minuten klar, daß wir einen sehr ehrgeizigen Mann zum Dinner eingeladen hatten. Anschließend waren wir beide der Meinung: Wenn es irgend etwas auf der Welt gibt, das Mr. Hunt in einigen Jahren werden möchte, dann Direktor der Central Intelligence. Diese Ambitionen sind jedoch, wie wir hoffen, eher belustigend als beängstigend.
»Sie sind mir nicht mehr böse, hoffe ich«, war das erste, was der schreckliche Mr. Hunt sagte, als er zur Tür hereinkam.
»Lieber Junge«, erwiderte Hugh, obwohl er nicht mehr als fünf Jahre älter sein kann, »weswegen sollte ich Ihnen nicht mehr böse sein?«
»Wegen des Krawalls. Ich fürchte, ich habe an jenem Donnerstag schlafende Hunde geweckt.«
»Howard«, sagte Mrs. Hunt. »Hugh Montague hatte vielleicht seither andere Dinge im Kopf.« Sie sagte es in einem durchaus netten Ton. Aber sie ist eisern. Dunkel – ich bekam heraus, daß sie ein Achtel Sioux-Blut in den Adern hat – und entschlossen. Es würde mich nicht wundern, wenn sie der Motor für Howards Ehrgeiz wäre.
Hugh hätte das natürlich auf sich beruhen lassen können, aber er ist hartnäckiger als eine Bulldogge und läßt sich durch keinerlei

Konventionen bremsen, wenn er Blut geleckt hat. »Aber, Mrs. Hunt«, sagte er. »Howard hat recht. Ich habe nicht aufgehört, darüber nachzugrübeln. Ich nehme an, es war ein Teil eines Komplotts, und sie haben Howard dazu benutzt.«
Kannst Du Dir vorstellen, daß unser Abend mit einem solchen Wortwechsel begann? Aber Howard ist ein forscher Junge. »Nein, Sir«, erwiderte er. »Ich habe es allein getan. Sie sehen einen Mann vor sich, der grundsätzlich jeden Stier bei den Hörnern packt. Das ist mein Laster.«
»Trinken Sie etwas«, sagte Hugh. »Lassen Sie uns unsere Laster messen.«
Ich überlegte, ob ich mittrinken sollte. Würde die Entspannung meine Milch süßer oder der Alkohol sie unbekömmlicher machen? Diese elementaren Fragen der Mutterschaft vergällen mir regelmäßig die ersten zwanzig Minuten dieser Abende. Aber Hunt redet gern. Als wir uns schließlich zum Dinner an den Eßtisch setzten, konnte ich sehen, daß dies für ihn das Ereignis der Woche war. Harry, ich muß Dir sagen, ich bin in keiner Hinsicht ein Snob, aber darüber hätte ich mich endlos amüsieren können. Nichts ist lächerlicher als ein Bergsteiger, der sich an einem schlüpfrigen Steilhang mit Tanzschritten versucht, und nichts macht solche Leute nervöser, als wenn man sie dabei beobachtet. So habe ich ihn nur schweigend und unverbindlich angelächelt.
Bald genug machte er den Fehler, mit seiner familiären Abstammung zu prahlen: seine Leute finden sich hauptsächlich im Staat New York. Obwohl ich in Cambridge aufgewachsen bin, stammt mein Vater zufällig aus einer guten alten Familie in Oneonta, New York, und obwohl man auch davor nicht unbedingt den Hut ziehen müßte, steht es immer noch meilenweit über Hamburg, diesem komischen Vorort von Buffalo, wo sich der heraldische Sitz der Familie Hunt, gesegnet sei sie, befand. Nun hat Howard in der Tat ein paar Vorfahren aufzuweisen, über die man reden kann, und Du kannst Gift darauf nehmen, daß er das bei jeder Gelegenheit breittritt. Sein Ahnherr Captain James Hunt diente im Revolutionskrieg, und Hunt's Point in der Bronx ist nach ihm benannt. »Das ist aber entzückend«, sagte ich, und ich bin sicher, daß er morgen in meinem Stammbaum stöbern und Maisie und unsere uralten Vorfahren entdecken wird, die auf der Mayflower kamen. Mr. Hunt fährt fort, und je gebannter wir ihm zuhören, desto mehr

baumelt er in seiner eigenen Schlinge. Es war ein grausames Spiel. Er war so froh über den Ruhm seiner Sippschaft, bis er damit bei uns abgeblitzt ist. Sein Vater und seine Mutter zum Beispiel sangen im Gesangverein in Cornell.
»Oh«, sagte ich, »phantastisch. Ihr Vater muß Cornell geliebt haben.«
»Das hat er. Eine der Tragödien seines Lebens war, daß ich mich entschied, nach Brown statt an eine berühmte Schule zu gehen. Er ist allerdings ein Mann, der sich seine Enttäuschung nicht anmerken läßt.«
»Ein guter Mann«, sagte Hugh.
»Ja, Papa ist ganz gewiß kein Narr. Einmal sagte er zu mir: ›Ich bin über deine Arbeit genau unterrichtet. Schließlich bin ich nicht umsonst Hochgradfreimaurer des 32. Grades.‹«
»Wie merkwürdig«, sagte Hugh. »Mein Vater war auch ein Shriner [Freimaurer des 32. Grades].«
»Lassen Sie uns auf dieses glückliche Zusammentreffen trinken«, sagte Howard.
»Wieso nicht?« sagte Hugh. »Wieso eigentlich nicht?« Aber ich fuhr zurück. Hugh spricht nie von seinem Vater; denn das erinnert ihn an die schicksalhafte Nacht. Aber natürlich kann Hugh über solche Klippen hinwegsteuern, ohne sichtbare Kratzer am Rumpf davonzutragen. »Ja«, sagte er, »mein Vater war ein geheimnisvoller, verschlossener Mann.«
Howard taute sichtlich auf. Der Meister hatte ihm ein kleines Angebot gemacht. Ich glaube, Hunt ist nicht ohne seherische Gaben. Er mag geahnt haben, daß Hughs Vater eines plötzlichen Todes starb, denn in seiner nächsten Bemerkung brachte er das Gespräch auf den plötzlichen Tod und begann von einem Flugzeugabsturz zu erzählen. Letzten Sommer hatten die Hunts aufgrund eines Buchungsfehlers keine reservierten Schlafplätze im Nachtflugzeug Tokio–Washington. Howard sagte: »Da ich nicht bereit bin, meine Familie Unbequemlichkeiten auszusetzen, beschloß ich, da die Regierung schon einmal eine bessere Beförderung genehmigt hat, eine Maschine mit freien Ruheplätzen abzuwarten. Und siehe da, es war der zarte Finger des Kismet! Das erste Flugzeug stürzte über dem Pazifik ab. Alle Passagiere kamen ums Leben.«
Aus der Art, wie er die Geschichte erzählte, schien mir ein beson-

derer Stolz zu sprechen, so als habe die Vorsehung nur so lange in den Sumpf der Menschheit gestarrt, um E. Howard Hunt und seine Familie zu erretten. Schließlich müssen sie ja noch eine bedeutende Rolle spielen.
Und genau das ist der Punkt: Ihn treibt weniger ein übertriebener Ehrgeiz als vielmehr der Gedanke, vom Schicksal auserwählt zu sein. Stell deshalb bei all Deinen Kontakten mit Deinem Boss dessen unerschütterlichen Glauben an sich selbst gebührend in Rechnung. Wenn er als Mann nicht halbwegs attraktiv wäre, wäre er unerträglich: zu sehr von sich selbst überzeugt und zuwenig Anlaß dazu.
Ein Beispiel: Die Hunts haben in Tokio ein Haus bewohnt, das Frank Lloyd Wright entworfen hat. Nicht schlecht für einen Chef der verdeckten Operationen in Nordasien. Howards Job mit dem hochtrabenden Titel bestand, soweit ich ausmachen konnte, aus Propagandaarbeit, Public Relations und dem Hinterlassen von Stinkbomben bei kommunistischen Versammlungen. Hunt nennt diese Dinge nebenbei: »Wer – Ich?s.«
»Wer – Ichs?« frage ich verblüfft.
»Ja«, sagt Howard. »Wenn man gefragt wird: ›Haben Sie den Gestank hinterlassen?‹, antwortet man: ›Wer? Ich.‹« Dann lacht er über seine eigene Erklärung – eine Art dünnes, gerissenes Wiehern. (Ich glaube, in seinen Augen ist das eine angemessene Reaktion auf feinsinnige Scherze hinsichtlich der Analregion.) Ich bin natürlich mehr daran interessiert zu hören, wie man in einem Frank-Lloyd-Wright-Haus wohnt, aber solche Fragen kann er nicht beantworten. Ihn fasziniert daran nur der Name: Frank Lloyd Wright. Er beschreibt dann das Mondtor, den Innenhof, den Garten mit den Granitschreinen und den tiefen Wasserlilienteich.
»Er war natürlich hübsch«, sagte Howard. »Aber nach einigem Nachdenken und der Versicherung des japanischen Gärtners, daß sie irgendwann nachwachsen würden, rissen wir die Wasserlilien heraus und nutzten den Teich als Swimmingpool für die Kinder.«
»Haben Ihnen die Wasserlilien nicht leid getan?« fragte ich Dorothy.
»Na ja, mir schon«, sagte sie.
»Mir nicht«, tönte er. »Jedenfalls nicht mehr, als ich wußte, daß sie sich schon erholen würden. Keinen Augenblick. Die Bedürfnisse der Kinder sind wichtiger als ästhetische Betrachtungen.«

Wie Du siehst, ist er also ziemlich rücksichtslos. Wenn er zum Beispiel von seiner Tochter Lisa spricht, nennt er sie viel zu oft bei ihrem vollen Namen. Offenbar schwelgt er gern im Wohlklang von Lisa Tiffany Hunt. »Ihre Geburt«, erzählte er, »ist im Standesamtsregister von Mexico City verzeichnet, wo sie zur Welt kam, während ich die erste OPC-Station in der Region für Frank Wisner aufgebaut habe. Deshalb steht Lisa auf der Konsularliste der im Ausland geborenen Amerikaner und gehört damit zum exklusiven und noch nicht hinlänglich anerkannten Klub der natürlichen Staatsbürger!«

Gerade als ich dachte, daß das ganz schön dick aufgetragen ist – Konsularliste, mein armer Zeh! –, fügt er in einem leicht verächtlichen Ton hinzu: »Natürlich sind manche Amerikaner nur wegen der Marie im Ausland.«

»Der Marie?« frage ich.

»Na, Zaster, Penunze.« Als ich immer noch nicht verstehe, übersetzt er: »Die Schekels eben.« Ich erinnere mich, daß er vom Geld auch schon als dem »Stimulans« gesprochen hatte. Es scheint so, als verfüge er über eine erstaunliche Anzahl von Synonymen für den guten alten, schmutzigen Dollar. Er ist also nicht nur auserwählt, sondern auch hoffnungslos geldgierig und sich der ökonomischen Opfer nur allzu bewußt, die wir bringen, indem wir für die Agency arbeiten. Er weiß einfach nicht, wie er dabei reich werden soll.

Trotzdem lache ich womöglich ein bißchen zuviel über Howard Hunt. Er mag so beschränkt sein wie ein gefüllter Truthahn – aber er ist trotzdem schlau. Er wird sich jedenfalls freuen, Dich an Bord zu haben. Er hat sogar zu Hugh gesagt, ein Freund aus Brown sei nach St. Matthew's gegangen und habe in dem Soccer-Team gespielt, das Hugh früher betreut hat.

»Ich erinnere mich an ihn«, sagte Hugh. »Hat sich große Mühe gegeben, war aber zu langsam.«

Mit einem Mann im Stand der Ehe zu leben, ist wie ein Kurs in menschlicher Mechanik. Hugh hat, wie ich entdeckt habe, verschiedene Gänge für seine Stimmbänder. Sie sagen mir, wann er genügend auf Touren ist, die Unterhaltung zu übernehmen. »Ich höre, Sie haben bei der Vorbereitung in Guatemala gute Arbeit geleistet«, sagte er nun.

»Es hat mich fast umgebracht«, antwortete Hunt, »daß sie mich herausholten, bevor die eigentliche Operation begann, aber die

großen Tiere bestanden darauf, daß mein Job getan sei und daß sie mich in Japan brauchten.«
»Nun, die großen Tiere haben Ihnen zum Trost ja das Frank-Lloyd-Wright-Haus überlassen«, sagte Hugh.
»Schwacher Trost«, sagte Hunt. »Es war für mich höchst ärgerlich, im fernen Tokio zu hören, daß mein ehemaliger Assistent sogar ins Weiße Haus eingeladen wurde und Glückwünsche von Präsident Eisenhower für seine gute Arbeit entgegengenommen hat. Der größte Teil der guten Arbeit war schließlich von mir.«
»Ich höre aus hochgestellten Kreisen« – Hughs zuverlässiger Terminus für Allen –, »daß der Präsident begeistert war. ›Das Land mit nur ein paar hundert Mann zu erobern! So ein Handstreich!‹«
»Freut mich, daß Sie verstehen können, was ich fühle«, sagte Hunt.
»Nun, bevor wir den Becher der ewigen Freundschaft leeren«, sagte Hugh, »wollen wir Sie einmal auf die Probe stellen. Was würden Sie sagen, wenn ich erkläre, daß Ihre berühmte Operation meiner Ansicht nach ein grober Irrtum war. Den amerikanischen Interessen wäre besser gedient gewesen, wenn wir Arbenz erlaubt hätten, einen kleinen kommunistischen Staat in Guatemala aufzubauen.« Trotz seines Dranges zur großen Politik ist Hugh kein guter Diplomat.
»Was Sie da sagen«, brummte Hunt, »erscheint mir allzu liberal.«
»Sagen Sie hinter meinem Rücken über mich, daß ich kleinen Jungs nachstelle, aber wagen Sie es nicht, mich als Liberalen hinzustellen. Ich hasse den leisesten Hauch von Kommunismus. Er ist eine metastasierende Krebsgeschwulst im Körper der westlichen Welt.«
»Hört, hört«, sagte Hunt. »Meine Überzeugung ist damit aufs feinste ausgedrückt. Stimmt das nicht, Dorothy?«
»Natürlich«, nickte sie.
»Aber Sir, wenn es Krebs ist, weshalb ihn dann nicht operieren? Überall und immer, wenn es möglich ist.«
»Weil sich an jedem Krebs die Anomalie der Krankheit studieren läßt«, sagte Hugh. »Und der Weltkommunismus ist ein schwacher Krebs. Sehen Sie, Howard, er hat begonnen zu metastasieren, bevor er sich gefragt hat, ob er soweit ist. Er hat nicht die innere Kraft, diese Metastasenkämpfe an allen Fronten zu führen. Guatemala hätte die Russen unendlich viel kosten können. Sie hätten in das Land investieren, es versorgen und am Ende wahrscheinlich

ernähren müssen. Ihr ökonomisches System ist völlig ungeeignet für eine solche Belastung. Man hätte eine riesige Ineffizienz mobilisiert, um einer zwergenhaften Ineffizienz zu Hilfe zu kommen. Na, das hätte die Russen eine schöne Stange Geld kosten können. Und wenn sie so dumm gewesen wären, militärisch zu investieren, hätten wir unseren chirurgischen Eingriff vorgenommen. Das hätte sie vor der ganzen Welt der Lächerlichkeit preisgegeben.«
»Würde das nicht die Gefahr eines Nuklearkriegs vergrößern?« fragte Dorothy.
»Nukleare Szenarien darf man nie mit kleinen Auslandsoperationen verbinden. Der Nuklearkrieg wird, wenn er überhaupt je ausbricht, von einem ganz anderen Faktor ausgelöst.«
»Was meinen Sie damit?« fragte Dorothy.
»Verzweiflung. Weltweite Verzweiflung. Der Atomkrieg ist gegenseitiger Selbstmord. Ein Ehemann und seine Frau beschließen nur dann, sich umzubringen, wenn sie meinen, daß sie kein Recht mehr zu leben haben, weil sie zuviel verderben. In Wahrheit gibt es auf der Welt aber keine zwei anderen Länder, die so eitel und eingebildet wären wie die UdSSR und die USA. Keiner von uns wird auch nur einen Augenblick daran glauben, daß wir irgend etwas verderben könnten. Aber wenn ich mich für großartig und den anderen für einen Schuft halte, dann garantiere ich Ihnen, Mr. Hunt, daß ich ihn nicht umklammern und mit ihm von der Brücke springen werde. Ich werde vielmehr versuchen, die Bestie mit anderen Mitteln loszuwerden.«
»Indem Sie die Russen aushungern?« fragte sie.
»Genau. Indem ich ihre Mittel erschöpfe, sie verlocke, sich an Orten zu engagieren, wo sie ihre Energien sinnlos vergeuden. Stellen Sie sich mal eine Million sowjetische Soldaten in Mexiko vor. Was für eine Chance hätten die gegen uns in einem Landkrieg?«
»So viele von denen würde ich aber nicht gern in unserem Hinterhof sehen«, sagte Hunt.
»Das würden sie auch nie machen«, sagte Hugh. »Die Russen sind nicht so dumm. Würden wir etwa versuchen, eine Million Soldaten nach Osteuropa zu bringen? Wir haben ja auch in Ungarn nicht eingegriffen, oder? Trotzdem könnten wir uns viel eher einen ernsthaften Krieg leisten als die Sowjets. Ich wiederhole: Wir hätten Guatemala in Ruhe lassen sollen. Sie hätten dort einen

drittklassigen kommunistischen Staat aufgebaut, der sich schon bald mit der Bitte um Hilfe an uns gewandt hätte.«
»Ich kann Ihnen nicht beipflichten, Sir«, sagte Hunt. »Ich glaube, wir müssen dem Ungeziefer zwischen die Augen schießen, bevor es größer wird und unsere Ernte heimsucht. Ich hasse die kommunistischen Ratten, wo immer ich sie finde.«
Harry, er war richtig fanatisch, als er das sagte. Seine Stimme klang so heiser wie die eines Jungen, der gerade ein Mädchen küssen will. Er wäre in dieser Stimmung zu einem Mord fähig gewesen, und er hätte das, glaube ich, auch noch für eine edle, wenn auch schwer beherrschbare Regung gehalten.
Harry, ich fürchte, unser schönes Land ist zu einer Religion geworden. Joe McCarthy hat nur einen Finger in die Schale mit dem neuen Weihwasser getaucht. Nicht das Kreuz, sondern die Fahne wird all diese erhabenen Gefühle aufrühren, ohne die die Leute nicht leben können.
Jedenfalls hatte Hugh nun genug gehört, um festzustellen, daß Hunt für seine Zwecke nicht zu gebrauchen ist. So lenkte mein Mann das Gespräch auf die Grundstückspreise in Georgetown, von denen Howard und Dorothy, wie man erwarten konnte, eine Menge wußten.
Ich muß immerzu daran denken, wie Du mit diesem sonderbaren, halb-genialen Mann als Deinem künftigen Boss zusammenarbeiten wirst. Ich glaube, Hunt wird Dich sehr schätzen. Snobs am Abhang werden das immer tun. Bevor der Abend um war, ließ er uns wissen, daß Dorothy nicht nur zu einem Achtel eine Sioux war, sondern mütterlicherseits von der John-Quincy-Adams- und väterlicherseits von der Benjamin-Harrison-Familie abstammte. Er betonte es ganz besonders: »Präsident Benjamin Harrison« – ich nehme an, der illustre Name sagt nicht jedem etwas. »Da habt ihr's!« hätte er ebensogut ausrufen können. »Ihr mit eurer Mayflower.« Ja, Howard Hunt hob sich seine größten Kaliber bis zum Schluß auf. Erzähl mir ja alles von ihm.

Deine Kittredge

10

Hunt traf vor Kittredges Brief in Montevideo ein, und ich hatte mir inzwischen schon selbst eine Meinung über ihn gebildet.

29. Januar 1957

Liebste Kittredge,
unser neuer Stationschef ging gestern mit seiner Familie – Frau, zwei Töchter, Sohn, Dienstmädchen und Cadillac – von Bord der »Rio Tunuyan«. Mayhew verläßt uns in einer Woche, was für keinen von uns einschließlich Mayhew zu früh ist. Lang lebe der neue Häuptling! Lieber Gott, Hunt und seine Frau traten auf wie Hollywoodstars der ersten Garnitur. Zweiundzwanzig Gepäckstücke, alle mit dem Monogramm E. H. H. – unter dem macht er's nicht –, plus ungezählte Möbelstücke und Kartons. All das erzählte uns Gatsby, der abgestellt war, mit Mayhew zum Pier zu gehen und ihn durch den Zoll zu bringen. Wir wären alle gegangen, aber die Politik der Agency ist natürlich, nicht zuviel Aufsehen zu erregen, wenn neue Leute eintreffen.
Die Hunts wohnen im Augenblick in einer Suite im Victoria Palace, suchen aber bereits nach einer geeigneten Villa in Montevideos bestem Vorort Carrasco, zehn Meilen außerhalb der Stadt. Wir wissen, daß sich große Veränderungen in der Station abzeichnen. Hunt wirkt still und umgänglich, aber er stimuliert die Leute schon, wenn er nur einen Raum betritt. Er ist offensichtlich, und das mit Begeisterung, von sich selbst überzeugt. Es ist seine erste Position als Stationschef.
Kann im Augenblick nicht mehr schreiben. Werde den Brief morgen beenden.

Harry

Am nächsten Tag hielt ich aber ihren Brief in der Hand und beschloß, mit dem meinen noch zu warten. Wir beurteilten Hunt ziemlich unterschiedlich, und ich wünschte mir keine weitere Belehrung. Die Arbeit in der Station war schließlich von dem Tag an, da Hunt eintraf, interessanter geworden.
Schon bevor Mayhew abreiste (und das dauerte nicht, wie sonst üblich, einen Monat, sondern nur acht Arbeitstage), hatten wir

verstanden, daß unser neuer Chef ein aktiver Mann war. Ja, er hielt schon an dem Tag, an dem er landete, eine richtige Ansprache an die Truppe, und alle sechs, einschließlich Nancy Waterston lauschten wir ihm mit zunehmender Begeisterung.

»Seit meiner Rückkehr von Tokio nach Washington habe ich mich mit dieser Station beschäftigt, und ich kann euch garantieren, daß es hier Veränderungen geben wird. Bevor wir allerdings mit der Bestandsaufnahme und Neuorientierung beginnen, sollt ihr wissen, wer der Mann ist, für den ihr jetzt arbeiten werdet. Es ist dies meine erste Position als Stationschef, aber ich halte mich für hochqualifiziert und will euch erklären, warum. Nach meinem Examen an der Brown University im Juni 1940 schrieb ich mich bei der US Naval Reserve, V-7-Program, ein, und nach einem Schnellkurs in Annapolis ging ich als Seeoffiziersanwärter im Februar 1941, zehn Monate vor Pearl Harbor, auf den Zerstörer ›Mayo‹. Zur See zog ich mir schließlich eine Verletzung zu, die als im Kampf erlitten gilt, als ich Anfang Dezember 1941 im Nordatlantik während eines allgemeinen Alarms eine eisbedeckte Leiter zu einem Gefechtsturm emporstieg, und diese Verletzung war letztendlich ernsthaft genug für eine ehrenhafte Entlassung aus medizinischen Gründen. Da ich euren Gesichtern ansehen kann, daß ihr mehr hören wollt, will ich hier feststellen, daß die Verletzung die Leistengegend betraf, aber keine Dauerfolgen hatte. Gottlob kann ich noch immer meine Munition verschießen.«

Wir lachten herzlich, sogar Nancy Waterston. Für andere wäre es vielleicht ein kleiner Witz gewesen, aber für uns war es ein großer. Wir wußten damit schon mehr über Hunt, als wir je über Mayhew erfahren hatten.

»Während meiner Genesung schrieb ich einen Roman, ›East of Farewell‹, der von Alfred A. Knopf Publishers angenommen wurde. Bald darauf ernannte mich das Life-Magazin zu seinem Kriegsberichterstatter im Südpazifik, ich sollte der Nachfolger von John Hersey in Bougainville und Guadalcanal werden. 1943, wieder in New York, schrieb ich mich beim OCS ein, erhielt mein Offizierspatent und ging wenig später zum OSS-Training. Nach China versetzt, flog ich über den Pol und fand mich in Kunming wieder, als der Krieg endete. Nach einiger Zeit als Drehbuchautor in Hollywood ging ich nach Paris und arbeitete im Stab von Averell Harriman für den Marshall-Plan. Dort wurde ich nicht lange

darauf von Frank Wisner rekrutiert, um dem Büro für Politische Koordinierung beizutreten. Hat irgend jemand von Ihnen schon einmal von einem brillanten Burschen namens William F. Buckley Junior gehört, der jetzt der Chefredakteur einer von ihm selbst gegründeten Zeitschrift, der ›National Review‹, ist?«
Wir nickten.
»Gut. Es lohnt sich, mit dieser Zeitschrift vertraut zu sein. Buckley war mein Assistent in Mexiko, und er war verdammt gut. Vielleicht wäre er noch heute bei uns, wenn ihn nicht die Welt der Zeitschriften gerufen hätte. Nach der Zeit in Mexiko kam ich nach Washington als Chef der Verdeckten Operationen, Abteilung Südosteuropa. Das hieß ein Büro im Hauptquartier und entsprechende Trips nach Athen, Frankreich, Rom und Kairo. Dann wurde ich in den Propaganda- und politischen Stab für die Guatemalaoperation versetzt, wo es uns mit dreihundert Mann und – ich kann es nicht anders sagen – einer brillanten psychologischen und Rundfunk-Kampagne gelang, die Regierung Arbenz in die Flucht zu schlagen. Moses entwarf den Plan, nach Israel zu marschieren, aber er kam nie dort an. Mir ging es ähnlich, denn auch ich erfreute mich nicht selbst der Früchte meines Plans. Ich war schon auf dem Weg nach Tokio, um verdeckte Operationen im Nordasienkommando zu leiten, wo ich mein Bestes tat, alle Bemühungen der chinesischen Kommunisten, ihre Propaganda in Japan und Südkorea zu verbreiten, mit allen Mitteln zu vereiteln und im Keim zu ersticken. Das bringt mich zur Gegenwart. In Washington, in der Argentinien-Uruguay-Abteilung, konnte ich mich des Gefühls nicht erwehren, daß diese Station nicht ganz auf der Höhe ist. Ich möchte euch dazu einen kleinen Rat geben. Es gibt keine kleinen Jobs in unserem Leben. Südamerika ist meiner Meinung nach der Kontinent der Reise nach Jerusalem. Man weiß nie, welcher Staatschef als nächster seinen Stuhl verliert. Jede Station in Südamerika kann ein Zentrum höchster Aktivität der Agency werden. Wir werden deshalb die Uruguay-Station so auf Vordermann bringen, daß sie im Hauptquartier sagen werden: ›Yessir, Uruguay ist der Schwanz, der mit dem Hund Südamerika wedelt.‹«
Wir versammelten uns um ihn herum und drückten ihm die Hand. Ich war glücklich, und mein Arbeitseifer war wieder erwacht.

5. März 1957

Herrick,

sechs Wochen sind vergangen seit meinem letzten Brief. Bist Du jetzt das Stadtgespräch von Montevideo oder nur der König der Bordelle?

Kittredge

27. März 1957

Lieber Harry,

ich verabscheue es, irgend jemandem Geld oder Gefälligkeiten zu schulden. Ich hasse es sogar noch mehr, wenn Leute, an denen mir liegt, mir etwas schulden. Schweigen ist der Anfang von Schuld.

Kittredge Montague

5. April 1957

Liebe Kittredge,

ja, ja, nein und nein, ja, nein und ja. Du darfst Dir von den obigen Antworten auf Deine Fragen aussuchen, welche Du willst. Ja, ich bin der König der Bordelle, nein, ich bin es nicht; ja, Mr. Howard Hunt ist begeistert von mir, nein, er ist es nicht; ja, Du fehlst mir, nein, Du fehlst mir nicht; ich bin einfach zu beschäftigt zum Nachdenken.

Nimm das als Entschuldigung und vertraue mir. Ich werde in den nächsten Tagen einen langen Brief schreiben.

Dein H. H.

P. S. Ich habe gerade begriffen, daß Howard Hunt, wenn man von seinem geliebten E absieht, auch H. H. ist – und Gott, sind wir verschieden. Hugh, Harvey, Hunt und Herrick Hubbard. Ich habe immer gewußt, daß das H der eigentümlichste Buchstabe im Englischen ist, und führe als Beweis an, daß die Cockneys sich niemals damit abfinden konnten, und sie sind praktische Leute. H ist die stumme Gegenwart in »Ghost« und der Anfang von Heaven und Hell. Es ist halb stumm wie in half und verwandelt error in horror.

P. P. S. Du siehst, ich bin genauso verrückt wie Du.

Ich schickte den Brief ab, bevor ich es mir anders überlegen konnte. Dann ging ich zu meinem Hotelzimmer zurück und versuchte zu schlafen, aber die Bettücher rochen nach Sally, Formaldehyd und

mir. Sie hinterließ stets einen starken Duft – halb körperlicher Art und halb nach den Deodorants, die ihren Körpergeruch nicht ganz mit Erfolg vertrieben.
Ich wußte nicht so recht, was ich mit Sally anfangen sollte. Wir waren intimer als unsere Zuneigung zueinander. Und meine Pflichtversäumnisse nahmen zu. Während Porringer eine dreifache Arbeitslast bewältigte, zweigte ich mir Zeit von meiner doppelten Aufgabenfülle ab, um ein fingiertes Treffen mit Chevi Fuertes zu arrangieren. Statt dessen traf ich Sally. Eine Woche später tat ich's wieder. Beruflich gesehen ließ es sich leicht verheimlichen. Agenten verpassen oft Verabredungen. Wie Pferde scheuen sie beim Anblick eines Blattes, das der Wind vorbeiweht. Ich mußte zwar erfundene Berichte schreiben, aber auch das gehört zur Routine und brachte mir jedesmal zwei Stunden mit Sally in einem Hotelzimmer im Cervantes ein. Ich wartete auf sie, hatte mich ausgezogen und einen Bademantel umgehängt; sie klopfte an die Tür – einmal, dann zweimal kurz nacheinander, und war schon aus ihren Schuhen und ihrem Rock geschlüpft, noch ehe wir uns mit dem ersten ihrer mächtigen Küsse umarmten: »Kleber-Sandwiches«, hätte ich sie genannt, wenn ich nicht in Stimmung gewesen wäre, aber ich war gewöhnlich in Stimmung, und wir waren blitzschnell nackt und kämpften uns zum Bett vor, stahlen dabei Hände voll von dem Fleisch des anderen und tauchten hinab in den Gesang der Sprungfedern, wo ihr Mund gierig meinen Schwanz verschlang. Es gibt Dutzende von Bezeichnungen für den Penis, aber Schwanz ist diejenige, die zur Fellatio paßt, und ihre unverhohlene Gier auf Hubbards Yankee-Prügel machte dieses Ding eigensinnig, zu einem Hund, der von der Leine gelassen ist, einem Vieh, das den Tempel ihres Mundes plünderte – nur, wer konnte ihn Tempel nennen? Sie hatte mir in einem unserer postkopulatorischen Gespräche gestanden, daß sie von der Highschool an einen natürlichen Appetit auf diesen Außenposten des Verbotenen gehabt hatte, und dieser war außer Kontrolle geraten zu der Zeit, als sie zu mir kam.
Ich selbst wiederum entwickelte Neigungen, von denen ich nicht gewußt hatte, daß ich sie hatte. Nicht lange, und sie präsentierte mir ihren Nabel und ihr Schamhaar, und ich, der ich mich den gegensätzlichen Möglichkeiten gegenübersah, sie zu besteigen oder es ihr gleichzutun, fand, daß mein Kopf sich wie von selbst

reckte, um ihren sandfarbenen, fast grasähnlichen Busch zu erforschen. Ich bin grausam genug zu erwähnen, daß er wild und struppig aussah, weil das nicht viel bedeutete. Es war der begierige Mund hinter dem Haar, der sich vor meinen Lippen öffnete, so daß ich wie toll leckte und züngelte und Dinge vollführte, von denen ich nie geglaubt hätte, daß meine kritischen Lippen sie fertigbringen könnten. Wenn ich mich Sally Porringer je nahe fühlte, dann in den Augenblicken, in denen mein Schwanz in ihrem Mund und mein Gesicht in der Spalte zwischen ihren Beinen steckte. Wer weiß, was wir einander dabei zu geben hatten? Es war nicht Liebe, was wir austauschten, doch wieviel von all den alten Wunden und unterdrückten Sehnsüchten brach darin auf! Lust, so schien es mir, war nichts anderes als die Erregung, die entstand, sobald man der Masse an aufgestauter Mittelmäßigkeit im eigenen Ich freie Bahn ließ. Wenn ich danach im Bett lag, fragte ich mich, ob man durch einen solchen Akt nicht genausoviel neue Mittelmäßigkeit in sich aufgenommen, wie man abgelassen hatte. Mir schien, als vereinige sich in mir der durchschnittliche Geschmack eines Highschool-Sportlers mit der eiskalten Wahrnehmung jeder unglücklichen Nuance, wie sie für T. S. Eliot typisch war.

Wenn wir unsere triefenden Münder aus dem süßen und sauren Sumpf unserer gegenseitigen Weidung erhoben, war ich genügend in Fahrt, um freudig und unbekümmert in sie einzudringen. Schnell zu ficken hieß den Eliotschen Hang zum Negativen für eine Weile aus dem eigenen Kopf zu verbannen. Man brachte den Motor seiner Seele und den Zucker seines Hodensacks auf volle Touren – was für ein Vergnügen zu entdecken, daß ein Hubbardscher Sack offenbar süß schmeckte –, rasch, über die Hürden und dann ein Fall in eine unergründliche, himmlische Empfindung. Ich war dann eine Zeitlang froh zu wissen, daß ich ein Mann war und daß sie mich wollte und daß ich ihr Lust bereitete. Nicht lange, und sie regte sich schon wieder. Sie war fast unersättlich. Beim drittenmal mußte ich wieder an Lenny Bruce denken, doch das Schlimmste an dieser Situation war nicht die schwächer werdende Leidenschaft, sondern die Gewißheit, daß wir nicht wissen würden, was wir reden sollten, wenn wir fertig waren. Wir saßen dann einander gegenüber wie zwei Fremde in einem Zugabteil.

Doch ungeachtet dieser peinlichen Minuten – zwei Tage später wollte ich sie erneut – nicht ganz das richtige Umfeld, um Kittredge zu schreiben, aber es gibt eben Dinge, die erledigt werden müssen.

10. April 1957

Liebste Kittredge,
Deine Beschreibung von Howard Hunt war für mich mit Sicherheit hilfreich, und ich muß mich dafür entschuldigen, daß ich mich nicht gleich bedankt habe. Aber, Engelchen, ich war einfach zu beschäftigt. Du hast einen Eindruck von der gesellschaftlichen Seite von EH2 bekommen (wie wir E. Howard H. manchmal nennen, wenn er nicht da ist), aber wir hatten es hier mit der professionellen Seite des Mannes zu tun, und beruflich ist er ein wahrer Zuchtmeister und Leuteschinder, der uns mit Arbeit förmlich zudeckt. Er selbst ist viel unterwegs zum Golf spielen, Jagen und Fischen. Wir müssen unser Urteil über ihn aufschieben, denn er trifft sich bei diesen Gelegenheiten stets mit wichtigen Uruguayern. Da er Minot Mayhews Rolle übernommen hat, ist er als nomineller Erster Botschaftssekretär bei allen diplomatischen Anlässen präsent, die, wie Du Dich erinnern wirst, Mayhew an Sonderstrom, Porringer und mich zu delegieren pflegte. Das ist also bereits eine Veränderung. Howard und Dorothy (die das gesellschaftliche Soll und Haben wie eine Wirtschaftsprüferin überwacht und das diesbezügliche Leben der Botschaft so geschickt dirigiert wie ein Admiral seine Flotte) haben bereits einen erstaunlich großen Teil der Gesellschaft von Montevideo erobert. Wir haben uns unter Mayhew (via Sonderstrom) abgequält und geschunden, um ein paar nützliche Beziehungen herauszuschlagen, aber was Hunt in dieser Hinsicht erreicht, ist enorm. Er ist jedes Wochenende auf irgendeiner großen Estancia in den Pampas, jagt Rebhühner und bearbeitet reiche Grundbesitzer mit seinem amerikanischen Charme. Nebenbei hat er den alten, fesselnden AV/AILABLE-und-AV/IARY-Stil der Kryptonymisierung – ein scheußliches Wort – abgeschafft und erklärt, daß jeder Begriff, den wir uns wünschen, auf AV/ folgen darf. Seine Satteltaschen zum Beispiel lauten AV/HACENDADO (begütert). Es ist eine große Veränderung für uns Traditionalisten hier unten, aber ich glaube, er hat recht. Es gibt nicht mehr viele Worte, die mit AV beginnen,

und wie Hunt sagt, werden wir eine Menge Decknamen für die Operationen brauchen, die er hier vorhat.
Überflüssig zu erwähnen, daß die meisten davon noch im Planungsstadium sind, aber ich will mich nicht über ihn lustig machen. Er hat sich uns am ersten Tag im Büro vorgestellt.
Normalerweise langweilt es, wenn ein Mann von seinen Leistungen spricht, aber Hunts Erzählung machte mir klar, wie wenig aufregend mein eigenes Leben ist. Wenn ich auch weiß, daß er nicht soviel wie mein Vater oder Hugh geleistet haben kann, so hat er doch bei Gott viele Abenteuer erlebt und an interessanten Orten gedient.
Der ganze Neid, den ich als Junge empfand, daß ich den OSS verpaßt hatte, steigt wieder in mir auf. Durch Hunt habe ich begriffen, wie jung ich bin und wieviel Lebenserfahrung man braucht, um ein richtiger Stationschef sein zu können. So habe ich förmlich verschlungen, was er uns zu sagen hatte. Kittredge, wenn Du unsere Szene hier verstehen willst, enthalte Dich vorschneller Kritik. Männer begeistern sich leichter als Frauen für ein tatenreiches Leben.
In der zweiten Woche nach der Übernahme des Postens erklärte uns Howard, daß es eine Machtelite in Uruguay gäbe, die er zu kultivieren hätte. »Es wird Zeiten geben, da werdet ihr denken, ich sei hier mit gutem Companygeld heruntergekommen, um zu meinem Vergnügen zu jagen und zu fischen. Doch nichts wäre falscher.
Ich möchte, daß ihr mich versteht, also werde ich ganz offen sein. Ich will nicht verhehlen, daß mir das Jagen und Fischen Spaß macht. Entscheidend ist aber, daß auch die einflußreichen Uruguayer begeisterte Fischer und Jäger sind. Sie haben also etwas übrig für einen Mann, der mit ihnen reiten und schießen kann, einen Mann, der einen zappelnden Fisch an Land zu holen versteht. Zum Teufel, vielleicht gehe ich mit ihnen im kommenden Juli sogar zum Skilaufen in die argentinischen Anden. Aber vergeßt nicht, welchem Zweck dies alles dient. Neidgefühle sind Gift für die Station, also macht euch klar: Ein Stationschef ist immer im Dienst, und auch beim arriviertesten gesellschaftlichen Ereignis verfolge ich die Interessen der Company. Ende der Predigt, meine Herren. Kommt mal her zu mir, ich habe eine kleine Aufgabe für euch.«

Daraufhin reichte er uns allen je eine Kopie derselben Nachricht. Sie lautete:

NGECL	RBNEL	XYEDE	LYNYE	SYRPJ
NJLVS	BFYED	BXNBF	DOLPN	UDBUS
BULZE	YSGGD	NPZVD	MORYE	ILPLU

Kittredge, das ist nicht einmal die Hälfte – es sind im ganzen sechsunddreißig solcher Fünfer-Buchstaben-Gruppen –, aber ich bin einfach zu müde, alles abzuschreiben. Er wollte uns keinen Schlüssel geben, sagte, es wäre eine klare One-for-one-Chiffrierung, und wir könnten es an Hand der Periodizität der Buchstaben lösen.
»Der Text verdient es«, sagte er. »Investiert dafür eine halbe Stunde an diesem Nachmittag, und ihr wißt wieder, worum es bei unserer Arbeit eigentlich geht.«
Na, Du kannst Dir denken, daß wir auf diesem Gebiet ein wenig eingerostet waren. Ein klarer One-for-one ist nicht schwer zu entschlüsseln, aber es braucht seine Zeit. Porringer und Kearns waren die treibenden Kräfte, und ich gab mir Mühe. Sonderstrom saß in der Ecke und sah aus, als ob ihn jeden Augenblick der Schlag treffen könnte.
Ich habe ihn noch nie mit so rotem Kopf gesehen. Er fummelte beim Dechiffrieren herum, weigerte sich sogar, den Encoder-Decoder zu benutzen – und hier konnten wir uns seiner natürlich nicht bedienen.
Der Chef hatte uns schließlich Hausaufgaben wie in der Schule gestellt. Und so lautete der Klartext:

IFTHE	UNITE	DSTAT	ESIST	OSURV
IVELO	NGSTA	NDING	AMERI	CANCO
NCEPT	SOFFA	IRPLA	YMUST	BEREC

Genug damit. Als wir fertig waren, bestand Porringer darauf, laut vorzulesen: »Wenn die Vereinigten Staaten überleben wollen, müssen wir unsere althergebrachten Konzepte des Fair play neu überdenken. Wir müssen wirksame Spionage- und Gegenspionagedienste aufbauen und es lernen, Subversion und Sabotage zu betreiben und unsere Feinde durch schlauere, raffiniertere und

wirksamere Methoden zu vernichten, als sie uns gegenüber gebrauchen.«
»Ach du liebe Güte«, seufzte Sonderstrom. »Er hat uns den Doolittle-Report dechiffrieren lassen.«
Kittredge, kannst Du Dir das vorstellen? Wer unter uns kennt nicht dieses Glaubensbekenntnis, aber Howard läßt uns die Erbsen mit dem Messer herausholen. Am nächsten Morgen hatte Nancy Waterston auf sein Geheiß in jede der Nischen über unseren Schreibtischen ein zwanzig mal fünfundzwanzig Zentimeter großes Stück weißen Karton gepinnt – mit allen sechsunddreißig fein säuberlich getippten Fünf-Buchstaben-Gruppen darauf. Offenbar sollten wir die folgenden zwei oder drei Arbeitsjahre ständig mit dem Doolittle-Report in diesem Kinder-Code vor Augen zubringen. Ich wußte nicht mehr, ob Hunt das kommende Genie oder ein drittrangiger Bösewicht war. Der Doolittle-Report!
An dem Abend wurde beim Bier böse herumgewitzelt. »Ich verspreche, Subversion und Sabotage zu betreiben«, fing der eine an, »und unsere Feinde«, nahm der zweite den Text auf, »durch schlauere, raffiniertere und wirksamere Methoden zu vernichten«, schloß feierlich der dritte. Woraufhin Porringer und Kearns und ich pathetisch zu rezitieren begannen: »Why ell are why ell – eks dee eff dee en – be why ee are why«, eben so, wie die Buchstaben in den letzten drei Fünferreihen lauten. Barbarische Collegespäße, ich weiß, aber wir amüsierten uns trotzdem. Sogar Porringer gefiel mir. Er ist ein scharfsinniger Kerl. »Sonderstrom möchte sich versetzen lassen«, verriet er mir.
»Woher weißt du das?«
»Ich weiß es.«
Das war vor zwei Monaten – o Kittredge, jetzt erst sehe ich, wie lange es her ist! –, und ich kann Dir nur sagen, daß Porringer recht hatte. Vier Wochen, nachdem Hunt aus dem Großen Weißen Norden zu uns gestoßen war, gelang es Sonderstrom, sich nach Angola versetzen zu lassen. Es war hart für seine Frau, eine fette irische Lady, die heiße Gegenden haßt und gern auf Polstersofas sitzt – das Flechtwerk der kühlen afrikanischen Möbel wird ein Schachbrettmuster auf ihrem nackten Po hinterlassen, fürchte ich –, aber es war nur in Angola ein Platz für einen Stellvertretenden Stationschef frei, und Sonderstrom hat, sagt er, echte Chancen, drüben nach einem Jahr Stationschef zu werden. Ich bin mir da nicht so

sicher. Er spricht kein Angolanisch – oder wie immer es heißt –, und einstmals dachte er auch, er würde Mayhews Nachfolger werden. Ich habe allmählich erkannt, wie hart die Company sein kann, aber wahrscheinlich muß sie das ja auch. Jedenfalls bin ich jetzt weniger von Porringers Scharfsinn beeindruckt als über meinen Mangel an demselben deprimiert. Natürlich mußte Sonderstrom versuchen, hier wegzukommen. Hunt hat schließlich all seine Aufgaben übernommen, Golf und gesellschaftliche Arbeit plus all das, was Gus nicht getan hat und auch nicht tun konnte, zum Beispiel die reichen Landbesitzer in den Pampas kultivieren. Außerdem war es schon nach einem Monat klar, daß Hunt eine engere, härtere Beziehung zu Salvador Capablanca (dem unzuverlässigen Polizeichef beim Gómez-Abenteuer, erinnerst Du Dich?) angeknüpft hatte, als das Sonderstrom je gelungen war. Wie Porringer sagte, packte Hunt den Stier bei den Hörnern. Er lud den Polizeichef zum Lunch ein, wie jeder Erste Sekretär der amerikanischen Botschaft das tun kann (Du erinnerst Dich, das ist Hunts offizielle Funktion), und gleich nach dem Kaffee erklärte Hunt auf Capablancas herablassendes »Mr. Secretary, nun sagen Sie mir mal, Sir, womit kann ich Ihnen dienen?«: »Ganz einfach, Salvador, zapf mir mal ein paar Botschaftstelefone an. Das sowjetische, polnische, ostdeutsche, tschechische. Das dürfte erst mal genügen.« Porringer sagt, Capablanca hätte völlig die Fassung verloren.
»Oh, dann...« sagte er, »oh, dann... sind Sie...«
»Klar, ich bin vom CIA«, sagte Hunt. »Oder halten Sie mich für eine dieser Quasselstrippen aus dem State Department?« »Quasselstrippe« war offenbar großartig gewählt. Capablanca lachte, als säße er mit Bob Hope beim Lunch. (Nebenbei, an ebenden erinnert mich Hunts Sprungschanzennase!) Aber Porringer sagt, Capablanca hätte nur soviel gelacht, weil er Angst gehabt hätte. Wir haben hier einen Ruf wie Donnerhall. Sogar der Polizeichef denkt, wir seien fähig, die Leute mit einem Fingerschnipsen aus dem Weg zu räumen. (Ist ganz gut, daß sie nicht wissen, wie gesetzestreu wir meistens sind.) Jedenfalls spielte Hunt diese Furcht aus. Als nächstes sagte er: »Señor Capablanca, wie Sie sehr wohl wissen, kann man die Kabel mit und ohne anzapfen.«
»Mit und ohne? Würden Sie das erklären, Señor Hunt?«
»Mit und ohne Ihre Hilfe.«
»Oh, ich verstehe.« Capablanca lachte wieder.

»Aber wenn wir's zusammen machen, können wir beide mithören.«

»Ich müßte es Präsident Batlle mitteilen.«

»Warum nicht?«, lachte Howard, und sie schüttelten sich daraufhin die Hand.

Auf der Rückfahrt hörte Hunt Porringer aufmerksam zu. Oatsie wagte die Vorhersage, daß Batlle zu antiamerikanisch sei, um mitzumachen, daß er aber nicht genug Rückgrat besitze, um sich einzumischen. Der Stellvertretende Polizeichef jedoch, Peones, der auch beim Lunch anwesend war, sei zur Mitarbeit bereit. Porringer erläuterte, er habe Peones schon neun Monate lang bearbeitet. (»Warum braucht's immer neun Monate, um einen Agenten anzuheuern?« Noch einer von unseren Witzen in der Station.) Hunt schüttelte Porringer feierlich die Hand: »Das wird ein blendender Coup«, sagte er. Tatsächlich, Kittredge, es hat geklappt. Peones ist seit Februar bei uns. Pluspunkte für Porringer.

Nach diesem Lunch beschleunigte Sonderstrom seine Abreise. Er und Hunt gingen freundlich miteinander um, aber sie waren nie derselben Meinung. Jetzt sind die Sonderstroms weg, und Porringer ist gegenwärtig Diensttuender Stellvertretender Stationschef und rechnet damit, daß er in dieser Position bestätigt wird. Seine Pingeligkeit in Detailfragen sowie sein politisches Insiderwissen kommen Hunt sehr zugute.

Nebenbei habe ich vor ein paar Wochen einen interessanten Abend bei den Porringers zu Haus verbracht. Seine Frau ist eine ambitionierte Bridgespielerin und gehörte in den Vereinigten Staaten zur Spitzenklasse. Hier gestrandet, ist sie einem Bridgeclub in Montevideo beigetreten, wodurch sie gezwungen ist, wenigstens etwas Spanisch zu lernen. – »Yo declaro tres corazones!« – Die Porringers hatten für mich als Tischdame ein Mitglied aus Sallys Verein eingeladen, eine leidgeprüfte, sehr faltige Dueña von Siebzig oder Fünfundsiebzig, die ein passables Englisch sprach und echt heiße Karten spielte. Ich kann einen akzeptablen College-Robber, und Porringer ist etwas besser, und das war's auch schon. Ich übergehe, wie Du merkst, das Essen. Sally ist leider keine große Köchin. Wir hatten Schmorfleisch, das wie in Spülwasser gekochtes Rindfleisch schmeckte – erinnerte etwas an den Fraß in St. Matthew's. Später, während des Bridgespiels, fuhrwerkten die

Kinder ab und zu in ihrem All-American-Bedroom herum – schmal wie eine Schlafkoje und vollgestopft mit halbzerbrochenem Spielzeug. Ich hatte das Vergnügen dieses Anblicks, als ich der Strohmann war und deshalb die Jüngste wieder zu Bett bringen konnte, nachdem sie aus den üblichen nächtlichen und flüssigen Gründen aufgewacht war. Warum erzähle ich Dir das alles? Ganz einfach, so ein typischer amerikanischer Durchschnittshaushalt erscheint mir so fremdartig, daß ich ihn wie ein Marsmensch betrachte. (Ich muß gestehen, so ähnlich stelle ich mir Christophers Zimmer in ein paar Jahren vor. Bitte, keine zerbrochenen Spielsachen!)
Immerhin brachte der banale Abend wenigstens einige bemerkenswerte Aufschlüsse über Sherman. Sein Haus sieht aus, wie Du es erwarten würdest: graue Vorhänge und helle Holzmöbel, Plastiktischfläche und Plastikstühle, ungestrichene Regale, vollgestopft mit Büchern und Papieren – wie man sich eben das Apartment eines Universitätsabsolventen aus dem Mittleren Westen vorzustellen hat. Sogar der ausgefranste Strohteppich fehlt nicht. Sie haben alle ihre Möbel aus Washington mitgebracht, weil die Company den Umzug bezahlt, und so bekam ich einen Eindruck vom Alltag all der bescheidenen US-Familien, die rund um den Globus stationiert sind. In diesem sonst so klischeehaften Haushalt gibt es jedoch einen Glaskasten mit acht handgemalten Eiern, die bemerkenswert gelungen sind. Eines zeigt rundum einen Baum und einen Teich, ein anderes eine mittelalterliche Burg im Mondlicht, das durch einen purpurnen Wald scheint; es sind alles ganz hervorragende Einzelstücke, gemalt von jemandem, der mit dem feinen Pinsel umzugehen weiß. Dann erzählt uns Sally, daß sie in dem Glaskasten sind, weil Sherman sie vorsichtig durch ein ganz kleines Loch ausgesaugt hat. Sobald das gelungen ist, bemalt er die zerbrechliche Oberfläche. Das Risiko reizt ihn. Du kannst durch eine unvorsichtige Bewegung alles verlieren. »Wollen Sie Shermans Werke aus der Nähe betrachten?« fragte Sally.
Es kam, wie es kommen mußte. Als Sherman mir das erste seiner Eier übergibt, rutscht das Ding zwischen unseren Fingern durch und zerbricht am Boden. Ich stand da wie ein begossener Pudel. Kittredge, es gibt solche dummen Zufälle, und es gibt etwas, das ich »Unfälle der Dritten Kraft« nennen würde. Dieser gehörte dazu. Ich schwöre, die Eierschale verließ von selbst meine Hand und flog in den Raum.

Natürlich entschuldigte ich mich tief zerknirscht immer wieder, aber er zuckte nur die Schultern. Man sah ihm an, daß er eine Bullenwut hatte, doch er schluckte sie, wie er alles schluckt, und ich nehme an, daß sie nun ein weiteres Stück seiner unterdrückten Seele verschütten wird. Ich bin sicher, daß damit fünf, wenn nicht zehn Stunden konzentriertester Arbeit verloren waren, und man konnte nichts dagegen tun. Am Ende eines langen Schweigens, das er wohl brauchte, um seine Gefühle wieder in die Gewalt zu bekommen, brummte er: »Na, mach dir nicht soviel draus. Es war nicht mein Lieblingsei, alle anderen sind für mich noch wertvoller. Ich habe es immer zuerst herausgeholt, wenn Fremde damit hantieren.« In Anbetracht der Umstände war Porringer gnädig. Doch seine blauschwarzen Bartschatten sahen so betrübt aus, wie es sich für die Situation gehörte.
Es ist spät, und ich kann unmöglich einen Brief absenden, der so endet. Also behalte ich ihn noch da, schreibe morgen weiter und schicke Dir dann alles.

Dein vertraglich gebundener Diener
H2

11

11. April 1957

Ich weiß gar nicht, warum ich Dir die furchtbare Eigeschichte erzählt habe, oder doch? Es war das Geräusch des Eis, als es auf den Fliesenboden schlug. Da es eine leere Schale war, zerbrach es mit einem ganz leisen, traurigen kleinen Ton. Ich muß immerzu daran denken. Einmal an einem Hohen Donnerstag erzählte uns Hugh, bei den alten Ägyptern hätte es ein Sprichwort gegeben, daß der Unterschied zwischen der Wahrheit und einer Lüge nicht mehr wiege als eine Feder.
Genug! Die eigentlich aufregende Neuigkeit ist, daß wir jetzt einen Beobachtungsposten genau neben der russischen Botschaft haben, und das ist so großartig, wie wir nun eben einmal sind. Es ist Porringers Verdienst, denn die Operation kam durch Peones zu-

stande. Letztlich aber ist der Erfolg dem Umstand zuzuschreiben, daß uns Howard aufgeweckt hat. Ich habe Peones noch nicht beschrieben, aber er würde Dir nicht gefallen. Er ist ein Schwergewicht, sehr eingebildet, halb Spanier, halb Italiener und sehr robust gebaut. Mittelgroß, breite Schultern, stämmige Beine, großer, schwarzer Schnurrbart. Er ist sehr dunkel und verströmt einen raubtierhaften Körpergeruch, den er mit Parfüm überdeckt. Peones kennt alle Bordelle von Montevideo und durchforscht sie so systematisch nach Talenten wie der Assistent eines Footballtrainers die Collegemannschaften. Darin paßt er zu Porringer, der, wie ich erfahren habe, selbst so eine Art Bordellomane ist – viel mehr, als ich es je war, ganz heimlich, still und leise, eine Unverschämtheit! Ich führe zur Zeit ein eher ruhiges Leben. Ich arbeite ganz einfach zu hart. Aber Porringer und Peones haben sich von Bordell zu Bordell immer mehr angefreundet. Es ist nicht die diskreteste Art, einen Agenten aufzubauen, aber in diesem Fall sehr wirksam. Und bitte sag nicht »arme Sally«. Ich bin sicher, Porringer hat seine Gründe.

Vor ungefähr drei Monaten hat Oatsie Peones in der Sache angesprochen. Denn Peones haßt nicht nur Capablanca, sondern hat ihn auch mit Sonderstrom und Porringer systematisch an der Nase herumgeführt und immer darauf bestanden, daß sie echte StateDepartment-Leute wären. Es war für ihn sehr peinlich, als Howard Capablanca gegenüber direkt zugab, daß der Lunch unter den Auspizien des CIA stattfand. Peones war nach dem Lunch rasend vor Wut, aber Porringer zeigte, was er kann. »Trag's mit Fassung, Pedro«, sagte er ihm. »Wir bearbeiten dich schon seit Monaten, und du hast dich noch nie anheuern lassen. Ich habe meinen Chef zurückzuhalten versucht, aber er ist ungeduldig. Er will jetzt sofort wissen, was du kostest.«

»Wir haben eine Redensart«, sagte Peones hoheitsvoll. »Geld kauft alles außer Integrität.«

»Wir sagen: Jeder Mann hat seinen Preis.«

»Meiner ist verborgen. Er hat sich zurückgezogen.«

»Wohin hat er sich zurückgezogen?«

»Gut, ich sag's dir, Sherman. Es ist ein kleines Geheimnis, aber dir sag ich's: Er sitzt in meinen Eiern.«

Kittredge, ich habe es nicht geglaubt, als Porringer mir von diesem Gespräch erzählte. Pedro Peones' Preis lag in seinen zweifellos

massiven Hoden. Es muß einmal ein Mädchen in den Bordellen von Montevideo gegeben haben, das so schön und so talentiert war, daß es vor ein paar Jahren nach Havanna gegangen ist, um sein Glück zu machen. Die Dame ist inzwischen von der Karibik bis nach Südamerika zur Legende geworden. Ihr Name – das heißt, ihr Künstlername – lautet »Libertad La Lengua« (was in diesem Zusammenhang längst nicht so sehr als »Freiheit der Rede« denn als Lustseufzer »Ach, Freiheit – deine Zunge!« gedeutet wird).
Libertad, so scheint es, hat kürzlich mit Peones korrespondiert. Sie ist die Liebe seines Lebens. Wenn der CIA sie aus Havanna nach Montevideo zurückbringen würde – freiwillig natürlich –, wäre er bereit, uns zu dienen. Ein Großteil von Uruguay, so Peones, stände uns dann zur Verfügung: ausgewählte Regierungsbeamte, individuelle Dossiers, die Telefongesellschaft, sämtliche Botschaften und Polizeispitzel in linken Organisationen. Peones endete mit den englischen Worten: »My country is yours.«
Porringer überbrachte das Angebot der Station. Peones' Versprechungen sind riesig, aber kann man ihm trauen? Was geschieht, wenn er nicht mehr mitmacht, sobald das Mädchen erst einmal hier ist? Außerdem, können wir uns das leisten? Wenn es ihr in Havanna so blendend geht, wird die Ortsveränderung vielleicht kostspielig. Nein, verspricht Peones, die Kosten werden nicht zu hoch sein. Das Mädchen wolle wirklich zu ihm zurückkehren. Es sei eine echte Liebesaffäre.
Außerdem, sagt Peones, hätten wir nicht mehr als die Transportkosten zu bezahlen. Sobald sie hier ist, will er sie in einem der verschiedenen Anwesen etablieren, die er bereits hat. Sie wird Superklasse sein. La Montevideana.
Ein intensiver Telegrammverkehr folgte, der die Kosten des Projekts erhöhte. Das Vorhaben ist aber ökonomisch gesehen vielleicht gar nicht so bedrohlich, wie wir befürchtet hatten. (Zweitausend Dollar reichen, um das Mädchen samt ihrem Gepäck erster Klasse hierherzubringen.) Außerdem kennt sich EH2 in den zuständigen Ämtern in Foggy Bottom aus. Eine weitere Erfahrung: Während der eine Stationschef mit dem Antworttelegramm eine Absage bekommt, erhält einer wie Howard die Moneten. Du hast recht: Hunt redet die ganze Zeit über Geld und hat mehr Synonyme für Schecks und Bares als irgendwer, dem ich je begegnet bin. »Hat Libertad eine Idee, wieviel Knete es braucht, um ihren

Allerwertesten hier herunterzukriegen?« lautet eine seiner Fragen. »Salat« nennt er das Zeugs und »Froschhäute«, »Wagenräder« (für Silberdollars). Es klingt lustig, wenn er loslegt.

Zu meiner Überraschung ist das größte Hindernis die Station in Havanna. Howard vermutet, daß die Karibikabteilung Libertad für Spezialaufgaben benutzt hat, aber er weiß, wie man ein paar Saiten an der I-J-K-L-Harfe anschlägt, und schon sind die Schwierigkeiten überwunden. Wir kriegen sie. Nun fragen wir uns, warum Havanna versucht hat, uns Sand ins Getriebe zu werfen.

Jedenfalls ist Pedro so glücklich, daß wir jetzt einen neuen Ausdruck für extreme emotionale Zustände haben: »Delirium Peones«. In mehreren Anfällen von Generosität – obwohl sein Mädchen noch nicht eingetroffen ist – hat Peones bereits das Telefon seines verachteten Vorgesetzten Salvador Capablanca angezapft. Unser Horchposten hat uns bereits bestätigt, was wir brauchen: Luis Batlle, der Präsident von Uruguay, ist sogar noch prosowjetischer als angenommen, und Capablanca ist sein Lakai. Wir hatten uns das schon gedacht, aber eine bestätigte Vorahnung ist für den Kopf, was eine gute Mahlzeit für den leeren Bauch ist.

Dann kommt der Supercoup. Nach der telegrafischen Bestätigung, daß Libertad definitiv unterwegs war, hielt Peones Porringer eine kleine Rede. »Sherman«, sagte er, »ich bin ein Mann, der für seine Werte lebt. Der höchste Wert, den ein Mann besitzen kann, ist, ein Caballero zu sein. Du wirst bald sehen, welch einen Caballero du in mir gefunden hast.«

Er hat sein Wort gehalten und eine Super-Gegenleistung vorbereitet: Vor über einem Jahr hat er eine Villa neben der russischen Botschaft am Bulevar España gepachtet. Diese zwölf Monate hat Peones keinen Cent an der Miete verdient und nur so viel genommen, daß seine Unkosten wieder hereinkamen. Dafür mußten sich die Mieter mit einer Kündigungsfrist von einer Woche einverstanden erklären. Er wußte genau, daß wir viel dafür geben würden, ein paar von unseren Leuten in so einem Haus einquartieren zu können, aber er unternahm nichts in dieser Richtung, bis er sicher war, daß wir ihm genug vertrauten, um seine Libertad zurück nach Montevideo zu bringen.

Wenn Sonderstrom noch hier wäre, würde er diesem Preis mißtrauen, und Hugh würde sich ihm nähern wie einem vergifteten Bonbon. Sogar Gatsby und Kearns erhoben Einwände. Was ist,

wenn die Villa neben der russischen Botschaft schon vom KGB mit Wanzen bestückt ist und Peones für die Russen arbeitet?
Hunt wischte diese Argumentation vom Tisch. »Wir werden dieses Haus nur als Beobachtungsposten benutzen, um den sowjetischen Garten zu überwachen, bis ein paar Sicherheitsexperten eingeflogen sind, die es sich ansehen. Selbst wenn die Russen die Villa verwanzt haben, werden sie nichts hören, das für sie von Wert sein könnte.«
Nein, stellten wir fest, jedenfalls nicht, wenn wir die richtigen Leute hineinsetzen. Es müssen Leute sein, die nichts von unserem Geschäft wissen und trotzdem geduldig genug sind, um stundenlang hinter zugezogenen Vorhängen am Fenster zu sitzen, um unsere Bolex H-16-Filmkamera einzuschalten, sobald jemand die Botschaft betritt oder verläßt. Natürlich müssen wir jetzt schnell geeignete Mieter finden. Aber woher bekommen wir sie? Wir wollen uns in dieser Sache nicht auf Peones verlassen.
Hunt entschließt sich, Gordy Morewood einzuschalten, und bald haben wir ein älteres Ehepaar mit einer dreißigjährigen Tochter in der Villa installiert. Es sind Juden, die vor den Nazis geflohen und um 1935 nach Montevideo gekommen sind. Ihr Name ist Bosqueverde, was wohl eine Übersetzung aus dem Deutschen ist. Ihr ursprünglicher Name mag Grünwald gelautet haben. Jakob hat seinen Vornamen aber nie in Jaime verändert. Also ist's Jakob Bosqueverde, seine Frau heißt Rosa, die Tochter ist Greta. Sie nennen sie Gretel. Es sind furchtsame, sehr zurückgezogen lebende Leute mit einer schüchternen, unscheinbaren Tochter, sie stehen einander aber sehr nahe. Wenn die Tochter niest, fröstelt es die Mutter. Ich weiß das alles, weil Howard mich zu ihrem Support Officer gemacht hat.
Keiner von uns wagt es, mit den Bosqueverdes englisch zu sprechen (schade, denn ihr Englisch ist nicht schlecht), aber es wäre der helle Wahnsinn, wenn der KGB die Villa verwanzt hat. Die Lösung war also, mich einzusetzen, da ich Deutsch spreche, wenn auch nicht besonders gut. Ich komme aber ganz gut damit durch, indem ich es mit einem harten spanischen Akzent spreche. Wir hoffen, daß man gegebenenfalls glauben wird, daß ich ein spanischer Freund der Bosqueverdes bin, der seine Aussprache im Deutschen verbessern möchte.
Jedenfalls sind meine Pflichten hier einfach und bescheiden. Als

Gegenleistung für die mietfreie Wohnung müssen die Bosqueverdes von sechs Uhr früh bis zur Abenddämmerung immer jemanden in der Nähe der Filmkamera haben, die auf ein Stativ montiert ist. Da die Tochter in einer Bibliothek arbeitet, müssen sich meistens die Eltern um die Kamera kümmern. Ich besuche sie jeden dritten, vierten Abend, bringe ihnen neues Filmmaterial und hole die belichteten Rollen ab. Wir lassen die Aufnahmen in einem sicheren Labor entwickeln, und dann gehe ich mit Hilfe eines Filmprojektors und einer Leinwand daran, das Kommen und Gehen zu studieren. Sobald ich ein neues Gesicht entdecke, bekommt es eine neue Nummer. Dann geht der Film per Diplomatengepäck zur Kakerlakengasse, wo die Sowjetrußlandabteilung die Gesichter identifiziert und entsprechenden Akten zuordnet. Wenn die Ergebnisse hier eintreffen, wird unser Leben ziemlich aufregend. Eines der Gesichter gehörte zum Beispiel einem hochrangigen KGB-Mann. Er kam einige Male zur Botschaft, verließ sie jedesmal wieder nach einer halben Stunde und flog anschließend nach Paris zurück, was wir durch AV/OUCH-2 bei der Paßkontrolle feststellen konnten. Natürlich wissen wir nicht, wozu er diesen Besuch hier gemacht hat, aber die SR-Abteilung besitzt damit einen Strohhalm mehr für ihr Riesennest.

Eine andere Sache sind die Gartenparties. Zwei haben wir bisher gefilmt, und ich bin immer wieder so sehr in die Bilder vertieft, als säße ich abends am Ufer eines Sees und könnte die Augen nicht abwenden von den Lichtreflexen auf dem Wasser. Das ist ein seltsames Gleichnis, denn die Bosqueverdes sind keine geübten Kameraleute, und das Ergebnis ihrer Arbeit erinnert an die Teleobjektivaufnahmen schlechter Amateurfilme. Die Schwenks sind so abrupt, daß man das Gefühl hat, von einem Catcher quer durch den Ring geschleudert zu werden. Trotzdem studiere ich das Material immer wieder auf der Suche nach Anhaltspunkten hinsichtlich der Beziehungen des sowjetischen Botschaftspersonals untereinander, und ich kann Dir gar nicht sagen, wie faszinierend das ist. Es kommt mir vor, als sähe ich einen Film von Roberto Rossellini. Ich bin versucht, mehr zu erzählen, würde aber lieber bis zur nächsten Gartenparty warten, die an diesem Samstag stattfinden soll. Die Angehörigen der amerikanischen Botschaft sind tatsächlich auch eingeladen. Der Botschafter selbst will nicht hingehen, aber Hunt kann ihn als Erster Sekretär vertreten, und ich könnte als Assistent des Ersten Sekretärs mitgehen. Eine geradezu surrealistische Vorstellung, daß ich auf der Party bin, mit den Russen rede und die ganze Zeit weiß, daß ich sie später in aller Ruhe auf der Leinwand studieren kann. Howard wiegt das Für und Wider gegeneinander ab. Er fürchtet, daß sie meine Stimme wiedererkennen könnten, wenn sie die Villa tatsächlich abhören. Ich schreibe Dir nächste Woche, wie er sich entschieden hat.

Laß mich einstweilen unsere Mieter beschreiben. Sie wohnen, wie gesagt, kostenlos, und Jakob verdient sich mühsam ein paar Groschen, indem er jüdischen Schülern, die sich auf ihre Bar-Mizwa vorbereiten, Hebräischunterricht erteilt. Offenbar gibt es eine beachtliche jüdische Gemeinde in Montevideo. Ich bin fasziniert von diesen Bosqueverdes. Sie sind die erste jüdische Familie, die ich je besucht habe, und alles, was sie tun, interessiert mich. Fast immer, wenn ich abends hinkomme, trinken sie Tee aus Gläsern, und oft essen sie eine Art leichtes Supper. Manchmal ist es kalter Hering in saurer Sahne mit Zwiebeln, und der Geruch erfüllt tatsächlich den ganzen Raum, obgleich er nicht unangenehm ist. Sie laden mich immer ein, und ich lehne immer ab, da meine Instruktionen lauten, sich mit ihnen auf keine langen Gespräche und auf keinen Fall auf irgendwelche Diskussionen über Filmrollen und -geräte einzulassen. Sie wissen genug, um das Produkt schweigend zu übergeben.

Manchmal studiert Jakob Bosqueverde gerade mit einem seiner Schüler in einem Alkoven, und ich lausche ihrem gegenseitigen Hebräisch-Rezitieren, als wären alle Worte magisch. Der Mann und der Junge tragen kleine Käppchen, und das erscheint mir ebenso geheimnisvoll. Denk mal! Sie bereiten sich inmitten von alledem auf eine Bar-Mizwa vor. Als ich gehen wollte, hielt mich die alte Dame an der Eingangstür am Jackett fest und flüsterte mir mit einem starken deutsch-jüdischen Akzent ins Ohr: »Bitte! Sie müssen sich unbedingt um Mr. Morewood kümmern. Er arbeitet so schwer für Sie.«

»Ja«, sage ich, »sí, ja.« Und ich lächle und gehe mit den belichteten Rollen in meiner mit einer Baguette getarnten Papiertüte hinaus. Dann bin ich wieder auf der Straße und schlendere drei Querstraßen weit bis zu meinem Wagen (der der Botschaft gehört). Dabei

bleibe ich zwischendurch stehen und blicke mich um, um zu sehen, ob man mir folgt. Bisher nichts! Sehr gut. Ich habe das Gefühl, daß die Villa nicht abgehört wird. Die Sowjetskis sind hier nicht so vorsichtig wie etwa in Berlin.
Auf der Fahrt zu meinem Hotel denke ich wieder an die Juden. Sie sind nur ein Achtel von mir, aber ich reagiere seltsamerweise hundertprozentig auf sie.
Zeit zum Ins-Bett-Gehen. Alles Liebe meinem Patensohn, Dir und den Deinen.

Harry

12

14. April 1957

Liebste Kittredge,
die Gartenparty ist morgen, und Hunt hat entschieden, daß ich ihn begleiten soll. Kein Zweifel, er ist kühn, und ich freue mich darüber. Ich kenne das Terrain, ich habe die Vorarbeit geleistet, und jetzt bin ich berechtigt, die Belohnung in Empfang zu nehmen. Natürlich werde ich in Zukunft dreimal so vorsichtig sein müssen, wenn ich die Bosqueverdes besuche, oder ich muß diese Aufgabe an Kearns oder Gatsby weitergeben (die, nebenbei gesagt, recht eifersüchtig sind, daß Hunt mich ihnen so sehr vorzieht – Du hast mit Deiner Vermutung recht gehabt), aber im ganzen gesehen bin ich sehr froh. Hinter den Gartenmauern des Feindes Cocktails zu nippen – wie viele Leute können von sich behaupten, daß sie das schon einmal getan haben?
Folglich fiel mir das Arbeiten heute ziemlich schwer. Ich ging schon früh aus dem Büro, und jetzt drängt es mich, Dir wieder zu schreiben. Mein Job hat so viele Seiten, daß es mir vorkommt, als könnte ich Dir nur einige wenige Eindrücke vermitteln. Vom Tag seines Eintreffens an war Hunt zum Beispiel von meiner Arbeit mit AV/ALANCHE begeistert. Es dauerte nicht lange, und er gab mir Slogans mit auf den Weg, die ich an die Gang weitergeben sollte. Howard möchte in eineinhalb Meter großen Buchstaben Erklärun-

gen wie diese lesen: »MARXISMO ES ODIOSO« oder, ein richtiger Blockbuster: »MARXISMO ES MIERDA«.
»Howard«, sage ich zu ihm. »Ich glaube nicht, daß diese Kids ›mierda‹ schreiben wollen. Es sind vielleicht Slumkinder, aber in diesen Dingen voller Hemmungen.«
»Die Skatologie«, sagt Howard, »spielt in armen Ländern eine ungeheuer wichtige Rolle. Was glaubst du, was die Chinesen während des Krieges mit den Japanern angestellt haben.« Und er erzählte mir, daß der OSS an chinesische Jugendliche Stinkbombenspray verteilt hat, und die Kids schlichen sich an die japanischen Offiziere an, während sie spazierengingen und spritzten ihnen ein bißchen davon auf die Hosen. Fünf Minuten später roch der Offizier, als ob er in Jauche gebadet hätte. »Was für ein Gesichtsverlust für die Japs«, sagte EH2.
»Ja«, antwortete ich, »das ist eine tolle Geschichte.« Er spürte meinen Widerstand und ließ es für den Augenblick auf sich beruhen.
Aber er treibt einen dauernd an. Ich soll Chevi Fuertes auf Trab bringen, doch ich will das nicht. Chevi und ich kommen wunderbar miteinander zurecht. Für meine eifrigen Leser in Washington habe ich ein ziemlich detailliertes Bild von den Spitzenleuten der PCU geliefert, welche PCU-Gruppen Einfluß bei den Gewerkschaften haben et cetera. Porringer, der sich in den letzten beiden Jahren mit den Gewerkschaften beschäftigt hat, sagt, mein Material sei zwar gut, aber keineswegs neu – vielleicht seine Rache für das zerbrochene Ei. Wie auch immer, Hunt will jetzt, daß ich Chevi so weit bringe, daß er ein paar Wanzen im Sitzungszimmer der PCU installiert. Das ist keine so schwierige Sache. Man braucht nur die Steckdosen an den Wänden zu ersetzen. Unsere Wanzen sehen genau gleich aus, enthalten aber ein winziges Mikrofon mit einem Sender. Gatsby ist es gelungen, einen Horchposten zu mieten, der in einem Bürogebäude nahe genug am PCU-Hauptquartier liegt, daß man die Sendungen dort aufnehmen könnte. Hunt sagt also, alles sei bereit, und wir warteten nur noch darauf, daß Chevi seinen Schraubenzieher mitbrächte.
Das Problem ist: Das Büro wird bewacht. Chevi selbst hat auch einmal in der Woche Dienst, dann übernachten er und ein Genosse dort draußen. Da die PCU in bezug auf Sicherheit wirklich paranoid ist, darf keiner von beiden den anderen auch nur eine

Minute allein lassen. Sie gehen noch nicht einmal zur Toilette, sondern müssen einen Eimer im Büro benutzen. Diese Regel allerdings halten sie nicht immer ein. Einmal in der Nacht geht Chevis Genosse für zehn Minuten aufs Klo. Damit kann man schon mal rechnen. In diesen zehn Minuten könnte Chevi die Steckdose abschrauben und unsere Wanze installieren. Aber wenn es schiefgeht, möchte ich nicht wissen, was sie mit Fuertes machen würden. Selbst wenn sie ihn nicht umbringen oder zusammenschlagen, könnte er sich doch bei den Seinen nicht mehr blicken lassen. (In gewisser Weise hat er dieses Gefühl schon heute.) Natürlich muß ich auch aufpassen, daß ich meinen Agenten nicht übermäßig schone. Das ist ebenso schlimm, wie wenn man ihn zu rücksichtslos einsetzt. Jedenfalls steht Fuertes unter Druck, und ich glaube, ich werde ihn dazu bringen. Hunt möchte, daß wir in alle Richtungen hin aktiv werden. Zum Beispiel hat Gatsby unter Shermans Aufsicht Porringers Kontakte mit einer zentristischen Gewerkschaft übernommen, die uns über mehrere linke Gewerkschaften informiert hat. Hunt ist damit aber noch nicht zufrieden. »Wir sind hier, um den Roten die Hölle heiß zu machen«, sagt er. »Und nicht, um zuzusehen, wie sie die Leute kirre machen.« So mußte Gatsby jetzt tatsächlich auch mit Stinkbomben arbeiten. Gatsby hat mit Hilfe von Gordy Morewood in den letzten drei Monaten eine Anzahl politisch rechts stehender Studenten angeworben, die in der letzten Zeit mehrere linke Versammlungen gesprengt haben. Hunt besteht darauf, daß sich in dieser Beziehung noch mehr erreichen ließe, wenn man »Wer? – Ich?s« verwende. »Wer das Zeug abkriegt, kommt sich hilflos vor wie ein Kind. Hilflose Babys leben inmitten eines solchen Gestanks. Vielleicht nehmen sich diese Arbeiterführer dann nicht mehr so wichtig. Das ist ein strategischer Schlag gegen einen jeden dieser Gewerkschaftsbosse.«
Gatsby, den ich Dir, glaube ich, noch nicht beschrieben habe, hat sandfarbenes Haar, ein mickriges Gesicht, Sommersprossen, ist also, mit anderen Worten, nicht sehr beeindruckend. Man hat ihn eigentlich fast nie bemerkt, nicht mal mit seinem Schnurrbart, der sich dunkel von seinem Haar abhob. Aber Hunt hat ihn überredet, ihn abzurasieren. Jetzt fällt er überhaupt nicht mehr auf.
Letzte Anmerkung zu den Stinkbomben. AV/ALANCHE 1 bis 7 sind mit Stinkbombenkugeln bewaffnet. Hunt behauptet, diese »Wer – Ich?s« würden die Moral meiner Kids heben. Zu meiner

Überraschung war das auch tatsächlich der Fall. Das letztemal, als AV/ALANCHE 1 bis 7 losgezogen sind, haben sie sich sogar eine heftige Schlacht mit einer linken Gang geliefert, vor der sie bis dahin immer ein bißchen Angst gehabt hatten. Mit den Kugeln haben sie den Gegner jetzt offenbar besiegt. Bei ihrem nächsten Vorstoß wollen sie »MARXISMO ES MIERDA« an die Außenmauer einer Lagerhalle nahe dem Stadtzentrum malen.

Als nächstes erinnert mich Sally daran, daß die Porringers auch zur sowjetischen Gartenparty gehen werden. Ich komme mir wie Anthony Trollope vor. Wird Herrick Hubbard Mrs. Porringer überreden können, mit den Russen zu tanzen?

Dein Harry

15. April 1957

Liebste Kittredge,

ich wollte, ich hätte den Brief gestern nicht abgeschickt. Jetzt erwartest Du Neuigkeiten, und ich kann sie Dir nicht bieten. Die Russen haben ihre Gartenparty abgesagt – mit der Entschuldigung, ihr Residentura, Samoilow, läge mit einer Grippe im Bett. Wir wissen es besser. Von den Bosqueverdes haben wir sofort erfahren, daß Samoilow heute vormittag schon mehrmals im Garten war.

Wen, magst Du fragen, könnten wir bei hellem Tageslicht zu den Bosqueverdes schicken? Es ist ein Geniestreich von Mr. Morewood, ein weiterer gelungener Einfall unseres so wenig beliebten Agenten. Immer wenn er möchte, daß Jakob heraus zu einem öffentlichen Telefon kommt, ruft Gordy einen zwölf Jahre alten Neffen der Bosqueverdes zu Hilfe. Da der Junge in der Nähe der Villa wohnt, schlendert er einfach mit seinem Schabbesdeckel auf dem Kopf hinüber, als ob er seinen Hebräischlehrer aufsuchen wollte. An solchen kleinen Tricks erkennt man den genialen Spion. Ich wollte, man könnte Gordy mehr Sympathie entgegenbringen – es gibt so verdammt viel von ihm zu lernen.

Auf diese Weise hat uns Jakob Bosqueverde dann tatsächlich benachrichtigen können, daß Samoilow frisch und munter umhergeht. Wieso die Party abgesagt wurde, wissen wir noch nicht. Wir haben in Washington Bescheid gesagt, und dort hat man sich mit der Sowjetunionabteilung beraten. Ihre Analyse lautet: Chruschtschows freundliche Gesten gegenüber dem Westen sollen die nukleare Aufrüstung der NATO verlangsamen. Die Einladung hier in Montevideo war ein Teil dieser weltweiten Kampagne. Irgend etwas ist aber über Nacht schiefgegangen, und so haben sie den Olivenzweig wieder zurückgezogen. Ein Checkout bei allen sowjetischen Niederlassungen rund um den Globus ergibt jedoch, daß außer der Party in Montevideo nur noch eine weitere Fete der Sowjets, zu der wir auch eingeladen waren, abgesagt worden ist – in Johannesburg.

Nach dreiseitigem Telegrammwechsel lautet unsere Hypothese wie folgt: Die Sowjets zeigen an, daß eine kleinere Frostperiode begonnen hat. Als Zeichen dafür wurde die ganze Party abgesagt, was sich natürlich viel besser macht, als wenn sie nur die amerikanische Botschaft ausladen. Gott, damit haben wir nun einen ganzen Tag vertrödelt! Ich bin sauer, und Barry Kearns ist völlig fertig. Er hat den ganzen Tag am Encoder-Decoder gesessen und den Telegrammverkehr mit der Sowjetrußlandabteilung abgewickelt. Wenn ihm dabei auch nur der kleinste Fehler unterläuft, was sehr leicht vorkommen kann, werden die »Saueren Eier« furchtbar unangenehm. (Allein schon, um sie zu erreichen, braucht man einen Eingangscode, der jede Stunde wechselt.) Kearns vergaß, daß Washington – das seit kurzem Sommerzeit hat – nicht mehr wie zuvor sechzig Minuten hinter uns zurückliegt – stell Dir vor, was er sich da an Beschimpfungen anhören mußte. Kearns' Fehler hat die »Saueren Eier« an die neunzig kostbare Minuten gekostet – so lange hat es gedauert, bis sie sein Kabel im großen Mülleimer der Verlorenen Nachrichten fanden. Hier folgt ein Teil ihrer Antwort:

NEXTT   IMESH   OWYOU   RCERT   IFICA
TEOFI   DIOCY

»Nächstesmal zeigst du uns Deinen Unzurechnungsfähigkeitsnachweis...«

Ich erspare Dir den Rest dieses Liebesbriefs. Die SR-Abteilung besteht wahrscheinlich aus Kreaturen mit dicken Brillengläsern, kahlen Schädeln, langen, spitzen Nasen und einer hypochondrischen Veranlagung.

Der arme Kearns. Ich habe ihn Dir noch nicht vorgestellt, aber er ist unsere Mißgeburt. Er ist einsneunzig groß, wiegt viel zuviel, ist vielleicht einer der schwerstgewichtigen Leute in der ganzen

Agency, schwabbelig weich wie Schweinefett. Ich weiß nicht, wie er für Sonderstrom Golf gespielt hat, obwohl ich höre, daß er zum Teil ganz gute weite Bälle geschlagen haben und als Putter zwar ungeheuer pedantisch, aber einigermaßen zuverlässig gewesen sein soll. Jetzt verstaubt sein Golfbeutel. Unter Hunts unheilvollem Blick treten Kearns' Unzulänglichkeiten deutlich zutage. Ihn packt leicht die Panik, und er verdirbt leicht eine Kommunikation. Kearns stellt sich auch ziemlich dumm an, wenn er die Groogs mal auf den Arm nehmen will. Er weiß einfach nicht, welches Protokoll man beim Telegrafieren zu beachten hat, und ich möchte fast sagen, es fehlt ihm der richtige Schwung. Genau das, was Hunt auszeichnet. Letzte Woche hat Hunt folgendes Kabel an die Argentinien-Uruguay-Abteilung gesandt: »Keiner hat es mir gesagt, aber ich glaube, heute ist der zehnte Geburtstag unserer Uruguay-Station. Geschenke und Glückwünsche werden dankbar entgegengenommen. Von Bargeldsendungen bitten wir abzusehen.«

Ich kann mir vorstellen, daß diese Art von Humor bei Dir nicht ankommt, aber wenn man unsere oft gespannten Beziehungen mit Washington berücksichtigt, war es ein witziges Telegramm. Sie schickten uns folgende Antwort: »Glauben Sie, daß dreißigtausend amerikanische Pennies zusammen mit den üblichen Glückwünschen für einen solchen Saftladen angemessen sind?«

So, und jetzt fühle ich mich wie ein Hellseher über sechstausend Meilen hinweg. Ich spüre, wie Deine Furien sich regen. Kittredge, bitte versuche die Enttäuschung zu vergessen, die dieser Brief für Dich bedeuten muß.

Harry

19. April 1957

Harry,
ich glaube, an mir ist ein Abteilungsleiter verlorengegangen. Wenn ich eine Information erwarte, und ich erhalte sie nicht, dann bekomme ich eine so fürchterliche Wut, daß ich glaube, meine Gardiner-Vorfahren haben einen Tropfen Druidenblut in ihren Adern. Dein letzter Brief liest sich, um es milde auszudrükken, wie der Schwachsinn eines triefmäuligen Idioten. Was interessieren mich Dein drittklassiger Stationschef und seine napoleonischen Harnergüsse in den Teetopf von Uruguay? Seine Tele-

gramme passen genau zu seiner Mentalität. Daß Du eine solche Mittelmäßigkeit schätzt, erfüllt mich mit Grausen.
Während ich dies schreibe, sitze ich an Harlots Pult und starre auf Deine Brosche. Bedenke: Eben habe ich Harlot zum erstenmal bei jenem Namen genannt, für den er berühmt ist. Ich frage mich, wie Christophers stolzes Kryptonym lauten wird? SCHLAMPE? GRABSTEIN?
Das Baby schreit. Schon wieder. Immerzu. Weil ich ihn GRABSTEIN genannt habe? Sein Leben ist ein Teil meines künftigen Todes.
Brosche
Deine Brosche

20. April 1957

Lieber Harry,
vergiß meinen gestrigen Brief, wenn Du kannst. Ich habe ihn sofort nach dem Schreiben abgesandt, und das ist alles, woran ich mich erinnere. Was auch immer darinsteht, es ist allenfalls halbwahr. Ich leide unter Attacken wie bei einer Migräne, nur daß mir der Kopf dabei nicht weh tut. Ich erleide nur einfach einen vorübergehenden Gedächtnisschwund.
Hast Du Dein Bordellmädchen aufgegeben, oder suhlst Du dich noch immer mit ihr herum?
Ich fürchte das Schlimmste.
Ich möchte wirklich nicht mehr mit Dir korrespondieren.
Das ist ein Befehl.
Beende sofort jegliche Kommunikation mit mir.
Hadley Kittredge Gardiner Montague

Wenn ich geschworen hatte, das abhörsichere Telefon nicht wieder zu benutzen, um Harlot zu erreichen, so war dies ein Meineid. Das abhörsichere Telefon unserer Station befand sich jedoch in einem verschlossenen Wandschrank in Howard Hunts Büro. Meine Bitte gefiel ihm nicht.
»Howard«, sagte ich ihm. »Ich brauche es unbedingt.«
»Könntest du mir den Grund mitteilen?«
»Persönlich.«
Hunt saß hinter seinem Schreibtisch und zuckte mit den Achseln. »Dann such dir doch ein öffentliches Telefon am anderen Ende der Stadt.«

»Es geht aber um die Company. Der Mann, mit dem ich reden will, geht nur ran, wenn die Leitung sicher ist.«

»Hugh Montague. Ist das der Gentleman?«

»Yessir.«

Howard stützte sich mit den Ellbogen auf den Schreibtisch und sah mich von der Spitze seiner zeltartig aufgestellten Fingerspitzen aus an. »Harry, ich glaube, du solltest wissen«, sagte er, »daß Harlot in der Agency eine Legende ist – aus sechs guten und acht schlechten Gründen. Einer von den schlechten ist, daß du dich mit dem Kerl nur anständig unterhalten kannst, wenn du ein abhörsicheres Telefon benutzt.«

»Ich akzeptiere Ihre Meinung, daß Hugh Montague ein etwas schrulliger Mann ist. Aber es geht um eine Familienangelegenheit von äußerster Wichtigkeit.«

Howard wurde ein bißchen ungehalten. »Das sichere Telefon ist allein mir anvertraut, dem Chef der Station. Du forderst mich auf, dieses wichtige Privileg zu mißbrauchen.«

»Um Gottes willen, als ich in Berlin war, konnte ich die ganze Zeit ein sicheres Telefon benutzen. Es befand sich im Büro des Verteidigungsministeriums, und jeder konnte es benutzen.«

»Berlin«, sagte Howard, »ist ein Sumpf. Ein verdammt außer Kontrolle geratener Sumpf.«

»Yessir.«

»Ich kann dir nicht erlauben, mein sicheres Telefon für eine private Angelegenheit zu benutzen. Damit würde ich der Anarchie Tür und Tor öffnen.«

»Yessir. Aber ich muß trotzdem über eine Familienangelegenheit reden.«

»Ich dachte, wir hätten den Punkt geklärt.«

»Howard! Ich bin der Pate von Montagues Sohn Christopher. Ich habe heute früh beunruhigende Nachrichten erhalten.«

»Ist Hugh Montague nicht auch dein Pate?«

»Yessir.« Aber ich konnte mir die Frage nicht verbeißen: »Woher wußten Sie das?«

Er berührte seinen Daumen mehrere Male mit dem Zeigefinger, um eine schnatternde Ente anzudeuten. »Ich habe in Washington mit Arnie Rosen geluncht.«

»Rosen«, brummte ich, »ist besser als ein altmodischer Telefonvermittler.«

Zu meiner Verwunderung lachte Hunt. »Hier!« Er griff in die Westentasche und holte einen kleinen Schlüssel heraus. »Bedien dich. Ich weiß, was es heißt, wenn man sich um ein Kind Sorgen macht.«
»Danke vielmals, Howard.«
»Wenn du fertig bist, nicht heute, aber bald, möchte ich mit dir über ein paar Dinge reden. Frag mich nicht, wer, aber ein paar Leute haben mich vor einem gewissen Harry Hubbard gewarnt. Sagten, du hättest in Berlin Scheiße gebaut.«
»Vielleicht stimmt das auch.«
»Na, unter Bill Harvey versauen sie alle ihren Job. Die wirklich schlechte Nachricht, wenn du sie hören willst, ist, daß du zu Füßen des falschen Rabbi sitzt.«
Ich antwortete nicht. Ich war inzwischen ziemlich wütend und versuchte eisern die Ruhe zu bewahren.
Hunt merkte es und sagte: »Wir können mal bei ein paar Drinks drüber reden oder beim Dinner.« Er sah auf seine Armbanduhr. »Hey, ich komme zu spät zu einem großen Lunch. Das Büro gehört dir. Hinterlasse es bitte so, wie du es vorgefunden hast.« Er lachte, um die Schärfe der letzten Bemerkung zu überspielen, und war fort.
Die Benutzung eines abhörsicheren Telefons erwies sich in Montevideo als schwierig. Ich mußte über Buenos Aires und Mexiko City bis Washington durch Relais von Operateuren hindurch. Ich brauchte eine halbe Stunde, um zu erfahren, daß Harlot nicht in seinem Büro war, zu Haus ebenfalls nicht, aber nach einem weiteren Anruf bei Inquiry-Secure vermittelte man mich weiter an WILD GARLIC, den Decknamen von Harlots Telefon in der Keep. Eine Stunde hatte ich in Howard Hunts Wandschrank verbracht, um den Mann zu erreichen, mit dem zu sprechen ich Angst hatte.
»Rufst du wegen Kittredge an?« fragte Harlot, statt mich zu begrüßen. Wieder einmal hatte ich den Eindruck, seine Stimme käme vom anderen Ende einer langen Röhre.
»Ja«, sagte ich, »genau deshalb rufe ich an.«
»Wie zum Teufel bist du an Howards Telefon herangekommen? Mußtest du etwas dafür geben?«
»Wahrscheinlich.«
»Zweifellos zuviel.«
»Hugh, ist Kittredge bei Ihnen in der Keep?«

»Sie ist okay. Hat ein Beruhigungsmittel bekommen, aber es geht ihr gut.«

Ich fragte mich, wie es jemandem gutgehen konnte, der ein Beruhigungsmittel bekommen hat, aber er mußte geahnt haben, was ich nicht aussprach, denn er fügte hinzu: »Ich bin bei ihr. Sie ist nicht allein.«

»Yessir.«

Er schwieg lange, und als er dann sprach, klang es, als habe er sich entschlossen, mir mehr zu verraten.

»Harry, sie ist nicht verrückt geworden, weißt du. Sie war nur überlastet.«

»Ich habe mir Sorgen gemacht«, sagte ich.

Er schnaufte verächtlich. »Sorgen gemacht? Ich habe auch ganz schön mit den Zähnen geknirscht. Weißt du, sie hat immer noch versucht, sich um das Baby zu kümmern und ihre ganze Arbeit zu erledigen, und außerdem hat sie leider auch noch mit einer Substanz experimentiert. In solchen Zeiten hat sie das Baby allerdings nicht gestillt. Nicht, wenn sie das Zeug genommen hatte.«

Ich konnte kaum glauben, was er gesagt hatte. »Was für ein Zeug?«

»Kittredge würde niemandem etwas zumuten, das sie nicht zuvor selbst ausprobiert hat. Aber ihr Timing war ungeschickt.«

»Ist sie überm Berg?«

»Ich hab's dir doch gesagt. Es geht ihr schon besser. Sie hat Beruhigungsmittel bekommen. Ein guter Freund von mir, ein Arzt, kümmert sich um sie. Ein Freund von Allen.«

»War sie im Krankenhaus?«

»Natürlich nicht. Eine psychiatrische Behandlung in unserer 201 ist ungefähr so erwünscht, als wenn du in deiner Jugend der kommunistischen Partei beigetreten wärst.«

Ich spürte, daß er gern reden wollte. Wie beunruhigt mußte er sein!

»Hugh, verzeihen Sie mir die Frage, aber sind Sie sicher, daß sie nicht einen guten Psychiater braucht?«

»Die Brüder kenne ich«, antwortete Montague. »Beim Technischen Dienst heuern und feuern wir sie schubweise. Ich verstehe Kittredge viel besser, als sie es je könnten. Sie sind nicht für einen Umgang mit ihrem feinen Geist qualifiziert. Sie ist überm Berg, sage ich dir. Noch eine Woche, und sie ist wieder sie selbst. Natürlich darf sie eine Zeitlang nicht arbeiten und in Zukunft keinerlei Psychopharmaka nehmen. Es ist ihr Ehrgeiz, verstehst

du das nicht? Das ist der einzige Teil des Mädchens, der unausgeglichen ist. Man erkennt die Bedeutung ihrer Arbeit nicht in vollem Maße an. Das genügt schon, um einen gesunden Menschen in den Wahnsinn zu treiben.«
»Kann ich mit Kittredge sprechen?«
»Sie schläft. Ich möchte sie nicht wecken.«
»Darf ich wieder anrufen?«
Es folgte eine lange Pause. Ich wartete, aber er antwortete nicht.
»Ist Christopher bei Ihnen?« fragte ich.
»Selbstverständlich.«
»Und ein Kindermädchen?«
»Eine gute Frau hier aus der Nachbarschaft, die jeden Tag kommt. Ich stehe mit Christopher auf, wenn er nachts nicht schlafen kann.« Dann schwieg er wieder.
Ich wollte ihn fragen, wie es bei ihm im Büro aussah. Wer vertrat ihn dort? Kittredge hatte einmal von zwei Assistenten gesprochen, die absolut zuverlässig wären. Sie bewachten wahrscheinlich die Türen von GHOUL. Eine kurze, aber unentrinnbare Panik ergriff mich. Sobald er auflegte, würde ich wieder in Uruguay allein sein.
»Darf ich später noch einmal anrufen?« drängte ich wieder.
Doch sein Telefon schwieg weiter, und das starke Rauschen erschien mir wie das Hohngelächter von Myriaden kleiner Geister.
»Harry, denk einmal darüber nach«, sagte Harlot. »Du hast dich wie ein Hundesohn benommen. Ich möchte, daß dein Briefwechsel mit Kittredge aufhört.«
Meine erste Reaktion war, daß ich mich fragte, ob er die Briefe gelesen hatte oder nur von ihnen wußte.
»Lieber Gott, Hugh«, sagte ich schließlich. »Ich glaube, Sie sollten das Kittredge überlassen.«
»Harry, die Geburt eines Babys behindert eine ehrgeizige, talentierte Frau ebenso wie eine Verwundung. Sie muß sich erholen. Also hör auf mir dieser Briefeschreiberei. Das ist mein Wunsch und ihrer auch.«
»Ich werde um Urlaub eingeben.«
»Du bekommst ihn vielleicht auch, aber ich werde nicht erlauben, daß du sie hier besuchst.«
»Hugh, hängen Sie bitte nicht auf. Ich bin sechstausend Meilen weit entfernt.«
»Du mußt jetzt selbst herausfinden, aus welchem Holz du ge-

schnitzt bist. Meine größte Befürchtung ist – da wir jetzt schon gezwungenermaßen einmal einen Augenblick offen miteinander reden –, daß du, Harry, nicht hart und ausdauernd genug bist. Jedenfalls nicht für den Beruf, den du gewählt hast. Widerlege mich. Stürz dich in deine Arbeit. Laß uns mal ein halbes Jahr oder so in Ruhe, bis wir uns wieder bei dir melden.«
Damit legte er auf.

13

Da die Post in der Nähe meines Hotels lag, hatte ich es mir zur Gewohnheit gemacht, jeden Morgen auf dem Weg zur Arbeit dort vorbeizuschauen. Wir hatten vereinbart, daß Sally Porringer dort ihre Nachrichten für mich hinterließ. Sie waren, wie man sich vorstellen kann, kurz und sachlich – »O Harry, Du fehlst mir so, ich sehne mich wahnsinnig nach Dir. Laß uns mal überlegen, wie wir uns am Sonnabend treffen können.« So oder so ähnlich lauteten ihre Nachrichten.
Es war immerhin nett, daß sich wenigstens ein Mensch nach mir sehnte. In dem Monat, der auf Kittredges letzten Brief folgte, liebte ich Sally mit kalter Wut. Es war unfair, aber ich machte sie für den Verlust verantwortlich und nahm sie, die ich haßte, mit brutaler Gewalt – was aber die entgegengesetzte Wirkung zu haben schien, denn sie beteuerte unentwegt, ich sei wunderbar. Sie packte mich bei meiner sexuellen Eitelkeit und zwang mich, noch mehr Leistung zu beweisen. Dabei fragte ich mich die ganze Zeit, wieso ich nicht wie andere Amerikaner sein konnte, die einfach Frauen aufrissen und wieder vergaßen. Porringer zum Beispiel unterhielt Gatsby und mich immer mit ausgiebigen Berichten über die Nächte, die er in den Bordellen von Montevideo zubrachte. Wenn Sherman mit einer Frau, zwei Kindern und all seinen wichtigen Aufgaben als Stellvertretender Stationschef sich immer noch »wie das glücklichste Schwein auf der Hundehütte« (so nannte er es) aufführen konnte – der melancholische, paranoide Porringer mit den blauen Bartschatten –, wieso funktionierte es bei mir nicht? Das Komische war, daß ich sogar anfing, Sally gegenüber eine Art

Loyalitätsgefühl zu entwickeln. Das Paradoxe beim Sex ist, daß er sich doch immer mit der Liebe arrangiert – wie der Fall auch liegen mag, Liebe und Sex werden nie gänzlich voneinander getrennt auftreten. Wenn ich mich bei meinen heimlichen Orgien mit Sally immer damit quälte, daß ich mich mit der falschen Frau abgab und mich dadurch der einzigen, die ich wie eine Göttin anbetete, immer mehr entfremdete, so mußte dieser Zorn sich wiederum mit meiner sexuellen Gier arrangieren. Kittredges Verlust hatte mich zu einer Art unerwünschten Person im Land der Liebe gemacht.
So wurde denn – wenn auch nur ein ganz kleines bißchen – Liebe daraus, und ich verachtete Sally nicht mehr ganz so sehr und empfand Mitleid mit der schrecklichen Einsamkeit ihres Lebens in einem Land, in dem die einzigen Menschen, die sie verstanden, verrückte, uralte Bridgeschwestern waren und ein junger, zorniger, innerlich desinteressierter Liebhaber sowie ein Ehemann, der sie so unglaublich gut verstand, daß er überhaupt nichts kapierte. »Denkt er etwa, ich freue mich darüber«, beklagte sie sich einmal, »wenn er herumtrompetet: ›Oh, Sally ist ein gutes Mädchen‹, als ob ich seine beste Zuchtsau bei der Landwirtschaftsausstellung wäre? Manchmal hasse ich Sherman geradezu. Er ist so unverzichtbar und so gedankenlos«, und sie fing an zu weinen. Ich hielt sie in den Armen und spürte, wie das Mitleid in mir aufkeimte und auf sie überströmte. Ich sah noch immer mit Verachtung auf sie hinab, aber es war abzusehen, wie lange ich meine besten Gefühle noch würde im Zaum halten können – diesen inneren Kelch zärtlicher Sympathie, den ich ganz allein für Kittredge Gardiner Montague reserviert hatte –, auch wenn mir innerlich alles weh tat von den Wunden, die sie mir zugefügt hatte.
Außerdem war es zu schmerzlich, an sie zu denken. War sie vielleicht doch wahnsinnig geworden? Keine Nacht verging, in der ich mich nicht verfluchte, daß ich es nicht fertigbrachte, Urlaub zu nehmen und in die Staaten zurückzukehren. Und doch war es hoffnungslos. Wenn Harlot etwas sagte, dann konnte man sich darauf verlassen. Außerdem hatte er womöglich recht. Es war vielleicht wirklich nötig, mich mal eine Zeitlang durchzubeißen.
Trotzdem kam ich mir Kittredge gegenüber wie ein erbärmlicher Verräter vor, wenn ich mich mit Sally zu unserem hemmungslosen Treiben traf. Wider Willen entwickelte ich aber allmählich Appetit darauf und begann Gefallen an ihr zu finden. Danach lag ich in

ihren Armen und fragte mich, ob es Kittredge wohl inzwischen besser ging, oder ob ich ihr über sechstausend Meilen hinweg gerade einen weiteren Schlag vor den Kopf versetzt hatte.
Ich biß mich durch. Ja, den ganzen Mai und Juni hindurch kam ich mir vor wie ein Arbeiter im Akkord. Den milden Winter von Montevideo hätte ich ebensogut in einer amerikanischen Kohlengrube verbringen können. Ich war allein in Uruguay und ohne meine Briefpartnerin. Also stürzte ich mich in die Arbeit, wie Harlot es mir geraten hatte. Ich traf mich zweimal in der Woche mit Chevi Fuertes und einmal mit AV/ALANCHE, ließ mich bei AV/OUCH 1 und 2 an der Zoll- und Paßkontrolle sehen, und auch AV/ERAGE, der homosexuelle Gesellschaftskolumnist, wurde mir nun anvertraut, nachdem Gatsby Porringers alte Gewerkschaftskontakte übernommen hatte. Und dann gab's da immer noch die Bosqueverdes (die den ganzen Winter lang alle lebendigen Seelen filmten, die das Botschaftstor passierten). Sie alle gehörten mir, und Hunt schob mir auch noch Gordy Morewood zu, und ich mußte mich mit dessen maßlosen Geldforderungen abplagen. An manchen Vormittagen waren mir all ihre Gesichter verhaßt. Bisweilen, wenn Porringer und Kearns und Gatsby an ihren Schreibtischen saßen, ging mir auf, wie gesichtslos diese Alltagsvisagen waren. Und wie vertraut mir jedes überflüssige Haar vorkam, das aus einem Nasenloch wuchs!
Hunt wurde mir in jenem Winter in Uruguay, der der Sommer von 1957 in Nordamerika war, zum Freund. Zwei Monate nachdem ich über sechstausend Meilen hinweg mit Harlot in der Keep in Maine gesprochen hatte, kurvte ich zweimal die Woche nach Carrasco hinaus zum Dinner bei Dorothy und Howard. Die Hochachtung, die ich für Harlot empfunden hatte, lag ähnlich begraben wie ein Vorrat, den man sich für die Rückkehr nach einer langen Reise angelegt hat, und meine Verehrung übertrug sich auf Hunt. Obwohl er schrecklich launenhaft und grob war und man ihn leicht in dem einen Moment haßte, um ihn im nächsten wieder anzubeten, war er doch mein Leitbild. Ich entdeckte aufs neue, daß unsere Liebe sich, wenn alles andere versagt, sehr leicht solch formalen Institutionen wie der Fahne oder dem Büro, in dem man arbeitet, zuwenden kann.
Doch an einem durchschnittlich kalten Morgen zog ich im Post-

amt einen Brief von Kittredge aus meinem Schließfach. Sie hatte mir direkt geschrieben, statt auf dem Umweg über die Diplomatenpost.

Der Stall
30. Juni 1957

Lieber Harry,
diese Adresse habe ich von Deiner Mutter. Ich glaube, offene Post ist in Ordnung. Ich will Dir nur sagen, daß ich wohlauf bin. In einer gewissen Hinsicht geht es mir sogar gut. Ein bißchen traurig finde ich es schon, daß ich mein Baby nun nicht mehr stille, sondern aus Flaschen füttere, aber im Grunde geht es so gar nicht schlecht. Wir haben jeden Tag unsere Zugehfrau-plus-Kindermädchen hier, und ich bin wieder bei meinem Job, ja, und keiner dort weiß überhaupt, daß ich krank war. Hugh hat das alles sehr geschickt hingekriegt. Allen ist vielleicht eingeweiht, aber mit Sicherheit niemand sonst. Hugh hat's einfach mit so einer Geschichte durchgeboxt – wir beide hätten seit unserer Hochzeit keinen Urlaub mehr gehabt –, auf diese Art, mit der nur er allein durchkommt. Natürlich hat er gearbeitet, während er mit mir in der Keep war, und zwar ziemlich hart, indes ich allein für mich all die kleinen Verrücktheiten aussortiert habe. Erzähl das nicht weiter, aber das eigentliche Problem warst nicht Du, auch nicht die Brosche, auch nicht das Baby, auch nicht Hugh. Euch oder sie alle sah ich mit der Zeit immer mehr als Feinde an, die mich umzingelten, aber in Wirklichkeit hatte alles mit meinen sehr unvorsichtigen Experimenten mit einer fabelhaften, aber auch schrecklich verrückten Droge zur Bewußtseinsveränderung namens LSD zu tun. Einige unserer Leute hatten sie in den letzten fünf oder sechs Jahren schon ausprobiert und waren zu faszinierenden, aber letztlich nicht schlüssigen Ergebnissen gekommen, und ich war so eingebildet zu glauben, ich müßte nun selbst damit experimentieren, um zu erfahren, welche Wirkung das LSD auf Alpha und Omega hätte.
Mit diesem Brief will ich Dich also um Entschuldigung bitten. Ich erinnere mich gerade noch an so viel aus der Periode meines tiefen Hinabtauchens, daß ich weiß: Meine letzten Reaktionen waren unverzeihlich. Ich wollte Dir das schon seit längerem mitteilen, aber ich wagte es nicht, unseren alten Postweg per Diplomatengepäck zu benutzen. Hugh hat mir verboten, Dir zu schreiben, und er

hat bis zu einem gewissen Punkt recht. Ich glaube, ich habe eine Art Doppelleben geführt. Keusch zwar, aber trotzdem doppelt. Ich habe Hugh geschworen, ich würde nicht wieder mit Dir korrespondieren, ohne ihn vorher davon zu unterrichten. Natürlich habe ich mit gekreuzten Fingern geschworen, so daß der Schwur wertlos ist.

Ich möchte Dir eigentlich nur erklären, was ich schon gesagt habe: Ich bin wohlauf. In Wahrheit liebe ich Hugh jetzt mehr denn je. Er war fabelhaft zu mir da oben in Maine, stark, aber so rührend um mich besorgt. Ich habe jetzt erkannt, wie sehr er mich und das Baby liebt, denn ich hatte das vorher nicht so richtig begriffen. Die Quelle dieser Liebe muß tausend Fuß tief in der Erde liegen. Ich glaube, ohne ihn wäre ich vielleicht noch tiefer gesunken, hätte noch viel mehr Zeit verloren und noch besessener herumgesucht.

Du sollst auch wissen, daß ich Dich und Deine Briefe vermisse. Doch ich bin geduldig. Ich will noch drei oder vier Monate warten, um Hugh zu beweisen, daß ich nicht rückfällig werde. Ich bin wieder da, aber ich möchte es ihm immer noch beweisen, und im Herbst – Deinem Frühling – werde ich ihm sagen, daß ich Dir wieder schreiben möchte, und wenn er es mir nicht erlaubt – na, dann werden wir ja sehen. Hab also Geduld.

Denk an mich als an Deine Cousine, Deine Cousine, die Dich küßt, die Du aber nicht körperlich lieben darfst. Ich werde Dich immer auf eine ganz besondere Art und Weise lieben, aber ich gebe zu, daß es mich wärmt und mir ein Gefühl der Geborgenheit gibt, daß Du so weit fort bist.

Liebe Grüße
Kittredge

P. S. Hugh hat nie einen Deiner Briefe gesehen. Ich habe ihm gestanden, daß wir miteinander korrespondiert haben, aber nur wie College-Sweethearts, die nichts miteinander haben. Das konnte er gerade noch tolerieren, denn er hatte uns ja bei Deinen Besuchen erlebt. Mein Geständnis bestätigte ihn also in einer seiner scharfsinnigen Vermutungen. Ich habe ihn nicht darüber aufzuklären gewagt, wie offen wir in anderen Dingen einander gegenüber sind. Das würde er niemals begreifen und niemals verzeihen.

Ich habe ihm auch vorgelogen, ich hätte die Briefe vernichtet an dem Abend, an dem ich das LSD nahm. Du siehst – sogar mitten in meinem Wahnsinn war ich noch klar genug, um Unheil zu vermeiden.

14

Selbst wenn wir nur zu dritt beim Dinner waren, fand es stets in einem sehr förmlichen Rahmen statt. An ihrem langen, hübsch gedeckten Tisch saßen Howard immer an dem einen und Dorothy am anderen Ende. Er und sie waren echte Snobs, und mir wurde klar, daß es geradezu eine Auszeichnung war, von solchen Leuten akzeptiert zu werden: Man badete in duftenden Gewässern. Da der Besuch im »Stall« einen Stachel hinterlassen hatte, fand Howard Gefallen an meiner Gesellschaft – nicht nur wegen der berühmten Hubbard-Ahnen, sondern vor allem auch, weil er mich auf diese Weise den Montagues entzog. Howard begriff nicht, daß gewisse gesellschaftliche Ambitionen unerfüllt bleiben müssen. Ich glaube, ich mochte ihn, weil ich mich ihm gegenüber oft ein wenig überlegen fühlte.
Beruflich mußte ich natürlich für diese privaten Zuwendungen zahlen. Eine meiner Aufgaben bestand darin, ihm die Berichte des Tages abends nach Carrasco hinauszubringen, wenn er den Nachmittag mit seinen uruguayischen Freunden im Jockey Club verplaudert hatte. Ich war noch nicht lange mit dieser Aufgabe beschäftigt, als Porringer und Crew aufging, daß es sich hier nicht nur um einen Botengang handelte, sondern daß ich auch ständig zum Essen eingeladen war. An jenen Abenden, an denen ich dienstlich verhindert war, fuhren Gatsby oder Kearns oder sogar Oatsie selbst die zwölf Meilen die Rambla entlang nach Carrasco Beach hinaus, wo die Hunts in einer weißen Stuckvilla mit rotem Ziegeldach residierten, nur zwei herrlich geschwungene Straßen vom Strand entfernt. Aber meine Kollegen wurden nur selten zum abendlichen Mahl gebeten. Freundlichkeit gegenüber gesellschaftlich unter ihr stehenden Personen war keine von Dorothys Tugenden. Wenn ich mir Sally in ihren Fängen vorstellte, zuckte ich

zusammen, und der Gedanke, daß Kearns an ihrem Tisch säße, war nicht angenehmer. Dieser Hüne war mit einer geradezu winzigen Frau verheiratet, und es wirkte beinahe grotesk, wenn man sie zusammen erlebte. Solch ein Mißverhältnis genügte schon, daß Dorothy die Nasenflügel blähte. Wären Jay Gatsby ein Absolvent der Citadel und seine Frau Theodora Zögling eines der guten Damencolleges im Süden wie Atkins Emory oder dergleichen gewesen, dann hätte das vielleicht noch eine zweite Einladung bei den Hunts bewirken können, aber mehr auch nicht.

Der schlimmste Nachmittag, den ich mit Sally verbrachte, war der Tag vor der Gegeneinladung, mit der sich die Porringers für ihr Dinner bei den Hunts revanchierten. Sallys segensreiche Fähigkeit, ihre Gedanken für den Zeitraum von dreißig ganz und gar lüsternen Minuten abzuschalten, war unterminiert. Ich liebte eine Frau, deren Körper vor gesellschaftlichen Ängsten und Komplexen förmlich erstarrt war. Hunt konnte sich zwar für Slogans wie »Marxismo es mierda« begeistern und Kartons voll Stinkbombenkugeln durch den Haupteingang der Botschaft schleppen, aber für Leute, die nicht wußten, wie man bei einem feierlichen Dinner das verdammte Zeugs stilgerecht serviert, hatte er nichts übrig. Und Dorothy war noch schlimmer. Die hohen Maßstäbe ihres Achtels an Oglala-Siouxblut und der Harrison-Vorfahren wurden durch Dorothy Hunts vielgeliebten Adelstitel noch weiter gesteigert. Dorothy war mit einem Marquis de Goutière verheiratet gewesen und hatte mit ihm in Chandernagore ein herrschaftliches Haus geführt, das, wie Howard beiläufig erwähnen konnte, auch »der Familiensitz der de Goutières war. Es liegt nahe bei Kalkutta.«

Ich wußte nie, ob es sich bei den de Goutières um französisch angehauchte Hindus oder um Indofranzosen handelte, und wenn von Zeit zu Zeit das Wort »Marquesa« fiel, wußte ich nicht einmal, wie man das buchstabierte. Nichtsdestoweniger – Dorothy war eine Aristokratin. Mit ihrem dunklen Haar, den großen, dunklen Augen, einer ausgeprägten Adlernase und Lippen, die sich zu den vielfältigsten Mißfallenskundgebungen verziehen konnten, war sie eine seltsam attraktive Person, die nie an einem Mangel an Selbstbewußtsein litt.

Welcherart die Tugenden und Mängel im Hause der Hunts auch sein mochten, so bezahlte ich für ihre Gastfreundlichkeit jedenfalls mit einer kühlen Distanz meiner Kollegen im Büro. Wie auch immer, ich akzeptierte diesen Handel; denn ich erfuhr eine Menge über Hunts Sicht der Dinge. Während beim Essen in Carrasco nicht über dienstliche Angelegenheiten geredet werden durfte, worüber Dorothy schärfstens wachte, verbrachte ich die halbe Stunde davor stets in Howards Arbeitszimmer, wo er seine Ideen an mir testete. Minutenlang meditierte er dann laut über die Fehler von Gatsby und Kearns. Ich mußte nur geduldig zuhören, während Hunt alle Mängel und Schwächen unserer Station unter die Lupe nahm. Ich wußte, daß er mich damit auf eine neue Aufgabe vorbereiten wollte. Porringer war der Kontaktmann für alle uruguayischen Journalisten und Verleger, die wir bezahlten, damit sie unsere Artikel in die Presse von Montevideo brachten. Letzte Woche hatte Porringer allerdings mehr Zeit mit dem Schreiben als für die Lektüre der Presse von Montevideo verbracht. »Chruschtschow, Schlächter der Ukraine« war das Thema gewesen.

So sah ich denn auch schon meine nächste Aufgabe Gestalt annehmen. Während Porringers Kontakte mit den Journalisten sakrosankt waren, wurde mir nun ein beträchtlicher Teil des Schreibens und Redigierens übertragen. Hunts Klagelied über die unzureichende Arbeit von Gatsby und Kearns war, wie ich wußte, nur das Spiegelbild ihrer Klagen über mich – etwa, daß ich mich um meinen Aufgabenbereich nicht kümmerte. Das älteste Spiel in jeder Station, das hatte ich inzwischen begriffen, bestand darin, einem neuen Mann die jeweils langweiligsten Arbeiten aufzuladen, und Hunt, der sehr wohl erkannte, wie teuer es mich zu stehen kam, sein Favorit zu sein, hatte sich offensichtlich entschlossen, mir mehr Büroarbeit aufzuhalsen. Als ich mich deshalb bereit erklärte, an dem Material, das Porringer regelmäßig an seine drei besten Journalisten, AV/ARICE, AV/ENGE und AV/IATOR, übersandte, nach besten Kräften mitzuarbeiten, hatte Hunt seinen Zweck erreicht, und ich konnte mich über noch mehr Arbeit freuen.

»Harry, letzten Endes und unterm Strich betrachtet«, erklärte er mir jetzt, »besteht die Hälfte unserer Arbeit aus Propaganda, und manchmal denke ich, es ist die bessere Hälfte.« Er öffnete kurz seine Schreibtischschublade, um nachzuschauen, ob etwa die Sows in der Zwischenzeit ein Mikro hineingeschmuggelt hatten. »Ich sag's dir nur verdammt ungern«, bemerkte er mit der Hand über einem Mundwinkel, als ob er verhindern wollte, daß fremde

Ohren mithörten, »wie viele Zeitungen auch zu Hause Artikel von uns nehmen. Journalisten kann man leichter kaufen als Pferde!«
Das Mädchen klopfte an die Tür des Arbeitszimmers. Es war angerichtet. Ende des Geschäftlichen und Anfang der Geschichten aus ruhmreichen Zeiten. Dorothy, die nicht so redselig war wie Howard, unterbrach ihn nie, wenn er bei Tisch seine Monologe hielt.
Ich nehme an, daß sie in diesen Phasen meditierte oder ganz einfach abschaltete. Schließlich hatte sie das alles ja schon wiederholt gehört.
Das hatte ich aber noch nicht, und ich fand, daß er ausgesprochen gut erzählte: »In Tokio, damals vor etwa zwei Jahren, . . .«
»Eher vor anderthalb«, kommentierte Dorothy.
»Du schaust aber auch immer auf die Uhr«, lachte Howard. »Also gut, vor achtzehn Monaten waren die chinesischen Kommunisten dreist genug zu erklären, sie würden ihre erste Handelsmesse in Japan eröffnen. Wollten mal mit ihren hochentwickelten Werkzeugmaschinen protzen. Das löste eine höllische Schockwelle aus. Wir wußten's ja besser, aber trotzdem! Und wenn sie nun tatsächlich konkurrenzfähige Produkte vorstellen würden? Die amerikanische Wirtschaft hatte eine Menge Dukaten im Pott, also wollten wir gar nicht, daß die Japaner sich das ansahen. Na ja, es gelang mir, mich in die Vorbesichtigung einzuschleichen: Das Zeugs der ›ChiComs‹ war in der Tat einfach lausig. Armselige Kopien unserer Werkzeugmaschinen. Die paar guten Erzeugnisse waren handgefertigt. Von ihnen war gewiß kein Einbruch in unseren Markt zu befürchten. Wir brauchten also keine guten Dollars auszugeben, um mit ihnen zu konkurrieren. Trotzdem beschloß ich, ihre Ausstellung zu torpedieren.«
»Haben Sie es mit ›Wer? – Ich?‹s gemacht?« fragte ich.
»Keineswegs. Dieser Job verlangte mehr Fingerspitzengefühl. So habe ich eine saubere Operation angeleiert. Eines Nachts segelten Hunderttausende von Flugblättern aus einem Flugzeug auf Tokio herunter. ›Kommen Sie zur chinesischen Handelsmesse‹, hieß es auf der Einladung. ›Freier Eintritt, Freibier, Reis und Saschimi kostenlos.‹«
Hunt fing an zu lachen. »Harry, die ›ChiComs‹ wurden von Flugblätter schwenkenden Tokioter Bürgern so überschwemmt, daß sie ihre Tore schließen mußten. Bei ihnen gab es nämlich über-

haupt nichts umsonst. Sie bekamen eine fürchterliche Presse und mußten sich tief gedemütigt aus der Stadt verziehen.
Da wir gerade von Pluspunkten reden«, sagte Howard. »Ich glaube, ein Grund dafür, daß ich Stationschef wurde, war der Erfolg dieses Coups. Natürlich muß ich mich wohl auch bei Dorothy bedanken.« Er hob das Glas und trank ihr zu. »Freund«, fuhr er fort, »wenn du dir unsere Gastgeberin anschaust, was siehst du da?«
»Eine schöne Dame«, rief ich in überzeugtem Tonfall.
»Mehr als das«, nickte Hunt. »Ich erblicke auch die weibliche Person in ihrer schwerstfaßbaren Gestalt. Frag dich selbst, Harry, könnte Dorothy eine Spionin abgeben?«
»Eine ausgezeichnete«, erwiderte ich.
»Du bist auf dem richtigen Dampfer.« Er nippte wieder an seinem Wein. »Ich werde dir etwas verraten, das ich eigentlich gar nicht erzählen dürfte. In Tokio ist es ihr gelungen, die argentinischen Codebücher zu stehlen.«
»Alle Achtung«, sagte ich zu Dorothy.
»Ja, Howard muß es natürlich zur Sprache bringen, aber es war keine besondere Sache. Ich habe schließlich für den argentinischen Botschafter gearbeitet.«
»Ihr Spanisch ist tadellos«, sagte Howard. »Sie war seine Redenschreiberin.«
»Ein Teilzeitjob«, nickte Dorothy.
»Aber er genügte, daß Dorothy die Codebücher während der mittäglichen Siesta einsammeln konnte. Wir hatten eine Straßenecke weiter ein Team in Bereitschaft, das das Zeugs schneller fotografiert hat als du ein Kaninchen häuten kannst, und Dorothy brachte sie zurück, bevor der erste Siestarero wiederkam. Das war einen privaten Salut vom Nordasienkommando wert.« »Darling, du bist ein As«, sagte Howard. »Wenn wir uns nicht in Paris getroffen hätten, wären wir einander wahrscheinlich eines zauberhaften Abends in Hongkong über den Weg gelaufen.«
»Und was hätte ich da getan?« fragte Dorothy.
»Eine große Spionagefabrik geleitet. Kontraktspieler jeder Preislage. Alle Nationen willkommen.«
Dorothy schüttelte mißbilligend den Kopf: »Reich den Wein her, bevor du ihn allein austrinkst.«
»Noch eine Flasche«, sagte Howard.

Wir betranken uns ziemlich an jenem Abend. Lange nachdem Dorothy zu Bett gegangen war, redete Howard immer noch auf mich ein. Ich hatte nie einen älteren Bruder gehabt, aber Hunt vermittelte mir einen Eindruck, wie er hätte sein können.
Nach dem Essen saßen wir wieder in seinem getäfelten Arbeitszimmer. Er holte eine Flasche Courvoisier hervor, und wir sprachen über private Dinge. In seinem Arbeitszimmer hingen an die fünfzig Fotos an den Wänden, Aufnahmen in Silberrahmen von ihm selbst und von Dorothy aus beider Kindertagen, dann zusammen in Paris; Bilder von Hunt als Saxophonist in einer Collegeband; Leutnant zur See Howard Hunt, US Naval Reserve; Korrespondent Hunt auf Guadalcanal; Hunt als Romanautor an der Schreibmaschine; Hunt in einem Unterstand in China mit einem Scharfschützengewehr; Hunt auf einem Skilift in Österreich; Hunt mit einem Paar Fasanen in Mexiko; Hunt am Strand von Acapulco; Hunt in Hollywood; Hunt mit einem Antilopengeweih in Wyoming; Hunt mit Widderhörnern in ich weiß nicht wo – als wir nach Griechenland kamen, wurde er allmählich des Erzählens überdrüssig, winkte seinem Konterfei zu, ließ sich in einen großen Ledersessel fallen und bot mir seine Freundschaft an.
Je mehr wir tranken, um so vertraulicher wurde er. Es dauerte nicht lange, und er nannte mich Hub. Ich fürchtete, dieser Name könnte an mir hängenbleiben, und erklärte ihm schnell, daß einer meiner Zwillings-Halbbrüder so genannt werde, was nicht stimmte.
»Zurück zu Harry«, sagte er gelassen. »Ist ein guter Name, Harry.«
»Danke.«
»Wie siehst du eigentlich deine eigene Zukunft?«
»Welche Zukunft?«
»Sagen wir: in dreißig Jahren. Siehst du dich in einem Direktionssessel oder in Pelzpantoffeln auf dem Pensionierungsgleis?«
»Ich mag diese Arbeit. Ich lerne jeden Tag etwas Neues. Ich möchte einfach in allen Disziplinen unheimlich gut werden.«
»Keine Anfälle von Gewissensnot?«
»Manchmal vielleicht, aber ich muß ja erst reifen.«
»Gut«, sagte Howard und öffnete seine Schreibtischschublade. »Was ich dir jetzt zeige, bleibt unter uns.«
»Yessir.«
»Dies sind Personalbeurteilungen.«

»Ich verstehe.«

»Gatsby und Kearns können wir vergessen. Über die kann ich nichts wirklich Positives berichten.«

Ich wußte auch nichts, also blieb ich stumm.

»Porringer bekommt eine Zwei minus. Du bist besser.«

Er mußte es sich anders überlegt haben, denn er schloß die Lade wieder, ohne irgendwelche Papiere herauszunehmen. »Ich gebe Sherman gute Noten für seinen Einsatz und seine Initiative bei der Agentenanwerbung, aber ich kann ihn nicht für höhere Aufgaben empfehlen. Er ist Stellvertretender Stationschef, zu mehr reicht es nicht. Erst müßte er lernen, überzeugender aufzutreten. Das wird er nicht schaffen, und mein Urteil wird, so fürchte ich, an ihm haften bleiben, aber ich muß objektiv sein.«

»Ich kann mir vorstellen, wie schwierig das ist.«

»Du bist ein problematischerer Fall. Bill Harvey ist ein rachsüchtiger Hundesohn, das wissen wir alle, aber er hat etwas Einmaliges von sich gegeben. ›Unzuverlässig, nicht vertrauenswürdig‹ hat er dich genannt – das ist ein Dolchstoß in Richtung Halsschlagader. Drei Tage später aber hat er sich selbst wieder dementiert und geschrieben: ›Im Grunde ist der Mann unorthodox, aber talentiert und zuverlässig sowie vertrauenswürdig.‹ Wenn du zur Beförderung anstehst, könnte sich der Prüfer fragen, wie Harvey zu diesem totalen Sinneswandel gekommen ist. Auch das ist für dich nicht von besonderem Vorteil.«

»Yessir.« Ich machte eine Pause. »Ein starkes Stück«, hörte ich mich sagen.

»Du brauchst ein festes, eindeutiges Ja von mir.«

»Das glaube ich auch.«

»Ich glaube, du wirst es bekommen. Ich stelle an dir etwas fest, was viele gute junge Offiziere nicht haben, so begabt sie sonst auch sein mögen: Du denkst voraus. Ich werde schreiben: Wenn auch noch unerfahren, zeigt er Fähigkeiten für anspruchsvolle Aufgaben. Es lohnt sich, ihn im Auge zu behalten.‹ Das ist das Plus, das ich für dich einsetzen werde.«

»Danke, Howard.«

»Ich tue es, weil du ehrgeizig bist.«

War ich das? Wissen oder Macht – diese Wahl war mir nie schwierig erschienen. Ich zog ersteres vor. Sah er etwas in mir, das ich selbst nicht gewahrte? Ich wußte nicht, ob es an dem Courvoisier

oder an Hunts großzügiger Einschätzung meiner Gaben lag, aber ich fühlte, wie angesichts seines schmeichelhaften Urteils eine Welle wohliger Wärme durch meine Glieder lief. Und was Harveys Beurteilung anging, würde ich morgen darüber nachgrübeln.
»Das Entscheidende ist, Hub – entschuldige! Harry! –, sich nicht selbst etwas vorzumachen. Wir alle wollen Direktor von Central Intelligence werden. Für mich bedeutet das mehr als der Präsidentenstuhl. Fühlst du auch so?«
Ich konnte das wohl kaum verneinen und nickte.
»Zum Teufel, ich tu's. Ich weiß, wie meine Chancen dabei stehen. Howard Hunt als DCI, das ist eine Möglichkeit unter zwanzig, vielleicht unter fünfzig – Dorothy sagt, ich hätte die unglückliche Angewohnheit, es mir ein bißchen zu leicht zu machen. Sagen wir also: eine Chance eins zu hundert. Diese Eins ist ein lebendiger Nerv. Er läuft von meiner Schädeldecke bis hinunter zu meinen Zehenspitzen. Noch einmal zehn oder fünfzehn Jahre, und ich bin vielleicht unter den echten Kandidaten für diese Traumposition. Und dasselbe gilt auch für dich – vielleicht weitere zehn Jahre später.«
»Ich sehe allmählich, wozu ein guter Brandy alles taugt.«
»Ha, ha. Sag das noch mal, Harry«, lachte er und nahm einen Schluck aus seinem Glas. Mir gefiel seine Art, mit dem Ringfinger nachdenklich gegen das Glas zu klopfen. »Fein. Wir verstehen die Bedeutung des Endspiels. Laß uns auf unsere hohen Ziele trinken.« Er hob sein Glas.
»Auf die hohen Ziele.«
»Laß mich dir noch ein wichtiges Ziel nennen. Irgendwann wirst du heiraten.«
»Damit ist zu rechnen.«
»Eine gute CIA-Frau muß ein wahres Kunstwerk sein. Als sie mich nach Guatemala schickten, befand sich Dorothy schon mitten in ihrer dritten Schwangerschaft. Ich mußte sie während einer sehr schwierigen Phase in Washington zurücklassen. Für die Karriere bietet die Ehe Vor- und Nachteile. Kurzfristig kann es sich als vorteilhaft erweisen, wenn man Junggeselle ist. Man kann jederzeit seine Zelte abbrechen und überall eingesetzt werden. Aber auf lange Sicht betrachtet ist es bei der Agency ein Minus, wenn man ledig ist. Objektiv gesprochen ist die beste Frau für einen Company-Mann ein reiches Mädchen, das sowohl gesellschaftlich vor-

zeigbar als auch selbständig genug ist, um zeitweilig auch monatelang ohne dich auszukommen.
Anders gesagt: Solange du unverheiratet bist, nütze die sich daraus ergebenden Vorteile. Nütze die Chance, wenn du aus einer Abteilung in eine andere wechseln kannst. Erweitere dein Gesichtsfeld. Dann, wenn du das richtige Mädchen hast – und ich spreche von einem Meisterwerk wie Dorothy –, heirate. Ohne diese Voraussetzung kannst du kein Stationschef werden. Ein Stationschef ist auch eine Art Botschafter. Wir sind die Verkörperung dessen, was Ausländer von Amerikanern erwarten.« Er hob belehrend den Finger vom Brandyglas: »Weißt du, ich habe da eine Theorie. Wir Amerikaner im Ausland sind in erster Linie mit Neid-Kontrolle beschäftigt. Wir haben der Welt gezeigt, wie man leben sollte – sauber und erfolgreich –, und deshalb haßt man uns auf dem ganzen Globus. Alles, was wir tun, müssen wir deshalb mit einem Auge auf die Neid-Kontrolle tun. Sie mögen uns hassen, paß also auf, daß sie machtlos bleiben mit ihrem Neidgefühl. Und dabei kann dir eine Frau gewaltig helfen.«
Die ganze Zeit, während er sprach, dachte ich: Das sind aber nicht die Gründe, aus denen ich bei der Company bin. Es mag der Brandy gewesen sein, aber ich fand gar nicht, daß ich Stationschef werden wollte, nein, mich faszinierte das Doppelleben hier. Im Doppelleben lag meine Hoffnung auf seelische Gesundheit, und ich nickte weise, als wären der Brandy und ich alte Freunde.

15

Ich hörte erst wieder von Kittredge, als es wieder warm geworden war und mein zweites Weihnachtsfest in Uruguay sich näherte.

12. Dezember 1957

Harry, lieber Harry,
ich möchte von Dir hören und Dir alles schreiben, was mit mir geschehen ist. So vieles hat sich in mir verändert.
Natürlich breche ich mein Versprechen. (Ich weigere mich, es ein

Gelübde zu nennen, weil Hugh es von mir erzwungen hat. Wenn man sein Wort gibt, während man sich schwach fühlt, gibt man es nicht mit vollem Herzen.) In Anbetracht der zweifelhaften Logik meiner Argumentation beschloß ich aber, Hugh nicht zu erzählen, daß ich wieder mit Dir korrespondiere. Er wäre nicht damit einverstanden, und folglich würde mein Leben mit ihm unerträglich. Ich werde mich seiner Gewalt nicht unterwerfen; er würde nie meine Rebellion akzeptieren. Unsere Ehe könnte wieder in Gefahr geraten, nachdem sie bisher gleichmäßig und – ganz ehrlich – auch glücklich verlaufen ist. Er sorgt umfassend für mich, und wenn ich ihn brauche, ist er da.

Ich habe wohl viel gelernt. Man lebt mit dem, was funktioniert, aber der Geist hält Ausschau nach dem, was noch hinzukommen sollte. Dieser Logik entsprechend brauche ich Deine Briefe. So hat der Kitzel, Hugh zu betrügen, wieder die Oberhand gewonnen, und ich werde Dir beträchtlich mehr von mir erzählen als Du erwartest, ja, sehr bald werde ich Dich mit einem ganz langen Brief überraschen.

Rate mal wer

P. S. Es ist sicherer, wenn wir wieder die Diplomatenpost benutzen. Aber neue Adressen. Immer noch Polly Galen Smith, aber neue Route, AT-658-NF.

Ich antwortete ihr mit einem Zweizeilenbrief: »Will nur mitteilen, daß Dein Weihnachtsgeschenk unbeschädigt angekommen ist. Ich warte auf Text und Musik.«

5. Januar 1958

Lieber Harry,
Christopher würde Dir jetzt vielleicht gefallen. Was für ein prächtiger kleiner Kerl Dein Patensohn doch geworden ist! Natürlich ist er gerade in dem schrecklichen Stadium, vor dem andere Mütter mich schon gewarnt haben: Er kann schon laufen, aber noch nicht sprechen! Ich kann Dir gar nicht sagen, was für beängstigende Situationen dadurch entstehen, und dabei könnte dieser Zustand noch viele hysterische Monate andauern. Die einzige Möglichkeit, die Einrichtung zu retten, besteht darin, Christopher in seinem Wagen auf der Straße herumzufahren oder ihn oben in den Laufstall zu sperren. Sobald er in unserem Wohnzimmer auftaucht,

benimmt er sich wie ein betrunkener Lümmel, stolpert mit ausgestreckten Armen umher und versucht all unsere sorgfältig gesammelten Kostbarkeiten umzuschmeißen. Gott, ich liebe ihn, aber ich kreische jedesmal »*Nein!*«, wenn er gerade meine handgearbeitete Elfe oder eine hübsche Vase herunterreißen will. Er reagiert mit einem entschlossenen männlichen kleinen Grinsen und so einer Andeutung von Bosheit, wie sie aus Hughs einem Auge spricht. Herrgott, ich bin schrecklich mit meiner materialistischen Liebe zu meinem Besitz. Fleisch und Blut müssen das Schafott besteigen, wenn es um meine Altertümer geht.

Ich finde, daß ich Dich, während ich dies schreibe, bereits auf eine umfängliche Beichte vorbereite. Ich weiß nicht, ob Du Dir von dem Ausmaß meiner geistigen Abdankung vor diesen vielen Monaten einen Begriff machen konntest. Ja, es kam durch das LSD und die Brosche und Hugh und Dich, all das habe ich bereits zugegeben, aber es gab auch noch ein paar Phantasievorstellungen, die ich nicht zu kontrollieren vermochte, und ernsthafte und sehr konkrete Schwierigkeiten. Von dem wirklichen Grund habe ich Dir noch nie etwas erzählt. Es hatte mit meiner Arbeit beim Technischen Dienst zu tun.

Immer, wenn ich an das Ensemble der Büros und Korridore denke, in dem der Stab des Technischen Dienstes drüben in unserem Flügel der Kakerlakengasse untergebracht ist, sehe ich Allen Dulles die Nase rümpfen, während er unsere übelriechenden Gänge hinuntergeht. In meinen Träumen und Tagträumen hat er einen Schwanz und einen gespaltenen Huf. Weißt Du, daß er mit einem Klumpfuß geboren wurde? Die Familie Dulles ließ ihn zum frühestmöglichen Zeitpunkt operieren, so daß er nur einen ganz kleinen Teil seines Lebens humpeln muß, wenn nämlich die Gicht ihn für seinen satanischen Appetit bestraft. Harry, verzeih mir diese Gehässigkeiten, aber es gibt Zeiten, in denen ich Hugh hasse und Allen hasse, weil sie in mir wohnen, obgleich ebendas wohl die Aufgabe eines jeden guten Vorgesetzten ist.

Nun, ärgere Dich nicht – ich bin inzwischen auf der meditativen Seite dieser aufsässigen Gefühle und erzähle Dir das nur, damit Du Dir eine Vorstellung von der vorherigen Intensität meiner Emotionen machen kannst. Ich habe mitunter sehr unschlüssig vor der Frage gestanden, ob die Arbeit, die wir beim Technischen Dienst tun, zu rechtfertigen ist. Soviel davon ist reine Bewußtseinskon-

trolle. Es läuft auf das Manipulieren der Seelen anderer Leute hinaus. Aber hier ist mein Harlot eindeutig für die Bewußtseinskontrolle – solange sie von Leuten ausgeübt wird, die er schätzt. Ja, der große Krieg für die Zukunft der Menschheit – Christen gegen Rote! Und waren diese russischen Materialisten nicht schlaue Leute, daß sie das Rot des Blutes und des Feuers zum Symbol wählten? Schlau, sage ich, weil das sinnlich Elementare dieser Farbe bis zu einem gewissen Grad die materialistische Leere ihrer Ideologie ausgleichen konnte. Schweife ich ab? Der einzige Glaubenssatz, mit dem ich gelebt habe, seit ich Hugh kenne, ist: Die Kommunisten suchen vierundzwanzig Stunden am Tag einen Weg, wie sie die Seele der Menschheit ihrer Zwangsherrschaft unterwerfen können, und so müssen auch wir vierundzwanzig Stunden arbeiten, sie daran zu hindern. Der Technische Dienst ist der Tempel, in dem wir nicht nur nach geheimen Krankheitserregern suchen, sondern auch nach hypnotischen Manipulationen, Abrakadabradrogen und psychologischen Methoden, um mit ihnen den Feind zu unterwerfen, bevor er uns unterwirft. Hugh hat mir wirklich eine strenge Predigt gehalten, bevor wir heirateten. Es ging darum (und das ist seine Lieblingsthese zur Quelle der menschlichen Lebensenergie), daß ein voller Einsatz nur möglich ist, wenn das Beste und das Schlechteste in dem handelnden Menschen im Dienst derselben Mission steht. In einem Augenblick außerordentlicher Freimütigkeit sagte er zu mir: »Ich liebe das extreme Bergsteigen, weil ich meine Angst vor dem Abstürzen überwinden muß – das ist das gute Motiv –, aber ich genieße es auch, weil ich dabei andere dominieren und demütigen kann, und das ist nun mal ein ebenso tief verwurzelter Teil von mir!« Harry, diese Offenheit hat mir Angst gemacht. Ich wußte, daß tief unter meiner makellosen Collegegirl-Maske Shakespearesche Abgründe voll Blut und anderem Unaussprechlichen lagen. Ich wußte auch, daß Hugh der Mann ist, der mich mit kühlem Verstand durch diese Unterwelt in mir würde führen können.
Ja, mein künftiger Ehemann zweifelte nie an seiner These. Er sagte, wir seien mit unserer Arbeit bei der Agency gesegnet, weil wir damit das Beste und das Schlechteste in uns in den Dienst einer edlen Sache stellen könnten. Wir würden die Pläne des KGB durchkreuzen, die Oberhand über ihn gewinnen und ihn schließlich besiegen, während er mit seinen »tragischen Figuren« (Hughs

Ausdruck), die gleichfalls das Beste und das Schlechteste in sich auf ihr Tun konzentrieren, im Dienst einer unedlen Sache steht.
So ging ich denn zum Technischen Dienst mit Allens Segen und Hughs starkem Arm um meine Taille. Ich war bereit, in die dunklen Tiefen hinabzutauchen, aber natürlich wickelten sie mich nach dem Abschluß meiner Ausbildung in Watte. Der Stab des Technischen Dienstes ist, wie Du Dir vorstellen kannst, noch mehr in einzelne, gegeneinander abgeschottete Abteilungen und Unterabteilungen aufgegliedert als andere Zweige der Agency. Sogar heute, nach fünf Jahren Arbeit beim Technischen Dienst, weiß ich immer noch nicht, ob wir zum Beispiel fragwürdige Aktionen ausführen oder, von Morden einmal ganz abgesehen, noch schlimmere Sachen machen als zum Beispiel Versuche mit tödlichem Ausgang. Wenn man den bösen Gerüchten glauben kann, ist es wahr. Arnie Rosen erzählt ja so etwas, aber ich bin nicht sicher, ob man ihm immer trauen darf. (Er stürzt sich auf die wildesten Gerüchte!)
Nun, es ist Zeit, daß ich Dir ein weiteres kleines Geständnis ablege. Vor ungefähr einundhalb Jahren hat Arnold angefangen, für mich zu arbeiten, und wurde bald mein Assistent Nummer eins. Er ist hervorragend, und er ist faul. Du mußt dieses Wort so verstehen, wie wir es in Radcliffe verwendet haben. Wenn wir über einen jungen Mann sagten, er sei »faul«, dann hieß es, daß er homosexuell war. Arnold – und Du darfst das auf gar keinen Fall weitererzählen – verheimlicht seine Neigungen. Er sagt zwar, seit seinem Eintritt in die Company habe er sich jedweder sexuellen Betätigung enthalten, aber ich glaube ihm nicht. Er jedenfalls beschwört es. Offensichtlich war er schon in der Highschool ein bißchen schwul. Schwer vorstellbar! Damals sah er sehr komisch aus, trug eine Brille, bester Schüler, lauter »sehr gut« natürlich, aber seltsamerweise mit einer Sucht nach »Erniedrigung« geschlagen, wie er es ausdrückt. Er ist, wenn Du ihn näher kennenlernst (dann läßt er auch diese widerliche schoßhundartige Unterwürfigkeit sein, die er immer Hugh gegenüber aufgesetzt hat), ein böses und unglaublich witziges Klatschmaul. Als ich ihn fragte, wie er sich durch die Tücken der Sicherheitsüberprüfung beim Eintrittsexamen durchgemogelt hätte, lachte er: »Schätzchen, wir Juden wissen, wie man den Lügendetektor besteht. Das ist ein Teil unserer Folklore.«
»Aber wie hast du's geschafft?«

»Das kann ich unmöglich erzählen. Damit würde ich Dein Schamgefühl verletzen.«

»Ich habe keins«, meinte ich.

»Kittredge, du bist der unschuldigste und undurchschaubarste Mensch, den ich kenne.«

»Erzähl's mir«, beharrte ich.

»Schätzchen, wir essen einfach eine Menge Bohnen.«

»Bohnen?« Ich verstand überhaupt nichts.

»Sobald du weißt, wann der Test stattfindet, brauchst du dich nur noch einer kleinen Unannehmlichkeit auszusetzen. Du ißt vorher einen schönen Teller voll Bohnen.«

Ich schlug ihm auf die Hand. »Arnie, du bist erstens verrückt und zweitens ein Lügner.«

»Bin ich nicht. Denn während sie versuchen, einen zum Flattern zu bringen, ist es einem völlig gleichgültig, ob man sie anlügt oder nicht. Wenn es nur noch darum geht, den Schließmuskel zu beherrschen, denkt man an nichts anderes als an seine Eingeweide. Ich kann dir sagen, der Mann an dem Gerät wurde ausgesprochen sauer auf mich. ›Sie sind einer von denen‹, sagte er zu mir. ›Allgemeine Spannung bei allen Antworten. Es ist hoffnungslos.‹ ›Das tut mir aber leid, Sir‹, sagte ich zu ihm. ›Ich muß irgend etwas Falsches gegessen haben.‹

Harry, er ist ein Dämon. Wenn ich nicht schon früher an Alpha und Omega gedacht hätte – Arnie Rosen hätte mich auf die Idee gebracht. In ihm leben zwei völlig verschiedene Personen – die eine, die Du, wie ich annehme, kennst und diese ganz andere, die ich kenne. Ich glaube, Hugh hat ihn mir zugeteilt, damit ich wenigstens einen klugen Menschen an meinem Hof habe. Er befriedigt jedenfalls meine Neugier, was einige der sehr seltsamen Leute angeht, die einem auf dem Korridor begegnen. Rosen flüstert unablässig von merkwürdigen Dingen, die sich da angeblich abspielen. »Kittredge, spürst du die Aura, die durch die geschlossene Tür dringt? Es ist Draculas Höhle!«

Ich glaube es ihm. Aber dann frage ich mich, ob ich nicht überempfindlich bin, überempfänglich für das Okkulte. Erinnerst Du Dich? Vor eineinhalb Jahren im Sommer, da bin ich oben in der Keep dem Geist von Augustus Farr begegnet, und wenn ich meiner fieberhaften Erinnerung trauen kann, hinkte er genauso wie Allen an einem schlechten Tag. Ho, ho, ho!

Aber ich möchte auf eine Zeit zurückkommen, die lange davor liegt, als sie mich in Watte gepackt hatten. Allen war so sehr von meiner Examensarbeit bei Radcliffe und dieser Theorie über Alpha und Omega begeistert, daß er meine Arbeit von Anfang an finanziert hat. Nach Abschluß meines Trainings auf der Farm – weißt Du noch, daß das der Frühling war, in dem wir uns kennenlernten? – bekam ich meine Arbeitsgruppe mit fünf Graduierten an der Cornell University – und die wußten nicht mal, daß die Agency sie bezahlte. Wieder so ein Beispiel für saubere Tarnung. Ich flog alle zwei Wochen nach Ithaca hinauf, um zu sehen, welche Fortschritte die Forschungsarbeit machte.

Allen sichtbaren Maßstäben nach zu urteilen, tat ich nichts Schlechtes. Ich trieb nur die von mir selbst gewählte Arbeit voran. Ich war in jenen ersten Jahren vielleicht ein bißchen in Allen verliebt. Wenn Hugh nicht gewesen wäre, hätte ich mir tatsächlich sogar vorstellen können, mit dem Mann ins Bett zu gehen. Allen war einfach lieb. Ich liebte ihn jedenfalls so sehr, daß ich etwas entwickeln wollte, das für ihn wirklich nützlich ist. So jagte ich denn in die falsche Richtung los. Statt Alpha und Omega noch ein wenig tiefer ins Labyrinth meiner selbst zu folgen und als mein eigenes Laboratorium zu dienen, was – wenn der Vergleich gestattet ist – Klempnermeister Freud getan hat, als er sich nämlich erst einmal viele Jahre lang selbst analysierte, bevor er seine Theorie vom Ich und Es veröffentlichte, flüchtete ich vor den Fluten und brüllenden Schmelzöfen meiner Seele und suchte hastig nach konkreten Tests, mit denen die Agency einen möglichen Maulwurf identifizieren könnte.

Ich habe die letzten fünf Jahre deshalb ein Testprofil zu erarbeiten versucht, mit dem man potentielle Verräter entdecken könnte. Die endgültige Form – nach dem Stand vor acht Monaten jedenfalls – bestand aus zwanzig Testbögen mit fünfundzwanzig Fragen pro Seite, die zu beantworten sind, und in manchen Fällen waren wir so gut im Aufdecken von Zuständen geistig-seelischer Unordnung wie die Leute mit den Szondi- oder den Rorschachtests.

Ein zuverlässiges Alpha-Omega-Profil herauszuarbeiten ist aber eine Heidenarbeit. Zu unserem Entsetzen mußten wir feststellen, daß wir Long Tom (unser Codewort für die fünfhundert Frage-Antwort-Paare) wenigstens fünfmal hintereinander erarbeiten müssen, um feststellen zu können, wie sich der Übergang von

Alpha nach Omega vollzieht. Während manche Bürokratentypen die beiden Persönlichkeiten in ihrer Brust jahrelang völlig voneinander getrennt halten, können Schauspieler und Psychopathen zwanzigmal pro Tag hin- und herwechseln. Bei solchen Leuten muß der Test deshalb zu verschiedenen Tageszeiten wiederholt werden – bei Tagesanbruch und um Mitternacht sozusagen, betrunken und nüchtern. Wir hatten auch am Ende eine ziemlich idiotensichere Reihe von Parametern an der Hand, mit denen wir einen möglichen Agenten – oder, besser: einen möglichen Doppelagenten – aufspüren konnten, aber die Arbeit mit Long Tom erwies sich schwieriger als das Züchten von Orchideen.

Harry, die letzten fünf Jahre habe ich diese Bürde aus Leid, Kummer, Selbstzweifeln, schierem Elend und einer wachsenden Enttäuschung mit mir herumgeschleppt. Und während dieser Zeit hat mich ein anderer Psychologe namens Gittinger, der vom State Hospital in Norman, Oklahoma, zu uns kam, seelenruhig überholt und weit ins Feld der »Ferner liefen« abgeschlagen – einfach nur indem er den guten alten Wechsler-Intelligenztest weiterentwikkelte zu etwas, das er den Wechsler-Bellevue G nennt. Er funktioniert. Gittinger, ein untersetzter Weihnachtsmanntyp mit einem Kinnbart, kann mit seiner Testkonzeption (für die er nur eine Sitzung braucht) Abtrünnige und Zweifelhafte besser identifizieren als ich das kann.

Seit wir einander näher kennenlernten, hat mich Rosen immer wieder auf diese gefährliche Wendung aufmerksam gemacht: Der Wechsler-Gittinger ist beim Technischen Dienst erfolgreich, und ich bin es nicht.

»Was wird denn so über mich geredet?« fragte ich ihn schließlich.

»Ach, es heißt, deine Theorie wäre wohl nur eine Menge Blabla.«

Das tat weh. Dann mußte ich mich auch noch mit der Nachricht abfinden, daß man Gittinger über eine unserer elegant getarnten Stiftungen eine phantastische Menge Geld zugeteilt hat. Er kann jetzt mit dem Human Ecology Fund spielen, während man mir die Mittel für mein Seminar in Cornell gestrichen hat.

Das war der Anfang meines Niedergangs, Harry. Das Leben hat mich ja immer verwöhnt, viel zu lange schon. Wenn mich meine Mutter lediglich angebetet hat, wann immer sie mich sah, so hat sie mein Vater noch weit übertroffen. Hast Du Dich je von einem tollen Shakespeareaner feiern lassen? Wir haben zwar niemals mit

richtigem Inzest angefangen, Papa und ich, aber ich wußte schon mit drei Jahren, wie es ist, wenn man sich der Liebe eines mächtigen Mannes erfreut. Seine Liebe hat niemals nachgelassen, wurde im Gegenteil immer noch besitzergreifender. Wie hat Papa Hugh anfangs gehaßt! Ich glaube, es war wohl der erste Ausbruch von Leidenschaften, den ich in der Wirklichkeit erlebte. Bis dahin war unsere Prinzessin nur auf dem Roten Teppich dahingeschritten. Radcliffe war eine Art Krönung. Ich wurde entweder maßlos bewundert oder beneidet oder beides, und ich habe es nicht einmal gemerkt. Mein Gehirn war so fruchtbar, daß ich auf eine einsame Insel hätte gehen können und dort mit mir selbst ganz allein überglücklich gewesen wäre. Die einzigen Schmerzen, die ich kannte, waren die grausamen Blutstauungen beim Aufkommen neuer Ideen. Gott, sie strömten mir ohne Unterlaß in meine Gedankenwelt hinein. Und das als Hughs Frau, stell Dir das einmal vor! Ich war dreiundzwanzig Jahre alt, aber im Krieg der Spione ergraute Veteranen standen Schlange, um mich zu hofieren. Liebling, ist je eine strahlende Närrin mehr verwöhnt worden?
Nun, nach fünf Jahren beim Technischen Dienst ging es mit mir bergab, und Gittinger wurde von Woche zu Woche, von Monat zu Monat größer. Trotzdem muß man den Mann einfach mögen. Er ist ein weiser, feinsinniger, fröhlicher Bursche aus Oklahoma mit einem vollen, glücklichen Lachen. Manchmal versucht er uns zu beeindrucken. Man gebe ihm ein Wechsler-Bellevue-G-Testprofil von einem Mann oder einer Frau, dem oder der er noch niemals begegnet ist, und er liefert eine Interpretation, die etwa so vollkommen ist wie eine Figur aus »Auf der Suche nach der verlorenen Zeit« von Proust. Wirklich beeindruckend. Gittinger ist zwar der einzige in unserem Beruf, der so eine glänzende Analyse aus einem simplen Wechsler-Bellevue G herauslesen kann, aber er arbeitet auch vierundzwanzig Stunden am Tag und versteht es, alles miteinander zu kombinieren, was bei ihm ankommt: Agenten, abgehörte Telefon- und andere Gespräche, Wanzen, Interviews, Fotos (wegen der Körpersprache) und Handschriftenanalysen. Er bezaubert uns alle, weil er ein bescheidener Mensch ist – oder jedenfalls so tut. Die Bedeutung seiner eigenen Arbeit spielt er stets herunter: »Wenn irgend jemand mit Tarotkarten ankäme, könnte er ebensoviel herausbekommen.« So bezaubert er auch noch die Konkurrenten, die er überflügelt. Aber es tat doch weh,

als Rosen mir sagte, Gittinger hieße jetzt überall nur noch »unser hauseigenes Genie«. Denn es hat mal eine Zeit gegeben, in der sie mich so nannten. Ich habe die Schmerzen kennengelernt, die ein gestürzter Monarch empfindet. Gittinger selbst schmeichelt mir immer: »Ihr Alpha und Omega wird uns noch einmal in die eigentlichen unterirdischen Höhlen der Seele führen. Ich vermesse nur die Oberfläche.«

Alles sehr schön und gut, aber in der Praxis habe ich total verloren. Gittinger leistet bereits »Feldarbeit« mit Abteilungsleitern und Agenten (überall wo ein Stationschef es erlaubt), und ich bin so eine Art Zubehör von ihm geworden: »Gittingers Gardiner-Anhängsel« könntest Du mich nennen.

Harry, und nun kommt das Schlimmste: Kurz vor meiner LSD-Episode hatte man mir alle Assistenten außer Rosen weggenommen und mich zum Schriftstudium in die Graphologieabteilung versetzt. Statt daß ich unseren Handschriftenexperten zeigte, wie man nach Alpha und Omega Ausschau hält, beurteilten nun die Graphologen meine Arbeit.

Etwa zu der Zeit hat sich Arnold einmal lange mit mir unterhalten. Ich wußte, daß er mir sagen würde, er werde sich zu Gittinger versetzen lassen. »Loyalität ist eine Tugend«, sagte er schließlich, »aber ich möchte ›aus dem Keller heraus‹.« Plötzlich war alles gar nicht mehr so lustig. Ich sah es mit seinen Augen. Als Jude stößt man in der Agency nicht automatisch und überall auf Wohlwollen, aber bei ihm kam noch sein kleines Geheimnis hinzu. Trotzdem schien er mir unglücklich über seinen eigenen Ehrgeiz. Er warnte mich auch: Es sei Zeit, daß Hugh sich endlich mal einschalte.

»Kittredge, du hast echte Feinde beim Technischen Dienst.«

»Sag mir, wer das ist, oder ich höre dir erst gar nicht zu.«

»Ich kann dir keine Namen nennen. Es könnten ein paar von Hughs Feinden sein.«

»Du meinst also, ich bringe es nicht einmal fertig, mir meine eigenen Feinde zu schaffen?« Gott, wir saßen um drei Uhr nachmittags bei einer Tasse Kaffee in der K-Schuppen-Cafeteria, Rosen mit Tränen in den Augen mir gegenüber. Ich hätte am liebsten losgebrüllt. »Ich glaube doch, daß ich mir auch selbst ein paar Feinde geschaffen habe«, sagte ich schließlich.

»Hast du vielleicht.«

»Ich war zu frech und zu eingebildet, als ich hier anfing.«

»Ja«, sagte er lahm. »Wahrscheinlich.«

»Und ich habe einigen meiner Kollegen zu sehr meine Verachtung gezeigt.«

»Oh, es ist dir also bewußt, was du getan hast.« Es klang wie der Refrain einer Schnulze.

»Ich habe nicht, wie ich's vielleicht hätte tun müssen, mit meinen Vorgesetzten kooperiert. Vor allem dann nicht, wenn sie meine Terminologie verändern wollten.«

»Ja.«

»Aber all das war am Anfang. Später bestand mein schlimmstes Vergehen darin, daß ich ein paar Extravergünstigungen für meinen besten Assistenten verlangte und erhielt.«

Dieser Schuß sollte ihn direkt zwischen die Augen treffen. Er machte ihn aber nur wütend, und ich glaube, er suchte einen Grund, um sich aufzuregen. »Kittredge, laß uns zurück in unser Büro gehen«, sagte er mühsam beherrscht. »Ich muß jetzt ein bißchen brüllen.«

Nachdem wir den endlosen Weg zur Kakerlakengasse schweigend zurückgelegt hatten, sprudelte die Frustration nur so aus ihm heraus: »Tatsache ist doch, daß in dem Test ein fundamentaler Fehler steckt«, schrie er. »Doppelagenten sind wahnsinnig gute Lügner. Sie werden sich nicht verraten, nur weil Mrs. Gardiner Montague ein paar Wortspiele entwickelt hat.«

»Wie kannst du so etwas sagen«, rief ich. »Wir haben das Ding doch mit Fallen gespickt.«

»Kittredge, ich liebe dich sehr«, sagte er, »aber wen hast du damit gefangen? Ich glaube einfach nicht, daß das verdammte System funktioniert. Und ich will nicht mein ganzes Leben damit zubringen, eine unhaltbare Hypothese zu unterstützen.«

»Von all diesen Tests einmal ganz abgesehen: Glaubst du an Alpha und Omega?«

»Ich glaube daran, meine Liebe – als eine Art Metapher.«

Na, es war aus mit uns, und wir wußten es.

»Arnold, bevor du gehst, sag mir das Allerschlimmste: Was reden sie? Metapher ist sicher nicht das Wort, das sie verwenden.«

»Das wirst du nicht hören wollen.«

»Ich glaube, du schuldest es mir.«

»Also gut.« Ich begriff plötzlich, daß er kein alberner Kerl und auch kein Schwächling, ja, nicht mal ein witziger Schurke war. Unter

alledem kam die Person zum Vorschein, die noch aus einer weiteren Auflösung seines schwierigen A-und-O-Gegensatzes hervorgehen wird: Der künftige Gentleman stand schon vor mir, ein ungeheuer beharrlicher und entschlossener Bursche. Wir werden noch von Arnold Rosen hören. »Kittredge«, sagte er. »Die meisten hier beim Technischen Dienst sind der Ansicht, daß es Alpha und Omega in Wirklichkeit gar nicht gibt. Alpha ist für sie nur ein anderer Begriff für ›Bewußtsein‹, und Omega ein Ersatzkonzept für das ›Unbewußte‹.«
»Es will noch immer nicht in ihre Köpfe hinein. Wie oft muß ich noch sagen, daß Alpha und Omega, beide, ihr eigenes Unterbewußtsein besitzen – und ihr eigenes Über-Ich und ihr eigenes Ich.«
»Alle wissen das, Kittredge. Aber wenn wir es anzuwenden versuchen, kommen wir doch immer wieder auf das Bewußtsein und das Unbewußte zurück, und Alpha ist das erste und Omega das zweite. Ich muß dir auch sagen, daß diese Art Kritiker längst nicht die schlimmsten deiner Feinde sind.«
»Dann sag mir, worum ich dich schon mehr als einmal gebeten habe: Was reden meine Feinde über mich?«
»Ich trau mich nicht.«
»Als eine Art letzter Beitrag.«
»Sehr wohl.« Er betrachtete die gewundenen Linien an seinen Fingerspitzen. »Kittredge, die Sachverständigen haben erklärt, dein Konzept von Alpha und Omega sei nichts anderes als eine simple Projektion einer seelischen Störung, bei der es sich nur um eine latente Schizophrenie handeln könne. Es tut mir leid.«
Er stand auf, streckte mir die Hand entgegen, und ich nahm sie. Wir schüttelten einander die schlaffen Pfoten. Ich glaube, wir trauerten beide über das Ende unserer gemeinsamen Arbeit. Seitdem habe ich ihn nur gelegentlich in der Cafeteria und auf dem Gang gesehen. Sein Witz fehlt mir, das gebe ich zu.
Harry, diesen letzten Schlag konnte ich nicht für mich behalten. Ich erzählte Hugh alles, und er verabredete ein Treffen mit Dulles und Helms. Hugh dachte wahrscheinlich, ich solle meine Kartoffeln selbst aus dem Feuer holen, aber ich weigerte mich hinzugehen. Ich konnte ja schlecht meine Theorie verteidigen, wenn man mir vorwarf, ich sei selbst schizophren. Na, Dulles erklärte Hugh, nicht einen einzigen Augenblick habe er daran gedacht, daß meine

These eine Projektion meiner Schizophrenie sein könne. Was für eine schockierende Vorstellung! Nein, für sie bleibe Kittredges Theorie, was sie immer gewesen war: tiefgründig. »Ich würde sie sogar für sakrosankt erklären«, sagte Dulles.

Dann sprach Helms: Kittredge müsse als eine höchst innovative Erfinderin gesehen werden. Solche kreative Originalität werde aber oft verkannt. »Das Problem ist«, fuhr er fort, »daß wir mit einer psychologischen Realität fertig werden müssen. Die Masse der Mitarbeiter im Technischen Dienst betrachtet Alpha und Omega als eine Art Mixed-Media-Show.«

»Eine paranoide Mixed-Media-Show?« fragte Hugh.

»Sieh mal«, sagte Helms, »wir können uns in dieser Form weiter die Bälle zuspielen, bis die Lichter ausgehen. Die entscheidende Schwierigkeit ist doch, daß es schon genügend Probleme bereitet, einen Untergrundzirkus wie den Technischen Dienst zu unterstützen. Es verbietet sich von selbst, den Eindruck aufkommen zu lassen, es handle sich um ein Monstrositätenkabinett. Kittredge hat fünf Jahre Zeit gehabt und keine brauchbaren Ergebnisse vorzuweisen. Wir müssen einen anderen ›Boulot‹ für sie finden.«

»Boulot« – alter Jargonausdruck für »Job«, mein Junge. Harry, ich habe Harlot noch nie so aufgebracht gesehen wie bei seinem Bericht von diesem Gespräch. Es war genau der Tag, an dem Deine Brosche ankam. Das mag einige Dinge erklären. Ich habe mich sofort in das LSD gestürzt. Ich griff danach, weil ich hoffte, auf diese Weise eine neue Vorstellung von dem Testverfahren zu gewinnen. Ich machte Schreckliches durch auf dem kleinen Trip. Meine Vision führte mich eine lange, purpurne Straße hinab zu phosphoreszierenden Pfützen im Mondlicht, in denen Schweine wateten – und Schlimmerem. Ich war ein junger Mann, der sich in einem Bordell vergnügte.

Derzeit nehme ich viermal die Woche an Graphologiekursen teil – wirklich eine faszinierende Sache. Und ich verfolge ein paar Gedanken über die Entwicklung von Alpha und Omega weiter. Oh, ich werde mein Comeback erleben, ich verspreche es Dir.

Jetzt kannst Du sicher verstehen, wieso ich wieder von Dir hören möchte. Erzähle mir von Deinem Leben dort, und zwar in allen Einzelheiten. Ich spüre wieder ganz deutlich, daß ich die Details meines eigenen Lebens nicht genügend kenne. Ich wußte zum Beispiel nicht, wie viele meiner Kollegen, die ich oft gar nicht

kenne, über mein Schicksal entscheiden. Deine Briefe vermitteln mir da ein gewisses Verständnis.
Harry, schreib wieder. Ich finde es wirklich faszinierend, womit Du Deine Tage zubringst. Es kommt mir schon wie eine Ewigkeit vor, daß ich einen Deiner »richtigen« Briefe in der Hand hielt. Was ist mit AV/OCADO und seiner gequälten Seele geschehen? Und was mit Deinen russischen Gartenparties und dem lieben Jakob Bosqueverde und seiner Frau, die flüsternd Nettigkeiten über Gordy Morewood von sich gibt? Ja, und erzähl mir auch den Rest – von Deinem Gatsby mit dem gelben Haar und dem dunkelbraunen Schnurrbart, den er sich auf Befehl Howard Hunts abrasieren mußte. Siehst Du, ich erinnere mich, und ich möchte mehr erfahren.
Du darfst mir sogar von Deinem ehrgeizigen Stationschef berichten. Ich begreife jetzt, warum ich Hunt nicht mochte. Er verkörperte für mich das weltliche Prinzip, mit dem umzugehen ich nicht fähig war, und von dem ich auch nichts wissen wollte. Aber ich werde mich nicht länger von solchen überholten Vorstellungen leiten lassen. Wenn man neue Ideen sucht, muß man auch bereit sein, sich selbst zu erneuern. Also erzähle mir auch von ihm alles. Meine Neugier wird größer, meine Engstirnigkeit ist mir bewußt geworden. Meine Liebe zu Dir wird immer weiter wachsen, lieber, lange schon abwesender Mann.

Kittredge

16

Den Brief hatte sie in ihrer kleinen, filigranen Handschrift verfaßt, und nachdem ich ihn gelesen hatte, hatte mich die Sehnsucht nach ihr von neuem ergriffen.

11. Januar 1958

Liebste Kittredge,
ich will nicht versuchen, Dir zu schildern, wie sehr Dein Brief Dich mir wieder nahegebracht hat. Wie schmerzhaft, wie unsäglich

unfair mußt Du das alles empfunden haben. Ich verstehe jetzt, warum Dir meine Briefe mit all den kleinen Einzelheiten gefallen haben. Laß mich Dich also unterhalten und ein bißchen zerstreuen. In dieser Station hier fühlt man sich, wenn zwei, drei Sachen zu kochen beginnen, wie im Tollhaus. Heute allerdings – an einem Samstagnachmittag – ist es ruhig, was selten genug vorkommt, ein ruhiger Nachmittag mitten in unserem Januar-Sommer. Alle, die ich kenne, sind an diesem oder jenem unserer Lehmstrände und im kaffeefarbenen Meer. Es ist heiß, und ich sitze in meinen Shorts noch immer im gleichen billigen Hotelzimmer. Du kannst es glauben oder nicht, ich bin jetzt einer der drei ältesten Gäste hier und geradezu stolz darauf, wie wenig an materiellen Gütern ich brauche. Andererseits brenne ich darauf, Dir die Tätigkeiten in der Station aufzuzählen. Mir kommt es so vor, als ob es mein eigener Laden wäre, und ich machte selbstbewußt Inventur.
Hier also ein großer Teil der aktuellen Neuigkeiten. Die Bosqueverdes haben zwei fürchterliche Leute aus Washington im Haus, die buchstäblich bei ihnen kampieren – Sowjetrußlandabteilung. Dienstagnacht lieferte sich in einem anderen Teil der Stadt AV/ALANCHE mit der linken Studentengruppe MRO erbitterte Schlachten. AV/ALANCHE malen die Hauswände an, erinnerst Du Dich? Und dann sind da auch immer noch Peones und Libertad und Chevi Fuertes, von denen Du das Neueste erfahren mußt, dazu die Russen, das heißt, unser Russenpaar. Ich habe mich jetzt mit Masarow und dessen Frau angefreundet und besuche sie oft. Ja, die größte Veränderung ist, daß ich – unter den allerschärfsten Vorsichtsmaßnahmen, die Du Dir vorstellen kannst –, die Erlaubnis bekommen habe und sogar ermuntert werde, eine Beziehung zu Masarow aufzubauen. Das hat die Taschen meines Innenlebens von innen nach außen gekehrt.
Bevor ich aber anfange, will ich Dir sagen, Kittredge, wie sehr ich Dich verehre. Ich finde es absolut verrückt, daß jemand unter Deinen Kollegen auch nur einen Augenblick lang bezweifeln kann, daß es Alpha und Omega gibt. Nun, ein guter Lehrer für Stilistik, den ich in Yale kannte, sagte, man solle niemals Worte wie »absolut« benutzen, außer man ist hoffnungslos verliebt. Absolut nicht.
Nun also zu meinem Freund Boris Gennadejewitsch Masarow

und seiner Zigeunerehefrau Zenia. (Sie hat mir einmal erzählt, sie habe zu einem Neunzehntel Zigeunerblut in den Adern.)
»Zu einem Neunzehntel?« fragte ich sie ungläubig.
»Sie sind genauso brutal wie die Russen mit ihrer Faszination für Fakten, Zahlen und so weiter«, erwiderte sie.
»Ein Neunzehntel?« fragte ich wieder.
»Sind gutaussehender junger Mann. Wieso alberne Frage stellen?«
Aber Du weißt ja noch gar nicht, wer sie eigentlich ist. Zenia ist keine oberflächliche Person. Sie tut aber so, als seien seit der Verurteilung und Begnadigung Dostojewskijs keinerlei Nachrichten mehr aus Rußland an die Weltöffentlichkeit gedrungen. Auf diese Weise weckt sie in ihren Gesprächspartnern das Interesse für die Geschichte ihres Landes. Ich kann mir jetzt das Leben einer Aristokratin des neunzehnten Jahrhunderts in der russischen Provinz vorstellen, und das Beste aus der russischen Literatur wird für mich lebendig, wenn ich in Zenias Gesellschaft bin. Turgenjews unzufriedene Frauen fallen mir ein und Tschechows unvergleichliche Momentaufnahmen der russischen Provinz. Zenia ist das alles für mich und noch mehr. Aber sie ist auch eine Frau, die unter dem Terror Stalins gelebt hat. Kittredge, Du kannst geradezu die Verwüstungen der russischen Geschichte spüren, wenn Du die Schwingungen ihrer mißhandelten Seele in Dich aufnimmst. Sie wirkt zwar wie über vierzig, aber den Russen sieht man ihr Alter weit mehr an als uns, und ich glaube, es bereitet ihnen eine gewisse grimmige Befriedigung, ihre Seele in einem faltigen Gesicht zu offenbaren. Wir Amerikaner würden natürlich eher Kopfstände machen als zuzulassen, daß jemand einen Blick in unsere seelischen Abgründe wirft, aber es ist vielleicht genau das, was die Russen anzubieten haben. »Ich habe gewaltige Umwälzungen erlebt und zugelassen, daß ein schrecklicher Staat meine Freunde heimsuchte, aber ich habe niemals meine Seele belogen.« Das ist es, was ihr Gesicht mir sagt. Sie hat außergewöhnliche, tiefschwarze Augen – doch diese Augen müssen schreckliche Dinge gesehen haben. Sie ist schließlich beim KGB, oder wenigstens ihr Mann ist es. Dann sagt sie mir, daß sie dreiunddreißig ist. Ja, in russische Gesichter hat die Geschichte ihre Linien geschnitten.
Hier überrasche ich Dich also mit neuen Leuten, ohne sie Dir erst einmal entwicklungsgeschichtlich vorzustellen, aber diese Freundschaft mit den Masarows ist ja auch die interessanteste

Beziehung, die ich gegenwärtig mit irgend jemandem in Uruguay pflege, selbst wenn das alles wie eine arrangierte Ehe von Heiratsvermittlern auf beiden Seiten zusammengekuppelt ist.
Es fing an, weil unsere Station in Montevideo manchmal auch als aktive Arbeitsgruppe des Außenministeriums auftritt. »Durch unsere offiziellen Positionen sind wir bei denen natürlich mit dabei«, sagte Hunt. Natürlich widerstrebt es ihm auch keineswegs, den Ersten Sekretär des amerikanischen Botschafters zu spielen. Wie Du Dich erinnern wirst, heißt dieser Würdenträger Jefferson Patterson, wurde von Eisenhower ernannt und ist ein feiner Mann, der hoffnungslos stottert, wenn er englisch spricht, und wenn er sich in Spanisch versucht, wird es noch schlimmer. Deshalb sucht Patterson offizielle Begegnungen zu vermeiden. Sein Stellvertreter, der Botschaftsrat, ist okay, aber seine Frau trinkt und ist dafür bekannt, daß sie bei Botschaftsbällen ihre Schuhe ausgezogen und improvisierte Ballettsprünge dargeboten hat – »*Große Jetés*«, wie sie sie anzukündigen pflegte. Es braucht nicht gesagt zu werden, daß man sie nun zu Haus läßt, wodurch die Hunts freies Schußfeld haben – sie und gelegentlich die Porringers und ich selbst.
Kombiniere das mit der Einschätzung des Außenministeriums, daß man Chruschtschows ständigen Appellen der letzten Zeit, die Rüstung zu reduzieren, zwar auf gar keinen Fall trauen darf, aber dennoch amerikanischerseits kompensieren muß. »Wir dürfen nicht noch einen Wettbewerb um die Weltmeinung verlieren«, ist der gegenwärtige Tenor des State Departments. Sogar aus der Abteilung für die Westliche Hemisphäre hat uns ein mahnender Aufruf erreicht: Sorgfältig überwachtes Fraternisieren mit den Sowjets ist eine zukunftsträchtige Option. Theoretisch sind wir immer bereit, uns mit jedwedem Russen zu befreunden, der mal einen Blick zur Seite wirft, aber praktisch führen wir uns auf, als müßten wir Leprakranken fröhliche Weihnachten wünschen, sobald sich am kalten Büffet mal ein banales Gespräch ergibt. Man setzt seine Karriere schließlich nicht für nichts und wieder nichts aufs Spiel.
Nun, die neue Direktive kam, und wir haben den »GOGOL-Außenposten« wirklich angeheizt. So nennen wir jetzt die Bosqueverdes, da die Zeit der russischen Gartenparties wieder begonnen hat. Die »Saueren Eier« fanden die Sache so wichtig, daß sie extra zwei ihrer Beamten heruntergeschickt haben. Fast alle Mitarbeiter der Sowjet-

rußlandabteilung sind Exilrussen oder Polen oder Finnen, die fließend Russisch sprechen. Es ist ein ganz besonderer Schlag. Sie sind außerordentlich paranoid und eigenbrötlerisch und ausgesprochen unfreundlich. Dem Namen nach könnte man sie für Iren halten, wenn die Schreibweise nicht so merkwürdig wäre. Namen wie Heulihaen (ausgesprochen Hoolihan) und Flarrety (ausgesprochen Flaherty). Heulihaen und Flarrety haben letzten Monat in GOGOL abwechselnd Schichtdienst geschoben und dabei eine höllische Menge Filmmaterial belichtet mit den Gartenfesten der sowjetischen Botschaft.

Die größte Entdeckung, die uns gelungen ist, indem wir die Russen und deren Gäste im Garten gefilmt und diese Amateurstreifen dann rund um die Uhr bei uns auf der Leinwand studiert haben: hinter den Mauern der sowjetischen Botschaft spielt sich anscheinend ein Fall von ehelicher Untreue ab. Offenbar gibt es zwischen Warchow, dem neuen sowjetischen KGB-Chef und – bist Du völlig gefaßt? – unserer seelenvollen Zenia eine gewisse Verbindung. Warchow, Georgi Warchow, sieht genauso aus, wie man sich einen KGB-Bullen vorstellt: gebaut wie ein Panzer, rasierter Kopf wie eine Gewehrkugel.

Nun erfuhr ich davon, nachdem ich mich – unter Wahrung aller Vorsichtsmaßnahmen – mit den Masarows angefreundet hatte. Ich finde Zenia immer noch seelenvoll, obwohl es mich schockiert, daß sie an diesem Warchow Gefallen gefunden hat – wenn es denn wahr ist. Die Finnen scheinen sich ihrer Sache aber ziemlich sicher zu sein. Ich reime es mir folgendermaßen zusammen: Im gesellschaftlichen Leben finden immer, bei jeder Party, gewisse Andeutungen erotischer Untreue statt. Wir sehen die Leute lächeln, flüstern, Blicke werfen – die ganze Körpersprache. Aber unsere Eindrücke sind flüchtig und bleiben in aller Regel unbestätigt. Wenn wir solche Vorgänge jedoch im Film festhalten und uns die Mühe machen, die Bewegungen eines jeden unserer Akteure immer wieder zu studieren, dann kann sich aus dem Umbestimmten etwas Konkretes herausschälen. Durch solche Methoden gelangen wir zu einer fünfundsiebzigprozentigen Wahrscheinlichkeit, daß Zenia Masarow und Georgi Warchow ein Techtelmechtel angefangen haben und daß Boris Gennadejewitsch Masarow davon weiß.

Ich finde es schade, daß ich gerade an dieser Stelle zu schreiben aufhören muß, aber ein dringender dienstlicher Anruf ist gerade gekommen. Da ich an der Botschaft vorbei muß, werde ich diesen Brief gleich absenden und mein Bestes tun, um ihn morgen um die aktuellsten Informationen zu ergänzen. Hoffentlich kann ich Dir dann einen vollständigen Bericht schicken. Verzeih mir den jähen Schluß.

Liebe,
Herrick

17

Der dringende Anruf kam von Sally. Sie wollte mich unbedingt sehen. Sie war gerade beim Arzt gewesen; sie war schwanger.
In letzter Zeit hatte ich versucht, mich rar zu machen, aber ohne nennenswerten Erfolg. Nun war sie schwanger. Meine arme Sally war ehrlich genug – da ich ihr entsprechend zusetzte –, um zuzugeben, daß sie in der fraglichen Zeit auch mit Sherman verkehrt hatte. Sie wußte nicht, wessen Kind es war, obwohl sie natürlich schwor, daß es von mir stammte.
Mir wurde fast übel. Bald begriff ich, daß es ihr noch schlechter ging. Sie wolle das Kind nicht abtreiben, erklärte sie mir. Sie würde es austragen. »Laß uns hoffen«, sagte sie, »daß es dir nicht allzu ähnlich sieht.« Wenn es ein Junge würde, wüßte sie genau, daß ich der Vater wäre. Diese Logik kam ihr unangreifbar vor. »Ich möchte, daß er ein bißchen so aussieht wie du«, seufzte sie.
Wir saßen auf meiner Bettkante und klammerten uns aneinander wie Bettler, die auf ein bißchen Wärme hoffen. Zum erstenmal zogen wir uns weder aus, noch liebten wir uns angezogen. Ich wollte sie zur Abtreibung bewegen, doch ich wußte, daß sie sich weigern würde. Ein Dämon schien sich in der Tiefe meiner Seele zu regen. Der Gedanke an einen Bastard von mir im Haus des Sherman Porringer gefiel mir ganz und gar nicht, und ich begriff mit einem Mal, daß das Böse nicht gleich alles verschlingen mußte, um zu triumphieren. Es genügte, wenn es nur einen einzigen empfindlichen Nerv berührte. Ich versuchte mir einzureden, daß

es schließlich auch Shermans Kind sein konnte, doch dann stellte ich kurz entschlossen fest, daß dies keine Rolle spielte. Sherman, begeisterter Stammgast in allen guten (und billigen) Bordellen Montevideos, verdiente, was immer er bekam. Dabei fiel mir ein, daß er sich auch eine Syphilis geholt haben könnte – in diesem Falle mochte ich sie auch haben –, obwohl Porringer als loyales Versuchskaninchen der modernen Medizin sogleich höchstfürsorglich alle neuen Antibiotika nahm, die in der Botschaftsapotheke eintrafen.

Sally verabschiedete sich mit den Worten, daß wir über diese Dinge noch ausführlich sprechen müßten, und ich stimmte zu. Ich versuchte mir sogar das Kind vorzustellen, das da kommen sollte, und der Gedanke versetzte mir schließlich einen feinen Stich: Ein Teil von mir würde womöglich bald unter dem Dach von Porringer gefangen sein. Ich tröstete mich mit der Gewißheit, daß Sally eine leidenschaftliche und liebende Mutter sein würde, obschon sicherlich eine laute mit einem Repertoire von spitzen Schreien für die Pfützen und Häufchen der Kindheit.

Mein Samstag war mir jedenfalls gründlich verdorben. Am Abend ging ich wirklich noch bei der Botschaft vorbei, legte meinen Brief in den Kasten für die Diplomatenpost und kehrte nach Haus zurück, um weiterzuschreiben.

11. Januar 1958

Liebe Kittredge,

es ist ungefähr Mitternacht. Die Arbeit kam, die Arbeit ging – eine Krise mit Fuertes, die sich aber nicht als kritisch erwies. Ich werde Dir bald mehr über unser Uruguay-As mitteilen, aber zuerst noch etwas über meine neuen KGB-Freunde.

Natürlich höre ich noch immer einen Instrukteur auf der Farm sagen: »Führen Sie das mal näher aus!« Diese ewige Ermahnung, mit der sie einem bei der Agency kommen! »Was-du-da-in-dir-hast-Hubbard-spuck-das-aus!« Als ob die Erinnerung wie der Magen eines Wiederkäuers funktionierte. Bitte beachte diese feinsinnige Metapher! Die Wahrheit ist, daß mir richtig schwindlig ist, weil ich Dir wieder schreiben kann. Sollte es an der Höhenluft liegen? Falls ich es Dir noch nicht gesagt habe: Uruguay ist das flachste Land der Welt nach Holland. Auch auf Meereshöhe. Weißt Du, daß ich vier Drinks mit einer Avocado intus habe?

Entschuldige bitte. Ich fühle mich zu schwindlig, um weiterzuschreiben. Ich gehe schlafen und mache morgen weiter.

Sonntagmorgen

Es ist jetzt der 12. Januar, und ich will meine letzten Sätze von gestern nacht nicht zerreißen – trotz der obenstehenden Beweise, daß mein Witz eine ganz eigene, sonderbare Gangart anschlägt, wenn ich betrunken bin.

Zu den Masarows. Vor einiger Zeit hat uns Warchow, der Resident in der russischen Botschaft, zu einer großen Party eingeladen. Nach Telegrammwechsel mit den »Hohen Herren« und den »Saueren Eiern«, hin und her, nahmen wir die Einladung an. Hunt führte die Delegation des State Department ins Treffen, und Porringer und ich gaben uns wie immer als Erster und Zweiter Assistent des Ersten Botschaftssekretärs aus – Anklänge an Gilbert und Sullivan! Hunt musterte unser Team und stellte fest, daß ich eine Begleiterin brauchte.

»Wie wäre es mit Libertad La Lengua?« fragte ich daraufhin.

»Wie wäre es mit Nancy Waterston«, erwiderte er.

Es ist sehr lange her, daß von unserer Verwaltungskraft die Rede gewesen ist. Ich muß also Deine Erinnerung auffrischen. Ich glaube, ich habe Nancy einmal als eine liebe, kluge und hart arbeitende, aber absolut reizlose alte Jungfer beschrieben.

Sie war Mayhew treu ergeben und nun ist sie es auch Hunt. Anfangs habe ich sie ein paarmal ausgeführt, wenn die Kollegen kein alleinstehendes, nicht verlobtes junges Mädchen als Tischdame für mich finden konnten. Nancy muß zehn Jahre älter als ich sein, und ich wette, sie war noch nie mit einem Mann im Bett.

Ja, wenn es die Schweizer Botschaft – oder auch noch die Embajada de Gran Bretaña – gewesen wäre, hätte ich die Sache auf mich genommen, aber ich kam mir seltsam herabgewürdigt vor, daß ich die sowjetische Höhle mit Nancy am Arm betreten sollte.

Hunt wollte nichts von derlei Spitzfindigkeiten hören.

»Howard, Nancy wird es keinen Spaß machen.«

»Doch«, nickte er und begann zu lachen. Er lachte lange darüber mit der dünnen Fistelstimme, die Du so verabscheust. Er hat einen ungewöhnlich langen Mittelfinger, und ich hoffe, daß Dich meine Offenheit nicht entsetzen wird – ich sah plötzlich ein Bild vor mir, wie Howard diesen Finger in die arme, keusche Spalte der Miss

Waterston steckte. Eine merkwürdige Vorstellung mitten in unserem Gespräch. Ich sah den Finger sogar hin- und herfahren – eine Reihe von absolut gebieterischen Streicheleinheiten. Der Geist führt uns eben, wohin er will.
»Du hast schon ganz glasige Augen«, sagte Hunt schließlich.
»Was hast du mit mir vor?« fragte ich ihn so kalt wie möglich.
»Nur ein Trick, Harry. Die King Brothers werden nicht wissen, was sie von dir und Nancy halten sollen.«
»Sie werden es sofort durchschauen.«
»Vielleicht, Kleiner, vielleicht aber auch nicht. Denn ich möchte, daß du ihnen Nancy als deine Verlobte vorstellst.«
»Hast du sie gefragt?«
»Sie ist zugänglich, und es wird ihr Spaß machen.«
»Howard«, sagte ich, »sag mir deinen wahren Grund. Dann kann ich mich besser dreinfügen.«
»Die Sows halten uns ständig zum Narren. Ich habe einen ihrer Joy-boys mit drei verschiedenen Gänsen auf drei verschiedenen Empfängen ausländischer Botschaften gesehen. Jedesmal besitzt der Bursche die Frechheit, die ›Dame‹« – er zeichnete mit den Fingern die zugehörigen Anführungszeichen in die Luft – »als seine Frau vorzustellen. Jetzt ist die Zeit gekommen, sie unsererseits ein bißchen an der Nase herumzuführen.«
Ja, Kittredge, es wurde schließlich doch noch ein ganz amüsanter Abend. Wir trafen an einem späten Samstagnachmittag in der russischen Botschaft ein, und das Licht umspielte sanft die gedämpften Gelbtöne ihrer Villa. Wie viele Bauten in Montevideo ist es ein Mischmasch aus allen möglichen Stilen: italienischer Renaissance, französischem Barock, transsylvanischer Gotik, Oak Park, Illinois, ca. 1912 und schlichtem alten russischen Samowar, eine riesige, weitverzweigte Villa mit massiven Türen und Türmchen, mit Loggien, die wie eingewachsene Fußnägel aussehen, mit zwergen- und riesenhaften Fenstern, abschreckenden äußeren Toren und einem schwarzgestrichenen Zaun mit vergoldeten Speerspitzen oben drauf. »Das Schloß von König Blaubart«, flüsterte ich Nancy zu, als wir durch das Tor eintraten und ein stummer junger russischer Marinesoldat uns zum Garten führte. Irgend etwas wollte mich dazu treiben, zum Fenster der Bosqueverdes emporzuschauen, wo die Bolex H-16 postiert ist, und den Finnen die geballte Faust zum Kommunistengruß entgegenzuhalten.

Nun, ich muß Dir so eine Botschaftsparty nicht beschreiben. Du kennst sie ja zur Genüge aus Washington. Die Russen ließen sich jedenfalls nicht lumpen und hatten so gut wie jede Auslandsvertretung in der Stadt eingeladen – Norwegen, Griechenland, Japan, Portugal, Costa Rica, alle, sogar den Vertreter des Malteserordens, des belgischen Königs und der »República Socialista de Checoslovaquia«. Als die ganze internationale Flut herein war, mögen an die hundertundfünfzig Leute aus vierzig Botschaften und Konsulaten auf diesem Rasen gestanden haben. Ein Angebot sowjetischer Gastfreundschaft an die Welt: eine Tonne schwarzen Kaviars, endlose Vorräte an Wodka, das übliche Aufgebot von Häppchen und Aperitifs, dazu roter und weißer Wein aus dem Kaukasus – die schlimmste Jauche, die je in Flaschen abgefüllt worden ist. All die Typen von den ausländischen Botschaften taten ihr Bestes, um ihr Englisch an mir auszuprobieren. Die aalglatte Freundlichkeit dieser Botschaftstypen hat etwas Arglistiges. Sie scheinen von ständiger Angst getrieben und wandern ruhelos von Small talk zu Small talk.
All das war verschärft durch die Anwesenheit von uns Amerikanern. Wie habe ich Dich herbeigewünscht! Deine Schönheit hätte selbst den Rasen zum Glänzen gebracht. So aber versuchte ich mir vorzustellen, was man auf den Filmen sehen würde. Von oben betrachtet befanden sich jeder Amerikaner und jeder Russe inmitten einer Traube von ausländischen Botschaftsmitarbeitern.
Der Nachmittag wich der Dämmerung, und eine andere Stimmung breitete sich aus. Alle wurden sie ein bißchen aufgeschlossener, was in diesem Umfeld jedoch nicht mehr bedeutet als eine Spur indiskret. Hunt sagt mir, daß die Filmleute diese Tageszeit die Stunde der Magie nennen, weil das natürliche Licht so sanft und weich ist, aber jede Szene muß in dreißig Minuten aufgenommen sein. (Wenn ich je einem Exekutionskommando gegenüberstehen muß, hoffe ich, daß es in einem dämmrigen Garten sein wird – welch ein Gedanke!) Ich versuchte mir immer wieder die Verzweiflung von Heulihaen und Flarrety vorzustellen, die sich mit ihren Objektiven und (hoffentlich) einem Ultra-high-speed Film auf uns stürzten. Je lebendiger wir alle auf der Party wurden, desto schlechter wurde das Büchsenlicht.
Ziemlich bald beginnen die kleineren und größeren Botschaften, die an diesem Tag keine bestimmte Mission zu erfüllen haben, uns

zu verlassen, und der Rasen öffnet sich dem dramatischen Finale. Jetzt kann man endlich sehen, was am anderen Ende des Gartens geschieht. Hunt unterhält sich mit Warchow, der wiederum Dorothy den Hof macht. Es dauert nicht lange, und Zenia schlendert vom Foreign Office zum KGB, das heißt, daß sie zwei britische Beamte verläßt, um ihrem Residenten nahe zu sein, und sie und Warchow lachen nun schallend über Hunts Witze. In einer anderen Ecke des Gartens flirtet ein Joy-boy (aus Irkutsk ohne Zweifel) mit Sally Porringer, die nun nicht länger zu fürchten scheint, Sherman könnte ihre Titte in eine Mangel stecken, und ich, schwindlig, verrückt, wild vom Kaviar, nachdem ich ein Jahr lang zweimal täglich Fleisch gegessen habe, und nicht unempfindlich gegenüber dem Wodka, bewege mich auf Boris Masarow zu und führe Nancy an meiner Seite. »Ich möchte Ihnen meine Verlobte vorstellen«, sage ich in bester Laune, als ob es von Anfang an meine Idee gewesen wäre.
Kittredge, ich muß es Dir sagen. Infolge meiner langen Ausbildung lerne ich erst jetzt, was für wundervolle und mysteriöse Wesen Frauen sind. Ich gebe es zu. Nancy Waterston, die an guten Tagen wie eine verkniffene Pfarrerstochter aussieht: hager, pflichtbewußt, verbiestert, der kleine Busen fast verborgen zwischen den gekrümmten Schultern, diese Nancy sah nun so anziehend aus, als ob man soeben Wunderkerzen auf ihrer Hochzeitstorte entzündet hätte. Wenn eine an sich reizlose Frau einen Augenblick lang strahlend schön aussieht, stockt einem der Atem; das Universum ist voller Überraschungen.
Masarow reagierte förmlich. »Ich beglückwünsche Sie«, sagte er. »Ich erhebe mein Glas, um auf den guten Geist Ihrer künftigen Ehe zu trinken.«
»Mr. Masarow, das ist ein sehr schöner Toast«, sagte Nancy mit ihrem breiten Mittelwestakzent. Dann lachte sie leise auf, als sähe sie den Widerspruch zwischen dieser Ehrlichkeit und ihrer gegenwärtigen Rolle. »Vielleicht werden Sie zu unserer Hochzeit kommen«, sagte sie.
»Wann werden Sie heiraten?« fragte er, und ich registrierte, daß er den Rasen hinuntersah, zu Zenia, die dort immer noch mit Warchow und Hunt und Dorothy plauderte. Der Schmerz in Masarows Gesicht, der mir wahrscheinlich nicht aufgefallen wäre, hätte man mir nicht von der Wahrscheinlichkeit einer Liaison zwischen Zenia

und Warchow berichtet, ähnelte jetzt der Verletzung eines waidwunden Tieres, das schweißend innehält, bevor es sich aufrafft, um noch einmal einen Hügel zu erklettern. Er kippte seinen Drink in einem Zug hinunter und hielt sogleich einen uruguayischen Kellner an, der eine Flasche mit eisgekühltem Wodka auf einem Tablett trug.
»Wir wissen das Datum noch nicht«, sagte Nancy, »weil ich lange Verlobungszeiten schätze.« War sie betrunken, so fragte ich mich, oder berauschte sie sich an ihren neuentdeckten Fähigkeiten?
»Das ist bei uns Familientradition«, erklärte sie. »Meine Eltern sind sieben Jahre lang miteinander gegangen, bevor die Hochzeitsglocken läuten durften.«
»Darf ich fragen, was Ihr Vater beruflich macht?« fragte er.
»Er ist ein Zirkusakrobat«, kicherte Nancy. Ihre Augen blitzten hinter den Brillengläsern, und ich begriff, daß dies für sie der vergnüglichste Abend seit ihrer Ankunft in Uruguay war.
»Nein«, schüttelte sie den Kopf, »unser Land wurde auf dem Ideal der Wahrheit aufgebaut. Mein Vater ist pensioniert, früher war er ein leitender Angestellter bei einer Versicherung in Akron, Ohio.«
Masarow wirkte erleichtert, als ob sich eine geheimdienstliche Recherche soeben bestätigt hätte. »Mein Land wurde nicht gegründet«, erwiderte er. »Es wurde wahrscheinlich aus einer Kanone herausgeschossen.«
Natürlich merkte ich mir diese Bemerkung, um sie Hunt mitzuteilen.
Masarow hob sein Glas. »Ich trinke auf künftige Hochzeiten.«
»Ich hab' es gern, wenn man auf mich trinkt«, sagte Nancy.
»Aber lernen Sie zuerst mal, wie man Wodka trinkt. Amerikaner sagen mir immer, es sein schwer, bei den russischen Banketten mitzuhalten. Weil sie nicht das Geheimnis kennen.«
»Oh, verraten Sie mir das Geheimnis«, bat ich ihn.
Genau in diesem Augenblick trat Warchow, der bei seinen verbliebenen Gästen die Runde machte, zu uns und schaltete sich nahtlos in Masarows Rede ein. Die beiden mußten gleichermaßen daran gewöhnt sein, alle und jeden darüber aufzuklären, wie man russischen Schnaps genießt. Warchows englische Syntax jedoch entsprach dem, was ein Instrukteur auf der Farm einmal »Russky Pidgin« genannt hatte. Artikel, Pronomina und das

Zeitwort *to be* verschwanden und wurden durch urzeitliche Grunzlaute ersetzt.

»Nicht nippen«, sagte er. »Niemals nippen. Wodka kippen. Nur« – Warchow hielt seine flachen, schweren Handflächen hoch – »auf Wohl trinken! Zuerst! Kommt von Herz, trink Wodka mit Schluck.« Was er tat und pfiff, daß der Kellner zurückkam. »Füll Gläser. Nicht Angst. Kleine Gläser.«

Wir füllten die Gläser. »Nach Wodka«, sagte er, »Kaviar essen. Besser, essen Sakuschkij. Machen Appetit.«

»Ja«, nickte Nancy, als wäre sie es gewohnt, Befehlen zu gehorchen.

»Dann Darling Lady nie betrunken.«

»Ho, ho, ho«, sagte ich.

»Zyniker«, sagte Warchow.

Wieder hob er sein Glas. »Ich trinke«, sagte er, »auf Abend, auf Zukunft von Frieden, auf hübsche Lady, auf Amerikaner aus Mission« und er zwinkerte mir zu. Wir waren alle ziemlich betrunken.

Draußen auf dem Bulevar España rauschte der Verkehr zwischen der City zu unserer Rechten und dem Strand von Los Pocitos mit seinen Apartmenthochhäusern zu unserer Linken. Ich dachte an das Safe house, in dem ich mich mit Chevi getroffen hatte. Aus den Seitenstraßen hallten die Rufe von jungen Leuten durch die Abendluft. Ebenso unvermittelt, wie er zu uns gestoßen war, verbeugte sich Warchow und ging zu einer anderen Gruppe weiter.

»Spielen Sie Schach?« fragte mich Masarow.

»Ja«, sagte ich, »aber nicht besonders gut.«

»Aber auch nicht so schlecht?«

»Ich kann spielen«, sagte ich.

»Gut. Sie sind sicher ein guter Spieler. Ich werde Sie zu mir in mein Haus einladen. Es liegt hier in der Nähe. Und Sie auch, Miss Waterston.«

»Sie sagen die Zeit, ich bringe den Kuchen«, sagte sie munter.

»Ein amerikanisches Sprichwort?« fragte er.

Interpretierte ich zuviel in seine Worte hinein, oder war da wirklich so ein sehnsüchtiger Unterton? Er sprach nicht nur ziemlich gut, sondern offenbar auch gern Englisch.

»Nein«, erwiderte Nancy, »nur so ein Hinterwäldlerspruch.«

»Hinterwäldler?« fragte er.
»Ja, ganz hinten«, sagte Nancy.
Kittredge, das war das eigentlich Bemerkenswerte des Abends. Die Leine war über den Abgrund geworfen, und nun werden das Seil und das Tau folgen. Ja, es ist schon geschehen. Ich werde Dir in meinem nächsten Brief von dem Abend bei Masarows erzählen.

Alles Liebe von mir für Dich,
Hugh und Christopher,
Harry, der Verlobte.

In meinem Brief hatte ich den Rest des Abends bequemerweise übergangen. Nancy war betrunken und hatte zuviel gegessen, also brachte ich sie nach Haus. Sie bewohnte drei Zimmer im ersten Stock einer bescheidenen Villa in der Calle Doctor Geraldo Ramón, keine drei Querstraßen von der Botschaft entfernt. »Ich finde, Freiheit besteht auch darin, morgens zu Fuß zur Arbeit zu kommen«, sagte sie mit fester, wenn auch etwas trunkener Stimme. Hinter ihrer ersten Stimme gab es wirklich noch eine zweite. Ich machte den Fehler, sie zu küssen.
Sie küßte zurück, als wären wir in der Tat verlobt und wollten morgen heiraten. Ich entdeckte, daß der Mund einer alten Jungfer nicht wie andere ist. Ihre Lippen preßten sich auf meine, ein Familiensiegel auf Wachs. Ihre Zähne rochen etwas nach Zahnpasta, Mundwasser und Zahnarzt, aber ihr Atem war ein Schmelzofen, und dahinter gab es eine unheilvolle neutrale, von ihrem Magen beherrschte Zone.
Ich hatte einige furchtbare Gelüste, die ich Kittredge nicht hätte gestehen können. Ich wußte, daß Nancy Waterston für immer mein sein konnte, wenn ich es nur wünschte, und das Gefühl, eine solche Macht zu besitzen, weckte in mir ein schrecklich kaltes Verlangen. Meine Vision, in der Hunts Finger streichelnd über ihren Schoß geglitten waren, kehrte zurück, nur glitt diesmal mein eigener Finger in ihre Vagina. Ich hatte mich seines Fingers bedient, um meine eigenen Triebe zu tarnen. In diesem Augenblick geschah es, daß ich sie ein zweitesmal, und zwar auf die Wange, küßte, ihr versicherte, daß es ein bemerkenswerter Abend gewesen sei und wir vielleicht gemeinsam die Masarows besuchen würden. Dann ging ich, sehr beeindruckt

von der Fähigkeit eines Kusses, mich an den Rand einer Heirat zu treiben.

Auf dem Heimweg fand ich Zeit, mich zu erinnern, daß Sally, die nichts von Hunts improvisierter Heiratsvermittlung wußte, auf dem Rasen auf mich zugegangen war und mir im Vorbeigehen mit heiserer, zittriger, mühsam beherrschter Stimme zugeflüstert hatte: »Windiger Hundesohn! Könntest wenigstens mehr Geschmack haben.«

Ich erschrak bei dem Gedanken, die Finnen könnten ihre bebenden Lippen filmen, und so flüsterte ich zurück: »Nur ein Trick! Hunts Idee! Nicht ausrasten, Sally!« Dabei hob ich mein Glas mit jener unverbindlichen Geste, mit der man Company-Frauen zutrinkt, mit denen einen nichts weiter verbindet.

Erst beim Heimfahren kam mir der Gedanke, daß auch die Russen ihr Gartenfest gefilmt haben mochten. Wie würden sie mein besorgtes Gesicht deuten, wie meine Worte, falls sie diese abgehört hatten? Ich hatte womöglich zuviel verraten. Andererseits könnte es die Russen auch zu allerlei abwegigen Interpretationen verleiten und von der Wirklichkeit ablenken.

Jetzt fiel mir wieder einer von Harlots Gedanken ein. Für ihn bestand das Böse darin, das Gute zu erkennen und vorsätzlich zu verpfuschen. Das Risiko zu erhöhen, ohne die Folgen abschätzen zu können, bezeichnete er als Boshaftigkeit. Demnach war ich boshaft, und einen Augenblick lang schien es mir, als sei dieser Logik zufolge alles, was wir in Uruguay taten, ebenso boshaft, aber dann stellte ich fest, daß mir das eigentlich gleichgültig war. Sage niemand, die Unschuldigen seien immer gut. Ich wollte nur noch ins Bett.

18

27. Januar 1958

Liebste Kittredge,
ich hoffte immer auf einen Brief, aber vielleicht wartest Du damit, bis Du mehr von den Masarows erfahren hast. Jedenfalls will ich Dir heute schreiben. Weißt Du, ich muß zur Zeit über jeden meiner Schritte berichten, jedenfalls was Boris und Zenia angeht. Dann wiederkäuen die »Hohen Herren« und die »Saueren Eier« meine Telegramme bis zum Erbrechen.
Ein Beispiel für die gegenwärtige Arbeitsweise: Washington bestimmt in Absprache mit Hunt (er läßt sich nie übergehen, so unbedeutend die Frage auch sein mag), daß Nancy mich nicht zu den Masarows begleiten soll. Ihre Argumentation: Eine fortgesetzte Präsentation von Miss Waterston und mir als Braut und Bräutigam würde womöglich unsere schauspielerischen Fähigkeiten überfordern. Auf Nancy träfe das jedenfalls zu, räumt Hunt ein. Ich vermute, daß Hunts eigentlicher Fehler darin liegt, daß er jemanden wie Nancy überhaupt in diese Situation gebracht hat.
Jedenfalls war Miss Waterston ziemlich enttäuscht und gekränkt. Man sah es ihr deutlich an. »Ach Scheibenkleister«, sagte sie. Dann kehrte sie mit einem Seufzer und einem förmlichen, professionellen Lächeln zu Gordy Morewoods byzantinischen Abrechnungen zurück. Arme Nancy – sie ist so von Enttäuschungen verhärmt.
Unterdessen bereitete ich mich auf meinen Besuch bei den Masarows vor. Ich rief an und sagte, wie mit Hunt abgesprochen, daß Nancy und ich kommen würden. Wir wollten ja, daß Zenia zu Hause bleibt. Wenn sie weiß, daß Nancy mich nicht begleitet, geht sie vielleicht aus, und Hunt möchte das verhindern. Es gilt als lohnender, wenn man Mann und Frau zusammen packt. Wenn die Ehe der Masarows am Zerbrechen ist, gibt es vielleicht irgendwelche Anzeichen, wer von den beiden eher zu uns überlaufen könnte. Wenn sie sich wider Erwarten doch als gefestigt erweisen sollte, springen sie vielleicht gemeinsam bei den King Brothers ab.
Der Tag kam. Ich trottete zum Tee hinüber und entschuldigte Nancy wegen Unpäßlichkeit. Sie wirkten enttäuscht, und ich dachte, daß Hunt wieder einmal recht gehabt hat. Wenn Zenia es vorher gewußt hätte, wäre sie vielleicht nicht dageblieben.

Das Angebot an Grundstücken in bevorzugter Wohnlage ist in Montevideo beschränkt, und deshalb lebt mein freundliches russisches Paar in einem Apartmenthaus genau zwei Blocks von unserem Safe house entfernt. Die Masarows wohnen im zehnten Stock und können ebenfalls durch ihr Panoramafenster hinunter auf den Strand von Los Pocitos und das Meer blicken. Damit endet aber auch schon jede Ähnlichkeit. Sie haben ihre Wohnung voll möbliert. Ich weiß nicht, ob sie meinem Geschmack entspricht, aber ihre Habseligkeiten füllen das Wohnzimmer jedenfalls aus. Um das Panoramafenster sind schwere Samtvorhänge drapiert, davor stehen mehrere dicke Sessel und ein schweres Sofa mit gehäkelten Schondeckchen, auf einem großen Orientteppich liegt noch ein kleiner, ich sehe zwei Samoware, einen aus Messing und einen aus Silber, eine Anzahl Stehlampen mit Perlenschnurschirmen, ein großes Mahagonibüfett mit Glasvitrinen, in denen allerlei Teller und Schüsseln zur Schau gestellt sind. Auf jedem Tisch stehen kleine, massive Skulpturen aus dem 19. Jahrhundert, zum Beispiel ein Bronzemädchen in einem milchig angelaufenen Bronzegewand über dem halbentblößten Busen, ein Apollo, der auf dem Ballen eines Fußes steht, dazu überall, wo Platz ist, goldgerahmte Drucke von Gemälden: Cézanne, Gauguin, van Gogh, auch ein paar russische Maler, die ich nicht kenne. Ihre Bilder zeigen von russisch-orthodoxen Patriarchen flankierte Zaren und fast wie Piraten gekleidete Edelleute – wohl Bojaren. In der Ecke des einen Gemäldes verblutet ein besiegter Bojar mit einer Halswunde. Die Agonie seines Mundes ist ausdrucksvoll. Ein ganz schön starkes Bild, wenn man es jeden Tag vor Augen hat.
Auch an den Wänden hängen Orientteppiche, und ich zähle vier Schachspiele, von denen zwei wertvoll aussehen. Eines der Bretter ist mit Intarsien verziert.
Ich kann mir nicht helfen, aber ich muß diese altmodische Mittelklasseopulenz ständig mit Sherman Porringers von Kindern demoliertem, vom Hund zerbissenen Kiefernholzmobiliar und den auf Ziegelsteinen erbauten Bücherregalen vergleichen. Die Masarows, die über weniger Wohnraum verfügen, da sie ihre Zimmer vollgestellt haben, nutzen den Korridor, der ihre dreieinhalb Zimmer miteinander verbindet, als Bibliothek. Er wird dadurch so schmal, daß zwei Menschen kaum aneinander vorbeikommen, denn an beiden Wänden stehen dunkel-fleckig eichene Bücherschränke.

Später kann ich einen Blick auf Boris' Sammlung werfen. Er liest Französisch, Deutsch, Englisch, Spanisch, Italienisch und verschiedene sowjetische Sprachen, deren Namen ich nicht einmal schreiben könnte. Er muß eine Menge gelernt haben in seinen siebenunddreißig Jahren. Das widerspricht zwar dem Dossier der »Saueren Eier«, in dem es heißt, er sei zweiunddreißig, aber ich muß sagen, daß ich die von ihm genannten siebenunddreißig für wahrscheinlicher halte. Denn er erzählte vom Zweiten Weltkrieg, in dem er es bis zum Hauptmann brachte. Es gibt auch zahllose gerahmte Fotografien auf mehreren Beistelltischen, die seine militärische Laufbahn beweisen. Ich präge mir die schulterbreiten Epauletten auf diesen Fotos ein, damit die Washingtoner es überprüfen können. Natürlich kann ich nicht beschwören, daß es wirklich Schnappschüsse aus dem Zweiten Weltkrieg sind, aber sie sehen so aus, und auf einem Foto sieht man im Hintergrund eine unglaublich zerstörte Stadt voll Schutt, Geröll und zerfetzten Artefakten. »Berlin«, sagte er mir. »In den letzten Tagen. Deshalb lächeln wir auf dem Bild.«
»Ja, Sie müssen froh gewesen sein, daß der Krieg zu Ende ging.«
Er zuckte die Achseln. Mit einem Mal sah er finster drein. »Froh sicher auch«, erwiderte er gnomenhaft, aber dann fügte er hinzu: »Da ist immer Frage. Verdient man es, selbst überlebt zu haben? Bessere Männer sind gefallen.«
»Trotzdem lächelst du auf dem Foto«, sagte Zenia.
»Ich bin froh«, sagte er und widersprach sich damit selbst.
»Wir haben uns zwei Tage zuvor kennengelernt«, erzählte Zenia. »Brischka und ich. Erstesmal.«
»Sie waren zufällig auch in Berlin?« fragte ich.
»Truppenbetreuung.«
»Zenia ist eine Dichterin«, sagte Masarow.
»War«, betonte Zenia.
»Sie hat seit zwei Jahren kein Gedicht mehr geschrieben.«
»Oh«, sagte ich.
»Eigentlich doof«, sagte Zenia, »nicht wahr?«
»Also«, stotterte ich. (Wir Amerikaner sind wohl genauso unbeholfen wie die Engländer, wenn es darum geht, plötzlich auf ein Geständnis zu reagieren.) »Also, es muß schon schwer sein, in diesen wohlmöblierten Räumen zu sitzen, wenn die Feder trocken ist.«

Den Russen wiederum muß man eines lassen: Sie sind so schroff, daß es auf ihre Vernichtungsurteile nichts mehr zu erwidern gibt.
»Wohlmöbliert?« fragte Zenia. »Krimskrams. Lauter Krimskrams. Seine Familie, meine Familie. Kram aus Moskauer Wohnung – sein Vater; Leningrad Wohnung – meine Mutter. Überbleibsel von Familien jetzt vollständig.«
»Nichts davon von Ihnen?«
»Alles meins. Alles gehört Boris. *Aussi.* Auch.«
»Ja«, sagte ich, »und Ihre Regierung hat es für Sie herübergebracht?«
»Natürlich«, nickte sie. »Warum nicht?«
»Aber Ihre Wohnung in Moskau muß doch jetzt leer sein.«
Sie zuckte die Achseln. »Sind andere Leute drin.«
Wir setzten uns nun vor das zweitbeste Schachbrett, und Boris reichte mir den weißen Bauern. »Sie sind mein Gast«, sagte er.
Kittredge, Du weißt, daß ich es mit Hugh nicht aufnehmen kann, aber ganz so schlecht bin ich auch nicht. Ich habe mal einen Wettbewerb von »Patzern« gewonnen, wie man die mäßigen Spieler nennt, und bei einem Wettkampf mit einem anerkannten Meister, der es gleichzeitig mit zwanzig Yale-Studenten an zwanzig Schachbrettern aufnahm, war ich einer von drei, die nicht verloren haben. Trotzdem bin ich einem fortgeschrittenen Spieler nicht gewachsen.
Sobald wir anfingen, konnte ich spüren, daß das Spiel ihm viel bedeutete. Als wehte ein leiser Hauch des großen Wettstreits unserer Organisationen um des Menschen Seele durch den Raum, wurde ich mir erst seiner Spannung und dann umgekehrt auch der meinen bewußt. »Wenn im Zweifel, eröffne mit einem Königs-Bauern«, sagte ich munter zu ihm und tat es. Er nickte knapp, benahm sich dann aber zum erstenmal ziemlich unhöflich – obwohl er die besten Manieren der ganzen russischen Gang am Bulevar España hat. Er saß nämlich einfach nur da und starrte mich eine Minute lang an. Er sah nicht aufs Schachbrett, sondern nur auf mein Gesicht, meine Haltung, mein sicheres Lächeln, kurz: Er prüfte meine Ausstrahlung. Ich kam mir vor, als stände ich wieder in der Turnhalle in St. Matthew's und sollte mit einem entschlossen aussehenden Burschen am anderen Ende der Matte einen Ringkampf austragen.
»Ich glaube«, sagte er schließlich, »sizilianische Verteidigung ist

angemessene Antwort«, und rückte mit dem Bauern des Läufers seiner Dame vor in den vierten Rang. Kittredge, ich erinnere mich, daß Du einmal erwähnt hast, Du habest das Schachspiel mit zwölf Jahren aufgegeben, weil Du an nichts anderes mehr hättest denken können. Ich möchte nicht in halbbegrabenen Erinnerungen wühlen, aber ich muß Dir soviel sagen: Wenn etwas meine Eröffnung mit dem Königsbauern regelmäßig in Schwierigkeiten bringt, dann ist es die sizilianische Verteidigung. Sie scheint jedesmal eine andere Wendung zu nehmen, und ich komme nie dazu, mein Spiel zu spielen: Ich bin Weiß, aber ich reagiere die ganze Zeit nur auf das, was Schwarz tut. Es war unheimlich, daß Boris mich so aufmerksam beobachtete und dann die sizilianische wählte.

Na ja, das ist alles, was Du wissen mußt. Beim sechsten Zug wurde mir mulmig, und beim achten begann ich die kommende Niederlage zu sehen, und beim zehnten Zug stand er ungeduldig von seinem Stuhl auf – wir spielten ohne Uhr, und ich brauchte ihm wohl zu lange – und kam mit einem Buch wieder. Er war tatsächlich so unhöflich – oder vielleicht hielt er es für elegant –, dazusitzen und zu lesen, während ich über meinen nächsten Zug nachsann. Sobald ich zu einer Entscheidung gekommen war, sah er von seinem Buch auf, biß sich leicht auf die Unterlippe, machte seinen Zug, der immer alle Möglichkeiten, die ich mir ausmalen mochte, augenblicklich durchkreuzte, und kehrte dann ohne weitere Umstände zu seinem Buch zurück. Du wirst es mir kaum glauben, doch er las unseren guten alten Schmöker »Moby Dick«. Er war, nebenbei, schon recht weit vorgedrungen.

Masarow nahm mir beim vierzehnten Zug einen Springer weg, und beim fünfzehnten gab ich auf. Er hatte inzwischen die ganze Stellung, und seine Türme standen zum Angriff bereit da. Mir war es nie gelungen zu rochieren. Er hielt mich viel zu sehr auf Trab.

Zenia brachte den Tee. Direkt nach dem Spiel gibt es nichts zu reden. Er schwieg, und ich sagte: »Sie benützen ja nicht die Samoware, sondern einen Teetopf.«

»English tea«, antwortete sie. Ich fragte sie nach ihrem Vater.

»Meines Vaters Name – Arkady. Ich bin Zenia Arkadjova.«

»Das klingt schön«, sagte ich. »Zenia Arkadjova.«

Auf diese Weise kamen wir auf die Klangfarben der Sprache zu reden, und Zenia meinte: »Viele Laute in Russisch sind wie Wäl-

der, Erde, kleine Tiere in Wald, Flüsse. Englisch anders. Kommt von Straßen, Hügeln, Stränden. Brandung vom Meer.«
Die größten Verallgemeinerungen leuchten mir immer am meisten ein, aber das war mir denn doch zu einfach.
»Sie haben sicher recht«, sagte ich lapidar.
Sie starrte mich an, aber so als blickte sie auf jemanden, der genau hinter mir stand.
»Darf ich mir Ihre Bibliothek ansehen?« fragte ich Boris.
Er riß sich aus der Starre heraus, in der er seit dem Ende des Spiels gesessen hatte, überging mit einem Winken seiner Hand die drei Viertel seiner Bücher in kyrillischer Schrift und führte mich zu seiner amerikanischen Abteilung. Auf Englisch ist alles von Hemingway und das meiste von Faulkner vorhanden. Außerdem Mary McCarthy, Tennessee Williams, Arthur Miller, William Inge, Sidney Howard, Elmer Rice, alles von O'Neill, Clifford Odets und T. S. Eliot, »Die Cocktailparty«.
»Wollen Sie Bühnenautor werden?« fragte ich.
Er grunzte. »Bühnenautor?« erwiderte er. »Ich wüßte gar nicht, wie man mit Schauspielern umgeht.«
»Unsinn«, sagte Zenia.
Er zuckte die Achseln: »Hemingway mag ich«, sagte er. »Er ist der wichtigste amerikanische Autor vor dem Zweiten Weltkrieg, finden Sie nicht?« Wir waren wieder einen Schritt weiter am Bücherschrank entlang gegangen und kamen nun an den Werken von Henry James vorbei. »Viel studiert von Lenin und Dzierzynski«, sagte Masarow und tippte auf den Rücken von »Die goldene Schale«.
»Ist das wirklich wahr?« Ich war verblüfft.
»Nein«, sagte Zenia. »Brischka macht Witze.«
»Keineswegs. ›Die goldene Schale.‹ Perfektes Symbol für Kapitalismus. Natürlich hat Dzierzynski so ein Werk gelesen.«
»Boris, lächerlich. Ist Beleidigung von unserem Gast.«
Er zuckte die Achseln. »Ich bitte um Entschuldigung«, sagte er und sah mir in die Augen. »Wen mögen Sie? Tolstoi oder Dostojewskij?«
»Dostojewskij«, sagte ich.
»Gut. Dostojewskij schreibt ein grausames Russisch, aber ich ziehe ihn tatsächlich vor. So haben wir Möglichkeit für Freundschaft.«
»Zuerst muß ich im Schach besser werden.«

»Geht nicht«, sagte er. Seine Offenheit überraschte mich, und ich fing an zu lachen. Er lachte auch sofort mit. Er hat eine untersetzte Statur, vorzeitig ergrauendes Haar und ein faltiges Gesicht, aber er ist ein harter Bursche, der so eine merkwürdige Jugend ausstrahlt, als überlegte er noch in vielen Dingen herum.
»Sakuschkij«, sagte Zenia. »Nehmen Sie Sakuschkij mit Tee oder mit Wodka.«
Ich lehnte ab – sie protestierte. Trotz des fürchterlichen Akzents ist ihre Stimme tief und voller Erotik. Bei öffentlichen Anlässen wirkt sie wie eine geheimnisvolle und sinnliche Frau, exotisch, okkult, für uns beide so fremd wie ein Orakel; an diesem Nachmittag ist sie ein Hausmütterchen mittleren Alters, hektisch, kleinlich, heikel, matronenhaft, die Hausfrau eines sehr bescheidenen und sehr bürgerlichen Haushalts. Es fällt mir schwer, mir vorzustellen, daß diese beiden beim KGB sind oder zumindest einer von ihnen. Jedenfalls hat sich Masarow große Mühe gegeben, den Namen Dzierzynski zur Sprache zu bringen – das muß wohl eine Art Signal sein.
Wir setzten uns und plauderten über Kultur in Amerika. Er interessiert sich für Jack Kerouac und William Burroughs, für Thelonius Monk und für Sonny Rollins, von dem ich noch nie gehört habe. Er hat eine Schallplatte von Sonny Rollins, spielt sie mir vor und strahlt, als ich sage, ich hätte noch nie ein besseres Tenorsaxophon gehört.
Abrupt wechselte er das Thema. »Zenia hat die Unwahrheit gesagt!«
»Zenia Arkadjova hätte gelogen?« fragte ich ungläubig.
Er lächelte über meinen Gebrauch des Patronyms. »Sie hat nämlich doch ein Gedicht in letzten beiden Jahren geschrieben.«
»Nein, ist schlimm. Nicht zeigen«, wehrte Zenia ab.
»Auf englisch«, sagte Masarow. »Dieses Jahr in russischer Sprache Zenia kann nicht ausdrücken. Nicht dieses Jahr. Total blockiert. Also in Ihrer Sprache sie hat versucht ... probiert ...«
»Sakuschkij. Kleines Gedicht. Häppchen«, sagte Zenia. Sie ist ganz rot geworden, und ich könnte schwören, ihr fülliger Busen richtete sich auf. »Wertlos«, betonte sie. »Trivial.«
»Laß es ihn doch lesen«, beharrte Brischka.
Sie stritten sich auf russisch. Sie gab nach, ging ins Schlafzimmer und kam mit einem Blatt aus einem billigen Notizblock zurück.

Darauf stand in einer etwas ungelenken Handschrift diese Überschrift: »Vertigo Is Joy« – Schwindlig sein ist Freude.
Du kannst Dir vorstellen, daß ich, als ich diesen Titel sah, ohne rechtes Vergnügen nach dem Blatt griff, aber ... ich will es Dir aufschreiben. Weiß Gott, ich habe nicht nur eine Abschrift, sondern ich kann es auch auswendig zitieren nach der Interpretation, die sich die »Saueren Eier« dazu ausgedacht haben.

Vertigo Is Joy	Schwindlig sein ist Freude
Our bird passed away in my hand, its feathers a shroud.	Unser Vogel ist in meiner Hand gestorben, seine Federn ein Totenhemd.
I knew the moment.	Ich wußte, wann es geschah.
Its last heartbeat spoke to my palm.	Sein letzter Herzschlag sprach zu meiner Handfläche.
Comrade, said bird	Genossin, sagte der Vogel
Do not wait in line	Warte nicht in der Schlange
to mourn for me.	Trauere nicht um mich.
I fall into depths	Ich falle in eine Tiefe
that are great heights.	die eine große Höhe ist.

»Besser, wenn auf russisch«, sagte Zenia, »aber kann nicht finden ›les mots justes‹. Nicht für Russen, nur für Englisch. Hat Boris richtig Grammatik? Richtig Zeichensetzung? Ist richtig?«
»Ja«, nickte ich.
»Ist gut? Gutes Poem?«
»Ich denke ja.«
»Zenia ist anerkannt in Rußland«, sagte Boris, »obwohl vielleicht nicht genug anerkannt.«
»Ist gut genug für Drucken in Amerika?« fragte Zenia.
»Wahrscheinlich«, sagte ich. »Geben Sie es mir mit. Ich habe zwei Freunde, die literarische Zeitschriften herausgeben.«
»Ja«, sagte sie, »ist Ihr's.« Sie faltete das Blatt in meine Hand und sah mich dabei mit geradezu peinlicher Intimität an – vor allem, wenn man bedenkt, daß ihr Mann danebenstand. »Drucken Sie mit Pseudonym für mich«, sagte sie.
»Nein«, widersprach Boris. »Präsentieren Sie als Werk einer sowjetischen Dichterin.«
»Wahnsinn«, murmelte sie.

»Ich glaube, Sie sollten den Titel ändern«, warf ich ein. »Er ist ein bißchen zu direkt im Englischen.«
Doch sie wollte nicht. Der Klang gefiel ihr. »Bin eisern für ›vertigo‹«, sagte sie. In ihrer Aussprache, mit dem Ton auf der zweiten Silbe, reimte es sich auf »tuxedo«.
Ich ging, nachdem wir noch etwas darüber geredet hatten, wann wir uns wieder treffen wollten. Masarow schlug ein Picknick mit Nancy und mir vor. Ich war einverstanden. Aber als der Tag kam, waren weder Nancy noch Zenia dabei, und Boris und ich gingen allein picknicken.
Ich fange jetzt aber an, zu sehr zusammenzuraffen. Vielleicht ist es besser, wenn ich Dir den Schluß in ein paar Tagen schreibe.

Dein
Harry

19

16. Februar 1958

Liebe Kittredge,
ich hatte eigentlich schon vor ein paar Wochen an Dich weiterschreiben wollen. Aber die »Saueren Eier« haben mich von einer Sitzung zur anderen gescheucht, und ich komme jeden Abend in der Hoffnung in mein Hotelzimmer zurück, daß ich mich wenigstens soweit entspannen kann, um einzuschlafen. Außerdem bin ich natürlich betroffen, weil ich gar nichts von Dir höre. Manchmal frage ich mich sogar, ob sich meine Briefe ungelesen irgendwo stapeln. Ach, ja, wenn die »Saueren Eier« dich genügend durch die Mangel drehen, gibt es keine grauenhafte Vorstellung, die nicht ihr perverses Haupt erhebt.
Du erinnerst Dich vielleicht, wie wenig ergiebig mein Besuch bei den Masarows war. Nun, die Sowjetunionabteilung war anderer Meinung. Nachdem ich ein langes Telegramm über mein kleines Gastspiel bei den neuen sowjetischen Freunden nach Washington gesandt hatte, bekam ich als Antwort einen Fragebogen herübertelegrafiert, der etwa so lang ist wie mein letzter Brief an Dich.

Dessen Beantwortung kostete mich volle eineinhalb Tage. Dann kam ein Mann von der SR-Abteilung zu uns heruntergeflogen, um mich persönlich auszufragen. Seinem Akzent und Erscheinen nach muß er auch so ein Finne sein. Er nennt sich Omaley (ausgesprochen wie »homily«, nur ohne das h). Er ist ziemlich klein und sehr mager und hat Hörner, ja richtige Haar-Hörner auf seinem sonst fast kahlen Kopf. Dafür hat er so viele Haare auf der Brust, daß ihm dieser Urwald oben aus dem Hemd heraus und halb den Hals hinaufwächst. Das verleiht ihm eine Art Halskrause über dem Kragen, so daß er aussieht wie ein unterernährter wilder Eber. Du kannst Dir vorstellen, wie Howard Hunt von Hjalmar Omaley eingenommen ist.

Aber Hjalmar Omaley schert sich nicht im mindesten darum, was andere von ihm halten. Er lebt allein für seine Arbeit. Am zweiten Tag in seiner unerbittlich frostigen Gesellschaft erinnerte er mich bereits an den Kammerjäger, der immer in die Wohnung meiner Mutter in der Park Avenue zu kommen pflegte, wenn die Köchin Kakerlaken im Backofen entdeckte und mit Kündigung drohte, weil das Mädchen nicht richtig saubermachte. Ich möchte nicht, daß sich Dein Magen umdreht, aber Omaley sieht wie ein Liquidator aus, der entschlossen ist, nichts von unserem Feind übrigzulassen als eine kleine Pfütze. Kommunisten sind für ihn Ungeziefer, sowjetische Kommunisten sind tollwütiges Ungeziefer, KGB-Kommunisten sind tollwütiges und okkultes Ungeziefer – und ich war mit letzteren in Berührung gekommen.

Nun, ich übertreibe zwar, aber im Prinzip stimmt es. Ich wurde über die Masarowschen Kriegsfotos ausgefragt, bis ich mich an nichts mehr erinnerte, und ich fing schon an, mich zu fragen, wieso ich mir so wenige Fakten nicht besser eingeprägt hatte und woher dieser Mangel an Motivation kam. Hjalmar ist der mißtrauischste Mensch, den ich kenne, und er stellte mir alle Fragen immer wieder in immer neuen Formulierungen. Ich hatte in meinem ersten Telegramm den Fehler gemacht, Boris und Zenia als »einigermaßen angenehm« zu charakterisieren. Ich hatte eine objektive Einschätzung abgeben wollen, aber sie muß schreckliche Befürchtungen in der Gegenspionage-Gang der Sowjetrußland-Abteilung geweckt haben. Ich kann Dir sagen, ich wurde über jeden einzelnen Aspekt des Meetings ausgequetscht. Sogar an die exakte Reihenfolge der Züge beim Schachspiel sollte ich mich erinnern.

Ich gab mir große Mühe, das Spiel so genau nachzuvollziehen, daß sie damit zufrieden wären, konnte aber keine lückenlose Rekonstruktion vom ersten bis zum letzten Zug liefern. Das erzürnte Hjalmar Omaley. Offenbar gilt Masarow als so guter Schachspieler (jedenfalls nach ihrem ursprünglichen Dossier, in dem es aber auch heißt, daß er zweiunddreißig statt siebenunddreißig sei), daß sie sehen wollten, ob er mich in dem Spiel schonte, mitnahm. Denn das könnte darauf hinweisen, daß er mich einwickeln wollte. Nein, erklärte ich ihnen immer wieder, er unterstützte mich nicht, und er nahm mich nicht mit. Es war für mich vielmehr sehr ärgerlich, daß ich beim fünfzehnten Zug aufgeben mußte.

Als nächstes katalogisierten wir die Einrichtung. Die »Saueren Eier« sahen in ihren Quellen nach, um festzustellen, ob mehr über die Moskauer Wohnung von Masarows Vater und die Leningrader Wohnung von Zenias Mutter zu erfahren sei. Dann fingen sie an, mich über die amerikanischen Romane und Theaterstücke in seinem Bücherschrank auszufragen. Wie neu waren die Bände? Wie zerlesen? Die Frage ist, wie nahe er der Rolle kommt, die er nach außen hin spielt, nämlich die eines russischen Beamten mit Spezialkenntnissen über die amerikanische Kultur.

Dann kamen wir auf das Gedicht zu sprechen. Ich hatte ein Bandgerät von nur einer Stunde Aufnahmekapazität dabeigehabt, so daß die Aufnahme beendet war, bevor wir uns mit dem Gedicht beschäftigten. Man bat mich deshalb, das gesamte, nicht aufgezeichnete Gespräch zu rekonstruieren. Wie reagierte das Paar auf meine Andeutung, das Gedicht könnte in Amerika gedruckt werden? Bin ich sicher, daß Zenia das Wort »Wahnsinn« murmelte?

Ich will Dich nicht damit langweilen, wie lange sie für »I fall into depths that are great heights« brauchten. (Es wird natürlich als Angebot der Masarows interpretiert, zu uns überzulaufen.)

Am zweiten Tag fragte ich Omaley: »Verfolgen Sie eigentlich nach jedem Agency-Meeting mit Russen so intensiv alle Details?«

Er lächelte so mitleidig, als ob nur ein Idiot wie ich eine solche Frage stellen könnte. Ich kam mir vor wie ein Patient im Zahnarztstuhl.

Am dritten Tag nahm mich Howard Hunt ins »El Águila« mit, sein Lieblingsrestaurant, wo wir lunchten. Die »Saueren Eier« waren in heller Aufregung wegen der Diskrepanzen in ihrem Masarow-Dossier, verriet er mir. Durch meinen Bericht, daß er schon siebenunddreißig sei, war ihre Sowjetpersonalakte zur Makulatur geworden, und seitdem hatten sie keine ruhige Minute mehr. Die Frage lautet nun: Handelte es sich bei unserem gegenwärtigen Boris um das Original oder um eine neue Schachfigur? »Nächste Frage«, sagte Hunt. »Will Boris zu uns überlaufen, oder will er dich einwickeln?«

»Praktisch ist ihm das schon gelungen«, sagte ich. »Ich komme mit meinen anderen Arbeiten überhaupt nicht mehr weiter.«

»Das geht vorbei«, antwortete er. »Wegen deiner schlechten Note in Berlin wirst du jetzt vielleicht noch zusätzlich unter Druck gesetzt, aber halte dich einfach an die positive Seite der Gleichung. Bring Boris dazu, daß er überläuft, und du bist ein gemachter Mann.« Er nickte. »Aber höre, mein Freund: Das nächste Mal mußt du besser aufpassen.«

»Es sieht aber gar nicht so aus«, sagte ich. »Wenn Boris zu uns überlaufen wollte – wozu lädt er mich dann ein und bringt sich in Gefahr?«

»Wegen Zenias Affäre mit Warchow denkt Boris vielleicht nicht mehr so klar.« Hunt kostete nun das erste Glas Wein aus der Flasche, die man gerade für ihn geöffnet hatte und verzog das Gesicht. »Joven«, sagte er zu dem Kellner, »esta botella es sin verguenza. Por favor, trae un otro con un corcho honesto.«

»Unterm Strich«, eröffnete er mir, »ergibt die Situation keinen Sinn. Warum fraternisiert er mit dir? Was kannst du, Harry Hubbard, ihm bieten? Vielleicht glauben sie, daß du ihnen Material anzubieten hast.«

»Liegt mir fern, Howard«, sagte ich, aber in diesem Augenblick tauchte plötzlich Chevi Fuertes' Gesicht vor meinem geistigen Auge auf. Konnte es sein, daß die Russen von AV/OCADO wußten?

»Zurück zum Einmaleins«, sagte Howard. »Was wissen wir mit Sicherheit? Daß Boris, ob Masarow Eins oder Masarow Zwei, beim KGB ist. Bei der Residentura von Montevideo ist er definitiv die Nummer zwei unter Warchow.«

»Definitiv?«

»Heulihaen und Flarrety haben die Filme ausgiebig genug studiert, um die Hackordnung bei den Sowjets eindeutig zu identifizieren. Sie können genau dokumentieren, wessen Hintern wessen Schnabel ausgesetzt ist. Warchow steht über dem sowjetischen Botschafter und dessen Mitarbeitern, und Masarow ist die Nummer zwei. Inzwischen Macht Nummer eins der Frau von seiner eigenen Nummer zwei die Ohren heiß, während Nummer zwei mit dir zu fraternisieren versucht.«

»Ich habe einen Horror vor diesem Picknick«, knurrte ich. »Nicht wegen des Picknicks, sondern wegen der drei Tage mit Omaley, die darauf folgen werden.«

»Verschaff dir ein paar echte Stücke Masarow, und ich werde Hjalmars Eier zu Pulver zermahlen. Aber tu dein Bestes und bring mir beweiskräftige Ergebnisse.«

So wird man scharf gemacht, Kittredge. Gestern rief Zenia an und fragte, ob Nancy mitkäme. Als ich sagte, sie sei immer noch unpäßlich, gab Zenia einen Grunzlaut von sich, der sehr nach Boris klang. Zenia wird also auch nicht da sein.

Dann, heute, Sonntag früh – es ist jetzt später Sonntagabend –, fuhren Boris und ich hinaus aufs Land. Er hatte außer seiner Angelausrüstung wenig dabei, weil Zenia es versäumt hatte, ihm einen Freßkorb zu packen. Ich fühlte mich ausgelaugt und war sehr zerstreut, Boris schien es kaum besser zu gehen. Wir sprachen kaum etwas. Nach einer halben Stunde auf der Landstraße griff er ins Handschuhfach und reichte mir einen Flachmann mit Scotch, was unter diesen Umständen angenehm war. Während die Flasche von einem zum anderen ging, wechselten wir ein, zwei Worte.

»Gefällt Ihnen die Landschaft?« fragte er.

»Nicht so sehr.«

Kittredge, ich kam nach fast eineinhalb Jahren erst das zweite Mal aus Montevideo heraus. Ich kann's gar nicht glauben, auch jetzt noch nicht, während ich dies schreibe. Ich bin ein richtiger Stubenhocker! Als ich in Yale war, habe ich New Haven nie verlassen. Hier umfaßt meine ganze Welt nicht mehr als die Botschaft, das Safe house, Hunts Villa in Carrasco und mein eigenes billiges Hotelzimmer. Ich glaube, es kommt daher, daß mir meine Arbeit so viel bedeutet. Ich merke überhaupt nicht, wie ein Monat nach dem anderen vergeht, und wie eng meine Kreise sind. Ich habe in meinen ersten drei Tagen hier mehr von der Stadt gesehen als in der ganzen Zeit seither.

Natürlich gibt es außerhalb von Montevideo nicht viel zu sehen. An der Küste liegen drittklassige Badeorte, die sich bemühen, in

die zweite Klasse aufzusteigen. Stucktrümmer fallen schon von den halbfertigen Villen am Straßenrand, und alles ist staubbedeckt. Im Landesinneren gibt es nichts als sanft gewelltes Grasland, gelegentlich ein Zaun mit Vieh dahinter, eine monotone Gegend.
Masarow sagt nach langem Schweigen: »Cuando el Creador llegó al Uruguay, ha perdido la mitad de Su interés en la Creación.« Wir lachen. Sein Spanisch ist nicht so gut wie sein Englisch, aber ich lachte aus vollem Herzen – zum Teil auch über den russischen Akzent im Spanischen. Es ist schon wahr: Als Gott Uruguay schuf, hatte Er Sein Interesse an der Schöpfung schon zur Hälfte verloren. »Aber trotzdem mag ich dieses Land«, sagte er. »Fördert die innere Ruhe.«
Ich spüre nicht viel davon. Die Landstraße hat sich zu einer schmalen Fahrbahn verengt, auf der gerade zwei Autos aneinander vorbeikommen, voller Risse und Löcher und Buckel und Ölflecken vom Lastwagenverkehr, und als wir an einem Tankstellen-Café anhalten, geschieht es wegen der allgegenwärtigen Hamburger und der einheimischen Cerveza. Wir riechen das ausgelassene Fett des Rindfleischs und gebratene Zwiebeln – das, was Porringer den »Hurenhaus-voller-Verkehr-Geruch« genannt hat.
Aber man kennt Masarow in diesem Café. Wir sind offenbar nahe bei seinem Fischteich, und er scheint hier öfter einzukehren. Ich frage mich, ob diese armseligen Straßen, dieses platte Land und diese anspruchslose kleine Gastwirtschaft ihn nicht an sein eigenes Land erinnern, und als ob er Gedanken lesen könnte, erklärt er beim ersten Schluck von seinem Bier: »Uruguay ist wie eine kleine Ecke von Rußland. Nichtssagend! Mir gefällt es.«
»Warum?«
»Wenn die Natur gewaltig ist, wird der Mensch klein!« Er hebt seinen Bierkrug. »Auf die Schweizer!«
»Während Sie sich hier größer als die Natur fühlen?«
»An guten Tagen.« Er betrachtet mich aufmerksam. »Kennen Sie Uruguayer?«
»Nicht viele.« Dabei denke ich an Chevi.
»Ich auch nicht.« Er seufzt und hebt den Bierkrug. »Auf die Uruguayer.«
»Warum nicht?«
Wir stoßen an und beginnen schweigend zu essen. Ich denke

daran, daß Boris vielleicht genauso unter Spannung steht wie ich, und Hunts Ermahnung klingt mir in den Ohren: Bring mir beweiskräftige Ergebnisse.
»Boris«, beginne ich. »Worauf wollen wir hinaus?«
»Das wird sich zeigen.«
Die Situation ähnelt jener beim Schachspiel. Langweilt er sich wieder, während er auf meine vorsichtigen Züge wartet?
»Laß es mich so sagen«, fährt er fort. »Ich weiß, wer du bist, und du weißt, wer ich bin.«
Jetzt muß ich das Tonband anstellen. Der Schalter ist in meiner Hosentasche, aber um ihn zu erreichen, muß ich erst meinen Hamburger ablegen und in die Hosentasche greifen. Das ganze Manöver kommt mir so plump vor, daß er es gar nicht übersehen kann.
»Ja«, setze ich jetzt, da ich den Aufnahmeschalter gedrückt habe, noch einmal an. »Du sagst, du weißt, wer ich bin, und ich weiß, wer du bist.«
Er kann es sich nicht verbeißen, über einen so durchsichtigen Trick zu lächeln. »So ungefähr«, erwidert er.
»Was verspricht das?« frage ich.
»Eine angenehme Unterhaltung. Ist eine Möglichkeit?«
»Nur, wenn wir einander trauen.«
»Halbwegs trauen«, sagt er, »genug für so eine Diskussion.«
»Warum wählst du mich dazu?«
Er zuckt die Achseln. »Du bist hier.«
»Ja.«
»Scheinst vorsichtig«, fügt er hinzu.
»Offenbar bin ich das.«
Er leert sein Glas mit einem Zug. »Ich habe mehr zu verlieren als du«, sagt er.
»Nun, das hängt davon ab«, sage ich, »was du willst.«
»Nichts«, sagt er bestimmt.
»Willst du zu uns herüberkommen?« frage ich.
»Bist du wahnsinnig – oder plump?« erwidert er mit sanfter Stimme.
Kittredge, ich denke, daß das auf der getippten Abschrift ziemlich dumm aussehen wird. Sein beleidigter Tonfall läßt sich ja auf diesem Weg nicht vermitteln. Im Gegenteil: Es wird den Eindruck erwecken, ich hätte mich ungeschickt verhalten.

»Nein, Boris«, sage ich. »Ich bin weder wahnsinnig noch plump. Du hast mich angesprochen. Deine Annäherung ist freundlich. Du deutest an, wir hätten viel miteinander zu bereden. Was kann ich dem anderes entnehmen, als daß du dich uns nähern möchtest?«
»Du zeigst nur, daß ihr von uns nicht das Geringste wißt«, sagt er. »Kannst du mir sagen, weshalb wir hier sind?«
»Könnte dich enttäuschen.«
»Darf ich das selbst beurteilen?«
Er antwortet nichts, und wir sitzen nebeneinander an unserem Tisch und blicken zur offenen Seite des Cafés hinaus, wo kein Fenster ist, nur eine Markise, die jedesmal, wenn ein Lastwagen vorbeifährt, laut knattert.
»Laß uns darauf zurückkommen«, sage ich. »Was willst du wirklich?«
»Politische geheimdienstliche Informationen.« Dabei lächelt er allerdings, als ob er es nicht ernst meint.
»Ich bin vielleicht eher bereit zu empfangen als zu geben.«
»Könnte nicht anders sein«, sagt er und gibt einen müden Seufzer von sich. »KGB«, sagt er, »steht für Komitet Gosudarstwennoe Besopastnosti. Komitee für Staatssicherheit.«
»Ich weiß das alles«, sage ich. »Sogar ein Beamter des Außenministeriums weiß das.«
Er sieht mich amüsiert an, weil ich immer noch auf meiner Tarnung bestehe. »Viele Direktorate im KGB«, sagt er.
»Auch das weiß ich.«
»Sprechen wir vom Ersten Direktorat und vom Zweiten. Erstes ist für sowjetische Beamte im Ausland; zweites ist für Heimatsicherheit. Entsprechend CIA, FBI.«
»Ja!«
»Unser FBI, Zweites Direktorat, in Amerika hoch angesehen. Gilt als effektiv. Aber bei vielen von uns gilt als stupid. Willst du Witz hören?«
»Ja«, nicke ich. »Gern.«
»Klar«, sagt er. »Warum auch nicht?«
Nun lachen wir beide. Es ist zu komisch. Wir wissen beide, daß mein Tonband läuft und daß alles, was er sagt, analysiert werden würde. Wir stürzen unser Bier hinunter, er klatscht in die Hände und el Patrón erscheint mit zwei neuen Krügen und einer Flasche Wodka. Ich denke daran, daß dieses Café sehr gut auch ein

russischer Außenposten mit Mikros in den Holztäfelungen und einer laufenden Kamera an der Decke sein könnte. Aber vielleicht kommt Masarow nur einfach oft genug hierher, so daß der Wirt ein paar Flaschen Wodka für ihn auf Lager hält.
Ja, Kittredge, es ist komisch: Mit einem Glas in der Hand ähnelte Masarow ganz diesen anderen standhaften Seelen, die vor allem zum Trinken auf der Welt sind – er wird gleich ganz sanft.
»Zwei Männer vom Zweiten Direktorat«, sagte er, »sitzen in einem Wagen, folgen Junge und Mädchen in anderem Wagen durch viele Moskauer Straßen, dann zischen raus auf Landstraße. Der Junge und das Mädchen sind bei Ausländern gewesen, die sie nicht besuchen sollten, sind aber Kinder von sehr hohen Beamten, haben also keine Angst. Sagt einer zur anderen: ›Wir hängen diese Gangster ab, ja?‹« Er hielt ein. »Gangster? Verstanden?«
»Vollkommen richtig.«
»Dumme Bullen, ja? Gangster. Ja?«
»Völlig klar.«
»Also, Junge und Mädchen halten Wagen an Straßenrand. Hinter ihnen anderes Auto stoppt auch, hundert Meter zurück. Unser mutiger Junge steigt aus. Hebt Kühlerhaube auf, um zu zeigen: Ärger mit Motor. Was machen Gangster?«
»Sag's mir«, dränge ich.
»Steigen aus Wagen«, sagt Boris ernst, »und heben ihre Kühlerhaube hoch. Sklavische Nachahmer, ja?«
»Ja«, nicke ich. »Dumm.«
»Unser Zweites Direktorat«, erklärt er, »hat ungewöhnlichen Anteil an dummen Leuten.«
»Warum erzählst du mir all das?«
»Weil dein CIA unterscheiden sollte zwischen Erstem und Zweitem Direktorat. Dein CIA sieht alle KGB-Leute als brutale Unmenschen.«
»Oh, das ist nicht wahr«, rufe ich. »Wir verbringen Wochen damit, zu analysieren, was Dzierzynski aus der ›Goldenen Schale‹ gelernt hat.«
Jetzt bricht er in ein brüllendes Gelächter aus und schlägt mir vergnügt auf den Rücken. Boris ist ein höllisch starker Kerl.
»Ich mag dich«, sagt er.
»Schwindlig sein ist Freude«, erwidere ich.

Wir lachen beide. Wir umarmen einander. Als die Heiterkeit nachläßt, ist er plötzlich sehr, sehr ernst.
»Im Ersten Direktorat gehen wir ins Ausland. Durch unsere Arbeit sind wir verpflichtet, andere Völker zu studieren und uns dabei manchmal schmerzhaft der Fehler im sowjetischen System bewußt zu werden. Innerhalb der Grenzen diplomatischen Takts geben wir Zentrale zu Haus akkurates Bild. Wir versuchen zu helfen, unseren großen sowjetischen Traum richtig zu machen. Ja. Sogar wenn Antworten häßlich sind und zeigen, es ist unser Fehler. Die Führer des Ersten Direktorats wissen mehr von allem, was falsch ist in der Sowjetunion als irgendwer in deinem Land.«
»Das ist nicht der Eindruck, den wir haben.«
»Natürlich nicht. Für euch ist KGB gleich Mörder.«
»Es ist ein bißchen komplizierter.«
»Nein! Untere Ebene! Ihr sprecht von uns als Mörder. Wir sind Profis. Nenne einen CIA-Offizier, der unseretwegen auch nur einen kleinen Finger verliert.«
»Die Kontraktagenten kriegen es ab«, sage ich und denke plötzlich an Berlin.
»Ja«, sagt Boris. »Kontraktagenten kriegen höllisch was ab. Stimmt bei euch, stimmt bei uns auch.«
Ich bin still. »Wann gehen wir fischen?« frage ich schließlich.
»Scheiß aufs Fischen«, sagt er. »Laß uns trinken.«
Wir taten es, und nach einer Weile war mir, als hätte er sein ganzes Leben darauf gewartet, mit einem Amerikaner zu reden. Ich lernte ihn so gut kennen, daß es fast körperlich wurde, womit ich meine, daß er mir – wie die meisten Russen – direkt ins Gesicht sprach. Ich nehme an, das hat mit ihren engen, vollgestopften Wohnungen zu tun. So lernte ich jedenfalls sein Äußeres in allen Einzelheiten kennen – die Stellen, wo sein Rasierapparat eine Bartstoppel verfehlt hatte, die Stachelhaare in seiner Nase, den Geruch seines Atems nach Hamburgern, türkischem Tabak, Zwiebeln, Wodka, Bier und gerade genug Karies, um, ich schwöre es, halbwegs angenehm zu sein, als ob ein bißchen Fäulnis im Mund einen Mann ehrlich erhält. Hugh hat mir gegenüber einmal Engels zitiert: »Quantität verändert Qualität.« Nun ja, ein Hauch von schlechtem Atem ist eben ganz etwas anderes als der Gestank eines bösen, korrupten Maules. Ich sage das nebenbei, weil ich so lange an einem Cafétisch mit Brischka verbracht habe – er wollte,

daß ich ihn Brischka nenne, und er nannte mich natürlich Harry –, daß der Lunch-Umtrunk sich bis in den späten Nachmittag hinzog und uns die Sonne grell aus dem Westen von der Seite her in die Augen schien. Ab und zu kam ein Wagen vorbei, oder ein Betrunkener wankte herein oder hinaus.

Masarow muß eine Stunde lang über Nikita Chruschtschow geredet haben. Niemand in Amerika könne die Sowjetunion verstehen, sagte Brischka, wenn er den Premier nicht begreife. Er sei ein großer Mann. »Groß im Verhältnis zu gegenwärtiger Situation der Sowjetunion.« Und dann gab er mir das entscheidende Stichwort: »Zahllose Tote.« Zahllose Russen sind im Ersten Weltkrieg gefallen, zahllose sind im Bürgerkrieg getötet worden, der, woran er mich erinnern wollte, von Amerikanern, Briten und Franzosen begonnen worden ist. Zahllose Opfer forderte Stalins Kollektivierung der Landwirtschaft, und zahllose sowjetische Soldaten und Bürger starben in Hitlers Krieg. Auch nachher wurden wieder Zahllose von Stalin getötet. Die Sowjetunion ist »mehr geprügelt worden als eine Ehefrau«, sagte er, »die jeden Tag von einem üblen Ehemann geschlagen wird. Vierzig Jahre lang! Wenn es eine amerikanische Frau wäre, würde sie so einen Ehemann hassen. Aber russische Frau weiß es besser. Hinter allem in solcher Ehe ist doch Manns Sehnsucht nach Verbesserung.«

»Ich verstehe nicht«, sagte ich. »Wer ist die russische Ehefrau, und wer ist der Ehemann?«

»Oh«, sagte er, »ganz klar. Russische Ehefrau ist Rußland. Ehemann ist Partei. Eines Tages muß man begreifen, daß russische Frau schuld ist. Sie verdient vielleicht ihre Schläge. Sieht zu Boden. Will nicht vorwärtsgehen. Ehemann ist vielleicht betrunken, aber guckt zum Himmel.« Er hielt inne und schlug sich mit der flachen Hand auf die Stirn. »Betrunken!« rief er und bestellte schwarzen Kaffee.

Nun verbesserte sich seine Syntax. »Was ich zuvor gesagt habe, ist natürlich Quatsch.«

»Quatsch?«

»Wertlos. Zu allgemein. Das Verhältnis von kommunistischer Partei zu Volk nicht leicht zu erklären. Sowjetische Kinder wachsen auf in dem Glauben, daß man durch schiere Willenskraft ein besserer Mensch wird. Der Wille, gut und selbstlos zu sein. Wir versuchen Interesse an persönlicher Bereicherung zu zerstören.

Sehr schwer zu erreichen. Als ich Kind war, schämte ich mich, wenn ich gierig auf etwas war. Last auf dem Führer eines solchen Volkes muß immens sein. Alle versuchen besser zu sein, als sie sind. Stalin – ich schäme mich, das zu gestehen – verlor inneres Gleichgewicht. Dann löste Chruschtschow, einer von den Tapferen, Stalin ab. Ich liebe Chruschtschow.«
»Warum?« fragte ich.
Er zuckte die Schultern. »Weil er ein schlechter Mann war. Und immer besser wird.«
»Schlecht? Er war der Schlächter der Ukraine.«
»Oh, das sagen *sie* euch! *Sie* führen euch gut durch den Winter, Harry. Aber *sie* vergessen Frühling.«
»Wer sind ›sie‹?«
»Eure Lehrer. Übersehen wichtigen Punkt. Stell Frage vom russischen Standpunkt. Wir Russen sind fasziniert von der Macht grausamer Herrscher.«
»Geht das nicht ein bißchen über Marx hinaus?«
»Ist ultra-marxistisch«, sagte Brischka. »Kommt vom russischen Volk. Nicht Marx. Wir erwarten grausame Führer. Unsere Frage ist, wie können Führer niedrige Instinkte überwinden? Bessere Männer werden. Stalin war groß, aber Stalin wollte sich nicht läutern. Wurde schlimmer. Böse Taten trieben ihn in Wahnsinn. Chruschtschow ist genaues Gegenteil.« Er schlug sich wieder auf die Stirn, als ob er im Englischen einen Fehler gemacht hätte und sein Gehirn aufrütteln müßte. Sein Englisch mochte relativ gut sein, aber darunter lauerte »Russki Pidgin«. Mit steigendem Alkoholpegel verschlechterte sich seine Ausdrucksweise. Natürlich würde er niemals sagen »Chruschtschow Gegenteil«, aber man merkte, welche Worte er für unwichtig hielt. »Chruschtschow issas Gegenteil.«
»Ja«, sagte er. »Schau dir Chruschtschow an. Er's nicht so populär. Viele russische Kritiker. Manche sagen, er's zu emotional.« (Kittredge, Du verstehst hoffentlich. Nur so eine Andeutung von sprachlicher Deformation.) »Ja«, fuhr er fort, »fast alle stimmen überein, Chruschtschow ist ›njet kulturnij‹. Du verstehst ›njet kulturnij‹?«
»Ich spreche leider nicht Russisch.«
»Bleib nur bei deiner Geschichte«, lachte er. Wie Zenia hat er zwei Seelen in sich, und sie sind nicht miteinander im Einklang. Erst

war er betrunken gewesen und schwerfällig in seinen Reaktionen; jetzt traten wieder Geist und Ironie des Schachmeisters in den Vordergrund. »Bleib du nur bei deiner Geschichte«, sagte er noch einmal, als hätte er ein eindeutiges Dossier über mich. (Wahrscheinlich hat er auch eins, und es ist zweifellos genauso ungenau wie unseres über ihn.)

»Heißt ›njet kulturnij‹ unkultiviert?«

»Natürlich. Nicht kultiviert. Grob. Das ist das Schlimmste, was du einem Russen nachsagen kannst« – ja, sein besseres Englisch war noch immer da. »Massen meines Volkes haben jahrhundertelang in Hütten gelebt. Keiner brauchte sich die Schuhe abzuwischen. Fußböden waren aus Dreck. Tiere schliefen mit Familie zusammen. ›Njet kulturnij‹. Roh. Ohne höhere Kultur. Also finden viele Leute Chruschtschow peinlich. Wird ihn noch ruinieren.«

»Aber er ist ein großer Mann, sagst du?«

»Glaub mir. Grob, brutal, Liebling von Stalin. Trotzdem, er wächst, gewinnt Statur. Unermeßliche Kühnheit, Stalin zu verwerfen. Du solltest deinen Leuten zu erklären versuchen. In Moskau sagen jetzt viele hohe Parteiführer zu Chruschtschow: ›US hat viermal soviel nukleare Kapazität. Wir müssen aufholen.‹ Chruschtschow sagt: ›Wenn US angreift, antworten wir. Beide Nationen sind vernichtet. Also wird es keinen Krieg geben. Wir Sowjets müssen unsere Wirtschaft aufbauen.‹ Chruschtschow widersteht riesigem militärischen Druck. Chruschtschow ein guter Mann.«

»Auf unserer Seite finden wir das ein bißchen schwerer zu glauben. Wir glauben, daß ihr verantwortlich seid für die Schrecken eurer Vergangenheit, und das schüttelt ihr nicht so schnell ab.«

Er nickte. »Weil ihr institutionalisierten Kapitalismus repräsentiert. Linear. Eine Linie – jeder in Syndikat.« Er nahm einen großen Schluck von seinem Kaffee, der dick wie gefilterter Schlamm war, und nickte. »Ja«, sagte er. »Amerikaner verstehen nie, wie Kommunistische Partei funktioniert. Seht uns, als lebten wir unter totaler Beziehung zu Ideologie. Schwerer Fehler. Nur institutionalisierter Kapitalismus total abhängig von Ideologie. Wir, die ihr Sklavenvolk nennt, mehr individuell.«

»Ich glaube, du denkst das wirklich.«

»Natürlich. Keine zwei Russen gleich. Alle Amerikaner für mich sind selbe Art.«

»Könnte das nicht vielleicht doch ein Mißverständnis sein?«

Er berührte meinen Ellbogen, um sich zu verbessern. »Spreche von institutionalisierten Kapitalisten in Amerika – Managern, Funktionären. Sie glauben amerikanische Way of Life. Wir glauben auch, aber nur halb.«
»Halb?«
»Nur halb, Harry, genau.« Wieder klatschte er mir mit seiner schweren Hand auf den Rücken.
»Und die andere Hälfte?«
»Unsere geheime Hälfte. Wir brüten.«
»Worüber?«
»Unsere Seele. Ich schmecke meine Seele. Amerikaner sprechen von ›ungebundenen Ängsten‹, ja? Identitätsverlust, ja? Aber Russe sagt: Ich verliere meine Seele. Amerikaner waren mal früher wie Russen. Im neunzehnten Jahrhundert. Als sie einzelne Unternehmer waren. Dann immer noch der barocke Geist. In euren Herzen. In amerikanischer Architektur. Individuelle Leute, exzentrisch. Heute Amerikaner sind institutionalisierte Kapitalisten. Gehirnwäsche gehabt.«
In seinem Auge leuchtete etwas auf, als er meine skeptische Miene sah. »Chruschtschow will nicht seine Seele verlieren«, sagte Masarow, »also arbeitet hart, um Welt besser zu machen.«
»Du erzählst mir das alles, ohne mit der Wimper zu zucken?« Ich muß gestehen, ich wurde allmählich wütend, daß er die Dreistigkeit besaß, mir so etwas einreden zu wollen.
»Ohne mit der Wimper zu zucken«, nickte er.
»Erzähl mir etwas von euren Gefangenenlagern.«
Augenblicklich verschwand seine vergnügte Stimmung. »Der russische Bär«, sagte er, »lebt mit Dinosaurierschwanz. Schwanz wimmelt vor Plagen. Aus der Vergangenheit. Schließlich den Schwanz auffressen. Wir werden schreckliche Geschichte absorbieren. Aber jetzt noch riesige Krämpfe. Tragödien. Horrors. Immer noch.«
Ich konnte kaum glauben, daß er so weit gegangen war. Nun saß er mit angewidertem Blick vor seinem Kaffee, als reue es ihn, seinen alten Waffengefährten, den Wodka, dieser neuen Bekanntschaft wegen im Stich gelassen zu haben. Dann seufzte er tief auf, als ob er alte Erinnerungen abschütteln wollte. »Kennst du Berioska?« fragte er. »Birken.«
»Ja. Es heißt, daß ihr sie sehr liebt.«

»Ja.« Er nickte. »Zenia schönes Gedicht auf Russisch über Berioska geschrieben. Ich habe ins Englische übersetzt. Mit Freiheiten allerdings. Zenia würde nie anerkennen. Sie würde mich verlassen.« Er sah aus, als ob er in Tränen ausbrechen wollte, kramte aber statt dessen ein Stück Papier heraus und las es mir laut vor.

To the Birches	An die Birken
pale sentinels	weiße Wächter
silent arrows	stumme Pfeile
light and moonlight	Licht und Mondlicht
our silver sun	unsere silberne Sonne

»Uruguay ist nicht Rußland«, sagte er. »Gibt keine Birken hier.« Dann riß er die unbeschriebene untere Hälfte des Blattes ab, auf das das Gedicht geschrieben war, kritzelte eine Notiz für mich darauf und reichte sie mir. Die Formulierung, Kittredge (und Du wirst bald sehen, weshalb), gebe ich hier so wieder, wie ich sie mir eingeprägt habe:

»Vorsicht: Genau wie einer von uns insgeheim bei Euch sein mag, so mag einer von Euch bei uns sein. Traue nicht den Leuten in Deiner Sowjetrußlandabteilung. Wegen solcher Andeutungen können sie mich aufhängen. Schweigen. Vorsicht. Sprich nur mit denen von Deinen Leuten, denen Du am meisten vertraust.«

Ich hatte Zeit, es sorgfältig zu lesen, dann riß er mir die Notiz wieder aus der Hand. Einen Augenblick war ich nicht ganz bei Sinnen, aber mir war, als verbrannte er dieses halbe Blatt im Aschenbecher, und unmittelbar darauf, ich schwöre es Dir, konnte ich ihn dabei beobachten. Es war, als ob ich ihn entweder dazu gebracht hätte, es zu tun, oder als ob ich seine Gedanken gelesen hätte, bevor er es tat.

Das war das seltsame Ende unseres Sonntagsausflugs. In der späten Sommerdämmerung des Monats Februar fuhren wir zurück nach Montevideo. Es ist spät jetzt, und ich bin müde, aber ich habe nun wenigstens alles aufgeschrieben, was bis heute geschehen ist.

Dein Dir ergebener
Harry

20

Eigentlich hätte ich Howard anrufen sollen, sobald ich vom Picknick zurück war, aber ich befand mich in einer ganz eigentümlichen und aufmüpfigen Stimmung. Ich wollte mich einfach nicht bis in die Nacht hinein verhören lassen. Statt dessen schrieb ich lieber an Kittredge. Auf diese Weise hoffte ich selbst verstehen zu können, was zwischen Masarow und mir geschehen war. Ich wußte: Sobald mein offizieller Bericht erst einmal von Hjalmar Omaley geprüft, dem Telegrammverkehr übergeben und den Fragebögen der Sowjetrußlandabteilung unterworfen war, würde es nicht mehr meine eigene Erfahrung sein, und ich verspürte ein Bedürfnis – so unprofessionell dies auch sein mochte –, diese intakt zu erhalten.
Ich befand mich jedoch in einem Dilemma. Masarows Warnung »Traue nicht deinen Leuten in der Sowjetrußlandabteilung« war eine Bemerkung, von der zu berichten gefährlich war. Da es ja keinen Beweis für Masarows Sätze außer meiner eigenen Beschreibung gab, würde man in mir den nicht vertrauenswürdigen Überbringer einer äußerst beunruhigenden Nachricht sehen: Vielleicht versuchte der KGB, unsere Sowjetrußlandabteilung mit einer solchen Desinformation zu sprengen, und ich sollte ihnen als Werkzeug dienen. In diesem Fall würde es klug sein, diesen Zettel nicht zu erwähnen.
Andererseits war es natürlich möglich, daß eine Filmkamera hinter einem Guckloch in dem Café installiert worden war, um das Szenario von der Übergabe des Zettels bis zu dessen Vernichtung festzuhalten. In diesem Fall mußte ich Hunt und Omaley von dem Vorgang berichten, denn gab es tatsächlich einen KGB-Maulwurf in der Sowjetrußlandabteilung, der sich in einer Position befand, in der er meinen Bericht über das Picknick lesen konnte, dann konnte man mich damit erpressen, daß ich Masarows Botschaft nicht gemeldet hatte.
Ich beschloß also, in meinem Bericht zwar zu schreiben, daß man mir eine entsprechende Nachricht übergeben hatte, den Hinweis auf die Sowjetrußlandabteilung aber wegzulassen. Wenn der KGB ein konkretes Mißtrauen gegenüber unseren eigenen Leuten erzeugen wollte, dann vereitelte ich so ihr Vorhaben. Der restliche

Inhalt der Nachricht würde als zu vage angesehen und deshalb nicht weiter verfolgt werden. Ich entschloß mich, dieses Risiko einzugehen.

Warum? Die selbstgestellte Frage traf mich, als hätte mir jemand einen Finger brutal in den Magen gestoßen. Ja, warum denn eigentlich? Warum erzählte ich ihnen nicht die Wahrheit? Wenn dadurch die Arbeit der Sowjetrußlandabteilung gestört wurde – nun, so etwas hatten sie zweifellos schon öfter erlebt. Aber trotzdem wußte ich, daß ich meinen Entschluß nicht ändern würde. Das enge Zusammenwirken mit Al Omaley schien mir wie ein Zusammenleben mit einem hoch infektiösen Kranken. Ich war weder fähig noch bereit, mich seiner krankhaften Akribie auszusetzen. Die Botschaft würde in diesem Fall auf mich, ihren Überbringer, abfärben.

Trotzdem verstand ich mein eigenes Motiv nicht. Irgendein störrischer, tief in mir sitzender Instinkt schien darüber zu entscheiden. Es war zehn Uhr abends, und ich konnte den Anruf bei Hunt nicht länger aufschieben. Ich ging auf die Straße und fand eine öffentliche Telefonzelle. Auf der Avenida des 18. Juli war es um diese Stunde totenstill.

»Wo, zum Teufel, bist du gewesen?« war seine einleitende Bemerkung.

»Habe mich mit einem Freund zusammen betrunken.«

»Bis jetzt?«

»Ein Geständnis, Howard. Ich bin um sieben zurück ins Hotel gekommen, wollte nur kurz anrufen, um zu sagen, daß ich zurück sei, und mich zehn Minuten später wieder von der Straße aus melden, aber, es tut mir schrecklich leid, ich bin mit dem Telefon in der Hand eingenickt.«

»Das darf doch nicht wahr sein.«

»Hast du je mit den Russen um die Wette Wodka getrunken?«

»Ja. Und mit Erfolg. Weißt du nicht, daß du Olivenöl trinken mußt, bevor du anfängst?«

»Jetzt weiß ich's.«

»Also gut. Eine Frage. Hast du beweiskräftige Ergebnisse?«

»Kann ich nicht ganz mit ja beantworten.«

»Shit.«

»Trotzdem eine ganze Menge Material.«

»Genug, um jetzt die ganze Nacht durchzuarbeiten?«

»Das bezweifle ich.«
»Dann will ich bis morgen warten. Aber du fährst sofort zur Botschaft damit. Nancy wartet darauf, das Band abzuschreiben.«
»Ja, natürlich.«
»Bleib da und hilf ihr bei den unverständlichen Stellen.«
»Selbstverständlich.«
»Ich weiß, daß man hier mithören kann, Junge, aber gib mir mal einen Anhaltspunkt. Worauf wollte unser Freund hinaus?«
»Klügere Köpfe als ich müssen das entscheiden.«
»Irgendeine Chance, daß dein Kumpel mit uns den Fluß hinunterfährt?«
»Zwanzig Prozent Möglichkeit.«
»Zwanzig Prozent«, wiederholte Hunt. Ich konnte sein Arbeitszimmer in Carrasco vor mir sehen; ich konnte beinahe seine langen Finger auf dem Schreibtisch trommeln hören. »Das ist ein bißchen enttäuschend«, sagte er.
»Trotzdem«, sagte ich. »Es sind ein paar Blumen mehr im Sträußchen.«
»Wir werden morgen eine Menge zu tun bekommen«, sagte Hunt. »Schlaf jetzt, ruh dich aus.«
»Das möchte ich ja auch gern – nach den nächsten drei Stunden mit Nancy.«
»Dein Pech, Harry. Du hast geschnarcht, während ich in meinem Arbeitszimmer auf und ab gegangen bin und mir schon überlegt habe, was ich an deinem Grab sagen soll.«
Während der stundenlangen Arbeit an der Transkription des Tonbands erwiesen sich meine Beziehungen zu Nancy als so förmlich wie die gedämpfte Nachwirkung unseres einzigen Kusses – eine traurige Leere für sie, dessen war ich sicher. Aber gegen zwei Uhr früh war die Abschrift fertig und desgleichen mein Bericht, der sie begleiten sollte. Ich fuhr ins Hotel zurück, während Nancy getreu dem Ehrenkodex aller unbesungenen Helden unseren Text noch durch den Codierer schickte. Die Communications-Leute in Washington würden unsere Fünf-Buchstaben-Gruppen noch vor dem Morgengrauen dechiffrieren.
Hjalmar Omaley, ob nun von Hunt alarmiert oder von seinem paranoiden Instinkt getrieben, kam zwanzig Minuten vor meiner Abfahrt vorbei, ein präzises Timing, das es ihm gestattete, meinen Bericht zu lesen und das Transkript durchzugehen, kurz bevor

Nancy die letzte Seite in die Maschine getippt hatte. Seine Art des Überfliegens der Seiten war recht eigentümlich. Es erinnerte mich an das Gemurmel General Gehlens über dem Schachbrett – es fehlte nur noch, daß er eine Schnulze zu singen anfing, als er den Inhalt las. »Heiliger Strohsack, Hjalmar, heiliger Strohsack«, säuselte er immerzu beim Studium des Textes, aber ich wußte nicht, ob dies ein Lob für meine Arbeit oder eine Mißfallensäußerung war. Gerade als ich gehen wollte, warf Nancy Hjalmar – verstohlen, denn ich sollte es nicht sehen – einen zärtlich lächelnden Blick zu. Da schien es mir klüger, mich um die Leere in meinem eigenen Herzen zu kümmern.

Am Montagmorgen gegen elf Uhr befand sich Howard in einem Zustand gewaltiger Erregung. Den »Saueren Eiern« war es gelungen, die Diskrepanz hinsichtlich Masarows Alter aufzuklären. Ihr Dossier beim Soviet Personnel Record war nun in Ordnung. Hunt wollte oder konnte mir nicht mehr sagen: »Masarow ist nicht zweiunddreißig, sondern neununddreißig, und nicht, wie er behauptet, siebenunddreißig. Und halt dich fest: Er bekleidet einen höheren Rang, als wir dachten. Einen beträchtlich höheren sogar als Warchow.«

»Ich dachte, die Finnen hätten festgestellt, Boris wäre hier die Nummer zwei vom KGB.«

»Das hatten sie auch, aber die Sowjets müssen verwirrende Signale gesendet haben. Es ist ein ›Känguruhbeutel‹.«

Ich hatte den Begriff noch nie zuvor gehört, aber die Metapher deutete offensichtlich auf eine Operation hin, bei der die eigentliche Nummer eins verborgen gehalten wurde.

»Was ist mit Zenia und Warchow?« fragte ich.

»Wird noch einmal überprüft. Eins steht allerdings fest. Unser Masarow hier in Uruguay ist einer der führenden KGB-Experten für die Vereinigten Staaten von Amerika.«

»Warum ist er dann hier?«

»Das mag sehr wohl das eigentliche Rätsel sein«, sagte Howard.

Hatte mir schon der Besuch bei Boris und Zenia zu Haus ein schweres Kreuzverhör eingebracht, so unterwarf mich Hjalmar wegen des Picknicks einer Befragung, die achtzehn Stunden in Anspruch nahm, worauf zwei weitere Achtzehnstundentage folgten, als ich die Fragen aus Washington beantworten mußte. Mehr als einmal war ich nahe daran zu gestehen, was ich nun (im letzten

Winkel meines privaten Seins) »die furchtbare Auslassung« nannte, denn die Fragen kamen immer wieder darauf zurück: Was hatte auf dem mir von Boris überreichten Zettel gestanden? Mit welcher Gewißheit konnte ich behaupten, daß die Mitteilung, so wie ich sie in Erinnerung hatte, vollständig war? Mit sechzig Prozent? Siebzig Prozent? Achtzig Prozent? Neunzig Prozent? Fünfundneunzig Prozent? Hundert Prozent Gewißheit? Ich machte den Fehler zu sagen, mit achtzig Prozent. Als wären sie psychologisch auf die Topographie meines Schuldgefühls eingestellt, hieß es denn auch in der folgenden Frage der »Saueren Eier«:
In Ihrer Rekonstruktion besitzt die Mitteilung drei volle Statements plus drei aus je einem Wort bestehende Ermahnungen. Wenn Ihre Erinnerung zu achtzig Prozent vollständig ist, wie groß ist die Möglichkeit, daß ein vierter Satz fehlt?
Worauf ich erwiderte: Möglichkeit ist gleich Null.
Wiederholung der Frage: 50%? 40%? 30%? 20%? 10%? 5%? 0%? Möglichkeit Null.
Boris' Mitteilung fehlt konzertierter Eindruck. Wie erklären Sie das?
Ich saß an einer Schreibmaschine, die mit unserem Encoder-Decoder verbunden war. Eine verschlüsselte Frage kam aus Washington an, ging durch den Decoder, aktivierte die Tasten meiner Schreibmaschine und kam in dechiffrierten Fünfbuchstabengruppen auf meiner Schreibmaschinenseite heraus, die ich inzwischen so schnell wie einen glatten Text lesen konnte: »BORIS NOTEL ACKSC ONCER TEDIM PACT« kostete mich keine Zehntelsekunde mehr als »BORIS NOTE LACKS CONCERTED IMPACT«. Sobald ich eine Antwort auf die Frage in die Maschine getippt hatte, gingen meine Fünfbuchstabengruppen denselben Weg zurück durch Schreibmaschine und Encoder-Decoder zu den »Saueren Eiern« in der Kakerlakengasse. Ich saß da und wartete, bis meine Schreibmaschine wieder zu klickern anfing. Nach stundenlangem Hin und Her kam ich mir allmählich vor, als spielte ich Schach mit einem Gegner in einem anderen Raum. Hjalmar Omaley sah mir über die Schulter und las die Fragen sowie meine Antworten.
Bei dieser letzten Bemerkung, »Boris' Mitteilung fehlt konzertierter Eindruck«, wandte ich mich zu ihm um.
»Was soll das bedeuten?«

Wenn er lächelte, wirkte das sehr irritierend; denn seine Zähne funkelten ebenso wie seine Brillengläser. »Es bedeutet«, sagte er lächelnd, »genau das, was es sagt.«
Das ärgerte mich so sehr, daß ich als Antwort genau das hintippte, was ich ihn gefragt hatte: »WASSO LLDAS BEDEU TEN.«
»GENAU DASWA SESSA GT«, kam es zurück.
»Wir haben hier ein Problem«, sagte ich. »Ich kann nicht antworten, wenn ich die Frage nicht verstehe.«
In Yale hatte ich diese überheblichen älteren Semester stets verabscheut, die genau wie Hjalmar Omaley aussahen. Sie hielten ihre Köpfe immer irgendwie schief und hörten einem mit einem schiefen Lächeln zu. Den Anfänger schienen sie schon am minderwertigen Geruch seiner Scheiße zu wittern. Fragen beantworteten sie grundsätzlich mit Gegenfragen oder mit solchen Wegwerfantworten wie »genau das, was es sagt«. Wenn sie das Thema aber schließlich zur Kenntnis nahmen, ließen sie dich über ihre überlegene Legitimation nicht im Zweifel. »Wir haben es«, sagte Hjalmar, »mit einem hochrangigen KGB-Mann zu tun, einem Experten in Amerikanistik, der in einem Land von minimaler, beziehungsweise gar keiner geopolitischen Bedeutung mit einem unbedeutenden, kleinen CIA-Mann seine Zeit vertrödelt. Besagter KGB-Offizier läßt sich dann besagtem unbedeutenden kleinen CIA-Mann gegenüber auf extrem unbedachte Äußerungen, Anspielungen und unorthodoxe Vergleiche seines Landes und seiner Partei mit einem schmutzigen, schäbigen Ehemann und dessen Frau ein. Er beschimpft die marxistische Lehre. All das würde mindestens seine Rückberufung und Gefangensetzung bewirken, wenn wir das erhaltene Transkript an den KGB weiterleiten und wenn sie das glauben würden. Können Sie mir jetzt folgen?«
»Ja.«
»Gut. Da er aber selbst die KGB-Kader hier leitet, braucht sein eigenes Transkript, wenn er eines hat, ihm keine Sorgen zu bereiten. Er ist offenbar zu allem bevollmächtigt. Es gibt Elemente im KGB, die bevollmächtigt sind, offen zu sprechen und gelegentlich auch offen zu handeln. Solche Post-Neandertaler kann man mit den Jesuiten des siebzehnten Jahrhunderts vergleichen. Vermögen Sie mir immer noch zu folgen?«
»Ja.«
»Gut. Nun kommen wir auf die spezifische Unwahrscheinlichkeit

der ganzen Situation zu sprechen. Um zusammenzufassen, was ich gerade gesagt habe: Ein führender KGB-Mann im operativen Bereich, der, soweit wir sehen können, nicht die Absicht hat, zu uns überzulaufen, läßt sich trotzdem gesprächsweise auf schwerwiegende Indiskretionen dem Gegner gegenüber ein. Wenn es eine Entelechie in seinem Vorgehen gibt – und es muß eine Entelechie geben, oder weshalb sollte er das alles sonst anfangen? –, dann gelingt es ihm, dem Gegner eine Mitteilung zu zeigen, die fast unmittelbar danach zerstört wird. Das ist eine zweifelhafte Geschichte, denn diese Mitteilung hat keinen prägnanten Inhalt. Sie nennt niemanden, greift keine unserer Abteilungen direkt an und ist im ganzen zu allgemein, um eine Störung bei uns zu bewirken. Er hat Ihnen eine Schaufel ohne Griff gegeben. Wie erklären Sie das?«
Ich wollte darauf antworten, aber er sagte: »Warten Sie« und schaltete ein Tonbandgerät ein, das neben dem Encoder-Decoder stand. »Sprechen Sie da hinein, was Sie zu sagen haben.«
Das Mikrofon stand so, daß ich Omaley den Rücken zuwenden mußte. Ich hatte das Gefühl, als säße mir ein bösartiger Dämon im Nacken.
»Wiederholen Sie Ihre Frage«, sagte ich.
»Was bieten Sie für eine Erklärung Ihres Treffens?«
»Ich glaube, wir haben es eher mit einem Mann als mit einem Szenario zu tun.«
»Führen Sie das näher aus.«
»Ich bin nicht so sicher, wie Sie alle es sind, daß Masarow eine klare Botschaft hat, die er übermitteln will. Wenn er die Nummer eins ist und seine Frau tatsächlich ein Liebesverhältnis mit Warchow hat, der, wie es jetzt scheint, sein Assistent ist, glaube ich, daß ihn das desorientieren könnte.«
»Masarow ist skrupellos, geschickt und in höchstem Grade qualifiziert für allerwichtigste Aufgaben. Es fällt schwer zu glauben, daß eheliche Probleme, wenn es sie wirklich gibt, ihn erschüttern könnten. 1941, im Alter von zweiundzwanzig Jahren, hat er als junger NKWD-Offizier im Wald von Katyn an dem sowjetischen Massaker an den polnischen Offizieren teilgenommen. Er ist ein Mann, der ohne Zögern anderen einen Genickschuß gegeben hat.«
Hjalmar, der hinter mir stand, tippte mir leicht auf den Kopf.
Konnte ich mir Boris in einer solchen Szene vorstellen? Mein

Magen reagierte. »Vielleicht erklärt Katyn seine Hochschätzung Chruschtschows«, sagte ich.

»Um Masarows eigenen Ausdruck zu gebrauchen: ›Quatsch!‹ Ein Versuch, Sie zu betören, irrezuführen, Sie mit einem Wort auf die falsche Fährte zu locken.«

»Warum fragen Sie mich denn immer noch aus, wenn Sie das doch schon alles wissen?«

»›Boris' Mitteilung fehlt konzertierter Eindruck.‹ Versuchen Sie darauf zu antworten und schreiben Sie es in den Encoder-Decoder.«

Ich kehrte zu meiner Schreibmaschine zurück und schickte folgende Antwort ab:

ICHWE ISSKE INENA USWEG AUSDI ESERS ITUAT IONWI LLEIN SCHÄT ZUNGD ERWAH RSCHE INLIC HKEIT MEINE RERIN NERUN GVON8 0ZU95 PROZE NTÄND ERN

Es folgte eine lange Pause. Omaley saß da und wiegte den Kopf langsam hin und her von einer Seite zur anderen wie ein Metronom, das allein in einer Grabkammer oszilliert. Es war spät nachts – niemand mehr außer wir in unserem Flügel der Botschaft.

»ENDGÜLTIG«, fragte der Encoder-Decoder.

»ENDGÜLTIG«, tippte ich zurück.

Diesmal war die Pause kurz:

SINDS IEEIN VERST ANDEN MITEI NEMLÜ GENDE TEKTO RTEST?

Zum erstenmal seit drei Tagen machte Omaley ein glückliches Gesicht.

»IMPRI NZIPJ A«, las Hjalmar, und zwar sehr laut über meine Schulter vor, »VORA USGES ETZTE NTSCH EIDUN GSBEF UGTEV ERBIE TENES NICHT.«

Er lachte. »Wie hoch würden Sie denn die Möglichkeit einschätzen, daß Ihr Chef Ihnen erlaubt, um die Flatterkiste herumzukommen? Fünfzig Prozent? Vierzig Prozent?«

Es war so ein schriller, gehässiger Ton in seiner Stimme, daß ich nahe daran war, ihn zu ohrfeigen. Mich schmerzte immer noch die Stelle, wo er mir auf den Kopf getippt hatte.

21

Grotesk«, sagte Howard am nächsten Morgen. »Skandalös. Du hast dein Bestes gegeben, um dich von diesem KGB-Schwergewicht nicht unterkriegen zu lassen, und sie wollen dich flattern lassen, weil sie mit den Ergebnissen nicht zufrieden sind? Du hast völlig recht. Hier geht es um meine Entscheidungsbefugnis. Und ich lasse doch keine paranoiden Pfauen mit einem Lastwagen mitten durch meine Station fahren.«
»Ich bin bereit, mich dem Test zu unterziehen, wenn es sein muß«, sagte ich.
»Bin froh, daß du das sagst, aber ich bin hier, um meine Leute zu beschützen, ganz genauso wie ich bereit bin, sie Gefahren auszusetzen, wenn die Situation das verlangt.« Er machte eine Pause. »Ich möchte allerdings, daß alle Planen festgezurrt sind bei diesem Unternehmen. Bist du wirklich zu 95 Prozent sicher, was die Genauigkeit deiner Erinnerung an diese Mitteilung angeht? Das hat bei ihnen diesen Schwall von Fragen ausgelöst. Wenn es um ihr Bewertungsverfahren geht, lassen sie nicht mit sich spaßen. Das ist so, als ob man die Thora oder den Koran verunglimpfte.« Er prüfte mich sehr genau. »Unter uns ehrlichen Ganoven: Wie lautet deine echte Einschätzung?«
»Neunzig Prozent.«
»Okay. Damit muß ich leben. Aber warum ist Masarows Botschaft so blutleer? Wenn man schon aus der Schule plaudert, nennt man doch auch gleich ein paar Namen.«
»Howard, ich habe es in meinem Bericht geschrieben. Meine Theorie, auf die niemand hören will, lautet: Es ist erst ein paar Wochen her, da haben die Russen ein Gipfeltreffen verlangt – am 2. Februar. Ich glaube, Masarow wollte, daß ich dieselbe Botschaft vermittle, die die Russen auf tausenderlei verschiedene Art und Weise in der ganzen Welt absenden. ›Laßt uns mal zu einem Gipfeltreffen zusammenkommen, Chruschtschow ist okay.‹ Ein Teil ihrer persönlichen Propagandaanstrengung.«
»Na gut. Diese Möglichkeit ist klar aus dem Transkript zu ersehen. Aber wieso dann wieder alles durcheinanderbringen? Boris ist ein alter Profi. Er kennt den Kardinalunterschied zwischen einer geheimen Mitteilung und einem politischen Vorstoß – dem ich,

nebenbei, keinen Augenblick traue. Diese Sowietskis wollen keinen Frieden, nie im Leben, nur Zeit zum Atemholen, um sich ein neues Manöver auszudenken, mit dem sie uns aufs Kreuz zu legen hoffen.« Er hielt inne. »Aber gut, Boris läßt seinen Sermon ab. Wir dürfen alle um die Sowjetunion weinen. Zahllose, zahllose Tote. Ja und was ist mit den fünftausend polnischen Offizieren, die Masarow per Genickschuß umzulegen geholfen hat, und den anderen zehntausend polnischen Offizieren, die noch vermißt sind? Stalin wußte, was er tat. Er hat die Kader eines künftigen unabhängigen Polen ausgerottet. Ja, diese Sows wollen Frieden – das glaube ich erst, wenn die Zuhälter von ihren Weibern kein Geld mehr nehmen.« Er klopfte auf seinen Schreibtisch, als ob es ein Podium wäre.

»Du solltest Politiker werden, Howard«, sagte ich.

»Ich hätte schon viel werden können. Ich kriege das Heulen, wenn ich sehe, was sich da draußen in Carrasco auf dem Grundstücksmarkt verdienen ließe. Wir zahlen einen hohen Preis für unseren Treueid gegenüber der Company, Harry. Ein CIA-Mann bringt in seinem Leben schwere finanzielle Opfer. Aber das steht auf einem anderen Blatt. Behalten wir unser Ziel im Auge. Erklär mir noch einmal, wie du Masarows Mitteilung interpretierst?«

»Howard, ich glaube, Boris war betrunken und ihm war hundeelend zumute; halb war er bereit zu desertieren und wußte doch, daß er's nicht tun wird – außer er tut's vielleicht ganz plötzlich doch, er ist schließlich ein Russe. Er ist halb verrückt, er liebt seine Frau, er wird erdrückt von seinem schlechten Gewissen, von Schuldgefühlen – er hat eine Menge auf dem Kerbholz, er möchte seine Seele retten, und wenn du das alles zusammenrechnest, muß er sehr selbstdestruktiv sein. Er verehrt Dostojewskij. Ich glaube, er wollte sich mit dieser bedeutungslosen Mitteilung selbst einen Strick drehen, aber dann hat er es sich anders überlegt und sie verbrannt.«

»Also kaufst du das, was er sagt?«

»Ja, ich glaube schon. Warum sollte er sonst eine so bedeutungslose Mitteilung schreiben?«

»Gott, bist du jung.«

»Ich glaube, ja.«

Eigentlich war ich von der Munterkeit überrascht, mit der ich fähig war, ihn zu belügen. Wie sehr doch meine Mutter in mir steckte.

Zum erstenmal verstand ich ihr Vergnügen an kleinen Erfindungen. Lügen waren auch eine Art von Witz.
»Nun, ich werde mich für dich einsetzen«, sagte Howard.
»Ich bin dir dankbar.«
»Mein Junge, hast du überhaupt eine Vorstellung davon, wie teuer das deinen ergebenen Freund und Kupferstecher zu stehen kommen kann?«
»Ich glaube, eine Menge Leute in allen möglichen Etagen werden es dir hoch anrechnen, wenn du hart bleibst«, sagte ich.
»Ja. Wieviel gewinne ich durch diese hohe Anrechnung, und wieviel verliere ich, indem ich mir unversöhnliche Feinde schaffe. Ja. Sag mir, Harry, weshalb zögerst du, dich dem Test zu unterziehen?«
»Ich will ja den Test, Howard. Ich bin bereit. Ich bin unschuldig. Man fängt nur an, sich so verdammt schuldig zu fühlen, sobald sie einem diese Elektroden aufsetzen.«
»Das darfst du laut sagen. Ich weiß noch, wie empört ich war, als sie fragten, ob ich homosexuell wäre. Ist schon Jahre her. Ich habe mich lange genug in der Gewalt gehabt, um nein zu sagen – wenn im Zweifel, beachte die Anstandsnormen –, aber ich sage dir, mein Freund, wenn je ein Mann so verrückt sein sollte, mir seinen Prügel in den Mund zu stecken, und es ist mir gleich, ob dieser Mann ein sechs Fuß oder sechs Zoll großer Niggerbock ist, ich würde ihm sein Meisterwerkzeug an der Wurzel abbeißen. So, ja, ich verstehe deine Gefühle. Ich hasse Lügendetektoren auch. Wir werden diese Hundesöhne nicht hereinlassen. Das ist hier schließlich meine Station.«
Ich bekam einen Hauch seines Atems mit. Er hatte schon ein paar scharfe Sachen getrunken, und das war morgens um diese Zeit nicht seine Art. Möglicherweise regte ihn die ganze Sache mehr auf als mich selbst.
Howard wandte sich zum Gehen, um seine Verabredung zum Lunch mit einem seiner uruguayischen Freunde nicht zu versäumen. »Ich bleibe am Ball«, sagte er zum Abschied.
Als wolle er mir zeigen, wie sehr er mir vertraute, verließ er sein Büro, ohne mich vorher zu entlassen. Das war nicht üblich. Gewöhnlich schloß er die Tür hinter sich ab. Jetzt ließ er sie offenstehen, so daß Nancy Waterston von ihrem Schreibtisch draußen sehen konnte, ob ich etwa einen Blick in irgendeine seiner Schubla-

den warf. Genau in diesem Augenblick fing das abhörsichere Telefon im Wandschrank an zu klingeln.

»Nancy«, sagte ich. »Hörst du das?«

Sie nickte.

»Ich glaube, wir sollten lieber rangehen«, sagte ich ihr. »Hast du einen Schlüssel?«

Sie hatte einen und schloß die Tür des Wandschranks demonstrativ selbst auf. Als sie den Hörer abnahm, hatte es elfmal geklingelt.

»Ja«, sagte sie. »Er ist hier. Wer möchte mit ihm sprechen?« Eine Pause. »Oh, es ist geheim. Oh, ich kenne das Protokoll für die Weitergabe von geheimen abhörsicheren Telefongesprächen nicht.« Inzwischen stach sie mit ihrem Finger direkt in die Luft zwischen uns. »Für dich«, sagte ihr Finger.

»Ich nehme es entgegen«, nickte ich.

»Ich weiß nicht«, sagte sie und deckte die Sprechmuschel zu, »wer dich verlangt.«

»Keine Angst. Es ist mehr Routine, als du denkst.«

»Ich weiß nicht«, wiederholte sie, »wer dich verlangt.«

»Nancy, ich könnte dir, wenn nötig, sagen, worum es geht, aber ich werde es nicht tun. Du mischst dich in eine vorrangige Aufgabe ein.«

»Also gut«, sagte sie, dann fügte sie hinzu, als sie mir den Hörer gab: »Es ist eine Frau.«

»Hallo«, rief ich in den Hörer.

»Steht diese andere Person neben dir?« fragte mich Kittredge ins Ohr.

»Mehr oder weniger.«

»Jag sie fort.«

»Wird gar nicht so leicht sein.«

»Trotzdem!«

»Nancy«, sagte ich bestimmt, »es ist ein abhörsicheres Telefon. Ich möchte ungestört sein. Das ist der ausdrückliche Zweck dieser Telefone.«

»Nur zur Benutzung durch den Stationschef bestimmt«, maulte Nancy.

»In seiner Abwesenheit bin ich berechtigt. Hier geht es um etwas, das Howard und ich zusammen entwickelt haben.«

Nancy zog sich zurück, aber grollend wie eine Flut, die noch nicht weichen will. Sie ließ Howards Tür weiterhin offen. Ich wiederum

wollte die Tür des Wandschranks nicht schließen. Unter diesen außergewöhnlichen Umständen könnte Nancy so kühn sein, durchs Schlüsselloch zu lauschen, meinte ich. So gelang es uns, einander durch zwei halb geöffnete Türen hindurch im Auge zu behalten, während ich so leise wie möglich sprach.
»Sind wir allein?« fragte Kittredge.
»Ja.«
»Harry, ich liebe deine Briefe. Ich weiß, ich habe dir in letzter Zeit nicht darauf geantwortet, aber ich liebe sie. Vor allem den letzten. Er ist unbezahlbar.«
»Bist du wieder gesund?«
»Es könnte mir nicht besser gehen. Es hat sich jetzt alles gewendet. Ich bin in großartiger Verfassung.«
Ihre Stimme kam aus den tunnelförmigen Echokammern des abhörsicheren Telefons verzerrt zu mir. Alles, was ich daraus über ihren Zustand ablesen konnte, war, daß sie sehr schnell sprach.
»Ja«, sagte sie. »Ich möchte deine Erlaubnis für eine kleine, aber präzise Operation einholen.«
»Du hast sie«, sagte ich. Angesichts der Ausmaße der »Furchtbaren Auslassung« – wie konnte ich ihr da etwas Kleines und Präzises abschlagen?
»Ich will Hugh nicht darüber informieren, daß wir einander schreiben, denn das würde ihn viel zu sehr aufregen, aber ich möchte ihm mit deinem Einverständnis erzählen, du seist durch das, was sich bei deinem sowjetischen Picknick zugetragen hat, so beunruhigt gewesen, daß du das sichere Telefon im Stall angerufen hättest. Er war fort, werde ich ihm sagen, und so hättest du mir alles erzählt. Dann könnt ihr beide, du und er, euch heute nacht über dieses gleiche hübsche rote Telefon unterhalten.«
»Das erste, was an deinem Vorschlag nicht koscher ist«, sagte ich, »ist, daß dein Anruf hier bereits eine ekelhafte Reaktion ausgelöst hat. Wenn ich keine akzeptable Erklärung anbieten kann, werde ich niemals in der Lage sein, einen zweiten Anruf auf diesem hübschen roten Telefon zu empfangen, das nebenbei, meine Dame, in einem Wandschrank untergebracht ist, in dem man fast erstickt –«
»Sprich nicht soviel«, sagte sie, »da ist so ein scheußliches Echo in der Leitung.«

»Die zweite Schwierigkeit«, sagte ich, »ist, daß ich dir nicht glaube. Ich bin sicher, du hast es Hugh bereits gesagt.«
»Das habe ich«, sagte sie.
»Über meinen letzten Brief?«
»Nein, nicht den Brief. Über Masarows verrückte Mitteilung. Dein Brief kam gestern an, ja, gestern, Mittwoch, und ich habe mir die Geschichte mit deinem Anruf ausgedacht und gesagt, es wäre vier Uhr nachmittags gewesen, und Hugh war ziemlich aufgeregt.«
»Sprich langsamer. Hast du aufgeregt gesagt?«
»Aufgeregt, ja nicht auf-ge-legt. Hugh hat sich an seine Quelle drüben in der Sowjetrußlandabteilung gewandt und, ja, die ›Saueren Eier‹ sind völlig durchgedreht. Liebling, Junge, du mußt an der Message herumgepfuscht haben. Hugh hat mir den Text gegeben. Es ist nicht das, was du in dem Brief an mich geschrieben hast. Sie versuchen sicher gerade, das letzte bißchen Gammaglobulin aus dir herauszuschwitzen...«
»Langsamer bitte.«
»Sie kriegen nicht ihr letztes bißchen Fett, wie?«
»Nein.« Pause. »Was hält Hugh von dem, was ich getan habe?«
»Er meint, dein natürlicher Instinkt hätte so einen Touch vom göttlichen Teer.«
»Göttlichen Teer?«
»Harry, das ist bei Hugh eine Auszeichnung, ein feierlicher Ritterschlag. Das Zeug, das Gott sich vom Teufel zurückgeklaut hat, der Göttliche Teer.«
»Ach, Kittredge, ich bin von mir selbst beeindruckt.«
Plötzlich aber war die ganze Freude fort, als sie fortfuhr: »O Harry, es fällt mir gerade ein. Wenn du mit Hugh sprichst, bring unsere kleine Geschichte in Ordnung. Als du mich gestern anriefst, hast du mir den fehlenden Inhalt mitgeteilt.«
»Ja, ich werde auf die neue Chronologie achten«, sagte ich.
»Du bist ein Schatz. Aber wie sollen Hugh und du miteinander sprechen, wenn du kein sicheres Telefon bekommen kannst?«
»Ich denke«, sagte ich, »daß Hugh mich heute abend um elf anrufen sollte«, und gab ihr die Nummer eines öffentlichen Telefons in der Nähe meines Hotels, von dem aus ich manchmal Chevi Fuertes anrief.
»Ist es jungfräulich?« fragte sie.
»Zum Teufel, nein.«

»Dann mußt du dir ein anderes öffentliches Telefon aussuchen, das du noch nie zuvor benutzt hast. Ruf von dort aus gegen elf Uhr bei uns zu Haus an. Hugh wird den Hörer abnehmen. Sprich ihn nicht mit seinem Namen an. Gib ihm nur den Farbcode für das gewählte Telefon und häng auf. Natürlich mußt du den Farbcode noch mal verschlüsseln.«
»Womit?«
»Such dir eine Zahl aus.«
»Vier...«
»Ich hab' gerade zwei gewählt. Sagen wir also: drei«, erklärte mir Kittredge.
»Drei.«
»Verschlüsselt mit drei.«
»Sollten wir nicht eine fortlaufende Verschlüsselung wählen?«
»Einverstanden.«
»Nebenbei, hier gibt es nur sechsstellige Telefonnummern, keine sieben Stellen«, sagte ich. »Und ich rufe um elf Uhr an. Wenn ich's nicht schaffe, um Mitternacht.«
»Einverstanden«, sagte sie.
»Nebenbei – sie wollen mich in die Flatterkiste setzen.«
»Hugh wird dir da wahrscheinlich heraushelfen können.«
»Wie?«
»Harry, sei zufrieden.«
Sie hängte ein, bevor ich good bye sagen konnte.
Es war ein langer Nachmittag, und der Gedanke an die Verschlüsselung machte mich noch nervöser. Den Farbcode für Telefonnummern beherrschte ich immer noch hundertprozentig – darin war ich perfekt. Null war weiß; 1 gelb, 2 grün, 3 blau, 4 purpur, 5 rot, 6 orange, 7 braun, 8 grau, 9 schwarz. Mit einem vollen Schlüssel verwandelte sich Null in 9, 1 in 8, 2 in 7 und so weiter. Mit dem Dreierschlüssel wurde aus der 3 eine 9, aus der 4 eine 8, aus der 5 eine 7, 6 blieb 6, 7 wurde 5 et cetera. Aber die fortlaufende Verschlüsselung war eine Quälerei. Die erste Stelle der Telefonnummer wurde mit drei verschlüsselt, die nächste mit drei mehr oder sechs, die dritte mit neun, die vierte wieder mit drei, die fünfte wieder mit sechs, die sechste wieder mit neun. Man wagte das nicht aus dem Kopf zu machen, sondern man griff nach Papier und Bleistift. Der Vorteil der fortlaufenden Verschlüsselung lag darin, daß jeder, der das erste Gespräch zufällig abhörte und der

den Farbcode kannte, immer noch Zeit brauchen würde, um die Nummer zu entschlüsseln – wenn er den fortlaufenden Code nicht kannte. Inzwischen hatte das Gespräch über das öffentliche Telefon mit der gesuchten Nummer wahrscheinlich längst stattgefunden, und man würde dieses Telefon nie wieder benutzen.

Hunt kehrte vom Lunch zurück und schloß sich in seinem Büro ein. Ich nahm an, daß er mit Washington telefonierte. Dann rief er Hjalmar Omaley zu sich, dessen Gesicht ausdruckslos war, als er herauskam. Es bedurfte keines großen Scharfsinns, um zu erkennen, daß nicht Hunt, sondern jemand in der Kakerlakengasse über den Antrag der Sowjetrußlandabteilung auf einen Lügendetektortest entscheiden würde. Der Encoder-Decoder war jedenfalls still.

Porringer ging um fünf nach Haus, dito Gatsby. Nancy Waterston verschwand um sechs – so früh hatte sie selten während der letzten Wochen aufgehört. Hjalmar folgte ihr bald, und ich hatte das Gefühl, daß er und Nancy sich zum Dinner treffen würden.

Hunt blieb an meinem Schreibtisch stehen, bevor er das Büro verließ. »Worum ging es bei dem abhörsicheren Gespräch? Wieder ein Krankheitsfall in der Familie?«

»Yessir.«

Er verlor die Geduld. Böse Sturmwarnungen zogen über sein Gesicht. »Ich möchte nicht, daß du die Red Box noch einmal benutzt.«

»Ich werde es nicht mehr tun.«

Krachend fiel die Tür hinter ihm ins Schloß. Ich verstand seinen Zorn. Wir lebten nicht in einer Wagenburg, die er noch einmal umkreisen konnte.

Allein im Büro, konnte ich mich erstmals seit dem Sonntagnachmittag wieder meiner Arbeit widmen. Am Freitag wollte ich mich mit Chevi Fuertes im Safe house treffen und mußte vorher noch seine Akte durchgehen. Außerdem war mir mit AV/ALANCHE leider ein Mißgeschick passiert. Ich war seit zwei Wochen nicht mehr mit ihnen draußen gewesen, und sie befanden sich nach einigen blutigen Schlägereien im Zustand der Auflösung. Ich war mit meinen Berichten nicht nur über AV/OCADO und AV/ALANCHE, sondern auch über AV/OUCH-1, AV/OUCH-2 und AV/ERAGE im Rückstand, alle Bücher lagen auf meinem Schreibtisch, damit ich sie für Nancy Waterston auf den neuesten Stand brachte. Als ich so in meinem Büro saß, sah ich mit meinem geistigen Auge sogar

AV//ERAGE, meinen homosexuellen Journalisten für die Gesellschaftsspalte, schmollen – ich war diese Woche noch nicht zu einem Drink mit ihm zusammengekommen. Und doch wirkte der Gedanke an all diese unerledigten Aufgaben seltsam wohltuend auf mich, als könnte ich mich darin einwickeln und gegen das rohe Adrenalin der letzten drei Tage schützen.

Nachdem ich das Telefon für mein Gespräch mit Harlot gewählt hatte, aß ich allein in einem Lastwagenfahrercafé in der Altstadt zu Abend. Das unheimliche, zugleich aber auch freudige Gefühl meiner Erwartung, der Geschmack des gebratenen Fleisches und des Weins, dies alles vermischte sich zu einem Gefühl, als wollte ich mich an einem guten Abend mit Sally treffen. Ich ließ mir vom Kellner eine Handvoll Kleingeld geben, und als ich das Restaurant verließ, lag meine Hosentasche auffällig und schwer auf meinem Schenkel.

Um halb elf hatte ich die Telefonzelle für den ersten Anruf gewählt, und um zehn vor elf rief ich die internationale Vermittlung an, gab der Dame die Nummer des ›Stalls‹ in Georgetown und steckte meine Münzen in den Apparat. Als ich Harlots Stimme hörte, sagte ich: »Vor einer gelben Wand steht ein weißer Tisch mit einer purpurnen Lampe. Davor ein Mann in einer braunen Jacke mit gelben Hosen und roten Schuhen. Es gibt keinen Stuhl.«

»Wiederhole kurz«, sagte Harlots Stimme.

»Gelb, weiß, purpur, braun, gelb, rot.« Das hieß 10-47-15.

»Zwölf bis fünfzehn Minuten«, sagte Harlot und hängte auf.

10-47-15 war nur die einfache Entschlüsselung. Mit dem fortlaufenden Dreierschlüssel umgerechnet kam 15-45-45 heraus.

Ich hatte beschlossen, den Anruf in einer nahegelegenen, einigermaßen anständigen Bar entgegenzunehmen. Es gab darin zwei intim anmutende Telefonzellen, und so war es weniger wahrscheinlich, daß irgendein Fremder davorstehen und warten würde, falls sich unser Gespräch etwas länger hinzog. Schon fünf Minuten vor der Zeit stand ich in meiner Zelle, den Hörer am Ohr und die Hand am Hebel, so daß der Apparat läuten konnte.

In der vierzehnten Minute tat er es.

»Also«, sagte Harlot, »nehmen wir halt wieder die alte Quasselstrippe. Ich hasse öffentliche Telefone ebenso wie du.«

»Dieses war ganz interessant«, sagte ich.

»Zeitraubend.« Er machte eine kleine Pause. »Dies zur Hygiene:

Wenn erforderlich und zwecks Klarheit sind Namen gestattet. Sollten wir aus irgendeinem Grund getrennt werden, bleib, wo du bist, ich rufe dich wieder an. Wenn du innerhalb von fünf Minuten nichts hörst, warte bis Mitternacht, dann rufe ich an.«
»Laß uns lieber sagen: um elf Uhr vierzig. Das Lokal hier schließt um Mitternacht. Ich habe mich erkundigt.«
»Guter Junge. Nun, Zweck meines Anrufs: Verifikation. Bist du ganz sicher, daß dein Freund von der Sowjetrußlandabteilung gesprochen hat?«
»Ganz sicher.«
»Warum hast du's nicht gemeldet?«
»Der Bursche wollte mich offensichtlich mißbrauchen. Ich dachte, ich durchkreuze seinen Plan.«
»Wie anmaßend von dir.«
»Ich kann nur sagen, daß mein Instinkt mir sagte, daß ich es nicht weitergeben darf«, sagte ich. »Ich dachte mir, das wäre ganz in deinem Sinn.«
»Das ist erstaunlich«, sagte Harlot. »Wenn du mich gefragt hättest, hätte ich dir nämlich geraten, genau das zu tun, was du getan hast. Das eigentliche Ziel des russischen Liebesbriefs war nicht die SR-Abteilung, sondern die nächsthöhere.«
»Mein Gott«, sagte ich.
»Ja. GHOUL. Ich glaube, es läuft da in der SR-Abteilung ein wildes kleines Pelztier herum. Sie wiederum sagen zwar auch, die Agency hätte einen Maulwurf in ihren Reihen, aber sie meinen, er säße bei GHOUL. Mein lieber Junge, dein Instinkt hat dich genau das Richtige tun lassen. Da man dich und mich nun – zum Guten oder zum Schlechten – als durch eine Art Nabelschnur verbunden sieht, müßte jetzt sogar Allen der Behauptung der SR-Abteilung etwas Glauben schenken, daß der Maulwurf in meinem Keller sei, wenn du einen korrekten Bericht abgeliefert hättest. Ich glaube, Masarow hat dich genau aus diesem Grund gewählt. Keine Frage – sie sind hinter mir her. Die Russkis schätzen meinen Wert wirklich höher ein als die Agency. Und ich schätze deinen neuen Freund sogar noch mehr, als der KGB es tut. Er ist ein Teufelskerl. Halte dich von ihm fern. Er ist fast so raffiniert wie ich selbst.«
»Guter Gott«, sagte ich.
»Du würdest dich doch noch nicht so gern auf einen intellektuellen Wettkampf mit mir einlassen, oder?«

»No, Sir. Noch nicht.«
»Ho. Dein Glück. Noch nicht. Ja, aus demselben Grund: Halte dich von deinem neuen Freund fern.«
»Wenn man es mir erlaubt.«
»Das wird man.« Pause. »Jetzt zum Lügendetektortest. Du brauchst dich ihm nicht zu unterziehen.«
»Darf ich noch etwas fragen?«
»Herrgott, nein. Du weißt alles, was du brauchst. Dieser Anruf kostet eine Menge Geld, und ich kann ihn nicht auf meine Spesenrechnung setzen.«
»Ja, dann good bye.«
»Und denk dran, daß ich mit dir zufrieden bin.« Er hängte ein.

22

22. Februar 1958

Liebster Harry,
es wird keinen Flattertest geben. Wenn mein Mann schon so pedantisch in Nebensächlichkeiten wie einer Dinnerparty ist, versichere ich Dir: Er ist ein Harfenist Bachscher Werke, wenn's darum geht, die Saiten der Company zu zupfen. So hat Hugh, um Dich den Klauen der Sowjetrußlandabteilung zu entreißen, den Fürsten Deiner Abteilung für die Westliche Hemisphäre, den hochlöblichen J. C. King gewählt. J. C. ist nicht der Mann, der Wilderer aus der Sowjetrußlandabteilung in seinem Reservat willkommen heißt. Du bist gerettet. Ist es nicht wahr: Mein Mann kann sich um die Karriere eines jeden Kollegen kümmern, nur nicht um die seiner Frau?
Eigentlich kommen Hugh und ich jetzt viel besser miteinander aus als je zuvor, und seit meiner Krankheit hat er mir viel mehr über seine Arbeit mitgeteilt. Du weißt nicht, wieviel Mühe ihn dieser Schritt gekostet hat. Hughs Gefühlswelt ist natürlich in seiner Kindheit völlig durcheinandergekommen, als seine Mutter seinen Vater getötet hat. Da er nicht weiß, ob dessen Tod ein Zufall oder Absicht war, sind Alpha und Omega – zwei ohnehin stets rivalisierende Positionen – bei ihm wie zwei kleine, auf Bergen errichtete

Königreiche, die sich über den trennenden Abgrund hinweg bekämpfen. Also stell Dir vor, wie schwer es ihm fallen muß, mir Einzelheiten über seine Arbeit anzuvertrauen. Deshalb wäre es für ihn ja auch ein Desaster, wenn er erführe, daß wir miteinander korrespondieren. Du magst Dich fragen, wie ich Dich da zu einem Briefwechsel ermutigen kann, und ich antworte Dir darauf, daß Hugh und ich eine typische Bindung-und-Bomben-Ehe führen, das heißt, daß wir eigentlich nur halbverheiratet sind. Alpha-Hugh und Alpha-Kitt sind durch das Sakrament fest miteinander verbunden, aber sein Omega erlaubt ihm nicht, irgendeiner Frau zu vertrauen. Und mein Omega, das gern frei und allein sein möchte und hungrig aufs Leben ist, muß in den eisernen Fesseln unserer Ehe leiden.
Nach meiner Krankheit haben wir zum erstenmal über diese Dinge geredet. Es gelang mir, ihm zu erklären, daß ein Teil der Bedrückung, die wir beide empfinden, vielleicht gelöst werden kann, wenn er mich wenigstens im Geiste an einigen seiner Abenteuer teilhaben läßt.
»Es sind keine Abenteuer«, sagte er mir. »Es sind Gewebe, klebrig wie Spinnweben.«
Trotzdem war Hugh Manns und Ehemanns genug, um letzten Sommer meine Angstvorstellungen mit mir zu teilen. Als er schließlich – trotz seiner ungeheuren Vorsicht und unberechenbar fein verästelten Instinkte – begriff, daß er mein seelisches Ungleichgewicht verstärkte, indem er mich aus seinem beruflichen Leben ausschloß, begann er, mir hier und da ein kleines Geheimnis über die Figuren auf seinem Spielbrett zu verraten. So weiß ich nun vielleicht mehr über Deine Situation als Du selbst. Ich möchte Dich warnen. Der KGB ist, wie Hugh sagt, in den letzten paar Jahren seit Stalins Tod einen gewaltigen Schritt vorangekommen. Die rücksichtslose Schreckensherrschaft ist vorbei, und sie arbeiten wieder mit großem handwerklichen Geschick. Äußerste Vorsicht ist deshalb geboten. Hugh beurteilt das Masarow-Picknick wie folgt: Dem KGB ist es gelungen, einen Maulwurf in die Sowjetrußlandabteilung einzuschleusen. Die beste Methode, diesen Maulwurf zu schützen, besteht darin, in den oberen Rängen der Agency ein Gerücht auszustreuen, daß der Bursche bei GHOUL zu finden sei. Hugh nimmt an, der KGB habe dieses Picknick inszeniert, um Dir eine Nachricht auszuhändigen, die direkt auf die Sowjetrußland-

abteilung hinweist. Man rechnete nämlich damit, daß Allen Dulles daraus schließen würde, daß das Pelztier irgendwo anders als in der SR-Abteilung sitzt. Da Du der Empfänger der Nachricht warst, sie aber nicht vorweisen konntest, weil Boris sie wieder an sich genommen hatte, würde ein Verdacht auf GHOUL fallen. Die Antipathie zwischen GHOUL und der SR-Abteilung ist schließlich kein Geheimnis. So hätten sie wieder einen Nagel zu Hughs Sarg. Eine vom KGB in Uruguay inszenierte Provokation muß von dem Maulwurf in der SR-Abteilung, in Washington, in der Zentrale selbst, eingefädelt worden sein.

Das Picknick sollte deshalb nicht nur GHOUL schaden, sondern Hughs Einfluß in der Agency untergraben. Das wäre eine Katastrophe. Hugh ist nicht der Mann, so etwas laut auszusprechen, aber ich weiß, er hat jetzt das Gefühl: Wenn er nicht da ist, um sie aufzuhalten, wird der KGB bis in die eigentliche Spitze der Agency eindringen. Und das wird gar nicht mehr so viele Jahre dauern.

Harry, ich weiß, daß Du Dich nur sehr ungern von Masarow zurückziehst. Deshalb gebe ich Dir hier meinen bescheidenen Rat, die Summe meiner Weisheit: Ich glaube, daß Menschen wie Du und ich die Arbeit beim Geheimdienst vor allem deshalb beginnen, weil man sie – in viel höherem Maße als wir es begreifen – intellektuell verführt hat, oft durch nichts Beeindruckenderes als gute Spionageromane und -filme. Wir möchten (insgeheim) als Protagonisten in solchen Aktionen Ruhm ernten. Dann beginnen wir unsere Tätigkeit bei der Company und entdecken: Was immer wir auch sein mögen, Protagonisten sind wir nie. Wir treten plötzlich im sechsten Kapitel des Romans auf, erfahren aber selten, was im fünften Kapitel – oder gar in denen davor – gestanden hat. Genauso selten ist uns bekannt, was im Rest des Buchs geschieht. Ich habe das einmal Hugh vorgetragen, und er sagte: »Wenn Du Dich unbedingt unglücklich fühlen möchtest, lies ein Buch über die Berechnung der partiellen Ableitungen. Das wird dir ein Trost sein, Liebling.« Der Schlüssel zu unserem Leben, Harry, ist das fade Wort ›Geduld‹. Ohne sie sind wir inkompetent.

Um Deine Geduld auf die Probe zu stellen, teile ich Dir jetzt mit, daß ich Neuigkeiten für Dich habe, aber nicht in diesem Brief. Damit Du Appetit darauf bekommst, will ich nur soviel sagen, daß ich jetzt einen anderen Job beim TD habe. Ich sitze nun hinter einer jener Türen, die Arnie Rosen »Draculas Höhle« zu nennen pflegte. Ja, ich erhalte eine Ausbildung in etwas, das wir ruhig als »schwerere Arbeit« bezeichnen dürfen. Ich habe beschlossen, daß ich nicht länger das nette Radcliffe-Girl sein will, und daß es mich reizt, mit der Barbarin in mir auf den Tanzboden zu treten, die sich bisher im Schatten gehalten hat, weil ihr beim Anblick von Lavinias Stümpfen die Luft wegblieb.

Sag mir lieber, wie es bei Dir aussieht und was Du vorhast, oder Du kriegst den nächsten Brief einfach nicht.

Love
Kittredge

23

10. März 1958

Liebe Kittredge,
ich habe zwei Wochen verstreichen lassen, seit ich Deinen außergewöhnlichen Brief vom 22. Februar bekam, aber Du hast mir mit Deinen Andeutungen über Draculas Höhle schon einen Schlag versetzt. Ich hoffe, Du weißt, worauf Du Dich einläßt – was immer es auch sein mag. Ich gebe zu, daß mich die Neugier auffrißt, und ich mache mir Sorgen: Warum hast Du mir nicht mehr verraten? Aber wenn ich an die lange Pause in unserem Briefwechsel vom letzten Jahr denke, drängt es mich, Dich über meine Geschäfte auf dem laufenden zu halten. Meine Aufgabe hier ist jetzt auch sehr schwer.

Da wäre zuerst einmal meine Arbeit mit Chevi Fuertes. Von einem Weihnachtsurlaub, den er mit seiner Frau zusammen in Buenos Aires verlebte, abgesehen, habe ich mich in den letzten vierzehn Monaten mindestens einmal pro Woche mit ihm getroffen. Die Hohen Herren haben Gefallen an Chevis Output gefunden, und sie lesen meine Berichte sorgfältig. Er ist bei weitem unser wichtigster Mann in der Kommunistischen Partei Uruguays, und wie wichtig er ist, kann man daran sehen, daß mein Krieg mit den

»Saueren Eiern« in aller Form beigelegt ist. Ein Telegramm kam vom hochlöblichen Fürsten – wo hast Du bloß das Wort her? J. C. King schickte folgendes an Hunt: Empfehlung bestätigt betr. AV/AILABLES Entwicklung von AV/OCADO.
Hughs Virtuosität ist beispiellos. Die Empfehlung genügte. Die Sowjetrußlandabteilung mußte einsehen, daß sie mit einem Flattertest in diesem Augenblick dem großen J. C. King sehr rüde auf die Zehen treten würde. Also zogen sie ihren Antrag zurück. Hunt ist seither wahnsinnig freundlich. Er hat mir sogar versprochen, mich irgendwann an einem Wochenende auf eine Estancia mitzunehmen. Um seine Absicht zu unterstreichen, bringt er mir draußen auf einem Platz in Carrasco das Polospielen bei. Weißt du, die Seele des Menschen ist ja ein Höllenschlund, und er gefällt mir besser, weil ich ihm besser gefalle!
Ja, ich bin sogar ein bißchen stolz auf mich. Hugh hat King ja vielleicht zu diesem Loblied inspiriert, aber als ich es las, habe ich doch an diese vierzehn Monate zurückgedacht und, ja, ich glaube, ich habe mit Chevi genug gute Arbeit geleistet, um diese Empfehlung zu verdienen.
Du magst Dich fragen, wieso ich dann so wenig über meinen Spitzenagenten geschrieben habe. Wahrscheinlich deswegen, weil der Job ein Puzzlespiel aus winzigen Informationsteilchen ist, die wir durch Chevis Arbeit in der PCU erhalten haben, und damit wollte ich Dich nicht langweilen.
In diesen vierzehn Monaten hat sich Chevi jedenfalls die Erfolgsleiter in jener Organisation hinaufbewegt. Seine Frau ist die wohl führende weibliche Funktionärin, aber Chevi ist ihr praktisch ebenbürtig geworden. Man kann ihn im Grunde zu den zwanzig führenden Kommunisten rechnen, und er könnte eines Tages sogar offiziell der Vorsitzende des ganzen Ladens werden. Wir sind jedenfalls schon heute über die Gedankengänge der Führung informiert.
Diesen schnellen Aufstieg hat er natürlich nur dank der Unterstützung geschafft, die wir ihm gegeben haben. Du erinnerst Dich vielleicht, daß wir Chevi vor fast einem Jahr einen Sender ins Konferenzzimmer der PCU haben einbauen lassen. Es war in fünf Minuten erledigt, Chevi brauchte nur eine Steckdose in der Wand durch eins von unseren präparierten Dingern zu ersetzen – ein Unternehmen, für das man nichts als einen Schraubenzieher benö-

tigt. Trotzdem war's eine heiße Sache, weil es schnell geschehen mußte, nämlich während der zehn Minuten, in denen Chevis Genosse die Toilette am anderen Ende des Ganges benutzte.
Wir haben uns damals darüber Sorgen gemacht, ob es sich lohnen würde, AV/OCADO dafür aufs Spiel zu setzen, fanden dann aber doch, daß die zu erwartende Ausbeute das Risiko wert war. Chevi zeigte sich weder gefühlsmäßig erregt noch begeistert. Er verlangte nur, daß wir sein wöchentliches Stipendium von fünfzig auf sechzig Dollar erhöhten. (Wir einigten uns dann auf einen Bonus von fünfzig Dollar und eine Erhöhung auf fünfundfünfzig.) Dann zog er die Sache ohne Zwischenfall durch, und seither haben wir das Produkt empfangen, obwohl die Sendequalität oft ungenügend ist. Da Chevi zum Glück nicht weiß, wie bescheiden die Leistung unseres Geräts ist, meint er, wir hören alles mit, und das wiederum motiviert ihn, uns peinlich genau über alles zu unterrichten, was in der Führungsspitze der PCU zur Debatte steht.
Außerdem hat uns die Schnelligkeit, mit der er seinen Steckdosenjob erledigte, davon überzeugt, daß wir ihn nun wirklich auf unserer Seite haben. Das geschieht oft bei Agenten. Ihre anfängliche Hysterie weicht ruhiger Überlegung, und dann machen sie ihre Arbeit gut. Hunt beschloß also, ihm zu einer Karriere in der Partido Comunista de Uruguay zu verhelfen. Wunderbar, nicht wahr? Eine Beförderung für Eusebio Fuertes zu erreichen, ist wesentlich leichter als in meinem Fall.
Kittredge, diese Übung in angewandter Spionage hat nicht nur angenehme Seiten. Wir führen keine dreckigen Jobs aus – wenigstens nicht hier unten, obwohl ich nicht für Draculas Höhle sprechen will, puh! –, aber unsere Strecke bis zu Pedro Peones' Büro wurde doch ziemlich bekleckert. Mit Libertad La Lengua wiedervereint, war Pedro so großzügig, uns ein paar PCU-Funktionäre aus dem Weg zu räumen. Sie standen höher als Chevi und waren seiner Karriere hinderlich. So fand man denn zufällig einen Kilopacken Heroin im Kofferraum eines ausgewählten PCU-Führers (die Droge war eine Leihgabe aus Peones' Rauschgiftdezernat). Den anderen Kommunisten verhaftete man wegen Trunkenheit am Steuer und Widerstands gegen die Staatsgewalt. Um es glaubwürdig zu machen, übergoß man ihn einfach mit einer Flasche Schnaps, und ich fürchte, daß man ihn damit auch ein paarmal ins Gesicht geschlagen hat, um später einen Beweis dafür zu haben,

daß er die Schlägerei mit Peones' Polizisten angefangen hatte. Die PCU wußte zwar, daß man ihre Leute in eine Falle gelockt hatte, sie konnte aber wenig dagegen tun. Der erste Beschuldigte wurde wegen des angeblichen Drogenhandels eingesperrt, den zweiten demoralisierte man durch Prügel. Für diese beiden mußte also Ersatz gefunden werden.

Nun wurden diese Opfer – falls das irgendein Trost für sie ist – recht sorgfältig ausgesucht. Denn der Entwurf der Operation stammte von Sherman Porringer. Ich beginne eine Verbindung zwischen Oatsies fein säuberlich gemalten Eierschalen und der Sensibilität zu sehen, mit der er sich dieses Vorhabens angenommen hat. Hunt gab uns dann grünes Licht – »Seht, was ihr tun könnt, um Chevi zu einer Beförderung zu verhelfen« –, aber Porringer hat die eigentliche Arbeit geleistet. Sherman legt beträchtlichen Wert auf die elegante Auswahl der Zielperson. Seiner Meinung nach wäre es ein Fehler gewesen, den direkten Vorgesetzten Chevis auszuschalten. Wir mußten schließlich davon ausgehen, daß die PCU schlau genug sein würde, sich auszurechnen, daß Pedro Peones für uns die Dreckarbeit erledigte. Damit aber mußte der Verdacht automatisch auf den Mann fallen, der auf den freigewordenen Posten in der PCU-Führungsspitze nachrückte.

Porringer schlug deshalb vor, nicht nur unserem Mann, sondern auch noch einem von uns weniger geschätzten den Weg an die Spitze freizuschießen. Diese Ausschaltung gleich zweier Führungskader würde sich für Fuertes auf Dauer auszahlen, auch wenn er derzeit noch etliche Stufen tiefer auf der Leiter stand.

Peones' Opfer in der Rauschgiftsache war ein PCU-Führer von tadellosem Ruf. Sein Assistent jedoch hatte eine Schwäche für das Glücksspiel, und so brachten ihn seine Genossen vors Parteigericht und warfen ihm Zusammenarbeit mit Peones vor. Bevor es zu einem Beschluß kam, trat der Mann von seinem Posten zurück.

Ein paar Monate später führte die zweite Verhaftung zu einem ähnlichen Ergebnis. Infolge unserer Bemühungen war Chevi also vier Sprossen emporgeklettert.

Entscheidend in Porringers Entwurf war, daß wir in bezug auf Peones auf makellose Hygiene achteten. Pedro erfuhr von uns nie einen Grund für die eine oder die andere Verhaftung. Im Gegenteil erörterten wir mit ihm sogar Angriffe auf weitere Kommunisten, darunter Fuertes selbst. Wir glauben nämlich, daß die Polizeidienststelle von Peones bereits von der PCU unterwandert ist. Indem wir Chevi auf die Liste der geplanten PCU-Opfer setzten, sorgten wir dafür, daß er bei seinen Genossen nicht in Verdacht geriet. In der Tat wurde Chevi denn auch bald von der Parteihierarchie vor Peones gewarnt.

Fuertes beklagte sich deshalb bei mir über die Gefahren, denen er sich aussetzen müßte: »Es wäre mir äußerst peinlich«, jammerte er, »von den ›Duros‹ des Señor Peones verprügelt zu werden, weil ich ein Kommunist bin, während ich in Wirklichkeit die Kommunisten verrate. Die Strafe würde allerdings gut zu dem Verbrechen passen.«

»Sie haben einen Sinn für Ironie.«

»Ich möchte hoffen, daß ich bei Ihnen Loyalität und nicht Ironie finde. Können Sie Peones sagen, daß er sich von diesem Körper fernhalten soll?« Er klopfte sich auf die Brust.

»Wir haben auf den Mann nur begrenzt Einfluß«, sagte ich.

»Tatsächlich? Mir ist ganz etwas anderes zu Ohren gekommen.«

»Wir haben eine Beziehung anzuknüpfen versucht, hatten damit aber keinen Erfolg.«

»Unglaublich. Wer könnte Peones mehr bezahlen als Sie?«

»Aus welchem Grund auch immer – Peones verfolgt seinen eigenen Kurs.«

»Sie sagen also, daß Sie mich nicht vor den Polizeischlägern beschützen werden?«

»Ich denke, wir können einen gewissen Einfluß geltend machen.« Als er daraufhin in schallendes Gelächter ausbrach, fügte ich hinzu: »Wir sind gesetzestreuer als Sie sich vorstellen können.«

In letzter Zeit ist Chevi seines raschen Aufstiegs in der Partei wegen mißtrauisch geworden. Vor ein paar Monaten maulte er: »Meine Genossen zu verraten ist eine Sache, sie in den Rücken zu schießen eine andere.«

Trotzdem – Chevi hat sich sehr verändert. Einmal sitzt er jetzt hoch genug auf der schiefen Ebene, um Gipfelluft zu schnuppern, und das muß recht anregend auf seinen Ehrgeiz wirken. Und dann besitzt er eine neue Art von Identität.

Kittredge, sein Alpha oder sein Omega, eins von beiden, muß die Macht über das andere übernommen haben. Er wiegt über dreißig Pfund mehr als früher und hat sich einen üppigen Schnauzbart wachsen lassen, der ihm, zusammen mit den dicken Tränensäcken unter seinen Augen, einen lustigen, piratenhaften südamerikanischen Habitus verleiht. Er erinnert an einen übergewichtigen Gaucho, der einen dürren Klepper reitet. Mit Roger Clarkson zusammen war er schon immer hinter den Frauen her; jetzt ist er ein schier unersättlicher Vielfraß geworden. AV/OCADO nimmt die Gestalt seines Decknamens an. Wenn es zwischen uns Streit gibt, dann meist über die Wahl des Treffpunkts. Er haßt das Safe house, und der Himmel steh mir bei, wenn ich vergessen habe, den Kühlschrank zu füllen! Er will »Tapas« (Appetithappen) und Bier, Steaks und Bourbon und – seine Spezialität – rohe Zwiebeln und Scotch! Plus Nachtische, Mehrzahl wohlgemerkt, Süßigkeiten, »Dulces«. Schon der Klang dieses Wortes ruft die Vorstellung an Sorbets wach, die den ausgedörrten Schlund hinuntergleiten. Er redet, während er ißt. Parteigeheimnisse plaudert er am willigsten aus, wenn er gute Speisen einnimmt und die interessanten Einzelheiten seiner Information nuschelt er heraus, während er schmatzend die Nahrungsreste zwischen seinen Zähnen entfernt. Manchmal führt er sich so grob wie Peones auf. Und er kommt immer wieder auf ein Thema zurück: daß wir uns öfter in Restaurants treffen sollten. Es fällt mir immer schwerer, ihm diesen Wunsch zu versagen. Erstens wird unser Apartmenthochhaus von einer erstaunlichen Anzahl reicher Witwen und wohlhabender ehemaliger Nutten bewohnt, die jeden mustern, der ihre Etage betritt. Jedesmal, wenn der Aufzug anhält, öffnen sich den Korridor hinauf und hinunter einen Spalt weit die Türen. Hungrig spähen Augen. Diese Damen müssen von einem geruhsamen Alter geträumt haben, in dem sie hölzerne Fensterläden aufklappen, ihren mächtigen Busen auf eine wurmzerfressene Fensterbank im ersten Stock drücken und das bunte Treiben unten auf der Straße beobachten würden. Statt dessen sind sie nun im zwölften Stock gestrandet, und es bleibt ihnen nichts übrig, als zu prüfen, wer in den einzelnen Wohnungen ein- und ausgeht. Überflüssig zu sagen, daß Fuertes dieser Umstand auch nicht verborgen bleibt und daß er ihn gefährlich nennt. Es könnte unseren Nachbarn durchaus bekannt sein, daß die Wohnung vom »Coloso del Norte« genutzt wird, und außerdem könnte man ihn erkennen. Er hat schließlich den größten Teil seines Lebens in Montevideo verbracht.

Ich trage das Problem Hunt vor, und der wird wütend. »Sag dem

Hundesohn, er soll seine Berichte in einen toten Briefkasten stekken. Wir holen sie dann schon heraus.«
»Howard«, protestiere ich sanft. »Wir verlieren eine Menge, wenn ich nicht mit ihm reden kann.« Ich mache eine Pause. »Wie wär's, wenn wir zu einem besser abgeschirmten Safe house gingen?«
»Alle Safe houses sind problematisch. Weshalb er eigentlich herumnölt, das ist das Ambiente. Die verdammte Einrichtung! Aber ich kann kein Geld für anständige Möbel kriegen. Da sparen sie am falschen Ende. Ich hasse diese schäbige Beamtenmentalität. Ein schickes Safe house wäre eine gute Investition, wenn man die großen Tiere nur davon überzeugen könnte, daß es so ist. Scheißliberale!« Er hielt inne. »Sag ihm, er soll sich jedesmal anders verkleiden.«
»Funktioniert nicht«, sagte ich, »mit seinem Schnauzer.«
»Dann sag dem Schwanzlutscher einfach, er soll sich mal anständig rasieren. Behandle ihn wie einen Dienstboten. Das ist die einzige Sprache, die Agenten wirklich respektieren.«
Als ich von diesem Gespräch komme, fällt mir ein, daß ich nun wahrscheinlich schon mehr Stunden Feldpraxis hinter mir habe als Howard. Jedenfalls weiß ich mit Sicherheit, daß es falsch wäre, seinen Rat zu befolgen. Als Faustregel läßt sich sagen: Behandle einen Agenten wie Chevi nie schlechter als einen jüngeren Bruder. Und der größte Teil meiner Arbeit besteht darin, ihn mit Speisen und Getränken zu versorgen. Zum Teil kommt das, ich weiß es, wohl von meiner völligen Unfähigkeit, einen eisernen Willen zu entwickeln, wie Hugh das wahrscheinlich ausdrücken würde. Verdammt noch mal, ich fühle eben mit meinem Agenten. Chevi gelingt es, sich in all den Stellen meiner Seele einzunisten, die empfänglich sind für das Fühlen eines anderen. (Wir haben nie über das Alpha-Ego und das Omega-Ego und deren innere Beziehungen gesprochen. Das wäre eine eigene Studie wert, ich weiß.) Chevi behandelt mich wie einen jüngeren Bruder, während ich ihn ebenso zu behandeln versuche. Zum Beispiel versucht er sich immer damit großzutun, daß er zwei Jahre mit einer Negerin in New York gelebt hat. Sie ging auf den Strich, nahm Drogen und ermunterte ihn, ihr Zuhälter zu werden. Nach einer gewissen Zeit ändert er seine Geschichte und behauptet, daß er den Job tatsächlich übernommen hat. Dann erzählt er haarsträubende Geschichten von Messerstechereien mit anderen Zuhältern. Ich weiß nicht,

wieviel davon wahr ist – ich glaube, er übertreibt, ja, ich möchte annehmen, daß er Messerstechereien aus dem Weg gegangen ist –, aber beschwören kann ich gar nichts. Er hat immerhin ein paar Narben im Gesicht. Mit Sicherheit aber erfüllen diese Geschichten ihren Zweck: Er kommt mir viel erfahrener vor, und ich fühle mich ihm unterlegen. Andererseits befinden wir uns immer in einer Art spirituellem Wettstreit, um zu sehen, wer von uns beiden den Rang des »Großen Bruders« verdient.

In letzter Zeit habe ich auch noch in anderer Hinsicht Ärger bekommen. Howards Konzept, »MARXISMO ES MIERDA« in sechs Fuß hohen Buchstaben an jede verfügbare Mauer in der Stadt zu pinseln, ist zu einem kleinen Krieg eskaliert. Da die Marxisten auch so etwas wie religiöse Gefühle haben, weckt die Verbindung von Marxismus und Scheiße in ihnen die heftigsten Aggressionen. Die brutalsten linken Straßenbanden von Montevideo kommen aus der Gegend der Docks und ihre Führer sind hohe Kader in der MRO, einer ultralinken Gruppe. Das sind knüppelharte Kerle. Sie waren so ruppig, daß unsere AV/ALANCHE-Kids in den Straßenschlachten den kürzeren zogen. Das war kein Spaß mehr, sage ich Dir. Ich saß in meinem Wagen eine halbe Meile entfernt und hörte nichts weiter als ein kurzes »Emboscada!« – in einen Hinterhalt geraten! – über mein Funkgerät, dann sehe ich eine Viertelstunde später mein Team mit unheimlich blutigen Köpfen zurückgehumpelt kommen – in der einen Nacht hat es gleich vier von den sieben erwischt. Später kam es noch schlimmer: ein Junge im Krankenhaus, dann ein anderer. Howard rief Peones an, er solle unsere Truppen mit ein paar von seinen Bullen in Zivil verstärken – Bezahlung aus dem Spezialbudget. Na gut, AV/ALANCHE hat ein paar Schlachten gewonnen, aber dann kam die MRO ebenfalls mit Verstärkung an. Diese nächtlichen Rencontres haben sich zu regelrechten Gefechten ausgewachsen.

Letztes Jahr war es eine kleine Operation mit sieben Kids, die einmal in der Woche die Mauern anmalten und vielleicht einmal im Monat in ein kleines Scharmützel gerieten. Daraus hat sich inzwischen eine massive Konfrontation mit dreißig oder vierzig Leuten auf jeder Seite entwickelt, die mit Steinen, Knüppeln, Messern, Schilden, Helmen, einer sogar mit Pfeil und Bogen kämpfen. Solche Gegenstände wurden tatsächlich nach dem letzten Krawall, den wir gewonnen haben, auf der Straße gefunden. Schließlich wurde vor ungefähr einem Monat ein Junge auf unserer Seite getötet. Durchs Auge geschossen und tot. Peones hat daraufhin zwei Arbeiterviertel, Capurro und La Teja, durchkämmt, um nach der Waffe und dem Schützen zu suchen. Hunt wurde davon informiert, daß der Killer ohne Gerichtsverfahren erledigt worden sei (was wir glauben können oder auch nicht), aber wie Du sehen kannst, hat sich der Charakter der Aktion signifikant verändert. Peones läßt jetzt immer zwei Polizeieinsatzfahrzeuge im Hintergrund warten, die eingreifen, sobald eine Niederlage droht. Einmal wurden sogar die Leute von AV/EMARIA mit ihrer Infrarotkamera eingesetzt. Sie gingen die Straßen im Umfeld ab und fotografierten alle Jugendlichen, die sich der Szene näherten, ein absurd überdimensioniertes Verfahren (ganz abgesehen von den Kosten!), das Hunt denn auch stoppte, als er sah, daß die erkennungsdienstlichen Ergebnisse unbefriedigend waren, weil die technische Qualität nicht ausreichte. Ich hätte ihm das auch vorher sagen können.

Jedenfalls befindet sich die MRO jetzt in der Offensive. »YANQUI A FUERA!« steht nun schon an vielen Mauern, und das auch in gut katholischen Vierteln. Die Leute von der MRO scheinen ein besseres Gefühl dafür zu haben, wann der Zeitpunkt zum Losschlagen gekommen ist, als wir. Hunt ist überzeugt, daß einer von Peones' Bullen die MRO insgeheim unterstützt, und er möchte, daß Chevi uns detaillierte Informationen über die MRO-Kader besorgt, so daß wir die Sache besser in den Griff bekommen.

Fuertes lehnt diese Forderung schlichtweg ab. Er sei ein seriöser Agent, und er leiste seriöse Arbeit. Wir aber verlangten von ihm, Informationen über junge Leute von der Straße zu beschaffen. »Ich bin stolz darauf, die zu verraten, die über mir stehen, nicht die armen Kerle von der Basis.«

»Ayúdame, Companero«, rufe ich. »Hilf mir, Genosse.«

»Ich bin nicht dein Companero. Ich bin dein Agent. Und unzulänglich bezahlt.«

»Denkst du, du bekommst mehr Geld, wenn du dich weigerst?«

»Das ist völlig unwichtig. Du wirst mich in jedem Fall weiter wie eine Marionette behandeln, und ich werde versuchen, so unabhängig zu bleiben, wie ich gerade noch bin.«

»Warum hören wir nicht mit dem Quatsch auf und kommen zur Sache?«

»Typisch amerikanisch: ›Kommen zur Sache‹.«
»Wirst du tun, worum wir dich bitten?«
»Ich verrate große Tiere. Dumme, eingebildete kommunistische Bürokraten, die ihr eigenes Volk betrogen haben, um die Macht zu bekommen, die sie jetzt an ihren Schreibtischen ausüben. Sie sind der Abschaum, und ich bin jeden Tag mit ihnen zusammen und werde ein Bürokrat genau wie sie. Aber ich mache mir nichts vor. Ich habe mein Volk und meine Herkunft verraten. Ich bin eine Giftschlange. Trotzdem bin ich nicht so heruntergekommen, daß ich jene vergifte, die kleiner als ich sind. Die Jungs von der MRO, die nachts aus La Teja kommen, um zu kämpfen, sind mir näher, als du es mir je sein wirst. Ich bin in La Teja aufgewachsen. Ich war selbst ein MRO-Kader während meiner Universitätszeit. Und heute, als eingefleischter PCU-Bürokrat, habe ich nicht mehr die Kontakte, die du brauchst. Die MRO traut der PCU nicht. Diese Partei ist in ihren Augen zu etabliert und zu sehr unterwandert.«
Na, jetzt kann ich Hunt wenigstens einen plausiblen Bericht mitbringen. Ich schreibe schon in Gedanken, während ich ihm noch zuhöre. »Tiefes mörderisches Mißtrauen zwischen der MRO und der PCU. Kann linke Polizeiquellen nicht ohne Unterwanderung der MRO identifizieren.«
Darüber werden sich die Station und die Hohen Herren einen Monat lang die Köpfe heißtelegrafieren. Danach hat Hunt vielleicht schon wieder irgendein anderes Thema gefunden – oder ich habe eine Inspiration. Das Wichtigste bei der Arbeit mit Chevi ist, daß beide Seiten ihr Gesicht wahren.
»Also gut«, sage ich. »Du willst es nicht tun, und ich will dir nicht drohen. Ich akzeptiere deine Version; die PCU hat keinen guten Draht zur MRO.«
»Darauf kannst du dich verlassen«, sagt Chevi. Er beugt sich vor zu mir und flüstert: »Sie hassen einander.«
»Okay«, sage ich. »Ich hab's begriffen. Jetzt möchte ich aber, daß du mir hilfst. Meine Leute werden jemanden aus der Führungsspitze der MRO brauchen, der ihnen beisteht.« Ich weise mit dem Finger nach oben, um zu betonen, daß ich mit AVOCADOS Haltung nur gegen die da oben, nur gegen die hohen Tiere Druck zu machen, einverstanden bin. »Ich möchte, daß du mir eine Liste der Führungskader aufstellst, die wir eventuell zwecks Unterwanderung ansprechen können.«

So ein Arrangement ist machbar.
»Ich werde zwei Wochen dafür brauchen«, sagt er.
»Nein, ich möchte sie bei unserem Treffen nächste Woche haben.«
Ich möchte mich mit Gordy Morewood zusammensetzen und die Namen durchgehen, die Chevi uns bringt. Gordy hat vielleicht sogar eine Idee, wie wir den einen oder anderen ansprechen können. All das wird Monate brauchen, aber mein rasch alternder Hintern ist abgesichert – o Kittredge, das war der Augenblick, in dem mir klar wurde, daß ich ein typischer Company-Mann bin.
»Nächste Woche.« Chevi ist einverstanden.
Damit trat er auf den Korridor hinaus, hob grüßend die Hand, ich nehme an, das galt den aus ihren Türen lugenden alten Nutten, und watschelte zum Aufzug.
Der Hundesohn. Ich bin sicher, daß er die Namen ohnehin alle kannte. Eine Woche später legte er mir eine kurze Liste mit drei MRO-Figuren auf den Tisch, und Gordy Morewood machte sich an die Arbeit. In der Woche darauf bat Fuertes um eine Gehaltsaufbesserung, und die wird er wahrscheinlich auch bekommen.
Ja. Masarow war nur ein Element in diesen arbeitsreichen Tagen. Schreib mir. Ich brauche es.

Love
Harry

24

15. März 1958

Geliebter Mann,
ich bin so froh, daß Du offenbar meine Predigt über die Geduld beherzigt hast, weil ich Dir zur Zeit über Draculas Höhle nicht mehr verraten kann. Ich habe zu viele Schweigegelübde hinsichtlich dieser Sache abgelegt und finde in mir einfach keine Entschuldigung dafür, daß ich's Dir doch sagen könnte. Trotzdem sterbe ich fast vor Sehnsucht danach, Dir Briefe zu schicken. Wann ist die Hingabe je so lebendig wie in einem ganz privaten Briefwechsel? Worum es sich bei unserem ja doch handelt, lieber Freund.

Du hast Dir also ein Herz gefaßt und mich wegen Alpha-Ego und Omega-Ego befragt. Ich muß Dir einen richtigen Schreck eingejagt haben, weil Du über mein Eingemachtes hergefallen bist! Wie anständig von Dir, Dich mit meinen Theorien zu beschäftigen, wenn alle Welt entschieden hat, daß es Schnee von gestern sei.
Nun, es ist interessant, daß Du auf diesen Aspekt meiner Arbeit zu sprechen kommst. Weißt Du, daß ich genau dort begonnen habe? Die ersten primitiven Fragebogen, die ich entwarf, sollten ebendiese verschiedenen Eigenschaften von Alpha und Omega auseinanderklauben und eine Konzentration auf ihre separaten Egos ermöglichen. Mir kam damals die Einsicht, daß ich am besten durch Erinnerungstests an das Problem herankommen würde.
Es war ein interessanter Ansatz. Erinnerungen sind ja oft schlimm. Nichts verrät soviel über uns wie unsere Erinnerungen, und unser Ego ist, das wurde mir klar, der Aufseher, der sie überwacht. Es spielt keine Rolle, was wir vielleicht in tieferen Schichten speichern; das Ego kontrolliert die Oberfläche und wird deshalb unsere Erinnerungen verzerren, wenn das nötig ist, um seine Sicht der Dinge intakt zu halten.
Nun stell Dir die Hürden vor, die man bei zwei Egos, einem für Alpha und einem für Omega, zu überwinden hat. Kein Wunder, daß die Leute meine Theorien nicht ausstehen konnten. Dennoch war mir eines bald klar. Weil Alpha und Omega verschiedene Speicher haben, in denen sie ihre Erinnerungen sammeln, war ihr »Gedächtnis« keineswegs identisch. Die Bedürfnisse ihrer Egos sind zu verschieden, und wenn es notwendig ist, wird die Erinnerung zu nichts weiter als einem Dienstboten des Egos. Vielleicht ist das der Grund, daß die Memoiren erfolgreicher Männer so ungenießbar sind.
Die leichteste Methode, die unterschiedlichen Eigenschaften von Alpha und Omega herauszubekommen, so dachte ich, war also das Studium der Entwicklung ihrer Egos. Ich gab meinen Versuchspersonen etwas Material, das sie sich einprägen sollten, und legte ihnen dann Fragebögen vor, anhand derer ich feststellen konnte, was sie behalten hatten. Ich rechnete damit, gewisse Erinnerungsmuster zu entdecken, die mit den erstaunlichsten Erinnerungslücken gekoppelt waren, und so war es auch. Aber ich stellte überdies fest, daß mein Test bei gewissen starken und skrupellosen Charakteren, die in Spitzenpositionen tätig waren,

nicht funktionierte. Diese Leute durchkreuzten fortwährend die Grundzüge meiner Theorien. Sie besaßen, was ich dann später ein »Ultra-Ego« zu nennen begann. Sie erinnerten sich zum Beispiel sehr gut an eine abscheuliche Tat, und zwar ohne daß ihnen das viel ausmachte.

Denk etwa an die unbeschreibliche psychische Kraft, die es Ungeheuern wie Hitler und Stalin erlaubte, mit der Erinnerung an die Millionen von Toten zu leben, die auf ihr Konto gingen. Auf einer bescheideneren Ebene, aber nicht sehr viel begreifbarer, sind jene, die für den Tod von Tausenden verantwortlich sind. Mir kommt der nicht sehr angenehme Gedanke, daß Hugh vielleicht in diese Kategorie gehört. Wenn ich mich selbst richtig interpretiere, lasse ich mich jetzt von Hughs Ultra-Ego berauschen, und mit dieser sonderbaren Droge füttere ich meine Antriebe, die dieses Mädchen jetzt dazu treiben, sich in eine von Draculas Damen zu verwandeln – eine wahnsinnige Übertreibung und doch auch wieder nicht. Sieh mal, ich habe nie dieses Gefühl verloren, daß die Transaktionen der spirituellen Unterwelt sehr mit unserem irdischen Leben verbunden sind. Und so spielt ein Mann namens Noel Field in meinen Ängsten eine Riesenrolle. Weißt Du, es gibt Tage, an denen ich nicht an Allen Dulles denken kann, ohne dabei Noel Field vor mir zu sehen, der Jahre in sowjetischen Gefängnissen gesessen hat. Daß er 1950 da hineinkam, hatte er Allen zu verdanken, und Hugh hat ihn dabei unterstützt.

Glaub mir, mein lieber Gatte hat mir selbst von dieser seiner großen Tat erzählt. Allen hat sich damals in Zürich während des II. Weltkriegs ein bißchen zu sehr auf Noel Field verlassen. Field hatte damals eine Reihe von Europäern für wichtige Funktionen bei den alliierten Armeen vorgeschlagen, und Allen unterstützte damals mit seinem Namen deren Kandidatur. Viele von ihnen waren, wie sich herausstellte, Kommunisten, und Noel, der das mehr oder weniger gewußt hatte, hatte es nicht für nötig gehalten, Allen von diesen politischen Neigungen zu informieren. (Wie viele Quäker war auch Noel Field den Kommunisten gegenüber unglaublich tolerant.) Nun, Allen mußte für diesen Fehler auf verschiedene Art und Weise bezahlen, und das hat er Noel niemals verziehen. Aber erst Hugh und Frank Wisner tüftelten einen Plan aus, wie man es diesem umtriebigen Quäker heimzahlen konnte. 1949 ließen wir ein paar hochrangigen Sowjets gegenüber durchsickern, daß Noel

Field beim CIA sei. Pure Desinformation. Hugh hat sich um diese Sache gekümmert, und Du kannst Gift darauf nehmen, daß sich die Quelle dieses Gerüchts nicht identifizieren ließ. Ich nehme an, Dulles, Wisner und Montague nahmen an, daß man Field auf seinem nächsten Trip fürs Rote Kreuz oder für CARE nach Warschau als Spion verhaften und seine engsten Kommunistenfreunde auch ein bißchen in die Mangel nehmen würde. Die Folgen waren aber weit schlimmer. Stalin war inzwischen hoffnungslos wahnsinnig geworden. Field landete in Einzelhaft in einer Warschauer Gefängniszelle, und bevor die ganze Affäre vorüber war, hatte man so ziemlich jeden Kommunisten, mit dem er je zusammengekommen war, plus all deren Freundeskreise entweder gleich erschossen oder gefoltert und eingesperrt, nachdem sie Taten gestanden hatten, die sie nicht begangen hatten. Manche schätzen die Zahl der Parteimitglieder, die dieser Säuberung zum Opfer fielen, auf Tausend, andere auf Fünftausend. Als ich Hugh deswegen zur Rede stellte, zuckte er nur die Achseln und sagte: »Stalin hat uns ein weiteres Katyn geliefert.«
Nun, ich wußte nie, ob ich auf das handwerkliche Können meines Mannes in dieser Angelegenheit stolz oder darüber entsetzt sein sollte, und die Agency beschwört jetzt natürlich alle guten Geister, was man je nach Standpunkt amüsant oder skandalös finden kann. Während der letzten Jahre haben wir jedenfalls eine Reihe liberaler, aber entschieden antikommunistischer Organisationen finanziert, die die Befreiung des amerikanischen Märtyrers Noel Field aus sowjetisch-politischer Haft auf ihre Fahnen geschrieben haben.
Dann später, Harry, als ich so furchtbar einsam war und unter meinem beruflichen Scheitern litt, mußte ich immer wieder an all diese polnischen Kommunisten denken, die man unter falschen Anschuldigungen hingerichtet hatte. Das ist ein gutes Beispiel für so ein böses Meisterstück, wie wir sie im Namen des Guten und letztlich, so glaube ich, einem guten Ziel dienend, verbrochen haben – aber welche Angst müssen diese Opfer ausgestanden haben! Ich begann mich zu fragen, ob wir damit nicht einen empfindlichen Punkt des Kosmos verletzt haben. Ich hoffe, daß dem nicht so ist, aber ich fürchte es. Ich muß an die entsetzlich saubere Art denken, in der Herr Adolf Millionen von Menschen massakriert hat. Sie gingen in dem Glauben in die Gaskammern, daß sie ihre schmutzi-

gen, erschöpften Leiber baden würden. Gleich bekommt ihr eine heiße Dusche, wurde ihnen gesagt. Dann öffnete man die fatalen Hähne. Als ich in meinem Osterwahnsinn versank, war mir immer so, als könnte ich diese Opfer vor Wut brüllen hören, und ich fing an, darüber nachzubrüten, ob nicht die Seele eines auf diese grauenvolle Weise Gemordeten die ganze Menschheit mit einem Fluch belegen kann, von dem wir uns vielleicht nie wieder erholen werden. An manchen Tagen, wenn der Smog in Washington besonders beißend und erstickend ist, frage ich mich, ob wir nicht eine unheilvolle Botschaft aus dem Jenseits atmen. Du siehst, wie verwirrt ich noch immer bin. Das läßt mich natürlich auch über Dein Verhältnis zu Deinem Agenten Chevi Fuertes grübeln. Was ist mit seinem Leben? Wieweit bist Du für das verantwortlich, was mit ihm geschieht und mit den Leuten in seiner Umgebung?

Nun, da habe ich mich ja auf furchtbar ernstes Zeug eingelassen, nicht wahr? Ich bin ja auch nervös wegen meines bevorstehenden Abenteuers, das ja vielleicht auch kein Kinderspiel sein wird.

Würdest Du mich bitte ablenken? Ich weiß, es scheint nur eine kleine Gefälligkeit zu sein, aber wenn Howard Dich inzwischen in der Tat zu einer dieser Estancias mitgenommen hat – würdest Du mir dann etwas über dieses kleine Ereignis schreiben? Ich mag die gesellschaftlichen Komödien, in die Du hineingerätst, und ich bin sicher, daß jede Beschreibung, wie Howard Hunt mit reichen Uruguayern herumtollt, Milch und Honig für mich sein wird – mit Gewißheit besser als meine paranoiden Phantasien, in denen ich Dich durch die Bordelle Montevideos ziehen sehe.

Wirklich! Wir müssen alle soviel lügen, daß eine geradlinige Geschichte direkt Balsam für die Seele ist.

In Liebe für Dich, geliebter Mann
Kittredge

25

Es gab Tage, an denen ich das Wort »Lüge« nicht mehr hören konnte. Kittredges Brief schreckte mich auf, und ich fragte mich, ob Manifestationen des Ultra-Ego nicht oft auch bei geringeren Anlässen auftraten. Schließlich hatte ich, der ich mich noch immer als ehrenhaften Menschen betrachtete, Hugh Montague, Kittredge, Howard Hunt, Chevi Fuertes, Sherman Porringer und, am schlimmsten von allem, Sally vorsätzlich belogen. Denn ich hatte irgendwann einmal vor vielen Monaten den Fehler begangen anzudeuten, daß ein Liebesnest in einer hübschen, von Bäumen gesäumten Vorortstraße nicht völlig ausgeschlossen sei. Natürlich verfügte ich nicht über die wohl beträchtlichen Mittel, die der Unterhalt eines Ultra-Egos verschlingen würde, und so mußte ich denn auch in ihrem Fall die Rechnung bezahlen. Mein Lügengebäude platzte wie eine Seifenblase an dem Tag, an dem ich von ihr hörte, daß sie schwanger sei. Der Anblick meines entgeisterten Gesichts genügte ihr. Danach war es gleichgültig, was ich ihr zu erklären versuchte; ich bestätigte nur, was sie ohnehin schon wußte.

Alles in mir begann sich gegen das Ende unserer fleischlichen Beziehung aufzulehnen. Wann immer wir uns bei Botschaftsveranstaltungen trafen, behandelte mich Sally mit ausgesuchter Unfreundlichkeit. Diese Anlässe waren nun alles, was ich in Montevideo noch an gesellschaftlichem Leben genoß. An jenen nun noch häufigeren Abenden, die ich allein in meinem Hotelzimmer verbrachte, wurde mir nur allzu bitter bewußt, daß ich mich nicht einmal regelmäßiger Barbesuche rühmen konnte. Man legte uns immer wieder ans Herz, solche Orte zu meiden – denn man hielt CIA-Männer für potentielle Opfer von Entführungen und Folterungen. An Abenden, die nicht durch Arbeit in der Botschaft oder entsprechende Veranstaltungen ausgefüllt waren, wußte ich nicht immer, was ich mit mir anfangen sollte. Menschen, die sechzig Stunden in der Woche arbeiten, verlieren oft das Verhältnis zur Freizeit. Und nun gab es keine spätabendlichen Optionen mehr auf riskante Spiele mit Sally. Vor ihrer Schwangerschaft hatte es Abende gegeben, an denen Shermans Verpflichtungen, die ihn bis spätabends im Büro festhielten, es Sally erlaubten, mich in

meinem Hotelzimmer zu beglücken. Jetzt suchte sie sich bei gesellschaftlichen Anlässen eine Ecke aus, um mich schnell mit ein, zwei Sätzen zu verletzen. »Harry«, sagte sie dann etwa, »Sherman ist ein Teufelskerl im Bett geworden.«
»Man sagt, eine Ehe macht verschiedene Phasen durch.«
»Was kannst du denn von einer Ehe wissen?« antwortete Sally darauf, und mit einem strahlenden, für die anderen im Raum bestimmten Lächeln fügte sie hinzu: »Ich wette, du bist eine Tunte. Im Grunde deines Herzens bist du schwul!«
Und im Grunde meines Herzens verletzte sie mich mit ihren Sticheleien. Ich hatte ihre Behauptung genossen, kein anderer Mann hätte sie je so perfekt geliebt. Und jetzt mußte ich einen Augenblick gegen die aufsteigenden Tränen ankämpfen. Eklatante Ungerechtigkeit hat immer eine solche Wirkung auf mich gehabt.
»Du hast noch nie reizender ausgesehen«, sagte ich und wandte mich schnell ab.
Ich sah sie bald wieder bei der nächsten Party der russischen Botschaft. Als der Abend kam, standen wir wieder mit unseren sowjetischen Kollegen allein im Garten. Genau wie beim vorigen Mal waren Hunt, Porringer, Kearns und Gatsby nebst ihren Frauen gegen Ende immer noch da, und bei dieser Gelegenheit wurde Hunt ein schon lange gehegter Wunsch erfüllt. Er tippte Warchow mit dem ausgestreckten Finger auf die Brust und sagte: »Georgey-Boy, wie ich höre, willst du mal die Hosen runterlassen und uns deine Botschaft zeigen.«
»Hosenrunter?« fragte Georgi. »Ich kenne diesen Herrn nicht!« Aber ich konnte sehen, wie er Boris blitzschnell einen Wink gab, woraufhin ihm Masarow kurz zunickte, um seine Zustimmung anzudeuten, und Warchow fuhr sogleich fort: »Ach, unsere Botschaft, natürlich können Sie unsere Botschaft anschauen, warum nicht? Alle.« Wir scharten uns hinter ihn, um die Räume zu sehen, durch die er uns führte. Es waren vier an der Zahl und groß wie Museumssäle. Entsprechend war auch die Ausstattung. Die goldene und weiße Möblierung in diesen Empfangssälen schien einer Hofdame Ludwigs XIV. oder Katharina der Großen angemessen, und in der Tat – so falsch war diese Einschätzung nicht; denn Warchow murmelte nun Hunt zu: »Möbel aus dem Magazin der Eremitage zu Leningrad.«

»Mein lieber Mann, habe gehört, das ist ein prächtiger Laden«, sagte Howard.
»Phantastisches Museum zaristischen Reichtums«, erwiderte Warchow.
Wir wanderten durch diese Säle mit ihren hohen Decken, dem ausladenden, zum Teil vergoldeten Stuck, den feierlich-alten Teppichen auf polierten Parkettböden, den Rokokostühlen mit ihren verblaßten champagnerfarbenen Sitzflächen und all den vielen Bildern von Lenin, Stalin – welchen Rang dieser Stalin doch immer noch einnahm! –, Chruschtschow, Bulganin, Peter dem Großen und Jagdszenen. Ich stand Lenin gegenüber und sah ihm in die Augen, und er erwiderte meinen starren Blick, bis ich merkte, daß ich vom Wodka betrunken war.
Noch mehr Wodka folgte. Ein Toast löste den anderen ab: Auf die Gipfeltreffen! Auf den Frieden zwischen den Völkern! Auf den Frieden auf Erden! Hurra, brüllten wir. Schließlich hatten wir einander so viele Jahre lang gegenseitig zu den potentiellen Herren der Welt hochgejubelt. An diesem Abend lösten wir auf einem Strom von Wodka eine Myriade Probleme, die morgen wieder da sein würden, aber heute abend, hurra, waren wir in der russischen Botschaft.
Hunt witzelte weiter mit Warchow herum. »Georgey, diese Räume sind für die Touristen. Laß uns mal was Richtiges sehen. Zeig uns die Teller im Spülbecken.«
»Oh, kann nicht. Keine Teller im Spülbecken. Sowjetisches Spülbecken sauber.«
»Das kannst du deiner Oma erzählen«, sagte Howard, und Dorothy erklärte: »Nur so eine Redensart.« Denn Warchow runzelte wieder fragend die Stirn. »Oma? Ist Oma von Onkel Sam?«
Hunts Wunsch wurde schließlich erfüllt. Man führte uns durch einige der Büros im hinteren Teil des Gebäudes, in denen schwere, in Rußland gefertigte Büromöbel standen, die sich aber ansonsten kaum von den unseren unterschieden. Als wir dort entlanggingen, fand Masarow Zeit, mir einen kurzen Blick zuzuwerfen – der einzige Hinweis an diesem Abend, daß er mich zur Kenntnis nahm. Ich konnte nur vermuten, daß er in meinem Gesicht Spuren jener Verwirrung zu erkennen hoffte, die er mit seiner Mitteilung beim Picknick ausgelöst hatte. Als hätten wir uns an jenem Sonntagnachmittag einige Peinlichkeiten geleistet, über die es den

Mantel des Schweigens zu breiten gelte, hatte Boris keine weiteren Einladungen mehr ausgesprochen, und Zenia behandelte mich wieder wie einen Wildfremden. Nichts mehr von jener Mütterlichkeit, die in ihrer Wohnung von ihr ausgegangen war, nur noch jene abstrakte, aber fast überwältigende Erotik, die signalisierte: »Du, Mann, ahnst nicht einmal, wie magisch, wie wunderbar, wie okkult das Labyrinth meiner Macht ist.« Aber es war wie gesagt eine abstrakte Erotik, die strahlte wie der Himmel über einer nächtlichen Stadt, der nichts über deren Leben verrät.

Nun gab mir Masarow den kurzen Wink, und das war alles, und wir streiften weiter, die Gläser in der Hand, durch verschiedene Büroräume. Dabei verloren wir einander genügend weit aus den Augen, daß ich, vielleicht für dreißig Sekunden, allein mit Sally Porringer in einer der Nischen stand. In ihrer Schwangerschaft war sie hübscher denn je zuvor, und mit einem, wie mir schien, akkuraten Gefühl für die Zeit, die uns blieb, ließ sich Sally so in einen Sessel fallen, lehnte sich weit zurück, zog die Knie an und spreizte die Schenkel. Sie trug keinen Slip, und meine Blicke hafteten auf den verlorenen Gebieten dort unten. Dann zog sie mit einer schnellen Bewegung ihren Rock herunter und richtete sich auf. Sie setzte die Füße gerade in dem Augenblick auf den Boden, als Sherman mit Dorothy Hunt hereinkam. In jenem kleinen Augenblick, in dem sie sich vor mir entblößte, hatte mir Sally zugeflüstert: »So ein Unsinn, die Zeit mit diesen Leuten zu vergeuden.« Ich empfand eine quälende Sehnsucht nach ihrem Körper, und diese Sehnsucht war so stark, daß ich noch Tage danach an nichts anderes denken konnte. Ich habe sie sogar angerufen und mich zum Narren gemacht. Sie hatte mich an einer fatalen Stelle zwischen dem Nabel und den Leisten getroffen. Zum erstenmal quälte es mich, daß ich sie nicht besitzen konnte, und Sally ihrerseits versicherte mir am Telefon immer wieder: »Ich brauche dich nicht mehr. Sherman ist jetzt wahnsinnig gut drauf und macht es mir *todas las noches*.«

»Sally, ich verzehre mich vor Sehnsucht nach dir«, rief ich in den Hörer.

»Na, wohl bekomm's«, lachte sie unbekümmert. Was muß ihr Rodeo-Daddy doch für ein Naturbursche gewesen sein!

26

Ich hatte noch nie zuvor einen solchen Heißhunger auf Sex verspürt. Eines Abends ging ich schließlich mit – wem sonst? – Sherman Porringer in dessen Lieblingsbordell, ein achtzig Jahre altes Vergnügungszentrum in der Altstadt voller Kronleuchter zwischen walnußgetäfelten Wänden. »Hab die Señoritas in letzter Zeit ein bißchen vernachlässigt«, gestand er mir, »aber das kommt daher, daß die alte Sally zur Zeit Paprika im Hintern hat.«
Es folgten einige geradezu überirdische Wochen. Überirdisch war das richtige Wort. Losgelassen auf Montevideos Bordelle, erfreute ich mich dieser Exkursionen mehr als ich je erwartet hatte, sah mich ganze Panoramen in Kittredges Phantasiewelten ausfüllen und gewann die Hure, die ich für eine Nacht nahm, oft genauso lieb wie Sally in unseren besten Zeiten. Erleichtert durch die Erkenntnis, daß es der Sex an sich war, den ich liebte, behandelte ich Sally, das arme Mädchen, in meinen Gedanken ebenso niederträchtig, wie sie mich behandelt hatte. In meiner Erinnerung war sie nichts als eine geile Stute, die mir gerade recht gekommen war, um mich in die Kunst der Liebe einzuführen. Kittredge mochte einst über meine Beschreibung von Alpha und Omega beim Sex und in der Liebe gelacht haben, für dieses neue Leben paßte meine alte These wie angegossen. Alpha vergnügte sich mit den Prostituierten, und Omega wurde der Hüter des Traums, ja, Omega liebte vielleicht noch immer die außergewöhnliche Mrs. Montague. Aber das machte mich keineswegs zum Sexualfaschisten, sondern eher zum weisen Hüter eines Hauses, das zwei auffallend verschiedene Individuen barg: den romantischen Liebhaber, der nicht mehr als eines gelegentlichen Briefes bedurfte, um seine Liebe zu bewahren, und der Sportsmann, der so besessen wie sein Vater hinter dem Fleisch der Frauen herjagte.
Natürlich war das Fleisch in den Bordellen von Montevideo nicht schwer zu finden. Ich erlebte die Freude des Anfängers über das zahlreiche Wild. Einen Monat lang oder zwei war alles ganz einfach: Das Bild von Sallys nacktem Arsch im Sessel der Sowjets hatte sich in meine Netzhaut und meine Lenden eingebrannt, und diese Kombination der Supermächte war mir ein Quell des Verlangens.

Porringer war am ersten Abend mein Führer, und er stellte mir beim ersten Durchlauf alle Mädchen vor: »Die Dunkle da mit dem fetten Hintern und den Riesenschenkeln ist besser als sie aussieht. Die hat da unten einen Schnabel, der's dir runterzuckelt, eisern, sag ich dir«, worauf die kleine Dicke mich mit breitem Grinsen begrüßte und ihre beiden Goldzähne zeigte. Dann deutete er auf eine andere: »Die hat die hübscheste Muschi, die du je im Leben sehen wirst, aber beim Rennen bringt sie den Hintern nicht in die Höhe.« Die so Beschriebene war ein geschmeidiges, schlankes, mürrisch dreinschauendes Mädchen, deren reizvollste Teile ihre Pobacken waren – »obwohl«, sagte Porringer, »warum auch nicht? Verdammt noch mal« –, er stieß mich mit dem Ellbogen an, als eine große, schlanke Schönheit die Treppe herunterkam, deren Haar im falschesten Purpurrot der Welt erstrahlte. »Die da hat nichts zu bieten als ihren Mund. Unten kannst du sie nicht berühren, sie ist krank. Aber ihr Mund ist sein Geld wert, und mit Penicillin überstehst du's ohne Schaden.« Er brach in schallendes Gelächter aus und nahm einen tiefen Zug von seinem Bier. Auch im Puff wirkte er wie ein Cowboy. Kein Wunder, seine Familie war schon vor dem Landraub von 1889 draußen in Oklahoma gewesen. Dies und noch mehr erfuhr ich an diesem Abend in der »Arboleda de Mujeres« (Frauenplantage) – was für ein Weiberhain! –, und ich gewann sogar Einblick in die Herkunft von Sally und Oatsie: Generation für Generation hatten ihre Familien in dieser weiten, scheußlichen Ebene gelebt, wo die puritanische Bescheidenheit mit dem Wind durch alle Ritzen pfiff – so stellte ich es mir wenigstens vor, ich wußte ja so gut wie nichts von Oklahoma –, wo es selbst für die primitivste menschliche Habgier so wenig Befriedigungsmöglichkeiten gab, daß dieser ständig unterdrückte Urtrieb des Menschen zuletzt die Seelen verkümmern ließ. Und ebendiese Habgier hatte sich nach generationenlangen Entbehrungen in dem Schwein Porringer und der Sau Sally Bahn gebrochen. Ja, ich dachte nicht nett von ihnen wegen der Wunden, die ich von ihr empfangen hatte – aber meine Gefühle würden Sherman kaum etwas ausmachen. Er sah sich selbst als Gardelegionär des amerikanischen Imperiums, als rechtmäßigen Eigentümer der Weiber in den Ländern, die er bereiste und in denen er nicht viel mehr suchte als delikates Futter für seinen alles verschlingenden Schwanz. Nur, galt diese

Charakterisierung – von allen regionalen Unterschieden unserer Herkunft abgesehen – nicht auch für mich?

Sogar ich, der ich mir an jenem Abend eine Stunde bei dem einen, eine zweite bei einem anderen Mädchen kaufte und mich auf diesen fremden Leibern freier fühlte als je zuvor in meinen fünfundzwanzig Jahren in der Park Avenue, bei den Knickerbocker Grays, den Matty Saints, mit der Punchbowle in Morey's et cetera et cetera, hatte dieses Gefühl, als hätte ich in unserem amerikanischen Jahrhundert eine Art verbrieftes Recht auf diese Weiber und vögelte da draußen für die Fahne. Auf diese Weise wandelte sich die bloße Besitzgier in eine noblere, ja patriotische Regung, und ein Gefühl durchdrang mich, als wäre ich endlich zum Kern aller Dinge vorgedrungen.

Während dieser Phase meines Nachtlebens besuchte ich ehemalige Herrenhäuser, die einst so prächtig wie die russische Botschaft gewesen sein mußten, und elende Schuppen am Rande von Slums mit Blechdächern und ungepflasterten Gassen. Ich besuchte Salons mit Séparées in Apartmenthochhäusern bei Los Pocitos, und einmal, als ich von Hunts Villa in Carrasco heimkehrte, fand ich ein gutgeführtes Bordell im Schatten des berühmten Kasinos. Die Mädchen dort kamen mir so entzückend vor wie Hollywoodstars, auch wenn die Dame meiner Wahl (weil ihre Brustwarzen so erstaunlich hoch in den Himmel standen) nur auf karge spanische Art ihre Pflicht erfüllte und kein Erdbeben in mir auslöste.

In einer anderen Nacht, die ich in einem Kellerpuff an einer eher ärmlichen Straße verbrachte, wo die Eichentische höckrig waren von den Narben der eingeschnitzten Initialen, die andere, ältere Initialen überdecken, geriet ich schließlich an ein kleines, dickes, lustiges Mädchen, dessen schwarze Augen vor Gerissenheit und Schabernack funkelten. Sie war entzückt, sich einen Amerikaner geangelt zu haben und begann mit ihrer Zunge alle mir bekannten Spalten meines Körpers zu erforschen, und auch ein paar, von deren Existenz ich nicht einmal wußte. In ihren Armen wagte sich sogar mein Omega aus seinen Kittredge-liebenden Räumlichkeiten hervor, und ich hatte das Gefühl, mich über die ganze Stadt hinweg zu ergießen. Als ich den lustigen kleinen Fettkloß danach in den Armen hielt, wußte ich, wieso Männer mitunter Frauen heiraten, die sich nur auf eine einzige Kunst verstehen.

Ich liebte das Dekor und die Einrichtung der Bordelle. Sie mochten

blitzsauber oder schmuddelig, luxuriös oder schlicht, Bars oder Salons sein – immer waren die Lampen schummerig und die Musikboxen wahre Meisterwerke aus bunten Glühbirnen und Kaskaden von Neonröhren. Freudig konnte man hier sein Geld, sein Herz, seine Gesundheit, ja, sein ganzes Ich aufs Spiel setzen. In den folgenden Monaten holte ich mir zweimal einen Tripper und einmal die Syphilis, aber Montevideo war nicht Berlin, und man konnte sich jedem Arzt an jeder Straße anvertrauen und sich von ihm behandeln lassen, ohne daß er an höherer Stelle Bericht erstattete. In Berlin hatte man für jedes Abenteuer den voraussichtlichen Preis gewußt – hier, in einem Teil der Welt, wo eine schlammige Flut still ans Ufer schmatzte, gehörte die Ansteckung schon fast zu einer guten Exkursion.
Überflüssig zu sagen, daß diese Streifzüge nachtein nachtaus nur möglich waren, weil ein Teil von mir Kittredge nun mehr liebte als je zuvor. Da ich sie jetzt nicht mehr mit einer knochenharten, kleinen amerikanischen Cheerleaderin betrog, sondern sie vielmehr mit einem ganzen Ensemble ihrer Geschlechtsgenossinnen umgab, schämte ich mich nicht meines Tuns, obgleich es sich dabei zum größten Teil um arme Südamerikanerinnen handelte. Im Gegenteil, ich war erfüllt von einem fast wissenschaftlichen Interesse, denn ich ging von der Voraussetzung aus, daß äußerlich ähnliche Frauen sich auch in der Liebe ähnlich verhalten – eine Hypothese, die auch nicht dümmer ist als viele andere. Ich redete mir sogar ein, dieser schnelle Verlust meiner Unschuld könnte meiner künftigen Arbeit in der Agency nur förderlich sein. Menschenkenntnis ist ja ein Teil der Macht, die man braucht, um diesen Beruf auszuüben.
Wenn ich am Anfang eine Periode durchlebte, in der mir das Herz im Halse schlug, wenn ich allein in die Bordelle ging, da ich ständig fürchtete, man könnte mich als CIA-Offizier entführen, einsperren, foltern, so machten diese Befürchtungen bald der Erkenntnis Platz, daß Laster und Gewalt einander in diesem Fall aus kommerziellen Gründen feindlich gegenüberstanden – nirgendwo auf der Welt ist ein randalierender Trunkenbold verpönter als in einem Bordell in Montevideo. Daß ich rasch den alten Trick lernte, zuallererst dem Rausschmeißer ein Trinkgeld zu geben, wies mich als weltläufigen Amerikaner aus. Die wahre Gefahr, das erkannte ich bald, war nicht die Bedrohung durch den Feind, sondern die

Einsamkeit, dieses unabweisbare Gefühl der Einsamkeit. Bald schon überkam es mich mitten auf einer Sauftour. Symptomatisch war eine Nacht in einem billigen Hurenhaus namens »El Cielo de Húsar« nahe den Docks, und dieser Husarenhimmel war ein verfallenes, rund 150 Jahre altes Haus, in dessen Salon früher Pferde gestanden haben müssen, und so erinnerte es mich an den »Stall« in Georgetown. Hier aber gab es Risse im Verputz und Rattenlöcher in den Wänden, an den Fußenden der welligen Betten lagen schmutzige Laken, und die Huren waren mürrisch. Daß ich an jenem Abend dort landete, lag daran, daß ich in ähnlicher Stimmung war wie sie, und ich vollzog den Akt mit meinem Mädchen auf überraschend oberflächliche und mechanische Weise, wenn man bedenkt, wie ernst ich ihn nahm, da ich ja schließlich dafür bezahlte (die Hubbards sind von Natur aus immer knauserig gewesen). Gewöhnlich versuchte ich Frauen zu wählen, die ein bißchen Kunstfertigkeit oder Zeremoniell in diese Schändung der ewigen Sakramente einbrachten – man kann einen Jungen vielleicht aus der Kirche holen, aber niemals St. Matthew's aus einem Jungen herausholen –, doch diesmal fühlte ich mich selbst dafür zu einsam, und die Trunkenheit vermochte nichts daran zu ändern. Schon am Nachmittag hatte ich in meiner Verzweiflung darüber gegrübelt, ob Sally Porringer und ich, allen Risiken zum Trotz, nicht doch als Mann und Frau – mit Kind – zusammenleben könnten. Doch die Vorstellung, daß der Kopf meines Kindes bei einem der letzten ehelichen Akte vom Schwanz Porringers eingedellt worden sein könnte, vertrieb derlei Träume. So morbide waren meine Gedanken geworden, daß sie mich bis in jene Nacht im »Himmel des Husaren« verfolgten, und während ich da auf einem Stück Fleisch herumrutschte, dachte ich darüber nach, ob ein Mann das Stadium der Verworfenheit erreicht hat, wenn sich das Fleisch, das er in seinen Krallen hält, wie Gummi anfühlt. Während ich meinen halbdemoralisierten Soldaten noch einen trunkenen Hügel hinaufzuscheuchen suchte, konnte ich aus den Zimmern zu beiden Seiten das lange, professionelle Gestöhne zweier Huren hören, als sie im Einklang mit ihren Freiern kamen oder wenigstens so taten. Ihre Stimmen hallten hinaus in die kalte südamerikanische Nacht; die Hure links von mir schrie: »Hijo, hijo, hijo« – »mein Sohn! mein Sohn!« –, während die zu meiner Rechten »Ya, ya, ya« grunzte. In diesem Augenblick wußte ich, wie man sich fühlte als einsamster Mann der Welt. Nachdem ich mich den öden Hügel des Genusses hinaufgemüht hatte, der mir an jenem Abend beschieden war, zog ich mich rasch an und ging die Treppe hinunter an die Bar zu einem Drink, den ich zur Hälfte stehenließ – konnte es etwas anderes als das Ende meiner Jugend bedeuten, wenn ich Drinks, für die ich bezahlt hatte, nicht austrank? Jedenfalls verließ ich El Cielo de Húsar, um zu der Garage zu gehen, in der ich meinen Wagen vorsichtshalber untergestellt hatte.

Auf dem Weg dorthin traf ich Chevi Fuertes. Es war kein Zufall, sondern geradezu ein Wunder. Der Anblick seines breiten, lächelnden Schnauzbartgesichts erschien mir wie ein Wink der Vorsehung. Ich stand nicht mehr am Ende meines ersten großen Lebensabschnitts, sondern steckte nur in einem schlechten Abend, der gerade eine Wendung zum Besseren genommen hatte. Wir gingen weiter zur nächsten Bar, um etwas zusammen zu trinken, und als rund fünfzehn Minuten später der CIA-Mann in mir wieder genügend Tritt gefaßt hatte, um sich der Gefahr, man könnte uns zusammen sehen, bewußt zu werden, beschlossen wir, in meinen Wagen zu steigen und hinaus an die Bucht von Los Pocitos zu fahren – um eine liebe Freundin von Chevi, Señorita Libertad La Lengua, wie er sagte, zu besuchen, die in dieser Nacht nicht arbeiten würde. Ich glaube, ich hätte mehr darauf achten sollen, wie er das Wort »Señorita« Libertad La Lengua betonte.

27

10. April 1958, spätabends

Liebste Kittredge,
es ist Wochen her, seit ich Dir den letzten Brief geschickt habe, aber ich muß mich dafür wohl auch nicht entschuldigen. Denn schließlich hast auch Du mich noch nicht in Draculas Höhle eingeführt. Ich habe aber etwas erlebt, das ich Dir erzählen will: Ich bin Libertad La Lengua begegnet, der legendären Libertad.
Laß mich Dir berichten, wie es dazu kam. Ich mußte mich letzten

Donnerstag mit Chevi Fuertes treffen. Es war ein elender, verregneter Abend, ich fühlte mich so einsam und sehnte mich nach Deiner Gesellschaft, daß ich, ich schwöre es, geradezu einige von diesen Mulis riechen konnte, die vor hundert Jahren in Deinem Wohnzimmer verendet sind. Wie weit Georgetown doch entfernt ist! Man kommt sich hier am A... der Welt vor. So ähnlich waren jedenfalls meine munteren Gedanken, als Chevi Fuertes die unverzeihliche Kühnheit besaß, mich in meinem Hotelzimmer anzurufen. Natürlich hatte er ein Taschentuch über die Sprechmuschel seines öffentlichen Telefons gelegt, und ich muß zugeben, daß ich seine Stimme nicht erkannte. Er ist halt ein Spitzbube. Er lispelte so, als planten wir eine wilde schwule Schmuserei. (Gott, wenn der KGB da mitgehört hat! Stell Dir all die homosexuellen Agenten vor, die man in den kommenden Monaten auf mich hetzen würde. Hubbard, das Juwel der Anden!)
Nun, es war ein Scherz. Chevi wollte nur, daß ich ihn mit dem Wagen mitnahm zum Safe house in Los Pocitos. Zu weit mit dem Bus. Ob ich ihn abholen könnte? Kittredge, sollte ich jemals Abteilungsleiter ausbilden, werde ich ihnen sagen, sie sollen erst mal fischen lernen. Man zieht bis zu dem Augenblick, an dem man nachlassen muß. Das war so ein Augenblick. Ich las ihn an einer Bar auf, und wir fuhren hinaus zum Safe house.
Es sollte eigentlich nur ein Routinetreffen werden. In letzter Zeit, wenn Du Dich erinnerst, hat er uns auf seine typisch brummige Art Informationen über die MRO geliefert, beklagte sich aber, wir benutzten ihn als Spitzel. Jeder MRO-Führer, den er uns namhaft gemacht hat (im ganzen vier), liegt inzwischen im Krankenhaus. »Ich bin unermeßlich dumm«, sagte Chevi zu mir. »Es ist völlig ausgeschlossen, daß Peones und seine Schlägertrupps nicht für euch arbeiten.«
Als ich widersprach: »Peones hat seine eigenen Informationsquellen«, fing Chevi an zu lachen.
»Ich könnte Dir viel von Peones erzählen«, sagte er. »Ich kenne ihn gut. Ich bin schließlich mit ihm aufgewachsen.«
»Ja?«
»In Montevideo wächst jeder mit jedem auf. Peones ist ein widerlicher Schläger. Und ein gefährlicher Mann.«
»Ja?«
»Auf höchster Ebene gilt er als Narr.«

»Warum sagst du das?«
»Ich erzähle es dir, weil ich es für richtig halte. Hätte ich es nicht beschlossen, würdet ihr auch mit der Folter nichts aus mir herausbringen.«
»Ich weiß.«
»*Por fortuna!*« Aber er freute sich doch, daß ich ihn ernst nahm. »Pedro Peones«, fuhr er fort, »ist wahnsinnig in eine Prostituierte verliebt, die eine Freundin von mir ist. Er liebt sie so sehr, daß er euch alle verraten würde, wenn es sein müßte.«
»Könnte dieser Fall je eintreten?«
»Wer kann das sagen? Oberflächlich betrachtet ist es unwahrscheinlich. Die Frau, Señorita Libertad La Lengua, ist eine primitive Kapitalistin. Die Akkumulation des Kapitals ist alles, was sie interessiert. Weshalb sollte sie wollen, daß Peones irgendeinen von euch betrügt?«
»Unter Geschäftsleuten kann es immer zu Zwistigkeiten kommen.«
»*Muy jocoso.*«
»*Jocoso?*«
»Sehr witzig«, sagte Chevi. »Sie würde ihn nur dann drängen, euch zu betrügen, wenn es sich für sie lohnte. Wenn die Russen ihr zum Beispiel ein Angebot machten, das sie nicht ablehnen könnte, würde sie gewiß auch Peones dazu bringen, für den KGB zu arbeiten.«
»Sie muß sehr beeindruckend sein.«
»Unglaublich. Sobald du sie erst einmal kennengelernt hast, wirst du verstehen, was ich meine. Ihre Kräfte sind einmalig.«
»Ja, aber wann werde ich sie kennenlernen?«
»Heute abend. Wir besuchen sie.« Er setzte sich neben das Safehouse-Telefon und sagte: »Peones besucht diese Dame immer am Donnerstagabend. Früh. Er geht am Morgen zur Frühmesse, verbringt den späten Nachmittag mit seiner Familie und kann es kaum erwarten, am Abend mit ihr zusammen zu sein. Sie empfängt ihn zu Haus. Dann geht er wieder. Sie wartet auf meinen Anruf. Soll ich dieses Telefon benutzen?«
»Ist das nötig?«
»Nein. Sie erwartet mich.«
»Und wer, wirst du sagen, bin ich?«
»Ein amerikanischer Freund, der fürs State Department arbeitet.«

»Du willst ihr sagen, daß du, ein Kommunist, mit Amerikanern aus dem State Department verkehrst?«
»Sie interessiert sich nicht für Politik.«
»Chevi, ich kann unmöglich mitkommen.«
Er fing an zu lachen. »Ich habe ihr überhaupt nichts erzählt. Ich werde nur sagen, daß du ein Amerikaner mit einem Haufen Geld bist und daß man es dir leicht abknöpfen könnte.«
»Und wenn ich ihre Dienste kaufen möchte?«
»Es sind keine Dienste. Es sind Opfer.«
»Liebst du sie?«
»Ja.«
»Aber es würde dir nichts ausmachen, wenn ich ihre ›Opfer‹ gegen Bezahlung in Anspruch nähme?«
»Sie ist eine Kurtisane. So ist es nun einmal. Ich akzeptiere das.«
»Nun, wenn sie eine Kurtisane ist, kann ich sie mir ohnehin nicht leisten.«
»Nein, das glaube ich nicht.«
Kittredge, wir reden tatsächlich so miteinander. In der Ausbildung lernen wir zwar, daß man zu Agenten nicht so freundlich sein soll, aber wir haben uns von dieser Basis aus weiterentwickelt. Natürlich weiß er ebensogut wie ich, daß ich es, obgleich ich vielleicht ab und zu ein Bordell besuche – lächle nicht so höhnisch über dieses simple Bedürfnis –, niemals wagen könnte, mich auf derart ruinöse finanzielle Verpflichtungen einzulassen, wie sie eine Frau dieser Art mit sich bringen würde. Außerdem könnte es kompromittierend sein. Wir haben dank der Abteilung für die Westliche Hemisphäre eine Akte über sie – genug, um zu wissen, daß sie in Havanna Verbindungen nach beiden Seiten hatte: zu Batista und zum Castro-Untergrund. Aber diese doppelseitige Beziehung gibt dann doch den Ausschlag, daß ich meinen Agenten bei seinem Besuch begleite. Hunt tendiert zum Positiven. Er nimmt gern an vielversprechenden Aktionen teil. Ich kann Howard immer erzählen, ich sei mitgegangen, um sie zu taxieren. Wenn sie irgendwelche linken Sympathien hegt, und diese immer noch virulent sind, müssen wir mehr darüber wissen. Stell dir vor, wie sie Peones umdrehen könnte, wenn sie auch nur halb so mächtig ist, wie es heißt.
Also fuhren wir zu ihr. Sie wohnt ebenfalls in einem dieser Apartmenthochhäuser, nur ein Stück hinter dem, wo Boris und

Zenia leben. Mich erstaunt die Vorliebe so vieler Leute, die sich etwas Besseres leisten könnten, für diese glatten, nackten Hochhäuser, von denen man auf ein unbewegtes, schwärzlich graubraunes Meer hinaussieht – aber ich streite mich deswegen nicht mit ihnen herum. Man kommt dadurch wenigstens mal in einen zehnten Stock hinauf. Sie wohnt natürlich im sechzehnten Stock und in einem Penthouse – darunter macht sie's nicht.

Auf der Fahrt zu ihr ist Chevi in einer bei ihm ganz ungewohnten Stimmung, nämlich launisch und voller Schnapsideen. Er hat zum Beispiel verlangt, daß wir ungeachtet des dichten schnellen Verkehrs die Rambla überqueren – ein zweifelhaftes Unternehmen bei Tag, das nachts geradezu gefährlich sein kann, und doch fühlt er sich nach all den selbst heraufbeschworenen Gefahren so sehr im Recht, daß er einem Fahrer, der zweifellos zu nahe an uns vorbeigeflitzt ist, ein paar wilde Verwünschungen nachschreit, wobei er zur Bekräftigung seines Fluchgeheuls den Mittelfinger gen Himmel streckt. Ich frage mich, ob er es für einen wirksamen Fluch hält. Dann besteht er darauf, daß wir Schuhe und Strümpfe ausziehen und mit aufgerollten Hosen den Strand entlangschlurfen, die Schuhe in der Hand, der Mond scheint auf unseren Weg, und eine sanfte Brandung rollt mit leuchtenden, schäumenden kleinen Kräuselwellen auf uns zu. Ich frage mich, weshalb er diesen Umweg wählt, bis mir klar wird, daß er mir die sexuellen Beziehungen zwischen Libertad La Lengua und Pedro Peones beschreiben will – dafür aber reicht eine banale Umgebung nicht.

»Sie hat einmal gesagt«, erzählte mir Chevi weiter, »»keine Frau kann die Männer so gut kennen wie ich. Ich nähere mich meinem Besucher wie einem Rätsel, einem Labyrinth. Jeder Mann besitzt ein Schloß, zu dem nur ich den Schlüssel finden kann.‹«

»Chevi«, protestiere ich. »Libertad kann unmöglich so reden.«

»Tut sie aber. Ein Grund ist, daß ich ihr viel beigebracht habe. Ich habe sie mit dem Werk von Borges bekannt gemacht. Liest du Borges?«

»Nein.«

»Du solltest ihn auf keinen Fall lesen. Auf nur fünf Seiten faßt er die Sinnlosigkeit der nächsten zehn Jahre deines Lebens zusammen. Besonders deines Lebens. Ganz gleich, welche fünf Seiten du nimmst.«

Ich war verärgert genug, um zu erwidern: »Erfreue du dich nur der

Absurdität deines Lebens. Mit dem meinen werde ich schon fertig werden.« Chevi brüllte vor Lachen. Es war ihm gelungen, den Koloß aus dem Norden an den Haaren zu zupfen.
Nun, ich glaubte noch immer nicht, daß Libertad von Schlössern und von Labyrinthen sprach. »Borges hin, Borges her«, sagte ich zu ihm, »kein menschliches Wesen kann ein anderes so genau ausrechnen.«
»Sie kann es«, sagte Chevi.
»Wie macht sie Liebe mit dir?«
»Das ist sakrosankt.«
»Du ziehst es also vor, deine Andeutungen nicht auszuführen.«
»Ich will dir sagen, wie sie mit Pedro Peones Liebe macht.«
»Ja, und?«
Er brüllte wieder los. Dabei trat er mit seinen bloßen Füßen Klumpen nassen Lehms los, und schließlich fing er an, es mir in allen Einzelheiten zu erzählen.
Kittredge, es ist schockierendes Zeugs, und ich möchte es auch gar nicht mit seinen Worten berichten, mit denen er nicht nur meine Kenntnisse in der Sprache der Slums von Montevideo, sondern auch hinsichtlich gewisser Ausdrücke testete, die er in Harlem aufgelesen hatte, Rotwelsch wie »Pervy« und »Weichknutschen«, »Brand« und »Stückpforte«, »Arschfick«, »Bumsen« und so fort, ob du's glaubst oder nicht. Das Spanische war wenigstens funktionaler. »Vagón de cola«, was, glaube ich, ein Dienstwagen ist, »Seña de pantalones«, ein scheußliches Bild, das korrekt übersetzt »die Brüste der Hosen« bedeutet, und ein absolutes Höllenwort, »Tubo de salida de gases«, was Du, dessen bin ich sicher, übersetzen kannst. Wenn nicht, wird »Abgasrohr« die Sache treffen. Chevi lieferte seine Beschreibung mit einer unentwegten Begleitung von Kicherlauten, lustvollen Schluchzern und Glucksgeräuschen, was meine Achtung für ihn doch etwas beeinträchtigte. Klammheimliche Schuldgefühle, dazu Frohsinn und Schadenfreude zugleich sprachen aus ihm. Es war wohl seine katholische Erziehung, die sich da Bahn brach, dazu diese typisch lateinamerikanische Verachtung, diese Lust an Hohn und Spott. Gott, sind diese Uruguayer aufs Fleisch fixiert, und natürlich führt alles Fleisch letztlich zum Kapitol allen Fleisches: den Hinterbacken. Ich weiß jetzt, wo die Lateinamerikaner glauben, daß der Teufel wohnt.

Jedenfalls legt sich Pedro mit blankem Hintern auf Libertads Bett. Libertad, ganz in schwarzes Leder gekleidet, beginnt ihn zu schlagen. Pedro Peones, groß und fett wie ein Walroß, liegt da auf dem Bauch auf zwei großen Kissen, so daß sein Hintern, so Chevi, *como dos melones gigantescos* aussieht, und sie peitscht ihn sanft und hört nur auf, wenn ihm vor Schmerz der Schaum in die Mundwinkel tritt. Dann fängt sie an, ihn zu beißen, eine präzise Arbeit, die an den exponierten Stellen seines Körpers die fein plazierten Abdrücke ihre Zähne hinterläßt, und wenn er dann in einer Mischung aus Schluchzern, Schmerz, Scham und Vergnügen vor sich hinwinselt, beginnt sie ihn anzuschmachten: »Oh, Pedro, *mi peón* (Knecht), *mi pene pequeño* (kleiner Penis), *mi perdiz* (Rebhahn), *mi perfidia* (Miststück), *mi perla* (Perle), *mi permanganato* (ja, Granatapfel!), *mi perniciosa pedazo de pechuga* (mein häßliches kleines bißchen Titte), *mi pelado culo* (mein kahler Hintern), *mi pepino Persa* (meine persische Gurke), *mi perseguidor* (mein Verfolger), *mi pérsico* (mein Pfirsich), *mi pezuna* (meine Bestie), *mi pétalo* (Blumenblatt), *mi peonia* (Pfingstrose), *mi pedúnculo* (mein Blütenstiel), *mi peste* (meine Pest), *mi picarote* (mein Betrüger) und dann, nachdem sie seine Ohren mit ihren Alliterationen in Pflanzen verwandelt, seine Backen mit den Zähnen angebissen und ihn mit einer Peitsche gezüchtigt hat, beugt sie sich über ihn, murmelt *Vaya con Dios, ya, ya, ya* und gibt ihm, ja, Kittredge, einen langen innigen Kuß *sub cauda*, worauf Peones meinem Informanten nach mit einem gewaltigen Fluch antwortet *Madre del Dios* und mit seinen *Emisiones las mas cataratas* die Kissen näßt – Fuertes' letzter Schnörkel zu diesen Vorgängen.

Er hat wohl in vieler Hinsicht übertrieben, und als er fertig war, weigerte ich mich, ihm zu glauben. Doch, beteuerte er mir, das seien exakt Libertads Worte gewesen, die sie Pedro gegenüber gebraucht und ihm weitererzählt habe, und er beschwor es mir mit einem Eid als Mann, als Liebhaber und als treuloser Agent. Er spricht wirklich so, wenn eine Erzählung ihn mitreißt, und dann fügte er hinzu: »Das ist also das wahre Bild des Polizeischlägers, des Meisterprüglers Peones, das ist sein Vergnügen. Das ist das zarte, wenn auch verborgene Gesicht unseres Sadisten.«

»Und du liebst Libertad trotz dieser Praktiken?«

»Sie erzählt mir von ihren Erlebnissen. Das ist ihr Liebesgeständnis. Natürlich kannst du das nicht verstehen. In deinem Land

haben ja auch die religiösen Zeremonien längst jeden wahren Glaubensinhalt verloren.«
Weißt du, manchmal glaube ich, Chevi ist nur deshalb ein amerikanischer Agent, um ja keine Gelegenheit auszulassen, uns seine Verachtung über unsere Errungenschaften, Sitten und Moral auszudrücken.
Nun möchte ich dich aber über Libertad nicht länger auf die Folter spannen. Wir fahren im Aufzug nach oben, läuten an der Tür, und da steht sie. Ich weiß nur, daß ich einem unglaublichen Geschöpf gegenüberstehe. Das blondeste Blond meines Lebens, ein wahrer Glorienschein aus Platinhaar umgibt ein herzförmiges Gesicht voller Grübchen. Ihre geheimnisvollen, tiefblauen Augen sehen mich aus Linien von dunkler Wimperntusche an, nur ihr Mund – welch ein karmesinroter Mund – ist ein bißchen zu plump und zu groß – ich starre einen Engel an, einen Engel mit einem Herzen wie eine Bienenwabe: voller Honig und Gier. Mein erster Eindruck: Jean Harlow steht mir gegenüber. Mein zweiter: Keine Frau, die ich je gesehen habe, hat einen solchen Gang. »Hallo«, sagt sie auf Englisch mit einer tiefen, heiseren Stimme, »bitte kommen Sie herein.« Sie wendet sich von der Tür ab und führt uns durch ihr Wohnzimmer hinaus auf ihren Penthouse-Dachgarten, wo wir an der Brüstung stehen und sechzehn Stockwerke tief hinabsehen aufs Meer. Sie hat das so rasch gemacht, als wolle sie nicht, daß ich ihr Gesicht lange im Licht sehe. Vielleicht ist sie älter, als ich erwartet habe, vielleicht zehn Jahre älter als Marilyn Monroe, wenn auch mindestens zwanzig Jahre jünger als Mae West, aber was für ein Gang! Darin kann sie sich mit jeder Dame messen. Ihre Waden sind bezaubernd, ihre Schenkel die einer Löwin. Ihre Bewegungen sind atemberaubend, wenn sie sich dazu herabläßt. Ich habe die Harlow, die Monroe und Mae West genannt – Libertad ist ihnen ebenbürtig, ist wie sie Mitglied einer Art von Sex-Partei, deren Satzung der Dollar ist. Der Dollar sagt: »Ich bin Geld, zuerst, zuletzt, immer; ich habe mehr Substanz als ihr alle, die ihr mich anstarrt.« In diesem Sinne ist Libertad also eine Göttin des Sex. In ihrer Gegenwart begreife ich zum erstenmal, wie es sein muß, einem Filmstar zu begegnen.
Nun, ich muß die Wahrheit sagen. Es ist gar nicht so angenehm, sondern eher beunruhigend, sie so unglaublich anziehend zu

finden. Zum erstenmal, seit ich Dir in der Keep begegnet bin, hat mich der Anblick einer Frau so überwältigt.
Sie hat nicht mehr gesagt als: »Bitte kommen Sie herein.« Und jetzt, auf dem Balkon, greift sie in ihr Silbertäschchen, das zu ihrem silbernen Lamékleid paßt – sicher nicht das Outfit, das sie trägt, wenn sie die Peitsche schwingt –, und kaum hat sie die Zigarette herausgenommen, da ist Chevi auch schon mit seinem Feuerzeug über ihr. Sie zündet sie an, sie atmet den Rauch ein, so tief, so selbstverständlich, als verrichte sie ihre Andacht. Ich erinnere mich an einen Kaplan der Episkopalkirche in St. Matthew's, der das Kreuz mit einer so großen Konzentration auf das Leiden des Herrn schlug (jedenfalls drückte es der Kaplan so aus), daß Du das Leiden Christi in Deiner Brust spüren konntest. Und jetzt überwältigte mich die Feierlichkeit, mit der ein Feuerzeug an das Ende einer Zigarette geführt wird. Ich habe noch nie die Gesellschaft einer so weiblichen Person genossen. Mir war, als sähe ich eine der Hohenpriesterinnen der Antike, und um so verzerrter erscheint mir Chevis Beschreibung ihres Aktes mit Peones. Hat sie nicht eher eine Art Schwarze Messe auf ihm zelebriert und ihm des Teufels Sakramente gespendet? Ich habe ein Gefühl, als ob ich im Begriff stände, meine Seele zu verkaufen. Ich beobachte sie angespannt, jede ihrer Bewegungen. In ihr scheinen die Künste aller attraktiven Frauen, denen sie je begegnet ist, zusammenzufließen. Sie muß ganz Omega sein. Wo sind in ihrer Nähe die Narben und Kerben unserer rohen Alltagswelt? Ich kann die Augen nicht von ihren Brüsten abwenden. In dem Licht, das in den Innenhof fällt, scheinen sie groß und wundervoll geformt, und geheimnisvoll wirkt das Tal zwischen diesen Hügeln, das so tief wie ihre Stimme ist.
Bald wird mir klar, daß sie von meiner CIA-Zugehörigkeit weiß; offenbar hat sie Chevi bedeutet, er möge mich zu ihr bringen.
»Gefällt Ihnen Ihre Arbeit?« fragte sie mich mit einem leichten Südstaatenakzent. – »Ihr Englisch ist gut«, erwiderte ich.
»Ich habe mein Englisch von einem Amerikaner gelernt«, sagte sie.
»Einem wohlhabenden Texaner«, fügte Chevi hinzu, »in Havanna. Er war ihr Beschützer.«
»Mein Beschützer«, wiederholte sie so feierlich, als ob der Mann diese Ehre sein Leben lang wie eine Auszeichnung tragen würde.
»Ein Freund des amerikanischen Botschafters in Kuba«, warf Chevi ein.

»Einer von euch«, sagte Libertad zu mir.
»Ich kann mir nicht vorstellen, daß einer meiner Landsleute nicht Ihr Beschützer sein könnte«, sagte ich, aber diese Bemerkung fand keinen Widerhall, und ich fragte mich, ob ihr Englisch wohl nur aus zwei Dutzend nützlichen Sätzen besteht.
»Einer von euch«, wiederholte Libertad.
»Vielleicht will sie damit sagen, daß sie noch einen kennenlernen möchte«, fügte Chevi mit schlauem Grinsen hinzu.
»Mr. E. Howard Hunt«, sagte sie entschlossen.
»Oh«, gab ich etwas verwirrt zurück, »er ist sehr gut verheiratet.«
Ich gestehe, daß der Gedanke, die beiden miteinander bekannt zu machen, plötzlich einen sonderbaren Reiz auf mich ausübte.
Sie zuckte die Achseln und schürzte verächtlich die Lippen, als ob sie sagen wollte: »Was spielt das schon für eine Rolle?« Wir kehrten ins Wohnzimmer zurück. Es ist phantastisch eingerichtet mit aufwendigen Kopien verschiedener Stile: Queen Anne, Louis Quatorze, Duncan Phyfe und dem spanischen Kolonialstil. Alle Täfelungen an den Wänden sind mit Blattgold verziert. Kissen und Polster aus Satin liegen überall, und unsere Füße stehen auf einem sicherlich wahnsinnig teuren, strahlend bunten Teppich, dessen Kunstwert jedoch nur in der Unzahl von Farben besteht – Gott, welch eine Kraft steckt doch im Kitsch! Ihr Wohnzimmer sieht aus wie ein Liebesnest im Schaufenster eines Möbelladens. Sogar die Aschenbecher sind so groß wie Fruchtschalen.
Sie ist immer noch bei E. Howard Hunt: »Ist Mr. Hunt nicht ein Busenfreund von Benito Nardone?«
»Sie meinen den Politiker«, frage ich, »den Führer der Ruralistas?«
Chevi grunzt verächtlich. »Du weißt sehr gut, daß er jetzt als Präsident von Uruguay kandidiert.«
»Weiß ich«, gebe ich zu.
Libertad lächelt breit. Ihre Gegenwart wirkt immer noch wie ein Zahlungsversprechen. Ich erkenne allmählich, daß eine Kurtisane ähnlich wie ein Spitzenathlet eine Art gerichtete Kraft ist, die sich nur auf ein Ziel konzentriert: Sie möchte E. Howard Hunt kennenlernen, der sie mit Benito Nardone bekanntmachen soll. Natürlich.
Ich erwidere altklug: »Nardone macht viel Wind, aber er hat keine Chance. Die Colorados haben seit hundert Jahren alle Wahlen gewonnen.«

»Dieses Jahr«, sagt Libertad, »werden die Blanco-Ruralistas gewinnen, Nardone wird gewinnen, und Ihr Howard Hunt wird mich ihm vorstellen.«
Die Einseitigkeit ihrer Absichten verletzt mich. Ich muß erkennen, daß sie in mir nur eine Stufe auf einer langen Treppe sieht, die sie hinaufgeht. Natürlich bin ich noch immer von der Aura ihrer Weiblichkeit gebannt, aber ich frage mich, ob ich es nicht mit einer Gewalt zu tun habe, deren Berührung persönlich, deren Stimme intim wirkt, die aber wie der Wind nicht zu fassen ist.
Unser Gespräch gerät ein wenig ins Stocken. Ich frage sie, weshalb sie sich nicht von Peones vorstellen läßt, aber die Antwort liegt so sehr auf der Hand, daß sie nur lächelt. Nardone wird sie natürlich höher schätzen, wenn die Begegnung durch unseren Stationschef zustande kommt. So nicke ich nur vieldeutig und stehe auf, um zu gehen. Zu meiner Überraschung kommt Chevi mit. Sie umarmen sich wie alte Freunde, er tätschelt ihr höchst respektvoll und zärtlich den Hintern und küßt ihr dann mit einer kreisenden Bewegung seines Schnauzbarts die Hand. Sie wiederum drückt einen Kuß auf meinen Mundwinkel, woraufhin meine Wange zuckt, als habe man sie mit einer Vogelfeder berührt. Dann erinnere ich mich daran, was ihr Mund an diesem Abend gelutscht hat, und mein Gesicht brennt wie Feuer.
»Sie werden mich Mr. E. Howard Hunt vorstellen«, sagt sie.
»Ich will sehen, was ich tun kann«, sage ich ausweichend, weil ich schon nicht mehr die Kraft habe zu widersprechen.
Als wir im Aufzug hinabgleiten, bin ich schon ziemlich wütend auf Chevi. Ich halte mich aber noch zurück und sage nichts, bis wir auf der Straße sind, aber dann bin ich derjenige, der darauf besteht, die Rambla trotz des rasenden Verkehrs zu überqueren. Selbst als wir es geschafft haben und auf dem Sand in Sicherheit sind, kämpfe ich immer noch gegen meinen Zorn an.
»Wie konntest du mich einer so kompromittierenden Situation aussetzen?« frage ich schließlich. »Und du willst mein Freund sein.«
»Ich«, sagt er, »diene treu und aufopfernd deinen Interessen. Ich wollte nur, daß du dir eines der seltenen Artefakte ansiehst, die mein Land hervorgebracht hat, ein echtes Sinnbild des uruguayischen Genius – eine große Hure.«
»Hör auf«, sagte ich. »Du bist einfach nicht vertrauenswürdig.«

Nach meinem Wutanfall ist er zu meiner Überraschung recht kleinlaut. Ich frage mich, ob ich nicht schon vor Monaten diesen Ton hätte anschlagen sollen. Das Problem ist jedoch, daß meine Gefühle mir nicht bedingungslos gehorchen. »Wie konntest du nur so egoistisch, so dumm, so unvorsichtig sein!« rufe ich aus. »Man sollte dich abhängen!«
»Still, die Leute schauen schon«, sagt er und deutet auf ein Liebespaar, das über hundert Meter entfernt auf einer Stranddecke alle viere von sich streckt. Schauen sie zu uns herüber? »Laß uns zurück zum Safe house gehen. Ich will versuchen, es dir zu erklären.«
»Denk daran, daß du nicht unersetzlich bist. Du hast in der Tat etwas zu erklären.«
Er tut es. Wir sitzen einander im Safe house gegenüber. Nach Libertads Salon fühle ich mich zwischen diesen grausigen Konfektionsmöbeln so wohl wie in einem ordentlich gestärkten Hemd. Ich merke plötzlich, daß meine Entlassungsdrohung Chevi in Angst und Schrecken versetzt hat. Wir zahlen ihm jetzt hundert Dollar die Woche, woraus mit Spesen oft hundertundzwanzig oder mehr werden, und er kann es sich kaum leisten, das aufzugeben. Das ist aber nur die halbe Wahrheit – die andere Hälfte hat offensichtlich mit Libertad zu tun. »Es stimmt«, sagt er, nachdem ich seine Ausflüchte zurückgewiesen habe, »es stimmt. Ich habe versucht, dich für meine Zwecke auszunützen, und ich gebe zu, das ist ein Vertrags- und Vertrauensbruch. Die Grundlagen unserer Beziehung verlangen, daß ich für dich von Nutzen sein muß. Man sollte nicht die Grundlagen verletzen.«
»Warum hast du das getan?«
»Weil sie mich darum gebeten hat.«
»Dann hast du eine ähnliche Beziehung zu ihr?«
»Ja. Hier standen die Grundlagen von zwei für mich wichtigen Beziehungen gegeneinander.«
Und er begann mir eine Geschichte zu erzählen. Er kenne Libertad schon länger als sein halbes Leben. Sie hätten in La Teja zusammen die Schule besucht, und in seinem ersten Jahr an der Universität sei sie seine Geliebte gewesen. Sie hätte ihn angebetet. Dann sei er nach New York gegangen. Als er zurückgekommen sei, sei sie bereits Prostituierte gewesen. Aber wenn er sie besuchte, habe sie niemals Geld von ihm verlangt. Trotzdem sei es schrecklich gewe-

sen. Dann habe sie beschlossen, nach Havanna zu gehen und dort eine berühmte Kurtisane zu werden. Als sie zurückkehrte, habe sie ihn nicht mehr geliebt, aber immer noch gern gemocht. Er habe in der Falle gesessen. »Ich verabscheue sie«, rief er aus, »aber ich habe nicht die Kraft, mich ihren Launen zu widersetzen. Sie ist *una mujer sin alma* geworden.«
Ich weiß, weshalb er die spanischen Worte wählte. Sie klingen nicht so hoffnungslos banal wie »Frau ohne Seele«.
Kittredge, vielleicht entwickle ich gerade die Instinkte, die man für unsere Arbeit braucht. Chevi beendete sein Klagelied, ließ den Kopf auf unseren guten, billigen, schellack-orangenen Safe-house-Eßtisch aus Ahornholz sinken und begann zu weinen. Ich sagte: »Weshalb hörst du nicht endlich auf zu lügen. Wir wissen doch genau, wo Libertad herkommt. Sie ist nicht aus La Teja.« Natürlich war das ein Bluff, aber irgend etwas stimmte an seiner Geschichte nicht. Sie war allzu voll von diesem südamerikanischen Pathos, und stets geht es dabei um Liebende, die einander von Kindheit an kennen.
»Na ja«, sagte er, »es gibt eben viele Ebenen der Wahrheit.«
Kittredge, es ist sehr spät, und ich werde für heute schließen. Ich habe die Wahrheit an jenem Abend nicht mehr erfahren. Das dauerte noch etwas länger, aber ich verspreche Dir, daß die Fakten, als ich sie erlangte, ungewöhnlich waren. Habe also Geduld. Ich werde Dir in ein oder zwei Tagen mehr berichten. Du wirst mir auch nicht übelnehmen, wenn ich es ärgerlich finde, daß Du mir nichts von Draculas Höhle erzählen willst.

Immer der Deine
Harry

28

Noch eine Lüge! Ich hatte den Brief nicht nur so abrupt beendet, um Kittredge zu strafen. Ich wußte einfach nicht, wie ich fortfahren sollte. Schließlich hatte ich mit der Erfindung begonnen, daß Chevi mich angerufen hätte, und von da an die ganze Zeit versucht, meine Geschichte auszubalancieren – die übliche Praxis, wie man die Agency-Berichte zusammenstellt. Wenn man aus irgendeinem Grund nicht die Wahrheit nach Washington berichten konnte, so schickte man einen Bericht mit »doppelter Eintragung« – eine Kunst! Wenn man zum Beispiel Gordy Morewood mit einem bestimmten Job beauftragt hatte, nachdem die Hohen Herren einem gesagt hatten, daß man ihn nicht nehmen sollte, weil er im Augenblick zu heiß war, dann gab man Gordy einfach einen anderen Namen und bezahlte ihn aus einer neuen Akte. Fast jeder Mann der Praxis benutzte bei der Feldarbeit gelegentlich diesen Ausweg.

Nun hatte ich Kittredge mit einer »doppelten Eintragung« betrogen. Ich hatte eine kritische Episode zwischen mir und Libertad unterdrückt. Ihr zu Gefallen, wie ich glaube, hatte sich Chevi während unseres Besuchs für gut zwanzig Minuten in ihr Gold- und-Marmor-Badezimmer eingeschlossen, und währenddessen beschenkte Libertad mich mit einer ihrer königlichen Gaben. Wir waren noch keine Minute allein, als ihre Finger auch schon über die Knöpfe an meinem Hosenschlitz wanderten. Ich will nicht die Einzelheiten erzählen – es genügt zu erwähnen, daß ihr Mund mit einer solchen Sensibilität hinsichtlich des wechselnden Zustandes der Schwellung zu Werke ging, daß wir erst zur Opferung kamen, nachdem Chevi genug Wasser ins Klo- und Waschbecken gespült hatte, um anzuzeigen, daß er bald wieder zu uns stoßen würde. Währenddessen lutschte, saugte und leckte sie mich zu den höchsten Gipfeln der Wonne, und ich wäre ihr wohl mit Haut und Haaren verfallen, hätte es da nicht noch irgendeinen Rest von Hubbardscher Sturheit gegeben, der ihr gerade noch rechtzeitig das Tor zu meiner Seele vor der Nase zuschlug. Ich kam zu meinem Erstaunen nur mühsam und unter Schmerzen. Sie hatte Alpha im Sturm genommen, aber ein trübe gestimmtes Omega trat auf die Bremse. Die Lenden taten mir weh, und ich knöpfte mir rasch die Hose zu, während sie sich demonstrativ die plumpen Lippen leckte, als ob der Same Sahne wäre. Dann drückte sie mir die Hand und küßte Chevi mit Leidenschaft, als er wieder ins Zimmer trat.

Ich war nicht bereit, Kittredge das alles mitzuteilen. Trotzdem wollte ich sie auch nicht zu sehr in die Irre führen; denn das würde wieder den Geist unseres Briefwechsels verletzen. So hatte ich ihr eine eher abstoßende Beschreibung von Libertads Reizen geliefert, um auf diese Weise zu signalisieren, daß die elektrisierende Wirkung, die ihr Mund und ihre Lippen fraglos ausübten, in meinen unteren Regionen steckengeblieben war. Bestenfalls, so muß ich gestehen, war ich mir vorgekommen wie eine gute Leinwand, die eine wirklich große Künstlerin zielbewußt mit ihren Pinselstrichen bedeckte. Ich wußte nun, was es bedeutet, wenn von einem »erlesenen Trank« die Rede ist, doch hatte ihr exquisites Geschenk eine merkwürdige Leere in mir hinterlassen. Zweifellos hatte ich bei der Schilderung meines ersten Eindrucks übertrieben, denn daß ich eine Göttin der Liebe vor mir hatte, erkannte ich erst, als ihr saugender Mund mich zu einem Studium ihrer wechselnden Miene inspirierte. Oh, diese Schönheit, dieser feste, unerschütterliche Wille, die Welt zu beherrschen! Ich hatte einen ähnlichen Ausdruck schon in den Gesichtern vieler Huren gesehen, wenn sie Fellatio praktizierten, aber nie ein so einzigartiges Sendungsbewußtsein. Wie ich während der folgenden Tage feststellen mußte, war meine eiserne Entschlossenheit, sie nicht mit Hunt bekanntzumachen, ziemlich brüchig.

15. April 1958

Liebste Kittredge,
Libertad muß über magische Kräfte verfügen. Seit Monaten schon verspricht mir Howard, er werde mich zu einer Estancia mitnehmen, aber vor elf Tagen, an einem Freitagmorgen, direkt nach meiner Begegnung mit Señorita La Lengua am Donnerstagabend, teilte er mir mit, daß wir am Sonnabend zu der Estancia von Don Jaime Saavedra Carbajal fahren würden. Ich kann Dir jetzt ein solches Wochenende beschreiben. Es gab ein paar bemerkenswerte Aspekte, und ich glaube, ich werde es Dir der Reihe nach erzählen. Reisebeschreibungen sollten im Präsens stehen, findest Du nicht?
Nun gut! Wir brechen wie geplant am Samstagmorgen auf. Dorothy sitzt hinten, und ich habe die Flinte unterm Arm, Howard fährt seinen Cadillac, als ob es ein Jaguar wäre: kerzengerade und etwas zurückgelehnt, die Arme ausgestreckt, die Hände in Lederhandschuhen halten das Lenkrad an beiden Seiten. Wir brummen nach Norden über eine Vielzahl von Inlandstraßen, von denen einige dringend reparaturbedürftig sind, haben aber trotzdem eine

schnelle Fahrt. Einhundertfünfzig Meilen über südamerikanische Straßen, die sich gewöhnlich verschlafen und staubig an einem Fluß entlang schlängeln. Außer unserem gleichmäßig schnurrenden Cadillacmotor gibt es kaum ein Geräusch. Auf beiden Seiten breiten sich die Pampas aus als eine riesige, graserfüllte Weite. Dorothy hält im Fond ihren Mittagsschlaf und schnarcht ganz leise, nicht lauter als eine Fliege, die im Sommer in einer Speisekammer herumsummt, aber Howards Nüstern beben vor Zorn ob dieser Verletzung der Etikette, und ich denke an Libertad. Vielleicht gibt es in dieser Ehe schon einen Bruch – so versuche ich mir einzureden –, groß genug, um die Vermittlung dieser Bekanntschaft zu rechtfertigen.
Ich weiß, warum Dorothy schläft. Das Land ist flach. Man fährt fünf Meilen, bevor man die niedrige Hügelkette überwindet, die ursprünglich nur eine halbe Meile entfernt schien. Um mich zu zerstreuen, schätze ich immer die Entfernungen ein, während ich Hunt zuhöre. Er redet ununterbrochen über Fidel Castro. Die Abteilung für die Westliche Hemisphäre bekommt Analysen, die vor einem Sturz Batistas durch Castro warnen, und Hunt schimpft auf die völlige Gleichgültigkeit des State Department. »Dieser Castro hat einen Leutnant namens Guevara, Che Guevara. Arbenz und ihm haben wir damals freies Geleit aus Guatemala gewährt. Der Junge ist noch linker als Lenin selbst.«
Ich zähle die Meilen bis zum Horizont. Gegen halb drei treffen wir am Tor der Estancia ein, die sich durch zwei düstere Steinsäulen ankündigt, zwanzig Fuß hoch und zwanzig Fuß weit auseinander. Sie stehen dort wie Wachsoldaten neben dem von Löchern übersäten Feldweg, auf dem wir langsam der fernen Hacienda entgegenholpern. Eine Sechsunddreißigstundenparty beginnt. Don Jaime, der reichste Landbesitzer in der Provinz Paysandu, ist ein kräftiger, untersetzter Mann mit einem spiralig gezwirbelten Schnurrbart, der Gastfreundschaft ausströmt, während seine Frau, kühl und kultiviert, mich bald bei einer Runde junger Uruguayerinnen einführt, als ob ich ein Kavallerieoffizier bei einer Teegesellschaft im 19. Jahrhundert wäre. Man braucht wohl drei Jahre, um eine dieser wohlbehüteten Señoritas zu verführen, und selbst bei den Ehefrauen muß man unter Umständen mit einem Jahr rechnen! Trotzdem flirte ich eifrig mit dem Weibervolk der Ranchbesitzer, Hidalgos sowie der Korn- und Viehfutterhändler und der

Mühlenbesitzer der Gegend, während wir uns (das heißt, die Männer) betrinken. Ich bin erstaunt über das niedrige Niveau der Gäste. Der Lebensstil scheint sich hier nicht so schnell entwickelt zu haben wie die Vermögen. Trotzdem gibt es Gärten ums Haus herum und hübsche halbwilde Busch-und-Baum-Gruppen mit Pfaden, dazu Wein- und Obstgärten – wir trinken mühelos bis in die Nacht hinein. Sie trinken viel hier draußen auf den Pampas: Wein und uruguayischen Branntwein, Rum und – ein Hauch von Kultur – Scotch. Don Jaime Saavedra Carbajals Haus ist niedrig und weiträumig, die Stühle mit Rindsleder bezogen, Arm- und Rückenlehnen aus Stierhörnern. Natürlich gibt es auch dunkles viktorianisches Zeug, lange englische Jagdtafeln, düster gepolsterte Sofas, Mahagonischränke und schauderhaft zweitklassige Familienporträts. Die Fußböden sind mit alten Orientteppichen belegt, auf denen brasilianische Jaguarfelle liegen. Über den Kaminen hängen uralte Gewehre, die Fenster sind klein mit vielen Scheiben, und die Decken sind niedrig. Trotzdem wirkt das Haus irgendwie eindrucksvoll. Ich kann nicht sagen, wieso. Es steht wirklich zehn Meilen hinter der eigenen Toreinfahrt, und auf dem Weg vom Tor bis zum Haus fährt man durch endlose Weidegründe mit riesigen Viehherden – von den Gästehäusern, Gärten, Schuppen und Scheunen gar nicht zu reden.

Die Männergesellschaft verbringt einen großen Teil des Samstagabends mit dem Gespräch über Pferde, und am Sonntagmorgen fahren wir alle zu einem Polospiel hinaus. Das Spielfeld weist einen überraschend gepflegten, kurzgeschnittenen Rasen und die vorschriftsmäßigen Torpfosten auf. Die Mannschaften sind zusammengewürfelte Haufen: Ein oder zwei richtige Polospieler, dazu mehrere vorzügliche Reiter, zu denen auch Hunt gehört, werden durch eine Reihe von Ersatzleuten wie mich aufgefüllt, die meist schneller als die Poloponys ausgewechselt werden. Howard hatte mir, wenn Du Dich erinnerst, die Grundzüge auf dem Polofeld in Carrasco beigebracht, aber beim Spiel habe ich Schwierigkeiten. Ich kann den Ball zwar mit Vorhand spielen, bin aber auf Rückhand ein fast hoffnungsloser Fall. Hunt nimmt mich beiseite und flüstert: »Versuch nicht links von dir irgend etwas zu schlagen. Reite einfach Steigbügel an Steigbügel neben dem Pferd des anderen her, bis er im Aus ist.«

Ich folge seinem Rat und stelle fest, daß ich, wenn auch nicht immer vom Erfolg verwöhnt, allmählich Spaß an diesem Spiel entwickle. Es ist die härteste körperliche Übung seit über einem Jahr, und ich bin begeistert. Ich kann den Kampfgeist und das Blut meines Vaters in mir spüren (was für mich vielleicht der Inbegriff von Glück ist). Wenn mich einer ausgespielt hat, galoppiere ich wie ein Verrückter hinter ihm her. Dieser Kampfrausch, Pferd gegen Pferd und Mann gegen Mann, erreicht seinen Höhepunkt, als ich reichlich abrupt vom Pferd fliege, auf meiner Rückseite lande und keine Luft mehr kriege – ein sehr seltsames Gefühl zu ersticken, während Rösser über einen hinwegfliegen und ihre Hufe wie Vorschlaghämmer vorbeizischen. Gott, sogar in meinem atemlosen Zustand sah ich die Augen des Pferdes, das mir am nächsten kam und fast über mich hinweggetrabt wäre. Der Gaul schien auch zwei Seelen in seiner Brust zu haben: Halb war er in Panik, daß er mich verletzen würde, halb brannte er darauf, in meinen rückwärts hingestreckten Körper hineinzustampfen.

Nun, ich mußte die nächsten beiden Runden aussetzen, aber als ich ins Spiel zurückkehrte (wozu ich mich allerdings zwingen mußte), applaudierten alle – die Ehefrauen und Töchter und älteren Hidalgos an den Seitenlinien, auch die Spieler und Ersatzleute, und Hunt kam und legte mir den Arm um die Schulter. Plötzlich bin ich verliebt in mich selbst, in das Risiko, selbst in den Schmerz. Alles tut mir weh, doch ich komme mir tapfer vor, und es ist für mich der Höhepunkt des Tages.

Der Sonntagabend nach dem Barbecue ist aber das eigentliche Ereignis des Wochenendes. Benito Nardone trifft ein. Er hat eine hohe Stirn, einen tiefen Haaransatz, eine lange Nase und sinnliche Lippen, dazu schwarze, V-förmige Augenbrauen und große, irgendwie gehetzt wirkende Augen – Nardone war ganz anders, als ich ihn mir vorgestellt hatte. Wenn er ein Gangster ist, dann jedenfalls der eindrucksvollste am Ort. Er hat Klasse.

Nardone hält seine Rede in der Bibliothek, als die Männer sich beim Brandy versammeln, Zigarren in der Hand. Die Atmosphäre ist ernst und feierlich – schwarze Lederbände in fast schwarzen Bücherschränken. Ich nehme an, daß Nardone, ein Sohn des Volkes – sein Vater ist Dockarbeiter in Montevideo –, diesen Leuten gerade deshalb imponiert, weil er keiner von ihnen ist. Er hat kein Geld, keine mächtige Sippe, die hinter ihm steht, keinen Titel. Nach ihrem Weltbild müßte er eigentlich ein Terrorist, mindestens

aber Kommunist sein. Aber er hat die Bande, die ihn aus seiner Jugend mit linkslastigen Kreisen verbanden, zerschnitten und ist der Führer der Konservativen geworden. Als ich ihn zum Kern der Sache kommen höre, bei dem es um die finanzielle Unterstützung seiner Kandidatur geht, ahne ich die Geldlawine, die er loszutreten versteht, denn er weiß das Zentrum der Angst und des Zorns in all diesen Hidalgos und Hacendados anzusprechen. Sie sind begeistert, von ihm zu hören, was sie hören wollen – ich glaube allmählich, die Politik ist ausschließlich auf der tröstenden Wirkung eines solchen Jargons aufgebaut. »In diesen Zeiten«, sagt Nardone, »denkt ein Arbeiter nicht mehr daran, daß er seiner Familie mehr vererben will, als er selbst geerbt hat. Im Gegenteil: Die Frage, die einen uruguayischen Arbeiter heute am meisten bewegt, ist, ob er sich mit kleinerer Rente schon mit siebenunddreißig Jahren oder mit besserer Rente erst mit fünfzig Jahren zur Ruhe setzen soll. Señores, wir wollen und können nicht die Schweiz oder das Schweden von Südamerika sein. Wir dürfen einen Wohlfahrtsstaat, der eine solche innere Leere und moralische Schwäche fördert, nicht länger unterstützen.«
Sie applaudieren ihm und klatschen begeistert, als er das faule, korrupte Leben der Bürokraten in Montevideo mit dem Fleiß der hart arbeitenden, ehrenhaften, tüchtigen Hirten und einfachen Farmleute in den Pampas vergleicht, die alle echte Ruralistas sind. Natürlich habe ich das ganze Jahr lang von Colorados in der Hauptstadt gehört, daß die Farmarbeiter von den Großgrundbesitzern gewissenlos ausgebeutet werden. Die politische Seite des Abends wirkt auf mich deshalb deprimierend. Ich muß wieder einmal einsehen, wie wenig ich von all diesen Dingen verstehe, und frage mich sogar, weshalb ich eigentlich in die Company eingetreten bin und mich ihr nun schon über drei Jahre widme, wo ich mich doch eigentlich gar nicht für Politik interessiere. Andererseits weiß ich ja alles, was ich brauche: Trotz all ihrer Fehler sind die USA immer noch, glaube ich, das natürliche politische Vorbild für andere Länder.
Nardone hat vielleicht meine Gedanken gespürt, denn er schloß damit, daß er seinen »Gruß jener großartigen Nation des Nordens« entbot, »die sich auf die Initiative des einzelnen gegründet hat und daraus lebt«. Man applaudierte natürlich auch an dieser Stelle, aber ich glaube, nicht so sehr aus Liebe zu den USA als in

Anerkennung dieser höflichen Geste gegenüber Don Jaimes ausländischen Gästen. Nardone wies dann auf Hunt und fügte hinzu: »Dieser hervorragende Repräsentant unserer Freunde im Norden hat mein Weltbild oft um seine schönen Gedanken bereichert: mein Freund und Reiterkamerad, Señor Howard Hunt.«
»Hola«, schreit die Menge.
Es folgen Billard, Pool und das Bett. Ich hätte die Gelegenheit benutzen können, um mit Nardone oder Hunt über Libertad zu reden, aber ich zögerte – ja, ich habe das ganze Wochenende hin und her überlegt. Aus Neugier möchte ich ihr helfen; die Vorsicht verbietet es mir. Nun, am Morgen kehren wir in die Stadt zurück.
Auf der Rückfahrt in die Stadt bin ich recht deprimiert; denn ich stelle fest, daß ich in Uruguay ein völlig abgekapseltes Leben geführt habe, aber ich will es ja auch so. Mit Ausnahme des Polospiels hat es mir auf der Estancia nicht sonderlich gefallen. Auf Dauer würde mich ein Leben in den Pampas langweilen. Dabei gibt es dort durchaus idyllische Fleckchen, wenn sich etwa ein Bach um ein Gehölz von weißblättrigen Pappeln schlängelt und die Sonne das hohe Gras in ein blaßgoldenes Licht taucht. Aber ich denke auch an einige der Dörfer, an denen wir auf dem Rückweg vorbeikamen: ärmliche Baracken mit Blechdächern, die bei jedem starken Wind wie lose Fensterläden klappern. Es gibt in den Pampas einen Wind, der meistens weht und »la bruja« (die Hexe) heißt, und er würde mich verrückt machen, wenn ich da draußen leben müßte.
Kittredge, ich hoffe, daß Du mit diesem Brief zufrieden bist. Als ich in den Pampas »la bruja« lauschte, fragte ich mich, wie es Dir wohl gehen mag und ob Du in Gefahr, Kummer, Schwierigkeiten bist oder nur, wie ich, an einer kleinen seelischen Erschütterung leidest.

Liebe Grüße,
Harry

P.S. Dorothy schlief wieder auf dem Rückweg, und diesmal habe ich das Thema Libertad angeschnitten. Als ich erwähnte, daß ich sie kennengelernt habe, war Hunts Neugier geweckt.
»Wie ist das passiert?«

Ich improvisierte eine ganz gute Geschichte, daß AV/ERAGE, unser Gesellschaftsjournalist, mich ihr in El Águila vorgestellt hätte.
»Ich warne dich«, sagte ich, »sie sucht nur jemanden, der sie mit Benito Nardone bekannt macht.«
»Das ist ein Ersuchen, das sie in der Abteilung eitle Träume abheften kann«, kam es wie aus der Pistole geschossen zurück, aber ein bißchen später tippte er mir auf den Arm. »Bei näherer Betrachtung gewinne ich mehr und mehr den Eindruck, daß ich sie mir mal ansehen sollte. Vielleicht hat sie etwas über Fidel Castro zu erzählen. Wie er sich ›in camera‹ aufführt sozusagen.«
Wir beschlossen, einen Lunch zu arrangieren – am Dienstag in einem kleinen Restaurant, das Hunt auswählte, weit draußen am Bulevar Italia. Mir war völlig klar, wie das Lokal aussehen würde, noch ehe ich es zu Gesicht bekam: nichtssagend genug, daß mit Sicherheit niemand von den Leuten, mit denen Hunt verkehrte, jemals dort auftauchen würde.
Jedenfalls bereiteten wir das Treffen für den nächsten Tag, Dienstag, vor. Das ist jetzt genau eine Woche her, und ich habe beschlossen, mir morgen noch einen ganz großen Brief an Dich zu leisten.

29

16. April 1958

Liebste Kittredge,
der Lunch begann mit einer ganz unerwarteten Wendung, die ich hätte vorhersehen sollen. Libertad kam nicht allein, so wie es mit Chevi verabredet war, sondern sie betrat das Restaurant mit keinem Geringeren als Señor Fuertes selbst.
Hunt ist dem Staragenten AV/OCADO zwar nie persönlich begegnet (da zum Glück nie eine Krise entstanden ist, die ein persönliches Eingreifen Hunts erfordert hätte), aber Du kannst mir glauben, daß ich einen Augenblick lang Fürchterliches ausgestanden habe. Obwohl Hunt Libertads Beschreibung ihres Begleiters – »Mein Freund und Übersetzer, Dr. Enrique Saavedra-Morales« –

zu akzeptieren schien, mußte ich mich doch selbst zur Ordnung rufen: »Hör auf zu kochen. Hör auf zu kochen. Ganz ruhig bleiben!«
Die ganze Zeit über strahlte Libertad, und Hunt mag angesichts ihrer feurigen Blicke sogar ein wenig dahingeschmolzen sein. »Señorita«, sagte er in seinem besten Spanisch. »Ich bewundere Ihre Sprache, und ich spreche sie sogar mehr, als klug ist«, woraufhin sie aufmunternd lachte. »Vielleicht werden meine Kenntnisse ausreichen, um uns auch ohne Übersetzer zu verständigen, obgleich ich Ihren Freund, Dr. Saavedra, natürlich willkommen heiße. Sie wollte ich fragen«, sagte er und wandte sich an Chevi, »ob Sie mit Don Jaime Saavedra Carbajal verwandt sind?«
»Eine entfernte Verwandtschaft«, winkte Chevi ab. »Ich weiß nicht, ob er diese arme Linie der Familie anerkennen würde.«
Ich kam mir vor wie in einem überladenen Flugzeug, das den Start auf den letzten paar Metern der Rollbahn gerade noch geschafft hat.
Wir bestellten. Es war genau die Art von billigem Mittelschichtrestaurant, die ich vorausgesehen hatte. Die Auswahl war begrenzt, das Leinen, wiewohl noch nicht ganz gelb, schon reichlich vergilbt. An den Tischen saßen auf der einen Seite ein paar Geschäftsleute aus dem Viertel, auf der anderen zwei Damen mittleren Alters und eher bescheidenen Einkommens, und der Kellner sah aus, als seien ihm seine Schulden längst über den Kopf gewachsen. Ja, Hunt hatte ein Lokal ausgesucht, in dem sich kein Mensch um unser unorthodoxes Zusammentreffen scherte.
Auf dem Hinweg hatte er gefragt: »Weiß Libertad, wie ich heiße?«
»Ohne Frage.«
»Und welches Amt ich bekleide?«
»Ich würde sagen, ja.«
»Dann werde ich Peones von dem Meeting informieren müssen.«
»Muß das sein? Ich glaube nicht, daß sie ein Wort zu ihm sagen wird.«
»Nein, wird sie wohl nicht. Nichts damit zu gewinnen?«
»No, Sir.«
Er schnalzte mit der Zunge. »Nun, wir werden aufpassen, daß es nicht ausartet«, sagte er.
Unter diesen Umständen kannst Du Dir vorstellen, wieviel Spielraum er Libertad bot, ihre Tricks an den Mann zu bringen. Natür-

lich stand als Punkt eins auf ihrer Tagesordnung, die Galanterie in Mr. E. Howard Hunt zu wecken, aber die Dame versprühte ihren Charme unter ungünstigen Voraussetzungen. Auch strahlende Schönheit nutzt sich in ihrer Wirkung auf Howard schnell ab, wenn sie nicht mit gesellschaftlicher Prominenz verbunden ist.
Nach seiner ersten Rede kam er deshalb rasch zum geschäftlichen Teil. Wir hatten kaum mit unseren Martinis begonnen (die Howard Gott sei Dank selbst am Tisch zu mixen verlangte), als die Befragung von Miss Paradise auch schon begann.
»Was können Sie mir über Fidel Castro sagen? Sind Sie ihm in Kuba begegnet?« fragte Howard.
Es war noch viel zu früh für eine solche Frage. Chevis Blick begegnete zum erstenmal, seit wir uns gesetzt hatten, dem meinen; seine Miene war so düster wie meine Stimmung.
»Ja«, sagte Libertad. »Fidel Castro ist jetzt in den Bergen.«
»Das weiß ich«, nickte Hunt.
»In der Sierra Madre del Oriente«, ergänzte sie.
»Richtig«, sagte Hunt. »Aber wie sind Sie ihm begegnet?«
Ich war peinlich berührt. Das Befragen von Leuten ist vielleicht nicht unbedingt Howards Stärke, aber er kann es gewiß besser, als er es hier machte. Es war keine Einleitung vorausgegangen, und es fehlte jegliche Art von Aufmunterung: Nicht einmal die Andeutung eines vertraulichen Blicks ließ er zwischen Libertad und sich zu.
Trotzdem versuchte sie ihm entgegenzukommen. Sie war bereit, bar zu bezahlen. »Fidel Castro«, berichtete sie, »hatte eine Romanze mit meiner besten Freundin in Havanna. Natürlich sieht sie ihn jetzt, da er oben in den Bergen ist, nicht mehr so oft.«
»Aber sie sieht ihn noch manchmal.«
»Gelegentlich schleicht er sich nach Havanna hinunter. Dann besucht er sie.«
»Was tut er sonst noch in Havanna?«
»Ich habe gehört, daß er Geld sammelt und zu den Leuten spricht.«
»Sind Sie bei solchen Meetings gewesen?«
»Nur einmal, aber nur, um meinem großen Freund Fulgencio Batista mitteilen zu können, was da genau gesagt wurde. Señor Castro redete wie ein wütender Revolutionär und behauptete: ›Fulgencio wird von den Yankees unterstützt.‹«
»Haben Sie ihn das sagen hören?«

Sie nickte bestätigend.
»Kennen Sie Señor Castro noch in anderer Hinsicht?«
»Während meines Aufenthalts in Kuba«, sagte sie, »habe ich nur mit einem Mann gelebt, genau wie ich jetzt nur mit Ihrem Freund lebe, dessen Namen ich hier nicht nennen muß.«
»Nicht nötig«, stimmte ihr Hunt zu.
»Ich bin dem Mann treu, den ich bewundere. Eine Sache des Prinzips.«
»Empfehlenswert«, nickte Hunt.
»Also, Señor, habe ich keine intime Kenntnis von Fidel Castro. Aber meine Freundin«, Libertad sprach jetzt englisch, »hat mir viel erzählt.«
»All right«, sagte Hunt, »kommen wir zur Sache.«
Libertad lächelte allwissend. »Er ist wie andere Männer auch.«
»Könnten Sie mir das näher erklären?«
»Er ist jung und stark. Ein bißchen schüchtern. Er redet mit den Frauen gern über Politik.«
»Kommt das direkt von Ihrer Freundin«, fragte Hunt, »oder wird das allgemein erzählt?«
»Das ist alles zur Sache«, sagte Libertad. »Er ist wie andere kubanische Männer. Er ist egoistisch. Es ist alles vorbei, sobald er fertig ist. Er ist ganz normal.«
Hunt wirkte nicht beeindruckt – für all seine Mühen hatte er nicht mehr als die Information erhalten, daß Fidel Castro normal war.
»Wie oft«, fragte er, »kommt Castro nach Havanna.«
»Vielleicht einmal im Monat«, sagte Libertad. Sie seufzte, als ob sie sagen wollte, daß sie nun genug verraten hatte. Jetzt mischte sich Chevi ins Gespräch: »Sind Sie etwa unzufrieden mit der Information, die meine liebe Freundin, Señorita La Lengua, geliefert hat?«
»Ich wäre mit jeder Antwort von einer so charmanten Dame wie Ihrer Begleiterin zufrieden«, sagte Hunt lahm. »Doch ist Fidel Castro unseren Quellen zufolge in den letzten zwei Jahren nicht mehr aus den Bergen heruntergekommen.«
»Da Libertad La Lengua sagt, er sei in Havanna gewesen«, sagte Chevi, »würde ich diese Aussage über Ihre Quelle stellen, Señor.«
»Oh«, sagte Hunt, »ich werde die Meinung der Dame selbstverständlich in Ehren halten. Wir werden weitere Nachforschungen anstellen.«
»Ein weises Vorgehen«, brummte Chevi.

Schweigen. »Ich habe gehört, Ihr Freund Benito Nardone ist ein einsamer Mann«, sagte Libertad in die Leere hinein.
»Mir kommt er sehr beschäftigt vor«, entgegnete Hunt und legte die Hände mit strahlenförmig gespreizten Fingern auf die Tischdecke, als wollte er sie abwehren.
Sie ihrerseits legte ihre Hände auf Hunts Finger – eine Bewegung, die ich an ihrer Stelle vermieden hätte.
»Ich möchte«, sagte Libertad, »daß Sie Benito ausrichten, er ist der attraktivste Mann, den ich je gesehen habe. Ich spreche nicht nur von Uruguay, sondern von allen Ländern, die ich besucht habe.«
Hunt zog seine Finger zurück. »Meine Liebe«, erklärte er bestimmt. »Ich könnte ihm fünfzig ähnliche Botschaften von Damen bringen, die nicht weniger attraktiv sind als Sie, aber ich tu's nicht. Das ist nicht der Sinn unserer Beziehung.«
Ihre Augen sprühten Funken. »Sie würden das nicht für mich tun?«
»Sie müssen«, sagte Hunt, »schon mit dem wundervollen Burschen zufrieden sein, den Sie haben.«
Die Pause zog sich so lange hin, daß ich schon fürchtete, Hunt würde aufstehen und gehen – man hatte sein Temperament zu sehr auf die leichte Schulter genommen. Chevi schaltete sich wieder ein. »Gestatten Sie mir«, sagte er, »von mir selbst zu sprechen.«
Hunt nickte.
»Ich bin ein armer Professor der klassischen Sprachen«, sagte Chevi, »ein Mann, der sich mit seiner Beobachtungsgabe begnügen muß, denn er nimmt keinen bedeutenderen Platz in der Arena ein.«
Kittredge, für mich war Chevis Dreistigkeit geradezu unfaßbar. Schlimm genug, daß er sich Saavedra nannte, da Hunt, wenn er neugierig war, mit Don Jaime die weniger begüterten Linien der Familie überprüfen konnte. Sich nun aber auch noch als Professor der klassischen Sprachen aufzuspielen! Wenn ich mich recht erinnerte, hatte Howard damals in Brown mehrere Kurse in Griechisch und Latein belegt. Ich kann nicht behaupten, daß mir angesichts dieser Wendung sonderlich wohl war.
»Wenn ich Sie beobachte, Señor«, sagte Chevi, »muß ich Ihren scharfen Verstand bewundern. Sie sind ein Mann, der die Dinge voranbringt. Erlauben Sie es diesem armen Griechischprofessor

trotz der Unterschiede zwischen Ihrer und seiner Lebenssituation, Sie und Ihren Freund zu einem Drink einzuladen.«
»Akzeptiert«, sagte Hunt, »vorausgesetzt, daß ich weiterhin die Martinis mixe.«
»Ja«, sagte Chevi. »Sie werden die Martinis mixen, wir werden sie trinken, und ich zahle diese Runde.«
Auf Englisch sagte Hunt: »It will all come out in the wash. – Früher oder später wird alles herauskommen.«
Chevi lachte auf. »Ein tiefschürfender Ausdruck. Ich spreche als ein Bewunderer der amerikanischen, nicht der englischen Sprache. Es ist roh, das Amerikanische, aber eine angemessene Sprache, um den Legionären eines neuen Imperiums zu dienen. Darin ähneln Sie sehr den Römern.«
»Mit dem entscheidenden Vorteil«, sagte Hunt, »daß wir den ethischen Auffassungen der Griechen näherstehen.«
»Ha, ha. Eine prägnante Bemerkung«, sagte Chevi.
Ich war von seiner schauspielerischen Begabung überrascht. Roger Clarkson, sein erster Kontaktmann, hatte ihn einen Stümper genannt, aber Roger hat vielleicht auch noch keine solche Improvisation erlebt. Chevi hatte sich jetzt in die Rolle des armen Dr. Saavedra eingelebt. »Sir«, fuhr er fort, »ich möchte nicht, daß Sie an diesen meinen Bemerkungen Anstoß nehmen, aber ich war gezwungen, die entschiedene, herrische Art zu beobachten, mit der Sie das, wie ich zugeben muß, ehrgeizige Interesse abtaten, das Miss La Lengua in bezug auf Benito Nardone an den Tag gelegt hat. Ich muß dazu sagen, daß Sie meiner bescheidenen Ansicht nach einem bedauerlichen Irrtum unterliegen.« Libertad nickte bestätigend. »Benito Nardone«, fuhr Chevi fort, »ist ein Mann des Volkes, der wegen der Anforderungen, die seine politische Karriere an ihn stellt, seine alten Freunde verlassen mußte. Wenn es ihm gelingt, Präsident von Uruguay zu werden, wird er seine Glaubwürdigkeit bei der Bevölkerung wiederherstellen müssen. Dabei kann ihm Libertad La Lengua sehr nützlich sein. Sie ist eine Frau des Volkes, die eine Dame geworden ist – wie er ein Gentleman geworden ist.«
Hunt schnitt ihm das Wort ab. »Wissen Sie, ich glaube, das ist kein Vergleich.« Später sagte Hunt zu mir: »Alles, was Benito noch fehlt, ist eine Hure, die noch dazu nach ihrem Polizeichef riecht«, aber Chevi, der zumindest über bescheidene telepathische Eigenschaften zu verfügen schien, überholte ihn seinerseits. »Ich kann

mir denken, Señor«, sagte er, »daß Sie sich natürlich Sorgen über den möglichen Zorn des gegenwärtigen Beschützers dieser Dame machen, aber ich versichere Ihnen, die in Rede stehende Person würde sich geehrt fühlen müssen, die Liebe ihres Lebens an den künftigen Retter Uruguays zu verlieren.«
»Ja«, nickte Libertad. »Pedro würde den Verlust akzeptieren.«
»Meine Liebe«, lächelte Hunt. »Ich möchte niemanden entmutigen.«
Libertad sagte: »Manch ein Argentinier hat zuerst nicht an Juan Perón und seine Evita geglaubt. Und doch hat diese große Dame Geschichte gemacht.«
»Da bin ich vollkommen Ihrer Meinung«, sagte Hunt, »und ich bin sicher, daß Sie durch eine Ihrer vielen Verbindungen Benito noch treffen und ihn persönlich bezaubern werden, so wie Sie schon manchen bedeutenden Mann bezaubert haben. Vielleicht wird der Tag kommen, an dem Ihre Träume wahr werden. Ich kann Ihnen dabei jedoch nicht direkt behilflich sein, da ich nur Gast in Ihrem Land bin.« Er hatte die Martinis fertiggemixt, reichte ihr nun ihr Glas und lächelte: »Lassen Sie mich auf Ihre Schönheit trinken.«
»Auf Ihre Schönheit«, sagte Chevi und kippte den größten Teil seines zweiten Cocktails auf einmal hinunter.
»Und es lebe«, fuhr Hunt fort, »unser wunderbarer, starker, kluger und hochmotivierter Pedro Peones.«
»Weg mit der Pfütze«, sagte Libertad.
Wir lachten so laut, daß wir die bedrückende Atmosphäre für einen Augenblick überspielten. Das Essen kam, und es war nicht gut. Ein gummiartiger Fisch, in einem etwas ranzigen Öl gebakken, wurde mit klumpigem Reis serviert – nicht das Richtige zu unseren Martinis.
Chevi war inzwischen in einer Stimmung, die ich kannte. Im Safe house hätte ich mich nun auf einen Wutanfall vorbereitet. »Von allen Dingen auf Erden, die bluten und wachsen«, sagte Chevi auf englisch, »ist die Frau das am meisten geschlagene Gewächs.«
»Was?« fragte Hunt.
»Euripides«, sagte Chevi. »Of all things upon earth that bleed and grow an herb most bruised is woman – aus Professor Gibert Murrays Übersetzung der ›Medea‹.«
»Bravo«, sagte Hunt.
Chevi hob sein Glas. »Alle Achtung Ihren Martinis.«

»Ex«, rief Hunt und trank aus. Ich hatte ihn beim Lunch noch nie soviel trinken sehen. Es mußte ihn doch ein bißchen angestrengt haben, Libertad die vorschriftsmäßig kalte Schulter zu zeigen.
Die Dame freilich hatte noch nicht aufgegeben. Sie warf mir einen vielsagenden Blick zu, und ich nickte ernst und feierlich, als ob ich mich in ihrem Dienst befände. Dann suchte ihr Zeh meinen Fußknöchel und gab ihm einen Stoß.
Chevi lächelte nur. »Wissen Sie«, fragte er, »was ich an den Amerikanern so sehr schätze? Ihre Macht und ihr Selbstvertrauen.«
»Da stimme ich Ihnen zu«, nickte Hunt.
»Deshalb bedaure ich es auch so sehr«, sagte Chevi, »daß man mit Ihren Landsleuten keine wirklich tiefschürfenden Gespräche führen kann. Sie umgeben sich mit einer undurchdringlichen Mauer.«
»Reden ist Silber, sagt man bei uns«, erklärte Hunt. »Schweigen ist Gold.«
»Im Gegenteil«, widersprach Chevi. »Ich zitiere lieber aus meinen geliebten Griechen: ›Schmiede deine Zunge auf einem Amboß der Wahrheit, und was emporfliegt, wenn es auch nur ein Funke ist, wird Gewicht haben.‹«
»Sophokles?« fragte Hunt.
»No, Sir!«
»Pindar?«
»Natürlich.«
»Dabei fällt mir«, sagte Hunt, »einer der markigeren Aussprüche von Thukydides ein. Ich kann ihn allerdings nicht wörtlich wiedergeben.«
»Eine Umschreibung ist in diesem Fall gestattet, Señor. Thukydides ist schließlich kein Dichter«, erwiderte Chevi.
»Es gibt drei tödliche Feinde für ein Imperium«, sagte Hunt. »Der eine ist das Mitleid, der zweite ist der Geist des fairen Handelns und – als Antwort auf Ihren Versuch, mich so zu provozieren, daß ich zu schwadronieren anfange – der dritte Feind des Imperiums ist die Freude an der Diskussion.« Er hob eine Hand. »In dieser Hinsicht ist mein Land einzigartig. Es nimmt das Joch der Weltmacht auf sich, das die Geschichte ihm auferlegt hat, aber wir scheuen keine Mühe, um aus Thukydides' drei eisernen Regeln der Tyrannei auszubrechen. Wir bemühen uns, auch unter schwierigen Bedingungen fair zu sein, und was den letzten Punkt angeht,

gebe ich zu, daß ich weder einem guten Tropfen noch einer guten Diskussion abgeneigt bin.«

Hunt war wohl weniger betrunken als von sich selbst berauscht. Ich glaube, sie waren es beide. In dieser merkwürdigen Stimmung schienen sie mir bereit, einander zu lieben oder gemeinsam kämpfend von einer Klippe zu stürzen, und nachdem die Luft zwischen ihnen von zwei Martinis gereinigt war, hatten sie jegliches Interesse an Libertad und mir verloren.

Ich für meinen Teil war so betrunken, daß ich mich zwingen mußte, nicht herauszuplatzen: »Howard, das ist unser Nummer-1-Agent, AV/OCADO!« Nie wieder werde ich in einer so schlüpfrigen Situation trockenen Gin trinken.

»Imperien«, deklamierte Chevi, »müssen ein ausgewogenes Verhältnis zwischen den Göttern und den Menschen herstellen. Denn es liegt in beider Natur zu herrschen, wo immer sie können.«

»Einverstanden«, sagte Hunt.

»Wenn es nur einen Gott gibt, wird Er Sie sicherlich wegen Ihres übertriebenen Stolzes verdammen.«

»Hybris?« sagte Hunt. »Ich finde nicht, daß mein Land darunter leidet. Vergessen Sie nicht, daß wir im amerikanischen Jahrhundert leben, weil wir müssen. Ein großes Volk von freien Bauern hat das Joch auf sich genommen, Sir – im Krieg gegen den Kommunismus, im Krieg des Christentums gegen den Materialismus.«

»No, Sir«, widersprach Chevi. »Der Kommunismus ist nur ein Vorwand. Sie haben ein Weltreich zu verlieren, aber Sie wissen nicht, an wen Sie es verlieren werden.«

»Sir«, sagte Hunt, »wollen Sie sagen, daß uns aus unvermuteter Quelle Haß entgegenschlägt?«

»Ja.«

»Nun, das ist die Last, die die Briten tragen mußten, als sie ihr Imperium besaßen. Nun ruht sie auf unseren Schultern. Ich will Ihnen gestehen, Dr. Saavedra«, sagte Hunt mit all der Würde, die einer großen alkoholischen Klarheit innewohnt, »wir wollen keine Freundschaft, die uns so einfach in den Schoß fällt.«

Libertad gähnte.

»Langweile ich Sie?« fragte Hunt.

»Nein«, sagte Libertad. »Wir sollten hinaufgehen in mein Penthouse und viele Toasts aufeinander trinken.«

»Um die Wahrheit zu sagen«, erklärte Chevi, »ich weiß nicht, ob ich in Ihrem Weltreich leben möchte. Manchmal kommt es mir vor wie ein Bienenschwarm, der sich in einer Ekstase aus Enthusiasmus und Patriotismus an seine Königin klammert.«
»Sind wir immer noch bei den Griechen?« fragte Hunt.
»Man kann nicht wissen, wo Thukydides endet und wo ich beginne. Ich bin schließlich nur Dr. Saavedra«, sagte Chevi.
»Doktor«, erklärte Hunt, »Ihre letzten Bemerkungen bezüglich meines Landes sind Blödsinn.«
»Wenn Sie gestatten, ich bin Saavedra-Morales, ein loyaler Grieche Ihres römischen, ein Epigone des neuen Weltreichs, ein Anhänger von Batista und Nardone. Politisch stehe ich an Ihrer Seite – weil ich nur ein Leben habe und Sie und die Ihren, wenn ich darüber nachdenke, ein Vorteil für mich sind. Aber wenn wir in den langen Schatten der Geschichte abgetreten sind, wird Ihre Seite, die jetzt auch meine Seite ist, nicht gewinnen. Sie wird verlieren. Können Sie mir sagen, warum?«
»Ich kann es mir nicht vorstellen. Sie sagen mir, daß wir nicht einmal wissen, gegen wen wir kämpfen.«
»Sie wissen es nicht. Sie und die Ihren werden uns nie verstehen. Wir sind tiefer als Sie. Wir wissen von der Zeitenwende. Als jener einzigartige Revolutionär, Fidel Castro, 1956 auf Kuba landete, verlor er all seine Männer bis auf zwölf. Batistas Truppen hatten ihn in einen Hinterhalt gelockt. Tag und Nacht gejagt, fanden Castro und seine Leute bei armen Bauern Unterschlupf. In der fünften Nacht sagte Fidel: ›Die Tage der Diktatur sind gezählt.‹ Er wußte es. Er konnte es an der Humanität in den Gesichtern der Bauern sehen, die ihn verbargen, daß Kuba reif war für eine gründliche Veränderung. Sie, Sir, werden uns nie verstehen.«
»Aber Sie sagen, Sie sind an unserer Seite«, sagte Hunt. »Wenn Sie bei uns sind, wen meinen Sie dann mit ›uns‹, zum Teufel?«
»›Wir‹ sind die dunklen Leute. Ja, Commander, die Dunklen: Lateinamerikaner, Moslems, Afrikaner, Orientalen: Das sind ›wir‹. Sie werden ›uns‹ nie verstehen. Sie begreifen nicht, daß wir unsere ›Ehre‹ brauchen. Wir möchten uns über unsere Schande erheben. Sehen Sie, Sir, es gibt Zeiten, in denen Menschen wie ich das Gefühl haben, so tief gesunken zu sein, daß unsere Ehre für immer verloren ist. Wenn ich mich um eine gute oder tapfere Tat bemühe, stelle ich sogar, wenn sie mir gelingt, fest, daß das alles

durchdringende Gefühl der Schande in meinem Herzen nur vorübergehend weicht. Meine Ehre ist für immer verloren.«

Hunt nickte weise. Es bedürfte größerer Wogen als eines Dr. Saavedra, um ihn zu erschüttern. »Es ist nicht die amerikanische Zivilisation«, sagte er, »die Ihr Elend verursacht, sondern Ihre eigene Sünde, mein Freund. Wie oben, so unten.« Er reichte Chevi einen weiteren Martini und füllte sein eigenes Glas mit dem Rest aus dem Mischkrug. »Kommen wir zu den Fakten«, sagte Hunt hart. »Sie sitzen hier und trinken meinen Sprit und schwingen große Reden über die Dunklen. Ja, was wissen Sie denn schon von den Hellen, mein Freund? Eine dunkle Haut ist vielleicht Ausdruck von etwas Dunklem und Selbstzerstörerischem in der Seele. Vielleicht will Gott uns damit auch etwas sagen. Je von den Söhnen Hams gehört?«

»Yessir, das ist die rassische Überlegenheit, auf die man immer wieder zurückkommt«, sagte Chevi.

»No, Sir«, widersprach Hunt, »es ist der Charakter. Ich würde Ihnen gern eine Geschichte erzählen.«

Chevi winkte schlaff. Der Gin zeigte bei ihm endlich Wirkung.

»Reden Sie – ich höre zu«, sagte er.

»Sie werden doch noch nicht schlappmachen, alter Junge?« fragte Hunt.

»Schießen Sie los«, sagte Chevi.

»Das betrifft jetzt meinen Vater«, sagte Hunt, »es muß sich also niemand direkt betroffen fühlen.«

»Ich bitte Sie um Vergebung, Señor.«

»Akzeptiert, vielen Dank. Ich darf vorausschicken, daß mein Vater ein Ehrenmann gewesen ist«, sagte Hunt, »Rechtsanwalt, später Richter. Er war ein guter Vater. Er hat seinem Sohn beigebracht, wie man fischt und boxt, wie man ein Pferd reitet, wie man schießt. Einmal, als ich zehn war, fuhren wir durch die Everglades in Florida.«

»Ja«, nickte Libertad, »in der Nähe von Miami.«

»Wir trafen auf eine große Klapperschlange, die sich auf der Böschung an einem Graben sonnte. Mein Vater hielt unser Auto an und sagte mir, ich solle mein neues .22er Repetiergewehr aus dem Kofferraum holen, das er mir tags zuvor zum Geburtstag gekauft hatte. Wie ich aber feststellen mußte, war es viel zu schwer für mich, als daß ich damit hätte zielen und abdrücken können. Bevor ich in Panik geriet, nahm mein Vater das Gewehr, zielte auf den Kopf der Klapperschlange und sagte mir, ich solle abdrücken. Die Klapperschlangenhaut hängt noch immer an meiner Wand.« Er nickte. »Und ich erinnere mich noch heute an die Liebe und das Vertrauen, das ich als zehnjähriger Junge meinem Vater gegenüber empfand.«

Liebe Kittredge, ich war inzwischen selbst auch schon ziemlich betrunken, aber noch nicht so benebelt, daß ich mich nicht an den Abend in der Estancia, ein paar Tage zuvor, erinnert hätte, als Hunt eine längere Version derselben Rede – denn, Gott, es ist wirklich eine Rede! – zum besten gegeben hatte, nachdem Nardone ihn gebeten hatte, ein paar Worte an die Versammlung zu richten. Und jetzt bekamen Libertad und unser guter Dr. Saavedra sie zu hören. Ich fand's etwas befremdend, daß Hunt sich nach so kurzer Zeit in meiner Gegenwart wiederholte, aber er blinzelte mir zu. Seine Augen leuchteten vom Gin – ich muß sagen, er war eine leuchtende Figur.

»Ja«, sagte Hunt, »mein Vater war ein tapferer Mann. Einmal verschwand sein Partner in der Anwaltskanzlei in Florida mit einer Summe von mehreren tausend Dollar nach Havanna. Mein Vater holte einfach seine Browning Automatic aus der Schreibtischschublade, steckte sie in die Tasche, kaufte ein Ticket für die Abendmaschine nach Havanna, unternahm einen Streifzug durch die dortigen Bars und fand seinen Partner im Sloppy Joe's, einem bekannten Vergnügungszentrum. Dann ging er auf den Kerl zu, streckte die Hand aus nach dem Cash und bekam den größten Teil der Summe zurück – soweit der Kollege das Geld noch nicht bei Weib, Wein, Gesang und am Spieltisch verloren hatte. Ein mitfühlender Mann, mein Vater. Er brachte seinen ehemaligen Partner nicht vor Gericht, und in späteren Jahren lud er ihn sogar manchmal zu einem Drink ein.«

»Phänomenal«, sagte Libertad.

»All right«, fuhr Hunt fort. »Heute, in Carrasco, zwei Straßen von meinem Haus entfernt, wohnt Colonel Jakobo Arbenz, der kürzlich aus der Tschechoslowakei, einem Land hinter dem Eisernen Vorhang, zurückgekehrt ist. Ich komme auf ihn zu sprechen, weil ich vor vier Jahren geholfen habe, ihn und sein linkes Regime in Guatemala zu stürzen.«

»*Qué golpe, maestro*«, hauchte Libertad. »Ein toller Coup.«

»Und jetzt nicken Colonel Arbenz und ich einander im Golfclub freundlich zu. Es sind sonderbare und scheinbar liberale Zeiten, aber dennoch wird jener Herr mit seinen kommunistischen Sympathien niemals wirklich mein Nachbar werden. Ich muß immer an seinen Vater denken. Sehen Sie, der Vater von Colonel Arbenz hat Selbstmord begangen. Er füllte seinen Mund mit Wasser, hob eine Pistole an die Lippen und drückte ab.« Libertad stieß ein gurgelndes Geräusch aus.
»Señores, Señorita, ich erzähle diese Tatsache nicht, um mich an Colonel Arbenz' Familienunglück zu erfreuen, sondern um darauf hinzuweisen, daß die Unterschiede zwischen unseren Vätern auch den Unterschied zwischen der Philosophie der Freiheit und derjenigen autoritärer Regierungssysteme ausdrücken. Also sage ich Ihnen, Dr. Saavedra, daß ich Ihre Behauptung zurückweise. Mein Land hat keinerlei Ambitionen, Sie und die verschiedenen Völker und Nationen, die Sie zu vertreten behaupten, irgendeiner Eigenschaft zu berauben, schon gar nicht der Ehre. Nein, Sir. Mein Vater hat mir die Kultur der Griechen nahegebracht, und deshalb habe ich im College klassische Sprachen studiert. Er ließ mich sogar einmal einen Kernsatz von Aristoteles auswendig lernen. Yessir, Aristoteles hat mich gelehrt, daß es da draußen ein Leben gibt, das höher ist als die Menschheit selbst. Ein Mann kann es nur finden, indem er dieses besondere Etwas in sich entdeckt, das göttlich ist. Fühlt sich irgend jemand von Ihnen nüchtern genug, um es damit aufzunehmen? Ich zitiere: ›Höre nicht auf die, die dich auffordern, dich mit bescheidenen menschlichen Gedanken zu begnügen. Nein, lebe statt dessen gemäß dem höchsten Etwas in dir. Denn so klein es auch an Macht und Wert sein mag, ist es dem übrigen doch weit überlegen!‹«
Chevi raffte sich zu einem letzten Angriff auf. »Nein, Sir, wir sind es, nicht Sie, die die Weisheit von Aristoteles besitzen, denn er ist ein Grieche, das heißt, ein Mensch von der dunklen Seite, erfüllt vom Licht der Vernunft.«
Hunt sah nun auf seine Uhr, rief nach der Rechnung, prüfte sie sorgfältig, legte ein Viertel der Rechnungssumme hin, während ich das gleiche tat, wartete, bis ich ein paar kleine Münzen als Trinkgeld dazugelegt hatte, grüßte Chevi, küßte Libertad die Hand, sagte: »Sie haben eine gute, feste Hand, meine Liebe« und ging mit mir hinaus. Beim Gehen warf ich einen kurzen Blick auf

Libertad. Sie sah nicht so aus, als lege sie Wert darauf, mich je wiederzusehen.

Wir hielten an einem Café an, um jeder drei Tassen Espresso zu trinken, gefolgt von zwei Tabletten Sen-sen, aber ich will nicht behaupten, daß einer von uns nach unserer Rückkehr in die Botschaft noch viel gearbeitet hätte. Gegen fünf gelang es mir, Chevi in seiner Anwaltskanzlei ans Telefon zu bekommen – ich weckte ihn und befahl ihm, sich mit mir in der »Juristischen Bibliothek« zu treffen – unser Codewort für das Safe house oberhalb der Rambla. Ich kann Dir versprechen, daß ein paar Enthüllungen folgen werden. Deshalb will ich mit einem anderen Brief morgen fortfahren.

Wie immer
Dein Harry

30

17. April 1958

Liebste Kittredge,

die Begegnung mit Chevi im Safe house zog sich über Stunden hin. Ich will Dir den Anfang davon ersparen. Ich habe ihn nicht nur verbal niedergemacht, sondern war manchmal auch nahe daran, ihn physisch zu schlagen. Er macht einen absolut wahnsinnig. Er versuchte sich dafür zu entschuldigen, daß er mit Libertad mitgekommen war und behauptete, er wäre nur dagewesen, um mich zu beschützen. »Es wäre«, wiederholte er unablässig, »ein Desaster geworden, wenn Hunt irgend etwas mit ihr angefangen hätte.« Dabei nickte er heftig. »Ich muß dir das erklären. Sie ist nicht das, was sie zu sein scheint.« Dann sagte er eine Weile nichts. Ich hätte ihn umbringen können, und ich hätte es wahrscheinlich auch getan, wenn ich nicht so einen elenden Kater gehabt hätte. So aber wurde ich viel zu schnell wieder nüchtern, und es dauerte eine ganze Stunde, bis ich soviel menschliches Interesse für Chevi aufbringen konnte, um ihn zu fragen, wo er seine Griechischkenntnisse aufgelesen hatte. Wie sich herausstellte, hatte er ein

paar Stunden gearbeitet und Zitate in sich hineingestopft. »Eine Laune«, lachte er. »Ich wollte nicht mit leeren Händen kommen.«
»Aber woher wußtest du, daß er nicht Griechisch mit dir sprechen würde? Er hat es im College studiert.«
»Er ist ein politischer Handlanger. Handlanger verinnerlichen keine Kultur.«
»Du bist verrückt!«
»Es war mir das Risiko wert.«
Mich packte wieder die Wut. »Glaub ja nicht, daß du so einfach davonkommst«, fauchte ich.
»Das fürchte ich.«
»Du wirst Libertad aufgeben!«
»Nein«, sagte er, »das ist wirklich nicht nötig.«
»Es ist absolut nötig. Deine wichtigste Beziehung ist die zur Agency.«
»Ach ja, du bist mein ein und alles.«
»Jetz hör aber damit auf!« schrie ich ihn an. »Du brichst alle Beziehungen mit der Dame ab.«
»Können wir vielleicht morgen darüber reden?«
»Zum Teufel noch mal, nein!« brüllte ich. »Wenn du diesem Befehl nicht buchstäblich gehorchst, ist deine Entlassung nicht zu vermeiden.« Ich nickte ernst. »Wer uns hintergeht, wird schonungslos bestraft.«
Wenn ich die Beziehung beende, werden mich die »Hohen Herren« bombardieren. Warum? werden sie fragen. Trotzdem: Chevi durchschaute mich nicht. Der Gebrauch eines Wortes wie »schonungslos« jagt jedem einen Schreck ein.
»Ich werde mich nicht mehr mit ihr treffen«, erklärt er mit einem Mal. »Ich gebe sie von nun an auf.« Ich habe keine Ahnung, ob er die Wahrheit sagt. Aber es kommt mir vor, als wäre plötzlich eine Mauer in ihm zusammengebrochen. »Ich will dir die Wahrheit sagen, und dann wirst du sehen, daß ich dich wirklich beschützt habe.«
Ich denke, eigentlich sollten wir ihn Pedro Peones ausliefern. Es wundert mich, wie eiskalt ich sein kann. Wenn ich so wütend bin wie heute, könnte ich sehr wohl einen Pflasterstein in der Brust haben. Doch etwas an seinen Lügen beunruhigt mich.
»Bevor du mir nicht die Wahrheit über sie erzählst, weiß ich, daß du nicht dazu bereit bist, sie aufzugeben.«

Er starrt mir in die Augen, ich starre ihm in die Augen. Dieser Kampf zieht sich eine Weile hin, und beiden gelingt es uns abwechselnd, entschlossener als der andere zu starren – oder soll ich sagen, weniger wie ein Lügner auszusehen? Ich weiß es nicht. Schließlich sagt er: »Du kennst die Wahrheit nicht, sonst hättest du niemals um diese heutige Zusammenkunft gebeten.«

»Bevor du sie mir nicht sagst, kann ich deine Kenntnisse nicht mit meinen vergleichen.«

Er lächelt über diese Ausflucht, aber matt. Er wirkt erschöpft – noch mehr als ich: »Ich will es dir sagen«, erklärt er, »denn mir wird nun objektiv klar: Ich muß mich ihrer entblößen.«

»Entblößen?«

»*Desnudar... privar...*« stammelt er und findet schließlich den richtigen Ausdruck: »Mich von ihr befreien. In der Tat, ich hätte ihr nicht helfen sollen, Hunt kennenzulernen. Letzten Endes ist sie eine zu unmögliche Hure.«

Nun schlingt er voller Trauer die Arme um mich, als ob wir Brüder wären, die einander bei einer Totenwache ans Herz drücken, und sagt: »Libertad ist keine Frau, sondern die weibliche Transformation von etwas, das einst *un hermafrodita* war.« Er seufzt so laut, daß ich seinen Schnapsatem mitbekomme. Da ich kaum eine Reaktion gezeigt habe – denn ich glaube immer noch, er spricht in Metaphern –, fügt er hinzu: »Eine echte und gründliche Umwandlung, *Metamorfosis quirúrgica.*«

»Eine chirurgische Geschlechtsumwandlung?« frage ich.

»Sí.«

»Wo?«

»In Schweden.«

»Hast du...?« Ich will ihn fragen, ob es bei ihr da unten auch einen Eingang gibt. Dumme Fragen tanzen mir im Kopf herum, drängen sich vor. »Sie haben eine gute, feste Hand, meine Liebe«, hatte Hunt gesagt.

»Sie kann die Grundposition einnehmen«, sagt Chevi traurig. »Aber nur im Dunkeln. Sie täuscht etwas mit den Fingern vor. Sie ölt sie ein. Sie vollbringt eine magische Handlung mit den Händen. Sie hat mir einmal stolz erzählt, sie hätte in Las Vegas in dreißig Tagen siebzig Männer gehabt, und nicht einer hätte gemerkt, daß er nicht wirklich in sie eingedrungen wäre, daß es nur *un jego de manos* war.«

»Fingerfertigkeit?«
»Ja. *Prestidigitación.*«
»Und ihre Brüste?«
»Hermaphroditen haben Brüste. Außerdem nimmt sie Hormone.«
»All right. Ich habe genug gehört«, sagte ich. In der Tat hatte ich die Unterhaltung fortgesetzt, weil ich wußte: In dem Augenblick, in dem ich aufhörte, Fragen zu stellen, würde ich alles glauben müssen, was er sagte, und dann könnte mir schlecht werden.
Meine Gefühle waren in diesem Augenblick so durcheinander, Kittredge, ich schwöre Dir, daß ich die gleichzeitige Existenz von Alpha und Omega spüren konnte. Ja, Alpha, unser mannhafter Abteilungsleiter da draußen in der Welt der Operationen und Büroarbeit, mußte sich fragen: War er, er selbst homosexuell? Das muß einem doch auffallen, nicht wahr? Daß man sich so von einem Transvestiten angezogen fühlt oder wie auch immer man das nennen soll, einem Transsexuellen. Ich winde mich vor Verlegenheit, während ich das schreibe.
Trotzdem weiß ein anderer Teil von mir, daß Libertad, so schmutzig und niedrig sie auch sein mag, trotzdem eine Inkarnation der weiblichen Seele darstellt. Irgendwo da draußen zwischen »er« und »sie« ist es Libertad gelungen, die Quintessenz der Weiblichkeit in sich aufzunehmen! Sie ist zwar keine richtige Frau, aber ein Wesen voller Schönheit geworden. Sie ist alle schönen Frauen zusammengenommen! Mit Omegas großzügigen Augen betrachtet, könnte ich sagen: Ich bin nicht homosexuell, sondern ein Verehrer der Schönheit, der Schönheit der Frauen. Kannst Du Dir vorstellen, daß man solche gegensätzlichen Gefühle gleichzeitig empfindet? Ja, natürlich kannst Du das, Du bist der einzige Mensch auf der Welt, der das kann.
Armer Chevi. Libertad ist ein Agent in der Welt der Frauen, und er ist ein Agent in der Welt der Männer. So kann er seine Einsamkeit lindern – wer könnte einsamer sein als Chevi? –, indem er ihr nahe ist. Das habe ich ihm jetzt verboten.
Ich erwiderte seine Umarmung voll Mitgefühl, und wir tranken etwas zusammen, während er mir Fotos von seiner Ehefrau und seinem Sohn zeigte, die er in seiner Brieftasche hatte. Beide sind stämmig und untersetzt, beide sind dunkel. Seine Frau ist ein Weib mit Olivenaugen und Rabenhaar. Die Düsternis der gargantuesken Aufgaben, die drückend auf der Welt der Kommunisten

liegen, kommt in ihrem Gesicht voll zum Ausdruck. Sie hat monumentale Brüste, eine Frau, die wichtige Operationen leitet – ob in der Fabrik, der Familie oder einer Parteizelle. Jedenfalls waren das die verborgenen Gefühle des Harry Hubbard. Chevi seufzte wieder, während ich die Bilder betrachtete – diese Frau war alles, was ihm für eine Weile bleiben würde. Ich schauderte – und dies nicht nur seinetwegen.
Zweifellos wirst Du diese Leidenschaft albern finden. Mir geht es selbst auch so. Ich fuhr dann ziemlich schnell nach Haus und war froh, daß ich's hinter mir hatte. Aber kaum hatte ich mein Hotel erreicht, waren die Folgen in Form von Kopfschmerzen wieder da: Ich fragte mich, wieviel ich Hunt am nächsten Tag im Büro verraten sollte.
Laß mich jetzt eine Dinnerpause einlegen. Ein bißchen »Churrasco« (auf offener Flamme gebratenes Fleisch), Wurst und Blutwurst werden mir für den Rest des Wegs Kraft geben.

Später

Der nächste Tag, ein Mittwoch, verlief nicht ganz so gut, wie ich erwartet hatte: Ich war auf eine grauenhafte Sitzung mit Howard vorbereitet, die mir, wenn er AV/OCADO als kompromittiert ansah, ein Sechsunddreißigstundenverhör per Encoder-Decoder durch die »Hohen Herren« einbringen konnte, aber er war nicht im Büro. Gegen halb elf rief er an, um Nancy Waterston zu sagen, daß er Nardone während der nächsten vierundzwanzig Stunden auf dessen Wahlkampagne begleiten würde.
»Was uns hier angeht«, murmelte Porringer, »wir halten uns einfach am täglichen Schwachsinn fest.«
Sherman war kein idealer Verbündeter, aber der Vorteil eines Katers konnte ja sein, daß er alte Bande aufwärmen half. Bei Sturm ist jeder Hafen recht! Porringer, welche Fehler er auch immer haben mag, ist nicht dumm.
Wir fuhren zu einer der ausufernden, allgegenwärtigen Straßencaféterrassen hinaus. Staubige Metallstühle, von Kaffeeflecken klebrige Tischplatten, Aperitifreklamen an den Markisen, schlecht angezogene Hausfrauen, die unappetitliches Eis essen, junge Leute, die die Schule schwänzen. Ich glaube, der einzige Ort der Welt, wo solche Caféterrassen wirklich einen Sinn haben, ist Paris, aber wir sind leider nicht in Paris, sondern in Montevideo, obwohl

das Ding Café Trouville heißt – unter dem tun sie's nicht –, und seine siebzig oder achtzig schäbigen, kleinen, runden, weißen Metalltische stehen auf dem Bürgersteig des Bulevar General Artigas. Das, Du ahnst es wohl schon, ist eine Hauptverkehrsader. Solche Straßen werden in Südamerika nach Generalen benannt. Avenida de General Aorta, Bulevar de General Carótida, Avenida del Almirante Cloaca. Wenn diese Verballhornungen auch ungerecht gegenüber Montevideo sind – einer Stadt, die mir nie etwas Böses getan hat –, so kommt das daher, daß einem an Vormittagen wie diesem ein zweitrangiger Hafen wirklich wie die repräsentative Kloake unserer schmutzigen Welt vorkommen kann. Oder kommt diese Formulierung nur aus meiner fürchterlichen Stimmung?
Nach zwanzig Minuten, in denen sich Porringer über Hunt ausmeckerte, kam ich aufs Thema zu sprechen: Was er, Porringer, von Libertad halte.
»Es gibt sehr wenig, was ich nicht über ›sie‹ weiß«, stellt er fest und tätschelt sich doch tatsächlich seinen Bauch. »Also, fang du an.«
Er spricht wieder mit diesem widerlichen nasalen Ton eines erfolgreichen Oberassistenten, der auf mehr bibliographischen Quellenangaben sitzt, als du je wirst aufbieten können.
Ich beschließe, etwas zu riskieren und seine Pumpe anzulassen. Das wird ihn wahrscheinlich reizen, seine Informationen preiszugeben. Porringer fällt es immer schwer, etwas für sich zu behalten. Ich sage ihm deshalb, daß Chevi mir von der Geschlechtsumwandlung erzählt hat.
»Ja«, sagt er, »ich habe mir überlegt, ob ich dich vor Chevi warnen sollte.«
»Warum hast du's nicht getan?«
Er rutschte auf seinem Sitz herum. »Er ist dein Agent. Ich furze nicht in jedes Lerchennest.«
Ich hatte eher den Eindruck, er hat darauf gewartet, daß mir AV/ OCADO um die Ohren fliegt.
Als hätte er meine Gedanken gelesen, fügte er hinzu: »Ich wollte nicht, daß die Station wegen Libertad in Aufregung gerät. Das willst du ja auch nicht.«
»Kannst du mir sagen, was du über sie weißt?«
Er nickte, als ob Richter Porringer sich nach einer angenehmen Verhandlungspause nun zugunsten des Antragstellers entschei-

den könnte. »Nun ja«, sagte er gönnerhaft, »die ganze Geschichte hat mir ja von Anfang an nicht gefallen. Peones hätte jede Hure in Montevideo haben können – ich glaube, er ist ein noch glühenderer Verehrer von geilen Muschis als ich. Was hat er also in Kuba gesucht? Ein Freak mußte es sein! Er wollte einen Zwitter! Ich habe in Havanna Erkundigungen über diese Dame eingezogen, aber was ich bekam, war schiere Desinformation. Ich habe mich deshalb an einen guten Freund in der Abteilung WestHem gewandt, aber Libertad war schon mit Peones hier, bevor mein Freund das erste Material losschicken konnte. Immerhin erfuhr ich, daß ihr Beschützer in Havanna ein großer texanischer Kumpan des dortigen amerikanischen Botschafters war und wir deshalb keine Soße aus der Station in Havanna herausquetschen konnten. Ein bißchen später kam heraus – nur ein bißchen zu spät –, daß Libertad eine von diesen Hermaphroditen-Fummeltanten war, die sich ihren Feuerwehrschlauch in Schweden haben herauspopeln lassen.«

»Herauspopeln lassen?«

»Sag bloß, du bist nicht mit der schwedischen Schneiderei vertraut?«

»Nein, noch nicht.«

»Dann mach mal schön die Ohren auf. Ein schwedischer Metzger hackt dir nicht einfach deinen Schwanz und die Hoden ab und hält die Hand auf und will dein Geld. Diese Olafs halten sich für Virtuosen. Sie holen die Organe von innen heraus, aber bewahren dabei die Außenhaut von Sack und Penis aus dem menschenfreundlichen Grund, daß beide Epidermisstücke mit erogenen Nervenenden geladen sind. Dann schneidet das Chirurgenteam ein neues Loch – das, fürchte ich, nirgendwohin führt – und polstert es mit diesem 1A-Gewebe aus. Diese Sozialdemokraten sind wirklich eine Wucht, vor allem die Schweden.«

Er war wie ein Wasserbüffel. Fast unmöglich, ihn in Trab zu setzen, aber wenn er erst einmal lief, war er nicht mehr aufzuhalten. »Ich hatte«, sagte er, »selbst auch ein paar Fragen. Sie betrafen Hunt, einen Stationschef, dessen verdeckte Aktionen alle nur darauf hinauslaufen, daß er sich vor Ort die Bullen kauft. Howard ist in Peones verliebt, und Peones liebt La Lengua. Und ich bin im Besitz einer Information, die ungefähr so beliebt sein wird wie Syphilis in einer Petrischale. Aber du kennst mich. Ich will immer

noch mehr. So frage ich in den Puffs herum und, stell dir das mal vor, Bruder, sie sind bereit, alles zu erzählen. Früher, bevor sie nach Havanna ging, hieß Libertad Roderigo. Roderigo Durazno ganz genau. Er war eine Spezialität: Penis und Hoden voll ausgebildet – womit er nicht viel anfangen konnte – und ebenso vollausgebildete Brüste. So eine Art Mittelpunkt für Orgien, weißt du« – er setzte seine Tasse ab und verzog das Gesicht –, »dieser Kaffee ist furchtbar sauer.« Er winkte dem Kellner, zeigte auf seine leere Espressotasse und fuhr fort: »Roderigo wollte eine Abwechslung. Er legte seine Pesos auf die hohe Kante und begab sich nach Schweden. Nach der Operation ging ›sie‹ nach Las Vegas, um das neue Loch auszuprobieren.« (Kittredge, ich kann es nicht ändern. Er redet so. Denke ihn dir als einen reinen Techniker der Erotik.)
»Nun, Hubbard, ihr Rohrsystem funktionierte nicht so, wie es die schwedischen Wissenschaftler vorhergesagt hatten. Der neue Stutzen war zu empfindlich, als daß er den ganzen Mist hätte aufnehmen können. Vielleicht waren ein paar Nervenenden durcheinandergeraten. Und ihr hinteres Loch, das in den guten alten Tagen von Montevideo zuverlässig seinen Dienst verrichtet hatte, war nun infolge seiner Nähe zur Operation zu nichts anderem mehr zu gebrauchen als zu der Körperfunktion, zu der es Gott ja auch ursprünglich bestimmt hatte, bevor wir Schmutzfinken alle auf den Plan traten. Die schöne alte Zeit, wo man ihn ihm in den Arsch stecken konnte, war also auch vorbei. Wie macht sie's heute? Die Puffmütter, zu denen sie noch Kontakt hält, sagten mir, sie hätte einen Trick mit den Händen, auf den jeder Mann hereinfällt. Mir fällt es schwer, das zu glauben, aber so wird über sie geredet. In Las Vegas hat sie ihren Texaner festgenagelt. Er hat sie nach Havanna mitgenommen, und sie konnte es monatelang vor ihm geheimhalten. Er dachte, er hätte sich eine tolle Blondine angelacht, die drauf steht, im Dunkeln zu vögeln. Es ist mir ganz gleich, wieviel Geld ein Mann macht, er kann trotzdem das dümmste Arschloch auf der Welt sein, findest du nicht auch? Wie wär's mit einem Sandwich und einem Drink? Dieses Gerede hat mich hungrig gemacht.«
Also nahmen wir im Café Trouville in Form von *tapas* und *cerveza* unseren Lunch ein und beobachteten den Verkehr. »Immer«, nahm Porringer den Faden wieder auf, »wenn eine Profi-

nutte einen Otto auf den Arm nehmen kann, indem sie mit einem bißchen Öl und fünf geschickten Fingern eine Vagina vortäuscht, kannst du Gift darauf nehmen, daß sie damit angibt. Und andere Huren schwatzen darüber. In diesem Fall muß sich die Nachricht vom Kap Hoorn bis zur Karibik ausgebreitet haben. Die Station in Havanna hat sie jedenfalls aufgeschnappt. Wundervolle Nachrichten für sie. Sie mußten dem amerikanischen Botschafter sagen, daß sein Texaskumpel mit einer chirurgischen Skandalbombe zusammenlebt.

Als sie alle wieder zum Luftholen hochkamen, bereitete sich der Texaner auf die Trennung vor. Deshalb schrieb Libertad einen Liebesbrief an Pedro Peones, der sie schon gekannt hatte, als sie noch Roderigo Durazno gewesen war. Als er jetzt Nacktfotos von ihr als Blondine sah, drehte er durch. Jammerschade, daß ich das zu spät herausbekommen habe. Überflüssig zu sagen, daß Libertad mich nervös macht. Ein Mann, der halb als Frau geboren wird und seine Nüsse und den Pimmel an die Fische verfüttert, wird wahrscheinlich nicht zum KGB sagen: ›Hinweg von mir, ihr seid keine guten Christen.‹«

Er nickte. »Das ist alles.«

Ich stellte jetzt die Frage, die zu stellen ich mich gefürchtet hatte: »Weiß Howard über Libertad Bescheid?«

»Du solltest lieber begreifen, wer Howard ist und was die Agency ist. Sind beides alte Damen. Große alte Damen.«

»Ich bin nicht sicher, daß ich dir folgen kann.«

»Jemals in einem Raum mit einer großen alten Dame gewesen, wenn jemand einen fahren läßt? Ehrlich gesagt, ich hab's noch nicht erlebt, aber man sagt, die große alte Dame kommt dadurch nicht aus dem Takt. Der Furz, Señor, existiert einfach nicht.«

»Komm, Porringer, Howard ist doch kein Narr.«

»Ich will ja auch nicht sagen, daß er dumm ist – ich hab' gesagt, er weiß, wenn es Zeit zum Einatmen ist. Solange Peones unser Fullback ist, der uns immer die drei Yards weiterbringt, die wir brauchen, wird Howard so tun, als ob er nichts weiß.« Porringer rülpste. »Sieht so aus, als ob wir jetzt wieder auf dich zu sprechen kämen, Kleiner. Was AV/OCADO angeht, würde ich sagen, daß ich mir Sorgen mache, aber nicht in Panik gerate. Analysiere die Optionen, die du hast. Ich würde annehmen, Chevi ist noch

immer zuverlässig. Hast du Anhaltspunkte dafür, daß er ein Doppelagent sein könnte?«
»Unterm Strich betrachtet: unmöglich«, sagte ich. »Warum sollte die PCU ihre eigenen Leute verheizen, um einen Doppelagenten aufzubauen, der uns nicht führt, sondern bloß füttert?«
»Er hat euch schließlich zu Libertad geführt.«
»Das stimmt.«
»Trotzdem bin ich auch irgendwie der Meinung, unterm Strich kommt für die nichts heraus. Der ganze Aufwand, um einen Doppelagenten in Montevideo aufzubauen, lohnt nicht. Ich denke, wir brauchen nichts zu überstürzen.« Er dachte nach und dann wiederholte er mit düsterer Miene: »Nichts überstürzen.«
Kittredge, mir ist aufgefallen, daß die Leute manchmal seltsame Bemerkungen wiederholen. Ich frage mich, ob das nicht die doppelte, wenngleich getrennte, Zustimmung von Alpha und Omega ist, eine Art zu sagen: Ja, alles von mir ist dieser Meinung, erst Alpha, jetzt Omega, beide Parteien sind zu Wort gekommen.
»Ja«, erklärte Porringer, »lassen wir den Deckel drauf. Du und ich, wir können damit leben. Wir wollen nicht, daß Howard in Panik gerät. Er müßte Leute von der Abteilung West dazuholen, die sich die Sache angucken. Andererseits: Wenn AV/OCADO platzt, wirst du das meiste abkriegen. Na ja, dein Fett kriegst du jetzt bestimmt auch schon, wenn du's sagst, und wenn du wartest, platzt die Sache vielleicht überhaupt nicht. Chevi muß sich inzwischen von Libertad fernhalten. Er wird's tun, wenn du ihm klipp und klar erklärst: Wenn er nicht pariert, nimmt ihn Peones in die Mangel. Und der packt mit eisernen Händen zu.«
Wir schüttelten uns darauf die »eisernen Hände« und verließen das Café Trouville. Ich würde Dir mitteilen, was seither geschehen ist, aber es war alles still. Nichts Neues ist geschehen. Kittredge, wir sind beim heutigen Tag angelangt.
Laß mich also mit einer seltsamen Bemerkung von Sherman Porringer schließen. Auf dem Rückweg zum Büro fragte er mich:
»Verrätst du mir ein Geheimnis?«
»Klar.«
»Warum läßt meine Frau kein gutes Haar an dir?«
»Sie hat mir einmal gesagt, daß sie meinen Akzent nicht mag.«
»Oh, der könnte wirklich besser sein, aber ich versteh's trotzdem immer noch nicht. Mit dir ist vielleicht nicht viel los, aber ich finde

dich so halbwegs okay – obwohl du nicht mal eine Eierschale halten kannst.«
Läßt sich eine gesellschaftliche Elite auf deren Urteil über sich selbst aufbauen?

Alles Liebe, meine Kittredge
Herrick

31

30. April 1958

Harry, lieber Harry,
so absonderlich Deine Erlebnisse auch gewesen sind, sie kommen mir neben meinen Arbeiten geradezu normal vor. Ich weiß, ich verhalte mich ungeheuerlich geheimnistuerisch, aber ich kann Dir immer noch gar nichts verraten. Ich habe, was »Das Projekt« angeht, ein totales Schweigegelübde abgelegt. Ich glaube nicht, daß ich mich vor der Rache und Vergeltung der Agency fürchte. Mir scheint eher, daß ich die Götter nicht versuchen möchte.
Ich fürchte irgendwie, mein Engel, daß ich es Dir niemals werde sagen können. Dann, an anderen Tagen, fürchte ich zu platzen, wenn ich's nicht weitergebe. Du darfst aber auf keinen Fall aufhören, Deine Briefe zu schicken. Ich liebe sie. Besonders gefällt mir, wie Du gewisse Situationen beschreibst, als säßen wir Seite an Seite. Ich weiß, daß meine Korrespondenz in letzter Zeit ein wenig einseitig gewesen ist, und ich fürchte, es wird noch schlimmer kommen, weil ich bald nichts mehr aus meinem Briefkasten werde abholen können – ich werde weit weg von Washington sein.

Love, lieber Mann,
Kittredge

P.S. Je mehr ich daran denke, um so mehr gelange ich zu dem Schluß, daß Du mir nur am ersten eines jeden Monats schreiben darfst, aber bleibe bitte so großzügig mit Deinen Seiten. Ich habe mit Polly verabredet, daß sie Deine Briefe aus dem Postfach in Georgetown abholt, solange ich weg bin. Man braucht sich, nebenbei, um ihre Diskretion keine Sorgen zu machen, denn ich habe ganz geschickt dafür gesorgt, daß sie nichts von Dir und mir erfährt. Da sie den Absender lesen wird, benutze bitte nicht Deinen eigenen lieben Namen, sondern schreib statt dessen »Frederick Ainsley Gardiner« auf den Umschlag. Ich habe ihr nämlich ein kleines Märchen erzählt. Sonst würde sie vermuten, daß ich eine Affäre mit Dir habe, und gleich darüber klatschen. Um das zu verhindern, habe ich ihr schon gestanden, daß Frederick Ainsley Gardiner mein geheimer Halbbruder ist, der uneheliche Sohn meines Vaters aus einer Affäre, über die bei uns niemals gesprochen wird. Der liebe Junge, achtzehn Jahre alt, lebt jetzt in Uruguay, wo Daddy die morganatische Frau und seinen nie gesehenen, aber geliebten Bastard unterstützt und ihnen die Verwendung seines Nachnamens erlaubt. Es ist abscheulich, dem lieben Daddy so etwas anzutun (obwohl ich glaube, daß er selbst im stillen schon oft solche Phantasien ausgebrütet hat), aber auf jeden Fall ist es die Art von Geschichte, die Polly glauben wird. Du hast sie und ihren Mann einmal beim Dinner kennengelernt. Er ist beim State Department – erinnerst Du Dich an ihn? –, sehr groß und ernst wie eine Eule, aber aus sehr guter Familie (wenn er nur nicht so langweilig wäre!). Sie war mit mir in Radcliffe zusammen im Zimmer – und für eine Radcliffe-Absolventin ist sie unheimlich auf Sex aus. Ihre Affären zieht sie raffiniert wie eine geborene Verschwörerin durch, fängt aber immer dann an zu tratschen, wenn ihr der Name ihres Liebhabers imponiert. (Ist das eine verbreitete menschliche Schwäche? fragt Dich Deine unschuldige Kittredge, die nur Montagues halbkahlen Skalp am Gürtel trägt!) Polly techtelmechtelt jetzt mächtig mit Jack Kennedy herum, der sich, wie die Zeitungen behaupten, ernsthaft um die Nominierung durch die Demokraten für die Präsidentschaftswahlen 1960 bemühen will. Ich kann's nicht glauben, doch nicht Jack Kennedy! Soweit ich höre, hat der Beau noch keinen einzigen Tag gearbeitet, seit er im Senat sitzt, aber man kann ihm nicht böse sein, er ist so eine Wohltat für die Damen. Polly tratscht gern über ihre ach so geheimen Rendezvous mit Jack. Offensichtlich kann sie nicht einmal ihre eigenen Geheimnisse für sich behalten, aber wenn sie über Frederick Ainsley zu tratschen anfängt, wird's keinen interessieren. Wer in diesen ordensstrengen Sümpfen unserer Hauptstadt würde schon an meines Vaters angenommenen Jugendsünden Anstoß nehmen?

Wie auch immer, lieber Freddy A., ich bete Dich an, und es warten bessere Tage auf uns. Vergiß nur nicht, Deinen Brief einmal im Monat abzuschicken. Fang am 1. Juni an. Ich weiß nämlich nicht einmal, wo ich am 1. Mai sein werde.

In Liebe
K.

P. P. S. Ich wiederhole: Ich werde eine Weile nicht schreiben. Vertrau mir.

Ich hätte gern weiter versucht, sie mit meinen Briefen zu bezaubern, aber nun würde sie überhaupt nicht mehr schreiben, und meine Ration war auf einen Brief pro Monat gekürzt. Um nicht trübsinnig zu werden, verbrachte ich meine Abendstunden im Büro und holte eine Unmenge an Routinearbeiten auf. Die Schufterei wurde zu meiner Zerstreuung. Da ich keine andere hatte, wurde mir die Arbeit zum besten Freund und zur besten Freundin zugleich, und wirklich ging es ein paar interessante Wochen lang um unser altes Sorgenkind im uruguayischen Außenministerium, den unternehmungslustigen Plutarco Roballo Gómez, den der Sirenenlärm des Polizeichefs Capablanca vor fast eineinhalb Jahren vor der Verhaftung bewahrt hatte. Gómez blieb ein hoher Beamter im Außenministerium, und zweifellos schmuggelte er noch immer uruguayische Akten in die russische Botschaft hinüber. Obgleich Hunt erst eintraf, nachdem die Operation bereits verpatzt worden war, ließ er dennoch keine Woche verstreichen, ohne uns daran zu gemahnen, daß Plutarco Roballo Gómez immer noch frei da draußen herumlief und das Nest der Roten mit Federn versorgte. Wenn Hunt von den Kommunisten sprach, entwickelte er so persönliche Emotionen, als rede er über seine Stiefmutter. Ich selbst sah die Russen und uns – wenigstens in Montevideo – eher wie konkurrierende Aktienpakete, auch wenn ich mir manchmal mehr Kampfgeist wünschte. Aber Hunt ist in seinen Reaktionen so direkt wie einer dieser langnasigen Basketballtrainer, wenn das Team nicht die erwartete Leistung bringt. Wenn aber eine erfolgreiche Operation lief, strahlte Howard eine besondere Wärme aus, wie man sie nur bei kritischen und ernsthaften Menschen findet.
Er begann zu lächeln, als Gatsbys Glückssträhne einsetzte. Geheimdienstoffiziere neigen dazu, die jeweilige Rangordnung in der Station entsprechend der Leistung ihrer Agenten einzustufen,

so wie man eine gute Gastgeberin an ihrer Gästeliste mißt. Während ich AV/OCADO führte, hatte ich den Vorsitz an der Tafel übernommen, und Porringer und Hunt konnten immerhin von sich behaupten, daß sie mit Peones einen Schwergewichtschampion bändigten. Gatsby jedoch war bisher relativ unproduktiv gewesen, denn er hatte nur zwei mittelrangige Agenten entwickelt. Bei seinen übrigen Kontaktleuten handelte es sich, wie Gordy Morewood zu sagen pflegte, um »Altpapierhändler«.

Nun informierte eine von Gatsbys mittelrangigen Quellen, AV/LEADPIPE, ein Goldschmuggler, der eine Lücke in der Grenze zwischen Uruguay und Brasilien für seine Geschäfte nutzte, seinen Agentenführer, er sei mit einem Beamten im Außenministerium gut bekannt, der uruguayische Pässe besorgen könne, ob die Station ein paar kaufen wollte? Wir wollten. Jede Station ist scharf auf die Pässe ihres Gastlandes. Ja, sagte Hunt zu Gatsby, kauf fünf und laß dir von LEADPIPE den Namen des Beamten geben, der sie verkauft. Der Name kam, und es war kein anderer als Plutarco Roballo Gómez. Unser Büro wurde lebendig.

LEADPIPES Wagen wurde mit einer Wanze versehen, und beim nächsten Meeting bat LEADPIPE, der Gatsbys Instruktionen befolgte, Gómez, die Seriennummern aller Pässe zu wiederholen.

»Uriarte, du bist ein junger, erfolgreicher Unternehmer«, sagte Gómez, »warum wollen wir unsere Zeit mit einer so bürokratischen Tätigkeit verschwenden?«

»Tarco«, sagte LEADPIPE, »es ist so sehr viel angenehmer, wenn du mir dabei hilfst. In meinem Kopf drehen sich die Zahlen, wenn ich es allein tun muß.«

»Du bist seelisch instabil«, sagte Gómez.

»Ich werde langsam wahnsinnig« murmelte Uriarte.

Dann stritten sie sich um den Preis. Es war alles auf dem Tonband. Hunt schickte dem Herausgeber des »Diario de Montevideo« eine Kopie dieser höchst inkriminierenden Tonbandaufzeichnung zusammen mit einem Päckchen, in dem sich die fünf numerierten Pässe befanden; »El Diario« brachte eine entsprechende Meldung auf der Titelseite, und Gómez mußte von seinem Posten zurücktreten. In den Regierungskreisen Montevideos wußte man nun, daß der Sturz von Plutarco Roballo Gómez einzig und allein auf die Initiative des CIA zurückzuführen war.

»Geheimhaltung«, erklärte uns Hunt, »ist manchmal weniger

wichtig als Propaganda. Wegen Gómez hat man uns in Montevideo ausgelacht. Jetzt merken die Leute hier, daß wir unseren Feinden verdammt gefährlich werden können, daß wir auf unseren Prinzipien beharren und viel zu gerissen sind, als daß man es mit uns aufnehmen kann. Laßt uns dieses Image pflegen.«

Mein Glückstreffer folgte. Drüben in der russischen Botschaft, so erfuhren wir durch GOGOL, hatte sich Warchow untypisch verhalten. Fünfmal in drei Tagen hatte er die Botschaft für eine Stunde verlassen und war mit finsterer Miene zurückgekehrt. Ich beschloß mich eingehender mit ihm zu befassen. In dem nahe gelegenen Lebensmittelladen, in dem viele Angehörige des sowjetischen Botschaftspersonals einkauften, hatten wir einen »Altpapierhändler«, niemand Geringeren als den Sohn des Eigentümers. Dieser hatte auf Drängen seines Vaters mehrere Jahre lang Russisch studiert. Als Jakob Bosqueverde mich informierte, daß der Vater sich die Unterrichtsstunden nicht mehr leisten konnte, hatte ich dafür gesorgt, daß das nötige Geld von uns in bar zur Verfügung gestellt wurde – der Betrag war nicht der Rede wert. Die Gelegenheit, an Ort und Stelle jemanden zu haben, der mit den Russen plaudern konnte, war zu verlockend, als daß wir sie versäumen durften. Ich gab dem Jungen sogar ein Kryptonym, da Hunt eine volle Ausstattung mit Satteltaschen befürwortete. Damit sahen wir im Hauptquartier auf jeden Fall noch eindrucksvoller aus. Der Bursche aus dem Lebensmittelladen bekam den Decknamen AV/ GROUNDHOG (Murmeltier). Es wurde bald einer von unseren Standardwitzen. GROUNDHOG war sechzehn Jahre alt.

Während ich Warchow auf den Fersen war, traf ich mich mit GROUNDHOG in einem Café, um ihm genaue Instruktionen zu geben. Obwohl es mit seinem Russisch wahrscheinlich noch nicht weit her war, wies ich ihn an, Warchows Chauffeur (der immer Pepsi Cola in dem Lebensmittelladen kaufte) in eine Diskussion über die Gewohnheit seines Chefs zu verwickeln. Der Fahrer kam von selbst auf das Thema zu sprechen: Ob der Junge ein Luxusapartment in der Gegend wüßte, das zu vermieten sei? Das war die Erklärung für Warchows geheimnisvolle Fahrten: Er hatte Makler aufgesucht.

Hunt war von dieser Nachricht begeistert. Er ging seine Listen durch und reichte mir ein Blatt mit zwanzig Namen. »Das sind wohlhabende Individuen, uns wohlgesinnt, die vielleicht genau

die Art von Wohnung haben, die Warchow sucht. Wir können wahrscheinlich mit einem der Makler zusammenarbeiten, bei denen Warchow schon war, und ihn mit einem Hausbesitzer auf dieser Liste zusammenbringen.«
Wir besprachen die Lage und beschlossen, Gordy Morewood einzuschalten, der jeden Makler in Montevideo kannte.
Gordy brachte gute Resultate. Wir wählten eine entzückende Parterrewohnung in einer kleinen Villa in der Calle Feliciano Rodríguez, die einem alten Herrn namens Don Bosco Teótimo Blandenques gehörte. Warchow wurde ihm von Gordys Makler vorgestellt, und Warchow, der leidenschaftlich gern handelte, drückte den Preis so weit, daß er für die Wohnung schließlich viel weniger bezahlte, als sie wert war. Don Bosco wußte natürlich, daß wir die Differenz ausgleichen und noch einen Bonus drauflegen würden.
Wir mußten auch Señor Blandenques' Genehmigung erkaufen, um Geräte installieren zu dürfen. Hunt wollte aber nicht das übliche Zeugs, sondern verlangte eine »hocheffiziente Audio-Op«.
Don Bosco erklärte, er fürchte nicht das Risiko und habe auch keine Angst davor, daß Warchow die Zusammenarbeit mit uns entdecken könnte. »Ich würde ihn zum Duell fordern«, beteuerte er. »Ich habe mich seit achtundzwanzig Jahren nicht mehr duelliert, aber gewiß nur deshalb, weil ich einen Eid geschworen habe, daß ich von jeder Person, die ungehörig zu mir spricht, Genugtuung verlangen werde. Infolge dieses Eides, Señores, bin ich so gelassen.« Teótimo Blandenques strich zufrieden über seinen schwungvoll gebogenen weißen Schnurrbart und fügte hinzu: »Schwierigkeiten macht mir nur die technische Ausrüstung. Sie müßten viele Löcher bohren. Ich halte nichts davon, ehrwürdige Wände zu verschandeln.«
Don Boscos Villa war zwanzig Jahre zuvor in zwei Wohnungen geteilt worden. Dabei mußten ein paar Wände verschandelt worden sein, aber Don Boscos Augen deuteten an, daß es nicht ratsam war, solche Tatsachen in die Diskussion einzubringen. Statt dessen warteten wir ab, und bei den Cocktails wich der edle Don Bosco dem Geschäftsmann Blandenques. Howard erhielt die Genehmigung, die Geräte anbringen zu lassen. Wir würden einen Zuschlag von dreißig Prozent bezahlen und später alle Wände, Täfelungen, steinernen Fundamente oder Stuckarbeiten, die durch die Audio-Installation beschädigt werden würden, reparieren lassen.

»Der alte Strauchdieb«, sagte Howard, »wird Gordy Morewood wahrscheinlich bitten, ihn bei den Verhandlungen über die Reparaturen zu vertreten.«
Ich war in jener Nacht schrecklich deprimiert. Während es nichts gab, das mich davon abhalten konnte, Kittredge zu schreiben, und die Blätter dann bis zum 1. Juni zu horten, stellte ich fest, daß ein Brief, den man nicht gleich absenden kann, nicht sehr zweckdienlich ist. In mehreren aufeinanderfolgenden Nächten schreckte ich aus Träumen hoch, in denen ich sie körperlich liebte. Das war zuvor noch nie geschehen, und die Lüsternheit unseres Gesichtsausdrucks schockierte mich. Die Szenen wären eines Bordells würdig gewesen. Ich fragte mich, ob vielleicht eine kräftige Mischung aus Angst wegen Libertad, Peones und Chevi hinter diesen Träumen steckte, doch dort war alles ruhig. Ich hoffte, daß mir aus jener Ecke nichts Gefahrbringendes erwachsen würde. Aber diese Träume hafteten in meinem Bewußtsein wie ein Druck, der die arbeitsreichen Tage und unruhigen Nächte hindurch auf mir lastete.

32

1. Juni 1958
Liebe Kittredge,
ich wollte, ich könnte sagen, daß mir die Zeit bis zu diesem 1. Juni dank einer Vielzahl von Ereignissen wie im Flug vergangen wäre, aber dem ist nicht so. Du bist eine Art Hexenmeisterin und Göttin, die unsere Station in Schwung hält, solange ich Dir Briefe schicke. Wenn ich damit aufhöre, scheint alles stillzustehen.
Natürlich sind diesen Monat wieder ein paar Dinge bei uns passiert. Vizepräsident Nixon ließ sich auf seiner Südamerikareise auch in Montevideo sehen, und Hunt führte ihn durch unsere Räume in der Botschaft. Natürlich war dabei an Tarnung nicht mehr zu denken. »Dies ist Sherman Porringer, der Ihnen alles erzählen kann, was Sie vielleicht wissen möchten, Mr. Vice President, über uruguayische Gewerkschaften und wie wir ihnen helfen, sich von ihren Linken zu befreien.« Auf diese Art stellte Hunt jeden von uns Mitarbeitern Mr. und Mrs. Nixon vor.

Der gute Porringer war so verlegen, daß er wie ein Oklahomamuli wieherte.

»Guter demokratischer Geist in einigen dieser Gewerkschaften?« fragte Nixon.

»Würd' ich nicht ganz verneinen«, sagte Porringer. Dreimal in der Woche mußten wir uns seine flammende Tirade über die hiesigen Gewerkschaftsführer anhören: »Dumme Hundesöhne, uruguayische Fleischklöße.« Doch jetzt fragt ihn Hunt in Gegenwart des Vizepräsidenten: »Nun, wenn Sie es nicht verneinen wollen, würden Sie es bejahen?«

»Es gibt da schon irgendwo so eine Art von demokratischem Geist«, murmelt Porringer verlegen.

Hunt beschließt nun, seinen Sermon in unserer Gegenwart abzulassen, statt Mr. und Mrs. Nixon wieder in sein Büro zurückzuführen. Ich weiß nicht, ob er's aus Nervosität oder Bravour oder sogar mit der Berechnung tut, daß er uns ebensogut auch gleich mit beeindrucken kann, jedenfalls hat er als Stationschef das Recht auf seine Zweiminutenarie, bevor er unsere Gäste zum Botschafter zurückbringt.

»Mr. Vice President«, hebt er an, »ich erlaube mir bei dieser Gelegenheit, ein völlig unbedeutendes kleines Ereignis in Ihrem geschäftigen Leben zu rekonstruieren, aber ich erinnere mich eines Abends, an dem meine Frau Dorothy und ich, als wir nach dem Theater zu einem kleinen Souper in Harvey's Restaurant kamen, das große Glück hatten, daß man uns einen Tisch nicht weit von Ihnen und Mrs. Nixon zuwies. Darf ich Sie daran erinnern, daß ich spontan zu Ihnen hinüberging und mich vorstellte. Sie waren so freundlich, Dorothy und mich an Ihren Tisch einzuladen.«

»Howard Hunt, ich kann mich sehr gut daran erinnern«, nickte der Vizepräsident.

Kittredge, mir kam es nicht so vor, als ob er's wirklich tat. Nixon hat eine tiefe Stimme, bei der man unwillkürlich an einen wertvollen, ölgedämpften Schlagbohrer denkt: Die Schmierflüssigkeit hilft ihm durch manch eine peinliche Situation. Das Leben eines Politikers muß voll halber Erinnerungen sein, meinst Du nicht auch? So viele Leute! Während seine Worte so sonor wie die Reportage eines britischen Rundfunksprechers klangen – »Und jetzt passiert Ihre Majestät die Menge der Schaulustigen« –, warf er seiner Frau, Pat, einen schnellen Blick zu, und sie, mager wie eine Peitschenschnur,

sekundierte sofort: »Ja, Dick, das war an dem Abend vor vier Jahren, als du die Rede vor der Gesellschaft der ehemaligen FBI-Agenten hieltest.«
»In der Tat«, sagte Dick. »Eine feine Gruppe, SFFA, und nicht so lahm in der Diskussion.«
»Ho, ho«, lachte Hunt.
»Der Fall Hiss kam auch zur Sprache«, warf Pat Nixon ein.
»Ich erinnere mich«, sagte der Vizepräsident, »daß Sie, Howard, mir zu meiner, wie Sie es nannten ›unermüdlichen Verfolgung‹ von Alger Hiss gratulierten, und ich mußte Ihnen danken. In jenen Tagen gab es diese Frage betreffend noch immer eine große *división de opiniones*, wenn ich es auf spanisch sagen darf.«
»Ihr Spanisch ist ausgezeichnet«, sagte Hunt. Er sah aus, als wolle er jeden Moment anfangen, auf den Zehen zu wippen, so erregt war er. »Ich erinnere mich«, fuhr er fort. »Es wurde eine besonders angenehme halbstündige Diskussion über die ausländische und inländische Szene. Ihr Gedächtnis ist hervorragend, Sir.«
»Ein höchst angenehmer Abend«, schloß Nixon und nahm eine andere Haltung ein, was Hunt als Signal auffaßte, ihn nun die Halle hinunter ins Büro des Botschafters zu führen. Ich wollte, Du hättest den Vizepräsidenten sehen können, Kittredge. Nixon ist seiner Erscheinung nach ein ganz normaler Mann, und doch ist er's nicht. Er muß genauso das Instrument seines eigenen Willens sein wie Hugh Montague. Und doch kann man sich keine zwei Leute vorstellen, die einander unähnlicher wären.
Hunt kommt jetzt zu uns zurück und sagt: »So, ihr Bande, jetzt habt ihr den nächsten Präsidenten der Vereinigten Staaten kennengelernt.«
Ich frage mich, ob Hunt nicht sogar mit dem Gedanken spielt, die Agency zu verlassen, um als Wahlkampfmanager für Nixon zu arbeiten. Er wird dieser Tage immer unzufriedener, und der Grund ist unser neuer Botschafter, ein eleganter Maßanzug namens Robert Woodward, über den sich Hunt schon beklagte, bevor Woodward überhaupt ankam. »Noch so eine berühmte Null«, war sein erster Kommentar. »Botschafter in Costa Rica gewesen, und das war's schon.«
Mit Woodward ist aber trotzdem nicht gut Kirschen essen. Er gehört zu jener Fraktion im State Department, die der Agency sehr kritisch gegenübersteht, und eine der ersten Fragen, die er Hunt

stellte, war: »Was für ein Unheil wollen Sie denn hier unten anrichten?«
»Ich«, informierte uns Hunt, »habe ihm darauf erwidert: ›Ich habe nicht den Auftrag, eine befreundete Regierung zu stürzen, Sir.‹«
Woodward hielt dann einen Vortrag, von dem Howard noch Jahrzehnten wird. »›Mr. Hunt, bitte begreifen Sie‹«, so Howards Version, »›daß dieses Land Uruguay, obwohl klein, was seine Ausdehnung angeht, die beste existierende Demokratie in Südamerika ist. Es gibt wenige Nationen, die von sich behaupten können, so gut regiert zu werden, so frei von Korruption und ein solches Vorbild für weniger glückliche kleine Nationen zu sein. Uruguay ist die Schweiz Südamerikas.‹« Howard zitierte diese Sätze vor Gatsby und Kearns, Porringer, Waterston und mir und wiederholte dann: »›Frei von Korruption‹! Wie? Diese Wohlfahrtsstaats-Ganoven in der Gesetzgebenden Versammlung können sich jedes Jahr einen neuen Importwagen kaufen – zollfrei! Was ist das wert, wenn sie es verkaufen? Zehntausend Froschhäute extra?«
Er hat natürlich recht. Uruguay ist korrupt. Die Liberalen stehlen, und die Rechte macht's genauso. Don Jaime Saavedra Carbajal zum Beispiel ist sich nicht zu schade, Tausende Stück Vieh über den Jaguarfluß nach Brasilien treiben zu lassen, um Zollgebühren in unbekannter Höhe zu sparen. Mit einem Wort: zu schmuggeln. Die Polizei an der Grenze muß natürlich geschmiert werden. Howard stört das nicht. Er sagt, es erinnere ihn daran, wie die ersten großen Vermögen in Texas zustande kamen. Ich weiß nicht, was das an den betrüblichen Tatsachen ändert, aber jetzt ist nicht der richtige Augenblick, um mit Howard zu streiten. Das eigentliche Problem ist, daß die Station gegenüber der Botschaft nicht mehr den Ton angibt. Obwohl wir in unserem Flügel meist ein zurückgezogenes Leben geführt haben, konnten wir trotzdem jederzeit in jedes ihrer Büros hinüberwandern, worauf wir sehr stolz waren; denn die Jungs in der Botschaft, ob dreißig Jahre alt oder sechzig, waren immer ordentlich neidisch auf den herzlichen Empfang, den uns die Botschaftsdamen bereiteten.
Jetzt sind wir in ihren Augen so eine Art Halbstarkentruppe. Die Leute vom State Department lehnen uns einerseits ab, sind aber andererseits übertrieben freundlich zu uns, so als wären sie uns gesellschaftlich überlegen, was wir aber nicht merken sollen, denn Halbstarke sind gefährlich, sie könnten ja das Inventar demolie-

ren. Vor zwei Wochen wurde Hunt davon unterrichtet, daß Woodward und sein neuer Stellvertreter künftig selbst alle Veranstaltungen der ausländischen Botschaften besuchen werden; Hunt kann nun in der Tat abends zu Haus bleiben und im Kreis der Familie Feierabend machen. Natürlich befreit uns das von der lästigen Pflicht, all diesen Empfängen beiwohnen zu müssen – ein Segen, ich werde mal wieder ein Buch lesen können –, aber die gesellschaftliche Ächtung schmerzt trotzdem, sogar wenn einem gar nichts an dem liegt, was einem genommen wird. Hunt ist natürlich innerlich fuchsteufelswild.

Letzte Anmerkung. Eigentlich geht hier mehr vor sich, als ich zugeben will. Während des letzten Monats haben wir für Zenia Masarow und Georgi Warchow ein Liebesnest aufgebaut, eine Operation, die – wie könnte es anders sein? – zahlreiche Schritte erforderlich machte. Abgesehen davon, daß wir die beiden in die Falle locken mußten, waren Techniker aus Washington einzufliegen, die die Audioanlage installierten und die Wanzen überprüften – die beste sitzt pikanterweise in einem der Pfosten des Himmelbetts.

Ich muß zugeben, daß wir das, was nun geschehen wird, mit einer gewissen Lüsternheit erwarten. In zehn Tagen werden wir wissen, ob es funktioniert. Ich könnte es Dir früher mitteilen, aber ich halte mich an Deine strengen Anweisungen. Bis zum 1. Juli ist es ja auch nicht mehr allzu weit.

Dein
Harry

33

1. Juli 1958

Liebe Kittredge,
wie sich herausstellt, haben Zenia und Georgi eine leidenschaftliche Liebesaffäre begonnen. Ich wundere mich über mich selbst, wie sehr ich mit Brischka fühle, und glaub mir, sie spricht jetzt oft von ihm. Man möchte beinahe sagen: »Armer Warchow!«, denn er

muß sich dauernd Lobreden über den Ehemann der Frau anhören, die er verführt zu haben glaubt – Zenias Wortreichtum ist gewaltig, wenn sie ihm erklärt, wie sehr sie sich schämt. Natürlich legt Porringer Wert auf die Feststellung: »Ein guter F... hat einer Frau noch nie geschadet«, eine herzerfrischende Information – und wäre es nicht nett, wenn es wahr wäre?

Inzwischen ist mir die Rolle des Monitors in AV/RATHOLE (Rattenloch) zugefallen. Diesen gar nicht so witzig gemeinten Namen hat Hunt unserer Operation gegeben. Ich weiß nicht, ob ich es mit einer Komödie oder einer Ungeheuerlichkeit zu tun habe. Kann man Menschen für das verantwortlich machen, was sie beim Liebesakt sagen?

Die Technik hat oft ihre Tücken. Während das Audio eines der besten zu werden verspricht, das man für diese Art Situation je installiert hat – wir können Gespräche aus dem Wohnzimmer, der Küche, dem Eßzimmer und dem Schlafzimmer empfangen –, entstehen Lücken, wenn Zenia oder Georgi mit einem Teller klappern oder wenn, schlimmer noch, die Sprungfedern zu quietschen anfangen. Unsere finnischen Spezialisten gehen nach jedem Aufenthalt hinüber und holen die Bänder aus einem Schlafzimmer ab, das wir im Stockwerk darüber gemietet haben. Sie bringen sie in unser Büro und sitzen dann stundenlang am Schreibtisch, um sie zu übersetzen. Dann versuche ich sie in besseres Englisch zu übertragen, ohne daß dabei irgendeine relevante Information verlorengeht. Da die »Saueren Eier« einen Tag später auch die russischen Transkripte in Washington vor sich liegen haben und selbst entscheiden können, was wirklich von Wert ist, frage ich mich allmählich, warum ich mir die Mühe mache. Ich wandte mich deshalb an Hunt, der meine Bedenken als bloße Nörgelei abtat. »Mach deinen Kram und kümmere dich nicht darum, was damit geschieht«, sagt er mir. Ich habe das Gefühl, daß er Kopien von meinem Zeug an einige seiner »Beschützer« in der Abteilung WestHem schickt.

Das Schlimmste ist: Es kommt praktisch nichts dabei heraus. Warchow fährt in sein Liebesnest, um seinen Bürostreß zu vergessen, und Zenia trifft ihn dort, weil sie eine »Gefangene der fremden, exotischen Besessenheit« ist. Wir hören eine ganze Menge davon. Warchow ist nach dem Eindruck, den man auf Grund der Tonbänder von ihm gewinnt, ein noch primitiverer Kerl, als wir erwartet hatten – offenbar entstammt er einer langen Linie von Leibeigenen, und erst sein Vater stieg auf zum Eisenbahningenieur, daß heißt, er war wohl Lokomotivführer, während er, Georgi, sich als junger, wenn auch ungebildeter Politleiter einer Kompanie auszeichnete, Stalingrad überlebte und während des Vormarschs auf Berlin als eine Art Killer oder Henker in der GRU diente. Er ist ein Metzgerjunge, wie Zenia ihm leidenschaftlich versichert: »Du gehst mit Fleisch und Knochen um, und jetzt bist du bei mir.« Oft klagt sie über sich selbst, daß sie sich nicht in der Gewalt habe. »Ich lese Bücher, in denen die Frauen dem Laster anheimfallen, aber Bücher warnen einen nicht genug. Nicht Flaubert. Nicht einmal Dostojewskij. Tschechow vielleicht, ein wenig. Aber nicht genug. Dostojewskij ist am allerschlimmsten. Es ist nicht gut, wenn man die Leiden verdorbener Frauen verstehen will, die das Fleisch des Teufels anbeten.«

»Wer ist ein Teufel?« protestiert Georgi. »Ich lebe unter unmöglichen Bedingungen: Ich verehre deinen Mann wegen seines Wissens.«

»Nicht so sehr, wie du meine Mitte, mein Schamhaar, verehrst. Liebst du diesen Geruch? Brischka betet es an. Du nicht? Hast du Angst? Starker Mann hat Angst? Glaubst du, mein Schamhaar ist das Zentrum der Sünde?«

Es tut mir leid, Kittredge, aber nachdem die Finnen ihre wortwörtliche Übersetzung fertig haben, fällt es mir nicht leicht, sie in ein Englisch zu bringen, das Dir einen Eindruck vermittelt, wie das klingt, was Zenia und Georgi sagen. Die letzte Passage lautete in der Rohübersetzung, die ich bekam, wie folgt: »Alle Verkommenheit der Welt liegt in diesem stinkenden Schamhaar.« Wenn Du feines Benehmen suchst, dann such nicht bei den Russen.

Sie verbringt sehr viel Zeit damit, Warchow wegen seines njet kulturnij zu tadeln. Ich bin mit diesem Ausdruck im großen und ganzen durch Masarow vertraut, aber Gohogon, einer der Finnen, versichert mir, daß es unter Russen eine empfindliche Beleidigung ist: Entweder bist du eine kultivierte Person, oder du bist ohne Kultur. Zenia Arkadjova fühlt sich deshalb so gedemütigt, weil sie voller Leidenschaft für diesen »Njet kulturnij«, Warchow, ist. »Ich hatte fünf Tanten, alles Damen, alle tot. Sie würden ohnmächtig werden, wenn sie dich sähen.«

Seine Antworten auf derlei Bemerkungen erscheinen im Transkript gewöhnlich wie folgt. WARCHOW: ... (grunzt).
Ich bin allmählich so neugierig, daß ich Gohogon bitte, mal selbst in das Band hineinhören zu dürfen. Dabei stelle ich fest, daß Zenias Worte zwar brutal sein mögen, aber ihre Stimme ist sanft, melodisch, verlockend. Aus dem Grunzen, mit dem er ihr antwortet, sprechen Glück und Wohlbehagen. Es klingt, wie wenn ein Nilpferd im Schlamm schnauft. »Choroscho«, antwortet er, und das klingt auch einem Grunzen sehr ähnlich, wenn es mit rauher Stimme ausgesprochen wird, ähnlich wie im Englischen »Horrorshow«. Aber »choroscho« bedeutet okay, ganz einfach okay.
»Ich bringe Schande über meine Familie«, sagt Zenia.
»Choroscho.«
»Du bist ein Hund.«
»Choroscho.«
»Du bist ein Schwein.«
»Choroscho.«
»Habgierig.«
»Choroscho, choroscho.«
Ich muß an Peones denken. Ist das symptomatisch für alle brutalen Männer? Sehnen sie sich danach, ausgepeitscht zu werden? Gibt es da so etwas wie eine innere ausgleichende Gerechtigkeit?
»Rede weiter«, sagt er. »Ich höre zu.«
»Bist unwürdig.«
»Okay.«
»Meines Gatten unwürdig.«
»Verstanden.«
»Du widerst mich an.«
»Das tue ich nicht«, lacht Warchow.
»Nein, das tust du nicht. Komm her, ich brauche dich.«
Stöhnen, heftige Atemgeräusche, Sprungfedern. Wahnsinnige Schreie zum Schluß. (Ja, ich höre mir das Band an.) Man weiß nicht immer, wessen Stimme es ist: »Fick mich, fick mir das Herz aus dem Leib. Du bist meine Freiheit, meine Scheiße«, schreit Zenia Arkadjova. Ja, es ist ihre Stimme, und sogar auf dem Band kann ich spüren, wie sie aus dem Loch in ihrer Mitte ausgreift ins Universum auf der Suche nach etwas, das vielleicht etwas anderes als ein Loch ist. Ich weiß nicht, ob ich gerührt oder entsetzt sein soll. Als ich mir das Band anhöre, kann ich den süßen Ekel ihres Verlangens

spüren, und ich frage mich, ob ich nicht irgendeinen unnatürlichen Nerv in mir selbst berührt habe.

Hunt kommt ab und zu an meinem Schreibtisch vorbei und fordert mich auf, nur die saftigen Stellen herauszuholen. »Beschränk dich auf die Passagen mit Hautgout. Ich möchte Boris in die Pfanne hauen. Also laß diesen faulen Zauber mit ›wie wundervoll mein Mann ist‹ weg. Zum Teufel, Harry, da die Menschen nun mal so pervers sind, kann ein Mann seiner Frau vielleicht verzeihen, daß sie mit dem anderen Kerl zusammen ist, wenn sie dabei dauernd von ihm redet. Also konzentrier dich auf Sätze wie: ›Ja-gib's-mir-du-verdammter-großartiger-Ficker‹ und solches Zeug. Auf die guten Passagen. Wir werden Brischka, dem armen, mißverstandenen KGB-Massenmörder, das Herz im Leibe zerquetschen.«

Also fange ich noch mal an zu redigieren. Ein furchtbares Produkt kommt dabei heraus. Wieder ein Beispiel – es sei gesagt – für die Gültigkeit der These von K. Gardiner Montague hinsichtlich des A und O. Wenn ich es mir gestattete, würde ich in einen Strudel verwirrter Gefühle geraten über das, was ich tue, aber Alpha hat die Macht übernommen, Alpha scheint die Erregung zu genießen, daß es aus sprödem, sogar abstoßendem Material etwas Nützliches machen darf. Dabei ist es keineswegs nur abstoßend. Kittredge, ehrlich, die Tiefe in Zenias Stimme läßt mich nicht unberührt. Kannst Du Dir vorstellen, daß ich das je irgend jemand anderem als Dir gestehen würde? Trotzdem muß unser guter Reverend Hubbard beichten, daß sogar Warchows Grunzen, wenn man es sich lange genug anhört, menschliche Seiten in einem berührt: Zärtlichkeit mitten in dieser tierischen Gier, Kummer im Herzen bei all seinen harten Flüchen. Wenn er kommt – also gut, ich will alles erzählen –, brüllt er: »Hure, Mutter-von-Schweinen, Dreck, den ich ficke«, unglaubliches, furchtbares Zeug, das bei ihr eine Arie aus entsprechend ekstatischen Schreien hervorruft. Wenn ich es zuließe, könnte ich angesichts dieser prallen Fleischlichkeit einen Komplex entwickeln. Aber ich habe mein Alpha, den guten, entschlossenen Arbeiter-Soldaten, und er ist der Chef der Operation.

Es ist sogar eine ziemlich mühselige Tätigkeit, die Transkripte nach »guten Stellen« zu durchforsten. Mit Hilfe von Gohogon finde ich die betreffenden Passagen auf dem Band wieder und klebe sie aneinander. Dann höre ich mir das Ergebnis an, als wäre es Musik.

Natürlich klappt es mit den Schnitten nicht immer so richtig. Dann spiele ich mir wieder das Originaltonband vor und suche andere russische Lautfolgen heraus, die als Übergänge dienen können. Da ich des Russischen nicht mächtig bin, ergibt das Wort für Wort oft keinen richtigen Sinn, aber Schnitt für Schnitt und Stückchen für Stückchen bekomme ich dann doch ein akzeptables, oft sogar überwältigendes Werk der Art zusammen, wie Hunt es sich gewünscht hat. Wenn er sich auch Tag für Tag darüber beklagt, wie lange es dauert, so ist er doch auch generös genug, der sonst immer so zugeknöpfte alte Howard, meine gute Arbeit schließlich entsprechend zu loben. Wie wohl ich mich dann fühle! Tief im Innern von Omega, hoffnungslos eingekerkert, klagt ein winziges Stück meiner Seele um Brischka, aber Alpha hat die Schlacht gewonnen. Eine Woche Arbeit hat sich gelohnt. Ich komme mir vor wie ein Tonmeister und/oder Rundfunkdirektor. Ich habe ein interessantes Werk aus Stimmen geschaffen, und ich schwöre es Dir: Vor der Bannkraft eines guten harten Jobs haben moralische Bedenken nicht mehr Macht als Grashalme vor einem Rasenmäher. So kommt es mir während der Arbeit jedenfalls vor.
Jetzt erhebt sich natürlich die Frage, was mit dem fertigen Produkt geschehen soll. Hunt ist wie vorherzusehen dafür, Boris Masarow damit zu vernichten. Wir schicken ihm das Band, und dann können wir, ganz gleich was geschieht, mit einem zählbaren Erfolg rechnen. Wenn Masarow den Skandal einfach so schluckt, müssen er und Warchow mit dieser Belastung weiter zusammenarbeiten. Das ist der Mindesteffekt. Wahrscheinlicher ist, daß Masarow versuchen wird, Warchow nach Moskau zurückversetzen zu lassen, oder daß er selbst seine Versetzung beantragt. Wie auch immer – eine zeitraubende Sache für das sowjetische Team.
Natürlich gibt es immer noch die größere Lösung. Wir könnten Warchow damit erpressen, so daß er für uns arbeiten muß. Wir könnten auch bei Masarow ansetzen. Vielleicht würde ihn das Band so demoralisieren, daß er sich zum Verrat entschließt?
Hunt meint natürlich, daß uns Boris sogar noch mehr als Feinde ansehen wird als zuvor, wenn wir ihm das Band zuspielen. Hjalmar Omaley, der wieder aus der Sowjetrußlandabteilung hergeflogen ist, macht sich selbstverständlich für den Versuch einer

Abwerbung stark. Die »Saueren Eier« sind scharf darauf. So führen Omaley und Hunt eine Art Stellvertreterkrieg für die West-Hem-Abteilung *plus* »Hohe Herren« auf der einen und der Sowjetrußlandabteilung auf der anderen Seite. Ich will keine weiteren Seiten auf alle möglichen Debatten, Szenarien, Lücken und (siehe Omaley) paranoiden Anschuldigungen verschwenden. Hjalmar trifft sich jeden Abend mit Nancy Waterston, und Hunt weiß nicht mehr, ob er ihr noch vertrauen kann.
Und in diese »Tour de drôle« platzt folgendes Telegramm. Entschlüsselt liest es sich so:
AN: AV/HACEBDADO
VON: KU/GHOUL-1
gratuliere zu rathole. grossartige demopo.
glückwünsche.
»Demopo« ist das Kürzel für »Demolition Options«, das heißt, dem Gegner einen vernichtenden Schlag versetzen.
Hunt schwebte im siebten Himmel. »Das ist die erste Anerkennung, die ich von deinem Paten bekomme, seit er mich vor zwei Jahren zum Dinner eingeladen hat.« Er räusperte sich. »Wenn ich darüber nachdenke, Harry – du weißt doch, was in dem Mann vorgeht. Worauf ist Harlot eigentlich aus? Will er hier mit einsteigen?«
»Er würde dich nie direkt ansprechen, wenn er die Sache selbst übernehmen will«, sage ich vorsichtig tastend. Es ist unwahrscheinlich, Kittredge, wie man sich langsam zum Experten entwickelt. Ich, der ich Hugh früher nie auch nur einen Augenblick verstanden habe, erkläre ihn nun jemand anderem.
»Ja, was meint er?« fragte Hunt weiter.
»Er beglückwünscht dich, glaube ich, ganz ehrlich. Es ist schließlich eine hübsche Operation.«
»Hölle und Teufel, wenn sie das nicht ist«, rief Hunt aus. Er kann mir nicht ganz trauen, wenn es um Hugh Montague geht, aber andererseits sagte ich ihm, was er hören wollte. So neigte er natürlich dazu, mir zu glauben. Dann schüttelte er den Kopf. »Es muß mehr an diesem Kabel dran sein.«
»Warum«, fragte ich, »rufst du ihn nicht einfach an?«
Er seufzte. Ich glaube, er zögerte ein bißchen. »Da muß ich das rote Telefon benutzen«, sagte er schließlich.
Ich verließ Howards Büro. Fünfzehn Minuten später ließ er mich

wieder zu sich rufen. Er glühte vor Begeisterung. »Montague ist gar nicht so schlecht, wenn er nett sein will. Möchte dich jetzt sprechen. Möchte dir auch gratulieren.«
Als ich aber zum sicheren Telefon ging, das kannst Du mir glauben, lauerte Howard immer noch in seinem Büro. Also wagte ich die Tür der Kabine nicht zu schließen. Dein lieber Mann begrüßte mich mit der wohlvertrauten Tunnelstimme. »Erkläre laut, wie froh du bist, daß es mir gefällt.«
»Yessir«, sagte ich, »ich bin schrecklich froh, daß es Ihnen gefällt.«
»All right«, sagte Hugh. »Genug damit. Das Kabel war nur ein Trick, um dich ans sichere Telefon zu bekommen. Ich bin nicht an RATHOLE interessiert. Dabei kann nicht viel herauskommen. Masarow und Warchow sind aus Hartholz geschnitzt. Sie werden nie abspringen. Außerdem ist das nicht meine Spielwiese. Ich will dich etwas fragen. Was würdest du von einer Versetzung nach Israel halten?«
»Ist das Ihr Ernst? Gilt das nicht als Belohnung?«
»Immer langsam. Der Laden drüben gehört Angleton. Als mein Vertreter hättest du es nicht leicht. Trotzdem habe ich da auch ein paar Positionen. Nicht alle im Mossad lieben ›Mutter‹ so sehr. Ein paar Spitzenkräfte bei den Israelis arbeiten lieber mit mir zusammen.«
»Darf ich erst einmal darüber nachdenken?«
»Natürlich. Andererseits sind die Mossad-Leute die Diamanten im Geheimdienstspiel.«
»Yessir.«
»Du kommst dort entweder als Meister oder als Wrack wieder heraus.«
»Als Wrack?«
»Erledigt.« Er machte eine Pause. Als ich nichts darauf erwiderte, fuhr er fort. »Keine Frage. Das Territorium gehört Angleton. Was ›Jesus‹ angeht, wirst du der Feind sein.« Er sprach Jesus wie Heysuhs aus, James Jesus Angleton.
»Warum wollen Sie dann, daß ich da hingehe?« Ich mußte sehr leise sprechen, damit Howard nichts verstehen konnte.
»Weil du es auch überleben kannst. Jesus hat nicht alle Karten in der Hand. Ein paar habe ich für mich selbst gezinkt.«
»Kann ich's mir mal durch den Kopf gehen lassen?«
»Ja, tu das. Du stehst an einem Scheideweg. Denk darüber nach.«
»Wie soll ich dir darauf antworten?«

»Ruf Rosen an. Er ist jetzt mein Sklave Freitag. Ruf ihn einfach auf einer deiner offenen Leitungen im TD-Tertiary an. Plaudere mit ihm, harmloses Blabla. Wenn du dich für Israel entschieden hast, brauchst du nur die folgende Bemerkung einzuflechten: ›Wie ich Maine doch vermisse, jetzt, da ich in Montevideo bin.‹ Ich kümmere mich um den Rest.«
»Und wenn ich mich anders entscheide?«
»Dann, Junge, benutze den Code nicht. Rosen wird mir dann nichts zu berichten haben.«
»Yessir.«
»Du hast zwei Tage Zeit, dich zu entscheiden.« Er legte auf, bevor ich ihn nach Dir fragen konnte, Kittredge, und er hätte mir wohl auch nicht geantwortet.
Ich will Dir die nächsten achtundvierzig Stunden nicht beschreiben. Ich war begeistert und ich hatte Angst. Angletons Ruf ist mindestens so schlimm wie der Deines Mannes, aber dann ehrt es Hugh und Angleton auch wieder, daß man sie in der Agency als »Legenden« bezeichnet und nie so recht weiß, was sie tun.
In den nächsten beiden Tagen habe ich zwei Dinge über mich lernen können, liebe verheiratete Dame: Ich erforschte den Abgrund meiner Feigheit und roch die giftigen Dämpfe darin; und ich erklomm die höchsten Gipfel meines bis dahin noch nicht erkannten Ehrgeizes. Schließlich rief ich Arnie Rosen über eine offene Leitung von einem Telefon hier in der Station beim TD an, entschlossen, über meine Sehnsucht nach Maine zu sprechen.
Sobald ich das Thema aber anschnitt, unterbrach er mich: »Vergiß den ganzen Urlaub«, sagte er. »Dein Antrag ist abgelehnt.«
»Was?«
»Ja.«
»Warum?«
»Kann ich nicht sagen«, sagte er.
»Ich halte das nicht aus«, erklärte ich ihm. »Gib mir eine Andeutung.«
»Es ist deine Mutter. Deine Mutter verhindert den Trip nach Maine.«
»Meine Mutter? Jessica?«
»Ja.«
»Das kann sie doch gar nicht.«

»Na ja, sie ist aber der Grund, obwohl sie die Entscheidung nicht trifft.«

»Wer trifft die Entscheidung?«

»Sagen wir, dein Vater.« Eine Pause. »Ja. Paradigmatisch gesprochen.« Noch eine Pause. »Und dein Gastgeber bedauert sehr, dir nicht das Fluggeld schicken zu können.«

Ich ahnte etwas, ohne es greifen zu können, und bat ihn: »Arnie, gib mir noch einen Tip.« Es war, als ob wir Termingeschäfte besprächen.

Er spielte dieses Spiel hervorragend. »Well«, sagte er, und er sagte es so gedehnt, als öffne er eine Tür: »Was mich angeht, mir würde man nie erlauben, in diese Wälder zu gehen.«

»Warum nicht?«

»Sie sind zu antisemitisch in Maine.«

Das genügte. Die Antwort war bei mir angekommen.

»Was macht Kittredge?« fragte ich. »Hast du dich wieder mit ihr ausgesöhnt?«

»Ach, würde ich gern, aber sie ist weit weg.«

»Wie weit?«

»Stell dir Australien vor, und du liegst falsch. Dito Polen. Ich wollte, ich könnte dir sagen, wo sie ist.« Er legte auf.

Zwei Tage später kam mit der Diplomatenpost eine Kiste Zigarren an. Drinnen lag eine Karte mit Harlots makellos winziger Handschrift: »Dein fahrender Ritter-Pate.«

Ich hatte inzwischen das Rätsel gelöst. So wie Hugh für einige Leute »Harlot« war, so ist Angleton für viele »Mutter«. Aber er ist natürlich nicht meine Mutter, Jessica Silverfield Hubbard. Rosen wollte mich zweifellos daran erinnern, daß ich zu einem Achtel Jude bin. Und was meinen Vater angeht, mußte sich das »Paradigmatisch gesprochen!« also auf die Company und ihre Politik beziehen. Natürlich. Die Company konnte keinen jüdischen Abteilungsleiter nach Israel schicken: Interessenkonflikt. Ich hatte keine Ahnung, ob hier ein Entschluß der Agency vorlag, ob der Mossad sich eingeschaltet hatte, oder ob beides gleichzeitig der Fall war. Jedenfalls hat Dein unvergleichlicher Harlot vergessen, daß ein kleiner Teil von mir jüdisch ist, bis die Personalabteilung, gelobt sei sie, ihn wahrscheinlich daran erinnerte. Ein paar Tage, Kittredge, kam mir die Vorstellung, daß ich ein Hebräer bin, recht merkwürdig vor.

Obwohl ich bis über beide Ohren mit RATHOLE beschäftigt war, fällt es mir jetzt schwer, mich wieder ganz und gar auf Uruguay zu konzentrieren. Ich muß Dir beichten, daß ich eine private Teleologie pflege. Ich glaube immer noch, daß ich zu einem bestimmten Zweck geboren bin und mich anstrengen muß, ein gewisses Ziel zu erreichen – selbst wenn ich dieses Ziel selbst nie erkennen oder gar beschreiben kann. Nach achtundvierzig Stunden in der Szenariofabrik meiner Phantasie kam ich zu dem Schluß, daß ich diesen dubiosen und meine Karriere gefährdenden Job annehmen muß, weil es mein Schicksal ist, daß ich nach Israel gehen soll. Und dann muß ich mit einem Mal feststellen, daß es mein Schicksal ganz und gar nicht will. Wegen einer Formfrage ausgeschlossen. Doch jetzt habe ich überhaupt kein Interesse mehr an RATHOLE, und das ist vielleicht auch ganz gut so. Denn RATHOLE könnte auffliegen, während wir noch dran arbeiten.

Weißt Du, die »Saueren Eier« haben gewonnen. Sie konnten ihre Option durchsetzen. Wir müssen versuchen, einen Überläufer zu gewinnen, und man einigte sich auf Warchow. Masarow, der alte Profi, meinte man, würde sich ganz einfach als zu schwierig erweisen, wäre wohl auch zu sehr aus dem Häuschen. Also diskutierten wir in der Station, wie wir uns Georgi nähern könnten. Porringer ist dafür, daß wir uns mit einer der Taxis von AV/EMARIA an Warchows von dem Chauffeur gefahrenen Wagen dranhängen. Früher oder später wird Warchow bei einem Café zum Lunch anhalten, und dann kann man per AV/EMARIA-Funk Omaley und Gohogon, verstärkt durch Porringer oder mich, herbeirufen. Sie gehen zu Warchow hinein, drücken ihm das Tonband zusammen mit einer Telefonnummer in die Hand und sagen ihm, er solle es sich anhören, wenn er allein ist. Wir-können-alle-Freunde-sein ist der Tenor dieses Märchentheaters. Hjalmar haßt aber solche plumpen Methoden, und die SR-Abteilung steht hinter ihm. Meetings, sagen sie, sind wann immer möglich zu vermeiden. Wir könnten es Warchow natürlich einfach per Post an die Botschaft schicken, aber woher sollen wir dann wissen, ob er's erhalten hat?

Ich schlage vor, wir benutzen einen unserer Schlüssel zu der Villa und lassen das Tonband in Warchows Liebesnest liegen. Wenn er neue Schlösser hat einbauen lassen, können wir einen Schlosser beauftragen, die Haustür zu knacken. Der Nachteil: Ein Schlosser könnte die Aufmerksamkeit der Nachbarn erregen. Wenn das geschieht, ist die Operation geplatzt.

Wenn wir das Tonband dort liegenlassen, ist es mit dem Liebesnest ohnehin vorbei. Ich schlage vor, wir schicken AV/ALANCHE-1 (den Anführer meiner Graffiti-Maler, einen sehr zuverlässigen Jungen) mit unseren Schlüsseln hinüber. Das könnte geschehen, wenn wir durch GOGOL wissen, daß Warchows Wagen auf der Straße vor der Botschaft geparkt ist. AV/ALANCHE-1 braucht nur den Schlüssel auszuprobieren. Ob die Schlüssel passen oder nicht, er muß sofort wieder verschwinden. Wir wissen dann jedenfalls, ob wir die Tür öffnen können.

Erstklassig! Mein Vorschlag wird an einem Freitagnachmittag ausgeführt, und wir erfahren, daß das Schloß nicht ausgewechselt worden ist. Wir werden also nach dem Wochenende handeln. Denn wir wissen inzwischen: Ganz gleich, wie oft Warchow in der vorhergehenden Woche sein Liebesnest in der Calle Feliciano Rodríguez benutzt hat – am Montag erscheint er regelmäßig während der Mittagspause zum Stelldichein, weil er, wie wir von den Tonbändern wissen, das Wochenende mit seiner Frau verbracht und sie gründlich satt hat. Wir beschließen also, die Spule zusammen mit einem Tonbandgerät mitten auf den Tisch im Flur zu legen. Auf einem dabeiliegenden Bogen Papier steht, wo und wann wir ihm ein Treffen vorschlagen. Alles, was er tun muß, ist, ein leeres Blatt Papier (das wir auch dazulegen), dort liegenzulassen, wo er unsere Nachricht gefunden hat. Alles dank Hjalmar in makellosem Russisch. Dahinter steckt ein wohlausgeklügeltes Konzept. Georgi betritt das »Haus der Liebe in der Feliciano-Rodríguez-Straße« (wie wir den Schauplatz unserer Operation wegen dieser etwas klebrigen Posse nennen) stets eine halbe Stunde vor Zenia. Damit sein Chauffeur sie nicht zu Gesicht bekommt, wird die Limousine immer sofort zur Botschaft zurückgeschickt. Dann trifft Zenia mit dem Taxi ein, das eine Querstraße entfernt hält. Sie geht zum Haus. Georgi ist infolge seines Vorsprungs von einer halben Stunde schon ausgezogen und gierig wie ein russischer Bär. Aber sie läßt ihn noch ein bißchen zappeln, und manchmal muß er sich sogar zuerst wieder anziehen. »Wir müssen gleich sein, wenn wir anfangen«, sagt sie ihm. Faszinierend, aber worauf es uns ankommt: Er ist mit Sicherheit erst einmal eine halbe Stunde mit unserem Geschenk allein.

Am nächsten Montagmorgen wird das Arrangement also auf dem Tisch im Foyer deponiert, und Gatsby, bei dem es am unwahrscheinlichsten ist, daß unsere beiden Russen ihn schon einmal gesehen haben, wartet einen halben Block entfernt im Taxi des Überwachungsdienstes. Fünfzehn Minuten später betritt Georgi pünktlich das »Haus der Liebe«. Zehn Minuten später kommt er sichtlich schwitzend wieder heraus und fängt an, auf der Straße auf und ab zu gehen. Diese Gänge, hin und her, werden immer länger, bis er genau an Gatsby vorbeikommt, der noch immer in dem geparkten Taxi sitzt. Ach du liebe Zeit, Georgi erkennt Jay. Er bleibt auf dem Bürgersteig stehen, salutiert, hält den Daumen an die Nase, wackelt mit den Fingern, hebt seine hammerartige Faust, haut damit auf die Kühlerhaube des Taxis, hart genug, um einen ansehnlichen Knick im Blech zu hinterlassen, sieht Zenia, eilt auf sie zu, um sie zu treffen, und verschwindet mit ihr im Hauseingang. Gatsby, selbst in Schweiß gebadet, wartet im Taxi und streitet mit seinem Fahrer über die Reparaturkosten der beschädigten Motorhaube. Eine halbe Stunde später verläßt Zenia, sichtlich verwirrt, zusammen mit Georgi das Haus, und sie rufen ein Taxi. Als Gatsby ihnen in der laut Ausbildung vorgeschriebenen Entfernung zu folgen versucht, läßt Georgi sein Taxi an einer roten Ampel volle einhundert Yards bis zu Gatsbys Wagen zurück fahren, steigt aus und hinterläßt eine zweite Delle auf der anderen Seite der Motorhaube, dann springt er wieder in sein Taxi. Warchow, der wohl begriffen hat, daß es nun nicht mehr auf Diskretion ankommt, läßt Zenia nur einen Block vor ihrem Hochhaus aussteigen und kehrt dann von der Rambla zur Botschaft zurück, wo er den Fahrer bezahlt und sogar noch die Faust in Richtung Gatsby schüttelt, als dieser wegfährt.
Es besteht natürlich die Möglichkeit, daß Warchow die Polizei gerufen hat, weil jemand in seine Wohnung eingedrungen ist, aber das braucht Zeit. Sobald Jay sich meldet, werde ich rasch zusammen mit Gohogon hinübergeschickt, um festzustellen, was mit Don Boscos Villa geschehen ist. Es ist ein Alptraum. Georgi hat seinen Schlüssel für die Eingangstür im Schloß abgebrochen, so daß wir nicht hinein können. Zum Glück gibt es einen Hintereingang, den er in seiner Wut übersehen hat, und auch zu diesem haben wir einen Schlüssel. Er hat ganze Arbeit geleistet: Das Himmelbett ist zertrümmert, das Tonbandgerät in Scherben,

das Tonband liegt abgerollt zum Teil im Klo, zum Teil hängt es heraus und windet sich wie ein Haufen Bandwürmer über den Badezimmerfußboden. Die Füllung der Wohnzimmermöbel liegt auf einem Haufen am Boden, und an ein paar Wänden ist der Gips dellenförmig abgeplatzt vom Schlag dieser hammerartigen Fäuste. Unnötig, diese Aufzählung fortzusetzen. »Das muß das Feuer des russischen Herzens sein, das sie gut über den kalten Winter bringt«, witzele ich, doch dann vergeht mir der Humor. Denn dieser Anblick läßt mich die Angst der Europäer verstehen vor den barbarischen Leidenschaften, die im Osten auf sie warten.
Natürlich ist jede Hoffnung, daß er überläuft, nun dahin. Hunt, hinter sich die WestHem-Abteilung und die »Hohen Herren«, sagt, ein Abspringen sei ja ohnehin nicht zu erwarten gewesen und nun sei es wichtig, daß wir die andere Strategie einschlügen, unser »Demopos«. »Schnelligkeit ist entscheidend«, kabelt er nach Washington, und als Antwort bekommt er grünes Licht. Wir haben nicht viel zu verlieren. Kopien der Bänder gehen per Post an Masarow in die Botschaft und per Boten an den Pförtner seines Apartmenthochhauses. Bei einer Party in der schwedischen Botschaft landet eine dritte Kopie in Masarows Manteltasche. Da Botschafter Woodward angeordnet hat, daß die Präsenz des State Departments bei Botschaftsempfängen nicht durch Company-Leute »verschandelt« werden darf, ist keiner von uns eingeladen, aber Porringer kennt die uruguayische Garderobenfrau bei den Schweden gut genug, um sie für den Gegenwert eines halben Wochenlohns zu bewegen, daß sie das Tonband hineinsteckt. All das findet auf einem jämmerlichen handwerklichen Niveau statt, aber natürlich spielt das keine Rolle mehr. Nur durch diesen massiven Materialeinsatz können wir sicher sein, daß Boris die Ware erhält. Natürlich wird nichts Schriftliches geschickt. Das ist nun nicht mehr nötig. Sollen Masarow und Warchow es unter sich ausmachen.
Wir lehnen uns zurück und warten. Tage vergehen ohne sichtbare Ergebnisse. Die Russen laden uns dann zu einem Empfang für Jewgenij Jewtuschenko ein, einen jungen und offenbar recht freimütigen russischen Dichter. Beiliegend findet sich die Information, daß Jewtuschenko in Moskauer und Leningrader Stadien Lesungen vor 20000 Zuhörern hält. Wenngleich kein Sänger, ist seine Popularität mit der Elvis Presleys vergleichbar. Alles Per-

sonal der amerikanischen Botschaft, so heißt es in der Einladung, ist besonders willkommen. So fühlt sich Woodward verpflichtet, außer seiner eigenen spießigen Mannschaft auch Hunt, Porringer, Kearns, Gatsby, Hubbard und Waterston mitzubringen. Da wir jetzt mitten im Winter sind, findet die Party im Hause statt, und das steife Zeremoniell erinnert an die Zarenzeit.
Warchow und Masarow stehen an der Spitze des Empfangskomitees. Zwischen ihnen stehen Zenia und Frau Warchow, eine fette Dame. Sie scheinen alle etwas nervös, aber das sind wir auch. Warchow schlägt demonstrativ die Hacken zusammen, als Jay Gatsby mit seiner Frau Theodora vorbeigeht, und ich könnte schwören, daß Masarow mir zuzwinkert – oder war es ein unwillkürliches Lidzucken?
Zenia ist puterrot im Gesicht und sieht aus, als ob sie gleich losweinen oder loslachen wollte und selbst nicht wüßte, was mit ihr geschieht. Trotzdem ist sie schöner, als ich sie je zuvor gesehen habe. Vergib mir die Roheit des Gedankens, aber ist es nicht so, daß Schande und Schmach das Gesicht einer Frau auf besondere Weise zum Leuchten bringen? So bloßgestellt wirkte auch sie ganz seltsam triumphierend. Wo Du auch bist, Kittredge, sei mir deswegen nicht böse.
Am Höhepunkt des Abends bittet man Jewtuschenko, aus seinem Werk zu lesen. Er ist bestimmt so groß wie ich und sieht nicht schlecht aus. Mit seinem sehnigen Körperbau wirkt er wie ein Skilehrer. Laut liest er seine Gedichte wie ein junger Bariton, der mit voller Stimme ein Rezitativ vorträgt. Sein Russisch scheint voll onomatopoetischer Effekte zu sein. Ich halte ihn für einen Schmierenkomödianten, aber Zenias Augen glühen wie Edelsteine. »Der neue Geist des russischen Volkes«, vertraut sie mir an, als ob ich nicht einer der Agenten wäre, die ihren Untergang herbeizuführen versucht haben. Später flüsterte uns dann der belgische Botschafter zu, Zenia und Jewtuschenko hätten ein Verhältnis.
Das erstaunt mich. Jewgenij Jewtuschenko ist ein irrer Bursche. Er spricht Englisch mit hartem Akzent, aber er verwendet es fleißig. Plötzlich zieht er mich beiseite und will wissen, wie weit ich schwimmen kann.
»Oh, zwei Meilen bestimmt«, sage ich ihm.
»Kann zehn schwimmen. In eiskaltem Wasser.« Seine Augen sind wild und blau und starren dich herausfordernd an, als ob er dich

seinem Willen entsprechend biegen und formen könne, weil sein Wille rein ist und nur deine Freundschaft will. Ich habe keine Ahnung, ob er irgend etwas im Schilde führt.
»Interessieren Sie sich für Heiratsbräuche?« will er wissen.
Ich zucke die Schultern.
»Sibirischer Heiratsbrauch faszinierend«, sagt er. »Sibirischer Bräutigam pißt, bis Glas voll Urin. Braut trinkt Urin. Barbarisch, ja?«
»Klingt ein bißchen nach *njet kulturnij.*«
Mein Gebrauch des Russischen kommt nicht bei ihm an. »Barbarisch, ja, aber Weisheit, ja. Weil! Was ist Heirat für arme Leute? Babys, nasse Windeln, Kaka. Stink. Stinkt. Gute Frau muß leben mit so was. Darum: sibirischer Brauch. Guter Anfang für Ehe.«
»Es ist unfair«, sagte ich. »Der Bräutigam trinkt nicht ihre Pisse.«
»Einverstanden. Ich bin einverstanden. Sie zeigen Gerechtigkeitsgefühl für Ära von morgen. Lassen Sie mich Ihre Hand schütteln. Ich grüße Sie.«
Er schüttelte mir die Hand, und sein wilder Blick traf meine Augen. Ich hatte keine Ahnung, ob er ein begabter Dichter, Zenias neuer Liebhaber, ein Joy-boy des KGB oder, vor allem, völlig verrückt ist. Ich hatte auch nicht die geringste Ahnung, wieviel er von dem wußte, was wir getan hatten. Aber seinetwegen kam ich mir plötzlich billig vor. Dieser Hundesohn! Ich weiß nicht einmal, wieso.
Kittredge, Du fehlst mir so sehr. Ich könnte glatt in mein Bier hineinheulen, wenigstens, wenn ich so extrovertiert wäre wie Jewgenij Jewtuschenko.

In Liebe,
Harry

34

Einige Wochen nachdem ich am 1. Juli meinen letzten monatlichen Brief an Kittredge abgesandt hatte, traf ein Umschlag in meinem Hotel ein, der den Poststempel von Arlington, Virginia, trug und direkt an mich adressiert war. Er enthielt keine Nachricht, nur einen in Stoff gewickelten Schlüssel. Am nächsten Tag kam ein zweiter Brief, der in Georgetown abgestempelt war. Darin lag ein Blatt mit dem Briefkopf einer Bank in Arlington, und jemand hatte die Nummer eines Safes daraufgeschrieben. In einem dritten Umschlag traf eine Quittung über eine erste Zahlung für den Safe ein, dazu eine Erläuterung, daß die Miete vierteljährlich zu zahlen sei. Ein paar Tage darauf brachte mir die Diplomatenpost endlich einen richtigen Brief von Kittredge, auf dem als Absender wie immer Polly Galen Smith stand.

26. Juli 1958

Geliebter Harry,
ich bin wieder in Georgetown und fahre in ein paar Tagen nach Maine hinauf. Nun, da Du Deinen Schlüssel und die Safenummer erhalten hast, laß mich Dir folgendes mitteilen: Wenn Du nach Washington zurückkehrst und Dein Fach in Arlington öffnest, wirst Du darin etwa dreißig Streifen 35-mm-Negativfilm in einem Umschlag finden, und jeder Streifen enthält zehn bis zwölf abgelichtete Seiten. Auf dem Mikrofilm sind Deine Briefe an mich. Ich schlage vor, Du wählst für meine Briefe dasselbe fotografische Verfahren und deponierst sie in einem Safe in Montevideo, bis Du wieder in die Staaten kommst, wo Du sie zu den anderen in das Versteck in Arlington legen kannst. Inzwischen darfst Du natürlich nicht vergessen, die Raten für den Safe zu bezahlen. Es wird sich lohnen. Eines Tages, wenn wir beide alt sind, Du und ich, haben die Briefe vielleicht genügend dokumentarischen Wert, daß man sie veröffentlichen könnte, jedenfalls die unpersönlichen Teile.
Harry, Du hast ja keine Ahnung: Fast wäre Deine Korrespondenz vernichtet worden. Im Wandschrank des kleinen Schlafzimmers, in dem Du manchmal übernachtet hast, befindet sich hinten ein Paneel aus Brettern, die ich ohne große Mühe aufgestemmt und

wieder festgenagelt habe. Dahinter war ein kleiner Hohlraum, und während der letzten anderthalb Jahre bin ich immer, wenn Deine Post sich häufte, mit einem Hammer bewaffnet da hinaufgestiegen. Für kürzere Zeiträume war es natürlich einfacher, Deine neuesten Nachrichten zwischen den Seiten eines Buchs oder einer Zeitschrift zu verbergen, die Hugh nie in die Hand nehmen würde. »Das ABC des Häkelns« oder etwas in dieser Art. Wenn dann das letzte »Vogue«-Heft etwas schwanger wirkte, suchte ich sorgfältig alle Deine Blätter zusammen, hebelte die vertrauenswürdigen Bretter auf, legte Deine Briefe dahinter wie ein Eichhörnchen seine Nüsse und nagelte sie wieder fest.
Hugh hat allerdings Antennen, die bis in Gott weiß welche Winkel hineinreichen, und so hat er mir von Zeit zu Zeit einen Schreck versetzt. Einmal hob er sogar genau das »Mademoiselle«-Heft auf, in dem Dein letzter Brief lag, rollte es zu einem Zylinder zusammen und fing an, sich mit diesem improvisierten phallischen Instrument auf den Schenkel zu schlagen, bis er das Magazin zu meiner Erleichterung auf den Boden fallen ließ, ohne es zu öffnen, und eine Bergsteigerzeitschrift über die Felsenkletterei aus dem Ständer zog. Ich habe ganz schön gebibbert und kam mir wie in einem Horrorfilm vor. Ein andermal ist er das ganze Wochenende lang mit einem Hammer durchs Haus gegangen und hat alle lockeren Bretter wieder festgenagelt. Dem Himmel sei Dank, daß ich selbst so feine Fühler habe. Ich hatte gerade in der Woche davor die zerkratzten Stellen an den Brettern im Wandschrank noch einmal überstrichen. Ich weiß nicht, ob er meine Gedanken gespürt hat, oder ob er auf mikroskopisch feine Veränderungen im Haus aufmerksam geworden ist. Es ist beängstigend, mit einem Mann zusammenzuleben, der über den Sinnesapparat einer Katze verfügt. Es ist aber auch aufregend und spannend und entschädigt etwas für den scheußlichen, wenn auch überaus männlichen (uah!) Geruch von Hughs Atem, nachdem er seinen Courvoisier und seine Churchills konsumiert hat. Eine Zigarre zu rauchen, ist die allerpersönlichste Beleidigung, die ein Mann einer Frau zufügen kann. Wenn Du je eine Frau hast und sie loswerden willst, dann paffe nur in ihrem antiken Bett eine von diesen gigantischen Tabakwürsten. Wie leicht die Laster mancher Leute doch zu durchschauen sind!
Ich komme vom Thema ab, aber das passiert mir dieser Tage

häufig. Wir sind erst vor zwei Wochen nach Haus zurückgekehrt, und in zehn Tagen fahren wir wieder zur Keep, wo ich den Sommer zu verbringen beabsichtige, ob mit oder ohne Hugh. Ich brauche in diesem Augenblick die Luft von Maine mehr als mein Mann, weil Christopher viel ausgestanden hat, während ich fort war. Er ist dauernd aus fürchterlichen Alpträumen aufgewacht – wohl eine Reaktion auf das, was seine Mutter Tausende von Meilen entfernt durchgemacht hat, und jetzt sieht mein kleiner Junge scheußlich blaß und irgendwie mitgenommen aus – mehr wie ein kummergeplagter Zehnjähriger als wie ein anderthalbjähriges Baby. Seine Mutter fühlt sich auch um ebenso viele Jahre älter. Die Arbeit, die ich getan habe, hat mich etwas Schreckliches gelehrt: Dinge können auch schiefgehen! So bereitet es mir heute kein diebisches Vergnügen mehr, Deine Briefe in Hughs Herrschaftsbereich zu verstecken. Die möglichen Folgen wären zu verheerend, als daß ich es länger riskieren könnte. Aufgrund meiner Erfahrung bei dem Projekt erwarte ich nicht mehr – meistens – etwas Gutes, sondern, was die Ergebnisse angeht, das Schlimmste. Und dieses Schlimmste, habe ich festgestellt, verdirbt alles, was noch an Guten in einem ist. Wie unschuldig bin ich doch immer noch gewesen, daß ich das erst jetzt entdecke! Aber ich habe es jetzt begriffen, und Deine Briefe, Deine geliebten Briefe haben mich all die Zeit so unanständig nett getröstet und verhindert, daß meine Ehe erstickt. Körperlich bin ich Hugh immer unheimlich leidenschaftlich verbunden gewesen – ich kenne zwar keine anderen Männer, aber ich glaube nicht, daß es einen potenteren Liebhaber geben kann. Er ist dann wie eine unermüdliche Maschine – nicht schlecht für ein eiskaltes neuenglisches Werkstück wie mich. Aber dann sind da auch diese mörderischen Zigarren und seine gletscherartigen Kräfte, mit denen er sich auf alles andere als auf mich konzentriert – bis ich ihm zufällig wieder in den Sinn komme. In dieser Situation waren Deine Briefe eine Art Hefe, die den Alltagsteig in Bewegung hielt. Ich konnte Hugh ein kleines bißchen betrügen und hatte dennoch das Gefühl, ihm treu zu sein.
Ein teuflisches Spiel. Ich glaube an die Ehe, Du weißt es. Ich glaube wirklich daran, daß das Sakrament zwischen Gott und dem Menschen selbst geschlossen wird und genauso bindend ist, wie es alle die verbrieften Verträge in der großen Welt der Firmen, Kapitalgesellschaften und Gerichte sein sollen. Solche Verträge können

zwar gelegentlich gebrochen werden, aber das darf nicht zu oft geschehen, sonst erreichen gesellschaftliche Mißstände den Zustand einer kritischen Masse. Ebenso glaube ich, daß Gott weniger mit uns kommuniziert, wenn zu viele Sakramente gebrochen werden. Also ist die Ehe für mich ein heiliger Eid.
Ich war deshalb schon drauf und dran, Dir zu sagen: Ich liebe Dich, und jetzt: lebwohl. Aber wie könnte ich Dir so etwas antun, ohne Dir wenigstens zu berichten, was mir während des Projekts zugestoßen ist. Ich habe das komische Gefühl, daß ich unseren Schwur verletze, wenn ich Dir nicht etwas genauso Geheimes, mir genauso Wichtiges mitteile. Unser Versprechen ist mir ebenso teuer wie mein Ehegelübde. Ich bewege mich in den höchsten Kreisen, aber ich will auch genau wie mein Vater auf der einen Seite alles ganz genau wissen und bin doch auf der anderen Seite ein bißchen weltfremd. Mein Vater hat dieses Dilemma gelöst, indem er sich den ganzen Shakespeare in sein geräumiges Gehirn gestopft hat und seither vom Snobismus seiner Bildung lebt. Im schlimmsten Falle war das, fürchte ich, irgendwie ein Scheißleben – verzeih mir, Vater! –, aber jedenfalls ist mein Vater wohl niemals ein Katalysator gewesen, der anderen seine häßlichen Kräfte aufzwingt. Habe ich Dir je vom Gespenst in der Keep, Augustus Farr, erzählt? Es hat mich besucht, und zwar – das habe ich noch niemandem erzählt – das erstemal in jener Osternacht, nachdem Daddy uns aus »Titus Andronicus« vorgelesen hatte:

»Whilst Lavinia 'tween her stumps doth hold
The basin that receives your guilty blood.«

Erinnerst Du Dich? Ich war innerlich wie versteinert. Ich sah ganz deutlich meine eigenen Handgelenke als Stümpfe, die eine Schale hielten, in der sich der Kopf meines geliebten Hugh befand. Du lauertest, ich weiß nicht weshalb, im Hintergrund. Ich fragte mich also, ob Du der Scharfrichter wärest, und das war eine ganz seltsame Vorstellung von Dir, weil Du für mich der attraktivste junge Mann warst, dem ich je begegnet bin, genauso hübsch wie Montgomery Clift und so feierlich ernst, so schüchtern, so konzentriert auf das, was Du im Leben erreichen wolltest. Das Beste von allem war, daß Du noch ungeformt warst. Dein Glück, daß Du keine Ahnung hattest, wie hinreißend Du damals auf Frauen gewirkt hast, sonst hättest Du Dich bald mit Deinem Schweinebauch in der Kloake gesuhlt, wie Du es, so fürchte ich, in den anderthalb Jahren getan hast, die Du in Deinen uruguayischen Bordellen zubrachtest. Aber ich bin schon wieder im Begriff Dich anzugreifen, und das ist ein Gefahrenzeichen, wie ich inzwischen gelernt habe. Ich glaube, es kommt von der impliziten Angst vor dem, was ich Dir jetzt erzählen werde. Augustus Farr oder sein Inkubus oder was für ein Wesen es auch gewesen sein mag, besuchte mich in meinem Bett in der Keep und quälte mich mit Schreckensvorstellungen. Mir war, als würden durch mich die abscheulichsten Taten aus allen Werken Shakespeares blutige Wirklichkeit. Ich fühlte einen schmutzigen Taumel fleischlicher Erregung, und kleine Tiere aus der Unterwelt wimmelten in meinem Mund. Erinnerst Du Dich, wie ich am Nachmittag noch so hübsch davon gesprochen hatte, daß Hugh und ich unsere »Italienische Lösung« besäßen? In jener Nacht wurde Augustus Farr mein Führer in diese dunklen und stinkenden Tiefen der Sexualität, die jedoch nicht ohne Schönheit sind, und ich begriff, was Hugh und ich eigentlich miteinander trieben, während ich vorgeblich Jungfrau blieb. Später, in meiner Hochzeitsnacht im selben Sommer in der Keep, entjungferte mich Hugh dann auch schließlich der Form nach und auf sehr blutige Weise, und ich hatte das eheliche Glück, mit ihm ungeheuer lange – Zuckung auf Bocken, Bocken auf Zuckung – zusammenzusein, und er bumste wie ein Ziegenbock höher und immer höher, ließ sich wieder fallen – eine höchst außergewöhnliche Erfahrung. Ja, ich tue Dir jetzt vielleicht weh, lieber Harry, aber ich zahle in barer Münze, und wenn ich beichte, will ich alles beichten; denn da, beim letzten, endlosen Akt lag Augustus Farr mit seinen Gliedern und seinem Atem bei uns im Bett. Meine Gier muß ihn herbeigerufen haben, meine Gier, die so tief wie die begrabene Lust und Liebe meines Vaters reichte. Ich hatte nicht geahnt, daß Gut und Böse in einem selbst mit solcher Kraft und in einem solchen Tanz sprechen können.

Lange Zeit hatte ich dann den Eindruck, daß Augustus Farr sich mir nach dieser Hochzeitsnacht nicht wieder zu nähern versuchte, aber ich glaube, es ist ihm vielleicht gelungen, meiner Ehe seinen Stempel aufzudrücken. Natürlich betrifft eine Ehe so viele Schichten im Menschen, daß man die Sache überdramatisieren würde, wollte man von einem bösen Kainsmal reden, das er auf unserer

Beziehung hinterlassen hat. Andererseits ist eine Knoblauchzehe in einer Hochzeitstorte nichts, das man so leicht übersehen könnte! Farr ist aber erst wieder im sechsten Monat meiner Schwangerschaft aufgetaucht – während des Urlaubs, den Hugh und ich 1956 in der Keep verbrachten, aber da war er wirklich zu sehen in jener Augustnacht, als wir Geschlechtsverkehr hatten. Man kann den Vorgang nicht anders bezeichnen, denn wir berührten uns meines riesigen Bauches wegen wirklich nur mit den Geschlechtsteilen. Polly Galen Smith hat mir einmal erzählt, daß sie noch am Tag ihrer Niederkunft geliebt hat – so heiß ist sie auf Sex! –, aber das war bei Hugh und mir nicht der Fall. In der erwähnten Nacht aber, von der ich spreche, kam ich mir wie die fetteste Konkubine in einem Serail und völlig verkommen vor. Ich weiß noch, daß ich mir wünschte, jemand sähe Hugh und mir zu.

Solche unterirdischen Regungen müssen sich meinem lieben Partner mitgeteilt haben, denn nun war nichts mehr da von Rücksicht auf das Ungeborene, Hugh und ich waren wieder wie ganz am Anfang wild und verrückt aufeinander, und ich fühlte, wie das Baby sich regte und ein Teil von uns war. Doch ein böses Etwas – nenne es, wie Du willst – war auch bei uns. Mitten in der Stille der Nacht spürte ich den lustvollen Widerhall des Bösen. Es fällt mir auch heute noch nicht leicht, es zu erzählen, aber ich sah rosige, feurige Bilder menschlicher Entartung und hörte aus den stinkenden Abgründen Lustschreie heraufhallen. Augustus Farr war mir so nahe wie mein Gatte und mein ungeborenes Kind, und er nahm an unseren saturnalischen Riten teil. Ich hatte das Gefühl, daß man mir mein Kind später in einem teuflischen Handel rauben würde, wenn ich nicht sofort damit aufhörte. Ich weiß noch, wie ich dachte: Es ist nur ein Wahn – denn ich war schrecklich erregt und wollte weitermachen, und Hugh, so erinnere ich mich, schrie laut und unmenschlich, als er uns zum Höhepunkt trieb. Nach dem Akt brach ich in Tränen aus, denn ich wußte, daß Augustus Farr mit uns zusammen gewesen war. Ich wollte es nicht glauben, und ich kann es jetzt fast nicht aufschreiben – meine Hand zittert –, aber er hat – nein, ich will den Namen meines lieben Kindes nicht hinschreiben – gestohlen. Er hat zur Zeit einen merkwürdigen Gang, und manchmal denke ich, daß der Teufel seine Hand im Spiel gehabt hat. Sein rechter Fuß ist wirklich ein ganz klein wenig nach innen gedreht – und Allen ist sein anderer Pate. Wir fanden die Idee mit den beiden Paten – einen für Alpha, einen für Omega – sogar großartig. Christopher kann, wenn er größer wird, zwischen Euch beiden wählen. Während ich dies schreibe, bist Du aber der einzige Pate, der weiß, daß es noch einen zweiten gibt. Bitte sei deswegen nicht gekränkt. In meinem Herzen bist Du Allen mindestens ebenbürtig.

Nun, ich will hier nicht mehr über Farr schreiben. Ich kann nur feststellen: Ich habe nach wie vor das Gefühl, daß die Unterwelt der Geister in sehr enger Beziehung zu unserem irdischen Leben steht, und seit damals glaube ich, mag das nun irrational sein oder nicht, daß Christophers Sicherheit von meiner Treue zu Hugh abhängt. Diese Loyalität, so glaube ich erkannt zu haben, wird durch Deine Briefe geschwächt. Sie fördern meine Liebe zu Dir.

Von dem Augenblick an, da ich Dich zum ersten Mal im Wohnzimmer meiner Eltern in der Keep sah, wußte ein Teil von mir, daß wir, Du und ich, gemeinsam durchs Leben gehen könnten und einander dabei wunderbar nah und vertraut sein würden. Weißt Du, ich habe Dich immer geliebt, aber diese Liebe ist mir bisher eher wie eine zusätzliche Bereicherung meiner Verehrung für Hugh erschienen.

Während der letzten paar Jahre aber haben Dir Deine Briefe einen Platz in meinem Herzen erobert. Ich habe angefangen, Dich zu verabscheuen, zu hassen, eine fürchterliche Eifersucht zu empfinden und – schlimmer als alles andere – die Qualen einer kleinen, klammheimlichen Vorfreude auf gemeinsame sinnliche Erlebnisse zu spüren. Um es ganz einfach auszudrücken – ich finde diesen volkstümelnden Begriff eigentlich widerlich, weil er so haargenau ins Schwarze trifft und keine Illusionen übrig läßt –, ich war scharf auf Dich, ja, ganz gemein geil, rollig, heiß, lüstern, und sinnlich-sentimental scharf auf Dich. All die erotischen Gefühle, die ich zuerst, und zwar ausschließlich, für Hugh empfunden hatte, wurden jetzt auch von Dir ausgelöst. Alpha und Omega hatten sich in ihrer Zusammensetzung verändert, und ich wußte, was es heißt, zwei Männer zugleich körperlich zu begehren. Schlimm genug, wenn das Alpha für den einen und das Omega für den anderen optiert – das ist der übliche Fall bei den Menschen. Es mag einem sogar noch halbwegs natürlich vorkommen – was natürlich wiederum der beste Trumpf des Teufels ist, mit dem er uns in die Falle locken kann –, daß wir den einen Menschen mit unserem Omega, den anderen durch unser Alpha lieben. Aber mir ist, als wärest Du in beide hineingeraten. Mein armes Alpha und mein armes Omega, beide sind sie verdammt, denn beide sind sie halb in Dich verliebt, und dadurch bin ich aus dem Gleichgewicht geraten.

Harry, kannst Du Dir überhaupt vorstellen, wie ungeheuer wichtig Hugh für mich ist? Der Teil von mir, der nach weltlichen Dingen strebt, ist fasziniert von der Macht und von dem Einfluß, mit denen er mich ausstatten kann und auch tatsächlich versieht. Ich könnte mich nie mit einer untergeordneten Rolle in der Gesellschaft zufriedengeben. Mein Vater, der genauso ist wie ich, hat sich in dem Augenblick, da er erkannte, daß sein Licht in den hohen, hehren Hallen der Wissenschaft nicht am hellsten leuchtete, in einen unerträglichen, aufgeblasenen Pedanten verwandelt. Bei mir ist's vielleicht noch schlimmer, und die begrabenen Hoffnungen meiner Mutter sind möglicherweise sogar noch ehrgeiziger. Warum sonst sollte sie heute so verdreht sein?

Also nahm ich die Arbeit an dem Projekt an. Ich kann Dir verraten, daß es dabei um die Manipulierung und Beherrschung anderer Menschen ging, und die Mittel, mit denen das vor sich ging, stellten sich bald als problematisch und ekelhaft heraus. Für den Technischen Dienst war das eine hochbrisante Angelegenheit, und der Teufel wäre los gewesen, falls etwas davon in die Öffentlichkeit gedrungen wäre. Ja, Hugh und Allen hatten solche Angst, es könnte etwas schiefgehen, daß sie es – regierungsamtlich ausgedrückt – in einer kontrollierten Umgebung auszuprobieren beschlossen. Und weißt Du wo? In Paraguay. Ich war wahrscheinlich weniger als tausend Meilen von Montevideo entfernt. Dort habe ich jede Nacht von Dir geträumt und mich in meinem leeren Bett nach Dir gesehnt, entsetzt, daß mein Schoß, ja, mein Schoß einen solchen Verrat an Hugh zulassen konnte. Wie habe ich Dich dafür gehaßt, daß Du Deine niedrigsten Triebe in den abscheulichsten Bordellen Montevideos ausgelebt hast. Ich wußte, daß Du das tatest. Ein- oder zweimal hätte ich fast einen Flug gebucht, um für ein Wochenende über Dich herzufallen, so kribbelig wurde mir ein Stück weit unterm Nabel. Hugh kam mich einmal besuchen und dachte, er hielte eine wilde Geliebte in den Armen.

Jedenfalls hast Du ja durch Chevi und Libertad, durch Warchow und Zenia erfahren, wie weit uns die Gier und die Verworfenheit dieses ominösen Dreiecks da unten treiben kann. Ich habe auch entdeckt, wie hart ich in Wahrheit bin. Eine unserer Versuchspersonen ist in Paraguay umgekommen. Das Experiment, bei dem es geschah, war zwar nicht von mir entwickelt worden, wurde aber unter meiner Leitung durchgeführt – und mir war gar nicht so übel deswegen, wie mir eigentlich hätte sein müssen. Wir sind schließlich eingebunden in ein moralisches Umfeld: Um den Feind erfolgreich zu bekämpfen, müssen wir selbst zu bösen Mitteln greifen, und mir ist, als ob ich das getan hätte. Nur bin ich nicht mit einem positiven Ergebnis zurückgekehrt, das die Panne hätte kompensieren können. Unser Experiment mißlang. Habe ich meine Seele aufs Spiel gesetzt?

Die Antwort zeigt sich auf seltsame Art. Ich komme mir, wie gesagt, zehn Jahre älter und innerlich getrübt vor. Sofort nach meiner Rückkehr nach Georgetown entschloß ich mich deshalb zu gewissen Maßnahmen. Da ich ein kühnes Glücksspiel gewagt und verloren habe, bin ich nach diesem Desaster nun schon einmal als Versagerin abgestempelt.

Darum traf ich zwei Entscheidungen. Ich suchte Allen Dulles auf und bat um eine vorübergehende Beurlaubung vom Dienst. Ich will mein auf die lange Bank geschobenes großes Werk über Alpha und Omega in Angriff nehmen. Er gab mir – selbst etwas erleichtert, glaube ich – seinen privaten Segen, und ich bin frei und werde nun in Maine das ganze Jahr und möglicherweise noch viele Jahre daran arbeiten. »Ganz gleich, was es kostet« – wie wir in Paraguay zu sagen pflegten, um die üble Geschichte zu vollenden.

Das war die erste Entscheidung. Was die zweite angeht, so beschloß ich, Dich aus meinen Gedanken zu verbannen. Ich will sagen: Wir dürfen einander nicht mehr schreiben. Dann wurde mir klar, daß es zu gefährlich sein würde, Deine Briefe zu behalten, so gern ich es auch getan hätte. Wenn Hugh sie irgendwann einmal entdeckt, ist mein Leben zerstört, und da ich dazu beigetragen habe, das Leben mindestens eines Südamerikaners auszulöschen, schrecke ich vor so hohen Kosten zurück. Außerdem hat sich bei mir eine Art Sucht nach Deinen Briefen entwickelt. Die einzige Möglichkeit war der schlagartige Entzug: cold turkey. Ich entschloß mich, Deine Korrespondenz in den Reißwolf zu stecken.

Da ich Deine Gaben aber doch nicht ganz vernichten wollte, bediente ich mich meines Büroapparates (mit dem ich inzwischen glänzend umzugehen gelernt habe), bannte alles, was dieser Harry

Hubbard mit Geist, Herz und Nase in Uruguay für mich erspürt hat, auf Mikrofilm und deponierte das Päckchen in Deinem neuen Fach. Ich habe auch soeben den ganzen schweren Packen, fast einen Karton voll, mit den Ergüssen Deiner letzten zwanzig und mehr Monate in den Reißwolf gestopft. Danach war mir so schwindlig und sonderbar, daß ich etwas tat, was ich noch nie getan habe: Ich ging nach der Arbeit allein in eine Bar, setzte mich, zitternd vor Furcht über ein so ungehöriges Benehmen in der Öffentlichkeit (immer noch die wohlerzogene Radcliffe-Tochter!), an einen Tisch und kippte rasch hintereinander zwei Bourbons herunter, bevor ich wieder aufstand. Überrascht, daß mich niemand angesprochen hatte, fuhr ich nach Haus und erklärte meinen Whiskeyatem damit, daß es ein höllischer Tag gewesen sei. Christopher weinte, als ich ihn küßte.

Das ist alles. Mir ist es todernst damit, Harry. Wir dürfen einander nicht mehr schreiben, und ich werde verhindern, daß wir uns sehen, wenn Deine Arbeit in Uruguay endet und Du nach Washington zurückkommst. Bete für mich, daß ich meine Arbeit in Maine gut mache. Wie lang unsere Trennung dauern wird, ahne ich nicht. Ich habe das Gefühl, es müssen Jahre vergehen, und vielleicht wird es ein Abschied für immer sein. Ich würde Dich nicht aufgeben, wenn ich Dich nicht liebte. Bitte glaub mir. Ich muß mich an mein Sakrament halten. Denn ich glaube, daß Christus immer noch blutet, wenn wir unser Gelübde brechen.

Ich liebe Dich,
Lebe wohl, geliebter Mann

35

Es war der letzte Brief, den ich in Uruguay von ihr erhielt. Viele Monate lang schlug ich morgens die Augen mit dem traurigen Gefühl derer auf, die der Tod eines geliebten Menschen beraubt hat, die sich aber im ersten Moment nicht daran erinnern. Sie wissen nur, daß jemand nicht mehr da ist. Dann steht ihnen das Geschehene wieder vor Augen wie ein Henker in der Tür.

Sie hatte gesagt, daß sie mich liebt. Das machte es noch schlimmer. Ich hätte nicht mehr um sie trauern können, wenn sie meine Braut gewesen wäre. Ein Leichentuch legte sich über meine Arbeit. Durch meine Korrespondenz mit Kittredge war mir diese abgelegene Station wie ein aktives Element im Gang der Zeitgeschichte vorgekommen. Nun war es nur noch eine abgelegene, trostlose Station. Meines Publikums beraubt, kam es mir vor, als ob ich nun auch weniger wahrnahm. Nicht länger ordnete sich jedes kleine Vorkommnis in das fortlaufende Szenario ein. In meiner Verzweiflung begann ich ein Tagebuch zu schreiben, aber ich war nicht mit dem Herzen dabei und gab es wieder auf.
Bei dem Versuch, mich von dieser Apathie zu befreien, nutzte ich meine angesammelten Urlaubstage zu einem Besuch von Buenos Aires und Rio. Ich wanderte meilenweit durch von Leben durchpulste Citys, nahm meine Drinks in eleganten Cocktail-Lounges und im Stehen an roh gezimmerten Tischen in verräucherten, dumpfen Lokalen. Ich reiste wie ein Gespenst, traf niemanden, und schlug mich mit niemandem herum. Ich suchte berühmte Bordelle auf, und zum erstenmal wurde ich mir des Abscheus gegenüber den Männern bewußt, den man bei manchen Huren an der Art erkennen konnte, wie sie die Lippen schürzten. Als ich zurück nach Montevideo kam, fuhr ich die Küste hinauf nach Punta del Este und versuchte mich im Glücksspiel, stellte aber fest, daß ich zu geizig war. Ich war so gelangweilt, daß es mir nicht einmal mehr auffiel. Ich traf mich sogar ein letztes Mal mit Sally.
Sherman Porringer und Barry Kearns hatten ihre Dienstzeit in Uruguay abgeleistet und kehrten nach Washington zurück, um neue Aufgaben zu übernehmen. Abschiedsparties fanden statt. Bei einer der letzten, vier Tage vor ihrer Abreise, flüsterte mir Sally zu: »Ich möchte dich besuchen.«
»Später irgendwann einmal?«
»Morgen abend um sieben.«
Sie hatte einen Jungen zur Welt gebracht, der zum Glück ganz und gar Sherman ähnelte. »Ja«, sagte sie. »Was vorbei ist, ist vorbei, aber ich möchte Dich sehen. Aus alter Anhänglichkeit.«
So bumsten wir zum letztenmal auf dem Bett in meinem kleinen Zimmer. Sie war immer noch wütend und lag erst steif neben mir, aber schließlich siegte ihre praktische Art. Sie war nicht umsonst

Bridgespielerin – laß nie ein Spiel aus, wenn du ein paar Karten in der Hand hast.

Während wir uns liebten, lauschte ich den Geräuschen, die wir machten, und verglich sie – und zwar kritisch – mit den Duetten von Zenia Masarow und Georgi Warchow bei deren Orgasmen. Ich malte mir aus, daß die Russen Sally und mich abhörten, und diese Vorstellung beschäftigte mich ein, zwei Tage lang. Würden es die Russen schaffen, das Band rechtzeitig zusammenzumontieren, bevor Sherman die Stadt verließ? Würden Porringer und ich gute Miene zum bösen Spiel machen und uns zum Abschied gemeinsam in der Öffentlichkeit sehen lassen? Wir wären es Masarow und Warchow schuldig gewesen, die ihre Fähigkeit zur Zusammenarbeit unter Beweis gestellt hatten, da keiner von beiden nach Moskau zurückgekehrt war.

Nachdem Porringer und Kearns abgereist waren, trafen die Nachfolger ein, die in mir bereits einen gestandenen Veteranen sahen. Dann ereignete sich in Hunts Familie ein Trauerfall: Eines Abends, als er und Dorothy sich auf einem Ball im Country-Club in Carrasco befanden, rief der diensthabende Offizier von der Botschaft aus an, um mitzuteilen, daß Howards Vater gestorben sei. Hunt flog am nächsten Morgen nach Hamburg im Staat New York und kam sehr melancholisch zurück. Ich entwickelte allmählich eine echte Zuneigung zu ihm. Er hatte seinen Kummer, und ich hatte den meinen. Es war angenehm, mit ihm zusammenzusitzen. Jeder von uns konnte dem anderen als lindernder Umschlag auf der offenen Wunde dienen. Ich verstand Howard jetzt ein wenig besser. Jeden Morgen, wenn ich nach Carrasco hinausfuhr, um ihm ein paar Papiere mit den neuesten Wirtschaftsdaten Südamerikas zu bringen, die er, wie ich annahm, an Benito Nardone weiterreichen würde, nahm er mich mit zu einem Spaziergang, während das Frühstück vorbereitet wurde. Gegenüber seiner Villa befand sich ein katholisches Lyzeum, und beide Töchter in weißen Blusen und breiten, schwarzen, schlaffen Fliegen betraten gerade zusammen mit der argentinischen Gouvernante die Schule. Er winkte ihnen zu und sagte zu mir: »Du mußt eine Frau sehr lieben, um ihretwegen zum Katholizismus überzutreten.« Er verzog den Mund zu einem betrübten Lächeln. »Mein Vater«, sagte er, »hat sich nie an den Gedanken gewöhnen können, daß sein Sohn Katholik geworden ist.« Howard zuckte die Schultern. »Es gibt da einen Haufen intensiver Gefühle in Amerika. Irgendwie antirömisch, findest du nicht auch?«

»Kann schon sein.«

»Glaubst du, daß es auch eine Rolle spielt, wenn über die Besetzung von Positionen entschieden wird?«

»Na ja, das hoffe ich dann doch nicht«, erwiderte ich.

Er seufzte. Er hatte Probleme mit Botschafter Woodward. Ich habe nie herausbekommen, ob Howards Geld aus den klug angelegten Honoraren seiner frühen Romane oder von Dorothys Erbe stammte. Aber es gab keinen Zweifel: Er lebte besser als normalerweise ein Stationschef, und Botschafter Woodward hatte sowohl gegenüber dem State Department als auch gegenüber Vertretern der Agency entsprechende Kritik geäußert, und Hunt erfuhr nun, daß man seine Lebenshaltung als zu aufwendig für einen Mann ansah, der angeblich nur Erster Botschaftssekretär war.

Im Vorjahr hätte ich wohl mehr als einen Brief an Kittredge mit den unerwarteten Wendungen eines solchen Bürogeplänkels gefüllt. Doch wenn man am Boden liegt, werden laute Geräusche zu einem Murmeln, und oft erfährt man aus Echos mehr als aus deutlich verständlichen Worten. So nahm ich Anteil an Hunts Kummer, hoffte sogar auf einen Triumph der Station über das State Department – doch damit war mein Quentchen Teamgeist auch schon erschöpft.

Zu diesem Zeitpunkt kam J. C. King, Chef der Abteilung für die Westliche Hemisphäre, nach Montevideo und führte mit Hunt lange, vertrauliche Gespräche. Man konnte nicht in den Weinbergen der Abteilung für die Westliche Hemisphäre arbeiten (die sich von Mexiko bis Argentinien erstrecken), ohne ein paar Geschichten über J. C. King zu sammeln. Ich wußte schon von Porringer, daß der Colonel bei der Landung auf Utah Beach ein Auge verloren, die Congressional Medal of Honor gewonnen und nach dem Krieg ein Vermögen zusammengerafft hatte. Damit war eine Geschichte verbunden, die nur Porringer richtig erzählen konnte: »King stellte fest, daß die Bevölkerung von Brasilien Kondome brauchte. ›Es gibt in Brasilien keine Nachfrage nach Kondomen‹, sagten ihm alle. ›Es ist ein katholisches Land.‹ Aber King war stur genug, um sich über den Rat all dieser Schlauberger hinwegzusetzen, und er baute die erste Kondomfabrik südlich des Amazonas. Er steckte seine eigenen Ersparnisse hinein, lieh sich Geld dazu, und wer

kann es fassen? Die Kondome verkauften sich in Rio de Janeiro wie warme Semmeln. King«, schloß Porringer, »ist jetzt einer der reichsten Männer in der Agency und hat ein Dutzend Plantagen am Panaga-Fluß in Paraguay.«
Man sah es ihm nicht an. Der Colonel war groß, humpelte auffällig, trug eine Augenklappe und sprach so sanft und leise, als wäre er aus Glas. Ohne Alpha und Omega konnte man ihn psychologisch sicher nicht erklären.
Ich nehme an, daß Colonel Kings Reichtum Hunt nicht schadete. Botschafter Woodward hatte immerhin Ausdrücke wie »extravagantes Auftreten, übertriebene Eleganz, für den Posten eines Beamten ungeeignet« in die Akte gesetzt.
»Du mußtest dich sicher heftig deiner Haut wehren«, fragte ich Hunt später.
»Ich habe mich überhaupt nicht verteidigt«, lachte Hunt. »Ich habe angegriffen. Ich habe Colonel King erzählt, wie effektiv ich gewesen bin, als es darum ging, Nardone an die Regierung zu bringen. Bei der Siegesfeier in der Wahlnacht war ich der einzige amerikanische Botschaftsbeamte, der eingeladen worden ist. Woodward hatte sogar prophezeit, daß Nardone gar nicht gewinnen könne. Er hätte es nicht einmal geschafft, Benito noch vor der Amtseinführung kennenzulernen, wenn er nicht seinen ergebenen Diener gebeten hätte, ihn vorzustellen. Woodward wird mir nie verzeihen, daß ich ihm diesen Gefallen erwiesen habe. Aber du kannst sicher sein: J. C. King hat meine Geschichte verstanden. ›Woodward soll zum Teufel gehen‹, sagte er, bevor er abflog. Er hat mir nicht einmal geraten, daß ich bescheidener auftreten sollte. Nein, statt dessen hat er angekündigt, er hätte einen interessanten Posten für mich.«
Bald darauf wurde Hunt nach Washington gerufen. Nach seiner Rückkehr lud er mich noch einmal nach Carrasco zum Dinner ein, und in seinem Arbeitszimmer beim Brandy – Zigarren rauchte ich nicht mehr – erzählte er mir von der neuen Aufgabe. »Gerade wenn du denkst, du hast kein Glück mehr, nimmt das Leben eine unvorhergesehene Wendung. Man hat mich eingeladen, an einer größeren Sache mitzuwirken – viel größer als der Coup in Guatemala.«
»Castro? Kuba?«
Sein Zeigefinger deutete auf mich, ich hatte genau ins Schwarze

getroffen. »Wir planen eine ganz große Operation: Exilkubaner erobern sich ihr Land zurück. Höllisch geheime Angelegenheit.« Das Licht in seinem Brandyglas schien nun das Leuchten in seinem Gesicht zu spiegeln. »Ich werde bei der Inszenierung helfen. Bevor wir fertig sind, werden wir mehr in den Regalen haben, als sich die ganze Agency je angeschafft hat. Aber trotzdem: alles unter Verschluß. Fabelhaft luftdicht abgeschlossen. Kein einziges Beweisstück über US-Beteiligung darf gefunden werden.« Er ließ den Finger um den Rand des Glases kreisen, bis ein heller Ton erklang. »Hättest du Lust, als mein Assistent mit an Bord zu kommen?«
»Nichts lieber als das!« sagte ich, und ich meinte es auch so. Unter zwanzig Schichten Apathie, in die das Schicksal mich verpackt hatte, spürte ich, daß sich tief im Inneren wieder die Freude regte. Ein Teil meiner Niedergeschlagenheit mochte auch davon kommen, daß ich nicht wußte, was nach Uruguay auf mich wartete. In Harlots Mühlen sah ich für mich keine Zukunft. In Washington leben, ohne Kittredge zu begegnen? Unmöglich! »Ich würde gern weiter mit Ihnen arbeiten«, sagte ich zu Hunt. Ja, das Feuer des Eides glomm immer noch in mir, und vielleicht würde es wieder zur Flamme werden.
»Laß mich von Anfang an klarstellen«, sagte Hunt, »bei dieser Arbeit wird es kein ›Ausgeschlossen‹ geben.«
Ich muß ein wenig verständnislos dreingeblickt haben, denn er beugte sich vor und betonte: »Es könnte da draußen ziemlich naß werden.«
Ich nickte schweigend. »Bis zum Letzten?« murmelte ich.
Es dauerte eine Weile, bis er bestätigend mit dem Finger zur Decke wies.

FORTSETZUNG FOLGT

In Absprache mit dem Autor veröffentlicht der Herbig Verlag 1991 den ersten Teil der großangelegten CIA-Saga von Norman Mailer. Der zweite Teil folgt 1992. Derzeit arbeitet der Autor an der Fortsetzung.

NACHBEMERKUNG DES VERFASSERS

Wann immer ich in den letzten sieben Jahren erwähnte, daß ich einen CIA-Roman schrieb, sagte fast jeder – und ich glaube, dies ist eher ein Kompliment für die Agency als für den Autor –: »Ich kann's kaum erwarten.«
Die nächste Reaktion kleidete sich, besonders bei Menschen, die nicht damit vertraut sind, wie ein Roman in täglicher Kleinarbeit entsteht, in die folgende höfliche Form: »Kennen Sie denn jemanden vom CIA besonders gut?« Was wohl ein Ersatz für die Frage »Wie das? Haben Sie soviel Ahnung, daß Sie über dieses Thema schreiben können?« sein sollte.
Ich antwortete meist vage, ja, ich hätte ein paar Informanten vom CIA, könne aber natürlich nicht viel mehr sagen. Das entsprach in gewisser Weise auch der Wahrheit. Und doch ist die verbreitete Annahme, die Bekanntschaft mit ein paar Leuten vom Geheimdienst bereite den Weg dafür, über etliche Leute vom Geheimdienst zu schreiben, letzten Endes so naiv, als fragte man einen Trainer im Profifußball, ob er sich Aufstellung und Taktik der Mannschaft besorgt habe, gegen die am Wochenende gespielt wird. Ich nehme an, er würde antworten: »Das haben wir gar nicht nötig. Der Fußball ist eine eigene Kultur, mein Freund, und mit der sind wir intensiv beschäftigt. Außerdem haben wir genug Phantasie, um die Taktik der Jungs vom gegnerischen Team mit einzukalkulieren.«
Und so hätte ich antworten können, daß ich dieses Buch mit dem Teil meiner Phantasie geschrieben habe, der seit vierzig Jahren beim CIA ein- und ausgeht. »Gespenster« ist das Produkt einer wahrhaft altgedienten Phantasie, und sie hat mit dem ebenso problematischen wie faszinierenden moralischen Druck gelebt, den der CIA in den letzten vier Jahrzehnten auf uns ausübte. Ich brauchte der Agency weder anzugehören noch ihre Mitarbeiter gut

zu kennen und konnte doch zuversichtlich glauben, daß ich begriffen habe, wie sie im Innersten funktionierte.
Ein russischer Jude des frühen 19. Jahrhunderts, der sich für das Wesen der orthodoxen Kirche interessierte, brauchte keinen vertrauten Umgang mit Popen zu pflegen, wenn er über die russische Orthodoxie Bescheid wissen wollte. Schon eher mußte er eine Art Wahlverwandtschaft empfinden, mußte es für möglich halten, daß er, der Jude, in die russische Orthodoxie hineingeboren worden wäre, die mönchischen Gelübde abgelegt hätte. Bei mir wiederum wäre es nicht ausgeschlossen gewesen, daß ich mein Leben beim CIA verbracht hätte – vorausgesetzt, ich wäre aus anderen Verhältnissen gekommen und hätte andere politische Neigungen gehabt.
Womit ich folgendes sagen möchte: Gute Romane können sich thematisch weit vom persönlichen Erfahrungshorizont des Verfassers entfernen und sich statt dessen aus der kulturellen Erfahrung und der Vorstellungskraft speisen, die dieser hat. Im Laufe der Jahre kann diese Vorstellungskraft gleichsam kontextuelle Nester in Themen bauen, die sie fesseln. Die Phantasie mag dann in mehrere Richtungen zugleich ausgreifen – das Leben eines Präsidenten der Vereinigten Staaten und der Alltag eines Obdachlosen können nebeneinander auf heimliche Weise verschiedene Teile des Gehirns bewohnen. Der Romancier lebt nicht nur sein eigenes Leben, sondern er entwickelt auch Gestalten in sich, die ihre ureigene Intelligenz seinem Bewußtsein vielleicht nie offenbaren – bis zu dem Tag, an dem sie in die literarische Arbeit eintreten.
Nun ist der Prozeß natürlich nicht immer so magisch. Für einen Roman wie »Gespenster« recherchiert man viel. Ich habe hundert, wenn nicht zweihundert Bücher über den CIA gelesen, und ich hatte das große Glück, daß, während ich schrieb, immer wieder neue Arbeiten über die geheimen Dienste erschienen – zum Teil sehr gute. Wäre dies ein Sachbuch, so hätte ich an vielen Stellen Fußnoten und Literaturangaben gebracht, dazu ein Register und eine Bibliographie, und in der Tat werden die Bände, die mich in den letzten sieben Jahren begleitet haben, am Ende dieser Nachbemerkung angeführt.
Gleichwohl ist »Gespenster« ein belletristisches Werk, und die meisten seiner Hauptgestalten sind ebenso fiktive Figuren wie die Mehrheit des Begleitpersonals. Da sie sich zwischen realen Persönlichkeiten bewegen, die zum Teil eine maßgebliche Rolle in unserer

Geschichte spielen, mag es nicht unwichtig sein zu erklären, wie ich die von mir durchgearbeiteten Bücher verwendet habe.
Manche Sachliteratur weckte die Phantasie. Ihre Figuren nehmen den Glanz überzeugender Romangestalten an, will heißen, sie erscheinen so wirklich und vielfältig wie Menschen, die wir gut kennen. Der größte Teil der Sachliteratur indes lähmt die Phantasie. Dennoch können, wenn man sich glühend für ein Thema interessiert, auch mediokre Abhandlungen die Phantasie beleben, liest man sie nur mit hinreichender Konzentration. Sobald die Phantasie geweckt und zielgerichtet ist, durchdringt sie die Verdunklungen, Bemäntelungen, Ausflüchte und Fehlinterpretationen all der mittelmäßigen Wälzer, die so schlecht geschrieben sind, daß man erst nach den Fakten hinter all den schlechten und unpräzisen Formulierungen suchen muß. Ein Fußballtrainer mit vierzig Jahren Praxis braucht einen Nachwuchsspieler nur bei ein paar Begegnungen zu beobachten, dann weiß er, ob der Junge entwicklungsfähig ist oder nicht. Das gleiche gilt für einen guten Boxmanager, der beobachtet, wie ein Amateur seine linken Haken schlägt. Und das gleiche gilt für den engagierten Romancier, der sein ganzes Leben in den Dienst der Literatur gestellt hat.
Ich habe selbst im Laufe der Jahre soviel Laues geschrieben und soviel Zeit mit der Überlegung verbracht, warum es schlecht war, daß ich, wenn ich die Arbeiten eines anderen Autors lese, manchmal zu dem vordringen kann, was er wirklich sagen will, oder, wichtiger noch, verschweigt. Dies ähnelt den Verfahren der Spionageabwehr, mit denen man versucht, Lüge und Wahrheit im Angebot der Gegenseite voneinander zu scheiden.
Man könnte bis zu einem gewissen Grad sagen, daß sich meine Auffassung vom CIA ebenso aus Büchern ableitet, die ich für meine Zwecke interpretiert habe, wie aus Werken, die mich direkter informierten. Das Ergebnis – und auf mehr erhebe ich keinen Anspruch: Ich vermittle dem Leser meinen Eindruck von dem, was die Agency zwischen 1955 und 1963 gewesen sein mag, zumindest in den Augen eines privilegierten jungen Mannes, der in ihrem Bannkreis groß geworden ist. Es handelt sich um einen imaginierten CIA. Real existiert er nur in meinem Kopf, aber ich würde geltend machen, daß dies auch auf Männer und Frauen zutrifft, die vierzig Jahre lang für die Agency gearbeitet haben. Sie kennen nur ihren Ausschnitt vom CIA – genauso wie jeder von uns sein

Amerika hat und keine zwei Amerikaner in diesem Punkt übereinstimmen werden. Wenn ich eine These aufzustellen habe, dann möchte ich behaupten, daß mein imaginierter CIA mit großer Wahrscheinlichkeit so real ist wie fast jeder erlebte – vielleicht auch realer.

Im Laufe der Entwicklung dieses Projekts waren viele Entscheidungen zu treffen, wie sich die Annäherung an die formale Wirklichkeit vollziehen soll. Die früheste und gewichtigste war der Beschluß, der gesamten Prominenz, die in meinem Buch auftaucht, keine erfundenen Namen zu geben. Andernfalls wäre man mit Barbareien wie James Fitzpatrick Fennerly, dem jüngsten Präsidenten der Vereinigten Staaten, konfrontiert worden.

Und so lag es auf der Hand, John Fitzgerald Kennedy seinen wahren Namen zu geben. Es würde dem Roman nicht schaden. John F. Kennedy würde ebenso intensiv und imaginiert wirken wie nur je eine Kunstfigur; man konnte ihn seiner Magie nur berauben, wenn man ihm einen falschen Namen gab; dann nämlich hätte der Leser folgenden Eindruck bekommen: »Ach ja, President Fennerly ist John F. Kennedy, und jetzt werde ich erfahren, was in dem Mann vorgegangen ist.«

Dasselbe galt in weniger dramatischer Form auch für E. Howard Hunt und Allen Dulles. Was Dulles betrifft, war es kein allzu großes Problem, da er keine zentrale Figur ist; bei Hunt, der in diesem Buch eine wichtige Rolle spielt, fand sich die Rechtfertigung nicht so leicht. Ich überlegte mir eine Weile, ob ich ihn Charley »Stunt« Stevens nennen sollte, und kam zu dem Schluß, daß dies ein Fehler wäre, da mancher informierte Leser nur zu bald »Das ist Howard Hunt« sagen und, vertraut mit dem falschen Namen, glauben würde, jedes der Worte, die ich dem fiktiven Hunt in den Mund gelegt habe, sei wahr. Wenn ich ihn dagegen offen beim Namen nenne, steht es dem Leser frei, anderer Meinung zu sein. Er kann ohne weiteres sagen: »Das entspricht absolut nicht meiner Vorstellung von Howard Hunt.«

Auf der Suche nach Rechtfertigung vor mir selbst wurde ich in zwei von Hunts autobiographischen Arbeiten, »Give Us This Day« und »Undercover«, fündig. Sie steckten den Rahmen seines Charakters ab und ermöglichten es mir, innerhalb der Erkenntnisse, die ich aus ihnen gewonnen hatte, über Howard Hunt zu schreiben. Natürlich habe ich – abgesehen von den seltenen Gelegenheiten, bei denen ich ein, zwei Sätze aus seinen gedruckten Äußerungen zitiere – frei erfunden, was er hier sagt. Meine Richtschnur war, die charakterologischen Grenzen seiner Selbstdarstellung nicht zu überschreiten – ich habe ihm keineswegs, nur weil ich mehr Leben in meine Darstellung bringen wollte, arglistige Aufgaben untergeschoben, die er meiner Ansicht nach nicht übernommen hätte.

Die authentische Figur, bei der ich mir die wohl größten Freiheiten genommen habe, ist William Harvey. Es gibt ein gutgeschriebenes und höchst unterhaltsames Buch von David C. Martin, »Wilderness of Mirrors«, und fairerweise muß hier festgehalten werden, daß mich das Bild, das darin von Harvey gezeichnet wird, gefesselt und dazu angeregt hat, über die Sachliteratur-Einschränkungen von Martins Arbeit hinauszugehen. Mein William Harvey steht durchaus in Beziehung zu dem Verstorbenen gleichen Namens und folgt gewiß den Stationen seiner Laufbahn – Berliner Tunnel, die Ehen, Operation Mungo, die Fehden mit dem authentischen General Lansdale und dem authentischen Robert Kennedy, das Ende der Karriere in Rom. Nichts davon ist erfunden. Da Martins Buch jedoch die Quelle zu sein scheint, aus der andere Harvey-Darstellungen in anderen Büchern stammen, beschloß ich, meinen Harvey in stärkerem Maße zur Kunstfigur zu machen, nicht so dicht am Vorbild wie Howard Hunt.

Mit Harlot tun wir einen weiteren Schritt ins Grenzenlose und Fiktive. James Jesus Angleton – »Mother« im Sprachgebrauch des CIA – gab das Modell für Hugh Montague ab, doch weil zu der Zeit, da ich diesen Roman begann, öffentlich nur wenig über Angleton bekannt war und er ein höchst komplexer und komplizierter Charakter zu sein schien, beschloß ich, mein eigenes feinziseliertes Werkstück zu schaffen, den frei erfundenen Hugh Montague und seine gleichermaßen frei erfundene Frau Kittredge.

Ähnlich verhält es sich mit Cal Hubbard. Man kann Züge von Tracy Barnes und Desmond FitzGerald an ihm entdecken, doch weil ich sehr wenig über diese beiden Herren wußte, soll hier fairerweise gesagt werden, daß Hubbard wie Montague, im großen und ganzen eine Kunstfigur ist.

Harry Hubbard, Dix Butler, Arnold Rosen, Chevi Fuertes, die Masarows, die Porringers, die Belegschaft der Farm und alle anderen Nebengestalten in Berlin und Uruguay sind frei erfunden.

Der Entscheidung, authentische und fiktive Nebengestalten zu mischen, lag nicht der Wunsch zugrunde, im Quasidokumentarischen zu versinken, sondern sich wenigstens versuchsweise darüber zu erheben.
Auch um den Preis der Wiederholung des Themas dieser Nachbemerkung: Der Autor behauptet, daß gute Belletristik realer, und das heißt stärkere Nahrung für unseren Wirklichkeitssinn ist als Sachliteratur. Und so habe ich Dichtung und Wahrheit gemischt, um folgendes zu beweisen: Wenn die Phantasie des Lesers mit einem großen und detaillierten Panorama eines sozialen Organismus belohnt wird, der sich durch reale historische Ereignisse bewegt, dann ist es seine geringste Sorge, in jedem Augenblick Rechenschaft darüber zu erhalten, was tatsächlich geschah und was erfunden wurde. Ich hoffe, daß die imaginierte Welt von »Gespenster« mehr Bezug zur Wirklichkeit hat als das Spektrum von Fakten und Fehlinformationen, das sie gegenwärtig umgibt. Das ist ein beträchtlicher Anspruch, aber ich glaube, und sei es auch nur zu meinem Vorteil, Romanciers haben eine einzigartige Chance: Sie können aus der Überhöhung von Realem, Unbewiesenem und ganz und gar Fiktivem imaginierte und gleichwohl der Wirklichkeit überlegene Geschichte schaffen.

BIBLIOGRAPHIE

Agee, Philip: CIA intern. Tagebuch 1956–1974. Hamburg 1979
Agee, Philip u. Louis Wolf (Hrsg.): Die CIA in Westeuropa. Berlin 1981
Barron, John: KGB. Arbeit und Organisation des sowjetischen Geheimdienstes in Ost und West. Bern, München 1974
Hougan, Jim: Spooks Die dienstbaren Geister der Macht. München 1979
Lane, Mark: Kritik am Warren-Bericht. Wien 1967
Marchetti, Victor u. John D. Marks: CIA. Stuttgart 1974
Masterman, John C.: Unternehmen Doppelspiel. Sir John Mastermans Geheimbericht an die Regierung Seiner Majestät. Wien, München, Zürich 1972
Philby, Kim u. Harold. A. Russel: Mein Doppelspiel. Autobiographie eines Meisterspions. Gütersloh 1968
Popov, Dusko: Superspion. Der Doppelagent im II. Weltkrieg. München 1981
Powers, Thomas: CIA. Geschichte der Methoden, der Komplotte. Ein Insider-Bericht. Bergisch-Gladbach 1983
Schlesinger, Stephen: Bananen-Krieg. Das Exempel Guatemala. München 1986
Sheehan, Neil (Hrsg.): Die Pentagon-Papiere. Die geheime Geschichte des Vietnamkrieges. Stuttgart, Hamburg, München 1971
Shevchenko, Arkady Nikolaevich: Mein Bruch mit Moskau. Bergisch-Gladbach 1987
Steven, Stewart: Die Operation splinter factor der CIA. Stuttgart 1975
Summers, Anthony: Die Wahrheit über den Kennedy-Mord. München, Berlin 1983
Wise, David u. Thomas Ross: Die unsichtbare Regierung. Frankfurt a. M. 1966
Zolling, Hermann u. Heinz Höhne: Pullach intern. General Gehlen und die Geschichte des Bundesnachrichtendienstes. Gütersloh 1972

Der erste Teil seines Jahrhundertsromans: Eine endgültige Analyse der Welt, in der wir leben und die von Geheimdiensten beherrscht wird.

Die Fortsetzung: »... wer den ersten Teil verschlingt, wird Hunger nach dem zweiten haben.«

HERBIG